W0244914

Adolf Brauns

Taschenbuch der Waldinsekten

gustav fischer
taschenbücher

Taschenbuch der Waldinsekten

Grundriß einer terrestrischen

Bestandes- und Standort-Entomologie

Von

ADOLF BRAUNS

Dr. rer. nat.
apl. Professor für Zoologie in der Naturwissenschaftlichen
Fakultät
an der Technischen Universität
und Oberkustos i. R. am Staatlichen
Naturhistorischen Museum
zu Braunschweig

Vierte, neubearbeitete Auflage

Mit 1056 Abbildungen,
davon 234 Abbildungen auf Farbtafeln

SEMPER BONIS ARTIBUS

GUSTAV FISCHER VERLAG
STUTTGART · JENA · 1991

1. Auflage 1964 (1964 auch in Jena [DDR] erschienen)
2., unveränderte Auflage 1970
1. polnische Auflage: Warschau 1975
3., bearbeitete Auflage 1976
4., neubearbeitete Auflage 1991

Anschrift des Verfassers:

Prof. Dr. Adolf Brauns
Karl-Sittig-Weg 8
D-3510 Hann. Münden 1

CIP-Titelaufnahme der Deutschen Bibliothek

Brauns, Adolf:
Taschenbuch der Waldinsekten : Grundriß einer terrestrischen
Bestandes- und Standort-Entomologie / von Adolf Brauns. –
4., neubearb. Aufl. – Stuttgart : G. Fischer, 1991
(Gustav-Fischer-Taschenbücher)
    ISBN 3-437-30613-8
NE: HST

© Gustav Fischer Verlag · Stuttgart · Jena · 1991
Wollgrasweg 49 · D-7000 Stuttgart 70 (Hohenheim)
Das Werk einschließlich aller seiner Teile ist urheberrechtlich geschützt. Jede Verwertung außerhalb der engen Grenzen des Urheberrechtsgesetzes ist ohne Zustimmung des Verlags unzulässig und strafbar. Das gilt insbesondere für Vervielfältigungen, Übersetzungen, Mikroverfilmungen und die Einspeicherung und Verarbeitung in elektronischen Systemen.
Satz: Filmsatz Jovanović, Ruhstorf/Rott
Druck und Einband: Friedrich Pustet, Regensburg
Printed in Germany

Den Entomologen

meinem Großonkel, Gymnasialprofessor

SIGISMUND BRAUNS

Ichneumoniden-Spezialist,
in Schwerin (Mecklenburg)

und

meinem Onkel

Dr. med. HANS BRAUNS

M.D., Ph.D., Dr. scientiae h.c.
der ehemals englischen Universität
Stellenbosch (Kapland)
Hymenopteren-Spezialist,
in Willowmore (Südafrika)

zum Gedächtnis

Prof. Dr. rer. nat. ADOLF BRAUNS, geb. 20. Sept. 1911 in Beber am Süntel (Hannover), studierte an mehreren Universitäten Biologie, Chemie, Physik und Geographie, promovierte 1938 in Kiel – seine Lehrer in Zoologie waren vornehmlich A. KÜHN (Göttingen), A. REMANE und A. THIENEMANN (Kiel). Auf Empfehlung von ESCHERICH (München) wurde Br. nach der Promotion ein Forschungsauftrag aus Südafrika zugestellt; er erhielt aber im Jahre 1939 keine Ausreise-Genehmigung. Als Stipendiat der NOTGEMEINSCHAFT DER DEUTSCHEN WISSENSCHAFT war Br. zunächst tätig am Institut für Meereskunde (Kiel-Kitzeberg). Nach Beendigung der Assistententätigkeit am Zoologischen Institut der Forstlichen Fakultät der Universität Göttingen war Br. Assistent der DEUTSCHEN FORSCHUNGSGEMEINSCHAFT mit einem dreijährigen Forschungsauftrag (Veröffentlichung eines zweibändigen Werkes; Bd. 1 mit Unterstützung der DFG). Übernahme einer Stelle als wissenschaftlicher Sachbearbeiter, Kustos und Oberkustos am Staatlichen Naturhistorischen Museum in Braunschweig; Habilitation an der dortigen Naturwissenschaftlichen Fakultät der TH; Br. wurde Privatdozent, dann apl. Prof. an der nunmehrigen Technischen Universität zu Braunschweig. Neben verschiedenen wissenschaftlichen Tätigkeiten Betreuung von ausländischen promovierten Wissenschaftlern des Deutschen Akademischen Austauschdienstes und nicht zuletzt von Doktoranden, die mit bodenbiologischen Themen promovierten. Insgesamt veröffentlichte Br. über 100 wissenschaftliche Publikationen, darunter anwendungsbezogene Beiträge für Zeitschriften. Br. besuchte zahlreiche Tagungen und Internationale Kongresse und erhielt Einladungen von ausländischen Instituten.

Buchveröffentlichungen: Untersuchungen zur angewandten Bodenbiologie. Bd. 1 u. 2. Musterschmidt, Göttingen. 1954. – (Mit Prof. KRÜMMEL, Facharzt f. Augenkrankheiten, Univ. Münster): Myiasis des Auges. Duncker & Humblot, Berlin. 1956. – Waldinsekten und Streubewohner. Verlag Naturhistor. Museum, Braunschweig. 1962. – 2. Aufl.: 1966. – Taschenbuch der Waldinsekten. Fischer, Stuttgart und Fischer, Jena. 1. Aufl.: 1964; Polnische Übersetzung: Warschau, 1975; 4. Aufl.: 1991. – Praktische Bodenbiologie. G. Fischer, Stuttgart. 1968. – Agrarökologie im Spannungsfeld des Umweltschutzes. Westermann, Braunschweig. 1985.

Inhaltsverzeichnis

Vorwort zur vierten,
wiederum überarbeiteten Auflage

Ein Vorwort zu einer erneuten Auflage ist zu verfassen. Rezensionen wie die nachfolgenden erfreuten mich:

«Das in seiner Konzeption und Darstellung, in seiner Prägnanz und leichten Handhabung sowie der gelungenen Auswahl der behandelten Insekten bestechende Werk erlebte eine neue Auflage...» – oder: «Es wäre wünschenswert, wenn über alle Ökosystem-Komplexe Mitteleuropas so gute ‹Biotop-Entomologien› vorliegen würden, wie... Das vorliegende wissenschaftliche Werk ist inhaltlich mehr ein Lehr- oder Handbuch als ein Taschenbuch. Bücher dieser Art sind selten, weil sie auf keine Vorläufer zurückgreifen können und fast ein ganzes Leben spezifische Bearbeitung erfordern» – «... die feldbiologischen Erfahrungen des Verfassers kennzeichnen diesen in seiner Anlage einzigartigen Exkursionsführer» – «Das ‹Taschenbuch der Waldinsekten› ist kein Bestimmungsbuch im herkömmlichen Sinne, auch kein Grundriß der Forstentomologie, sondern ein Exkursionsführer besonderer Art.» Ein Rezensent erwähnt das Erscheinen einer polnischen Übersetzung in Warschau (1975) und fügt hinzu: «... was besonders empfehlend ist, weil die Polen selbst ausgezeichnete Entomologen haben.»

Während ich mich als Autor einerseits herzlich freue über anerkennende Worte etwa der erarbeiteten Grundkonzeption, so dürfen andererseits die negativen Äußerungen, die von anderen Fachvertretern vorgebracht sind, nicht übersehen werden. Da heißt es beispielsweise: «Die Abhandlung über Konnexe der Waldlebensgemeinschaft würde wesentlich gewinnen, wenn die dazugehörigen Diagramme, graphischen Darstellungen u. a. Zeichnungen an den passenden Stellen im Text stünden. So gehen sie im Bildteil unter und sind z. T. unleserlich.» Schon in der dritten Auflage habe ich herausgestellt, daß ich mich bemüht hätte, möglichst vielen Änderungswünschen Rechnung zu tragen. Aber manche Wünsche, selbst wenn sie vom Autor anerkannt werden, scheitern an den dann sich steigernden Kosten. Das von mir aufgrund zahlreicher Freilandbeobachtungen entwickelte Verknüpfungsgefüge der terricolen Dipterenlarven – in ein angelsächsisches Lehrbuch gerade zur Demonstration der Vernetzung innerhalb der Biozönose übernommen – wurde in dieser Auflage in vereinfachter Form eingebracht (Abb. 879), um dem Wunsch nach Lesbarkeit entgegenzukommen.

Wenn aber ein Rezensent des weiteren meint, in den Bestandesbildern sei die Fülle der Einzelheiten oft erdrückend und eine Fundortskizze wirke gelegentlich wie ein «Suchbild» – so ist hierzu anzumerken: Die Entwicklung dieser Fundortskizzen war zweifellos ein Versuch, das Auffinden der Insekten oder ihrer Entwicklungsstadien, Fraßbilder etc. zu erleichtern. Die Zahlen sollen zwar nicht sofort zu finden sein – auch im NAUMANN, dem berühmten ornithologischen Handbuch mit den ausgezeichneten Farbtafeln, sind die

Fundzahlen äußerst geschickt versteckt auf der Rinde der Baumes untergebracht, auf dem der Vogel vielleicht in der Krone aufbaumt.

Schließlich mußte ich mich auch einer Rezension widmen, die schon die sprachliche Gestaltung der Einführung bemängelt, dabei aber übersieht, daß die ökologischen Zusammenhänge recht kompliziert zu sein pflegen und die Vielschichtigkeit nicht immer leicht zu beschreiben ist. Daß aber meine ökologisch ausgerichteten Buchtitel trotzdem nicht informativ genug sind, hat bisher noch kein Rezensent festgestellt. So habe ich auch angeblich «veraltete» Begriffe wie «Vollkerf» beibehalten – nachdem selbst das Handbuch «Angewandte Entomologie» von FRITZSCHE/GEILER/SEDLAG (1968), das Lehrbuch der Entomologie von EIDMANN/KÜHLHORN (1970) oder der Grundriß der Insektenkunde von WEBER/WEIDNER (1974) die Bezeichnung der geschlechtsreifen Imago unter Vollkerf im Text laufend bringen. Also, was soll's?

Im Vorwort zur ersten Auflage wurde darauf verwiesen, daß die Artbezeichnungen «in der gebräuchlichsten Form» gebracht werden; Synonyme werden zum Vergleich von Angaben in der weiterführenden Literatur zumeist angegeben. Deshalb wurden die in diesem Taschenbuch verwendeten Bezeichnungen der systematischen Kategorien erneut verglichen mit nachfolgenden Lehr- und Handbüchern bzw. Determinations-Unterlagen: R. KEILBACH (1966): Die tierischen Schädlinge Mitteleuropas; W. SCHWENKE et al. (ab 1972/84): Die Forstschädlinge Europas; FR. SCHWERDTFEGER (1981): Die Waldkrankheiten. 4. Aufl.; E. STRESEMANN † (Hrsgb.), weitergeführt von W. CROME et al. bzw. von K. SENGLAUB et al. (1986): Exkursionsfauna (Gebiete der DDR u. d. BRD), Band 2/1 u. 2/2: Wirbellose – Insekten 1. u. 2. Teil; W. JACOBS u. M. RENNER (1988): Biologie und Ökologie der Insekten (Taschenlexikon). 2. Aufl. Abweichende Bezeichnungen werden möglichst jeweils in Klammern angefügt (Abschnitt: 4) und in das Gattungs- und Artregister eingearbeitet. Herr Prof. Dr. G. BENZ (Entomologisches Institut der Eidgenössischen Technischen Hochschule Zürich) bot mir bereitwilligst noch kurz vor dem Umbruch seine Hilfe bei Nomenklaturfragen an. Ich bedanke mich auch hier nochmals ganz herzlich für die kollegiale Unterstützung.

Selbst wenn es nicht üblich sein sollte, so möchte ich trotzdem noch einmal folgendes herausstellen dürfen: Bei der dringend erforderlichen Illustration konnte ich mich stützen auf die reiche Freilanderfahrung des leider viel zu früh verstorbenen Amateur-Entomologen und wissenschaftlichen Zeichners, des Herrn RICHARD KLIEFOTH (Hann. Münden), der den größten Teil der Strichzeichnungen und der ersten entomologischen Farbtafeln nach meinen thematischen Angaben bzw. Skizzen in bewährter Zusammenarbeit fertigte. Für die Fundort-Skizzen stellte ich ihm unzählige eigene Biotopaufnahmen zur Verfügung – auf einer Strichzeichnung lassen sich jedoch kennzeichnende Einzelheiten vortrefflich kombinieren. Seine meisterhaften zeichnerischen Darstellungen der photographischen Bilder zeigen sein technisch-vollendetes Können, aber auch ein besonderes Einfühlungsvermögen in die vom Autor gestellte Aufgabe. Ich denke noch stets mit Dankbarkeit an die langjährige Zusammenarbeit zurück, bei der Herr KLIEFOTH sich immer aufs Neue mit der ihm gestellten Aufgabe vollauf identifizierte. So erfreute es mich ganz besonders, daß sich die vier übersichtlichen Tafeldarstellungen aus den jeweiligen Buchdeckeln der dritten Auflage nach Rückfragen bei verschiedenen Forstämtern über die Trägerschaft des Waldmuseums Solling (in dem die Entwürfe von Herrn KLIEFOTH erstmals ausgestellt waren) im Jugendwaldheim Stadtoldendorf wiederfanden. Ich danke Herrn Forst-Oberinspektor HAPKE, dem jetzigen Leiter dieser Institution, für die Genehmigung, diese einmaligen Entwürfe wiederum für die neue Auflage verwenden zu können.

Die Biologie kann aus zwingenden Gründen auf bildliche Darstellungen niemals verzichten, wie andernorts schon oft herausgestellt wurde. Die Verlagsleitung hat sich daher dankenswerterweise bereit erklärt, meinem Wunsch auf Aufnahme neuer instruktiver Farbtafeln nachzukommen. Aus meinen persönlichen Beständen waren von Herrn KLIEFOTH nach meinen Beobachtungen oder Skizzen gefertigte Farbtafeln noch vorhanden, die ich zur attraktiven Gestaltung der vierten Auflage beisteuern konnte. In dem ersten, nach ökologischen Gesichtspunkten von mir entwickelten Insektensaal im Naturhistorischen Museum zu Braunschweig wurden diese Farbtafeln zwar der Öffentlichkeit schon vorgestellt, zeigen aber immer wieder die instruktive Arbeit dieses begabten Künstlers. Die neuen Farbtafeln folgen aus technischen Gründen den Strichzeichnungen (siehe dazu Ausführungen im Abschnitt 5.1). Die Anzahl der farblich dargestellten Einzelfiguren konnte damit um 144 erhöht werden.

Die neuen farblichen Darstellungen wurden hier im Taschenbuch nach anderen Gesichtspunkten ausgewählt, und zwar nach meinem (auch von der Fachwelt anerkennend aufgenommenen) Museums-Taschenbuchführer «Waldinsekten und Streubewohner» (der immerhin in *zwei* Auflagen herausgekommen ist). Die nachfolgend aufgeführte Anordnung dieser Farbtafeln ist gewählt worden, um im Abschnitt der ökologischen Freiland-Differentialdiagnose nochmals eine von der systematischen Betrachtung abgewandte Beobachtungsweise im Ökosystem «Wald» vorzuführen. Um die farblichen Wiedergaben nicht zu zerstückeln, ist von der Beifügung eines Maßstabes absichtlich abgesehen worden; in der Abbildungslegende werden jeweils die für die farbige Darstellung gültigen Maßstabsverhältnisse angegeben.

Um photographischen Arbeitsgemeinschaften eine kleine Anregung zu geben, habe ich eigene Dia-Aufnahmen (wiederum **Originale**) angefügt, sozusagen als Beispiele für lohnende photographische Arbeiten bei entomologischen Freilandbeobachtungen. Die letzten Abbildungen sollen das Augenmerk richten auf interessante Wuchsdeformationen bei den Holzarten bzw. auf die landschaftsökologischen Fragestellungen im Rahmen etwaiger Rekultivierungsmaßnahmen in industriellen Ballungsgebieten (vgl. dazu meine «Agrarökologie im Spannungsfeld des Umweltschutzes» aus dem Jahre 1985).

Das letzte Foto gibt die Überleitung zu den neuen, eingefügten Text-

Abschnitten zu Anfang des Taschenbuches. Im industriellen Zeitalter kann am aktuellen Phänomen der «neuartigen Krankheitserscheinungen» nicht achtlos vorbeigegangen werden. Eine Abhandlung über das «Waldsterben-Syndrom» auf einigen Seiten bringt wenig – wir müssen schon etwas weiter ausholen, um die Vielschichtigkeit der ökologischen Fragen und die zeitgegebenen Erscheinungen auf den forstlichen Nutzungsflächen sichtbar werden zu lassen. Da in diesem Zusammenhang das Standortproblem zweifellos eine maßgebliche Rolle spielt, habe ich es auch für dringlich befunden, die aktuellen Fragestellungen der Bodenbiologie zu skizzieren – beide Forschungsdisziplinen gehören zur ökologischen Freiland-Differentialdiagnose. Zwei ökologisch-ausgerichtete Gebiete, die Forstökologie und die Agrarökologie, zeigen aufgrund ihrer verstärkten, interfakultativen Bezogenheit eine sich laufend erweiternde Vernetzung ihrer ökologischen Fragestellungen, die im Text gelegentlich absichtlich angesprochen wird. Mir ist dabei vollauf bewußt – vor allem auch durch die Zusammenstellung der wichtigsten Spezialliteratur –, daß in Rezensionen voraussichtlich auf ein Anwachsen des Volumens des Bandes verwiesen wird; aber ich kann nicht umhin, auf das Fortschreiten der anwendungsorientierten Forschung aufmerksam zu machen. Ich habe dafür auch mit besonderer Sorgfalt die Einarbeitung neuer Begriffe, wenn sie nicht im Text erläutert wurden, in das Glossarium vorgenommen und in das Sachregister eingefügt – ebenso sind die neuen Abbildungen im Gattungs- und Artregister aufgeführt.

Bei der Bearbeitung der Neuauflage war mir die Hilfe von Kolleginnen und Kollegen außerordentlich wertvoll. Eine mehrfache Unterstützung, die weit über den kollegialen Rahmen hinausgeht, verdanke ich vor allem Herrn Prof. Dr. Dr. ULRICH (Institut für Bodenkunde und WalderNährung, Univ. Göttingen); die dortige Präsenzbibliothek konnte ich freundschaftlicherweise mehrfach durcharbeiten – die gleiche Unterstützung wurde mir zuteil in den Bibliotheken im Institut für Forstzoologie Institut (Göttingen: Prof. Dr. BOMBOSCH), im Institut für Forstpflanzenkrankheiten der Biologischen Bundesanstalt für Land- und Forstwirtschaft (anfangs noch in Hann. Münden, später Braunschweig: Prof. Dr. H. BUTIN) und in der Hauptbibliothek der Forstlichen Fakultät an der Universität Göttingen (dort wurde ich stets sehr aufmerksam betreut von Frau Dipl. Bibl. CHRISTIANE KOLLMEYER). Während meiner Braunschweiger Jahre war ich häufiger Gast in der Bibliothek der Technischen Unversität, aber auch der Hauptbibliothek der BBA – hier wurde ich stets zuvorkommend beraten vom Direktor der Bibliothek, Herrn Dr. KOCH, und von den dortigen Bibliothekaren, Herrn A. BADKE und Herrn W. POHL. Der Dank sei allen herzlich gesagt. – Um den Umfang der Literatur-Verzeichnisse nicht zu sehr anwachsen zu lassen, müssen, von wenigen Ausnahmen abgesehen, die früheren Auflagen eingesehen werden, wenn man bei wissenschaftlichen Arbeiten eingehend den bibliographischen Angaben über Veröffentlichungen aus vergangenen Jahren nachgehen will. Außerdem können in einer Bibliothek oder in einem Institut in der zugehörigen Präsenz-Bibliothek auch die referierenden Zeitschriften zur Hand genommen werden.

Mein besonderer Dank gilt freilich auch allen jenen, die mir durch Literaturhinweise oder durch Übersendung von einschlägigen Veröffentlichungen, durch Vorschläge mannigfacher Art oder durch Mitteilungen von Änderungen der systematischen Bezeichnungen geholfen haben. Eine lückenlose Aufzählung sämtlicher Namen ist unmöglich; es gehört sich jedoch, daß ich einige wenige Kolleginnen und Kollegen namentlich benenne, da sie einmalige oder mehrfache Anfragen meinerseits immer sofort beantworteten. Zu diesem Kreis der freundlichen Helfer gehörten vornehmlich: Herr Prof. Dr. H. MARKL (Präsident der DFG, Bad Godesberg); Frau Prof. Dr. B.R. STRIGANOVA (Moskau), Prof. Dr. GIORGIO MARCUZZI, (Universita Di Padva), Prof. Dr. W. SAUTER (ETH Zürich), Dr. K.G.V. SMITH (Department of Entomology, British Museum London). Im Bereich der BRD waren es weiterhin: Frau Dr. DORA GODAN (BBA Berlin), Frau Dr. MONIKA HILKER (Univ. Bayreuth), Frau Dr. MONIKA JOSCHKO (Bundesanstalt für Landwirtschaft, Braunschweig-Völkenrode), und Frau Dipl. Biol. SABINE PRESCHER (TU Braunschweig); letztendlich die Herren Dr. E. BODE (B.B.A. Braunschweig), Prof. Dr. W. ENGELHARDT (München), Prof. Dr. E.J. FITTKAU (München), Prof. Dr. O. VON FRISCH (TU Braunschweig), Prof. Dr. K. GÖSSWALD (Würzburg), Dr. R. HENGSTENBERG (Max Planck Inst. f. biolog. Kybernetik, Tübingen), Dr. J. HEVERS (Naturhistor. Museum Braunschweig), Staatsminister Prof. Dr. B. HEYDEMANN (Univ. Kiel), Prof. Dr. FR. KLÖTZLI (Geobotan. Inst. ETH Zürich), Prof. Dr. R. MAYER (Gesamthochschule Kassel), Prof. Dr. J.C.G. OTTOW (Univ. Gießen), Prof. Dr. H. PSCHORN-WALCHER (Kiel), † Prof. Dr. M. RENNER (Univ. München), Prof. Dr. W. SCHWENKE (Univ. München), Akadem. Dir. Dr. D. TESCHNER (TU Braunschweig), Dr. G. TÖNNIES (Akademie für Raumforschung und Landesplanung, Hannover), Prof. Dr. W. TOPP (Univ. Köln), Prof. Dr. G. WEIDEMANN (Univ. Bremen). Aus dem Bereich der DDR unterstützte mich wie in früheren Jahren Herr Prof. Dr. Dr. H. GRIMM (Univ. Berlin). Ihnen allen darf ich nochmals bestens danken.

Es ist mir ein aufrichtiges Bedürfnis, der Verlagsleitung, den Herren BERND VON BREITENBUCH und Dr. WULF VON LUCIUS und dem von Herrn Dr. MOLTMANN vertretenen Lektorat, sowie Herrn H. HÖGERLE, dem Hersteller, meinen herzlichen Dank zu sagen für die mir immer wieder entgegengebrachte Betreuung, vor allem aber den Verlegern für das großzügige Entgegenkommen, diese neue Auflage mit zahlreichen neuen Zeichnungen «auf ästhetisch sehr ansprechenden Farbtafeln» (wie in einer Buchbesprechung andernorts hervorgehoben wird) auszustatten.

Herrn GEORG LINHARDT (Naturhistorisches Museum zu Braunschweig) danke ich herzlich für die Anfertigung einiger photographischer Abbildungs-Vorlagen (in den Jahren meiner aktiven Dienstzeit) und für die Zeichnung einer diagrammatischen Tafel. Die farbigen Wiedergaben von den Freilandaufnahmen sind andererseits nach Farbdias des Autors gefertigt. Frau JULIA PAPE (früher Braunschweig, jetzt Bad Herzburg) verdanke ich die aufmerksame Übertragung handgeschriebener Manuskriptteile in eine Schreibmaschinen-Vorlage. Meiner Frau Ruth danke ich für die Nachsicht, die sie mir gegenüber in vielen Stunden subtiler Korrekturarbeiten entgegengebracht hat. Letztendlich war auch sie erfreut, daß dieses Taschenbuch, welches sie auf zahlreichen Exkursionen mit mannigfachen Eigenbeobachtungen hat entstehen sehen, bei Kollegen, Studenten und bei Amateur-Entomologen – wie man zu sagen pflegt – gut angekommen zu sein scheint.

Den Teilnehmerinnen und Teilnehmern an meinen Lehrwanderungen und Kursen, an denen auf Wunsch des Fachvertreters die Studierenden an der damals noch nicht integrierten Pädagogischen Hochschule in die Technische Universität zu Braunschweig teilnahmen, den Hörerinnen und Hörern meiner Vorlesungen während der Lehraufträge in mehreren Jahren an der Universität Göttingen und während meiner Dozententätigkeit an der TU in Braunschweig danke ich für aufgeschlossene Fragen oder interessante Dikussionen, die mich immer wieder nachdenken ließen über Verbesserungsmöglichkeiten der Freiland-Diagnose oder über gestalterische Darstellung der zeichnerischen Unterlagen, die teilweise schon in der dritten Auflage zur Durchführung kamen.

Bei allen zeichnerischen Wiedergaben stand stets das Bemühen im Vordergrund, den Aufbau derart zu gestalten, daß der Beobachter nicht mehr achtlos an den (vielfach zunächst unauffälligen) Erscheinungen in der Natur vorübergeht und zum Nachdenken über manche feinsinnig geordneten Zusammenhänge angeregt wird. Es bedarf schon mehrjähriger Freiland-Beobachtungsunterlagen, um den Benutzer des Taschenbuches einführen zu können in die vielseitigen Probleme eines Lebensraumes und ihn teilnehmen zu lassen in Text und Bild an den verschlungenen biologischen Zusammenhängen im großen Naturgeschehen und an der oft großartigen Darstellungskunst der Natur im Kleinen.

Ein für Beobachtungen einmaliger Biotopbereich dürften die sogenannten **Grenzstreifen an der ehemaligen Markierungslinie zur DDR** sein, vor allem wenn frühere forstliche Wirtschaftsflächen einbezogen waren oder bewirtschaftete Waldgebiete den als Refugien anzusprechenden Regionen heute benachbart sind und damit ein Austausch der Biozönosen in den Biotopen erfolgen konnte. Ein **Betreten dieser interessanten Refugialgebiete** sollte freilich **nur unter fachkundiger Führung** anzuraten sein, um etwaige Störungen in diesen landschaftlichen Sonderbereichen einer ökologischen Entwicklung auf ein Mindestmaß zu reduzieren.

Dem Taschenbuch möchte ich heute mit Genugtuung nur wünschen, daß alle Benutzer bei den Beobachtungen auch so viel Freude empfinden, wie sie mir bei vielen Freiland-Beobachtungen und bei der Erarbeitung zuteil wurde.

Hann. Münden, 2. April 1991
Adolf Brauns

Aus dem Vorwort zur dritten, bearbeiteten Auflage

Im Vorwort zur zweiten Auflage konnte ich schon meiner Freude Ausdruck geben, daß mein Versuch einer ökologisch ausgerichteten Bearbeitung eines Biotops grundsätzlich auf Zustimmung gestoßen ist, einmal bei vielen Fachkollegen und zum andern bei den naturwissenschaftlich interessierten Pädagogen und im Kreise der Entomophilen. In ausländischen Rezensionen kam mehrfach das Bedauern zum Ausdruck, ein derartiges Exkursionswerk mit vielen detaillierten Beobachtungsangaben im eigenen Lande bisher nicht zu besitzen, eine wörtliche Übersetzung infolge eines anderen Artenspektrums aber schwerlich durchführbar sei. Deshalb freut mich das Erscheinen einer polnischen Ausgabe (in der zwangsläufig einige Änderungen bei der Arten-Auswahl unvermeidbar waren) ganz besonders. Und wenn mich einheimische Rezensenten einen «originellen Feldbiologen» genannt haben, so bin ich stolz auf dieses Urteil, weil darin zumindest die Anerkennung mühevoller Kleinarbeit im Gelände liegt.

Es ist bei der nunmehr vorliegenden Überarbeitung mein besonderes Anliegen gewesen, möglichst vielen Änderungswünschen Rechnung zu tragen. Ich habe alle Bemerkungen in den Rezensionen oder in persönlichen Briefen gewissenhaft geprüft. Es sei mir deshalb gestattet, freimütig zu allen Anregungen Stellung zu nehmen.

Wie von mancher Seite anerkannt worden ist, war zunächst eine imposante Stoffülle zu bewältigen. Trotzdem ist die Bezeichnung «Taschenbuch» beibehalten worden, obwohl es über dessen Rahmen hinausgeht. Durch eine Konzentrierung des Beobachtungs- und Tatsachenmaterials soll das Buch ein wertvoller Helfer bei der Durchführung von Exkursionen sein – und Lehrwanderungen erweisen sich bei der Ausbildung der jungen Biologen immer mehr als dringend notwendig. Das Taschenbuch der Waldinsekten soll aber gleichzeitig ein Nachschlagewerk sein, aus dem der Freilandbiologe Anregungen schöpfen kann. Deshalb wurden – wie viele Rezensenten bemerkt haben – mit Vorrang langjährige eigene Beobachtungen verarbeitet. Soweit ich mich auf andere Beobachter oder auf Spezialisten habe verlassen müssen, sind gelegentlich leider Fehler unterlaufen. Diese wurden, soweit es sich bei dieser dritten Auflage technisch ermöglichen ließ, ausgemerzt. (Bei wörtlich übernommenen Äußerungen anderer Autoren konnte ich jedoch keine Berichtigungen von mir aus veranlassen). Die Korrektur- bzw. Änderungsmöglichkeiten für die dritte Auflage waren grundsätzlich dadurch beschränkt, daß aus Kostengründen ein völliger Neusatz des Werkes nicht in Betracht kam – es war daher erforderlich, alle Korrekturen so zu gestalten, daß der vorhandene Umbruch weitgehend gewahrt blieb. Dies möge der Benutzer bedenken.

Es war daher nicht möglich, alle Wünsche, die in Rezensionen vorgebracht wurden, zu berücksichtigen.

Es ist sowieso für den Autor schon eine Gewissensqual gewesen zu entscheiden, welche Arten «wichtig» und deshalb in den Grundriß aufzunehmen waren und welche Arten als weniger bedeutend weggelassen werden konnten – daß in dieser Richtung Wünsche mancher Spezialisten kommen würden, war vorauszusehen. Auch die biotopbezogene Auswahl an Arten hat gelegentlich recht unterschiedliche Ansichten zutage gefördert.

Während weiterhin einerseits bedauert wurde, daß beide Bände im Rucksack schon ein bedeutendes Gewicht hätten, schlugen andere Rezensenten ein zusätzliches Schriftenverzeichnis mit sämtlichen Veröffentlichungsbelegen aus den verschiedensten in- und ausländischen Zeitschriften vor oder wünschen eine Kopfleiste mit Stichworten auf jeder Seite. – Wieder andere hielten es für wünschenswert, bei einer Neuauflage Sonderkapitel über Bau und Funktion des Insektenkörpers oder über das Problem der Populationsdynamik aufzunehmen und dgl. mehr. In die gleiche Richtung zielt auch das immer wieder vorgebrachte Verlangen nach Bestimmungstabellen. Ich möchte an dieser Stelle wiederholen, was ich schon im Vorwort zur zweiten Auflage gesagt habe: «Zweifellos wäre es begrüßenwert gewesen, wenn ich neben den aufgezeigten Ordnungsprinzipien noch durch Bestimmungstabellen ein Ansprechen der Arten differenziert, vielleicht sogar verfeinert hätte. Konsequenterweise hätten neben Determinationstabellen für die Vollkerfe oder für die Entwicklungsstadien von ihnen dann auch Bestimmungsschlüssel für die verschiedenen Holzarten aufgrund der Rindenmerkmale oder für die holzartigen Gewächse im unbelaubten und belaubten Zustande vorhanden sein müssen. Aber selbst bei einer durchgreifenden Beschränkung des systematischen Teiles wäre damit der Rahmen eines jetzt schon umfangreich geratenen Exkursionführers vollends gesprengt worden».

Um aber den Wünschen der Benutzer meines Exkursionsführers soweit wie möglich Rechnung zu tragen, habe ich das Literaturverzeichnis auf den neuesten Stand gebracht, auf andere Bestimmungswerke oder Lehrbücher über den Körperbau der Insekten, über die Populationsdynamik, über die Grundprobleme der Ökologie, des Umweltschutzes etc. hingewiesen und neuere Auslegungen über gewisse Fragen zumindest in gekürzter Form in den Text eingebaut.

Es ist bemängelt worden, daß eine Korrelation zwischen dem «Verzeichnis der Arten an verschiedenen Fraßpflanzen und an charakteristischen Fundplätzen» und dem Abschnitt «Differentialmerkmale und Ökologie der wichtigsten, häufigsten und auffälligsten Waldinsekten» nicht bestehe; als Beispiel wird der Cerambycide *Spondylis buprestoides*, der Waldbock oder Rollenschröter, benannt, der bei der ökologischen Freiland-Differentialdiagnose unter **Kiefer** nicht zu finden sei. An diesem Beispiel, mit Absicht hier angeführt, wird schon übersehen, daß bei den einzelnen Holzarten zunächst der **stehende** Stamm mit seinen unterschiedlichen Regionen abgehandelt wird, der Stock aber ein

Biochorion darstellt, das gesondert aufzuführen ist. Dort wird der Benutzer den Waldbock in dem dafür zuständigen Areal auch zweifelsohne finden.

Im Stichwort-Verzeichnis sind nur wenige Fachausdrücke, die bisher übersehen waren, eingefügt. Dem Vorschlag, eine ganze Anzahl von Stichworten zu streichen und dafür eine andere ausführlicher darzustellen, konnte ich nicht beipflichten; ich habe dafür im Literaturverzeichnis viel an weiterführender Fachliteratur aufgeführt. Das «Klein-Lexikon» in der vorliegenden Form mit Berücksichtigung der Fachausdrücke aus den benachbarten Fach-Disziplinen ist bei den Benutzern auf vielfache Zustimmung gestoßen, so daß ich mich zu keinen grundlegenden Änderungen entschließen konnte.

Teils wurde vorgeschlagen, die «Fundort-Skizzen» durch eine kurze Biotopbeschreibung zu ersetzen. Das hieße die Grundkonzeption des gesamten Taschenbuches verkennen – die Beobachtungsgrundlagen sind ausschließlich auf die **Freiland**arbeit abgestellt und dazu gehört eine visuelle Vorstellung des Lebensraumes.

Manche weiteren Wünsche blieben aus Kostengründen unerfüllbar: etwa das Verlangen, die diagrammatischen Darstellungen der biozönotischen Konnexe und Verknüpfungsgefüge mindestens in doppeltem Format (mithin als Ausklapptafeln) vorliegen zu haben.

In den Legenden zu den Fundortskizzen sind gelegentlich vertretene Arten, die vorher im Text nicht ausführlich abgehandelt werden konnten, aufgeführt; aufgrund neuerer Veröffentlichungen **neu** im Biotop aufgetretene Arten sind im Text aufgenommen und mit Gattungs- und Artnamen im Artregister berücksichtigt.

Die Abbildungen konnten um vier übersichtliche Tafeldarstellungen für die Freilandbeobachtungen vermehrt werden.

So hoffe ich, daß das Taschenbuch auch in der überarbeiteten Form wieder viele Freunde der Entomologie zuführen, den Studenten ein Helfer während ihrer Ausbildungszeit und auch späterhin sein und manchen Benutzer zu eigenen Beobachtungen anregen möge.

Braunschweig, im September 1975 ADOLF BRAUNS

1 Einführung

Auf den ersten Blick erscheint es nicht zweckmäßig, den Bestimmungs- oder Taschenbüchern, den Naturführern oder den Führern durch einheimische Lebensräume, oder andererseits den Taschenbilderbüchern, in denen Insekten des Waldes behandelt oder vielleicht ausschließlich aufgeführt werden, einen Grundriß in Taschenbuchform hinzuzufügen. Vor allem gibt es ausgezeichnete Lehr- und Handbücher der angewandten Entomologie oder speziell der Forstinsektenkunde bzw. Bestimmungstabellen «zum Zwecke der Erkennung der Insektenschäden im Walde». Die in ihrer verschiedenen Eigenart in dieser Forschungsrichtung so hervorragenden Werke von ESCHERICH, FRIEDERICHS, GÄBLER, HESS-BECK, NÜSSLIN-RHUMBLER, RÖHRL (im RUBNER), SCHIMITSCHEK, SCHWENKE, SCHWERDTFEGER und SORAUER, um nur einige zu nennen, sind jedem Entomologen bekannt. Als Autoren von ausländischen Werken sind unter anderem etwa folgende Namen anzuführen: BARBEY, DELLA BEFFA, CRAIGHEAD, DOANE et al., FERRANT, GRAHAM, RIMSKY-KORSAKOFF, SAALAS und ŽIVOJINOVIČ. Alle diese Werke können niemals durch einen Grundriß in vorliegender Form ersetzt werden. Ich darf daher aufzeigen, welche Gedanken bei der Erarbeitung einer **Einführung in die ökologisch-systematische Freiland-Entomologie der Waldbiozönose** leitend waren und weshalb ich glaube, daß diese Darstellung in der Reihe sämtlicher Bücher, die in irgendeiner Form die Insekten berücksichtigen, durchaus ihre Berechtigung hat.

Der Untertitel **«Grundriß einer terrestrischen Bestandes- und Standort-Entomologie»** wurde bewußt gewählt, um von vornherein klarzustellen, daß die Darstellung sich in den Rahmen eines Taschenbuches stellt, die ausgesprochen aquatischen Lebensformtypen eigentlich nicht behandelt (höchst auffallend hygropetrische Formen kurz erwähnt werden), sich sonst aber den **ökologischen Gesichtspunkt** als Richtschnur wählt. Holzartlich verschiedene Bestände wie waldbaulich unterschiedliche Standorte sind für den Freiland-biologen die beiden Umweltgegebenheiten im forstlichen Bereich, denen er seine Beobachtungen unterzuordnen hat. Mit Absicht wurde davon Abstand genommen, etwa nur wirtschaftliche Arten auszuwählen, so daß der vorliegende Grundriß keinesfalls als ein Grundriß der Forstentomologie gewertet werden kann, als solcher auch niemals erarbeitet wurde. Neben den wirtschaftlich wichtigsten Arten kommen die häufigsten, wirtschaftlich oft völlig bedeutungslosen, mit den Schadinsekten aber oft verwechselten und auffälligsten Lebensformtypen aus der Insektenwelt des Waldes zur Behandlung. Daneben werden die häufigsten Parasiten, Räuber und die am Bestandesabfall (bei Streu- und Stockabbau) tätigen Formen der verschiedenen Vegetationstypen besprochen. Damit ist etwa der Kreis der «Waldinsekten» abgegrenzt. – Gelegentlich sind es die Imagines, andernorts dagegen lediglich die larvalen oder sogar nur die pupalen Entwicklungsstadien, die dem Freilandbiologen auffallen, oder aber andere Arten sind durch die Erscheinungen ihrer Lebensweise derart interessant, daß sie zu berücksichtigen waren. Da jedem Buch ein persönlicher Charakter eigen ist, kann es nicht ausbleiben, daß neben einer immer noch notwendigen Beschränkung eine subjektive Auswahl der Arten getroffen worden ist, über die man unterschiedlicher Meinung sein kann. Aber ich hoffe, daß mit der im Text im einzelnen behandelten oder ausgewählten Anzahl von weit über 850 Arten ein einigermaßen abgerundetes Bild von der Vielgestaltigkeit der Lebensformtypen in dem ökologisch festumrissenen Lebensbereich des Waldes gewonnen werden kann; dabei sind die Coleoptera und Diptera mit über 200, die Lepidoptera mit fast 200 und die Hymenoptera mit über 100 Arten vertreten. In den Legenden zu den Biotopbildern werden weiterhin über 200 seltenere Arten aller Ordnungen erwähnt. Eine kurze systematische Übersicht, die sich im wesentlichen den Ordnungsprinzipien in den entomologischen Lehrbüchern anschließt, wurde zur schnellen Orientierung an den Anfang des systematischen Abschnittes gestellt (4.1).

Um neben der **Abwandlung des Grundplanes der Insektengestalt** im Imaginal- oder Entwicklungsstadium die **Vielseitigkeit der ökologischen Verbindungen** aufzeigen zu können, wird vor den Hauptabschnitten eine Skizze der oftmals recht verwickelten Beziehungen im Verknüpfungsgefüge der Waldbiozönose gebracht. Dabei wird vor allem aufzuzeigen versucht, wie sich die Ergebnisse von ökologischen Außenuntersuchungen in Diagrammen darstellen lassen; vielleicht können diese Unterlagen dem Biologielehrer eine Anregung bei der Durchführung biologischer Arbeitsgemeinschaften sein. Bei der Abhaltung von Übungen oder während zahlreich durchgeführter Exkursionen für Studenten und für entomologisch interessierte Gruppen konnte durchweg die Feststellung getroffen werden, daß man sich bei Beobachtungen im Freilande nur ungern mit detaillierten Bestimmungstabellen beschäftigt; zudem haben die Determinationsunterlagen auch oftmals einen entmutigenden, abstrakten Charakter, der besonders dem Praktiker (selbst wenn er eine diesbezügliche entomologische Grundausbildung absolviert hat) gelegentlich erhebliche Schwierigkeiten bereitet, weil eben vielfach die Differentialkennzeichen ohne jegliche zeichnerische Wiedergaben gebracht werden. Daß eine einwandfreie Artbestimmung für den Spezialisten ohne Bestimmungsschlüssel nicht möglich ist, versteht sich von selbst. Trotzdem kann aber versucht werden, das Ansprechen der häufigsten und auffälligsten Arten im Freilande in einem mit bestimmten Pflanzenarten bestockten Lebensraum ohne komplizierte Bestimmungstabellen zu erleichtern. Vorbedingung für eine derartige, ökologisch begründete Analyse des Artenbestandes ist die Beigabe sorgfältig ausgewählter Abbildungen aus den einzelnen Insektenordnungen. Wie oben schon herausgestellt wurde, ist es dabei oft wesentlich, einmal das Vollkerf, ein andermal das Jugendstadium in zeichnerischer Darstellung vorzuführen, je nachdem ob die eine oder die andere Entwicklungsstufe häufiger dem Freilandbiologen zu Gesicht kommt. Da mit dem Insekt gleichzeitig sein Fraß-

oder Schadbild oder aber allgemein die Ernährungsweise bzw. die brutfürsorgerischen Tätigkeiten zur Beobachtung anstehen, gelangen häufig nur diese Spuren sozusagen zur Darstellung, denn auch ohne Auffinden des «Täters» läßt sich nicht selten das Vorhandensein einer bestimmten Art nachweisen. Ein Beispiel in dieser Hinsicht sind die Fraßbildtypen der Borkenkäfer, zu deren Ansprechen im Bestande lediglich die Kenntnis der Holzart gehört.

Leider konnte aus naheliegenden Gründen eine farbliche Wiedergabe aller Insektenarten oder gar ihrer Fraß- und Schadbilder nicht erfolgen. Bei der Auswahl der Farbtafeln wurde neben einigen unumgänglichen Darstellungen darauf Wert gelegt, dem Benutzer einmal die Schönheit unserer einheimischen Insekten in ausgewählten, selten wiedergegebenen Formen vorzuführen. Bei einigen Wicklerarten und Motten sind die Falter absichtlich «sitzend» gezeichnet, damit sich der Beobachter den im Freilande zumeist gegebenen farblichen Eindruck einprägen kann. Zum **schnellen Asprechen** wurde fast allen Abbildungen ein Maßstab beigegeben, um die Größenverhältnisse leicht ablesen zu können – nur bei den neuen farbigen Darstellungen (6.4), die nach einer andersartigen Leitlinie angeordnet sind, wurde ein Maßstab nicht eingezeichnet. Die Größenverhältnisse sind in den systematischen Aufzeichnungen leicht zu ermitteln. – Nicht immer läßt sich die Originalgröße eines Insekts oder seines Entwicklungsstadiums darstellen; bisweilen ist sogar eine erhebliche Vergrößerung unbedingt erforderlich, um differentialdiagnostische Einzelheiten kenntlich machen zu können und um leichtfertiges Ansprechen, das sonst unvermeidlich ist, möglichst auszuschalten. Die heute allgemein übliche Orientierung des Vorderendes einer Larve oder einer Imago nach oben bzw. nach links wurde eigentlich immer durchgeführt. Nach eigener umfangreicher Fraßstücksammlung war anfangs beabsichtigt, teils fotographische Aufnahmen zu bringen. Da sich jedoch in einer Zeichnung etwa der Brutfraß neben dem Regenerationsfraß bei einem Borkenkäfer-Fraßbildtyp gleichzeitig darstellen läßt, bin ich während der Bearbeitung dazu übergegangen, auch von den Scolytidenfraßbildern nach den Vorlagen Strichzeichnungen anfertigen zu lassen.

Die **farblichen Darstellungen** und die **Strichzeichnungen** (von denen insgesamt weit über 800 Originale sind), die durchweg nach Lebendskizzen angefertigt wurden, bilden aber nur zusammen mit den Ausführungen über die «Differentialmerkmale und Ökologie der wichtigsten, häufigsten und auffälligsten Waldinsekten» eine Arbeitsgrundlage bei Beobachtungen im Freilande. Zur schnellen Übersicht wurde bei der textlichen Ausgestaltung dieses Abschnittes ein stets wiederkehrendes Schema gewählt, das allgemein auch schon in anderen wissenschaftlichen Veröffentlichungen verwirklicht, bei eigenen Untersuchungen verwendet und von anderer Seite offensichtlich als brauchbar empfunden wurde. In der Darstellungsweise habe ich eine systematische Anordnung einer Aufführung nach verschiedenen Holzarten oder Bestandestypen vorgezogen, da in ökologischer Hinsicht zu oft Überschneidungen vorkommen. Nur bisweilen weiche ich von diesem Schema ab und führe die Arten innerhalb der Familie nach ihrem biologischen Verhalten auf. Die Artnamen oder auch die Bezeichnungen der systematischen Kategorien werden in der gebräuchlichsten Form gebracht; die ständigen Änderungen der wissenschaftlichen Namen haben vielfach erhebliche Verwirrung hervorgerufen. Synonyme werden zumeist angegeben, um jedem das Weiterforschen in Bestimmungsbüchern, auch älteren Datums, zu ermöglichen. Bei sämtlichen Artbezeichnungen ist aus wissenschaftlichen Gründen der Autor aufgeführt; von einer gegebenenfalls üblichen Einklammerung der Autorennamen ist grundsätzlich Abstand genommen. Die deutschen Vulgärnamen wurden, soweit bekannt, aufgezeichnet.

Unter «Kennzeichen» habe ich im allgemeinen die artcharakteristischen Merkmale der Imagines und Larven (Raupen) aufgeführt, weil diese beiden Stadien aktiv im Bestande auftreten. Manchmal wurden dabei zum Vergleich die prägnanten Beschreibungen einschlägiger, älterer Werke oder Veröffentlichungen herangezogen. Bei Färbungsbeschreibungen wurde zumeist die auffallende Gesamtfärbung hervorgehoben und nur, wenn es nicht zu umgehen war, auf farbliche Einzelheiten aufmerksam gemacht. Besonderer Wert wurde den differentialdiagnostischen Feldkennzeichen, zu denen häufig arttypische Verhaltenseigenarten kommen, beigemessen, weil diese beiden Merkmalsgruppen beim schnellen Ansprechen wesentlich sind. Die Begriffe der allgemeinen und systematischen Entomologie werden mit den teilweise vielleicht unbekannten ökologischen und waldbaulichen Fachausdrücken in einem Glossarium erläutert.

In dem gesamten speziellen Teil wurde des öfteren der Telegrammstil angewendet, weil stets die schnelle Orientierung bei Arbeiten im Freilande im Vordergrund steht. So erschien es mir gleichfalls notwendig, auf etwaige Verwechselungsmöglichkeiten oder ähnliche Merkmalskombinationen bei anderen Fraßbildern oder Insektenarten immer wieder zu verweisen, selbst auf die Gefahr hin, gelegentlich Wiederholungen zu bringen. Ich will damit eine Arbeitsgrundlage schaffen, die allen etwas zu geben hofft, dem Studenten und dem Revierverwalter, dem Biologen in der angewandten Disziplin in den verschiedensten Forschungs- und Überwachungsinstitutionen, dem Biologielehrer für die Durchführung anregender Lehrwanderungen und Arbeitsgemeinschaften mit den Schülern und nicht zuletzt dem angehenden Amateur-Entomologen, auf dessen Mitarbeit wir bei einer dringend erforderlichen, großräumigen ökologischen Forschung immer weniger verzichten können. Vielleicht sind die erarbeiteten Beobachtungsergebnisse auch als Grundlage geeignet zur Heranbildung eines dringlicher denn je geforderten Bestimmungsdienstes in den Reihen des Pflanzenschutzes, wo es erheblich an Systematikern fehlt. Freilich sollen die Unterlagen nicht zu einer oberflächlichen Bestimmungsarbeit führen, sondern im Gegenteil zu einer intensiveren Beschäftigung mit den nicht gern gesehenen Determinationstabellen anregen. Und das wird zweifellos schon dadurch erreicht, daß der Beobachter zu einer Art oder zu einer Artengruppe geführt wird, die in Frage kommen könnte. Ehe umfangreiche Vergleichssammlungen vorhanden sind, kann damit unter Umständen ermüdende Bestimmungstätigkeit abgekürzt werden.

Unter «Ökologie» sind bei den einzelnen Arten alle wissenswerten Tatsachen zusammengestellt, soweit sie mir für die Arbeiten unter einem ökologischen Aspekt von Interesse zu sein scheinen; weitgehend sind langjährige Beobachtungen in Vegetationsgebieten von der Meeresküste bis zu alpinen Regionen eingeflochten, ohne daß es besonders hervorgehoben wurde. Selbstverständlich wurden bionomische oder epidemiologische Beobachtungen anderer Autoren verwendet; freilich ist dies bei der außerordentlich weiten Streuung einschlägiger Veröffentlichungen in einer fast unübersehbaren Zahl von Zeitschriften schon schwierig genug, so daß sicherlich einige Arbeiten versehentlich nicht berücksichtigt wurden. Bisweilen wird noch von einem «primären» oder «sekundären» Auftreten eines ausgesprochenen Schadinsekts gesprochen, obwohl diese Begriffe auf Grund neuerer Forschungen nicht mehr durchweg angewendet werden. Da aber trotz der ökologischen Grundkonzeption das Insekt als solches im Mittelpunkt der vorliegenden Arbeitsgrundlage steht, läßt sich das Vorkommen oftmals durch diese Bezeichnungen treffender charakterisieren als durch umständliche Erläuterungen, welche Faktoren (falls sie überhaupt bekannt sind) zu einem mehr oder weniger starken Befall führen können. Wie schon bei den Größenangaben im Abschnitt «Kennzeichen» sind auch hier im ökologischen Abschnitt bei der Aufführung der Jahreszeit und bei den Angaben über die Beendigung des Fraßes oder über das Einsetzen der Verpuppung usw. Durchschnittswerte angegeben. Geringfügige Verschiebungen der Zeiten sind bei den Insekten, die in ihrer postembryonalen Entwicklung oft von vielerlei Faktoren abhängig sind, ohne weiteres gegeben. Aus der Länge der Ausführungen ist nicht etwa die Bedeutung der Art (gegebenenfalls die wirtschaftliche Bedeutung einer Schadinsektenart) zu folgern, sondern je nach den Gegebenheiten wurde über schwer auffindbare Formen absichtlich mehr gebracht als über leicht zur Beobachtung gelangende Arten. Oder aber über einige Arten sind ausführliche, ökologische Analysen erarbeitet, deren Ergebnisse mir geeignet erscheinen, die komplizierte Verflechtung der Beziehungen zur Fraßpflanze oder zu anderen Biozönosemitgliedern aufzuzeigen. Deshalb sind auch die jeweiligen Gegenspieler einer Art unter «Vertilgerkomplex» (oder «Vertilgerkreis») benannt, um immer wieder an die «Abhängigkeitsketten» innerhalb einer Lebensgemeinschaft zu erinnern. Näheres wird darüber in der ökologischen Einführung zu sagen sein. Damit auch der Praktiker den Grundriß mit Nutzen verwenden kann, wurden zumindest kurze Hinweise über die **wirtschaftliche Bedeutung** gegeben; von Bekämpfungsvorschlägen ist jedoch abgesehen worden, weil infolge des technischen Fortschrittes Angaben sehr schnell wieder überholt sein können.

Wenn in den vorgelegten Arbeitsgrundlagen für die Freilandbeobachtungen bewußt auf Bestimmungstabellen in dichotomem Aufbau verzichtet werden soll, das Ansprechen der Insekten aber dem Benutzer angeblich erleichtert werden kann, so ist neben der Kennzeichnung der Art im Imaginal- und

Larvalstadium durch Heraushebung der Feldkennzeichen und Verhaltenseigenarten, durch Beigabe zahlreicher, charakteristischer Zeichnungen die
ökologische Freiland-Differentialdiagnose zu stellen. Wie anfangs schon
angedeutet, nur noch nicht näher ausgeführt wurde, ist dem Standort als
solchem übergeordnet der Bestand, der eine gewisse geschlossene Einheit
bildende «Pflanzenbestand», der dem Insekt gegenüber ein einheitliches
Nahrungsmilieu bildet, da seine oder die seiner Entwicklungsstadien gemäße
Ernährungsbasis im näheren Umkreis mehrminder leicht erreichbar ist.
Andererseits bildet sich um den speziellen Standort in der Einheit des Bestandes
ein Standortklima, das in der Entwicklung der Art je nach den Ansprüchen
außerordentlich förderlich sein kann, so daß sich Konzentrationsstellen bilden,
an denen (wie etwa in den Stöcken oder in ihrem Bereich) ein reiches
Artenspektrum beobachtet werden kann. Damit ist ein Weg aufgezeigt, den
Freilandbiologen an die einzelnen Lebensformtypen heranzuführen, und zwar
einmal durch ein **Verzeichnis der Arten an verschiedenen Fraßpflanzen und an
charakteristischen Fundplätzen.** Eine zweite Möglichkeit ist in der **zeichnerischen Gestaltung von Lebensraum-Skizzen,** von besonderen Standorten oder
von Konzentrationsstellen in einer Lebensstätte gegeben, die nicht zu sehr
Schemata sein dürfen, die aber besonders dem Anfänger durch die Benennung
der hier mit gewisser Sicherheit anzutreffenden Arten eine erste Hilfe sein
können, sich in die außerordentlich schwierige Handhabung jeglicher ökologischer Freilanduntersuchungen durch Aneignung einer stets notwendigen
Formenkenntnis einzuarbeiten.

Im Gegensatz zum Grundriß-Abschnitt, in dem die heutigen, wiss. Bezeichnungen eingearbeitet sind, wurden bei der Freiland-Differentialdiagnose und
im Bildteil vielfach die mehrere Jahrzehnte gebräuchlichen Gattungs- und
Artbenennungen beibehalten. Ich möchte die Verbindung zu älteren Monographien oder Buchveröffentlichungen (etwa von K. ESCHERICH) nicht gänzlich
abreißen lassen; zum anderen kann der Beobachter über das Register die heute
gültigen Bezeichnungen in der systematischen Übersicht (Abschn. 4.2) ermitteln. Für den Freiland-Beobachter sind die Umbenennungen oftmals nicht
nachzuvollziehen, obwohl sie aus nomenklatorischen Gründen für erforderlich gehalten werden.

2 Das Verknüpfungsgefüge der Lebensgemeinschaft im Ökosystem Wald

2.1 Strukturen auf der Organisationsebene der Biozönose

Der Waldbiotop stellt, biologisch gesehen, einen Lebensraum dar, der grundsätzlich noch ausgeglichene Verhältnisse zeigt (abgesehen von ernsten Störungen[*)] obwohl auch hier schon durch wirtschaftliche Maßnahmen gelegentlich stärkere Eingriffe erfolgen. Demgegenüber treten auf landwirtschaftlichen Nutzungsflächen die Kultivierungsverfahren zeitlich in gedrängter Folge auf, so daß oftmals wechselnde, unterschiedliche Gegebenheiten vorkommen und deshalb die biologischen Umweltverhältnisse in einer schnellen Aufeinanderfolge sich ändern. Dies trifft freilich im wesentlichen für die Kulturpflanzen zu, die nach TISCHLER (1955) «mitsamt ihren von ihnen abhängigen Organismen indessen nur einen Teil der ganzen Feldbiozönose bilden». Schon für die Pilz- und Tierbewohnerschaft der Unkräuter oder aber für die Tiergesellschaften der Bodenoberfläche und der Bodenschichten lassen sich nach dem gleichen e.g. Autor bestimmte Gesetzmäßigkeiten auffinden. Trotzdem bleiben jedoch die Kulturpflanzen in den betreffenden Biotopen die charakterisierenden Bestandteile im Beziehungsgefüge dieser Lebensräume. Der heute vorwiegend nur noch existierende Wirtschaftswald zeichnet sich aber im übrigen auch sonst noch durch typische Konstellationen der ökologischen Bedingungen aus, die eine auffallende Häufung der verschiedensten Lebensformtypen schon in einem räumlich jeweils begrenzten Bereich gegenüber anderen Lebensstätten beobachten lassen.

Gestützt auf langjährige Freilandarbeiten möchte ich annehmen, daß allein drei Beobachtungstatsachen genügen, um die besondere Struktur der Waldbiozönose zu charakterisieren.

[*)] Durch Schnee- und Windbruch entstehen Waldlücken, die an dieser Stelle zu einer Erneuerung führen. Ökologische Untersuchungen ermöglichen eine Einschätzung der Bedeutung belassener Windbrüche für die Insektenfauna (OTTE, 1989). – Eine Regeneration nach mehr oder weniger regionalen Ausfällen durch Sturmschäden, Schneebruch, Brandkatastrophen (vgl. spätere Ausführungen im Abschnitt 3.1) etc. läßt eine regelhafte «Abfolge von ‹Pionierpflanzen›» auffinden, «die von langsamer wachsenden, jedoch konkurrenzstärkeren im Laufe der Zeit überflügelt werden. Die Wiederherstellung des Ausgangsstadiums wird als das Erreichen der Klimax, der Klimaxgesellschaft, bezeichnet. Dieses Modell kann nur für relativ kurze Fristen gelten, denn langfristig gibt es kein absolutes Klimaxstadium» (KINZELBACH, 1989). Die Ökosysteme sind zumeist durch eine zyklische Dynamik gekennzeichnet, so daß «die Vorstellung von einer stabilen Klimax problematisch» ist (BICK, 1989; vgl. auch WALTER u. BRECKLE, 1983).

1. In engem Zusammenhang mit der zumeist vorherrschenden Mehrschichtigkeit läßt sich eine vielseitige Ausbildung der Beziehungen zwischen den Organismen und Organismengesellschaften, also der sogenannten «Abhängigkeitsketten», die die einzelnen Arten miteinander verflechten, feststellen.
2. Infolge einer Bestockung mit holzigen Gewächsen, die dem Befall durch ein Vollkerf oder dessem aktiven Entwicklungsstadium an sich größeren Widerstand entgegenbringen als krautige Gewächse, ist auffallend die Erscheinung der Sukzession, mit der wiederum mehr oder weniger verbunden sind:
3. die Humifizierungsvorgänge innerhalb des gesamten Bestandes (dazu Abb. 1038 u. 1039).

Nachfolgend seien diese ökologisch wichtigen Tatsachen in die Ausführungen hineingestellt, um aufzuzeigen, daß kein Lebensraum geeigneter sein dürfte, in die ökologisch-systematische, entomologische Freilandbiologie einzuführen und den Beobachter anzuregen, nach einer faunistischen Erfassung seine Außenuntersuchungen auf übergeordnete Probleme zu lenken. Ich greife bei der weiteren Erörterung vorwiegend auf eigene, frühere Veröffentlichungen, in denen ich manche Fragestellungen schon gesondert behandelt habe (BRAUNS, 1953, 1954 u. 1958), zurück.

Im Vordergrund einer jeden ökologisch ausgerichteten Freilandarbeit steht zunächst das Faktum, daß sich das Leben in einer Gemeinschaft von Lebewesen abspielt; in jedem Lebensraum, so auch im «Bestande», treten uns nicht Einzelindividuen, herausgelöst aus ihrer Umgebung, entgegen, sondern es zeigt sich, daß Tiere und Pflanzen eine Lebensgemeinschaft (Biozönose) bilden. Vor allem gehören der Lebensraum und die ihn besiedelnde Lebensgemeinschaft untrennbar zusammen, da der Lebensraum (Biotop) erst einmal die Existenzmöglichkeiten für die Lebewesen schafft, zum andern jedoch die Organismen wieder ihren Lebensraum durch ihre Tätigkeit völlig umgestalten können. Augenfällig wird dies etwa bei der Massenvermehrung eines wirtschaftlich schädigenden Insekts, das durch seine Fraßtätigkeit die Lebensstätte zuletzt als Lebensraum sogar vernichten kann, wenn nicht vorher durch den Menschen eingeleitete Gegenmaßnahmen zur Dezimierung des Schadinsekts führen (vgl. BRAUNS, 1941 u. 1944). Aber der Mensch kann auch durch Eingriffe in eine «natürliche» (nicht erst in die bereits im Gleichgewicht gestörte) Lebensgemeinschaft bzw. durch Maßnahmen im natürlichen Lebensraum völlig neue Umweltbedingungen schaffen und durch seine Maßnahmen in der Artzusammensetzung der Fauna und Flora erhebliche Veränderungen bewirken (vgl. THIENEMANN, 1941). Aus der Fülle der Beispiele sei nur ein solches aus meinem Heimatkreise Springe im Lande Niedersachsen angeführt, wo ehedem nach Rodung des Auewaldes die charakteristischen Auewaldarten (aus den Klassen des gesamten Tierreichs) verschwanden und manche in andere Lebensräume eindrangen.

In der Natur ist mithin eine Verbindung verschiedenartiger Organismen und Organismengemeinschaften verwirklicht und lassen sich Beziehungen vielseitiger Art auffinden, so daß man zweifellos von einem in einer Lebensgemeinschaft vorherrschenden «Beziehungsgefüge» sprechen kann, dessen Faktoren von verschiedenen Seiten aus analysiert werden können, um als Bausteine für ökologische Untersuchungen weiträumiger Art zur Verfügung zu sein. Die Beziehungen entspringen neben den Ernährungsmöglichkeiten auch den Fortpflanzungsverhältnissen, wobei unter diesen beiden Funktionskreisen der der Ernährung fast immer eine ausschlaggebende Rolle spielt, da bei der Sicherung der Art die ganze Brutfürsorge oder die Brutpflege vorwiegend auf ernährungsbiologischer Grundlage basiert. Beide Funktionskreise, die Fortpflanzungs- wie die Ernährungsverhältnisse erlangen aber im Kreislauf der Stoffe, übrigens einer kennzeichnenden Erscheinung in der Natur, eine besondere Bedeutung. TISCHLER (1955) spricht in seinem Lehrbuch über die «Synökologie der Landtiere» bei den Nahrungsbeziehungen, zu denen auch noch Schutz- und Wohnverhältnisse hinzuzurechnen sind, von «Abhängigkeitsketten», die die einzelnen Arten miteinander verflechten. Wollen wir die biozönotische Ordnung in der bisher üblichen Definition skizzieren, so liegt eben einer der charakteristischen Organisationszüge in der Art der Verknüpfung ihrer Teile. «Während Zelle, Vielzeller, Tierstöcke und Tierstaaten durch gemeinschaftsbezogene zentrale Leitung eine regulationsfähige Einheit bilden, sind die Teile in Lebensgemeinschaften nur durch» ... solche ... «Abhängigkeitsketten verknüpft». Infolge dieser zahlreichen Verflechtungen reguliert sich das Ganze, so daß eine Konstanz mehr oder minder erhalten bleibt, die als «biozönotisches Gleichgewicht» bezeichnet wird. Man kann freilich nur von einer «Tendenz» zum Gleichgewicht sprechen; es ist ein Teil des Gleichgewichtsprozesses zu erkennen, nicht aber der Eintritt eines endgültigen Gleichgewichtszustandes, weil fortgesetzte Schwankungen um eine Mittellage stattfinden (mithin dauernde Verschiebungen im Gange sind). WURMBACH (1970) spricht daher in seinem Lehrbuch der Zoologie von einem «Fließgleichgewicht» (MILNE, 1965; SCHUBERT et al., 1984; KLÖTZLI, 1989).

Soweit nun das biozönotische Gleichgewicht durch biotische Faktoren aufrechterhalten wird – und gerade das läßt sich gelegentlich bei manchem, anfangs besorgniserregenden Auftreten einiger Schadinsekten im Bestande beobachten – äußern sich diese biotischen Faktoren in dem «biozönotischen Konnex» (in dem «Verknüpfungsgefüge einer Lebensgemeinschaft»). FRIEDERICHS (1930) definiert diese Form der Verflechtungen folgendermaßen: «Man versteht darunter im einzelnen praktischen Fall die direkten und die näheren, greifbaren indirekten Beziehungen der Tiere zu anderen Tieren und zu den Pflanzen und dieser untereinander.» Doch erst wieder fast zwei Jahrzehnte später kommen ELTON (1947) und TISCHLER (1951) auf die Bedeutung solcher biozönotischen Konnexe zurück und sehen in der Erforschung solcher Abhängigkeitsbeziehungen eine wichtige Aufgabe der Biozönotik.

Während sich früher die Erforschung der Lebensgemeinschaften in der Bestandsaufnahme erschöpfte, setzte man späterhin den Organismenbestand mit den Umweltbedingungen seiner Lebensstätte in Beziehung (vgl. TISCHLER, 1951). Es darf freilich nicht verkannt werden, daß auch schon die Aufstellung von Artenlisten, statistischen Erhebungen usf. in einer vielgliedrigen und vor allem in einer mehrschichtigen Lebensstätte, wie sie der geschlossene, forstliche Bestand nun einmal verkörpert, die Arbeitskraft eines einzelnen Bearbeiters lange Zeit in Anspruch nehmen kann. Besonders trifft dies zu, wenn er die mitunter äußerst schwierigen und zeitraubenden systematischen Determinationen gewissenhaft und ohne vielseitige Inanspruchnahme fremder Hilfe zu bewältigen versucht. Eine derartige Bestandsaufnahme darf daher in ihrem Wert für weitere Freilanduntersuchungen nicht unterschätzt werden. Jedoch erst das vergleichende Studium verschiedener Organismengemeinschaften ermöglicht es uns, einen tieferen Einblick in das Gefüge einer Organismenorganisation zu erhalten und damit zu einem gewissen Ordnungsprinzip zu kommen.

In jedem Forschungsgebiet wird nun angestrebt, zumindest Teilergebnisse – oder wenn es angängig erscheint, auch Gesamtergebnisse umfangreicher Untersuchungen – bildlich darzustellen. Und gerade die Biologie kann am wenigsten darauf verzichten, wie sich mehrfach in dieser Einführung in die ökologisch-systematische Freiland-Entomologie der Waldbiozönose aufzeigen läßt. So erscheint es nicht abwegig, wenn sich die ökologische Forschung gleichfalls der obigen Methode bedient und Untersuchungsergebnisse in Diagrammen aufzuzeigen versucht. Daß eine solche Aufschlüsselung der Beobachtungsunterlagen wesentlich mehr Arbeit in der praktischen Ausführung bringt als der Leser ahnt, liegt in der außerordentlich schwierigen Handhabung jeglicher ökologischer Forschungsarbeiten begründet. Bei der Erarbeitung derartiger diagrammatischer Darstellungen sind nach ELTON (1947) zwei Wege möglich (zit nach TISCHLER, 1951). Entweder kann man von einer bestimmten Tierart aus die Beziehungen verfolgen und so allmählich das gesamte Verknüpfungsgefüge aufzeichnen oder man teilt sämtliche beobachteten Tiere nach den verschiedenen Nahrungsklassen ein, weiterhin in solche, «die eine Nahrungsbasis für viele bilden und Endglieder von Nahrungsketten usw.»

Es soll nicht verschwiegen werden, daß an dem weiteren Ausbau der Konnexforschung bzw. an ihr als solcher von anderer Seite Kritik geübt worden ist. Es erscheint angebracht, an dieser Stelle zumindest in großen Zügen darauf einzugehen. SCHWENKE (1953) hält das ganze Verfahren für geeignet, zu unwirklichen Konstruktionen zu kommen, beispielsweise dann, wenn der Bearbeiter etwa die Wirtstierarten entomophager Insekten aus anderen Veröffentlichungen entnimmt und diese Wirtsliste mit der von ihm selbst untersuchten Biozönose vergleicht. Demgegenüber hat TISCHLER freilich eigene Beobachtungen als Basis ausdrücklich verlangt, doch eine Ergänzung zur Erarbeitung der Verknüpfungen aus der Literatur für möglich gehalten. Dagegen werden rein kompilatorische Konstruktionen von vornherein abgelehnt, «weil dann Tiere, die zwar in einem Biotoptyp leben können, in einem einzelnen Biotopbestand aber in Wirklichkeit gar nicht zusammen vorkommen, in ein imaginäres Abhängigkeitsgefüge gebracht würden».

Im übrigen sieht SCHWENKE in den biozönotischen Konnexen Schemata von «Kann»-Beziehungen und nicht von «Ist»-Beziehungen und hält es beispielsweise für unmöglich, Ernährungsbeziehungen zwischen den «Hymenoptera parasitica» und einem ganzen Wirtsgruppenkomplex aufzeichnen. Wie schon TISCHLER (1955) betont, stellen hier die Kritiker Forderungen an diese Methode, «deren Lösung ... gar nicht beabsichtigt» ist. Es darf nicht übergangen werden, daß es sich bei den biozönotischen Konnexen um vorläufige diagrammatische Darstellungen handelt, die zum Ausbau weiterer spezieller ökologischer Forschungen dienen sollen und zumindest einen plastischeren Eindruck von dem komplizierten Gefüge einer Lebensgemeinschaft als Organisation zu vermitteln imstande sind als lange Artenlisten.

Auch die Existenz etwaiger einseitiger Beziehungsrichtungen oder aber blinder Endungen in den Abhängigkeitsketten, wie PEUS (1954) zu bedenken gibt, dürfte wohl kaum den Wert derartiger Verknüpfungsgefüge mindern. Selbst wenn solche Abhängigkeitsketten gelegentlich über die Biotop- oder Lebensgemeinschaftsgrenzen hinüberreichen, so ist das zwangsläufig auf die stets vorherrschenden biologischen Gegebenheiten zurückzuführen, mit denen sich der Freilandbiologe immer wieder abfinden muß. Ein eindeutiges Beispiel in dieser Hinsicht ist der Waldesrand, in dessen Bereich Arten aus dem Bestandesinnern wie Lebensformtypen der Wiesen und Felder überwechseln. Daß infolgedessen das Korrelationsnetz über den Bestandesrand in vielfacher Weise hinausgehen kann, ist von vornherein zu erwarten. Andererseits betont FRIEDERICHS (1954), daß die Lebensgemeinschaft ein «offenes» System sei, in dem von außen her einwirkende, abiotische Einflüsse dauernd das «Gleichgewicht der Arten» (die Populationsdynamik mindestens gewisser Arten) beeinflussen. Wenn aber schon die Lebensgemeinschaft für abiotische Faktoren ein mehrminder offenes System ist, kann nicht erwartet werden, daß sich die biotisch bedingten Abhängigkeitsketten stets nur auf die Lebensgemeinschaft als Organisation erstrecken. Trotz aller etwa auftretenden Schwierigkeiten und Unzulänglichkeiten in der Abgrenzung der Lebensgemeinschaften untereinander, werden bei Vergleichen mehrerer vom Beobachter erarbeiteter Konnexe sich Unterschiede zwischen den Lebensgemeinschaften doch erkennen lassen; damit werden dann Unterlagen geschaffen, die für die Weiterarbeit auf ökologischem Gebiet bedeutungsvoll sind.

Die Vorarbeiten zu größeren Konnexen können freilich durch das Vorhandensein ausgesprochener Gradationsinsekten in einer Biozönose erheblich erschwert werden, weil vor allem das Zusammentreffen der beiden Komponenten eines einfachen gradologischen Bezugssystems (insbesondere von Wirt und Gegenspieler), die sogenannte «Koinzidenz» (THALENHORST, 1950), nicht überall und jederzeit gegeben ist. So sagt SCHWENKE (1953) zweifellos zu Recht, die Ernährungsbeziehungen würden nach erfolgter Korrelationsforschung «ganz anders aussehen». «Dort wird es nicht darauf ankommen, daß z.B. der Kiefernspanner *Bupalus piniarius* von so und so vielen Schlupfwespenarten der Biozönose parasitiert werden kann oder wird, sondern darauf, wie stark der Parasitierungsprozent jeder dieser Arten und somit deren Einfluß auf die Populationsdichte des Spanners in der betreffenden Biozönose ist.» Aber wollte man diesen berechtigten Einwand berücksichtigen und in jede schematische Darstellung den Parasitierungsprozentsatz einbauen, dann würde die diagrammatische Aufzeichnung der Untersuchungsbefunde derart kompliziert, daß eine orientierende Übersicht für einen nachfolgenden Beobachter nur schwerlich gegeben wäre.

Daß jene Ökologen, die in der Gestaltung der biozönotischen Konnexe nur eine von vielen Ausdrucksmöglichkeiten für Freilandbefunde sehen wollen, selbst die Schwierigkeiten erkennen, zeigt sich weiterhin darin, daß auch die Berücksichtigung der Aspektfolge in derartigen Diagrammen eigentlich undurchführbar ist. Aber selbst wenn die einzelnen Arten sich auch nur zu bestimmten Jahreszeiten zeigen, so stehen sie doch nach TISCHLER als weniger sichtbare Larvenstadien während der übrigen Monate im Korrelationsgefüge.

Es kommt eben bei den Insekten erschwerend hinzu, daß zwischen der Nahrung der Larve und der der Imago in den meisten Fällen keinerlei Beziehung besteht. Das Leben der Larve spielt sich im allgemeinen in einer ganz anderen Umwelt oder in völlig andersartigem Substrat ab, wie das der selten flugunfähigen und daher weniger ortsgebundenen Imago. Greifen wir als Beispiel einmal die Zweiflügler heraus. Für die Dipteren charakteristisch ist etwa ein «ubiquitäres» Vorkommen, also ein Auftreten in den verschiedensten Lebensräumen, und eine weitgehende Polyphagie im Larvenstadium. Die Polyphagie ist aber nun nicht allein unter verschiedenen Arten **einer** Familie verbreitet, sondern tritt nicht selten während des Larvenstadiums der einzelnen Art auf. Alle Larven der Zweiflügler machen während ihrer Lebensdauer (wie auch andere Insektenlarven) verschiedene Häutungen durch und wechseln mitunter sogar (im Gegensatz zu vielen anderen Insektenlarven) ihre Ernährungsweise. Sind sie im ersten Stadium als ausgesprochen fäulnisliebend (saprophag) anzusprechen, so können sie im letzten (etwa im dritten) Stadium vorwiegend räuberisch (carnivor) sein; es gibt sogar Arten, die ohne derartige Zusatznahrung überhaupt nicht das pupale Stadium erreichen. Was für die Larven gilt, trifft nur bis zu einem gewissen Grade für die Imagines zu. Arten, die im weiblichen Geschlecht als haematophage Insekten zu den berüchtigten «Plagegeistern» gehören, sind im männlichen Geschlecht harmlose Blütenbesucher (Culicidae, Stechmücken; Tabanidae, Bremsen) oder Arten, die sich über lange Zeit hinaus als «Kuhdungflüssigkeitssauger» betätigen, gehen bei Erscheinen von Blüten (etwa am sonnigen Waldesrand) sofort zu eifrigstem Blütenbesuch über und ernähren sich hier vorwiegend von Pollenkörnern (Cordyluridae, Dungfliegen [Cyclorr. Schizoph. Calyptr.]). Eine weitgehende Polyphagie, wenn nicht sogar eine Pantophagie, der Imagines ist unter den Dipteren dann höchstens bei den echten Fliegen (Muscidae) zu beobachten (BRAUNS, 1949).

Aus den bisherigen Ausführungen geht eindeutig hervor, daß selbst beim Vorliegen zahlreicher Beobachtungstatsachen die Erarbeitung biozönotischer Konnexe vielfachen Schwierigkeiten, die keineswegs verkannt werden dürfen, begegnet. Bevor nun für den Anfänger vereinfachte Wege für die diagrammatische Darstellung von Untersuchungsbefunden aufgezeigt werden sollen, seien zunächst zwei gut durchkonstruierte biozönotische Konnexe anderer Autoren vorgelegt (Abb. 877/878). Es sind dies nur zwei Beispiele aus einer Vielzahl von erarbeiteten Diagrammen, die einmal aber in unseren biotopgebundenen Bereich gehören und die zum andern durchaus geeignet erscheinen, uns mitten in die biozönotische Freilandforschung hineinzuführen.

Zur Erarbeitung des Verknüpfungsgefüges an Wallhecken und Waldrändern (in Schleswig-Holstein) als in einem «sehr komplexen, reichhaltigen und für zahlreiche Arten optimalen Biotop» geht TISCHLER (1951) nach dem Nahrungsklassenprinzip vor. Die Artdichte in diesen heliophilen Gehölzen ist zweifellos auf die besonderen Standortfaktoren zurückzuführen. «Einerseits weist der Bestandesrand ein Übergangsklima zwischen Stammraum- und Freilandklima auf und andererseits stellt der Bestandesrand gleichsam eine hohe Stufe im Gelände dar, woraus sich besondere lokal-klimatische Verhältnisse ergeben. Das Waldklima mit seinem ausgeglichenen Temperaturgang, geringeren Lichtgenuß, stärkeren Verdunstungs- und Windschutz und anderen Besonderheiten nähert sich am Bestandesrand allmählich an das Freilandklima an» (FRANZ, 1950). – Auch der Knick nimmt nach den eingehenden Untersuchungen von TISCHLER (1948) eine deutliche Mittelstellung ein zwischen Freiland und dem Bestandesinneren u. a. bezüglich der Höhe der Luftfeuchtigkeit, des Lichtes, der Windstärke und der Menge des pflanzlichen Bestandesabfalles. Es ist daher eine verstärkte Erhaltung und Neuanlage von Hecken, zugleich eine Ausweitung von Ackerrandstreifenprogrammen, zu fordern. Breite Feldraine bieten Blattlausparasiten gute Entwicklungsbedingungen; Hecken sind anderweitig nützlingsfördernd (BASEDOW; Gesunde Pflanzen, 39. Jhg., Heft 10, 1987).

Schon ein Blick auf den biozönotischen Konnex an Wallhecken und Waldrändern (Abb. 877) zeigt die beträchtliche Mannigfaltigkeit der interspezifischen Beziehungen. Viele Arten, deren Lebensweise als Larve und Imago (= I) verschieden ist, nehmen im Laufe ihrer Entwicklung einen Wechsel ihres Aufenthaltsortes innerhalb des Lebensraumes vor (= gestrichelte Linien) und haben somit in ökologischer Hinsicht unterschiedliche Bedeutung. Eine monographische Abhandlung der **Saumbiotope** und **Kleinbiotoptypen** im Bereich der Agrarlandschaften, die mit den forstlichen Lebensräumen eigentlich stets deutliche Vernetzungen zeigen, veröffentlicht RÖSER (1988). Mit Rücksicht auf naturgerechte Gestaltungsvorhaben, Sicherung zur Pflege dieser «vernetzten» Gefüge in unserer Landschaft sprechen die an einer Landschaftsökologie interessierten Geographen (wie etwa JEDICKE, 1990) von einem **Biotopverbund,** wobei aufgrund einer Veröffentlichung von HEYDEMANN (1987) ein Aneinanderstoßen von Lebensräumen (mithin ein räumlicher Kontakt) gemeint ist. Eine **«Vernetzung»** soll dagegen ein **funktionales Beziehungssystem zwischen pflanzlichen und/oder tierischen Organismen** in dem Betrachtungsmittelpunkt ansprechen. Auf Einzelheiten braucht nicht besonders eingegangen zu werden; viele systematische Bezeichnungen können hier im Artregister nachgeschlagen werden.

Als zweites Beispiel möge jener nach Daten von GYÖRFI (1951) aufgezeichnete zönotische Konnex in ungarischen Eichenbeständen gebracht werden, aus dem die Nebenwirte und Nährpflanzen, die zum Gedeihen der zahlreichen Schlupfwespen von Eichenschädlingen notwendig sind, abgelesen werden können (Abb. 878). Die Artbezeichnungen oder zumindest die Gattungsnamen sind bis auf wenige Ausnahmen im Artregister zu verfolgen. Dieses Diagramm ist jedoch schon nicht mehr ein ausgesprochener biozönotischer Konnex, sondern allenfalls die Veranschaulichung eines Teilkonnexes.

Nach eigenen Freilandarbeiten auf bodenbiologischem Gebiet innerhalb der Waldbiozönose erscheint es mir angezeigt, solche Teilausschnitte aus biozönotischen Konnexen überhaupt zunächst nur zu erarbeiten; erst dann ist es vielleicht angängig bei der zumeist auftretenden, erdrückenden Formenfülle, die sowieso bei diagrammatischen Darstellungen anfangs zu einer gewissen Beschränkung auffordert, zur Aufstellung größerer Zusammenhänge zu kommen und damit einen Wegabschnitt zu einer allseits anzustrebenden, ökologischen Korrelationsforschung zurückzulegen. Solche Teilausschnitte aus größeren

Verknüpfungsgefügen reichstrukturierter Biozönosen lassen uns jederzeit die Möglichkeit zum Zusammenfügen einzelner Bausteine.

Daß aber selbst bei einer derartigen Beschränkung – etwa auf eine einzige Insektenordnung und hier wieder allein auf die larvalen Stadien eines festumrissenen Bereichs – ein noch viel zu kompliziertes Diagramm entstehen kann, sei an einem Beispiel demonstriert (Abb. 879). Um die Stellung der bodenbewohnenden Zweiflüglerlarven im Verknüpfungsgefüge der Waldlebensgemeinschaft bildlich festzuhalten, wurde das beigegebene Schaubild entworfen – es wird hier ein veränderter **Ausschnitt** aus dem Diagramm **«Stellung der bodenlebenden Zweiflüglerlarven** im Verknüpfungsgefüge der Waldbiozönose» mit Darstellung der **Primär- und Sekundärzersetzer in der Fallaubschicht** gebracht, zuerst veröffentlicht in BRAUNS, 1968. Hauptholzart in den untersuchten Beständen war die Rotbuche, untermischt gelegentlich mit einigen anderen Laubholzarten (Birke, Eiche u. a.). Es mag am Rande vermerkt werden, daß für die Aufstellung dieses Diagramms immerhin fast 1800 Streu- und Bodenproben untersucht und wenig unter 5400 Determinationen aufgefundener Larven verwertet wurden.

Die ökologische Eingliederung der Bodenfauna in die gesamte Waldbiozönose kann mit wenigen Worten umrissen werden: R. H. FRANCÉ glaubte noch sämtliche bodenbewohnenden Organismen zu einer Lebensgemeinschaft nach Art des Planktons zusammenschließen zu können. Die terricolen Organismen sind jedoch nur ein Glied einer biozönotischen Kette des betreffenden Lebensraumes. In diese Kette ist die Bodenfauna und -flora eingefügt, indem sie im Stoffkreislauf der gesamten Lebensgemeinschaft des Bestandes oder auch des Standortes eine besondere Rolle spielt (BRAUNS, 1968; WALLWORK, 1970; TOPP, 1981).

Das Diagramm soll einmal die bevorzugten Aufenthaltsorte der terricolen Dipterenlarven aufzeigen; dabei fällt auf, daß neben den Fallaubschichten auch die amorphe Substanz modernder Stämme oder von Stöcken («Stubben») in die untersten Bezirke vertikaler Differenzierung einbezogen werden, weil dieses tote, pflanzliche Material im fortgeschrittenen Zersetzungsstadium schon mehr und mehr durch ausgesprochen bodenbewohnende Organismengruppen in den Stoffkreislauf des Bestandes zurückgeführt wird – um das Diagramm nicht zu unübersichtlich zu gestalten, ist von einer Aufführung der, Artengruppen in den einzelnen Nischen abgesehen. Zum andern soll das Diagramm gleichzeitig erkennen lassen, inwieweit die Dipterenlarven mit den übrigen im gleichen Substrat vorkommenden Organismen in ernährungsbiologischer Beziehung stehen oder von ihnen in ihrer Entwicklung gehemmt werden. Von den Kolonnen mit den Erstzersetzern, denen bei Humifizierungsvorgängen in einem Bestande stets eine bevorzugte Stellung einzuräumen ist, führen breite, schwarze Striche zum Nährsubstrat der Larven, beispielsweise zum Fallaub (wobei Pilzmyzel und Bakterien vielfach gleichzeitig aufgenommen werden); zum amorphen Material der modernden Stämme und Stöcke führen breite, nicht geschwärzte Striche. Schmale Pfeile führen von Räubern, kegelförmige von parasitischen Formen zu den einzelnen

Larvenfamilien (mit terricolen Artvertretern) und stellen damit den Vertilger-komplex der an der Aufarbeitung des Bestandesabfalles beteiligten Larven-typen dar. Die verschiedenartigsten Pilze (Baumschwämme [Polyporaceae], höhere Pilze und deren Myzel, auch Pilzsporen) oder die Exkremente der übrigen bodenbewohnenden, aber gleichfalls der oberirdisch an Wirtspflanzen vorkommenden, phytophagen Organismen werden von Zweiflüglerlarven be-fressen; selbst der mit humosen Exkrementen vermischte organogene Detritus des Bestandesabfallmaterials wird wieder von anderen Larvenformen ver-arbeitet und damit werden für die Pflanzenernährung aufschließbare Bestand-teile den Bodenschichten zugeführt. – (Hierzu auch die Abb. 1038 bis 1041).

Bisweilen mag es vielleicht angängig sein, eine Teilfrage unter ökologischem Aspekt auszuwählen und in einem Ausschnitt aus einem biozönotischen Kon-nex zur Darstellung zu bringen; gerade den Bodentierwelt-Analysen lassen sich recht verschiedene Betrachtungsweisen zu Grunde legen (vgl. KÜHNELT, 1956). Interessiert beispielsweise die Beteiligung terricoler Dipterenlarven an der Bildung koprogener Humuselemente (BRAUNS, 1954), so zeigt schon ein Ausschnitt aus dem Stoffkreislauf eines Laubholzbestandes die beginnende Nahrungsverkettung eines vielgliedrigen Biotops, wobei wiederum den Erst-zersetzern des herbstlichen Laubabfalles eine hervorragende Bedeutung zu-kommt (Abb. 880). Mit diesen Lebensformtypen der Dipterenlarven gemein-sam arbeiten viele andere terricole Organismen den Bestandesabfall auf, unter denen manche insofern eine gesonderte Stellung haben, als deren Exkremente («Losung») einigen Zweiflüglerlarven zur Weiterverarbeitung dienen. Aus Gründen der Übersichtlichkeit sind sämtliche interspezifischen Beziehungen raptorischer Art der Erstzersetzer untereinander ausgelassen. Mit diesem Diagramm läßt sich eindringlich der Kreislauf der Stoffe, der in den forstlichen Beständen jedem interessierten Beobachter nicht entgehen kann, vorführen.

Schon kleinere Bezirke horizontaler Differenzierung innerhalb eines Biotops (etwa ein 6–8jähriger Buchenstock im Mittelgebirgsrevier) können bei einer Analyse ihrer Bevölkerung und bei dem Versuch, das gesamte Beziehungs-gefüge bildlich zu demonstrieren, den Bearbeiter vor fast unüberwindliche Schwierigkeiten stellen. Beschränken wir uns dagegen auf eine systematische Gruppe mit kennzeichnender Lebensweise, dann können wir außer der Er-nährungsbiologie vielfach auch die Schutz- und Wohnverhältnisse, die hier vorwiegend mikroklimatisch bedingt sind, oder etwa die Bevorzugung von Nischen darstellen (Abb. 881). Dabei sind auch einige Formen genannt, die in stocknahen Laubblattlagen meistens anzutreffen sind. Der Raum zwischen den Hinweislinien zu den bevorzugten Arealen ist bei vornehmlich schizo-phager Ernährungsweise der betreffenden Larventypen breit schwarz, bei raptorischer Lebensweise weiß belassen, weißpunktiert bei jenen Formen, die bei ihrem Aufenthalt im Stock keinerlei Nahrung aufnehmen, sondern nur Latenzzeiten überdauern.

Die verschiedensten Beispiele in dieser Hinsicht sind des weiteren anläßlich der ökologischen Freilanddiagnose gegeben. Freilich steht bei den Skizzen zum Auffinden charakteristischer Waldinsektenarten mehr oder weniger zunächst der Nachweis des Vorkommens im Vordergrund, aber verhältnismäßig leicht lassen sich nunmehr Beobachtungsergebnisse über interspezifische Beziehungen in diese Schemata einarbeiten. Zweifellos können durch Hinzuziehung auch der abiotischen Faktoren dann Ausschnitte aus «Ökosystemen» entwickelt werden, wobei sichtbar wird, daß erst auf Umwegen über die verschiedensten Wirkungselemente der Beziehungskreislauf geschlossen wird (vgl. HEYDEMANN, 1953).

Von den eingangs herausgestellten Charakteristika der besonderen Struktur der zumeist mehrschichtigen Waldbiozönose sind die Existenz der «Abhängigkeitsketten» eingehend und bei der Demonstration vereinfachter Ausschnitte aus den vielfach komplizierten «Beziehungsgefügen» die Humifizierungsvorgänge jedenfalls so weit behandelt, als es für eine Einführung in die verwickelten ökologischen Verhältnisse eines vielgliedrigen Biotops für genügend befunden wird. Die in einem forstlichen Bestande gleichzeitig auftretende und den Lebensraum kennzeichnende Erscheinung der Sukzession, die mit den Humifizierungsprozessen mehr oder weniger verbunden ist, habe ich noch nicht gesondert zur Sprache gebracht. In dem Diagramm über die Stellung der terricolen Dipterenlarven im Verknüpfungsgefüge der Waldbiozönose ist zwar auf die Sukzession schon verwiesen, etwa dort, wo auf den Besatz der Rindenpilze an anbrüchigen Stämmen mit gewissen Zweiflüglerlarven und nachfolgend auf das aus anbrüchigen Stämmen entstehende amorphe, modernde Material und seine Dipterenlarven aufmerksam gemacht wird, aber hierbei wurden gemäß den damaligen Außenuntersuchungen lediglich die Larvalstadien **einer** Ordnung berücksichtigt. Das Gleiche gilt für die Demonstration eines weiteren bevorzugten Aufenthaltsortes der terricolen Lebensformtypen, nämlich für den Stock, der außerdem in einem anderen, noch stärker vereinfachten Diagramm im Mittelpunkt steht. Da sich die Sukzessionserscheinungen an dem Stockabbau innerhalb eines Bestandes am augenfälligsten beobachten lassen, erscheint es mir notwendig, diese Vorgänge und die mit ihnen gekoppelten Artzusammensetzungen zunächst zu betrachten.

Weniger die unterschiedliche Beschaffenheit der Holzart als vielmehr die Standorteinflüsse, sogar klein- und mikroklimatische Bedingungen (vgl. BERAN, 1933 und 1937; SCHIMITSCHEK, 1931/32) spielen bei der langanhaltenden Dauer des Abbauprozesses eine wichtige Rolle. Es läßt sich daher auch keine Norm aufstellen, wie der Abbau eines Stockes vor sich geht und nach welchem Zeitraum dieser Vorgang immer beendet ist. Schon die Zeit des Fällens verschiebt den Beginn der Holzzersetzung. Wird der Stamm zu Anfang der Vegetationsperiode geworfen, so lockt der Stock infolge des Saftaustritts ganz andere Arten an, die für den Abbau von untergeordneter Bedeutung sind, wohingegen eine Fällung im Herbst den Befall mit holzabbauenden tierischen Organismen im darauffolgenden Frühjahr bereits ermöglicht.

Die Humifizierung ist der wünschenswerte, normale Prozeß des Stockabbaues; große Trockenheit des Standortes begünstigt jedoch den trockenen

Zerfall, während große Feuchtigkeit bzw. übermäßige Nässe in Laub- oder Nadelholzbeständen die beiden Zersetzungsarten der Weiß- bzw. Rotfäule bedingt. Auffallend bei der als Humifizierung bezeichneten Art des Stockabbaues ist freilich die Tatsache, daß eine gewisse Feuchtigkeit Vorbedingung für den Abbau ist, so daß ich andernorts die Feuchtigkeit geradezu als ökologischen Faktor für den Grad der Besiedlung der Stöcke mit holzabbauenden Organismen bewertet habe (BRAUNS, 1951). Sobald besonders Moospolster auftreten, nimmt die Zersetzung im allgemeinen einen günstigen Verlauf. Dadurch werden nach KÜHNELT (1950) «die holzzersetzenden Kleintiere in die Lage versetzt, unabhängig von den kurzfristigen Witterungsschwankungen ihre Tätigkeit zu entfalten.»

Um dem Freilandbiologen zumindest einen gewissen Anhalt zu geben, wie der Abbau eines Stockes vor sich geht, sind Beispiele aus verschiedenen Beständen ausgewählt und unter den Schemata bei der ökologischen Freilanddiagnose aufzufinden, weil sie dort vornehmlich benötigt werden. Für die Auswahl kamen größtenteils forstliche Distrikte in Frage, in denen etwa ein ganzer Jagen abgetrieben wurde, da damit das Alter des Stockes zur Zeit der systematischen Artaufnahme nach dem Bestandeslagerbuch des betreffenden Forstamtes ganz genau angegeben werden konnte, während dies in laufend durchforsteten Beständen schon schwieriger ist. Dort kann das Alter nur dann genau festgelegt werden, wenn über viele Jahre hinaus die Stöcke markiert wurden. Die in den Zeichnungen gezeigten Abbaustadien stellen sicherlich nur eine Variante des Abbauprozesses dar, da die kleinklimatischen, aber auch die mikroklimatischen Bedingungen auf Kahlschlagflächen völlig anderer Art sind als in geschlossenen Beständen. Auf Abtriebsflächen kann der Abbau des Stockes sehr leicht in das Stadium des trockenen Zerfalles übergehen, vor allem wenn die Sonneneinstrahlung auf den Kahlschlägen erheblich ist. Herrschen aber während der Vegetationsperiode ein recht feuchter oder sogar mehrere ausgesprochen regnerische Sommer in den nachfolgenden Jahren seit der Fällung und setzt am Standort außerdem noch eine starke Bodenbewachsung (Grasdecke usw.) ein, kann der Stockabbau weitgehend in der humifizierenden Richtung bleiben, wie sich mancherorts in den Kahlschlag-Distrikten eines Mittelgebirgsrevieres zeigte (wo über viele Jahre hindurch Außenuntersuchungen durchgeführt wurden). Es läßt sich eben beim Stockabbau eigentlich nichts verallgemeinern. Das zeigt sich schon bei der Betrachtung der Stockabbau-Stadien der Rotbuche im Mittelgebirge; während meist schon im 9. Jahre nach der Fällung die Moospolster auftreten, wird gelegentlich dieses dritte Stadium erst im 11. Jahre erreicht oder das im allgemeinen im 11. oder 12. Jahre einsetzende Stadium tritt bisweilen schon im 9. Jahre ein. Bei Fichte (Abb. 935/941) sind die einzelnen Stadien etwa zu gleichen Zeiten gelegen wie bei den Buchenstöcken; doch auch hier zeigt es sich, daß selbst im gleichen Jahre nach dem Standort unterschiedliche Bilder zu sehen sind (Abb. 936 u. 938).

Versuchen wir trotz der aufgeführten Schwierigkeiten den Humifizierungs-

prozeß eines Buchenstockes (unter Berücksichtigung der Angaben bei KÜH-
NELT, 1950 und bei BRAUNS, 1954) nach den einzelnen Stadien ganz grob zu
skizzieren, so lassen sich etwa folgende strukturelle Kennzeichen am Stock
feststellen:

In den ersten drei Jahren nach der Herbstfällung im darauffolgenden Frühjahr noch leicht aufschließbare Stoffe in der Kambialzone, in der im Gefolge
von Coleopterenlarven verschiedene Zweiflüglerlarven auftreten. – Bei der
nächsten trockeneren Witterungsperiode stellenweises Ablösen der Rinde,
vornehmlich an der Südseite (Abb. 931). Zwischen Rinde und Holz an einigen
Stellen weiße Pilzmyzel-Stränge. – Bei Stöcken mit Bruchstellen zwischen zwei
unterschiedlichen Sägeflächen gute Durchfeuchtung, während die völlig glatten Sägeflächen besonders widerstandsfähig bleiben. Diese sind oft noch als
«Deckel» erhalten, wenn unter ihnen schon der Zerfall der Holzteile beginnt. –
Angriff des Stockes auch von unten her. – Zwischen Holz und teilweise abge-
sprungener Rinde setzt eine Besiedlung mit zahlreichen Insektenarten ein, besonders mit raptorischen Formen. – In der schmutzig-braunen, teigigen Masse
unter der Rinde beobachten wir oftmals eine Massenentwicklung mancher
Lebensformtypen.

In den weiteren drei Jahren löst sich bald völlig die Rinde an der nach Süden
gelegenen Seite des Stockes, während an der Nordseite die Rinde erst gegen
Ende dieser Periode «abbröckelt». – Oberflächlich auf Rinde oder Holz und
auf der Sägefläche Ansiedlung von Blaualgen, die von Schnecken abgeweidet
werden. – Gleichzeitig häufig starke Entwicklung von Polyporaceen (**Polyporus**
spec., **Trametes** spec.). – An Ablagerungsstellen der Schneckenlosung vorwiegend nachfolgende Moosbesiedlung (Abb. 932), die wiederum eine außerordentlich reichhaltige Dipterenlarven-Fauna nach sich zieht (vgl. das vorhin
erläuterte Stock-Diagramm).

An etwa 9–10jährigen Stöcken schließt sich die Moosdecke auch über die
Schnittfläche hinweg (Abb. 933); außerdem bricht, vielfach schon während
des vorigen Stadiums, der «Deckel» der Stirnfläche an einer Stelle tief ein. Hier
halten sich eingewehte Fallaubblätter und bisweilen läßt sich in diesen Löchern
bei anhaltenden Regenzeiten eine starke Feuchtigkeit beobachten. – Unter dem
Moosbewuchs herrscht weiterhin ein reges Larvenleben, darunter in verstärktem Maße mit ausgesprochen subterranen Formen larvale Stadien neuer
Arten vorkommend, denen manche raptorischen Arten nachstellen. – Übrigens
bleiben auch während dieses Stadiums die Seitenteile des Stockes trotz Bewachsung mit Moos weitgehend erhalten.

Selbst **an 11- oder 12jährigen Stöcken** sind die Seitenteile noch teilweise erhalten, aber die Stockmitte ist bereits restlos ein Teil der Streu- und Bodenschichten geworden (Abb. 934). Denn auch von unten her ist die Holzzersetzung weiter vorangekommen, so daß sich schon Ende des vorigen Stadiums
die Fauna des zerfallenden Stockes nicht mehr von der Bodenfauna im engeren
Sinne trennen läßt. – Aus den Streu- und Bodenschichten wandern andererseits
zu Ausgang des Herbstes zahlreiche Insektenlarven in die weitgehend zer-

setzten Stöcke ein. Sogar in der Nähe des Stockes läßt sich zum Winter hin eine erhöhte Populationsdichte feststellen. Die thermischen Verhältnisse und die Feuchtigkeitsbedingungen sind anscheinend gegen Ende des Abbauprozesses im Stock und in seiner nächsten Umgebung besonders günstig. Im darauffolgenden Frühjahr werden die recht amorphen Stöcke dann wieder zu «Ausstrahlungspunkten» der Streufauna (BRAUNS, 1951).

Weitaus schwieriger als bei den in fast jedem Bestande (auch in laufend durchforsteten Abteilungen) vorkommenden Stöcken lassen sich die Sukzessionserscheinungen bei anbrüchig-stehenden oder längere Zeit liegenden Stämmen beobachten. Die moderne Wirtschaftsführung läßt solches geschädigte Material möglichst bald aufarbeiten, besonders wenn es sich um Nadelholz handelt. Anbrüchig sind etwa durch «Rinden- oder Sonnenbrand» geschädigte (Abb. 890 u. 891) oder durch Flächenblitz getroffene Einzelstämme (Abb. 892) – um nur einige Beispiele zu nennen –, während bei Wind- und Sturmschäden meistens ganze Stammgruppen geworfen werden. In Naturschutzgebieten können freilich derartige Untersuchungen noch angestellt werden, vornehmlich an Laubholzstämmen, weil in diesen Holzarten nicht so sehr zu Massenvermehrungen neigende und durchweg auf stehende Stämme überwandernde Formen beobachtet werden können. Ein instruktives Beispiel brachte DELAMARE-DEBOUTVILLE (1951), zwar aus den Tropen, aber die beigegebenen Zeichnungen eignen sich vorzüglich zur Demonstration und seien deshalb gebracht (Abb. 882). TISCHLER (1955) gibt die Untersuchungsbefunde des e.g. Autors folgendermaßen wieder: «Als Holzfresser der abgestorbenen Stämme und Äste kommen allein Insekten in Betracht. Zuerst erscheinen Pilzzüchter (Scolytiden, Platypodiden, Lymexyloniden), die tiefe Gänge in den Holzkörper bohren. Ihnen folgen bald Cerambyciden, Buprestiden, Brenthiden und Curculioniden, deren Larven zwischen Rinde und Splint fressen, zur Verpuppung aber tiefer in das Holz eindringen. Ihre einseitige Ernährung wird durch den Besitz von Endosymbionten ausgeglichen. Wenn die Rinde abfällt, stellen sich polyphage Holzfresser, vor allem Termiten, Passaliden, Lamellicornier, Tenebrioniden und Elateriden ein. Verhältnismäßig schnell ist das Holz so weit abgebaut, daß Moder-, Humus- und Pilzfresser ihre Tätigkeit entfalten, die auch im Waldboden vorkommen ...»

Nachdem mit den bisherigen Ausführungen die kennzeichnenden Verhältnisse in dem komplizierten Verknüpfungsgefüge einer Waldlebensgemeinschaft so weit skizziert sind, daß selbst der Anfänger bei Freilandbeobachtungen nicht in einer faunistischen Erfassung stecken bleiben dürfte, könnte diese Einführung abgeschlossen werden. Es mögen aber noch einige allgemeinökologische Untersuchungsbefunde Erwähnung finden und gangbare Wege für diagrammatische Ausgestaltung von Untersuchungsbefunden aufgezeigt sein, bei denen der besonderen Tatsache Rechnung getragen ist, daß im Waldbiotop als Wirtschaftseinheit die Tätigkeit pathologischer Insektenarten oftmals recht auffällig sein kann.

Bei Untersuchungen in finnischen Wäldern konnte festgestellt werden, daß die Biomasse der Arthropoden (Abb. 883), unter denen die Insekten einen beträchtlichen Anteil ausmachen, pro Gewichtseinheit Zweige auf der Birke dreimal so hoch war wie auf Fichte und Kiefer (KUUSISTO, 1941; PALMGREN, 1932). TISCHLER (1955), dem auch die Tabelle (siehe Seite 21) und die graphische Darstellung entnommen wurden, sagt dazu wörtlich: «Während bei der Birke Rhynchoten, Käfer, Hymenopteren und Dipteren dominierten, herrschten auf den Koniferen die Spinnen und speziell auf der Fichte außerdem die Psociden vor ...» «Man kann zwar nicht ohne weiteres verallgemeinern, daß die Tierwelt der Birke dreimal größer ist als die der Nadelbäume.» Dennoch ist diese Beobachtungstatsache von besonderem Interesse. In eigenen Untersuchungen stellte sich in diesem Zusammenhange heraus, daß etwa die Rotbuche (*Fagus silvatica* L.) allein über mindestens 208 Insektenarten verfügt, von denen etwa 23 Arten sogar monophag sind. Gliedern wir die Arten systematisch auf, so zeigt sich, daß die Coleopteren und die Lepidopteren zweifelsohne das Hauptkontingent stellen. Verteilen wir dagegen die aufgefundenen Arten auf die jeweiligen Fraßorte, ob mithin die Fraßbeschädigungen u. a. an Keimlingen, an Jungpflanzen, am Schaft stehender Stämme oder als Fraßgänge zwischen Rinde und Splint bzw. im Holzkörper oder schließlich an den Assimilationsorganen und in den Stöcken auftreten, dann ergibt sich ein überaus buntes Bild, das ebenfalls die reichhaltige Besiedlung einer Laubholzart deutlich vor Augen führt.

Wesentlich bei derartigen Außenbeobachtungen ist in forstlichen Beständen die Hanglage, die schon beim Stockabbau eine nicht zu übersehende Rolle spielt. An einem Nordhang herrschen naturgemäß völlig andere Verhältnisse als an einem SW-Hang. Daß sich aber die tierische Besiedlung einer Pflanze sogar unterschiedlich nach den Prozentanteilen zusammensetzen kann je nachdem, ob diese sich in einem sonnigen Areal befindet oder ob sie einen vorwiegend schattigen Stand hat, geht aus Untersuchungsergebnissen über quantitative Zählungen der Fauna an einzelnen Pflanzen durch WLADIMIRSKY (1926) hervor. Bei einer Analyse des Kleintierbesatzes auf der Brennessel (*Urtica*) fanden sich 4mal so viele Kleintiere auf einer Pflanze in Sonnenlage als bei den im Schattenstand wachsenden Exemplaren (Abb. 884). Auch die Gruppenspektren wichen voneinander ab (vgl. TISCHLER, 1955).

Mittlere Individuenzahlen der wichtigsten Anthropodengruppen einiger Bäume in Wäldern Finnlands, berechnet auf je 10 kg Zweige (nach PALMGREN, 1932 aus TISCHLER, 1955).

Tiergruppen	Fichte	Kiefer	Birke
Psociden	443	120	90
Spinnen	324	340	177
Blattläuse	77	387	409
Schmetterlingsraupen	38	83	120
Ameisen	13	89	192
Wanzen	21	13	511
Zikaden	9	67	637
Käfer	13	35	142
Blattwespenraupen	8	4	129
Geflügelte Hymenopteren	16	30	155
Fliegen	36	38	209
Mücken	101	16	360
Sonstige	51	7	66
Gesamtzahl	1157	1240	3309
Gewicht in g	3,6	3,8	10,0

Recht demonstrativ lassen sich schließlich Untersuchungsbefunde über biologisches Verhalten unterschiedlicher Arten aufzeichnen, wenn ihr verhältnismäßig begrenztes Vorkommen an nur wenigen Holzarten oder in der Bevorzugung bestimmter Altersklassen vorgeführt wird. Das Diagramm über die Artdichte der verschiedenen biologischen Gruppen von Borkenkäfern bei den einzelnen Holzarten (Abb. 885) läßt eindeutig erkennen, daß die Nadelhölzer stärker von Rindenbrütern befallen sind als die Laubholzarten, daß bei diesen aber die Beteiligung der Holzbrüter wieder stärker ist als bei Fichte, Kiefernarten, Lärche und Tanne. Von allen Holzarten ist die Kiefer am meisten dem Ipidenbefall ausgesetzt; Fichte, Lärche und Tanne folgen ihr. Von den Laubbäumen können Rotbuche, Eiche und Ulme als befallsfreudig betrachtet werden; trotz gleicher Disposition ist jedoch die Verteilung der biologischen Gruppen bei den letztgenannten Holzarten weitgehend verschieden.

Zur Aufstellung eines Indikatoren-Diagramms über verschiedene Altersklassen hinweg ist als Holzart die Kiefer gewählt (Abb. 886). Bei intensiver Betrachtung der Darstellung zeigt sich, daß für den Saatkamp und Pflanzgarten, für die Schonungen und Kulturen, für die Dickungen und schließlich für Stangen- und Altholz durchaus einige Charakterarten angegeben werden können. Rüsselkäferarten, etwa *Otiorrhynchus niger*, *Pissodes notatus*, *P. piniphilus* und *P. pini* lösen sich geradezu in den einzelnen Altersklassen ab; auch bei

Pamphiliidae-Arten der Gattung *Acantholyda* läßt sich die gleiche Beobachtung machen. Auffallend ist, daß die wirtschaftlich beachtenswertesten Schadinsekten in jenen Beständen auftreten, die dem Jugendalter entwachsen sind; zu nennen wären etwa Kiefernbuschhornblattwespe, Kiefernspanner, Forleule und Nonne.

Solche Indikatoren-Diagramme, von denen ich hier zwei Beispiele gegeben habe, sind vollauf dazu geeignet, gleichzeitig die Bedeutung der wirtschaftlichen Arten zu erkennen. Diese Beobachtungen lassen sich weiterhin dahingehend ausbauen, daß auch die Prozentanteile verschiedener Nahrungsklassen gemäß dem Bestandesaufbau untersucht werden, wie sich also das Gruppenspektrum in den Streu- und Bodenschichten, in der Kraut-, Strauch- und Kronenschicht gestaltet. Dabei können sich auch wesentliche Unterschiede einstellen, je nachdem ob Monokulturen oder Wirtschaftsflächen mit «eingesprengten» Holzarten (bei Laubholzbeständen etwa mit Ahorn, Erle, Esche, Hainbuche, Ulme, Weide und Pappel usw.) zur Untersuchung anstehen. Immer wieder wird sich bei der Analyse zeigen, daß die Verteilung nicht allein auf biotischen Faktoren beruht, sondern daß gleicherweise abiotische Faktoren dafür verantwortlich gemacht werden können. Das sind aber letzten Endes in weitestgehendem Maße ökologische Fragen. «Das Wesen der Ökologie beruht in der besonderen Fragestellung nach den Wechselbeziehungen zwischen den Lebensansprüchen der Organismen und den Umweltgegebenheiten. Ihr Schwergewicht liegt auf den Außeneinflüssen, nicht auf den Innenfaktoren, obgleich beide miteinander verknüpft sind» (TISCHLER, 1955). In der Herausstellung der Außeneinflüsse wird damit die notwendige Zusammenarbeit mit den naturwissenschaftlichen Nachbardisziplinen angegeben. Trotz gewisser biologischer Gesetzmäßigkeiten ist immer am reizvollsten für den Freilandbiologen das äußerst vielfältige Ineinandergreifen der Erscheinungen, das sich nirgends so eindrucksvoll zeigt wie in dem Verknüpfungsgefüge der Waldlebensgemeinschaft (dazu auch: Abb. 879).

2.2 Energiefluß im Ökosystem

Die Organismen untereinander und mit ihrem Lebensraum stehen in einem Beziehungsgefüge, dem übergeordnet ist das Ökosystem. In dem Symposiums-Bericht der Deutschen Botanischen Gesellschaft und der Gesellschaft für Angewandte Botanik gibt ELLENBERG (1973) eine Definition, die er dann bei der Vorstellung des Sollingprojekts (1986) geringfügig abwandelt: «Ein Ökosystem ist ein Wirkungsgefüge von verschiedenen Organismen, die sich aufeinander und auf die abiotischen Bedingungen in ihrem Lebensraum so weit eingespielt haben, daß sie ein übergeordnetes Ganzes bilden». In den Ausführungen Anfang der 70er Jahre geht ELLENBERG schon ausführlich auf die **Dynamik der Ökosysteme** ein und stellt als ein wesentliches Merkmal den **Energiefluß** heraus – ein Merkmal, welches in den nachfolgenden ökologischen Lehrbüchern, Einführungen, Grundrissen u. dgl. gleichfalls in den Mittelpunkt der Begriffsdefinitionen gerückt wird. Schon damals macht der Autor auch auf die Bedeutung der angewandten Ökosystemforschung aufmerksam, die er als eine der wichtigsten Grundlagen für den Umweltschutz kennzeichnet und läßt erkennen, daß seiner Ansicht nach noch große Wissenslücken existieren, sobald Störungen in einem Ökosystem weitreichender Art auftreten. Zu den schwierigsten Fragen auf dem Gebiet der forstlichen Ökologie gehört zweifellos das Auftreten der «neuartigen Waldschäden», denen wir uns notgedrungen zuwenden müssen, zumal nach den Erkenntnissen der Experten nach vielen Forschungsergebnissen offensichtlich eine ökosystemare Schädigung nicht zu leugnen und damit zugleich eine zwangsläufige Gegebenheit für das Auftreten von Nachfolgeschädlingen gegeben ist. Andererseits können die veränderten Verhältnisse der lokalklimatischen oder mikroklimatischen Bedingungen nach dem Abtrieb der stark geschädigten Bestände oder auch die Unterbindung eines geregelten Energieflusses unter Umständen schon nach kurzer Zeit ein anderes Artenspektrum der Entomofauna überhaupt entstehen lassen als vorher.

3 Aktuelle ökologische Probleme in gestörten Forst-Ökosystemen

Die Lösung vieler anstehenden Probleme im Bereich der Waldökosysteme – wie übrigens auch auf den landwirtschaftlichen Nutzungsflächen, auf denen eine deutliche Vernetzung der Verhältnisse durchaus gegeben ist (vgl. hierzu die Veröffentlichung «Agrarökologie im Spannungsfeld des Umweltschutzes» von BRAUNS, 1985) – ist nur möglich durch weitgehende, interdisziplinäre wissenschaftliche Forschungsarbeit. Daher ist aufmerksam zu machen auf ökologische Fragenkomplexe besonderer Art. Zum einen sind hier die flächendeckenden Schad-Erscheinungen anzumerken, die das Erscheinungsbild des Bestandes insgesamt verändern; zum andern sind die Vorgänge in den Bodenschichten nicht zu übergehen, da der Begriff «Ökosystem» nicht, wie zu zeigen sein wird, auf den Boden anzuwenden ist. Aber die Gegebenheiten in den subterranen Schichten spielen bei **Störungen ökosystemarer Natur** gleichfalls eine wesentliche Rolle.

3.1 Baumsterben, Waldsterben – Saurer Regen

Drei Begriffe stehen in der Überschrift als Stichworte, über die laufend in der Presse berichtet wird: (Braunschweiger Zeitung, 20. März 1987: «Das Waldsterben hat... im Harz ein erschreckendes Ausmaß angenommen»; 27. April 1987: «Während sich im Flachland und in den tieferen Lagen des Berglandes die Situation des Waldes etwas gebessert hat, hat sich der Zustand in den Hochlagen weiter verschlechtert»). – (Mündener Allgemeine N° 167, 22. Juli 1987: «Waldsterben setzt sich fort»). – (Hessisch-Niedersächsische Allgemeine N° 234, 8. Okt. 1987: «Laubbäume immer kränker»). – (Nordwest-Zeitung [Oldenburger Nachrichten] N° 245, 21. Okt. 1987: «Das Waldsterben geht weiter: Buchenzustand alarmierend»). – (Braunschweiger Zeitung, 11. Okt. 1989: «Waldsterben geht weiter»).

Gelegentlich wird anfangs die Vermutung geäußert, ob nicht Insekten für die Entstehung dieser «neuartigen Waldschäden» verantwortlich zu machen sind und sei es nur durch Übertragung von pathogenen Bakterien, Pilzen oder Viren. In einem Taschenbuch der Waldinsekten, vor allem im Rahmen der Freiland-Differentialdiagnose, ist zwangsläufig ein Abschnitt über diese sich flächenhaft ausdehnende eigenartige Krankheit einzuschalten. Auf die einzelnen Problembereiche soll, soweit es der Raum zuläßt, nachfolgend eingegangen werden, obwohl eine Analyse sämtlicher dabei auftretenden Besonderheiten in der Kürze nicht gegeben werden kann. Es würde auch zu weit führen, alle relevanten Fragen zu diskutieren, zumal da das **Syndrom «Waldsterben»** die Wissenschaftler wie die Praktiker eine Reihe von Jahren beschäftigt und noch beschäftigen wird, wie an der Veröffentlichungspalette über die bisherigen

Beobachtungen abzulesen ist (SCHRADER, 1983/86: 2793 Publikationen; SCHULTE-HOSTEDE, 1985/86: 2021 Veröffentlichungen; Forschungsbeirat Waldschäden/Luftverunreinigungen der Bundesregierung und der Länder [zit. unter KONGRESS FRIEDRICHSHAFEN, 1989/90]: neben den Referenten-Vorträgen (2 Bände) weitere 2 Bände mit 387 Poster-Kurzfassungen). Anfangs werden immer neue Theorien oder Hypothesen vorgetragen. Und neuerdings hat das Waldsterben-Syndrom auch Eingang gefunden in die aktuellen Lehrbücher des Waldbaus (MAYER, 1984). Ich werde mich vielfach mehr oder weniger mit einer Auflistung der anstehenden Fragen begnügen müssen.

Persönlich wurde ich konfrontiert mit merkwürdigen Trocknis-Erscheinungen in den Kronen von Altfichten am Rande von ausgedehnten Beständen im Norden Polens im Jahre 1979. Insektenfraß in der Stamm- oder Kronenregion war nicht festzustellen, so daß ich zunächst Grundwasserschäden vermutete. Heute glaube ich annehmen zu dürfen, daß es sich zweifellos um die ersten Anfänge des Waldsterbens gehandelt hat; diese Annahme scheint durchaus nicht abwegig zu sein, sagen doch auch SCHÜTT et al. (1984) in dem informativen Buch mit dem Titel: «Der Wald stirbt an Streß», daß etwa drei Jahre zuvor wenige Pathologen und Praktiker in unseren Landschaftsgebieten die ersten Schadbilder an Altfichten beobachteten, die organismischen Schaderregern nicht zuzuordnen waren. Im Jahre 1978 wurden «erste Verfärbungen an Nadeln und auffällige Nadelverluste an Fichten im Fichtelgebirge beobachtet» (SCHULZE, 1989). «Es waren die charakteristischen Symptome, die Anfang der 8oer Jahre auf großer Fläche als ‹Waldschäden neuer Art› in der Öffentlichkeit und in der Wissenschaft umstritten und diskutiert wurden». Oder HOCK-ELSTNER (1984) sprechen schon von einem Baumsterben (bei Tanne, Fichte, Buche) «besonders stark seit etwa 1976...». Erst nachträglich erinnere ich mich anhand meiner Freilandaufnahmen, daß die Annahme einer Grundwasserstörung unwahrscheinlich sein dürfte, weil häufig Feuchtgebiete den Saumbiotopen benachbart waren.

Nutzungsart der bodenbewirtschafteten Flächen

Bevor wir auf die heutigen pathologischen Erscheinungen und auf das Schadensausmaß zu sprechen kommen, liegt es nahe, das Verhältnis von landwirtschaftlichen Nutzungsflächen zu forstlichen Beständen aufzuzeigen (BRAUNS, 1985; dort auch weitere Lit. in diesem Zus.hang benannt).

Der *Umgang mit dem Boden:*
[Angaben nach einer Schrift des BuMin INNERN (Bonn, 1986)]
Fläche der BRD = 248 694 qkm, davon umfassen:

- Landwirtschaftlich genutzte Fläche = 55 %
- Forstlich genutzte Fläche = 30 %

Oder aber andersartige Berechnung der bodenwirtschaftlichen Nutzungsflächen nach den in diesen Wirtschaftszweigen üblichen Aufstellungen:

Nach einer Zusammenstellung der «Informationsgemeinschaft für Meinungspflege und Aufklärung», Hannover (IMA – «Agrimente» = Sammlung der wichtigsten agrarstatistischen Daten) betrug in der BRD die

- *Landwirtschaftliche Nutzungsfläche (LN):* i. J. 1975 = 13 303 000 ha [*]

[in eckigen Klammern aufgeführt die Zahlen aus dem Jahre 1985, jeweils nach «Agrimente '85» = 12 044 000 ha (ermittelt: 1984)].

- *Grünland:* 1975 = 5 244 000 ha. –
  [1985: 4 607 000 ha (ermittelt i. J. 1984)].
- *Ackerland:* 1975 = 7 538 000 ha. –
  [1985: 7 233 000 ha (ermittelt i. J. 1984)].
- *Nicht mehr bewirtschaftet wurden (Strukturbrache; Sozialbrache):*
  1985 = 307 800 ha LN. – [1985: Flächen anderer Nutzung = Ödland und Unland, zusätzlich «Brache» 368 000 ha (ermittelt i. J. 1983)].
- Im Vergleich dazu: an *forstlichen Beständen* gab es im Jahre 1975 = 7 169 500 ha (44 % = Bauernwald). – [1985: 7 328 000 ha (ermittelt i. J. 1981)].
- Für die DDR geben HEINISCH et al. (1976) an: i. J. 1972 = 6 291 404 ha LN; eine Aufgliederung in Dauergrünland und Feldkulturen ist hierbei nicht vorgenommen worden. In der Buchveröffentlichung von BAUER/WEINITSCHKE (1983) werden für die DDR rund 3 Mill. ha an *Waldfläche* angegeben.
  Bei einem Vergleich der *bodenbewirtschafteten Nutzungsflächen auf der Erde* werden von **Konovalov** (1973) folgende Zahlen aufgezeichnet: 1,3 Mrd. ha *Ackerland;* 2,4 Mrd. ha *Dauergrasland;* diesen LN von 3,7 Mrd. ha stehen 4 Mrd. ha *Wald* gegenüber.

Aus allen Zahlenangaben geht hervor, daß der ökologischen Forschung auf den forstwirtschaftlichen Bodenertragsflächen voraussichtlich die gleiche Bedeutung zukommt wie auf den landwirtschaftlich genutzten Flächen; die vornehmlich auf die Populationsanalyse aufbauende Biozönoseforschung auf den LN hat insofern nur einen anderen Stellenwert, weil die wirtschaftliche Nutzung auf den LN kurzfristiger ist (vgl. Seite 7). Aber die Auswirkungen von Schäden im gesamten Ökosystem können auch in den waldbaulichen Beständen katastrophale Ausmaße annehmen, wie noch zu zeigen sein wird.

Damit ist schon die Ausrichtung neuerdings der ökologischen Forschung herausgestellt (WUNDERLICH, 1984; pag. 75). Von den zahlreichen Buchver-

---

[*] Die Zahlenangaben schwanken geringfügig in jedem Jahr. Nach einem Faltblatt des Industrieverbandes Pflanzenschutz (Frankfurt/M.) und nach Veröffentlichung des Statistischen Bundesamtes, Reihe 3 (Bodennutzung und pflanzliche Erzeugung [1985]) beträgt die Landwirtschaftsfläche heute etwa 13 719 000 ha; davon sollen etwa 4 566 000 ha Grünland sein.

öffentlichungen der letzten Jahre seien die Lehrbücher der Ökologie von MÜLLER et al. (1984), von SCHUBERT et al. (1984), von ELLENBERG et al. (1986), von BICK (1989), KLÖTZLI (1989) und von TISCHLER (1990) hervorgehoben.

Forstpathologische Erscheinungen besonderer Art

Im Zusammenhang mit der Erörterung der Differentialmerkmale und der Ökologie der wichtigsten, häufigsten und auffälligsten Waldinsekten wird mehrfach auf Krankheits-Erscheinungen hinzuweisen sein, deren Entstehungsursachen offenbar in einem Komplex von recht unterschiedlichen Faktoren zu suchen sind – dazu gehören etwa das sogenannte «*Tannensterben*»* (siehe dazu Seite 261), «*Lärchensterben*» (vgl. Seite 328), das in burgenländischen Eichenrevieren (Österreich) zu beobachtende «*Eichensterben*», verursacht durch Eindringen der Mistel-Wurzeln bis ins Holz.

Neuerdings treten neuartige Schadsymptome an **Eichen** in Norddeutschland auf (BALDER und DUJESIEFKEN in: KONGRESS FRIEDRICHSHAFEN, 1989/90 [Postervortr.] Bd. 1, 59-60). Teils können Eichen mit büscheliger Belaubung oder völlig abgestorbene Bäume beobachtet werden, teils weisen geschädigte Stämme nach dem Entrinden unter der Borke charakteristische Nekrosen im Bast- und Kambiumbereich auf. Die Waldschadenserhebungen in der BRD haben nach einem Internationalen Kongreß in Ungarn (Juni 1989) eine dramatische Zunahme der Eichenschäden deutlich gemacht – der Anteil geschädigter Eichen ist von 15% i. J. 1983 auf 70% i. J. 1988 gestiegen (Nachr.bl. Dt. Pflanzenschutzdienst Braunschweig **41**, 1989; pag. 189).

Ähnliche Krankheitserscheinungen (etwa an Trauben- und Stieleichen), bei denen am Stamm meist streifenförmige Bastnekrosen, später Verfärbungen des Splintholzes und eine Verblauung erfolgen, werden außer in Norddeutschland auch aus anderen Gebieten (u. a. aus Ost-Österreich, aus den Niederlanden), aber nicht aus dem SW und aus der Schweiz gemeldet (G. HARTMANN, ebd., 1989). Aufgrund jahrringanalytischer Untersuchungen wird angenommen, daß eine Auslösung der Schäden durch den Witterungsverlauf erfolgt; eine Beteiligung von Frostschäden wurde mehrfach bestätigt. «Eine Prädisposition der Eichen durch immissionsbedingte Standortverschlechterung» wird gebietsweise vermutet, müßte insgesamt aber noch im einzelnen belegt werden.

Letzlich wird auf zunehmende Eichenschäden in West- und Osteuropa verwiesen (BALDER und LIESE, 1990). Bisher konnte der Erreger der gefährlichen amerikanischen Eichenwelke (*Ceratystis fagacearum* (BRETZ) HUNT [Melanosporaceae, Ascomycetes (Schlauchpilze)] trotz intensiver Nachforschung in europäischen Eichenbeständen nicht nachgewiesen werden (SCHWERDTFEGER, 1981); die Funde einer Besiedlung der Eiche mit Vertretern der Gattung *Ceratystis* in der südlichen UdSSR erfordert daher erhöhte Beachtung.

---

* Während der Korrekturarbeiten erhielt ich Kenntnis von der Literaturstudie von KREHAHN (1989): In einer kritischen Stellungnahme plädiert der Autor dafür, den typischen Krankheitserscheinungen keine alleinverantwortlichen Einzelursachen zuzuschreiben, sondern eher einem Ursachenkomplex, dessen Komponenten in direkter oder indirekter Wirkung zueinanderstehen.

Schließlich ist noch in diesem Zusammenhang jenes Eichensterben in unseren Revieren zu erwähnen, an dem der Eichenwickler beteiligt ist (pag. 334). Gerade die zuletzt genannte Kettenkrankheit gehört zu jenen Waldkrankheiten, die durchaus nicht leicht zu diagnostizieren sind. SCHWERDTFEGER (1981) setzt sich mit weiteren Krankheiten auseinander, zu denen gehören: das «Fichtensterben» (ein rätselhafter, pathologischer Befund in Fichtenstangen- und -althölzern), das «Kiefernsterben» (verursacht anscheinend durch abnorme abiotische Verhältnisse) und das «Buchensterben», an dessen Aufklärung ZYCHA (u. a. 1960) mit langwierigen Untersuchungen maßgeblich arbeitete. Obwohl, um beim letzten Beispiel zu bleiben, die vorzeitigen Ausfälle der vom «Rindensterben» befallenen Stämme sich erschwerend auswirken auf die waldbaulichen Maßnahmen und obwohl diese Erkrankung der Buchenbestände größere Gebiete umfassen können, bleibt auch diese Krankheit mehrminder regional begrenzt und wirkt sich nach bisherigen Beobachtungen nicht auf das gesamte Ökosystem aus (pag. 134).

Sturm- und Waldbrandkatastrophen und ihre Folgen

Schon stärker in das funktionelle System der Waldbiozönose greifen die *Sturm-* und *Waldbrandkatastrophen* ein, weil die Folgen – zumindest vorübergehend – «ökosystemarer» Natur sein können, aber im allgemeinen mehrminder regional begrenzt sind.

«Katastrophale Windbrüche in Wäldern sind weder etwas Neues noch etwas Unnatürliches. Sie führen aber nur im Wirtschaftswald zu materiellen Schäden, nur die dichtbesiedelte Kulturlandschaft moderner Industriestaaten gerät durch sie in ökonomische wie ökologische Krisen» (KREMSER, 1977 u. 1979). Der schwere Sturm am 12. und 13. November 1972 hat in sieben Bundesländern der BRD insgesamt folgende Holzmassen (in tausend Festmetern ohne Rinde = Tsd.Fm o. R.) gebrochen oder geworfen:

● *Eiche* = 259; *Buche* = 780; *Fichte* = 5700; *Kiefer* = 10606; zus. = 17345 Tsd.Fm o. R.

● Stellt man den eingetretenen Schaden dem planmäßigen Einschlag gegenüber, dann übersteigt beispielsweise das Sturmholz bei der Kiefer «den planmäßigen Jahreseinschlag dieser Holzart in der Bundesrepublik um das Anderthalbfache».*

---

* Noch während der Korrekturarbeiten für das vorliegende Taschenbuch wurden mir durch freundliche Vermittlung des BUNDESMINISTERIUMS ELF in BONN die Zahlen über die **Orkanschäden** in der Bundesrepublik Deutschland (Januar bis März 1990) bekannt. Insgesamt sind nach vorliegenden Meldungen 49,2 Millionen Kubikmeter (m^3 = cbm = Festmeter [Abk.: fm]) Schadholz angefallen – das ist mehr als das Anderthalbfache eines normalen Jahreseinschlages. [Auffällig, daß auch der schwere Sturm im Jahre 1972 das Sturmholz bei der Kiefer den planmäßigen Jahreseinschlag um das Anderthalbfache übersteigt]. – In den einzelnen Ländern des Bundesgebiets (einschließlich der Stadtstaaten) wurden in einer Presse-Mitteilung des Bundesministeriums (März 1990) unterschiedliche Zahlen aufgezeichnet. So wurden für Bayern

- In den Niederlanden fielen dem Sturm ungefähr 800000 Fm o. R. und in der DDR etwa 5 Mill. Fm o. R. zum Opfer. Insgesamt betrug der Schaden in den nordmittel-europäischen Forsten mehr als 23 Mill. Fm o. R.

Die Aufarbeitung des *Windwurfholzes* nahm mehrere Jahre in Anspruch. In der Zwischenzeit vervielfachten sich die Populationen der wichtigsten Rinden-brüter unter den Ipiden, vornehmlich naturgemäß «unter Ausnutzung des Sturmholzes von 1972 und der trockenwarmen Sommer 1973, 1975 und 1976...» (NIEMEYER in KREMSER, 1979).

Neben Sturmschäden treten gelegentlich noch schwere *Schäden nach Eisanhang* auf, wie etwa im März 1987. Die Schadursache ist die gleiche wie bei *Schneebruch* – eine sehr starke Belastung der Krone und dadurch häufig Umbrechen des ganzen Stammes (WINTERBERG u. JÄHN, 1988).

Noch nachteiliger in ökologischer Hinsicht als Sturmschäden sind zweifellos *Waldbrände*, wie sie in den Jahren 1975 und 1976 auftraten und in den niedersächsischen Forsten Verheerungen anrichteten, die zu den Ausnahmen zu rechnen sind (LIEBENEINER, 1981). «Die Zahl der Waldbrände wird nicht abnehmen, eine Folge des zunehmenden Verkehrs und der menschlichen Fahrlässigkeit. Die Brandgefahr wird in Niedersachsen gar noch größer werden, wenn auf den Sturm- und Brandflächen riesige gleichaltrige Jung-bestände heranwachsen werden» (pag. 57).

Daß die großflächigen Brände, bei denen allein im Jahre 1975 «mehr als 8000 ha Wald-, Heide- und Moorflächen, überwiegend Kiefernforsten» zerstört wurden (WINTER et al., 1983), Eingriffe in das gesamte Ökosystem zeitigten, liegt auf der Hand (vgl. KOZLOWSKI, 1974).

Aus der Vielzahl der Beobachtungsergebnisse seien nur wenige Feststellungen zur Demonstration herausgegriffen, um einen Eindruck von den biozönotischen Auswirkun-gen zu vermitteln (WINTER, 1983):

«Das Feuer hat die Individuenzahlen der Wirbellosen in und auf dem Boden drastisch reduziert. Bis Juli 1976 schlüpften in der Brandfläche nur 25 % der im Kiefernforst gefangenen geflügelten Insekten. Die tatsächliche Mortalität durch Feuer dürfte wesentlich höher gelegen haben, wahrscheinlich bei mehr als 90 %. So überlebten nur 1 % der Spinnen und Weberknechte... und 5 % der Laufkäfer... Doch haben einzelne Individuen fast aller Tiergruppen den Brand überstanden. Mit den Immigranten bilden sie die Ausgangspopulation für die sukzessive Wiederbesiedlung.»

15,0 Mill. cbm ermittelt, für Baden-Württ. 11,8 Mill. cbm, für Rheinland-Pfalz 10,0 Mill. cbm und für Hessen 8,0 Mill. cbm. Im Saarland erreichte die Schadholzmenge «nur» 1,5 Mill. cbm – das ist aber ein Schaden des Einschlagprogramms für 1990 von 509 %. – Interessant ist aus waldbaulicher und ökologischer Sicht die **Verteilung auf die einzelnen Holzarten:** Von der gesamten Schadholzmenge entfielen auf Fichte = 38,2; auf Kiefer = 5,6; auf Eiche = 1,1 und auf Buche = 4,4 Millionen cbm. «Das waren bei Fichte = 218 %, bei Kiefer = 106 %, bei Eiche = 88 % und bei Buche = 67 % des Einschlagprogramms 1990» (nach der Presse-Mitteilung des Bundesminist. ELF vom 15. März 1990).

Auf die Bedeutung des Feuers in den Ökosystemen machte BRAUNS nicht allein in seiner Bodenbiologie aufmerksam (1968; pag. 180 u. 201), sondern auch in der Agrarökologie (BRAUNS, 1985; pag. 144 u. 218). Auf den Landanbauflächen wird angesprochen der Einsatz von kontrolliertem Feuer für Zwecke der Landschaftspflege. – Neuerdings wird das *Feuer* auch als «*Streßfaktor*» in spanischen Eichenbeständen betrachtet (TÁRREGA et al. in: KONGRESS FRIEDRICHSHAFEN 1989; 1, 179-180). Damit ist ein ausgezeichneter Übergang zu den nachfolgenden Ausführungen gegeben.

In den Tropen wird heute noch der sog. *Wanderfeldbau* («shifting culti-vation» oder die «*Busch-Feld-Wechsel-Wirtschaft*») betrieben, bei dem etwa alle drei bis fünf Jahre ein Waldgebiet gerodet, das Pflanzenmaterial verbrannt und die Feldfrüchte in die Asche gepflanzt werden (BRAUNS, 1985; pag. 84 ff.; dazu auch: WÖHLCKE, 1987: «Umweltzerstörung in der Dritten Welt»). In diesem Zusammenhang ist besonders interessant, daß ein Autor bei der Schilderung der «neuartigen Waldschäden» im mitteleuropäischen Raum das Begriffspaar «Wald und Zivilisation» an den Anfang seiner Ausführungen stellt und eine Zustandsbeschreibung der gefährdeten Wälder in globaler Betrachtung ansteuert (BOSCH, 1983; dazu auch hier Seite 61). Das einigende Band aller dieser Vorgänge sind die Auswirkungen auf die Struktur und auf die Dynamik des gesamten Ökosystems (dazu: FORSTW. CENTRALBL., Schwer-punkthefte, 1980; VAN NAO, 1982; MISSBACH, 1982).

Ursachenforschung beim Waldsterben

Den weiteren Ausführungen über die «neuartigen Waldschäden» («novel forst decline») seien einige grundsätzliche Erörterungen vorangestellt.

Das Phänomen des Waldsterbens ist nicht allein auf die BRD beschränkt (FORSTW. CENTRALBL., Schwerpunktheft 1/1984). Aus anderen europäischen Ländern werden diese Waldschäden ebenfalls gemeldet (wenn auch oftmals unter der Erscheinung einer «Immissionsschädigung»). Vor allem in der Schweiz und in Österreich werden die Erkrankungen der Bestände als gravierend angesehen, hier auch in den Hochgebirgslagen*, wo die Bestände etwa zur Abwendung von Lawinengefahren die Funktion von Schutzwäldern haben**. Das Auftreten von Krankheitssymptomen in Frankreich wurde

---

* Die Schutzaufgaben im Berggebiet und die Erhaltung intakter Waldbestände werden von PFISTER et al. (1987) geschildert.
** In diesem Zusammenhang können aus der «Neuen Züricher Zeitung» die Äußerun-gen von Fachexperten angeführt werden, aber nur deshalb, weil die Veröffentlichun-gen von wissenschaftlichen Forschungsinstituten ausgehen. So machen MEYER-GRASS/IMBECK (1985) aus dem Eidgen. Institut für Schnee- und Lawinenforschung Davos-Dorf darauf aufmerksam, «daß die Lawinenschutzwirkung des Gebirgswal-des schon bei verhältnismäßig schwacher Auflockerung rasch verlorengeht» (siehe auch: MEYER-GRASS [1986]). BOSSHARD (1985), Direktor der Eidgen. Anstalt für das forstliche Versuchswesen/Birmensdorf, erklärt: «Die zunehmende Verminde-

anfangs noch bestritten, hat sich aber später in den Vogesen gezeigt. Schäden an Tannen und Fichten wurden in Jugoslawien beobachtet (u. a. GLAVAĆ et al., 1987). Das Baumsterben wird im Jahre 1984 gleichfalls aus Luxemburg gemeldet. Bekannt sind Waldschäden aus Polen und aus der Tschechoslowakei (NIESSLEIN et al., 1985; SMYKALA, 1985; CLUB OF ROME [Finland Committee], 1985 und andere Autoren). Eine neuere Zusammenstellung der Waldschadensergebnisse in Europa bringt STIMM (1986) nach veröffentlichten Unterlagen von GIESEN (1985); es wird freilich herausgestellt, daß die Ergebnisse eigentlich nicht miteinander verglichen werden können, «da Erhebungsmethodik und Erhebungszeitpunkt nicht einheitlich» sind. Das wird sich auch schwerlich in kurzer Zeit bewerkstelligen lassen. Aber eines läßt sich sagen: Gegen rund 136 Mill. ha Waldfläche in Europa scheinen ca. 10 Mill. ha an forstlicher Anbaufläche schon heute mehrminder geschädigt zu sein, wobei regional ein Schaden von 4 bis 50% festzustellen ist – aus einigen Ländern liegen jedoch keine Angaben vor.

Das Gebiet der *Ursachenforschung* befindet sich nach einer «hektischen Entwicklung» nunmehr in einer ruhigeren Phase (ULRICH, 1985; GREGOR et al., 1986). Wie in der Agrarökologie (BRAUNS, 1985) eine *fächerübergreifende Zusammenarbeit* erforderlich ist, kann ebenfalls auf dem Gebiet der forstlichen Ökologie nur eine **interdisziplinäre Forschungsarbeit,** gerade bei der Frage nach dem Baumsterben, zu den notwendigen Erkenntnissen führen (vgl. VON KORTZFLEISCH, 1985).

Schon bald setzt sich die Ansicht durch, daß das gegenwärtige Baum- und Waldsterben eine **«Komplexkrankheit»** darstellt (MATZNER et al., 1984; TAMPE-OLOFF, 1985). Diese «grassierende Walderkrankung» (FRENZEL in VON KORTZFLEISCH, 1985) kann nicht «monokausal» erklärt werden; es liegt «vielmehr ein Zusammenwirken verschiedener abiotischer und biotischer Stressoren» vor. Von dieser multiplen Streßerkrankung sind sowohl das Ökosystem als Ganzes als auch die einzelnen Organismen betroffen (BUMi F. FORSCHG. U. TECHNOLOGIE, Bonn; 1985; 2. Bericht). «Das komplexe Gesamtbild wird leicht durchschaubar, wenn man die Vielfalt der wirksamen Streßfaktoren aufgliedert» (ebd.). Eine ausgezeichnete Übersichtsdarstellung anthropogen bedingter Stressoren im Rahmen der «*Bioindikation in terrestrischen Ökosystemen*» geben neuerdings SCHUBERT (Hrsg.) (1985) und ARNDT et al. (1987).

---

rung der Schutzwirkungen der Bergwälder als Folge des Waldsterbens ist eine Tatsache» (dazu: ZELLER, 1985). Wie katastrophal die Auswirkungen der rasanten Waldschäden in den Hochgebirgen sein können, zeigt die Kartenmappe «Erosion-Lawinen-Hochwasser» des Deutschen Alpenvereins, aus der STIMM (1986) einige Karten übernimmt (ALPENVEREIN [Hrsg.], 1985). Aus einer im Bundestag veröffentlichten Antwort der Bundesregierung in Bonn geht hervor, daß in den Alpen rund 80% aller Bergwälder geschädigt sind.

Da die biologischen Wirkungen der chemischen bzw. physikalischen Standortfaktoren als *Streßfaktoren* auf die lebenden Organismen durchaus vielfach noch ungenügend bekannt sind, werden jetzt Forschungsarbeiten in dieser Richtung verstärkt angesetzt. Als Beispiel sei die Untersuchung von BUECHS (1988) genannt, der die Stamm- und Rindenzoozönosen verschiedener Baumarten in einem Ökosystemtyp untersucht und den Indikatorwert für die Früherkennung von Baumschäden analysiert.

Streß ist ein Begriff, der ursprünglich in die Medizin eingeführt wurde (von HANS SELYE im Jahre 1936). Es wird damit ein Zustand eines Organismus bezeichnet, der durch ein spezifisches Syndrom (d.i. eine Gruppe von Krankheitsanzeichen, die für eine spezielle Erkrankung typisch sind) gekennzeichnet und durch verschiedene unspezifische Reize (= die sogenannten Stressoren [«stressor agents»]) ausgelöst wird. – Im Lehrbuch der Ökologie von SCHUBERT et al. (1984) wird im Abschnitt über die «Ökologie pflanzlicher Organismen» der Streß umschrieben mit «Leben an den Existenzgrenzen». FURTMAYR-SCHUH (1985) spricht von einer Streß- oder «Umkipp-Hypothese» – (die dort geäußerte Ansicht der vermutlich **alleinigen** Bakterien- und Virusinfektion und der Ablehnung einer Mitwirkung von Schadgasen beim Auftreten der neuartigen Wald-schäden wird bei den Gremien der Ursachenforschung freilich auf gewisse Zweifel stoßen).

Auf wissenschaftlichen Tagungen – so auf der 45. Deutschen Pflanzenschutztagung in Kiel; Oktober 1986 (Veranstalter: Biolog. Bundesanstalt für Land- und Forstwirtschaft [Braunschweig], Pflanzenschutzdienst der Länder u. Deutsche Phytomedizinische Gesellschaft) – werden selbst heute noch die verschiedensten Fragen im Zusammenhang mit dem Waldsterben immer wieder erörtert. Aus dem Programm mögen nur wenige Vortragsthemen angeführt werden: u.a. B. FISCHER u. H. VON ALTEN: Mykor-rhizaentwicklung von Fichten in Böden von vom Waldsterben betroffenen Standorten – H. VON ALTEN: Struktur und Inhaltsstoffe von Feinwurzeln geschädigter Fichten-bestände – C. BÜTTNER: Untersuchungen zur Viruskontamination von Böden und Gewässern des Waldökosystems – S. WINTER: Untersuchungen zum Nachweis von Viren in Rotbuchen, *Fagus silvatica* L. – H. BUTIN: Endophytische Pilze in Koniferen [veröffentl. in den Mitt. BBA, Berlin-Dahlem].

In der Diskussion über die Erscheinungen des Waldsterbens machen MATZNER und ULRICH (1985), auch ULRICH allein (in NIESSLEIN/VOSS, 1985), aufmerksam auf das instruktive Buch von MANION (1981): «Tree disease concepts» [die nachfolgenden Ausführungen beziehen sich grundsätzlich auf die beiden deutschen Publikationen]. Es werden drei Gruppen von Stressoren unterschieden: *Disponierende, auslösende* und *begleitende Stressoren.*

● 1. Gruppe: Disponierende Stressoren

Hierher gehören «Beanspruchungen» (Wirkungen) langfristiger und anhal-tender Art, die eine Grundbelastung und schließlich eine Schwächung der Pflanze herbeiführen. Disponierende Stressoren sind damit die Klimaeinwir-kungen, die Standortfaktoren (dazu: «Wasser- und Nährstoffdefizite als Streßfaktoren in der Fortwirtschaft»: CRAMER in: VON KORTZFLEISCH, 1985), das Alter der Bäume, Langzeitwirkungen von Luftverunreinigungen (mit denen auch der Säureeintrag aus der Luft und die nachfolgenden Schädigun-gen in der Rhizosphäre usw. einbezogen sind).

- **2. Gruppe: Auslösende Stressoren**

sind kurzfristig wirksam und lassen Krankheitssymptome sichtbar werden. Eine Erholung der Pflanze wird infolge der fortdauernden, disponierenden Stressoren erschwert. MANION benennt als auslösende Stressoren u. a. phytophage Insekten, Frosteinwirkungen, Trockenheitsfaktoren, Salzeinwirkungen (nach BRAUNS' Beobachtungen etwa im Bereich der Meeresküste vorkommend), Schäden mechanischer Art, Einwirkungen von Luftverunreinigungen während sog. Spitzenbelastungen.

- **3. Gruppe: Begleitende Stressoren**

Zu ihnen rechnet MANION: Auftreten von Borkenkäfern und Pilzerkrankungen: dazu: «Zur Kausalität zwischen Pilzerkrankungen und dem Waldsterben»: COURTOIS in: VON KORTZFLEISCH, 1985). Vielleicht wäre hier auch das Vorkommen von Viren, mykoplasmaähnlichen (MLO)* und rickettsienähnlichen Organismen (RLO), deren Auftreten als ein Anzeichen einer Schwächung angesehen werden kann, zu erwähnen. Diese Gruppe von Stressoren kann weitere Schadsymptome hervorrufen und schließlich das Absterben der kranken Pflanzen bewirken.

ULRICH und sein Mitarbeiter MATZNER glauben aufgrund der Studie von MANION einen Rahmen an der Hand zu haben, in den sich die bisherigen, vielfältigen Hypothesen oder die unterschiedlichen Faktorenkomplexe im Zuge der Verursacheranalysen ohne Zwang einordnen lassen. Das spiegelt sich auch wider in dem von ULRICH als Kongreßpräsident geleiteten Internationalen Kongreß Waldschadensforschung (Wissensstand und Perspektiven) des Forschungsbeirates Waldschäden/Luftverunreinigungen in Friedrichshafen am Bodensee, 2. bis 6. Okt. 1989 (im Literaturverzeichnis zit. unter KONGRESS FRIEDRICHSHAFEN [1989/90; Bd. 1 u. 2: Poster-Kurzfassungen; Bd. 1 u. 2: Referenten-Vorträge]).

Die Präsentation der Forschungsergebnisse auf breiter Front erfolgte auf Postern; hierfür wurden Kurzfassungen von den einzelnen Forschungsvorhaben eingereicht – vor Beginn des Kongresses beliefen sich die beiden zugehörigen Bände schon auf 387 Themen-Aufzeichnungen mit 804 Seiten. Zusätzlich referierten über 40 eingeladene Fachvertreter in den Plenarsitzungen und stellten den derzeitigen Wissensstand auf diesem forstlichen Problemfeld vor. Die Themenkreise der Plenarsitzungen werden beispielsweise geordnet nach «Schadensmerkmale – Stressoren: Atmosphäre, Klima, Boden; Stressor biotische Faktoren. Wirkungen von Stressoren auf Rhizosphäre und Zersetzer; Wirkungen von Stressoren auf Pflanzen» etc. Letztendlich werden

---

* Während der Umbruchkorrektur erscheint das Programmheft für die 47. Deutsche Pflanzenschutztagung in Berlin (Oktober 1990). Von W. LEDERER und E. SEEMÜLLER wird ein Vortrag mit dem Titel: «Mykoplasmen (MLOs) als Krankheitserreger an Gehölzen» angekündigt. Die Vortragstexte werden nach der Tagung veröffentlicht in den Mitt. Biolog. Bundesamt f. Land- und Forstwirtschaft, Berlin-Dahlem – Kommissionsverlag Parey, Berlin.

Fallstudien in verschiedenen Regionen, regionale Vergleiche, kritische Belastungswerte und waldbauliche Maßnahmen angesprochen.

Trotzdem möchte ich die einzelnen Problemkreise nacheinander zumindest aufzeigen, um zugleich das oft unterschiedliche Herangehen an die Vielschichtigkeit der relevanten Fragen zu demonstrieren.

Schadensgebiete und Schadensausmaß – Waldschadenserhebungen

Das UMWELTBUNDESAMT BERLIN veröffentlichte 1984 einen Bericht mit dem Titel: «Daten zur Umwelt», der im Abschnitt «Wald» annähernd folgendes herausstellt:

Ende der siebziger Jahre, vornehmlich seit 1981, werden in der BRD weiträumige Schäden auf forstlichen Nutzungsflächen beobachtet, die den bisher bekannten Schadensfällen oder Kalamitäten nicht zugeordnet werden können. Die in den Industrieländern zweifellos vorhandenen Luftverunreinigungen werden als wesentliche Ursache dieser Schäden angesehen, «wobei von einer Beteiligung natürlicher Ursachen, wie Schädlingsbefall, Windwurf, Schneebruch, Wildverbiß usw. ausgegangen werden muß. Die Vorbelastung durch einen dieser Faktorenkomplexe führt bekannterweise zu einer erhöhten Anfälligkeit gegenüber Sekundärschädigungen». (Auf diese Ausführungen in der komprimierten Zusammenstellung von Fakten mit zahlreichen graphischen Darstellungen werden wir an anderer Stelle zurückkommen müssen).

Schäden wurden zuerst bei der *Weißtanne* beobachtet, später bei der *Fichte;* dann traten ähnliche Symptome auf bei *Kiefer, Douglasie, Buche, Eiche, Roteiche, Ahorn, Esche* und *Vogelbeere.* Im Jahre 1983 wurde vom BUNDESMINIST. F. ERNÄHRG., LANDWIRTSCH. U. FORSTEN (Bonn) in Zusammenarbeit mit den Ländern eine **Waldschadenserhebung** durchgeführt, die im Herbst 1984 wiederholt wurde. Dabei klassifizierte man nach folgenden Stufen:

Stufe 0 = ohne Schadmerkmale

Schadstufen 1 bis 4 = schwach, mittelstark, stark geschädigt; abgestorben

Es zeigte sich folgender **Umfang der Schäden:**

- **Waldfläche insgesamt** (Mio ha): 7,419 (= 100%)
- **schwach geschädigt** (1983 = 1,830 [= 25%];
  1984 = 2,424 [= 33%]);
- **mittelstark geschädigt** (1983 = 0,647 [= 9%];
  1984 = 1,163 [= 16%]);
- **stark geschädigt u. abgestorben** (1983 = 0,076 [= 1%];
  1984 = 0,111 [= 1,5%]);

- **alle Schadstufen vereinigt:** $1983 = 2,553$ Mio ha $[= 34\%]$
  $1984 = 3,698$ Mio ha $[= 50\%]$*
  nach weiteren Unterlagen:
  $1985 =$ $[= 52\%]$
  $1986 =$ $[= 54\%]$
  $1987 =$ $[= 52\%]$

Waldschäden in den beiden Jahren **nach Baumarten und Schadstufen** in % der Baumartenfläche (ohne Stadtstaaten):

- Baumartenfläche (Mio ha) $= 7,405$
- Alle Schadstufen vereinigt: *Fichte* ($1983 = 41\%$; $1984 = 51\%$) – *Tanne* (75%; 87%) – *Kiefer* (44%; 59%) – *Buche* (26%; 50%) – *Eiche* (15%; 43%) – *sonstige Holzarten* (17%; 31%).

Mitte Januar 1986 und später (Anfang September 1986) berichtet die Presse von einer weiteren Zunahme der Waldschäden; die Pressenotizen sprechen von 52%, d.h. es sind etwa 3,8 Mio ha geschädigt (wissenschaftlich belegt durch STIMM [1986] u. NÖTHIG [1986]).** Auch in Österreich wird eine Bestandsaufnahme veröffentlicht (LUKSCHANDERL, 1984).***

Allgemein wird festgestellt: Der **Umfang der Schäden** wie auch der **Grad der Schädigung** haben erheblich zugenommen. Eine Verlagerung der Schadflächen in höhere Schadstufen lag anfangs vor; heute sollen angeblich $^2/_3$ der Schadflächen der Schadstufe 1 zuzurechnen sein. Dabei muß man sich aber vor Augen halten, daß bei einer durchschnittlichen Lebensdauer eines forstlichen Bestandes von etwa hundert Jahren jährlich ungefähr nur 1% der Fläche eingeschlagen werden kann.

---

*   Die «Bürger-Akademie», München (1985) bestätigt, daß im Jahre 1984 als krank zu bezeichnen sind: 50% der Waldfläche in der BRD. Die Waldschadenserhebung machte aber damals schon gleichzeitig deutlich, daß sich die Schadensfläche erneut ausgeweitet habe.

**   Der Hinweis auf eine derzeitige Ausbreitungsgeschwindigkeit ergibt nach KANDLER (Mitt. Verband Dt. Biologen, Beilage **334** zu: Naturw. Rundschau, Stuttgart; Heft 7, 1986) ein falsches Bild des Verlaufs der Waldschäden. Erst seit dem Jahre 1983 wird mit vergleichbarer Methodik eine bundesweite Schadenserhebung durchgeführt. Die Angabe einer pauschalen derzeitigen Geschwindigkeit des Waldsterbens durch Aufschlüsselung nach Baumarten ist nach Ansicht KANDLERS heute noch nicht möglich. In Veröffentlichungen des Jahres 1986 findet man freilich schon den Hinweis, daß sich anscheinend Nadelholzbestände erholen, Laubholzbestände dagegen anfälliger zu sein scheinen.

*** Während der Korrektur ist mir aus der Allgem. Forstzeitschrift für Waldwirtschaft und Umweltvorsorge **16**/1990 folgender Hinweis über «Neuartige Waldschäden in Thüringen» bekannt geworden (pag. 379): «Nach amtlichen Angaben sind in der DDR 61% der Kiefernbestände erkrankt, während die geschädigte Waldfläche 54,3% beträgt». – In einer nur wenige Monate später erscheinenden Veröffentlichung (LÜCKE, 1990; pag. 847-848) werden die «neuartigen Waldschäden» im Thüringer Wald schon für das Jahr 1989 mit 112000 ha ($= 75\%$) beziffert.

Sehr bedenklich ist in diesem Zusammenhang nicht allein die Steigerung der Schäden an sich, sondern vielmehr die Beobachtungstatsache, daß das Waldsterben-Syndrom anscheinend auch die jüngeren Altersklassen erfaßt (STIMM, 1986). Schon heute ist eine Verminderung der Vitalität und eine erhöhte Anfälligkeit gegen sekundäre Schadorganismen in den forstlichen Beständen festgestellt (u. a. SCHÜTT et al., 1984). Unter Umständen kann nachfolgend eine Veränderung des Artenspektrums der waldbaulichen Sub-Ökosysteme stattfinden.

Problemanalyse: Schadbilder – Differentialdiagnose

Auf dem 97. Kongreß des VERBANDES DEUTSCHER LANDWIRTSCHAFT-LICHER UNTERSUCHUNGS- UND FORSCHUNGSANSTALTEN (VDLUFA) in Gießen (1985) trugen ISERMANN und HENJES vor über die «Diagnose und Therapie der ‹neuartigen Waldschäden› aus der Sicht der Walderährung». Im Abschnitt über die «Differenzierende Schadsymptomatik» stellen sie folgende Aussage an den Anfang ihrer Ausführungen: «Als ‹neuartig› können an den Waldschäden – insbesondere aus der Sicht der Walderährung – nicht die Waldschadenssymptome an sich, sondern nur deren Intensität und Umfang bezeichnet werden. Nicht nur Schadausmaß und -intensität, herrührend aus Nährstoffungleichgewichten, können bereits bei Nachbarbäumen unterschiedlich ausgeprägt sein, sondern auch die Art der Schadsymptome.»

Damit ist auch in gewisser Weise schon die Differentialdiagnose angesprochen, die sich, gegenüber Schädigungen etwa durch pathogene Schadorganismen hervorgerufen, aufzeigen läßt. Doch sind dafür noch zahlreiche Freilandbeobachtungen über mehrere Vegetationsperioden hinweg erforderlich.

Fallstudien bei den einzelnen Holzarten

Zu dem Problembereich zur **Erkennung der Krankheitssymptome,** der **Schadbilder bei den verschiedenen Baumarten,** sind ausgezeichnete Taschenbücher zur Determination der Symptome erschienen, von denen nur wenige gesondert benannt sein mögen (HATZFELD [Hrsg.], 1982 [pag. 68 ff.]; SCHÜTT et al., 1984; 1985); hierher gehören auch die Veröffentlichungen der Länderministerien in Form von Faltblättern oder des Presse- und Informationsdienstes der Bundesregierung und schließlich jene von NIESSLEIN/VOSS et al., 1985, mit Ausführungen über die *Methodik der terrestrischen Waldschadensinventur** (pag. 92 ff.) und über die *Erfassung der Waldschäden durch Fernerkundung* (pag. 97 ff.); auch erwähnenswert die Berichte von VON

---

* Diese Waldschadensinventur mittels multispektraler Scannerdaten «basiert auf der Ausnutzung bestehender Reflexionsunterschiede... unterschiedlich vitaler Bäume» (HILDEBRANDT in: KONGRESS FRIEDRICHSHAFEN [Poster-Vortr.]: Bd. 1, 73-74; 1989). Dabei werden großräumige Infrarot-Luftbild-gestützte Untersuchungen der Symptome, Verbreitung und Standortbezüge von Schäden komplexer Ursachen (etwa

KORTZFLEISCH, 1985, mit Untersuchungen der Landesanstalt für Immissionsschutz [Essen] zur Problematik der Waldschäden und STIMM (1986) mit einer aktuellen Bestandeserhebung. – Bemerkenswert ist in diesem Zusammenhang der «Farbatlas Waldschäden» von G. HARTMANN et al. (1988), der eine Diagnose von Baumkrankheiten bringt. – Aufgrund der laufenden Benadelung der Koniferen sind diese den Immissionen besonders stark ausgesetzt, so daß ARNDT und seine Mitarbeiter (1987) von den Nadelbäumen als **«Reaktionsindikatoren»** sprechen im Kreis der Bioindikatoren; auf die gesamte Problematik um die Bioindikation kommen wir nachher noch gesondert zu sprechen (siehe hier Seite 45).

Aufgrund dieser, teils mit ausgezeichneten Farbaufnahmen ausgestatteten Determinationunterlagen können wir folgendes skizzieren:

Die ersten Anzeichen einer Krankheit sind noch wenig beobachtet; anfangs anscheinend erhöhte Frost- und Dürre-Empfindlichkeit. Außerdem ist eine Zunahme der Schneebruchgefahr bekannt. Das Ansprechen ist dadurch kompliziert, daß einige Insekten und Pilze ähnliche Krankheitsbilder entstehen lassen.* Typische Krankheitsbilder wie in forstlichen Beständen treten neuerdings in Gärten und Parkanlagen auf. In Schleswig-Holstein wurde von mir im Sommer 1984 erstmals auch die Entstehung schütterer Baumkronen mit krallenartig verbildeten, abgestorbenen Ästen bei alten Ulmen beobachtet, obwohl in jener Zeit sehr viel Regen gefallen war.

● Schadbild an Fichte
Auffallend: Ausbildung von übermäßig vielen Zapfen – Kronenverlichtung (bei Altfichten) – an den Zweigen oft das «Lametta-Syndrom» sichtbar (vor allem bei Fichten der bayerischen Alpen und des Voralpenraums) – Ausbildung zusätzlicher Triebe auf der Astoberseite – Nadelvergilbungen.

---

an Kiefern) durchgeführt (GABRIELE NIEHAUS, ebd.). – Noch während der Fahnen-Korrekturen wurde mir die nachfolgend benannte Arbeit bekannt: KUHL (1990) veröffentlichte unter dem Titel «Erfassung von Vegetationsschäden durch CIR-Aufnahmen mit Zeiss RMK und FMC-Kassette» einen interessanten Situationsbericht über die bisherigen Erfahrungen und über die Aussagekraft «einer die terrestrische Waldschadensaufnahme begleitende Color-Infrarotbefliegung». [Dabei bedeutet CIR = Color-Infrarot... – Zeiss RMK = Typenbezeichnung für eine photogrammetrische Reihenmeßkammer zur Aufnahme einander überlappender Einzelbilder, «die eine stereoskopische Modellinterpretation erlauben». – FMC-Kassette = Forward Motion Compensation]. Eine Schadenserkennung durch Color-Infrarotluftbilder sind in den forstlichen Beständen zweifellos auch nutzbar. Wesentlich ist, daß man vor allem Aufnahmen von älteren und neueren Bildflügen vergleichen kann und damit eine **Beurteilung der Vegetation mit Aussagen zur Entwicklungsdynamik** ermöglicht wird.

* So scheint das Arvensterben 1985 im oberen Engadin (Schweiz) nach intensiven Untersuchungen die «Folge einer Verkettung von Insektenbefalls-Krankheiten» zu sein (BENZ, 1985).

- **Schadbild an Kiefer** (Gemeine Kiefer, Waldkiefer oder Föhre)
  Nadelverlust im Sommer und auch im Winter – bei der geschädigten Kiefer fahlgrüne Nadelverfärbung – an den Nadeln Spitzen- und Punkt-Nekrosen – an den Zweigen und Ästen Rindennekrosen.

- **Schadbild an Weißtanne**
  An dieser Holzart schon seit rund 250 Jahren periodisch auftretende Krankheitserscheinung *(«Tannensterben»)* – Kronenverlichtung; Ausbildung einer sog. «Storchennest-Krone» – auch bei der Weißtanne übermäßiger Zapfenansatz – nach Fällung auf einer Stamm- oder Pfahlwurzelscheibe ein pathologischer Naßkern erkennbar (d. i. eine von Bakterien besiedelte Vernässungszone). Es ist durchaus möglich, daß die Weißtanne als Holzart in unseren forstlichen Revieren künftig kaum mehr erzogen werden kann.

- **Schadbild an Buche**
  Blattfall schon im Monat Juni (viele grüne Blätter auf der Streuschicht) – am Kronenrand auftretende Blattvergilbung – schüttere Kronenbelaubung – krallenartig nach oben gerichtete Kurztriebe – Einrollen der Blätter, vornehmlich oben im Kronenbereich. In Niedersachsen vergrößert sich der Schaden in Buchenbeständen (1986).

- **Schadbild an Eichen**
  Verlichtung und «Krallenbildung» im Bereich der Krone.

- **Schadbild an Esche**
  Krone verlichtet mit Büschelbildung.

- **Schadbild an Lärche**
  Verlichtete Kronen, oft mit herabhängenden Seitenzweigen – Nadeln = graugrün – Bildung zusätzlicher Langtriebe – ob das Symptom einer Verbuschung im Kronenbereich junger Lärchen zum Schadbild gehört, ist noch zweifelhaft.

Baumsterben wahrscheinlich feststellbar auch bei weiteren Nadelhölzern; außerdem auftretend bei *Weißbirke, Schwarzem Holunder*, bei *Weiden* und *Erlen*.

Problembereich: Schadensperioden und Klimafaktoren

Im Sondergutachten 1983 des RATES VON SACHVERSTÄNDIGEN FÜR UMWELTFRAGEN (Wiesbaden) werden unter dem Titel «Waldschäden und Luftverunreinigungen» fast ausschließlich atmosphärisch einwirkende Schadstoffe für «den vielleicht schwersten Umweltschaden unserer gemäßigten

Breiten» verantwortlich gemacht (SALZWEDEL, 1983).* Demgegenüber hält CRAMER (1984) die Disposition des Organismus oder der Population in Wechselwirkung zu den von außen einwirkenden Faktoren wie bei jeder anderen Erkrankung für beachtenswert. In der BRD sind etwa 97,8% der Holzbodenfläche (forstliche Bestände ohne etwa das Wegenetz usf.) mit Wirtschaftswald bestockt. Und hier haben schon immer Eingriffe des Menschen in Ökosysteme stattgefunden und «gehören definitionsgemäß zu den Dispositionsfaktoren». Aufgrund der vegetationsgeschichtlichen Vorgänge ist aus der nacheiszeitlichen forstlichen Wirtschaftsfläche (bestehend aus 75% Laubholz und 25% Nadelholz) eine Waldvegetation geworden, die heute zu einem fast 80%igen Nadelholzanteil geführt hat.

Die Stabilitätsprobleme in einem Nadelholzbestand sind nun besonderer Art (SCHWEGLER, 1985). Alle Nadelhölzer verfügen über eine höhere Anfälligkeit «gegenüber Insekten- und Pilzbefall und vielleicht auch gegenüber der Bedrohung durch Viren, Mykoplasmen oder andere Mikroorganismen». Vor allem in Fichtenbeständen läßt sich nach CRAMER eine Wechselwirkung zwischen Standort, Witterung und spezifischen Eigenarten der Holzart nachweisen.

Das **Standortproblem** wurde aus verschiedener Sicht auf einem Colloquium des früheren FORSCHUNGSRATES FÜR ERNÄHRUNG, LANDWIRTSCHAFT UND FORSTEN ausführlich diskutiert (veröffentl. 1966). Die Beeinflussung des Bodens durch die Fichte wird auf folgende Begebenheit zurückgeführt: Während früher die Böden von den Wurzeln der Laubholzarten bis in die tiefen Schichten durchzogen waren (vgl. Abb. 1041), drangen die flachwurzelnden Fichten nicht mehr so weit vor (vgl. Abb. 1040). Dadurch veränderten sich die Strukturverhältnisse; es kam zu Verdichtungserscheinungen (siehe hier Seite 80). Fichtenbestände im humidkühlen Klimabereich unserer Bodennutzungsflächen neigen zur Bildung mächtiger Rohhumusdecken (BRAUNS, 1968; pag. 50ff.), in deren Gefolge eine Blockade im Nährstoffkreislauf eintritt, eine zunehmende Versauerung statthat, die schließlich zur Auswaschung von Nährstoffen führt. Die Anfälligkeit der forstlichen Bestände gegen weitere Belastungen wie extreme klimatische Faktoren, Veränderungen der Wasser- und Nährstoffversorgung der Wirtschaftspflanzen, verstärkte biotische Belastung durch Schadorganismen zeigen dann ein ganzes Bündel von Dispositionsfaktoren auf, die untereinander in Wechselwirkung stehen.

Der Begriff «Tannensterben» ist in der forstlichen Literatur immer wieder aufzufinden. «Für die Tanne ist erwiesen, daß Trockenperioden seit mehr als

---

* Im Mai 1986 legte der Rat zum Ende seiner Berufungsdauer seinen Bericht vor. In den Informationen des BUNDESMINISTERS F. UMWELT, NATURSCHUTZ UND REAKTOR-SICHERHEIT («Umwelt», 6/86: pag. 16/17) wird als Bewertung dieses Berichts gesagt: «Es bestätigt sich, daß es ‹den› Waldschaden und ‹die› Schadensursache nicht gibt, sondern daß es sich um eine sehr verwickelte und schwer durchschaubare Erscheinung handelt, an der die Luftverunreinigungen maßgeblichen Einfluß haben.»

200 Jahren zum ständigen Rückgang der Baumart beigetragen haben» (CRAMER, ebd.).

Untersuchungen über **Zusammenhänge zwischen Schadensperioden und Klimafaktoren in mitteleuropäischen Forsten** seit 1851 führten nunmehr CRAMER und MARIA CRAMER-MIDDENDORF (1984) durch. Für die beiden Holzarten Tanne und Fichte glauben die Autoren nachweisen zu können, daß besondere Witterungskonstellationen zu Schäden in den Wirtschaftsbeständen geführt haben und vergleichbare Schäden nicht festgestellt werden konnten, wenn die Witterungskonstellationen fehlten. Damit wird ein deutlicher Zusammenhang zwischen Klimafaktoren und dem Eintritt von Schadensfällen gesehen.

Es soll an dieser Stelle nicht verschwiegen werden, daß die Auffassung von einer entscheidenden Bedeutung des Klimas bei den «neuartigen Waldschäden» von den meisten Teilnehmern eines AFZ-Colloquiums am 19. Juni 1985 (Beiträge wurden veröffentlicht: Allgemeine Forst-Zeitschrift **41**, 997-1000) nicht geteilt wurden.

Auf der anderen Seite sind **Beziehungen zwischen Klima, Pflanzenbau und Pflanzenschutz im Landbau** immer wieder Gegenstand eingehender Untersuchungen (KOLBE, 1985). «Eine Analyse des Witterungsverlaufs der vier Jahrzehnte ergab, daß, bezogen auf das erste trocken-warme Jahrzehnt, in den folgenden drei Dezennien die Niederschlagsmenge bis um 18 % anstieg und die Sonnenscheindauer bis zu 14 % abnahm. Für den Anbau der Kulturpflanzen ist neben den allgemeinen klimatischen Bedingungen die Andauer der Vegetationszeit bzw. die frostfreie Periode von Bedeutung.»[*] Es dürfte erforderlich sein, über mehrere Jahrzehnte auf beiden Gebieten der Bodenbewirtschaftung

---

[*] Beachtenswert in diesem Zusammenhang ist eine historische Übersicht zur *Bedeutung von Trockenperioden* in der Schweiz, die mir während der Korrekturarbeiten bekannt geworden ist (R. VOLZ et al. in: KONGRESS FRIEDRICHSHAFEN [Poster-Vortr.], Bd. 1, 165-166; 1989). In einer Postervorstellung anläßlich des Internationalen Kongresses Waldschadensforschung in Friedrichshafen am Bodensee wurde nach der Bearbeitung der forstlichen Quellenliteratur aus dem Zeitraum von 1850 bis 1960 folgende Abschlußfeststellung herausgestellt: «Im Wald waren früher direkte und indirekte Folgen sommerlicher Dürre weniger stark zu beobachten als an landwirtschaftlichen Kulturen. Wenn heute sogar trockene Herbste wie 1985 und 1986 eine Schwächung der Bäume zur Folge haben sollten, so muß die **Frage einer verminderten klimatischen Belastbarkeit des Waldes** gestellt werden. Im Blick auf die Zukunft könnte dann die Lage noch kritischer werden, wenn die Sommer Mitteleuropas als Folge einer erwarteten globalen Erwärmung künftig heißer und trockener werden sollten.» – Untersuchungen in mesotrophen Buchenbeständen des Frankfurter Oberwaldes erbrachten das Ergebnis, daß dort auslösender Stressor der Buchenschäden die **langanhaltende Trockenperiode** der 70er Jahre war. Gleichzeitig wird eine Prädisposition durch immissionsbedingte Bodenversauerung und deren Folgen angenommen (GIES et al., ebd. Bd. 1, 175-176; 1989).

infolge der Vernetzung der vielseitigen Faktoren eine umfangreiche Analyse der etwaigen Zusammenhänge zu versuchen, ehe gesicherte Beobachtungsergebnisse sich herausstellen lassen.

Aufgrund anscheinend **eines** Störfaktors im Wuchsverhalten der Pflanze selbst glaubt man gelegentlich, daß unter Umständen **ein** Klimafaktor, nämlich ein Temperatursturz von 28 °C vom Jahr 1979 zum Jahr 1980, negative pflanzenphysiologische Mechanismen bei den Holzarten ausgelöst hat, die letztlich zum Waldsterben geführt haben. Aber diesen Faktor stellt man nicht als alleinige Ursache heraus, sondern will ihn nur eingeordnet sehen in einen Gesamtkomplex von Bedingungsfaktoren, also auch im Zusammenwirken der schädigenden Immissionserscheinungen.

Problembereich: Anfängliche Hypothesen über die Entstehung der Krankheit

Infolge der überaus schnellen Progressivität der «neuartigen Waldschäden» war es durchaus verständlich, daß von verschiedenen Seiten an das Problem herangegangen und nach primären Ursachen gesucht wurde. So trug man anfänglich die *Infektions-Hypothese*, auch die *Dürre- und Frost-Hypothese* vor, um schließlich die *Wirtschaftsweise der Forstwirtschaft* selbst (Erziehung von Monokulturen) für die Entstehung des Waldsterbens verantwortlich zu machen (vgl. hier Seite 57). Obwohl die Wechselbeziehungen zwischen einem forstlichen Bestande und den landwirtschaftlichen Bodenertragsflächen sich als oftmals stark «vernetzt» zeigen (BRAUNS, 1985), müssen die Ansätze der ökologischen Forschung von unterschiedlichen Voraussetzungen ausgehen – ein einziges Beispiel sei angeführt: Auf den forstlichen Nutzungsflächen werden Biozide bei weitem nicht so häufig eingesetzt wie im Landbau. Es erscheint damit unwahrscheinlich, daß der Biozid-Einsatz etwa in einem direkten Zusammenhang steht mit der Entstehung des Waldsterbens. Auf weitere beträchtliche Unterschiede bei den Kultivierungsverfahren wird an anderer Stelle (hier: pag. 7) verwiesen.

Auch die Annahme einer *Infektion durch Übertragung von pathogenen Krankheitserregern* möglicherweise *durch Insekten* ist sehr *unwahrscheinlich;* Voraussetzung für eine derartige Ursachenzuschreibung wäre die Tatsache, daß unter unterschiedlichen Bedingungen und auf verschiedenen Standorten bei systematisch verschiedenen Holzarten zu gleicher Zeit die Krankheitserscheinungen auftreten und auch zum Absterben ganzer Bestände führen müßten. Daß Schadinsekten, Viren, Pilze oder Bakterien verstärkt *bei schon geschwächten Bäumen* auftreten können, ist eine **Folgeerscheinung,** die ökologisch im Bereich der Möglichkeit liegt, aber nicht mit der Suche nach der Primärursache in Zusammenhang steht. Es kann das **Waldsterben** sicherlich nur als ein **polyfaktorielles Geschehnis** gekennzeichnet werden, allenfalls mit dem Hinweis, daß Sekundär-Schädlinge beitragen können zu einem verheerenden Krankheitsbild ganzer Bestände in verhältnismäßig kurzer Zeit.

Ausführungen von FÜHRER auf der Entomologentagung in Wuppertal (März ‚1986; Dt. Ges. allgem. angew. Entomologie) über auffällige Massenvermehrungen von zahlreichen Insektenarten im Nahbereich von Schadstoff-Emissionsquellen untermauern diese Beobachtungen. In die gleiche Richtung weisen auch Untersuchungen (zwar aus einem Feldbiotop), in denen «Luftverschmutzung zu einer erhöhten Wachstumsrate von Blattläusen führt», ein Effekt, der «durch physiologische Veränderungen innerhalb der Wirts-Pflanze hervorgerufen wird» (DOHMEN, 1987).

«Zur Erklärung gibt es verschiedene Hypothesen und Indizien. Sie lassen darauf schließen, daß einerseits bestimmte phytophage Lebensformtypen unter solchen Bedingungen gegenüber anderen im Vorteil sind, und daß andererseits die Qualität der Nahrung (Befallsdisposition des Baumes) sowie auch der Gegenspielerkomplex in einer Weise beeinflußt werden dürften, die Massenvermehrungen dieser Pflanzenfresser begünstigt. Es gibt jedoch noch kaum experimentelle Befunde, die diese Wirkungen der Luftschadstoffe einwandfrei belegen» (FÜHRER, ebd.). Dabei ist besonders interessant der Hinweis auf das Erscheinen «neuer» Schädlingsarten, «mithin um Fälle ungewöhnlichen epidemischen Verhaltens.» «...Nach dem gegenwärtigen Wissensstand liegen für einen kausalen Zusammenhang zwischen ihrer augenscheinlich veränderten Epidemiologie und den Ursachen des ‹Waldsterbens› noch keine schlüssigen Beweise vor.»

Problembereich: Luftverunreinigungen und ihre Wirkung auf die Vegetation

In diesem Bereich der Ursachenforschung ist eine Informationslawine entstanden, die in einer hochtechnisierten Zeitperiode durch vielerlei Hilfsmittel nachhaltig unterstützt wird [u. a. GARBER, 1973; UMWELTBUNDESAMT (Berlin), 1978; SALZWEDEL, 1983; HERBERZ, 1983; KNABE, 1978; 1982; Umweltbriefe (BuMin Bonn) 27 (1983) u. 32 (1985); HALBWACHS u. POLLANSCHÜTZ, 1985; W.H. MAYER, 1986; KRAPFENBAUER, 1987; KÖTH u. PRINZ, 1988]. Das hier von mir beigegebene Spezialliteratur-Verzeichnis kann nur einen Ausschnitt geben. «...Seit neuerer Zeit datiert in fast allen Industrieländern ernstzunehmendes Bemühen, der Verunreinigung der Atmosphäre durch Emissionen aus den Schloten der Werke und Haushalte, durch Verkehrsstaub und -abgase... mit wissenschaftlich erhärteten Vorschriften zu begegnen» (WUNDERLICH, 1984).

Im Programmbericht des BUNDESMINISTERIUMS FÜR FORSCHUNG UND TECHNOLOGIE (BONN: 1984) wird beispielsweise folgende Feststellung gegeben: «Der in den letzten Jahren beobachtete Krankheitsverlauf läßt ein Zusammenwirken verschiedener Ursachen vermuten, wobei Schwefeldioxid- und Stickoxid-Emissionen eine besondere Rolle zugemessen wird» (vgl. dazu: Jahrestagung des CLUB OF ROME; Helsinki, 1985). «Neben dem Einfluß von

Luftschadstoffen (insbesondere Schwefeldioxid, Stickoxide, Schwermetalle*, Photooxidantien) können auch natürliche Schadfaktoren (Pilze, Schädlinge) sowie Klima- und Standorteinflüsse mitbestimmend sein für das Auftreten und die Ausprägung der Schäden» (dazu u. a. DÄMMGEN, 1985). Die Photooxidantien sind sekundäre Schadstoffe, «pflanzengiftige Gase, die unter Einwirkung von Licht aus Stickoxiden und Kohlenwasserstoffen entstehen» (SCHÜTT et al., 1984). PAFFRATH u. W. PETERS et al. (1987) führten in Bayern Untersuchungen über großräumige Luftschadstoffbelastungen in Zusammenhang mit den Waldschäden durch. Dabei zeigte sich, daß eine direkte Beaufschlagung der Bäume mit gas- und partikelförmigen Schadstoffen wahrscheinlich eine untergeordnete Rolle spielen; saure und verschmutzte Nebel wurden als Schadensursachen auch mehr oder weniger ausgeschlossen. Ozon und eventuell andere Photooxidantien müssen nach Ansicht der Bearbeiter als wirksame Schadstoffe aber mehr als bisher in Betracht gezogen werden. – Sehr aufschlußreich ist in diesem Zusammenhang ein Tagungsbericht (1989) über ein internationales Symposium, veranstaltet vom BAYER. STAATSMINISTERIUM FÜR LANDESENTWICKLUNG UND UMWELTFRAGEN et al. (1988) mit dem Rahmenthema «Verteilung und Wirkung von Photooxidantien im Alpenraum». Ziel dieser Tagung war, weitere Forschungsfelder zu definieren und wesentliche Aspekte dieser hochaktuellen Problematik zu diskutieren. Einmal wird festgestellt, daß die Schäden deutlich von der Höhe abhängig sind; die Schadensentwicklung in höheren Lagen ist auffällig (vgl. hier Anmerkung auf Seite 30). «In allen Regionen, in denen Ozon als Leitsubstanz für Photooxidantien gemessen wird, war eine langsame, aber stetige Zunahme des bodennahen Ozons zu beobachten. Vermutet wird, daß dieser Anstieg im verstärkten Auftreten der Vorläufersubstanzen des Ozons, den Stickstoffoxiden und Kohlenwasserstoffen begründet liegt, die durch menschliche Aktivitäten in die Umwelt gelangen.»

Neuerdings sollen sogar Abbauprodukte der Herbizide mitverantwortlich sein für das Auftreten der «neuartigen Erscheinungen» des Waldsterbens. Es existiert eine Vielzahl von potentiellen Luftschadstoffen; beim Colloquium der ENERGIEVERSORGUNG SCHWABEN (VON KORTZFLEISCH, 1985) wird «von über 2000» gesprochen (pag. 44) (dazu auch: VDI [1985] u. SEIFERT, 1986; SCHÜTT, 1986; WEINITSCHKE et al., 1987; SCHLOSSER, 1988). Die Assimilationsorgane der immergrünen Holzarten sind zwar «relativ derb gebaut», aber «die Bäume als Ganzes (sind) sehr anfällig für Luftverunreinigungen» (KELLER, ebd.). Siehe auch: Seite 50.

---

* Über «Natürliche und anthropogene Komponenten des Schwermetallhaushalts von Waldökosystemen» gibt ROBERT MAYER (1981) in einer ausgezeichneten Monographie in den Göttinger Bodenkundlichen Berichten einen Überblick (vgl. dazu auch R. SCHULTZ et al. 1987).

Im Lande Nordrhein-Westfalen wurde eine Analyse allein von organischen Verbindungen in der Waldluft durchgeführt. Dabei zeigte es sich, daß immerhin ca. 210 gasförmige und 40 partikelförmig gebundene organische Substanzen identifiziert werden konnten. Dabei war interessant die Auswertung der Analysenergebnisse: Anthropogene Kohlenwasserstoffe überwiegen in einem stark geschädigten Fichtenbestand zahlenmäßig und konzentrationsmäßig; der Anteil von biogenen Kohlenwasserstoffen ist relativ gering. «Eindeutige Hinweise auf Abbaucyclen von biogenen Verbindungen konnten nicht gefunden werden» (HELMIG et al., in KONGRESS FRIEDRICHSHAFEN, [Poster-Vortr.] Bd. 1, 139-140, 1989).

In diesem Zusammenhang soll festgehalten werden, daß **Schadstoffe in hoher Konzentration längere Zeit auf Pflanzen einwirken** (dazu etwa BÄHRMANN, 1988) und auf verschiedenen Wegen ins Pflanzeninnere gelangen können (dazu u. a. DÄSSLER, 1981; 1983; FIEDLER u. THAKUR, 1985; VAN HAUT u. STRATMANN, 1970; HOCK u. ELSTNER, 1984; HÜTTERMANN, 1982; LICHTENTHALER u. BUSCHMANN, 1984). Die Gesamtheit der Schadfaktoren bilden mithin die Grundlage der sogenannten **«Photo-Smog-Theorie».** Amtlicherseits wird auch an der Luftverschmutzung als Ursache der «neuartigen Walderkrankung» festgehalten, als auf dem 14. INTERNATIONALEN BOTANIKER-KONGRESS (Berlin, 24.07. bis 01.08. 1987) die vereinzelte Auffassung vertreten wird, daß von den Monokulturen schädigende Auswirkungen der verschiedensten Art ausgegangen seien und dadurch vorübergehend die «natürliche Sterberate» der Bäume überhöht erscheine (vgl. dazu die Erörterung dieses Problembereiches, Seite 57 und bei ULRICH, 1987 a).

Das Rahmenthema «Waldschadensforschung» wurde auf der 17. Jahrestagung der «GESELLSCHAFT FÜR ÖKOLOGIE» (Göttingen, September 1987) in mehreren Vorträgen behandelt. Im Vordergrund stand ein Beitrag von B. ULRICH (1987 b) zu einer stofflich fundierten Ökosystemtheorie unter dem Titel: «Stabilität, Elastizität und Resilienz von Waldökosystemen». Im Tagungsführer (mithin in den «Preprints» für den erst später erscheinenden Verhandlungsband der Gesellschaft) heißt es dazu wörtlich: «Stabil sind Ökosysteme, wenn Entkoppelungen des Stoffkreislaufs so abgepuffert werden, daß sich die Artenzusammensetzung nicht verändert. Resilienz ist ein Maß für die Fähigkeit des Ökosystems, nach Streßsituationen, die zu Verschiebungen der Artenzusammensetzung geführt haben, im Laufe einer Sukzession wieder zur ursprünglichen Artenzusammensetzung zurückzufinden. Die Elastizität wird in starkem Ausmaß von den Bodeneigenschaften bestimmt.»

In diesem Zusammenhang sprach der Vortragende u. a. auch die Äußerungen auf dem 14. Internationalen Botaniker-Kongreß an (vgl. GREUTER et al., 1987) und stellte zunächst heraus, daß zur Ursachenfindung der «neuartigen Waldschäden» von den zahlreichen Forschungsgruppen die unterschiedlichsten Forschungsstrategien in Anwendung gebracht werden. So werden Untersuchungen auf verschiedenen Ebenen von Biosystemen angesetzt: Zell-Untersuchungen – Analyse der Krankheiten von Organismen – Biosynthese auf der Ebene der Populationen – Stoffkreislauf-Untersuchungen auf der

Ökosystem-Ebene. Wissenschaftliche Untersuchungs-Ergebnisse müssen jedoch integriert werden von allen verschiedenen Ebenen. Dabei bleibt wesentlich der Parameter, daß die neuartigen Schäden durch die Luftverunreinigungen allein nicht erklärbar sind. Infolge der Komplexität der Wirkungsmechanismen müssen die Gegebenheiten des Standortes, vor allem im Bereich der Rhizosphäre, einer näheren Betrachtung unterzogen werden. So berichtet VOGELEI (1989) in einem Modellversuch zur Simulation der Bodenversauerung über säure- und aluminiuminduzierte Schäden an Fichtenwurzeln. In den Untersuchungen zeigte sich, daß trotz ausreichendem Wasserangebot ein kontinuierlicher Säurestreß den Wasserhaushalt der Pflanzen erheblich stören kann. Freilanduntersuchungen an Wurzeln von einem immissionsbelasteten und versauerten Standort zeigten häufig ähnliche oder gleiche Schadbilder wie bei den Wurzeln im Modellversuch.

Problembereich: Luftverunreinigungen und ihre Wirkung auf die Bodenschichten

Aufgrund seiner Tätigkeit im Industriezeitalter greift der Mensch in natürliche Stoffkreisläufe ein und verändert sie. Es kommt zu Schadstoffbelastungen des Bodens, wobei es im allgemeinen keine Möglichkeit gibt, schwer oder gar nicht abbaubare Schadstoffe auf großen Flächen wieder aus dem Boden zu entfernen. MAYER (1984) berichtet über die Schadstoffbelastung als einem langfristigen Erbe im Industriezeitalter auf einer Vortragstagung des Gottlieb Duttweiler Instituts in Rüschlikon/Zürich unter dem Rahmenthema: «Stirbt der Boden?» (zit. unter DUTTW.-INST.; vgl. dazu auch BEESE u. ULRICH, 1986).

Hier ist wiederum das **Standortproblem auf den waldbaulichen Bodenertragsflächen** angesprochen; daß der **Boden als Lebensraum** (BRAUNS, 1968; 1985) **und als Nährstoffversorgungsort** in der Kontaktregion Boden/Pflanze (vgl. MEYER u. ULRICH, 1986), also **im Bereich der Rhizosphäre** (vor allem im Feinwurzelbereich [siehe: SCHÖNHAR in: KONGRESS FRIEDRICHSHAFEN [Poster-Vortr.], Bd. 1, 265-266; 1989]) eine besondere Rolle spielt, stellt einen empfindsamen **Bioindikator** dar **für alle Vorgänge im Rahmen des Waldsterben-Syndroms** (SCHÜTT et al., 1984; ULRICH et al., ab 1984; ULRICH in NIESSLEIN/VOSS, 1985; KEITEL et al., 1985; Umwelt-Informationen [BuMiI], 1985; HORSCH et al., 1985; SCHUBERT et al., 1985 [vor allem: Bioindikation von Luftkontaminationen; pag. 184ff.] und viele andere Autoren in den vergangenen Jahren). «Aus der Immission eines Schadstoffes in der bodennahen Schicht folgt in mehr oder weniger großem Ausmaß sein Übergang in Boden, Wasser oder Vegetation, der ‹Deposition› genannt wird» (SALZWEDEL, 1983; vgl. dazu auch: R. MAYER, 1984).

Neuerdings werden verstärkt **wirbellose Tiere** (etwa Waldameisen) als **Bioindikatoren** geprüft, ob sie sich als **Monitororganismen für Waldschäden** eignen; so veranstaltete die VDI-KOMMISSION «Reinhaltung der Luft» im Okt.

1986 in München/Weihenstaphan ein Kolloquium mit dem Rahmenthema «Bio-Indikation» – wirkungsbezogene Erhebungsverfahren für den Immissionsschutz (vgl. dazu auch ARNDT et al., 1987). Auffallend, daß gleichfalls auf der Jahrestagung der GESELLSCHAFT FÜR ÖKOLOGIE (1986) unter dem Rahmenthema «Erfahrungen aus dem Ökosystem-Forschungsprojekt Solling» neben dem Bericht über etwaigen Einfluß von Luftschadstoffen und von künstlichem Säure- und Düngereintrag auf die Tiergesellschaften (SCHAUERMANN) Vorträge angekündigt werden über «Boden- und streulebende Waldarthropoden als Zeigerinidkatoren für Belastungen von Ökosystemen...» (ANKE ALBERT et al.). Auch die Bioindikation mittels höherer Pilze oder der Flechten wird in diesem Zusammenhang angesprochen (WINKLER et al., MARILEN MACHER). GLIEMEROTH und FRENZEL (in: KONGRESS FRIEDRICHSHAFEN [Poster-Vortr.], Bd. 1, 357-358; 1989) berichten, daß durch die Verwendung von Flechten als Bioindikatoren die neuartige Walderkrankung differenziert werden kann: Einmal durch Immissionen verursacht oder zum andern in nicht durch SO_2-Immissionen verursachte Krankheitsbilder. – Während der RAT VON SACHVERSTÄNDIGEN/UMWELTFRAGEN noch 1983 feststellt, daß der Einfluß von Schwermetallen auf die Streuzersetzung zu wenig erforscht sei, kann SCHÄFER (1986) in d. Verhandlg. Ges. Ök. (Hohenheim, 1984) schon über «Streuabbauverzögerung durch Akkumulation von Schadstoffen in Buchenwäldern» in industriefernen Gebieten berichten.

An dieser Stelle muß zwangsläufig verwiesen werden auf die eingehenden Untersuchungen der Forschungsgruppe um W. FUNKE an der Universität Ulm, die sich bemüht, gesicherte Erkenntnisse zu gewinnen über «die mannigfachen Wechselbeziehungen zwischen verschiedenen Populationen, ihre speziellen Leistungen bei Gestaltung und Erhaltung von Ökosystemen, ihre Indikatoreigenschaften für gravierende – auch anthropogen bedingte – Veränderungen im Ökosystem»; dabei steht vornehmlich im Mittelpunkt die Frage nach den Indikatoreigenschaften terricoler Organismen bei mehrminder gravierenden Veränderungen in Fichtenbeständen. Es zeigte sich, daß u. a. Bodentiere nicht allein sensitive Indikatoren von Waldschäden oder bei Biozid-Einsatz sind, sondern Arthropoden insgesamt wahrscheinlich auch aufgrund ihrer Akkumulationstendenzen Informationen geben könnten beim Nachweis von Schwermetalleinträgen im Ökosystem (FUNKE et al., 1986); in eingehenden Untersuchungen konnte zunächst aufgefunden werden, daß hier vor allem die Proturen eine besondere Bedeutung haben. Ihre Populationsdichte, vorwiegend die ihrer Larven, «steht in engem Zusammenhang mit dem Ausbildungsgrad der Mykorrhiza. Wenn die Mykorrhiza in ihrer Vitalität mit dem Gesundheitszustand der Bäume korreliert, dann wären die Proturen (über ihre Populationsdichte und ihren Anteil an Jugendstadien) als wertvolle Frühindikatoren von Waldschäden anzusehen» (FUNKE et al., 1987; STUMPP, 1988). – Bei den Untersuchungen über die Schwermetalleinträge im Waldökosystem blieb anfangs noch fraglich, in welchem Umfang Elementeinträge durch

Immissionen beteiligt sind. In der Zwischenzeit ist die Ulmer Forschungsgruppe auch in dieser Richtung einen erheblichen Schritt vorangekommen. Aus Depositionsmessungen aufgrund verschiedener physikalisch-chemischer Verfahren lassen sich zwar Schadstoffeinträge aus der Luft erfassen, aber daraus können die Wirkungen auf Biozönosen nicht ermittelt werden. Daher wurde in den letzten Jahren nach Organismen gesucht, die eine anthropogene Umweltbelastung durch Anreicherung von Schadstoffen erkennen lassen. Es zeigte sich, daß die Borkenkäfer – in der Studie waren es die Scolytiden *Ips typographus* und *Trypodendron lineatum* – als Bioindikatoren für Elementbelastungen durchaus geeignet sind (MECHTHILD ROTH-HOLZAPFEL u. FUNKE, 1988).

Im vorhin schon einmal erwähnten Programmbericht des BUNDESMINISTERIUMS FÜR FORSCHUNG UND TECHNOLOGIE (1984) wird «eine Destabilisierung des Ökosystems als Folge einer Bodenversauerung angenommen, mit der Schäden am Feinwurzelsystem in Zusammenhang stehen. Zur Versauerung tragen sowohl Schwefel- und Stickstoffverbindungen als auch bei bestimmten Waldböden je nach Standortbedingungen, Baumarten und Nutzung unterschiedliche bodenimmanente...» (mithin in den Bodenschichten selbst vorkommende) «Vorgänge bei» (u. a. FRÄNZLE et al., 1985). «Neuere Ergebnisse weisen darauf hin, daß beim Versauerungsvorgang des Bodens durch Aluminium- und möglicherweise auch Manganionen-Freisetzung toxische Effekte an den Wurzeln ausgelöst werden können» (u. a. ERNST et al., 1983; MERIAN, 1984). Die Sturmschäden (Jan. 1987) in den Forstrevieren etwa des Harzes zeigen die Schädigung der Rhizosphäre. Infolge der erhöhten Schneebelastungen im Kronenbereich wurden die Stämme mit dem gesamten Wurzelbereich geworfen.

Problembereich: «Saurer Regen»

Damit ist zwangsläufig die Überleitung zu diesem Kapitel gegeben (dazu etwa: ÖKO-INST. [FREIBURG] 1982; FR. RECORD et al., 1982; VDI, 1983, 1984, 1985; ZENTRALSTELLE F. AGRARDOKUMENTATION U. -INFORMATION [BONN], 1983; WELLBURN, 1988), wenn auch Auswirkungen des «*Sauren Regens*» schon vorher angedeutet werden mußten.

In fast jeder renommierten Tageszeitung wird in aktuellen Berichten oder Artikeln vom «Sauren Regen» gesprochen, ohne daß der Leser vielfach die Entstehungsursache kennt (vgl. dazu: ERIKA GOEZ et al., 1982; GRIESSHAMMER, 1983).

In die **Atmosphäre gelangte Schadstoffe** können zur **Bildung sekundärer Luftschadstoffe** führen. Von zwei Schadstoffen weiß man, daß sie in hohe Luftschichten abgeführt und hier aufoxidiert und zu Säurebildnern werden. So entstehen schweflige Säure (H_2SO_3), Schwefelsäure (H_2SO_4) und aus Stickoxiden Salpetersäure (HNO_3). Als winzige Tröpfchen (Aerosole) schweben sie in der Luft und gelangen als *nasse Deposition* (Schadstoffablagerung) mit den

Niederschlägen in die Biosphäre, d. i. dann der «*Saure Regen*» (nicht allein in unseren Regionen auftretend, auch in den USA beobachtet und selbst in Kanada gibt man ein Programm zur Bekämpfung des Sauren Regens bekannt [ALLG. FORSTZ. MÜNCHEN, Jg. 40, 67 ff.]).

In der «Agrarökologie im Spannungsfeld des Umweltschutzes» (BRAUNS, 1985) stellt der Autor im Abschnitt über den «Grundwasserhaushalt und die landwirtschaftliche Grundwassernutzung» (pag. 100) heraus, daß schon nach den Untersuchungen in den 60er Jahren die Dauer des Taufalls von größerer ökologischer Bedeutung sein dürfte als die Menge. In diesem Zusammenhang ist interessant, daß in den Plenarsitzungen (Themenkreis: Stressor Atmosphäre) des Internationalen Kongresses Waldschadensforschung (zit. unter: KONGRESS FRIEDRICHSHAFEN [Poster-Vortr.], Bd. 1, 135-136; 1989) eine Postervorstellung über «Messungen zum Tauwasserniederschlag in Waldbeständen» (DRÖSCHER ebd.) zur Diskussion gestellt wird. In der Kurzfassung des Beitrages heißt es «Wäßrige Benetzungsfilme verbessern einerseits die Depositionsbedingungen für Gase und Partikel, andererseits stellen sie ein Bindeglied zwischen dem Interzellularraum der Nadel und der Umgebungsluft dar. Sie bilden einen idealen Reaktionsraum für chemische Umwandlungen und Lösungsprozesse aus dem Pflanzeninnern (leaching... [= Auswaschung]) und von Komponenten des atmosphärischen Aerosols (Gase und Partikel).» Im Nordschwarzwald wurden mittels einer automatisierten Anordnung zur Tauwassermessung Tauereignisse in einem Fichtenbestand analysiert; die Inhaltsstoffe im Tauwasser sind gegenüber Regenwasser in ihrer Konzentration stark erhöht. Die pH-Werte liegen zwar nach bisherigen Beobachtungen im Neutralbereich. Beim zukünftigen Forschungsbedarf auf dem Gebiet der neuartigen Waldschäden dürfte man den Faktorenkomplex des Taufalls mithin nicht übergehen.

Im Kronenbereich der Baumarten werden andererseits in die Atmosphäre ausgestoßene Fremdstoffe wie Gase, Aerosole oder Stäube ausgefiltert und gelangen mit den Niederschlägen (die, wie soeben skizziert, schon luftverunreinigende Stoffe enthalten können) bis auf die Streudecke des Bestandes und anschließend weiter in die tieferen Bodenschichten (vgl. DT. VERBAND WASSERWIRTSCHAFT/KULTURBAU [DVWK] 1984). (Auf Flugblättern des SCHWEDISCHEN STAATLICHEN AMTES FÜR UMWELTSCHUTZ werden die Auswirkungen der Versauerung schon im Jahre 1983 den Touristen nahegebracht). Besonders interessant sind in diesem Zusammenhang die Untersuchungen von JOCHHEIM (1985) in Altbuchen-Beständen einer Mittelgebirgslandschaft. Hier konnte aufgefunden werden, daß sich die **Baumfußbereiche** «...gegenüber den stammfernen Böden infolge des an den glatten Buchenstämmen herablaufenden Wassers durch ein bis zu 10-fach höheres Niederschlagsaufkommen...» auszeichnen. Im Gefolge der oben geschilderten **Ausfilterung an den großen Baumkronen** «reichern sich im Stammablaufwasser nicht nur H^+-Ionen, sondern beinahe sämtliche anderen Elemente in 1,5- bis 5- (in Ausnahmen sogar bis 10-) fach höheren Konzentrationen als in

der Kronentraufe an. Somit ergeben sich im Bodenbereich der Buchenbaum-
füße Stoffeinträge, die jene der Normalstandorte um ein Vielfaches übertreffen.» Die erhöhten **Stoffeinträge** (vor allem Säuren) schädigen **in der
Rhizosphäre** u. U. das Wurzelwerk (wie vorhin schon hervorgehoben), aber
auch die in der Wurzelregion vorkommenden Mikroorganismen, Bakterien,
Pilze und Streuzersetzer, die am Kreislauf der Nährstoffe beteiligt sind (u. a.
SIERPINSKI, 1984, Forstw. C. 103).

In diesem Zusammenhang ist noch folgendes zu ergänzen: Bisher wurden vornehmlich zwei Wirtschaftsbereiche für die «neuartigen Waldschäden» verantwortlich ge-
macht, die Energieerzeugungsbetriebe und der Kraftfahrzeugverkehr. Im Zuge der
Ursachenforschung zeigte sich neuerdings, daß das **Ammoniak** anscheinend auch einen
gewissen **Anteil an der Schädigung der Waldbestände** hat. In den Westprovinzen der
Niederlande wurde eine Zunahme der Waldschäden beobachtet, obwohl sich dort keine
Kraftwerke befinden oder etwa ein verstärkter Kraftfahrzeugverkehr herrscht. Aber als
Verursacher ließen sich große **Tierhaltungsbetriebe** ausmachen. Das **mit der Abluft
freigesetzte Ammoniak** verbindet sich in der Atmosphäre zum Teil mit Schwefeldioxyd
zu Ammoniumsulfat. Im Boden entsteht durch Nitrifikation Schwefel- und Salpetersäure. Die Holländer erwägen Restriktionen gegen die Landwirtschaft, um eine
Eindämmung der Ammoniakemissionen zu erreichen. Die **Emissionsdichte** (39,3 kg
NH_3/ha Gesamtfläche, in Europa = 12,5 kg) ist **in den Niederlanden 2 × so hoch wie in
der BRD**. Der jährliche Gülleanfall in den Niederlanden wird auf über 80 Mio. t
geschätzt. Da auch in der **DDR** in der Nähe von Massentierhaltungen (in sogenannten
«Veredelungswirtschaftsbetrieben», d. s. etwa **Zucht- und Mastbetriebe** mit 170000
Tieren) infolge eines enormen Anfalles allein von **Gülle** (= **flüssiges «Abprodukt» der
Viehhaltung** [Schweine- und Rinderzucht] aus Kot, Harn, Streuanteilen, Resten von
Futter und Wasser) **Gehölze oder Waldteile** in größerem Umfang **geschädigt** werden,
diskutiert man auch dort **Lösungsansätze zur Verringerung der Ammoniakemissionen**
(außer Presseberichten – N-Information: Industrieverband Agrar, Fachbereich Düngung, Frankfurt/M. 4/89 u. 1/90 – weiterhin: FELLENBERG, 1985, pag. 56: «Gülle und
Silosickersaft (sind) keine vollwertigen Düngemittel. Für die Bedürfnisse der Pflanzen
enthalten sie zu wenig Kalium bei gleichzeitig zu hohem Nitratgehalt. Gülle setzt
außerdem leicht giftigen Ammoniak frei...»). – An weiterer Literatur ist mir bekannt
geworden: HUNGER, W. (1989): Neue Beobachtungen zu Waldschäden in der Nähe
einer Schweinemastanlage. Beiträge für die Forstwirtschaft (Akademie-Verlag, Berlin)
23 (2), 64-68.
    Während der Umbruchkorrekturen wurde mir zugestellt die Einladung des KURA-
TORIUMS FÜR TECHNIK UND BAUWESEN IN DER LANDWIRTSCHAFT (KTBL) und des
VEREINS DEUTSCHER INGENIEURE (VDI) [Kommission Reinhaltung der Luft im VDI
und DIN] zu einem gemeinsamen Symposium **«Ammoniak in der Umwelt»** – Kreisläufe,
Wirkungen, Minderung – Tagung im Oktober 1990 in Braunschweig an der Bundesforschungsanstalt für Landwirtschaft. Aus dem Programmheft für das Symposium,
welches einen Statusbericht über den derzeitigen Stand der Erkenntnisse bringen soll,
seien die nachfolgenden Hinweise über die höchstaktuellen Probleme zitiert, welche in
Zusammenhang mit den «neuartigen Waldschäden» gebracht werden können. Es heißt
dort wörtlich: «Viele Jahre lang ist Ammoniak als relevanter Luftschadstoff nicht in
Erscheinung getreten, bis die Diskussion um die vielfältigen Ursachen des Waldsterbens
und die Ermittlung von Pflanzenschäden im Einzugsbereich von Intensivtierhaltungen

die Aufmerksamkeit verstärkt auf Ammoniak als möglichen Mitverursacher gelenkt haben» (Berichtsbd.: Landw. Verlag Münster-Hiltrup 1990).

«Inzwischen ist unumstritten, daß Ammoniak die Luft erheblich verunreinigt. Hauptquellen sind landwirtschaftliche Betriebe, die Intensivtierhaltung betreiben und Acker sowie Grünland mit Flüssig- und Festmist düngen.»

In einer Poster-Vorstellung über die «Auswirkungen der Immissionsbelastung im Baumfußbodenbereich der Altbuchen» bestätigen die Autoren die o. g. Feststellungen. «Die größten Einträge der luftverunreinigenden Stoffe in Waldbeständen unserer Kulturlandschaft finden kleinräumig im Fußbereich der Altbuchen statt» (GLAVAC, KOENIES und JOCHHEIM, zit. unter: KONGRESS FRIEDRICHSHAFEN, Bd. 1, 109-110; 1989).

Eine Beobachtungstatsache muß freilich herausgestellt werden, auf die auch SCHÜTT und seine Mitarbeiter (1984) verweisen: Auf Standorten mit ausgesprochenen Kalkböden dürften die Bestände keine Schäden zeigen, denn der saure Regen müßte schon in den oberen Bodenschichten neutralisiert werden. In den Kalkalpen und im Jura lassen sich aber beträchtliche Schadbilder beobachten. – WEINITSCHKE (1987) kommt in dem anregenden Buch über «Naturschutz und Landnutzung» auch auf das großflächige Waldsterben zu sprechen und zeigt in einem Abschnitt über «Steuerung und Beeinflussung von Ökosystemen» die Verbindung mit dem sauren Regen auf. Es ist bekannt, daß die Erziehung von Nadelholz-Monokulturen die Bodenversauerung durch Bildung von Rohhumusdecken fördert. «Wieweit Zusammenhänge zwischen dem jetzt fast 200 Jahre währenden Nadelholzanbau, dem acid rain und der Bodenversauerung bestehen, bedarf noch intensiver Untersuchungen.» Neben dem sauren Regen wird ein Komplex weiterer Faktoren als Ursache für sehr wahrscheinlich gehalten. Diese Aussage deckt sich zweifelsohne mit den vielfachen Beobachtungstatsachen, zumal die großflächigen Krankheitserscheinungen nunmehr auch in Laubholzbeständen auftreten, die auf nichtversauerten Böden stocken.

Ursachenzuschreibung des Waldsterben-Syndroms

Die Auswirkungen der in die Atmosphäre ausgestoßenen Fremdstoffe lassen zwei Möglichkeiten zur Ursachenzuschreibung des Waldsterbens zu.

Einmal vertreten SCHÜTT et al. (1984) die **Streß-Hypothese**, die (wie sie formulieren) «ihren **Dreh- und Angelpunkt in Störungen der Photosynthese**» hat. Es wird also angenommen, daß über viele Jahrzehnte hinweg geringe Konzentrationen von zahlreichen Luftschadstoffen die Pflanzen vergiften und einen **Dauerstreß** für langlebige Pflanzen verursachen. Bei einer Beschreibung der einzelnen Vorgänge im Verlaufe des Streß könnte man nach den e. g. Autoren folgende Stichworte anführen: Verringerung der Stoffwechselprodukte/der Vitalität/verstärkte Krankheitsanfälligkeit/Zuwachsverlust/Schädigung des Wurzelsystems/Ausfall der Feinwurzel-Erneuerung/Mangel an Aminosäuren und sekundärer Pflanzenstoffe/keine Ausbildung der Mykorrhiza/ Infektion verstärkt durch Bakterien und Wurzelpilze/der geschwächte Baum letztendlich verstärkt zugänglich für Sekundärschädlinge und empfindlich gegenüber extremen Klimafaktoren. Manche Stationen dieser Streßvorgänge sind nach Schütt noch zu beweisen (durch langjährige Untersuchungen). Aber die Münchner Schule um Schütt ist der Ansicht, daß **klassische Immissionen, saurer Regen und Streßwirkungen für die Schäden in den forstlichen Beständen verantwortlich** sind. «Das Neue, das Sterben der Wälder fernab von jeder Industrie, ist jedoch ohne Streßwirkung nicht zu erklären.» –

Auf dem Internationalen Kongress Waldschadensforschung in Friedrichshafen am Bodensee (1989) wird folgende Formulierung zur Diskussion gestellt: «Das neuartige Waldsterben ist das Resultat baumphysiologischer Reaktionen, welche durch die interaktive Einwirkung von natürlichen und anthropogenen Stressoren ausgelöst werden. Ist die Summe der einwirkenden Stressoren zu groß und/oder keine Streßkompensation mehr möglich, beginnen die Bäume Schäden zu zeigen» (Lechner und Bolhàr-Nordenkampf; zit. unter Kongress Friedrichshafen [Poster-Vortr.], Bd. 1, 451-452, 1989).

Lichtenthaler und Buschmann versuchten andererseits im Jahre 1984 eine **Kausalanalyse des Waldsterbens mittels pflanzenphysiologischer und molekularbiologischer Wirkungszusammenhänge.** «Luftschadstoffe, vor allem die sauren Oxide SO_2 und NO_x, stören den feinregulierten Ablauf der Photosynthesereaktionen, verschlechtern damit das Verhältnis Assimilationsfläche – Baumbiomasse und greifen so in der Folge verheerend in den Gesamtstoffwechsel des Baumes ein» (Hilde Schulte in einer Besprechung: Angew. Botanik 59, 151-152; 1985).

Schließlich sind die diffizilen Untersuchungen der Göttinger Schule um Ulrich nicht zu übergehen. Ulrich und seine Mitarbeiter waren wohl die ersten Fachvertreter, die das **heutige großflächige Baumsterben in den forstlichen Beständen in Verbindung** brachten **mit den im Bereich der Wurzeln vorherrschenden Verhältnissen** (Übersichtsdarstellung unter Ulrich in: Niesslein/Voss, 1985; weiterhin: Ulrich, 1989). Die in Göttingen konzipierten Bodenuntersuchungen ließen beispielsweise in Fichtenbeständen des Fichtelgebirges bei Beobachtungen von forsttoxikologischen Forschungsgruppen von 23 Instituten aus 7 bayerischen Universitäten nach rund fünf Jahren intensiver Forschung nur den Schluß zu, daß der atmosphärische Eintrag aus anthropogenen Luftverschmutzungen zu einer Bodenversauerung führt und «sich damit das Calcium-Aluminium-Verhältnis im Boden geändert hat. Die Wurzeln reagieren auf diesen veränderten Bodenchemismus» (Schulze, 1989a). Als Hilfsmaßnahme wird daher vorgeschlagen, den atmosphärischen Eintrag von «Nähr»-Stoffen drastisch zu verringern, mithin eine Regeneration der versauerten Böden herbeizuführen «...mit dem Ziel einer besseren Durchwurzelung des Mineralbodens». Der Sprecher des Sonderforschungsbereichs «Stoffumsatz in ökologischen Systemen» (der Deutschen For-

SCHUNGSGEMEINSCHAFT) stellt dies freilich als einen technisch schwierigen und sehr langwierigen Prozeß heraus, «dessen mögliche Auswirkungen auf die Lebensgemeinschaft im Walde noch umstritten sind».

In diesem Zusammenhang spricht NÖTHIG (1986) als Verursachungskomplex «die durch die Forstwirtschaft verursachte Nährstoffverarmung des Bodens» an; der Autor stellt heraus, daß die Bestände vorwiegend auf ertragsschwachen Böden stocken, während die guten Böden als landwirtschaftliche Nutzungsflächen ausgewiesen sind; «...zudem wird in Deutschland bei der Forstwirtschaft keine Düngung der Wälder vorgenommen» (VERBAND DER CHEMISCHEN INDUSTRIE, FRANKFURT/MAIN [VCJ]: Druckschrift «Chemie und Umwelt»: Ernährungsstörungen – Düngung, Okt. 1987).

Im Kapitel: «Forstliche und ökologische Gegenmaßnahmen» werden wir darauf zurückkommen müssen; vgl. hier Seite 57. Ohne auf die vielfältigen Diskussionen um die Begriffe: Schadstoffeinwirkungen im Kronenbereich – Schädigung des Photosyntheseapparates – Schädigung der Wurzelregion – eingehen zu können, bleibt außerordentlich interessant die Verbindung der verschiedenen Wirkungswege von Luftschadstoffen und die sonst noch bei den «neuartigen Waldschäden» aufgefundenen Auslösungsfaktoren. Es ist festzuhalten, daß nach der Meinung anscheinend vieler Beobachter das Baum- und Waldsterben offensichtlich eine **«Komplexkrankheit»** darstellt. Der Krankheit liegt mithin nicht **eine** Ursache zugrunde, sondern es dürfte ein **«Zusammenwirken verschiedener abiotischer und biotischer Stressoren»** vorliegen – «‹Saurer Regen› ist also nur eine, wenn auch wichtige Variable in dem vernetzten System von Ursachen, wobei außerdem die oft verzögernde, aufschiebende Wirkung mancher Faktoren berücksichtigt werden muß» (TISCHLER, 1985; pag. 164). SCHULZE (1989b) spricht daher die **Waldschäden neuer Art** als ein **globales Problem** an. **Aus freilandökologischer Sicht** ist bei dieser **«ökosystemaren Hypothese»** über die Ursache des Waldsterbens, die von B. ULRICH und seinen Mitarbeitern ausgebaut wird, bemerkenswert die **Einbeziehung der Bodenschichten in die Ökosystemforschung,** zumal die edaphischen Lebensschichten sowieso eingepaßt sind in die Strukturierung des Waldbiotops und zu den wichtigsten Produktionsfaktoren der Forstwirtschaft insgesamt gehören (vgl. R. MAYER, 1985). Es ist zwar nicht verwunderlich, daß auch diesen Vorstellungen teilweise widersprochen wird, vor allem in der «Bodenversauerung nicht (einen) Hauptfaktor im Ursachenkomplex der sich weiter verbreitenden Walderkrankungen» zu sehen (WENTZEL in GRAF HATZFELD, 1984). Der **Wert eines «ökosystemaren Ansatzes»** ist darin zu sehen, daß man einen **Ordnungsrahmen** für die Einordnung neuer Erkenntnisse findet und damit ein Gesamtkonzept der Waldschadensforschung bereitstellen kann (Informationen des BUNDESMINIST. F. UMWELT, NATURSCHUTZ U. REAKTORSICHERHEIT «Umwelt», **4/5**; 86, pag. 7ff.). Deshalb wurde das UMWELTBUNDESAMT in dieser Richtung beauftragt, zum Forschungskomplex der Waldschäden sogen. Querschnitts-Seminare zu veranstalten, die für die Belastung, Schäden und ihre Folgen auf Ökosystemebene, aber auch u. a. für die Frühindikation von noch nicht sichtbaren Schäden an den Holzarten einen Beitrag leisten (vgl. dazu: GREGOR, 1986).

FRENZEL (in VON KORTZFLEISCH, 1985) ist schließlich der Ansicht, daß sich «die gegenwärtig grassierende Walderkrankung» auflöst, «in eine Reihe unterschiedlicher, doch mehr oder weniger gleichzeitig verlaufender Krankheiten». Das erschwert naturgemäß kausal-analytisch eine einheitliche Bewertung der Krankheitserscheinungen.

In diesem Zusammenhang stimmen schließlich nachdenklich Veröffentlichungen von REICHELT und KOLLERT (1985). Bei der Kartierung von Waldschadensgebieten wurden in Reliefkarten sogenannte «Isomalen» kartographiert, «die dann Flächen mit derselben Schadstufe abbilden». Isomalen sind dabei «Verbindungslinien zwischen benachbarten Orten mit Stichproben, welche den gleichen Schaden (lat.: malum = Schaden, Unheil, Übel) ausweisen».

Die Isomalen im Bereich von zwei Kernkraftwerken zeigten «Schadensfahnen» im Umkreis der Anlagen, «die in der regionalen Hauptwindrichtung besonders markant ausgeprägt waren. Am Schluß dieser monographischen Abhandlung wird herausgestellt, daß als «mögliche direkte und indirekte Schädigungsmechanismen einer künstlich erhöhten Luftionisation... verstärkte Produktion von Oxidantien..., verstärkte Bildung von schwefel- und salpetersaurem Aerosol...» in Frage kommen. Mit dem Abwasser oder mit der Abluft können aber auch radioaktive Elemente das Kernkraftwerk verlassen (FELLENBERG, 1985; pag. 122 – über in diesem Zusammenhang auftretende Fachbezeichnungen kann nachgelesen werden im PSCHYREMBEL-Wörterbuch: Radioaktivität, Strahlenwirkung etc. [1986] oder bei WEISH u. GRUBER [1986]).

WILD (Physiker und derzeitiger Präsident der Technischen Universität München) veröffentlicht in einer populären Zeitschrift der Aral-Gesellschaft (1985) einen sehr interessanten Aufsatz über «das gestörte Vertrauen in die Technologie», welches allgemein verbreitet zu sein scheint. Verantwortlich für den Vertrauensentzug werden die häufig widersprüchlichen und oft mißverständlichen Aussagen von Wissenschaftlern gehalten. Es ist deshalb andererseits zu erwarten, daß im Rahmen der Ursachenforschung der «neuartigen Waldschäden» wiederum Veröffentlichungen in großer Anzahl erscheinen, die die aufgezeigten Zusammenhänge um Einwirkungen der Kernkraftwerke anzweifeln. So schreibt KÖNIG (1985): «Selbst wenn die aus Waldschadenskartierungen abgeleitete Behauptung von erhöhten Waldschäden in der Nähe von Emittenten und Radionukliden bestätigt würde, ware damit keine kausale Verknüpfung wissenschaftlich bewiesen.» ... «Auch muß auf die begründeten Zweifel hingewiesen werden, daß die von G. REICHELT praktizierte Methode der Schadenskartierung und die anschließende statistische Auswertung überhaupt korrekt ist.» Andere Autoren halten die Aufzeichnung der sogenannten «Isomalen» für fragwürdig (u. a. MAY, 1986). In der Stellungnahme der GESELLSCHAFT FÜR STRAHLEN- UND UMWELTFORSCHUNG (GSF) zur Literaturstudie von METZNER (Tübingen 1984), vorgelegt in München (1985), heißt es wörtlich: «Der Beitrag der Strahlenexposition der Bevölkerung und der Umwelt durch Kernkraftwertke ist gering im Vergleich zur natürlichen Strahlenbelastung und selbst zu ihrer Variationsbreite.» – Es mag sein, daß der Befund anhand der Isomalen mit Vorbehalt aufzunehmen ist. SCHÜTT et al. (1984) stellen die Forderung auf, in experimentellen Versuchsreihen eine Klärung «eines möglichen Zusammenhanges zwischen Radioaktivität und Waldsterben» durchzuführen. BRAUNS (1985) stellt in seiner «Agrarökologie im Spannungsfeld des Umweltschutzes» fest, daß die Strahlenbiologie anscheinend bisher keine eindeutigen Aussagen über die **Wirksamkeit niedriger Strahlendosen** machen kann (pag. 77). Es ist bisher nicht bewiesen, aber vielleicht auch nicht zu leugnen, daß Pflanzen in längeren Zeiträumen empfindlicher werden gegenüber niedrigen Strahlendosen.* In dem Informationsblatt der GSF heißt es über die Studie aus Tübingen: «METZNER weist darauf hin, daß Blätter und Nadeln radioaktive Edelgasatome direkt einbauen und dadurch möglicherweise stark geschädigt werden können. Eine quantitative Abschätzung zeigt jedoch, daß die daraus resultierende Dosis in Blättern oder Nadeln noch um mehrere Größenordnungen kleiner als die externe Dosis durch die Edelgase ist.»

Der Literaturstudie von METZNER (1985) wird vom Direktorium des FACHVERBANDES FÜR STRAHLENSCHUTZ (1985) [MITGLIEDSGESELLSCHAFT DER INTERNATIONALEN RADIATION PROTECTION ASSOCIATION = IRPA]) in vielen Punkten widersprochen; vor allem werden die verhältnismäßig hohen Strahlenbelastungen herausgestellt, «bei denen in entsprechenden Versuchen Pflanzenschäden beobachtet worden sind. Die Untersuchungsergebnisse lassen in Anbetracht der geringen Abgaben radioaktiver Stoffe aus deutschen und schweizerischen kerntechnischen Anlagen keinen Bezug zur aktuellen

---

* In der Human-Medizin sollen kleine Strahlendosen angeblich «durchaus auch nützliche Wirkungen haben können» – so etwa eine Anregung der Vitalität oder eine Steigerung der Resistenz gegen Infektions- und andere Krankheiten etc. (WACHSMANN, 1986). Wirkungen dieser Art werden unter der Bezeichnung **«Hormesis»** beschrieben – Hormesis = hormo (griech.) anregen, stimulieren. In welcher Form sich nunmehr die **Wirksamkeit niedriger Strahlendosen in der Pflanzenzüchtung** manifestiert, ob langfristig stets eine Förderung des Wachstums erfolgt oder ob nach gewisser Zeit eine Abweichung von der Norm nicht plötzlich eine Schädigung hervorrufen kann, darüber sind m.W. noch keine Untersuchungen angestellt worden. – Während der Korrekturarbeiten wurde mir eine Postervorstellung bekannt von BERGMANN, 1989 über «Biochemisch-genetische Reaktionen von Pflanzen auf Umweltstreß» (zit. unter KONGRESS FRIEDRICHSHAFEN [Poster-Vortr.], Bd. 1, 377-378). «Bei Einwirkung extremer Umweltbedingungen, die für bestimmte Pflanzen Streß bedeuten – wie etwa permanente Immissionsbelastung von Waldbaumarten – findet man häufig große individuelle Unterschiede in der Toleranz (oder Resistenz) gegenüber derartigen Bedingungen. Solche Unterschiede zwischen Individuen einer Population (Art) basieren auf mikrostandörtlicher Heterogenität **und** Unterschieden im Genotyp der Individuen».

Waldschadenssituation in Mitteleuropa zu.» Des weiteren wird auf die Waldschadens-kartierungen von REICHELT u. KOLLERT (1985) eingegangen. «Die darauf folgenden Ausführungen, die gerade Verdachtsmomente für einen kausalen Zusammenhang erbringen sollen, beziehen sich jedoch zum größeren Teil nur auf Wiederaufbereitungs-anlagen, da Kernkraftwerke in größerem Maße lediglich radioaktive Edelgase mit dem Leitnuklid Xenon-133 emittieren.» An anderer Stelle wird hervorgehoben, daß «in der Erdatmosphäre noch immer die natürlichen radioaktiven Edelgase dominieren und daß die Krypton-85-Freisetzung zu etwa 90% auf die militärische Wiederaufarbeitung zur Gewinnung von Plutonium für Kernwaffen zurückgehen, und somit der friedlichen Nutzung der Kernenergie nicht angelastet werden können.» (Der Leser möge selbst entscheiden, ob diese Fragestellungen für die biologischen Auswirkungen wesentlich sind – m.E. müßten die Forschungen in jeder Richtung intensiviert werden, ehe Rückschlüsse weitreichender Art gezogen werden könnten.) «...Entlastung der Kern-kraftwerke kann nur dann erfolgen, wenn alle Verdachtsmomente durch weitere Untersuchungen ausgeräumt werden.» (BÖSCH, 1986: Forstw. Centralblatt 105, pg. 86 ff.)

Es werden andererseits auch die Einwirkungsmöglichkeiten von **Radarstrahlen und Mikrowellen** für das Entstehen der neuartigen Waldschäden diskutiert; dies ist aber bisher durch Untersuchungen nicht belegt (Allgem. Forstz. **8**, 1985; dazu auch: GREGOR, 1986).

Eine Veröffentlichung der DEUTSCHEN LANDWIRTSCHAFTS-GESELLSCHAFT (1984) trägt den Titel: **«Bodenfruchtbarkeit in Gefahr?»** und behandelt in einem Beitrag die «Auswirkungen moderner Landtechnik auf das Boden-gefüge» (SOMMER, ebd.; vgl. dazu PREUSCHEN, 1985). Es sei hier nur die Feststellung erlaubt, ob diese Frage nicht auch auf den forstlichen Boden-ertragsflächen anzusprechen ist. Es fällt auf, daß im Zuge der Rückemaß-nahmen im Bestande schon häufig wieder Zugtiere von der Forstwirtschaft eingesetzt werden, anscheinend um den Verdichtungserscheinungen infolge der schweren Räum- und Transportfahrzeuge entgegenzuwirken; ein Einfluß von Bodenverdichtungen auf die Durchwurzelung auf Landanbauflächen ist bekannt (MONIKA JOSCHKO, 1989).

Gegenüber den bisherigen Immissionshypothesen und ihren verschiedenen Varianten bringt nunmehr KANDLER (in NIESSLEIN/VOSS, 1985) «die Epide-miehypothese als Erklärung des ‹Waldsterbens›» erneut in die Diskussion. Auf den landwirtschaftlichen Bodenertragsflächen sind die sogenannten **Abbau-krankheiten** (verbunden mit einem «Leistungsrückgang») allgemein bekannt (wichtigstes Beispiel: der Kartoffelanbau). Keine der bisherigen ökologischen Komplexhypothesen haben sich nach KANDLER als relevante Ursachenzu-schreibungen erwiesen. «Heute sind bei fast allen Nutzpflanzen, die früher als ‹Abbau› bezeichneten Erscheinungen als Mischvirosen, teils mit Mycoplasmo-sen und Rickettsiosen als Nebenkomponenten, erkannt und mehr oder weniger gut aufgeklärt.» «Gegen die Zuordnung zu den Abbaukrankheiten sprach bisher, daß das Vorkommen der dafür typischen Pathogene in Waldbäumen, besonders in Nadelbäumen, bisher nicht oder nur selten nachgewiesen worden war.» Die Forstwirtschaft übernahm den Begriff «Abbau» nur in einem erweiterten Sinne, wie anhand der Veröffentlichung von MANION (1981) schon bei der Schilderung über den heutigen Stand der Ursachenforschung aufgezeigt wurde (hier: Seite 33); hier werden die Viren oder die rickettsienähnlichen Organismen als begleitende «Stressoren» eingeordnet. Nun liegen aber Berichte über das Vorkommen von verschiedenen Virusformen bei Fi, Bu u. Ki, von mykoplasmaähnlichen Organismen, von rickettsien-ähnlichen Organismen bei Fi und Bu vor (vgl. EBRAHIM-NESBAT u. HEITEFUSS, 1985; KANDLER in VON KORTZFLEISCH, 1985; FRENZEL ebd), so daß eine verstärkte Bearbeitung dieser Fragen angebracht erscheint.

Obwohl schon mehrfach – bei der Skizzierung des Forschungsstandes (pag. 30 ff.) oder bei der Ansprache der anfänglichen Hypothesen über die Entstehung des Waldsterbens (pag. 41 ff.). – auf die Bedeutung der biotischen Schadfaktoren verwiesen wurde, greift BECK (1987) noch einmal die Zielrichtung «Patient Baum» innerhalb der Waldschadensforschung auf und geht neben den Fragen beim Nachweis möglicher Pathogene auf die potentiellen «Vektoren» ein. Vor allem macht der Autor auf die KOCH'schen Postulate bei der Erarbeitung der Symptomatologie aufmerksam.

«Der bekannte Deutsche Mediziner stellte um die Jahrhundertwende fest, daß ein Erreger nur dann für den Ausbruch einer Krankheit veranwortlich sein kann, wenn die 3 folgenden Nachweise erbracht werden können: Das Pathogen muß aus dem erkrankten Organismus isoliert werden, die Übertragung dieses Isolats auf einen gesunden Organismus muß hier zum gleichen Krankheitsbild führen und schließlich muß der Erreger aus dem neu infizierten Organismus wieder isoliert werden können.»

Bisher konnte nur der erste Nachweis erbracht werden. Besonders die Übertragung von Baum zu Baum konnte nicht belegt werden. In diesem Zusammenhang kommt BECK auch auf die «Abbaukrankheit der Kartoffel» zu sprechen, bei der «...22 verschiedene Viren nachgewiesen» wurden, «von denen etwa nur 6-8 zur Virulenz neigten». Deshalb ist der Autor der Ansicht, daß eine solche multifaktorielle Krankheitsursache der Kausalanalyse zweifellos besondere Probleme bereitete und selbst eine intensive Forschung auf diesem Gebiet keine eindeutigen Ergebnisse in einem Zeitraum von wenigen Jahren erbringen kann. Neben einer Verringerung der Luftverunreinigungen[*] hält er Maßnahmen waldhygienischer Art für dringend erforderlich.

Nicht unerwähnt bleiben soll, daß auch die exakten Wissenschaftszweige neuerdings ihren Beitrag zur Lösung der anstehenden Probleme in diesem Zusammenhang zu geben sich bemühen. «Innerhalb einer Siutation wissenschaftlicher Unsicherheit über die Ursache(n) der neuartigen Waldschäden

---

[*] So stellen schon im Jahre 1984 R. MAYER und J. GODT heraus, daß bei intensiver Beschäftigung mit dem Problem der Luftverunreinigungen und der dadurch mitverursachten Waldschäden der Gedanke sehr nahe liege, «daß die Schadstoffe am Ort der Emission zurückgehalten und unschädlich gemacht werden müßten und nicht in die Atmosphäre entlassen werden dürften».

wird versucht, durch die konsequente Anwendung mathematischer Methoden, die dem häufig angenommenen, multifaktoriellen Charakter des Problems Rechnung tragen, größere Klarheit in die Vielfalt bestehender Hypothesen zu bringen» (Ries, 1985; siehe auch: Bossel et al., 1985).

Forstliche und ökologische Gegenmaßnahmen

So lange Forstwirtschaft nach geregelten Grundsätzen betrieben wird, so lange sind Walderkrankungen Gegenstand wissenschaftlicher Untersuchungen (dazu auch: Fritsche et al., 1984). Je intensiver die Industrialisierung vorangetrieben wurde, desto verstärkter setzte die Erforschung der Auswirkungen etwa von Luftverunreinigungen auf die forstlichen Bestände ein (vgl. Kenneweg in Ulrich [Hrgb.]: Berichte des Forschungszentrums Waldökosysteme – Waldsterben, Univ. Göttingen; Bd. 11, 1985). In ihrem Aufsatz über die «Rauchschäden und Tannensterben in forstgeschichtlicher Sicht» konnte Dorothea Hauff (in Niesslein/Voss, 1985) sagen: «...es ist... unbestritten, daß – ausgehend vom stark industrialisierten Sachsen – seit Beginn des 20. Jahrhunderts das Tannensterben in manchen Gebieten zum heftig diskutierten Problem wurde». Dabei war weniger «die Schädlichkeit der Industrieemissionen an sich» im Vordergrund der Diskussion als vielmehr die Reichweite, also der Ferntransport, der «schädlichen Gase». Bald nach dem Auftreten der großflächigen Waldschäden vermutete man Unterlassungen verschiedentlicher Art bei den Forstwirtschaftlern, etwa **Erziehung von Monokulturen** *, **Nichtdurchführung von Düngungsmaßnahmen, unterlassene Einbringung von Laubhölzern in Nadelholzbestände** usf. (vgl. Gussone, 1985: Ber. Forschgsz. Waldökos. Waldsterb. 11). Die Einbringung von Laubholz als «Mischkomponente in Nadelbaumbestände» konnte ich in Mittelschweden schon im Jahre 1976 anläßlich des VI. International Soil Zoology Colloquium (ISSS) in Uppsala vor Ort beobachten. – Der Beeinträchtigung der Waldfunktionen nach der derzeitigen Walderkrankung versucht Moosmayer (1986) intensiver nachzugehen, obwohl aus früherer Zeit schon Untersuchungen über die Auswirkungen von

---

* «Wirtschaftlichen Erwägungen zufolge werden immer größere Gebiete in Ungarn von Nadelhölzern besetzt. Diese verdrängen die klimazonalen Hainbuchen-Eichenwälder, d.h. durch die Anpflanzung dieser Nadelwälder nehmen die Zersetzungsprozesse in diesen Böden einen vollkommen veränderten Verlauf ein, wodurch sich auch die Zusammensetzung der Bodenfauna gänzlich verändert» (Pobozsny, 1985). In diesem Zusammenhang wäre ein ausgezeichnetes Freiland-Experiment vorgezeichnet, welches nur viel Zeit beanspruchen würde – daß aber auch im ungarischen Bereich die Industrialisierung fortschreitet, davon habe ich mich persönlich schon im Jahre 1973 überzeugen können.

Kahllegungen auf die Erosion oder auf den Wasserhaushalt** (CASPARY, 1985) bekannt sind; sie decken aber nicht nach Ansicht des Autors «das ganze Spektrum der Fragestellung ab und sind auch nicht immer auf andere Verhältnisse übertragbar». So wird vor allem im Rahmen der Rohstoffunktion auf die Veränderungen des Holzzuwachses aufmerksam gemacht (vgl. dazu: HÜTTERMANN, 1981; STERBA, 1986 [FORSTL. UMSCH. 29]; KRAMER et al., 1985; DACHVERBAND AGRARFORSCHUNG, 1988). Neben waldbaulichen Maßnahmen einer **Bestandespflege,** denen etwa noch zuzurechnen ist eine **Auslese-Durchforstung** und ein **Aufbau naturnaher stabiler Waldränder** (**«Waldträufe»**), werden gegebenenfalls **großflächige Kalkungsmaßnahmen** gegen den Eintrag des sauren Regens in die Bodenschichten angeraten (SCHEIFELE in: VON KORTZFLEISCH, 1985).

Fallbeispiele: Bei einer Melioration bodensaurer Standorte müssen die waldbaulich-technischen Maßnahmen gerichtet sein auf eine Behebung der Bodenazidität. «Für die forstliche Praxis ist wichtig, daß sich die Buchenverjüngung auf sauren Waldböden durch die Einarbeitung von Kalkdüngern in den Wurzelraum grundsätzlich und entscheidend fördern läßt» (GEHRMANN in ULRICH [Hrsgb.]): BER. FORSCHUNGSZ. WALDÖKOSYST./WALDSTERB., 1, 1984).

Während der Korrekturarbeiten ist mir eine Veröffentlichung von KRÁL (1990) bekanntgeworden. Der Aufsatz befaßt sich mit der gegenwärtigen Waldschadenssituation in der ČSFR, vor allem im Riesengebirge, wo **Beeinträchtigungen der Waldöko-systeme durch Luftverunreinigungen** seit über 25 Jahren beobachtet wurden. Die wichtigsten Schadstoffe sind hier SO_2, HF, NO_x, O_3 und Schwermetalle. – In dem oben gegebenen Zusammenhang ist bemerkenswert, daß zur Zeit etwa 90% der **Wald-bestände des Riesengebirges** durch Luftschadstoffe gefährdet sind; eine Zunahme der Schäden wird seit 1980 festgestellt. Um den Schadensfortschritt zu begrenzen werden **jährlich** ungefähr 1500 ha **mit Hubschraubern gekalkt.** – Die gesamte Waldfläche (1.01.1988) ≅ 4,6 Mio ha bei einem Bewaldungsprozent des ganzen Landes von 35%; wichtigste Baumart ist die Fichte.

Die Therapieerfolge durch Düngungsmaßnahmen sind nach Ansicht von ISERMANN/ HENJES (VDLUFA-SCHRIFTENREIHE, 1985) zwar ermutigend, obwohl dadurch die Verwirklichung anderer Therapiemaßnahmen – etwa Emissions- und Immissionsbe-schränkungen – nicht ersetzt werden und vorausgesetzt werden kann, daß eine entsprechende Mitwirkung von diesbezüglichen Schadeinflüssen an den neuartigen Waldschäden hinreichend erwiesen ist (dazu: WENTZEL/ZUNDEL, 1984). Bei «neu-artigen» Waldschäden, die mit Ernährungsstörungen verbunden sind, führen gezielte und richtig dosierte Gaben von Nährstoffen zur Regeneration (HÜTTL, 1985). – Da

---

** Vgl. zu diesem Problemkomplex u. a. auch **«Fallstudie Harz»,** Forschungsvorhaben (1989) (vom BUNDESMINISTERIUM f. FORSCHUNG UND TECHNOLOGIE [BONN] ge-fördert), Projektsprecher der Interdisziplinären Arbeitsgruppe: Prof. Dr. B. ULRICH, FORSCHUNGSZENTRUM WALDÖKOSYSTEME, UNIV. GÖTTINGEN – Faltblatt über erste Untersuchungen im Einzugsgebiet Sösetalsperre im Harz – Themen der Untersuchungen: Schadstoffbelastung, Schwermetall-Haushalt, Auswirkungen auf Böden, Qualität von Grund- und Oberflächengewässern und die Trinkwasserquali-tät und Auswirkungen von Luftschadstoffen und Reaktion der Ökosphäre.

anscheinend Waldschäden auch durch einen Mangel an Spurenelementen ausgelöst werden, weisen WICHTMANN und BRÜCKNER (1989) auf die Rolle von Spurenelementen für die Revitalisierung geschädigter Waldökosysteme hin.

Die meisten Forschungsansätze zum Thema «Waldsterben» tragen nach Expertenmeinung «standortkundliche Züge». Neuerdings geht man nach GUSSONE verstärkt an die Prüfung von ausländischen Holzarten heran, «die manchmal eine höhere Resistenz gegen bestimmte Schadstoffe aufweisen als unsere einheimischen Bäume» (dazu u. a.: KLEINSCHMIT, 1984). Interessanterweise beschäftigen sich die Praktiker durchaus heute schon mit der «Umsetzung ökologischer Erkenntnisse in der waldbaulichen Planung» nach einer Übergangszeit in stark geschädigten Lagen (MÜHLHÄUSSER [1985] bei der TAGUNG ÜBER UMWELTFORSCHUNG DER UNIVERSITÄT HOHENHEIM). Dabei wird auch die Bedeutung der Waldschäden durch Luftverunreinigungen für die Forstgenetik und Forstpflanzenzüchtung angesprochen (SCHOLZ, 1985; siehe auch: Gefährdung forstlichen Erbguts durch Immissionen – «Umwelt, Inform. BuMin. UMWELT, NATURSCHUTZ U. REAKTORSICHERHEIT» 1, 87). «Für die Baumartenwahl ist die gründliche Kenntnis des Standorts in jedem Fall unentbehrlich. Entscheidend ist … die Trennung in standorttaugliche und standortwidrige Baumarten» (weitere Arbeiten von KLEINSCHMIT, 1983 u. KLEINSCHMIT et al., 1980 u. 1982). Bei der Einführung fremdländischer Holzarten ist es freilich notwendig, den Einfluß dieser Holzarten auf den Bodenzustand unter den einheimischen Standortverhältnissen (vor allem die Humifizierung des Bestandesabfalles unter den bei uns vorherrschenden klimatischen Bedingungen) zu analysieren (BRAUNS, 1955). Andererseits bleibt aber mehr oder weniger klar, «daß die Möglichkeiten durch forstliche Maßnahmen die Einflüsse der Luftschadstoffe zu mindern oder sogar aufzuheben sehr gering sind…» (GUSSONE in ULRICH, 1985). Erschwerend bei der Lösung dieses Fragenkomplexes bleibt noch folgendes: «Untersuchungen in der DDR haben ergeben, daß es auch für die widerstandsfähigsten Bäume keine Immunität gibt und die relative Resistenz bestimmter Klone aufgehoben wird, wenn sich die Belastungen verstärken. Immerhin wird erwartet, daß Bäume mit hoher Resistenz ihren Zuwachs und ihre Vitalität länger beibehalten als empfindlichere Individuen» (SCHEIFELE in: VON KORTZFLEISCH, 1985).

Bedeutung der Waldgebiete

Der DACHVERBAND WISSENSCHAFTLICHER GESELLSCHAFTEN DER AGRAR-, FORST- … UND UMWELTFORSCHUNG (MÜNCHEN) veranstaltete im Jahre 1983 in Göttingen eine Tagung mit dem Rahmenthema: «Forstwirtschaft – Rohstofflieferant und Umweltfaktor». Auf dieser Tagung hielt G. MITSCHERLICH ein Referat über «Wald und Umwelt». Der forstliche Bestand stellt ein Ökosystem dar, eine von Klima und Standort bestimmte vielgestaltige Biozönose von Pflanzen und tierischen Organismen, durch das Auftreten von Holzarten vorwiegend geprägt. Es existieren Kreislaufsysteme; in allen

Waldökosystemen ist das Vorkommen von einem «Fließgleichgewicht» an sich charakteristisch (hier: pag. 9). Aufgrund von Störungen – dazu gehören Windbruch, Waldbrand, Massenvermehrungen von Insekten usf. – wird eine Ungleichaltrigkeit der waldbaulichen Bodenertragsflächen herbeigeführt, die dann zu Übergängen von verschiedenen Pflanzensukzessionen führen.

Erst kürzlich behandelte BRAUNS (1985) in seiner «Agrarökologie im Spannungsfeld des Umweltschutzes» (der mittlerweile einen besonderen Stellenwert in der ökologischen Freilandforschung einnimmt) die Bedeutung der forstlichen Fragen für die Landanbauflächen (dort: pag. 93 ff.). Die Wechselbeziehungen zwischen einem Waldbestand und den landwirtschaftlichen Nutzungsflächen sind heute schon so eng, daß man dem neuerdings gebräuchlichen Vokabular folgend direkt von einer «Vernetzung» benachbarter Ökosysteme sprechen kann. Neben einer Schutzfunktion des forstlichen Bestandes vielseitiger Art – die mit Buschholz oder mit Bäumen bestockten Flächen stellen einen Schutzwald gegen Wind und damit gegen Stäube dar – gestaltet der Waldstandort nicht allein das Klima im Standraum des Waldes, das Bestandesklima, sondern über Fernwirkungen auch das Klima außerhalb der Forstreviere. GEIGER (1961) spricht von einem aktiven Waldeinfluß, «...wenn der zwischen Wald und Freiland sich bildende Temperaturunterschied ausgleichende Luftströmungen in Gang bringt». Die Verdunstung ist auf Landanbauflächen in der Lee-Region eines forstlichen Bestandes deutlich geringer als auf völlig freigelegten Flächen; damit ist eine Steigerung der landwirtschaftlichen Produktion verbunden. Der Wind wird in einem forstlichen Bestande – natürlich je nach Dichte und Belaubungszustand – auf 10 bis 50% der Freilandstärke gebremst (hier sei vor allem auf die Verhältnisse bei den **Flurbereinigungsmaßnahmen** hingewiesen (vgl. BRAUNS, 1985; pag. 102 ff.).

Um auf den Bestand als Strömungshindernis noch kurz zu sprechen zu kommen, seien nur folgende Angaben aufgezeigt: Mit Buchen bestückte Flächen nehmen pro Hektar etwa bis zu 68 t Staub, Fichten- und Kiefernschläge pro Hektar zwischen 30 und 35 t auf (HASEL, 1971; JONAS et al., 1985).

Die forstlichen Wirtschaftsflächen haben zudem einen erheblichen Einfluß auf den Wasserhaushalt und auf die Wasserversorgung. Die forstliche Hydrologie hat sich in den letzten Jahren laufend weiterentwickelt. Dabei darf nicht übersehen werden, daß sich der Waldbestand in die komplexe Wirkung der Niederschläge nur hinsichtlich des Wasserabflusses einschaltet. Das wird belegt durch aktuelle Untersuchungen über den Einfluß des Waldsterbens auf den Zustand von Oberflächengewässern (HAUHS, 1985). «Dieser Zusammenhang zwischen Waldökosystemen und Oberflächengewässern ermöglicht es, die Abflußchemie als Frühwarninstrument für Waldschäden zu benutzen» (siehe dazu auch: SCHUBERT et al., 1985; pag. 219 ff.).

Die **wasserwirtschaftliche Bedeutung der Waldbestände** liegt mithin neben der **Erhaltung der Sickerwasserqualität** in der **Regulierung des Wasserhaus-**

halts. BRAUNS weist im Jahre 1968 in seiner Bodenbiologie auf den beträchtlichen Wasserverbrauch eines Bestandes hin (pag. 35). Daß das Begriffspaar **Landwirtschaft – Wasserhaushalt** eine außerordentlich zeitnahe Problematik anspricht, geht allein aus der Veröffentlichung des Tagungsberichtes des vorhin genannten DACHVERBANDES WISSENSCHAFTLICHER GESELLSCHAFTEN ... im Jahre 1980 hervor, um «die Zusammenhänge zwischen Wasserhaushalt auf der einen und der land- und forstwirtschaflichen Nutzung auf der anderen Seite darzustellen» (AGRARSPEKTRUM, 1981). Dem forstlichen Bestande ist trotz eigenen Verbrauchs an Wasser eine gewisses **Wasserspeichervermögen** eigen. Eine Verbesserung des biologischen Bodenzustandes (einschließlich der Streuschichten) zur Lenkung der wasserwirtschaftlichen Belange sind Maßnahmen, die sich in das Aufgabengebiet des Waldbaus und der anwendungsorientierten Bodenbiologie gleichermaßen erstrecken (BRAUNS, 1955 u. 1968).

Die Bedeutung des Waldes für die industrielle Gesellschaft wird heute mit ganz anderen Maßstäben bewertet gegenüber früheren Zeiten. Nur am Rande sei auf das Sauerstoff- und Kohlendioxidproblem verwiesen. Ein Hektar eines Nadelholzbestandes produziert pro Jahr 30 t Sauerstoff; jeder Mensch verbraucht pro Jahr ca. 0,3 t Sauerstoff. Das GOTTLIEB-DUTTWEILER-INSTITUT FÜR WIRTSCHAFTLICHE UND SOZIALE STUDIEN IN RÜSCHLIKON/ZÜRICH hielt im April 1983 eine Tagung ab, um über das Kohlendioxid ausführlich zu diskutieren. Eine Feststellung erscheint in diesem Zusammenhang überdenkenswert: Die forstlichen Bestände aller Breiten enthalten etwa 90% des in der terrestrischen und marinen Biomasse gespeicherten Kohlenstoffs (BRAUNS, 1985; pag. 95). Und die Waldbestände in den sogenannten Entwicklungsländern sind heute schon außerordentlich gefährdet durch den überhöhten Holzexport in die Industriestaaten der Welt, so daß in manchen tropischen Ländern sich nachteilige Folgen für die Fruchtbarkeit des Bodens und für das Klima zeigen (WELTERNÄHRUNGSBERICHT 1984). In Presseberichten wird heute auf die Kritik der WORLD WILDLIFE FUND- (WWF-)UMWELTSTIFTUNG verwiesen, nach der im Jahre 2050 der letzte Baum des tropischen Regenwaldes geschlagen sein wird, wenn das gegenwärtige Rodungstempo beibehalten würde (dazu wiederum: WÖHLCKE, 1987; pag. 35 ff.). – Allein am Amazonas werden im Jahre 1988 durch Rodungen und Abbrennungen Waldflächen von der Größe des deutschen Bundesgebietes vernichtet sein. «Insgesamt ist in den Tropen die Verlustrate zehn- bis zwanzigfach höher als die der Wiederaufforstung» (WORLD RESSOURCES INST.; INTERNAT. INST. FOR ENVIRONMENT AND DEVELOPMENT, 1988; Bundestg., 1990).

Auf einen anderen Aspekt weist MASCHWITZ (1990) mit Nachdruck hin. Es zeigt sich immer wieder, daß das «Inventar» dieser tropischen Regenwald-Ökosysteme bei weitem nicht bekannt ist. «Bei aller Faszination als forschende Wissenschaftler dürfen wir die Augen vor der ungeheueren Gefährdung dieser einzigartigen Lebensräume nicht verschließen. Das erfordert unbedingt aktives und kreatives Engagement zum Schutz der Regenwälder».

Während in den Regionen des tropischen Regenwaldes ökologische Gegensteuerungs-Maßnahmen immer wieder hierzulande für dringend geboten gehalten werden, nimmt man die Gegebenheiten in den forstlichen heimischen Bodenwirtschafts-Zonen zwar mit Erschrecken, aber letztendlich anscheinend mit gewisser Gelassenheit, hin. Zu wirklich durchgreifenden Maßnahmen kommt es selten, denn ein Rückgang der Vitalität von forstlichen Beständen – wie zu Anfang dieses Sonderkapitels nachgewiesen – hält trotz aller waldbaulichen Gegenmaßnahmen offensichtlich an. Es ist daher ein besonderes Verdienst der AKADEMIE FÜR RAUMORDNUNG UND LANDESPLANUNG HANNOVER (zit. unter ARL, 1988), mit der Einsetzung eines interdisziplinär zusammengesetzten Arbeitskreises auf die raumstrukturellen Auswirkungen der neuartigen Walderkrankungen mit Nachdruck hingewiesen zu haben. Der Arbeitskreis sieht seine Aufgabe darin, ein Fallbeispiel zu untersuchen, obwohl die Folgerungen grundsätzlich auch für andere Regionen Geltung erlangen können. Der Arbeitskreis arbeitet mit Szenarien, das sind keine Prognosen, sondern die Szenarien sind aufgebaut auf gewählten Annahmen.

Neben der Erwähnung der raumrelevanten Auswirkungen der Walderkrankung auf die Tier- und Pflanzenwelt oder der indirekten Wirkungserscheinungen auf die terrestrischen und aquatischen Ökosysteme, erscheint mir die Herausstellung eines Aspektes seitens des Arbeitskreises bemerkenswert: Die Wald-Ökosysteme sind – von der Raumordnung aus gesehen – von außerordentlicher Bedeutung. Raumordnung und Landschaftsplanung sind Fachgebiete, die die Ergebnisse der verschiedenen Fachdisziplinen in die überregionale Praxis umsetzen.

Die Landschaftsplanung hat als wesentliche Aufgabe wiederum die Landschaftspflege. Im Bereich der Landschaftspflege kommt es bei ökologischen Freilanduntersuchungen zu engen Kontakten zwischen den einzelnen Disziplinen – so kann selbst die Ingenieurbiologie in der Landschaft (um nur ein Beispiel zu erwähnen), zur Steuerung der Wasserenergien die Aufgabe nur lösen mittels Zusammenarbeit verschiedener Teilgebiete, etwa der Hydrologie, Geologie, Bodenkunde (bzw. Bodenmechanik), Pflanzensoziologie, der Land- und Forstwirtschaft (vgl. BRAUNS, 1985).

Mit der Beurteilung der raumordnerischen Folgerungen aufgrund der Flächenausdehnung der «neuartigen» Waldkrankheit hat der Arbeitskreis der Akademie – ohne dies besonders herauszustellen – die Forschungsbereiche einer anwendungsorientierten Ökologie angesprochen, die stetig und verantwortungsbewußt eine eminente Bedeutung allerersten Ranges nicht allein in der heimischen Region, sondern weltweit, einzunehmen sich bemüht. So mehren sich somit schon heute die Anzeichen einer interdisziplinären Vernetzung der wissenschaftlichen ökologischen Forschung mit den umweltschutzorientierten Fachgebieten.

3.1.1 Sonder-Literaturverzeichnis zum Fragenkomplex Waldsterben-Syndrom

(Referate-Organe, Bibliographien, Autoren von Dokumentations-Unterlagen; Preprints von Internationalen Kongressen)

Forstliche Umschau. Parey, Hamburg. (30, 1987). – FORSCHUNGSBEIRAT WALDSCHÄDEN/LUFTVERUNREINIGUNGEN DER BUNDESREGIERUNG UND DER LÄNDER (1989/90): Internationaler Kongreß Waldschadensforschung: Wissensstand und Perspektiven – Friedrichshafen am Bodensee; BRD: 2. bis 6. Okt. 1989. Kongreßbände (Kurzfassungen der Posterthemen: Bd. 1 u. 2 mit 804 Seiten und der Referenten-Vorträge Bd. 1 u. 2.) Erschienen im Forschungszentrum Waldökosysteme Univ. Göttingen. Am Schluß der jeweiligen 387 Posterthemen finden sich kurze oder längere Literaturhinweise, unter denen auch neueste Veröffentlichungen verzeichnet sind. Im Taschenbuch-Text unter folgender Abkürzung zitiert: KONGRESS FRIEDRICHSHAFEN (1989) [Poster-Vortr.], Bd. 1, 2 und [Referenten-Vortr.], Bd. 1 u. 2. – SCHRADER, S. et al. (1983/86): Saure Niederschläge und Waldschäden (ab Bd. 2 *Titel geändert*: Immissionen und Waldschäden). Bibliographie. Mitt. BUNDESFORSCHUNGSANST. FORST- UND HOLZWIRTSCHAFT (HAMBURG) 138, 145, 149 u. 153. Buchh. Wiedebusch, Hamburg. (Zitiert: 2793 Publikationen). – SCHULTE-HOSTEDE, S. (Hrsgb.) (1985a): Ergebnisse der Waldschadensforschung. Projektgr. Bayern Erforschg. Wirkg. Umweltschadstoffen: GESELLSCH. F. STRAHLEN- U. UMWELTFORSCHG. MÜNCHEN (gsf-Bericht 8/1985 – 109 Lit.-Zitate). – Ders. (1985b): Atlas zur Waldschadensforschung. Projektgr. Bayern Erforschg. Wirkg. von Umweltschadstoffen: GESELLSCH. F. STRAHLEN- U. UMWELTFORSCHG. MÜNCHEN (gsf-Bericht 9/1985 – Liste d. Institutionen i.d. BRD). – Ders. (1986): Literaturdokumentation zum Thema Waldschäden. Projektgr. Bayern Erforschg. Wirkg. Umweltschadstoffen: GESELLSCH. F. STRAHLEN- U. UMWELTFORSCHG. MÜNCHEN (gsf-Bericht 37/1986 – 1912 Lit.-Zitate). – ZADI (ZENTRALSTELLE F. AGRARDOKUMENTATION U. -INFORMATION, BONN) (1983): Immissionsbedingte Waldschäden. Nachweise von Literatur u. Forschungsvorhaben.

Weiterführende Literatur

(außer den in den Publikationsorganen referierten über 5000 Veröffentlichungen – siehe auch: das Spezial-Literatur-Verzeichnis über Bodenbiologie [Seite 82 ff.] und das Literatur-Verzeichnis [Seite 799 ff.]).

AKADEMIE FÜR RAUMFORSCHUNG UND LANDESPLANUNG [ARL] (HANNOVER) (Hrsgb.) (1988): Räumliche Auswirkungen der Waldschäden. Dargestellt am Beispiel der Region Südlicher Oberrhein. Forschungs- und Sitzungsberichte **176**.

ANONYMUS (1990): Neuartige Waldschäden in Thüringen. Allgem. ForstZeitschrift für Waldwirtschaft und Umweltvorsorge **16**/1990; pag. 379.

ARBEITSKREIS WISSENSCHAFT UND INDUSTRIE DER BÜRGER-AKADEMIE, MÜNCHEN (1985): Waldschäden – Orientierungswissen. TWP-Verlag, München.

ARNDT, U. et al. (1987): Bioindikatoren. Möglichkeiten, Grenzen und neue Erkenntnisse. Ulmer, Stuttgart (mit über 900 Lit.-Zitaten).

BÄHRMANN, R. (1988): Über den Einfluß von Luftverunreinigungen auf Ökosysteme.

XIV. Öko-faunistische Untersuchungen an Zweiflüglern (Dipt. Brachycera) industrienaher Agropyron- u. Puccinellia-Rasen bei Jena/Thüringen. Zoolog. Jahrb. Syst. Ökologie Geogr. Tiere 115, 49-68.

BALDER, H und W. LIESE (1990): Zum Eichensterben in der südlichen UdSSR. Forst-Zeitschr. f. Waldwirtschaft u. Umweltvorsorge 16/1990; pag. 380-381.

BAUER, L. und H. WEINITSCHKE (1983): Landschaftspflege und Naturschutz 3. Auf., VEB G. Fischer, Jena.

BAYER. STAATSMINISTERIUM F. LANDESENTWICKLG. U. UMWELTFRAGEN, MÜNCHEN (1988): Verteilung und Wirkung von Photooxidantien im Alpenraum. Intern. Symp. Garmisch-Partenkirchen (April 1988), Tagesber. Umweltwiss. u. Schadstoff-Forschg. Zeitschr. f. Umweltchemie u. Ökotoxikologie 1, 55.

BBA (BRAUNSCHWEIG; Hrsgb.) (1986): 45. Dt. Pflanzenschutztagung (Kiel). Mitt. Biolog. Bundesanst. Land- u. Forstwirtsch. Berlin-Dahlem, Heft 232. Parey, Berlin (u. a. Vortrag von BUTIN; pag. 286).

BECK, E. (1987): Viren und Waldschäden. Mitt. Verband Dt. Biologen, Beilage 342 zu: Naturwiss. Rundschau Stuttgart, Heft 5/1987, pag. 1552-1553.

BEESE, FR. und B. ULRICH (1986): Belastung von Waldböden – Wirkung und Bedeutung von Schadstoffeinträgen. agrarspectrum, Schriftenreihe Dachverbd. Wiss. Ges. Agrar-, Forst- ... u. Umweltforschg. Frankfurt/M., Bd. 11 (pag. 83-116). Verlagsunion Agrar; DLG-Verlag, Ffm.

BENZ, G. (1985): Das «Arvensterben» 1985 im Raum Samedan-Pontresina als Folge einer Verkettung von Insektenbefalls-Krankheiten. Schweiz. Z. Forstwes. 136, 1035-1038.

BICK, H. (Hrsgb.) et al. (1984): Angewandte Ökologie. Mensch und Umwelt. 2 Bd. G. Fischer, Stuttgart.

BINKLEY, D. et al. (1989): Acidic Deposition and Forest Soils. Context and Case Studies of the Southeastern U.S. Ecological Studies, Vol. 72, Springer, Berlin ...

BOSSHARD, W. (Hrsgb.) (1986): Kronenbilder (mit Nadel- und Blattverlustprozenten). Verlag: F. Flück-Wirth, Intern. Buchhandlg. Botanik u. Naturw., Teufen (CH).

BRAUNS, A. (1955): Angewandte Bodenbiologie, waldbauliche Probleme, Raumforschung und Landesplanung. Neues Archiv für Nieders. 8 (13), Heft 1/3, 31-47.

BRAUNS, A. (1985): Agrarökologie im Spannungsfeld des Umweltschutzes. Wiss. Agentur Pedersen u. Westermann, Braunschweig. – (Dort 1088 Lit.-Zitate; auch neuere forst-ökolog. Schriften werden angeführt). In Kommission: Hahner Verlagsges., Aachen-Hahn.

BUECHS, W. (1988): Stamm- und Rindenzoozönosen verschiedener Baumarten des Hartholzauenwaldes und ihr Indikatorwert für die Früherkennung von Baumschäden. Teil 1 u. 2. Diss. Univ. Bonn.

BÜRGER-AKADEMIE, MÜNCHEN (1985): Waldschäden. Orientierungswissen über Ursachenforschung, technische und forstliche Maßnahmen, Perspektiven und offene Fragen. PWP-Verlagsges., München.

BUNDESMINISTER F. UMWELT, NATURSCHUTZ U. REAKTORSICHERHEIT, BONN (1989): Aktionsprogramm «Rettet den Wald» (3. Fortschreibung). Bonn.

CLUB OF ROME (Finland Committee) (1985): Managing Global Issues – Reasons for Encouragement. Proc. Club of Rome Conference Helsinki 1984. Publ. Univ. Helsinki, Lahti Research and Training Centre. Editor: Vuokko Jarva. – Global Forests, pag. 68-113.

DACHVERBAND AGRARFORSCHUNG (Hrsgb.) (1988): Holz als nachwachsender Rohstoff. agrarspectrum, Bd. 14, Verlagsunion Agrar.

Dässler, H.-G. (Hrsgb.) u. Autorenkollektiv (1986): Einfluß von Luftverunreinigungen auf die Vegetation. Ursachen – Wirkungen – Gegenmaßnahmen. 3. Aufl., VEB G. Fischer, Jena.

Dohmen, G. F. (1987): Luftverschmutzung beeinflußt das Wachstum von Blattläusen. Mitt. Dtsch. Ges. Allg. Angew. Ent. 5, 63-65.

Duttweiler-Institut (1985): Stirbt der Boden? Die schleichende Vergiftung unserer Lebensgrundlage. GDI-Schriften 35 (Tagung i. Nov. 1984 in Rüschlikon/Zürich).

Ernst, W. H. O. et al. (1983): Umweltbelastung durch Mineralstoffe – Biologische Effekte. VEB G. Fischer, Jena.

Fabian, P. (1989): Atmosphäre und Umwelt. (Chem. Prozesse – Menschl. Eingriffe – Ozon-Schicht – Luftverschmutzung – Smog – Saurer Regen. 3. Aufl., Springer, Berlin.

Fellenberg, G. (1985): Ökologische Probleme der Umweltbelastung. Springer, Berlin.

Foundation for Research of Natural Resources in Finland (Helsinki) (1985): Symposium on the effects of Air Pollution on Forest and Water Ecosystems. Taggsbericht.

Fränzle, O. et al. (1985): Die ökosystemare Erfassung von Bodenparametern zur Vorhersage der potentiellen Schadwirkung von Umweltchemikalien. Verhandlg. Ges. Ök. (Bremen 1983); Bd. 13, 323-340

Führer, E. und Friederike Neuhuber (Hrsgb.) (1988): Waldsterben in Österreich – Theorien, Tendenzen, Therapien. Bundesminist. f. Wissenschaft und Forschung, Wien.

Funke, W. et al. (1986): Tiergesellschaften im Ökosystem «Fichtenforst» (Protozoa, Metazoa – Invertebrata) – Indikatoren von Veränderungen in Waldökosystemen. Projekt Europäisches Forschungszentrum für Maßnahmen zur Luftreinhaltung (PEF), Forschungsbericht KfK – PEF 9. Kernforschungszentr. Karlsruhe.

Funke, W. et al. u. a. J. Stumpp (1987): Protozoen und Metazoen als sensitive Indikatoren von Veränderungen im Ökosystem «Fichtenforst». KfK 12. 3. Statuskolloqu. TEF. (pag. 211-220).

Garber, K. (1973): Luftverunreinigungen, eine Literaturübersicht. Eid. Anstalt forstl. Versuchswesen, Birmensdorf. Bericht 102.

Glavač, V. et al. (1987): Zur Immissionsbelastung der industriefernen Buchen- und Buchen-Tannenwälder in den dinarischen Gebirgen Nordwestjugoslawiens. Verhandlg. Ges. Ökologie 15, 237-247.

Gregor, H.-D. (Red.) et al. (1986): Wissenschaftliches Symposium zum Thema Waldschäden: «Neue Ursachenhypothesen» (Dez. 1985). Umweltbundesamt Berlin.

Greuter, W. et al. (Ed.) (1987): Abstracts of the General Lectures, Symposium Papers and Posters: XIV Intern. Botanical Congress (Berlin, July 24 to Aug. 1, 1987). Botanical Mus. Berlin-Dahlem.

Grodziński, W. (Hrsgb.) et al. (1984): Forest Ecosystems in Industrial Regions. Springer, Berlin.

Guderian, R. (Ed.) (1985): Air Pollution by Photochemical Oxidants. Formation, Transport, Control, and Effects on Plants. Ecologic. Studies, Vol. 52, Springer, Berlin.

Hansmeyer, K.-H. (Hrsgb.) et al. (1979)): Umweltgutachten 1978. Kohlhammer, Stuttgart.

Hartmann, G., Fr. Nienhaus u. H. Butin (1988): Farbatlas Waldschäden. Diagnose von Baumkrankheiten. Ulmer, Stuttgart.

Hatzfeld, H. (Hrsgb.) et al. (1983): Schadstoffbelastung des Waldes – Forstliche Konsequenzen. «Forstwiss. Forschungen», Heft 38, Parey, Hamburg.

Hatzfeld, H. Graf (1984): Der Wald stirbt. Forstliche Konsequenzen. Schriftenreihe der Georg Michael Pfaff Gedächtnisstiftung – Alternative Konzepte 46. Müller, Karlsruhe.

Hauhs, M. (1985): Der Einfluß des Waldsterbens auf den Zustand von Oberflächengewässern. Mitt. Dt. Bodenkundl. Ges. 41, 585-597.

van Haut, H. und H. Stratmann (1970): Farbtafelatlas über Schwefeldioxid-Wirkungen an Pflanzen. Girardet, Essen.

Heinisch, E. (1976): Agrochemikalien in der Umwelt. VEB G. Fischer, Jena.

Hüttermann, A. (1981): Der Wald als Rohstoffquelle. Schriften Forstl. Fak. Univ. Göttingen und Nds. Forstl. Versuchsanst. Bd. 69.

Hüttermann, A. (1984): Untersuchung des biochemischen Bodenzustands etc. Ber. Forschgs.zentrum Waldökosyst./Waldsterben 5, 257-263.

Hüttl, R. (1985): «Neuartige» Waldschäden und Nährelementversorgung von Fichtenbeständen (Picea abies Karst.) in Südwestdeutschland. Freiburger Bodenkundl. Abh. 16.

Jonas, R. et al. (1985): Die Filterwirkungen von Wädern gegenüber staubbelasteter Luft. Forstwiss. Cbl. Hamburg 104 (5), 289-299.

Joschko, Monika (1989): Einfluß von Regenwürmern (Lumbricidae) auf verdichteten Böden – Modellversuche. Diss. Naturw. Fak. Techn. Univ. Braunschweig.

Kernforschungsanlage (Jülich) (1987): Statusseminar. Ursachenforschung zu Waldschäden. Jülich, 30. März bis 3. April 1987. Kurzfassungen der Poster.

Kleinschmit, J. (1984): Der Mammutbaum (Sequoiadendron giganteum, [Lindl.] Buchholz) nur eine faszinierende Exotenart? Beiheft Schweiz. Zeitschr. f. Forstwesen, Zürich 1984, N° 72, 61-77.

Kleinschmit, J. und J. Svolba (1982): Prüfung von Birkenherkünften und Einzelbäumen – erste Ergebnisse der Feldversuche. Forst- und Holzwirt 37 (10), 257-263.

Klötzli, Fr. A. (1989): Ökosysteme. 2. Aufl., UTB 1479. G. Fischer, Stuttgart.

König, L. A. (1985): Waldschäden in der näheren Umgebung von Emittenten radioaktiver Stoffe? Kernforschungszentrum – Karlsruhe – Nachr. 17 (4), 167-171.

Köth, J. und B. Prinz (1989): Forschungsschwerpunkt des Landes Nordrhein-Westfalen «Luftverunreinigung und Waldschäden» – Funktion und neuere Ergebnisse. Verhandlg. Ges. Ökologie, Bd. XVIII, Essen (25. Sept. bis 1. Okt. 1988). Göttingen; pag. 307-316.

Kolbe, W. (1985): Beziehungen zwischen Klima, Pflanzenbau und Pflanzenschutz II. Pflanzenschutz-Nachrichten Bayer 38, 63-194.

Kongress Friedrichshafen (1989/90): Internationaler Kongress Waldschadensforschung: Wissensstand und Perspektiven – Friedrichshafen am Bodensee, BRD: 2. bis 6. Okt. 1989, veranstaltet vom Forschungsbeirat Waldschäden/Luftverunreinigungen der Bundesregierung und der Länder. Erschienen im Forschungszentrum Waldökosysteme, Univ. Göttingen. – Poster Kurzfassungen Bd. I u. II (Poster Abstracts Vol. I and II); Vorträge Bd. I u. II (Lectures Vol. I and II).

Kortzfleisch, G. von (Hrsg.) (1985): Waldschäden – Theorie und Praxis auf der Suche nach Antworten. Kolloquium d. Energie-Versorgung Schwaben. Oldenbourg, München.

Kozlowski, T. T. and E. E. Ahlgren (1974): Fire and Ecosystems. Academic Press, New York.

Král, E. (1990): Waldschäden und Waldsterben in der Tschechoslowakei. Allgem. Forst- und Jagdzeitung 161 (1), 6-11.

Krampfenbauer, A. (1987): Luftverschmutzung – Photooxidantien. Welche Hoffnung bleibt dem Wald? Österr. Agrarverlag, Wien.

Kremser, W. (Schriftl.) (1979a): Dokumentation der Sturmkatastrophe vom 13. November 1972. Teil IV: Die Walderneuerung in den sturmgeschädigten Forsten. (Vor allem: H.-J. Otto: Erfahrung u. Ausblick: Der Wald von morgen; pag. 302-345). «Aus dem Walde», Mitt. Nds. Landesforstverwaltung, Heft 30.

Kremser, W. (Schriftl.) (1979b): Dokumentation der Sturmkatastrophe vom 13. November 1972. Teil V: Forstschutz gegen biotische Schäden. Ebd. 31.

Kuhl, W.-E. (1990): Erfassung von Vegetationsschäden durch CIR-Aufnahmen mit Zeiss RMK und FMC-Kassette. Zeiss- Information (Oberkochen); Bd. 30, Heft 101; 48-54.

Lahmann, Erdw. (1990): Luftverunreinigung – Luftreinhaltung. Eine Einführung in ein interdisziplinäres Wissensgebiet. Parey, Berlin.

Lederer, W. und E. Seemüller (1990): Mykoplamsen (MLOs) als Krankheitserreger an Gehölzen. 47. Dt. Pflz.schutztagg. Berlin (Okt. 1990). Veröffentl. nach d. Tagg.: Mitt. BBA, Berlin-Dahlem. Kommissions-Verlag Parey, Berlin.

Liebeneiner, E. (1981): Waldbrand-Berichte. Ebd. 34.

Lucke, Eberh. (1990): Waldschadenssituation im Thüringer Wald. Allgemeine ForstZeitschrift für Waldwirtschaft und Umweltvorsorge 33-34, 847-848.

Lukschanderl, L. (1984): Die Wäder sterben. Österr. Ges. Natur- u. Umweltschutz, Heft 20.

Manion, P.D. (1981): Tree disease concepts. Prentice Hall. Inc.

Maschwitz, U. (1990): Der eine lebt vom anderen. Lebensgemeinschaften von Ameisen. forschung – Mitt. der DFG 2/90, 16-19.

Matzner, E. und B. Ulrich (1985): Zum Stand der Ursachendiskussion beim Waldsterben. Vertragsreihe «Einflüsse der Walderkrankung auf die Forst- und Holzwirtschaft» (Ligna/Hannover '85). Ber. Forschungszentr. Waldökosyst./Waldsterben 11, 8-24.

Mayer, R. (1981): Natürliche und anthropogene Komponenten des Schwermetallhaushalts von Waldökosystemen. Göttinger Bodenkundl. Berichte 70, 1-292.

Mayer, R. (1984): Veränderungen von Bodeneigenschaften durch Luftverunreinigungen. Z. f. Kulturtechnik und Flurbereinigung 25, 214-226.

Mayer, R. (1985): Ein Bodenkundler warnt: «In Schwermetall-Anreicherung plus saurem Niederschlag liegt die stärkste Bedrohung». Bild der Wissenschaft 3 (1985), 63-70.

Mayer, R. und J. Godt (1984): Symptome einer ökologischen Krise: die Waldschäden – Ausmaß, Ursachen und Folgerungen für die Planung. Über Planung 1984: Gesamthochschule Kassel GhK; Fachbereich Stadtplanung und Landschaftsplanung; pag. 291-304.

Mayer, W.H. (1986): Luftverunreinigungen und Waldsterben. Österr. Agrarverlag, Wien.

Metzner, H. (1985): Waldsterben durch Kernkraftwerke? Lit.studie i. A. **Min. EL, Umwelt und Forsten Baden-Württemberg (Tübingen)** – Zus.fass. d. Stellungnahme d. Ges. f. Strahlen- u. Umweltforschg. (München). Red.: GSF Öffentl'sarbeit: Gertrud Aßmann.

Meyer, B. und B. Ulrich (1986): Wechselbeziehungen zwischen Boden und Pflanze. 7. Göttingen-Jerusalem-Symposium. Göttinger Bodenkundl. Berichte 85.

Meyer-Grass, M. (1986): Waldsterben und Lawinengefahr. Sanasilva-Waldschadensbericht 1986. Eidgen. Anst. forstl. Versuchswesen, Birmensdorf (Schweiz).

Missbach, K. (1982): Waldbrand. Verhütung und Bekämpfung. VEB Dt. Landwirt-schaftsverlag, Berlin.

Moosmayer, H.-U. (1986): Beeinträchtigung der Waldfunktionen. agrarspectrum: Schriftenreihe Dachverb. Wiss. Ges. Agrar-, Forst- ... u. Umweltforschg. Frankfurt/M., Bd. 11 (pag. 125-144). Verlagsunion Agrar; DLG-Verlag, Ffm.

Mühlhäussler, G. (1985): Umsetzung ökologischer Erkenntnisse in der waldbau-lichen Planung. In: H. Bartholmess: Daten u. Dokumente zum Umweltschutz 38; Tagung über Umweltforschung Univ. Hohenheim: Probleme der Umsetzung von ökologischen Erkenntnissen (Febr. 1985). Dokumentationsstelle Univ. Hohenheim.

Niesslein, E. und G. Voss (Hrsgb.) et al. (1985): Was wir über das Waldsterben wissen. Dt. Instituts-Verlag, Köln. (Mit Beitr. von Hüttermann, Rehfuess, Ulrich u. a.).

Nöthig, Z. (1986): Das Waldsterben. Literaturauswertung zum Stand der Kenntnisse und z. d. Erklärungshypothesen (Hrsgb.: J. Helling). Verlag: Forschungsgesell-schaft Kraftfahrwesen, Aachen (Lit.-Verz.: fast 100 Titel).

Olschowy, G. (Hrsgb.) et al. (1978): Natur- und Umweltschutz in der Bundesrepublik Deutschland. Parey, Hamburg.

Paffrath, D. und W. Peters et al. (1987): Untersuchung großräumiger Luftschadstoff-belastungen im Zusammenhang mit den Waldschäden. Dt. Forschungs- und Versuchsanstalt für Luft- und Raumfahrt (DFVLR), Köln.

Papke, H. E. et al. (1987): Waldschäden. Ursachenforschung in der BRD und USA. Eine Dokumentation. 2. Aufl. Kernforschungsanlage Jülich. (Mit einzelnen Lit.-Angaben u. ausführl. Glossarium).

Pfister, Fr. et al. (1987): Walderhaltung und Schutzaufgaben im Berggebiet. Eidgen. Anst. forstl. Versuchswesen, Birmensdorf. Bericht 294.

Pobozsany, M. (1985): Bedeutung der Diplopoden bei der Zersetzung von Nadelstreu in Ungarn. IX. Intern. Coll. on Soil Zoology (Moscow 16-20 Aug. 1985), Abstracts (Vilnius 1985); pag. 213.

Preuschen, G. (1985): Über die Ursachenkette des Waldsterbens und die mögliche Walderneuerung. Ifoam (Zeitschr. f. ökologische Landwirtschaft) 2. Quartal; Heft 53.

Pschyrembel Wörterbuch (1987): Radioaktivität, Strahlenwirkung, Strahlenschutz. 2. Aufl. de Gruyter, Berlin.

(Dt.) Rat für Landespflege (1988): Eingriffe in Natur und Landschaft – Vorsorge und Ausgleich. Gutachtl. Stellungnahme. Schriftenreihe des Dt. Rates für Landes-pflege; Heft 55; pag. 355-372.

(Der) Rat von Sachverständigen für Umweltfragen: siehe unter: Salzwedel, J. (1983).

Reichelt, G. und R. Kollert (1985): Waldschäden durch Radioaktivität? (Synergis-men beim Waldsterben). Müller, Karlsruhe.

Ries, L. (1985): Zur Bewertung von Vorhersage der chemischen Belastung und Belastbarkeit von Forstökosystemen unter Verwendung multivariater, statistischer Methoden. Forschungsbericht 106070 46/11/Ökologie/Umweltforschungsplan Bu-Min Inn. (Bonn). – (Ausführl. Lit.angaben).

Roth-Holzapfel, Mechthild und W. Funke (1988): Borkenkäfer als Indikatoren für Immissionen toxischer Elemente. Kernforschungszentrum Karlsruhe. Projekt Europ. Forschungszentrum; (pag. 1-10).

Salzwedel, J. (Vors.) et al. (1983): Waldschäden und Luftverunreinigungen. Sonder-gutachten des Rates von Sachverständigen für Umweltfragen. Kohlhammer, Stuttgart (mit 278 Lit.-Angaben).

SCHAUERMANN, J. (Red.) (1987): Exkursionsführer. Tagungsführer. 17. Jahrestagung der Gesellschaft für Ökologie (27. 09. bis 3. 10. 1987) in Göttingen. (Im Taggsführer: Preprints der Vorträge. Veröffentlichg. sämtlicher Vorträge im 17. Band der Verhandlgen d. Ges., 1989).

SCHMIDT-VOGT, H. (1989): Die Fichte. Ein Handbuch in zwei Bänden. Band II/2: Krankheiten. Schäden. Fichtensterben. (Vornehmlich Abschnitte: Neuartige Waldschäden – Luftschadstoffe – Umweltstreß – Hypothesen: pag. 223 ff. – Mögliche Schadensursachen und Hypothesen zum Waldsterben: pag. 402 ff.). P. Parey, Hamburg.

SCHUBERT, R. (Hrsgb.) et al. (1984): Lehrbuch der Ökologie. VEB G. Fischer, Jena (2. Aufl.: 1986); G. Fischer, Stuttgart.

SCHUBERT, R. (Hrsgb.) u. Autorenkollektiv (1985): Bioindikation in terrestrischen Ökosystemen. VEB G. Fischer, Jena u. G. Fischer, Stuttgart (Lit.-Verz. umfaßt allein über 780 Titel).

SCHÜTT, P. et al. (1984): Der Wald stirbt an Streß. Bertelsmann, München.

SCHÜTT, P. et al. (1985): So stirbt der Wald. Schadbilder und Krankheitsverlauf. 4. Aufl. BLV, München.

SCHÜTT, P. (1986): Schadwirkungen an Waldbäumen. agrarspectrum, Schriftenreihe DACHVERB. WISS. GES. AGRAR-, FORST- ... u. UMWELTFORSCHG. FRANKFURT/M., Bd. 11 (pag. 117-124). Verlagsunion Agrar; DLG-Verlag, Ffm.

SCHULZE, E.-D. (1989a): Ist dem Wald zu helfen? Mitt. Verb. Dt. Biologen; Beilage N° 362; Naturw. Rundschau, Stuttgart, Heft 3, 1687-1689.

SCHULZE, E.-D. (1989b): Wie kann dem Wald geholfen werden? Eine Bilanz nach fünf Jahren Waldschadensforschung. forschung – Mitt. DFG 3/89; 17-19.

SCHULZE, E.-D. et al. (1989c): Air Pollution and Forest Decline. A Study with Norway Spruce and Acid Soils. Ecological Studies, Vol. 77. Springer, Berlin.

SCHWEGLER, H. (1986): Ökologische Stabilität. Verhandlg. Ges. Ökolog. (Bremen 1983), Bd. 13; 263-270.

SEIFERT, B. (Hrsgb.) (1986): Luftverunreinigung durch Kraftfahrzeuge. In der BRD – Stand u. Trend. Schriftenr. Ver. Wasser-, Boden- u. Lufthygiene Bd. 67, G. Fischer, Stuttgart.

SMITH, W. H. (1989): Air Pollution and Forests. Interaction between Air Contaminants and Forest Ecosystems. Springer Series on Environmental Management. 2nd ed. Springer, Berlin.

STIMM, B. (1986): Waldsterben: Eine aktuelle Bestandserhebung, Schadbilder und Schadensumfang. 2. Aufl. ecomed, Landsberg/Lech (mit 256 Lit.-Quellenangaben).

STUMPP, J. (1988): Zur Ökologie der Protura (Arthropoda: Insecta) in Wäldern. 81. Jhsversammlung Dt. Zool. Ges.

THOMASIUS, H. (1981): Studie zur Stabilität von Waldökosystemen. Wiss. Z. TU Dresden 30 (1981), 209-216.

TISCHLER, W. (1985): Ein Zeitbild vom Werden der Ökologie. Kiel (Selbstverlag); (pag. 164).

TSCHUMI, P. A. (1981): Umweltbiologie. Ökologie und Umweltkrise. Studienbücher für Biologie. Diesterweg u. Sauerländer, Frankfurt/M.

ULRICH, B. et al. (ab 1984): Berichte des Forschungszentrums Waldökosysteme/Waldsterben der Universität Göttingen; Bd. 1 bis 11 (1985): Einflüsse der Walderkrankungen auf die Forst- und Holzwirtschaft. (Tggsbericht); (20. 1986). – (ab 1986); Reihe A, Bd. 22; Reihe B, Bd. 1. – Beide Reihen: Selbstverlag d. Forschgszentr. Göttingen.

ULRICH, B. (1987a): Zum Stand der Waldschadensdiskussion. Stellungnahme zu

Presseverlautbarungen beim Internationalen Botanikerkongreß vom 24. Juli bis 1. August 1987 in Berlin. Allg. Forst-Z. **42**, 973-975 (Heft Nr. 38).

ULRICH, B. (1987b): Stabilität, Elstizität und Resilienz von Waldökosystemen: ein Beitrag zu einer stofflich fundierten Ökosystemtheorie. Tagungsführer: 17. Jahrestagung der **Gesellschaft für Ökologie** (27. 09. bis 3. 10. 1987), pag. 61. – Kurzfassung des Vortrages mit Lit.hinweisen: Verhandlg. Ges. f. Ökologie, Göttingen 1989; **17**, 455.

ULRICH, B. (1989): Effects of acid deposition on forest ecosystems in Europe. Adv. Environm. Sci. **4**, Springer-Verl.

VDI (1985): Waldschäden. Einflußfaktoren und ihre Bewertung. Kolloquium Goslar. 18. bis 20. Juni 1985. VDI-Verlag; VDI Berichte **560**. Düsseldorf.

VOGELEI, A. (1989): Säure- und aluminiuminduzierte Schäden an Fichtenwurzeln. Ein Modellversuch zur Simulation der Bodenversauerung. Mitt. Verb. Dt. Biologen; Beilage N° 362 Naturw. Rundschau, Stuttgart; Heft **3**, pag. 1690-1692.

WACHSMANN, F. (1986): Über die Gefährlichkeit ionisierender Strahlungen. Arbeitsmed. Sozialmed. Präventivmed. **21** (1986), 201-205.

WEINITSCHKE, H. (Hrsgb.) et al. (1987): Naturschutz und Landnutzung. VEB G. Fischer, Jena (500 Lit.-Zitate allein zu diesem Spezialthema).

WEISH, P. und E. GRUBER (1986): Radioaktivität und Umwelt. 3. Aufl. G. Fischer, Stuttgart.

WELLBURN, A. (1988): Air Pollution and acid rain. The Biological Impact. Longman, Harlow.

WICHTMANN, H. und H. BRÜCKNER (1989): Waldschäden durch Stickstoffüberschuß oder Stickstoffmangel? Die Rolle von Spurenelementen für die Revitalisierung geschädigter Waldökosysteme. Mitt. Dt. Bodenkundl. Ges. **59**, 811-816.

WINTER, KL. et al. (1983): Sukzession von Arthropoden in verbrannten Kiefernforsten der Südheide. Verh. Ges. Ökologie (Mainz 1981) **X**, 57-61.

WINTERBERG, A. und R.-P. JÄHN (1988): Der Eisregen vom 2. März 1987. Osnabrücker naturw. Mitt. **14**, 215-222.

WÖHLCKE, M. (1987): Umweltzerstörung in der Dritten Welt. Beck'sche Reihe **331**, Beck, München.

WOHLRAB, B. (1984): Wirkungen von Luftverunreinigungen auf Boden und Pflanze. *In:* Arbeiten der Deutschen Landwirtschafts-Gesellschaft, Bd. **179**: Bodenfruchtbarkeit in Gefahr?, pag. 78-88. DLG-Verlag, Frankfurt/M.

WORLD RESOURCES INST.; INTERNAT. INST. FOR ENVIRONMENT AND DEVELOPMENT (1988): Internationaler Umweltatlas. Jahrb. d. Welt-Ressourcen: Analyse, Berichte, Daten. Bd. 1, ecomed Verlagsges., Landsberg, München.

WUNDERLICH, KL. (1984): Umwelt im Wandel. Edition Leipzig (DDR).

ZUNDEL, R. (1990): Einführung in die Forstwissenschaft. **UTB 1557**. Ulmer, Stuttgart (mit Sonderabschnitt: «Forstliche Fachausdrücke»).

3.2 Aktuelle Probleme der Bodenbiologie

Vorbemerkungen

In der Einführung (1, pag. 1 ff.) und in dem Abschnitt über die Strukturen auf der Organisationsebene der Biozönose im Ökosystem Wald (2.1, pag. 7) wurde mehrfach kurz auf die Verhältnisse in der Region des Stammfußes hingewiesen. Zum einen wurden der Abbau der amorphen Substanz modernder Stämme und Stöcke (darunter auch die nachfolgende Einwanderung von Bodenorganismen in die humifizierten «Stubben»), zum anderen die Humifizierungsvorgänge in der Streuschicht erwähnt, freilich immer vornehmlich in bezug auf die subterranen Insektenformen oder auf die Entwicklungsstadien. Im Bereich des Wald-Ökosystems werden freilich nur die Fragestellungen im Epigaion in den Vordergrund gerückt, während die Faktorenkomplexe in den tieferen Bodenschichten, vor allem die bodenkundlichen Grundlagen (BRAUNS, 1968) hier im Taschenbuch eigentlich vollkommen übergangen werden; das ist insgesamt nicht nachzuholen, weil dies den vorgegebenen Rahmen sprengen würde. Aber da bei der Schilderung des Waldsterben-Syndroms die **Bedeutung der Bodenschichten** bzw. das **«Standortproblem»** angesprochen werden, soll die Notwendigkeit bodenbiologischer Untersuchungen auf forstlichen Anbauflächen, freilich nur unter Herausstellung der organismischen Abläufe, soweit gestreift werden, daß ein Überblick über die Gegebenheiten des edaphischen Lebensraumes bei der ökologischen Freiland-Differentialdiagnose zumindest gegeben wird. Das ist insofern berechtigt, weil die Störungen im Bestande letztendlich ökosystemarer Natur sind und die Beeinträchtigungen von den Bedingungen in der in den tieferen Bodenschichten gelegenen Rhizosphäre beeinflußt oder verstärkt werden können (dazu auch: KÖSTLER et al., 1968). In der «AKADEMIE FÜR NATURSCHUTZ UND LANDSCHAFTSPFLEGE» in LAUFEN fand im Jahre 1986 ein Ökologie-Symposium statt, bei dem die Bodenorganismen, ihre Bedeutung im Naturhaushalt und die Gefährdung durch die wirtschaftende Tätigkeit des Menschen im Mittelpunkt des bodenökologischen Rahmenthemas steht (MALLACH, 1986).

Die Standortbestimmung der Bodenbiologie

Auf zwei Wegen ist es zu einer Intensivierung der bodenbiologischen Forschung gekommen, einmal durch die **Entwicklung der Ökologie** (MÜLLER et al., 1984; SCHUBERT et al. 1984; BICK, 1989; KLÖTZLI, 1989; TISCHLER, 1990 u. a.) und zum andern dadurch, daß das **Begriffspaar «Bodenleben und Bodenfruchtbarkeit»** an Bedeutung gewonnen hat (STRIGANOVA, 1987). Beide Arbeitsrichtungen haben in den letzten Dezennien bewirkt, daß sich die Bodenbiologie als ein Forschungsgebiet mit vornehmlich biologischen Fragestellungen zunächst mehr und mehr aus der Position einer Hilfswissenschaft der Bodenkunde herausgelöst hat. Es liegt nunmehr die Frage nahe und dürfte von grundsätzlicher Bedeutung sein, ob die bodenbiologische Forschung weiterhin der Bodenkunde zugeordnet bleiben soll (wie es neuerdings OTTOW [1985] vom bodenkundlichen Standpunkt aus zu belegen versucht; vgl. auch GISI [1990]), ob das bodenbiologische Sonderforschungsgebiet zu einer eigenen Disziplin geworden oder ob die Bodenbiologie nicht doch dem größeren Arbeitsgebiet der Ökologie unterzuordnen ist (wie es BRAUNS in zahlreichen

Veröffentlichungen [1968 u. 1969; 1981; 1985] von der ökologischen Seite aus zu bedenken gibt). Um dies befriedigend beantworten zu können, müssen wir uns in einem Exkurs einige Tatsachen vergegenwärtigen.

Entwicklung der Ökosystemforschung

Um die Jahrhundertwende sind die Genetik, die Ethologie (Verhaltensforschung) und die Ökologie jene drei Disziplinen, die sich explosionsartig entwickeln. Nach anfänglichen Erfolgen der Ökologie gerät diese neue Forschungsrichtung erst wieder in den Bereich des Interesses, nachdem sich gezeigt hatte, daß die **ökologische Forschung** sozusagen **Grundlagenforschung** darstellt für viele **Probleme der anwendungsorientierten Wissenschaftsgebiete.**

Jede ökologische Untersuchung muß mit der Grundtatsache vertraut wein, daß das **Leben** sich **nur in Gemeinschaften verschiedener Organismen** verwirklicht. Es bilden sich sogenannte heterotypische Populationen (d. s. gemischte Bevölkerungen). «In diesen höchstorganisierten Manifestationen des Lebendigen sind abiotische Faktoren und biotische Elemente durch Energie und Materiefluß zu Funktionseinheiten, zu Ökosystemen, zusammengeschlossen» (MÜLLER et al., 1984; neueste Lit.: KLÖTZLI, 1989; TISCHLER, 1990).

Mit dem **Begriff der Lebensgemeinschaft** ist unlösbar **verknüpft der Begriff des Lebensraumes,** da die in der Biozönose vereinigten Organismen in ihren sämtlichen Lebensäußerungen mit dem sie umgebenden Lebensraum aufs engste verbunden sind. Lebensgemeinschaften und Lebensraum in ihrer Wechselwirkung und als Einheit bedeutet aber nichts anderes als was das **Begriffspaar «Leben und Umwelt»** gleichfalls besagen will, nämlich daß der Raum und das Leben (welches ihn ausfüllt) untrennbar zusammengehören. Das Existieren von Gemeinschaften hoher Komplikation inspirierte Ökologen zu dem Versuch, die vielgestaltigen Gemeinschaftsformen in der Natur aufzuschlüsseln, dabei der Frage nachzugehen, wieweit die Gemeinschaftsbildung im Tierreich ausgeprägt ist (REMANE, 1976) und vor allem ihre innere Struktur zu analysieren. Bei dem Vergleich der verschiedenen Gefüge, d. h. geordneter Mannigfalten, zwischen deren Komponenten Wechselwirkungen stattfinden, kommt REMANE zu einer Gegenüberstellung der körperlichen und der freien Gemeinschaftsbildung, bei der die heterogenste Gemeinschaftsform, die Biozönose, durchaus nicht abseits steht (REMANE, 1954).

Ähnlich wie bei den körperlichen Gemeinschaften zeigen auch die **Lebensgemeinschaften drei Merkmale:**

- die **Fähigkeit der Regulation** (erinnert sei an die Existenz des sogen. «biozönotischen Gleichgewichts» [vgl. Abschnitt 2.1, pag. 9] –
- die **Erscheinung der Entwicklung** (Ablösung einer einfachen Lebensgemeinschaft durch eine komplizierte Biozönose bis zum Endstadium, dem sog. «Klimaxstadium») [siehe dazu aber die Anmerkung auf Seite 7] –

- das **Vorhandensein eines Stoffkreislaufes,** der in den Biozönosen deutlich zutage tritt.

Stoffkreislauf im Ökosystem

Mit dem von MÜLLER et al. (1984) implizierten, beim Vergleich der Gemeinschaftsbildungen nunmehr auch sich zeigenden Stoffkreislauf in der Lebensgemeinschaft und in dem ihr zugehörigen Lebensraum ist auf eine Erscheinung hingewiesen, die uns mitten in die Gegebenheiten der untersten Lebensschichten des Bestandes hineinstellt. Das *«Edaphon»* ist nicht, wie R. H. FRANCÉ meint, eine «in sich geschlossene Lebensgemeinschaft» (vgl. hier 2.1, pag. 8), – die biozönotische Kette endigt nicht an der Bodenoberfläche. Auf den **Boden** ist der **Begriff «Ökosystem» nicht anzuwenden.** In der wissenschaftlichen Literatur wird selbst heute noch von einem «Ökosystem Boden» gesprochen (TEBRÜGGE, 1989; JOGER et al., [1989] bzw. d. Hrsgb. des frzs. Buchtitels, MATTHEY, W. et al., 1984), so daß immer wieder auf die nicht haltbare Zuordnung verwiesen werden muß. Im Gegenteil, die endogäischen Organismen sind nur ein Glied der biozönotischen Kette des betreffenden Lebensraumes (vgl. dazu auch die Abb. 1038 u. 1039, vor allem *«die Schrift des Bodens»* und die zugehörigen farbigen *Bodenprofile* [Abb. 1040 u. 1041]).

So dürfte ohne weiteres klar werden, daß die Ökologie der terricolen Phyto- und Zoozönose in den Rahmen der gesamten Ökologie bzw. der Ökosystemforschung hineingestellt werden muß und daß nur die speziellen Umweltbedingungen in dieser Lebensschicht eine gesonderte Behandlung der Bodenorganismen rechtfertigen. Die Bodenschichten gehören deshalb dem jeweiligen Ökosystem an; sie sind ein Teil des sich selbst regulierenden Wirkungsgefüges von Umweltfaktoren und Lebewesen (unter der Voraussetzung, daß keine negativen Einwirkungen aufgrund von anthropogenen Maßnahmen diese Selbstregulation aufheben). Die Ökosystemanalyse wird sehr bald zu einem Schwerpunktprogramm der zoologischen Forschung, die aber dringend noch ausgebaut werden müßte (vgl. dazu RATHMAYER in BOECKH u. PFANNENSTIEL, 1986; pag. 19ff.; L. BECK u. andere Autoren: 17. Jahrestagg. d. GESELLCHAFT F. ÖKOLOGIE, Göttingen 1987 [1989]; JANZ, 1988).

Anwendungsorientierte Bodenbiologie

Die starke Vernetzung der Bodenbiologie mit der ökologischen Arbeitsdisziplin kommt in der ihr eigenen Struktur zum Ausdruck, die zweifellos einen mehrstöckigen Aufbau erkennen läßt:

- Die Verbindung zur sogenannten «Grundlagen-Forschung» wird unter anderem verkörpert durch die viel Zeit und exakte Einarbeitung erfordernde **systematische Arbeitsrichtung,** denn auf Artendeterminationen wird der Ökologe bei der bodenbiologischen Spezialarbeit niemals verzichten können.

Voraussetzung für eine erfolgreiche, subtile Bestimmung der aufgefundenen terricolen Formen sind Determinationsunterlagen mit vielen Abbildungen. Für die Bestimmung der im Boden lebenden Insekten-Larven hat GHILAROV (1964) ein weit über seine Landesgrenzen hinaus bekanntes Werk herausgegeben. Eisenbeis und WICHARD (1985; engl. Ausgabe: 1987) brachten einen Atlas zur Biologie der Bodenarthropoden heraus mit über 1000 brillanten rasterelektronenmikroskopischen Aufnahmen. BRAUNS (1954) veröffentlichte in zwei systematischen Monographien spezielle Unterlagen für die Bestimmung von Entwicklungsstadien der Zweiflügler. Das «INSTITUTUL DE SPEOLOGIE» in BUKAREST bereitet eine Bodenbiologie, die erste in ihrem Lande, vor – ein Zeichen, daß man weltweit die Aktualität bodenzoologischer Untersuchungen anerkennt.

● Nicht minder gering sind die Anforderungen in der **speziell-ökologischen Arbeitsrichtung;** hier sind die intra- und interspezifischen Beziehungen, die Beziehungen ganzer Organismengesellschaften untereinander und die Auswirkungen des gesamten Bodenlebens auf den Pflanzenverband eines Standortes, daneben die Bedeutung der abiotischen Umweltfaktoren für das biologische Bodengeschehen aufzuschlüsseln.

● Die dritte Arbeitsrichtung strebt die Möglichkeit zur Verbesserung der Lebensverhältnisse in den Bodenschichten an und damit gleichzeitig Möglichkeiten zu einer **Nutzbarmachung der Organismengesellschaften in der Praxis.** Wesentliche Aufgabe einer **anwendungsorientierten** (mithin einer **«technischen) Bodenbiologie** bleibt die Sicherung und Erhöhung der Leistungen eines standörtlichen Pflanzenverbandes durch Erhaltung und Intensivierung des biologischen Bodengeschehens (dazu auch: BUNDESMINIST. ELF, 1985).

Sammel- und Untersuchungsmethoden in diesem Sonderforschungsbereich in einem Ökosystem werden ausführlich in der Bodenbiologie von BRAUNS (1968) abgehandelt; dort auch ausführliche Literaturangaben. Hinweise in den neueren Veröffentlichungen: BRAUNS, 1981 u. 1985; EISENBEIS u. WICHARD, 1985; KUSCHKA, 1987; DUNGER u. FIEDLER, 1989).

Die interdisziplinäre Verflechtung der Bodenbiologie

Gerade bei der zuletzt aufgezeigten Arbeitsrichtung überschneiden sich die experimentell-ökologischen und die technischen-ökologischen Fragestellungen nicht selten weitgehend.

● So müssen etwa die Lebenstätigkeiten und die **produktions-biologischen Leistungen der terricolen Organismen** – aus ökologischer Sicht zweifelsohne erforschungswert – aus technisch-ökologischen Erfordernissen heraus im Mittelpunkt aller bodenbiologischen Untersuchungen stehen, nachdem sich beim Nachspüren nach den **Ursachen mancher Bodenkrankheiten** gezeigt hat, daß vielfach dabei **biologische Ursachen** vorliegen.

● Hier erscheinen im Zuge von ökologischen Untersuchungen der «ökosystemaren» Schäden im Verlauf des Waldsterben-Syndroms bodenbiologische

Freilandarbeiten dringlich. So lassen der **Waldbau und die Bodenbiologie** viele gmeinsame Forschungsaufgaben erkennen, denn die bodenbiologische Disziplin hat sich wie der ökologisch fundierte Waldbau mit den *bestimmenden Faktoren des Raumes – Boden, Klima und Wasser* – auf ökologisch-ganzheitlicher Grundlage auseinanderzusetzen (BRAUNS, 1955). Ob es sich bei den waldbaulichen Maßnahmen um solche zur Sanierung der Böden (etwa durch Wald-Feldbau oder durch maschinelle Bearbeitung) handelt, oder ob die standortgemäße Holzartenwahl oder vielleicht die Einführung fremdländischer Holzarten zur Umsetzung ökologischer Erkenntnisse in der waldbaulichen Planung anstehen, wesentlich bleibt die intensivere Beteiligung der bodenbiologischen Forschung an der Lösung der immer komplexer werdenden Fragestellungen.

● Auf dem dritten Arbeitssektor der anwendungsbezogenen Bodenbiologie ist eine *Zusammenarbeit mit Nachbargebieten* anzustreben, weil es nur im **interdisziplinären Verbund** mit anderen Arbeitsgebieten zu einer wünschenswerten **Ganzheitsforschung** kommen kann, die notwendig erscheint, um grundsätzliche Erkenntnisse der technischen Bodenbiologie für die Praxis so bald als möglich wirksam werden zu lassen. Der sonst vielfach mißbrauchte Begriff «Ganzheit» kann gerade auf den Boden nach KÜHNELT (1953) ohne Bedenken angewendet werden.

Viele Nachbargebiete wie die **Bodenkunde** (mit ihren *Teilgebieten*, besonders mit der **Bodenchemie** und **Bodenphysik**), die **Hydrogeologie**, die **Bodenmikrobiologie**, die **Pflanzensoziologie, Pflanzenernährung, Forstentomologie, Agrarökologie, Phytomedizin**, die **Mikroklimatologie**, um einige Disziplinen genannt zu haben, müßten an den gemeinsamen Forschungsvorhaben über längere Zeiträume beteiligt sein. Denn nur dann kann man mit Forschungsergebnissen rechnen, die nach allen Seiten abgesichert sind. – So stellt TROLLDENIER auf der Tagung der DT. BODENKUNDLICHEN GESELLSCHAFT (Sept. 1989 in Münster) in einem Bericht der Kommissionen heraus, daß es allein immer noch zu wenige Forschungsprojekte von Bodenzoologen und Bodenmikrobiologen beispielsweise gibt (vgl. auch TROLLDENIER, 1990).

Daß auch von anderer Seite dieses Problem durchaus so gesehen wird, läßt sich aus einer aktuellen Veröffentlichung entnehmen: Auf dem Gebiet der agrarwirtschaftlichen Bodenkunde zeigt MARSCHNER (1990) nachdrücklich auf eine dringend gebotene Umorientierung der landwirtschaftlichen Produktion in Mitteleuropa hin «in Richtung auf standortgerechte und umweltgerechte Nutzung von Agrarlandschaften» und stellt dabei einen integrierten Ansatz heraus unter Berücksichtigung auch der ökologischen Gesichtspunkte. Der Autor betont die Einsicht, «daß derartige interdisziplinäre Konzepte in der Agrarforschung... einen hohen Vernetzungsgrad und eine enge Kooperation, den Austausch von Informationen und Daten sowie eine enge interne Abstimmung erfordern». Jeder Bodenbiologe ist sich durchaus der Schwierigkeiten bewußt, die in der Entwicklung solcher fachübergreifenden Konzepte gelegen sind. Dazu gehört vor allem eine Aufgeschlossenheit gegenüber den speziellen Problemen der zur Mitarbeit herangezogenen anderen Fachdisziplinen.

Die Bodenbiologie im übergeordneten Bezugssystem

Nach den bisherigen Ausführungen ist es naheliegend, zur Frage nach den **Einsatzmöglichkeiten einer zeitgemäßen Bodenbiologie** in der uns umgebenden **industriellen Landschaft** zu kommen, immer natürlich mit einer gezielten Fragestellung unter ökologischem Aspekt.

Daß wir in einer sogenannten «*industriellen Landschaft*» leben, braucht nicht näher erläutert zu werden (vgl. OLSCHOWY, 1978). Doch bisher wurde immer wieder nur auf die exponierte Stellung des Menschen innerhalb dieses Bezugssystems aufmerksam gemacht. Das wird deutlich in den laufenden Berichten über das **Anwachsen der Weltbevölkerung** (BRAUNS, 1985; pag. 73; WÖHLCKE, 1987) oder wenn Berechnungen darüber angestellt werden, welche **Fläche** pro Kopf für die **Sicherung eines angemessenen Lebensstandards** notwendig ist. Wesentlich erscheint mir in diesem Zusammenhang die Feststellung, daß mit der Bevölkerungsexpansion u. a. ein **vermehrter Wasserbedarf** in den Zivilisationszentren verbunden ist. Voraussetzung für einen gesicherten Wasserbedarf ist aber wiederum ein **intakter Kreislauf des Wassers,** der weitgehend abhängig ist von einem **intakten Zustand der Bodenschichten** (gerade auch jener der Waldgebiete). Es zeigt sich also, daß beim Ansprechen weitreichender Probleme Fragestellungen auftreten, deren Lösung mit dem **Bodenzustand** und mit den **organismischen Geschehnissen** in diesem Bereich eng verknüpft sind (vgl. «Fallstudie Harz» – Abschnitt 3.1, pag. 58).

Die Bodenbiologie als ein ökologisch-fundiertes Wissenschaftsgebiet ist schließlich ein integrierender Bestandteil in einem übergeordneten Bezugssystem. Eingangs wurde schon darauf hingewiesen, daß das Begriffspaar «Lebensgemeinschaft und Lebensraum» die enge Verknüpfung beinhaltet, die das Leben der Organismen in den unterschiedlichsten Vorkommensbereichen kennzeichnet. Wir können es auch anders formulieren: Die uns umgebende **Landschaft** ist ein **ökologisches System.** Die Gesetzmäßigkeiten dieses dynamischen Wirkungsgefüges sind im einzelnen durchaus noch nicht genügend analysiert worden; bekannt ist zwar, daß es gegen Eingriffe jeglicher Art empfindlich ist. Neben einem grundsätzlichen Strukturwandel der Landschaft wird mit steigender Besorgnis somit auf den **Verbrauch** oder auf die **Zerstörung «naturnaher» Landschaft** verwiesen (BRAUNS, 1968 u. 1985).[*]

Die damit angesprochene «**Landschaftsökologie**» ist in ihrer wissenschaftlichen Analyse letztlich ausgerichtet auf den «**Landschaftsschutz**» und auf die «**Landschaftspflege**», beide zugehörig zur «**Raumordnung**».

---

[*] Während der Korrekturarbeiten wurde mir die Veröffentlichung von JÖRG RICHTER (Institut für Geographie und Geoökologie der Technischen Universität Braunschweig) aus dem Jahr 1990 bekannt. Unter dem Titel «**Lebensgrundlage Boden**» trägt der Autor seine Überlegungen zu diesem Thema vor; in diesem Zusammenhang sind besonders seine Ausführungen über die «**Beeinträchtigungen der Bodenfunktionen**» interessant.

Bei den *bodenwirtschaftlichen Planungen in den Tropen* bilden vielfach hydrographische, bodenkundliche, morphologische und vegetationskundliche Untersuchungen die Grundlage für Aussagen über den Wasserhaushalt, die Landschaftsgenese, die Landschaftsökologie und die Entwicklungsmöglichkeit. Es fehlen freilich hierbei zumeist noch ausgesprochene **bodenbiologische Beobachtungen,** die gerade in tropischen Gebieten, etwa bei der **Bodenbonitierung,** gute Stützen zu geben vermögen.

Die Bedeutung der Bodenbiologie in gestörten Ökosystemen und in ökologischen Problemgebieten

Die Bodenbiologie kommt aber auch im heimischen Bereich der Landschaftsökologie, der Landschaftspflege und damit der Raumplanung zu wesentlichen Aufgaben.

● **In gesunden wie in gestörten, forstlichen Ökosystemen** (siehe dazu Abschnitt 3.1, pag. 45) wird man der Frage nach der **Bedeutung der Bodenorganismen für eine Bodenbonitierung** genauso nachgehen müssen wie etwa bei der aktuellen Kompostfabrikation aus städtischen und industriellen Abfällen bzw. bei der Verwendung von Klärschlamm (KOBEL-LAMPARSKI u. LAMPARSKI in VERHANDLG. D. GES. F. ÖKOLOGIE, 1986), um nur zwei Beispiele genannt zu haben. Bei der biologischen Bodenanalyse zur Bodenbewertung und/oder zur Feststellung der an den Störungen im Ökosystem beteiligten Parameter basieren die organismischen Freiland-Untersuchungen auf der **Bodendiagnose,** die der leider zu früh verstorbene Fachkollege GHILAROV (1965) auf dem zoologischen Sektor in wissenschaftlich-fundierter Weise darstellte.

● Im Zuge der Aufzeichnungen über die Waldschäden der neueren Zeit ist mehrfach schon auf das **Standortproblem auf den forstwirtschaftlichen Nutzungsflächen** verwiesen. So führen Zoologen Untersuchungen durch über den... «Einfluß des Mikrostandortes ‹Stammfußbereich› auf Struktur und Leistung der Bodenfauna eines Kalkbuchenwaldes im Vergleich zu stammfernen Bereichen» (TRUDE POSER und SCHEU, zit. unter KONGRESS FRIEDRICHSHAFEN, Bd. 2, 577-578; 1989).

Bei den Ausführungen über den «Sauren Regen» wurden bereits die Untersuchungen in Altbuchen-Beständen einer Mittelgebirgslandschaft herangezogen (pag. 48), die besonderen Gegebenheiten im Stammfußbereich aufgrund eines höheren Niederschlagsaufkommens beobachten ließen. Es liegt mithin nahe, von bodenbiologischer Seite aus diesem **Mikrostandort der Rhizosphäre,** die offensichtlich im Bereich der Feinwurzeln einer kontinuierlichen Schädigung ausgesetzt ist (siehe Seite 45), erhöhte Aufmerksamkeit zukommen zu lassen. Viele Jahre werden zweifelsohne benötigt, um in subtilen Untersuchungen die **Rolle der terricolen Organismen im Feinwurzelbereich als Bioindikatoren** eingehend zu analysieren und damit einen umfassenden Beitrag zu liefern im Rahmen der «Bioindikation in terrestrischen Systemen» (siehe Seite 46).

● Als weiteres instruktives Beispiel sei die **Aufforstung von Kippen und Halden in industriellen Ballungsgebieten** angeführt. Nicht überall (wie im Braunkohlen-Tagebaugebiet der Braunschweigischen Kohlenbergwerke in Helmstedt) läßt sich eine Begrünung von Kippen und Halden mittels eines Vorwaldes durchführen, besonders nicht ohne bodenpflegerische Maßnahmen, so daß hier die Einsatzmöglichkeit einer technischen Bodenbiologie vollends gegeben ist (WITTIG et al., 1985). Andererseits kann die Ermittlung der Neubesiedlung von Kippen und Halden durch die Bodenfauna für die Einschätzung der bereits durchgeführten Meliorations- und Aufforstungsarbeiten bedeutsam sein. Auf vielen Halden von Stahlwerken wird gleicherweise eine Rekultivierung vorgenommen zur Festlegung der erosions- und deflationsanfälligen Oberfläche, um damit die Bodenentwicklung und Aufforstung zu beschleunigen und eine Einfügung der Abfalldeponien in die umgebende Landschaft zu erreichen (Lit. dazu: BRAUNS, 1985).

● Besondere Verhältnisse liegen neben den vorwiegend lanwirtschaftlich genutzten Flächen der Rieselfelder auf den aus der industriellen Pflanzenproduktion entlassenen **Brachflächen** vor, die vielleicht zur **Aufforstung in Zukunft** anstehen könnten. Nur am Rande sei vermerkt, daß bodenbiologische Probleme auch auftreten können anläßlich der großangelegten **Flurbereinigungsmaßnahmen**; Aufforstungen zur Abwendung widriger Windverhältnisse für die landwirtschaftlichen Nutzungsflächen spielen gelegentlich dabei eine besondere Rolle (BRAUNS, 1985; pag. 104). In den neueren ökologischen Veröffentlichungen wird letztendlich schon freimütig diskutiert, ob die Flurbereinigungen als ein Instrument zur Lebensraumzerstörung oder ein solches zur Lebensraumerhaltung anzusprechen ist. «Eine Erhaltung der zwischen den landwirtschaftlichen Nutzflächen liegenden Feldraine, der Wegränder und Landschaftselemente» – (wie etwa der Wallhecken oder Knicks im schleswig-holsteinischen Raum) – «ist vor allem oder gerade in den Produktionslandschaften notwendig, weil diese Zwischenräume als ökologische Netzstränge die Landschaft durchziehen und die verschiedenen ökologischen Zellen verknüpfen» (RÖSER, 1988; pag. 193).

Trends in der neueren bodenbiologischen Forschung

Die bodenbiologische Wissenschaftstätigkeit auf dem Sektor der Ökosystemforschung ist weit gefächert; es findet hier noch ein Suchen nach allgemeinen Gesetzmäßigkeiten statt, welches sich ausdrückt in einer Vielfalt von Fragestellungen, die in der ganzen Welt aufgegriffen werden (BRAUNS, 1968; 1981; 1985).

Eigentlich schon gegen Ende der 50er Jahre mit der Herausgabe des Mitteilungsblattes der INTERNATIONALEN BODENKUNDLICHEN GESELLSCHAFT, COMMISSION III, vollends aber mit der Einrichtung der Internationalen Colloquien über Bodenzoologie (im Rahmen der e.g. Commission) tritt die bodenbiologische Forschung stärker in Erscheinung, und dies wiederum manifestiert sich in zahlreichen Veröffentlichungen.

Anfangs wurden die Fortschritte vornehmlich der Bodenzoologie in **Colloquien** an der **University of Nottingham** behandelt, um später in erweiterter Form auf **Internationalen Treffen** diskutiert zu werden; dabei sind oftmals Richtungsthemen gegeben, in deren Rahmen die Vorträge in etwa einzuordnen sind: (1962: OSTERBEEK/THE NETHERLANDS): «Soil fauna, soil microflora and their relationships» – (1966: BRAUNSCHWEIG/BRD): «Dynamik der Bodenlebensgemeinschaft» – (1970: DIJON/FRANCE): «Bodenorganismen und Primärproduktion» – (1973: PRAG/ČSSR): «Die Abhängigkeit der Bodenorganismen von den Bodeneigenschaften und von der anthropogenen Bodenbeeinflussung» – (1976: UPPSALA/SCHWEDEN): «Soil organisms as components of ecosystems» – (1979: SYRACUSE/USA): «Soil Biology as related to land use practices» – (1982: LOUVAIN/LA NEUVE/BELGIEN): «New trends in soil biology» – (1985: MOSCOW/UdSSR): IX. International Colloquium on Soil Zoology: «Soil Fauna and Soil Fertility» – Proceedings (Hrsgb.: B. R. STRIGANOVA; Moscow, «Nauka» 1987). (Die vorherigen Colloquiumsberichte sind zitiert bei BRAUNS [1985]). – Auf die andernorts abgehaltenen Internationalen bodenzoologischen Colloquien sei zumindest kurz verwiesen: DINDAL, 1980.

Typisch für die Entwicklung einer neuen Wissenschaftsdisziplin ist immer wieder die Tatsache, daß von Zeit zu Zeit Veröffentlichungen über die Aufgaben des aktuellen Forschungsgebietes erscheinen, so auch über die Bodenbiologie. BALOGH (1969; zit. bei BRAUNS, 1985) geht von der produktionsbiologischen Seite aus an die Bodenzoologie heran. Nach seinen Darlegungen untersucht die **Produktionsbiologie:**

- das photosynthetische Potential,
- die Auswirkungen des Energieflusses durch die Nahrungsketten,
- der Zersetzung abgestorbener organischer Substanzen in den Bodenschichten und ihre Bedeutung.*

Diese letzten Geschehnisse werden durch die Lebenstätigkeit der Bodenorganismen gesteuert. In den Energiefluß und in die Zersetzung toter organischer Substanz im Boden kann der Mensch im übrigen eingreifen. Damit ist, wie DOMSCH (1969; zit. bei BRAUNS, 1985) herausstellt, die Richtung angezeigt, «in der sich die Bodenbiologie notwendigerweise ... bewegen muß». **In der Praxis** ergeben sich nach ihm **drei aktuelle Aufgabenbereiche:**

- Lebensfunktionen messen, statt zu beschreiben – an den Meßdaten die relative Bedeutung der Bodenorganismen erkennbar machen.
- Als vordringlich wird bezeichnet, die Beeinflussung des Bodens durch den Menschen laufend unter Kontrolle zu halten. –
- In der Forschung soll den Bodenzoologen und den Bodenmikrobiologen die Arbeit an gemeinsamen Projekten ermöglicht werden.

---

* So werden von KÖHLER et al. (1989) der Massen- und Energiefluß bei Isopoden (Asseln) und bei Diplopoden (Doppelfüßer [die den «Insecta» systematisch am nächsten stehen]) untersucht. Die Stoffwechselvorgänge in den Bodenschichten werden durch die Passage des Bodenmaterials durch den Darmtrakt von saprophagen Bodentieren zweifellos massiv beeinflußt.

Hier sei vor allem auf die Internationale Messe «Technik für Umweltschutz» in Düsseldorf verwiesen, bei der gleichzeitig Vorträge von Experten gehalten werden. Im Jahre 1989 stand der Kongreß unter dem Rahmenthema: **«Der Boden – Engpaß für die Belastbarkeit der Umwelt»;** die Vorträge erschienen in einem gesonderten Kongreßband («ENVITEC», 1989).

● Im Jahre 1969 erscheint die UNESCO-Monographie: «Soil biology – reviews of research» und ein Jahr später folgen die: «Proceedings of the Paris symposium, organized by Unesco and the INTERNATIONAL BIOLOGICAL PROGRAMME» unter dem Titel: «Methods of study in soil ecology». Die Experten erörtern u.a. strukturelle und funktionelle Aspekte, die Bodenatmung und schließlich die Methoden zum Studium der Produktion der verschiedenen systematischen bzw. ökologischen Gruppen. Es findet also eine **Verlagerung der bodenbiologischen Forschungsvorhaben statt unter stärkerer Berücksichtigung der bodenphysikalischen und bodenchemischen Problematik.**

Schon auf dem Internationalen Treffen in Belgien (1982) werden neben einer Erörterung der Rolle der Bodenfauna in den Mineralstoff-Kreisläufen (also der Untersuchungen über den Einfluß der subterranen Fauna auf die Stoffdynamik oder zum Vergleich von verschiedenen Kreislauftypen) die funktionellen Beziehungen zwischen den Bodenorganismen (mithin die Nahrungsmechanismen und die Ökophysiologie der Bodenorganismen) abgehandelt. Erstmalig widmet man sich der Erholung gestörter Bodengemeinschaften, führt mithin Untersuchungsergebnisse der **Boden-Degradationserscheinungen** * vor, dabei auch die Erscheinung von Bioindikatoren (vgl. GHILAROV, 1978) in den Vordergrund stellend (dazu auch: SCHUBERT u. Autorenkollektiv, 1985; pag. 205 ff. u. hier: Seite 45). Deutlicher als in der letzten Formulierung der Rahmenthemen kann gar nicht unter Beweis gestellt werden, daß sich die Forschung in der Bodenbiologie auch auf die Umweltforschung und auf den Umweltschutz insgesamt eingestellt haben (GHILAROV, 1977). Das kommt gleichfalls zur Geltung bei der Erarbeitung des MEMORANDUMS «BODEN-KUNDE» DER DEUTSCHEN BODENKUNDLICHEN GESELLSCHAFT (SCHROEDER,

---

* Zu den Boden-Degradationserscheinungen zählt u.a. auch die **Bodenverdichtung,** die als Ursache physikalische Bodenkontaminationen hat (siehe nachfolgend angegebene Buchveröffentlichung von SCHUBERT et al.). Während der Korrekturarbeiten wurde mir die Dissertation von MONIKA JOSCHKO (1989) bekannt. «Bodenverdichtung durch schwere Maschinen ist ein zunehmendes Problem in der Landwirtschaft». Obwohl ihre Modellversuche in einem Nachbar-Ökosystem durchgeführt wurden, sind die Ergebnisse gerade im forstlichen Ökosystem auch von besonderem Interesse (siehe hier pag. 39). «Die Losungsmenge» – (der Lumbriciden) – «an der Bodenober-fläche war im dichtgelagerten Boden bedeutend größer als im unverdichteten». Es konnte mithin in Modellversuchen ein erheblicher Lockerungseffekt der Regen-würmer aufgezeigt werden. Wie die Autorin herausstellt, sollten nunmehr gezielte Freilanduntersuchungen diese Laborversuche ergänzen.

1979). Dort wird nicht allein angeregt, die Abbaubarkeit der Boden-Chemikalien verstärkt zu untersuchen, sondern den **Belastbarkeitsgrenzen der Böden** größeres Interesse antgegenzubringen. In diesem Memorandum werden als dringend erforderlich u. a. aufgezeigt, Ermittlungen über die Nährstoffversorgung des Standortes im **Kontaktbereich Boden/Pflanze,** also im **Bereich der Rhizosphäre,** anzustellen.

Damit ist der Anschluß wiederum gegeben zu der anfangs zitierten **Grundsatzfrage der Zuordnung der Bodenbiologie zur Bodenkunde oder zur Ökologie** (OTTOW, 1985). Ausgehend von den Bodenfunktionen, also vom «interdisziplinären Bereich von Boden – Pflanze – Bodenleben» plaziert OTTOW die Böden als Produktionsstandorte in den Aufgabenmittelpunkt und stellt zunächst die Böden als Körper der Filterung und Selbstreinigung heraus. Der Autor wendet sich dann verstärkt der Bodenbiotechnologie zu, die er anspricht als «angewandte multidisziplinäre Wissenschaft aus Biologie, Biochemie und Technologie, nicht nur anwendbar auf Bakterien, Pilze, Algen oder Pflanzen (Gewebekulturen) in Reinkulturen, sondern auch auf ihre natürlichen Lebensräume, die Böden». Schon im Verlaufe seiner Ausführungen glaubt der Autor seine Ansicht der Zuordnung der Bodenbiologie zur Bodenkunde folgendermaßen begründen zu können: «So weit wie möglich sollte die Forschung mit den Lebensräumen der Organismen – den Böden – verknüpft werden, am Standort oder in Modellversuchen. Gerade in dieser Hinsicht unterscheidet sie sich von der ‹Biologie der Bodenorganismen›. Infolgedessen hat auch die Bodenbiologie ihren Standort in der Bodenkunde und somit in den Agrarwissenschaften, während die Biologie der Bodenorganismen als Disziplin der Naturwissenschaften eher (aber nicht nur) in der Biologie ihren Platz finden sollte.»

Die Vorgänge im subterranen Bereich auf den Produktionsflächen des Bodens sind nach BRAUNS (1981) zweifellos komplexer Natur, aber aufgrund der **Zugehörigkeit des Standortes zum Ökosystem,** einer ökologischen Einheit, sollte die gesamte Bodenbiologie den umweltschutzorientierten Fachgebieten, also der Landschaftsökologie (oder der Geoökologie), mithin dem ökologischen Gesamtgebiet, zugerechnet bleiben. Dies geht ebenfalls aus einer Veröffentlichung auf dem landwirtschaftlichen Sektor hervor: HEYDEMANN (1983) schildert eingehend den «Aufbau von Ökosystemen im Agrarbereich und ihre langfristigen Veränderungen». Dabei stellt er eindeutig heraus, daß sich «die Bodenfauna – sowohl der Bodenoberfläche (Epigaion) als auch des Bodeninnern (Endogaion) – *nach dem Bodentyp des Ackers»* im wesentlichen gruppiert (pag. 56). Die ökologischen Fachvertreter sind nicht stehengeblieben auf dem Forschungsstandpunkt der ersten Jahrzehnte dieses Jahrhunderts, sondern unterziehen sich der subtilen Arbeit einer Untersuchung auch der abiotischen Parameter – die Verhandlungsberichte für Ökologie (zit. u. a. unter GfÖ (GESELLSCHAFT FÜR ÖKOLOGIE), 1983-1989 oder auch die zweibändigen PROCEEDINGS of the 9th INTERNATIONAL SYMPOSIUM (organized by the HUNGARIAN SOCIETY OF SOIL SCIENCE; August 27-30, 1985) mit dem

Rahmenthema «On Soil Biology and Conservation of the Biosphere» (Ed. by
J. SZEGI, 1987) sind dafür ein deutliches Zeugnis.

3.2.1 Sonder-Literaturverzeichnis
zum bodenbiologischen Fragenkomplex

(Siehe einige Buchtitel mit sehr ausführlichen Schrifttums-Nachweisen in dem «Waldsterben»-Literaturverzeichnis, aber auch in dem am Ende des Taschenbuchs befindlichen
Literaturverzeichnis «Weiterführende Literatur»).

ANONYMUS (1984): Bodenfruchtbarkeit in Gefahr? Neuzeitliche Bodennutzung und
nachhaltige Ertragsfähigkeit. Arbeiten DLG, **179**.

ARNDT, U. et al. (1987): Bioindikatoren. Möglichkeiten, Grenzen und neue Erkenntnisse. Ulmer, Stuttgart.

BOECKH, J. und H.-D. PFANNENSTIEL (Hrsgb.) et al. (1986): Zoologie 1985. Bilanz und
Perspektiven. G. Fischer, Stuttgart.

BRAUNS, A. (1954): Untersuchungen zur angewandten Bodenbiologie, 2 Bände: Terricole Dipterenlarven; Puppen terricoler Dipterenlarven. – Musterschmidt, Göttingen.

BRAUNS, A. (1968): Praktische Bodenbiologie. G. Fischer, Stuttgart (– enthält umfangreiche Schrifttums-Nachweise bis z. Jahre 1968).

BRAUNS, A. (1969): Vordringliche Aufgaben einer Produktionsbiologie des Bodens in
einer industriellen Landschaft. Mitt. Biolog. Bundesanst. Land- u. Forstwirtschaft
Berlin-Dahlem; Heft **132**, 84-89. Kom. Verlag Parey, Berlin

BRAUNS, A. (1973): Das Leben im Boden. GRZIMEKS Buch der Ökologie: Unsere
Umwelt als Lebensraum (pag. 219-234). – Hrsgb.: J. ILLIES u. W. KLAUSEWITZ.
Kindler Verlag, Zürich.

BRAUNS, A. (1981): Die Standortbestimmung der Bodenbiologie. Waldhygiene (Würzburg) **14**, 107-121.

BRAUNS, A. (1985): Agrarökologie im Spannungsfeld des Umweltschutzes. Wester-
mann/Wiss. Agentur Pedersen, Braunschweig (**jetzt: in Kommission bei:** Hahner
Verlagsgesellschaft, Aachen).

BÜNTEHOFKOLLOQUIUM (1989): Bodenbiologie – Bodenbewirtschaftung – Mineral-
düngung. [Darunter u. a.: TROLLDENIER, G.: Fortschritte der Bodenbiologie; pag.
1-15. – MAKESCHIN, F.: Die Regenwurmfauna forstlich und landwirtschaftlich
genutzter Böden und deren Beeinflussung durch Düngung; pag. 49-63]. Sonderdruck
aus KALI-BRIEFE (Büntehof) **20** (1), 1990.

BUNDESMINIST. ERNÄHRG., LANDWIRTSCHAFT u. FORSTEN (Hrsgb.) (1985): Pflanzen-
schutzmittel und Boden. Berichte über Landwirtschaft. Zeitschr. Agrarpolitik u.
Landw. Neue Folge; Sonderheft **198**. Parey, Hamburg.

CLOUDSLEY-THOMPSON, JOHN L. (1988): Evolution and adaption of terrestrial
arthropods. Springer, Berlin.

DINDAL, DANIEL L. (Hrsgb.) (1980): Soil biology as related use practices. Proc. of the
VII. Intern. Coll. of soil zoology. Washington: EPA.

DUNGER, W. und H. J. FIEDLER (Hrsgb.) (1989): Methoden der Bodenbiologie.
G. Fischer, Stuttgart (mit weit über 1000 Lit.-Zitaten).

EISENBEIS, G. und W. WICHARD (1985): Atlas zur Biologie der Bodenarthropoden.
G. Fischer, Stuttgart (umfangreiches Literaturverzeichnis). – (1987): Atlas on the
Biology of Soil Arthropods. Springer, Berlin.

ENVITEC (6. Intern. Messe und Kongreß, Düsseldorf; 10.-14. April (1989) (Hrsgb.) (1989): «Der Boden – Engpaß für die Belastbarkeit der Umwelt». Berichtswerk 1989. Vulkan-Verlag, Essen.

FUNKE, W. et al. (1987): Bodentiere als Indikatoren von Waldschäden. Verhandlg. Ges. Ökologie 15, 309-320.

GfÖ (GESELLSCHAFT F. ÖKOLOGIE) (1983 bis 1989): Verhandlungen der jeweiligen Jahrestagungen. Erscheinungsort Göttingen oder Göttingen-Osnabrück. (Enth. u. a. Vortr. aus dem Themenkreis: Schadstoffbelstg. von Waldökosystemen u. a.) (Poster von A. KOBEL-LAMPARSKI u. F. LAMPARSKI).

GHILAROV, M. S. (1964): Die Bestimmung im Boden lebender Larven der Insekten. Ausg. Wiss. Akademie UdSSR, Moskau.

GHILAROV, M. S. (1965): Zoological methods in soil Diagnostics. Academy of Sciences of the UdSSR. Moscow. (Zus.fassg. in engl. Sprache).

GHILAROV, M. S. (1977): Adaption der Bodentiere auf Umweltbedingungen. Wiss. Akad. UdSSR (Inst. Evol. Morph. Ökol. Tiere; Moskau) – (in russ. Sprache).

GHILAROV, M. S. (1978): Bodenwirbellose als Indikatoren des Bodenhaushaltes und von bodenbildenden Prozessen. Pedobiologia (Jena) 18, 300-309.

GISI, ULR. (1990): Bodenökologie. Kurzes Lehrbuch für Naturwissenschaftler, Agronomen, Forstwirte, Bodenkundler, Ökologen. Georg Thieme Verlag, Stuttgart.

HERLITZIUS, H. (1985): Streuabbau als Indikator biotischer und abiotischer Faktoren. Mitteilgn. Dtsch. Bodenkundl. Gesellsch. 43 (II) 369-574.

HEYDEMANN, B. (1983): Aufbau von Ökosystemen im Agrarbereich und ihre langfristigen Veränderungen. Daten und Dokumente zum Umweltschutz – Sonderreihe Umwelttagung – Heft 35; Dokumentationsstelle d. Univ. Hohenheim (Hrsgb.)

HUGENROTH, F. (1984): Mitteilungen der Deutschen Bodenkundlichen Gesellschaft 40 (vornehml. Referate der Komm. V [Sitzg. 11.-12. 10. 1984]: Bodengesellschaften – pag. 169-247).

JANETSCHEK, H. (Hrsgb.) (1982): Ökologische Feldmethoden. (Hinweise zur Analyse von Landökosystemen). Ulmer, Stuttgart.

JANZ, H. (1988): Untersuchung über die Zusammensetzung der Bodenfauna von Fallaubtümpeln im Naturpark Schönbuch in Abhängigkeit vom Zersetzungsgrad des Rotbuchenlaubs. Univ. Tübingen, Diss.

JENSEN, V. (Ed.) et al. (1986): Microbial communities in soil. Feder. Europ. Microb. Soc. Symp. N° 33 (Cop. Denm. 1985). Elsevier, London.

JÖRGENSEN, R. G. und B. MEYER (1985): Umsatz der Laubstreu im mitteleuropäischen Kalkbuchenwald. Beispiel: Plateau des unteren Muschelkalks bei Göttingen. Mitt. Dt. Bodenkundl. Ges. 43 (II), 581-586.

JOGER, ULR. (Hrsgb.) et al. (1989): Praktische Ökologie (Reihe: Laborbücher Biologie). Diesterweg, Frankfurt a. M.; Sauerländer, Frankfurt a. M. [Weitere Angaben über diesen Titel: siehe Abschnitt 8 (Weiterführende Literatur...)].

JOSCHKO, MONIKA (1989): Einfluß von Regenwürmern (Lumbricidae) auf verdichteten Böden – Modellversuche. Diss. Naturw. Fak. Techn. Univ. Braunschweig.

KLÖTZLI, FR. (1989): Ökosysteme. Aufbau, Funktionen, Störungen. 2. Aufl. UTB 1479, G. Fischer, Stuttgart.

KÖHLER, H.-R. et al. (1989): Massen- und Energiefluß bei Diplopoden und Isopoden. Mitt. Dtsch. Ges. Allg. Angew. Ent. 7, 263-268.

KÖSTLER, I. N., E. BRÜCKNER u. H. BIBELRIETHER (1968): Die Wurzeln der Waldbäume. Untersuchungen zur Morphologie der Waldbäume in Mitteleuropa. Parey, Hamburg.

Kononova, M. M. (1958): Die Humusstoffe des Bodens. VEB Dt. Verlag Wissenschaften, Berlin.

Kuratorium f. Technik und Bauwesen i. d. Landwirtschaft (Hrsgb.) (1986): Bodenverdichtungen beim Schlepper- und Maschineneinsatz und Möglichkeiten zu ihrer Verminderung. KTBL-Schrift 308.

Kuschka, V. et al. (1987): Zur Arbeit mit Bodenfallen. Beitr. Ent., Berlin 37, 3-27.

Kutschera, Lore und E. Lichtenegger (1982): Wurzelatlas mitteleuropäischer Grünlandpflanzen. Bd. 1: Monocotyledoneae. G. Fischer, Stuttgart.

Lebrun, Ph. et al. (1982): New Trends in Soil Biology. Imp. Dieu-Brichart, Ottignies-Louvain-La-Neuve (Belgique).

Makeschin F. (1990): Die Regenwurmfauna forstlich und landwirtschaftlich genutzter Böden und deren Beeinflussung durch Düngung. Kali-Briefe (Büntehof) 20 (1), 47-63.

Mallach, N. (Schriftl.) (1986): Bodenökologie. Laufener Ökologie-Symposium (Mai 1986). Laufener Seminarbeiträge 7. Akad. Naturschutz u. Landschaftspflege, Laufen/Salzach.

Marschner, H. (1990): Böden – Ökosysteme – Produktion: Interdisziplinäre Konzepte der Agrarforschung. Hohenheimer Arbeiten: Gedächtniskolloquium «Ernst Schlichting», Tagungsband; Hrsgb.: Karl Stahr et al.; pag. 107-115. Ulmer, Stuttgart.

Mühlenberg, M. (1989): Freilandökologie. 2. Aufl. UTB 595. Quelle u. Meyer, Wiesbaden.

Müller, G. (1965): Bodenbiologie. VEB G. Fischer, Jena.

Müller, H.-J. et al. (1984): Ökologie. VEB G. Fischer Verlag, Jena u. UTB 1318. G. Fischer Verlag, Stuttgart. – Nachdr. d. 1. Aufl. (1987): Studienreihe Biowissenschaften; VEB G. Fischer, Jena.

Ottow, J. C. G. (1985): Aufgaben der Bodenbiologie in der Bodenkunde. Mitt. Dtsch. Bodenkundl. Gesellsch. 43 (I), 91-106.

Ottow, J. C. G. (President of the Organizing Committee) (1990): Proceedings of the International Workshop on Denitrification Soil, Rhizosphere and Aquifer (Gießen, 1989); Patronage: ISSS [Com. for Soil Biology (III) and Soil Fertility and Plant Nutrition (IV)]; DGB [Com. for Soil Biology (III)] and VAA M. Mitt. Dt. Bodenkundl. Ges. 60 (1-420).

Palissa, A. et al. (1977): Anleitung zum ökologischen Geländepraktikum. Wiss.-Techn. Zentrum Pädagogische Hochsch. «Karl Liebknecht», Potsdam.

Rehfuess, K. E. (1990): Waldböden. Entwicklung, Eigenschaften und Nutzung. «Pareys Studientexte»: 29. 2. Aufl. Parey, Hamburg.

Remane, A. (1976): Sozialleben der Tiere. 3. Aufl. gft; G. Fischer, Stuttgart.

Remmert, H. (1984): Ökologie. 3. Aufl. Springer, Berlin.

Richter, J. (1990): Lebensgrundlage Boden. Carolo-Wilhelmina Mitt. d. TU Braunschweig XXV (1), 56-62.

Röser, B. (1988): siehe 8: Weiterführende Literatur...

Salzwedel, J. (Vors.) et al. (1985): Umweltprobleme der Landwirtschaft. Sondergutachten des Rates von Sachverständigen für Umweltfragen. Heger, Bonn (insonderheit: pag. 184-227).

Scheffer, Fr. und P. Schachtschabel (Hrsgb.) et al. (1982): Lehrbuch der Bodenkunde. 11. Aufl. Enke, Stuttgart.

Schlichting, E. (1986): Einführung in die Bodenkunde. 2. Aufl. Parey, Hamburg.

Schroeder, D. (Hrsgb.) (1979): Memorandum Bodenkunde. Stand und Entwicklung bodenkundlicher Forschung. Dt. Bodenkundl. Ges. (Göttingen).

SONN, S. W. (1960): Der Einfluß des Waldes auf die Böden. VEB G. Fischer, Jena.

STEWART, B. A. (Hrsgb.) (ab 1985): Advances in Soil Science. Vol. 1 ff. Springer, Berlin.

STRESEMANN, E. (Hrsgb.) (1976): Exkursionsfauna für d. Gebiete d. DDR und der BRD. Wirbellose I. 5. Aufl. Volk und Wissen, Berlin.

STRIGANOVA, B. R. (Ed-in-Chief) (1987): Soil Fauna and Soil Fertility. Proc. 9th Intern. Coll. on Soil Zoology (Moscow, Aug. 1985). Moscow «Nauka» (1987).

SZEGI, J. (Ed.) (1987): Proceedings of the 9th International Symposium «On Soil Biology and Conservation of the Biosphere» (August 27-30, 1985). 2 Bd. Akadémiai Kiadó, Budapest. (Zahlreiche Lit.hinweise der über 100 Referenten).

TEBRÜGGE, F. (1989): Wechselwirkungen von Bodenbearbeitungssystemen auf das Ökosystem Boden. Mitt. Dt. Bodenkundl. Ges. 59 (2), 1227-1232.

TOPP, W. (1981): Biologie der Bodenorganismen. UTB 1101. Quelle/Meyer, Heidelberg.

TREPL, L. (1987): Geschichte der Ökologie. Vom 17. Jahrhundert bis zur Gegenwart. Athenäum-Verlag, Frankfurt a. M.

TROLLDENIER, G. (1989): Einige Schwerpunkte und Trends bodenbiologischer Forschung. Mitt. Dt. Bodenkundl. Ges. 59 (1), 25-39.

TROLLDENIER, G. (1990): Fortschritte der Bodenbiologie. Kali-Briefe (Büntehof) 20 (1), 1-15.

WINTER, R. (Hrsgb.) et al. (1985): Rettet den Boden. (Wie die neue Umweltkatastrophe noch zu verhindern ist). Gruner/Jahr, Hamburg.

WITTIG, R. et al. (1985): Die Buchenwälder auf den Rekultivierungsflächen im Rheinischen Braunkohlenrevier... Angew. Botanik 59, 95-112.

Vorbemerkungen zu den Literatur-Nachträgen: Da die Bände mit den Referenten-Vorträgen vom Internationalen «Kongreß Waldschadensforschung: Wissensstand und Perspektiven» erst während der Erarbeitung der Register dieses Taschenbuchs erschienen (Ende Febr. 1991), die **bibliographischen Daten aber unter allen Umständen** aufgenommen werden sollten, mußten Nachträge zu den Lit.-Verzeichnissen (Abschnitte 3.1.1 und 3.2.1) insgesamt auf Seite 820 angefügt werden.

4 Grundriß einer terrestrischen Bestandes- und Standort-Entomologie des Wald-Ökosystems

4.1 Kurze systematische Übersicht der entomologischen Gruppen

(Aus systematischen Gründen gebrachte Gruppen sind kursiv gedruckt; in eckige Klammern gesetzte Familien oder Gattungsgruppen werden aus ökologischen Gründen nur kurz behandelt. Die Ziffern zeigen die Seiten an, auf denen Angaben über die systematischen Gruppen zu finden sind).

4.2 Differentialmerkmale und Ökologie der wichtigsten, häufigsten und auffälligsten Waldinsekten

Bitte die Abkürzungen auf Seite 473 beachten.

Apterygota, Urinsekten

(Collembola, Protura, Diplura, Thysanura)

Zarthäutig, flügellos. Mit Thorakalbeinen und meist mit Resten abdominaler Extremitäten. Tracheen fehlen (Hautatmung) oder wenn Tracheensystem vorhanden, einfach, selten mit zahlreichen Querverbindungen. Ohne deutliche Metamorphose.

Pterygota

(Alle übrigen Insekten)

2 Flügelpaare; 1 oder beide Flügelpaare können reduziert oder völlig rudimentär sein. Imagines höchstens am 8. und 9. Segment mit abdominalen Extremitäten, hier aber Hilfsapparate bei der Fortpflanzungstätigkeit. Große Verschiedenheit hinsichtlich der postembryonalen Entwicklung und der Ökologie.

COLLEMBOLA, SPRINGSCHWÄNZE

Kennzeichen: nur selten über 5 mm lang (kleinster Collembole, erwachsen, ca. $^1/_3$ mm; größte terricole Art ca. 2 mm [GISIN, 1948]), meist sehr beweglich, mit oder ohne Springgabel (Furca). Gestreckter oder fast kugeliger Habitus (junge Tiere den alten stark gleichend); mitunter lebhaft gefärbt oder mit Zeichnungen (Abb. 112–117).

Ökologie: überall vorkommend, wo organischer Detritus und ausreichende Feuchtigkeit aufzufinden sind. Im Bestande u. a. unter Rinde der Stöcke, in den Streu- und Bodenschichten (hier durchweg große Populationsdichte). Ausgesprochen unterschiedliche Lebensformtypen in vertikalen Schichten; Springschwanzarten der tieferen Bodenschichten zeichnen sich gegenüber den epigäisch lebenden Arten aus durch Reduktion der Furca, der Lichtsinnesorgane, durch geringere Pigmentierung, durch geringere Bedeckung des Körpers mit Schuppen und Haaren. Geringere Bindung einzelner Arten und Formen in horizontaler Richtung, lediglich gewisse Abhängigkeit von den Feuchtigkeitsverhältnissen etwa im Bestande oder auf einer Wiese festzustellen [SCHALLER, 1949]. Terricole Formen führen Vertikalwanderungen aus. Jahreszeitliche Schwankungen der Bevölkerungsdichte sind feststellbar: zumeist 2 Maxima, Herbst und Winter [KÜHNELT, 1950]. Collembolen und Milben zeigen interessanterweise eine gewisse biozönotische Alternanz.* Wo Springschwänze zahlreich auftreten, ist die Populationsdichte der Milben gering und umgekehrt; Collembolen gehören überwiegend dem Euedaphon (tieferen Bodenschichten) an, während von den Milben, zumindest die bodenbiologisch wichtigen Moosmilben (Oribatei), dem Hemiedaphon zuzurechnen sind [Franz, 1954]. – In alpinen Regionen Vorkommen von Collembolen sogar auf Schnee; «Gletscherflöhe» (*Isotoma saltans* Nic. = schwarz mit grünlichem Schimmer) in den eisbedeckten Regionen oder «Schneeflöhe» (*Hypogastrura socialis* Uzel = dunkelblau) an Waldrändern oder auf Waldwegen; regelrechtes Massenauftreten. Charakteristisch jeweils die dunkle Färbung dieser Winterformen, deren Nahrung besteht aus: Detrituspartikelchen, vor allem Coniferenpollen, der auf dem Eis und Schnee abgelagert wird.

Wirtschaftl. Bedeutung: gelegentlich schädigend durch Befressen der Kotyledonen; vielfach als Schwäche- oder sekundäre Parasiten angesehen, weil sie infolge ihrer winzigen Größe übersehen oder angerichtete Schäden anderen Schadtieren zugeschrieben wurden [Bollow, 1950]. Beim Fraß an unterirdischen Pflanzenteilen Übertragung von phytopathogenen Mikroorganismen möglich. – Im Bestande Schaden unbedeutend gegenüber Nutzen bei Zersetzung pflanzlicher Reste. Terricole Collembolen vermögen feuchte Laubstreu direkt zu humifizieren (Abb. 118 u. 119). Frisches grünes Laub wird dagegen anscheinend nicht angenommen [Schaller, 1950]. Außerdem werden Pilzmyzelien, Pilzsporen, Algen und anderweitiger organischer Detritus (auch Losung vieler terricoler Organismen) verzehrt. Ernährung (und Fortpflanzungsfähigkeit) einzelner Collembolenarten offenbar abhängig «von der Art der mikrobiellen Tätigkeit oder deren Produkte im Boden» [Gisin, 1951]. Bei rund 100000 Springschwänzen pro 1 qm eines Laubwaldbodens werden in 1 Jahr etwa 183 ccm hochwertiger Humus abgelagert [Schaller, 1950]. Zwischen Bodengüte und Collembolenfauna läßt sich ein direkter Zusammenhang aufzeigen (vgl. auch Rolle der Collembolen als «kritische Gutachter» in Rekultivierungsgebieten: Bode, 1973; Dunger, 1968).

Wohnplätze einiger Arten [Frenzel, 1937]:

Onychiurus armatus Tullbg., Blindspringer (Abb. 112); 0,9–2,5 mm; weiß. Blind; Furca nur als Hautfalte vorhanden. – Überall vorkommend, eigentlich ohne Rücksicht auf horizontale und vertikale Verbreitung, aber trotzdem Typ der Bewohner tieferer Bodenschichten (Euedaphon). Kosmopolit.

Tetrodontophora bielanensis Waga, Blindspringer (Abb. 113); 5–10 mm; taubenblau. Blind; Furca ausgebildet. – Gebirgstier, im Flachlande (auch im N und W Deutschlands) fehlend.

Tetracanthella wahlgreni Axelson, Gleichringler (Abb. 114); etwa 2 mm; dunkelblau. Furca schwach entwickelt. – Boreal-arktische Art, auch in Nordamerika auf-

---

* Andernorts wird neuerdings diese biozön. Alternanz bezweifelt, obwohl unter den terricolen Acarina (etwa die Gamasina in den obersten Bodenhorizonten) auch ausgesprochene Räuber vorkommen.

tretend. Typische Form in Nadelstreu, mithin Bewohnerin der oberen Bodenschichten (mesophiles Hemiedaphon).

Orchesella bifasciata NICOLET, Laufspringer (Abb. 116); etwa 2 mm; hellgelb, Körper aber mit Querbinden auf den Abdominalsegmenten, ohne Schuppen. – Typischer Vertreter der Kraut- und Strauchschicht (Atmobios), zwar gelegentlich auch unter Rinde und Steinen; insgesamt aber selten.

Tomocerus flavescens TULLBG. (Abb. 115); bis 6 mm; bleigrau, dicht beschuppt. Ommen vorhanden. – Unter Fallaub (Abb. 119) und Nadelstreu, in der Moosdecke der Bestände; feuchte Wohnplätze bevorzugend. Erwachsene Individuen überwintern. In ganz Europa und Nordamerika verbreitet.

Deuterosminthurus bicinctus KOCH, Kugelspringschwanz (Abb. 117); bis 1 mm; variable Färbung: einfarbig orangegelb, gelb mit schwarzer bzw. schwarzvioletter Zeichnung oder schwarzviolett (Körperanhänge z. T. gelb.). Ommenfleck schwarz. – Vorwiegend auf krautigen Pflanzen in Blüten und an Gräsern; benagt auch die Blattoberflächen (Schaden vor allem an landwirtschaftlichen Kulturpflanzen). Verbreitet in Nord- und Mitteleuropa bis nach NW-Sibirien, im Gebirge weit über Wald- und Schneegrenze vorkommend.

PROTURA, BEINTASTLER

Kennzeichen: winzig, $^{1}/_{2}$ bis etwa 2 mm; zarthäutig, glashell oder bräunlich. Fühler vorhanden oder Vorderbeine ersetzen fehlende Antennen (Vulgärname). Augenlos, mit 12gliedrigem Abdomen (letzte Segmente teleskopartig ineinandergeschoben). Stechend-saugende Mundwerkzeuge.

Ökologie: offenbar an Waldböden gebunden, vor allem in tiefschwarzen Humuslagen; meiden trockene, aber auch übernasse Bodenschichten. Oberflächenformen verhältnismäßig langbeinig (etwa *Eosentomon ribagai* BERL. [Abb. 120/121]: in Fichtenstreu); Lebensformtyp der tieferen Bodenschichten (meist nicht tiefer als 10 cm) kurzbeiniger (Abb. 122/123). Proturen aber auch gern in modernden Kiefernstöcken. Selten zahlreich. Überwintern in erstarrtem Zustand, dabei sehr niedrige Temperaturen ohne weiteres ertragend. Entwicklung unabhängig von der Jahreszeit, also Jugendstadien auch im Winter. Jahreszeitliche Schwankungskurve der Proturen keine ausgesprochenen Maxima zeigend [STRENZKE, 1942]. – Während man bisher vermutete, daß die Beintastler sich räuberisch von Collembolen und anderen kleinen subterranen Organismen ernährten oder wenigstens zeitweise Laubstreu in einem bestimmten Zersetzungsstadium verwerteten [EWING, 1940], wurden neuerdings Proturen als Sauger an Baum-Mykorrhiza beobachtet [STURM, 1959]. Diese spezialisierte Art der Ernährung wurde entdeckt bei 2 in den oberen Bodenschichten eines Eichen-Hainbuchen-Bestandes vorkommenden Arten: bei *Acerentomon doderoi* SILV. und *Eosentomon transitorium* BERL. (syn. *E. armatum* STACH).

Wirtschaftl. Bedeutung: Proturen als «Mykorrhiza-Zehrer … u. U. als Frühindikatoren von Mykorrhiza- und Baumschäden von Bedeutung» (FUNKE et al., 1986 u. 1987; vgl. Seite 46).

Kennzeichen: unbeschuppte Urinsekten in 2 verschiedenen Formen. Gemeinsame Merkmale: zerbrechlicher Habitus; weiß bis weißgelblich; perlschnurartige Fühler; Augen und Ocellen fehlen; Beine mit nur einem Tarsenglied, aber stets mit 2 Klauen; unterseits mit griffelartigen Anhängen (= Styli, Reste ehemaliger Beinanlagen), zwischen ihnen auf fast allen Bauchplatten oder nur auf einem Segment paarige, durch Blutdruck ausstülpbare Bläschen (Coxalsäcke). – Unterschiedliche Merkmale: fadenförmige, gegliederte Abdominalanhänge (Cerci) bei den mitteleuropäischen **Campodeidae** (5–10 mm [Abb. 124]); ohrwurmartige, zangenförmige Cerci bei den mediterranen und subtropischen Formen (um 10 mm und größer) der **Japygidae** (in Österreich und im Rheinland vorkommend; an drei Fundorten [Weinberg, Zuckerrübenfeld] u.a. *Metajapyx leruthi* SILV. aufgefunden [SIMON, 1963] – Abb. 125).

Ökologie: in feuchtem Milieu; *Campodea*-Arten häufig in Formicidenkolonien, unter Fallaub, unter Rinde von Stöcken, zum Vertilgerkreis der Lycoriid.-larven gehörig, aber auch zoosaprophag oder von Regenwürmern (Lumbricidae) lebend. – *Japyx*-Arten ebenfalls gleichmäßige Feuchtigkeit verlangend, unter Steinen und in tiefen Humusschichten vorkommend, raptorisch lebend von terricolen Organismen (vor allem Collembolen); die Cerci beim Fraß als Haltezangen für die Beute verwendet.

Wirtschaftl. Bedeutung: indifferent, da selten zahlreich.

THYSANURA, BORSTENSCHWÄNZE; ZOTTENSCHWÄNZE

Kennzeichen: flinke, etwa 5–10 mm große Urinsekten von spindelförmigem Habitus; dorsal gewölbt, ventral flach, charakterisiert durch vielgliedrige Fühler und durch 3, meist lange Schwanzfäden (paarige Cerci und «Filum terminale»). In 2 Formen auftretend: **Machilidae** (Felsenspringer) mit «Bauchstiften» (Styli) und Coxalsäckchen, mit großen Fazettenaugen und Ocellen (Abb. 126/127) und **Lepismatidae** (Silberfischchen), nur mit Rudimenten abdominaler Extremitäten (Styli), ohne ausstülpbare Bläschen, mit kleinen Komplexaugen, ohne Punktaugen (Abb. 128/129). – Körper der Thysanura mit Schuppen bedeckt und daher seidenglänzendes Aussehen und Färbung.

Ökologie: Felsenspringer vornehmlich an steinigen Plätzen in gebirgigen Gegenden (bis über 3000 m) oder an Strandklippen, aber auch in trockenen Beständen zwischen Fallaublagen; Ernährungsweise: von organischem Detritus lebend bzw. licheno- und algophag. Machilidae aber auch trockenes Fallaub der Buche skelettierend. Springen mit Hilfe des caudalen Mediananhanges. – Parthenogenese ist bei einzelnen Arten sehr wahrscheinlich. – Von den Silberfischchen nur 1 Art terricol, myrmecophil; andere Arten synanthrop. *Lepisma saccharina* L. (Zuckergast) auch in Jagdhäusern auftretend, gelblichweiß mit hellgrauen bis schwarzbraunen Schuppen (Silberglanz!), kosmopolitisch; tagsüber u.a. in Fußbodenspalten.

Wirtschaftl. Bedeutung: Machilidae als Erstzersetzer von Fallaub bodenbiologische Bedeutung durch Produktion koprogener Humuselemente. – *Lepisma* = Vorratsschädling (auch an Wollstoffen und Lederwaren).

Ephemerida, Eintagsfliegen – Plecoptera, Stein- oder Uferfliegen – Odonata, Libellen
Gemeinsames Merkmal: aquatische Larven mit geschlossenem Tracheensystem (früher «Amphibiotica»); unter den Plecopteren ist bisher nur aus Südamerika eine auch im Larvenstadium terrestrische Art beschrieben worden (ILLIES, 1960).

Odonata, Libellen

Libellula depressa L., Gemeiner Plattbauch

Kennzeichen (Abb. 130): zu den ungleichflügeligen Libellen gehörig (auch «Drachenfliegen» genannt; Anisoptera); dickleibiger Habitus; bis 47 mm. ♂ und ♀ mit braunen Flecken an den Flügelwurzeln; ♂ blau-bereiftes, ♀ bräunlich-gelbes, plattes Abdomen. An beiden Flügeln schwarzer Vorderfleck. Flügel in der Ruhe waagerecht ausgespannt. – Larve mit großen Augen und vorschnellbarer Fangmaske am Kopf; mit Enddarmkiemen.
Ökologie: Kleine, stehende, eutrophe Gewässer; ♀♀ und subadulte ♂♂ jagen auf Blößen, Schneisen und in der Kronenregion der Laubhölzer; gewandter Flugjäger. Mai/August. – Larven räuberisch von aquatischen Insekten und deren Larven, von Krebschen, Würmern usw. lebend.
Wirtschaftl. Bedeutung: sehr nützlich; bei Kalamitäten (z. B. Nonne) beträchtliche Beteiligung an der Dezimierung.

Calopteryx (= Agrion) splendens Harr.

Kennzeichen (Abb. 131): zu den gleichflügeligen Libellen gehörig (auch «Wasserjungfern» genannt; Zygoptera); schlanker Habitus; bis 47 mm. Körper stahlblau (♂) oder metallisch grün (♀). Flügel durchscheinend mit blauer Binde (♂), hyalin mit grünlichen Adern (♀), in der Ruhe über den Hinterleib zurückgelegt. – Larve ohne eigentliche Fangmaske; 3 blattartige Tracheen = Schwanzkiemen. (Nahe verwandt: *C. virgo* L.; Abb. 132 zeigt larvalen Habitus der Zygopt.).
Ökologie: Fließende Gewässer; ♀♀ und subadulte ♂♂ jagen auf Lichtungen in schwerfälligem Fluge auf sitzende Beutetiere – eifrige Blattlausvertilger. Mai/August, z. T. bis Oktober. – Larven gleichfalls Räuber wie Anisopterenlarven.
Wirtschaftl. Bedeutung: sehr nützlich.

Weitere Waldformen: *Aeschna mixta, juncea, viridis, cyanea; Sympetrum striolatum* und *vulgatum* (Anisopt.) – *Sympecma fusca* (Zygopt.).

Saltatoria, Schrecken; Springschrecken
Tettigoniidae (Locustidae), Laubheuschrecken

Tettigonia viridissima L.; Grünes Heupferd, Grüne Laubheuschrecke

Kennzeichen (Abb. 133): ♂ 27–34; ♀ 30–36, Ovipositor («Legesäbel») bis 30 mm. Einfarbig laubgrün. Lange borstenförmige Fühler (daher auch als *Ensifera*, Langfühlerschrecken bezeichnet). Kauende Mundwerkzeuge. Stimmorgan (♂) asymmetrisch: Schrillader am lk., Schrillkante am r. (beim Stridulieren darunter liegenden) Vorderflügel. Dahinter auf beiden Elytren Membran (= Resonanzboden), r. als aderlose «Spiegelzelle». Gehör-(Tympanal-)organ seitlich an der Vorderschiene (Abb. 134). – Larven ähneln Imagines, Flügel werden im Laufe mehrerer Häutungen vergrößert. Kein Puppenzustand.

Ökologie: als geschickter Kletterer auf Buschwerk, sogar in den Laubkronen hoher Bäume. Vorwiegend Nachttier (♂♂ zirpen an lauen Sommerabenden), aber auch bei Tage munter. Imagines mit ausgebildeten Flügeln erst vom Juli ab; jedoch nicht auf Laubholzbestände beschränkt, auch in Kiefernschonungen in den Triebspitzen (etwa auf einem Südhang im Sept.) aufzufinden. – Bevölkerungsdichte in manchen Jahren in bestimmten Gegenden groß; es können Jahre folgen, in denen sie in den gleichen Biotopen selten sind. Vornehmlich carnivore Ernährungsweise; mit Fangsprung werden andere Insekten erbeutet; bisweilen phytophag. – Eiablage an weichen Bodenlokalitäten. Eier überwintern. Eihüllen werden erst im nächsten Frühjahr verlassen.

Wirtschaftl. Bedeutung: gelegentl. schädigend an jungen Pflanzen.

Barbitistes constrictus B.v.W.; Waldheuschrecke, Nadelholz-Säbelschrecke

Kennzeichen (Abb. 135): 15–16, Legeröhre 11 mm. – Bräunlich gefleckt. – Flugunfähig (andernorts den *Phaneropteridae* zugerechnet).

Ökologie: vereinzelt in Fichten- und Kiefernbeständen.

Wirtschaftl. Bedeutung: Fraß von Knospen, Nadeln und an Trieben von Kiefern-Junghölzern. In Nonnen-Schadgebieten vielfach auch zur carnivoren Ernährung übergehend.

Meconematidae, Eichenschrecken

Meconema thalassinum Deg. (= varium Fabr.), Eichenschrecke; «Lindenhähnchen»; «Eichenhähnchen»

Kennzeichen (Abb. 136/137): ♂ 12–13, ♀ 13–15 mm; hellgrün, Fühler, Beine und Längslinie auf dem Halsschild gelb. Flügel geringfügig länger als Abdomen. Cerci beim ♂ stumpf, lang; Legeröhre fast so lang wie der Körper. – Zirpapparat verkümmert; ♂♂ trommeln mit einem Hinterbein.

Ökologie: häufig in Laubholzbeständen, auch regelmäßig in städtischen Anlagen und Parks (wenn nur ältere Stämme, Eichen oder Linden, vorhanden sind). Ich fand die Art übrigens auch zahlreich in Buchenaltholz und sogar auf Kiefern (September). Infolge versteckter Lebensweise in den Baumkronen oftmals unbekannt. Schüttelt ein Sturm aber die Kroneninsekten herab, dann findet man sie anderentags am Stamm beim Aufbaumen; trotz gut entwickelter Flügel macht die Schrecke keinen Gebrauch von ihnen. Im Herbst dagegen (kurz vor dem Laubfall, etwa Ende Oktober) fällt *Meconema* jedem Wanderer auf. Das ♀ legt jetzt an den Stämmen seine Eier ab und zwängt die säbelförmige Legescheide tief in die rissige Rinde. Dabei brechen am zarten Tier nicht selten Fühler oder Extremitäten ab; andererseits sind die Eichenhähnchen auch zur Autotomie befähigt. – Die Eier überwintern in den Rindenrissen, im Frühjahr schlüpfen erst die Larven; im Hochsommer ist dann die Entwicklung abgeschlossen.

Wirtschaftl. Bedeutung: lebt räuberisch.

Einige aptere Formen, etwa die mitteleurop. Gattung *Troglophilus* (Raphidophoridae), kommen auch in der Bodenstreu vor, fressen kleine Insekten und deren Leichen.

Gryllidae, Grillen; «Grabheuschrecken» (einschl. Gryllotalpidae)

Gryllus campestris L., Feldgrille

Kennzeichen (Abb. 139): 19–27, Ovipositor bis 14 mm. – Schwarz mit bräunlichen Flügeln, die in Ruhestellung flach übereinanderliegen.

Ökologie: Mai/Juli. An grasigen Wegrändern in zumeist selbstgegrabener Röhre lebend. Vornehmlich phytophag, aber auch andere Insekten überwältigend. – Larven überwintern, letzte Häutung im Frühjahr.

Wirtschaftl. Bedeutung: gelegentlich schädlich an jungem Laubholz.

Weitere **terricole Gryllidae-Arten** erlangen dadurch bodenbiologische Bedeutung, daß sie frische Pflanzenteile in ihre Röhren einziehen und nach dem Welkwerden verzehren. Bei Absetzung der Losung Zufuhr von organischer Substanz in die Bodenschichten. Außer fallaubbewohnenden auch myrmecophile Arten; erwähnenswert: *Nemobius sylvestris* Bosc., Waldgrille, 1 cm, auf Laubstreu herumhuschend.

Gryllotalpidae, Maulwurfsgrillen

Gryllotalpa gryllotalpa L., Maulwurfsgrille; Werre; Erdkrebs; Erdwolf; Rentwurm; Reitkröte

Kennzeichen (Abb. 138): 33–48 mm; Halsschild 24 mm lang. Schmutzig dunkelbraun, ventral und Flügel gelblich, Flügelgeäder fast schwarz. Kurze Vorder-, mehrfach zusammengefaltete Hinterflügel, die das Abdomen wie 2 Schwänzchen überragen. Schaufelartige Vorderextremitäten. ♂ mit Schrillorgan an der Flügeldeckenbasis. Hinterschienen auf oberem Innenrande mit 4 Dornen und 3 Enddornen, innen mit 4 kurzen Enddornen. ♂ und ♀: 2 lange abdominale Cerci. ♀ ohne Legeröhre.

Ökologie: in 15–20 cm Tiefe in selbstgegrabenen Erdgängen. Nahrung: größtenteils Regenwürmer, Engerlinge, Drahtwürmer, Schnakenlarven usw., aber auch Wurzeln und andere Pflanzenteile. – 200–300 hanfkorngroße Eier im Juni/Juli in meist 10 cm tiefer, hühnereigroßer Erdhöhle. Larven nach 1–3 Wochen, ernähren sich wahrscheinlich anfangs von Humus und feinen Wurzeln, erst im 2. oder 3. Sommer erwachsen. Larven und adulte Tiere überwintern; Wiederaufnahme der Tätigkeit im März des folgenden Jahres.

Wirtschaftl. Bedeutung: in Saatkämpen und Pflanzgärten [SCHIMITSCHEK, 1949] durch Grabtätigkeit und Wurzelabbiß schädlich. Verlauf der Gänge oberflächlich an leichten Aufwürfen erkennbar; junge Pflanzen über den «Nestern» welken und lassen sich leicht herausziehen. – Andererseits aber außerhalb der Saatkämpe bodenbiologisch nicht indifferent infolge der Durchmischung und Durchlüftung der Bodenschichten.

Acridiidae, Feldheuschrecken

Miramella (Podisma) alpina Koll., Buchenwaldschrecke

Kennzeichen (Abb. 140): 20–30 mm; grün mit schwarzgelben Zeichnungen. Fühler kurz.

Ökologie: vorwiegend auf landwirtschaftlichen Nutzungsflächen. (Feldheuschrecken d. *Chorthippus albomarginatus*-Gruppe auf hochrasigen, wenig beweideten Wiesen; V. HELVERSEN, 1986.)

Wirtschaftl. Bedeutung: gelegentlich forstlich schädigend durch Entlauben von Buchen-Keimlingen; in SO-Europa aber sogar in Altbeständen Kahlfraß hervorrufend («Alpine Gebirgschrecke»).

Parasitierung der Acridiidae: zu den interessantesten Schmarotzern der Feldheuschrecken – auch merkwürdigerweise bei anderen Landinsekten (Lauf- und Aaskäfern) vorkommend – gehören die aquatischen **Saitenwürmer (Gordioidea)**; systematisch werden sie mit im Meer vorkommenden Formen zu den Nematomorpha zusammengefaßt und in die Nähe der Nematodes (Fadenwürmer) gestellt. Diese einer Violinsaite gleichenden, keine Ringelung zeigenden und zur Fortpflanzungszeit zu einem «gordischen Knoten» ineinander verwickelten und in einem Knäuel um Pflanzenstengel im

Wohngewässer sich umschlingenden Würmer schieben sich aus der Gelenkhaut zwischen 2 Körperringen ihres Wirtstieres hinaus; entgegen ihren sonstigen Lebensgewohnheiten suchen infizierte Insekten etwa Wasserpfützen eines austrocknenden Bachbettes auf und im gleichen Augenblick bohren sich die 15 cm bis zu 1,60 m langen, drehrunden ($1^1/_2$ mm bis höchstens 3 mm im Querschnitt messenden) Würmer aus. Trotz Aufzehrung des Fettkörpers im Wirtstier ist oft die Lebensdauer des Insekts durch die erfolgte Parasitierung nicht herabgesetzt [BRAUNS, 1954].

Dermaptera, Ohrwürmer

Kennzeichen: terrestrische Insekten von schlankem, leicht depressem Habitus. Der Typ dieser Ordnung, der gemeine Ohrwurm, *Forficula auricularia* LIN. (**Forficulidae**), in der Länge variierend von 11–15 mm. Neben 2 dünnen Fühlern und einem fast viereckigen Prothorakalabschnitt vor allem auffällig die zu Zangen umgebildeten Cerci. Zangenform ein differentialdiagnostisches Merkmal der Geschlechter und Arten. Vorderflügel glatt, ohne Adern und Deckflügel für die mehrfach gefalteten, zarthäutigen Hinterflügel, bei deren Entfaltung die Afterzangen benutzt werden. Im allgemeinen aber selten fluglustig.

Ökologie: unter Steinen, Rinden, auch in Ritzen in Jagdhäusern oder Unterkunftshütten; in derartigen Verstecken meistens in größeren Ansammlungen. Häufig in den Büschelbildungen jg. Kiefern nach Wickler-Befall [S. 321 u. 323] (Tortr., Lepidopt.), etwa im September. – Vorwiegend von zarten Pflanzenteilen oder tierischen Abfällen sich ernährend, aber auch carnivor (Insekteneier, -larven, Blattläuse usw.). – Eiablage im Habitat oder in kleinen Erdkammern, wo das Muttertier die Eier und später die Larven bewacht (Brutpflege). Larven ähneln weitgehend den Vollinsekten; lediglich die Flügel fehlen und werden erst im Laufe der Häutungen ausgebildet.

Wirtschaftl. Bedeutung: in Feld und Garten an zahlreichen Kulturpflanzen oftmals beträchtlich schädigend, während Ohrwürmer im Bestande bei Schädlingsvermehrungen sehr nützlich werden können. Forstlich gelegentlich schädigend an Sämlingen. – Bodenbiologische Bedeutung erlangt in Mitteleuropa der etwa 6–13 mm große **Waldohrwurm (Chelidurella acanthopygia** Géné), der regelmäßig in Fallaublagen anzutreffen ist (Abb. 141). Er ernährt sich u. a. auch von Pilzhyphen. Hinterflügel fehlen bei ihm.

BLATTOIDEA (BLATTAEFORMIA)

Hierher gehörig: **Mantodea (Gottesanbeterinnen, Fangschrecken;** nur 1 Art bis nach SW-Deutschland vordringend; forstlich unbedeutend) – **Blattaria** – Isoptera (**Termiten;** fälschlich «weiße Ameisen» genannt). Übermannshohe Bauten der staatenbildenden Termiten gehören in den Tropen zu den charakteristischen Erscheinungen des Landschaftsbildes. Wirtschaftliche Bedeutung sehr erheblich, vor allem als technische Schädlinge in verbautem Holz. In Mitteleuropa kann eine eingeschleppte Art schädlich werden [WEIDNER, 1971]).

Blattaria, Schaben; Kakerlaken

Kennzeichen und Ökologie: flache, hurtig laufende Insekten, unter denen es auch freilebende Formen gibt.

Ectobius lapponicus L., Lappländische Schabe

Kennzeichen (Abb. 142): 8–10 mm. Abgeplattet; ovaler Körperumriß. Fadenförmige, vielgliedrige Fühler am stark geneigten Kopf. Halsschild schwarz mit gelbem Rand. Lederartige Vorderflügel braungelb. Hinterleib schwarz. Imagines variieren in Größe und Farbe. Larven nach der 1. Häutung mit lappenförmigen Gebilden als erste Flügelansätze, sonst den Imagines ähnlich. ♂♂-Larven und ♀♀ (Larve und Imagines) mit griffelartigen Abdominalanhängen (Unterscheidungsmerkmal gegenüber Coleopteren).

Ökologie: in Kiefern- und Eichen-Birken-Wäldern allgemein verbreitet [RABELER, 1951]. Die geflügelten Individuen auf Gebüsch und niederen Pflanzen, hier auch häufig fliegend; als Angehörige einer thermophilen Ordnung gern an Waldrändern. Nahrung: allerlei vermodernde Pflanzenstoffe. Fortpflanzung: Eiablage in einer Kapsel; diese rotbraunen Eikokons mit deutlichen Skulpturen häufiger unter Laubstreu und Rinde (Stöcke). Larven im Juni/Juli unter Fallaub, überwintern; letzte Häutung im nächsten Frühjahr.

Wirtschaftl. Bedeutung: indifferent; Art aber in der Waldlebensgemeinschaft auffallend. Gewisse bodenbiologische Bedeutung.

Weitere **terricole Blattiden-Arten** von ähnlichem Habitus, mit bodenbiologischer Bedeutung; gern an Waldrändern:
Ectobius sylvestris PODA: besonders im Mittelgebirge, aber auch in der Lüneburger Heide.
Phyllodromica (Hololampra) spec.: u.a. im Nadelholzbestande.

PSOCOIDEA
(Psocoptera – Phthiraptera)

Psocoptera (Copeognatha, Corrodentia), Bücher-, Staub-, Rinden- oder Holzläuse; Flechtlinge

Kennzeichen (Abb. 145 ff.): nur wenige mm lang, von mehr oder weniger gedrungener Gestalt, Abdomen tonnenförmig; charakteristische borstenartige Fühler (bis zu 26 Gliedern). ♂♂ zumeist kleiner als ♀♀. Außerdem ♀♀ häufig micro- oder apter, aber Rudimentation der Flügel auch bei beiden Geschlechtern vorkommend. Färbung: bräunlich, grünlich grau, aber auch gelblich weiß, vielfach mit besonderen Zeichnungen. Manche Arten verfertigen Gespinste über den Gelegen oder den Wohnplätzen. Larven den Vollinsekten ähnlich, Flügel entwickeln sich allmählich; 5–6 Larvenstadien, die auch zu spinnen vermögen.

Ökologie: viele synanthrope Arten in Häusern (in Büchern; in Kellern oder Gewächshäusern). Freilebende Arten im Bestande an Baumstämmen, an Zweigen, in Flechtenkrusten, unter Rinde und Steinen, in trockener Bodenstreu, auf Scheitholz usf. Nahrung: Flechten, Algen, Pilzsporen. – Bei günstiger Witterung im Spätsommer und Frühherbst gelegentlich 4 Generationen. «Überliegen» bei Eiern beobachtet [JENTSCH, 1939]. Als längste Lebenszeit einer Art wurde für die Imago ermittelt: 74 Tage; im Lebensablauf wurden 85 Eier abgelegt; kürzeste Entwicklungszeit der Larven vom Auskriechen aus dem Ei bis zum Schlüpfen der Vollkerfe: 16 Tage.

Wirtschaftl. Bedeutung: wahrscheinlich auch von Abfall pflanzlicher und tierischer Herkunft sich ernährend.

Wohnplätze charakt. Arten [JENTSCH, 1938; DAHL/GÜNTHER, 1974]:

Mesopsocus immunis STEPH. (Abb. 145/147): Grundfarbe = grünlich-grau, hervortretende kugelige Augen; 13 Fühlerglieder. Sehr häufig an allen Laubholzstämmen (Ahorn, Buche, Ulme; Holunder; Mai/September), vor allem ♀♀. Eigespinste kreisrund, silbrig, im Durchmesser: 3–4 mm, auf begrünter Rinde auffallend.

Reuterella helvimacula ENDERL. (Abb. 148): Abdomen in der Farbe variierend, meist rotbraun, Kopf schwarzbraun, Thorax mit hellgelbem Fleck; 13 Fühlerglieder. ♀♀ unter Gespinsten; ♂♂: Abdomen normal gestaltet. An Hainbuchenstämmen, unter Ahornrinde usw. (Juli/September).

Cerobasis (= *Hyperetes*) *guestfalicus* KOLBE (Abb. 149): typische Zeichnung; 23 Fühlerglieder. Flügel nur winzige Knöpfchen. Mai/November in mehreren Generationen an Laubholzstämmen (Hainbuche, Ahorn usw.), aber auch an Nadelhölzern (u. a. Kiefer), in Vogelnestern [JENTSCH, 1939]. Ovoviviparie nachgewiesen (Abb. 150).

Periscopus parvulus KOLBE: ♀♀ kurzflügelig, ♂♂ normalflügelig. Juni/September auftretend. U. a. an Ahornstämmen, aber auch an frischem Buchenlaub; oft in Massen (Abb. 151).

Pseudopsocus rostocki KOLBE (Abb. 152): Grundfarbe des Abdomens oberseits reinweiß mit 2 dunkelbraunen Längsstreifen; Hinterleibsspitze, Kopf und Thorax dunkelbraun. 13 Fühlerglieder. Etwa im August unter Rinde von Ahorn, Hainbuche usw. Bis jetzt nur parthenogenetische ♀♀, die von schwarzer Kittsubstanz umhüllte Eier unter einem losen Fadenwerk ablegen.

Psyllipsocus ramburi SEL. – LONGSCH.: kurzflügelige (Abb. 153) neben langflügeligen Formen. 26 Fühlerglieder. Von Juni/Nov. Massenauftreten beobachtet. Typische synanthrope Art (in Neubauten überall, wo Staub liegt; auch in Jagdhäusern). Nahrung: vor allem Schimmelpilze.

Phthiraptera (Tierläuse)

(Mallophaga und Anoplura)

Mallophaga, Haarlinge und Federlinge; Pelzfresser, Kiefer- oder Beißläuse

Kennzeichen und Ökologie: flache, flügellose Insekten, auf Wild, auch auf anderen Säugetieren und Vögeln lebend. Sie ernähren sich von Federn, Haaren, Hautschuppen, Hautresten, Hautkrusten und eingetrocknetem Blut. Arten mit spitzen Mandibeln können auch die Haut verletzen und sich somit zusätzliche Blutnahrung verschaffen [BOUVIER, 1956]. Bei toten erkaltenden Wirtstieren bald auf dem Federkleid oder außen an der Decke (an den Haarspitzen) erscheinend (manchmal dann zahlreich etwa um Lauscher, Lichter und um das Geäse). Entweder ist eine Mallophagenart auf eine Wirbeltierart beschränkt, oder aber es kommen Angehörige verschiedener Gattungen auf der gleichen Wirtsart vor. Vorübergehend auf Tiere übergehend, die eigentlich nicht ihre Wirte sind; Überwandern von Beutetiermallophagen auf entsprechende Raubvögel (beispielsweise sind Taubenfederlinge mit gewisser Regelmäßigkeit auf dem Wanderfalken auffindbar). Andererseits auch Verschleppung durch andere Insekten, an denen sie sich anklammern, beobachtet; besonders oft Anheften von Mallophagen an Lausfliegen (Pupipara). Aber auch Stechmücken *(Aëdes)* oder Stechfliegen *(Haematobia)* als Transportwirte für den Rehhaarling bekannt geworden (Abb. 834 [EICHLER, 1944]).

Wirtschaftl. Bedeutung: eine starke Vermehrung der Mallophagen kann vielfach bei alters- oder krankheitsschwachen Wirtstieren beobachtet werden. Die Besatzdichte kann beträchtlich sein; so sind nicht weniger als 2500 Haarlinge auf einem Dachs aufgefunden, die immerhin dem befallenen Tier nicht ganz ohne Schaden zusetzen können [BOUVIER, 1956]. Andererseits ist die Bedeutung auch auf veterinärmedizinischem Gebiet gelegen; Finne eines Hundebandwurmes lebt beispielsweise in einer Haarlingsart [MARTINI, 1946].

Charakterarten: da am ehesten noch zur Strecke gebrachtes Schalen- oder Raubwild einem Beobachter in die Hände fallen, seien vornehmlich einige Mallophagenarten aus dieser Wirtsgruppe genannt:

Cervicola meyeri Taschenberg (syn. *Trichodectes [= Bovicola] tibialis* auct.; **Rehhaarling** [Abb. 143]); Wirtstiere: Reh, Rothirsch, Sikahirsch. – Sogar in dieser Insektengruppe konnten vor einiger Zeit noch bisher unbekannte Arten beobachtet werden, etwa **Bovicola alpinus S. Kéler** (1942 beschrieben; syn. *Bovicola rupicaprae* WERN., 1944; **Gemsenhaarling**) oder **Bovicola ibicis Gaschen** (1951 beschrieben; **Steinbockhaarling**). – **Eichlerella vulpis Denny** (**Fuchshaarling;** zumeist in geringer Besatzdichte auf dem Wirtstier); **Trichodectes melis Fabr.** (syn. *Tr. crassus* NITZSCH; **Dachshaarling**).

Anoplura (Siphunculata), Läuse; Stechläuse

Einige mm lange, flache, stets flügellose Schmarotzer bei Säugern (blut-saugend). Extremitäten = Klammerorgane. – Eier («Nissen») werden an die Haare geklebt. – Von erlegtem Wirtstier wandern die Läuse kaum ab (im Ge-gensatz zu den Flöhen [Aphaniptera]).

Charakterarten: einige artspezifische Formen bei Waldsäugern seien ange-führt; u. a. *Polyplax reclinata* NITZSCH (Wirt: Waldspitzmaus); *Polyplax ser-rata* BURM. (Waldmaus); *Schizophthirus pleurophaeus* BURM. (Gartenschläfer; Haselmaus); *Enderleinellus nitzschi* FAHR. (Eichhörnchen). – *Haemodipsus ventricosus* DENNY (Kaninchen); **Haemodipsus lyriocephalus Burm.** (Feld-hase; selten; Übervermehrung auf geschwächten Tieren beobachtet); **Haema-topinus aperis Ferris** (Abb. 144) und **Haematopinus suis L.** (Schwarzwild); *Linognathus rupicaprae* RUDOW (Gamswild); gelegentlich *L. stenopsis* BURM.; *Linognathus forficulus* RUDOW (Steinwild); **Solenoptes burmeisteri Fahr.** (Rot-wild; in der Schweiz wurde ein beträchtlicher Befall bei Rot- und Sikahirsch von **Cervophthirius crassicornis Nitzsch** festgestellt [BOUVIER, 1956]); **Sole-noptes capreoli Frd.** (Rehwild; ♂♂ bisher nicht aufgefunden). – Auch medizi-nische Bedeutung erheblich (u. a. Kleider-, Kopf-, Filzlaus).

«Pflanzenläuse» nicht hierher gehörig (vgl. Homoptera, Seite 113).

Thysanoptera (Physopoda), Blasenfüß(l)er; Fransenflügler; Thripse

Kennzeichen und Ökologie: 0,5 bis etwa 5 mm; depresse Insekten mit ziem-lich festem Chitinpanzer. Mehrgliedrige Fühler; stechend-saugende Mund-werkzeuge. Außer den meist großen Fazettenaugen 3 Scheitelozellen (bei den geflügelten Formen). Flügel stets schmal, Flügelränder mit langen Haarborsten oder «Fransen». Flügel in der Ruhe flach auf dem Abdomen. Füße 2gliedrig; letztes Glied mit 2 rudimentären Klauen, zwischen denen charakteristische Fußblase, die als Haftscheibe funktioniert. ♀♀ teils mit Legebohrer. Partheno-genese allgemein verbreitet; bei manchen Arten ♂♂ selten oder bisher unbe-kannt. Larven den Vollkerfen ähnlich, jedoch flügellos. Vorpuppe mit Flügel-anlagen («Pronymphe»). 1 oder 2 Puppenstadien («Nymphen») der Reife vor-ausgehend; diese beweglich, aber ohne Nahrungsaufnahme; meist mit rück-wärts geschlagenen Fühlern. Fransenflügler zahlreich in Blüten und an Blättern verschiedener Pflanzen, unter Rinde von Laub- und Nadelhölzern, zwischen Moos und Flechten der Stämme, in Baumschwämmen (besonders Jungtiere). Manche Arten nur zur Überwinterung in der Laubstreu, andere terricol und regelmäßig in den Streuschichten. – Massenauftreten in warmen, nicht zu feuchten Sommern (dann Eindringen in Mund und Nase: mancherorts «Ge-witterfliegen» genannt; s. Seite 407 u. 417).

Wirtschaftl. Bedeutung: durch Saftentzug gegeben (Folgen: Wachstumsstörungen, auch der Blütenanlagen). Merkmale des Befalls: silbrige Stellen (= luftgefüllte Zellen als Folge des Einstichs) in der Epidermis von Blättern und Stengel bzw. dunkelglänzende Kottröpfchen der Tiere, später Bräunung und Verschorfung der befallenen Pflanzenteile. – Blasenfüße auch Überträger von Viruskrankheiten. In Treibhäusern Schäden der «schwarzen Fliegen» (Gewächshausthripse) allgemein bekannt. Auf dem landwirtschaftlichen Sektor Thripsschaden als «Weißährigkeit» oder «Flissigkeit» bekannt (Verkümmerung der Samenanlagen). Beim Getreide diese Erscheinungen aber neuerdings als Folge von Störungen im Wasserhaushalt betrachtet, Blasenfüßler teilweise jedoch mitbeteiligt [BRANDT, 1950]. – Andererseits auch manche Arten raptorisch lebend: von Artgenossen, Blattläusen, Schmetterlingseiern; terricole Formen den Milben u. a. zarten Insekten nachstellend; dadurch im Bestande bodenbiologische Bedeutung.

Taeniothrips (= Thaeniothrips) laricivorus Krat. et Farský, Lärchenblasenfuß*

Kennzeichen: ♀ (Abb. 155) grau- bis schwarzbraun, etwa 1,2 mm; ♂ (Abb. 156) orangegelb, fast 1 mm, auffallend: größere Beweglichkeit.

Ökologie: [u. a. VITÉ, 1952, 1953]: im **Jahresablauf** folgende Entwicklung: überwinterte ♀♀ (bis Mitte Juli lebend) bilden Grundlage einer neuen Generation, die etwa von Mitte Juni (erste Eier) bis zum Herbst lebt. Zumeist im Mai erscheinen die überwinterten ♀♀ auf den Lärchen, besaugen Trieb und Langtriebnadeln. Weiße, bohnenförmige Eier werden in die jüngsten Nadeln der Langtriebe, aber auch in junge Nadeln der Kurztriebe versenkt. Jeweils 1 Ei wird abgelegt, insgesamt eta 5 bis 6. – Zwei Wochen nach der Eiablage schlüpfen 0,5 mm große, weißgelbe Eilarven, die sich nach 8–14 Tagen zum 2., jetzt orangegelben Larvenstadium (= 1 mm) häuten (Abb. 154). Larven besaugen gleichfalls junge Langtriebe und Langtriebnadeln. Abwanderung der reifen Larven zur Verpuppung unter Rindenschuppen des Wirtsstammes oder in den Boden nahe dem Stammfuß. Larvenähnliche Vorpuppe und imagoähnliche Puppe; beide bewegungsfähig. Die geschlüpften Vollkerfe suchen wiederum den Stamm auf; die ♀♀ führen in den obersten Trieben einen Reifungsfraß durch. ♂♂ entwickeln sich schneller und schlüpfen zumeist einige Tage vor den ♀♀. – Unter günstigen Witterungsverhältnissen 2 Generationen: erste im Mai beginnend, im Juli Eltern der 2. Generation, die bis Mitte Sept. abgeschlossen ist. – Nur junge, nicht legereife ♀♀ überwintern; ♂♂ dieser Generation sterben vorher ab. Zur Überwinterung werden Terminaltriebe der Fichten aufgesucht, wenn sie in den Kronenraum der Wirtspflanze (Lärche) hinein-

---

* Bis heute ist m. W. noch nicht endgültig geklärt, ob diese Art Existenzberechtigung hat. Bis zu dieser Feststellung folge ich den Angaben einschlägiger Lehrbücher (vgl. auch SCHWERDTFEGER, 1981).

ragen. ♀♀ sitzen an den Fichten in Rindenrissen junger Höhentriebe, in den Nadelachseln, an der Triebbasis und in den Terminalknospen. Juli/August: Beginn der Wanderung auf die Fichten. Spätsommerliche Wanderung zu den Überwinterungsorten (etwa Mitte September abgeschlossen) erfolgt sicherlich in Form eines Schwärmfluges. Vorwüchsige und Altfichten werden dabei unterdrückten (und dadurch nicht in den Kronenraum der Lärchen ragenden) Fichten vorgezogen. Gelegentlich wurde *laricivorus* sogar im Sommer an Jungfichte als Wirtspflanze beobachtet. Damit kann der Lärchenblasenfuß nicht mehr als monophag gelten. – Außer *laricivorus* kommen an Fichten übrigens noch andere Arten vor: im Herbst etwa an den Terminaltrieben 12jähriger Fichten *Taeniothrips pini* Uzel feststellbar oder in den Wipfeln von Altfichten eine ubiquistische Art: *Haplothrips aculeatus* F. – Rückkehr der überwinterten ♀♀ auf die Lärchen im Mai (wahrscheinlich durch Überflug an warmen Frühjahrstagen) und bevorzugte Besiedlung vorwüchsiger Lärchen. Besiedlung der Wirtspflanzen offenbar in starker Abhängigkeit von der vorgeschrittenen Begrünung der Lärchenkrone, weniger in Abhängigkeit von äußeren Temperatureinflüssen.

Taeniothrips laricivorus = anscheinend ausgesprochenes Primärinsekt, das infolge ständig hoher Populationsdichte chronische Schäden verursacht. – a) **Existenzgrundlagen:** außer der grundsätzlichen Bedeutung klimatischer Einflüsse spezialisierte Nahrungsansprüche [Vité, 1953]; Auftreten von Lärchenblasenfüßen vor allem an solchen Lärchen, «deren Triebe ein kräftiges, lang andauerndes Wachstum zeigen», mithin bei wüchsigen Lärchen auf besseren Standorten, besonders im Alter von 8–22 Jahren. Geringerer Befall an 2–3 Jahre alten und an älteren Lärchen. Vollkerfe und Larven sind überhaupt gegenüber Änderungen des Turgors sehr empfindlich [Kratochvíl und Farský, 1942]; daher die Bevorzugung der jüngsten Triebteile. Außerdem notwendig das Vorkommen eines geeigneten Winterwirtes (etwa der Fichte). Schließlich stellen die Tiere gewisse räumliche Ansprüche; im Sommer behauptet jedes Einzeltier einen bestimmten Platz, während im Herbst bei der Überwinterung gelegentlich geselliges Auftreten beobachtet werden kann. – b) **Umweltwiderstände:** ungünstigen Witterungseinflüssen entziehen sich Larven und Imagines dadurch, daß sie vornehmlich in Nadelachseln, Nadelbüscheln der Lärche oder unter Deckschuppen, in Triebrissen der Fichte sich aufhalten. – Windige Standorte werden im übrigen oft geringer besiedelt (wenn nicht die entwicklungshemmende Wirkung des Windes überdeckt wird durch das gradationsfördernde Vorkommen der Fichte!). – Stark befallene Triebe sind von Harztröpfchen über und über bedeckt; die Tiere meiden dann solche Bezirke oder können sich vielfach auch vom Harz befreien (Nolte, 1951]. – Anscheinend sind abiotische Faktoren als Sterblichkeitsfaktoren den biotischen Umweltwiderständen übergeordnet; als natürliche Feinde werden aufgeführt: schmarotzende Pilze; paraitäre Chalcididae; zahlreiche Raubinsekten: raptorische Blasenfußarten *(Aeolothrips fasciatus* L., *Aeolothrips vittatus* Hal.; beide Formen im larvalen und imaginalen Stadium etwas größer als

laricivorus); *Tetraphleps bicuspis* H. S. (Heteroptera); Coccinellidae-Larven
und -Imagines-(Col.); *Raphidia*-Larven, Chrysopidae- (Neuroptera-) und
Syrphidae- (Diptera-)Larven. Voraussetzung für eine gewisse Bedeutung der
Angehörigen des Vertilgerkreises ist vor allem aber die «Koinzidenz», d. h. das
Zusammentreffen der Schadinsektenart mit ihren Gegenspielern in Raum und
Zeit [THALENHORST, 1950]. In dieser Hinsicht läßt sich aber feststellen, daß
viele Feinde nur zufällig in den spezifischen Lebensraum des Lärchenblasenfußes geraten oder diesen gar nicht aufsuchen (etwa die Nadelbüschel), sondern sich nur in dessen Nähe aufhalten. Wirksame Lärchenblasenfußfeinde
sind offenbar im Sommer kleine Netzspinnen, im Herbst und Winter (an der
Fichte) Krabbenspinnen. – c) **Geogr. Verbreitung** und Bevölkerungsbewegung
(Populationsdynamik): bei der Verbreitung einer Tierart teils historische, teils
ökologische Faktoren maßgeblich. Unterscheidet das effektive Verbreitungsgebiet (Wohngebiet) von dem potentiellen Verbreitungsgebiet [EIDMANN,
1948], das besiedelt werden kann, wenn die verantwortlichen Faktoren dies
zulassen. Unter den ökologischen Bedingungsfaktoren sind u. a. Klima und
Nahrungsverhältnisse von besonderer Bedeutung. – Die Grenzen des Wohn-
gebietes von *Taeniothrips laricivorus* sind vermutlich heute noch unvollständig bekannt, mit der Möglichkeit des Auftretens (potentielles Verbreitungsgebiet) kann etwa von Norditalien über Frankreich, Großbritannien, Süd-
skandinavien bis nach Osteuropa gerechnet werden. – Schadgebiete des Lärchenblasenfußes in Westdeutschland vornehmlich in den Mittelgebirgen, jedoch auch in der Ebene; *laricivorus* fehlt offenbar nur an jenen Lärchen, die
reinen Laubholz- oder Kiefernbeständen beigemischt sind. «Gradationsför-
dernd wirken sich wüchsige Standorte in windgeschützten Lagen unter 500 m
ü. NN aus, ferner eine warme aber feuchte Witterung und das Vorhandensein
beigemischter oder benachbarter Fichten in genügender Anzahl und Nähe zu
den Lärchen» [VITÉ, 1953]. Massenvermehrungen nur in den beiden jüngsten
Altersklassen (6–40jährige Lärchen). – Parthenogenese vorkommend.

Wirtschaftl. Bedeutung: durch die Saugtätigkeit des Lärchenblasenfußes
entsteht deshalb beträchtlicher Schaden, weil gerade die Vegetationsteile der
Lärchenwipfel betroffen werden («Lärchenwipfelsterben» [PRELL, 1942]). Die
Beschädigungen sind folgender Art: an den Langtriebnadeln und an den
jüngsten Langtrieben treten Wachstumshemmungen und Formveränderungen
auf. Die Mißbildungen der Langtriebnadeln sind bekannt als «Feuerhaken-
nadeln»; dadurch Veränderung der Nadelstellung zur Triebachse («Nadel-
sträube» [gleichfalls PRELL, 1942]). Besaugte Triebspitzen werden über
Wachstumshemmungen hinaus zum Absterben gebracht; dieser Schaderschei-
nung geht eine «Querrißbildung der geschädigten Gewebe» voraus, d. h. die
grüne Rinde bräunt sich an der Saugstelle; es bildet sich dort Wundkork, der
bei weiterer Triebstreckung reißt. Die Querrisse später oftmals schwarz gefärbt durch sekundäre Rußpilze. Aus blasenfußbefallenen Lärchenwipfeln ist
überhaupt eine reichhaltige Pilzflora bekannt geworden, die fälschlich gelegentlich noch heute als Ursache für das Lärchenwipfelsterben verantwortlich ge-

macht wird; an Hyphomycetes-Arten u.a. *Cladosporium laricis* SACC., *Botrytis cinerea* PERS. (Grauschimmelfäule) und *Botrytis douglasii* TUB. (wahrscheinlich nur eine Form der vorigen Art) aufgefunden. – Durch die Beschädigungen im Lärchenwipfel wird das Höhenwachstum gehemmt, in stark befallenen Beständen bis zu 30% des jährlichen Höhenzuwachses. Abgestorbene Triebe werden regeneriert; Frühjahrsregeneration auf vorjährig erfolgte Schäden meist üppig, Sommerregeneration auf in der gleichen Vegetationsperiode erfolgte Schäden häufig nur im Aufrichten eines schon ausgebildeten Seitentriebes bestehend. Die Lärchenblasenfuß-Schäden und die Regenerationen führen über die Verbuschungserscheinungen des Wipfels zu atypischer Kronenbildung. Aus dem Quirl der Ersatztriebe übernimmt die weitere Führung der Stammachse zumeist der höchstgelegene Trieb (Bajonettbildung), selten ein Triebpaar (Zwieselbildung). Bei chronischen Blasenfußschäden wiederholte Bajonettbildung beobachtbar. – Verstärkter Schaden läßt sich an spätfrostgeschädigten Lärchen feststellen: die im Frühjahr austreibenden Langtriebe werden durch den Frost und die ausgebildeten Ersatztriebe dann durch den Blasenfuß geschädigt. – Während das Schadinsekt in Mitteleuropa alle einheimischen oder angebauten Lärchenarten und -rassen befällt, lassen sich weitgehende Unterschiede bezüglich Gefährdung, Schadfolgen und Regenerationserscheinungen zwischen europäischer und japanischer Lärche feststellen. Die höhere Resistenz der japanischen Lärche ist zurückzuführen auf größere physiologische Widerstandskraft (kräftigere Triebe gegenüber anderen Lärchen) und auf geringere Disposition, die der europäischen Lärche gegenüber im späteren Austreiben der Langtriebe im Frühjahr und im normalen Absträuben der Nadeln von den Langtrieben ohne Bildung von ausgesprochenen Nadelachsen zu suchen ist. – An den Terminaltrieben junger Fichten, die zur Überwinterung vom Lärchenblasenfuß aufgesucht werden, finden sich Schäden, die wahrscheinlich *Taeniothrips laricivorus* verursacht hat (andere Schadinsekten oder dgl. noch nicht aufgefunden): Querrißbildungen, Krümmungen und blattartige Verbreiterungen von Nadeln und Nadelkissen (November), schließlich sogar gallenartige Veränderungen der Terminalknospen (ähnlich den Chermesidengallen).

Erkennung des Schädlings: a) **Differentialdiagnose** gegenüber ähnlichen Schadwirkungen: Spinnmilben (Tetranychidae; «Red Spiders»): u.a. Nadelholzspinnmilbe: *Tetranychus (= Paratetranychus) ununguis* JAC. auf Lärchen vorkommend; Folgen: Bräunung der Triebrinde, aber zarteste, dünne Spinnfäden, unter deren Schutz die achtbeinigen Milben leben, stets vorhanden. – Baumläuse (Lachninae), Lärchenbaumlaus *(Lachnus [= Cinara] laricis* KOCH), sind Siebröhrenstecher, Stichfolgen aber keine Nadelverkrümmungen. Charakteristisch: Honigtauüberzug auf den Trieben. – Nadelläuse (Chermesidae): Auftreten von typischen Nadelmißbildungen. – Lärchenlängstriebe sterben gelegentlich ab nach dem Benagen der Rinde durch Tenthredinidenlarven: *Lygaeonematus wesmaeli* TISCHB.; Larven dieser Blattwespe führen sonst als Eilarven einen Rinnenfraß an Langtriebnadeln aus, ältere Larvenstadien einen mehrminder tiefen Schartenfraß. Fraßbeginn an der Langtriebspitze, zur Basis fortschreitend. Untrügliche Kennzeichen sind mithin die Fraßspuren. – b) **Kennzeichen des Lärchenblasenfußbefalles in den einzelnen Jahreszeiten** [nach VITÉ, 1952]: Mai: schwarzbraune, überwinterte ♀♀ in Nadelbüscheln und Nadelachseln der Langtriebnadeln (Lärche); gelbe Kotträubchen. – Juni: Larven und Imagines an den Spitzen der Langtriebe (Lärche); Harztröpfchen, Nadelverkrümmungen (Abb. 158). – Juli: hohe Populationsdichte saugender Larven und Imagines; Verfärbung geschädigter Nadeln; Absterben der Triebspitzen (Lärche [Abb. 159]). – August: saugende Tiere; Regenerationserscheinungen an beschädigten Trieben; Verfärbung der Wipfel befallener Lärchen; Entnadelung der Langtriebe, Querrißbildung an Langtrieben. – September/Oktober: vornehmlich ♀♀, die Terminaltriebe benachbarter Fichten besiedelnd (Abb. 157). Lärche: fortschreitende Entnadelung und Querrißbildung an befallenen Trieben; Absterben weiterer Triebspitzen und Bildung von Nadelbüscheln an Triebspitzen als Regenerationserscheinung. Fichte: Querrißbildung an Terminaltrieben junger Fichten. – Winter: an der Lärche abgestorbene Triebspitzen mit schraubig angeordneten Nadeln oder Nadelresten; Querrißbildung an jungen Lärchen und Fichten; überwinternde ♀♀ in Rindenrissen und Knospen der Höhentriebe und Wipfelzweige beigemischter oder benachbarter Fichten.

RHYNCHOTA (HEMIPTERA; HEMIPTEROIDEA), SCHNABELKERFE

Kennzeichen, Systematik und Ökologie: Überordnung der Schnabelkerfe vielgestaltig, durch den Kopfbau aber charakterisiert: schnabelförmige Mundwerkzeuge zum Stechen und Saugen eingerichtet. 2 Ordnungen unterscheidbar:

a) innerer Teil der Vorderflügel deckflügelartig verdickt (den Elytren der Käfer vergleichbar), an der Spitze jedoch meist häutig (Hemielytren): **Heteroptera**

b) Vorder- und Hinterflügel nicht unterschiedlich in der Struktur; Hinterflügel stets kleiner als Vorderflügel, bisweilen sogar rudimentär: **Homoptera**

In der Lebensweise sind die Rhynchota recht verschiedenartig, ernähren sich aber alle von tierischen oder pflanzlichen Säften.

Heteroptera, Wanzen; Ungleichflügler

Kennzeichen, Systematik und Ökologie (Abb. 160/171): vorwiegend abgeflachte Tiere. Neben gelegentlich bizarren Körperformen die verschiedenartigsten Färbungen; gelbe, grüne, braune und schwarze Farbtöne vorherrschend, aber helles Rot gleichfalls auftretend (etwa bei der am Stammfuß von

Linden häufig zu beobachtenden Feuerwanze [*Pyrrhocoris apterus* L.]). Mit mäßigem oder geringem Flugvermögen; Flügel bedecken meist gänzlich das flache Abdomen, liegen also in der Ruhe waagerecht auf dem Körper, können zuweilen verkürzt sein oder sogar fehlen (Bettwanzen). Dann ist der «Schnabel» kennzeichnend, der vorn am Kopf, von den Coxen des 1. Beinpaares entfernt, ansetzt. – Unterscheidet 2 große Gruppen: **Wasserwanzen (Cryptocerata)** mit den Schwimm- oder Ruderwanzen (Naucoridae), Wasserskorpionen (Nepidae), Rückenschwimmern (Notonectidae) und Ruderwanzen oder Wasserzikaden (Corixidae). **Landwanzen (Gymnocerata)** mit vornehmlich terrestrischen Arten (nur die Wasserläufer [u.a. Gerridae] leben auf der Oberfläche des Wassers). Struktur der Wanzengemeinschaften in der Krautschicht der Laubholzbestände zeigt je nach Waldtyp einen anderen Charakter. Außer den nachfolgend aufgeführten Familientypen sind auch die Blumenwanzen (Anthocoridae), die Weich- oder Blindwanzen (Miridae = Capsidae), die Raub- oder Schreitwanzen (Reduviidae) und die Nabidae (Sichelwanzen) in Laub- und Nadelholzbeständen nicht selten; von diesen sind die Anthocoridae regelmäßig in der Laubstreu vertreten. – Von den eben genannten Familien sind als charakteristische Formen abgebildet: *Stenodema virescens* L. (Abb. 160), eine Miride, die an Gräsern und Coniferen (besonders Kiefer) vorkommt, als Imago überwintert und überall häufig ist; *Nabis ferus* L. (Nabidae), die an folgenden kennzeichnenden Merkmalen angesprochen werden kann: Flügel sind länger als der Hinterleib, Vorderschenkel aufgetrieben, Mittelbrustmitte erscheint niedergedrückt (Abb. 161/162).

In der Waldlebensgemeinschaft haben folgende Arten besonderes Interesse:

Aradidae, Rindenwanzen

Durchweg flache, mehrminder breite, meist düster gefärbte Tiere mit starker Skulptur des Integuments. – Größtenteils phytophag unter Rinde oder in Holzschwämmen, einige Arten aber auch raptorisch lebend.

Aradus cinnamomeus Panz., Kiefernrindenwanze

Kennzeichen (Abb. 163/164); ♂ 3–4, ♀ 5 mm. Rostrot bis zimtbraun. Hemielytren von unterschiedlicher Länge, seitlich nicht die Hinterleibsränder erreichend. In der Ruhe innerhalb des Kopfes gerollt getragene Stechborsten.

Ökologie und wirtschaftl. Bedeutung: kolonieweise auf Kiefern, gelegentlich auf Fichten; Larven und Vollkerfe saugen unter Rindenschuppen. Erkennung: Aufspringen der Rinde unter Harzaustritt; bevorzugte Altersklassen: 10–20jährige Kiefern geringer Bonitäten.

Charakterarten in Laubholzbeständen: *Aradus crenatus* SAY. (Rotbuche); *A. corticalis* L. (Eiche). Aradidae auch regelmäßig unter der Rinde von Stöcken, hier Pilzmycelien besaugend oder vom Saft des faulen Holzes sich ernährend [KÜHNELT, 1961].

Lygaeidae (Myodochidae), Erdwanzen; Langwanzen

Kleine bis mittelgroße, dunkle oder bunte Tiere, bei denen der Kopf fast bis zu den Augen im Thorax «steckt». – Meist phytophag, doch einige auch räuberisch lebend.

Gastrodes abietum Bergr., «Tannenwanze» und Gastrodes grossipes De Geer

Gemeinsame Gattungsmerkmale erwachsener Tiere [NÄGELI, 1933]: Habitus (Abb. 170/171): länglich eiförmig, depress. Wie alle Langwanzen mit Ocellen auf dem Scheitel, dem Pronotum-Rand genähert. Schnabel bis zur Mitte der Hinterbrust. Trapezförmiges Pronotum. Scutellum (Schildchen) gleichseitig-dreieckig. Femur 1 breit, zusammengedrückt, beim ♂ bewehrt, zumeist mit 2 voneinander entfernten, größeren Zähnen, beim ♀ Vorderschenkel nicht so breit mit nur 1 Zahn. Kopf und Scutellum schwarz.

Differentialdiagnose:

abietum: Fühler schwarz; 1. Fühlerglied die Kopfspitze kaum oder nur gering überragend (Abb. 170). Kopf zwischen den Komplexaugen stark vorspringend. Pronotum schwarz mit zimtbraunem Hinterrand, auch sämtliche Beine, Abdomen, Corium usw. zimtbraun. Clavus bräunlich-grau mit dunklerem Querfleck; Membran rauchbraun. – Größe: etwa 6–7,5 mm.

grossipes: Fühler rötlichbraun; 1. Fühlerglied die Kopfspitze weit überragend (Abb. 171). Kopf nicht so weit vorspringend. Pronotum (vorn dichter punktiert als bei der vorigen Art) schwarz mit rostbraunem Hinterrand, auch Extremitäten, Hinterleib und Halbdecken rostbraun. Membran einfarbig gelblichbraun (beim ♂ mit einzelnen gelblichen Rippen). – Größe: etwa um 7 mm.

Ökologie und wirtschaftl. Bedeutung: beide *Gastrodes*-Arten über ganz Europa verbreitet, weit über die Grenzen der natürlichen Wuchsgebiete der Wirtspflanzen (Fichte, Kiefer) hinaus. – Eiablage etwa Ende März/Ende Juni: *abietum* ausschließlich unter Fichtenzapfen-Schuppen, *grossipes* unter Schuppen der Fichten- und Kiefernzapfen, daneben auch auf den Nadeln beider Holzarten. 5 Larvenstadien (Abb. 167/169); Ablauf der Entwicklung bis zum Imaginalstadium in den jeweiligen Zapfen. Larven und Vollkerfe beider Arten tagsüber in den Zapfen sich aufhaltend, bei Einbruch der Dämmerung auf Nahrungssuche, wandern auf die Zweige. Saugen hier mit tief eingebohrten Stechborsten den Zellsaft der Nadeln. Merkliche Schädigung dadurch aber nicht feststellbar (beide Arten ausgesprochene, aber wirtschaftlich indifferente Forstinsekten). – Überwinterung in hängenden, alten Fichtenzapfen oder (vor allem *grossipes*) unter Rindenschuppen (Fichte und Kiefer). – Zum Vertilgerkreis besonders die Larve der Kamelhalsfliege (*Raphidia ophiopsis* SCHUM.; Raphidides, Neuropt.) gehörig, die den Larvenstadien vornehmlich nachstellt. Eiparasit bei *grossipes* eine Schlupfwespe (*Telenomus gracilis* MAYR.; Scelioninae, Proctotrupidae; nahe Verwandte der Chalcididae).

Unter Laub oder Brennesseln: *Drymus* spec. und **Scolopostethus** spec.; beide kleiner als die Tannen- oder «Zapfenwanze».

Pentatomidae, Schildwanzen; Baumwanzen

Die formenreichste Familie unter den Heteropteren, die Tiere von sehr verschiedener Größe enthält. Der Kopf meist mit gut entwickeltem Seitenrand, der die Fühlerbasis verdeckt. – Weit verbreitet auf Sträuchern und Bäumen ist **Pentatoma rufipes L. (sogen. «Rotbeinige» Baumwanze)**; gelegentlich trifft man sie auch an toten Insekten saugend an (Eiablage: Abb. 958 ff.).

Zur polyphytophagen Gruppe gehört:

Palomena prasina L., Grasgrüne Stinkwanze

Kennzeichen (Abb. 165): charakteristischer Wanzenhabitus, mehr als 10 mm lang. Kopf dreieckig, mit bogigen Seiten; großes Scutellum. Grün gefärbt, mit bräunlichen Flügeln. Zum Herbst hin vielfach eine Umfärbung zu braunen Formen, aber einige wenige Tiere können auch den Winter über grün bleiben. Das Ende der Winterstarre (etwa im April) wird dann wieder durch die Umfärbung von Braun zu Grün angezeigt. – *Palomena* übrigens am abscheulichen Wanzengeruch auch zu erkennen; Stinkdrüsen münden bei adulten Tieren am Thorax nahe Coxa 2 und 3 aus, bei den Larven auf dem Rücken des Abdomens.

Ökologie und wirtschaftl. Bedeutung: *Palomena* gehört zu den am Getreide schädlichen Pentatomiden. Bevorzugter Ort der Eiablage (Feld oder Ödland) stets in der Nähe eines Bestandes [TISCHLER, 1938/39], Anflug etwa im Juni. Eigelege zumeist an den oberen jüngsten Roggenblättern oder an den Fruchtständen der Wildgräser. Am Ende der Fortpflanzungsperiode sterben die Altwanzen ab; gelegentlich findet man aber noch Altwanzen bis zur 1. August-dekade. Zur Erntezeit wandern Larven und Jungwanzen über andere Felder an den Waldrand. Hier an den verschiedensten Nährpflanzen: Adlerfarn (*Pteridium aquilinum* [L.] KUHN.), Himbeere (*Rubus idaeus* L., vor allem an den Früchten), Brennessel (*Urtica dioica* L.), Holunder (*Sambucus nigra* L.), Blaubeere (*Vaccinium myrtillus* L.) u. dgl.; in Heide-Grasgebieten sogar an Kiefernnadeln. – Ende August findet man sie schon tief im Bestande. – Übrigens auch auf Eichen-Birkenknicks (Querceto-Betuletum) anzutreffen [TISCHLER, 1948].

Polyphag, doch mit starker Bevorzugung animalischer Kost:

Picromerus bidens L.

Kennzeichen: 10–14 mm. Zimtbraun. Vorderschenkel mit 1 Dorn. Prothorax mit spitzem Seitendorn (Abb. 166).

Ökologie und wirtschaftl. Bedeutung: eine Generation in der 2. Jahreshälfte; Imagines überwintern. Sehr nützlich, da Larven und adulte Tiere fast ausschließlich carnivor (Blattläuse, Raupen und andere Insektenlarven). – Vorkommend in den verschiedensten Laubwaldbiotopen, auch in Eichen-Hainbuchenknicks (Querceto-Carpinetum) Schleswig-Holsteins anzutreffen (TISCHLER, 1948].

Troilus luridus F., (Raubwanze)

Kennzeichen (Farbtafel 1, Abb. 1): 10–13 mm. Graubräunlich; Kopf, Seiten des Vorderrückens und oft auch Basis des Scutellums bronzegrün. Hinterleibsrand abwechselnd gelb und bronzegrün gefärbt. Alle 5 Larvenstadien gelb und schwarz gezeichnet mit bronzegrünem Glanz (Farbtafel 1, Abb. 2).

Ökologie und wirtschaftl. Bedeutung [NOLTE, 1940; TISCHLER, 1938/39; 1948]: Charaktertier der verschiedensten Laubwaldbiotope, kommt aber auch in Nadelwäldern, in Alleen, an feuchte Sumpf- und Wiesenrändern oder in Hainen vor. Auf den Eichen-Hainbuchenknicks Schleswig-Holsteins in der Strauchschicht festgestellt. – Im April häufig noch im Winterlager, am Waldesrand, mit anderen (auch getreideschädlichen) Wanzenarten in Winterstarre aufzufinden. – Eiablage an Zweigen und Nadeln. Larven etwa von Juni bis September. – Larven und adulte Tiere vorwiegend raptorisch, gelegentlich nur Pflanzensäfte saugend. Beutetiere: Lepidopterenraupen, Hymenopteren- und Coleopterenlarven, selbst hart-chitinisierte, adulte Käfer. Zahlreiche forstliche Schadinsekten werden angenommen (etwa *Lygaeonematus*-Afterraupen, Forleulenraupen, Nonnenraupen und -puppen usw.), so daß diese Raubwanzenart schon als ein Regulator des biozönotischen Gleichgewichts anzusprechen ist. Beutetiere bald bewegungsunfähig, da der Wanzenspeichel stark lähmende Wirkung hat; einmal angestochene Insekten oder Larven sterben auch ohne ausgesaugt zu sein. Stechborsten mit Widerhaken, so daß Beutetiere frei in der Schwebe während des Aussaugens gehalten werden können.

HOMOPTERA, PFLANZENSAUGER; GLEICHFLÜGLER

Kennzeichen, Systematik und Ökologie (Abb. 172/220): sehr vielgestaltig; im Bau der Mundteile mit den Heteroptera übereinstimmend, doch sind die Tierchen stark hypognath, d. h. «Schnabel» entspringt so weit nach hinten, daß seine Basis an die Kehle bzw. an die Vorderbrust herabgedrückt ist (den Coxen der 1. Extremität genähert). – Flügel ganz oder nahezu gleichartig, häutig, in der Ruhe dachartig. – Homopteren-Körper meist runden, keinen flachgedrückten Querschnitt. – Den Cicadina stehen gegenüber die zarthäutigen, durchweg kleinen (bzw. winzigen) «**Pflanzenläuse**» (**Hymenelytra**), die außer den nachfolgend aufgeführten Psyllina, Aphidina und Coccina auch noch die Aleurodina (Aleyrodinea) umfassen – die bei uns vornehmlich in Gewächshäusern vorkommenden Schmetterlings- oder Mottenläuse, Mottenschildläuse oder weißen Fliegen (White Flies); an Heidelbeere ist *Aleurochiton vaccinii* KN. als freilebende Art bekannt geworden. – Bei den Psyllina, Aleurodina und Coccina weicht die Entwicklung beträchtlich vom typischen Verlauf einer unvollständigen Verwandlung ab.

Cicadina (Cicadaria), Zikaden; Zirpen

Oft bunt gefärbte Tiere von recht unterschiedlicher Körpergröße und mit großer Formen-Mannigfaltigkeit, mit Sprung- und meist mit Flugvermögen. Prothorax mit typischem halsschildartigen Scutum, das oft über den Mesothorax hinwegreicht. Ungleiche Flügel; Vorderflügel zarthäutig bis elytrenartig chitinisiert, Hinterflügel vielfach kürzer, in der Ruhe gefaltet.

Hierher gehörig auch die vorwiegend in wärmeren Erdstrichen beheimateten Singzikaden (Cicadidae) und die herrlichen, oft bizarren Buckelzirpen (Membracidae), die ihr Hauptverbreitungsgebiet im tropischen Amerika haben. Die bei uns vorkommenden Arten sind ausnahmslos Kleininsekten.

Cercopidae, Schaumzikaden; Schildzirpen; Stirnzirpen

Vulgärname nimmt Bezug auf die Lebensweise der Larven, die vielfach in einer schaumigen Masse oder in charakteristisch geformten, kalkigen Gehäusen eingeschlossen sind. Andererseits ist das Pronotum groß, gewölbt oder etwas abgeflacht.

Cercopis sanguinea Geoffr. (= vulnerata Germ.)

Kennzeichen: 10–11 mm; auffällige Art durch den farblichen Gesamteindruck (siehe Farbtafel 2, Abb. 4).

Ökologie: vorwiegend in Mittel- und Südeuropa verbreitet; häufig in den Alpen und in den deutschen Mittelgebirgen; Populationsdichte in der Norddeutschen Tiefebene aber nach Norden stark abnehmend, daher dort nur vereinzeltes Vorkommen. – Im Mai/August auf *Salix*-Arten und auf krautartigen Pflanzen, an Bachufern.

Wirtschaftl. Bedeutung: indifferent.

Aphrophora salicina Goeze (= salicis Fall.), Weidenschaumzikade

Kennzeichen (Abb. 172): 9–11 mm; gelblich- bis bräunlich-grau, oberseits mattglänzend, Körper und Oberflügel mit schwarzen Pünktchen übersät.

Typischer Zikadenhabitus: Kopf unbeweglich, mit Vorderbrust verwachsen. Saugrüssel in der Ruhe der Körperunterseite angeschmiegt. Sehr gutes Sprungvermögen. Larven den Vollkerfen ziemlich ähnlich; kein Ruhestadium. **Ökologie:** an jungen Trieben von Weide (u.a. *Salix caprea* L.) und Pappel, Juni bis September Eiablage in Rindenritzen, Eier überwintern. Larven in einer aus den flüssigen Exkrementen erzeugten, schaumigen Masse («Kuckuckspeichel», «Kuckucksspaut»; Abb. 173). Bei Massenvermehrungen treten Nematoden auf und bewirken «parasitäre Kastration». – Bei Zikaden stellen sich überhaupt eigenartige Verbildungen, auch an anderen Körperteilen, ein, sobald die Tiere von Parasiten befallen werden.

Wirtschaftl. Bedeutung: Einstiche gehen bis auf den Splint; Folge: um Einstiche bilden sich Wülste, Bräunungen, Rinde stirbt ab (Abb. 174). 2jährige Ruten werden brüchig.

Ähnliche Art: Aphrophora alni Fall., Erlenschaumzikade
8–10 mm; gelblich-grau, nur medianer Querfleck und dreieckiger Spitzenfleck der Oberflügel weiß; Oberflügel und Körper gleichfalls mit schwarzen Pünktchen übersät. – Juni bis Oktober auf Erlen und Weiden. Larven stets mit Kopf nach unten, da sonst das Einblasen von Tracheenluft in die flüssigen Exkremente nicht erfolgen kann.

Weitere Art: Haematoloma dorsata AHR.; erstmals auf Borkum in Kiefernanpflanzungen festgestellt (HAESELER/NIEDRINGHAUS, 1988). Schäden durch Saugen an jungen Nadeln (Wuchsstockung).

Jassidae; Kleinzirpen, (Zwergzikaden)

Zumeist kleinere Tiere; Pronotum nicht vergrößert.

Eurhadina pulchella Fall.

Kennzeichen: 4–4^1/$_2$ mm; auffällige Färbung (siehe Farbtafel 3, Abb. 6 u. 7). **Ökologie:** Juni/September auf Eiche. **Wirtschaftl. Bedeutung:** indifferent.

Typhlocybidae, Zwergzirpen

Gleichfalls kleine Tiere mit abgerundetem Kopf; Adern des Vorderflügels sind im Basalteil erloschen.

Fagocyba (Typhlocyba) cruenta H.S. (= T. douglasi Edw.), Buchenzirpe

Kennzeichen: 3,5–4 mm; in der Färbung sehr variabel; blaßgelb bis rotbraun. Punktaugen über den Fühlern sehr klein. Schienen der Hinterbeine mit 4 Dornenreihen. Sonst charakteristische Zikadengestalt, aber mehrminder schlank. Gutes Sprungvermögen; Tiere verlassen bei der geringsten Erschütterung die Blätter. Imagines zirpen, für den Menschen aber nicht hörbar.

Ökologie und wirtschaftl. Bedeutung: Juli/September; in großen Massen auf Buche, besonders dort, wo diese licht stehen. Durch die Saugtätigkeit an den Blättern dringt Luft in die Epidermiszellen ein; das besaugte Blatt sieht wie mit weißen Punkten übersät aus (Abb. 175). Von weitem macht das Laub einen grauen Eindruck. Die Form var. *douglasi* EDW., bei der die braune Färbung im vorderen Teile der Vorderflügel ganz verschwindet und nur die Membran mehrminder dunkel bleibt, wird außer auf Rotbuche auch auf Hainbuche und vereinzelt auf Bergahorn und Schwarzerle angetroffen. Schadbild nicht verwechseln mit jenem von *Phyllaphis fagi* L., der Buchenblattbaumlaus. – Vertilgerkreis: im September ist die Buchenzirpe vielfach Beutetier von Empididen (Dipt.).

Fagocyba quercus Fabr.

Kennzeichen: $3^1/_2$ bis fast 4 mm. Weißlich oder weißlichgelb mit orangerötlicher Zeichnung; die Spitzen der Coriumzellen und die Membran angeraucht, letztere mit weißlichen, braun gesäumten Nerven; Beine weiß, Klauen bräunlich (siehe Farbtafel 3, Abb. 5).

Ökologie: Juli/September, vorwiegend auf Eiche, aber auch auf Buche.

Wirtschaftl. Bedeutung: indifferent.

Psyllina, Blattflöhe; Springläuse

Kennzeichen: wenige mm lange Insekten; adulte Tiere = zikadenähnlich, aber lange Fühler. Springen mittels des letzten Beinpaares. Fliegen aktiv nur kurze Strecken, aber durch Verwehtwerden oft Verbreitung. Larven plattgedrückt, Flügelstummel anliegend, dadurch wanzenartigen Habitus. Körper der Larven zuweilen mit einem Strahlenkranz von seidenglänzenden Wachsausscheidungen. Larvale Exkremente, die in reichlicher Menge abgesetzt werden, sind flüssig («Honigtau»; im Bestande bei Vorkommen auf verschiedenen Holzarten = «Weeping trees» [LUTZ, 1935]), – Im Obst- und Gemüsebau durch Saugtätigkeit wirtschaftlich schädlich – nicht zu verwechseln mit den «Erdflöhen» = Chrysomelidae, die an verschiedenen Pflanzenteilen fressen.

Nur wenige Blattfloharten als Virusvektoren nachgewiesen (FRITZSCHE et al., 1972).

Psylla alni L., Erlenblattfloh

Als Larve in den Blattachseln der Triebspitzen von Erlen; Larven scheiden Wachs aus. Vollkerfe erzeugen an der Unterseite der Erlenblätter gerstenkorngroße «Gallen» = Blattgrübchen, das sind schwache Emporwölbungen der Blattspreite, in deren Vertiefungen die Tierchen (Abb. 176) sitzen.

Psyllopsis fraxini L., Eschenblattfloh (Abb. 998 bis 1000)

Erzeugen an den Blättern der Esche mehr oder weniger blasige lockere Randrollungen (Abb. 177) nach unten; auffallend dabei die rot und violett gefärbten Adernetze auf gelblichgrünem Untergrunde. Von der Einrollung kann der größte Teil der Spreitenhälfte betroffen werden. Reichliche Ausscheidung von Wachssekret bei der Larve. Galle entsteht frühzeitig; Höhepunkt der Entwicklung etwa Ende Juni und zu Beginn des Sommers sind die Randrollungen vertrocknet (wenn die Tiere die Galle verlassen haben).

Aphidina, Blattläuse (i. w. S.)

Kennzeichen (Abb. 178/215): zu den bekanntesten und häufigsten Pflanzenschädlingen gehörig; vorwiegend kleine, weichhäutige, grünliche (gelbliche oder schwärzliche), sich träge bewegende Sauginsekten, teils geflügelt, teils ungeflügelt. Vorderflügel größer als Hinterflügel, häutig, mit wenigen Adern. – Kopf dem Thorax breit ansitzend. Augen bei den geflügelten Formen gut entwickelt, wenn auch mit geringer Fazetten-Zahl, bei den ungeflügelten Formen oft stark reduziert. Beine verhältnismäßig lang, nur selten verkürzt. Die Hinterbeine nicht als Sprungbeine dienend. – Am Abdomen meist 2 wachsausscheidende Drüsenröhrchen (Siphunculi).

Ökologie: jeweils meist in großer Zahl beisammen und an den verschiedensten Pflanzenteilen saugend; manche Arten = Gallenerzeuger. Blattlaus-Exkremente = Honigtau, jener lackartige Überzug, der sich auf den verlausten Pflanzenteilen und in der näheren Umgebung vorfindet. Ameisen, Bienen (Tannenhonig!), Wespen tragen den Honigtau in ihre Nestbauten ein; manche Fliegen (u. a. adulte Syrphidae, Chamaemyiidae und Tachinidae) nehmen ihn als zusätzliche Nahrung auf. Auf dem Honigtau häufig Ansiedlung von «Rußtaupilzen» (**Apiosporium**-Arten u. a.), die freilich nicht in das Pflanzengewebe eindringen, aber die Assimilation behindern. Nur dort, wo Ameisen und Bienen den zeitweise im Übermaß auftretenden Honigtau eintragen, wird die Entwicklung des Rußtaupilzes wesentlich vermindert [KLOFT, 1953]. – Fortpflanzung: der Entwicklungszyklus ist in verschiedenem Grade durch das Abwechseln einer eingeschlechtlichen (parthenogenetischen) mit einer zweigeschlechtlichen (gamogenetischen) Generation kompliziert, wobei Fortpflanzung beider durch Eier erfolgt oder die parthenogenetischen Formen sind vivipar («lebendgebärend» [BRAUNS, 1959]). Die Generationen leben auf einer Pflanze (monözisch), oder aber es ist ein Wirtswechsel vorhanden (diözisch oder heterözisch). Lit.: LAMPEL, 1968.

Als Beispiele seien der Generationszyklus einer nicht wirtswechselnden Art, der Buchenblatt-Baumlaus (*Phyllaphis fagi* L.) ausführlich dargestellt [BURSCHEL und VITÉ, 1951] und als einer diözischen Art der Fortpflanzungszyklus einer Fichtenlaus (Chermesidae).

Monözie: Phyllaphis fagi L., Buchenblattbaumlaus

Wirtspflanze: Rotbuche (*Fagus silvatica* L.) oder deren Mutationsformen (u. a. Blutbuche, Krüppelbuche [«Süntelbuche»]; auch andere *Fagus*-Arten). Selten Vorkommen auf unterständigen Pflanzen (etwa auf Wald-Frauenfarn, *Athyrium Filix femina* ROTH.). In der **geogr. Verbreitung** ist die Buchenblatt-Baumlaus der Wirtspflanze auch in die europäischen und amerikanischen Anbaugebiete gefolgt.

Einjähriger Generationszyklus (Abb. 183): Beginn zu Anfang der Vegetationsperiode im Frühjahr (Entwicklung der Stammutter [= **Fundatrix**]). – Mit Laubausbruch (unterschiedlich in den einzelnen Gegenden, etwa Ende April/Anfang Mai) sind die agam aus Wintereiern entstandenen Larven auf austreibenden Knospen zu finden. Eilarven = 1 mm, sehr lebendig. Entwicklung zur Fundatrix (2–3 mm) in 2–3 Wochen bei 3 Häutungen, von der vorherrschenden Witterung sehr abhängig.

Fundatrix (Abb. 178): ungeflügelt; größer als alle anderen Generationen; bei reifen Tieren ein praller Hinterleib charakteristisch. Starke Produktion der bläulich-weißen Wachswolle und Honigtaubildung. Färbung: blaßgrün, gelegentlich mit abdominaler Dorsalbänderung. Diese Zeichnungselemente finden sich auch teilweise bei Tieren anderer Generationen. Den Fundatrices hohe Vermehrungspotenz eigen: 1 Stammutter gebärt wiederum agam etwa 50 Nachkommen, nach neueren Untersuchungen 80 Nachkommen in den ersten Wochen ihrer Fruchtbarkeit.

Auf die Fundatrix folgen somit (schon 1–2 Tage nach der letzten Häutung) parthenogenetisch mehrere, zumindest 3, Generationen **Virgines,** die in der ersten Frühjahrsgeneration beflügelt sein können (dann als **Nymphen** bezeichnet).

Erste («fundatrigene») Generation der Virgines in Mitteldeutschland etwa Ende Mai/Anfang Juni; innerhalb von 10 Tagen ungefähr Entwicklung zur ungeflügelten Virgo bei dreimaliger Häutung beendet. Die geflügelte Nymphe benötigt bei 4 Häutungen etwa 14 Tage; ihr Auftreten in Mitteldeutschland etwa Mitte Juni. Diese geflügelten Nymphen mancherorts in der Praxis auch als kleine, «weiße Fliegen» bekannt [KURIR, 1947]. Vermehrungspotenz und Lebensdauer der wiederum viviparen Nymphen gering: Imaginalleben dauert nur 1–2 Wochen und ist bald nach der parthenogenetischen Zeugung von wenigen Larven (bisher bis 17 Nachkommen beobachtet) beendet. Die Zahl der Nymphen unter den Virgines hängt ab von den herrschenden Licht- und Ernährungsverhältnissen; ungünstige Lichtverhältnisse, aber auch Nahrungsmangel, verursachen die Erzeugung vieler geflügelter Nachkommen [WEBER, 1930].

Vermehrungspotenz der flügellosen Fundatrigenien dagegen höher. Innerhalb von 3 Wochen werden parthenogenetisch etwa bis 60 Nachkommen hervorgebracht. Die Imagines dieser Fundatrigenien sind nur um ein weniges geringer an Körpergröße (1,5 bis 1,9 mm) als die Stammutter. Sonst gleichen alle ungeflügelten Virgines aller Generationen im larvalen und im imaginalen Stadium den Fundatrices.

Mit Beginn der Sommerwitterung Abnahme der Vermehrungsenergie und der Körpergröße bei den nachfolgenden virginogenen Generationen. «Bei *Phyllaphis fagi* prägt sich die Tatsache, daß die holzigen Gewächse im Sommer, wenn der Saftstrom, vor allem der Strom der in den Siebröhren geleiteten organischen Substanzen, nachzulassen beginnt, weniger günstige Ernährungsverhältnisse bieten als im Frühjahr, besonders deutlich aus». Im Sommer sind mithin nur wenige Virgines aufzufinden. Erst im Spätsommer (Zeit der Johannistriebe) wieder stärkere Vermehrungstätigkeit.

Die letzte Generation der Virgines bringt etwa im September (in Mitteldeutschland) die **Sexuparae** hervor, die die aus geflügelten Männchen und ungeflügelten Weibchen bestehende **Sexualis**-Generation erzeugen. Diese zweigeschlechtliche, amphigone Generation ist etwa Anfang Oktober aufzufinden. Die geflügelten ♂♂ sind den Nymphen gegenüber durch den schlankeren Habitus und durch das Vorhandensein besonderer Sinnesorgane ausgezeichnet. Die ungeflügelten ♀♀, im reifen Zustand etwa bis 1,8 mm groß, den Virgines wiederum ähnlich, aber folgende Differentialmerkmale ermöglichen eine Unterscheidung: ♀♀ mit gelbem Hinterleib und mit orangegelb gefärbten, rudimentären Siphunculi. Die Weibchen der Geschlechtsgeneration legen etwa 12−16 gelbe (später dunkle) Eier an die Knospenschuppen ab; diese Eier überwintern. Damit ist dann der Generationszyklus geschlossen.

Phyllaphis fagi gehört nicht zu den eigentlich migrierenden Pflanzenläusen, da ein Wechsel auf eine andere Wirtspflanzenart als Zwischenwirt nicht stattfindet; durch die geflügelten Nymphen erfolgt lediglich eine Ausbreitung auf der gleichen Holzart des Bestandes.

Diözie: gen. spec. der Adelgidae [Chermesidae]

Vorbemerkungen: die Fichtenläuse besitzen außerordentlich komplizierte Generationszyklen. Die dabei auftretende Erscheinung der Heterogonie, d. h. das alternierende Auftreten parthenogenesierender (agamer) und amphigoner (Geschlechts-) Generationen, die vielfach nicht allein im Habitus, sondern auch in der Lebensweise unterschiedlich sind, erreicht bei diesen Pflanzenläusen zweifellos ihren Höhepunkt, weil bei einer Art sich sogar Polyzyklie (ein Nebeneinanderhergehen verschiedener Parallelreihen) unter gleichzeitiger Migration beobachten läßt. Als Beispiel von den Nadelholzbewohnern seien hier die Fortpflanzungsverhältnisse einer wirtschaftlich weniger bedeutenden Art (*Pineus sibiricus* CHLDK.) aufgezeichnet, weil die Verhältnisse in diesem Falle noch einigermaßen zu übersehen sind.

Differentialdiagnostisch wichtig bei den Entwicklungszyklen der Aphididae gegenüber jenen der Chermesidae ist folgendes:

Aphididae: Parthenogenese und Viviparie treffen zusammen; amphigone ♀♀ = stets ovipar und flügellos, ♂♂ (mit seltenen Ausnahmen) geflügelt.

Adelgidae (auch Pemphigidae und Phylloxeridae [Zwergläuse, mit dem Weinbauschädling, der Reblaus, *Viteus vitifolii* FITCH] hierher gehörig): Viviparie kommt nicht vor (oder nur bei den Jungfern der Woll- oder Blasenläuse); amphigone Generation stets flügellos und zwerghaft. Amphigones ♀ legt nur ein Ei ab.

Entwicklungszyklus von Pineus sibiricus Cholodk.

a) ungeflügeltes ♀ = Stammutter (**Fundatrix**): 1. Generation. – Lebt auf der Fichte als Hauptwirt und erzeugt verschiedenartige Gallen. Die in den Gallen entstehende Generation bleibt monözisch auf der Fichte und bringt hier neue gallenbildende Fundatrixlarven hervor.

b) In den Fichtengallen entwickeln sich parthenogenetisch, aber auch durchweg geflügelte Weibchen, die als Generation der Gallicolae mit der Bezeichnung «Fundatrigenia» belegt wird; diese Generation auch **Cellares** genannt = 2. Generation.

c) Bei der in Frage stehenden Art sind die Gallicolae = Wandertiere, werden daher auch als «**Gallicolae migrantes**» bezeichnet; fliegen nach Verlassen der Galle nach einem Zwischenwirt, auf die Zirbelkiefer («Fundatrigenia dioeca»).

d) Auf den Kiefernnadeln findet eine Eiablage der Wandertiere statt; es schlüpfen ungeflügelte, eingeschlechtliche Tiere (Weibchen), **Virgogenien** (Exsulantes oder Colonici) genannt = 3. Generation.

e) Diese Exsulantes überwintern auf der Kiefer, werden daher auch als «Hiemales», «Sistentes» bezeichnet, reifen heran vor der Überwinterung, aber legen erst im darauffolgenden Frühjahr auf der Kiefer Eier ab.

Hier sei aufmerksam gemacht auf abgeänderte Verhältnisse bei einer anderen Chermeside, bei

Adelges laricis VALLOT, deren Ökologie bei der Artdiagnose noch aufgezeigt werden wird; bei ihr findet neben einer nicht migrierenden Entwicklungsreihe der Fundatrigenia monoeca auf dem Hauptwirt, der Fichte, ein weiterer Parallelzyklus statt auf dem artspezifischen Nebenwirt, der Lärche. Dort schlüpfen im Spätsommer aus den von den migrierenden Fundatrix-Töchtern abgelegten Eiern Larven, die vor der Überwinterung nicht heranreifen, sondern als stark chitinisierte **Latenzlarven** die schlechte Jahreszeit überdauern. Im darauffolgenden Frühjahr reifen diese Hiemalis-Larven und legen dann Eier, aus denen wiederum 2 Larvenformen schlüpfen. Die einen sind nochmals Latenzlarven, die sich verkriechen und ihre Weiterentwicklung erst im nächsten Frühjahr absolvieren. Die anderen sind Larven der 1. Aestivalis-Generation, die auf junge Nadeln des Nebenwirtes wandern und dort saugen. Nach einigen Wochen herangewachsen, können mehrere Aestivalis-Generationen aufeinanderfolgen (**Progredientes**). Zum Herbst hin sind unter den Eiern der Aestivales immer mehr Hiemalis-Eier, die letzte Aestivalis-Generation legt wohl nur Hiemalis-Eier. Eine Anzahl der Aestivales der 1. Generation entwickelt sich zu den **Sexuparae** und eröffnet damit den diözischen Fortpflanzungszyklus, der zur Fichte, dem Hauptwirt, zurückführt [NÜSSLIN-RHUMBLER, 1928; WEBER, 1930 und 1933].

f) Aus den Eiern der Exsulantes bzw. der Hiemales von *Pineus sibiricus* CHLDK. gehen hervor:

α) teils wiederum ungeflügelte ♀♀, die sich parthenogenetisch weiter vermehren;

β) teils geflügelte Tiere, die sog. **Sexuparae = 4. Generation.** Diese gleichen den Wanderläusen (ihren «Großmüttern», den Gallicolae migrantes), sind jedoch kleiner; fliegen auf den Hauptwirt, auf die Fichte, zurück («Remigrantes»). Eiablage auf den Fichtennadeln.

g) Diesen Eiern entkriechen kleine ungeflügelte, zweigeschlechtliche Tierchen, die **Sexuales = 5. Generation.**

h) Das Weibchen der Geschlechtsgeneration legt ein Ei ab. Es entschlüpft die Larve der Fundatrix, überwintert und erzeugt im nächsten Frühjahr wiederum Gallen auf der Fichte und damit die Angehörigen der 2. Generation. (Bei anderen Arten überdauert das Ei den Winter, wenn auch die Embryonalentwicklung im Herbst noch einsetzt).

Wirtschaftl. Bedeutung: ist vor allem bedingt durch die außerordentlich große Vermehrungspotenz der Blattläuse. Von besonderer Bedeutung für die Massenvermehrung ist die Parthenogenese, da

1. sämtliche Individuen Muttertiere sein können,

2. die Entwicklung bis zur Reife unter günstigen Umweltbedingungen innerhalb einer Woche erfolgen kann und

3. zahlreiche Generationen in einem Jahr aufeinanderfolgen können.

Man hat berechnet [ROSTRUP und THOMSEN, 1931]: bei geschlechtlicher Fortpflanzung beträgt die Nachkommenschaft eines Weibchens bei je 20 Jungen in der 5. Generation = 200000; bei parthenogenetischer = 3200000. Durch biotische und abiotische Faktoren wird freilich eine derart unermeßliche Vermehrung der Blattläuse verhindert. – Zum Vertilgerkreis der Aphidina gehören u. a.: Trombidiidae-Larven (rote Milben, oft zu mehreren an einer Laus, die aber vielfach den Befall übersteht); Coccinellidae (adulte Tiere und Larven), aphidophage Syrphidae-Larven [BRAUNS, 1953; DUŠEK und LÁSKA, 1959], Blattlauslöwen, das sind die Larven der Florfliegen (*Chrysopa* und *Hemerobius; Planipennia*) und Wanzen (Anthocoridae); von Parasiten mögen u. a. Schlupfwespen und pilzliche Schmarotzer genannt werden, die unter den Blattläusen aufräumen. – Felddiagnose der Parasitierung durch Schlupfwespen (sogen. Blattlauswespen [Aphidiidae]): Blattläuse zeigen glasig aufgetriebenen Körper, der außerdem farblich verändert ist.

Bekämpfung: sehr dringend; auf dem landwirtschaftlichen Sektor sind die Blattläuse in erster Linie als Überträger (Vektoren) von pflanzlichen Viruskrankheiten (Virosen) erkannt [FRITZSCHE et al., 1972]. Auf forstlichem Gebiet tritt der Schaden durch die Saugtätigkeit der Läuse besonders in den Vordergrund. Schweizer Wissenschaftler haben beobachtet, daß die Gehölze am Rande der Autobahnen neuerdings besonders häufig einen starken Blattlausbefall zeigen [«Phytomedizin», Mitt. Dt. Phytomedizin. Ges. 20 (2), pag. 2; 1990]. –

Behelfseinrichtung für Blattlaus-Untersuchungen, besonders Isolierkammern für Haltung von Einzeltieren: Abb. 215.

Aphididae, Röhrenläuse

Sexuales von normalem Habitus, oft geflügelt, immer mit Stechborsten. – Rückenröhren zur Wachsausscheidung fast immer vorhanden (bei nachfolgenden Arten zu «Rückenporen» zurückgebildet); Geschlechtstiere = ovipar, parthenogenetische Formen = vivipar.

Phyllaphis fagi L., Buchenblatt-Baumlaus, Buchenzierlaus

Kennzeichen und Ökologie: Angaben bei der Schilderung eines monözischen Generationszyklus der Aphidina gegeben (Seite 118/119). Schnellorientierung: etwa in der Zeit von Mai/September; Unterseite zarter Buchenblätter; bläulich-weiße «Wolle» (Abb. 184). – Als Vertilger sind die Larven der beiden Syrphidenarten *Syrphus nitens* ZETT. und *Epistrophe cincta* FALL. beobachtet worden [SCHMUTTERER, 1952].

Wirtschaftl. Bedeutung: die Beschädigungen des Blattgewebes und damit die Schwächung des Saftstromes durch die Läuse sind äußerlich nicht oder nur dann erkennbar, wenn bei starkem Befall schwache Braunfärbung oder teilweises Einrollen der Blätter auftreten; das Schadbild kann dann an Spätfrostschäden erinnern. In den Mittelgebirgen fand ich vielfach gehäuftes Auftreten in Stangenhölzern (im Bestandesinnern stärker als an den randständigen Buchen); andererseits kann die Buchenblatt-Baumlaus auch als typischer Pflanzgarten-, Saat- und Jungkulturenschädling angesehen werden [SCHIMITSCHEK, 1949]. So wurden letale Befallsfolgen eigentlich nur an Keimlingen oder an jenen mehrjährigen Pflanzen von der Praxis beobachtet, «die unter besonders schlechten Bedingungen, vor allem Lichtmangel … und Trockenheit existieren» [BURSCHEL und VITÉ, 1951], etwa beim kümmernden Buchenunterbau dichter Eichenbestände. Ein gewisser Zuwachsverlust als Befallsfolge tritt in jenen Jahren auf, in denen es infolge günstiger Umweltbedingungen zu einem Massenauftreten kommt.

Schizodryobius pallipes Hartig, Buchenkrebs-Baumlaus
(= Lachnus exsiccator Altum)

Kennzeichen: 4–5 mm; geflügelte Form schwarz mit schwarzbraun gefleckten Vorderflügeln, ungeflügelte Form fast schwarz.

Ökologie: in Kolonien am Stamm der Buchen-Stangenhölzer (seltener an Eichen und Lärchen); Rindensauger; Folge: 2–3 mm dicke Wucherungen des Kambiums, Rinde platzt in Längsrissen auf.

Wirtschaftl. Bedeutung: bei Massenauftreten Zweigdürre. – Ob der «Buchenkrebs» (Abb. 220) allein durch *Schizodryobius* verursacht wird oder inwieweit der Pilz *Nectria ditissima* TUL. wesentlich dabei beteiligt ist, darüber fehlen andererseits noch analytische Untersuchungen.

Mindarus abietinus Koch, Weißtannen-Trieblaus

Kennzeichen: schlanker Habitus, 2 mm; geflügelte Form grünlich, Abdomen schwarzbraun gebändert, weiße «Wolle»; ungeflügelte Form gelbgrün bis grau.

Ökologie: Läuse saugen von April bis Juni an Maitrieben der Weißtannen (*Abies pectinata, nordmanniana, balsamea, sibirica, concolor* [PAPE, 1964]); in Nordamerika auch an der Hemlockstanne *(Tsuga canadensis)*. Folge (Abb. 185): die Nadeln sind nach der Oberseite hin eingeknickt, ... «so daß die hellere, weißgestreifte Nadelunterseite spitzenwärts nach oben zu liegen kommt, wodurch das befallene Zweigende von oben gesehen statt dunkelgrün hellgrün und weißgestreift erscheint» [SCHNEIDER-ORELLI, 1945]. Differentialdiagnostisches Schadbild von *Dreyfusia nüsslini*: junge Nadeln krümmen sich gegen die Unterseite hin, dabei sich kräuselnd, nicht knickend, und gleichmäßig gelblich verfärbt. – Winterei der Weißtannen-Trieblaus mit feinen Wachsstiftchen beklebt, wird bereits im Juni abgelegt. Eine gamo- und 2 parthenogenetische Generationen folgen aufeinander.

Wirtschaftl. Bedeutung: im allgemeinen indifferent; bei starkem Befall Absterben der Triebe, die sich erst röten, dann vertrocknen (Ähnlichkeit mit Spätfrostschaden, jedenfalls von weitem gesehen).

Pemphigidae, Blasenläuse

Sexuales ungeflügelt, ohne Stechborsten. – Starke Wollausscheidungen; Forstpflanzungserscheinungen zeigen besondere Komplikationen (die Arten sind fast durchweg wirtswechselnd). Auf dem Primärwirt (auf verschiedenen Laubhölzern) werden oft auffallende Gallen erzeugt. – Mehrere Arten an Pappel als Hauptwirt vorkommend:

Pemphigus ovatooblongus Kessl., Mittelrippenblasengallen – Pappelblattlaus

Blasige Galle auf der Blatt-Mittelrippe (Abb. 187); Primärwirte sind Pyramiden-, Schwarz- und Kanadapappel.

Pemphigus spirothecae Pass., späte Blattstieldrehgallen – Pappelblattlaus, Spiralballenlaus

Spiralig gedrehte Galle dicht an der Blattbasis (Abb. 188); an Pyramiden- und Schwarzpappel vorkommend. Ähnlich pfropfenzieherförmig gewundene Gallen erzeugt die Art *Pemphigus protospirae* LICHTST.

Pemphigus bursarius L., Blattstielbirngallen – Pappelblattlaus, Salatwurzellaus

Unterhalb der Blattbasis findet sich eine bauchige, etwa herzförmige, gelegentlich gebogene Erweiterung des Blattstiels (Abb. 189); Zwischenwirte sind verschiedene krautige Pflanzen.

Unter den an Ulme als Hauptwirt auftretenden Arten:

Schizoneura lanuginosa Hartig, Birnenblutlaus, Birnenwurzellaus, Ulmenbeutelgallenblattlaus

Kennzeichen: $1^1/_2$ mm; schwarz mit weißlicher Wolle.

Ökologie: Juni/August; erzeugt «Mantelgallen» (Abb. 186) von Walnuß- bis Kartoffelgröße an Ulmenblättern (zumeist an *Ulmus campestris* L. [Feldulme], selten an *U. scabra* MILL. [Bergulme]). Diese Blattgallen sind unregelmäßig, höckerig, gefurcht, fein samthaarig, zumeist rötlich und anscheinend nur an unteren Ästen der Ulmen vorkommend. Nach Abwanderung der Läuse (oft erst Anfang August) vertrocknen die Gallen und bleiben über Winter hängen. Die Gallen enthalten außer der ungeflügelten Stammgeneration (Fundatrix) nur Geflügelte und deren Larven (gelegentlich auch eine andere Generation: ungeflügelte Fundatrigenien). Die langrüsseligen, bräunlichen Generationen, die einen anderen Wirt aufsuchen (Virgogenien), leben an Wurzeln von Obstbäumen (Birne), bis 1 m tief in den Boden eindringend. Im Herbst unter den Wurzelläusen zahlreiche geflügelte Sexuparae, die zur Ulme zurückfliegen (dort die Sexualis-Generation hervorbringend). Die übrigen Wurzelläuse überwintern an den Wurzeln.

Wirtschaftl. Bedeutung: in forstlicher Hinsicht indifferent. – Aus dieser Familie im Obstbau dagegen ein Großschädling bekannt: *Eriosoma* (= *Schizoneura*) *lanigera* HAUSM., die Blutlaus («the woolly apple aphis»).

An Esche als Hauptwirt, an Tanne als Zwischenwirt tritt auf:

Prociphilus fraxini Hartig, Eschenblattlaus, Eschenblattnestlaus
(syn. *Prociphilus nidificus* LÖW.)

Systematische Stellung, Ökologie und wirtschaftl. Bedeutung: durch Hemmung der Sproßachse bei einer Befallsbeschränkung auf die Blätter der Sproßspitze entstehen an *Fraxinus excelsior* L. Blätterschöpfe von vogelnestähnlicher Gestalt. – Die Exsulantes leben an den Wurzeln der Tanne (und Fichte) und sind beschrieben worden als:

Pemphigus poschingeri HOLZNER, Tannenwurzellaus

Auftreten der Tannenwurzellaus an dem Welken der befallenen Pflanzen, die sich leicht aus dem Boden ziehen lassen, zu erkennen. An den Wurzeln finden sich 2 mm große, zarte Läuse (mit Wachswollausscheidungen). Typischer primärer Pflanzgarten-Schädling; befallene Wurzelstellen abgeplattet, vielfach bläulich bereift oder schwärzlich [SCHWERDTFEGER, 1981].

Adelgidae [Chermesidae], Fichtengallenläuse

Sehr kleine Tiere mit kleinen Augen, reduziertem Flügelgeäder. Die Flügel werden in der Ruhe dachförmig getragen. – Aus der postembryonalen Entwicklung dieser Familie ist interessant, daß bei den geflügelten ♀♀ der Chermesidae Flügelanlagen erst beim letzten Jugendstadium auftreten, das mithin als «Nymphe» zu benennen ist. Diese Bezeichnung «Nymphe» ist nur den präimaginalen, mit Flügelanlagen versehenen, vielfach keine Nahrung aufnehmenden Ruhestadien der «Neometabola» vorbehalten (zu denen u.a. außer den Chermesidae noch gehören: die Thysanoptera und die ♂♂ der Coccidae). – Siphonen oder deren warzenförmige Rudimente sind nicht erhalten; dorsale Wachsdrüsengruppen sind zwar meist vorhanden. – Sexuales sind zwerghaft, mit Rüssel und Stechborsten. Sexuparae sind geflügelt. – Chermesidae nur auf Nadelhölzern vorkommend; stets mit Wirtswechsel. Auf dem Hauptwirt werden immer Gallen erzeugt.

Herstellung mikroskopischer Präparate: die wichtigsten Arten der Chermesidae-Gattungen können im Junglarvenstadium der Sistens-Generation beim Vergleich der chitinisierten Rückenplatten und der Wachsporen differentialdiagnostisch auseinandergehalten werden. An einer lebenden Fichtenlaus sind diese Merkmale aber nicht ohne weiteres erkennbar. Das Determinationsmaterial muß daher fixiert und aufgehellt werden, ehe es zu mikroskopischen Präparaten verwendet werden kann. SCHNEIDER-ORELLI [1945] gibt für die besonders stark sklerotisierten *Dreyfusia*-Junglarven folgende, in zahlreichen Untersuchungen bewährte Präparationsmethode an:
1. Sistens-Junglarven mit einer Präpariernadel von der Rinde, dem Zweig oder der Nadel abheben und in ein Porzellanschälchen mit 96%igem Alkohol übertragen;
2. Porzellanschälchen etwa $^3/_4$ Stunde auf kochendem Wasserbad belassen; bei vorzeitigem Verdampfen des 96%igen Alkohols diesen nachgießen, so daß erst nach dieser Zeit der Alkohol endgültig verdampft ist;
3. an Stelle des verdampften Alkohols wird nun 75%ige Milchsäure zugegossen und das Porzellanschälchen mit dem Bestimmungsmaterial weitere 45 Minuten auf dem kochenden Wasserbad erhitzt;
4. danach die Milchsäure mit den Tieren erkalten lassen, unter einer Lupe die Läuse herausheben und auf einen Objektträger in einen dünnen Ausstrich von FAURE'-schem Einschlußmittel übertragen; dabei wird die Dorsalseite nach oben gelegt;
5. die derart vorbereiteten Präparate mindestens 1 Tag antrocknen lassen; weiteres Einschlußmittel an das Deckgläschen bringen und vorsichtig auflegen.
Liegen schwächer sklerotisierte Tiere vor (etwa Sistens-Junglarven von *Pineus* oder *Chermes*), ist eine Vereinfachung des Aufhellungsverfahrens möglich; brauchbare mikroskopische Präparate dann schon erhältlich durch kurzes Erhitzen des Bestimmungsmateriales im Milchsäuretropfen auf dem Objektträger über der Flamme und nachheriges Zufügen eines Tropfens des FAURE'schen Einschlußmittels und Auflegen des Deckgläschens. – Vororientierung bei schwacher, Detailuntersuchung bei stärkerer Vergrößerung.

Aus der Familie der Adelgidae sind vielleicht folgende Arten anzuführen:

Eopineus (= Pineus) pineoides Cholodk., Weißwollige Fichtenstammlaus

Kennzeichen (Abb. 195): zum Unterschied von allen folgenden Gattungen hat *Eopin.* nur am Kopfrand und lateral an den thorakalen Segmenten (zuweilen auch an den vorderen abdominalen Körperabschnitten) stärker chitinisierte Porengruppen (Marginalporen). 2 Reihen schwacher Borsten zur Rückenmitte hin.

Ökologie und wirtschaftl. Bedeutung: nur spärlich auftretend an der Stammrinde von Fichte. Weißwollige Fichtenstammlaus repräsentiert einen «Chermes»-Typ mit weitestgehender Rückbildung des Generationswechsels: nur flügellose Weibchen bekannt, weder andere ungeflügelte, noch geflügelte Generationen aufgefunden. Reduzierter, parthenogenetischer Nebenzyklus, auf den Hauptwirt (Fichte) spezialisiert. Die langen Wachsfäden auf der Fichtenrinde ähnlich jenen von *Dreyfusi piceae* und führen vielfach zu der irrigen Annahme, *Dreyfusia* befalle auch Fichtenstämme; vgl. dazu aber die Differentialmerkmale der Junglarven beider Arten. – Wirtschaftlich indifferente Fichtenlaus.

Pineus cembrae Cholodk., Arvenlaus

Kennzeichen, Ökologie und wirtschaftl. Bedeutung: vgl. Angaben bei *Pineus pineoides.* – Gallenträger ist *Picea excelsa* Lk. (Fichte); die roten Exsulantes auf den Maitrieben der Arve oder Zirbelkiefer (*Pinus cembra* L.). – Wirtschaftlich nicht von großer Bedeutung; hier nur als Beispiel eines übersichtlichen Generationszyklus wegen (siehe Seite 120) aufgeführt.

Eopineus strobus Htg., Strobenlaus

Kennzeichen, Ökologie und wirtschaftl. Bedeutung: sehr klein: Virgines oftmals in Massen am Stamm (Farbt. 4, Abb. 12), an Zweigen und Maitrieben der Weymouths-Kiefer (*Pinus Strobus* L.), hier auch Nadelknickungen hervorrufend. Gallen treten nicht auf; aus den Eiern der Sexuparae entstehen Sexuales, die bald absterben. – Als Prädatoren der Stammläuse wurden Larven der Syrphide *Syrphus corollae* Fabr. (Dipt.) häufig beobachtet (Farbtafel 4, Abb. 13/14). – Gelegentlich kranken die befallenen Stämme und sterben ab.

Dreyfusia nordmannianae Eckst.
Gefährliche Weißtannenlaus, gefährliche Tannenrindenlaus, Tannentrieblaus, Nüsslinsche Tannenjungholzlaus
(syn. *Dreyfusia nüsslini* C. B.*)

Kennzeichen (Abb. 190/194): ungeflügelte wie geflügelte Läuse von schwärzlicher Färbung. Junglarven der Sistens-Generation (Neosistentes) dieser 2. Gattung (Abb. 196) unterscheidet sich durch kräftige Ausbildung der Rückenplatten deutlich von *Pineus*. Kopfoberseite zwischen den Punktaugen (in Dreizahl) durch 2 große Platten bedeckt; 1. Thorakalsegment beidseitig 2 getrennte, ungleiche Chitinplatten. Auf allen folgenden Körperabschnitten je 3 deutlich abgegrenzte Chitinplatten: mittlere (spinale), seitliche (pleurale) und randständige (marginale) Platten. Die Beschaffenheit der Poren auf den spinalen Rückenplatten zuverlässigstes Differentialmerkmal zwischen den beiden Arten: *Dreyfusia nüsslini* und *Dreyfusia piceae* (s. Seite 128). Bei der gefährlichen Weißtannenlaus: feinporige, einheitliche Porenbildung; bei der Weißtannen-Stammlaus: Porenöffnungen unregelmäßiger und teils viel größer. Diese mikroskopische Unterscheidung praktisch bedeutungsvoll, da Mischinfektionen mit beiden Arten am gleichen Stamm vorkommen [SCHNEIDER-ORELLI, 1945].

Ökologie und wirtschaftl. Bedeutung: *Dreyfusia nüsslini* = wirtswechselnde Pflanzenlaus mit orientalischer Fichte *(Picea orientalis)* als gallentragendem Hauptwirt und Weißtannenarten (vor allem *Abies nordmanniana* und *Abies pectinata*) als Zwischenwirten [SCHNEIDER-ORELLI, 1945; SCHAEFFER und WIESMANN, 1929]. In der 2. Hälfte des 19. Jahrhunderts in Mitteleuropa aus dem Kaukasusgebiet eingeschleppt [EIDMANN, 1949], wo orientalische Fichte und Nordmanntanne heimisch sind. Bei uns nur Wirtswechsel, wenn die zum Überfluge unentbehrliche *Picea orientalis* in Parken vorkommt. Trotzdem entstehen in unseren Weißtannen-Beständen (ohne daß die orientalische Fichte im allgemeinen in der Nähe ist) sexupare Geflügelte, die jedoch auf der einheimischen Fichte die ihnen zusagenden Existenzbedingungen nicht finden und daher absterben. Entwicklungsgang von *Dreyfusia nüsslini* bei uns auf parthenogenetische Nebenzyklen beschränkt: ausschließlich aus Generationen von Sistentes oder abwechselnd aus langrüsseligen Sistentes [an den Triebachsen] und kurzrüsseligen Progredientes (Aestivales [an jungen Nadeln]). An Weißtanne überwintern: Junglarven (Neosistentes, Latenzlarven) und 2. Häutungsstadien.

Wie bei anderen Schadinsekten wechseln auch hier Perioden der Massenvermehrung mit Jahren auffallend schwächeren Befalles ab. – Zum Vertilgerkreis der *Dreyfusia*-Arten (also auch der Weißtannen-Stammlaus *Dreyfusia*

---

* Auch «einbrütige» Tannentrieblaus genannt; im Jahre 1957 eine «zweibrütige» unter *Dr. merkeri* EICHHORN beschrieben. Diese bildet auch auf der Orientfichte Gallen; die meisten Frühjahrstiere mit erneuter Fortpflanzung im Sommer/Herbst.

piceae) gehören u. a. Larven und Imagines der Coccinellidae (etwa *Aphidecta obliterata* L.: Imago = 4 mm, bräunlichgelb, mit schwarzer, M-förmiger Zeichnung auf dem Halsschild [SCHNEIDER-ORELLI, 1939], Syrphidae- und Chamaemyiidae-Larven (Diptera). Der typische Wachsflaum der *Dreyfusia*-Kolonien ist dann so stark zerstört durch das Aufräumen seitens der Feinde, daß eigentlich nur noch «verwaschene Überzüge» erhalten bleiben.

Besonders deutlich sind die Folgen eines *Dreyfusia*-Befalles stets in Weißtannenjungwüchsen und in Dickungen. Weiterhin bemerkenswert, daß Weißtannenpflanzungen oder Naturverjüngungen an sonnenexponierten Standorten stärker unter dem Befall leiden als bei Erziehung unter Schirm. Dürre Gipfel- und Seitentriebe bzw. eine gelbliche bis braune Nadelverfärbung lassen auf eine *Dreyfusia*-Infektion schließen. Charakteristisch sind die Nadelverkräuselungen an den Jungtrieben (Abb. 201/202) durch Progrediens-Befall von *Dreyfusia nüsslini*, die sogen. «Flaschenbürstchen» [SCHNEIDER-ORELLI, 1950]. Selbst nach Überwindung einer Infektion ist ein Befall mit der Tannentrieblaus noch später an diesen Verkräuselungen der Maitriebnadeln zu erkennen (Abb. 203).

Befall der Weißtanne mit *Dreyfusia nüsslini* nicht allein auf Triebe und jüngere Zweige beschränkt, sondern in den Altersklassen 8 bis etwa 25 Jahre von der Krone mehrminder weit über die Stammrinde hinunter. Bei älteren (bis etwa 50jährigen) Stämmen in der Krone kein Befall auffindbar, aber bisweilen Stammrinde mit weißwolligen Kolonien dicht bedeckt. Bei diesen die alte Stammrinde bewohnenden Kolonien wird die Progrediens-Generation völlig unterdrückt – Verminderung erfolgt nur durch Erzeugung von Neosistentes.

In heimischen Weißtannen-Beständen kann eine Ausbreitung der gefährlichen Weißtannenlaus durch abwandernde Junglarven erfolgen, d.h. eine Neuansteckung ist lediglich auf kürzeste Entfernungen möglich. Verwehen von Wachsflocken mit Eiern (Abb. 204) oder Larven bei starkem Wind und dann auch nur auf kurze Distanzen. Auf große Entfernungen kommt jedoch nur die Verschleppung mit verseuchtem Pflanzmaterial in Frage [SCHNEIDER-ORELLI, 1950].

Dreyfusia piceae Ratz.,
Weißtannen-Stammlaus, ungefährliche Tannenrindenlaus

Kennzeichen (Abb. 197): der Junglarven der Sistens-Generation (Neosistentes) bei *Dreyfusia nordmannianae* (s. Seite 127) aufgeführt.

Ökologie und wirtschaftl. Bedeutung: in Mitteleuropa heimisch. Häufig in Massen an der Rinde von Trieben und am Stamm. Progredientes und Sexuparae an den Nadeln fehlen im allgemeinen [SCHWERDTFEGER, 1944 u. 1950]. Wirtschaftlich bei uns zumeist indifferent; daß die Art völlig harmlos ist, wird neuerdings bezweifelt. – Anfangs 1900 wurde *Dreyfusia* nach Ostkanada eingeschleppt und erwies sich dort als gefährlicher Schädling, hauptsächlich der

Balsamtanne. – Bei Untersuchungen über den Vertilgerkreis der Weißtannen-Stammlaus in Mitteleuropa – jedem Export von wichtigen Räubern geht ein eingehendes Studium der Biologie voraus – wurden als raptorische Formen u. a. im Befallsgebiet festgestellt [DELUCCHI und PSCHORN-WALCHER, 1954]; Derodontidae (nahe verwandt mit den Cleridae [*Laricobius erichsoni* RO-SENH.]); Coccinellidae (*Pullus impexus* MULS., *Aphidecta obliterata* L.); Planipennia (*Chrysopa ventralis* CURT.); Syrphidae (Dipt.; *Syrphus arcuatus* FALL. und *Cnemodon latitarsis* EGG.); Chamaemyiidae (Dipt.; *Leucopis griseola* FALL., *Leucopomyia obscura* HAL., *Cremifania nigrocellulata* CZERNY). – Biotische Hemmungsfaktoren für die Bevölkerungsentwicklung dieser Prädatoren sind dann wiederum Parasitenformen, unter denen beispielsweise bei der letztgenannten Blattlausfliege *Cremifania* 3 Schlupfwespenarten aufgefunden wurden (ein Larvenparasit [Proctotrupidae] und 2 Puppenparasiten [Chalcididae]).

Adelges laricis Vallot, Kleine Fichtengallenlaus
(früher: Cnaphalodes strobilobius Kalt., Rote Fichtengallenlaus)

Kennzeichen: Geflügelte: bis 2 mm, dunkelkirschrot, die übrigen rötlich-braun. – Die Junglarven der an Lärche lebenden Sistens-Generation (Abb. 198) zeigen außerordentlich derbe Chitinisierung der Rückenplatten und keine deutlichen Poren auf diesen Platten. Wachsporen finden sich auf der Körperunterseite [SCHNEIDER-ORELLI, 1945].

Ökologie und wirtschaftl. Bedeutung: Hauptwirtspflanze ist die Fichte, an der kleine, erdbeerförmige, haselnußgroße, endständige, nicht durchwachsene Gallen von gelblich-grüner (gelegentlich von bleich weißlich-grüner) Farbe (Abb. 205) erzeugt werden. Wirtswechsel mit Lärche, an der durch das Saugen der Sistens-Generationen die Nadeln in charakteristischer Weise knicken. – Wirtschaftl. Bedeutung: siehe Angaben bei *Sacchiph. viridis*, Seite 130. – Neuerdings übrigens auch in Nordamerika auftretend; dorthin möglicherweise mit europäischem Pflanzgut verschleppt.

Außer *Adelges laricis* mit regelmäßigem Wirtswechsel zwischen Fichte und Lärche ist in der Schweiz eine anholozyklische Form *Adelges tardus* DREYFUS beobachtet worden; bei dieser wandern die Geflügelten aus den Fichtengallen nicht auf die Lärche, sondern erzeugen auf der Hauptwirtspflanze Pseudofundatrices (unechte Stammmütter), die wieder zu Gallenbildung führen. Beide Arten lassen sich differentialdiagnostisch nur unsicher trennen, so daß es sich u. U. um ineinanderübergehende Parallelreihen handeln kann.

Sacchiphantes viridis Ratz., Grüne Fichtengallenlaus
(Grüne Fichten-Großgallenlaus)
[früher: Chermes viridis Ratz.]

In der Blattlaussystematik wurde vor einiger Zeit *Sacchiphantes viridis* als eine Gallenlaus mit vollständigem Zyklus und Wirtswechsel zwischen Lärche und Fichte beschrieben. Demgegenüber handelte es sich bei der verwandten Gelben Fichtengallenlaus *S. abietis* L. um eine auf der Fichte (Hauptwirtspflanze) verbleibenden anholozyklischen Fichtenlaus. Die Grenze zwischen beiden Entwicklungsreihen war weder morphologisch noch biologisch derart eindeutig, daß zwei Arten unterschieden werden konnten. Es wurden daher die beiden Entwicklungsreihen einer Art anfangs zugesprochen und zwar der Art *Sacchiphantes (= Chermes) abietis* L. und man sprach von einem *viridis*-Zyklus (diözisch) und von einem *abietis*-Zyklus (monözisch): Abb. 208/209. Anläßlich von Zuchtversuchen zeigte es sich später, daß *S. viridis* und *S. abietis* doch zwei selbständige Arten sind. Kolonieweise angetroffene Gallen an den Fichten sollen auf *abietis* zurückgehen, während *viridis*-Gallen gewöhnlich einzeln auftreten.

Kennzeichen: Geflügelte: 2–4 mm, schwärzlich; die übrigen Formen gelblich. – Die Sistens-Junglarve von der Lärche zeigt auffallend abweichende Porenanordnung. Außerdem sind die Wachsporen deutlich ringförmig; daher wird das Wachs nicht als massive Fäden, sondern als Röhren ausgeschieden. – Die auf der Fichte lebende Fundatrix- (bzw. Pseudofundatrix-) Junglarve zeigt ähnliche Verteilung und Form der Wachsporen; Differentialmerkmal ist aber die Zweiteilung der Rückenplatte des 1. thorakalen Segmentes.

Ökologie: an der Hauptwirtspflanze, der Fichte, werden ananasförmige, walnußgroße, meist durchwachsene Gallen von grüner Farbe (mit rotbraunen Verwachsungsrändern) an der Basis der Triebe erzeugt (Abb. 207). Nach Aufplatzen der Gallen (Abb. 206) im Hochsommer (August) migrieren die sich entwickelten, geflügelten Läuse zur Lärche, wo sie bzw. ihre Nachkommen an der Rinde in Wachswolle gehüllt überwintern. – In frischen Gallen finden sich gelegentlich ein: Raupen von *Laspeyresia pactolana* ZELL. (Tortric., Lep.) oder von *Dioryctria abietella* SCHIFF. (Pyralid., Lep.).

Wirtschaftl. Bedeutung: Saugtätigkeit an Lärche (im Frühjahr) bewirkt Einknicken der Nadeln, die bei Massenbesiedlung vertrocknen. In der Knickstelle sitzen (April/Mai) die gelblich-grünen Läuse, meist ohne Wachswolle. Demgegenüber sind die *Adelges laricis*-Läuse bräunlich, in den Knickstellen der Lärchennadeln im Mai/August unter weißer Wachswolle zu finden. – *Larix leptolepis* GORD. (japan. Lärche) ist nicht anfällig. – Durch die Erzeugung der Gallen treten an den Fichten nicht selten Deformierungen der Triebe auf, die vor allem an den Fichtenanpflanzungen längs der Autobahnen zu beobachten sind.

Gilletteella cooleyi (Gill.) C. B., Douglasienlaus; Douglasienwollaus

Kennzeichen (Abb. 200): der Sistens-Junglarven (vom Zwischenwirt, der Douglasie) sind vor allem die starke Chitinisierung der Rückenplatten und deren deutliche Trennung vom 2. thorakalen Segment ab. Ringförmige Wachsporen am Kopfrande und an den Körperflanken, während sich auf den spinalen und pleuralen Rückenplatten rosettenartige Wachsporen vorfinden. – Charakteristisch für diese Junglarven (wie auch für die späteren Häutungsstadien) auf den Douglasiennadeln (Abb. 211) sind die großen Wachsflocken. – Vollreife Exemplare variieren in der Körperlänge von 0,08–1,0 mm (nach Essig, 1947).

Ökologie und wirtschaftl. Bedeutung [Francke-Grosmann, 1950]: Douglasienwollaus in Schottland um 1925 eingeschleppt und seither in den europäischen Anbaugebieten der Douglasie ausgebreitet. Seit etwa 1933 in Deutschland beobachtet. An der waldbaulich wichtigen grünen Küsten-Douglasie treten an jungen Exemplaren Nadelverdrehungen und Nadelvergilbungen auf. Starke Schäden durch die Saugtätigkeit an Douglasien in Baumschulen oft beobachtbar; schon gelbfleckige Nadeln fallen vorzeitig ab (Folge: Zwergwuchs). Der Neubefall an Douglasie erfolgt in manchen Gegenden (wo der Hauptwirt fehlt oder nicht in der Nähe vorkommt) nur durch Sistens- und Progrediensgenerationen (mithin in anholozyklischem Entwicklungsgang). – In der ursprünglichen Heimat der Laus, in Nordamerika, Wirtswechsel zwischen der grünen Küstendouglasie und der Sitkafichte (*Picea sitkaensis* Carr.) oder zwischen der grauen und blauen Douglasie und den Höhenfichten *Picea engelmanni* Engelm. und *Picea pungens* Engelm. An den nordamerikanischen *Picea*-Arten werden durch die Gallbildung keine größeren Schäden hervorgerufen (außer an jungen Sitkafichten). – Auch in Europa werden bald die charakteristischen, länglichen Gallen an angebauten amerikanischen Fichten (darunter an *Picea glauca* Voss, der Weißfichte), selten an europ. Fichte festgestellt. In den Aufforstungsgebieten Schleswig-Holsteins wird um 1950 allenthalben das Vorkommen von *Gilletteella*-Gallen an jüngeren und alten Sitkafichten (Abb. 210) festgestellt (im Nordseeraum Anbau der Sitkafichte seit etwa 1880!). Um Hamburg Vorkommen der Douglasienwollaus an Sitkafichte alljährlich schon seit 1940 beobachtet, ausschließlich an 5–10jährigen Exemplaren; die Häufigkeit der Gallbildungen aber nicht in jedem Jahr gleichstark. Vereinzelt konnten dabei deutlich geschädigte und absterbende Sitkafichten unterschieden werden. Durch die Gallbildung geht ein ganzer Trieb für Assimilation und Wachstum verloren. Nach Massenbefallsjahren (etwa bei Vorkommen von einer Galle je 1 cm Höhe, wie im folgenden Beispiel: 95 cm = Höhe der Pflanze, 99 Gallen gezählt) Wurzelpilze (Hallimasch) bei der starken Schwächung der Sitkafichten anscheinend mitbeteiligt. Auffallend das Vorkommen von Gallen in küstennahen Anbaugebieten; milde Winterwitterung und hohe Luftfeuchtigkeit scheinen Gallbildung zu fördern, desgleichen besondere Standortverhältnisse (warme Hanglagen, Bestandesränder, starke Vergrasung). In diesen Gebieten können aber auch tiefe Wintertemperaturen der Gallentstehung nicht abträglich sein. Nur durch Spätfröste im April/Mai Schädigungen der Gallen selbst (da die Gallknospe früher austreibt als normale Knospen, und die Sitkafichte sowieso im Stadium des Austreibens frostgefährdet ist). Bisweilen außer *Gilletteella*-Gallen an der gleichen Pflanze Doppelgallen, solche von *Adelges laricis* u. *Sacchiphantes viridis* gleichzeitig vorkommend. Erst Sitkafichten von etwa 2 m Höhe werden als nicht mehr gefährdet angesehen.

Generationszyklus (Abb. 212/214): «Sexuparae» entwickeln sich gegen Ende Mai/ Anfang Juni gemeinsam mit den auf der Douglasie verbleibenden Sommerläusen. Diese geflügelten Sexuparae («Remigrantes») fliegen auf den Hauptwirt, die Sitkafichte, zurück und legen an den Nadeln bis 20 Eier ab. Aus diesen Eiern schlüpfen die «Sexuales». Das Weibchen dieser Geschlechtsgeneration legt ein Ei ab, aus dem noch im gleichen Sommer die «Fundatrix»-Larve schlüpft, die sich an der Unterseite eines diesjährigen Triebes in einiger Entfernung von der Endknospe festsetzt. Überwinterung als Junglaus. Im Frühjahr, etwa im April, häutet sich die Laus 3 mal, legt Ende April/ Anfang Mai bis über 350 gestielte, bräunliche Eier ab unter einem Wachswollenflocken. Diese Fundatrigenien klettern zwischen die Nadeln des austreibenden Triebes, saugen sich am Grunde der jungen Nadeln fest und lassen sich von der Galle umwachsen. Einleitung der Gallbildung aber durch die Stammutter, die ihre 1 mm langen Stechborsten bis in den Siebteil des Sitkafichtentriebes vortreibt. Ist der Reiz nur einseitig wirksam (oft bei Befall stärkerer Triebe), wird der junge Trieb nur einseitig vergallt, mithin hakenförmig gebogen. Wirkt dagegen der gallbildende Reiz (gelegentlich mehrerer Fundatrices) auf die Knospe ein, bilden sich kegel- oder walzenförmige Gallen. Junge Gallen mitunter himbeerrot mit zahlreichen voneinander getrennten Gallkammern (mit je 2 «Cellares» im Durchschnitt). Der Nadelgrund an der Gallbildung beteiligt. Ende August/Anfang September öffnen sich die Gallen, entlassen die Nymphen der Gallicolae, die sich häuten und als geflügelte Läuse («Migrantes alatae») zur Douglasie fliegen, um dort an den Nadeln bis 100 Eier abzulegen. Jetzt trocknen die Gallkammern ein, Triebachse wird braun; schließlich sterben im Laufe des Herbstes die Nadeln ab, so daß die verlassenen Gallen nunmehr insgesamt rotbraun gefärbt sind. – Bei den Hakengallen bisweilen Trieboberseite am Leben bleibend. Mit jeder Vergallung ist aber eine Zweigverdrehung verbunden. Mitteltrieb selten befallen, zeigt dann Verminderung des Höhenwachstums und Verkrümmungen.

Coccoidea, Schildläuse

Kennzeichen: höchstspezialisierte Gruppe der Pflanzensauger. ♂♂ fast immer mit Vorderflügel, in denen 1 bis 2 Längsadern erhalten sind, Hinterflügel stummelförmig. Erwachsenes ♀ stets flügellos, häufig Extremitäten, Fühler, Augen rudimentär; oft verschwindet sogar die Segmentierung. Wachsausscheidungen an verschiedenen Körperstellen. Manche Arten erzeugen einen Schild aus eigenartiger, chitin-wachsartiger Masse, mit oder ohne Verwendung der Larvenexuvien; Schild dient zum Schutz der Nachkommen. Larven den ♀♀ ähnlich, flügellos, aber sonst weniger Rückbildungen und beweglich. Bei den

♂♂-Schildläusen mindestens 2 Larven- und 1 bis 2 Puppenstadien. ♀♀-Schild-
läuse werden im Larvenstadium schon geschlechtsreif; freilich finden hier
mehrere Häutungen statt, aber die Organisation bleibt dabei auf dem Larvenstadium stehen bzw. vielfach gehen noch Fühler, Extremitäten und die Segmentierung verloren.

Ökologie: gesellig vorkommend. – Im Bestande werden hauptsächlich hol-
zige Gewächse befallen. Auch bei den Schildl. sind Wechselwirkungen zwischen den Läusen und deren Wirtspflanzen feststellbar [KLOFT, 1950]. Einige
Arten rechnen aber auch zu den charakteristischen subterranen Formen, etwa
Porphyrophora polonica L. oder *Margarodes vitium* GIARD, die an Wurzeln
saugen und damit bodenbiologisch gesehen zum Bereich der Rhizosphäre gehören. In allen Altersstadien frei beweglich dagegen ist die Art *Orthezia cataphracta* SHAW, die ein typischer Bewohner der Laubstreu ist, aber auch in
Wiesenböden und im Gebirge bis in die hochalpine Stufe auftritt. Während
des Winters zahlreiche Individuen von ihnen in Ameisennestern vorkommend
[KÜHNRLT, 1961].

Wirtschaftl. Bedeutung: durch die Saugtätigkeit der Schildläuse gegeben.

Systematische Einteilung: in verschiedene Familien, von denen nur die
wichtigsten genannt seien:

a) Pseudococcidae, Schmier- oder Wolläuse

Schild fehlt; mehlige, weiße Wachsausscheidungen auf der Körperoberseite
und mit randständigen, am Abdomenende oft langen, weißen Wachsfortsät-
zen; frei beweglich. Hierher gehörig u. a.: *Cryptococcus; Orthezia* [diese Gattung von Amerikanern in einer eigenen UF zusammengefaßt: Ortheziinae
(Ensign Coccids)].

b) Coccidae (Lecaniidae), Napfschildläuse; Napfläuse

Schildartig verdickte und erhärtete Rückenhaut gewölbt, nur mit dem Tier
selbst zu entfernen. Erwachsene Tiere unbeweglich. Hierher gehörig u. a.
Eulecanium; Physokermes.

c) Diaspididae, Deckelschildläuse

Flacher, runder, austernförmiger oder länglicher, komma- bzw. mies-
muschelförmiger Schild von dem darunter befindlichen, auf der Sitzfläche
festhaftenden Tier abhebbar; erwachsene Tiere unbeweglich. Hierher gehörig
u. a. *Chionaspis.*

Cryptococcus fagisuga Lind. (= fagi Bärspr.)
Buchenwollschildlaus, Buchenschildlaus, Buchenwollaus

Kennzeichen (Farbtafel 4, Abb. 8): 1 mm; linsenförmig, gelb, ohne Schild,
mit mehligem, weißem «Flaumpelz»; dauernd frei beweglich; ♂ unbekannt.

Ökologie: an einzelnen Buchenstämmen (Abb. 220) oder nesterweise auftretend, in allen Altersklassen. Bei geringem Befall = weiße Pünktchen an den Stämmen; bei Massenvermehrungen bilden die filzigen Wachsausscheidungen auffallende Überzüge auf der Rinde (Farbtafel 4, Abb. 9). Sogar an freiliegenden Wurzeln der Buchenstämme vorkommend. Durch geschlossenen Stand der Nährpflanzen ist die Entwicklung wesentlich begünstigt. Geflügelte Stadien fehlen, nur durch Wind verbreitet. Fortpflanzung parthenogenetisch; einjähriger Zyklus. Eier und Larven überwintern. – Stets findet man zwischen den Buchenwollaus-Kolonien die scharlachrot gefärbten Trombidiidae (Laufmilben; Ordn. Acari der Arachnida, Spinnentiere, also keine Insekten!) und als ausgesprochene Prädatoren die Larven und Imagines des Coccinelliden *Chilocorus renipustulatus* SCRIBA (Col.), die sich aktiv an der Dezimierung beteiligen (Farbtafel 4, Abb. 10/11).

Wirtschaftl. Bedeutung: indifferent; einzelne Stämme, besonders wenn neben starker Verlausung Schleimflußerreger auftreten, können freilich absterben. In die «Schwären» der Schleimflußflecken bohren sich andererseits gern ein: sägehörniger Werftkäfer *(Hylecoetus dermestoides)* und Buchennutzholz-Borkenkäfer *(Xyloterus domesticus)*. Außerdem finden sich sofort bei «Rückeschäden» an den verletzten Rindenpartien Buchenwollschildläuse ein, zusammen mit den eben genannten Käfern. – Mit dem seit etwa 1940 beobachteten «Buchensterben», einer Erkrankung an vornehmlich über 80jährigen Rotbuchen *(Fagus silvatica)* in Deutschland, die zu erheblichen Holzverlusten durch die dabei auftretende Weißfäule geführt hat (aber auch in den betroffenen Beständen häufig die waldbaulichen Planungen völlig änderte), brachte man in Verbindung mit dem Auftreten der Buchenwollaus, die primär für die Rindenschäden verantwortlich gemacht wurde (der dann sekundär *Nectria*-Arten, andere Pilze und Insekten nachfolgen sollten). Das gleiche Krankheitsbild wurde in der Schweiz, in Dänemark, und in ähnlicher Weise in Nordamerika an der dortigen Buche beschrieben. Es zeigte sich aber, daß die als «Buchensterben», als «Rindenkrankheit» oder schließlich als «**Rindensterben**» bezeichnete Erkrankung auf einer Nekrose der Rinde beruht, die sich über mehrminder große Partien (vor allem am Stamm; Abb. 891) erstreckt [ZYCHA, 1951]. Äußerer Befund: Saftausfluß aus der abgestorbenen Rinde (Ansiedlung dunkelgefärbter Pilze). Späteres Stadium durch Abfallen der toten Rinde und durch fortschreitende Weißfäule charakterisiert. Der Rindennekrose folgen dann sekundär Insekten- und Pilzschäden im Holz, die schließlich zu Stammbruch führen können. Die Krankheit wird offenbar durch abiotische Faktoren ausgelöst; etwa im Jahre 1947 erkrankte die Buche überall dort, wo der Wurzelhorizont des Baumes unter der Trocknis gelitten hatte. Extreme klimatische Bedingungen rufen wahrscheinlich lokale Vertrocknungserscheinungen in der Rinde hervor (siehe auch BUTIN, 1983; MENZINGER u. SANFTLEBEN, 1980). – [Neueste Beschreibung der Krankheitserscheinung: LONSDALE, D. and D. WAINHOUSE (1987): Beech Dark Disease. Forestry Commission Bulletin **69**. London]. – Das Krankheitsbild wurde auch in Frankreich beobachtet.

Parthenolecanium (= Eulecanium) corni Bouché
Akazien-Schildlaus, Große Napflaus

Kennzeichen: brauner Schild des eierbergenden ♀ eine seitlich scharf ge-randete Decke darstellend, die allmählich immer mehr aufgetrieben, halb-kugelförmig wird. Die gelbroten Larven überwintern am Stamm.
Ökologie und wirtschaftl. Bedeutung: polyphag an glattrandigen Trieben verschiedener Laubhölzer (Abb. 216; Jungkulturschädling), besonders an Zweigen und Ästen der Robinie.

Physokermes piceae Schranck, Große Fichtenquirlschildlaus

Kennzeichen: der eierbergenden ♀♀ ist die starke Annäherung der eingeschla-genen Seitenränder, so daß bäuchlings nur ein schmaler Spalt sie voneinander trennt (Abb. 217). ♀♀ etwa bis 4^1/$_2$ mm lang, kugelig (wie eine «aufgetriebene Kaffeebohne»), rötlichbraun; ♂♂ nur 1 mm lang, geflügelt, am Abdomenende mit 2 langen Schwanzborsten.
Ökologie: ausschließlich auf Fichte und zwar vornehmlich in 3–15jährigen Kulturen. Juli/August Ausschlüpfen der Larven. Ein Teil geht auf die Nadeln, um hier zu überwintern; diese ergeben im nächsten Frühjahr die ♂♂. Der andere Teil der Larven setzt sich an der Basis der Triebe fest (hier unter den Deckschuppen oder am Grunde der nächststehenden Nadeln); diese ergeben im nächsten Frühjahr die ♀♀. Bald nach der dann erfolgenden Eiablage sterben die ♀♀ ab und bedecken unter dem beerenartig angeschwollenen Körper im Juli über 1000 blaßrote oder gelbe Eier. – Zum Vertilgerkreis der Fichtenquirl-schildlaus gehören namentlich Chalcididae (Terebrantia; Hymenopt.).
Wirtschaftl. Bedeutung: Befallsmerkmale: ♀♀ saugen sich an den vorjähri-gen Quirltrieben und am vorjährigen Längstrieb fest, die an ihrer Basis oft kranzförmig von ihnen umgeben sind; dadurch oft derartige Schwächung, daß die Triebe absterben. Außerdem scheidet *Physokermes piceae* sehr viel Honig-tau ab; an diesen Exkrementen siedelt sich der harmlose Rußpilz *Apiosporium pinophilum* FUCKEL an, der infolge seiner starken Ausbreitung die Pflanze mit einem schwarzen, kleisterartigen Überzug bedeckt («schwarze Krankheit» der Fichten).

Chionaspis salicis Lin., Miesmuschelschildlaus; Weidenschildlaus

Kennzeichen (Abb. 218/219): miesmuschelförmiges Schildchen (♂) oder schinkenähnliches Schildchen (♀), gräulich-weiß mit roten Häutungshüllen; ♀ bis 3 mm, ♂ etwa 1^1/$_2$ mm.
Ökologie: polyphag an der Rinde von zahlreichen Laubhölzern (Linde, Ulme, Eiche, Erle, Esche, Pappel und Weide). Je nach der Nährpflanze wurde die Form für eine besondere Art gehalten, später aber unter einem Namen vereinigt.

Wirtschaftl. Bedeutung: relativ häufig; an schwachen Hölzern hebt sich bei dichtem Besatz die Rinde blasenartig ab (Folgen: Vertrocknung). Besonders jüngere Stämmchen werden dadurch geschädigt.

HYMENOPTEROIDEA: HYMENOPTERA, HAUTFLÜGLER

Kennzeichen, Ökologie u. wirtschaftl. Bedeutung: der Habitus der Hymenoptera ist durch den Typ der Ameisen, Wespen und Bienen fast jedem bekannt. – Allgemeine Merkmale charakterisieren die gesamte Ordnung: Kopf frei, beweglich, nie in den Thorax versenkt. 2 Facetten- und vielfach 3 Stirnaugen sind meistens entwickelt. – Mundteile, nach unten gerichtet (orthognath), dem beißenden Typ angehörend; am Ende einer Entwicklungsreihe kommt es aber bei den Bienen zur Aufnahme flüssiger Nahrung durch einen Rüssel, allerdings auch hier bleiben die Vorderkiefer (Mandibeln) noch erhalten. – 2 Paar häutige, wenig geäderte Flügel, in Ruhestellung flach über das Abdomen gelegt. Die beiden Flügel einer Seite durch feine, am Vorderrand des Hinterflügels sitzende Häkchen, die über den Hinterrand des Vorderflügels greifen, zusammengeheftet (Heftapparat = Retinaculum). – 1. Abdominalring mit Thorax verwachsen, Hinterleib als «festsitzend» bezeichnet. Zwischen 1. und 2. Hinterleibsring eine Einschnürung, dann ist das Abdomen «gestielt» (Stiel = kurz bei den Wespen [«anhängendes» Abdomen]; Stiel = lang, dünn bei manchen Schlupfwespen). 3 stilettförmige Chitinstücke am Hinterleibsende bilden bei den ♀♀ den Stachel (von einer Stachelscheide umgeben); bei den Blatt-, Holz-, Schlupf- und Gallwespen dient der Stachel der Eiablage; bei den übrigen ist es ein Wehrstachel (mit Giftdrüse). Nur Ichneumoniden mit kurzem Stachel vermögen auch unangenehm zu stechen. – Integument mit charakteristischen Skulpturen; Behaarung aufrecht pelzartig oder fein anliegend. Von Pigmentfarben außer Braun, Rostrot, Schwarz und Gelb auch Grün; daneben prachtvolle metallische Strukturfarben. – Vollkommene Metamorphose. Unter den **Hymenopteren-Larven** 3 verschiedene Typen:

a) **Blattwespen:** mit 3 Paar Thorakalbeinen und einer wechselnden Anzahl von Bauchfußpaaren [Ausnahme: Gespinst-Blattwespen mit verkümmerten Brustfüßen, ohne Bauchfüße, aber am Aftersegment mit 2 fühlerartigen, dreigliedrigen Anhängen]. – Blattwespenlarven vielfach bunt gefärbt (Abb. 84 u. 965), erinnern an Lepidopterenraupen (deshalb «Afterraupen» genannt).

Differentialdiagnose:

Schmetterlingsraupen: meist 5 (aber auch 2) Bauchfußpaare; Bauchfüße mit Häkchen auf der Sohle. Zwischen dem letzten Brustfußpaar und dem ersten Bauchfußpaar mindestens 2 extremitätenlose Segmente.

Afterraupen: 6–8 Bauchfußpaare; Bauchfüße ohne Häkchen auf der Sohle. Nach dem Metathorax stets nur ein Segment fußlos.

b) **Holzwespen:** weißlich, weich, ohne Augen. 3 Paar schwach geringelte (zapfenförmige) Brustfüße. Mit dunkel gefärbtem, spitzigem Afterdorn; Bauchfüße fehlen gänzlich.

c) **Übrige Hymenopterenlarven:** ähnlich den Fliegenmaden; weißlich, weich, ohne Augen und Extremitäten.

Differentialdiagnose gegenüber ähnlichen Larventypen:
Allerdings sind diese Hautflüglerlarven nicht in allen Fällen sofort von Zweiflügler-larven zu unterscheiden, die aber wiederum durch ganz bestimmte Merkmalskombi-nationen als Dipterenlarven charakterisiert sind [BRAUNS, 1954]. Gelegentlich ist bei gleicher Lebensweise die Differentialdiagnose erleichtert: entomophage Schlupf-wespenlarven etwa zeigen eine gut entwickelte Kopfkapsel, während die häufigsten Insektenparasiten unter den Zweiflüglern, die Tachinidae, keine Kopfkapsel mehr er-kennen lassen, sondern Teile des äußeren Kopfskelettes in das Innere des Larven-Vorderendes durch Wachstumsvorgänge verlagert zeigen.

Zeitspanne zwischen Eiablage und Schlüpfen des Vollkerfs schwankt außer-ordentlich; manche Erzwespen (Chalcididae) entwickeln sich in etwa 10 Tagen, manche Blattwespen dagegen erst in 5–6 Jahren (bedingt durch «Überliegen» der Vorpuppe; siehe später). – Die Puppe der Hymenoptera gehört übrigens dem Typ der «Pupae adecticae» an, d. h. sie besitzt eine fixierte, nicht funktions-fähige Mandibel und nahezu alle Hautflügler-Puppen sind freigliedrige Puppen (Pupae exaratae); nur viele Chalcididae besitzen Mumienpuppen (Pupae obtectae), bei denen die Anhänge durch die erhärtende Exuvialflüssigkeit mit dem Rumpf verklebt sind [BRAUNS, 1954]. Die Puppe selbst liegt frei in einer Erdhöhle oder in einer Puppenkammer oder ist in einem Kokon eingespon-nen.

Charakteristisch für die Hymenopteren sind schließlich noch das Vorkom-men von Parthenogenese in verschiedenen Ausbildungsgraden bis zur Hetero-gonie, dem regelmäßigen Abwechseln zwischen der Pathenogenese und der zweigeschlechtlichen Fortpflanzung, und die hochspezialisierten Erscheinun-gen der Brutpflege.

Die **Ökologie** ist so verschiedenartig – man denke nur an die parasitischen Schlupfwespen und an die staatenbildenden Formen unter den Hymenopteren – daß es angängig erscheint, auf die Lebensweise der einzelnen Gruppen zu ver-weisen.

Die **wirtschaftliche Bedeutung** zeigt sich allein im Auftreten von Groß-schädlingen wie auch im Vorkommen von außerordentlich zahlreichen Gegen-spielern bei Insektengradationen aus der Ordnung der Hautflügler.

Systematik: 3 Unterordnungen werden unterschieden: Symphyta – Tere-brantia – Aculeata, deren jeweilige kurze Charakteristik im folgenden gegeben wird; die letzten beiden UO werden auch als Apocrita (Stielwespen) zusammen-gefaßt.

Symphyta (Phytophaga; Chalastogastra), Pflanzen- oder Sägewespen

Systematik, Kennzeichen und Ökologie: in der Waldbiozönose beachtenswert folgende 3 Familien: Pamphiliidae, Tenthredinidae und Siricidae.

Um in dem hier gesteckten Rahmen die Übersicht zu erleichtern, habe ich die Einteilung von SCHMIEDEKNECHT [nach ESCHERICH, 1942] beibehalten. Für Freilandarbeiten erscheint oftmals eine Ordnung nach biologischen Gruppen angängig; dabei ist gleichzeitig eine zu starke Aufspaltung der systematischen Einheiten möglichst zu vermeiden. Daher werden nachfolgend die Buschhornblattwespen als Unterfamilie der Tenthredinidae gebracht, während den Diprioninae in Monographien neuerdings wieder Familiencharakter gegen wird (vgl. LORENZ und KRAUS, 1957]. Die Blennocampinae (u.a. *Caliroa* und *Periclista* spec.) und Nematinae (u.a. *Pteronidea, Trichiocampus* und *Platycampus* spec.), zu denen die nachfolgend aufgeführten, an Laubholz auftretenden, freilebenden Larventypen gehören, werden nur als Triben aufgefaßt und mit der *Siobla*-Art den Tenthredininae zugeordnet und ihnen insgesamt schließlich die Knopfhornwespen (Cimbicinae) angeschlossen.

Allen drei vorhin genannten Familien gemeinsam an Differentialmerkmalen gegenüber den Stielwespen: Vollkerfe ohne Einschnürung am Abdomen, also mit sitzendem Hinterleib; Blattwespen im weiblichen Geschlecht mit kurzer Legesäge, Holzwespen (Siricidae) mit langem Legebohrer, der ein beträchtliches Stück über das Abdomen hinausragt. – Die larvalen Merkmale waren bereits skizziert, nachgetragen sei der Hinweis auf eine charakteristische Schreckstellung, an der bei Freilandbeobachtungen die Afterraupen oftmals angesprochen werden können: bei Gefahr krümmen alle beieinander sitzenden Larven wie auf Kommando ihr Abdomen S-förmig in die Höhe, bleiben eine Zeitlang in dieser Stellung oder aber bewegen das erhobene Abdomen wie im Takt gleichsinnig hin und her; durch dies Verhalten sollen Schlupfwespen oder Räuber abgewehrt werden (Abb. 965).

Pamphiliidae (Lydidae), Gespinst- oder Kotsack-Blattwespen

Merkmale gut erkennbar; Vollkerfe gekennzeichnet durch ziemlich flachen, breiten Hinterleib, hinten schwach ausgerundetes oder abgestutztes Pronotum, vielgliedrige Fühler (14–36 Glieder). – Larven ohne Bauchfüße, mit mehrgliedrigen Aftergriffeln und relativ langen Fühlern aus 8 Gliedern. – An Laubholz einige auffällige Arten, bei denen die Larven in gemeinsamem Gespinst auftreten (*Neurotoma* spec.) oder einzeln in Blattröhren (*Pamphilius* spec.). – Neuere Lit.: ACHTERBERG, C VAN and B. VAN AARTSEN (1986).

Die wissenschaftliche Umbenennung der ehemaligen Gattung *Cephaleia* in *Cephalcia* ist durch mehrere Veröffentlichungen belegt.

Monophag an Nadelhölzern:

Cephalcia (= Cephaleia) abietis L., Fichtengespinstblattwespe;
Fichtennadel-Gespinst- oder Fichtenkotsack-Blattwespe
(syn. *Lyda hypotrophica* HTG.)

Kennzeichen: 11–14 mm; Vollkerfe: Kopf und Thorax schwarz mit gelben Flecken, Abdomen vorn schwarz, sonst rotgelb. – Larven: etwa 20 mm; im Gespinst schmutzig graugrün mit glänzend-schwarzen Chitinteilen; nach der letzten Häutung grün oder lebhaft goldgelb. – Puppe: grün oder goldgelb.

Ökologie: in Fichtenbeständen (40–120jährig; aber auch in 140jährigen Beständen [BRAUNS, 1951]), vornehmlich in Mittelgebirgs- und Gebirgslagen. – Flugzeit: April/Juni (an sonnigen Tagen). – Eiablage an vorjährigen Nadeln in Gelegen von 4–12 Stück, auf den 4 Nadelflächen in gleicher Höhe in der Spitzenhälfte befestigt. Je ♀ 100–120 Eier. Ei mit kleinem Fortsatz, der in Längsschlitz hineinragt; der Längsschlitz wird vom ♀ mit der Legesäge in die Nadel geritzt. – Larven an der Basis belegter Zweige in Gespinsten, in denen sie gesellig leben. Diese Gespinste bald mit Kot durchsetzt (Abb. 221). Fraß Juni/Juli, spitzenwärts, vor allem an den älteren Nadeln; Knospen meist verschont. – Larven gehen im August bis 30 cm tief in die Bodenschichten und bleiben hier in einer kleinen Erdhöhle den Winter über liegen, um sich meist erst nach 2 bis 3 Jahren im Frühjahr zu verpuppen. Wir haben hier also Diapause- oder Latenzzeiten in der Entwicklung vor uns; da diese Erscheinung sich über Jahre erstreckt, wird sie als «Überliegen» bezeichnet. Vorbereitung zur Verpuppung durch Auftreten von «Puppenaugen» im Gegensatz zu den sog. unscharfen «Wangenflecken» oberhalb der Larvenaugen (einige Wochen bis Monate vor dem pupalen Stadium) erkennbar; dies zweifellos ein wichtiges Hilfsmittel bei Prognose-Untersuchungen (siehe bei *Diprion pini*, Seite 146). – Eigentliche Puppenruhe: 2–3 Wochen. 2–4jährige, meist 3jährige Generation. – Vertilgerkreis: Ichneumonidae (u. a. *Xenoschesis fulvipes* GRAV. [UF Tryphoninae]); *Raphidia* spec. (Neuropt.; Raphidides); Tachinidae (Dipt.); von Räubern u. a. Coccinellidae (Col.) und deren Larven, Ameisen und Spinnen, endlich zahlreiche Feinde unter den Vögeln (Star, Rabenkrähe, Kuckuck, Buchfink) und Mäusen, die entweder den Imagines oder den Larven im Boden nachstellen. – Als Eiparasiten wurden im Erzgebirge festgestellt: *Trichogramma cephalciae* HOCHM. u. MARTIN, *Tr. zeirapherae* WALT., *Tr. embryophagum* HART.; Parasitierungsgrad und Anteil der einzelnen Arten wechselte von Jahr zu Jahr (SABINE WALTER, 1986).

Wirtschaftl. Bedeutung: zu Massenvermehrungen neigend; Gradation meist aber erst im Eruptionsjahr bemerkbar. Obwohl über 2000 Larven pro qm in den Bodenschichten festgestellt, obgleich die Bestände mit nicht selten kindskopfgroßen Gespinstsäcken zunächst erschreckenden Eindruck machen, Fraßfolgen meist nur als Zuwachsverlust beobachtet. Fraß bewirkt auch späteres Austreiben und Kümmern im Folgejahr, aber selten Ausfälle durch Absterben. Beachtenswert dagegen Auftreten von «Nachfolgeschädlingen» (Borkenkäfer).

Cephalcia (= Cephaleia) alpina Klug, Lärchengespinstblattwespe
(syn. *Lyda lariciphila* WACHTL)

Kennzeichen: Imagines etwa 9–11 mm; schwarze Grundfarbe in beiden Geschlechtern, hellere Zeichnungen spärlich am Körper verteilt. ♂♂: Kopf und Thorax ganz schwarz, höchstens mit unregelmäßigen kleinen bräunlichen Flecken und Wischen; Mundteile dunkelbraun. Abdomen mit orangegelben Flankenhäuten, sonst Sternite und Tergite schwarz. Am Genitalsegment die äußeren Haltezangen deutlich sichtbar. ♀♀ (Abb. 223): schwarze Färbungen hier gleichfalls auftretend; die helleren Flecken und Flankenhäute bei den Weibchen weiß. Außerdem weitere weiße Zeichnungen vorkommend, doch nicht bei allen Tieren gleichmäßig ausgebildet; auffällig besonders ein weißer Dreieckfleck auf dem Mesonotum und ein weiterer lateral vor dem Schildchen. Die Fühler der var. *anulata*, die vornehmlich in Norddeutschland beobachtet werden kann, zumeist weiß geringelt. – Larve: meist um 15 mm (jedenfalls im 4. Stadium [Abb. 222]); Eilarve rotgelblich, Einhäuter graugrün, weitere Larvenstadien dunkelgrau mit einem breiten dunkelvioletten bis dunkelbraunen Rücken und ebensolchen Seitenstreifen. – Ohne Kokonbildung; Puppe gelb mit schwarzen Augen, Extremitäten frei anliegend. Abgestreifte Larvenexuvie fast immer dem Abdomen anhängend (Abb. 224).

Geogr. Verbr.: mittleres und nördl. Europa; in den Alpen anscheinend nicht häufiger als andernorts. Vielleicht boreo-alpine Verbreitung, doch ist diese Annahme noch durch weitere Beobachtungen zu sichern.

Ökologie und wirtschaftl. Bedeutung (RÖHRIG, 1954): nach der Beschreibung im Jahre 1808 (durch KLUG) wurde die Art für eine Bewohnerin des Alpengebietes gehalten, die ihrer Fraßpflanze, der Lärche, auch an deren neue Standorte zu folgen schien. Im Flachlande trat die Lärchengespinstblattwespe erstmals in den Jahren 1948/49 in Schleswig-Holstein auf, wo ihre Bionomie anläßlich einer Massenvermehrung näher untersucht werden konnte.

Winterruhe: die Larven überwintern zumeist in einer Tiefe von 5–20 cm (gelegentlich in Erdhöhlen), selten in der oberflächlichen Streu. Larven gegen Witterungseinflüsse im Boden weniger empfindlich als Puppen. Erscheinung des Überliegens kommt vor, jedoch läßt sich das Auftreten der Puppenaugen (das sich sonst schon Monate vor dem Schlüpfen der Imagines zeigen kann) nicht sicher bei allen Exemplaren erkennen infolge oftmals sehr dunkler Kopfkapsel. Dauer der Winterruhe etwa von Ende Juli/Ende März, mithin 8 Monate. – **Verpuppung:** Anfang April bis erste Maidekade; Schlüpfen: etwa im Mai; im schleswig-holsteinischen Beobachtungsgebiet überlag ein hoher Prozentanteil der Puppen (stellenweise bis 44%). Die ♂♂ waren weitaus zahlreicher als die ♀♀. Das Überwiegen der ♂♂ ist nichts Außergewöhnliches. Einmal kommt auch bei *C. alpina* parthenogenetische Fortpflanzung vor; zum andern kann eine Verschiebung des Geschlechtsverhältnisses vielleicht durch andere Faktoren (unterschiedliche Anfälligkeit gegen eine Polyedrose; siehe später) beeinflußt werden. Außerdem wurde Protandrie festgestellt. – Schwärmen vornehmlich in der «Krautschicht», selten höher; die ♀♀ dabei träge an der Spitze von Grashalmen oder niedrigen Zweigen sitzend. Balzspiel (etwa Betrillern des ♀ durch das ♂ mit den Fühlern) geht der Vereinigung der Geschlechter voraus.

Eiablage: ♀♀ absolvieren eine postmetabole Entwicklung vor der Eiablage, nur ein Teil der angelegten Eier entwickelt sich zur Legereife, der Rest degeneriert. Mittlere Eizahl je Weibchen etwa 37. Zum Ablegen der Eier werden höhere Kronenteile und Außenzweige der Lärchen bevorzugt angenommen und dabei besonders Außennadeln der Kurztriebe ausgewählt. Mit der Legesäge fertigt das ♀ winzigen Schnitt in der Nadelbreitseite, drückt ober- und unterhalb des Sägeschlitzes schwarze «Schmiere» auf (durch die Art des Austritts beiderseits der Legesäge nimmt diese Kittmasse meist die Form eines Hufeisens an) und schiebt das Ei waagerecht auf die Nadel, so daß im allgemeinen der Buckel des Eies in den Sägespalt gleitet. Damit ist die Feuchthaltung und die Flüssigkeitsaufnahme des Embryos gesichert. Gleitet der Buckel nicht in den Sägeschlitz, vertrocknet trotzdem das Ei nicht, weil aus dem Sägespalt Gewebssaft hervorquillt und die Unterseite des Eies auf diese Weise auch eingebettet wird. – **Eidauer:** sehr wahrscheinlich etwa 3 Wochen; sofort nach dem Herausarbeiten aus dem Ei beginnt jede einzelne Eilarve zu spinnen und kriecht zur Basis des Kurztriebes, hier sich eine Gespinströhre fertigend, die zur Häutung jeweils verdichtet wird. – **Fraßpflanzen:** europäische und japanische Lärche (in Norddeutschland etwa im Alter von 20 Jahren); an unterständigen Fichten oder Sitkafichten können freilich verschiedene Larvenstadien in lockeren Gespinsten angetroffen werden, doch scheinen sie an diesen Holzarten trotz vorübergehender Nahrungsaufnahme (ausnahmsweise Schartenfraß!) vorzeitig abzusterben. Sobald die Eilarve bei der Lärche an der Basis des Kurztriebes zunächst ein lockeres Gespinst angelegt hat, beißt sie mit ihren noch winzigen Mundwerkzeugen eine Nadel am Grunde ab und zieht sie in die Gespinströhre ein, hier die Nadel ganz verzehrend. Also an der Lärche keinerlei Scharten- oder Rinnenfraß (vgl. dazu Fraßbild der Tenthredinine *Pristiphora erichsoni* [s. Seite 153]).

Die Larven vermögen während ihrer gesamten Entwicklung mindestens 10 Kurztriebe zu entnadeln; teils Kahlfraß, größtenteils Lichtfraß bei Auftreten beobachtbar. – Der Verlust der Spinnfähigkeit bedingt die Beendigung der Fraßtätigkeit (im merkwürdigen Gegensatz zu den Tenthredinidae: bei ihnen ist die Einstellung der Fraßtätigkeit gekoppelt mit dem Beginn eines Spinnvermögens). Die *Cephalcia alpina*-Larven lassen sich zu Boden fallen und überwintern fast überwiegend im Traufbereich.

Vertilgerkomplex: die Eintragung von toten oder geschwächten Imagines durch *Formica rufa* (Hym.) beobachtet; an der Vertilgung wahrscheinlich zahlreiche Singvogelarten beteiligt (etwa Baumpieper, Buchfink, Laubsänger- und Meisenarten), doch hoher Eibelag während der Massenvermehrung zeigt, daß der Vernichtungsanteil nicht allzu hoch ist. Eiräuber und Eiparasiten konnten bisher nicht festgestellt werden. Das anfälligste Stadium für die biotischen Faktoren eines Umweltwiderstandes scheint zweifellos das Larvenstadium zu sein. Auffällige Dezimierung des Larvenbestandes erfolgt durch Vögel (Staren-, Krähen- und Dohlenschwärme), freilich vornehmlich in bereits kahlen Beständen, so daß auch diese Verminderung der larvalen Population sich offensichtlich nicht auf den Ablauf einer Gradation auszuwirken vermag. Ob andererseits die gradologischen Auswirkungen der Entomophagen bedeutend oder geringfügig sind, können erst weitere Untersuchungen klären; beobachtet wurden außer gelegentlich auftretenden Tachinen (Dipt.; Art?) vornehmlich Ichneumoniden (u. a. *Xenoschesis fulvipes* GRAV. [UF Tryphoninae], die auch als Larvenparasit bei *Cephalcia abietis* L. und bei *Acantholyda erythrocephala* L. [Pamphil.; Hym.] festgestellt wurde). Die Larven im Winterlager wurden schließlich von einer Polyedrose befallen; der Abgang während des 8 Monate andauernden Verbleibens in den Bodenschichten war insgesamt gesehen stellenweise erheblich [BRAUNS, 1951]. Fraßfolgen nach einer Massenvermehrung dieses Bestandesschädlings: in der 2. Hälfte des August meist Wiederbegrünung befallener Bestände, die aber bei ungewöhnlichen Witterungsverhältnissen (Dürrezeiten) oder bei plötzlichen Kälteeinbrüchen mit Bodenfrost (auch schon im August) sehr beeinträchtigt werden kann, so daß ein Zuwachsverlust unvermeidbar ist.

Acantholyda hieroglyphica Christ, Kiefernkultur-Gespinstblattwespe
(syn. *Lyda campestris* FALL.)

Kennzeichen: 12–17 mm. Imago: Kopf und Thorax schwarz mit gelben Zeichnungen; Abdomen rotgelb, Basis und Spitze schwarz. – Larve (um 24 mm): schmutzig bräunlich-grün, dunkel gesprenkelt. Medianlinie auf Rücken und Bauch dunkel. Larven in den Bodenschichten grün oder dottergelb.

Ökologie: vornehmlich an 2–6jährigen Kiefern (auch Weymouthskiefern). – Ablage eines Eies am Maitrieb (Flugzeit: Juni). – Larve in wurstförmiger Gespinströhre, die am Knospenquirl des Maitriebes ansetzt und bis zur Basis desselben reicht; Seitentriebe selten belegt. Fraß von oben nach unten (Abb. 227). – Larve im August in den Bodenschichten. – Einjährige Generation; gelegentlich Überliegen.

Wirtschaftl. Bedeutung: bisweilen in Saatkämpen schädlich, sonst nur auffällig.

Acantholyda erythrocephala L.,
Stahlblaue Kiefernschonungs-Gespinstblattwespe

Kennzeichen: 10–12 mm. Vollkerfe: blauschwarz (nur ♀ mit braunrotem Kopf). – Larven (um 22 mm): oliv- bis graugrün, mit braunen Flecken in Querreihen und 3 bräunlichen Längsstreifen (Abb. 225).

Ökologie: vornehmlich in 10–15jährigen Kiefernschonungen (*Pinus silvestris, montana, strobus* und *cembra*). – Flugzeit: April. – Eiablage auf ältere Nadeln, meist an einem Trieb 1–2 Eier, aber auch bis über 10. – Larven gesellig (bis über 80) in einem Gespinst (außen glatt [Abb. 226], innen mit einzelnen Röhren für je 1 Larve), das nur wenig Kotkrümel enthält. Fraß stammwärts an vorjährigen Trieben; nur bei Nahrungsnot Nadeln der Maitriebe annehmend, wobei auch die Triebrinde platzartig befressen wird. – Larven Anfang Juni ausgewachsen, verpuppen sich in den Bodenschichten in einer kleinen Höhle nahe dem Stammfuß. Ab September an der Ausbildung etwaiger Puppenaugen jene zu erkennen, die im nächsten Frühjahr schlüpfen werden. – 1–3jährige Generation. – Vertilgerkomplex: u. a. Raubwanzen (wahrscheinlich auch *Troilus luridus* (Heteroptera) und Coccinellidae; als Parasiten Ichneumonidae (u. a. *Xenoschesis fulvipes* GRAV. [UF Tryphoninae]) und Tachinidae.

Wirtschaftl. Bedeutung: als Kulturschädling, vor allem in Aufforstungsgebieten (etwa nach Forleulenfraß), stark schädigend aufgetreten; in früheren Zeiten nur kleinere Gradationsherde beobachtet (mit vornehmlich Zuwachsverlusten als Fraßfolgen).

Acantholyda posticalis Matsumura
(Große Kiefernbestands-Gespinstblattwespe
(syn. *Lyda stellata* CHRIST u. *A. nemoralis* C. G. THOMS.)

Kennzeichen: 11–15 mm; Vollkerf: Grundfarbe des Kopfes schwarz, gelbgefleckt; Abdomen in beiden Geschlechtern braunschwarz, lateral rötlich. – Larven, erwachsen, im Gespinst: olivgrün mit braunen Lateralstreifen (*erythrocephala* gegenüber: z. T. schwarze Füße!); überliegende Larven gelb.

Ökologie: vornehmlich in 40–100jährigen Kiefernbeständen (also vom Stangen- bis Altholzalter). – Flugzeit: Ende April/Ende Juni. – Eiablage: Eier einzeln (insgesamt bis 80) an ältere Nadeln; dabei sägen ♀♀ zunächst kurzen Schlitz, bestreichen diesen mit «Kitt» und legen darauf das Ei. – Larven nicht gesellig lebend; sofort nach dem Schlüpfen Beginn der Spinntätigkeit. Gespinst gewöhnlich an älteren Trieben (nur junge Larven auch am Maitrieb). Larve beißt Nadeln ab, läßt Scheidenteil stehen, zieht die abgebissenen Nadelstücke in das Gespinst und verzehrt sie. Gespinst fast ohne Kotkrümel, da diese hinausgeschafft werden (Abb. 228); bei Massenvermehrungen bleibt zwar mancher Kotkrümel im Nachbargespinst hängen. Spitzenwärtige Fraßrichtung, so daß terminale Zweig- und Kronenteile nicht selten unversehrt sind. Fraßzeit: Juni/August. – Überliegen als Larve in bohnenförmiger Höhle in etwa 10 cm Tiefe meist im Schirmbereich des Fraßbaumes; Verpuppung im 3. Frühjahr nach einer 6. Häutung. 3jährige Generation. – Vertilgerkomplex: bei den Larven (die auch vom Schwarzwild dezimiert werden) parasitieren Tachinen und Schlupfwespen. Den schwerfälligen Imagines stellen räuberisch nach: u. a. Odonata, Asilidae (Dipt.).

Wirtschaftl. Bedeutung: sehr schädlich; begünstigend bei Massenvermehrungen etwaige, vorherige stärkere Fraßschäden durch andere Schadinsekten (Nonne, Spanner usw.) oder offenbar auch Schlechtwüchsigkeit der Bestände.

Gradationen können sich über 10–15 Jahre hinziehen; infolge geringer Fluglust der Blattwespen erfolgt die Ausweitung des Fraßgebietes nur langsam. Meist Schadflächen verstreut, höchstens 200 ha groß. – Zusammenbruch der Massenvermehrungen zweifellos durch starke «Trichogrammierung» (= Befall durch den Eiparasiten *Trichogramma* [Chalcididae; Hym.]) und durch starke «Tachinose» (= Befall durch Raupenfliegen [Tachinidae; Dipt.]) mitbedingt. Vielleicht ist auch eine Virose unter den überliegenden Larven an der Gradationskrisis beteiligt. – Schad-Prognose: etwa bei 15 (schlüpfbereiten?) Larven je qm: schwache Kronenentnadelung, bei 30 je qm: bis 10%ige Entnadelung, bei 280–360 Larven je qm: 75%ige Entnadelung der Krone.

Tenthredinidae, Blattwespen i.e.S. («echte Blattwespen»)

Diagnose und Systematik: da andernorts schon die Merkmale der Larven und teilweise der Vollkerfe aufgezeigt sind, die Holzwespen an ihrem Legebohrer zumeist schnell angesprochen werden können, mögen hier zumindest einige Differentialmerkmale der Blattwespen gegenüber den Gespinstblattwespen im Imaginalstadium aufgezeigt werden, um Möglichkeiten zur Verwechselung zu verringern. Bei beiden finden wir 2 gut ausgebildete Endsporne an den Vordertibien, aber bei den Pamphiliidae (lange) borstenförmige, vielgliedrige Fühler, bei den Tenthredinidae dagegen keulenförmige oder geknöpfte Fühler (Cimbicinae) oder borstenförmige mit 9 Gliedern (Tenthredininae) oder aber wenn mit 18–26 Gliedern, dann sind die Fühler (♀♀) gesägt bzw. (♂♂) gefiedert (Diprioninae).

Diprioninae (Lophyrinae), Buschhornblattwespen

Diprion (= Lophyrus) pini L., (Gemeine) Kiefernbuschhornblattwespe

Kennzeichen: ♂♂: 7–8 mm; ♀♀: bis 10 mm (Abb. 243). Vollkerfe: variable Färbung; ♂♂ gewöhnlich schwarz, mit doppelt gefiederten Fühlern (Abb. 244); ♀♀ blaßgelb, an Kopf und Abdomenmitte schwarz, mit sägezähnigen Fühlern; ♀ größer als ♂. – Larven (Abb. 236/237): ~28 mm; in Zeichnung und Färbung gleichfalls oft sehr unterschiedlich; gelblichgrün mit braunem Kopf (Farbtafel 13, Abb. 88). – Kokon (Abb. 242): lederartig braun, schwer zerreißbar; ohne Segmentierung im Gegensatz zu Tachinentönnchen (vgl. Abb. 966 mit Abb. 864). ♂♂-Kokons kleiner als ♀♀-Kokons (s. auch: Abb. 241).

Ökologie: in 30–140jährigen Kiefernbeständen festgestellt; bei Massenvermehrungen sogar Eiablagen in 10–12jährigen Schonungen beobachtet (in der Rhein-Main-Ebene). – Außer an *Pinus silvestris* auch an anderen *Pinus*-Arten (u.a. an *banksiana*, *nigra* und *strobus*). – Bevorzugt zunächst kränkelnde, lückige Bestände auf schlechtem Boden, bei denen an den «sonnenseitigen Bestandesrändern» (wie schon RATZEBURG angibt) der Fraß zumeist zuerst beobachtet wird. Interessant folgende Beobachtung in der Rhein-Main-Ebene:

in einem stark befressenen 30–40jährigen Bestande fast keine Nadeln mit Eizeilen, während im benachbarten 140jährigen Bestande bei der 2. Generation
eine erhebliche Eiablage im August stattfand. Ein «Überflug», der bei den flugträgen ♀♀ nur in geringem Umfange gewöhnlich stattfindet, ist anscheinend
doch nicht ganz von der Hand zu weisen [BRAUNS, 1951]. – Den weiteren
ökologischen Angaben muß vorangesetzt werden die Frage der Generationenzahl; je nach den klimatischen Gegebenheiten einfache Generation (etwa in
Oberbayern oder in Finnland) oder doppelte Generation (z.B. in der Rhein-
Main-Ebene nach eigenen Beobachtungen). – Flugzeit: bei einfacher Generation: Juni/Juli – bei doppelter Generation: April/Mai und Juli/August. Nur
♂♂ schwärmen, ♀♀ träge an den Zweigen. – Parthenogenese offenbar vorkommend; gelegentlich schon sehr frühzeitig Eiablagen aufzufinden, während
♂♂-Kokons die Imago überhaupt noch nicht entlassen haben (siehe Seite 168
oben).

Eiablage (bis etwa 20 Stück) in aufgeschlitzte Nadelkante (Abb. 233/235),
die wieder verklebt wird mit einer schaumigen Kittmasse (bestehend aus dem
herausgesägten Nadelfleisch mit Sekret aus besonderen Drüsen). Belegt werden: im Frühjahr vorjährige, im Sommer diesjährige Nadeln (bei doppelter
Generation); beide Gruppen, besonders diesjährige Nadeln (bei einfacher
Generation). Eidauer: 3–4 Wochen. – Larven fressen gesellig, bei doppelter
Generation: Mai/Juni und August/Oktober. – Fraßbild: Maitriebe werden
verschont von Larven der 1. Generation, Larven der 2. Generation nehmen
auch Maitriebe (ohne die Knospen) an. Anfangs bleibt Mittelrippe mit Nadel-
rest an der Spitze erhalten, später werden Nadeln bis zur Scheide abgefressen
(zusätzlich Platzfraß an der Rinde des Fraßzweiges). Stets einzelne Kiefern
stärker, andere schwächer befressen. 5–6 Larvenhäutungen; abgestreifte
Häute rings um die Nadeln festgeklebt. – Verpuppung der 1. Generation etwa
im Juli, Kokons zwischen Nadeln, an den Zweigen in Rindenritzen, bei Massenvermehrungen auch am Unterwuchs angesponnen (in der Rhein-Main-
Ebene an Grashalmen und am roten Fingerhut (*Digitalis purpurea* L.) zahlreich
aufgefunden). Verpuppung der 2. Generation frühestens im März des folgenden Jahres; Afterraupen überwintern in Kokons, die in der Streudecke liegen
(meist gehäuft am Stammfuß). – Dauer der Puppenruhe zumeist nur 2 Wochen.
Wespe schneidet beim Schlüpfen kreisrundes Deckelchen ab (Abb. 858).

Vertilgerkomplex: Mäuse = Dezimierer der in der Streudecke liegenden
Kokons (quetschen an dem einen Ende den Kokon zusammen, nagen schlitzförmige Öffnung an der Spitze der zusammengequetschten Stelle, durch die
der Inhalt mit den unteren Nagezähnen herausgezogen wird); Vögel (u.a.
Spechte, Baumläufer, Kleiber, Meisen, aber auch Kuckuck, Star, Rabenkrähe)
= durchaus wichtige Bevölkerungsregulatoren; neben der Vertilgung der
Afterraupen und Imagines auch Annahme der Kokons der Frühjahrsgeneration
(Kokonverletzung durch Vögel = unregelmäßige, exzentrisch gelegene Öffnung an einem Kokonende). Von raptorischen Insekten oder deren Larven:
u.a. *Cicindela hybrida* und *silvatica* (Cicind., Col.), *Calosoma sycophanta* und

inquisitor (Carab., Col.), Staphylinidae (Col.), Asilidae (Dipt.); Elateridenlarven fressen typische Öffnungen (langoval, Ränder aufgebogen; Abb. 862)
an den in der Bodendecke liegenden Kokons, um sich in den Kokons hineinzuzwängen. – Kokons zeigen häufig die charakteristischen Schlüpföffnungen von
Ichneumoniden (Abb. 859) und Chalcididen (Abb. 860); auch Tachinen
(Abb. 861) treten (gleichfalls bei den Larven) auf. Die wichtigsten Parasiten
scheinen mir die Eiparasiten zu sein, da sie bei der Krisis anläßlich einer Massenvermehrung eine ausschlaggebende Rolle spielen. So trat bei der Massenvermehrung in der Rhein-Main-Ebene (1943/1944) vornehmlich die Chalcidide
Achrysocharella (= *Wolffiella*) *ruforum* KRAUSSE auf (Frühjahrsgeneration
zu 33%, Sommergeneration zu 95% parasitiert [BRAUNS, 1951]). Dem eierlegenden Blattwespen-Weibchen folgt das Chalcididen-Weibchen und belegt
das Wirtsei mit einem Parasitenei, ehe die Kittmasse, die die Blattwespeneier in
der Rinne der Nadel vor äußeren Einflüssen schützen soll, austritt. Jedes parasitierte Ei in der Eizelle hat eine schwarze Farbe. *Achrysocharella* wird so zahlreich als Regulator der Blattwespen-Populationsdichte aufgefunden, daß der
Befall der Eistadien geradezu als eine Prognosegrundlage genommen werden
kann. – Mykosen und Bakteriosen bei Massenvermehrungen von *Diprion*-
Arten überhaupt mitunter bedeutungsvoll; Massensterben der Larven vornehmlich durch Bakteriosen verursacht, bei den Kokonstadien tritt häufiger
Verpilzung auf (*Beauveria densa* VUILL.; *Isaria* spec. und *Scopulariopsis*
(= *Penicillium*) *brevicaulis* var. *alba* THOM.).

Wirtschaftl. Bedeutung und Prognose: Gradationen der Kiefernbuschhornblattwespe im gesamten Verbreitungsgebiet der Art von Zeit zu Zeit statt-
findend; in den Hauptschadgebieten herrschen zweifellos besonders günstige
Umwelt- und Entwicklungsverhältnisse. Fraßfolgen meist geringer als anfangs
nach den Larvenmassen und nach dem Aussehen der befressenen Bestände angenommen wird; der Schaden kann aber durch Nachfolgeschädlinge (*Myelophilus piniperda*, Ipid., Col.; *Pissodes*, Curcul. Col.) wesentlich vergrößert
werden (auf 1 m eines etwa 10 m langen, unentrindeten, im Winter geschlagenen Stammes fanden sich im nachfolgenden Sommer bis zu 50 Brutsysteme, das
sind pro m etwa 5000 oder pro Stamm 50000 Jungkäfer [BRAUNS, 1951]).
Prozentanteil der absterbenden Stämme bei alleinigem Befall durch *Diprion
pini* in erträglichen Grenzen, meist Wiederbegrünung der Kiefern. Bei Dünenaufforstungen können jedoch die Folgen unangenehmer sein. – Wo doppelte
Generationen vorkommen, Schaderscheinungen durch den Sommerfraß verursacht; dabei handelt es sich um 2. Fraß in demselben Jahr in den gleichen
Beständen. Außerdem Zahl der Larven im Sommer größer als im Frühjahr,
verursacht durch die Erscheinung des «Überliegens», das in der Ökologie des
Schädlings (vor allem auch bei Prognose-Untersuchungen) von ausschlagge-
bender Bedeutung ist. Im März in der Streudecke aufgefundene Kokons können
die Imago im selben Frühjahr, im Sommer desselben Jahres oder erst im nächsten Jahre entlassen. – Bei den Einspinnstadien im Kokon Schlüpfbereitschaft
erkennbar am Auftreten der Puppenaugen (Abb. 240), das sind schwarze

Flecken an der Kopfkapsel (durch Hindurchschimmern der schon entwickelten Augen der späteren Wespe entstehend). Eonymphen = nicht schlüpfbereite Vorpuppen ohne Puppenaugen (Abb. 238); Pronymphen = schlüpfbereite Vorpuppen mit Puppenaugen (Abb. 239). Es wird hier von «Vorpuppen» gesprochen, da bald nach dem Einspinnen Veränderungen am Larvenkörper stattfinden (u. a. Rückbildung der Bauchfüßchen). Ausbildung der Pronymphe soll im überwinternden Kokon schon zur Zeit der üblichen Wintersuchen nach den im Boden überwinternden Insekten und ihren Entwicklungsstadien, also Anfang Dezember, ausgebildet sein. Diese Erscheinung trifft anscheinend nicht immer zu (wie eigene Untersuchungen in der Rhein-Main-Ebene zeigten). Mitunter erfolgt die Ausbildung der Puppenaugen offenbar sehr viel später und kann die Prognosestellung dadurch erheblich erschweren.

Zur Feststellung, ob in der kommenden Fraßperiode mit starkem Fraß zu rechnen sein wird, kann eine besondere Kokonsuche stattfinden; weil aber Blattwespen-Gradationen vielfach gerade im Eistadium zusammengebrochen sind, kommt den Eisuchen größere Bedeutung zu. Dabei wird etwa folgendermaßen verfahren: auf einer 1 ha großen Probefläche werden 4 Probestämme mit mittlerer Krone in 3tägigem Abstand gefällt, sämtliche mit Eizeilen belegte Nadeln eingesammelt. Alle Nadeln können natürlich nicht nach der Zahl der Eier durchgesehen werden, sondern als Durchschnitt werden 100 Nadeln beliebig herausgegriffen und die Eizeilen gemessen. 1 Ei nimmt etwa den Raum von 1,6 mm ein; man berechnet dann die Eizahl je 100 Nadeln und nach besonderen Unterlagen daraus die Eizahl je Krone. Je nach dem Alter des Bestandes und der Ertragsklasse (= Holzarten-Bonität, d. h. die Produktionsfähigkeit des Standorts mit Bezug auf eine bestimmte Holzart und auf eine bestimmte Ertragstafel) lassen sich dann für vollbenadelte Bestände kritische Eizahlen auffinden; bei geringerer Benadelung werden diese Werte durch besondere Berechnungen entsprechend reduziert. Außerdem wird eine Gesundheitsprüfung der Eier vorgenommen, mithin die etwaige Parasitierung mit Eiparasiten untersucht. Auf Grund der Ermittlungen derartiger gradationshemmender Faktoren läßt sich ungefähr die Gefährdung in der nächsten Fraßperiode berechnen, denn je größer die Eizahl überhaupt ist und je mehr gesunde Eier Afterraupen entlassen, desto stärker wird der Fraßgrad («Nasch-, Licht- oder Kahlfraß») sein. – Schilderung der einzelnen Prognose-Maßnahmen in Sonder-Veröffentlichungen [SCHWERDTFEGER, 1941; THALENHORST, 1941].

Neodiprion sertifer Geoffr., Rotgelbe Kiefernbuschhornblattwespe
(syn. *Lophyrus rufus* RTZB.)

Kennzeichen der Vollkerfe: 6–9 mm; durch die Färbung sind die Geschlechter gegenüber denen von *Diprion pini* eindeutig zu unterscheiden. Das ♂ bis auf die rotbraunen Bauchsegmente und die Beine glänzend schwarz, mit typisch schwarzem Randfleck am Vorderflügel; das ♀ mit länglichem rotgelben Körper und ebensolchen Beinen, dunkle Zeichnungen nur gering auftretend. – **Larve** (Abb. 230), erwachsen, etwa 22–25 mm, mit einfarbig schwarzem, glänzendem Kopf; Körper dunkel graugrün bis schwarz, ventral heller grün. Median zieht ein zum Abdomenende schmaler werdender, beiderseits schmal schwarz gesäumter heller Rückenstreifen, der jedoch auf den Analdeckel nicht übergreift.

Über den Stigmen befindet sich ein schwarzer Streifen, der dorsolateral von einem schmutzigweißen, ventrolateral von einem fast weißen Streifen gesäumt ist. Im übrigen ist die Larve stark bedornt und mit Warzen besetzt (u. a. Lorenz und Kraus, 1957).

Ökologie: als Fraßpflanzen werden die meisten bei uns vorkommenden Kiefernarten angegeben; dabei werden 3–20jährige Kulturen bzw. Dickungen bis zum Stangenholzalter bevorzugt angenommen; nur gelegentlich werden tiefherabhängende untere Zweige von Altkiefern befressen. Während stärkerer Gradationen werden jedoch alle Altersklassen befallen. – Eiablage: Ende September/Oktober; Eier (5–10) werden nach Escherich (1942) in nicht geschlossenen Reihen im Abstand von $1^1/_2$–2 mm in die Nadelkante versenkt; Eiablagestellen beiderseits gelblich verfärbt. Zumeist überwintert das Eistadium (gegenüber allen anderen Arten, die als Larve im Kokon die ungünstige Jahreszeit überdauern). Überwinterung von Kokonlarven ist zwar auch beobachtet worden und sollen später zumeist ♂♂ ergeben. – Larven gesellig im Mai/Juni (oder bei ungünstigeren klimatischen Gegebenheiten etwas später) an Nadeln des Vorjahres fressend (Abb. 229), mithin Maitriebe verschonend (nur bei starkem Fraß auch diesjährige Nadeln annehmend). Mittelalte Larven lassen den Mittelstrang der befressenen Nadel stehen, ausgewachsene Larven verzehren sie bis auf einen Stumpf. Außerdem wird oft auch die Triebrinde plätzend benagt. – Verpuppung in einem weichhäutigen, hellbraunen Kokon in der Streuschicht (unmittelbar unter Moospolstern) oder am Bodenbewuchs (am Gras oder an Heide-, Beer- und Farnkraut). Vereinzelt finden sich auch einmal Kokons auf Nadeln oder in Astquirlen. Die schlüpfende Wespe schneidet einen Deckel in tiefem Schnitt ab. – Zumeist einjährige Generation, die mitunter durch Überliegen zwei- oder mehrjährig werden kann. – Vertilgerkomplex: wichtige Parasiten (die ebenfalls nur eine Generation im Jahr durchlaufen [univoltin]): *Torocampus eques* Htg. und *Exenterus abruptorius* Thunb. (syn. *cingulatorius* Holmgr.) [Hym., Ichn.] [vgl. Thalenhorst, 1953]. Die Chalcidide *Microplectron fuscipennis* Zett. ist ein plurivoltiner Kokonparasit. An Prädatoren wurden neben Mäusen räuberische Insektenlarven (Drahtwürmer u. a.) beobachtet [Thalenhorst, 1952]. Zu geringen Prozentanteilen treten jeweils auch verpilzte und verjauchte Kokons auf.

Wirtschaftl. Bedeutung: gelegentlich durch Massenvermehrungen (oft in Verbindung mit anderen Diprioninen) gegeben. Im allgemeinen aber vornehmlich an einzelnen Bäumen oder Baumgruppen auftretend, mithin keine zusammenhängenden Befallsgebiete. – Neuerdings erheblichen Fraßschaden in Schwarzkieferkulturen in Schleswig-Holstein.

Tenthredininae

Außerordentlich artenreiche Unterfamilie mit morphologisch teilweise abweichenden und ökologisch unterschiedlichen Formen (vgl. die Bemerkungen Seite 144).

An Nadelholz

Pristiphora (= **Lygaeonematus**) **abietina** Christ, **Kleine Fichtenblattwespe**
(syn. *abietum* HTG., *pini* RETZ.)

Kennzeichen: sehr kleine Art. ♂ (bis 5 mm) blaß gelbbraun mit braunschwarzer Zeichnung, ♀ (bis 6 mm) schwarzbraun mit helleren Flecken; Farbvariationen kommen vor. – Larve hellgrün mit gelblichem oder bräunlichrotem Kopf; 15 mm. Feldkennzeichen: Abdomen wird bei Beunruhigung S-förmig geschwungen; starker Wanzengeruch (aus Bauchdrüsen stammend).

Ökologie [NÄGELI, 1936]: —anfangs wird die Fichte der jüngeren Altersklassen (10–30jährig) befallen, später auch ältere Bestände. – Flugzeit: Ende April bis Anfang Juni. – Eiablage: einzeln in offene, von der Sägescheide hergestellte Schlitze der Nadeln der obersten Maitriebe (Knospe dabei von Knospenschuppen frei, aber die einzelnen Nadeln noch nicht auseinander gespreizt). – Wie bei den meisten Blattwespen auch parthenogenetische Fortpflanzung vorkommend; solche Eier ♂♂ ergebend («Arrhenotokie» im Gegensatz zu «Thelytokie» [nur ♀♀] und «Amphitokie» [aus unbefruchteten Eiern können beide Geschlechter hervorgehen]). – Eiablageort: windgeschützte Ost- und Südränder, besonnte Kulturen inmitten von Altholzbeständen. Spättreiber unter den Fichten stärker befallen als Frühtreiber («Früh-» und «Spätfichten» = zwei Rassen, unterschiedlich nach ihrem Austreiben im Frühjahr). Larvenzeit (vom Ausschlüpfen aus dem Ei bis zum Einspinnen in den Kokon): etwa 2–3 Wochen; ♂♂-Larven dabei 4, ♀♀-Larven 5 Stadien. – Fraßbild: Eilarven fertigen Schartenfraß; aber bereits Einhäuter (= Larven nach der 1. Häutung) erweitern solche schartigen Fraßstellen bis zur anderen Nadelkante, so daß Spitzenteil der Nadel nur noch durch dünnen Faden mit der Nadelbasis zusammenhängt und bald umknickt. Schließlich werden von den älteren Larvenstadien die (jungen, stets diesjährigen) Nadeln von der Spitze her derart befressen, daß nur noch ein Nadelstumpf übrig bleibt (Abb. 231). – Erwachsene Larven Ende Mai/Anfang Juni in die Streudecke abwandernd, spinnen einige cm tief (in der Schweiz nach dortigen Beobachtungen vor allem in dem 1–3 cm mächtigen Rohhumus unter Moosrasen) einen Kokon, in dem die «Einspinnlarven» überwintern, um im nachfolgenden Frühjahr im April sich zu verpuppen; in der Regel einjährige Generation (kann durch Überliegen der Eonymphe [vgl. *Diprion pini*, Seite 147] bis auf 6 Jahre hinausgezogen werden).

Vertilgerkomplex: geringer an Zahl als bei *Diprion pini*. Den Larven als Räuber nachstellend außer einigen Vögeln u. a. *Calosoma sycophanta* L. (Carab., Col.), *Aphidecta obliterata* L. und *Anatis ocellata* L. (Cocc., Col.), *Troilus luridus* F. und *Harpactor annulatus* L. [schwarz, mit rot und schwarz gescheckten Hinterleibsrändern] (Heteropt., Rhynch.), *Formica polyctena* FOERST. (Formic., Hym.), *Panorpa communis* L. (Panorpata; wirksame Beteiligung an der Dezimierung der *abietum*-Larven aber doch zweifelhaft) und schließlich die Larven von *Syrphus tricinctus* FALL. (Syrph., Dipt.); die Kokons dezimieren als Räuber (außer Spitzmäusen und Eichhörnchen): Elateridenlarven u. a. *Athous subfuscus* MILLT. (Elat., Col.); *Abax* spec. und *Pterostichus* spec. (Carab., Col.); *Ocypus olens* MÜLL., *Othius punctulatus* GOEZE, *Tachyporus ruficollis* GRAV. (Staph., Col.). – Die starke Populationsdichte von Symphyla, Pauropoda, Diplopoda und Chilopoda, Collembolen und Tipulidenlarven (Dipt.) an den Kokonlagerstätten ist auf das reichliche Vorkommen von *abietum*-Raupenkot zurückzuführen; keine dieser Gruppen beschädigt jemals einen Blattwespenkokon. – Zur Schwärmzeit fangen Spinnen (etwa die gelblichgrüne *Aranea cucurbitina* L.) die Imagines in ihren Radnetzen; gegen Ende Mai ist *Aranea* ausgewachsen, zur Zeit des einsetzenden Afterraupenfraßes; Spinne ändert ihre Taktik und macht Jagd auf *Lygaeonematus*-Larven, lebt jetzt ohne Netz (dazu auch: FOELIX, 1979). Parasiten: Ichneumonidae (Kokonparasiten), eine Braconiden- (als Eiparasit?) und eine Tachiniden-Art (*Arrhinomyia cloacella* KR.) festgestellt. – Mykosen und Bakteriosen als Mortalitätsfaktoren anscheinend nur geringe Rolle (im Gegensatz zu den Diprioninae, bei denen diese Krankheitsfaktoren mitunter bedeutungsvoll sind). Ob auch Polyedrosen auftreten, ist noch nicht untersucht, nach dem Vorkommen bei Pamphiliiden (etwa bei *Cephalcia alpina*) aber zu vermuten.

Wirtschaftl. Bedeutung: stärkeres Auftreten von *Pristiphora abietina* stets in jungen Beständen beginnend, während jüngere Pflanzungen (unter 10 Jahre), besonders aber mittelalte und Altholzbestände zunächst verschont bleiben. Entgegen früheren Ansichten, daß eine besondere Befalls-Prädisposition der Bestände infolge Schwächung durch primäre Schädigungen eine *abietina*-Gradation begünstigten, zeigten neuere Beobachtungen, daß die kleine Fichtenblattwespe anscheinend als ein «primäres» Schadinsekt anzusprechen ist, werden doch häufig frohwüchsige Pflanzungen und zuwachsreiche Althölzer besonders stark befallen. – Gelegentlich auch Vorkommen von *abietina* in Rauchschadgebieten; daraus kann aber nicht gefolgert werden, daß Fichtenblattwespenfraß erst nach Rauchschaden auftritt, weil das Auftreten von Kalamitäten in anderen Gebieten dagegen spricht. Vielleicht begünstigen Erscheinungen einer Grundwassersenkung die Verhältnisse für das Einspinnen der Larven (durch Ausbildung einer Rohhumusschicht); doch auch darüber liegen keine einheitlichen Beobachtungen vor.

Dauer der Gradationen: Fraß kann jahrelang auf Jungpflanzen beschränkt bleiben und nur in günstigen Jahren leicht übergreifen auf Altholz. Gefahr einer langfristigen Kalamität erst dann gegeben, wenn Altholzbestände befallen werden, in denen als Kokonlagerstätten günstige Boden- und Vegetationsverhältnisse vorhanden sind. Dann sind über Jahrzehnte sich hinziehende ausgedehnte Gradationen zu beobachten. – Wesentlich ist, daß nie vollständiger Kahlfraß auftritt, weil nur Nadeln des jüngsten Jahrestriebes vernichtet werden; befallene Bestände bleiben also auch bei wiederholtem Fraß lebensfähig. Trotzdem Intensitäts-Schwankungen beobachtbar, die auf meteorologischen Ursachen wahrscheinlich beruhen (für die Eiablage ein ganz bestimmter Zustand der jungen Fichtentriebe erforderlich!). Weniger Einfluß auf den Befall haben zweifellos extrem starke Winter, da der Kokon an und für sich schon einen großen Kälteschutz darstellt.

Fraßfolgen: Deformationen und bei längerer Dauer auch allmähliches Absterben der Triebe; es entstehen Wipfelmißbildungen. Bajonettbildung: Wipfeltrieb stirbt ab, ein Seitentrieb richtet sich auf und übernimmt die Funktion des Wipfels; Mehrwipfeligkeit: mehrere Seitentriebe richten sich auf, führt dann oft zur Vielwipfeligkeit und schließlich zur «Schopfbildung»; Kussel- oder Kollerfichte: meist gar keine Wipfelbildung, abnorm abgerundete halbkugelige Form mit buschiger Verzweigung (wie vom Wild stark verbissen). Werden nur die Seitentriebe befallen, der Gipfeltrieb verschont, bildet sich die «Spindelfichte». Deformationen können ausheilen, wenn Massenvermehrung nachläßt. Daneben beträchtlicher Zuwachsverlust festzustellen.

Erkennung: Anhaltspunkt für die Diagnose: Fraßbegrenzung auf diesjährige Nadeln. Außerdem: spärlich befressene Nadeln knicken an dünnen Stellen meist um. Fraßbild aus der Ferne erinnert an Frost (Abb. 232). Differentialdiagnose bei Befall durch polyphagen grauen Lärchenwickler (*Semasia diniana* GN.; Tortr., Lep.) in Fichtenbeständen: kurz Gespinströhre mit Kotkrümeln und Nadelresten; vor allem die typischen Raupenstadien. – Prognose: sehr schwierig, da Kokons ungleich in den Befallsgebieten verteilt und umfangreiche Eiparasitierung nicht erfolgt.

Außer *abietina* an Fichte auftretend: *Lygaeonematus subarcticus* FORSSL (bisher nur in Südlappland); *L. saxeseni* HTG., *L. ambiguus* FALL., *L. compressus* HTG. und *L. stecki* NÄGELI (an den Lesesägen der ♀♀ u.a. zu unterscheiden).

Pristiphora (= Lygaeonematus) laricis Hartig.
Kleine schwarze Lärchenblattwespe

Kennzeichen: Imagines (5–6 mm) fast ganz schwarz (Abb. 245). – Larve (11 mm) grün mit weißen Lateralstreifen, Kopfkapsel gelb, Oberkopf dunkelbraun punktiert. – Kokon dunkelbraun (bronzefarben).

Ökologie: Biotop: Kulturen (etwa 4–10jährige) der deutschen und japanischen Lärche. – Im allgemeinen doppelte Generation. – Schwärmzeit: Ende April/Mitte Juni und Juli/August (fluggewandte Tiere!). – Arrhenotokische Parthenogenese vorkommend (siehe unter *Pristiphora abietina*, Seite 149). – Eiablage: an jungen Nadeln der Kurztriebe mittelständiger Zweige (typisch für Erkennung, da in dieser Region später auch der Fraß stattfindet); ♀ sägt Nadeln an der Schmalseite auf und bestiftet die entstandene Tasche mit einem Ei. Selten je Nadel mehr als 1 Ei, je Kurztrieb höchstens 4 belegte Nadeln.

Fraßbild: Schartenfraß der Eilarven an den Nadeln; auch ältere Larven fressen derartige Scharten (Abb. 246), oft über die ganze Nadelbreite (dann oberer Nadelteil zu Boden fallend und nur Stummel übrig bleibend). Anfangs Fraß an den Kurztrieben, später an den Langtrieben (von der Spitze aus).

Charakteristisch ist, daß an den Zweigen die äußersten Nadeln erhalten bleiben (Abb. 247).

Kokon wird in der Streuschicht (Förna), auch in den F- und H-Schichten gesponnen (bei der 1. Generation gelegentlich zwischen Nadeln). Zum Spinnen nahezu 100%ige Feuchtigkeit erforderlich, sonst vertrocknet die Larve. Kokons oft in regelrechten Knäueln beisammen. – Eonymphen können überliegen, mithin Verpuppung erst im nächsten Frühjahr. Bilden sich Pronymphen bald nach dem Einspinnen aus, entsteht 2. Generation, deren Larven bis in die 2. Septemberdekade fressen und dann zum Einspinnen und Überwintern in die Streudecke gehen. – Vertilgerkomplex lediglich einige Ichneumoniden und eine *Pteromalus*-Art (Chalcididae) bisher bekannt geworden.

Wirtschaftl. Bedeutung: starke Verluste in jungen Beständen hauptsächlich durch zweimaligen Fraß an Kurz- und Langtrieben in einem Jahre; außerdem von allen Lärchenblattwespen in Europa am ehesten zu Massenvermehrungen neigend. Vornehmlich Kulturschädling; Schaden kann durch gleichzeitiges Vorkommen anderer Lärchenblattwespen (u. a. von *Nematus erichsonii*, s. unten) noch erheblich vergrößert werden.

Gemeinsam kommen mit dieser und der folgenden Art an Lärche noch vor: *Lyg. wesmaeli* Tischb. (Larve grün, Kopfkaspel bräunlich) und *Anoplonyx*-Arten (*duplex* Lep., *ovatus* Zadd. und *pectoralis* Lep.).

Pristiphora (= Nematus, Holcocneme) erichsonii Hartig, Große Lärchenblattwespe

Kennzeichen: Imagines fast 1 cm, Kopf und Thorax größtenteils schwarz, Abdomen größtenteils rot. – Larve (bis 21 mm) grau bis graugrün, Kopfkapsel schwarz. – Kokon anfangs weißlichgrün, später dunkelbraun.

Ökologie: Biotop: alle Altersklassen sämtlicher Lärchenarten. – Schwärmt (um Mittag): Ende April/Mai (bei uns vor allem im Juni). – Trotzdem anscheinend vornehmlich Parthenogenese. – Eiablage: ♀ schneidet mit Legesäge Rinde der Maitriebe auf und legt etwa 20–40 Eier zumeist in einer Reihe in den Schlitz hinein. – Nach 8–10 Tagen erscheinen die Afterräupchen und befressen, anfangs gesellig, später einzeln, die Nadeln der Kurztriebe (Abb. 248; bei geringem Nahrungsangebot auch Nadeln der Langtriebe). Fraßzeit jeder einzelnen Larve höchstens 4 Wochen; gesamte Fraßzeit zieht sich aber von Ende Mai/Ende Juli hin, da Wespen sehr ungleich schlüpfen. – Afterraupen lassen sich zu Boden fallen; Einspinnen in Kokon in den Streuschichten und Überwinterung im Kokon; Verpuppung im darauffolgenden Frühjahr nach einer Häutung. – Schlupföffnung am Kokon mit gezacktem Rand (bei *Diprion* glatt: Abb. 858). – Zumeist einjährige Generation, selten Überliegen. – Vertilgerkomplex: Mäuse vernichten sehr viele Kokons (Erkennungsmerkmal: Zahnspur!); weiterhin zahlreiche Parasiten (Ichneumoniden, Braconiden, einige Chalcididen [Hym.] und Tachinen [Dipt.]). Auch Pilzkrankheiten treten auf.

Wirtschaftl. Bedeutung: Gradationen in Deutschland bisher auf kleinere Gebiete beschränkt. – Dies kann sich aber auch schlagartig ändern (vgl. *Acantholyda erythrocephala:* Pamphiliidae; Seite 143). – Für das Einspinnen, Überwintern und für die Verpuppung der Larven von *Nematus erichsonii* sind offenbar von besonderer Bedeutung die Bodenfeuchtigkeit und die kleinklimatischen Verhältnisse in den Streuschichten. – In Großbritannien und Nordamerika außergewöhnliche Massenvermehrung seit Ausgang des 19. Jahrhunderts bekannt geworden; in Kanada eine Tryphonine (*Mesoleius tenthredinis* MORL., Ichneumonidae) mit Erfolg zur biologischen Bekämpfung eingeführt. – Schaderkennung: Triebe welk, braun, nach der Seite der Eiablage gekrümmt. Fraßart: anfangs Scharten- und Rinnenfraß; erst die älteren Larvenstadien fressen die Nadeln ganz (vgl. dazu *Cephalcia alpina*, s. Seite 141).

An Laubholz (vgl. dazu auch Abb. 1015 bis 1017)

zahlreiche Tenthredininen-Afterraupen vorkommend, die mitunter bizarre oder differentialdiagnostisch von anderen Gruppen schwer unterscheidbare Formen aufweisen. An erster Stelle der Fraßpflanzen stehen zweifellos die Weiden; dann folgen Pappeln, Erlen, Birken und Eichen. An Weiden und Pappeln Blattwespen-Arten auftretend, deren Larvenfraß sogar mit Gallbildung gekoppelt ist (Zweig-, Knospen-, Blattstiel- und Blattgallen) oder deren Larven phyllophag sind (Eiablage dieser Formen u.a. in charakteristischen, nierenförmigen Eitaschen auf der Blattunterseite). Auf Erlen und Birken kommen neben «freilebenden» Afterraupen auch Blattminierer vor. Im folgenden seien wenige, besonders auffällige Larvenformen dieser Laubholzarten (und zwar als Beispiele nur freilebende Typen) morphologisch und bionomisch aufgeführt.

Pteronidea pavida Lep.

Larvale Kennzeichen (vgl. u.a. LORENZ und KRAUS, 1957): die Larven dieser Gattung zeichnen sich aus durch schwarze Zeichnungen, deren Anordnungsweise für die Artunterscheidung herangezogen wird. So sind neben einem dorsalmedianen Streifen beiderseits 4 paarige Fleckenreihen vorhanden. Freilich finden sich die Grundelemente der Zeichnung deutlich ausgebildet nur auf den mittleren Körpersegmenten, während sie sich nach vorn und hinten zu mehrminder verlieren können. – Bis 18 mm lang. Rumpf grün, vorderstes und letztes Segment gelb. Kopf bleichschwarz bis schwarzbraun. Diese auffallenden Färbungen aber erst bei den letzten Larvenstadien auftretend. Einer nahverwandten Art (die zudem an der gleichen Fraßpflanze auftreten kann [*Pteronidea melanaspis* HARTIG]) gegenüber wesentliches Differentialmerkmal: das dem unpaaren Rückenstreifen benachbarte Lateralband ist nicht in Flecken aufgelöst. Cerci lang kegelförmig (nicht abgestumpft kegelförmig), basal hell, spitzenwärts schwarzbraun mit ebenso gefärbten Höckerchen.

Ökologie: auf Weide (u.a. an Bruchweide [*Salix fragilis* L.]) und auf Espe

(Zitterpappel) vorkommend. Eiablage: Eier in unregelmäßigen Haufen an der Blattunterseite angeheftet, bisweilen mehr als 80 Stück. – Larven gesellig den Blattrand befressend und bei Störung in typischer Schreckstellung (Abb. 249). Mit charakteristischem wanzenartigen Geruch. – Fraßzeit: etwa Juli bis September. – Verpuppung in festem Kokon im Boden. Zumeist 2 Generationen.

Trichiocampus viminalis Fall., Gelbe Pappelblattwespe

Larvale Kennzeichen: bis 19 mm; hellgrün (Thorax- und letzte Abdominalsegmente gelb). Jederseits auf jedem Segment ein größerer schwarzer Dorsalfleck und ein kleinerer schwarzer Fleck über den Brust- und Hinterleibsfüßchen (Abb. 251). Feldkennzeichen: Larven haben einen unangenehmen Geruch.

Ökologie: auf Salweide und auf verschiedenen Pappelarten vorkommend. – Eiablage (Abb. 252/253): in den Blattstielen, zweireihig. – Larven gesellig auf der Blattunterseite (Abb. 250); Eilarven schaben zunächst nur bis zur oberen Epidermisschicht alles ab, ältere Larven lassen eigentlich nur den Blattstiel übrig. – Fraßzeit: bis in den Spätherbst. – Larven spinnen sich in Rindenritzen und dgl. in unregelmäßig gestalteten Kokons ein.

Caliroa annulipes Klug, Kleine Lindenblattwespe

Larvale Kennzeichen: einer Nacktschnecke sehr ähnlich (Abb. 254), mit gelblichem Schleim überzogen. – Ähnliche Larvenformen: s. Seiten 338 u. 404.

Ökologie: Fraßpflanzen sind Weide, Birke, Eiche, Hasel, gelegentlich Linde, Buche, Heidelbeere. – Generationenzahl: 2–3, je nach den im Mai/September herrschenden Witterungsverhältnissen. – ♀ schneidet auf der Blattunterseite 6–10 Taschen in die Epidermis, die bestiftet werden. – Eilarven fertigen zunächst Lochfraß, später wird das Blatt skelettiert (nur Oberhaut, Nerven und Blattmittelrippe bleiben erhalten). – Verpuppung zumeist in einem Kokon im Boden. – Verwandte Art (etwa im Obstgarten innerhalb eines Waldbestandes auftretend): *Caliroa (= Eriocampoides) limacina* RETZ. (**Kirschblattwespe**), deren Larven die Blätter von Kirsch- und Birnbäumen (selten anderer Obstarten) skelettieren; bei einer Massenvermehrung dieser Art ist stets an der Dezimierung des Schädlings der Haussperling erheblich beteiligt [BRAUNS, 1951].

Platycampus luridiventris Fall.

Larvale Kennzeichen: bis 12 mm; asselförmiger Habitus, hellgrün mit schwarzen, dorsalen Flecken, Kopfkapsel rostbraun. – Ähnliche Larvenformen; s. Seiten 153 u. 338.

Ökologie: bevorzugt Gebüschpflanzen von Schwarz- und Grauerle an schattigen Orten; selten an Birke und Hasel. – Larven fressen (August/Oktober) unterseits an den Blättern und sitzen in der Ruhe gern in dem Winkel zwischen

Haupt- und Nebennerv (Abb. 255); haften sehr fest auf der Blattfläche. – Fraßbild: typischer Lochfraß. – Parasitenkomplex bei dieser Art durch Dominanz der Junglarvenparasiten gekennzeichnet; auffallend ist andererseits das Fehlen ektoparasitischer Ichneumoniden, die sonst für Blattwespen typisch sind. Die versteckte Lebensweise stellt anscheinend eher eine Schutzfunktion gegen Vögel und Ameisen dar (W. HEITLAND, 1989).

Periclista lineolata Klug

Larvale Kennzeichen: sehr auffallend, da zu den «Dornraupen» gehörig (mit anderen *Periclista*-Arten auf der gleichen Fraßpflanze leicht verwechselbar). Auf jedem Segment mehrere Reihen schwarzer, gespaltener Dornen, die aus schwarzen Warzen entspringen (Abb. 258). Körperfärbung: grün, dorsal gelblich, mit dunkler grün durchscheinendem Rückengefäß; Kopf einfarbig schwarz. Nach der letzten Häutung Larve ohne Dornen, hellgrün, auch der Kopf; dorsal breit orangegelb mit dunkelgrünem Mittelstreif. – Etwa bis 17 mm.

Ökologie: [NÄGELI, 1931]: in Eichenkulturen beobachtet; am verbreitetsten an strauchartigen Stieleichen entlang der Bestandesränder und in jüngeren bis mannshohen Kulturen. An Traubeneichen vereinzelt. – Eiablage besonders interessant: ♀ schiebt das Ei mittels seiner Legesäge zwischen untere und obere Blattepidermis nahe einer Rippe. Folge sind Verkrümmungen der Blattspreite oberhalb der Einbohrstelle. Blattspreite reißt auf; es entsteht eine «Eigalle». – Fraßbild: anfangs Lochfraß, später Fraß des Blattes bis auf einen Stumpf und schließlich (mit zunehmendem Alter des Blattes) Skelettierfraß (dabei werden gröbere Nerven umgangen): Abb. 954 ff.

Siobla sturmi Klug, (Springkraut-Blattwespe)

Larvale Kennzeichen (infolge Hypermetamorphose): Junglarve (Abb. 256): glasig-grün, mit bräunlichem Kopf, letztes Segment gelblich; am ganzen Körper schwarze Punktzeichnung und auffallende gelbliche Fleischzapfen. – Altlarve (Abb. 257): Nach der letzten Häutung ändert sich die Färbung; jetzt sind die Afterraupen schwarzgrün, Fleischzapfen fehlen. – Etwa bis 28 mm.

Ökologie: im Juli/September an Springkraut (*Impatiens nolitangere* L., «Rühr-mich-nicht-an») beobachtet, in Buchenaltholzbeständen (80jährig), aber auch an feuchten Wegrändern in (60jährigen) Fichtenbeständen. Stets Kahlfraß an diesem Balsaminengewächs festgestellt. Afterraupen lassen sich bei der geringsten Berührung der Fraßpflanze zu Boden fallen; werden sie weiter beunruhigt, spritzen sie (jedenfalls erwachsene Larven) aus lateralen Öffnungen Haemolymphe aus wie die Larven der Gattung *Cimbex*.

Cimbicinae, Knopfhornblattwespen; Keulenhornwespen; Keulhornblattwespen

Kennzeichen: etwa 14–28 mm große Wespen, kenntlich an den mit Endkeule versehenen Fühlern (Abb. 259); charakteristisch ferner Form des Abdomens: dorsal gewölbt, ventral flach. – Larven (22füßig) meist grün, mit dunklem Medianstreifen, zahlreichen Querfalten und Querreihen weißer Punktwarzen, oft mehlig bestäubt (Farbtafel 12, Abb. 84). Bei Störungen Reflexbluten der Larven zu beobachten (Blutflüssigkeit quillt aus Poren oberhalb der Stigmen aus; einige Arten vermögen die Blutflüssigkeit auch auszuspritzen).

Ökologie: Biotop: Laubholzbestände; Larven phyllophag an Birke, Buche, Hainbuche, Erle, Pappel und Weide. – Flugzeit: April/Juni. – Eiablage: ♀♀ sägen Taschen in die Blattunterseite oder in den Blattrand, in die Eier eingeschoben werden; bis 200 Eier etwa insgesamt je ♀. – Thelytokische Parthenogenese (aus unbefruchteten Eiern nur ♀♀) vorkommend. – Fraßbild: von der Blattspreite bleibt nur Mittelrippe übrig; fressen vorwiegend in der Abenddämmerung und nachts. Tagsüber Larven zusammengerollt auf der Oberoder Unterseite des Blattes. – Im Herbst spinnen sich die Larven in starken Kokons ein in den Bodenschichten oder an der Fraßpflanze und überwintern; Verpuppung erst im übernächsten Frühjahr etwa 4 Wochen vor dem Schlüpfen. – Generation meist zweijährig. – Vertilgerkomplex: Ichneumoniden und Tachinen als Parasiten; als Räuber Dermestidae-Arten (Coleopt.) beobachtet. Vögel nehmen Kokons, aber keine Larven an.

Wirtschaftl. Bedeutung: nicht sehr erheblich, wenn auch gelegentlich Entblätterung befallener Fraßpflanzen eintreten kann. Auffallend Ringelung der Triebe durch die Vollkerfe; wahrscheinlich Nagen (in fast 3 Stunden) eines feinen, geraden, rings um den Trieb laufenden (1 mm breiten) Einschnittes, um Saft lecken zu können. Durch Überwallungs-Erscheinungen Einschnitte deutlicher werdend (Abb. 260). Ringelung hat aber keine nachteiligen Folgen, da die Verwundungen zumeist ausheilen. Geringelte Triebe allenfalls bei Schneedruck abbrechend. – Differentialdiagnose bei Ringelungserscheinungen: Fraßbeschädigungen durch Nagetiere lassen Zahnspuren erkennen (vgl. Abb. 448).

Differentialdiagnose einiger Cimbicinae nach ihren Larven und Fraßpflanzen:

Cimbex femorata L., Gr. Birkenblattwespe (Abb. 259)

An Birke; Larve (etwa 40–45 mm; häufig im September) grün mit schwarzem Medianstreifen, gelber Kopfkapsel, schwarzen Stigmen, anfangs insgesamt weiß bestäubt. – Blätter werden mitsamt der Mittelrippe gefressen.

Trichiosoma lucorum L., Gr. Pelzblattwespe

An Birke und an Ohr-Weide (*Salix aurita* L.) Juni/September; Larve (bis 45 mm) blau- oder gelbgrün, ohne Medianstreifen, mit queren Runzeln, mit weißen Warzen.

Cimbex fagi Zadd., Buchenblattwespe

An Buche (Juni); Larve (über 40 mm) blaugrün, gelegentlich gelbgrün, bläulicher Medianstreifen; gelbliche Kopfkapsel.

Cimbex connata Schrank

An Erle (Juli/September); Larve (etwa bis 43 mm) hellgrün; schwarzblauer Medianstreif jederseits von einem dunkelgrünen und von einem helleren Streifen begleitet, selbst unterbrochen von weißen Flecken; über den Stigmen ein segmentaler blauschwarzer Fleck. Kopfkapsel grünlich, gefeldert; etwas dunkler pigmentiert.

Cimbex lutea L.

An Pappel und Weide (Juni/September); Larve (um 40 mm) meist bläulich-grün, mit dunkelblauem Medianstreifen, der aber von weißlichen Runzeln unterbrochen ist.

Clavellaria (= Pseudoclavellaria) amerinae L.

An Pappel und Weide (Juni/August); Larve ohne weiße Punktwarzen, bleichgrün, vielfach mehlig bestäubt.

Siricidae, Holzwespen

Differentialmerkmale der Larven und Vollkerfe aus dieser Familie gemeinsam mit verwandten Gruppen erläutert (Seite 136), so daß hier sofort auf die Kennzeichnung und Bionomie charakteristischer Arten als Beispiele eingegangen werden kann. Hervorgehoben sei lediglich der auffallende Geschlechtsdimorphismus (♂♂ kleiner, vielfach anders gefärbt als ♀♀, die einen typischen Legebohrer besitzen) und daß die Larven der meisten Arten Gänge im Holz bohren. Nur wenige Arten kommen im larvalen Stadium in krautigen Pflanzen (Gräsern) vor (Cephidae, Halmwespen); die in der Landwirtschaft schädigende, den Holzwespen nah verwandte Getreidehalmwespe (*Cephus pygmaeus* L.) gehört u. a. hierher.

Urocerus (= Sirex) gigas L., Riesenholzwespe

Kennzeichen: 1,5–4,0 cm. ♂: roter Hinterleib mit schwarzer Basis und Spitze, ♀: Gelb vorherrschend, Thorax und mittlere Abdominalringe schwarz (Abb. 261).

Lebensraum: Larve (Abb. 262) in Fichte, Tanne, Kiefer und Lärche, aber auch in Esche und Pappel [DELLA BEFFA, 1949]; gelegentl. Eiablage in Buchenholz.

Xerix spectrum L., Schwarze Kiefernholzwespe

Kennzeichen: 1,5–3 cm. Gesamteindruck: schwarz; Beine z. T. rotgelb; Legebohrer so lang wie der Körper.

Lebensraum: Larve bevorzugt Kiefer, aber auch in Fichte, Tanne und sogar in Eiche.

Sirex (= Paururus) juvencus L., Gem. Holzwespe

Kennzeichen (Abb. 268/269): 1,5–3 cm. Blauschwarz; beim ♂ mittlere Abdominalsegmente rötlich. Extremitäten fast ganz rötlichgelb, beim ♂ Schienen und Fußglieder schwarz.

Lebensraum: Larven häufig in Kiefer, Fichte und Tanne.

Außer den an Nadelhölzern vorkd. Siriciden an Laubholz: *Tremex*- und *Xiphydria*-Arten (letztere = Xiphydriidae [Schwertwespen]).

Ökologie der Siriciden [BRAUNS, 1950; 1951; ESCHERICH, 1923/42; VITÉ, 1952/53]: Flugzeit: Juni/September, je nach Art und den klimatischen Verhältnissen. Schwirrendes Fluggeräusch. Vielfach kommen vor allem ♀♀ zur Beobachtung, da ♂♂ offenbar mehr im Kronenraum sich aufhalten. – Vollkerfe ernähren sich von Baumsäften; raptorische Lebensweise sehr zweifelhaft. Weibchen greifen den Menschen nicht an, wie gelegentlich befürchtet wird: außerdem ist der Legestachel bei den ♀♀ nicht mit Giftdrüsen verbunden.

Eiablage und Fraßbild: ♀ sticht mit seinem langen, einziehbaren Legebohrer durch die Rinde in den Splint (Abb. 264) und legt im Stichkanal meist mehrere Eier ab (Dauer dieser Manipulationen: $^1/_4$–2 Stunden). Gesamtzahl der Eier je ♀ artverschieden, meist fast $^1/_2$ Tausend. Larven fressen im Holz zylindrische, bogenförmige Gänge, die entsprechend dem Wachsen der Larven in ihrem Volumen immer größer werden, je weiter sich die Larven vom Stichkanal entfernen. Dabei biegen die anfangs im weichen Sommerholz eines Jahresringes verlaufenden Fraßgänge um, und die Larven dringen in das Stamminnere ein (Abb. 266). Fraßgänge erreichen eine Länge bis zu 40 cm (bei *Urocerus gigas*), während sie bei *Sirex juvencus* wesentlich kürzer sind. Das Zusammenpressen des Fraßmehles besorgt die Larve mit einem Dorn am Abdomenende (Abb. 262). – Nach mehrminder längerem Verlauf in den tieferen Partien (etwa eines Stockes) laufen die Fraßgänge zur Oberfläche zurück und enden in gewissem Abstande von der Rinde in der «Puppenwiege» (frei von Fraßmehl). Dort verwandelt sich die Larve in die gelblichweiße Puppe (Abb. 263). – Nicht immer nehmen die Fraßgänge den eben geschilderten Verlauf. Die Larve von *Sirex juvencus* L. frißt vom Stichkanal zunächst einen Gang ins Innere des Holzes, um dann umzukehren, sich durch das Fraßmehl nochmals durchzufressen und dann die Puppenwiege dicht unter der Rinde anzulegen (Abb. 270). – Ausschlüpfgang und Schlupfloch für das erwachsene Tier wird niemals von der reifen Larve gefressen. Dies besorgt die Wespe später selbst. Sie nagt sich nach draußen und verfertigt dabei ein kreisrundes Ausflugloch (Abb. 265). Infolge Größenvariation der Wespen sind auch die Ausfluglöcher verschieden groß (4–10 mm im Durchmesser). Sehr kleine Fluglöcher zu Parasiten der Holzwespenlarven gehörend, die sich ebenfalls ins Freie bohren.

Generationenzahl: Entwicklungsdauer der Holzwespen äußerst unterschiedlich; selten einjährig und nie bei *Urocerus* und *Xeris*, bei ihnen Generation zum mindesten 2jährig, gewöhnlich 3jährig; Entwicklungsdauer aber auch auf 6 und mehr Jahre ausdehnbar. Überwinterung als Larve im Holz.

Ernährungsphysiologie der Siriciden-Larven: ernähren sich vorwiegend von Zellinhaltsstoffen; außerdem leben die Larven von *Urocerus*, *Sirex*, *Tremex* (nicht von *Xeris spectrum!*) in fester Gemeinschaft mit holzzerstörenden Pilzen [FRANCKE-GROSMANN, 1939]. Bei der Eiablage wird das in den Legebohrer eintretende Ei mit schleimigem Sekret beschmiert, das Pilzsporen enthält. Gefunden wurden in den verschiedenen Holzarten folgende Pilzformen: *Stereum sanguinolentum* (A. ET S.) Fr. (in Nadelholz, etwa in stehenden Fichten nach Rotwildschälung auftretend); *Ceratostomella pini* MÜNCH (Kiefern-Blaufäulepilz); *Trametes odorata* WULFF. (an Tanne); *Polyporus imberbis* BULL. (in Laubholz). Ob diese Pilze nunmehr lebensnotwendig sind oder ob nur eine recht lockere Symbiose besteht, ist noch nicht völlig geklärt. Die im Laubholz vorkommenden *Tremex*-Larven absolvieren ihre Entwicklung in 1 oder 2 Jahren; ihre Fraßgänge sind kurz, so daß bei ihnen offenbar die Pilznahrung ausschlaggebend ist. Bei manchen Holzwespenlarven (etwa bei *Sirex juvencus* L.) findet ein Rückfressen durch das Genagsel vorher angelegter Gänge statt; damit erfolgt zweifellos eine Verwertung des in dem Genagsel sich entwickelnden Pilzmyzels, zumal diese Nahrung für die Larve auch recht leicht zu erreichen ist.

Vertilgerkomplex: außer Schwarzspecht vor allem Schlupf- und Gallwespen. Von den Ichneumonidae sind es besonders die größten Schlupfwespenarten wie etwa die Vertreter der Gattungen *Rhyssa* (Abb. 271), *Thalessa*, *Ephialtes* usf., die die Siricidenlarven (unter Bevorzugung der älteren Stadien) mittels eines überkörperlangen Legebohrers mit ihrem Ei belegen. Die Schlupfwespen-Weibchen sieht man besonders in den Monaten Juni/August auf Baumstämmen nach Holzwespenlarven suchen; dabei werden die Wirtslarven durch mehrere cm hindurch aufgespürt und der äußerst dünne, biegsame Legebohrer wird zur Eiablage durch das Holz hindurchgetrieben, ohne daß der Eikanal des Holzwespen-Weibchens benutzt wird. Dauer der Eiablage: 20–40 Minuten. Manche Einstiche verlaufen auch ohne Eiablage. Zumeist einjährige Generation. – Parasitische Lebensweise der Schlupfwespenlarve: u. a. *Rhyssa persuasoria* L. = ektoparasitisch bei *Urocerus* (Abb. 271); *Rhyssa aproximator* F., *Thalessa obliterata* GRAV. und *Ephialtes carbonarius* CHRIST. = entoparasitisch bei *Xiphydria longicollis* GEOFFR. (Eichenholzwespe). – Gallwespen (Cynipoidea) als Parasiten der Siricidae: am häufigsten *Ibalia leucospoides* HOCHENW. Differentialmerkmale der Vollkerfe: Kopf schwarzglänzend; Abdomen mahagonifarben, lateral depress (bei Dorsalansicht wie eine Messerklinge aussehend). Zeit der Eiablage: Ende August/Anfang Oktober. Legebohrer des *Ibalia*-Weibchens sehr zart, daher eingeführt durch die Stichkanäle des Holzwespen-Weibchens; *Ibalia*-Larve im wesentlichen entoparasitisch lebend. Entwicklungsdauer: 2–3 Jahre. Da vornehmlich *Urocerus*-Eilarven parasitiert werden durch *Ibalia*, ist ein Multiparasitismus (Parasitierung derselben Wirtslarve durch verschiedene Arten, hier durch die beiden häufigsten Formen *Rhyssa* und *Ibalia*) im allgemeinen ausgeschlossen.

Wirtschaftl. Bedeutung: als Stockbewohner tragen die Holzwespenlarven wesentlich zum Abbau des Stockes bei, vor allem deshalb, weil ihre Fraßgänge sich bis in die tieferen Stockpartien erstrecken; dabei werden zur Eiablage Stöcke mit oder ohne Rinde angenommen, d. h. mit dem Auftreten der Holzwespenlarven im Bestande ist im ersten oder zweiten Abbaustadium des Stockes ohne weiteres zu rechnen. – Daß sie trotzdem zu wirtschaftlichen Schadinsekten werden können, ist in der Gewohnheit der Weibchen zur Eiablage begründet. Gefällte, längere Zeit im Bestande lagernde, anbrüchige, stehende (u. a. durch Rückeschäden beim Abtransport des gefällten Holzes oder infolge des Schälens durch Hochwild beschädigte) Stämme werden mit besonderer Vorliebe mit Eiern belegt. Bleiben solche anbrüchigen Stämme unbeachtet, lassen sich später innerhalb der meist stark umwallten Wundstellen die kreisrunden Fluglöcher der Holzwespen auffinden (Abb. 265). Werden nun überhaupt derartig «infizierte» Stämme, die erst nach 3 oder 4 Jahren (je nach Saftgehalt des Holzes) die erwachsenen Tiere entlassen, als Nutzholz eingeschnitten, dann übersieht man oft die mit gleichfarbigem Fraßmehl vollgestopften Gänge. So ist es zu erklären, daß sehr leicht «Holzwespen-Holz» verbaut wird und die erwachsenen Insekten aus dem verbauten Holz schlüpfen. Je nach der Schnittführung zeigt sich übrigens der Fraßgang im ovalen Querschnitt, und auch das Flugloch kann jetzt von ovaler Form sein (Abb. 267). Dem Holz aufliegende Bekleidungen (Linoleum-Belag, Teppiche, Dachpappe oder Verputz) werden von ausfliegenden Vollkerfen ohne weiteres durchnagt. Selbst Bleiplatten von 4 mm Stärke werden von schlüpfenden Holzwespen in etwa 2 Tagen durchgenagt. Mit dem Schlüpfen der erwachsenen Wespen aus dem verbauten Holz ist der Befall beendet. Das Holz hat jetzt einen Austrocknungsgrad erreicht, der einen neuen Befall ausschließt. Das Ausschlüpfen aus Fußböden oder Türfüllungen in Wirtschaftsgebäuden, aus Küchenschränken, aus Kisten erfolgt zumeist in den Monaten Juni/Juli, wenn die Flugzeit einsetzt (vgl. dazu auch die Seiten 336 u. 337).

Terebrantia (Terebrantes), Legestachelwespen
(Schlupfwespen i. w. S. und Gallwespen)

Kennzeichen: die außerordentlich formenreiche UO ist charakterisiert durch tiefe Einschnürung zwischen Thorax und Abdomen (durch sogen. «Wespentaille») und durch Legebohrer (aus 3 getrennten Anhängen). Flügelgeäder nie so vollständig wie bei den Symphyta, vielfach weitgehend reduziert. – Larven madenartig, leben in Arthropoden, seltener phytophag oder in Gallen.

Schmiedeknecht, Brauns (Sigismund) und andere bekannte Schlupfwespen-Spezialisten haben immer wieder in ihren zahlreichen Veröffentlichungen auf die Schwierigkeiten systematischer Bearbeitung der zahllosen (oft nur winzigen) parasitischen Formen hingewiesen. Infolgedessen gebe ich in diesem Rahmen nur eine kurze Charakteristik der häufigsten Familien unter Benennung einiger typischer Arten und eine Skizze interessanter Einzelheiten aus der Bionomie ökologischer Gruppen. Dabei muß die ausgezeichnete Zusammenfassung der Beobachtungsergebnisse vieler älterer Werke und Spezialarbeiten in dem Lehr- und Handbuch von Escherich (1923/42) zwangsläufig weitgehende Berücksichtigung finden. Zahlreiche Beobachtungen oder Artangaben werden jeweïls bei den Wirtstierarten unter dem Vertilgerkomplex (Vertilgerkreis) aufgeführt, so daß hier von einer artlichen Gesamtgliederung abgesehen werden kann; nur wenige typische Vertreter in der Waldbiozönose seien benannt.

Entomophaga, Schlupfwespen i. w. S.

Ichneumonidae, Schlupfwespen i. e. S.; echte Schlupfwespen

Fühler nicht gekniet, borsten- oder fadenförmig, mindestens mit 16 Gliedern; eiförmiger Thorax mit Leisten und Feldern; Abdomen abgeflacht (depress) oder lateral zusammengedrückt oder drehrund. Zwischen «sitzendem» und «gestieltem» Hinterleib als Extremen trotz «Wespentaille» die mannigfaltigsten Übergänge vorkommend. – Legebohrer beim ♀ verschieden lang (bei *Rhyssa* länger als der Körper). – Geogr. Verbreitung interessant: größte Zahl an Arten und Individuen in der nördlichen gemäßigten Zone, nach Süden abnehmend. – Alle Ichneumoniden sind Parasiten, und zwar von anderen Insekten (vor allem von Lepidopterenraupen), selten in Spinneneiern. – Auf Grund einer gewissen Analogie in der Lebensweise des in Ägypten heiligen Ichneumons, einer Schleichkatze, die vermeintlich den Krokodileiern nachstellt und damit die Vermehrung dieser Tiere steuert, und der Biologie der ihren Wirtstieren nachstellenden Schlupfwespen, hat sich im Laufe der Zeit die Bezeichnung «Ichneumon» eingebürgert.

Charakt. Vertreter: u. a. *Ichneumon (Cratichneumon) nigritarius* Grav.

(Ichneumoninae; Abb. 272), Raupen- und Puppenparasit beim Kiefernspanner; *Microcryptus (Pleolophus) basizonius* GRAV. (Cryptinae), Larvenparasit in *Diprion*-Kokons; *Rhyssa persuasoria* L. (Pimplinae; Abb. 271), Wirt: *Urocerus-* (= *Sirex-)* Larven; *Pimpla examinator* F. und *Pimpla instigator* SEOP. [Abb. 273] (Pimplinae), Puppenparasit bei der Nonne und anderen; *Glypta resinanae* HTG. (Pimplinae), Wirt: *Evetria turionana* HBN.; *Banchus femoralis* THOMS. (Ophioninae [Abb. 274]), Raupenparasit bei der Forleule; *Mesoleius tenthredinis* MORL. (Tryphoninae), Parasit der Larven von der großen Lärchenblattwespe im Kokon.

Braconidae, Brackwespen

Durchweg kleine und zarte Tiere, ento- oder ektoparasitisch lebend. Zumeist verlassen sie die reifen Wirtslarven, um sich neben oder auf dem abgestorbenen Wirtskörper in einem Gespinst zu verpuppen (Abb. 275). Verpuppung im Wirt kommt jedoch auch vor. Primärparasiten; nicht als Hyperparasiten bekannt geworden. Häufig werden die Braconidenlarven aber wieder von Ichneumoniden oder Chalcididen parasitiert. – Feldkennzeichen: Vollkerfe der Brackwespen träger in ihren Bewegungsäußerungen als die Ichneumoniden, ohne lebhafte Farben, ohne weißen Antennenring und weißes Schildchen (beides vielen Ichneumoniden eigen).

Braconiden-Arten bei zahlreichen Angehörigen der Waldbiozönose parasitierend aufgefunden; unter den Coleopteren etwa bei *Agrilus viridis* L. (Bup.); *Ernobius abietis* F. (Anob.); *Tetropium luridum* L., *Caenoptera minor* L., *Saperda carcharias* L. und *S. populnea* L. (Cerambyc.; vgl. auch Abb. 279/283); *Hylobius abietis* L., *Pissodes notatus* F. (Curcul.); *Myelophilus piniperda* L. (Scolyt.). – Unter den Lepidopteren u. a. als Parasiten im Vertilgerkomplex folgender Arten: *Coleophora laricella* HB., *Evetria buoliana* SCHIFF. und *resinella* L., *Laspeyresia strobilella* L., *Tortrix viridana* L., *Cheimatobia boreata* HB. und *Agrotis segetum* SCHIFF. Folgende Arten seien namentlich angeführt: die Brackwespen *Apanteles ordinarius* RATZ. und *Meteorus versicolor* WESM. als Raupenparasiten bei *Dendrolimus pini* L.; *Meteorus versicolor* WESM. und *Apanteles melanoscelus* RATZBG. als Parasiten bei *Lymantria monacha* L. – Als Parasit von Dipterenlarven (und zwar von *Megaselia nigra* MEIG. [Phoridae], fungicol in Champignon, Hallimasch) fand sich *Synaldis concolor* NEES (Abb. 276), um auch in dieser Ordnung zumindest eine Brackwespenart zu nennen; außerdem parasitierend bei Cecidomyiidenlarven gefunden.

Aphidiidae, Blattlauswespen

Wurden früher zu den Braconidae gerechnet. Sämtliche Arten parasitisch in Blattläusen vorkommend. – Felddiagnose der Parasitierung: zumeist Verpuppung der Aphidiidae in den Wirtsarten; Blattläuse dann mit glasig aufgetriebenem Körper, der außerdem farblich verändert ist.

Chalcididae, Zehr- oder Erzwespen

Die meisten Chalcididae außer an ihrer oft winzigen Größe (kleinsten Formen [u.a. aus Blatt- und Schildläusen]: 0,3–0,8 mm) an metallischer Körperfärbung kenntlich (Farbtafel 5, Abb. 18). – Fühlergeißel dem verlängerten Schaft winkelig angefügt («gekniet»). – Nervatur des Vorderflügels für die Erzwespen charakteristisch; Nervatur nur aus 1 Nerv («Subcosta»), von dem ein Zweig (Radius) schräg in die Flügelfläche verläuft (am Ende knopfförmig). Bei einigen Formen sind die Vorderflügel sogar schmal und gestielt, die Hinterflügel borstenartig.

Größtenteils zoophag; Primär-, Sekundär- und Hyperparasiten. Einige Arten aber auch phytophag (besonders Samenschädlinge, die gesondert besprochen werden). – Die zoophagen Chalcididae äußerst wichtige biotische Faktoren innerhalb der Waldbiozönose, vor allem als Eiparasiten, weil durch ihre schmarotzende Ernährungsweise das Schadinsekt gar nicht erst zur Entwicklung kommt; als Beispiele etwa: *Trichogramma* WESTW., winzige Eiparasiten; polyphag in Eiern anderer Insekten, vornehmlich von Schmetterlingen. – *Achrysocharella ruforum* KRAUSSE (Abb. 277/278); Eiparasit bei *Diprion pini* (Hymenopt., Tenthred.). – An anderen Lebensformtypen seien etwa genannt: *Rhopalicus* spec. als larvaler und *Ipocoelius* spec. als imaginaler Schmarotzer bei *Ips typographus* (Col., Ipidae) oder die mikroptere *Theocolax formiciformis* WESTWOOD bei *Anobium punctatum* DE GEER (Col. Anob.). – Als hyperparasitische Form möge angeführt sein: *Monodontomerus virens* THOMAS. (Farbtafel 5, Abb. 17), die aus den Tönnchen der Nonnentachine *Phorocera* (= *Parasetigena) segregata* ROND. (Dipt., Tachinidae) schlüpft.

Proctotrupidae, Zwergwespen

Systematisch schwierige Familie; differentialdiagnostisch nicht leicht anzusprechen. Kleine bis sehr kleine Formen, bei denen Flügeladern oft völlig fehlen oder bei denen die Flügel reduziert sind bzw. gänzlich fehlen. Ohne metallischen Schimmer.

Unter ihnen wiederum verschiedene parasitische Lebensformtypen vertreten; so u.a. *Telenomus gracilis* MAYR. als Eiparasit bei *Gastrodes abietum* BERGR. und *G. grossipes* DE GEER (Heteropt.; Lygaeid.); *Platygaster mucronatus* RTZBG., Raupenparasit bei *Evetria resinella* L. (Lep.; Tortricid.). Oder eine Zwergwespenart ist Hyperparasit bei *Cremifania* spec. (Dipt., Chamaemyiid.), die wiederum parasitisch lebt bei *Dreyfusia piceae* RTZ. (Aphidina; Chermesid.). Als Larvenparasiten auch bei Cecidomyiidenlarven (Dipt.) bekannt.

Eine kleine Familiengruppe, die **Evaniidae (Hungerwespen)** – bei Schaben, Bockkäfern, Bienen und Wespen u.a. vorkommend – bildet den Abschluß der Entomophaga. Von einigen Spezialisten werden ihnen schließlich noch zugerechnet die **Bethylidae** (Ektoparasiten bei Coleopt. und Lepidopt.) und die **Dryinidae** (Ektoparasiten bei Zikaden), die vielfach infolge Apterismus den Habitus einer Ameise zeigen.

Kurze Ökologie der zoophagen Schlupfwespen

Vom wirtschaftlichen Standpunkt aus zweifellos eine gemeinsame Gruppe, da diese Formen vielfach Regulationsfaktoren in einer Lebensgemeinschaft sind.

Biotop: Waldränder, Waldwege = bevorzugter Aufenthaltsort an niederen Büschen und Pflanzen, an Doldenblüten aller Art. – ULRICH, W. (1987) untersucht die Wirtsbeziehungen der parasitoiden Hymenopteren in einem Kalkbuchenwald: neben Eulophiden- und Diapriiden-Arten allein 119 Ichneumoniden- und 90 Braconiden-Arten.

Felddiagnose der Vollkerfe: ständiges Zittern mit den Fühlern auffällig.

Lebensweise der Vollkerfe: überwintern unter Moos, unter lockerer Rinde, in weitgehend humifizierten Stöcken. – Ernähren sich von tierischen und pflanzlichen Säften. Die im Bestande häufigen Trichogramminen nehmen die zuckerhaltigen Exkremente von Aphididen (Rindenläuse) oder von Cocciden auf. Andere Schlupfwespenarten beißen auch ein Loch in die Körperdecke der Wirtslarve oder stechen das Opfer an und lecken jeweils austretende Körperflüssigkeit auf. Die Aufnahme tierischer Säfte (vor allem bei den ♀♀) scheint zum Ausreifen der Eier notwendig zu sein (ähnlich wie bei den Haematophagen unter den Zweiflüglern, deren ♀♀ die Aufnahme von Blutflüssigkeit auch dringend zur Eireife benötigen). – Totstellung der Imagines als Schutzreflex (etwa bei Erschütterungen) zu beobachten. – Lebensdauer der Vollkerfe unterschiedlich je nach den Umweltbedingungen; ♀♀ leben etwa 1–2 Monate, ♂♂ kürzer. Bei überwinternden Arten verlängert sich die Lebensdauer um die Zeit der Winterstarre. – Weibchen meist am Legebohrer und an den hell geringelten Fühlern (♂♂ selten!) erkennbar. Balztänze kommen vor.

Fortpflanzungsformen: Art der Fortpflanzung bei den Schlupfwespen sehr unterschiedlich.
a) Fortpflanzung = zweigeschlechtlich,
b) Geschlechtliche Fortpflanzung («Gamogenie») = Regel, begleitet von eingeschlechtlicher Fortpflanzung («Parthenogenese»),
c) Parthenogenese = Regel, in einigen Verbreitungsgebieten auch ♂♂ vorkommend,
d) nur Parthenogenese,
e) alternierendes Auftreten parthenogenesierender (agamer) und amphigoner (Geschlechts-)Generationen («Heterogonie»; vgl. Chermesidae, s. Seite 119).
Was für ein Geschlecht aus parthenogenetisch abgelegten Eiern der Schlupfwespen entstehen kann, ist genau so unterschiedlich wie bei den meisten Blattwespen (etwa *Lygaeonematus abietum* HTG., s. Seite 149).

Eiablage: erfolgt in verschiedener Weise;
a) freie Eiablage, etwa auf Nadeln,
b) freie Eiablage, aber stets in der Nähe des Wirtstieres,

c) Eiablage außen am Wirtskörper,
d) Eiablage mittels Stachel in den Wirtskörper (in die Leibeshöhle oder in bestimmte Organe [Mitteldarm, Nervenzentren und dgl.]).

Zum Aufspüren des Wirtstieres wird das Schlupfwespen-Weibchen geleitet durch seinen Geruchssinn; bei manchen Arten beobachtet, daß sie höchstens auf 10 cm Entfernung ihr Opfer bemerken. Viele Schlupfwespen-♀♀ können von anderen Artgenossen schon mit Eiern belegte Wirtstiere ohne weiteres von noch nicht bestifteten Individuen unterscheiden (mittels zahlreicher Sinnesorgane an den Stachelscheiden?). Mit dem Stechakt nicht immer ein Legeakt verbunden (siehe: Ernährungsweise der Vollkerfe).

Bezüglich der **Stechwirkungen** folgende Kategorien:
A) mit Stich durch bestimmte Stellen mit weicher Haut (etwa an Intersegmentalhäuten) zugleich Ei in den Wirtskörper; Folgen des Stiches nicht beobachtbar – Parasitenlarve ernährt sich zunächst nur von Blut und vom Fettkörper ihres Wirtes und geht erst später an lebensnotwendige Organteile ihres Wirtstieres; ichneumonisierte Nonnenraupe zeigt anfangs beispielsweise erhöhte Fraßtätigkeit, geht dann aber kurz nach der Verpuppung, oft schon nach der Ausbildung der Vorpuppe, endgültig zugrunde. Nur wenige Fälle bekannt, wo Entwicklung des Parasiten nicht zum Tode des Wirtstieres führt, das aber offenbar doch irgendwie geschädigt wird [Herabsetzung der Produktion von Fortpflanzungsstoffen]);
B) durch Stich Wirtstier gelähmt; Eier an oder nahe dem Wirtskörper; geschlüpfte Parasitenlarven fressen gelähmte, noch lebende Wirtslarve («Biophagie»);
C) durch Stich Wirtstier abgetötet; Eiablage an tote Larven, von denen sich die geschlüpften Parasitenlarven ernähren («Necrophagie»). Bei der Lähmung der Wirtstiere bleiben die Lebensfunktionen (etwa die Herztätigkeit [bis zu $1/2$ Jahr nach einem Stich noch feststellbar]) weiterhin intakt.

Verhalten angegriffener Wirtstiere gegenüber einer Schlupfwespe ist sehr unterschiedlich; Blattläuse zeigen keinerlei Abwehrreaktionen, während Schmetterlingsraupen und Afterraupen mit dem Abdomenende hin- und herschlagen, um die stechlustige Wespe abzuwehren. Keine Insektenlarve ist vor Schlupfwespen sicher, ob tief im Holz (wie *Urocerus*larven) oder in dichten Gespinsten, Kokons usw. Parasitiert werden von Schlupfwespen sämtliche Entwicklungsstadien, am seltensten die Vollkerfe. Dabei werden die einzelnen Stadien nicht etwa in jedem Alter mit Eiern belegt (entweder werden soeben abgelegte Eier des Wirtstieres mit einem Schmarotzerei belegt oder aber nur Eiräupchen u. dgl.).

Eizahl: je Schlupfwespen-♀ artverschieden, schwankt zwischen 10 und 1000 (bei hyperparasitischen Chalcidiern). Stärke der Eiablage und Produktion von Eiern überhaupt abhängig von der vorherrschenden Temperatur und von den Ernährungsbedingungen der Weibchen. – Auch Zahl der Parasiteneier in einem

Wirtstier kann außerordentlich verschieden sein; viele Arten legen nur 1 Ei («**Monoparasitismus**»), höchstens 2 Eier, in das gleiche Wirtstier.

Sind viele oder mehrere Eier in einem Wirtstier, so kann das folgendermaßen erfolgt sein (dazu: Abb. 1045):

A) «**Superparasitismus**»

    a) bei einem Stechakt des gleichen Parasitenweibchens Ablage von mehreren Eiern in den Wirtskörper,

    b) das gleiche Wirtstier wird von einem Schlupfwespenweibchen mehrere Male nacheinander angestochen,

    c) das gleiche Wirtstier wird von verschiedenen ♀♀ derselben Art nacheinander angestochen.

B) «**Coparasitismus**» (auch «**Multiparasitismus**» genannt)

    a) das gleiche Wirtstier wird von Weibchen verschiedener Arten nacheinander angestochen; Parasitenlarven sind Nahrungskonkurrenten, die sich von dem Körperinhalt des gleichen Wirtstieres ernähren;

    b) Sonderform («**Hyperparasitismus**»); Parasitenlarve x lebt von dem Körperinhalt der Parasitenlarve y und diese wiederum von der Wirtslarve (Beispiel: *Monodontomerus virens* THOMS. = Hyperparasit der Tachine [Dipt.] *Phorocera* (= *Parasetigena*) *segregata* RDI. und diese als Parasit der Lymantriide [Lep.] *Lymantria monacha* L.).

Entwicklung: aus der Embryonalentwicklung sei lediglich einer Erscheinung gedacht, die ökologisch höchst bedeutsam ist: der **Polyembryonie**. Aus einem Ei entsteht auf ungeschlechtlichem Wege – durch Teilungsvorgänge – eine große Anzahl von (jeweils gleichgeschlechtlichen) Nachkommen und zwar bis 2000. – Die Verbindung der Polyembryonie mit einer alimentären Einrichtung bei der Leibeshöhlenträchtigkeit in der Ordnung der Fächerflügler kann zweifellos in der physiologischen Situation mit dieser Erscheinung bei manchen Schlupfwespen verglichen werden (vgl. BUCHNER, 1957); dabei ist nur zu bedenken, daß mit dem Zerfall des Furchungsstadiums bei den Schlupfwespen keine Viviparie verbunden und daß an die Stelle des mütterlichen Milieus (Strepsipteren) jenes des fremden Eies getreten ist (BRAUNS, 1959).

Postembryonalentwicklung: große Mannigfaltigkeit bezüglich der Ausbildung der verschiedenen Larvenstadien. – So sind u. a. die Mundteile bei den Junglarven stärker, bei den Altlarven nicht in gleichem Maße ausgebildet oder umgekehrt. – Den Junglarven entoparasitischer Arten fehlt das Tracheensystem völlig oder ist zumindest reduziert; Sauerstoff tritt wohl aus der Wirts-Haemolymphe durch die dünne Haut der Parasitenlarve ein. Einige Chalcididenlarven entnehmen den Sauerstoff der Luft durch den in der Wirtskörperhaut verbleibenden Eistiel, der nach außen ragt. – Bei den meisten Schlupfwespenlarven aber Ausbildung von Stigmen (bis zu 9 Paaren) im Laufe der Entwicklung. – Darmkanal gegen Ende der Entwicklung vollkommen ausgebildet; kurz vor der Verpuppung bei einigen Arten erst Verbindung zwischen Mittel- und Enddarm, so daß jetzt intensive Abgabe angesammelter Exkremente erfolgt. Der Kot formt sich am Abdomenende meist zu einem «Becher». Eine vorzeitige Kotabgabe im Wirtskörper ist also verhindert, um das Wirtstier nicht zu «vergiften».

Differentialkennzeichen der einzelnen Larvenstadien:

a) Larve in allen Stadien madenförmig (bei Eiablage in das Wirtstier) – Differentialdiagnose gegenüber parasitischen Dipterenlarven: s. Seite 137):

b) erste Larvenstadien weisen besondere Schwanzanhänge auf; die «Fortsätze» sollen im Dienste der Atmung stehen, während eine «Analblase» vielleicht exkretorische Funktion hat [BISCHOFF, 1927];

c) erstes Larvenstadium durch extremitätenartige Fortsätze stärker beweglich; extremster Bewegungstyp = «Planidium»-Larve (analoge Erscheinung: der gleiche larvale Dimorphismus bei den parasitisch lebenden Spinnenfliegen [Dipt.; Cyrtidae] oder bei den Hummelfliegen [Dipt.; Bombyliidae], bei denen erstes Larvenstadium ebenfalls nur bewegungsfähig ist und «Triungulinus»-Stadium genannt wird [siehe Meloïdae, Seite 232]). – Planidium-Larven vorwiegend bei Ektoparasiten vorkommend, die u. a. das Wirtstier erst aufsuchen müssen. Übergang vom Planidium zur Madenform schon bei der ersten Häutung.

d) erstes Larvenstadium als «Cyclopoid»-Larve bezeichnet, da sie in ihrem Habitus an die Larvenform (Nauplius) der Crustaceen (etwa der Cyclopidae [Copepoda]) erinnern. Cyclopoid-Larven u. a. vorkommend bei den Proctotrupidae.

Larvennahrung: entsprechend den Stecheinwirkungen seitens des Muttertieres stehen den Schlupfwespenlarven an Nahrung zur Verfügung: Körpersäfte und Gewebe lebender oder gelähmter (jedoch noch lebender!) oder aber bereits toter Wirtstiere. – In einem Wirtstier können sich bis zur Verpuppungsreife eine recht verschiedene Anzahl von Schlupfwespenlarven entwickeln (s. Seite 166). Die postembryonale Entwicklung umfaßt je nach Art und Umwelteinflüssen eine sehr unterschiedliche Zeitspanne. Larvenperiode kann (etwa bei Trichogramminen) nur wenige Tage anhalten.

Verpuppung: s. Seite 137. Wird ein Kokon gesponnen (Spinnsubstanz aus den Speicheldrüsen, selten aus dem Enddarmabschnitt), dann ist dieser farblich gelegentlich typisch (außer schwarzbraunen, grünspan-farbenen, auch hellgebänderte Kokons). – Vor der eigentlichen Ausbildung der Puppe (durch einen Häutungsvorgang) verwandelt sich die Larve (ohne Häutung) zunächst in die Vorpuppe («Semipupa»), charakterisiert durch Augenanlagen.

Schlüpfen der Vollkerfe: Dauer der Puppenruhe sehr verschieden (auch von äußeren Witterungseinflüssen abhängig). – Meist müssen die schlüpfenden Schlupfwespen die Kokonwand oder die Puppenhaut des Wirtstieres oder aber beides durchdringen. Diese Hüllen werden durchbissen, und damit sind ganz bestimmte Erkennungsmerkmale gegeben, welche Artengruppe parasitiert hat. Beispiele: manche Arten heben am Pol der Wirtspuppe einen kreisrunden

Deckel ab (so bei der Vorpuppe und Puppe der Nonne [*Lymantria monacha*]);
läßt die Ausschlupfstelle des Parasiten eine scharfe Kante erkennen: *Ichneumon*
spec. – Ausschlupfstelle unregelmäßig gezackte Ränder zeigend: *Pimpla* spec. –
Die Schlupflöcher der Chalcididen kenntlich an geringer Größe und Form;
bei *Monodontomerus virens* als Hyperparasit der bereits tachinierten Nonnenraupen: Ausschlupfstellen an den verschiedensten Körperstellen der Nonnenpuppe, rund, im Durchmesser etwa 1 mm groß. – Übrigens schlüpfen bei den
Schlupfwespen meistens die ♂♂ geraume Zeit vor den Weibchen («Protandrie»), während bei den Blattwespen gelegentlich früheres Auftreten der Weibchen («Protogynie») zu beobachten ist (s. Seite 145).

Generationsdauer: einige Arten absolvieren ihre Gesamtentwicklung innerhalb einer Woche, mithin viele Generationen im Jahr (Beispiel: *Trichogramma*);
andere haben nur 2 Generationen im Jahr, während wieder andere ein Jahr
zur Gesamtentwicklung benötigen. – «Überliegen» kommt vor, andererseits
auch teils ein Schlüpfen vor der Überwinterung, während die meisten erst im
darauffolgenden Frühjahr erscheinen (Seite 145). – Entwicklung des Parasiten
in einem Entwicklungsstadium des Wirtes oder in mehreren Wirtsstadien (Ei
und Larve, Larve und Puppe u. dgl.). – Von «Parasitenfolge» oder «Parasitenreihe» spricht man, wenn jedes Wirtsstadium von einer oder mehreren Parasitenarten befallen ist. Parasitenfolge kann je nach den herrschenden Umweltverhältnissen und nach dem Ort des Vorkommens in ihrer Zusammensetzung
und Häufigkeit schwanken.

Hat die Schlupfwespenart 2 oder 3 Generationen im Jahr, die Wirtsart aber
nur eine, so kommt es nicht selten zur Eiablage auf Zwischenwirten. Beispiel:
Ichneumon nigritarius GR. durchläuft 1 oder 2 Generationen in den Puppen
anderer Geometridae und Noctuidae. Fehlen solche Zwischenwirte, so können
sich die Parasiten in der Biozönose nicht weiter entwickeln. Daraus ist zu folgern, daß für eine fortlaufende Entwicklung von Schlupfwespen ein Mischbestand günstiger ist als ein Reinbestand, da in einem Bestand aus den verschiedensten Holzarten das Vorkommen der einzelnen Zwischenwirtsarten
ohne weiteres gesichert ist, während in einem Reinbestand unter Umständen
erforderliche Zwischenwirtsarten fehlen und damit die Erhaltung des biozönotischen Gleichgewichtes in Frage gestellt sein kann.

Klassifikation der Wirtstierwahl: Wirte der Schlupfwespen sind: Arachnida
(echte Spinnen); von der oft als «Myriapoda» bezeichneten Kohorte Vertreter
der Klassen der Symphyla (Zwergfüßer), Pauropoda (Wenigfüßer), Diplopoda
(Doppelfüßer, mit der Hauptgruppe: den Chilognatha, den Tausendfüßern);
Insekten. – Schlupfwespenart = monophag, wenn nur eine Wirtstierart parasitiert wird; bei polyphagen Schlupfwespen kann sich die Larve in mehreren
verschiedenen Wirtstierarten entwickeln. Werden verschiedene Insektenordnungen parasitiert von der gleichen Schlupfwespenart, spricht man von
«Pantophagie». Diese Begriffe beziehen sich hier nur auf die Ernährungsweise
der Larven, nicht auf die der Vollkerfe. – Der größte Prozentsatz der Entomo-

phaga gehört der polyphagen Gruppe an; bekannteste pantophage Schlupfwespenart: Eiparasit *Trichogramma*, gezogen aus Eiern u. a. von Rhynchoten,
Hymenopteren, Coleopteren, Lepidopteren, Neuropteren und Dipteren.

Phagocytose als Abwehrreaktion im Wirtskörper: sofort nach der Belegung
mit einem Parasitenei treten im Wirtskörper Erscheinungen auf, die als
«Phagocytose» bezeichnet werden. Die Blutflüssigkeit der Insekten besteht aus
einer flüssigen Grundsubstanz (Blutplasma) und darin flottierenden Blutzellen,
die die Fähigkeit besitzen, ins Blut gelangte Fremdkörper unschädlich zu
machen. So legen sich diese Blutzellen um die Parasiteneier und kapseln sie ab.
Tritt dies noch vor Abschluß der Embryonalentwicklung des Parasiten ein,
dann ist damit eine Abtötung des «Eindringlings» erfolgt. In vielen Fällen (oft
bis zu 40%) kann somit die Weiterentwicklung des Parasiten verhindert werden. Zieht das Parasitenei die Blutzellen in schwachem Maße an, erfolgt die
Abkapselung nur unvollkommen, so daß die Parasiten-Eilarve schlüpfen kann.
– Außer dieser phagocytären Abwehr des Wirtstieres läßt sich auch eine
andere «Immunität» beobachten; das Parasitenweibchen meidet bestimmte
Wirtsindividuen. So werden durchaus nicht alle *Diprion*-Eier einer Eizeile von
dem ♀ des Eiparasiten *Achrysocharella ruforum* Kr. mit einem Ei belegt. Vielleicht geben diese nicht infizierten Eier der Blattwespe einen Duft ab, der die
Auslösung der Eilegereaktion beim Parasitenweibchen verhindert.

Gradationen der Schlupfwespen: Entomophaga sind immer in der Waldbiozönose zu finden. – Zu einer Massenvermehrung der Schlupfwespen kann
es freilich erst kommen, wenn die zur Entwicklung notwendigen Wirtsarten in
eine Gradation eintreten. Das kann zwar in wenigen Wochen geschehen; so
kann die Trichogrammierung von Eiern des Kiefernspanners in dieser Zeit von
5% auf 70% ansteigen. Die Auslösung einer Massenvermehrung hängt weitgehend von den biologischen Gegebenheiten ab (Fortpflanzungsschnelligkeit
des Parasiten; Stärke der Abwehrreaktionen des Wirtes; Vorkommen oder
Fehlen eines Super- oder Coparasitismus, der Polyembryonie; Auftreten oder
Fehlen günstiger klimatischer Verhältnisse u. dgl. mehr). Ungünstig kann sich
auf eine erwartete Schlupfwespen-Massenvermehrung das gleichzeitige Auftreten von Hyperparasiten oder das Vorkommen eines Multiparasitismus auswirken. So werden die Entomophaga in ihrer Vermehrung oft stark von
Tachinidae [Dipt.] zurückgedrängt. Bei der Krisis der Wirtsgradation fällt
letzten Endes nicht selten der Hauptanteil den Tachinen zu trotz anfänglicher
starker Populationsdichte der Schlupfwespen. – Wie stark die Tachinose in den
letzten Gradationsjahren des Wirtstieres den Befall mit zoophagen Schlupfwespen überdecken kann, sei nach eigenen Untersuchungsergebnissen bei der
Nonne gezeigt: Fichtenbestände (Nonnen-Puppen: über 660 Populationen mit
insgesamt weit über 14 000 Individuen; Sterblichkeitsanteil von 15,6% Entomophaga steht einem Tachinenanteil von 28,5% gegenüber. Bei den Vorpuppen
noch frappanter: über 660 Populationen mit insgesamt über 22 000 Individuen;
0,13% Entomophaga gegenüber 27,34% Tachinen). – Kiefernbestände (Non-

nenpuppen: über 700 Populationen mit über 4200 Individuen; Todesursache durch Entomophaga-Befall: 8,57%, durch Tachinen: 11,60%. Bei den Vorpuppen [über 5400 Individuen aus 700 Populationen]: Schlupfwespen zu 0,2%, Tachinen zu 20,2% an der Vernichtung beteiligt). Das gleiche Verhältnis zeigt sich bei einer Gegenüberstellung des Parasitierungsgrades aus verschiedenen Befallsgebieten, in denen die Massenvermehrung des Schadinsekts nicht den gleichen Entwicklungsgrad erreicht hat [BRAUNS, 1941].

Wirtschaftl. Bedeutung: aus dem Verhalten der Schlupfwespen bei Massenvermehrungen der Wirtstiere darf nicht gefolgert werden, daß die Bedeutung der Entomophaga in den Populationsbewegungen der Waldbiozönose gering sei. Infolge ihrer beträchtlichen Formenmannigfaltigkeit (vgl. *Rhyssa* mit *Trichogramma*) spüren die Schlupfwespen ihre Wirtstiere überall auf, ob diese nun im Holz, unter Rinde oder in der Förna leben oder ob die Eier in der Krone oder unter Rindenschuppen am Stamm abgelegt sind; die Entomophaga erfassen somit den gesamten Insektenbestand einer Biozönose, während dies den Tachinen bei weitem nicht gelingt. – Vom Standpunkt des Praktikers aus haben die Primärparasiten besondere Bedeutung; gelegentlich wird ihre Vermehrung durch Hyperparasiten erheblich verlangsamt, wenn nicht völlig zunichte gemacht.

Befallsdiagnose: Schlupfwespenbefall an bestimmten Merkmalen erkennbar (auch vor dem Ausschlüpfen aus dem Wirtstier); so ist die Eiparasitierung bei *Diprion pini* (Hym.; Tenthr.) an der Schwarzfärbung kenntlich. – Bei Puppen eine Parasitierung durch Ichneumoniden dadurch festzustellen, daß sich derartige Puppen nicht bewegen.

Stichworte aus der Ökologie der phytophagen Chalcididae

Nur wenige Schlupfwespen sind im Larvenstadium phytophag; diese Formen sämtlichst den Chalcididae zugehörig. Sogar Zwischenformen zwischen zoophagen und phytophagen Erzwespen wurden aufgefunden, sind aber zu geringem Prozentsatz vertreten.

Wirtschaftliche Bedeutung erlangen vor allem die in Nadelholzsamen vorkommenden *Megastigmus*-Arten, die im folgenden allein berücksichtigt werden. Freilich ist nur ein Teil der Gattung *Megastigmus* DALM. Samenfresser, der andere Teil lebt wiederum als Parasit (etwa bei Cynipidae in Eichengallen).

Megastigmus spec., Samenwespen i. e. S.

Kennzeichen (der Imagines): etwa 3–5 mm. – Vorderflügel wie bei den übrigen Chalcididen fast ohne Nervatur; charakteristisch ist, daß der schräg von der Subcosta in die Flügelfläche verlaufende Zweig (Radius) einen großen, gestielten Endkopf besitzt. – ♀♀ mit langem, meist aufwärts gebogenem Legebohrer (Abb. 285). – Metallische Färbung meist fehlend. – **(der Larven):** weißlich, bauchwärts eingekrümmt (Abb. 284), mit hellbraunen, scharfen Zähnchen auf den Mandibeln.

Artdiagnose (nach dem biologischen Verhalten): *Megastigmus strobilobius* Ratz. (syn. *M. abietis* Seitner), Fichtensamen-Wespe; *M. suspectus* Borries (syn. *M. piceae* Seitn.) in Tannensamen; *M. spermatophorus* Wachtl in Douglasiensamen und *M. seitneri* Hoffmr. (*pictus* Först.) in Lärchensamen. *Megastigmus atedius* Walk. (syn. *zwölferi* Sch.-Im.) wurde aus Samen gezogen und damit ist für Mitteleuropa der erste *Megastigmus*-Befall an einer Strobe aufgefunden worden.

Ökologie: Flugzeit: etwa März/August. – Eiablage: in befruchtete Blüten oder junge Zapfen. – In jedem Samen eine Larve; Samen wird bis zum Herbst verzehrt. – Larve überwintert in der häutigen Samenschale, die erhalten bleibt und in der äußeren harten Samenschale steckt. – Verpuppung: im Frühjahr des folgenden oder übernächsten Jahres; Entwicklungsdauer kann bei der gleichen Art sogar schwanken (ein-, zwei- oder auch dreijährig). Überliegen der Larven kann witterungsbedingt sein oder von anderen Faktoren abhängen. Gewisse Feuchtigkeit scheint zur Entwicklung notwendig zu sein. – Ausschlupfloch des Vollkerfs kreisrund (Abb. 286).

Wirtschaftl. Bedeutung: beträchtlich, da die Keimfähigkeit befallener Samen vernichtet ist.

Cynipoidea, Gallwespen

Kennzeichen und Ökologie [Ross, 1932]: meist kleine (um wenige mm große) Insekten, zart und schwarz oder braun gefärbt. – Habitus durch stark entwickelten Thorax bestimmt; Gallwespe im Profil daher buckelig. Flügel überragen das seitlich meist zusammengedrückte Abdomen. – Außer der zweigeschlechtlichen Generation kommt bei einigen Gallwespen eine eingeschlechtliche (agame) Generation vor, die regelmäßig mit der ersten abwechselt (Heterogonie) und aus ♀♀ besteht, die parthenogenetisch Eier hervorbringt. Die Tiere der beiden Generationen weichen morphologisch zum Teil so sehr voneinander ab, daß sie früher verschiedenen Gattungen zugeordnet wurden; sie bringen sogar verschiedene Gallen hervor. Bei einzelnen Arten finden sich nur parthenogenetische Individuen (siehe dazu: Seiten 173 u. 174).

Legeapparat (größtenteils im Abdomeninnern verborgen) aus Legebohrer (basal nach oben gekrümmt) und kompliziertem Stütz- und Bewegungsapparat. Mit dem Legebohrer (zugleich als mit einem äußerst empfindlichen Tastorgan) versenkt das ♀ die Eier in die Pflanzenteile; oder aber der Legebohrer wird etwa zwischen die Knospenschuppen geschoben (die pflanzlichen Gewebe werden dabei verletzt oder nicht). Je nach Gallwespenart Ablage der Eier einzeln oder zu vielen an einer Stelle; somit entstehen einkammerige oder vielkammerige Gallen. – Eier von schlauchförmiger Gestalt, am vorderen und hinteren Ende mit einer Anschwellung (Eier «gestielt»). Bei Arten mit sehr kleinen Eiern Ablage bis 1200, bei Arten mit großen Eiern erreicht die Eizahl oft 100 nicht. – Bei der Eiablage Ausscheidung eines Flüssigkeitstropfens, für die Gallentstehung bedeutungslos. Entwicklung der Galle erst einsetzend nach dem Ausschlüpfen der Eilarve.

Larven = madenförmig, weißlich, ohne Extremitäten und Augen, bauchwärts eingekrümmt. Bei den phytophagen Arten sollen Häutungen fehlen (oder die Larven fressen die Exuvie auf?). – Differentialdiagnose gegenüber gallerzeugenden Zweiflüglerlarven (vgl. Seite 397): meist dreizähnige Mandibeln, mit denen sie die innersten Schichten der Gallenwand «abweiden». Das Fehlen von Kotteilchen in den Gallen der Cynipiden ist kein Differentialmerkmal, da diese auch in den Dipterocecidien fehlen!

Entwicklung bei manchen Arten in wenigen Wochen, bei anderen dauert sie mehrere Monate oder sogar einige Jahre. – Im allgemeinen Entwicklung der gamogenetischen Generation (Flugzeit in der günstigeren Jahreszeit) schneller als die der agamen Generation, deren Vollkerf vielfach im Herbst, Winter oder im Frühjahr erscheint. – Verpuppung stets in der Galle. – Imago schlüpft (bei den cecidogenen Arten) in der Galle und nagt zumeist ein Flugloch durch die zuletzt oft dünne Gallenwand; dann erst wird der Kot aus der Larvenzeit abgegeben. Bei den phytophagen Arten dienen die beißenden Mundwerkzeuge lediglich dazu, ins Freie zu gelangen; sonst nehmen sie außer Wasser keine Nahrung auf. Vollkerfe leben nur kurze Zeit (während der Vegetationszeit meist nur einige Tage, Wespen der Wintergeneration schon 4 Wochen und länger). – Außer den phytophagen Arten auch entoparasitische Formen, in Insektenlarven (wie Schlupfwespen) sich entwickelnd; diese zoophagen Arten nehmen, nachdem sie sich aus dem Wirtstier ausgebohrt haben, Nektar auf.

Vertilgerkomplex: Galle bildet natürlich einen gewissen Schutz gegen manche Feinde (auch gegen widrige Witterungsverhältnisse). Als Parasiten der Gallwespenlarven lassen sich vor allem beobachten: Ichneumonidae, Braconidae, Chalcididae und Proctotrupidae; auch Figitidae (s. nachfolgende Systematik).

Systematik und biologisches Verhalten

Folgende Kohorten lassen sich aufstellen:

A) phytophage Cynipoidea (Cynipidae):
Larven sich von der Gallensubstanz ernährend,

1. Gallenerzeuger (Cynipariae),
2. Inquilinen = Einmieter (Synergariae), erzeugen selbst keine Gallen, sind sogen. Raum- und Nahrungsparasiten in anderen Gallen;

B) zoophage Cynipoidea (Figitidae): Endoparasiten in anderen Insektenlarven (auch in Cynipidae); zu dieser Gruppe gehören die größten Cynipoidea (Imagines 7–16 mm). Erwähnenswert ist besonders ein larvaler Di- oder Poly-

morphismus: *Ibalia leucospoides* Hochenw. = Siricidenparasit; Eilarve mit extremitätenartigen Fortsätzen an thorakalen und abdominalen Segmenten, erst 2. Larvenstadium (Einhäuter) völlig beinlos. Bei Zweiflüglern schmarotzen andere Formen: 1. Stadium mit vorderen, 2. Stadium auch mit hinteren und 3. Stadium erst ohne Fortsätze. Außerdem fehlen den zoophagen Larven die Tracheen, zeigen aber merkwürdige Schwanzfortsätze wie manche zoophagen Schlupfwespenlarven. – *Ibalia* als Primärparasit der *Urocerus*-Larven von Bedeutung; aber auch sekundär-parasitische Formen, die die Bedeutung ihrer Wirtstiere einschränken.

Wirtschaftl. Bedeutung (der Gallenerzeuger): trotz häufigen Vorkommens (vor allem an Eiche) Schaden im allgemeinen gering. Das Absterben junger Eichenpflanzen kann *Andricus testaceipes* Htg. bewirken; Weibchen-Generation erzeugt Rindengallen am Wurzelhals (frühere Artbezeichnung: *A. sieboldi* Hart.). **Differentialdiagnose** (gegenüber Gallen von Gallmücken, die aber vornehmlich an Blättern und Knospen auftreten): *Andricus*-Rindengallen = seepockenähnlich, anfangs kirschrot, später braun, mit Längsfurchen. – Bei Blattgallen nur bei starkem Auftreten gewisser Zuwachsverlust. – Die Eichengallen in früheren Zeiten in der Gerberei, Färberei und bei der Tintenfabrikation verwendet; Gallen besitzen hohen Gerbstoffgehalt (bis 60%). In Mitteleuropa früher vornehmlich die «Knoppern» verwendet, das sind die Deformationen des Fruchtbechers vor allem von der Sommer- oder Stieleiche (erzeugt von *Cynips quercus-calicis* Burgsd.).

Auffällige Blatt- und Knospengallen an Eiche

Eine Galle (Cecidium) ist «eine durch einen Parasiten hervorgerufene aktive Bildungsabweichung am Pflanzenkörper, bei der enge biologische Beziehungen – besonders ernährungsphysiologischer Art – zwischen dem Parasiten und der von ihm hervorgerufenen Mißbildung bestehen» [Ross, 1932]. Bei den Gallenerzeugern mit Generationswechsel wird die Gallbildung übrigens nach der ausschlüpfenden Gallwespe bezeichnet, nicht nach jener Generation, die das Ei ablegte; daher findet sich das Zeichen ♀ ♂ vor, wenn aus der Galle die Geschlechtsgeneration schlüpft, das Zeichen ♀♀, wenn die eingeschlechtliche Generation (mit parthenogenetischer Eiablage) aus der Galle entlassen wird.

Cynips (Diplolepis) querusfolii L., Blattgalle (♀♀) (Abb. 20/22): «Eichengallapfel»; auf der Blattunterseite; Beginn der Gallbildung: Juli; ausgereift im Spätsommer (August/September). Gallen fallen mit den Blättern. Parthenogenetische Generation schlüpft (nach eigenen Beobachtungen offenbar nach sehr kurzer Puppenruhe) in der Zeit von Dezember/Februar (erzeugt Knospengallen; früher als zu der Art *D. taschenbergi* Schlecht. gehörig beschrieben). Larvenkammer der Blattgalle in der Mitte kugelig (Abb. 21).

Trigonaspis megaptera Panz., Blattgalle (♀♀) (Abb. 23): zu Herbstbeginn auf der Blattunterseite (an Stockausschlägen) nierenförmig, anfangs grün, später gelblich oder rot. Galle mit dem Blattfall in die Streuschicht, wo die

Überwinterung stattfindet. Gallen der (♀♂)-Generation entstehen an schlafenden Augen am Stamm (oder an Stockausschlägen).

Neuroterus numismalis Ol., linsenförmige Blattgalle (♀♀) (Abb. 24): im Sommer bis 1000 und mehr auf der Unterseite eines Blattes. Aus überwinterten Gallen schlüpfen im März etwa die eingeschlechtlichen Weibchen aus, deren Eiablage in die Knospen erfolgt; es entstehen beim Austreiben wiederum auf der Blattfläche die (♀♂)-Gallen (in der Mitte mit einem «Gallennabel»). Aus diesen Gallen schlüpft die zweigeschlechtliche Generation etwa im Mai/Juni.

Cynips (Diplolepis) longiventris Htg., Blattgalle (♀♀) (Abb. 25): etwa im Oktober diese gelbliche, rot- (selten grün-)gebänderte, kugelige, dickwandige Galle aufzufinden.

Biorrhiza pallida Ol., Knospengalle (♀♂) (Abb. 26): «Eichapfel» oder «Kartoffelgalle». Im Frühjahr aus End- oder Achselknospe an Bäumen und Sträuchern mittl. Alters (in 5–10 m Höhe) hervorgehend, anfangs gelblich, später hellbraun. Vielkammerige Galle. Juni Verpuppung der Larven in den Kammern. Juli Schlüpfen der Geschlechtsgeneration: ♂♂ geflügelt, ♀♀ apter oder brachypter (in S-Deutschland auch langflüglich), beide kleiner als parthenogenetische Generation. Knospengallen vertrocknen und fallen zum Herbst ab. Oft zahlreiche Inquilinen (Begriff: s. S. 172) in den Eichäpfeln (u. a. eine Gallmückenlarve [Dipt., Cecidom.], eine *Balaninus*-Art [Col., Curculion.]). – ♀♀ der Geschlechtsgeneration gehen zur Eiablage in den Boden; dort an den Wurzeln (bis 1 m tief) oder am untersten Teil der Sproßachse jg. Pflanzen Wurzelgallen, die erst im 2. Jahre reifen. Die großen flügellosen ♀♀ der eingeschlechtl. Generation (früher *B. aptera* Bosc. genannt) verlassen ihre Wurzelgallen im 2. Winter, klettern trotz widrigen Wetters an den Stämmen empor und belegen die großen Knospen mit Eiern. – Bei *B. pallida* also Heterogonie mit alternierendem Polymorphismus.

Andricus foecundatrix Htg., Knospengalle (♀♀) (Abb. 27): «Eichenrose». Anfangs grünliche, später bräunliche, lärchenzapfenähnliche Gallen aus End- oder Seitenknospen. Wie Dachziegel an einer Galle bis 150 schuppenartige Blättchen. Im Herbst durch Abbiegen der äußeren Hüllblätter Galle ähnlich einer Rose. – (An Weiden = Mißbildungen, «Weidenrosen», von Gallmücken hervorgerufen!). – In Eichenrosen als Raum- und Nahrungsparasiten Cecidomyiidenlarven (Dipt.). – Eichenrosen oft das ganze Jahr am Zweig. Im Herbst fällt eiförmige Innengalle (mit Larve) heraus. Aus den in der Streuschicht überwinterten Innengallen schlüpfen im Frühjahr des nächsten oder übernächsten Jahres die ♀♀ der eingeschlechtlichen Generation, die ihre Eier in die männlichen Blütenstände legen. Die (♀♂)-Gallen sind also Staubblütengallen. Die ausschlüpfenden zweigeschlechtlichen Tiere wurden früher als *Andricus pilosus* Adl. beschrieben.

Neuroterus quercus-baccarum L., Blattgalle (♀♀) (Abb. 28): im Spätsommer und Herbst diese typischen Linsengallen auf der Blattunterseite häufig vorkommend (früher der Art *Neuroterus lenticularis* Ol. zugerechnet). Oberseits sind die Gallen mit weißen, später roten (oder braunen) Sternhaaren dicht besetzt. Die mit dem Blattfall in die Streuschicht gelangten Gallen werden größer, die Larven entwickeln sich weiter. Es schlüpfen im Frühjahr nur die ♀♀ der eingeschlechtlichen Generation. – Die (♀♂)-Gallen sind ungefähr 5 mm große, kugelige lauchgrüne Blattgallen, in der Form der Galle von *Cynips quercusfolii* L. nicht unähnlich.

Nach dem regenreichen Sommer 1984 in Schleswig-Holstein bis zu 140 Gallen pro Blatt vorkommend.

Aculeata, Stechwespen, Stachelwespen

Ameisen, Grabwespen, Wespen, Hornissen, Hummeln und Bienen sind allgemein bekannt; daher wird hier nur einiges aus dem besonders auffälligen biologischen Verhalten skizziert. – Die ♀♀ besitzen mit Ausnahme von vielen Ameisen einen Giftstachel (zur Verteidigung oder zur Lähmung der Beutetiere), der in Verbindung steht mit einer Giftdrüse. Das Ei tritt an der Basis des Giftstachels aus. – Die Hymenopteren nehmen auf dem umstrittenen Gebiet der mimetischen Erscheinungen eine Sonderstellung ein; vor allem die aculeaten Formen (die über einen Stachelapparat verfügen und damit «wehrhaft» sind) werden angeblich von anderen (nicht wehrhaften) Insektenformen in der Färbung, im Habitus, im Verhalten usw. nachgeahmt, die damit den gleichen Schutz vor Verfolgern genießen sollen wie ihre (wehrhaften) Vorbilder. Diese echten Mimikryerscheinungen (die sogen. Scheinwarntrachten) sind für uns tatsächlich oft recht auffällig. Das Problem dieser und auch anderer Schutztrachten (die etwa durch täuschende Ähnlichkeit [Mimese] mit Tieren überhaupt [Zoomimese], mit Pflanzenteilen [Phytomimese] oder mit unbelebten Gegenständen [Allomimese] hervorgerufen werden) ist bis heute immer wieder Gegenstand eingehender Monographien [u. a. HEIKERTINGER, 1954]. – Bekannt sind fernerhin die eigenartigen Brutfürsorge- und Brutpflege-Tätigkeiten innerhalb der aculeaten Gruppe. – Die komplizierten Sozialorganisationen der Insekten haben den naturwissenschaftlich interessierten Menschen überhaupt immer wieder in ihren Bann gezogen (vgl. SCHMIDT [Hrgb.], 1974). Es würde in diesem Rahmen zu weit führen, wenn ich hier aufzuzeigen versuchte, daß die Gemeinschaftsbildungen bei den Insekten tatsächlich Sozialgebilde hoher Vollendung sind, daß aber ihre Grundlagen völlig anderer Art sind als in unseren Sozialstaaten. Deshalb kann auch die Bezeichnung «Insektenstaat» nur zur Veranschaulichung der Verhältnisse dienen (vgl. REMANE, 1976).

Wenige Familien seien kurz angeführt, da einigen Vertretern in der Waldbiozönose häufig begegnet wird.

Chrysididae, Goldwespen

Meist metallisch gefärbte Tiere (mit rotem, grünem oder blauem Körper); 2–4 abdominale Segmente nur sichtbar, die übrigen tubusartig eingestülpt.

Bauch ausgehöhlt, so daß sich die Wespen zusammenrollen können und so in Verstecken zu finden sind. Vollkerfe auf Doldenblüten oder auf Blättern mit Blattlaushonig. – Larven sind Parasiten bei anderen Stechwespen. Die Goldwespen-♀♀ schmuggeln ähnlich wie die «Kuckucksbienen» ihre Eier in die Nester ihrer Wirtstiere.

Scoliidae, Dolchwespen

Große (10–20 mm), meist bunte Tiere; in der Waldbiozönose vornehmlich jene Arten mit ausgesprochen nierenförmigen Augen; ♂ mit 3 Spitzen am Abdomenende. – *Scolia hirta* SCHRK. (Vollkerf mit abdominaler gelber Bänderung) parasitiert bei *Rhizotrogus* spec.-Larven (Col., Scarab.) und *Scolia quadripunctata* F. (Vollkerf mit weißen Flecken und bunten Flügeln) bei (?) *Geotrupes* spec.-Larven (Col., Scarab.). – ♀♀ der Scoliidae lähmen den Engerling vor der Eiablage.

Tiphiidae, Rollwespen

Meist kleinere Tiere; Augen nicht ausgerandet. Abdomen einfarbig schwarz. – *Tiphia femorata* F. als Larve parasitisch lebend bei den Larven von *Rhizotrogus solstitialis* L. (Col.; Scarab.).

Methocidae, Trugameisen

Weibchen flügellos, mit knotigem Thorax und einer Ameise auffallend ähnlich; Männchen geflügelt. – Die Larve von *Methoca ichneumonides* LATR. lebt als Parasit bei der Sandlaufkäferlarve *Cicindela* spec. (Col.; Cicind.); s. Seite 195; vor allem vorkommend bei *C. hybrida* L. – Nahe verwandt: **Mutillidae, Spinnen-Ameisen** (s. Seite 183).

Pompilidae, Wegwespen

Schwarz und rot gefärbt; Hinterbeine verlängert. Spinnenjäger. Zur Determination ist stärkere Vergrößerung erforderlich. – Neuere Literatur: OEHLKE und H. WOLF, 1987.

Formicidae, Ameisen

Differentialmerkmal der in der Waldbiozönose vorkommenden Formicinae: die zwischen Thorax und Abdomen befindlichen Knoten (Abb. 287), die auch zu einer aufrechtstehenden «Schuppe» (= die vordersten Hinterleibsringe) umgeformt sein können (Abb. 292). Das erste Fühlerglied ist stielartig verlängert. – Neuere Lit.: GÖSSWALD (1985) und KUTTER (1977/78).

Während in früheren Jahren zur vorläufigen Unterscheidung unserer Waldameisenformen für die Praxis Arbeitsnamen eingeführt wurden (Gösswald, 1951), konnte man erst später einer Revision der Gattung *Formica* (der die Waldameisen angehören) näherkommen. Gösswald und Schmidt (1959) sprechen freilich zunächst noch von verschiedenen Waldameisen-«Gruppen»; erst weitere Untersuchungen werden zeigen, ob es sich um Arten, Rassen usw. bei den Gruppen untereinander handelt. Eine Möglichkeit einer genauen morphologischen Objektivierung von Einzelmerkmalen zeigt Kutter (1977/78) auf. Einige Formen mögen nur kurz benannt werden, weil sie beschränkte Vorkommensgebiete haben. Es sind dies bei uns:

Formica (Coptoformica) exsecta Nyl., Kerbameise; relativ wenig verbreitet.

Formica truncorum Fabr., Strunkameise; nicht sehr häufig.

Formica aquilonia Yarrow; diese Form wurde zuerst von Yarrow (1955) aus England beschrieben. Sie kommt im Alpengebiet weitverbreitet vor, wurde neuerdings auch in Skandinavien gefunden (Collingwood, 1959); ihre mächtigen Nestbauten konnten im hohen Norden des finnischen Lapplands am Tšarsjoki beobachtet werden (Brauns, 1968).

Formica lugubris Zett.; starkbeborstete Gebirgswaldameise.

Im allgemeinen ist in den forstlichen Beständen zwischen folgenden drei Gruppen zu unterscheiden, wobei die morphologischen Kennzeichen der Arbeiterinnen herausgestellt seien:

Formica rufa L., **(Große) Rote Waldameise** (vgl. Abb. 287/291); Arbeiterinnen relativ groß. Kopf: «Hinterrand nicht beborstet, Augen ohne abstehende Borsten, Unterseite mit mehreren langen Borsten besetzt.» Thorax reichlich beborstet. Schuppe mit mehreren Borsten besetzt.

Formica polyctena Foerst., **Kleine Rote Waldameise** (neuerdings **Kahlrückige Waldameise** genannt); Arbeiterinnen kleiner als jene von *rufa*. Kopf: «Hinterrand und Unterseite nicht beborstet, Augen ohne abstehende Borsten.» Thorax manchmal wenige Borsten, Schuppe vereinzelte Borsten tragend.

Formica pratensis Retz., **Wiesenameise**; Arbeiterinnen etwas kleiner als jene der gr. Roten Waldameise. Kopf: «Hinterrand und Unterseite stark beborstet; auch Augen mit abstehenden Borsten besetzt.» Thorax und Schuppe stark beborstet.

Manchmal bei der Beborstung Überschneidungen. Stark behaarte Weibchen bei d. Wiesenameise nach Kutter = Vertreterinnen einer eigenen Spezies *F. nigricans* Em. Verschiedenheiten in der Lebensweise wesentlich, da damit die etwaige Beurteilung des Nutzens und der praktische Einsatz der Roten Waldameise zur ökologischen Bereinigung von Schädlingsplagen in der Waldbiozönose in den Vordergrund gerückt wird.

Formica rufa L.-**Gruppe:** meist Einzelnester («monodom»), seltener in lockerer Verbindung einige Nester zu einer Kolonie vereinigt («oligodom») oder zahlreiche Nester umfassende Nestverbände («polydom»). Entweder eine einzige Königin im Nest («monogyn»); doch auch jene Form hierher gehörig mit einigen Königinnen in einer Kolonie («oligogyn»).

Formica polyctena Foerst.-Gruppe: Einzelnester selten; fast immer zahlreiche Nester («polydom») in einem Abstand von wenigen oder bis zu 100 m, die miteinander einen Kolonialverband bilden und untereinander zeitweise auf lebhaft begangenen Straßen Verbindung halten. In einem Jahr bis zu 10 Neugründungen von einer Kolonie aus möglich. In einem Nest bis zu 5000 Königinnen («polygyn»).

Formica pratensis Retz.-Gruppe: «meist Einzelnester auf Wiesen, in Hecken und an Waldrändern». Forstl. Bedeutung geringer.

Differentialdiagnose der Nestbautypen

Waldameisen: Nest zumeist über einem Stock errichtet;
Wiesenameisen: Nest in die Bodenschichten hineingebaut.
Besonderheiten des Nestbaues und des Straßensystems:

Große Rote Waldameise: Nestkuppel hoch und steil (Abb. 905); $^1/_2$–1 m Höhe, 1–2 m Durchmesser am Boden; Bautyp des Nestes erklärbar durch das Vorkommen in schattigen Beständen und damit auf feuchtkaltem Boden; die spärlich bis zum Boden durchdringenden Sonnenstrahlen werden aber durch diese Bauweise noch am ehesten ausgenutzt. – Trotz der beträchtlichen Nesthöhe bei weitem nicht so volkreich wie die Nester der nachfolgenden Formen. – Kein deutliches Straßensystem.

Kleine Rote Waldameise: bei ihr lassen sich zwei Rassen unterscheiden: Fichtenrasse (mit sehr bissigen Arbeiterinnen): Nest in dunklen Fichtenbeständen mehrminder steil, aus feinerem Nestmaterial, bis zu 1,8–2 m Höhe – durchschnittliche Nesthöhe: $^1/_2$ bis 1 m. – Nach Regenfällen kleine, vielfach exzentrisch gelegene «Aufsatznestchen» auffindbar (Abb. 906). Fichtenameisen-Nester ringsherum in den Bodenschichten stark unterminiert (Nestkammern und -gänge); daher kann man beim Herantreten einsinken. – Kiefernrasse (♀♀ nicht so angriffsbereit, aber gegenüber Insekten gleichfalls sehr räuberisch): Nest zumeist flach, 30–40 cm hoch, 120–140 cm Durchmesser am Boden (etwa in lichten, trockenen Beständen), 50–60 cm hoch (in Beständen mit geschlossenerem Kronendach). Nester beider Rassen lassen auf vegetationsärmeren Böden nach Gösswald kein deutliches Straßensystem erkennen. Diese sehr räuberische Form zerstreut sich, zumindest während insektenreicher Zeit, sogleich nach Verlassen des Nestes im Gelände. Die im Kolonialverband zusammengehörigen Nester verbinden «Verkehrsstraßen» (bis zu 50 cm breit), diese nicht mit den dem Nahrungserwerb dienenden Straßen zu verwechseln.

Wiesenameise: Nest etwa 30–45 cm hoch bei 1–1$^1/_2$ m Durchmesser am Boden. Weiterhin typisch die hier vom Nest zu den Rindenlausbäumen führenden Straßen, die in den Boden eingesenkt sind oder unterirdisch verlaufen.

Neuerdings wird herausgestellt, daß sich die Differentialdiagnose mittels der Nestbautypen und die Aufteilung der *F. polyctena* in eine Fichten- und Kiefernrasse nicht immer aufrechterhalten lasse.

Grundzüge der Bionomie der Roten Waldameise: Die Rote Waldameise als ein Vertreter der Gruppe der staatenbildenden Insekten lebt in einer «Dauerfamilie»; ihre Gemeinschaft stellt insofern eine biologische Einheit dar (oft als «Überorganismus» bezeichnet). Ein, manchmal mehrere fortpflanzungsfähige ♀♀ (Königinnen) und viele geschlechtlich nicht oder in beschränktem Umfange sich betätigende Arbeiterinnen (☿☿) gehören einem Volk an, während ♂♂ nur für den Fortbestand zu sorgen haben und meist bald nach der Kopulation absterben. – «Schwärmen» im Hochsommer, besonders an gewitterschwülen Tagen; nach dem Hochzeitsflug bricht das Weibchen die Flügel ab, gräbt sich eine Nestmulde und zieht hier, allein oder in Verbindung mit der Außenwelt, die erste Brut auf.

Abhängige Koloniegründung: nicht allen Ameisenarten ist eine selbständige Koloniegründung eigen. Im Gegensatz zu den Termiten (s. Seite 100) versuchen die ♀♀ vieler Arten die Koloniegründung den Arbeiterinnen der eigenen Art oder sogar den ☿☿ einer anderen Art zu übertragen.

Kleine Rote Waldameise: Abspaltung von Tochterkolonien, also von ♀♀ und ☿☿ mit Brut aus dem Mutternest; dabei werden von den Arbeiterinnen weiße Ameisenpuppen zwischen den Kiefern von der Mutterkolonie in die Neugründung gebracht. Der Ableger wird außerdem mit Königinnen und Arbeiterinnen versorgt, so daß er sich von Anfang an wie ein Mutternest zusammensetzt.

Große Rote Waldameise: sozialparasitische Koloniegründung; das junge, nach dem Hochzeitsfluge flügellose ♀ dringt in das Nest der mit ihr verwandten Wirtsameisenart *Formica (= Serviformica) fusca* L. ein, tötet oder vertreibt die Königin dieser «Hilfsameisenart», wird von den «furchtsamen» weisellos gewordenen ☿☿ adoptiert und läßt nunmehr ihre Brut von den Wirtsameisenarbeiterinnen aufziehen; mit der Zeit geht aus der gemischten Kolonie eine reine Kolonie der Gr. R. W. hervor, deren ☿☿ die Arbeit im Nest übernehmen, während die *Serviformica*-Arbeiterinnen ohne Nachkommen aussterben.

Königinnen: befinden sich in «Königinnenkammern», die nicht selten 1 oder 2 m tief im Boden liegen, bisweilen sogar in den subterranen Schichten über dem Grundwasserspiegel. Die Ameisenkönigin hat im übrigen nichts zu «gebieten»; ihre Hauptaufgabe ist die «Produktion» von Eiern. Zahl der Eier = artverschieden (zwischen einigen Hundert und Millionen).

Bei der Großen **Roten Waldameise** (meist monogyn) verläßt jedes neue (junge) Geschlechtstier das Nest, andernfalls wird es von den ☿☿ getötet. – Arbeiterinnen freilich zur Eiablage befähigt, aber aus den unbefruchteten Eiern entstehen ausschließlich ♂♂, die lediglich infolge der Brutpflege seitens der ☿☿ diese bei eingetretener Weisellosigkeit noch einige Zeit zusammenhalten. – Bei der oligogynen Form werden wenige ♀♀ unter starker Auslese behalten. – Eine Kolonie der *Formica rufa*-Gruppe kann ein Alter von 20 Jahren erreichen.

Bei der **Kleinen Roten Waldameise** als einer polygynen Form findet die Kopulation junger Geschlechtstiere nicht selten in oder auf dem Nest statt; junge

♀♀ (auch im Umkreis der Kolonie angetroffene aus fremden Nestern) werden von den ♀♀ der eigenen Kolonie einverleibt. Durch die damit anhaltende Verjüngung sind 70jährige Kolonien ohne Alterserscheinungen bekannt. – Bei den ♀♀ Eiablage nicht möglich; Ovarien verkümmert. Vielleicht deshalb auch nicht so langlebig wie ♀♀ der Gr. R. Waldameise.

Populationsdichte (in Beziehung zu der Königinnenzahl):

Große Rote Waldameise: bei der monodomen und monogynen Form an zusätzlichen Nestern sogen. «Saisonnester» vorkommend, die je nach den Umweltbedingungen gewechselt oder zur Überwinterung bezogen werden. Kommen bei diesem Standortwechsel früher in weiter Entfernung liegende Kolonien einander zu nahe, setzen Kämpfe zwischen beiden Nestern ein, bis der Eindringling aus dem Bereich der Sommerkolonie vertrieben ist. Die Angehörigen eines Nestes tragen eine «Geruchsuniform»; wer diese nicht trägt, wird gemieden oder bekämpft. Königin kann zwar an einem Tage bis zu 300 Eier legen, aber damit ist die etwaige Höchstzahl an zu erwartenden Nachkommen pro Tag erreicht. In einem Nest bis annähernd 100000 ♀♀. – Bei der oligodomen und oligynen Form kann die Bevölkerungsdichte höher sein.

Kl. R. W.: Im allgemeinen mehrere hundert, oft mehr als 1000 Königinnen. Entstehung ganzer Staatenbünde in Hunderten von Nestern. Dabei werden Nahrung, Brut und Königinnen unter den Nestern des Staatenbundes ausgetauscht, so daß Steigerung der Bevölkerung auf viele Millionen erreicht wird (GÖSSWALD, 1985; pag. 76).

Tätigkeiten im Nestbereich (vornehmlich der Kl. R. W.)

Brutpflege: Da die entsprechenden Entwicklungsstadien ein unterschiedliches Feuchtigkeits- und Wärmebedürfnis haben, wird von den ♀♀ die Brut in verschiedenen Nestschichten gelagert. Während hochsommerlicher Wetterlage liegen die etwa stecknadelkopfgroßen Eier (gewöhnlich zu kleinen Klumpen zusammengeballt: «Ameisensalz» im Volksmund genannt) und die Junglarven in den Kammern tief im Boden, während die Altlarven sich in den höheren Schichten, bei der Roten Waldameise im Nestkern (im Baumstock) oder in der Nestkuppel befinden. – Die Larven werden mit einem Drüsensekret, außerdem mit den süßen Ausscheidungen von Rindenläusen (s. später) und mit Stückchen von Beutetieren gefüttert. Verpuppungsreife Larven spinnen sich ein, wobei die ♀♀ behilflich sind. Die Puppen benötigen trockenere Luft zur Weiterentwicklung und werden daher im Oberbau des Nestes gelagert. Gerade die Puppen (fälschlich «Ameiseneier» genannt; vgl. Abb. 289) werden deshalb auch tagsüber hin- und hertransportiert. In den kühlen Morgen- und Abendstunden, wenn infolge des Kuppelbaues zumindest einige wärmende Sonnenstrahlen aufgefangen werden können, tragen die Arbeiterinnen die Puppen in die obersten Kammern. Steigt die Temperatur im Laufe des Tages, werden jetzt die Puppen wieder nach unten befördert. Bei der drohenden Gefahr einer Überhitzung im Nest werden sogar Ventilationsschächte angelegt, ja die ganze Nestoberfläche wird aufgelockert. Beim Aufziehen eines Gewitters beobachtet man, wie die Außendienstameisen in Scharen zum Nest zurückkehren, Knospenschuppen, Nadeln, Zweigstückchen oder anderes Nestbaumaterial bzw. Beutetiere schleppend. Andere Arbeiterinnen kommen mit den Ausscheidungen der Rindenläuse im Kropf zum Nest; nur wenige ♀♀ bleiben bei ihren «Melkkühen» zur Abwehr feindlicher Insekten zurück. Die meisten Ameisen verziehen sich in das Nestinnere, nur einige bleiben außen auf der Nestkuppel und wippen beim Donner «aufgeregt» mit den Beinen.

Vorbereitungen zur Winterruhe und Überdauern der ungünstigen Jahreszeit: Die letzte Brut kommt etwa im Oktober zur Verpuppung; die Königinnen stellen deshalb schon einen Monat zuvor die Eiablage ein. Trotzdem geht das übrige geschäftige Leben im Nest noch weiter. Solange die Außentemperaturen über dem Nullpunkt liegen, sind die Ameisen noch für die Nahrungs- und Vorratsbeschaffung tätig, wenn auch nicht so eifrig wie bisher. Sie erklettern bis in den Dezember hinein die «Ameisenbäume» und bringen aus den Rindenlausherden die letzten Erträgnisse in das Nest. Doch ist die Besatzdichte unter den Rindenläusen bei weitem nicht mehr so groß wie zur Sommerzeit. Im Gegenteil, die meisten haben ihre schwarzglänzenden, ovalen Wintereier abgelegt und sind altersschwach. Jetzt werden diese Läuse von den Ameisen auch als Beutetiere in das Nest eingetragen. Vor allem wird für die Ernährung der Brut im Frühjahr Vorsorge getroffen. Bis zur äußersten Dehnfähigkeit ist der Hinterleib vieler Arbeiterinnen mit Reservestoffen für die larvale Frühjahrsfütterung vollgestopft. – Zur Winterruhe zieht sich das Volk in tiefere Nestschichten zurück; in dichten Klumpen sitzen die Ameisen in den zuunterst gelegenen Kammern und Gängen. Auch die Königinnen liegen dort dicht neben- oder übereinander (bisweilen bis zu 20 Stück) beisammen. Die Winterruhe bei den Ameisen hält zwar nicht über Monate ohne Unterbrechung an; sie ist vielmehr temperaturbedingt. Bei ungewöhnlich warmer Witterung im Januar lassen sich die Waldameisen selbst in 20 m Entfernung vom Nest beobachten. Die Arbeiterinnen tragen die Königinnen sogar aus gefertigten Nestausgängen auf die Nestkuppel zum Sonnen.

Erste Tätigkeiten in den Frühjahrsmonaten: An den ersten sonnigen Frühjahrstagen sammeln sich die Arbeiterinnen wieder auf der Nestkuppel (in der ein Wärmezentrum mit 27 °C aufgebaut wird). Die Königinnen kommen gleichfalls aus dem Nestinnern und nehmen Anteil an dieser Sonnungsbeschäftigung. Nach einigen Tagen beginnen die Arbeiterinnen mit ihrer Erkundungstätigkeit im Nestbereich. Die Förna-Schicht und die weitgehend humifizierten Stöcke werden nach Beutetieren durchsucht, denn die Rindenlausherde sind noch nicht ergiebig.

In der Zwischenzeit ist die Nesttemperatur fast auf 30 °C gestiegen; die Königinnen haben jetzt viele Eier abgelegt. Aus diesen Eiern schlüpfen Larven, die größer werden als jene in den Sommermonaten. Das Futter für diese auffallend größeren Larven stammt aus den noch zu Beginn des Winters eingesammelten Nahrungsreserven oder von den «lebendigen Speisekammern», den am Hinterleib aufgetriebenen Arbeiterinnen. Damit werden in knapp 6 Wochen (März/April, in höheren Lagen etwas später) die jungen geflügelten Geschlechtstiere (5000–40000 Individuen) zur Reife gebracht. Ihrer Aufzucht folgt die Schwarmzeit, die je nach Standortlage des Nestes in den Monaten April/Juni liegt. – Im Kolonialverband der Kleinen Roten Waldameise lassen sich auf einigen Nestern nur die schlanken schwarzen ♂♂, auf anderen nur die rundlicheren, am Kopf und Rücken teils rötlichen ♀♀ beobachten. Die Geschlechtstiere werden mithin in getrennten Kolonien erzeugt. Gelegentlich erscheinen in einem Nest die ♀♀ nach den ♂♂, selten zur gleichen Zeit.

Nach der Schwarmzeit werden im Nest der Roten Waldameise nur Arbeiterinnen aufgezogen. Die Wiesenameise bringt an warmen Standorten in einem Jahr 2 Geschlechtstiergelege zur Reife, einmal im April/Mai, zum anderen im Juli/August.

Beziehungen zu anderen Organismen

Vergesellschaftung der Ameisen, funktionell differenziert in Geschlechtstierkaste und Arbeiterinnenkaste, grundlegend verschieden vom menschlichen Staat (in dem jede Familie = selbständige biologische Einheit). Außer des nun immer wieder anziehenden Phänomens der Staatenbildung mit seinen überaus interessanten Erscheinungen (des Hochzeitsfluges, der Staatengründung, der Vorratsstapelung, der etwaigen Anlage von Pilzgärten, der Verständigung usf.) dürften zwei biologische Gegebenheiten erwähnens- und gesondert betrachtenswert sein: die «Myrmekophilie» und die «Trophobiose».

Vergesellschaftung mit den Ameisen

Viele Insektenarten leben in den Ameisenkolonien mit den Nestangehörigen zusammen; man bezeichnet diese Ameisengäste als «Myrmekophile». Weil viele Schilderungen oder Monographien dieser Sondererscheinung in außerdeutschen Gebieten gewidmet sind (vgl. u.a. die zahlreichen Veröffentlichungen von Hans BRAUNS, [in Südafrika]), glaubt mancher Beobachter zunächst derartige Vergesellschaftungen in der heimischen Waldbiozönose nur selten feststellen zu können. Aber auch bei uns begegnet man durchaus oft dieser Erscheinung. Freilich ist die Unterscheidung zwischen harmlosen Mitbewohnern und ausgesprochenen Feinden für den Freilandbeobachter durchaus nicht immer leicht, so daß im Anschluß an dieses Kapitel eine kurze Aufzählung des Vertilgerkomplexes erfolgen mag.

Die Myrmekophilen halten sich aus verschiedenen Gründen in den Ameisenbauten auf. Es wurden daher mehrere Kategorien aufgestellt, in denen das Verhältnis der Formiciden zu ihren Gästen oder umgekehrt zum Ausdruck kommt.

Werden die Mitbewohner eines Ameisenstaates von den «Hausbesitzern» geduldet, haben wir ein «Zusammenhausen» («Synoekie») vor uns. Kommt von seiten der Ameisen eine freundliche Behandlung der Einmieter hinzu, spricht man von einem «Gastverhältnis» («Symphilie»). Die Duldung der Einmieter ist meist auf eine «Unangreifbarkeit» der Mitbewohner zurückzuführen, d. h. diese verfügen vielfach über eine feste oder glatte Körperoberfläche. Unangreifbar für die Wirtsameisen sind andererseits auch ausgesprochene Brut-räuber (wie etwa manche größeren Staphyliniden [Col.]), die stets als Feinde verfolgt werden («Synechthrie»), aber (vermutlich außer der Abscheidung abschreckender Sekrete) infolge ihrer gleichen Körpergröße nur selten in ihrer Nahrungssuche behindert werden können. Die Symphilen geben meist als Anlockungsmittel für die Ameisen am Grunde von Drüsenhaaren Sekrete ab oder schwitzen diese durch die Haut aus, die von den Ameisen gierig aufgenommen werden. Selbst wenn unter diesen Symphilen ausgesprochene Nestschmarotzer sind, werden sie aufgrund ihrer Abscheidungen von den Wirtsameisen gepflegt; Brut dieser Neströber wird von den Ameisen betreut.

Nur wenige Beispiele mögen die Verhältnisse bei der Roten Waldameise beleuchten. In manchen Gegenden tritt ein Chrysomelide (*Clytra quadripunctata* L., der sogenannte Vierpunktkäfer) auf. Felddiagnose: länglich walzenförmiger Habitus, 7–11 mm lang, mit orangegelben bis braunroten Elytren, die 2 schwarze Schulterflecken und 2 abdominale Makel bzw. kurze Querbinden, ebenfalls schwarz, aufweisen. Die Imagines bisweilen auf Birken, aber auch an Unterholz (Eiche, Weide) im Mai und Juni in beträchtlicher Populationsdichte. Von ähnlich gefärbten Coccinelliden vor allem durch die langgestreckte Form und durch bedeutendere Größe unterschieden.

Von einem Zweig aus läßt das *Clytra*-Weibchen seine von einer zapfenähn-lichen Kothülle umgebenen Eier auf das Ameisennest fallen. Als Wirtsameisen sind neben *Formica rufa* L. auch *F. (= Coptoformica) exsecta* NYL. beobachtet worden, seltener andere Ameisenarten. Das Chrysomeliden-Eigelege wird von den Arbeiterinnen in das Nest eingebracht (vielleicht infolge «täuschender Ähnlichkeit» mit anderem Baumaterial?). Die aus den Eiern geschlüpften *Clytra*-Larven stellen wie die Trichopteren-Larven einen Köcher her, der aber hier aus Exkrementen gefertigt ist. Während des larvalen Wachstums wird der Köcher oftmals umgebaut und zur Verpuppung schließlich von innen «zuge-mauert». Der schwarze Köcher hat dann etwa eine Länge von 14 mm erreicht. Die *Clytra*-Larven ernähren sich von der Ameisenbrut, ziehen sich freilich bei der geringsten Störung in das Köcherinnere zurück, sind selbst während der Fortbewegung im Ameisennest durch einen stark chitinisierten Kopf und Thorakalabschnitt ziemlich unangreifbar.

Stark befallene Nester werden nicht selten von den Ameisen verlassen; aber die Vierpunktkäfer besitzen ein ausgezeichnetes Flugvermögen, so daß neue Nestanlagen zur Eiablage bald ausgemacht sind. Die *Clytra*-Puppen entlassen die Imago im Frühjahr; die Geschlechter finden sich etwa zur Schwarmzeit der Ameisen. – An den Altlarven und Puppen des Chrysomeliden leben als Ektoparasiten in den Köchern die Larven der Spinnen-Ameise (Mutillidae) *Smicromyrme montana* Pz. f. *nigrita* GIR. (syn. *schenki* SCHMIEDEKNECHT), Angehörige einer aculeaten Familie, die nahverwandt ist mit den Methocidae (Trugameisen; siehe Seite 176).

Als weitere auffällige Mitbewohner in Nestern der Roten Waldameise mögen die merkwürdigen Dipterenlarven der Syrphidengattung *Microdon* (s. Seite 431) und die engerlingsähnlichen Larven der *Cetonia*- Arten (Scarab.; Col.) genannt werden, u. a. *Cetonia aurata* L. oder jene der Art *Potosia cuprea* F., von der bei uns *a. c. metallica* HERBST (= *floricola* HERBST) vorkommt. Differential-merkmale des *cuprea*-Rosenkäfers: in Größe und Färbung überaus unter-schiedlich, meist etwas größer, breiter und plumper als *C. aurata:* erzgrün mit oder ohne weiße Strichelchen auf den Elytren. Unterseite veilchenfarben. Imago am Saft von Eichen oder auf Blüten. April/September. – Die *cuprea*-Larven (Seite 212) leben in den Nestern der Roten Waldameise von vegetabili-schen Substanzen und verarbeiten das Nestmaterial zu Mulm. Die Ameisen: nicht selten zur Anlage neuer Nester gezwungen. Schwerwiegender: Beschädi-gungen an den Nestern durch Fuchs und Dachs, weil diese den Käferlarven nachstellen. Die Vollkerfe sind durch die glatte Chitinpanzerung vor den Ameisen geschützt, die Larven durch ätherische Ausscheidungen, von denen angreifende Arbeiterinnen sogar betäubt werden; *cuprea*-Larven verpuppen sich in einem Erdkokon und verlassen später das Ameisennest.

Als harmloser Einmieter, der sich von den Waldameisen füttern läßt, sei die Glänzendbraune Gastameise, *Formicoxenus nitidulus* (= *Myrmica nitidula*) NYL., angeführt; man findet sie auch im Nest der Wiesenameise. Die Gast-ameisen leben in kleinen Kolonien von meist 100 Individuen in den leeren Ver-puppungskokons der Rosenkäfer-Larven, bisweilen auch in Kammern des von der Wirtsameise umbauten Stockes; sie führen einen eigenen Haushalt, erbet-teln zwar ihre Nahrung von den Wirts-Arbeiterinnen, indem sie an den Beinen der Waldameisen und weiter bis zum Kopf heraufklettern (hier haben bequem einige dieser Zwergameisen Platz) und sich nunmehr zur Mundöffnung her-unterbeugen. Arbeiterinnen mit vollem Kropf werden von den Gastameisen in den meisten Fällen um Nahrung angegangen; bei nicht fütterungsbereiten Wirtsameisen stellt sich die Gastameise tot und wird dann eigentlich immer freigegeben. Das Gastverhältnis wird «**Xenobiose**» genannt. Das Nest der Roten Waldameise beherbergt noch wesentlich mehr Gäste und Einmieter aus den verschiedensten Insektenordnungen; bisher konnte jedoch nicht festgestellt werden, daß sie den Fortbestand der Kolonie ernstlich gefährdeten.

Vertilgerkomplex: Eine ungewöhnlich große Zahl von Feinden stellt aber andererseits den Waldameisen nach und kann die Nestbevölkerungen erheblich dezimieren. Zu ihnen gehört, besonders in den dicht beisammenliegenden Nestern der Kleinen Roten Waldameise die Braconide *Elasmosoma berolinense* RUTHE (die übrigens auch bei *Camponotus*-Arten schmarotzt). Die Brack-wespen rütteln über dem Ameisennest, stoßen plötzlich zur Eiablage auf die Arbeiterinnen herab und belegen sie mit einem Ei. Die Parasitenlarve ent-wickelt sich im Hinterleib der Ameise; das bald dem Sterben nahe Tier verläßt das Nest, klettert an einem Grashalm hoch, beißt sich hier fest und verendet dann. Die verpuppungsreifen Brackwespen-Larven verlassen den Wirt und spinnen sich in oberflächlichen Bodenschichten ein.

Fadenwürmer (Nematodes; Mermithidae) leben in der Larvenzeit im Abdomen der Ameisen; während der Befall mit diesen afterlosen Nematoden bei anderen Ameisenarten nicht selten die Kolonien zum Aussterben bringen kann (KAISER, 1986), ist der Parasit bei den *Formica*-Arten bisher zumeist von geringerer Bedeutung. – Winzige Fadenwürmer kommen auch in den Speicheldrüsen der Ameisen vor und können den Bestand des Volkes dezimieren.

Überalterte Kolonien zeigen vielfach einen starken Befall mit ektoparasitischen Milben; die Arbeiterinnen sind dann dicht bedeckt mit den Schmarotzern.

Bakterien- und Pilzkrankheiten sind anscheinend nicht häufig bei den Ameisen; Insektenpilze (beispielsweise *Beauveria bassiana* [BALS.] VUILL.) konnten festgestellt werden. Doch bringen die Arbeiterinnen abgestorbene Nestgenossen schleunigst und weit weg vom Nest an möglichst trockene Stellen (auf Wege), so daß dadurch schon eine Weiterverbreitung zumindest erschwert ist.

In sandigen Nadelholzbeständen der Ebene gerät manche Ameise während ihres Außendienstes in die «Sandfalle» des Ameisenlöwen, der Larve der Ameisenjungfer (*Myrmeleon formicarius* L.; Planipen., Neuroptera; s. Seite 300).

Eine mitunter starke Beeinträchtigung der Entwicklung einer Kolonie ist schließlich durch einen Vertilgerkreis von Wirbeltieren gegeben; dazu gehören Spechte, Wendehals, Amsel; Fuchs und Dachs; Schwarzwild, bisweilen Reh-, Rot- und Damwild. Im Winter treiben die Spechte ihre Gänge bis zum Nestkern vor; im Sommer holen sie die Ameisen von der Nestoberfläche weg (ein Großspecht bis zu 3000 Ex. pro Tag). Fuchs und Dachs wühlen die Nester anscheinend deshalb auf, um zu den Scarabaeidenlarven zu gelangen. Schwarzwild schiebt sich in Nesthaufen ein, weil diese warm sind; vielleicht säubern die Ameisen auch die Decke des Schwarzwildes von Ungeziefer. Vögel «emsen» nicht selten ihr Gefieder ein; die dabei seitens der Ameisen abgegebene Ameisensäure vertreibt evtl. die im Gefieder vorkommenden Federlinge. Daß Hirsche mit ihrem Geweih Nester auseinanderreißen, läßt sich des öfteren beobachten. Neben einer Schwächung der Nestbevölkerung werden die Ameisen während der ungünstigen Jahreszeit durch diesen Feindeskreis empfindlich in der Winterruhe gestört (beeinträchtigend für die Kolonieentwicklung!).

Wechselbeziehungen zwischen Ameisen und Pflanzenläusen: Diese unter der Bezeichnung «Trophobiose» bekannten Erscheinungen im Bestandesbereich sind vor allem dadurch begründet, daß unsere Rote Waldameise den tropischen räuberischen Wander- und Treiberameisen gegenüber mehr oder weniger ortsfest ist; nun bedingt das bei uns vorherrschende kühlere Waldklima «ein festes durch eigenen Wärmehaushalt geschütztes Nest. Aus der Ortsstetigkeit ergibt sich die Notwendigkeit, einen eigenen Nahrungshaushalt zu schaffen», der auch während insektenarmer Perioden funktionieren kann. Die Ameisen werden von den Exkrementen der Pflanzenläuse angezogen und entnehmen nicht etwa den Dorsalröhrchen (der Röhrenläuse) das Sekret.

Früher nahm man an, «daß die Pflanzensauger den kohlehydratreichen und eiweißarmen Pflanzensaft in erster Linie auf seinen Eiweißgehalt hin ausbeuten und dadurch der Saftüberschuß entsteht» [KLOFT, 1953]. Es hat sich aber gezeigt, daß der «Honigtau» kaum eiweißärmer ist als der Siebenröhrensaft der Bäume. Unsere Waldameisen erhalten mithin auch bei Mangel an Beutetieren (nach dem Erlöschen von Insektenkalamitäten) genügend biologisch hochwertiges Eiweiß, um ihre normale Lebens- und Fortpflanzungstätigkeit aufrecht zu erhalten. Unsere R.W. besitzt Beziehungen zu 69 Pflanzensaugern; viele Arten kommen an Kräutern und Sträuchern des Unterwuchses vor. Trophobiose-Beziehungen zwischen Läusen auf forstlich wichtigen Holzarten und Waldameisen bestehen eigentlich nur bei den Lachniden (Rindenläusen). Dieses «Nutzvieh» wird nicht (wie es oft heißt) «gemolken», sondern die Ameisen streicheln die Rindenläuse so lange mit den Fühlern, bis zuckerhaltige Exkrementtröpfchen ausgeschieden werden. Die Ausscheidungen werden im Kropf gesammelt und als Nahrung in das Nest eingebracht. Während größerer Zeitspannen suchen dabei die Blattlausbesucher immer wieder den gleichen Baum auf. Die Waldameisen sollen ausgereifte Lachniden in ihren Nestkammern überwintern (?).

Von den Rindenläusen gelten im Bestande die Nadelholzarten als indifferent. Im Gegenteil, KLOFT [1950 u. 1951] konnte feststellen, «daß der Speichel der für die Waldameisen in Frage kommenden Koniferenrindenläuse (*Cinara taeniata* KOCH, *C. piceae* PANZ., *C. pinea* KOCH) keine Schadwirkung auf das pflanzliche Gewebe ausübt, sondern in bestimmten Konzentrationen sogar das Wachstum fördert» (Rindenlausbäume oft üppig im Wuchs!). – Bei den Laubholzformen, etwa bei *Lachnus exsiccator* ALT., hat sich noch nicht einwandfrei gezeigt, ob das pathologische Erscheinungsbild des «Buchenkrebses» allein durch diese Aphidide erzeugt wird (vgl. Seite 122). Das gleiche gilt für die Eichenlachnide *Lachnus roboris* L. beim «Eichenkropf», der durch das Saugen der Laus am jüngsten Trieb hervorgerufen werden soll. Die von den Ameisen in ihrer Massenvermehrung geförderten Rindenläuse schaden selbstverständlich, aber meist nur junge Stämmchen zeigen vereinzelt extreme Triebhemmungen, die vielfach auch auf andere Ursachen zurückgeführt werden können.

Die Großschädlinge unter den Pflanzenläusen werden von den Ameisen kaum beachtet, weil ihnen die wachsartigen Sekrete («Wachswolle») zuwider sind. Allenfalls noch im Frühjahr werden *Dreyfusia*-Arten von den Ameisen aufgesucht, weil die Wollausscheidung dieser Chermeside noch nicht erheblich ist. Bei der sehr stark «honigenden» *Phyllaphis fagi* L. wird aber nicht einmal der auf den Boden abgetropfte Honigtau eingesammelt, da die Exkrementtropfen zumeist Wachsüberzüge haben. Zu den nicht besuchten Schadarten gehören u.a. die freilebenden Generationen der Fichtengallenläuse *(Adelges strobilobius* KALT. und *Chermes viridis* RATZ.) und die Douglasienwollaus *(Gilletteella cooleyi* [GILL.] C.B.). Bei der Buchenwollaus *(Cryptococcus fagi* B´RSPR.; [Cocc.]) werden überhaupt keine flüssigen Abscheidungen abgegeben. In dem Verhältnis der Ameisen zu Pflanzenläusen eine starke Minderung des Nutzens der Roten Waldameise (die in der Waldbiozönose neben den *Camponotus*-Arten vornehmlich im Vordergrund des Interesses steht), zu sehen, dürfte mithin verfehlt sein. Erwähnenswert ist übrigens noch, daß in Aphidenkolonien sitzende Coccinelliden- (Col.-) Larven oder aphidivore Syrphiden- (Dipt.-) Larven von den Ameisen unbeachtet gelassen werden, vielleicht weil diese Räuber infolge träger Bewegungen die Ameisen nicht zum Angriff «verleiten».

Wirtschaftl. Bedeutung der Roten Waldameise ist durch die Tätigkeit der Arbeiterinnen in vieler Hinsicht gegeben. Besonders groß ist die bodenverbessernde Wirkung bei dem umfangreichen Nestbau. Dabei kann die aus beträchtlicher Tiefe (vgl. Seite 178) heraufgeförderte Erdmenge bei einer einzigen Kolonie sogar mehrere cbm betragen. Durch die unterirdische Tätigkeit werden die Bodenschichten im engeren Bereich des Nestes gelockert, durchlüftet und mit organischen Stoffen angereichert; dabei findet auch eine Entsäuerung des Bodens statt, was sich wiederum für die Bodenvegetation günstig auswirkt. Aber nicht nur der pflanzliche Bodenbewuchs, selbst die Bäume zeigen am Standort alter Nester nicht selten eine auffallend gute Belaubung oder Benadelung. – Nester meist über einem Stock errichtet; dadurch Nestangehörige in den Humifizierungsprozeß eingespannt, während sonst erst nach langer Zeit das Stockmaterial dem Stoffkreislauf im Bestande zugeführt würde. Die Ameisen tragen aufgrund ihrer «Befähigung zur Stabilisierung ihres Umweltsystems» bei.

Ameisen und Pflanzen: Schon vor vielen Jahren wurde errechnet, daß 30480 Samen während einer Vegetationsperiode von den Nestinsassen einer Kolonie der Roten Waldameise verbreitet werden. In Eichenmischwäldern werden somit etwa 80 und in Buchenwäldern etwa 45 Arten durch die Ameisen vermehrt. Die «Myrmekochorie» kommt vornehmlich den der unteren Vegetationsschicht unserer Bestände angehörenden Pflanzen zugute, während die «Hochwaldschicht» mehrminder windexponiert ist. Trotzdem lassen sich nicht selten Ameisen beobachten, die mit Birken-, Fichten- oder Kiefernsamen beladen sind; sie tragen ihn als Nahrung (Ölgehalt) oder für Bauzwecke ein. Auf den weiten Wanderungen geht der Samen bisweilen verloren und gelangt an einem anderen Standort zur Entwicklung. Nicht zu vergessen ist, daß eine reiche Bodenflora entscheidenden Einfluß hat auf die Festigung des biozönotischen Gleichgewichtes; die Existenzmöglichkeit von Parasiten hängt in den zwischenzeitlichen Latenzperioden großräumiger Gradationen von dem Vorkommen von Neben- oder Zwischenwirten ab, die wiederum vielfach in der unteren Vegetationszone auftreten, so daß damit sich die Tätigkeit der Verbreitung von Pflanzensamen durch die Ameisen auch indirekt in einer Beschränkung wirtschaftlicher Schädlinge auswirkt. Andererseits ist eine reiche Bodenflora auch zur Ernährung der Vollkerfe der entomophagen Arten bedeutungsvoll, sind doch viele Imagines dieser Lebensformtypen eifrige Blütenbesucher (etwa die Tachinen [Dipt.]). Weitaus am auffälligsten ist schließlich die nutzbringende Tätigkeit der Roten Waldameise bei der Dezimierung wirtschaftlich-schädigender Insekten. Unter den Widerstandsfaktoren einer Massenvermehrung fast jedes Schadinsekts kommt den Ameisen in dieser Beziehung eine ganz eminente Bedeutung zu. Beachtenswert erscheint, daß in Kalamitätszeiten, aber auch in «normalen» Zeiten, der Anteil von Schadinsekten oder ihrer Larven und Raupen in der Beute der Roten Waldameise überwiegt. In Zeiten der Übervermehrung von Schadinsekten wurden nach BEHRNDT (1933) 90% Forstschädlinge (Kieferneule), 7% Nützlinge und 3% indifferente Insekten eingetragen. Die Tagesbeute eines volkreichen Nestes der besonders nützlichen Kl. R. W. ... «kann 10000 Stück betragen, im Sommer etwa 10000000» (GÖSS-WALD, 1985). Bei neueren Untersuchungen über das Waldameisen-Inventar im Kanton Zürich wurde beobachtet, daß ein Großteil der Nester an Verjüngungsrändern vorkommen (KISSLING u. BENZ, 1985). Je nach dem Entwicklungsstand der Kolonie, dem Nahrungsangebot, dem Standort und eventuell auch der Wetterlage während der Vegetationszeit werden die Zahlen verschieden sein.

Der Nutzen der Roten Waldameise ist immer wieder eindeutig nachgewiesen. Trotzdem hat es nicht an ablehnenden Beurteilungen gefehlt. Vielfach wurden aber bei den Beobachtungen dann die einzelnen Formen nicht unterschieden, die in ihren Biotop-Ansprüchen, in ihrer Populationsdichte oder in ihren räuberischen Eigenschaften voneinander abweichen. Außerdem zeigte sich, daß auch der Aktionsradius bei den einzelnen Formen recht unterschiedlich sein kann (etwa bei der Großen Roten Waldameise nur beschränkter Aktionsradius!). Auf die frühere Einstellung zu den Trophobiose-Beziehungen war andernorts schon eingegangen worden (s. Seite 185). Freilandbeobachtungen über die Beuteeintragung seitens der Waldameisen sind auch nicht in insektenarmen Zeiten durchzuführen, da während dieser Perioden das Einbringen von Beute kaum bemerkt wird. Gelegentliche Fraßschäden durch die Rote Waldameise sind auch festgestellt; so wird angegeben, daß *Formica rufa* bisweilen Knospen von Ahornheistern oder Weidenkätzchen ausfrißt. Doch sind diese Schäden bei dem Nahrungserwerb in unseren Beständen anscheinend durchaus nicht häufig. – Auch die Belästigungen des Menschen in den Beständen rührt weniger von der Roten Waldameise her als vielmehr von den freilich unangenehm stechenden Roten Knotenameisen (auf feuchte Wald-Standorten etwa *Myrmica laevinodis* NYL., auf trockeneren *Myrmica ruginodis* NYL.).

Aus der großen Zahl von forstlichen Schadinsekten, die von den Waldameisen als Beutetiere in das Nest eingebracht werden, seien nur wenige Arten genannt: Gespinstblattwespen (u. a. *Acantholyda nemoralis* THOMS.; Pamphilid.), Blattwespen (u. a. *Diprion pini* L.; Tenthredinid.), Maikäfer (Scarab.), Rüsselkäfer (u. a. *Hylobius abietis* L.; Curculion.), Borkenkäfer (Scolyt.; verschiedene Arten), Tannentriebwickler (*Cacoecia murinana* HBN.; Tortric.), Eichenwickler (*Tortrix viridana* L.; Raupen jeden Alters, ferner Puppen und Falter; dabei wird nach GÖSSWALD und KLOFT [1956] ein erheblicher Teil der

Beute, nach außen nicht erkenntlich, im Kropf eingetragen), Kiefernspinner (*Dendrolimus pini* L.; Lasiocamp.), Kiefernspanner (*Bupalus piniarius* L.; Geometr.; sogar Puppen), Forleule (*Panolis flammea* SCHIFF.; Noctuid.) und schließlich Nonne (*Lymantria monacha* L.; Lymmantriid.). Die Erbeutungsaktivität ist, wie mehrfach festgestellt wurde, nicht von Schwankungen bestimmter Insekten-Populationen abhängig, sondern von der Menge erbeutbarer Individuen (SCHMIDT, G. H., 1988). – Außerdem konnte beobachtet werden, daß die Waldameisen auch Eier von zahlreichen Schädlingen vernichten.

Anleitung zur Haltung von Ameisen (in sogen. Gipsformikarien) zur Beobachtung: siehe GÖSSWALD (1985), pag. 232 ff.

Durch Verlegung ihrer Nestbautätigkeit in gesunde Stämme wird auffällig:

Camponotus herculeanus L., Roßameise

Kennzeichen und Ökologie [BRAUNS, 1950]: tritt in unserem Faunengebiet in 3 Rassen auf: *Camponotus herculeanus herculeanus* L., *C. h. ligniperdus* LATR. und *C. h. vagus* SCOP. Diese letzte Roßameise «in Eurasien vor allem in Mittel- und Südeuropa, Gotland, Finnland. In der Schweiz in wärmeren Lagen bis zu 1300 m Höhe» (GÖSSWALD). Größte der einheimischen Ameisenarten; ihre Arbeiterinnen (♀♀) immerhin 12 bis 14 mm (Abb. 292), während die ♀♀ sogar eine Körperlänge von 16–18 mm erreichen. – Gesamtfärbung braunschwarz mit rotbrauner Färbung am Thorax und manchmal auch an der Basis des Hinterleibes. Die beiden ersten Rassen unterscheiden sich in ihrer Lebensweise. Die Rasse *herculeanus* bevorzugt mehr oder minder feuchte Standorte (Fichtenbestände) und legt ihre Nestbauten in der Regel in stehenden Stämmen (vgl. auch Abb. 293) oder in Stöcken an, während *ligniperdus* trockene Standorte (Sandböden, Kiefernbestände) vorzieht und häufiger ihr Nest unter Steinen als im Holz errichtet.

Nestbau der *herculeanus*-Rasse sei näher geschildert. Neben Weichhölzern (u. a. Fichte), die mit Vorliebe von dieser Roßameise für die Anlage ihrer Nestkammern befallen werden, trifft man gelegentlich auf ihre Nestbauten in Laubhölzern (sogar Eiche). Die Architektur des Nestes in Eiche zeigt eine auffallende Ähnlichkeit mit der Anlage in gesunden Fichtenstämmen. Wie im Fichtenstamm sind auch im Laubholzstamm die Nestkammern auf das Kernholz beschränkt, während der Splint unversehrt bleibt. Das weiche Frühjahrsholz aus den zentralen Jahresringen wird herausgenagt, das harte Herbstholz jedoch zumeist stehengelassen (Abb. 294/295). Durch diese Tätigkeit zerlegen die Ameisen den befallenen Stammteil «in eine Reihe konzentrisch ineinander steckender Hohlzylinder» [ESCHERICH, 1923/42]. Die zwischen den Hohlzylindern sich befindenden Zwischenräume dienen dann als Gänge und Kammern für die Nestanlage. Die Annahme, daß die Ameisen waagerechte Scheidewände stehen lassen, um übereinanderliegende Etagen zu schaffen, trifft offenbar nicht zu. Die Hohlräume verlaufen oft mehrere Meter im Stamm aufwärts. Zumeist findet sich in unteren Stammquerschnitten ein Verbindungsweg von der vermutlichen Eingangsstelle in den Stamm zu der nach Süden gelegenen Hauptanlage der Nestkammern; dieser Verbindungsweg wird vielfach durch die Stammmitte genagt und dabei auch hartes Herbstholz beseitigt. Beschädigungen an der Stammbasis (etwa als Folge vom Fällen oder Holzrücken) werden als Eingangsstellen für das Eindringen der Roßameisen angesehen. Aber auch Stämme ohne Fäll- und Rückeschäden scheinen befallen zu werden, da das Holznest meistens mit einem Erdnest kombiniert ist und somit von diesem vielleicht ein Eingang ermöglicht wird.

Nahrungsbedarf dieser sonst friedfertigen Ameise offenbar großenteils durch Trophobiose mit Rindenläusen; Arbeiter beißen auch Knospen und junge Triebe an. – Hochzeitsflug etwa Anfang Juni. Die ausschwärmenden Tiere haben bereits überwintert und sind 1 Jahr alt. Nach Abwurf der Flügel bginnt das ♀ mit der Eiablage unter einem Stein und im nächsten Frühjahr kommen dann die ersten Arbeiter hervor. – Bautätigkeit der Roßameisen ist meist erkennbar durch das an der Stammbasis sich ansammelnde Genagsel; bei Weichhölzern weisen tiefe Spechteinschläge auf den Befall durch Roßameisen hin («Ameisenfichte»). Vor allem der Schwarzspecht ist als Hauptfeind zu nennen, der bisweilen sehr tiefe, bis auf den Kern geführte Einschläge ausführt, um zu seiner Lieblingsbeute zu gelangen.

Wirtschaftl. Bedeutung: wenn auch durch den Befall der Roßameisen größere Stammpartien und durch die Anlage des Nestes in der Stammbasis gerade der stärkste Teil eines Stammes technisch entwertet sind, so ist die wirtschaftliche Bedeutung dieser Ameise in Laubholzbeständen infolge geringen Vorkommens doch nicht hoch anzusetzen. In Fichtenbeständen kann die Zahl befallener Stämme hingegen beträchtlicher sein. *C. herculeanus* tritt auch in verarbeitetem Material auf (an Jagdhäusern in Hochgebirgsregionen), ohne daß vorher durch andere Holzinsekten das Eindringen in die (etwa dem Erdboden aufliegende) Balken erleichtert ist. In der «Neuen Welt» gleichfalls als Holzschädling auftretend.

Vespidae, Faltenwespen; echte Wespen (Abb. 1044)

Kennzeichen und Ökologie: charakterisiert durch die typische schwarzgelbe Körperzeichnung und die in der Ruhe der Länge nach gefalteten Vorderflügel; mit kräftigem Stachel.

Im biologischen Verhalten 2 Gruppen zu unterscheiden:

a) solitär lebende Wespen (♀ baut ein- oder mehrzelliges Nest in Mauerritzen, in Pflanzenteilen aus Lehm oder nistet in der Erde, in hohlen Himbeer- oder Brombeerstengeln oder in trockenem Holz; Beutetiere (Käfer-, Blattwespen-Larven und Schmetterlingsraupen) für die auskriechenden Larven werden gelähmt; Ei hängt an einem Faden über der «lebenden Speisekammer».

b) soziale Wespen, deren (nicht sehr volkreicher, aus einigen 100 Individuen bestehender) Staat aber einjährig ist; bis auf einige junge Weibchen, die in einem Versteck überwintern, gehen die übrigen Wespen vor dem Winter zugrunde. Der Dimorphismus der ♀♀ zeigt sich im Auftreten von großen und kleinen ♀♀. Die grauen, aus papierähnlicher Masse (aus geschabten pflanzlichen Stoffen mit Speichelsekret) hergestellten Nester sind allgemein bekannt (Abb. 1042). Größte einheimische Faltenwespe ist:

Vespa crabro L., Hornisse

Kennzeichen, Ökologie und wirtschaftl. Bedeutung: Größe: ♀ bis 35 mm; ♂ und ♀ bis 23 mm; charakteristische schwarz und rotbraune Färbung des Thorax; auch 1. Abdominalring braun. – Nestbau in Baumhöhlen, Nisthöhlen usf.; Nester bis Kopfgröße mit mehreren Wabenstockwerken. ♂♂ (stachellos!) entstehen erst im Hochsommer in den Hornissenstaaten.

Die Hornissen schälen Stämmchen von 3–20jährigen Pflanzen oder jüngere Zweige älterer Pflanzen (vor allem Eschen, dann auch Erlen, Birken, Weiden, Pappeln, Eichen und Lärchen). Schälbeschädigungen (mitunter nicht bis auf den Splint gehend) zumeist lang (bis 50 cm und länger), bisweilen um den ganzen Zweig greifend oder spiralig, erfolgen vor allem im August/Oktober. Hornissen schälen offenbar, um zum Saft zu gelangen; geschältes Rindenmaterial wird anscheinend nicht zum Nestbau verwendet. – **Differentialdiagnose** (gegenüber Nagerfraßschäden): Ansatz seitlich wirkender Mandibeln. Stark beschädigte Zweige sterben im nachfolgenden Jahr ab.

In Jagdhütten, Schuppen oder Nistkästen gelegentlich das aschgraue Nest (Abb. 1042) der Sächsischen Wespe (*Dolichovespula saxonica* FABR.); ♀♀ nur: 11–13 mm. Nesthülle aus kugelschalenartig geformten Blättern (WEIDNER, 1971) mit 4 bis 5 Waben. Dem Menschen nicht lästig.

Sphegidae (= Sphecidae), Grab- oder Sandwespen

Auffällig durch große Lebhaftigkeit, mit der sie im Sonnenschein auf dem Boden herumlaufen. – Tragen gelähmte Beutetiere ein und belegen diese mit einem Ei oder schaffen sogar während der Larvenentwicklung bis zur Verpuppung laufend neue Beutetiere heran. – Vielfach auf ganz bestimmte Beutetiere eingestellt: *Ammophila* (Abb. 296) und *Psammophila* tragen besonders Noctuidenraupen ein, *Cerceris** vor allem Buprestiden- und Curculioniden-Imagines, *Crabro*, *Bembix* vornehmlich Fliegen, *Psenulus* und *Mimesa* in der Hauptsache Pflanzenläuse usw.

Hierher gehörig auch *Philanthus triangulum* F. («Bienenwolf», vgl. auch S. 216 und 339). ♀ überfällt Honigbienen auf der Trachtpflanze, lähmt sie und trägt die Beute zu einer unterirdischen Brutkammer. Wenn 3 bis 6 Bienen zusammengetragen sind,

---

* J.-H. FABRE's berühmte Schilderungen sind heute noch lesenswert und in neuer Form herausgegeben (GUGGENHEIM, 1987).

Eiablage an die lebende «Speise»Kammer. Fußlose *Philanthus*-Larve ernährt sich vom Brustinhalt der Bienen. Auf sandigen Böden an sonnigen, windgeschützten Lagen vorkommend.

Die Vulgärbezeichnung «Bienenwolf» wird mithin für systematisch sehr unterschiedliche Arten verwendet.

Apidae, Blumenwespen; Bienen

Sämtliche Bienen – auch die «wilden» Bienen (Solitärbienen) samt den Hummeln – haben im weiblichen Geschlecht den Wehrstachel; bei der Honigbiene wird das Zurückziehen des Stachels durch Widerhaken verhindert (deshalb stirbt die Honigbiene an den eigenen Verletzungen nach dem Stich). Solitärbienen und Hummeln können in rascher Folge stechen, ohne abzusterben, greifen den Menschen nur an, wenn sie angefaßt und gedrückt werden. Larven ernähren sich zumeist von Nektar und Pollen (entweder getrennt oder als Futterbrei vermischt). Zum Einsammeln des Pollens verfügen die ♀♀ über besondere Einrichtungen an den Beinen oder auf der Bauchseite des Abdomens, so daß Fersen-, Bein- und Bauchsammler unterschieden werden. Es gibt auch Apiden ohne Sammelapparat (Schmarotzer- oder Kuckucksbienen), die ihre Eier in die Nester anderer Arten einschmuggeln.

Im Gegensatz zu den Formicidae ist die Staatenbildung unter den Apidae nicht die Regel, sondern die Ausnahme. Die meisten Bienenarten leben einsam, solitär, das ♀ fertigt allein Zellen im Boden, in Schneckengehäusen, in Asthöhlen usf. an, kleidet sie mit Blättern u. dgl. aus und versorgt die Larven mit Nahrung. Im biolog. Verhalten = Vorstufe staatl. Lebens: bei hastiger Annäherung an eine Brutanlage in einer Lößwand greifen Solitärbienen gemeinsam an!

Xylocopa violacea L. (Holzbiene), die in Pfosten, hohlen Baumstämmen (Weiden) gern nistet; blauschwarz; von hummelartigem Aussehen bei metallisch blau bis grün schillernden Flügeln; ist eine «Fersensammlerin». Vorwiegend in Weinanbaugebieten.

Osmia spec. (Mauerbiene): Grundfarbe des Körpers gewöhnlich schwarz mit langer Behaarung; mitunter metallisch blau, grün, kupfern, z. T. rot. Nisten in verlassenen Cynipidengallen, Schneckengehäusen (*Osmia bicolor* SCHR. [umgibt das mit Zellen hergerichtete Schneckenhaus mit Schutzbau aus Kiefernnadeln; Abb. 298]; *Osmia aurulenta* PANZ. [legt Nest in leeren Weinbergschneckengehäusen an; Abb. 299]), in ausgehöhlten Stengeln (*Osmia rufa* L. [Nest in Schilfrohrstengeln]). Bauchsammlerin.

Megachile spec. (Blattschneiderbiene); schwarz, mit mehrminder breiten Fransenbinden auf den einzelnen Segmenten; Sammelbürste des Bauches oft fuchsrot (oder silberweiß, aber auch schwarz), ♀♀ schneiden aus Blättern länglich ovale Stücke mit den Mandibeln heraus, tragen sie zwischen den Beinen zum Nistplatz, rollen sie und schieben sie in die fertige Röhre als Zellenwand ein (jeweils mehrere Lagen übereinander); runde Stücke (wieder mehrere übereinander) bilden die Stirnwände der länglichen zylindrischen Brutzellen, die fingerhutartig ineinander stecken (Abb. 297). *Megachile circumcinctus* K. schneidet Birkenblätter, *Meg. analis* Nyl. Birken- und Eichenblätter.

Anthidium spec. (Wollbiene): gelb gezeichnet auf sonst schwarzem, unbehaartem Körper (Abb. 301). Zwei Gruppen von Nestbauten: einmal Formen, die Nestzellen aus Kiefernharz an Steine reiht, und zum anderen Formen, die ihre Zellen in geschabter Pflanzenwolle, die sie u. a. auch in Cynipiden-Gallen unterbringen, anlegen. Die erste Gruppe trägt mit Recht den Namen «Harzbienen» und fällt bisweilen in der Waldbiozönose noch am ehesten auf. Nester aus Harzzellen von *Anthidium strigatum* Pz. (Kleine Harzbiene) finden sich gelegentlich in Lärchenstämmchen in etwa $1^1/_2$ m Höhe (Abb. 300).

Zu den **sozialen Apiden** gehören die dem Habitus nach bekannten **Hummeln** (mit einjährigen Staaten aus höchstens 400 Tieren!) und die **Honigbiene,** die ursprünglich eine Waldbewohnerin war. – Im zeitigen Frühjahr schon sind die verschiedensten Hummelarten neben den Honigbienen an Weidenkätzchen, etwa am Waldesrande, zu beobachten. An Hummelarten mögen wenige, in der Waldbiozönose auffällige Vertreter genannt werden:

Bombus terrestris L., **Erd-Hummel:** schwarz, Hinterleibsspitze weiß, Thorax vorn und breite Binde auf dem 2. Abdominalring gelb. – Flugbeginn (♀♀) Anfang April, (♂♂) Ende Juli. – Nestbauten unter- oder gelegentlich oberirdisch.

Bombus lapidarius L., **Stein-Hummel:** (♀) schwarz mit roter Hinterleibsspitze, (♂) außerdem Kopf, Vorderteil des Thorax, evtl. Schildchen gelb. – Flugzeit: April/September. – Nestbauten in alten Steinhaufen. – In die Nest-Bauten der Steinhummel legt die Schmarotzerhummel *Psythirus rupestris* F. ihre «Kuckuckseier».

Damit ist keineswegs gesagt, daß es nicht auch Arten in der Waldbiozönose gibt, die ihre Nestbauten nur oberirdisch in weitaus den meisten Fällen anlegen; hier wären zu nennen etwa die **Moos-Hummel (Bombus muscorum F.**; Nest an Grabenböschungen zwischen Grashalmen aus Moos und feinen Wurzelfasern, gelegentlich in Eichhornnestern), die **Wiesenhummel (B. pratorum L.**; als früheste Hummel im März/April an blühenden Weiden *[Salix]*, ♂ im Juni an *Rubus* und *Epilobium* fliegend; Nest besonders gern in verlassenen Eichhornkobeln), die **Baum-Hummel (B. hypnorum L.,** mit Vorliebe in hohlen Stämmen oder in Waldhütten), die **Waldhummel (B. silvarum L.;** Bauten vor allem in Nestern von Vögeln und Säugern) und die **Feld-Hummel (B. agrorum F.:** Bauten in alten Töpfen am Waldesrand).

Unter blühenden Linden werden gelegentlich flugunfähige und tote Hummeln (selten Bienen) gefunden. Es wird angenommen, daß eine Vergiftung mit Mannose, «einem im Nektar (und Pollen?) dieser Blüten in geringer Menge enthaltenen Zucker, der von Hummeln und Bienen nicht abgebaut werden kann, sich im Körper anhäuft und dann den Zuckerstoffwechsel blockiert» (Jacobs/Renner, 1988). – Bemerkenswert ist die Freilandbeobachtung, daß etwa Angehörige der *Bombus terrestris- (Bombus lucorum-)* Gruppe schon bei niedrigen Temperaturen (8,5 °C) umherfliegen. Die kurzrüsseligen Arten können sogar bei −5 °C fliegen, «wenn andere Insekten ihre Aktivität längst eingestellt haben» (Grimm, 1988).

Coleopteroidea

(Strepsiptera – Coleoptera)

Strepsiptera, Fächerflügler

Kennzeichen und Biologie: ♂♂ freilebend, bis 3 mm groß mit rudimentären, trommelschlegelartigen Vorderflügeln (die physiologisch den Halteren der Dipteren gleichwertig sind); Hinterflügel häutig und fächerartig faltbar. ♀♀ zumeist madenförmig, als Parasiten in aculeaten Hymenopteren und Zikaden, selten in Locustiden lebend. ♀♀ der Fächerflügler zu den wenigen Insekten gehörend, die ihre Puppenhülle nicht verlassen, auch als Imago von ihr umschlossen bleiben («pupicole Formen»). Nach KINZELBACH (1978) werden die Strepsiptera als Ordnung betrachtet; sie stammen von frühen Holometabolen ab, haben sehr wahrscheinlich ein Stück gemeinsamer Evolution mit den Käfern zurückgelegt, sind jedoch abgezweigt, bevor die Coleopteren «ihr vollständiges Merkmalsgefüge erreicht hatten.»

Coleoptera, Käfer

Kennzeichen, Ökologie und wirtschaftl. Bedeutung: stark gefärbtes Chitin, häufig mit Oberflächenskulptur (Furchen, Leisten, Punkte, Dornen usw.). Kopf mehr oder weniger in Prothorax eingesenkt; verschieden gestaltete Fühler häufig 11gliedrig; Mandibeln = kräftige Beißzangen. Tergit des Prothorax als Halsschild bezeichnet; Mesothorax klein, von oben nur als dreieckiges «Schildchen» sichtbar. Charakteristisch: Vorderflügel = Deckflügel («Elytren»), selten ganz fehlend. Extremitäten als Lauf-, Schreit-, Grab- oder Springbeine ausgebildet. Abdomen mit breiter Basis dem Metathorax angefügt. Größe der Käfer variiert beträchtlich.

Innere Anatomie: Tracheen reich entwickelt, meist auch mit blasenartigen Erweiterungen. Darmkanal gewunden; bei einer großen Zahl von Familien ist ein Kaumagen (Proventriculus) vorhanden. Dieser Darmabschnitt ist bei den carnivoren und xylophagen Formen am besten entwickelt [REICHENBACH-KLINKE, 1953]. – Geschlechtsunterschiede in der Größe, Färbung, Form der Fühler usw. gegeben. Fortpflanzung selten parthenogenetisch (manche *Otiorrhynchus*-Arten [Curculionidae] oder *Drilus*-Arten [Cantharidae; in kleinen Schneckengehäusen unter Laub als Larve vorkommend]); fast immer Ablage von Eiern, nur selten von Larven (z. B. die an *Hypericum perforatum* L. [Tüpfel-Johanniskraut] oder an *H. quadrangulum* L. [Kanten-Johanniskraut] vorkommende Chrysomelide *Chrysomela hyperici* FORST.). Alle Coleopterenlarven besitzen fest chitinisierten, gefärbten Kopf mit beißenden Mundwerkzeugen und mit Punktaugen. Freilebende Larven meist mit wohlausgebildeten Extremitäten und gefärbt; die in Erde, Mulm, Holz u. dgl. («verborgen») vorkommenden Larven oft weißlich, mit oder ohne Extremitäten. Puppen meist freigliedrig, weiß und weißlich, in einer Erdhöhle, in Spanpolsterwiege usw.

Die meisten Coleoptera innerhalb eines Jahres 1 Generation, überwintern als Imagines. Lebensweise sonst sehr verschieden, terrestrisch, selten aquatisch. Biologisch interessant, daß eine Art als Außenparasit vorkommt: die sogen. «Biberlaus» (*Platypsyllus castoris* RITSEMA, Platypsyllidae). Sonst leben verschiedene Arten von Käfern als Nestparasiten bei Hymenopteren.

Formen- und artenreichste Insektenordnung. Wirtschaftliche Bedeutung erheblich; die Ordnung der Coleoptera von allen Insektenordnungen die größte Zahl forstlich bedeutsamer (wirtschaftlich schädigender und nützlicher) Arten enthaltend.

Besonderes Interesse hat neuerdings die Rolle von Pheromonen bei der Art- und Geschlechterfindung gefunden.

Für produktionsbiologische Untersuchungen ist wesentlich, daß neuerdings die Biomasse adulter Coleopteren experimentell zu bestimmen versucht wird durch Determination des Verhältnisses Gewicht zur Körperlänge (MARCUZZI, 1987).

Cicindelidae, Sandlaufkäfer; Sandläufer; Tigerkäfer

Bemerkenswert aus der **Biologie** der Cicindelidae ist die «individuelle Koinzidenz» [THALENHORST, 1950], d.h. das Zusammentreffen einer Sandlaufkäfer-Larve mit ihrem gefährlichsten Gegenspieler, ihrem größten Feind, der Trugameise *Methoca ichneumonides* LATR. (Hymenopt., Aculeata, Methocidae). Die Beziehungen zwischen der Cicindeliden-Larve und ihrem Parasiten gehören zweifellos zu den interessantesten Verhaltensweisen im Insektenreich [SCHULZE, 1933]. Das ungeflügelte, ameisenähnliche *Methoca*-Weibchen dringt in die Räuberhöhle der Tigerkäfer-Larve ein, wird von den Mandibeln der Larve ergriffen, die aber der Trugameise (wegen ihres schlanken Körperbaues) nichts anhaben können, und in die Höhe gehoben. Diesen Augenblick «nutzt» der Eindringling, führt seinen lähmenden Stich in die Kehle der Käferlarve oder zwischen deren Hüften. Mit diesem Stich wird das Bewegungszentrum im Ganglion lahmgelegt. Ist das ♀ der Trugameise nach Erlahmen der Kräfte bei der Cicindeliden-Larve wieder frei, legt sie ihr Ei an das Opfer. Nach der Eiablage verschließt das *Methoca*-Weibchen die Sandhöhle; die bald ausschlüpfende Stechimmenlarve bleibt an der Ablagestelle des Eies, verankert sich mit ihren Mandibeln in der Intersegmentalhaut der Tigerkäferlarve und saugt sie langsam aus. Nach 4 Wochen ist die *Methoca*-Larve ausgewachsen, läßt von ihrem Wirt ab, der bisher die ganze Zeit über gelähmt war und erst jetzt abstirbt, und spinnt sich im Cicindeliden-Bau zur Verpuppung einen Kokon. – Doch auch die schnellen Vollkerfe haben Feinde. So werden die Käfer überwältigt von *Eresus niger* PETAGNA (Eresidae, Röhrenspinnen), deren ♀♀ samtschwarz gefärbt, deren ♂♂ aber kenntlich sind an dem schwarzen Vorderkörper und dem ziegelroten Hinterleib mit 4 schwarzen Flecken. Diese Spinnen fertigen bis 10 cm tiefe Erdröhren, die sie mit Gespinst austapezieren und deren Mündung sie ebenso überdachen. Fangfäden ziehen in den Umkreis des Aufenthaltsortes. Auf sandigen Arealen kommen sie sogar kolonieweise vor (etwa

Mitte September bis Mai die ♂♂, die ♀♀ anscheinend 3jährig). – Die Verdauung der Cicindelidae ist wie bei den *Carabus*-Arten eine extraintestinale (siehe dort).

Cicindela campestris L., Feld-Sandlaufkäfer

Kennzeichen: 12–15 mm. Graziöser Laufkäferhabitus (aber Oberkiefer mit 3 Zähnen!); grün mit weißen Flecken auf den Elytren, unterseits violett oder blau, Seiten des Vorderkörpers, Schenkel und Schienen kupferrot. – Wie alle «Sandlaufkäfer» ausgesprochen sichelförmige Mandibeln (Abb. 944) und stark aromatischer Geruch.

Ökologie: Besonderheiten in der Verbreitung: in Deutschland im N stellenweise seltener. Biotop: lichte Waldwege, Schneisen, Wiesenwege; trockene, sandige und lehmige Hänge. – Ebene und Gebirge (bis 2500 m). – Nahrung: polyphager Räuber (Beute wird im Lauf blitzschnell überfallen, aus etwa 15 cm Entfernung erkannt; Menschen und große Tiere erkennen die Käfer dagegen schon aus 3 m Entfernung); selten an Aas. – Entwicklung: Eiablage im Mai in Erdspalten, unter Steinen, Embryonalentwicklung etwa 14 Tage. Altkäfer sterben im Sommer ab. Larven in Sandröhren (bis 50 cm tief), mit Kopf und Prothorax den Eingang deckelartig verschließend; durch Rückenhöcker sich in der Röhre festhaltend. Larvale Ernährung: Orthoptera, Lepidoptera, Diptera und deren Larven bzw. Raupen. Verpuppung: ab Juni am Grunde der Sandröhre nach ein- bis zweimaliger Überwinterung. Jungkäfer schlüpfen im Spätsommer. Gesamtentwicklung: 1 bis über 2 Jahre (im englischen Hochland sogar 4).

Wirtschaftl. Bedeutung: nützlich; da larvale Stadien regelmäßige Bodenbewohner sind, sich von verschiedenen Insekten ernähren, die sie von ihren Sandröhren aus ergreifen, tragen sie wie die anderen Arten durch das Absetzen der Losung auch zur Bodenbildung bei (Abb. 945).

Cicindela hybrida L., Kupferbrauner Tigerkäfer

Kennzeichen: 12–16 mm. Oberseits kupferbraun, selten bräunlichgrün; mit weißer Bindenzeichnung auf den Elytren. Oberlippe weiß.

Ökologie: in Kiefern- und Buchenbeständen, auf waldnahen Feldwegen [BRAUNS, 1952]. In der Ebene wie im Gebirge (bis 2500 m); die Rasse *maritima* DEJ., auf den feinsandigen Küstenstreifen, ausgesprochen halo- und psammophil. Polyphager Räuber (vor allem Insekten). – Guter Flieger, gesellig lebend, sehr von Temperatur und Licht abhängig (im Sonnenschein äußerst fluglustig, freilich stoßweiser Flug, nach kurzem, niedrigem Fluge wieder einfallend; bei vorüberziehenden Wolken in charakteristischer Körperhaltung auf dem Boden sitzend; Abb. 302). Nachts in selbstgegrabenen Gängen. – Larven in Erdröhren an Wegeböschungen (Abb. 303) oder auf begangenen Wegen, ebenfalls räuberisch. Röhre junger Larven 1 cm, alter Larven in der Ebene bis $^1/_2$ m tief. Entwicklungsdauer: 1 oder mehrere Jahre.

Wirtschaftl. Bedeutung: nützlich (trotz gelegentlicher Annahme von Coccinelliden usw.).

Cicindela silvatica L., Wald-Sandlaufkäfer

Kennzeichen: 15–17 mm. Oberseits bronzeschwarz, mattseidenglänzend, unten metallischgrün oder violett; auf den Elytren weiße Binden; Flügeldecken runzelig punktiert mit größeren, grubenartigen Vertiefungen. Oberlippe schwarz, der Länge nach gekielt.

Ökologie: in Asien über Sibirien sogar bis zum Japan. Meer verbreitet. – Lichte Bestände von Fichte und Kiefer, auf Heiden und waldnahen Schafweiden, an sonnigen Sandplätzen (auch am Meeresstrande). – Ebene und Vorgebirge (bis 1000 m). – Polyphager Räuber, besonders Insekten (darunter Forleule, aber auch rote Waldameise). Guter, schneller Flieger, auf Bäumen und Sträuchern sich gleichfalls niederlassend. – Larvenentwicklung wie bei den übrigen Arten; drei und mehr Larvenstadien, zur Entwicklung braucht diese Art meist länger als 1 Jahr.

Wirtschaftl. Bedeutung: nützlich (trotz gelegentlicher Annahme von nützlichen Insekten wie *Formica rufa*).

Carabidae, Laufkäfer

Wenige Arten (u. a. aus den Gattungen *Amara, Bembidium, Harpalus, Poecilus*) richten Schäden an in Saatkämpen durch Abfressen junger Keimpflanzen; neuerdings sind Arten beobachtet, deren Nahrung vorwiegend aus *Calluna*-(Heide-)samen besteht. Die meisten Vertreter der Carabidae gehören zu den nützlichsten Coleopteren in der Waldbiozönose. – Eine *Calosoma*-Imago überwältigt jährlich bis zu 400 Raupen anderer Insekten, eine *Calosoma*-Larve etwa den 10. Teil. *Carabus auratus* u. a. verzehren im Durchschnitt während der Vegetationszeit pro Tag bis zum $2^1/_2$fachen ihres eigenen Körpergewichtes (SCHERNEY). Die Beutetiere werden gewöhnlich von der Seite oder vom Rücken aus angegriffen und charakteristische Löcher mit unregelmäßig zerfetzten Rändern hineingefressen, niemals ganz verzehrt. Art der Fraßbeschädigungen bei den Prognose-Untersuchungen forstlicher Großschädlinge differentialdiagnostisch verwertbar zur Ermittlung der Sterblichkeitsfaktoren der Schadinsektenart (oval geformte und klaffende Fraßstellen etwa an den Präpuppen und Puppen der Nonne). – Die *Carabus*-Arten haben ihre Flügel ganz oder zum großen Teil eingebüßt, so daß Flugfähigkeit verloren gegangen ist; gehen meistens nur auf dem Boden laufend auf Jagd.[*] Käfer und Larven ver-

---

[*] Die «Ausbreitung und Wanderungsleistung von Feldlaufkäfern (Col.: Carabidae)» wurde von M. WELLING mittels **Markierungs- und Wiederfang-Versuchen** von 23 000 Exemplaren in einem Feldbiotop beobachtet (Phytomedizin/Mitt. Dt. Phytomedizin. Gesellschaft 20 (1), 1990, pag. 19–20). Es zeigte sich, daß Entfernungen bis

fügen über die Fähigkeit zu extraintestinaler Verdauung. Nach Einschlagen der Mandibeln in das Beutetier wird Mitteldarmsekret (Buttersäure enthaltend) abgegeben und die Nahrung in Kürze zersetzt; die Käfer kneten sogar mit den Mundwerkzeugen die Nahrung und saugen dann den Brei auf. Ausspritzen des Verdauungssaftes auch zu Verteidigungszwecken (bei *Carabus coriaceus* bis 1 m weit!). *Carabus*-Arten überwintern gern in modernden Stöcken (besonders in den älteren Zersetzungsstadien). Die Tiere finden sich hier auch zu kleineren oder größeren Schlafgesellschaften zusammen (jeder Käfer liegt aber in eigener Zelle). Strenger Frost (bis −25 °C) wird ohne weiteres überstanden. − In bodenbiologischer Hinsicht sind manche Carabiden Feinde der Laubstreu-Bewohner (*Carabus*-Larven stellen Lumbriciden nach). − Zum Vertilgerkreis der Laufkäfer und ihrer Larven *(Carabus)* gehören u. a. außer Vögeln, Kröten, Mäusen, Maulwurf, Fuchs (gelegentlich), von den Insekten Ameisen (in Fang-gräben), Schlupfwespen und Raupenfliegen; bei *Calosoma* spec. auch Nema-toden beobachtet. − Milben benutzen die Käfer dagegen anscheinend nur als Tragtiere («Phoresie»; vgl. S.206). − Viele Laufkäfer mit Stinkdrüsen am Hinterende.

Calosoma sycophanta L., Puppenräuber; großer Kletterlaufkäfer

Kennzeichen: 24−30 mm; blau oder schwärzlichblau, Flügeldecken metal-lisch goldgrün mit mehrminder rotgoldenem Schimmer; sehr selten oberseits mattschwarz mit grünlichem Farbenspiel am Elytrenrand (Farbtafel 7, Abb. 30).
Ökologie: in ganz Deutschland verbreitet, im Osten häufiger; in Nord-amerika eingeführt. − Wälder, Gärten, Felder, Ödland und Heide. − Ebene und Mittelgebirge; bis 1500 m, selten höher. − Carnivor, jagt tagsüber (auch im vollen Sonnenschein) auf Gesträuch und Bäumen (Lepidopterenraupen und -puppen, Afterraupen und selbst Maikäfer). Ihre außerordentliche Gefräßig-keit verständlich, da der Käfer nach 50 Tagen Fraßzeit im August zur Über-winterung bis 30 cm tief in die Erde geht und meist erst im Juni des nächsten Jahres wieder erscheint, die selbstverfertigte «Kammer» mithin erst nach 9-monatiger Ruhe verläßt. − Eiablage in kleine, vom ♀ geformte Erdhöhlen im Juni; Embryonalentwicklung: 3−14 Tage, Larvalentwicklung in 3 Stadien: 2−3 Wochen. Larve klettert ebenfalls auf Bäume bis in den Kronenraum und lebt raptorisch (kommt vor allem gern in Nestern der Prozessionsspinner vor und vernichtet die Insassen). Verpuppung in Puppenwiege im Boden (bis 20 cm

---

200 m im Feld zurückgelegt wurden; dazu benötigten die Feldlaufkäfer durchschnitt-lich zwei Wochen. Interessant ist die Schlußfolgerung dieses freilandökologischen Experimentes in 2 Vegetationsperioden im Bereich der oftmals vernetzten Öko-systeme: «In einer relativ kleinräumig strukturierten Agrarlandschaft wird die Neu-besiedlung der Felder im Frühjahr wahrscheinlich weniger von der Migrationsleistung der Carabiden begrenzt als vielmehr von der Menge vorhandener Saumbiotope und ihrer Aufnahmekapazität als Winterlager».

tief). Gesamtentwicklung Ei bis Jungkäfer: 1–2 Monate. Jungkäfer schlüpft ab August, verbleibt aber zumeist in seiner Behausung oder kommt nur kurz an die Oberfläche und baut sich eine tiefere Winterkammer. Lebensdauer: 2–3 Jahre; wiederholte Eiablage.

Wirtschaftl. Bedeutung: sehr nützlich; bei lokalen Raupenkalamitäten (Nonne, Eichenwickler, Kiefernspinner) vielfach Massenauftreten des Puppenräubers; bei Gradationen werden sogar außer den Raupen und Imagines weibliche Puppen bevorzugt.

Calosoma inquisitor L., Kleiner Kletterlaufkäfer

Kennzeichen: 16–21 mm. Oberseits bronzefarbig oder braunkupfrig; Elytren mit 3 Reihen undeutlich vertiefter Punkte; unterseits schwarz (Farbtafel 7, Abb. 31).

Ökologie: ebenfalls in Nordamerika eingeführt. – In jüngeren Eichen- und Buchenbeständen und in Obstgärten. – Ebene und Gebirgstäler (bis 1500 m), am Meeresstrand. – Räuber; steigt tagsüber zum Beutefang von Raupen auf Sträucher und Gebüsche [Weide, Weißdorn] und auf die Stangenhölzer; jagt aber auch auf Waldwegen, zwischen Laubblattlagen und am Fuß der Stämme. – Geht zur Verpuppungszeit der Lepidopterenraupen ins Winterquartier; Lebensdauer 2–3 Jahre. Eiablage: Anfang Mai in die Erde; Gesamtentwicklung bis 24 Tage. Jungkäfer schlüpft ab Mitte Juni, verläßt aber erst im nächsten Frühjahr die Puppenwiege. Larve gleichfalls carnivor.

Wirtschaftl. Bedeutung: nützlich; bei Raupenkalamitäten (Eichenwickler, Frostspanner) in manchen Jahren stellenweise häufig.

Carabus auratus L., Goldschmied; Goldhenne

Kennzeichen: 20–27 mm. Schwarz, oberseits goldgrün, Beine rot. Elytren mit je 3 breiten, stumpfen Rippen, dazwischen fein gerunzelt, fast glatt (Farbtafel 7, Abb. 29).

Ökologie: atlantische Form, in der Ausbreitung nach Osten noch begriffen. – Auf Feldern (bevorzugt Lehmboden); meidet ausgesprochen trockene Gegenden und zusammenhängende Waldgebiete, aber an Bestandesrändern, an Wiesenrändern, in Gärten. – Ebene und Gebirge (bis über 2500 m). – Angehörige der Gattung *Carabus* L. meist Nacht- und Dämmerungstiere; nur Imagines von *C. auratus* sind typische Tagtiere, Larven dagegen mehr in den Abend- und Morgenstunden jagend. Imagines und Larven carnivor; Nahrung: tote Nacktschnecken, zertretene Gehäuseschnecken, Lepidopteren und deren Raupen (Erdeulen), Coleopteren und deren Larven; Eidechsen, Blindschleichen und junge Mäuse werden angefallen. – Entwicklung ähnlich wie bei *Calosoma inquisitor*, nur Gesamtentwicklung etwa 80 Tage.

Wirtschaftl. Bedeutung: sehr nützlich; Hauptvertilger schädlicher Feldinsekten (Wohnraum: Waldränder; Jagd- und Nahrungsraum: Felder).

Klettert gelegentlich auch auf Bäume und überfällt Schmetterlingsraupen (Ringelspinner).

Carabus (= Procrustes) coriaceus L., Leder-Laufkäfer

Kennzeichen: 34–40 mm. Schwarz, glanzlos; Kopf und Halsschild fein, Elytren stark punktiert und gerunzelt (Abb. 306).

Ökologie: lichte Buchenbestände, Nadelwald selten; Felder, Wiesen, Gärten, Heidegebiete. – Ebene und Mittelgebirge (bis über 1500 m). – Feuchtigkeitsliebend, meidet Sandboden. Ende Mai bis Anfang Juli: Sommerschlaf. – Polyphager Räuber: Schnecken, Aas (kleine Nagetiere), Insekten; Würmer, zuweilen Ameisenpuppen. – Eiablage in die Erde (die wegen geringen Grabvermögens der *Carabus*-Arten locker sein oder Spalten aufweisen muß), unter Moos, meist im Frühjahr. – Larve unter Moos und Hecken, ebenfalls carnivor. – Jungkäfer von Mitte Mai an.

Wirtschaftl. Bedeutung: nützlich; Fanggräben oft zum Verhängnis, da steile Wände nicht erkletterbar.

Harpalus aeneus Fabr. (= affinis Schr.) (Schnelläufer)

Kennzeichen: 9–12 mm. Braunschwarz, oberseits metallisch grün oder kupferig, Extremitäten gelbrot; Spitze der Elytren ausgeschnitten (Abb. 307).

Ökologie: einer der häufigsten Carabiden. – Auf Waldlichtungen, an Waldrändern, in Steinbrüchen, in Lehmgruben, auf sandig-lehmigen Feldern, in Gärten, an Ufern von Binnengewässern, am Meeresstrand. – Unter Steinen, in Laubblattlagen, im Genist usw. – Vorwiegend carnivor. – Larvenentwicklung von Mai bis Juli in der Erde. Puppenruhe Juni bis Anfang August, 1–2 Wochen.

Wirtschaftl. Bedeutung: nützlich, bisweilen schädlich: An- und Ausnagen von Laub- und Nadelholzsamen in Saatbeeten bzw. Abfressen junger Keimpflanzen.

Weitere Waldarten: *Carabus hortensis* L., Gartenlaufkäfer, besonders an toten Schnecken; *Abax* spec. (Breitkäfer) = Vertilger von Blattwespenkokons; *Agonum* spec. (Putzkäfer), greift Borken- und Bockkäferlarven unter Rinde an.

Silphidae, Aaskäfer (einschließl. der Liodidae, Schwammkugelkäfer)

Käfer von zumeist flachem Habitus mit großer Beweglichkeit, bei Gefahr übelriechenden Saft absondernd. Die bekanntesten Formen sind die «Totengräber», die durch ihre Tätigkeit einer Verarbeitung tierischer Reste zweifellos eine **bodenbiologische Bedeutung** erlangen. Als weitere terricole Formen mögen genannt werden: *Choleva*-, *Nargus*- und *Catops*-Arten als Bewohner oberer Laubblattlagen; *Colon*- und *Liodes*-Arten, die an unterirdisch wachsenden Pilzen an den Wurzeln absterbender Pflanzen vorkommen; schließlich

Arten der Gattungen *Colenis, Anisotoma, Amphicyllis* und *Agathidium,* die sich durch Neigung von Kopf und Thorax kugelig zusammenkrümmen können und in Baumschwämmen an Stöcken leben. – Einige Arten sind myrmekophil.

Necrophorus germanicus L., Großer Totengräber

Kennzeichen: 20–30 mm; schwarz, Seitenrand der Flügeldecken rötlich. Die Art ändert jedoch in der Färbung oftmals ab. – Die Elytren lassen die letzten 3 oder 4 Abdominalsegmente frei.

Ökologie: vorwiegend an größeren Kadavern, die nicht vergraben werden und unter Pferdedung auf Holzabfuhrwegen, wo er Jagd auf den Waldmistkäfer macht.

Necrophorus vespillo L., Kleiner Totengräber

Kennzeichen: 10–22 mm; schwarz, zwei zackige Querbinden auf den Elytren orangegelb bis orangerot (Abb. 310).

Ökologie: scharrt kleine Tierchen ein.

Ähnliche Art, aber mit schwarzer Fühlerkeule: *N. vespilloides* HERBST (12–18 mm), vergräbt Aas unter Moos und Nadelstreu in trockenen Beständen.

Oeceoptoma (= Silpha) thoracica L.

Kennzeichen: 12–16 mm. Körper breitoval, mattschwarz; Kopf und Halsschild samtartig rot behaart.

Ökologie: an faulenden Pilzen im Laubholz-Bestande häufig, aber auch an menschlichen Exkrementen (in Revierteilen längs der Autobahnen) und an Tierleichen.

Xylodrepa (= Silpha) quadripunctata L., Vierpunkt-Aaskäfer

Kennzeichen: 12–14 mm; breitoval, schwarz glänzend; oberseits unbehaart, unterseits gelb behaart; die breit abgesetzten Seiten, Halsschild-Seitenrand und Flügeldecken bräunlichgelb; Elytren mit je 2 kleinen, runden, schwarzen Makeln (Abb. 309).

Ökologie: Eichenheister-Pflanzungen und Buchenstangenhölzer. – Imagines räuberisch lebend, u. a. Spannerraupen dezimierend. Art wird auch als Vertilger des Goldafters oder der Nonne genannt; gleichfalls tritt *quadripunctata* beim Massenauftreten des Prozessionsspinners oder des Eichenwicklers in Eichenwaldungen verstärkt auf. Am Vernichtungsfeldzug sind dann die sonst am Boden vorkommenden, asselförmigen Larven ebenfalls beteiligt.

Wirtschaftl. Bedeutung: sehr nützlich.

Staphylinidae, Kurzflügelkäfer; Kurzdeckflügler, Kurzflügler

Kennzeichen, Ökologie und wirtschaftl. Bedeutung: zumeist um 3–8 mm; am langgestreckten Habitus (Farbtafel 7, Abb. 36) und an den kurzen Elytren, die den größten Teil des Abdomens frei lassen («Halbflügler») erkennbar. Unter den kurzen Flügeldecken die stark zusammengefalteten Hinterflügel. – Meist recht verborgene Lebensweise und räuberisch lebend von Kleintieren, die sie überall aufzuspüren wissen (Abb. 308): auf Waldwegen, an Tierleichen, in oder an Pilzen (Farbtafel 16, Abb. 108), unter Moos, unter Baumrinden, in Laubblattlagen, in Stöcken usf. **Feldkennzeichen:** hurtiger Lauf, dabei das Hinterleibsende in die Höhe gekrümmt. – Wirtschaftlich bedeutungsvoll einmal jene epigäischen Arten, die etwa Borkenkäfern nachstellen, andererseits die terricolen Formen, die sich in den Streuschichten des Bestandes teils raptorisch, teils von zersetzenden, organischen Stoffen ernähren. Die räuberischen Arten dezimieren Puppen oder Kokons forstlicher Schadinsekten (siehe unter *Lygaeonematus abietum*, Tenthredinid.) und sind dabei ebenso entschiedene Vertilger wie die Laufkäfer. Die langgestreckten Larven in ihrer Beweglichkeit und in der Lebensweise mit den Imagines übereinstimmend; terricole Larvenformen vornehmlich in den oberen Bodenschichten.

Bodenbiologische Bedeutung erlangen etwa die 2–4 mm großen Arten der Gattungen *Tachyporus*, *Atheta* und *Aleochara*, deren Vertreter außer in den Fallaubschichten auch in alten Stöcken vorkommen; häufigere, größere Arten (6–14 mm) finden wir u. a. in den Gattungen *Lathrobium*, *Xantholinus* (auch in den Nestern von *Formica rufa*), *Othius*, *Philonthus* und *Quedius* [KÜHNELT, 1961]. Morphologisch bemerkenswert ist die Gattung *Lathrobium*, da in ihr Formen vorkommen mit mäßig großen, kleinen oder sogar rudimentären Augen; Fundort: unter Moos und Laubschichten feuchter Bestände.

Mit subterranen Formen unter den Staphylinidae werden leicht verwechselt die terricolen Arten einiger **Pselaphidae (Zwergkäfer, Palpenkäfer)**, vor allem der beiden Gruppen Faronini und Euplectini der UF Pselaphinae, die auch nur einige mm groß sind, in den Streuschichten oder unter Rinde an Stöcken vorkommen, sich vornehmlich von Milben [Oribatiden] ernähren, vielfach auch myrmekophil sind und deren Flügeldecken immer stark verkürzt sind. **Differentialdiagnose:** Abdomen frei gegliedert (7–8 Hinterleibsringe frei beweglich), Tarsen 4- oder 5- (selten 3-)gliedrig und 2 Klauen: Staphylinidae – Abdomen unbeweglich aus 5–6 starr verbundenen Ringen (die beiden ersten von Elytren überdeckt); Tarsen 3gliedrig, häufig 1 Klaue: Pselaphidae.

Histeridae, Stutzkäfer

Kennzeichen, Ökologie und wirtschaftl. Bedeutung: hartgepanzerte, meist rundliche, gewölbte (selten langgestreckte, flachere) Käfer mit geknieten Fühlern, caudal abgestutzten Elytren, geflügelt, und mit retraktilen Grabextremitäten. Im Imaginal- und im Larvalstadium räuberisch, an tierischen und pflanzlichen verwesenden Stoffen andere Insektenlarven (Diptera, Coleoptera) verfolgend; auch an ausfließenden Baumsäften (an ulzerösen Geschwüren) auftretend und den hier sich ansammelnden Insekten nachstellend. Einige Arten (etwa der Gattungen *Hololepta*, *Platysoma*, *Paromalus*, *Plegaderus*) leben in Borkenkäfergängen, einige Arten sind terricol, finden sich in Laub-blattlagen (u. a. *Abraeus* und *Acritus* spec.), andere zum Vertilgerkreis der Zweiflüglerlarven an Tierleichen und in Exkrementen gehörig (*Hister-* und *Saprinus*-Arten), wieder andere myrmekophil (u. a. *Hetaerius* spec.). – Forst-lich nützlich, auch die subterranen Arten, da sie in den Kreislauf der Stoffe in einem Bestande eingeschaltet sind.

Platysoma elongatum Thunb.

Kennzeichen: 3,5–4 mm. Langgestreckter Habitus (Abb. 311), parallel-seitig; schwarz-glänzend (wie die meisten Stutzkäfer); Elytren mit 3 ganzen und 3 verkürzten Rückenstreifen. Fühler und Beine rotbraun; Außenwand der Schienen mit Zähnchen besetzt.

Ökologie: in Deutschland überall, aber nicht häufig. – Unter Nadelholz-Rinde; verschiedenen Borkenkäfer-Arten nachstellend (u. a. an Kiefer bei *Ips sexdentatus* BOERN.).

Familienreihe Lamellicornia, Blatthornkäfer
(Lucanidae – Scarabaeidae)

Meist große, auffallend gebaute und oft auch bunte Tiere mit spezialisierten Fühlern: wenigstens 3 von den letzten Gliedern sind einseitig blattartig erweitert (Lamellen mit zahlreichen Sinnesorganen). Kopf und 1. Thorakal-segment oft mit Hornfortsätzen. – Die quergerunzelten Larven = Engerlinge, mit typisch bauchwärts eingekrümmtem (C-förmigem), hinten sackartig vergrößertem Habitus, mit vertikalem Kopf, kräftigen Kiefern, deutlichen Fühlern und gut entwickelten Extremitäten (die Fortbewegung erfolgt jedoch mehr durch Beugen und Strecken des ganzen Körpers); Cerci fehlen.

Bodenbiologisch spielen in Nordamerika die hierher gehörigen **Passalidae (Zucker-käfer)** mit der einzigen Art *Passalus cornutus* FABR. (syn. *disjunctus* ILLIGER) eine besondere Rolle, da sie gesellig mit ihren Larven sich zersetzendes Holz auffallend rasch verarbeiten, und zwar wird das Holz von den Imagines für die Larven «vorgekaut» (Brutpflege!; ob der Nahrungsbrei auch mit Fermenten versehen wird, fraglich [LUTZ, 1935]). – Im heimischen Faunengebiet spielt eine ähnliche Rolle als Zersetzer toten Holzes *Valgus hemipterus* L. (Scarabaeidaé, Valginae); Larven hinter Rinde, im Mulm oder an Wurzeln von Laubhölzern (außer Buche, Birke, Haselnuß), aber auch an Weißdorn.

Lucanidae, Hirschkäfer; Kammhornkäfer

Lucanus cervus L., Hirschkäfer; Feuer- oder Hornschröter

Kennzeichen: Länge sehr variabel: 25–75 mm; braunschwarz, Elytren dunkel kastanienbraun, oberseits fein und dicht, vorn stärker und etwas ungleich punktiert. – ♂♂ mit breitem Kopf und geweihartig verlängerten Mandibeln (Abb. 312); ♀♀ mit kleinem Kopf und kurzen Mandibeln. Hirschkäfer eines der wenigen Beispiele unserer Insekten, bei denen ♂♂ an Größe ganz beträchtlich die ♀♀ übertreffen. Kleinere Exemplare mit schmalem Kopf der var. *capreolus* FUESSL. zugehörig. – Fühler gekniet, Endglieder einseitig erweitert. Zunge als beborstetes, pinselförmiges Leckorgan sichtbar.

Ökologie: Laubholzbestände (vornehmlich Eiche). Schlürfende Aufnahme flüssiger Nahrung in Form von Baumsäften (an Rindenverwundungen). – Entwicklung in Eichenstöcken, gelegentlich auch in Buchen- oder Ulmenstöcken usw. Imagines schwärmen Ende Juni/Anfang Juli an warmen Tagen meist in der Dämmerung. Die holzfressenden, auch Baummulm verzehrenden Larven verpuppen sich in einem aus Holzmulm mit Erde oder Speicheldrüsensekret verkitteten Gehäuse. Entwicklungsdauer: 5–6 Jahre. – Wirtschaftlich indifferent.

Dorcus parallelopipedus L., Zwerghirschkäfer, Balkenschröter

Kennzeichen: 18–32 mm; mattschwarz, Mandibeln (♂) nur schwach verlängert (Abb. 313).

Ökologie: Larve (Abb. 314) in anbrüchigen Eichen- und Buchenstöcken, aber auch in solchen von Esche, Weide, Linde, Nußbaum (Abb. 315), Roßkastanie und Lärche. – Fraßbild = zylindrische Bohrgänge; oft grobe Nagespäne am Ort einer Puppenwiege erkennbar.

Wirtschaftl. Bedeutung: als technischen Schädling im Untertagebetrieb der Zechen in den Eichen-Stempeln nahe der Schächte (etwa auf einer 300 m-Sohle) zusammen mit den mehr indifferenten Begleitern: *Clytus (= Plagionotus) arcuatus* und *Rhagium mordax* (Cerambycidae) aufgefunden [BRAUNS, 1950].

Sinodendron cylindricum L., Baumschröter; Kopfhornschröter

Kennzeichen: 12–16 mm; zylindrische Gestalt, schwarz, glänzend, grob punktiert, Schulterwinkel der Elytren mit kleinen Zähnchen; Kopf mit Horn (beim ♂ [Abb. 316] deutlicher entwickelt als beim ♀).

Ökologie: Larven in faulem Holz von Laubbäumen, besonders Buche.

Platycerus (= Systenocerus) **caraboides L., Rehschröter**

Kennzeichen: 10–14 mm; länglich, flach gewölbt, glänzend schwarz, oberseits metallisch grün oder blau, seltener violett oder bronzefarbig; Elytren mit etwas gereihter Punktierung (Abb. 317).

Ökologie: Larven entwickeln sich in anbrüchigem oder abgestorbenem Holz verschiedener Laubbäume (Eiche, Buche, Esche), auch Kiefer. Imago schlüpft im August, überwintert jedoch im Puppengehäuse.

Wirtschaftl. Bedeutung: Imagines schaden durch ihren Fraß im Frühjahr an eben sich entfaltenden Knospen (vornehmlich bei Eichen und Aspen); Vermehrungsquotient freilich nicht sehr hoch. Fraßfolgen: Knospen fallen bei der geringsten Erschütterung ab.

Scarabaeidae; Skarabäen, Blatthornkäfer i. e. S.

Kennzeichen, Ökologie und wirtschaftl. Bedeutung: bekannteste Käferformen, vorwiegend von gedrungenem Bau; mit charakteristischer, geblätterter Fühlerkeule, deren Gestaltung die Skarabäen in 2 große Gruppen teilt:

a) **koprophage** Formen = mit feinem, kurzen, flaumartigen Haarüberzug besetzte Fühlerkeule (höchstens Unterseite des 1. Gliedes glatt);

b) **phytophage** und **melitophile** (vom Blütennektar lebende) Formen = glatte, glänzende, unbehaarte Fühlerkeule (oder spärlich behaart: z. B. Melolonthinae).

Kopf in das·Halsschild eingesenkt; seitenständige Facettenaugen durch Wangen mehrminder geteilt, Augenhälften sogar bisweilen auseinander gerückt. – Häutige Flügel fehlen bei wenigen Arten (♂♂ und ♀♀ oder nur bei ♀♀); Elytren dann zuweilen an der Naht verwachsen. Sehr selten fehlen Flügel und Flügeldecken gänzlich. – Grabbeine (besonders die Vorderextremitäten). Geschlechtsdimorphismus (u. a. ♂♂ mit großen Fühlerfächern, besondere Skulptur am Halsschild). – Viele Scarabaeiden mit Luftsäcken (Tracheenblasen) wie bei den Hymenopteren, Lepidopteren und Dipteren oder bei den Wasserkäfern. Vor dem Auffliegen pumpen die Käfer diese Luftsäcke voll («Zählen» des Maikäfers!). – Typisch ist der spezifische Duft vieler Skarabäen: schon beim Betreten eines Buchenbestandes kann man zur Maikäferzeit sofort angeben, ob dort der Käfer zahlreich vorkommt oder nicht. – Brutpflegeinstinkte hoch entwickelt; Larven = rhizophag und können wie ihre am Laub fressenden Imagines bei Massenvorkommen recht schädlich werden. Außerdem gibt es saprophage und koprophage Vertreter dieser Familie, wobei manche Dungkäfer sogar durch eine auffallende Monophagie ausgezeichnet sind. – Während die Eingeborenen in den Tropen die feisten Engerlinge dortiger Arten sehr schätzen, stand noch um die Mitte des vorigen Jahrhunderts bei uns «Maikäfersuppe» auf dem Speisezettel.

Systematische Einteilung:

A) Scarabaeinae («Coprophaginae»: Roßkäfer): *Geotrupes;* hierher auch gehörig: *Aphodius* (Dungkäfer): häufig in Rot-, Rehwild- und Hasenlosung; bodenbiologisch bedeutungsvoll als Humusfresser, gelegentlich an Wurzeln. (Neuerliche Aufteilung in «Geotrupinae» und «Aphodiinae»).

B) Phytophaginae:

a) **Melolonthinae (Laubkäfer):** *Serica* (in Deutschland nur *brunnea* L. [rotbrauner Laubkäfer] vorkommend; Engerlinge gelegentlich in 1 bis 2jährigen Fichtenkulturen als Wurzelzerstörer schädlich, häufig in Kiefernkulturen). – *Melolontha, Polyphylla, Rhizotrogus;*

b) **Rutelinae (Gartenkäfer):** *Phyllopertha, Anomala;*

c) **Dynastinae (Riesenkäfer):** *Oryctes;*

d) **Cetoniinae (Blumen-, Blüten- oder Goldkäfer):** *Cetonia, Potosia* (mancherorts die Art *Potosia cuprea* F. gleichfalls als «Rosenkäfer» bezeichnet; Engerlinge dieser Form finden sich in bewohnten wie verlassenen Nestern der roten Waldameise).

Geotrupes stercorosus Scriba (syn. G. silvaticus Panz.), Waldmistkäfer; Waldroßkäfer

Kennzeichen (Abb. 304): 10–16 mm; oberseits glänzend schwarz, Seiten blau oder grün; unterseits metallisch blau oder grün, meist mit zahlreichen Deutonymphen auffälliger Käfermilben (Gamasiden) besetzt, die keine Schmarotzer sind, sondern sich nur durch Käfer in andere Habitate transportieren lassen (vorübergehende Transportgesellung = «Phoresie» [RAPP, 1959]). – Charakteristisch das Stridulationsvermögen des *Geotrupes;* eine scharfe Kante, in der Mitte des Hinterrandes der 3. Bauchschiene gelegen, wird durch Auf- und Niederbewegen des Abdomens gegen eine an den Hüftgliedern des 3. Beinpaares gelegene Schrilleiste gerieben. Käfer zwischen 2 Finger nehmen und an das Ohr halten! – Als Gehörorgan werden bei Lamellicorniern regellos auf der Körperunterseite und an den Körperflanken stehende «taktile Borsten» angesprochen.

Ökologie: vornehmlich auf Holzabfuhrwegen [BRAUNS, 1952]. Roßkäfer ernähren sich fast alle von den Exkrementen pflanzenfressender Säugetiere. Altkäfer sammeln Nahrungsvorräte für ihre Nachkommenschaft. In der Nähe von Großstädten werden auch menschliche Exkremente angenommen, außerdem alles, was mit Kot getränkt ist (Zeitungspapier oder Laubblätter [längs der Autobahnen!]). Anlage der «Einfahrt» in den Brutbau (Abb. 305) nahe bei den Exkrementen. Keulenförmiger Brutballen etwa 12 cm lang. Eier Anfang Juli, Larven Ende Juli, überwintern. Verpuppung: Juni nächsten Jahres. Puppenruhe: 3–4 Wochen. Jungkäfer dringt in den Hauptstollen ein und gelangt damit ins Freie. – Imagines sind gelegentlich auch an Pilzen, faulenden Vegetabilien, Aas, am Baumsaft zu finden. – Als Feind der hartgepanzerten

Vollkerfe ist u. a. eine bis zu 16 mm lange Röhrenspinne (Eresidae) zu nennen, die einen ausgewachsenen Käfer ohne weiteres zu überwältigen vermag (s. Seite 195).

Wirtschaftl. Bedeutung: die kleinen Stollenbauer führen den Bodenschichten beträchtliche Mengen organischer Substanzen zu.

Da infolge der schweren Arbeitsmaschinen auf den forstlichen Flächen Bodenverdichtungen festgestellt wurden, werden neuerdings wieder verstärkt Pferde zum Rücken bei Durchforstungsmaßnahmen eingesetzt. Infolgedessen läßt sich eine erhöhte Populationsdichte der Waldmistkäfer beobachten (vgl. dazu Untersuchungsergebnisse auf landwirtschaftlichen Nutzungsflächen: MONIKA JOSCHKO, 1989).

Melolontha melolontha L. (= vulgaris Fabr.), Feldmaikäfer

Kennzeichen: 25–30 mm; schwarz, greis behaart, Elytren gelbbraun, Fühler und Beine bräunlichrot. Über 10 Aberrationen, die z. T. nur geringfügig in der Färbung des Kopfes, Halsschildes oder der Elytren abweichen, sind beschrieben worden. – Halsschild bei der Stammform und allen Aberrationen an den Seiten sehr gedrängt, stärker als auf der Scheibe punktiert. – Pygidium (Aftergriffel) bei ♂ und ♀ allmählich in eine ziemlich breite, am Ende parallelseitige Spitze ausgezogen (Abb. 319). Bauchsternite mit dreieckigen, weißbehaarten Seitenmakeln. – Die für alle Skarabäen charakteristische geblätterte Fühlerkeule beim ♂ länger und aus 7, beim ♀ kürzer und aus 6 Gliedern bestehend.

Ökologie: Laubwaldungen, sehr selten in Nadelholzbeständen. – Imagines als «Laubkäfer» typisch phytophag bzw. phyllophag; sehr selten werden Nadeln befressen. – Bevorzugung der Eiche, aber auch Blätter von Buche, Haselnuß, Ahorn, Weide, Pappel oder Obstbäume werden angenommen. – Flugzeit: je nach Lage und Witterung zwischen Anfang Mai und Anfang Juni. Imagines dicht unter der Erdoberfläche, so daß sie, sobald die Bodentemperatur einen gewissen Grad erreicht hat, sofort erscheinen. – Schwärmen abends in der Kronenregion. – Eiablage bis 12 cm tief im Boden im Haufen bis zu 30 Stück. – Eiablage wird 1–2 mal wiederholt, so daß die Anzahl der Eier im Höchstfalle 60–80 beträgt. – Leichter, warmer, freiliegender und lockerer Boden wird zur Eiablage bevorzugt, mithin Kulturen, Äcker usw. – Die überwinterten Käfer sterben spätestens im Juni ab. – Junglarven schlüpfen bis 6 Wochen nach der erfolgten Eiablage und sind phytosaprophag, nehmen aber auch schon zarte Wurzeln an. Während der kalten Jahreszeit überwintern die Engerlinge im Boden, selten tiefer als gerade unter der gefrorenen Erdschicht. Im zweiten Sommer besteht die Larvennahrung bereits aus Pflanzenwurzeln; größter Schaden im 3. Jahre. Nochmals Überwinterung als Engerlinge, Fraß im 4. Sommer bis Johannis; Verpuppung in glattwandiger Erdhöhle (bis 40 cm tief); Puppenruhe bis 6 Wochen. Jungkäfer schlüpfen Mitte August, bleiben den Herbst und Winter über im Boden und kommen erst im darauffolgenden Frühjahr zur Erdoberfläche. – Generationsdauer: vorwiegend vierjährige Generation; Entwicklungszeit temperaturabhängig.

Wirtschaftl. Bedeutung: Kulturschädling; Bedeutung als Bestandesverderber darf freilich auch nicht unterschätzt werden. – Engerlingfraß an Wurzeln differentialdiagnostisch vom Fraß durch Wühlmäuse zu unterscheiden: Fehlen glatter Zahnspuren und faserige Struktur der Nagefläche. Bezeichnend für Engerlingsfraß: alle Seitenwurzeln und Faserwurzeln werden radikal abgefressen; bei jüngeren Pflanzen bleibt überhaupt nur noch die Pfahlwurzel übrig, die gleichfalls mehrminder beschädigt wird durch Abbeißen der Spitze und Benagen der Rinde; man spricht dann von einem «Rübenfraß». Erkennung: Blätter, Nadeln, Triebe befallener Pflanzen welken. Beim Herausziehen der betreffenden Pflanzen mithin nur geringer Widerstand der Wurzelverankerung. – Bei starken Wurzeln nur platzweises Benagen der Rinde. Unterscheidung gegenüber dem Schadbild anderer rhizophager Insektenlarven (Abb. 346/352): siehe Differentialdiagnose larvaler Beschädigungen bei den Elateridae (Seite 217) und bei Auffindung der Engerlinge: Differentialmerkmale der häufigsten Scarabaeidenlarven (Seite 211). – Die Erfahrungen mit prophylaktischen Maßnahmen in waldbaulicher Hinsicht sind unterschiedlich; in wärmeren Wuchsgebieten im allgemeinen: Wahrung des Bestandesschlusses und Beschränkung der Verjüngungsmaßnahmen auf begrenzte Flächen. Bei künstlicher Bestandesbegründung: Vollumbruch, wobei Vorflugjahr und Flugjahr selbst die günstigsten Jahre zum Gelingen einer Kultur sind. Saat- und Pflanzkämpe werden zumeist weit entfernt von Laubholzbeständen angelegt. – In der Schweiz sind Großversuche zur langfristigen Engerlingsbekämpfung mittels eines natürlichen Antagonisten (des Pilzes *Beauveria brongniartii* [SACC.] PETCH) günstig verlaufen (S. KELLER et al., 1986).

Melolontha hippocastani F., Waldmaikäfer; Roßkastanienmaikäfer

Kennzeichen: 20–25 mm. Schwarz, Fühler rotbraun, Elytren braungelb, Halsschild und Beine rostrot. Neben geringfügigen Merkmalsabweichungen dem Feldmaikäfer gegenüber noch erwähnenswert: Seitenränder der Flügeldecken ganz oder doch vorne geschwärzt. Elytren und Halsschild weiß behaart. Auch vom Waldmaikäfer sind mehr als 10 Aberrationen beschrieben worden. – Pygidiumspitze plötzlich verengt, in eine knotig verdickte Spitze ausgezogen (Abb. 318), die Verdickung beim ♀ aber oft fehlend.

Ökologie: vorzugsweise Bewohner des Sandbodens, auf dem *Melolontha melolontha* fehlt; *hippocastani* geht auch weiter ins Gebirge hinauf als der Feldmaikäfer, beispielsweise in Schweden. – In größerem Umfange als der Feldmaikäfer frißt der Waldmaikäfer auch in Nadelholzbeständen, Weißtanne bevorzugend. Die Lebensweise entspricht sonst jener des Feldmaikäfers; für *hippocastani* ist lediglich eine längere Entwicklungszeit bemerkenswert, die im skandinavischen Raum, auch im Osten Deutschlands 5 Jahre beträgt (in Mitteldeutschland aber nur 4 Jahre, im SW seines Verbreitungsgebietes sogar nur 3 Jahre).

Wirtschaftl. Bedeutung: beide Arten zeigen Massenwechsel; zwischen verstärktem Vorkommen und geringem Auftreten können über 40 Jahre liegen.

Polyphylla fullo L., Walker; Gerber; Dünenkäfer

Kennzeichen: 24–38 mm. Plump, länglich, schwarzbraun; Elytren mit weißen Flecken (Abb. 320). Manchmal heller rotbraun mit größeren marmorierten Flecken, bisweilen schwarz mit spärlicheren, kleineren, weißen Schuppenflecken auf den Flügeldecken. Fühlerfächer beim ♂ lang und geschwungen, beim ♀ klein.

Ökologie: in Deutschland mancherorts sehr selten, in anderen Gegenden häufig. – Biotop: sandige Gebiete, besonders in den meeresnahen Dünen. – Imagines phytophag; Kiefer wird bevorzugt, Eichen werden angenommen. Lebensweise ähnelt jener der Maikäfer. – Engerlinge ernähren sich von Wurzeln aller Art.

Wirtschaftl. Bedeutung: auch für den Walker sind Massenflugjahre charakteristisch. Forstliche Bedeutung nicht unerheblich; Schaden in Aufforstungsgebieten und in Gebieten der Dünenbefestigungen. – Erkennung: Fraßbild der Imagines an jüngeren Kiefernnadeln typisch; Nadeln werden an einer Kante befressen, andere Kante bleibt als feiner Faden stehen, mit ihr die unversehrte Spitze. Alles hängt schließlich sich bräunend und krümmend herab; bis auf das untere faserige Nadelende fällt dann alles ab.

Amphimallon solstitiale L.
(früher: Rhizotrogus solstitialis L.)
Junikäfer; Brach- oder Sonnenwendkäfer

Kennzeichen: 16–18 mm. Länglich parallel, zylindrisch gewölbt, braungelb, oberseits wollig behaart. Elytren stark glänzend mit kräftigen Längsrippen (Abb. 321).

Ökologie: zwar allgemein verbreitet, aber keineswegs überall zu finden. – Sandige Böden, Brachfelder. – Schwärmt Juni/Juli gegen Sonnenuntergang. Imagines befressen obere Hälfte der vorjährigen Kiefernnadeln und den Johannistrieb der Laubbäume. Käfer kurzlebig, verschwinden nach wenigen Tagen. – Eier werden 10–12 cm tief einzeln oder in kleinen Gruppen in feuchte, leichte Böden abgelegt. Eiruhe 18–28 Tage. Larvenstadium 21–31 Monate. Larve verpuppt sich im folgenden Frühjahr. Im letzten Falle Puppenruhe 5–6 Wochen. Adulte bleiben bis zur Eiablage im Juni im Boden. – Der nässeempfindliche Engerling schadet durch Fraß an Wurzeln in Wiesen und Feldern. – Vertilgerkreis: u.a. *Scolia hirta* SCHRK. (Scoliidae) und *Tiphia femorata* F. (Tiphiidae) [Hymen.; Aculeata] als Parasiten bei den Engerlingen.

Wirtschaftl. Bedeutung: stellenweise recht schädlich, da Engerlinge auch auf Aufforstungsflächen als arge Schädlinge auftreten können.

Phyllopertha horticola L.,
Gartenlaubkäfer; kleiner Rosenkäfer

Kennzeichen: 8,5−12 mm. Eiförmig, oben flach gewölbt; Kopf, Vorderbrust und Unterseite blaugrün mit metallischem Glanz; Elytren gelb- oder rotbraun (Abb. 322). − *Phyllopertha*-Käfer sind lebhafter als Maikäfer.

Ökologie: im Osten bis Kaukasus, Ostsibirien und Mongolei verbreitet. − Biotop: Parklandschaft, aber auch Laubwald, im Hügelland wie im Mittelgebirge. − Imagines befressen Blätter an Obstbäumen, Rosen, Eichen, Weiden und anderen Laubbäumen; auch Blüten, Knospen und Früchte werden angenommen. In der offenen Landschaft, wo die Art gelegentlich ebenfalls anzutreffen ist, halten sich die Gartenlaubkäfer an niedrigen Bäumen und Büschen auf. − Flugzeit: Juni; Käfer schwärmen sogar im hellen Sonnenschein. Eiablage in den Boden. Larven (nässeempfindlich) rhizophag, vor allem auf altem Grasland oder auf landwirtschaftlichen Nutzungsflächen. Dauer der Entwicklung: 1−2 Jahre.

Wirtschaftl. Bedeutung: in der Landwirtschaft auf Rübenfeldern schädlich (Imagines befressen auch die Blätter krautartiger Pflanzen!); Larven gleichfalls auf Rübenfeldern, aber auch in Kartoffelfeldern oder auf Winter- und Sommersaat vorkommend; nicht so ausgedehnte Schäden verursachend wie Maikäfer-Engerlinge. − Forstliche Bedeutung: Larven an Fichtenwurzeln gefunden; Imagines an jüngeren Eichen und an anderen Laubhölzern schädigend; Schaden in beiden Fällen bei weitem nicht so erheblich wie jener der Maikäfer.

Hierher gehörig: *Anomala dubia* Scop., Julikäfer (auf Brombeeren, Weidengebüsch etc.).

Oryctes nasicornis L., Nashornkäfer

Kennzeichen: 24−39 mm. Plump, gedrungen; ober- und unterseits glänzend kastanienbraun; Unterseite und Beine fuchsrot und behaart. Prothorax vorn mehrminder eingedrückt. Kopf beim ♂ mit vorragendem Horn (Abb. 324), beim ♀ mit mehr oder weniger deutlichem Höcker.

Ökologie: Larven und Imagines in faulenden Vegetabilien, um die die Imagines in der Dämmerung warmer Sommerabende schwärmen. − In der Waldbiozönose in Komposthaufen der Saatkämpe oder in morschen Bäumen bzw. in Stöcken, vornehmlich in Eichenstöcken. Zur Verpuppung gehen die Larven tief in die Erde, bauen sich ein großes, rundes Gehäuse aus Holzteilen und Erde, verbringen etwa 4 Wochen an Ruhezeit vor der Verpuppung, liegen 2 Monate als Puppe und reifen schließlich noch 1−2 Monate als Jungkäfer. Gesamtentwicklung: mehrere Jahre.

Wirtschaftl. Bedeutung: indifferent. − In Gärtnereien als schädlich aufgetreten. − In den Tropen sind die Nashornkäfer (freilich andere Arten) die schlimmsten Kokosschädlinge.

Cetonia aurata L., Rosenkäfer; Goldkäfer

Kennzeichen: 15–21 mm. Gesamthabitus: oval, oberseits etwas abgeflacht. Goldgrün, oft mit goldrotem Schein; Flügeldecken weiß quergesprenkelt (Abb. 323). Im farblichen Gesamteindruck gelegentlich mit *Potosia cuprea* F. verwechselt (s. Seite 184). – Verschiedene Aberrationen bekannt geworden.

Ökologie: Imagines erscheinen Ende Mai bis Juli; am ausfließenden Baumsaft oder auf Blüten (Holunder; Umbelliferen) anzutreffen. – Larven in der Wurzelregion anbrüchiger Stämme, im Baummulm oder in den Nestern der roten Waldameise (*Formica rufa* L.); Entwicklung dauert mehrere – vielleicht drei – Jahre. Verpuppung in einem aus Holzstückchen und Exkrementen verfertigten Gehäuse.

Wirtschaftl. Bedeutung: oft kommen die Larven des Rosenkäfers in amorphen Stöcken zahlreich vor; dabei vermischen sie organische und anorganische Stoffe und erlangen damit eine gewisse bodenbiologische Bedeutung. – Gelegentlich treten sie jedoch auch in Saatkämpen auf, wenn sie mit Kompost dorthin gelangen. Dann können sie den Sämlingen durch ihre Wühlarbeit schädlich werden.

Differentialdiagnose der häufigsten Lamellicornia-Larven

I. Differentialmerkmale der **Lucanidae-Larven** (Abb. 314) gegenüber den Scarabaeidae-Larven:

A) stärker chitinisierte Mundteile,

B) besonders kräftige Oberkiefer,

C) längsgespaltene Afteröffnung unterhalb der Abdomenspitze.

II. Differentialkennzeichen der **Scarabaeidae-Larven** (Abb. 325/336) außer der quergespaltenen (oder allenfalls dreispaltigen) Afteröffnung unterhalb der Abdomenspitze und der auffallend starken Wulstung der Segmente [BOLLOW, 1954; v. BUTOWITSCH und LEHNER, 1933]:

Geotrupes (Abb. 325): Engerlinge bis 6 cm; Fühler kurz, viergliedrig. Hinterbeine verkürzt, etwa nur $^1/_3$ so lang wie Vorder- und Mittelbeine. Die letzten Abdominalsegmente nicht so auffallend verdickt wie bei den Maikäferengerlingen.

Aphodius (Abb. 326): Dungkäfer-Larven je nach Artzugehörigkeit 1–3 cm; Fühler länger, fünfgliedrig. Werden häufig als junge Maikäferengerlinge angesprochen, aber hinteres Ende des letzten Abdominalsegmentes zweilappig erscheinend, in 2 abgerundete und etwas vorstehende Seitenteile getrennt; letztes Segment des Abdomens ventral ohne symmetrisch gestellte Dörnchenreihen.

Serica (Abb. 327): bis $2^1/_2$ cm; Ventralseite des letzten Abdominalsegmentes dicht vor der dreispaltigen Afteröffnung mit einer bogenförmigen Dörnchenquerreihe, deren konkave Seite dem Körperende zu gerichtet ist.

Melolontha (Abb. 329/330): bis $6^1/_2$ cm; differentialdiagnostisch sind die Larven des Feldmaikäfers von denen des Waldmaikäfers nicht mit Sicherheit zu trennen. Maikäferengerlinge im übrigen an den eng gestellten Dörnchen-längsreihen auf der Ventralseite des letzten Segmentes zu erkennen; diese Dörnchenreihen ragen weit aus dem Borstenfeld nach vorn zu heraus und enthalten jeweils etwa 25–30 Dörnchen.

Polyphylla (Abb. 328): bis 8 cm; auf der Ventralseite des letzten Segmentes ebenfalls eng gestellte Dörnchenlängsreihen, die nur sehr kurz, nicht ganz regelmäßig sind und aus dem Borstenfeld nach vorn zu nicht herausragen; die Dörnchenreihen enthalten je 6–9 Dörnchen.

Rhizotrogus (Abb. 331): bis 4 cm; auf der Bauchseite des letzten Abdominalsegmentes median 2 Längsreihen kleiner, kegelförmiger Dörnchen, die innerhalb des Borstenfeldes bleiben. Diese Dörnchenlängsreihen laufen erst parallel nebeneinander, um kurz vor der dreispaltigen Afteröffnung caudalwärts auseinanderzuweichen. – Weiteres Differentialmerkmal gegenüber Maikäferlarven: das Endglied der Kiefertaster ist doppelt so lang, bei *Melolontha* dagegen dreimal so lang als dick.

Phyllopertha (Abb. 332): bis 2,5 cm; in der Anordnung der Dörnchen-längsreihen auf der Ventralseite des letzten abdominalen Segmentes den Maikäferengerlingen ähnlich; auch bei den Gartenlaubkäferlarven sind die Dörnchenreihen sehr regelmäßig, lang, beinahe parallel, caudalwärts etwas auseinanderweichend, in jeder Reihe mit etwa 15–20 Dörnchen. Differentialmerkmal aber gegenüber jungen *Melolontha*-Larven: Borstenfeld der *Phyllopertha*-Engerlinge nur spärlich mit kräftigen Borsten besetzt.

Oryctes (Abb. 333): bis 12 cm; Engerlinge ohne Dörnchenlängsreihen oder einer Dörnchenquerreihe; das Afterfeld ist überhaupt über der Afteröffnung verhältnismäßig gering beborstet.

Cetonia (Abb. 334/335): bis 5 cm; Extremitäten (gegenüber den Maikäferengerlingen) schwach entwickelt und kurz, freilich alle gleich lang; an Stelle der kleinen Klauen weiche fingerförmige Anhänge. Das letzte Körpersegment nicht (wie bei allen anderen Scarabaeidenlarven außer *Geotrupes*) durch eine Querfalte in 2 Teile geteilt. Auf der Ventralseite des letzten Abdominalsegmentes in der Mitte des Borstenfeldes 2 Dörnchenlängsreihen, die eine Ellipse umgrenzen; die Dörnchen selbst sind ziemlich kurz. Besonderes Erkennungsmerkmal: Larven auf eine glatte Unterlage gelegt (etwa auf die flache Hand), bewegen sich auf dem Rücken.

Potosia (Abb. 336): Die in Waldameisen-Nestern (auch in verlassenen Bauten) vorkommende Rosenkäfer-Larve der Gattung *Potosia* MULS. differentialdiagnostisch von der vorigen Gattung an schlankeren Dörnchen in den Längsreihen zu unterscheiden; außerdem ist die Dörnchen-Ellipse schlanker als bei *Cetonia*-Larven. Schließlich sind die *Potosia*-Engerlinge größer, da auch die adulten Formen eine Länge bis zu 33 mm erreichen (gegenüber 21 mm bei *Cetonia*).

Dermestidae, Speckkäfer; Pelzkäfer

Kennzeichen, Ökologie und wirtschaftl. Bedeutung: kleine bis mittelgroße Käfer, ausgezeichnet durch das Vorkommen von Ocellen auf dem Scheitel. Im übrigen sind die artspezifischen Kennzeichen wesentlich. – Imagines stellen sich oft «tot», legen dann Fühler in seichte bis tiefe, scharf begrenzte Furchen, die Schenkel in Rinnen. Die Käfer und ihre spindelförmigen Larven sind Nahrungsspezialisten und teilweise als arge Vorratsschädlinge allgemein bekannt. Trotzdem sind hier einige Arten aufzuführen, wie sich aus der Lebensweise ergibt.

Dermestes lardarius L., Speckkäfer

Kennzeichen (Abb. 337): 6–7$^1/_2$ mm; schwarz, Halsschild mit einigen gelblichen Längsflecken: Elytren hinter der Mitte mit einer breiten gemeinschaftlichen, hinten gezackten, dicht graugelb behaarten Querbinde. – Behaarte Larve an 2 kurzen, gekrümmten Enddornen am Abdominalende kenntlich.

Ökologie: im Freien in den Nestern von Wespen (Larven dort zoodetritivor) und des Kiefernprozessionsspinners (die abgestreiften Raupenhäute verzehrend). In Jagdhütten an Wollsachen oder an Nahrungsresten im Speiseschrank auftretend; dabei können die Larven sich zur Verpuppung sogar in Fichtenbretter einfressen und dort die Puppenwiegen bilden (Abb. 338). In dauernd bewohnten Räumen u. a. schädlich an Pelzen, Teppicheinfassungen, Sauschwarten; an Speck, Schinken; in Hühner- und Taubenschlägen (wo die Larven sogar Gänge in die Haut der Nestjungen fressen können, sonst Federreste verzehren).

Lebensweise anderer Dermestes-Arten: die übrigen Formen dieser Gattung wurden u. a. gefunden auf Blüten, an Aas, in Nestern der Falken, bei Ameisen, in den Raupennestern des Goldafters (*Euproctis chrysorrhoea* L.). Kennzeichnend für die häufigsten, im Freien aufgefundenen Arten ist das Fehlen der Elytren-Querbinde bei sonst *lardarius*-ähnlichem Habitus.

Wirtschaftl. Bedeutung: der freilebenden Artindividuen bei zoonecrophager, zoodetritivorer (und gelegentlich phytodetritivorer) Ernährungsweise zweifellos nützlich oder indifferent, sonst sehr schädlich. – Im Pelzhandel bezeichnet man die Speckkäferlarve übrigens als «schwarze Made». Dieser Vulgärname ist völlig irreführend, weil die *lardarius*-Larve über Extremitäten verfügt, «Maden» aber gerade die beinlosen Fliegenlarven genannt werden.

Attagenus pellio L., Pelzkäfer; «Kürschner»

Kennzeichen: 4–5$^1/_2$ mm; schwarz, Halsschild am caudalen Rande mit 3, jede Flügeldecke in der Mitte mit einem, hinter der Schulter meist mit einem zweiten weißen Fleck. – Larve mit langem Haarschopf am Abdominalende.

Ökologie: vom Mai ab finden sich die Käfer häufig auf Blüten von *Crataegus oxyacantha* L. (Weißdorn) und *Prunus spinosa* L. (Schwarzdorn, Schlehe). – Gleichzeitig tritt er aber zahlreich in Häusern auf und legt seine Eier an Tierfelle, Pelzwaren, Wolldecken, Teppiche usw. – Doch auch in der Decke vom Fallwild, in alten Wespennestern, sogar in Nestern der roten Waldameise vorkommend.

Wirtschaftl. Bedeutung: als Materialschädling schädlich, sonst indifferent.

Anthrenus museorum L., Kabinettkäfer; Museumskäfer

Kennzeichen: 2–3 mm; länglich ovaler Habitus; schwarz, gelb gesprenkelt, am Grunde des Halsschildes 3 weiße Flecken, Elytren mit 3 wellenförmigen gelblichgrauen Binden. – Larve, etwa 5 mm, mit verschiedenartigsten, zum Teil wieder mit Zacken besetzten Haaren und Borsten; langer Haarbüschel am Abdomenende.

Ökologie und wirtschaftl. Bedeutung: Käfer auf Doldenblütlern vorkommend (Mai/Juli); Larven in dürrem Reisig aufgefunden, vor allem aber sehr schädlich in Insektensammlungen. Anlage von derartigen Sammlungen daher nur in gutschließenden Insektenkästen (gearbeitet auf Nut und Feder) vornehmen und von Zeit zu Zeit mit Schwefelkohlenstoff durchgasen.

Lampyridae; Johanniswürmchen, Leuchtkäfer

Vollkerfe u. alle Entwicklungsstadien mit phosphoreszierenden Leuchtorganen, bei den Imagines vor allem an den hinteren Sterniten. Bei den heimischen Arten (*Lampyris noctiluca* L. [Glühwürmchen]) u. *Lamprorhiza* (*Phausis*) *splendidula* L. (Feuerfunken [Niederrhein], Hansvöglen [Schwaben]) sind die Flügeldecken ausgebildet [♂♂], bei [♀♀] = rudimentäre Stummel. Die Biologie beider Arten ist interessant durch das merkwürdige Beutefangverhalten der asselförmig. Larven, die ihren Beutetieren (Nackt- u. Gehäuseschnecken) mit Bißverletzungen Gift injizieren u. die gelähmten Tiere in einen Schlupfwinkel abschleppen. Dort Aufnahme zerkleinerter Nahrung (ob extraintestinale Verdauung?).

Cantharidae, Weichkäfer; Schusterkäfer

Kennzeichen, Ökologie und wirtschaftl. Bedeutung: weichkörperig, locker artikulierende Extremitäten; Elytren an der Naht etwas klaffend, das Abdomen nur z. T. deckend, häufig die häutigen Flügel zum Vorschein kommend.

Adulte Canthariden (etwa im Mai erscheinend) sind carnivor und stellen auf allerlei Pflanzen anderen Insekten nach. – Eiablage unter Grasbüschel oder an einem Baumstamm. Schlüpfen der samtartig behaarten Larven im Juni; diese leben in der Laubstreu, unter Steinen, in leeren Schneckengehäusen raptorisch von kleinen Insekten und deren Larven, besonders gern auch von Schnecken (kann sie auf Wegen an zertretenen Schnecken beobachten!). In den Streuschichten oder in selbstgegrabenen, z. T. tiefen Gängen in der Erde überwintern die Larven, die an wärmeren Tagen während dieser Zeit an die Oberfläche, sogar auf die Schneedecke kommen («Schneewürmer», «Schneiderlarven» des Volksmundes). Im darauffolgenden Frühjahr gehen die Larven dann in oberflächlichem Puppenlager zur Puppenruhe. – Die meisten Arten = nützliche Mitglieder der Waldbiozönose durch eventuelle Dezimierung schädlicher Formen oder durch Vorkommen in den Bodenschichten.

Einige Arten bemerkenswert dadurch, daß sie frische Pflanzenteile angehen:

Cantharis fusca L., Brauner Weichkäfer, Kiefernweichkäfer

Kennzeichen: 11–15 mm; schmal und langgestreckt; schwarz; u. a. Halsschild (außer einem schwarzen Fleck am Vorderende) gelbrot, Abdomen breit rotgerandet; Beine fast immer schwarz.
Ökologie und wirtschaftl. Bedeutung: Kiefernbestände. – Imagines benagen die Kieferntriebe unterhalb der Spitze, so daß diese umknicken. Fraßfolgen unbedeutend, allenfalls schwacher Zuwachsverlust.

Cantharis obscura L., Eichenweichkäfer

Kennzeichen (Abb. 339): 9–13 mm; schwarz, Seitenränder des Halsschildes und der Bauchringe gelbgesäumt.
Ökologie und wirtschaftl. Bedeutung: Imagines benagen junge Triebe an Eichenheistern und Stockausschlägen; die benagten Triebe knicken um und werden schwarz. Fraßfolgen wirtschaftlich unbedeutend.

Gelbes Halsschild mit schwarzem Mittelfleck; Schenkel gelbrot: *C. rustica* FALL.

Cleridae, Buntkäfer
Familiencharaktere in der Beschreibung der häufigsten Art enthalten.

Clerus (= Thanasimus) formicarius L., Ameisenartiger Buntkäfer; Ameisenkäfer

Kennzeichen: 7–10 mm; zylindrischer Habitus. Farbiger Gesamteindruck: schwarz-weiß-rot, und zwar: Unterseite und Halsschild (außer dem vorderen schwarzen Rand) rot; Elytren, Kopf und Beine schwarz; Flügeldecken mit 2 weißfilzigen Querbinden (Abb. 341). – Junglarve zeichnet sich durch auffallende Beborstung aus; erwachsene Larve rosarot, am Endsegment des Abdomens mit Hornschild und 2 aufwärts stehenden Höckern (Abb. 340).
Ökologie: in Nadelholzbeständen – als Borkenkäferfeind, besonders des großen Waldgärtners *(Myelophilus piniperda)*, daher vornehmlich überall in Kiefernbeständen. – Andere adulte Buntkäferarten auf Blüten, wo sie Blütenbesuchern nachstellen, auf Holzstämmen oder Holzstößen, wo sie auf xylophage Insekten Jagd machen. – Eiablage März/Mai unter Rindenschup-

pen. Larvennahrung anfangs allerhand Detritus, «Wurmmehlkrümel», später Scolytid. u. ihre Larven. Larvenwachstum sehr langsam; Verpuppung im allgemeinen im Herbst. Überwinterung als erwachsene Larven, Puppen oder Imagines.

Wirtschaftl. Bedeutung: als Angehöriger des Vertilgerkreises mancher forstlicher Schadinsekten sehr nützlich. Das Auftreten des Ameisenkäfers ist aber leider sehr unregelmäßig. Einführung des Käfers nach USA zur biologischen Bekämpfung dortiger Borkenkäferkalamitäten ohne Erfolg geblieben.

Die Larven einiger Cleridenarten scheinen auf die Nester und Nestinhalte verschiedener wilder Bienenarten angewiesen zu sein. Hierher auch gehörig der Immenkäfer oder Bienenwolf: *Trichodes apiarius* L., dessen Larven sich in den Stöcken der Honigbiene finden. (Siehe hierzu auch die Seiten 192 u. 339.) Larven (u. Käfer) von *Opilo*, *Tillus* u. *Corynetes* spec. in Gängen von Holzinsekten (vgl. Seiten 225 u. 229).

Elateridae, Schnellkäfer; «Schmiede»

Kennzeichen, Ökologie und wirtschaftl. Bedeutung: typischer Elateridenhabitus (Abb. 342/343): langgestreckt, nach vorn und hinten verengt, meist etwas abgeplattet, Halsschild-Hinterecken in einen Dorn ausgezogen; schließlich ausgezeichnet durch Schnellvermögen aus Bauch- oder Rückenlage. Eigentlicher Springapparat in der Brustregion: Prothorax mit scharfem Bruststachel (Dorn), der in eine Höhlung (Grube) des Mesothorax eingreift. Will der Käfer springen, beugt er die Vorderbrust nach hinten über, stemmt den Bruststachel gegen die Vorderkante der mesothorakalen Grube und läßt, den Prothorax wieder nach vorn drückend, den Dorn plötzlich in die Grube schnellen. Dies erfolgt mit knipsendem Geräusch. – Elateridenlarven (Abb. 344/345) wegen des glatten, harten Chitinpanzers bzw. wegen der drahtähnlichen Gestalt und Härte als «Drahtwürmer» bezeichnet; gelbbraune bis bräunliche Farbe des Chitinpanzers (Abb. 1023; 1025). Differentialmerkmal den «Mehlwürmern» (Tenebrionidae-Larven) gegenüber: abgeplatteter Kopf mit gezähntem Vorderrande! – Käfer allerorten auf Blüten, Gesträuch, auf weitgehend amorphen Stöcken u. dgl. vorkommend. – Imagines teils phytophag (frische Rindentriebe), teils carnivor (Blattläuse und andere Insekten). – Eiablage auf oder unter der Erdoberfläche. – Drahtwürmer versteckt lebend, im Mulm und in der amorphen Substanz abgestorbener Bäume, in Stöcken, in den Streuschichten, unter Moos oder tief im Boden, wo sie immerhin durch die Anlage ihrer Gänge an der Durchlüftung des Bodens beteiligt sind. In den einzelnen Abbaustadien der Stöcke je nach dem Zersetzungsgrad des Holzes verschiedene Arten charakteristisch. – Ernährungsverhältnisse der Drahtwürmer noch nicht restlos geklärt; anfangs phytosaprophag, später Übergang zur carnivoren Lebensweise. In der Waldbiozönose in den Streuschichten oder in modernden Stämmen mit Vorliebe etwa Bibionidenlarven (Dipt.) nachstellend [BRAUNS, 1954]. Nur wenige Arten sind ausgesprochen phytophag, leben subterran mit rhizophager Ernährungsweise. Zu diesen phytophagen Arten gehören die gefürchtetsten Dauerschädlinge der Land- und Forstwirtschaft. In Saatkämpen sind vor allem gefährdet die keimenden Samen von Buche, Eiche, Ahorn; Fichte, Lärche, Tanne und Schwarzkiefer. – Die wirtschaftliche Bedeutungs-Skala der Elateriden insgesamt reicht zweifelsohne von «schädlich» über «nützlich» bis indifferent. – Bei Beginn der kalten Jahreszeit mehr oder weniger tief im Erdboden Überwinterung der Drahtwürmer – im darauffolgenden Frühjahr besonders intensive Fraßtätigkeit. Entwicklungsdauer der Elateridenlarven allgemein 10 Monate bis 5 Jahre. Generationsdauer wechselt anscheinend innerhalb der Gattungen, vielleicht auch innerhalb der Art (je nach den Umweltbedingungen). – Verpuppung bei den meisten Arten zwischen Juli und September in einer Höhle am Fraßort. Jungkäfer überwintert in der Puppenwiege oder sucht sich ein anderes Versteck. Ausreifung der Geschlechtsorgane durch Reifungsfraß. – Zum Vertilgerkreis der Elateriden oder ihrer Larven gehören vor allem u.a. Bodenvögel, Spitzmäuse, Mäuse, aber auch Carabiden, Asiliden, *Gryllotalpa* usw.

Differentialdiagnose des Drahtwurmbefalls von Fraßbeschädigungen durch andere Insekten oder -Larven
[u.a. Schimitschek, 1949]

Drahtwürmer (Abb. 346): Aushöhlen der Wurzeln oder unteren Stammteile; die Rinde der Wurzeln kann dabei oft fast unbeschädigt sein.

Engerlinge (Abb. 347): bei jüngeren Pflanzen bleibt Pfahlwurzel «nackt und kahl wie eine Rübe» übrig; Faserwurzeln mithin völlig abgefressen.

Maulwurfsgrille: Herausreißen ganzer Stücke aus der Wurzel, dadurch größere Lücke zwischen beiden Enden; oft werden die Pflänzchen auch in die Gänge gezogen.

Erdraupen (Abb. 348): außer Wurzelwerk werden auch oberirdische Stammteile benagt.

Schnakenlarven (Abb. 350): Benagen der Wurzelrinde; bei Keimpflanzen auch der Rinde am oberirdischen Stammteil.

Rüsselkäferlarven (Abb. 349 u. 352): gleichzeitiges Auffinden des imaginalen Schartenfraßes an den Nadeln.

Borkenkäfer (Abb. 351): Reifungsfraß an Jungpflanzen usw.

Sicherste Diagnose ist natürlich das gleichzeitige Auffinden der schädigenden Insektenlarven selbst. Daher stets am Standort danach suchen!

Selatosomus aeneus L., Glanzspringkäfer;
erzfarbiger Rindenschnellkäfer; erzfarbiger Steppenschnellkäfer
(da auch auf sandigen, landwirtschaftlich genutzten Tonböden der Sowjetunion vorkommend). (Früher: *Corymbites* a.).

Kennzeichen (Abb. 342): 12–18 mm; Käfer glänzend kupferfarbig, grün oder bläulich, auch violett; Beine meist rot. – Larve gleichmäßig gelbbraun, über 2 cm lang, einen Haupttyp der Larvenform zeigend: Körper abgeplattet, Hinterleibsende gleichfalls depress, eingebuchtet, doppelt zangenförmig.

Ökologie: leichte, trockene Waldböden. Im Juni werden 300 und mehr Eier pro Weibchen abgelegt. Entwicklungsdauer 2 Jahre. Verpuppung Juni bis August. Käfer überwintern am Fraßort der Larven im Erdboden.

Wirtschaftl. Bedeutung: Drahtwürmer als Wurzelfresser in Pflanzgärten schädlich; nebenbei sollen die *Selatosomus*-Arten in hochalpinen Böden auch carnivor sein [KÜHNELT, 1961].

Ampedus (= Elater) sanguineus L., Roter Schnellkäfer

Kennzeichen: bis 17 mm; tiefschwarz, glänzend; Elytren blutrot; Halsschild mit langer Mittelfurche. Ober- und unterseits schwarz behaart (Abb. 343). Larve den zweiten Haupttyp der Larvenform zeigend: Körper drehrund, Hinterleibsende zugespitzt. Hierher gehören auch die in Kulturen schädigend auftretenden *Agriotes*-Arten.

Ökologie: Käfer gern auf alten Stöcken. – Entwicklung im nassen, amorphen Holz, vornehmlich alter Kiefernstöcke, wo die Drahtwürmer anfangs wohl vom Mulm, später von Cerambycidenlarven carnivor leben (ähnlich wie *Melanotus rufipes* HBST., die als Altlarven den Sägebocklarven [*Prionus*] nachstellen).

Wirtschaftl. Bedeutung: bodenbiologisch nicht ganz indifferent.

In Laubholzbeständen (in modernden Weiden, Erlen, Birken, Pappeln, Eichen und Buchen) ist *sanguineus* vertreten durch einen Nahverwandten:
Elater cinnabarinus Eschsch. (in der Gesamtfärbung ähnlich). Im Mai sieht man den überwinterten Käfer auf Buchenklaftern sitzen, auch gern unter der Rinde von Fichtenstangen (an Gattern u. dgl.).

Buprestidae, Prachtkäfer

Kennzeichen, Ökologie und wirtschaftl. Bedeutung: ausgezeichnet durch oft prachtvollen Metallglanz (wenigstens auf der Unterseite) oder auch durch eine vielfach gleichzeitig auftretende Mehrfarbigkeit (wie es sich bei *Anthaxia salicis* FABR. [Farbtafel 7, Abb. 32] beobachten läßt, einer bei uns zwar seltenen Art, die gelegentlich aber im Mai/Juni auf Weidenstümpfen oder an Hainbuchenstangen anzutreffen ist). Kahnförmiger Habitus, von der Schulter ab nach hinten zu gespitzte Tiere mit flacher Dorsal- und gewölbter Ventralseite. Fühler kurz, Kopf bis zu den elliptisch oder oval geformten Augen in das Halsschild versenkt. Häufig sind die Prachtkäfer ganz oder stellenweise «bepudert» (weiß, gelb, ockerfarben oder rot); dieses «Mehl» nicht Blütenstaub, sondern kann nach Abreibung ergänzt werden. – Larven schmal, zylindrisch, wenig chitinisiert, mit scheibenförmig verbreitertem Prothorax (Abb. 358): Kopf tief in die wie eine Kragenfalte über seinen hinteren Teil übergeschlagenen Prothorax zurückgezogen, doch vorstreckbar. Ocellen fehlen, Extremitäten stark reduziert oder völlig fehlend. Halbmondförmige

Stigmen. Trotz dieser gemeinsamen Merkmale Ausbildung von 2 Typen, die bei den Angaben über die Verpuppung beschrieben werden. – Als ausgesprochen thermophile Insekten treiben sich die Imagines auf Blüten herum (Pollenfresser!) oder sitzen an Baumstämmen oder auf Holzklaftern. Sehr flüchtig. Bei kühler oder trüber Witterung träge. – Flugzeit: in unseren Breiten in den warmen Sommermonaten; ♀ legt seine Eier einzeln oder gruppenweise mittels Legeröhre in oder an die Nährpflanze der Larve. Die meisten Bupestridenlarven fressen an jüngeren Stämmen zwischen Rinde und Splint, an älteren Stämmen vielfach nur in der Rinde flache, meist stark geschlängelte Gänge, die infolge des Wachstums der Larve breiter werden und in denen die Larve hinter sich das Bohrmehl stopft; Bohrmehl bei vielen Arten «wolkig» angeordnet: Differentialmerkmal gegenüber den oft ganz ähnlichen Fraßgängen der Cerambycidae. – Aus der Bast-Splintzone heraus gehen die Larven allenfalls zur Verpuppung in den Holzkörper; nur einige Arten absolvieren ihre gesamte Entwicklung im Holz. Die Puppenwiegen sind hakenförmig. Je nach den Larventypen erfolgt das Verlassen der Puppenwiegen unterschiedlich. Der **Buprestinen-Typ** (*Chalcophora, Phaenops, Anthaxia, Chrysobothris*), deren Larven durch stark abgeflachten Thorakalabschnitt und schwanzförmiges Abdomen ausgezeichnet sind, dreht sich vor der Verpuppung in der Puppenwiege mit dem Kopf zur Eingangsöffnung, durch die der Jungkäfer die Puppenwiege wieder verläßt. Der **Agrilinen-Typ** (*Agrilus;* Abb. 358) mit gering verbreiterten Thoraxsegmenten (letztes Abdominalsegment mit 2 verhornten Spitzen) verpuppt sich in der Fraßrichtung, so daß der Jungkäfer durch die zwar vorbereitete Ausgangsöffnung, die der Käfer durch die Rinde hindurch zu einem Flugloch erweitert [VITÉ, 1952/53], schlüpft; die Puppenwiege weist also 2 Löcher auf. Das Flugloch ist übrigens fast immer elliptisch (Abb. 356), seitlich mehr oder weniger scharf, bei gewissen Prachtkäfern unterer Fluglochrand dreieckig erweitert. – Entwicklung im allgemeinen 2–3 Jahre beanspruchend, davon 14 Tage = Eizustand; bis 24 Monate = Larvenstadium; 1 Monat = Puppenstadium; dann liegen noch manche Jungkäfer bis zu 9 Monate ausreifend in der Puppenwiege. Bei den blattminierenden *Trachys*-Arten (etwa an *Salix caprea* L. [Salweide], *S. aurita* L. [Ohr-Weide]. Eiche, Buche, Hasel) haben wir freilich eine einjährige Generation. – Die Mehrzahl der Buprestiden lebt in anbrüchigen Stämmen oder in Stöcken; manche Arten verursachen aber doch beträchtliche Schäden physiologischer Art trotz allgemeinen sekundären Auftretens auf Kulturflächen oder an Stammhölzern, wenn diese schon durch andere abiotische Einflüsse (beispielsweise durch Dürrezeiten) geschwächt sind.

Chalcophora mariana L., Großer Kiefernprachtkäfer

Kennzeichen: 24–30 mm; größter einheimischer Buprestide. Erzbraun mit messingglänzenden Furchen und Eindrücken; unterseits kupferglänzend (Farbtafel 7, Abb. 35). – Larven: siehe Familiencharaktersitik.

Ökologie und wirtschaftl. Bedeutung: in Kiefernbeständen; da Larven ihre Entwicklung in amorphen Kiefernstöcken absolvieren, diese oft so stark in «Wurmmehl» verwandelnd, daß sie auseinanderfallen. Forstlich indifferent bzw. an der Aufarbeitung morschen Holzes beteiligt und damit bodenbiologisch zumindest bedeutungsvoll. Andererseits fallen die Käfer stets durch Größe und Häufigkeit auf. – Im Kropf der Kiefernprachtkäferlarven und in den Blindschläuchen Zellulase und Lichenase nachgewiesen [SCHLOTTKE, 1945].

Phaenops cyanea F., Blauer Kiefernprachtkäfer

Kennzeichen: 8–11 mm; ovaler, abgeflachter Buprestide, einfarbig blau oder blaugrün, mit dicht irregulär punktierten Elytren und mit dreigliedrigen, schwach sägeförmig erweiterten Fühlern (Farbtafel 7, Abb. 34). – Larve: kurzes, aber verbreitertes Prothorakalsegment, das oberseits eine schmalovale, median geteilte, stark gerunzelte Chitinplatte zeigt.

Ökologie: in Norddeutschland stellenweise recht häufig. – Biotop: Kiefern-, aber auch Fichtenbestände. In Deutschland vornehmlich an *Pinus silvestris* L., in Frankreich an *Pinus Pinaster* SOLANDER (Strandkiefer). – Flugzeit: Juni/Juli. Eiablage einzeln in Borkenritzen. Larvengänge flach, geschlängelt, in alten Stämmen ziemlich lang in der Rinde, erst gegen Ende in den Splint eingreifend. – Puppenwiegen in der Borke, bei dünnen Stämmchen auch im Holz. Generation anscheinend 2jährig. Zweite Überwinterung der fast erwachsenen Larven in der Borke (ob anschließend noch einmal Fraß?).

Wirtschaftl. Bedeutung: vornehmlich alte Kiefern mit dicker Borke werden befallen, doch auch mannshohe, kränkelnde Kiefern und Fichten angegangen [ESCHERICH, 1923]. Forstlich nicht ganz indifferent, da mitunter auch gesunde Stämme befallen werden.

Anthaxia quadripunctata L., Vierpunkt-Kiefernprachtkäfer

Kennzeichen: 5–7 mm; bei einer düster schwarzgrünen Färbung mit Erzschein; das Halsschild läßt 4 quere Grübchen erkennen (Abb. 353). – Larve: erstes Thoraxsegment stark verbreitert.

Ökologie: Befall vornehmlich der Kiefer und Fichte, aber auch von Lärche und Wacholder. – Flugzeit: Juni/Juli. Imagines während dieser Zeit häufig auf Blüten (vor allem von *Helianthemum Chamaecistus* MILL. [gelbes Sonnenröschen; an Waldrändern!] und *Caltha palustris* L. [Sumpf-Dotterblume]). – Larve in jungen Pflanzen und Stämmchen, auch in abgefallenen Ästen, in Naturzäunen [BRAUNS, 1951] oder in berindeten Latten an Arbeitsschuppen für Waldarbeiter usw. Fraßgänge zwischen Bast und Splint scharfrandig, mit Bohrmehl verstopft, unregelmäßig geschlängelt, von oben nach unten verlaufend (Abb. 354); in den Fraßgängen seitlich typische Nagespuren der Larve erkennbar (Nagespuren = Differentialmerkmal gegenüber den sonst sehr ähnlichen Fraßgängen des Cerambyciden *Molorchus minor* [Abb. 402]). – Verpuppung im Splint. Stellung des Flugloches zur Stammachse kann im übrigen auch ein gewisses Differentialmerkmal gegenüber *Molorchus minor* sein. – Generation 2-jährig.

Wirtschaftl. Bedeutung: im allgemeinen gering, da *Anthaxia* gewöhnlich sekundär auftritt, wie die Annahme von schlechtwüchsigen oder anderweitig erkrankten Stämmchen, von abgefallenen Ästen usw. zeigt. Gelegentlich werden Kiefern bis zu 10 Jahren angegangen: Fraßfolgen = Kränkeln und Absterben der befallenen Stämmchen. In Finnland durch Befall von Fichte nicht unbeträchtlichen Schaden anrichtend. – Aber auch das Auftreten an berindeten Latten nicht ganz bedeutungslos dadurch, daß anderem Schädling Eingang verschafft wird: an Geräteschuppen u. dgl. innerhalb des *Anthaxia*-Fraßbildes vielfach die charakteristischen Bohrlöcher des bunten Nagekäfers (*Xestobium rufovillosum* DE GEER) aufzufinden. Diese größte einheimische Pochkäferart (Anobiidae) kommt vor allem in älterem Eichensplintholz vor, häufiger aber als in der Literatur verzeichnet, auch in Nadelholz. *Rufovillosum* kann nun als Trockenholzinsekt von seiner Geburtsstätte in den Latten aus Balken befallen [BRAUNS, 1951].

Chrysobothris affinis F., Goldgruben-Eichenpraktkäfer

Kennzeichen: 12–15 mm. Oberseits erzbraun, Kopf grünlich metallisch; Elytren mit je einer kleinen goldigen Grube an der Basis und je 2 großen flachen Gruben auf der Scheibe; unterseits kupferrot glänzend; seitlich oft grün gefärbt.

Ökologie: in alten, halb abgestorbenen Buchen, Pappeln, Birken, (Kastanien), aber auch an Eiche und zwar an starken Heistern oder schwachen Stangen vorkommend, an die der Mutterkäfer zu Beginn des warmen Sommers an jeden Stamm nur 1–3 Eier dicht über dem Wurzellauf ablegt. Larvengänge (Abb. 355), weniger geschlängelt und flach, im Bast verlaufend, können den Stamm zum Absterben bringen. Generation zweijährig.

Wirtschaftl. Bedeutung: kann in Stangenhölzern erheblich sein (deshalb auch Goldgruben-Eichenprachtkäfer genannt). Begleitart von *Agrilus viridis* (Buprestidae) an Buchenalthölzern.

Agrilus viridis L., Grüner Prachtkäfer (Buchen-Prachtkäfer)

Kennzeichen: 6–9 mm. Arten dieser Gattung durch sehr langgestreckten, parallelen Körper ausgezeichnet (Abb. 357). – In der Körperfarbe große Variabilität: einfarbig grün oder blau oder einfarbig golden kupferig, ja sogar schwärzlich erzfarben. – Larve (Abb. 358): siehe Familiencharakteristik.

Ökologie und wirtschaftl. Bedeutung: befallen werden außerordentlich viele Laubhölzer: Buche, Eiche, Erle, Ahorn, Weide, Aspe, Linde, Birke, aber auch Weinrebe, Himbeere, Stachel- und Johannisbeere. Junge Stämmchen werden geringelt: zuerst dichte Spiralgänge im Splint, dann Zickzackgänge aufwärts zwischen Rinde und Bast. – Während aber früher der grüne Prachtkäfer in Buchenheister-Pflanzungen vornehmlich forstschädlich beobachtet wurde, erreichte sein Schadauftreten auch in Buchenalthölzern erhebliches Ausmaß (V. VIETINGHOFF u. VITÉ, 1952]. Die Möglichkeit zu einer Übervermehrung ist leicht gegeben, wenn zahlreiche warme Sommer aufeinanderfolgen. An Einzelstämmen werden sonnenexponierte Partien zum Absterben gebracht. Überhälter, verlichtete Bestände und besonnte Bestandesränder [VITÉ, 1952/53] sind dabei besonders gefährdet. – Flugzeit: gewöhnlich Juni/Juli, bei Massenvermehrungen Mai/September. – Eiablage: meist in charakteristischen Häufchen von 9–11 Eiern, die an die Rindenoberfläche angekittet sind unter einem weißlichen Schutzüberzug. Die verlassenen Eihüllen «haften unter dem kalkfleckähnlichen Überzug oft noch viele Monate an der Rinde; sie finden sich fast ausschließlich an den voll besonnten Ast- und Stammpartien». – Bei gesunden, gerade freigestellten Stämmen bohren sich die Larven nur oberflächlich ein und bleiben auch dicht unter der Rindenoberfläche. Fraßgänge können in verschiedenen Rindenschichten etagenweise übereinanderliegen. Dort aber, wo Kambialzone physiologisch schon geschwächt ist, dringen die Larven in die Bast-Splint-Zone vor. Bohrmehl dunkelbraun, nicht wolkig angeordnet. Das gesamte Gangsystem (Abb. 356) kann 50–75 cm lang sein. – Verpuppung tief im Splint, gelegentlich auch in der Rinde. Schlüpfweise des Jungkäfers: siehe Familiencharakteristik. – Entwicklungsdauer zumeist 2 Jahre; je nach den klimatischen Verhältnissen aber auch kürzer oder länger. – Erkennung des Befalls: spärliches und spätes Austreiben, Verwelken des Laubes; Beschaffenheit der Rinde (Rissigwerden, Abheben größerer Rindenplatten usf.). Letztere Erscheinung differentialdiagnostisch von Frostplatten durch Auffinden der Larvengänge zu unterscheiden; andererseits mäandrische Windungen mit rissiger Rinde auch bei Befall durch *Eutrichocnemis simploniella* F. R. (Gracilariid., Lep.) bekannt geworden (s. Seite 314), aber vornehmlich an jungen Eichenstämmen auftretend. – Befallsfolgen: kleine Schadensstellen werden zumeist überwallt. An Sonnenbrandrändern oder an langjährig stark sonnenexponierten Stammteilen oder an Verletzungsarealen werden aber die sowieso zu erwartenden Schäden beschleunigt bzw. erweitert; die von den *Agrilus*-Larven befallenen Rindenpartien haften sehr lange am Stamm und fördern durch günstige Feuchtigkeitsverhältnisse das Vordringen der Weißfäule. – Bisher wenig über den Vertilgerkreis des grünen Prachtkäfers bekannt; als Parasiten der Larven wurden insbesondere Braconiden und Chalcidier aufgefunden, als Räuber u. a. die Larven des Warzen- oder Blasenkäfers (*Malachius;* Cantharidae) beobachtet. – Begleitarten: gleichzeitig mit *Agrilus viridis* kommen in Buchen-Althölzern vor: von Buprestidae: *Chrysobothris affinis* FABR.; von Cerambycidae: *Liopus nebulosus* L., *Cerambyx scopolii* LAICH (Buchen- oder Runzelbock) und *Rhagium mordax* DEG.; von Ipidae: der holzbrütende *Xyleborus saxeseni* RTZB., der rindenbrütende kleine Buchenborkenkäfer *Taphrorychus bicolor*

Hbst.: schließlich von den Lymexylonidae: *Hylecoetus dermestoides* L. In schon weißfaulem Buchenholz fand sich u. a. *Melandrya* spec. (Melandryidae, Düsterkäfer, die auch in stark amorphen Buchenstöcken angetroffen werden können und damit bodenbiologische Bedeutung erlangen).

Lymexylonidae, Werftkäfer

Familiencharakteristik erübrigt sich durch die Artdiagnosen. – Im heimischen Faunengebiet kommen aus der Familie der Werftkäfer 3 Arten vor, von denen aber nur 2 Arten häufiger auftreten und daher größeres Interesse beanspruchen.

Differentialdiagnose gegenüber Cantharidae: Werftkäfer gekennzeichnet durch mehrminder walzenförmige Gestalt, durch runde Tarsenglieder und durch ausgesprochenen Geschlechtsdimorphismus (Abb. 361/362). – Larven der Lymexylonidae durch den kapuzenförmigen Prothorax und durch die Ausgestaltung des letzten Abdominalsegmentes ausgezeichnet (Abb. 359).

Hylecoetus dermestoides L., Sägehörniger Werftkäfer, «stachelschwänziger» Werftkäfer; schabkäferähnl. Bohrkäfer
(in der Holzindustrie gelegentlich als «schwarzer Wurm» bezeichnet)

Kennzeichen: 6–18 mm; Körper langgestreckt, weich. ♂ (Abb. 361) kleiner als ♀ (Abb. 362), mehr oder weniger schwarz, die Elytren meist heller abgesetzt; ♀ rötlich gelbbraun. ♂ außerdem mit bizarren, lamellenförmigen Kiefertastern (vorn am Kopf sichtbar) und gesägten Fühlern. Bei beiden Geschlechtern Flügeldecken klaffend, beim ♀ noch Legeröhre sichtbar. – Larve: raupenförmig, weißlich, ohne Fühler und Nebenaugen; 1. Thorakalring dorsal mit zapfenförmigem Buckel; Abdomenende mit Analfortsatz (Abb. 359).

Ökologie: Biotop: Buchen- und Eichenbestände; befällt aber auch Birke, Ahorn, Erle, Esche und Nadelholz [Brauns, 1950]. – Flugzeit: April/Mai. – Eiablage in Rindenritzen, meist an frische Stöcke, auch an gefällte oder an anbrüchige, stehende Stämme *(Hylecoetus dermestoides* ist Begleitart vom Buprestiden *Agrilus viridis).* – Lebensdauer der Imagines kurz; ♀♀ versuchen in 2–4 Tagen ihren Eivorrat von etwas über 100 Eiern unterzubringen; ♂♂ und ♀♀ nehmen keine Nahrung auf. – Larve schlüpft nach 14 Tagen. Einbohrloch und Anfangsgang klein (daher solche englumigen Löcher neben den weitlumigen Ausschlupflöchern an den Befallsstellen stets zu beobachten [Abb. 364]). Junge Larve schafft Bohrmehl mit Extremitäten und breiter Hinterleibs-Endscheibe hinaus, später mittels Schwanzfortsatz (auch durch den anfänglichen, englumigen Fraßgang). Im Laufe der Zeit Auswurf beachtlicher Bohrmehlmengen (Abb. 367), die bei Stöcken oft fälschlicherweise vom Sägeschnitt herrührend angesehen werden. Auf feuchten Standorten werden aber die Stöcke erst bei bestimmtem Austrocknungsgrad angenommen. Bei Abheben der Rinde erkennt man auf der Innenseite Anhäufung von Bohrmehl um jedes

Einbohrloch (sog. «Bohrmehlhof»): mit der Zeit hebt sich die Rinde und bei der Herausbeförderung des Bohrmehles wird immer etwas Mehl zwischen Rinde und Splint gedrückt (Abb. 366). – Die *Hylecoetus*-Larven sind keine Holzfresser! Wände des Fraßganges mit Pilzrasen ausgekleidet und erscheinen daher wie mit einer «Sahneschicht» bedeckt. Dieser Ambrosiapilz (*Endomyces hylecoeti* NEGER) bildet auf kohlehydratreichem Nährboden glykogenreiche Hyphenenden, die von den Larven abgeweidet werden (ob alleinige Nahrung, noch zweifelhaft). Durch Einfluß des Pilzes Schwärzung der horizontalen, wellenförmigen, sehr unregelmäßigen, 18–26 cm langen Gänge (Abb. 365 u. 471). Übertragung auf neue Fraßplätze durch Mutterkäfer, indem die Eioberfläche mit den Entwicklungsstadien des Pilzes während der Eiablage «beschmiert» wird. Frischgeschlüpfte Larven «wälzen» sich im Eihaufen und «reiben» sich mit den Symbionten ein. Hier bei diesem Werftkäfer also aktive züchterische Betätigung allein seitens der Larven, im Gegensatz zu den «Holzbrütern» unter den Ipidae (s. Seite 275). – Larve überwintert. Wiederbeginn des Fraßes im nächsten Frühjahr. Verpuppung: April. Vorher Erweiterung des Anfangsganges zum Umdrehen; der Jungkäfer kann sich aus dem Gangsystem nicht ausbohren, da er nur recht schwache Mundwerkzeuge besitzt. Hinter der nunmehr umgedrehten verpuppungsreifen Larve (mithin dem Splint zu!) findet sich eine Bohrmehl-Anhäufung; nach 7 Tagen Puppenzeit schlüpft der Jungkäfer, verbleibt aber noch einige Tage im Holz. Die verpuppungsreife Larve weidet übrigens Sporangien des Ambrosia-Pilzes ab, die sich nahe der Puppenwiege entwickeln; vom larvalen After aus gelangen die Pilzsporen in die Puppe (Abb. 360) und damit in Taschen am Legeapprat des sich aus der Puppe entwickelnden Käferweibchens. Bei der Eiablage werden dann später die Eier mit Pilzsporen äußerlich «verunreinigt» und die oben geschilderte Weitergabe des Pilzes auf die nächste Generation gesichert. – Generation zumeist 2-jährig, kann aber auch bei günstigen klimatischen Verhältnissen einjährig sein. – Vertilgerkreis der Larven: an Räubern u. a. Staphylinidae; *Rhizophagus*-Arten (Imagines und Larven dieser sonst vornehmlich bei Scolyt. vorkommenden Nitidulidae); *Pyrochroa*-Larven (Pyrochroidae).

Wirtschaftl. Bedeutung: als Stockbewohner bodenbiologisch bedeutungsvoll. – Sonst wirtschaftlich durchaus beobachtenswert, da jeder (etwa durch *Agrilus*-Befall) geschwächte, stehende (Abb. 367) oder vom Wind geworfene Stamm bald belegt wird. Auf Holzlagerplätzen (Sägewerken) oft so zahlreich, daß Holz zu Eisenbahnschwellen unbrauchbar wird. Befallenes Holz sieht aus wie mit verschiedenen Schrotnummern beschossen. Bei Befall von Nadelholz (etwa Weißtanne) beobachtbar, daß die Schwarzfärbung von den Larvengängen aus als feine »Schlieren» sich noch weit ins Holz erstreckt (Abb. 363).

Lymexylon navale L., Schiffswerftkäfer

Junglarven infolge der haarfeinen Anfangsgänge = «Haarwürmer» genannt

Kennzeichen: 7–13 mm. Lang und schmal, rotgelb; Kopf schwarz (3. Glied d. Maxillartasters beim ♂ mit geweihartig. Fortsätzen), Elytren beim ♂ schwarz, vorn längs der Naht braungelb (Abb. 369), beim ♀ (Abb. 370) oft nur spitzenwärts dunkel. Flügeldecken lassen auch hier Hinterleibsspitze weit frei. – Larve gleichfalls mit schwellbarer, kapuzenartiger Vorderbrust, aber mit kurzem, zylindrischen, nach oben aufgetriebenen Fortsatz am Abdomenende (Abb. 368).

Ökologie: fast ausnahmlos an Eiche (Stöcke, gefällte und anbrüchige Stämme). – Flugzeit: Juni; fliegen selbst bei größter Hitze gegen Nachmittag und sind äußerst vagil. Im Gegensatz zu *Hylecoetus* werden rindenlose Stellen zur Eiablage bevorzugt; in der Lebensweise sonst dem Verwandten sehr ähnlich. – Schnurgerade Larvengänge horizontal, vollgestopft mit Bohrmehl (Abb. 371/372). Differentialdiagnose im Anobien-Fraßbild: Holzmehl füllt bei den Pochkäfern die Gänge locker aus! – Pilzvegetation bei *Lymexylon* bisher nicht einwandfrei festgestellt (daher auch keine Schwärzung der Gänge!), obwohl Hinausschaffen von Fraßmehl aus den runden Einbohrlöchern gelegentlich beobachtet wurde. Larven leben anscheinend von Zellinhaltsstoffen [BRAUNS, 1950 u. 1951]. – Gesamtlänge der Bohrgänge eines Tieres 1–2 m; dabei werden senkrecht zu den Horizontalgängen auch «Ernährungsgänge», den Frühholzgefäßen folgend, angelegt.

Wirtschaftl. Bedeutung: gefährlicher Eichenschädling, aber verhältnismäßig geringes Auftreten; auch als Folgeschädling bekannt geworden. Im übrigen technischer Schädling auf Holzlagerstätten (Schiffswerften). Bei Befall im Bauholz beachtenswert, daß infolge des Austrocknungsgrades eine Weitervermehrung nicht erfolgt.

Familienreihe Teredilia, Holzbohrer

Bostrychidae (Holzbohrkäfer) und Lyctidae (Splintholzkäfer)

sind vornehmlich Trockenholzinsekten, mithin technische Schadinsekten [BRAUNS, 1951 und VITÉ, 1952/53]. Der Kapuzinerkäfer (*Bostrychus capucinus* L.) tritt allerdings auch gelegentlich im Bestande auf, in Wurzelstöcken der Eiche, und ist damit bodenbiologisch zumindest nicht indifferent.

Anobiidae, Pochkäfer; Nagekäfer; Bohrkäfer

Kennzeichen, Ökologie und wirtschaftl. Bedeutung: Käfer (Abb. 377) von kurz-walzenförmigem Habitus, Kopf vom kapuzenartigen Halsschild überdeckt. Differentialmerkmal gegenüber den sonst üblichen Borkenkäfern: Fühler gesägt oder gekämmt, nicht wie bei den Scolyt. gekniet oder gekeult.

Larven weißlich, engerlingsförmig gekrümmt, Thorakalsegmente etwas auf-getrieben. Differentialmerkmal gegenüber den Borkenk.-La.: gut entwickelte Extremitäten. – Ökologisch dadurch ausgezeichnet, daß Imagines wie Larven meist gesellig xylophag leben und vorwiegend holzwirtschaftliche Bedeutung erlangen («Holzwürmer»). Viele Arten vermögen durch Aufschlagen des Kopfes bzw. des Halsschildes an die Gangwände ein fast regelmäßiges, tickendes Geräusch zu erzeugen («Totenuhren»), das besonders in der Stille der Nacht (im Krankenzimmer) auffällig ist. – Erwähnenswert und biologisch interessant zugleich ist das parasitische Vorkommen einer für gewöhnlich mikropteren Chalcidide (*Theocolax formiciformis* WESTWOOD) bei dem «Gemeinen Pochkäfer» (*Anobium punctatum* DE GEER), weil gelegentlich normalflügelige Individuen auftreten. Vermehrungsfähigkeit des Parasiten und seine Verbreitungsdichte (jedenfalls in Deutschland) gering [BECKER u. WEBER, 1952]. – Einige Anobien-Arten kommen nun in der Waldbiozönose u. a. auch frei in Baumschwämmen, in Baumrinden oder in Zapfen vor. – Nach dem biologischen Verhalten lassen sich die häufigsten Arten unterscheiden:

I. Larven in toter Borke alter Stämme:

Anobium emarginatum Dft., Fichtenborken-Nagekäfer

Kennzeichen: 4–5 mm. Braun, fein hellgelb behaart; oberseits matt. Halsschild durch einen breiten Längseindruck geteilt.

Ökologie: Larven bewohnen oberflächlich Borke älterer, stärkerer Fichten, Kiefern oder Lärchen. Unregelmäßiges Gangsystem; kurze Gänge mit brau-nem Fraßmehl gefüllt. Fluglöcher in Form und Stärke mit denen von *Ips typographus* (Scolyt.) verwechselbar, aber Larven differentialdiagnostisch auseinanderzuhalten (siehe Familiencharakteristik). Mehrjährige Generation.

Wirtschaftl. Bedeutung: forstlich indifferent, lediglich mit Borkenkäfer-befall häufig verwechselt.

II. Larven in Zapfen:

Ernobius abietis F., Fichtenzapfen-Klopfkäfer

Kennzeichen: 3–4 mm; oberseits rotbraun, kurz gelblich seidenschimmernd behaart und überall fein punktiert. Halsschild quer viereckig mit geraden, parallelen Seiten; Hinterecken des Halsschildes rechtwinkelig und abgerundet, Vorderecken sehr scharf. Körper unterseits schwärzlich ($\male\male$) oder bräunlich ($\female\female$). – Junge Larven auf der gelben Kopfkapsel dorsal mit dünner weißer Gabellinie, bei älteren Stadien verbreitert, so daß der Eindruck einer geplatzten Kopfkapsel entsteht (Abb. 377 u. 586/588).

Ökologie und wirtschaftl. Bedeutung [RIECK u. VITÉ, 1953]: *Ernobius abietis* ist verbreitet in den Arealen der gem. Fichte (*Picea exselsa* LINK.) und der Omorika-Fichte (*Picea omorica* PANC.). Häufiger Bewohner der Zapfen beider Fichtenarten und neigt nicht selten zu Massenvermehrungen. Aber Befall der Zapfen erst dann, wenn sie die Samen entlassen haben; die aufzufindenden zerstörten Samen werden von wirklichen Samenschädlingen, vor allem von *Laspeyresia strobilella* L. (Fichtenzapfenwickler; Tortricidae), zerstört. – Da zu den verschiedenen Jahreszeiten gleichzeitig alle Larvengrößen vorkommen, findet während der gesamten warmen Jahreszeit (besonders im Frühjahr und Herbst) die Eiablage an in den Baumkronen hängende Zapfen statt; eine Eiablage an in der Streuregion liegende Zapfen ist unwahrscheinlich. Die erste Belegung mit Eiern findet statt im Frühjahr des auf das Zapfenwachstum folgenden Jahres. Beim Befall der Zapfen im Frühjahr nach dem Samenausfall fressen die Larven zumeist von den Schüppchen der Zapfenbasis aus an der Außenseite der Spindel in Richtung Zapfenspitze lange wendeltreppenartige Gänge (weichen damit der verholzten Schuppenbasis aus) oder in Richtung Zapfenstiel kurze Gänge, die in das Mark der Spindel führen. Der noch lebende Zapfenstiel reagiert auf den Larvenfraß mit Harzfluß. Die im Zapfen selbst fressenden Larven bewirken keinen Harzfluß. Larvenkot rieselt leicht aus den trockenen Zapfen heraus, ist braun oder weiß gefärbt. – Beim 2. Befall der Zapfen (ab Herbst nach dem Samenausfall) Eiablage in dem am Schuppenstiel befindlichen Riß. Larven minieren im weichen Gewebe größerer Schuppen (Abb. 588), zerfressen nach einiger Zeit die Schuppenbasis und die Spindel und dringen in das Spindelmark ein (Abb. 587). – Die Fichtenzapfen-Klopfkäferlarven sind Holzfresser, die das Zapfenmark dem Splint vorziehen. – Daß Samenfraß zumeist den *Ernobius-abietis*-Larven zur Last gelegt wird, ist darauf zurückzuführen, daß der Tortricidenbefall schon 1 Jahr früher beginnt («während der Zapfen noch wächst und Samen enthält») und der oben genannte Wickler oft schon geschlüpft ist, während die sich später entwickelnden *Ernobius*-Larven vielfach noch aufgefunden werden. Im übrigen finden sich in den Spindeln der «Eichhörnchenzapfen» auch niemals *Ernobius*-Larven oder deren Fraßgänge. Diese Spindeln gehören zu vorzeitig abgeworfenen fast reifen Zapfen, die die Samen noch enthalten, vom Käfer aber noch nicht mit Eiern belegt sind. – Zumeist verpuppen sich die Larven erst in abgefallenen, in der Bodenstreu liegenden Zapfen. 3–4 Wochen Puppenruhe; dunkle Ausfärbung der Puppe erst etwa 4 Tage vor der Häutung zum Käfer, der sich ab August in den Zapfen vorfindet. Zum Verlassen des Zapfens frißt der Jungkäfer sich vom Puppenlager aus einen Gang quer durch die Schuppen nach außen. Durchmesser der Schlupflöcher 1 bis $1^1/_2$ mm (Abb. 586). – *Ernobius*-Larven haben die Fähigkeit, alle Feuchtigkeitsgrade zu ertragen; die Larven können daher die in der Baumkrone und in der Streuregion einem häufigen Wechsel von Feuchtigkeitsextremen ausgesetzten Zapfen besiedeln und in ihnen eine mehrjährige Entwicklung absolvieren. – Vertilgerkreis der *Ernobius-abietis*-Larven: Braconidae-Larven als Parasiten; an Räubern u. a. Larven der *Raphidia ophiopsis* SCHUM. (Neupteroidea; Raphidides), des *Thanas. formicarius* L. (Col., Cleridae) und jene eines Canthariden (Col.,

Dasytes coerulus DEG., u. ab. *virescens* WESTH.). – Differentialdiagnose der Zapfenverletzungen an Nadelhölzern: s. Seite 327 und Abb. 582/595.

Anobium abietinum Gyll. (früher: *Ernobius abietinus*); Kiefernzapfen-Klopfkäfer

Kennzeichen: 2,3–3 mm; Käfer hellbräunlichrot, unterseits dunkler; fein punktiert, gelblich behaart.
Ökologie: vorwiegend in Kiefernzapfen, aber auch in dürrem Fichtenreisig.
Wirtschaftl. Bedeutung: nicht sehr häufig; ob auch indifferent? – Differentialdiagnose bei Zapfenverletzungen an Nadelhölzern: s. Seite 327.

III. Larven in jungen Trieben:

Ernobius nigrinus (syn. Anobium nigrinum) Sturm., Kieferntrieb-Nagekäfer

Kennzeichen: 3–4 mm; schwarz oder schwarzbraun, fein grau behaart. Beine schwarz mit hellroten Tarsen.
Ökologie: Befall von Maitrieben älterer Kiefern, aber auch in Kulturen. Larve frißt Markröhre der Triebe von unten nach oben aus. Befallene Triebe fallen ab, ähneln den «Waldgärtner-Absprüngen» (*Tomicus piniperda* L.; Scolyt.); Differentialdiagnose: in den Absprüngen Larven bei Anobiidenbefall, Käfer beim Reifungsfraß der Ipiden. – Generation zweijährig.
Wirtschaftl. Bedeutung: anscheinend werden nur geschwächte oder kränkelnde Kiefern angenommen.

IV. Larven in anbrüchigen Stellen stehender Bäume:

Xestobium rufovillosum De Geer (früher: *Anobium r.*), bunter Nage- oder Klopfkäfer

Kennzeichen: 5–7 mm; oberseits braun mit Makeln aus grau-gelben Härchen.
Ökologie: belegt anbrüchige Stellen oder Aststummel vornehmlich bei Eiche; befallene Areale oft siebartig von den Fluglöchern durchlöchert. Auch in Buche und Birke vorkommend an bloßgelegten Stellen.
Wirtschaftl. Bedeutung [BRAUNS, 1953; VITÉ, 1952/53]: vorwiegend technischer Holzschädling, der gewöhnlich im Gefolge holzzerstörender Pilze oder gleichzeitig mit ihnen auftritt. Während aber früher beobachtet wurde, daß Eichenholz befallen wurde, das in Bodennähe verbaut und aufsteigender Feuchtigkeit ausgesetzt war, tritt der Käfer neuerdings auch in Dachkonstruktionen bei bestimmten Umweltbedingungen auf (in Gebieten mit hoher Luftfeuchtigkeit, wo der holzzerstörende Pilz *Phellinus cryptarum* KARST. [Polyporaceae] durch Konsistenzänderung des Eichenkernholzes den Käfer-

befall begünstigte). Außer Eiche nimmt *rufovillosum* auch Laubhölzer (u. a. Buche, Kastanie) an und ist seltener in Nadelholz (u. a. Kiefer) angetroffen. – Auch im Bestande sind an den vom scheckigen Pochkäfer befallenen Stellen Fäulnisprozesse beobachtet worden.

V. Larven in bearbeitetem Holz:

Dieser biologischen Gruppe sind die eigentlichen technischen Holzschädlinge der Anobiidae zuzurechnen (unter denen *Xestob. rufovillosum* wiederum vertreten ist). In Jagdhütten, Geräteschuppen usw. können Arten dieser Gruppe auftreten; ihre Lebensweise und Differentialdiagnostik ist anderenorts abgehandelt [VITÉ, 1952/53]. Die wirtschaftliche Bedeutung dieser xylophagen Arten ist deshalb so erheblich, weil sich die Jungkäfer an ihrem «Geburtsort» zumeist wieder einbohren. Ein einziger Käfer dieser Gruppe, *Anobium molle* (syn. *Ernobius mollis*) L. kommt außer auf Holzlagern auch im Bestande an berindetem Nadelholz (Abb. 401) zusammen mit dem Cerambyciden (Col.) *Molorchus* (= *Caenoptera*) *minor* L. vor. Larvengänge des «weichen Nagekäfers» auffallend kurz, zwischen Rinde und Splint.

Ptinidae, Dieb(s)käfer

Angehörige dieser Familie in abgestorbenen Eichen- oder Buchenästen (etwa *Ptinus rufipes* OL.) oder unter Baumrinden bei Ahorn (wie *Ptinus claripes* PANZ.), aber vornehmlich bekannt ist folgende, in Jagdhütten gelegentlich auftretende Art:

Niptus hololeucus Fald., Messingkäfer

Kennzeichen: $4-4^1/_2$ mm; braun mit langen, anliegenden, goldgelben Haaren, dadurch messingglänzend; Flügeldecken stark gerundet (Abb. 373).

Ökologie: u. a. in Häusern, Schuppen, auf Holzlagerplätzen verbreitet und ausgesprochen omnivor, wobei seine Speisekarte beispielsweise alte Knochen, altes Brot, Federn, Bürsten, Lederwaren, Papier, Teppiche und sonstige Textil- und Wollwaren umfaßt. – Auch in anbrüchigen Eichen (in der Nähe menschlicher Ansiedlungen) aufgefunden.

Wirtschaftl. Bedeutung: Materialschädling, der in alten Fachwerkhäusern vielfach im Stroh und in den Balken des Fachwerks seine Brutstätte hat.

Mycetophagidae und Cisidae; Baumschwammkäfer

Angehörige beider Familien leben im larvalen und imaginalen Stadium vorwiegend in Baumschwämmen (Abb. 707) und erlangen damit (beim Stockabbau) eine bodenbiologische Bedeutung als Pilzfresser.

Coccinellidae, Marienkäfer; «Sonnenkälbchen»

Habitus, Kennzeichen und Lebensweise dieser Käfer so bekannt, daß eine ausführliche Familiencharakteristik sich erübrigt. Bei Beunruhigung oder Berührung zumeist das Austreten der gelb-gefärbten und stark riechenden Haemolymphe aus Gelenkstellen der

Beine für Imagines und Larven typisch. Diese Erscheinung wird als Abwehreinrichtung gedeutet; trotzdem werden die Tiere von Vögeln usw. gefressen. Der häufigste und bekannteste Marienkäfer:

Coccinella septempunctata L., Siebenpunkt

Kennzeichen: 5–8 mm; breitovaler Habitus mit oben hochgewölbtem Körper. Flügeldecken rot oder gelbrot mit 7 schwarzen runden Makeln, die allerdings stark variieren, mitunter auch zusammenfließen können. – Larven (vgl. Farbtafel 4, Abb. 10) mehrminder langoval, langbeinig, oberseits mit behaarten Warzen; insgesamt grau gefärbt, die Warzen schwärzlich und am 1. und 4. abdominalen Segment mit gelben Flankenflecken.

Ökologie: vorkommend auf Blättern, an Nadeln und Stämmen und lebend von anderen Insekten oder deren Larven, vor allem von Blatt- und Schildläusen («aphidivor»), aber auch von Raupen, Blattwespen- und Käferlarven (gern beispielsweise unter *Chrysomela-populi*-Larven [Chrysomel.; August/September]). – Oft ist *Coccinella septempunctata* gerade in Pflanzgärten außerordentlich häufig und leicht bei seiner Tätigkeit zu beobachten. – Überwinterung meist im Imaginalstadium. Eiablage im Frühjahr in Blattunterseite oder um Nadeln herum in Portionen von 5–50 Stück innerhalb von 6–10 Wochen (Abb. 963); insgesamt bis 600 Eier. Larvenentwicklung in 4–6 Wochen etwa abgeschlossen. Bei der Verpuppung fixiert sich die Larve zumeist mit dem Abdominalende; sie hängt oder «steht fast» frei an der Befestigungsstelle, und die letzte Larvenhaut schiebt sich um das Hinterleibsende zusammen. Puppendauer nur 5–9 Tage. – Im Jahr 1–2 Generationen.

Wirtschaftl. Bedeutung: im allgemeinen sind sämtliche Coccinellidenarten sehr nützlich bis auf wenige Ausnahmen – *Subcoccinella 24-punctata* (= *vigintiquatuorpunctata*) L. ist ein Schädling auf landwirtschaftlichen Nutzungsflächen oder in forstlicher Hinsicht kann *Coccinella septempunctata* an jungen Blättern von Eiche oder Weide phytophag und damit schädigend auftreten. Aber eine Änderung der an sich üblichen zoophagen, vorwiegend aphidivoren Fraßgewohnheiten sehr selten. Bei starker lokaler Blattlaus-Vermehrung erscheinen die Marienkäfer im Gebiet oft in ungeheurer Menge (sogar Wanderzüge beobachtet). Selbst an den Meeresküsten gelegentlich in Massen auftretend.

Andere Charakterarten:

an Buchenstämmen typische Art unter *Cryptococcus fagi* (Homopt., Cocc.; August/September) ist *Chilocorus renipustulatus* SCRIBA (Abb. 11). – Auf Fichte: *Scymnus abietis* PAYK. – Auf Kiefer: *Coccinella quadripunctata* PONTOPP. – Auf Fichte und Kiefer, überwinternd unter Kiefernrinde: *Rhizobius chrysomeloides* HBST. – Bei *Lygaeonematus abietum* (Tenthredin., Hym.): *Aphidecta obliterata* L. und *Anatis ocellata* L. (Abb. 15 u. 37).

Pyrochroidae, Feuerkäfer; Kardinäle

Mit den Düster-. Pflaster- u. Schattenkäfern zur Familienreihe der **Heteromera** gehörig («Ungleichgliedrige») [Tarsen!, S. 233])

Pyrochroa coccinea L., «Feuerfliege»

Kennzeichen: 14−18 mm; schwarz, Halsschild und Flügeldecken scharlachrot (Abb. 374). − Larven kenntlich am letzten Abdominalsegment, das in 2 große, stärker chitinisierte Dornen ausgezogen ist; sonst drahtwurmartiger, aber flacher Habitus (Abb. 375/376).

Ökologie: Imagines hauptsächlich auf Blüten an Waldrändern und auf Lichtungen zu finden (Mai/Juni). Larven leben raptorisch unter der Rinde alter Stöcke (Buche, Eiche, Birke, Kiefer) von Buprestiden- und Cerambyciden-larven, nach anderen Beobachtern dagegen phytophag oder größtenteils phytophag (auch unter Rinde abgestorbener Stämme); Enwicklungszeit: 3 Jahre.

Wirtschaftl. Bedeutung: bei dem Abbau der Stöcke spielen die «Feuerfliegen»-Larven in der Vermehrungsbeschränkung der eben genannten Coleopteren zweifellos eine Rolle.

Serropalpidae (Melandryidae), Düsterkäfer; Schwarzkäfer

Kennzeichen, Ökologie, wirtschaftl. Bedeutung und Systematik: zumeist düster gefärbte, in der Gestalt ganz unterschiedliche Käfer, die nachts auf Nahrungssuche sind, tagsüber versteckt leben oder wenn sie einmal tagsüber aufgespürt werden, blitzschnell und purzelnd, immer flugbereit, entfliehen. In der Mehrzahl leben Käfer und Larven in Baumschwämmen, in verpilztem Holz, unter trockener Baumrinde phytosaprophag (ob auch raptorisch, läßt sich schwer entscheiden).

Bodenbiologische Bedeutung erlangt:

Melandrya caraboides L.

Vorkommen: amorphe Laubholzstöcke (Buche, Eiche, Pappel, Weide, Erle).

Nur wenige Arten leben phytophag an frischen Pflanzenteilen; einige leben **xylophag im Holz verschiedener Nadelhölzer,** beispielsweise:

Serropalpus barbatus Schall., Bärtiger Schwarzkäfer, Tannendüsterkäfer

Kennzeichen: 8−18 mm; Elateridenförmiger Habitus (Abb. 382). Schwarzbraun, Fühler, Taster und Beine rostrot. Differentialdiagnostisches Kennzeichen: Kiefertaster viergliedrig, das große Endglied quer beilförmig. − Larve gelblich-weiß, weniger chitinisiert als der «Mehlwurm» (S. 233!), das letzte

Hinterleibssegment dorsal mit 2 nach aufwärts gekrümmten, braunen Hornhaken. An der gleichfalls gelblich-weißen Puppe sind die Kiefertaster schon deutlich ausgeprägt.

Ökologie und wirtschaftl. Bedeutung: in anbrüchigen oder frischgefällten berindeten Tannen- oder Fichtenstämmen; Larvengänge ähneln den Siricidengängen und sind mit Fraßmehl verstopft. Generation zweijährig. – Beim Auftreten in größeren Mengen technischer Schädling.

Meloïdae, Pflasterkäfer; Ölkäfer; Blasenkäfer; Maiwürmer; Spanische Fliegen

In der Waldlebensgemeinschaft nur eine Art bedeutungsvoll, durch deren Diagnose gleichzeitig die Familiencharakteristik gegeben wird:

Lytta vesicatoria L., Spanische Fliege

Kennzeichen: 11–21 mm; goldgrün oder bläulichgrün. Fadenförmige Fühler und Beine dunkler, unterseits grauweiß behaart. – Während bei der Gattung *Meloë* die Imagines ungeflügelt sind, die Flügeldecken das Abdomen nicht bedecken, sind die Käfer der Gattung *Lytta* geflügelt, bedecken die weichen, gerunzelten Elytren das Abdomen und zeichnen sich jeweils durch 2 feine erhabene Längslinien aus (Abb. 378). Außerdem ist *L. vesicatoria* an weithin wahrnehmbarem Geruch erkennbar. Wie bei anderen Meloïden auffällig die Eigenschaft, bei Berührung oder Beunruhigung an verschiedenen Körperstellen Tropfen gelber Haemolymphe oder Verdauunngssäfte aus dem Munde abzusondern, die stark cantharidinhaltig sind und auf der menschlichen Haut entzündungserregend (blasenziehend) wirken. – Drei merkwürdige Larvenformen (s. u.); diese Art der Präimaginalentwicklung wird als **Hypermetamorphose** bezeichnet.

Ökologie: Hauptfraßpflanze: Esche; bevorzugt *Fraxinus excelsior*, verschont *Fraxinus cornus* («Blumen- oder Manna»-Esche, Zierbaum in milden Lagen). Man findet die Käfer u. a. auch auf Pappeln, Ahorn und Holunder. Die Art ist übrigens in ganz Mitteleuropa (im Süden stärker) verbreitet und geht in den Alpen bis 1700 m Höhe. – Flugzeit: Mitte Juni; meist um die Mittagszeit. Zuerst werden die jüngeren Blätter angenommen, später auch die älteren härteren; bei übergroßer Menge: Kahlfraß. Zweige zeigen struppiges Aussehen, weil Fraß am Blattrande beginnt und eine Stelle nach der anderen bogenförmig herausgefressen wird. – Eiablage in den Erdboden in eigens dafür hergerichtete Löcher, die anschließend wieder mit Erde verscharrt werden. Nach 3–4 Wochen Schlüpfen der kleinen Larven. – Erste Larvenform: Triungulinus-Larve (Abb. 379), mit langen Beinen und mit dreiteiligen Klauen, relativ langen Fühlern und 2 Schwanzfäden; schwarz, nur Meso- und Metathorax, Unterseite und Beine weißlich. Erklettern Blumen, lauern dort auf Solitärbienen, denen sie sich auf den Rücken «schwingen» und von denen sie so in deren Nester getragen werden (Erscheinung der Phoresie). – Dort zweite Larvenform (caraboide Larvenform) mit kurzen Beinen und einfachen Klauen (Abb. 380); weißlich, weichhäutig, kürzere Fühler, ohne Schwanzfäden. Diese Larve als Parasit in den Bienenbauten, in etwa 14 Tagen ausgewachsen, verwandelt sich in die **Pseudochrysalis** oder **Scheinpuppe:** überwintert als solche, ja kann sogar noch einen Winter überdauern. Diese Verwandlung in die Scheinpuppe findet anscheinend im Boden außerhalb der Bienennester statt. – Aus dieser puppenartigen Form entwickelt sich im Frühjahr nach der Überwinterung oder nach einem Überliegen, etwa im April, die dritte Larvenform: eine scarabaeoide Larvenform (der zweiten Larvenform sehr ähnlich) und erst diese verwandelt sich in die echte Puppe. Nach 14tägiger Puppenruhe Schlüpfen der Imago (Juni).

Wirtschaftl. Bedeutung: in forstlicher Hinsicht stellenweise merklich schädlich, da junge noch blattarme Eschen durch völlige Entlaubung stark zurückbleiben oder auch ganz eingehen können. Wiederbegrünung nach Kahlfraß zumeist erst im nächsten Jahre. Nur in heißen Jahren Bildung eines kurzen Ersatztriebes beobachtet (mit merkwürdigerweise einer Verdoppelung des Jahresringes [ESCHERICH, 1923]).

Tenebrionidae, Schattenkäfer; Schwarzkäfer; Dunkelkäfer

Kennzeichen, Ökologie, wirtschaftl. Bedeutung und Systematik: nächtliche oder doch lichtscheue, oft ungeflügelte, zumeist düster gefärbte Käfer, die gekennzeichnet sind durch 5-gliedrige Vorder- und Mitteltarsen und nur 4-gliedrige Hintertarsen. Die Imagines findet man gewöhnlich unter Steinen, Laub, in amorphen Stöcken; die Larven (deren morphologischer Bautyp vom stark chitinisierten «Mehlwurm» des Mehlkäfers, *Tenebrio molitor* L., bekannt ist [Abb. 383]) kommen vorwiegend unter verpilzter Rinde an Stöcken, in Baumschwämmen, in den Fallaublagen usw. vor. Viele der in Baumschwämmen vorkommenden Arten haben einen eigentümlichen Geruch. Wie manche Meloïden-Arten treten bisweilen die Tenebrioniden herdenweise auf; man hat sogar von einer «Stinkergenossenschaft» gesprochen und glaubt in diesem Zusammenrotten ein natürliches Schutzmittel gegen Feinde zu sehen.

In der Waldbiozönose tritt gelegentlich in 1-jährigen **Kiefernkulturen** schädigend auf:

Opatrum sabulosum L., Staubkäfer (Abb. 381)

Kennzeichen: 7–10 mm; schwarz.
Ökologie: im Frühjahr oft in Menge auf den Nestern der *Formica fusca* LATR. und *sanguinea* LATR. (Hym.; beide auch in Stöcken).

Mehrere Gruppen unter den Tenebrionidae erlangen aber eine bodenbiologische Bedeutung, da sie organische Reste abbauen. In den oberen Bodenschichten ernähren sich phytosaprophag (außer den larvalen Stadien des Staubkäfers) die Larven von *Pedinus, Melanimon* und *Gonocephalum*. – In den Fallaublagen kommt u. a. vor: *Laena* (Buchenbestand). – In der amorphen Substanz alter Stämme oder Stöcke finden sich etwa *Tenebrio*-Arten (sogar der Vorratsschädling: *Tenebrio molitor* L. [sonst im Mehl und in Getreideprodukten oder im Freien auch noch in Vogelnestern auftretend] oder der ebenfalls in Mehlvorräten vorkommende *Tenebrio obscurus* F., in Eichenstöcken *Neatus picipes* HBST.), manche *Helops*-Arten unter der Rinde frischer oder alter Nadelholzstöcke. – Andere Gruppen wie die Bolitophagini mit den Gattungen *Bolithophagus, Eledonoprius* und *Eledona* leben in Baumschwämmen, mit *Bolithophagus* häufig *Diaperis* (Aschenkäfer) zusammen. Auch in Baumschwämmen finden sich an *Platydema*-Arten; diese «verwandeln die Baumschwämme in ein Knäuel brauner Fäden, die aus unverdaulichen Substanzen bestehen, die durch ein Sekret der Malpighischen Gefäße zu Fäden verkittet sind» [KÜHNELT, 1950; 1961].

Cerambycidae, Bockkäfer

Kennzeichen, Ökologie, wirtschaftl. Bedeutung und systematische Einteilung: Habitus durch kräftige Fühlerausbildung gekennzeichnet; Antennen zumeist 11gliedrig, fadenförmig, oft länger als der Körper. Fühler werden gewöhnlich nach hinten gerichtet getragen, ähnlich den Hörnern des Ziegenbocks; daher die Bezeichnung «Bockkäfer». – Larven: weißlich oder gelblich, meistens walzenförmig, dorsoventral etwas depress, mit stark chitinisiertem Kopf und kräftigem Oberkiefer. 1. thorakale Segment gewöhnlich geringfügig größer als die folgenden. Extremitäten fehlen völlig oder nur als Rudimente an den Brustringen vorhanden. An den hinteren Thorakal- und an den Abdominalsegmenten (1–7) Querwülste, die mit zahlreichen Wärzchen bedeckt sind. Wülste einziehbar oder zur Fortbewegung in den Larvengängen aufzutreiben («Lauf»- oder «Gangwülste»). Differentialdiagnose gegenüber den Prachtkäferlarven: nur wenig verbreiterter Prothorakalring. Laufwülste und ovale Stigmenform. – Spindelförmige Puppen kenntlich an den langen, ventral angeschmiegten Fühlern, den Imagines sonst ähnlich hinsichtlich der Prothorax- und Beincharaktere. – Aufenthaltsort der Imagines: Blüten, Pflanzen, Baumstämme, auf Schichtholzstapelungen an Holzabfuhrwegen, auch unter Steinen. Vom ausfließenden Baumsaft, vom Blütenstaub lebend oder während der kurzen Lebenszeit vielleicht keine Nahrung aufnehmend; manche auch Blattfresser *(Saperda)*. – Eiablage: siehe ökologischen Abschnitt der einzelnen Arten. – Larven in den Holzplätzen unter der Rinde oder im Holz vorkommend; nur die Larven einer artenreichen, vorwiegend mediterranen Gattung *(Dorcadion*, Erdbock) nach Engerlingsart im Boden vorkommend. – Fraßbilder der Larven: unregelmäßig gewundene, oft sehr breite Gänge; diese u. a. unter der Rinde im Bast oder Splint oder nach mehrminder Rindenfraß direkt ins Holz. – Verpuppung in einem Nest aus Nagespänen unter der Rinde, in einem Hakengang (siehe dazu Abb. 1037) oder bei den im Holz lebenden Formen in dem erweiterten, mit Nagemehl verstopften Gangende. Jungkäfer frißt sich nach außen durch; dieser Ausflugsgang je nach den Gegebenheiten verschieden lang. – Differentialdiagnose der Larvenfraßgänge (besonders beim Auftreten unterschiedlicher Arten an der gleichen Holzart) kaum möglich; Unterscheidungsmerkmale nur gegeben gegenüber den oftmals ähnlichen Fraßgängen der Buprestidenlarven: Bohrmehl bei den Prachtkäferlarven vielfach wolkig, bei den Bockkäferlarven wurstförmig; Fluglöcher: bei den Cerambyciden seitlich abgerundet, nicht scharf; unterer Fluglochrand nicht dreieckig erweitert. Differentialmerkmale gegenüber anderen Larven- oder Raupengängen u. a.: *Pissodes* (Spanpolster-Puppenwiegen!); Cossidae, Sesiidae (Raupenkot!). – Generationsverhältnisse: offenbar wechselnd je nach dem Feuchtigkeitsgrad der bewohnten Hölzer und nach der vorherrschenden Temperatur. Mehrere Arten zweijährige, andere einjährige Generationen; wieder andere Arten anscheinend 3–4 Jahre benötigend (z. B. *Cerambyx cerdo*). – Forstliche Bedeutung der Cerambycidae nur im Larvenfraß gegeben, doch Vermehrungsziffer und -tempo nicht so groß, daher nicht zu ausgedehnten Schäden führend. Zum Vertilgerkreis in der Waldbiozönose gehören u. a. vornehmlich die Spechte und von den parasitischen Formen: Ichneumonidae, Chalcididae, Braconidae (Hymenoptera) und Tachinidae (Diptera; etwa aus *Saperda populnea* gezogen), doch sind weitere Untersuchungen in dieser Richtung erwünscht.

Systematik: bei den Imagines im Habitus und nach morphologischen Merkmalen deutlich 2 Unterfamilien unterscheidbar: Lamiinae (Mundöffnung mehrminder ventral gerichtet, Kopfstellung daher orthognath; Innenseite der Vorderbeinschienen mit scharfer Furche) – Cerambycinae (Mundöffnung und Mundgliedmaßen mehrminder nach vorn gerichtet, Kopfstellung daher prognath; Innenseite der Vorderbeinschienen ohne Furche). Jede Unterfamilie dann wiederum in verschiedene Gattungsgruppen aufteilbar. – Für Freilandbeobachtungen ist die Einteilung nach dem biologischen Verhalten angängiger, obwohl auch hier bei einigen Arten Überschneidungen vorkommen, indem sie in Nadel- oder Laubholz auftreten [ESCHERICH, 1923].

Nadelholz-Bockkäfer

Anordnung: auf physiologisch schädigende Arten, die gesunde Stämme oder zumindest frisch gefälltes Material bevorzugen, folgen Arten, die im abgestorbenen, saftarmen Holz vorkommen.

Tetropium castaneum L., (zerstörender) Fichtenbock, Fichtensplintbock

Kennzeichen (Abb. 385): 10–16 mm. Schwarz, mit wenigstens teilweise rötlich-gelben Fühlern und Beinen und mit rötlich-gelbbraunen Elytren. Aberrationen mit schwarzen Flügeldecken oder mit ganz schwarzem Körper. Halsschild glänzend, auf der Scheibe fein und weitläufig punktiert. Auf den Elytren 2 kaum bemerkbare, erhabene Längslinien. – Differentialdiagnose gegenüber der gleichfalls heimischen, systematisch und biologisch sehr nahe stehenden Fichtenbockart

Tetropium fuscum F., (brauner) Fichtenbock

Kennzeichen: 10–24 mm. Schwarz; Fühler und Beine mehrminder braun, Flügeldecken gelbbraun, Halsschild matt, auf der Scheibe dicht runzelig punktiert; Vorder- und Hinterrand des Halsschildes rostrot. Auf den Elytren stärker hervortretende Längslinien.

Ökologie (beider Arten): vornehmlich Fichte wird angegangen, im Osten (von Lappland bis zur Krim und zur Amurmündung verbreitet!) auch an Kiefer; seltener an Lärche (wohl meist mit *Tetropium gabrieli* WEISE verwechselt [siehe unten]). Mit Vorliebe im Altholz (etwa in 60–100jährigen Stämmen), bei Lärche in 30–40jährigen Stämmen; seltener an Stangenholz. – Fichten auf trockenen Standorten anscheinend von *castaneum* bevorzugt, auf moorigen Standorten von *fuscum* [VITÉ, 1952/53]. – Flugzeit zumeist Juni bis August. – Eiablage in Borkenritzen am unteren Stammteil. – Larven fressen zwischen Rinde und Holz unregelmäßige, geschlängelte, stellenweise muschelförmig erweiterte Gänge, die auch in den Splint eingreifen und dann mit mischfarbenem Bohrmehl dicht gefüllt sind (Abb. 393). Larven im Herbst ausgewachsen und dringen dann in das Holz ein. Anfangs ist dieser Fraßgang radial und aufwärts gerichtet, dann wendet sich der Gang plötzlich hakenförmig nach unten zur Puppenwiege (Abb. 394), in der sich die Larve im Winter befindet. Eingang zur Puppenwiege in dem absteigenden Ast des «Hakenganges» wird mit Bohrmehl verstopft. Jungkäfer nagt sich nach dem Schlüpfen durch den Bohrmehlpfropf und dann durch die Rinde mit flachovalem Flugloch nach außen. – Einjährige Generation dürfte am häufigsten sein. – Zum Vertilgerkreis der Fichtenbock-Larven gehören neben den Spechten (vorwiegend Schwarzspecht) und den entomophagen Ichneumonidae und Braconidae auch raptorische Larvenformen (u. a. *Raphidia*, Kamelhalsfliegenlarven bei *fuscum und gabrieli*).

Wirtschaftl. Bedeutung (beider Arten): schädlichste aller Nadelholzböcke, da neben anbrüchigen auch gesunde Stämme angegegangen werden und diese Bockkäferart dann physiologisch schädlich wird. Tätigkeit der Larven macht sich erst im darauffolgenden Frühjahr bemerkbar: Welken, Herabhängen und Röten der Nadeln, Abbröckeln der Rinde – wenn nicht vorher schon Spechte den Stamm «bearbeitet» haben. – Technischer Schaden durch das Eingreifen der Hakengänge in den Holzkörper [BRAUNS, 1951]. – Larvengänge auch in Stöcken (bis in die Wurzelanläufe).

Ähnliche Lebensweise: **Tetropium gabrieli** Weise, Lärchensplintbock; an Lärche.

Monochamus sartor F., Schneiderbock; Langhornbock

Kennzeichen (Abb. 384): 26–32 mm. Schwarz; bronzeglänzend. – Elytren dicht gedrängt, vorn körnig punktiert; auf dem Rücken zeigen die Flügeldecken im ersten Drittel einen zwar seichten, aber deutlichen Quereindruck. Beim ♂ sind die Elytren gegen die Spitze hin stark verengt, nicht gefleckt oder nur mit kleinen Haarflecken; beim ♀ wenig verengt mit hellgelblichen Haarflecken. – Schildchen dicht weißlich oder gelblich tomentiert.

Monochamus sutor L., Schusterbock

Kennzeichen: 26–32 mm. Schwarz mit braunem Metallglanz – Elytren mit weißlichen, oft zu Querbinden geordneten Haarflecken, aber auf dem Rücken ohne Quereindruck. – Kopf und Halsschild höchstens mit einigen kleinen Haarflecken; Toment des Schildchens aber durch eine kahle Mittellinie völlig geteilt.

Verbreitung (beider Arten): Westeuropa bis Sowjetunion und Schweden, wobei Gebirgsgegenden offenbar bevorzugt werden, doch in der Ebene auch vorkommend.

Ökologie (beider Arten): befallen Fichte und Kiefer, selten Tanne. Käfer gehen stehende und frisch gefällte Stämme an. Nach Windbruch auftretend oder Folgeschädlinge nach Waldbrand und Insektenkalamitäten. – Flugzeit: Juni/ Juli. – Eiablage: ♀ nagt «Eitrichter», «die bis in die Bastschicht reichen» [VITÉ, 1952/53] und legt jeweils zumeist ein Ei ab. – Larve frißt anfangs einen unregelmäßigen Platzgang, dringt dann durch eine ovale Öffnung in das Holz ein, wo die Gänge auch einen ovalen Querschnitt aufweisen (Abb. 396). Larve überwintert, nimmt im darauffolgenden Frühjahr die Anlage der Holzgänge wieder auf, die nunmehr nach außen gerichtet sind. Verpuppung nahe der Stammoberfläche (Abb. 397). Jungkäfer nagt sich durch großes, kreisrundes Ausflugsloch (dem der Siriciden ähnlich) ins Freie:

a) *Monochamus*-Larven fressen zunächst unter der Rinde breite Gänge, bevor sie in den Holzkörper eindringen. – Bei *Sirex* etwa beginnen die anfangs englumigen Larvengänge im Holzkörper (von der Stammoberfläche bis 2 cm entfernt), da die Eiablage im Holzkörper selbst erfolgt (Siriciden: mit langem Legebohrer!).

b) *Monochamus:* Holzgänge im Querschnitt oval. – *Siriciden:* Holzgänge rund.

Generation: nach den bisherigen Beobachtungen einjährig.

Wirtschaftl. Bedeutung: sehr schädlich; Schaden sowohl physiologisch wie technisch.

Ähnliche Art: **Monochamus galloprovincialis Ol., Bäckerbock.** Besonders an Kiefer, Larvengänge sofort breit, im Holz viel Fraßmehlauswurf (Nagespäne schon im Juli grobfaserig); Abb. 925.

Pogonocherus (Pogonochaerus) fasciculatus De Geer, Kiefernzweigbock

Wimperbock (Fühler mit langen Haaren bewimpert); **gebänderter Barthornkäfer, Wipfelbock** (= **Pogonocerus**)

Kennzeichen (Abb. 387): 5–6,5 mm. Rötlichbraun bis braun, anliegend scheckig behaart. Elytren vorn mit einer breiten, weiß tomentierten Querbinde.

Ökologie: vorwiegend Kieferninsekt, gelegentlich auch aus anderen Holzarten (Fichte, sogar aus *Castanea sativa* MILL; echte Kastanie) gezogen. – Befällt sehr häufig nur geringes Material, frische, schwache Äste (bis etwa 6 cm Durchmesser) stehender oder gefällter Kiefern (und Fichten) in Altholzbeständen, selten junge Pflanzen (5–15jährig). – Flugzeit anscheinend von April bis Juni. Der ständig breiter werdende (bis 5 mm breite) Fraßgang der Larve ist ein sehr flacher, scharfrandiger Splintgang in mannigfaltigen Windungen (Abb. 395) mit feinen weißen Nagespänen; Puppenwiege = kurzer Hakengang im Holz. – Generationsverhältnisse: 2jährige Entwicklung oder einjährige Generation mit überwinternden Larven (?). – Vertilgerkreis: nur eine *Pimpla*-Art (Ichneumon.) bisher gezogen.

Wirtschaftl. Bedeutung: Bestandes- und gelegentlich Kulturschädling; junge Pflanzen können in Kulturen zum Absterben gebracht werden. Befallserkennung: zahlreiche, herabgefallene, mit Larvengängen besetzte Zweige (etwa nach Herbststürmen); u. U. Lichtung der Kronen. In Kulturen und Schonungen: Nadelbräunung und Absterben der Zweige.

Differentialdiagnose zu Fraßbildern anderer Larvenarten:
a) *Magdalis*-Gänge (Curculionidae): im größten Teil ihres Verlaufes annähernd gleich;
b) *Anthaxia quadripunctata* (Buprestidae): die zwischen Bast und Splint genagten, gleichfalls scharfrandigen, mit Genagsel und Kotteilen verstopften, unregelmäßig geschlängelten Larvengänge verlaufen von oben nach unten; Verpuppung im Splint.

Außer etwaigen physiologischen Schädigungen tritt technischer Schaden ein beim Vorkommen in berindeten Zäunen oder an Wildfutterraufen.

Acanthocinus aedilis L., Zimmermannsbock; Zimmer(er)bock; Schneiderbock

Kennzeichen (Abb. 388): 13,5–19 mm. Flach, graubraun, fein grau behaart. – Elytren breit, an der Basis grob und dicht, gegen die Spitze feiner körnig punktiert mit 2 schrägen, sparsamer behaarten Querbinden; außerdem mit 3 schwachen Längsrippen und auf denselben braun tomentierte Punktflecke. – Fühler des ♂ bis 5mal so lang wie der Körper, alle Glieder an der Spitze dunkler.

Ökologie: Flugzeit bereits in den ersten warmen Frühlingstagen; mit *Myelophilus piniperda* (Col. Ipidae) besonders auf Kiefernstöcken. – Eiablage mittels einer sehr langen Legeröhre tief in die Rinde hinein. – Ernährungsgänge der Larven unter der Rinde von Stöcken, Scheitholz usf. Außer Kiefer werden gelegentlich auch Fichte, Lärche oder Tanne angenommen (DELLA BEFFA, 1961]. – Zur Verpuppung wird ein schmaler schräggestellter Eingang ins Holz genagt; dortige Puppenwiege mit grober, faseriger Späne ausgekleidet. Häufig, besonders unter dicker Rinde, Verpuppung auch in nestartiger Puppenwiege direkt unter der Rinde. – Unter günstigen Umwelteinflüssen doppelte Generation.

Wirtschaftl. Bedeutung: im allgemeinen bisher indifferent, aber auffallende Insektenart. Gelegentlich jedoch Nachfolgeschädling nach Großkalamitäten (etwa nach Forleulenfraß), indem bei vorausgegangenem Lichtfraß durch andere Schädlinge die Stämme endgültig zum Absterben gebracht wurden.

Hylotrupes bajulus L., Hausbock; Balkenbock

Kennzeichen: 8–20 mm. Pechschwarz bis braun, fein grau behaart. Elytren bisweilen blaß braungelb; 2 querbindenähnliche weiße Flecken etwa in der Mitte der glänzenden, matt behaarten Flügeldecken. Halsschild beim ♂ sparsam abstehend behaart (mit 1 glatten Mittellinie und 2 seitlichen, glatten, schwach erhabenen Längsschwielen), beim ♀ dicht grauweiß wollig behaart, auf der Scheibe mit glatter Mittellinie und jederseits mit einer länglichen, spiegelglatten Erhabenheit. ♀ mit Legeröhre.

Ökologie: Nadelholzinsekt, soll selten in Stöcken auftreten. Ausgesprochener «Kulturfolger», daher etwa in Leitungs- und Fahnenmasten, in Holzbrücken-Konstruktionen (über Wasser!) in Planken, Bretterzäunen, in Möbeln und dgl., vornehmlich aber in verbauten Nadelholzbalken [zahlreiche Veröffentlichungen über diesen wichtigsten Vertreter in der Reihe der Bauholzschädlinge, vgl. u. a. BECKER, 1950; MADEL, 1952]. – Flugzeit: ab Mitte Juni bis August, in den Mittags- und Nachmittagsstunden. – Eiablage mittels der über 2 cm lang ausstreckbaren Legeröhre in Risse und Spalten; Eizahl schwankend, gewöhnlich etwa 200, aber bis über 400 (bis weit über 100 je Gelege). – Larven zerfressen hauptsächlich das Frühholz in der Längsrichtung zwischen den Jahresringen. Wenn quer zur Faser gefressen wird, werden die Bohrgänge ebenfalls fest mit dem feinen weißlichgelben Fraßmehl (Gemisch aus Nagespänen und Kotwalzen) verstopft. Nach Entfernung des Fraßmehles die wellenförmigen Nagespuren der Larven sichtbar werdend. Die Außenschicht etwa eines Balkens bleibt intakt. – Die Entwicklung der jungen Larve im Ei hängt ab von Temperatur und Luftfeuchtigkeit; meist beträgt die Entwicklungsdauer 10–20 Tage. Die Dauer des gesamten Larvenlebens beträgt im Durchschnitt 4–5 Jahre; es kann aber je nach den herrschenden Umweltbedingungen auch nur 2 oder 7–10 Jahre, ja sogar noch länger dauern, bis sich die Hausbocklarve verpuppt. – Die ausgewachsene Larve bohrt sich bis an die Holzoberfläche (bis an die Außenwand etwa des Balkens) einen Gang, der nach außen nur mit dünner «Haut» verschlossen bleibt, sich als «Fenster» abzeichnet; dieses erleichtert später dem Vollkerf das Auskriechen. Puppenwiege im Holz, mit Holzspänen ausgepolstert. – Das ovale Ausflugloch (mit $^1/_2$–1 cm Längendurchmesser) zeigt infolge des Hinauszwängens des Käfers unregelmäßig gefranste Ränder, die aber nur in verbautem Holz zu finden sind; an Masten, Zäunen und Stöcken gehen die am Rande hängenden Holzteilchen durch die Witterungseinwirkungen bald verloren, so daß der Fluglochrand glatt, das Flugloch selbst regelmäßig oval erscheint.

Wirtschaftl. Bedeutung: sehr schädlich. Hausbockbefall wird zumeist erst nach dem Schlüpfen der ersten Käfer erkannt; bei mittlerem bis starkem Befall entstehen auch «Rieselstellen» durch Luftrisse in den Larvengängen oder durch Aufreißen der papiernen Balkenoberfläche. – In Waldbeständen sind u. U. aus Rundholz gebaute Arbeitsschuppen und dgl. durch Hausbockbefall gefährdet. – In klimatisch begünstigten Gegenden Entwicklungsmöglichkeiten in Kiefernaltbeständen beobachtet (ROER, 1988).

Ähnliche Lebensweise: Callidium violaceum L., Violetter Schönbock, Veilchenbock

Kennzeichen: 20–15 mm. Oberseits erzglänzend blau oder veilchenblau. Elytren mit grober, aber ziemlich gleichartiger Punktierung. – Vermehrung in einem Dachstuhl an baumkantige Stellen für die Eiunterbringung und für die Larvenernährung gebunden.

Criocephalus rusticus L., Grubenhalsbock; Halsgrubenbock; Feldbock

Kennzeichen: 8–25 mm; dem Hausbock sehr ähnlich. Heller oder dunkler braun, glanzlos; oberseits dicht und fein punktiert, sehr fein und dicht anliegend behaart. Halsschild mit abgekürzter, glatter Medianlinie und mit 2 tropfenförmigen Längseindrücken auf der Scheibe. – Augen fein und spärlich behaart. – 3. Hintertarsenglied fast bis zur Basis gespalten.

Differentialdiagnose gegenüber der gleichfalls heimischen, systematisch und biologisch sehr nahe stehenden Art

Criocephalus Aristis F. (= C. polonicus Motsch.)
(mit gleichen Vulgärbezeichnungen)

Kennzeichen: 14–22 mm. Augen unbehaart; 3. Hintertarsenglied bis zur Mitte nur gespalten.

Larvale Merkmale (beider Criocephalus-Arten): 2 kleine Dornen (bis $^1/_2$ mm voneinander entfernt) am Hinterrande des letzten Körperringes; bei *Spondylis-*(Waldbock-)Larven (s. S. 241) stehen diese Chitindornen weiter auseinander!

Ökologie (beider Arten): Biotop: Kiefernbestände. – Flugzeit: Juli/August. – Eiablage: an Kiefernstöcke oder frischgefällte Kiefernstämme. – Larvenfraßgänge anfangs in der Bastschicht, später im Holz; Bohrgänge mit Bohrmehl verstopft.

Wirtschaftl. Bedeutung (beider Arten): larvale Entwicklung nur in saftfrischem Holz möglich. Gelegentlich werden Grubenhalsbocklarven mitverbaut; Vollkerfe kommen dann bis 2 Jahre nach dem Hausbezug zum Vorschein. Bis zu 10% der gestapelten Sturmholzstämme in Niedersachsen 1972 waren von *Criocephalus* befallen.

Ergates faber L., Mulmbock; Zimmerbock

Kennzeichen (Abb. 386): 27–50 mm; ♂ rostbraun, ♀ pechbraun. – Halsschild doppelt so breit als lang, flach, beim ♂ sehr dicht, fein punktiert mit 2 großen und einigen kleineren glatten Erhabenheiten, beim ♀ unregelmäßig grob und runzelig punktiert. Der Seitenrand des Halsschildes außerdem scharf gezähnelt. – Elytren sehr dicht runzelig punktiert, mit 2 sehr schwachen, fein erhabenen, oft undeutlichen Längslinien. – ♂ kleiner als ♀; Fühler beim ♀ länger als $^1/_2$, beim ♂ länger als der ganze Körper.

Ökologie: Biotop: Nadelholzbestände. – Flugzeit: Mitte Juli bis Mitte September; in den Mittagsstunden. – Eiablage: in die Stöcke (namentlich von

Kiefer, aber auch von Fichte, Tanne und Lärche), besonders an Bestandesrändern und auf Lichtungen. – Junge Larven gehen sofort in das Splintholz und verwandeln dies in «Mulm» = Genagsel, längere Holzspäne und Kotwalzen; Fraßbild ; sehr große, unregelmäßige Gänge (Abb. 399). Verpuppung gewöhnlich im Holz nahe der Oberfläche. – Larvale Entwicklung erfordert im Bestande zumeist 4 Jahre. Die bis über 8 cm langen Larven verlangen hohe Holzfeuchtigkeit und Wärme; selbst Vorkommen von holzzersetzenden Pilzen scheint für das Gedeihen der (älteren) Larven vorteilhaft zu sein.

Wirtschaftl. Bedeutung: als Stockbrüter nicht als «wirtschaftlich belanglos» zu bezeichnen, sondern durch diese Lebensweise in den Stoffkreislauf der Waldbiozönose eingeschaltet. Bisweilen befällt aber der Mulmbock auch bereits bearbeitetes Holz – Zaunpfähle, Blockhütten, Lichtmasten (vornehmlich aus Kiefernholz) – in Bodennähe, wo die für die Larvenentwicklung wünschenswerte Holzfeuchtigkeit vorhanden ist, und kann dadurch technisch recht schädlich werden.

Spondylis buprestoides L., Waldbock, Rollenschröter

Balkenschröter (Verwechselungsmöglichkeit mit dem Lucaniden *Dorcus parallelopipedus*)

Kennzeichen: 18–22 mm. Zylindrischer Habitus; wenig glänzend, schwarz; unterseits mit kurzer brauner Behaarung. Von allen Cerambyciden die kürzesten Fühler. Jede Flügeldecke mit 2 Dorsalrippen und einer schwächer erhabenen äußeren Längslinie. Halsschild mehrminder kugelig. – Larvale Kennzeichen: siehe unter *Criocephalus*, Seite 240.

Ökologie: Biotop: Kiefernbestände. – Flugzeit: Juli/August. – Larvenfraßgänge in alten, schon in Zersetzung befindlichen Kiefernstöcken. Larven dringen bis zu den tiefsten Wurzeln vor.

Wirtschaftl. Bedeutung: indifferent bzw. nützlich beim Abbau der Stöcke. Gelegentlich technisch schädlich beim Vorkommen in Pfählen in Bodennähe, aber meistens gleichzeitiges Auftreten von holzzerstörenden Pilzen. Selten wird Klafterholz angenommen und außer Kiefer auch Fichte und Tanne.

Leptura rubra L., Schmalbock; Rothalsbock

Kennzeichen (Abb. 391): 12–18 mm; schon am charakteristischen Habitus erkennbar: Elytren nach hinten zu wesentlich verschmälert. Meist lebhafte Färbung: ♂ Halsschild schwarz, Flügeldecken bräunlichgelb; ♀ Halsschild und Flügeldecken hellrot. – Puppe: Abb. 390.

Ökologie: Flugzeit: Juli/August, ♂♂ häufig auf Doldengewächsen. – Larven in den ersten Abbaustadien von Nadelholzstöcken; unregelmäßige Fraßgänge im Splint (Abb. 400). Runde Ausschlupflöcher. – Generation wahrscheinlich zweijährig.

Wirtschaftl. Bedeutung: beim Humifizierungsprozeß der Stöcke gegeben; gelegentlich aber auch in den Füßen von Zaunpfählen und Masten, dann schädlich.

Molorchus (= Caenoptera) minor L., (kleiner) Wespenbock; Kurzdeckenbock

Kennzeichen (Abb. 389): 6–13 mm. Schwarz; Fühler, Beine (außer den dunkleren Schenkelkeulen) und die Elytren rotbraun. Auf der hinteren Hälfte der Flügeldecken jeweils eine weiße, schräg gegen die Naht nach hinten gerichtete Längslinie. – Auffallend die staphylinidenartig verkürzten Flügeldecken; über diese ragen die häutigen Hinterflügel weit hervor. Dadurch im Habitus den Schlupfwespen ähnlich. – Charakteristisch ferner die verdickten Oberschenkel der Extremitäten (Käfer mit «Olympia-Waden»).

Ökologie [VITÉ und V. XYLANDER, 1951]: Imagines im Sommer häufig auf Doldenblüten, auf Himbeeren und Brombeeren und an Naturzäunen. – Bei Beunruhigung lassen sie sich eher zu Boden fallen als von ihrem Flugvermögen Gebrauch zu machen. Flugzeit: Mai/Juni. – Brutmaterial: schwächere Stämme, Knüppel (Brennholz!) und Äste vornehmlich der Fichte, seltener der Kiefer. Andererseits aber auch im 50jährigen Fichtenbestand nach starkem Hallimasch-Auftreten (Agaricaceae, Blätterpilze) an zahlreichen abgestorbenen Fichten *Caenoptera-minor*-Fraßgänge vom Stammfuß bis zur Krone festgestellt. – Larve fertigt in der Bastschicht scharf ausgenagte Gänge, die mit weißem und braunem Fraßmehl ausgefüllt und außerordentlich verschlungen sind (Abb. 402). Fraßzeit der Larven: Sommer und darauffolgendes Frühjahr. Vor der Verpuppung dringt die Larve durch ovale Öffnung in das Holz ein und verpuppt sich dort in einem in gestrecktem Bogen in das Holz führenden Hakengang (wie bei den Buprestiden, während die Puppenwiegen der Fichtenböcke [*Tetropium*] aus scharf gewinkelten Hakengängen bestehen). Verpuppung erfolgt dann im Spätsommer; bei Anlage der Puppenwiege im Herbst des ersten Jahres schon im Frühjahr. Stellung des Flugloches charakteristisch: bei *Caenoptera* zumeist schräg, bei *Tetropium* stets parallel, bei Buprestiden (etwa *Anthaxia quadripunctata*) quer zur Stammachse. – Vgl. auch Anlage der Fraßgänge bei *Pogonochaerus fasciculatus*, Seite 238. – Vertilgerkreis des Wespenbockes offenbar groß; außer Spechten gehören Weichkäfer(Cantharidae-) und Buntkäfer-(Cleridae-)Larven zu den Vertilgern der Wespenbock-Larven. Als Parasit wurde eine Braconide *(Doryctes)* aufgefunden. – Gelegentlich vergesellschaftet mit *Ernobius mollis* (Anobiidae); s. Seite 229.

Wirtschaftl. Bedeutung: im allgemeinen gering, da der Käfer nur kränkelndes und abgestorbenes Material befällt. Trotzdem kann bei stärkerer Vermehrung die technische Wertminderung bei schwächeren Sortimenten so erheblich sein, daß diese zur Grubenholz-Verwendung unbrauchbar werden. Wildgatter mit berindeten Fichtenstangen können dabei einer weiteren Verbreitung

Vorschub leisten. Außerdem als Gerbrindenschädling bekannt geworden [ZWÖLFER, 1936].

Rhagium inquisitor L., Zangenbock; Schrotbock

Kennzeichen: 12–15 mm. Schwarz, metallglänzend; Elytren mit 3 stark erhabenen Längsrippen, von denen die 2 äußeren nach hinten vereinigt sind. Flügeldecken blaßgelb mit fleckig grauer Behaarung; Längsrippen, 2 Querbinden und einige Flecken unbehaart schwarz (Abb. 1029 u. 1030).

Differentialdiagnose der biologisch sich ähnlich verhaltenden Art:

Rhagium bifasciatum F., Zweibindiger Zangenbock

Kennzeichen: 14–18 mm; Flügeldecken schwarz mit 2 rötlichgelben oder blaßgelben Schrägbinden.

Ökologie (beider Arten): vornehmlich in Fichten- und Kiefernrevieren; in abgestorbenen oder stark anbrüchigen Stämmen von Stangen- bis Baumstärke vorkommend, doch auch in Stöcken, die bereits im mittleren Humifizierungs-stadium stehen und bei denen sich die Rinde löst. Andere Nadelholzarten (Lärche und Tanne) werden bisweilen angenommen; das Antreffen in Laubholz (*inquisitor* etwa in Eiche und Birke; *bifasciatum* in Eiche und Buche) zeigt schon die Annäherung dieser Zangenböcke in biologischer Hinsicht an die folgende Gruppe. – Larve ausschließlich unter der Rinde lebend, wo sie ohne den Splint zu furchen gewundene Gänge nagt, die mit braunem, festem Nagemehl und Exkrementen angefüllt sind. Beim mechanischen Ablösen der Rinde bleibt dies alles oft auf dem Splint haften. – Zur Verpuppung fertigt die Altlarve ein großes, flaches, ovales Miniaturnest als Puppenwiege an, charakterisiert durch die kranzförmig angeordneten Nagespäne. Hier liegt die Puppe mit dem Rücken nach außen und überwintert in diesem Spannest (Abb. 398). – Generation zweijährig.

Wirtschaftl. Bedeutung: indifferent; stehende Stämme werden erst befallen, wenn andere Insekten sie schon verlassen haben und die Rinde sich etwas gelockert hat. Physiologisch schädigend nur ausnahmsweise an alten Tannen beobachtet. Beim Stockabbau in Laubholzbeständen folgen *bifasciatum*-Larven vielfach den *Rhagium-mordax*-Larven (s. Seite 250) und erlangen damit eine bodenbiologische Bedeutung.

Prionus coriarius L., Sägebock; Gerberbock

Kennzeichen (Abb. 392): 24–42 mm. Gedrungener, ziemlich flacher Habitus. Auffällig der scharfe Seitenrand des Halsschildes mit 3 starken Zähnen. – Pechschwarz bis braun; etwas glänzend; Fühler stark (♂) oder schwach (♀) gesägt. Halsschild runzelig punktiert; Elytren sehr dicht lederartig gerunzelt, mit 2–3 schwach erkennbaren erhabenen Längslinien.

Ökologie: in Laub- und Nadelholzbeständen, vornehmlich in älteren Stöcken (Larven hier besonders gern rhizophag!), aber auch in stark anbrüchigen Stämmen. Folgende Holzarten werden angenommen: Fichte, Kiefer; Eiche, Buche Birke, Weide, nicht selten in Obstbäumen (Kirsche, Apfel [BRAUNS, 1952]). – Flugzeit: Mai/Oktober, Kulminationszeit: August. – Eiablage: in Rindenritzen. – Eilarven stets zunächst unter der Rinde fressend, erst später in die Wurzelregion hinabsteigend und in den Bodenschichten dort auch aktiv andere beschädigte oder faulende Wurzeln aufsuchend. – Larven sehr groß, bis 50 mm lang. – Verpuppung setzt im allgemeinen erst nach etwa 14 Larvalstadien ein und erfolgt in Erdkokons in Wurzelnähe oder in den Wurzeln selbst. – Generation 3jährig. – Dem Vertilgerkreis der *Prionus*-Larven gehört u. a. eine Ichneumonide an (*Xorides albitarus* GRAV.); Larven und Imagines des Elateriden *Melanotus rufipes* HBST. stellen den Sägebock-Larven nach.

Wirtschaftl. Bedeutung: in bodenbiologischer Hinsicht nicht indifferent, da die Larven dieses Cerambyciden häufige Vertreter beim Stockabbau in den letzten Zersetzungsstadien sind [BRAUNS, 1955]. – Gelegentlich schädigend aufgetreten an überalterten Stämmen, «die in feuchten Lagen an Waldrändern auf sandigen Böden stocken» [DUFFY, 1946; VITÉ, 1952/53]. – Im Obstbau in anderen Ländern (etwa in Nordamerika) ausgesprochen schädigend, so daß dem Auftreten im heimischen Gebiet Beachtung zuzuwenden ist, vor allem bei waldnahen Obstgärten.

Laubholz-Bockkäfer

Anordnung: an den Anfang stelle ich die in Harthölzern (Eiche, Buche), weiterhin in Pappeln usf. physiologisch schädigenden Arten, die auch in frisch gefälltem Holz vorkommen, und bringe zum Schluß die in abgestorbenem Holz technisch schädlichen Arten, die aber beim Stockabbau teilweise wieder bodenbiologische Bedeutung erlangen.

Cerambyx cerdo L., Großer Eichenbock;
Riesen-, Held- oder Spießbock; Flicker
Larve = «großer schwarzer Wurm» der Holzhändler

Kennzeichen (Abb. 403): 30–50 mm; mit *Ergates* der größte Cerambycide im Gebiete. Gestreckter Habitus; Grundfärbung ein etwas glänzendes Schwarz; Beine und Fühler braunschwarz; die nach hinten verengten Flügeldecken gegen die Spitze zu rotbraun. Halsschild dorsal grob quergerunzelt, zwischen den Riefen glatt, seitlich in einen spitzigen Dorn auslaufend. Das Männchen durch auffallend lange knotige Fühler, die viel länger als der Körper sind, ausgezeichnet. – In verschiedenen geographischen Rassen auftretend; einheimische Rasse = *Cerambyx cerdo cerdo* L., vorkommend vom mediterranen Gebiet bis Südschweden und von Frankreich bis zur Westukraine.

Ökologie und wirtschaftl. Bedeutung [BRAUNS, 1952; DÖHRING, 1955]: im heimischen Gebiet nicht überall gleich häufig; im eichenreichen NW wenigstens selten, im NO in allen alten Eichenbeständen dagegen sehr häufig. – Als Hauptbrutbaum hat zweifellos die Eiche zu gelten; freilich nimmt das Weibchen verschiedene *Quercus*-Arten, auch die mediterrane Korkeiche, zur Eiablage an. Vereinzelt werden außerdem die verschiedensten Laubholzarten beflogen, u. a. Birke, Esche, Hainbuche, Kastanie, Linde, Rüster, Schwarzpappel, Walnuß und Weide. Gelegentlich Eiablage an Obstbäumen. – Flugzeit: Juni/Juli; schwärmen in der Abenddämmerung. – Geringe Populationsbewegungen im Areal; besitzt besondere Anhänglichkeit an seinen Brutbaum und fliegt daher zumeist die in der Nähe seines Geburtsbaumes stehenden Eichen an. Dabei bevorzugen die Weibchen offensichtlich anbrüchige Stämme, «die eben zu kränkeln beginnen, die einen gut besonnten Stamm und grobrissige Rinde haben»; daher auf Vorkommen an Straßen- und Waldrändern achten! In ukrainischen Eichenbeständen wurde beobachtet, daß der Angriff des Eichenbockes meist nur in gelichteten Beständen stattfindet und bei dichterem Schluß nur überständige oder beschädigte Eichen angenommen werden, die an Vermehrungszentren angrenzen. – Larven, ausgezeichnet durch quer- und längsgeteilte, gehöckerte Laufwülste, nagen anfangs flache, oberflächliche Gänge im Splint, dringen dann aber ins Kernholz vor. Gänge, mit braunem Nagemehl vollgestopft, im Querschnitt oval und fingerstark (gelegentlich bis 25 mm Durchmesser), schwärzen sich an den Wandungen infolge des sich dort ansiedelnden und später absterbenen Pilzmyzels (Abb. 414). – Derartige von Larvengängen durchzogene Stämme als Nutzholz restlos unbrauchbar, so daß *Cerambyx cerdo* zweifelsohne als technischer Holzschädling anzusprechen ist. – Larve erst nach 3 Jahren erwachsen, jetzt etwa 90 mm groß, verpuppt sich in einem Hakengang von rund 8 cm Länge und 26 mm Durchmesser. Puppenwiege durch Genagsel abgeschlossen. Im Winter vor seinem Flugjahr schlüpft bereits der Jungkäfer, verläßt aber die Puppenwiege nicht. Erst im darauffolgenden Frühjahr, zu Beginn der Schwärmzeit, nimmt er seinen Ausgang durch die großen Larvengänge. – Vertilgerkreis: Chalcidier als Eiparasiten; Ichneumoniden stellen den Larven nach; bei Jungkäfern ein schmarotzender Pilz (*Penicillium brevicaule* SACC.) aufgefunden. Raptorische Formen: Spechte und *Cossus*-Raupen (Lep.), die anschließend sogar die Larvengänge weiterführen.

Da *Cerambyx cerdo* auch in Stöcken oder deren Ausschlag auftritt, sei im folgenden die Differentialdiagnose eines anderen Bockkäfers kurz gegeben:

Cerambyx scopoli Füssl., Buchenspießbock, Runzelbock

Differentialdiagnose: 18–28 mm; ganz schwarze, vorn grob gerunzelte Elytren. – Larve verfertigt einen wesentlich längeren Hakengang (fast 12 cm lang); die Puppenwiege soll neben Spänen auch durch einen Kalkdeckel abgeschlossen sein, der bei *cerdo* fehlt (?). – *Scopolii*-Larven werden außer in Obstbäumen vor allem in alten Buchen, dann in Eichen, Hainbuchen, Haselnuß, Pappeln, Ulmen, Weiden, Walnuß und Edelkastanie technisch schädlich. – Generation zweijährig.

Rosalia alpina L., Alpenbock; «Himmelsziege» (Thüringen)

Kennzeichen (Abb. 404): 20–36 mm; farblicher Gesamteindruck: graublau mit samtschwarzen, weißlich eingefaßten Makeln auf dem Halsschild und auf den Flügeldecken. Diese schwarze Zeichnung außerordentlich variabel.

Ökologie: vorwiegend in Gebirgs-Biotopen. – Larven in amorphen Buchenstöcken oder in anbrüchigen Stämmen. Imagines an aufgeklaftertem Buchenholz. Auch in Weide, Hainbuche und Kastanie beobachtet.

Wirtschaftl. Bedeutung: indifferent; aber ein auffallendes Insekt.

Plagionotus arcuatus L., Eichenwidderbock; Eichenzierbock; «Parkettkäfer»; Rinden-Widderbock

[nicht verwechseln mit dem nur bis 5 mm großen *Lyctus linearis* GOEZE (Lyctidae), der auch «Parkettkäfer» genannt wird, aber ein ausgesprochener Bauholzschädling ist – auch unter Limba-Furnier vorkommend]

Kennzeichen (Abb. 405): 9–20 mm. Schwarz mit gelben Querbinden; Fühler und Beine rötlichgelb; Keule der Vorder- und Mittelschenkel oft schwärzlich. Die Elytrenbinden gelegentlich in Flecken aufgelöst.

Ökologie: Biotop: Laubholzbestände (Eiche; selten Rotbuche, Hainbuche). – Flugzeit: Mai/Juni. Käfer laufen, besonders an sonnigen Tagen, flink, spinnenartig auf Stämmen herum. – Eiablage in Rindenritzen anbrüchiger oder frisch gefällter Stämme oder auf der sonnenexponierten Seite der Stöcke. – Larven fertigen unter der Rinde zunächst sehr lange Gänge (bei Stammholz bis 2 m lang [Abb. 415]) und verpuppen sich im Hakengang, der gelegentlich mehrfach abbiegt und bis 12 cm lang ist. Querovales, glattberandetes Ausflugsloch. – Einjährige Generation.

Wirtschaftl. Bedeutung: Massenvermehrungen beobachtet, wenn Brutmaterial reichlich vorhanden ist (etwa bei verspäteter Abfuhr gefällter Stämme). Der technische Schaden kann dann erheblich sein. Bei Verarbeitung befallener Stämme gelangen Larven häufig mit Balken oder mit Parkettstäben in Neubauten; Weitervermehrung erfolgt hier nicht, weil nur frisches Holz für die Larvenentwicklung geeignet ist.

Saperda carcharias L., Großer Pappelbock; Walzenbock

Kennzeichen (Abb. 406): 22–28 mm. Leicht erkenntlich durch die dicht gelblichgraue Tomentierung; ♀ = gestreckter, breiter, parallel zylindrischer Habitus, ♂ = schmaler, vor allem nach hinten zu verschmälert. Die Elytren an der Basis körnig punktiert, in der Mitte mit angedeuteter, hellerer Haarbinde und an der Spitze mit kleinen Zähnchen. Fühler schwarz geringelt. – Larve: Abb. 407.

Ökologie: befallen werden die kanadische Pappel, Schwarz- und Silberpappel, Aspen und Weiden, und zwar vornehmlich im Alter von 5–20 Jahren. – Flugzeit: Juli/August. Imagines zu dieser Zeit stellenweise häufig an den

Stämmen, Zweigen und Blättern der Fraßpflanzen. Reifungsfraß der Käfer an den Blättern: unregelmäßige Löcher mit zerfetzten Rändern. Käfer schwärmen erst nach Sonnenuntergang. – Eiablage in vom Weibchen bis in die Bastschicht genagten Einischen am untersten Schaftteil in der Gegend des Wurzelstockes; dabei wird eine mittlere Rindenstärke bevorzugt, starke Borke, auch Spiegel-rinde, gemieden. Überliegen der Eier bis Mai des folgenden Jahres. – Junge Larven unregelmäßig plätzend zwischen Bast und Splint, dringen später tiefer ins Holz; im allgemeinen frißt jede Larve einen langen, nach oben ziehenden, im Querschnitt ovalen Gang. Das gesamte, von verschiedenen Larven angelegte, vielfach parallel zur Faser verlaufende Gangsystem in einem Stämmchen läßt außer hakenförmigen Gängen weitere Ausgänge und Neben-kammern erkennen [VITÉ, 1952/53]. Aus der Einbohrstelle werden grobe, braungelbe Nagespäne ausgeworfen; ältere Larven vermögen Späne bis zu 2 cm Länge abzuraspeln [CRAMER, 1954]. Die Fraßgänge selbst sind teils mit Nagespänen angefüllt (Abb. 416), teils frei. – Differentialdiagnose gegenüber ähnlichen Schadbildern, deren Urheber nicht stelten gleichzeitig auftreten: Weidenbohrer (*Cossus cossus* L.): Fraßgänge und Bohrlöcher größer und (gemeinsam mit dem Hornissenschwärmer [*Sesia apiformis* L.]) Vorhanden-sein von typischem Raupenkot. – Schwache Stämmchen reagieren übrigens bei Pappelbock-Befall durch mehrminder ausgesprochene Anschwellung des unteren Stammendes. – Generation zweijährig; die gestürzt im Fraßgang liegende Puppe liefert im allgemeinen im 3. Frühjahr (nur bei ungünstigen Klimakonstellationen im 4.) den Käfer. – Aus dem Vertilgerkreis sind u. a. zu nennen der Pilz *Entomophthora grylli* FRESEN., Ichneumoniden und Braconi-den; Spechteinschläge können auch auf Befall hinweisen.

Wirtschaftl. Bedeutung: physiologisch und technisch sehr schädlich. In jungen Kulturen kann der Befall schwache Pflanzen zum Absterben bringen oder die Stämmchen werden später durch Wind gebrochen. Der technische Schaden beruht im tiefen Eindringen der Larven in den Holzkörper; Folgen sind überdies Verfärbungen und leichterer Beginn von Fäulnisprozessen. – Der imaginale Blattfraß dagegen indifferent. – Dem großen Pappelbock ist vermehrte Aufmerksamkeit zuzuwenden, da die Pappel gern als schnellwüch-sige Holzart verstärkt angebaut wird. Freistehende Standorte (Alleen), Bestandesränder oder Bachläufe scheinen besonders gefährdet zu sein.

Saperda populnea L., Kleiner Pappelbock; Kleiner Aspenbock

Kennzeichen (Abb. 408): 9–14 mm. Bei schwarzer oder braunschwarzer Grundfärbung unten lang anliegend, oben fein filzig gelblich behaart. Halsschild auf der Scheibe mit (oft undeutlich) breiter Mittel- und je einer sehr schmalen, dicht gelb behaarten Seitenbinde. Elytren grob, dicht körnig punktiert, jede Flügeldecke mit 4–5 in einer gebogenen Längsreihe stehenden, dicht gelb behaarten Makeln.

Ökologie: Hauptfraßpflanze: Aspe oder Zitterpappel (*Populus tremula* L.), doch auch andere Pappelarten (u. a. *Populus alba* L.) und Weiden. – Flugzeit: Mai/Juli. – Eiablage in die sonnenexponierte Rinde vorjähriger, gelegentlich älterer Triebe; Eier an verholzten Trieben kommen gewöhnlich nicht zur Entwicklung [Goertz, 1951]. Letztjährige dünne Zweige von Stockausschlägen werden mit Vorliebe belegt. Dabei eigenartige Brutpflege, indem das Weibchen um die Stelle der Eiablage eine hufeisenförmige, nach oben offene Furche nagt. Die angeschnittene Rindenpartie wird mittels der Legeröhre angehoben und unterseits mit dem Ei beschickt. Ein Eisekret wirkt nekrotisierend auf das pflanzliche Gewebe und verhindert damit eine gefährliche Kallusbildung über dem Ei (Funke, 1957). Herstellung des hufeisenförmigen Rindenschnittes dauert etwa 20 Minuten, die Eiablage eines Eies insgesamt etwa $^1/_2$ Stunde. – Erste Nahrung der Eilarve aus dem Wuchergewebe um den Rindenschnitt herum. Dann bohrt sich die Larve ein und frißt zunächst in den äußeren Splintlagen. Im 2. Sommer, aber auch schon vor der ersten Überwinterung, dringt die Larve in einem zentralen Gang gewöhnlich nach oben in die Markröhre ein und vollführt hier einen Platz- und Rundfraß (Abb. 410). Infolge dieses Larvenfraßes schwillt die Befallsstelle gallenförmig an. Galle (Abb. 409) kann schon im August des Befallsjahres sichtbar werden und verholzt im folgenden Jahr. Gallbildung unterbleibt für gewöhnlich in Weide, bisweilen auch in Pappel. – Zweijährige Generation; Altlarve verpuppt sich in gestürzter Lage im Frühjahr des 3. Kalenderjahres; Jungkäfer steigt durch ein kreisrundes Loch aus, das bei der Aspe stets auf der Anschwellung gelegen ist. – Vertilgerkreis: Buntspechte, dann als Parasiten Tachinidae (sogar eine Sarcophagide [Dipt.]), Ichneumonidae, einige Braconiden und Chalcididen (Hym.). Aber auch der Widerstand der Pflanze selbst, wenn nach Abschluß durch die Überwallung der Larvengang stark mit Pflanzensäften aus dem umliegenden Holz angefüllt ist, läßt manche ältere Larve absterben.

Wirtschaftl. Bedeutung: bei Reihenbefall an der gleichen Jungpflanze gehen diese ein. Schwächer besetzte überdauern vielfach. Der Pappelbock kann recht schädigend sein, besonders an schwachen und frisch gesetzten Jungpflanzen. Befallserkennung leicht. Verwechslungsmöglichkeit nur mit der Galle einer Sesien-Art gegeben; diese jedoch sehr selten. In Gesellschaft mit der Bockkäferlarve tritt in der Galle übrigens gelegentlich eine Wicklerraupe auf (*Grapholitha corollana* Hb.; Tortric.); zumeist befrißt sie aber die Gallenrinde schon verlassener Gallen.

Oberea oculata L., Rothalsiger Weidenbock; Linienbock

Kennzeichen: 16–20 mm. Rotgelb; Fühler, Kopf und 2 Punkte auf dem Halsschild, sowie die Elytren schwarz; letztere dicht anliegend grau behaart mit vielen nackten, großen Punkten.

Ökologie: vornehmlich an Weiden. – Flugzeit: Juni/Juli. – Eiablage an gesunde Weidentriebe an vordem angenagte Rindenstellen. – Nach kurzer anhaltender Plätzung dringt die Larve in das Holzinnere und frißt hier einen langen, runden Gang in den Ruten nach oben (selten nach unten). Am Ende des Fraßganges wird dieser zur Puppenwiege erweitert; die erwachsene Larve frißt seitlich bis zur Rinde, wo sich dann während der Verpuppung zunächst der Kopf der Larve, später der der Puppe befindet. Der Jungkäfer nagt sich durch ein kreisrundes Flugloch nach außen. – Generation einjährig.

Wirtschaftl. Bedeutung: u. U. sehr schädlich, in physiologischer und technischer Hinsicht.

In vorjährigen Haselnußtrieben: *Oberea linearis* L. (Schwarzer Haselbock; nur Beine gelb!); ausnahmsweise auch Befall der Hainbuche, Erle und Ulme. Etwas abweichendes Verhalten der Larve: diese frißt zunächst ringförmigen Gang unter der Rinde; dadurch Zerstörung des saftleitenden Gewebes. Dann erst Markröhrenfraß!

Callidium [= Pyrrhidium; Phymatodes] (Scheibenböcke)
Differentialdiagnose:

Pyrrhidium sanguineum L., Roter Scheibenbock

Kennzeichen: 9–11 mm; schwarz oder schwarzbraun; Flügeldecken rot, oberseits ganz mit feuerrotem samtartigen Toment (daher wohl die Vulgärbezeichnung).

Phymatodes lividus Rossi (ebenfalls Roter Scheibenbock)

Kennzeichen: 7–10 mm; Differentialmerkmal: Halsschild rotgelb (auch braun oder braun mit veilchenfarbenem Schimmer, selten schwarz); Elytren braun mit blauem oder veilchenfarbenem Schimmer.

Phymatodes testaceus L., Veränderlicher Scheibenbock

Kennzeichen (Abb. 411): 8–14 mm; in der Färbung äußerst variabel. Am häufigsten rotgelb mit rot- oder braungelben Flügeldecken, nicht selten Elytren blau oder veilchenfarben, Halsschild rot, Schenkel (verdickt!) schwarz.

Ökologie dieser Laubholz-Callidium-Arten: Larven leben in berindetem Laubholz, vor allem in Eiche, Buche, Hainbuche u. a., besonders *testadeus* ist sehr polyphag, sogar in Nadelhölzern vorkommend (vgl. dazu auch Abb. 279/283). Die flachen Larvengänge verlaufen zwischen Rinde und Holz (Abb. 413); erwachsene Larve verfertigt eine hakenförmige Puppenwiege im Splint. – Der veränderl. Scheibenbock brütet (i. Gegensatz zum Hausbock) nicht im trockenen Holz.
Wirtschaftl. Bedeutung: mehr technisch schädlich.

Rhagium sycophanta Schrnk., Schrotbock

Kennzeichen (Abb. 412): 18–25 mm. Schwarz, oberseits mit dicht-gedrängten graugelblichen Tomentflecken. Elytren mit 2 rotgelben Querbinden, mit einer Erhöhung zwischen Schulter und Schildchen.

Im gleichen Biotop auftretend und in der Zeichnung sehr ähnlich:

Rhagium mordax De Geer, Bissiger Zangenbock

Differentialdiagnose: 14–19 mm; Elytren zwischen Schildchen und Schulter gleichmäßig gewölbt, nach außen mit einer großen, schwarzen unbehaarten Makel zwischen den rotgelben Querbinden.

Ökologie (beider Arten): Larven fressen ihre Ernährungsgänge in Laubholzstöcken (u. a. von Eiche, Buche) oder in alten Stämmen und verpuppen sich in nestartigen Puppenwiegen. – Zweijährige Entwicklung.

Wirtschaftl. Bedeutung: indifferent; bei der Stockhumifizierung aber im ersten Abbaustadium anderen Insektenlarven durch seine Larvengänge den Zugang zum Kambium ermöglichend, daher bodenbiologisch bedeutungsvoll.

Chrysomelidae, Blattkäfer; Laubkäfer

Familiencharakteristik: eine unserer artenreichsten Coleopterenfamilien mit durchweg kleineren, trägen Vertretern. Die meisten Formen oberseits gewölbt mit metallischen Strukturfarben (Farbtafel 7, Abb. 39). – Larven meist mit dunklem Kopf; können gefärbt sein, mit dunklen Warzen oder segmentalen Querflecken. – Manche Arten haben die Fähigkeit, bei Berührung oder Beunruhigung Haemolymphe austreten zu lassen (Deutung als Abwehr- und Schutzeinrichtung); auffällig ist diese Erscheinung bei dunkelgefärbten Larven, bei denen nach Reizung der Haare auf den Lateralwarzen stark riechende, weißliche Tröpfchen für einige Zeit austreten («Wehrsaft»; Abb. 418). – Determinationstabellen der Larven der wichtigsten deutschen Chrysomelinen von Hennig [1938].

Ökologie und wirtschaftl. Bedeutung: bei vielen Chrysomeliden weitgehende Ernährungsspezialisation, so daß ihr Auftreten von dem Vorkommen der Fraßpflanzen mehrminder abhängig ist (häufig mithin Monophagie!); zum Aufenthalt können dabei aber andere Pflanzen dienen (sog. «Standpflanzen»). – Lebensweise der Larven ist sehr vielseitig; so leben die Larven einzelner Arten im Innern, im Zellgewebe der Blätter oder unter der Wurzeloberhaut verschiedener Pflanzen; die Larven der meisten Arten findet man aber – wie auch die Vollkerfe – frei auf Bäumen, Büschen und Kräutern, deren Assimilationsorgane sie skelettieren oder befressen (Abb. 420, 425). Erwähnenswert dürfte in diesem Zusammenhange u. a. die Gruppe der **Schilfkäfer** sein. Während die Imagines der Gattung *Donacia* im Trocknen auf den schwimmenden Blättern der Wohnpflanzen zu finden sind, leben die aquatischen Larven am Grunde teich- und seeartiger Gewässer, an den Wurzeln von Laichkräutern, Teichrosen und anderen Wasserpflanzen. Am Abdomenende der Larven beobachten wir 2 dornartige Gebilde, in deren Nähe die beiden größten der offenen Stigmen lokalisiert sind. Die trägen Larven bohren mit den Dornen die Luftleitungsbahnen ihrer Wohn- und Nahrungspflanzen an und gewinnen so ihre Atemluft, die an den beiden Dornen entlangsteigt und die

Stigmen erreicht. – Die Verpuppung der terrestrischen Arten erfolgt zumeist freihängend an Blättern u. dgl., selten in den Streu- und Bodenschichten, wo die Imagines durchweg überwintern. – Die wirtschaftliche Bedeutung der Chrysomelidae ist außerordentlich hoch anzusetzen; vor allem verursachen viele Arten umfangreiche Schäden in der Landwirtschaft und im Gartenbau, voran der überaus gefährliche Kolorado- oder **Kartoffelkäfer** (*Leptinotarsa decemlineata* SAY.), der in der Waldbiozönose nur bei landwirtschaftlicher Zwischennutzung inmitten von forstlichen Beständen auftreten kann. Gleichfalls bekannt sind auf dem landwirtschaftlichen Sektor die **Erdflöhe** oder Flohkäfer (UF. Halticinae), die jedoch auch (in anderen Arten) im Bestande vertreten sind und zahlreich in der Bodenstreu überwintern; eine Halticine, die Art *Mniophila muscorum* KOCH, kommt zwar nur in den Streulagen vor oder gelegentlich in Moospolstern an starken Buchenstämmen; sie ernährt sich vom Moos (BRAUNS, 1968).

An Blattkäferarten, die im Bestande an jungen Pflanzen (etwa im Pflanzgarten) oder in Weidenhegern merklichen Schaden anrichten können und gleichzeitig auffällig sind, mögen etwa genannt werden:

Auf Weiden und Pappeln

Melasoma populi L., Roter Pappelblattkäfer

Kennzeichen: 10–12 mm; schwarzblau, stark gewölbter Habitus; Elytren ziegelrot bis gelbbraun mit schwarzer Nahtspitze. – Larve hellgrün; Halsschild und Abdominalränder schwarz; Körper schwarz gefleckt, mit Reihen gelblich weißer, aus- und einstülpbarer Fleischzapfen.

Ökologie: an verschiedenen Pappelarten, vornehmlich Aspe, und an Weide. – Überwinterung im Boden, unter der Laubdecke. – Eiablage nach Laubausbruch auf der Blattunterseite. – Nach etwa 12 Tagen kriechen die jungen Larven aus, wachsen schnell heran und befressen dabei die Blattunterseite; später skelettieren sie die Blätter, nur die Rippen bleiben übrig. 3 Wochen später Verpuppung, hängend an den Blättern. Puppenruhe etwa 10 Tage. – Jungkäfer setzen den Fraß fort, erzeugen eine 2. Generation, die meist im September fertig ist. Unter günstigen Umweltbedingungen sogar 3. Generation. – Vertilgerkreis: außer zahlreichen Tachinen, Ichneumoniden als Parasiten, auch räuberische Syrphidenlarven (*Xanthandrus comptus* HARR.) beobachtet [DELLA BEFFA, 1949].

Wirtschaftl. Bedeutung: Schaden geringfügiger Natur an Aspen. Dagegen in Weidenhegern merklich schädigend; durch Massenauftreten und wiederholten Käfer- und Larvenfraß starke Beeinträchtigung der Rutenentwicklung.

Gleiche Lebensweise:

Melasoma tremulae Fabr., Aspen- od. Roter Espenblattkäfer

Differentialdiagnose: 7–9 mm; erzgrün; Flügeldecken einfarbig gelbrot (Abb. 946 u. 947).

Wesentlich kleinere Arten:

Plagiodera versicolor Laich., Blauer od. Breiter Weidenblattkäfer

Kennzeichen: 3–4,5 mm. Oval, flach gewölbt; unten schwarz bis schwarz-grün, oberseits bläulich grün, mäßig glänzend. Die ersten 5 Fühlerglieder rotbraun; Tarsen dunkelbraun; deutliche Schulterbeule. Elytren ziemlich dicht und bedeutend stärker als das Halsschild punktiert, vorn nur Spuren von Reihen.

Ökologie: auch im Gebirge verbreitet. – Fraßpflanze: Pappeln, Weiden (bevorzugt werden: Korb-, Purpur- und Salweide; gemieden wird anscheinend die Mandelweide). – Überwinterung als Imagines zwischen zusammenge-knäuelten Blättern, sogar in den Spitzenknospen junger Kiefern oder unter Rinde an Stöcken u. dgl. Flugzeit: meist April; auf den jungen Ausschlägen, aber auch auf den Blättern der 2- und mehrjährigen Wüchse zu finden. – Eiablage auf der Blattunterseite. – Larven fressen in Phalanxreihen geordnet das Blattfleisch der Unterseite, die wollige Behaarung als Flausch vor sich herschiebend. – Verpuppung an den Blättern; Larve, am Abdomenende befestigt, krümmt den Körper schleifenförmig und streift die letzte Larvenhaut ab, die auf der pupalen Ventralseite hängen bleibt. – 2, nicht selten 3 Generationen in einem Sommer.

Wirtschaftl. Bedeutung: sehr schädlich; einjährige Weidenkulturen können bei Massenauftreten restlos eingehen.

Phyllodecta vitellinae L., (Kl.) Blauer Weidenblattkäfer

Kennzeichen: (Farbtafel 7, Abb. 39): 4–5 mm. Länglich eiförmiger Habi-tus; grün, blau bis bronzefarben. Fühlerbasis und Hinterleibsrand rötlich. Flügeldecken regelmäßig punktstreifig. – Larve: grünlich weiß, oberseits fast schwarz; bei Reizung ist der Farbeindruck wesentlich verändert durch das Austreten der weißen Haemolymphe-Tropfen (Abb. 417; 418).

Ökologie: Käfer (Abb. 419) im Frühjahr an verschiedenen Weidenarten, aber auch an Pappeln, auftretend. – Eiablage: Abb. 421. – Larven befressen im Juli die Unterhaut der Blätter (Abb. 420). – Verpuppung im Boden. – Käfer der 2. Generation im August erscheinend, fressen bis in den Herbst hinein und überwintern in den Laubblattlagen.

Wirtschaftl. Bedeutung: bei Massenauftreten in Weidenhegern empfind-lichen Schaden anrichtend; bisweilen aber auch in Pappelkulturen in Pflanz-gärten nach eigenen Beobachtungen arg schädigend.

Die «gelben» Weidenblattkäfer,

Lochmaea (Galeruca) capreae L. (Gelber W.) und
Galerucella (Galeruca) lineola Fb. (Behaarter W.)

deren Färbung bräunlichgelb *(capreae)* oder zitronengelb bis rötlich gelbbraun *(lineola)* ist, befressen als Larven zuerst die Triebspitzen, dann die tiefersitzenden Blätter – im Gegensatz zu den blauen Weidenblattkäfern, deren Populationsdichte sie vielerorts ohne weiteres erreichen. Außer an Weide und Pappel *capreae* noch auf Birke, *lineola* auf Erle und Hasel angetroffen.

Auf Erlen häufig

Agelastica alni L., Blauer Erlenblattkäfer

Kennzeichen (Abb. 422): 6–7 mm. Oberseits violett oder blau, selten bronziert oder purpurfarben; unterseits schwarzblau. – Larve (Abb. 423) bis 12 mm; glänzend schwarz, grünlich schimmernd. Jeweils 2 glänzende, behaarte, durch eine Querfurche getrennte, segmentale Querleisten. Nach jeder Häutung zunächst gelb, erst langsam wieder sich verfärbend.

Ökologie: Käfer und Larven verursachen Skelettierfraß an den Blättern. Jungkäfer erscheint im September, frißt noch bis zum Frost und überwintert dann in den Bodenschichten. Reifungsfraß (Lochfraß; Abb. 424) im nächsten Frühjahr und anschließend Eiablage; die Weibchen schwellen durch den Eivorrat im Abdomen nunmehr derart an, daß der größte Teil des Hinterleibs unter den Elytren hervorquillt. – Larve im Mai/Juli. Fraßgemeinschaften vor allem im 1. larvalen Stadium; jeweils Häutungsgemeinschaften vor jeder Häutung, auch wenn sie später mehr einzeln dem Ernährungsfraß nachgehen. Anfangs befressen die Larven die Epidermis oberflächlich der Blattunterseite, erst später die Blätter skelettierend (Abb. 425). – Hellgelbe Puppen flach in der Erde im Juli/August. – Zum Vertilgerkreis gehören u. a. Tachinen und zu den raptorischen Feinden ein Stutzkäfer (Histeridae). Als «Kostgänger» wurden bei den Larven Chloropiden-Imagines (Halmfliegen) beobachtet; sie lecken den tröpfchenartig abgeschiedenen «Wehrsaft» auf [PSCHORN-WALCHER, 1956].

Wirtschaftl. Bedeutung: Skelettierfraß durch *Agelastica alni* zwar häufig zu beobachten, aber dadurch meist nur ein gewisser Zuwachsverlust bedingt. Schädigender in Saatkämpen und Kulturen, wo durch den Befall ein Absterben der Pflanzen eintreten kann.

Auf Eichen

Haltica quercetorum Foudr., Eichenerdfloh

Kennzeichen: 4–5 mm; blau oder blaugrün. Hinterschenkel stark verdickt; daher Sprungvermögen = wesentliches Erkennungsmerkmal.

Ökologie: Hauptfraßpflanze: Eiche; bevorzugt *Quercus Robur* L. (Sommer- oder Stieleiche); gelegentlich als Imagines auch auf anderen Laubhölzern (Erle, Hasel, Buche). – Vollkerfe überwintern in der Bodenstreu oder in Rindenritzen (u. a. an Stöcken). Eiablage im Frühjahr bei Laubausbruch an die Unterseite der jungen Blätter. – Anfangs befressen die Larven die Epidermis der Blattunterseite, um später aber auch das Schwamm- und Palisadengewebe und die obere Epidermis zu fressen, so daß nur die Rippen stehen bleiben. Bräunung und Kräuselung der skelettierten Blätter. Fraß dauert bis Juli. Verpuppung in der Bodendecke oder in Rindenritzen. Nach ungefähr 14 Tagen schlüpfen die Jungkäfer, die bis Frosteintritt den Fraß der Larven fortsetzen und sich dann an die Überwinterungsorte zurückziehen.

Wirtschaftl. Bedeutung: in allen Bestandesaltern auftretend. Gelegentlich Massenvermehrungen beobachtet; bedenklich schädigend vornehmlich in Pflanzgärten an jungen Pflanzen.

Auf Kiefern

Cryptocephalus pini L., Gelber Kiefernblattkäfer

Kennzeichen: 3,5–4 mm. Hell lehmgelb, Kopf rotbraun, Elytren oft mit rotbraunem Schulterfleck und verwaschener Längsbinde. Kräftige Beine, dicke Schenkel, zusammengedrückte Schienen.

Ökologie: Imagines im August/Oktober an schlechtwüchsigen 5–20jährigen Kiefern (auch an Weymouthskiefern, Fichten und Tannen). Käfer fressen auf der Nadelunterseite 1–2 lange Rinnen aus. Bei der geringsten Berührung: Fallreflex – daher auch «Fallkäfer» genannt.

Wirtschaftl. Bedeutung: Fraß so stark, daß Nadelbräunung eintritt. Absterben der befallenen Pflanzen bisher nicht beobachtet.

Luperus pinicola Duft., Schwarzbrauner Kiefernblattkäfer

Kennzeichen: 2,8–4,5 mm. Oberseits glänzend schwarz oder pechschwarz. Halsschild ganz oder teilweise rot. Fühlerbasis, Schenkelspitzen, Schienen und Füße rötlichgelb.

Ökologie: hauptsächlich an schlechtwüchsigen 5–15jährigen Kiefern, auch an Weymouthskiefer. Imagines Mai/Juli an Nadeln und jungen, noch nicht verhärteten Trieben vorkommend, gleichfalls wie der gelbe Kiefernblattkäfer, Rinnen auf der Nadelunterseite ausfressend. An der weichen Rinde der Maitriebe auch Platzfraß, meist unterhalb der Basis der Nadeln.

Wirtschaftl. Bedeutung: nicht ganz indifferent.

Anthribidae, Breitrüßler

Familiencharakteristik: siehe Artdiagnose. – Zumeist in abgestorbenem Holz vorkommend und wahrscheinlich von Moderpilzen sich ernährend. In der Waldlebensgemeinschaft von Bedeutung: *Brachytarsus fasciatus* FORST., Roter Schildlausrüßler (rot-schwarze Elytren; Larve bei Schildläusen auf Laubholz) und

Brachytarsus nebulosus Forst., Grauer Schildlausrüßler

Kennzeichen (Abb. 426): 2,5–4 mm. Gedrungener, stumpf eiförmiger Habitus; schwarz, dicht punktiert; ventral dicht, dorsal sparsamer gelbgrau behaart. Elytren tief punktiert gestreift und mit grauen Makeln gesprenkelt.

Ökologie: Larven carnivor, fressen sich in die seßhaften ♀♀-Schildläuse ein, ernähren sich von den Eiern und verpuppen sich auch dort (etwa bei der Fichtenquirlschildlaus gefunden). – Imago frißt Schildläuse und Insekteneier (SCHWERDTFEGER, 1981).

Wirtschaftl. Bedeutung: sehr nützlich.

Curculionidae, Rüsselkäfer; Rüßler

Kennzeichen, Systematik und Ökologie: ausgezeichnet durch rüsselförmige Verlängerung des Kopfes. Rüsselform und mit ihr gleichzeitig die Form der Fühler ermöglichen eine Einteilung dieser außerordentlich umfangreichen Käferfamilie. – Die **Kohorte der Gonatoceri** zeigt gekniete Fühler, d. h. das 1. Glied ist stark verlängert zum Schaft und die Geißel ist am Schaft winkelig abgebogen. Bei den **«Langrüßlern»** (**Rhynchaenides**) ist der meist stielrunde Rüssel lang, dünn und gebogen (selten dick und kurz); die Augen gewöhnlich quer und fast so breit wie der Rüssel an der schmalsten Stelle hoch ist (Abb. 430). Bei den **«Kurzrüßlern»** (**Curculionides**) ist der Rüssel nie stielrund, sondern dick, kurz und oberseits meist abgeflacht; die Augen rundlich und schmaler als der Rüssel hoch ist. – Die **Kohorte der Orthoceri** zeigt nicht gekniete Fühler; das 1. Glied ist nicht so lang wie die übrigen Glieder zusammen; dieser Gruppe gehören die **«Stecher»** und **«Blattroller»** (**Rhynchitini**) und die in der Waldbiozönose wirtschaftlich unbedeutenden «Spitzmäuschen» (Apioninae) an (Abb. 1021 bis 1022). – Die Fühler sind übrigens in Fühlerfurchen oder Fühlergruben inseriert, deren Form (ob rundlich oder länglich) bei der Differentialdiagnose beachtet wird. Flügel vorhanden oder fehlend; Elytren hart und den Körper meist ganz umschließend. – Larven (Abb. 428) meist extremitätenlos oder nur mit Wülsten (zur Fortbewegung). – Sämtliche Rüsselkäferarten im larvalen und imaginalen Stadium phytophag bei jedoch oft recht unterschiedlicher Ernährungsweise, die bei den Artdiagnosen verzeichnet ist. – Generation zumeist einjährig; nur einige Arten mit 2jähriger Generationsdauer. Wesentlich in differentialdiagnostischer Hinsicht gegenüber den Borkenkäfern ist bei der Eiablage die Tatsache, daß sich das Rüsselkäferweibchen niemals in das Pflanzengewebe einfrißt, sondern lediglich ein Loch mit dem Rüssel nagt und ein oder mehrere Eier in das Loch ablegt (allenfalls mit dem Rüssel noch nachschiebend). – Außer den im folgenden ausführlicher besprochenen wirtschaftlich schädigenden und anderweitig auffallenden Arten, unter denen einige Larven bei rhizophager Ernährungsweise als terricol anzusprechen sind (etwa *Otiorrhynchus niger*), finden sich im Bestande auch ausgesprochene Bewohner der Bodenstreu, die damit bodenbiologische Bedeutung haben. Hier sind beispielsweise zu nennen: *Caenopsis fissirostris* WALTON. (im Fallaub oder in humifizierten Laubholzstöcken, in SW-Deutschland); *Rhinomias forticornis* BOH. (in der Laubstreu gebirgiger Lagen); *Adexius scrobipennis* GYLL. (in Gebirgsgegenden im Mai aus Fallaub zu sieben); *Cotaster uncipes* BOH. (Fallaub; Vollkerf überwinternd) und *Acalles* spec. (Käfer im Winter in der Bodendecke von Laub- oder Nadelholzbeständen; raupenartige graue Larven [bis 1 cm] im Juli/August im Gesiebe).

Rhynchaenides, Langrüßler

Die Angehörigen dieser Gruppe verhalten sich in biologischer Hinsicht sehr verschieden. Entweder verursacht der Käfer wirtschaftlichen Schaden (die Larven nicht) oder der Schaden wird durch die Larven hervorgerufen (der Käferfraß ist dann wirtschaftlich bedeutungslos). Wieder andere Arten sind schädlich durch Larven- und Käferfraß. Auch der Fraßort ist je nach den Arten unterschiedlich (vgl. die einzelnen Artdiagnosen).

Hylobius abietis L., Großer brauner Rüsselkäfer
(Kiefernrüßler)

Kennzeichen (Abb. 429): 8–14 mm; typischer Rüsselkäferhabitus. Gesamtfärbung schwarz, mit ockergelben Schuppenhaaren besetzt, die auf den Elytren zu unregelmäßigen Flecken und Querbinden verdichtet sind. Halsschild sehr grob und längs runzelig punktiert. – Gelblichweiße Larve (Abb. 428) gekrümmt; brauner Kopf mit 2 hellen Seitenflecken.

Differentialdiagnostisch schwer zu trennen, im biologischen Verhalten aber gleich:

Hylobius pinastri Gyll., Kleiner brauner Rüsselkäfer

Kennzeichen: 6–9 mm; die Größe aber vielfach kein Differentialmerkmal! Wesentlich: Halsschild nicht längs gerunzelt, sonst ebenfalls punktiert.

Ökologie (beider Arten): in der Ebene wie im Gebirge (bis 1700 m) verbreitet; ob jeweils artspezifische geographische Vorkommensbereiche existieren, ist noch nicht geklärt. – Hauptschwärmzeit: Ende April bis Anfang Juni; Fortpflanzung kann sich jedoch auf die ganze warme Jahreszeit bis September ausdehnen. – Eiablage vom Mai ab an flachstreichende, absterbende Wurzeln, besonders an Kiefer und Fichte. Stockwurzeln der im vorausgegangenen Winter gefällten Stämme werden mit Vorliebe belegt.

♀ nagt Rindenlöcher; in jedes Ablage mehrerer Eier. – Larven schlüpfen 2–3 Wochen nach der Eiablage, fressen zunächst wurzelabwärts oberflächlich im Bast, später tiefer, auch den Splint furchend. Eine von mehreren Larven befallene Wurzel sieht wie eine kannelierte Säule aus; Larvenfraß daher als «Kannelierfraß» bezeichnet (Abb. 427). – Am Ende des Fraßganges nagt die ausgewachsene Larve im Oktober ihre Puppenwiege, die hakenförmig in den Splint eingreift. Verpuppung erfolgt aber erst im darauffolgenden Jahre im Juli/August. Unter der Annahme, daß die Eiablage vornehmlich im Mai und Juni erfolgt, fällt das Ausschlüpfen der Jungkäfer in die Zeit von Juli bis Anfang September des nächsten Jahres. – Sind die frischgeschlüpften Käfer sofort fortpflanzungsfähig? Es hat sich gezeigt, daß die meisten der im Frühjahr auftretenden Käfer im Spätsommer des vorhergehenden Jahres die Puppenwiege bereits verlassen hatten und erst nach der Überwinterung geschlechtsreif wurden; diese findet statt im Moos, in den Streuschichten der Bestände (vor allem in der Förna der Stangenhölzer) oder in amorphen Stöcken. – Imagines befressen von Mai/September die Rinde und das Kambium junger Nadelhölzer dicht oberhalb des Wurzelknotens in erbsen- oder bohnengroßen Stellen. Da der Umfang der Fraßbeschädigungen in der Tiefe geringer ist als am Wundrand, sind die Fraßstellen trichterförmig («Pockennarbenfraß»; Abb. 431). Befressene Pflanzen kümmern und sterben bei starkem Befall ab. – Generationsverhältnisse (für Deutschland) zumeist 2 jährig (Überwinterung der ausgewachsenen Larven und nochmalige Überwinterung der Jungkäfer, die erst im darauffolgenden Frühjahr zur Eiablage schreiten!). Nur bei äußerst günstigen Temperaturverhältnissen kann durch beschleunigte Verpuppung und schnelles Ausschlüpfen der Käfer im Jahre der Eiablage die Generation einjährig werden. – Hylobius erscheint in manchen Jahren in außerordentlich hoher Populationsdichte auf den Kahlschlagflächen (= Ort der Eiablage und Geburtsstätte!) und in den Kulturen (= Fraßstätte der Käfer!). – Vertilgerkreis: Hylobius hat eine beträchtliche Anzahl von Feinden, u. a. viele insektenfressende Säuger und Vögel, auch Blindschleiche und verschiedene Eidechsen. Sehr zahlreich sind die Prädatoren und Parasiten unter den Arthropoden, u. a. Isopoda, Arachnida, Chilognatha, Gymnocerata, Ameisen, Carabidae, Staphylinidae, Elateridae, Ichneumonidae und Braconidae. Elateriden- und Carabus-Larven stellen vor allem den Hylobius-Larven nach. Laphria (Dipt.) saugt mit Vorliebe Vollkerfe aus; Brachyopa conica Pz. (Dipt., Syrphidae), die in Fraßgängen der Hylobius-Larven vielfach aufzufinden sind, dürften nicht (wie gelegentlich angenommen wird) als Räuber in Frage kommen, sondern Detritusfresser sein. Von Braconidae sei vornehmlich Bracon brachycerus Thoms. genannt, die in Rüsselkäferlarven parasitiert; verschiedene Pimpla-Arten werden in dieser Hinsicht gleichfalls anzugeben sein. Sehr zahlreich sind schließlich in den Larvengängen und Puppenwiegen Nematoden, die auch unter den Elytren der Vollkerfe vorkommen; teils sind sie Parasiten, teils lediglich «Wohnungseinmieter» oder bei den Imagines offenbar auch völlig harmlos.

Wirtschaftl. Bedeutung (beider Arten): ausgesprochene Kulturschädlinge, da *Hylobius* nur im Imaginalstadium schädlich ist. Hauptfraßpflanzen sind Kiefer und Fichte, hauptsächlich im Alter von 3−6 Jahren; bei Massenvermehrungen werden auch jüngere Pflanzen (einjährige oder sogar Keimlinge) nicht verschont. *Hylobius* frißt auch an Schwarz- und Weymouthskiefer, Tanne, an europäischer und japanischer Lärche; von Laubhölzern werden junge Eichenpflanzen bevorzugt (mithin recht polyphag). Gelegentlich auch Fraß von Nadeln, bevorzugt dabei Krone von Althölzern. − Der Pockennarbenfraß = typisches Differentialmerkmal gegenüber dem Reifungsfraß wurzelbrütender Hylesinen (etwa *Hylastes cunicularius* an Fichte; s. Seite 290).

Die **Pissodes-Arten (Nadelholzbohrer)**, schädlich durch den Larvenfraß, seien **nach ihrem biologischen Verhalten** aufgezeichnet; differentialdiagnostisches Merkmal gegenüber den Borkenkäfergängen: Spanpolster an der Puppenwiege.

An Fichte

Pissodes harcyniae Hrbst., Harzrüsselkäfer, Harzrüßler

Kennzeichen: 6−7 mm. − *Pissodes*-Arten ähneln in ihrem Aussehen − besonders die größeren − den *Hylobius*-Arten; von diesen aber folgendermaßen unterschieden: Fühler in der Rüsselmitte eingelenkt; Schultern nicht hervortretend. − *P. harcyniae* im Habitus schmal, schwarz, mit weißlichen Schüppchen bestreut. Elytren mit 2 feinen, schrägen, unterbrochenen, gelblich-weißen Querbinden. Schildchen gelblichweiß. Halsschild mit großen, runden, vertieften Punkten besetzt und deutlich abgerundet.

Ökologie: vor allem in bergigen Gegenden Mittel- und Nordeuropas. − Befallen werden 50−100jährige kränkelnde, durch Schneebruch, Raupenfraß usw. geschwächte Stämme, besonders aber rauchgeschädigte Fichten (in Industriegebieten, in der Nähe von chemischen Fabriken), so daß sich bereits die Bezeichnung «Rauchrüsselkäfer» vielerorts eingebürgert hat. − Eiablage im Frühjahr nach der Überwinterung im Boden; zur Eiablage benutzt der Käfer die oberen Stammhälften. ♀♀ bohren hier Löcher und legen in diese ihre Eier ab. Die aus den Einstichen quellenden Harztröpfchen erstarren und bilden bläulich-weiße Flecken. Dadurch sehen die Stämme aus, wie wenn sie mit Kalk bespritzt wären. − Larven fressen im Bast unregelmäßige lange Gänge (Abb. 433). Werden mehrere Eier (bis 5) in einem Loch untergebracht, nimmt das Fraßbild eine mehrminder strahlige Figur an (Abb. 434). Bei noch saftreichen, rauchgeschädigten Fichten ersticken die Larven im Harz; Larvengänge füllen sich mit einer Korkschicht (äußerlich als «Riefen» [Furchen] erkennbar!). − Verpuppung in einer mit Holzspänchen ausgepolsterten elliptisch-geformten Splintwiege (Abb. 434; vgl. auch Abb. 432). − Einjährige Generation.

Wirtschaftl. Bedeutung: sehr schädlich, besonders in Gebirgsrevieren. – Erste Kalamität um 1860 aus dem Harz gemeldet (daher die Bezeichnung «Harzrüßler»). – Erkennung: Harzaustritt, in Rauchbeständen die «Riefen», später die Rötung der Wipfel. – Mit *harcyniae* häufig auftretend übrigens *Pissodes scabricollis* MILL., der Fichtenbestandsrüßler (auch gefleckter Fichtenrüsselkäfer genannt), der ähnliche Lebensweise und forstliches Verhalten zeigt.

An Kiefer

Pissodes notatus F., Kiefernkulturrüßler
Kleiner brauner Kiefernrüßler; Weißpunkt-Rüsselkäfer

Kennzeichen: 5–7 mm. Rötlichbraun, mit grauweißen und gelben Haarschüppchen unregelmäßig besetzt. Auf dem Halsschild einige (meistens 8) deutlich gelblichweiße Punkte; auf den punktiert-gestreiften Elytren eine breite, rostfarbige bis weißliche an der Naht unterbrochene Querbinde hinter den Schultern und eine zweite, ebenso gefärbte, aber nicht unterbrochene hinter der Mitte. – Rüssel ziemlich lang und fein, dunkelbraun, im unteren Drittel geschwärzt.

Ökologie: Eiablage an jungen Kiefernpflanzen, und zwar an den unteren Quirlen. Meist in 3–15jährigen Kulturen, mitunter auch in älteren (sogar schon in 100–120jährigen Altholzbeständen schädigend aufgetreten); ausnahmsweise in Fichten- und Lärchenbeständen. – Larven fressen geschlängelte, mit Bohrmehl angefüllte Gänge zwischen Rinde und Holz nach abwärts; auch hier bei Ablage mehrerer Eier an einer Rindenstelle «Strahlenfraß». Larvenfraßgänge enden über dem Wurzelknoten in tiefen, bis ins Holz eindringenden, muldenförmigen, elliptischen Puppenwiegen, die mit langfaserigen Nagespänen ausgepolstert und oben verstopft sind (Abb. 432). – Jungkäfer fressen sich durch ein rundes Ausflugsloch nach außen. – Einfache Generation. – Imaginalfraß tritt gegenüber dem Larvenfraß stark zurück. Vollkerfe nagen gewöhnlich an Zweigen und Trieben der Brutpflanzen zur Saftzeit tiefe Löcher in die Rinde (wobei sie den Rüssel fast bis an die Augen einbohren), also nicht plätzend (wie *Hylobius*). – Vertilgerkreis: den *notatus*-Larven stellen besonders gern die Spechte nach, Elateriden-Larven und vermutlich die Larven des Cleriden *Opilo mollis* L. Das Hauptkontingent der Feinde stellen aber die Entomophagen: Ichneumonidae, Braconidae und Chalcididae; unter diesen scheint die häufigere *Bracon* (= *Habrobracon*) *sordidator* RTZ. Ektoparasit zu sein. Parasitierte *Pissodes*-Larven stellen etwas abweichende, anomale Fraßfiguren her.

Wirtschaftl. Bedeutung: schlechtwüchsige Kulturen durch Larvenfraß gefährdet. Durch Wildverbiß kränkelnden oder durch Waldbrand angesengten Kulturen wird *notatus* auch gefährlich. – Befallene Stämmchen zeigen im Juli gewöhnlich den Befall durch Harztröpfchen an der Rinde, Rot- und Welkwerden der Nadeln, und sterben dann meist ab.

Pissodes piniphilus Hrbst., Kiefernstangenrüßler

Kennzeichen: 4–5 mm; *notatus* ähnlich, aber kleiner. Rostbräunlich, mit kleinen gelbweißen Haarschüppchen dicht bepudert. Elytren runzelig gekörnt, hinter der Mitte je ein großer, rostgelber Fleck. Halsschild mit abgerundeten Hinterecken.

Ökologie: in 30–50jährigem Stangenholz vorkommend. – Käferfraß (wie bei *notatus*) an der Saftrinde junger Zweige. – Vornehmlich Kiefernstämme (auch Weymouthskiefer) mit glatter, dünner Rinde werden mit Eiern belegt; meist zerstreute Eiablage, daher «Strahlenfraß» der Larven seltener. Larvengänge geschlängelt, verlaufen im Bast, kehren oft um. – Sofort erkennbar sind die mit weißen recht feinen Spänen gefüllten elliptischen Puppenwiegen. – Generation wahrscheinlich einjährig.

Wirtschaftl. Bedeutung: obwohl kränkelndes Material bevorzugt wird, befällt der Käfer bei günstigen Vermehrungsverhältnissen auch gesunde Stämme. Schaden kann beträchtlich werden; der Käfer kann dann bestandeszerstörend wirken. – Befallskennzeichen: Kümmern der Triebe im Wipfel und Auftreten weißer Harztropfen. – Mit *piniphilus* zusammen tritt häufig Rindenblasenrost der Kiefer auf (erzeugt durch den Rostpilz *Peridermium* [= *Endocronartium*] *pini*; «Kienzopf»; Lit.: BUTIN [1983]).

Pissodes pini L., Kiefernbestandsrüßler, Kiefernaltholzrüßler

Kennzeichen: 7–9 mm. Rot- bis schwarzbraun; dem *Hylobius abietis* ähnlich. Halsschild mit scharf rechtwinkeligen Hinterecken. Elytren mit deutlichen Punktreihen an der Naht und zwei schwachen, gelben Binden (Abb. 1036).

Ökologie: hauptsächlich in der Kronenregion älterer Kiefern; an Weymouthskiefer am ganzen Stamm, an Krummholzkiefer (Legföhre) an Ästen. – Eiablage in Häufchen, daher Larvengänge in typischem «Strahlenfraß». – Puppenwiegen mit grobem Spanpolster ausgekleidet (Abb. 1034/35).

Wirtschaftl. Bedeutung: weit geringer als bei *Pissodes notatus* und *piniphilus*.

Pissodes validirostris Sahlberg, Kiefernzapfenrüßler

Kennzeichen: 6–8 mm; sehr ähnlich dem *Pissodes notatus*. Unterschiede: Hinterecken des fein runzelig gekörnten Halsschildes rechtwinkelig, weniger spitz; Punktstreifen der Elytren feiner punktiert; Flügeldeckenbinden heller, mehr weiß.

Ökologie: Entwicklung der Käfer in Kiefernzapfen; Eiablage vermutlich im Frühjahr, Larve frißt bis August, verpuppt sich; der Jungkäfer bohrt sich durch ein kreisrundes Ausflugsloch aus den hängenden oder abfallenden Zapfen (Abb. 585) und überwintert. – Generation einfach.

Wirtschaftl. Bedeutung: zweifellos gegeben, da der Befall mitunter dicht sein kann. – Befallene Zapfen fallen gewöhnlich im August/September bei stärkerem Wind ab. – Differentialdiagnose bei Zapfenverletzungen an Nadelhölzern; s. Seite 327.

Pissodes piceae Ill., Weißtannenrüßler

Kennzeichen: 7–10 mm; braun, mit gelben Schuppen ungleichmäßig besetzt. Elytren punktiert-gestreift. Hinter der Mitte vereinigen sich die Schuppen zu einer rostgelben, nach außen hin verbreiterten, an der Nahr unterbrochenen Binde. Die viereckigen Punkte auf den Flügeldecken abwechselnd groß und klein. Halsschild mit 4 gelblichen, in einer Reihe stehenden, vertieften Punkten und mit scharf spitzwinkeligen Hinterecken.

Ökologie: monophag an Weißtanne. Lebensweise, Generationsverhältnisse, Larvenleben und Verpuppungsgewohnheiten mit den übrigen *Pissodes*-Arten übereinstimmend. Beim *piceae*-Fraßbild auffallend die häufig auftretende Ausbildung vielstrahliger Fraßfiguren.

Wirtschaftl. Bedeutung: 40–80jährige Stangenhölzer werden bevorzugt, dabei vornehmlich schlechtwüchsiges, kränkelndes Material, doch auch gesunde Stämme angegangen. – Der Weißtannenrüßler mitbeteiligt an der Erscheinung des «Tannensterbens», dessen Ursachen offenbar in einem Komplex von Faktoren zu suchen sind oder aber recht unterschiedliche Faktoren führen zu auffallend ähnlichen Krankheitserscheinungen. Darunter werden auch abiotische Faktoren wie u.a. Kalkmangel, Grundwassersenkungen oder Rauchschäden angeführt.

Weitere beachtenswerte Langrüßler

Magdalis violacea L., Triebrüßler, Stahlblauer Fichtentriebstecher

Kennzeichen (Abb. 435): 3,5–5 mm. Oberseits blau, grün oder schwarz gefärbt; Basis der Elytren von der Mitte nach außen gerade, horizontal verlaufend, innen um das Schildchen gebogen. Kopf schwach oder undeutlich punktiert; Rüssel schwach gebogen.

Ökologie: Imagines skelettieren die Blätter von Birken. – Hauptflugzeit: Frühjahr und Vorsommer. Die goldgelben Eier werden zu mehreren in ausgenagte Rindenlöcher der Fichte abgelegt, auch an Weymouthskiefer. – Larven fressen stammaufwärts und -abwärts parallel verlaufende tiefe Furchen in den Splint und verpuppen sich an deren Ende in noch tiefer liegenden Puppenwiegen. Zwischen den einzelnen Gängen bleiben deutliche Kämme stehen; gut besetzte Fraßstücke von *Magdalis* denen von *Hylobius abietis* (diese aber in anderem Bereich der Pflanze!) bis zu einem gewissen Grade ähnlich. – Larve überwintert und entwickelt sich nach kurzer Puppenruhe im Frühjahr zum Vollkerf. – Generation einjährig. – Vertilgerkreis: als parasitische Formen wurden vor allem Arten der Ichneumonidae, Braconidae und Chalcididae beobachtet.

Wirtschaftl. Bedeutung: besonders in 3–15jährigen Kulturen auftretend. Da aber die Beschädigungen durch die *Magdalis*-Arten meist sekundärer Natur sind, so beschleunigen sie allenfalls das Absterben bereits kranker Pflanzen. Sie können freilich auch solche Pflanzen zum Absterben bringen, die sich evtl. wieder erholt hätten, wie beispielsweise Fichten nach *Cydia pactolana*-Befall (s. Seite 326). – Differentialmerkmale ähnlicher Fraßbilder: *Ernobius mollis* L. (Anobiidae): Fraßgänge nach allen Richtungen durch das Holz ziehend (*Magdalis*-Fraßgänge dagegen peripher verlaufend) – *Pogonochaerus fasciculatus* Deg. (Cerambycidae, wenn etwa an 5–15jährigen Fichten auftretend): Larvenfraßgänge werden ständig breiter und sind scharfrandige Splintgänge in mannigfaltigen Windungen mit feinen weißen Nagespänen; Puppenwiege = Hakengang (*Magdalis*-Fraßgänge dagegen vorwiegend gleich bleibend). – (*Magdalis*-Arten auch **Rinden-** u. **Zweigrüßler** genannt).

Cryptorrhynchus lapathi L.,
Bunter Erlenrüsselkäfer, Erlenrüßler; Erlenwürger

Kennzeichen (Abb. 437): 5,5–9 mm. – Gattungsmerkmal: Rüsselfurche in der Vorderbrust. – Schwarz oder pechbraun; dunkel beschuppt und sehr kurz beborstet; die Seiten des Halsschildes, das letzte Drittel der Flügeldecken und meist auch noch einige kleine Fleckchen auf der Scheibe der Elytren dicht weiß und gelbweiß beschuppt. Auf der Scheibe des Halsschildes und der Flügeldecken vereinzelt schwarze Borstenbüschel.

Ökologie: Fraß- und Brutpflanzen: Schwarz- und Weißerle, auch Grünerle und Weiden, seltener Pappeln und Birken. – Zweijährige Generation. – Die im August ausschlüpfenden Jungkäfer führen Ernährungsfraß aus an dünnrindigen Stämmen und Zweigen bis zum Kälteeintritt, dann erfolgt Überwinterung in Rindenritzen oder in den Streuschichten. Der Ernährungsfraß der Jungkäfer = sogen. «Stichfraß», das sind meist etwas quere Löcher, wobei Lochrand nach aufwärts gebogen ist. Unter der Rinde wird um das Stichloch der Bast ausgefressen; Fraßverletzung kann bis auf den Splint gehen. Stellen schwärzen sich. – Mai des folgenden Jahres: Eiablage an die Rinde etwa junger Erlen und zwar zumeist am unteren Stammteil. Eier überwintern, ergeben Ende März Larven. Die junge Larve frißt zunächst dicht unter der Rinde längsverlaufende Gänge, die im Laufe des Larvenlebens breiter werden. Die Larve geht dann in die Bastschicht, befrißt später auch den Splint, dringt in den Holzkörper tiefer ein, um schließlich zum zentralen Fraß überzugehen. Erkennungsmerkmale des Larvenfraßes: u. a. Aufblähen der Rinde, später Einsinken und Rissigwerden der Rinde über den Gängen (Abb. 436); weiterhin braunes Holzmehl (mit hellerem Bohrmehl gemischt, je weiter die Larve in den Holzkörper dringt), das an den Bohrlöchern hängt und endlich zu Späne bis 1 cm Länge wird. – Larvenfraß bis Ende Juli, dann Verpuppung. Der

Jungkäfer wühlt sich durch die Nagespäne der Larve hindurch und verläßt durch das letzte der Auswurflöcher, welche die Larve zur Reinigung ihres Ganges benötigt hat, den Gang. – Vertilgerkreis: an Feinden sind zu nennen außer den Spechten vor allem Ichneumoniden und Braconiden.

Wirtschaftl. Bedeutung: Folgen des Käferfraßes selbst bei höherer Populationsdichte geringfügiger Art. In Weidenhegern durch Benagen der einjährigen Ruten an den Triebspitzen dagegen kann fühlbarer Schaden verursacht werden. – Larvenfraß ruft freilich meist beträchtlichen Schaden hervor; ganz junge Pflanzen gehen zugrunde. Bei älteren Pflanzen brechen unter Schneelast meist die Zweige an jenen Stellen, an denen mehrere Larven beieinander gefressen haben. Überstehen die befallenen Pflanzen den Fraß, treten Deformationen (Verdickungen, Knickungen usw.) auf.

An Esche: *Stereonychus fraxini* DEG. Eschenblattschaber; Eschenrüsselkäfer.

Rhynchaenus fagi L., Buchenspringrüßler
(früher: *Orchestes*)

Kennzeichen: $2-2^1/_2$ mm. Schwarz, fein behaart; Fühler und Tarsen rot. Seiten der Mittel- und Hinterbrust nicht weiß beschuppt. Hinterschenkel stark verdickt.

Ökologie: im ganzen Verbreitungsgebiet der Rotbuche vorkommend. Überschreiten der Verbreitungsgrenzen der Rotbuche nicht möglich, da Larvenentwicklung an diese Holzart gebunden zu sein scheint. In Südeuropa Beschränkung der Verbreitung auf die Gebirge. Wesentlich sind die Käferfunde in Schottland (an der Nordwestgrenze der Buchenverbreitung) und auf der Krim (Vorkommen der Rotbuche in isoliertem Außengebiet). Außerhalb des natürlichen Buchenverbreitungsgebietes bisher nur in Finnland nachgewiesen (künstlich angebaute Buchen!). – Biotop: Buchenaltholzbestände, besonders Bestandesränder werden mit besonderer Vorliebe angegangen, doch auch an jüngeren Pflanzen und an Aufschlag. An Krüppelbuchen (Abb. 1048) (etwa an den «Süntelbuchen» [BRAUNS, 1937]) habe ich den Buchenspringrüßler bisher selten aufgefunden, selbst wenn diese Mutationsformen inmitten normalwüchsiger Rotbuchenbestände standen [ob durchgängig, fraglich]. – Käfer fressen an den Blättern (Löcherfraß) und an den Blattstielen (Blattabfall), an den Fruchtknoten der weiblichen Blüten und an den Fruchtkapseln (Aufklappen und Taubbleiben als Folge?). Imagines an Rotbuche, auch an Obstbäumen, Beerensträuchern, Gemüse nahegelegener Gärten beobachtet. Mit dem Ausbrechen des Buchenlaubes im Frühjahr erscheinen die überwinterten Käfer, beginnen mit dem schrotschußartigen Lochfraß an den Blättern und schreiten zur Eiablage. – Ei wird in die Mittelrippe eines Blattes abgelegt, von der Unterseite her. Weibchen nagt mit den Mundteilen eine Höhlung aus, die durch eine feine Öffnung mit der Außenwelt in Verbindung steht. Mittelrippe an der Stelle der Eiablage etwas verdickt. Es ist unbekannt, ob diese Verdickung durch den mechanischen Eingriff des Käfers oder durch eine Wachstumsreaktion des Blattes erfolgt. Gelegentlich auch Eiablage an Seitenrippen. – Dauer des Eistadiums noch unbekannt. – Fraßbild der *Rhynch.*-Larve: Blattmine, d. h. Fraß zwischen der oberen und unteren Blattepidermis. Miniertätigkeit der Larve schon seit RATZEBURG (1839) bekannt. Eilarve frißt zunächst wenige mm langen Kanal in der Rippe, an der die Eiablage stattgefunden hat. Daraufhin Gangmine zwischen 2 Seitenrippen. Nach Erreichung des Blattrandes verwandelt sich die Gangmine in eine Platzmine (Abb. 438). – Farbe der *Rhynch.*-Mine anfangs blaß weißlichgelb; später bräunt sich die Epidermis im Minenbereich, und es entsteht jene Bräunung, die den Wirkungen des Spätfrostes ähnelt. – Dauer des Larvenstadiums: 3 Wochen; Puppenruhe: 10–14 Tage. – Jungkäfer fressen noch bis etwa Mitte September und suchen dann die Überwinterungsorte auf; das Überdauern der ungünstigen Jahreszeit erfolgt im Boden, in der Streuschicht, im Moos, in Rindenritzen usw.

Wirtschaftl. Bedeutung: Massenvermehrungen des Buchenspringrüßlers sind vor allem aus dem Zentrum des Verbreitungsgebietes der Rotbuche bekannt geworden. Folgen eines starken Befalls sind neben Zuwachsverlusten auch Mastverluste. Schaden entsteht durch Käfer- und Larvenfraß. (Gravierende Zunahme des Befalls im Jahre 1988 durch die Witterung anscheinend begünstigt). – Als biotische Faktoren des Umweltwiderstandes regulieren die Vermehrung des *Rh. fagi* eine ganze Reihe von Feinden, unter denen die Ichneumoniden und Chalcididen das Hauptkontingent stellen.

Rhynchaenus quercus L., Eichenspringrüßler

(früher: *Orchestes*)

Kennzeichen: $2^1/_2$–$3^1/_2$ mm. Oberseits einfarbig gelbbraun; Elytren dicht behaart, Halsschild mit feiner Mittelfurche; die goldgelbe Behaarung neben der Mittellinie kurz, horizontal gescheitelt. – Differentialdiagnose der Larve gegenüber der Buchenspringrüßlerlarve: Hautdornen und Stigmen dunkel gefärbt.

Ökologie: an Eichen, vor allem auf unterdrücktem Unterholz; bevorzugt Stieleiche vor der Traubeneiche (?). – Lebensweise ähnelt jener des Buchenspringrüßlers. Nahrungsfraß des Käfers: nagt an der Blattunterseite «Flecken» von verschiedener Gestalt; Löcher wie bei *Rh. fagi* werden nur selten genagt. Eiablage an der Unterseite des Blattes in die Mittelrippe. Larve frißt eine Strecke lang am Hauptnerven, verläßt diesen bald und frißt eine ähnliche Minenform ins Blattparenchym wie *fagi*. Verpuppung innerhalb der Blasenmine in einem kleinen runden gesponnenen Kokon. – An der Stelle der Eiablage gewöhnlich Umknicken des Blattes nach unten.

Wirtschaftl. Bedeutung: wie bei *Rh. fagi*. – Weitere *Rh.*-Arten an den verschiedensten Holzarten (Birke, Erle, Pappel und Weide [*Rh. populi* FABR.]; Ulme).

Curculio nucum L., Haselnußbohrer; Nußrüßler
(früher: *Balaninus*)

Kennzeichen (Abb. 440): 5–7 mm. Auffälligstes Merkmal: langer, dünner, stark gebogener Rüssel. Fühlergeißel dicht abstehend behaart, die letzten Glieder $1^1/_2$ mal so lang als breit. – Dunkelbraun beschuppt, Schultern und einige bindenförmige Makel heller beschuppt. Elytrennaht hinten mit deutlich abstehendem Haarkamm.

Differentialdiagnose der an den gleichen Fraßpflanzen vorkommenden, nah verwandten Art:

Curculio glandium Marsh., Eichelbohrer; Eichelrüßler
(früher: *Balaninus*)

Kennzeichen: 5–8 mm; bei auch dunkelbrauner Beschuppung Elytren aber mit undeutlichen helleren Binden; Elytrennaht ohne aufrechte Haare. Fühlergeißel nur mit einzelnen Haaren.

Ökologie (beider Arten): in Haselnüssen und in Eicheln vorkommend. – Eiablage: ♀ bohrt mit dem Rüssel im Mai/Juni die jungen Früchte an und beschickt das Bohrloch mit einem Ei. Bohrloch sehr klein, vernarbt, in der reifen Frucht kaum erkennbar. – Larve ernährt sich vom Kern der Frucht und produziert feine Kotkrümel. Befallene Früchte entwickeln sich zunächst äußerlich normal weiter, fallen aber früher ab als die gesunden. – Larve im Herbst erwachsen, verläßt das Fruchtgehäuse durch kreisrundes Bohrloch (Abb. 439) und überwintert in einer schleimigen, innen geglätteten Höhle in den Bodenschichten (bis etwa 25 cm tief). Verpuppung erst im nachfolgenden Frühjahr kurz vor der Flugzeit der Imagines. – Generation einjährig, doch auch Überliegen der Larven bis zu 3 Jahren.

Wirtschaftl. Bedeutung (beider Arten): Früchte randständiger Stämme werden anscheinend bevorzugt mit Eiern beschickt. Gewisser Schaden durch Beeinträchtigung der Samenernte zweifellos gegeben.

Curculionides, Kurzrüßler

Die Angehörigen dieser Gruppe zeigen in biologischer Hinsicht ziemlich einheitliches Verhalten. Als Larven rhizophag (wie die Engerlinge), als Vollkerfe vielfach polyphag an den Assimilationsorganen junger Laub- und Nadelholzpflanzen.

Otiorrhynchus niger F., Mittlerer schwarzer Rüsselkäfer

Kennzeichen (Abb. 441): 7–12 mm. Schwarz, grau behaart; in den Flügeldeckenstreifen meist dichter behaart. – An der Rüsselspitze charakteristische muschelförmige Verbreiterungen (gesamte Gattung daher auch «Lappen»- oder «Dickmaul»-Rüßler genannt). – Ungeflügelt. – Beine rot (daher «Rotbein» genannt).

Ökologie: vorkd. als «typisch montane bis alpine Art» (Schindler, 1958) offenbar in Mitteleuropa in Höhen von 300–800 m. In den Regionen ab 800–1000 m Höhe herrscht eine andere Art vor: *Otiorrhynchus sensitivus* Scop. (großer schwarzer Rüsselkäfer). – Eiablage im Frühjahr in den Boden von Nadelholzkulturen (vor allem Fichte, aber auch von Laubholzkulturen), besonders gern an frisch gelockerte Stellen. – Larven hier rhizophag (zarte Wurzeln verzehren sie ganz, stärkere schälen sie): Abb. 349. – Die ersten Larven verpuppen sich am Fraßort in einer innen geglätteten Höhle, in der die Jungkäfer überwintern. Im darauffolgenden Frühjahr fressen die Vollkerfe zumeist nachts oberirdisch an Nadeln junger Fichten (bis zum Alter von 20 Jahren); wenn vorhanden, nehmen sie auch Douglasien, Erlen und Birken an. In geeigneten Biotopen kommt es im Frühsommer gelegentlich zu einem ausgesprochenem Fraßpflanzenwechsel von der Fichte zur Erle. Platzfraß an der Rinde (Abb. 446) soll nur selten stattfinden. *Fraßbild an Nadelholz:* die Käfer beginnen an der Nadelspitze, häufig die einzelne Nadel nur skelettierend, so daß ein dünner Faden stehen bleibt. Bisweilen werden in die Nadelränder nur Scharten genagt. *Fraßbild an Laubholz:* Fraß geht an der Blattspitze vom Blattrand aus, die Seitenrippen dabei nicht verschonend, wohl aber die starken Mittelrippen. – Der sehr geringe Nahrungsbedarf eines Käfers beläuft sich nach Schindler auf 1–2 g Nadelmasse während des ganzen Lebens. – Generation meist zweijährig. – An Feinden sind bekannt geworden: eine univoltine Braconide (*Pygostolus multiarticulatus* Ratz.) und eine bivoltine Tachine (*Rondania dimidiata* Meig.), die bei den Imagines parasitieren (die Braconide zu 75% bei Weibchen). Eine Parasitierung von *O.-niger*-Larven ist bisher noch nicht bekannt geworden.

Wirtschaftl. Bedeutung: durch den Larvenfraß vornehmlich gegeben; junge Pflanzen können im ersten, ältere im zweiten oder spätestens im dritten Jahre absterben. Vor allem auftretend in Saatkämpen, Pflanzgärten und in jungen Kulturen. Auf grasfreien Flächen größeren Schaden anrichtend, weil den Larven hier nur die Wurzeln der Kulturpflanzen zur Verfügung stehen; andererseits zeigen die legereifen Käfer auch eine besondere Vorliebe für frisch bearbeitete Beete. – Differentialdiagnostisch ist der Larvenfraß vom Engerlingsfraß nur durch das Auffinden der larvalen Stadien zu unterscheiden: *Otiorrhynchus*-Larve = extremitätenlos.

Weitere Art: *Otiorrhynchus sulcatus* F. (Gefurchter Dickmaulrüßler): Hauptschädling an gärtnerischen Kulturen und Baumschulgehölzen im Weser-Ems-Gebiet.

Phyllobius arborator Hrbst.;
Grünrüßler, (Blattnager)

Kennzeichen: 7–8$^{1}/_{2}$ mm. Farblicher Gesamteindruck ein metallisches Grün, hervorgerufen durch eine grüne bis goldgrüne Beschuppung; Elytren mit braunen abstehenden Haaren besetzt. – Wie bei *Otiorrhynchus* folgendes Merkmal wichtig gegenüber den weiteren Arten: Fühlerfurche an der

Fühlereinlenkung grübchenförmig, nach hinten verflacht, bei dorsaler Betrachtung meist ganz sichtbar. – Geflügelt.

Ökologie: Vollkerfe im Mai/Juni an den Blättern verschiedener Laubholzarten (u. a. Rotbuche, Eiche, Ahorn, Esche, Eberesche), gelegentlich auch an den jungen Maitrieben von Fichten. – Blattfraß charakteristisch: Blätter werden vom Rande her angefressen bis sie schließlich stark zerzaust und zerschlissen aussehen. Fraßstellen laufen meist bis zur Mittelrippe an den Seitenrippen entlang. An den Maitrieben der Fichten frißt der Käfer nach dem Abfallen der Knospenschuppen rundliche Stellen unterhalb der Triebspitzen; Fraßfolge ist dann ein leichtes Krümmen. – Eiablage in den Boden. Larven = weiß, ventral gekrümmt, extremitätenlos, spärlich mit längeren, hellbraunen Borsten besetzt, rhizophag. Bei schwachem Befall werden die Wurzeln der etwa 3–4jährigen Pflanzen platz- oder streckenweise ringsum befressen, bei stärkerer Besatzdichte wird der ganze Wurzelteil dicht unterhalb der Oberfläche bis zu den äußersten Enden der Wurzel von der Rinde befreit, der Holzteil wird aber nicht befressen (Abb. 352).

Wirtschaftl. Bedeutung: des Larvenfraßes kann erheblich werden, während der Käferfraß bedeutungslos ist. – Erkennung: Gelbwerden der Nadeln. Beim Beginn des Gelbwerdens meist Larven festzustellen, die sich durch die geringere Größe und durch das Fehlen der Extremitäten von Engerlingen unterscheiden. Zu Zeiten anhaltender Niederschläge setzen Nadelverlust oder Bräunung erst ein, wenn die Larven bereits verschwunden sind. Dann ist der *Phyllobius*-Fraß folgendermaßen vom Engerlingsfraß differentialdiagnostisch zu unterscheiden: *Phyllobius*-Fraß: selbst die feinen Wurzeln sind nicht durchgebissen; Engerlingsfraß: alle dünnen Wurzeln sind abgebissen, allein die Pfahlwurzel bleibt übrig.

Brachyderes incanus L., (Grauer) Kiefernnadel-Rüsselkäfer

Kennzeichen: 8–11^1/2 mm. Mittelgroßer Rüßler von langovalem Habitus; mit kupfrigen Schuppen und dazwischen mit feinen, anliegenden, goldglänzenden Härchen dicht bedeckt. – Ungeflügelt. Wesentliches Gattungsmerkmal (auch für *Polydrosus* geltend!): Fühlerfurche bei dorsaler Ansicht nicht ganz sichtbar, stark seitlich nach abwärts gebogen und in der ganzen Länge tief und scharf begrenzt; der Rüssel stets ohne lappenförmige Vorragungen.

Ökologie: «Charaktertier der Kiefernheiden im Schonungsalter, aber auch in älteren Kiefernbeständen» (SCHWERDTFEGER, 1981). Vollkerfe überwintern unter Borkenschuppen. Imagines befressen meist die den Endknospen nahestehenden Nadeln. Fraßbild charakterisiert durch scharfe, halbkreisförmig ausgeschnittene Bögen, die bei stärkerem Fraß zusammenfließen («Schartenfraß»; Abb. 442). An den Wundrändern Austritt von Harztröpfchen (Triebe sehen von dem eingetrockneten Harz wie mit Kalk bestäubt aus); Endknospen bleiben unverletzt. Käfer ausnahmsweise an Laubholz (Birke), schälen die Rinde. – Eiablage in den Boden im Frühjahr. – Larven rhizophag (Kiefer), vorwiegend an Wurzeln 20- und mehrjähriger Kiefern (auch des Heidekrauts?); gelegentlich an jungen Kiefern- oder jungen (2jährigen) Fichtenpflanzen. – Rhizophagie der *Brachyderes*-Larven differentialdiagnostisch folgendermaßen von Fraßbeschädigungen durch andere Arten zu trennen: anfangs Benagung der dicken Wurzeln, d. h. zuerst werden sie in erbsengroßen Plätzen glatt abgenagt, dann sind diese so nah, daß die Plätze zu Streifen verschmelzen, dabei die Wurzel rings umgeben, bis schließlich die Wurzeln fingerlang völlig kahl sind. Später Ringelung und glatte Entrindung (jedenfalls streckenweise) der feinen Seitenwurzeln. Vertilgerkreis: u. a. Grabwespen genannt.

Wirtschaftl. Bedeutung: schädlich durch Käferfraß in 8–15-jährigen Kiefernkulturen. – Larvenfraß gefährlich in jungen Kulturen (Saatbeeten).

Polydrusus sericeus Schall.

Vulgärname: (der gesamten Gattungsangehörigen) Glanzrüßler

Kennzeichen (Farbtafel 8, Abb. 40): 6–8 mm. Schwarz, dicht lebhaft metallisch hellgrün beschuppt; Fühler und Beine blaß rötlichgelb; Fühlerkeule bräunlich. Schenkel der Mittel- und Hinterbeine deutlich gezähnt, jene der Vorderbeine undeutlich oder nicht gezähnt. – Geflügelt. – Form der Fühlerfurche: beachte Angaben bei *Brachyderes!*

Ökologie und wirtschaftl. Bedeutung: im Mai/Juli sehr gemein auf Laubholz, jungen Pflanzen dabei schädlich werdend. – Der Käfer nimmt übrigens während der Fraßtätigkeit eine charakteristische Stellung ein. – Eine nahverwandte Art, *Polydrusus mollis* STRÖM. tritt gleichfalls an jungem Laubholz (u. a. an Rotbuche, Pappel und Fichte), gelegentlich an Nadelholz, auf. Vollkerfe vollführen am Laubholz vornehmlich Blattknospenfraß, dabei die Hülsen durchbohrend, um sich von zarten, inneren Teilen zu ernähren. Differentialmerkmale der *mollis*-Art gegenüber *sericeus:* kupferfarbige Beschuppung; Fühler und Beine hellrostrot.

Rhynchitini, Stecher und Roller

Diese Gruppe der Curculionidae durch ihre Brutfürsorgemaßnahmen interessant; in biologischer Hinsicht lassen sich die beiden Typen der «Stecher» und «Roller» unterscheiden. «Den Vertretern beider Gruppen kommt es darauf an, durch Unterbindung des Saftzustromes frisches, gesundes Pflanzengewebe zum möglichst schnellen Vertrocknen zu bringen, um den Larven eine geeignete Nahrung zu beschaffen» [v. LENGERKEN, 1954]. – Nach dem biologischen Verhalten werden unter den Stechern die **Holzstecher** unterschieden (bei denen das Weibchen etwa des Eichenzweigstechers [*Lasiorrhynchites (Rhynchites) cavifrons* GILL.] eine ovale Eihöhle in das Innere von verholzten Trieben nagt und die Larven im Mark des absterbenden Zweiges minieren) und die **Krautstecher** (bei denen nur saftiges, grünes Gewebe für die Nahrungszubereitung verwandt wird; unter diesen gibt es Knospen-, Blattrippen-, Trieb- und Fruchtstecher, etwa der Eichenknospenstecher *Coenorrhinus aeneovirens* MRSH.]). – Die übrigen Rhynchitini sind **Blattroller**, die die Blätter der Fraßpflanze zu einem Behälter zusammenrollen und dabei vorher den Blattstiel anschneiden oder die Blattspreite zerschneiden; in den Wickeln bringen die Weibchen dieser Arten die Eier unter. Die Larven ernähren sich von dem vertrocknenden Blattgewebe. Je nach der Methodik des Rollens werden unterschieden:

Längsroller ohne Blattschnitt: Zapfenroller

Byctiscus betulae L., Rebenstecher; Rebenstichler

Kennzeichen (Farbtafel 7, Abb. 38): $5^1/2-9^1/2$ mm (einschließl. Rüssel). Charakteristischer Curculionidenhabitus. Ober- und unterseits gleich gefärbt, metallisch grün oder blau. Spitze der Elytren mit sehr feiner, flaumartiger, heller Behaarung, die nur im Profil sichtbar ist.

Ökologie: Brutbaum sind viele Holzarten, bevorzugt Rotbuche, Zitterpappel, Birke, Erle, Hasel, Weide, Ulme, verschiedene Obstbäume und schließlich Rebe. Flugzeit: Mai/Juli. – Weibchen frißt in den Blattstiel zunächst ein Loch, höhlt den Stiel aus unter geringer Verletzung der Epidermis, unterbricht nach Trennung der Gefäße im Stiel die Wickelbildung und setzt die Weiterarbeit vielfach erst nach einigen Stunden fort. Die ganze Blattspreite wird der Länge nach zu einem Zapfen aufgerollt, wobei der Hauptnerv des Blattes in die Längsachse des zigarrenförmigen Blattwickels zu liegen kommt. Gelegentlich werden mehrere Blätter zu einer Zigarre verarbeitet; dabei kann der Hauptnerv solcher Hüllblätter dann schräg zur Längsachse des Blattwickels geraten. – Zur Fertigstellung eines Zapfens benötigt ein Weibchen etwa $1^1/2-5$ Stunden; insgesamt stellt ein Weibchen wohl bis zu 30 solcher Zigarren her. – Erwachsen verlassen die Larven den Blattwickel, in dem jeweils bis zu 15 Eiern (im Durchschnitt meist 6) abgelegt werden, und verpuppen sich in einer kleinen Erdhöhle; entweder erscheinen die Jungkäfer noch im gleichen Herbst und überwintern dann frei, oder sie verlassen ihre «Puppenwiege» erst im nachfolgenden Frühjahre.

Wirtschaftl. Bedeutung: in der Waldbiozönose mehrminder als indifferent zu bezeichnen; im Weinbau dagegen sehr schädigend. – Gleichfalls eine Zapfenrolle fertigt im übrigen der kleinere Pappelblattroller (*Byctiscus populi* L.), vornehmlich an Zitterpappel vorkommend, aber eigentlich nur 1 Blatt zu einer Zigarre aufrollend. Bei der Aneinanderheftung der Windungen wird auch von ihm eine Klebesubstanz verwendet (Abb. 992 bis 994).

Längsroller mit Blattschnitt: Trichterroller

Deporaus betulae L., Birkenblattroller; Trichterwickler

Kennzeichen (Abb. 444): $2^1/2-4$ mm (außer Rüssel). Einfarbig schwarz, selten mit bläulichem Schimmer. – Kopf mit den Augen schmäler als die größte Halsschild-Breite. – Hinterschenkel des ♂ verdickt.

Ökologie: Brutbaum vor allem die Birke (untere Zweige von Stämmen oder besonders gern an Büschen); selten Rotbuche, Hainbuche, Erle und Hasel. – Ende April/Anfang Mai (bald nach der Belaubung der Birken) fertigt das Weibchen eine verwickelte Schnittfigur: auf der linken Blattseite etwa verläuft der Schnitt in der Linie eines liegenden S, auf der rechten Blattseite in der Form eines aufrechtstehenden S. Von der Blattunterseite aus rollt dann der Käfer mittels der Beine den zuerst abgetrennten Blatteil in oft weniger als 60 Sekunden trichterartig (tütenähnlich) ein und wickelt dann den unteren Abschnitt der anderen Blatthälfte um den Anfangstrichter herum (Abb. 443). Nach Ablage von 2–5 Eiern in eigens zur Aufnahme geeigneten und genagten Taschen (zwischen Cuticula und Epidermis) wird die Trichterspitze noch geschlossen. – Eine Tüte ist etwa in 1 Stunde fertig. Gelegentlich arbeiten mehrere ♀♀ an einem Trichter, mehr zufällig, nicht in «sinnvoller Gemeinschaftsunternehmung». ♂♂ stets unbeteiligt! – Larven nach 2–3 Monaten erwachsen, fressen sich durch den Wickel durch und lassen sich zu Boden fallen; hier fertigen sie sich eine kugelige, innen geglättete Höhle, in der sie sich im Herbst verpuppen. Imagines schlüpfen im nachfolgenden Frühjahr, mithin einjährige Generation.

Wirtschaftl. Bedeutung: gering, aber die Bruttrichter in der Waldbiozönose auffällig. – Während *Deporaus betulae* L. ein Trichterroller mit mittelständiger Rolle ist, fertigt der Ahornblattroller (*Deporaus tristis* F.), dessen Brutbaum der Berg- oder Waldahorn ist, eine Trichterrolle mit seitenständiger Rolle; nur an niedrigen Stämmen im Unterbau oder seltener an Blättern herabhängender Zweige größerer Stämme vorkommend.

Querroller mit Blattschnitt: Büchsenroller

Apoderus coryli L.; Haselroller, Haselblattroller

Kennzeichen: 6–7 mm. Färbung variabel, meist schwarz, Halsschild und Elytren mehrminder rot. Beine schwarz bis rot. Elytren mit groben, bis zur Spitze reichenden Punktstreifen.

Ökologie: vor allem an Hasel vorkommend, aber auch an Buche, Hainbuche, Eiche, Zitterpappel, seltener an Birke (meist nur auf Buschwerk). – Weibchen führt eine einfache, einseitige Schnittfigur (bis zur Mittelrippe) aus; zur Tüte wird nur $^2/_3$ des Blattes verwendet. In der Rolle werden 1–4 freiliegende Eier untergebracht. Die dottergelben Larven verpuppen sich im Innern der Büchse. Jungkäfer frißt sich Juli/August heraus und fertigt unter günstigen Umweltbedingungen neue Wickel. Die Larven dieser 2. Generation überwintern in den herabgefallenen Büchsen und verpuppen sich im nachfolgenden Frühjahr.

Wirtschaftl. Bedeutung: gering, aber Büchsenrollen auffällig.

Attelabus nitens Scop., Roter Eichenkugelrüßler

Kennzeichen (Abb. 33 u. 995 ff.): 4–6 mm. Schwarz, Halsschild und Flügeldecken hell rotbraun, selten rötlich gelbbraun. – Differentialmerkmal gegenüber *Apoderus*: Halsschild vorn nicht halsförmig abgeschnürt.

Ökologie: Brutpflanze: vornehmlich Eiche (Gebüsch oder untere Zweige etwas älterer Pflanzen); gelegentlich u. a. Erle und Kastanie. – Die Blattroll-methode ist charakteristisch: ♀ schneidet die Blätter nahe der Blattbasis von beiden Seiten in fast geraden Linien an, verschont aber die Mittelrippe bzw. nagt sie oberhalb des Berührungspunktes der beiden Seitenschnitte nur an, faltet die Blatthälften längs des Hauptnervs und beginnt dann die Aufrollung quer von der Blattspitze aus. Es ist der Brutbau mithin eine mittelständige Büchse (Abb. 445). – Larvenentwicklung dauert länger als beim Haselblatt-roller. Die Büchsen fallen ab; die Larven überwintern in ihnen, gehen im nachfolgenden Frühjahr in die Bodenschichten, verpuppen sich hier und ergeben nach kurzer Zeit die Jungkäfer. – Einjährige Generation. – Brut-parasiten beim roten Eichenkugelrüßler: *Lasiorrhynchites sericeus* Hrbst., dessen ♀ sein Ei schon im Blattwickel unterzubringen versucht, wenn das *Attelabus*-Weibchen noch bei der Arbeit ist; *sericeus* daher auch «Kuckucks-rüßler» genannt. Dieser Brutparasitismus vereinzelt in der Ordnung der Käfer.

Wirtschaftl. Bedeutung: gering, obwohl an einem Gebüsch manchmal fast alle Blätter verarbeitet sind.

Den Curculionidae gehört auch einer der bekanntesten Vorrats- und Speicherschäd-linge an: *Sitophilus granarius*, L. (**Kornkäfer**, Getreidebohrrüßler), der etwa in Revierförstereien mit landwirtschaftlichem Betrieb schädigend sich bemerkbar machen kann (früher: *Calandra granaria* L.).

Scolytidae, Borkenkäfer

(früher: *Ipidae*)

Familiencharakteristik: obwohl mit den Curculionidae eng verwandt, durch ausgesprochene Differentialmerkmale morphologischer und biologi-scher Art von ihnen zu unterscheiden: Die Ipiden sind ausgezeichnet durch einen meist kleinen Kopf (Abb. 451, 453 u. 454), der keinen eigentlichen Rüssel erkennen läßt; Fühler stets gekniet, mit einer Keule von verschiedener Form (Fühler aber nicht gesägt oder gekämmt, wie bei den sonst gestaltlich ähnlichen Anobiidae). – ♀♀ der Borkenkäfer bohren sich in die Brutpflanze ein, um ihre Eier in besonderen Gängen unterzubringen. – Sonstige Kennzeichen: von gewöhnlich walzenförmigem Habitus und meist brauner bis schwarzer Färbung (selten Zeichnungselemente in Form von Schuppen u. dgl. beteiligt). Kleinste Art (*Crypturgus pusillus* Gyll.) nur etwa 1 mm, größte mitteleu-ropäische Art (*Dendroctonus micans* Klug.): 7–9 mm. Geflügelt, selten ♂♂ flugunfähig. Elytren das Abdomen ganz bedeckend; Absturz vielfach ausge-höhlt, bei ♂♂ gezähnt, bei ♀♀ meist zahnlos oder nur mit kleinen Zähnchen

(Geschlechtsdimorphismus). – Larven (Abb. 456 u. 459) sind extremitätenlos, weich, weißlich mit Wülsten; Kopf gelblichbraun chitinisiert; im Habitus bauchwärts gekrümmt. Puppen von gedrungener Gestalt; die Flügelscheiden sind lang, reichen bei einigen Arten sogar bis zur Abdomenspitze. Differentialdiagnostische Merkmale bei Larven und Puppen vorhanden, erfordern aber zur Determination genaue Kenntnis der feinen Unterschiede.

Systematik: auf phylogenetischer Basis ordnete NÜSSLIN (1911/1912) die Borkenkäfer und berücksichtigte dabei morphologische und anatomische Merkmale; seine Aufteilung der Familie in 15 UF kann heute noch als gut fundiert angesehen werden. Für den Freilandbiologen lassen sich aber vornehmlich 2 Habitustypen beobachten, die nach ESCHERICH (1923) aufgezeichnet seien:

1. **Typ** (Abb. 450/451): im Profil erkennbar, daß Bauchseite vom 2. Segment an nach dem Abdomenende schief aufsteigt; Halsschild lateral kantig; Außenrand der Vorderschienen ohne Zähnchen, mit 1 nach innen gebogenen Haken: Scolytinae, Splintkäfer (nur *Scolytus*).

2. **Typ** (Abb. 452/455): im Profil erkennbar, daß Bauchseite mehrminder gerade verläuft, keinesfalls steil; Halsschild lateral abgerundet; Außenrand der Vorderschienen mit Zähnchen oder zumindest mit 1 nach außen gerichteten Zahn; diese Gruppe aufteilbar in:

a) Kopf von oben zumeist sichtbar (Abb. 452); 3. Fußglied zweilappig; Halsschild gleichartig punktiert; Hylesininae (u. a. die Gattungen *Hylesinus; Leperisinus; Dendroctonus; Tomicus; Polygraphus; Hylastes*).

b) Kopf von oben zumeist nicht sichtbar (Abb. 455); 3. Fußglied einfach, nicht zweilappig; Halsschild vorn runzelig oder höckerig, hinten punktiert oder glatt: Ipinae [u. a. die Gattungen *Crypturgus; Cryphalus; Trypodendron* (= *Xyloterus*) (Abb. 495); *Ips; Pityophthorus; Pityogenes; Xyleborus* (= *Anisandrus*) (Abb. 474/475); *Xyleborus; Xylosandrus*.

Ökologie und wirtschaftl. Bedeutung: beachtenswert zunächst, daß die Fraßpflanze stets zugleich die Brutpflanze ist. Als charakteristische Bewohner von Holzarten (nur selten auf krautartigen Pflanzen) sind sie vielfach ausgesprochen monophag, allenfalls verwandte Holzarten befallend; nur wenige sind polyphag und befliegen sämtliche Nadel- und Laubhölzer. Typisch ist der jeweilige Vorkommensbereich an der Holzart, entweder vorwiegend anzutreffen an starkrindigen Stammteilen oder nur an Zweigen und Ästen (Abb. 895; 912; 924; 925 u. 926); oder in der Rhizosphäre; schließlich Rindenbrüter (Brutanlage zwischen Rinde und Splint) oder Holzbrüter. Kränkelndes Material (mit stockendem oder schwachem Saftstrom) bevorzugend, können manche Arten unter günstigen Umweltbedingungen und bei Mangel an geeigneten Brutpflanzen auch völlig gesunde Stämme befliegen; dabei kann jedoch im Gefolge von abiotischen Faktorenänderungen (u. a. etwa Grundwassersenkungen) der physiologische Zustand eines Bestandes schon derart verändert sein, daß eine gewisse Disposition für den Borkenkäferbefall existiert, ohne äußerlich schon sichtbar zu sein. Andererseits zeigen die Verhältnisse beim Buchdrucker (*Ips typographus* L.), daß außer längere Zeit anhaltender Trockenheit und Vorherrschen hoher Temperaturen dem Vorkommen der Brutpflanze in ausgedehnten Reinbeständen (vor allem außerhalb des natürlichen Verbreitungsgebietes) für die Entstehung großer «Buchdrucker»-Kalamitäten schon eine Bedeutung beigemessen wird. Den Gradationserscheinungen der Borkenkäfer, insbesondere dem Auftreten des *Ips typographus* ist als einem seit Jahrhunderten in europäischen Fichtenbeständen schädigenden Ipiden in den vergangenen Jahrzehnten eine fast unübersehbare Zahl von Einzelveröffentlichungen gewidmet (s. Seite 285). – Neuerdings wird der Bedeutung von *Scolytiden als Bioindikatoren für Schwermetallbelastungen* in Waldökosystemen verstärkt nachgegangen (MECHTHILD ROTH-HOLZAPFEL u. FUNKE [1988]; vgl. S. 47). Charakterzug in der Lebensweise = Familienleben (Eltern und Nachkommen in einem Wohnraumsystem); 2 biologische Gruppen mit unterschiedlichem Verhalten gegenüber den zu erwartenden Nachkommen: **Rindenbrüter mit Brutfürsorge – Holzbrüter mit Brutpflege.**

Rindenbrüter

♂♂ und ♀♀ schwärmen meist an sonnigen Tagen (Temperatur = Auslösungsmoment!); unterscheidet monogame (einweibige) und polygame (mehrweibige) rindenbrütende Borkenkäfer. Monogam: ♀ nagt Eingangsloch; polygam: ♂ nagt Eingangsloch und die Hochzeitskammer («Rammelkammer»), die in der Rinde oder im Splint gelegen sein kann. Die Elemente eines typischen Fraßbildes sind: Eingangsröhre (evtl. mit Rammelkammer), Muttergang, Larvengänge und Puppenwiegen (-lager). – Einbohrkanal nimmt fast stets einen schrägen, von unten nach oben geneigten Verlauf, damit das Genagsel herausfallen kann; bei liegenden Stämmen ist daher der Anfangsteil des Mutterganges mehrminder abgewandelt. – Durch den Muttergang begibt sich das ♀ in das Innere der Brutpflanze zur Eiablage; bei den polygamen Formen nagt jedes ♀ von der Rammelkammer aus für sich einen Muttergang, der teils in der Rinde, teils im Splint verläuft. – Vom Muttergang nach außen durch die Borke werden bei manchen Arten «Luftlöcher» genagt, die aber vielleicht auch anderen Zwecken dienen. – Vielfach nagt der Mutterkäfer zur Eiablage «Einischen», so daß damit der Anfang der Larvengänge gemacht ist. Andererseits findet sich auch häufchenweise Eiablage oder aber recht zerstreute Ablage der Eier am Fraßplatz des Weibchens, so daß nunmehr durch eine selbstgewählte Verteilung der ausschlüpfenden Larven und durch den Ansatz des Fraßganges erst die gleichmäßige Fraßfigur entsteht (etwa bei *Cryphalus piceae*). Bei freier Eiablage kommt es bei anderen Arten freilich auch zum Larvenfamilienfraßgang, indem die Larven lediglich durch frontlinienförmigen Fraß den Fraßplatz des Mutterkäfers erweitern (etwa bei *Ips laricis* oder bei *Dendroctonus micans*). – Zahl der Eier ist nicht sehr hoch; je Weibchen durchschnittlich 20–70 Stück (die während einiger Wochen oder sogar Monaten abgelegt werden). Die Embryonalentwicklung (also die Zeit von der Befruchtung der Eizelle bis zum Schlüpfen der Larve aus dem Ei) und die postembryonale Entwicklung (mithin der Lebensabschnitt vom Ausschlüpfen der Junglarve aus dem Ei bis zur letzten Häutung zum Vollkerf) nehmen im allgemeinen einige Wochen in Anspruch, wobei die Entwicklung bei manchen Arten recht temperaturabhängig sein kann. – Die Larvengänge sind ein wesentliches Element eines jeden Brutfraßbildes. Anfangs fast rechtwinkelig vom Muttergang abgehend, können sie späterhin weitgehend divergieren, vor allem wenn sehr harte Rindenteile den Fraß erschweren oder die Larven sich gegenseitig behindern und dann mit ihren Fraßgängen ausweichen. Dabei kommen auch Überschneidungen vor. Entsprechend der geringen Körpergröße sind die Larvengänge im Anfang schmal; ihr Lumen erweitert sich mit dem Wachstum der Larven. Die Länge der Larvengänge ist sehr unterschiedlich; so sind die larvalen Fraßgänge der Art *Leperisinus varius* F. nur etwa 4 cm lang, jene der nahverwandten Art *Hylesinus crenatus* F. bis 30 cm. – Am breiten Ende des Larvenganges findet dann die Verpuppung statt; dazu wird oft ein eiförmiges Puppenlager genagt. Diese Puppenwiege kann auch dicht unter der Rindenoberfläche angelegt sein, so daß der Jungkäfer nur eine Lamelle zu durchnagen hat (*Tomicus piniperda*). Oder aber die verpuppungsreife Larve nagt vor dem Eingang in die Puppenwiege noch ein Luftloch durch die Rinde und verstopft dann den Zugang zur Puppenkammer noch mit grobem Genagsel (*Hylurgops palliatus*). Jeder Jungkäfer verfertigt nach dem Schlüpfen sein eigenes Ausflugsloch, das schließlich auch ein Bestandteil des Fraßbildes ist. – Außer dem eigentlichen Brutfraß der legebereiten Vollkerfe vollführen die Jungkäfer, oft sofort von der Puppenwiege aus, einen Reifungsfraß (Abb. 483), der jedoch auch an anderen Pflanzenteilen durchgeführt werden kann (*Tomicus piniperda*; Abb. 502). Als dritten Fraßtyp kennen wir den Regenerationsfraß, der bei Weibchen vor einer zweiten Brut beobachtet wird. Verlassen die Jungkäfer ihre Geburtsstätte im Spätherbst, führen sie am Überwinterungsort vielfach zunächst einen Überwinterungsfraß aus. – Gelegentlich lassen sich von der Norm abweichende Fraßfiguren feststellen; dies kann durch mancherlei Gründe verursacht sein, etwa durch Übervölkerung an der Brutpflanze, durch langanhaltende, ungünstige Witterungsbedingungen (so daß vom Weibchen keine reifen Eier abgelegt werden oder aber der Reifungsfraß der Jungkäfer dauert länger an), durch Fehlen geeigneten Brutmaterials u. dgl. mehr.

Klassifikation der häufigsten Brutfraßbilder rindenbrütender Borkenkäfer

Bei der Einteilung der Fraßfiguren sind die Form und die Richtung des Mutterganges (zum Stamm) differentialdiagnostische Merkmale.

I. Röhrenförmige Muttergänge

1. Einarmige Längsgänge (einarmige Lotgänge)
   Beispiele: *Scolytus ratzeburgi* (Abb. 458); *Tomicus piniperda*
   (Abb. 499).
2. Mehr- (zwei-) armige Längsgänge (doppelte Lotgänge)
   Beispiel: *Ips typographus* (Abb. 483).

Als Sondertyp wird unter den mehrarmigen Lotgängen noch genannt der Gabelgang:
von einem kurzen Längsgang aus werden «gabelartig divergierend in der Längsrichtung
des Stammes 2 Muttergänge» genagt [v. LENGERKEN, 1954].

3. Einarmige Quergänge (einarmige Waagegänge)
   Beispiel: *Scolytus intricatus* (Abb. 466).
4. Mehr- (zwei)armige Quergänge (zweiarmige Waagegänge, auch als
   Klammergänge bezeichnet)
   Beispiele: *Ips curvidens* (einweibig; Abb. 488), *Leperisinus varius* (Abb. 463).

Als besondere Ausbildungstypen der mehrarmigen Quergänge werden bei mehrwei-
bigen Formen von *Ips curvidens* noch 2 weitere Brutanlagen unterschieden: einmal der
«Doppelkammergang» (von je 1 kurzen nach oben und unten angefertigten Längsgang
geht ein Klammergang ab) und zum anderen der «Mehrfach-Klammergang» (wobei
mehrere doppelarmige Waagegänge verschiedener ♀♀ in Stockwerken übereinanderliegen).

5. Quersterngänge: Brutfraßgänge der ♀♀ verlaufen, vor allem gegen Ende zu,
   mehrminder quer zur Stamm-Längsachse.
   Beispiel: *Pityophthorus micrographus* (Abb. 486).
6. Längssterngänge: Brutfraßgänge der ♀♀ verlaufen von der Hochzeitskammer aus in der Längsachse des Stammes.
   Beispiel: *Ips amitinus* (Abb. 484).

II. Platzförmige Muttergänge

7. Platzgänge mit strahlenförmig angeordneten Larvengängen: Fraßgänge der
   Larven deutlich getrennt vom mütterlichen Platzfraß abgehend.
   Beispiel: *Cryphalus piceae* (Abb. 503).
8. Platzgänge mit Erweiterung des mütterlichen Platzfraßes durch die Larven
   in breiter Front: «Rindenfamiliengänge».
   Beispiele: *Orthotomicus laricis* (Abb. 506); *Dendroctonus micans* (Abb. 479).

Holzbrüter

Brutanlage im Holz; nur ein an Pappel vorkommender Holzbrüter (*Xyleborus cryptographus* RATZEB.) weicht in seiner Lebensweise insofern ab, als
das Weibchen das Brutsystem im Bast anlegt, während sonst die Brutpflege-
gewohnheiten völlig jenen der holzbrütenden Gattungsangehörigen gleichen.
   Die Weibchen der Holzbrüter nagen Mutter- und Larvengänge und bringen
auf die Gangwände Pilzkulturen; von den Pilzkonidien («Ambrosia») ernähren

sich die Larven. Außer der Vorbereitung des Larvenfutters umhegt der Mutterkäfer bis zum Ausschlüpfen der Jungkäfer die Brut. Das Weibchen kehrt nicht nur die Brutgänge aus, säubert sie mithin von den Larven-Exkrementen, sondern etwa das Weibchen des e. g. Pappel-*Xyleborus* bewacht auch lange Zeit seine Brutanlage und sitzt am Eingangsloch. Bei der Anlage des Brutsystems hilft das Männchen nicht oder lediglich (wie bei *Trypod. signatum*) beim Abtransport des Bohrmehls. – Gegenüber den Rindenbrütern ist übrigens wesentlich, daß die Jungkäfer der Holzbrüter die Brutanlage durch die vom Mutterkäfer genagte Eingangsröhre verlassen, selbstgenagte Ausflugslöcher mithin nicht vorkommen.

Pilzzucht: die brutpflegerischen Maßnahmen bei der Nahrungszubereitung für die Larven seien etwa bei *Xyleborus dispar* F. näher betrachtet [BRAUNS, 1950]. Zur Schlüpfzeit der Larven sind die Gangwände von einem weißen Pilzbelag bedeckt. Ameisen und Termiten schleppen Material, das sie vorher bearbeiten, in ihre Nester ein und züchten hier auf künstlichem Nährboden die Pilze. Die Pilzzüchter unter den holzbrütenden Borkenkäfern verfahren dagegen in anderer Weise. Sie nagen nur Gänge in das Holz, schaffen das Genagsel fort, und an den Gangwänden gedeiht das «Kulturgewächs» auf unveränderter Substanz. Freilich pflegt der Mutterkäfer gärtnerisch durch Regulation der Luftfeuchtigkeit in den Gängen (mittels Bohrmehlpfropf) den Pilz, «der bei jeder Ganganlage vom Mutterkäfer durch Erbrechen im Darm mitgeführter, aus dem früheren Gangsystem stammender Myzelstücke neu ausgesät wird» [SCHWERDTFEGER, 1981]. Andernorts wird angegeben, die Mutterkäfer hätten etwa unter der Halsschildbasis spezielle Pilzsporen-Depots in Form von Hauttaschen, aus denen die Sporen bei der Bohrbewegung herausgedrückt werden, um sich an den Gangwänden anzusiedeln. Die nährstoffreichen Enden der Pilze werden von den Larven «abgeweidet». Die Schwarzfärbung der anfänglich wie mit einer Sahneschicht bedeckten Gangwände rührt von Zersetzungserscheinungen an der Gangwand her; außerdem werden die Pilzfäden, die in das Holz einige mm tief eindringen, mit der Zeit dunkler. – An den tiefschwarzen Gangwänden heben sich die weißen Larven und später die Puppen, die dicht hintereinander liegen, ab (Abb. 473). Nach dem Schlüpfen der Jungkäfer befressen diese den Rest des Pilzrasens und überdauern dann dicht gedrängt in der Brutstätte die schlechte Jahreszeit. Das alte Weibchen verläßt die Brutanlage und stirbt ab.

Klassifikation der Brutanlagetypen holzbrütender Borkenkäfer

Nach Eindringen des Weibchens in das Holz durch eine senkrecht zur Längsachse des Stammes verlaufende Eingangsröhre werden angelegt:

1. Horizontalgabelgänge: Gabelgänge in einer Ebene liegend.
   Beispiele: *Trypodendron domesticum* (Abb. 472) und *lineatum* (Abb. 490 u. 494); *Xyleborus saxeseni* (Abb. 478) und u. a. *monographus*.

2. Gabelgänge in verschiedenen Ebenen: auch «falsche Leitergänge» genannt (Sprossen gehen nicht in regelmäßigen Entfernungen voneinander ab und sind ungleich lang.

Beispiel: *Xyleborus dispar* (Abb. 469).

Larvenfraß der Holzbrüter: tritt gegenüber den rindenbrütenden Ipiden sehr zurück. Entweder beteiligen sich die Larven überhaupt nicht an der Fraßfigur (wie bei *Xyleborus dispar* und bei allen *Xyleborus*-Arten [außer *saxeseni*]; Eiablage in Häufchen in den Muttergängen!), oder aber es werden hergestellt:

a) Leitersprossen, Leitergänge: Larven erweitern die vom Weibchen verfertigten kleinen Einischen in Richtung der Holzfaser, senkrecht vom Muttergang nach oben und unten.
   Hierher gehören: *Trypodendron domesticum* (Abb. 468) und *lineatus* (Abb. 490 u. 494).

b) Holzfamiliengänge: Larven erweitern die Brutröhre nach oben und unten durch Platzfraß.
   Hierher gehört: *Xyleborus saxeseni* (Abb. 478).

Ernährungsgänge (etwa Regenerations- oder Reifefraß) kommen nach bisherigen Beobachtungen bei den Holzbrütern nicht vor.

Wurzelbrüter

Eigentlich den Rindenbrütern zuzuordnen; der Brutfraß findet nur in einer anderen Region der Brutpflanze statt. – Das Brutsystem wird unter der Rinde von Stöcken und deren Wurzeln, gelegentlich auch an lebenden Wurzeln, angelegt. Brutpflanze ist vornehmlich die Kiefer, nur 1 Art an Fichte. Fraßbild aus einarmigem Längsgang; Fraßfigur wird aber später durch die recht wirr verlaufenden Larvengänge und vielfach durch anschließende Fraßbeteiligung der Jungkäfer sehr verwischt. Wirtschaftlich schädigend weniger durch den Larvenfraß als vielmehr durch den Reifungs- und Regenerationsfraß der Käfer an Jungpflanzen. Vollkerfe überwintern und schwärmen zeitig im Frühjahr.

Generationsverhältnisse (bei allen Borkenkäfern): die einzelnen Arten verhalten sich in dieser Hinsicht recht unterschiedlich;

a) einige Arten haben nur einfache Generation; erfolgen zweite Bruten, stammen sie nach Regenerationsfraß von demselben Mutterkäfer.

b) Bei günstigen Klimakonstellationen kann bei manchen Arten 2. Generation erzeugt werden. Geschwisterbruten (2. Bruten vom regenerierten Mutterkäfer) können aber bei einer oder zwei Generationen jeweils erzeugt werden.

c) Bei wieder anderen Arten stets eine doppelte Generation.

Erkennungsmerkmale des Borkenkäferbefalles: Bormehl rieselt aus Einbohrloch; an der Eingangsröhre Harztrichter oder Harztropfen; Abblättern der Rinde; Veränderungen in der Krone: Welkwerden, Verfärbungserscheinungen. An befallenen Stämmen Tätigkeit der Spechte.

Häufige und auffallende Borkenkäfer-Fraßbilder

Zum Ansprechen der verschiedenen Ipidenarten eignen sich bei Freilandbeobachtungen besser die Brutsysteme, da jeder Borkenkäferart eine charakteristische Brutanlage und später ein typisches Fraßbild eigen ist. Voraussetzung ist nur die Bestimmung der Holzart (Brutpflanze) und der biologischen Gruppe (ob Rinden-, Holz- oder Wurzelbrüter). Nur gelegentlich werden besonders auffallende Differentialmerkmale der Vollkerfe gegeben oder unter «Ökologie» weitere wissenswerte Angaben aus der Lebensweise verzeichnet. Die Gattung *Eccoptogaster* wird neuerdings wieder unter *Scolytus* geführt.

An Laubholz

Scolytus (Eccoptogaster) ratzeburgi Jans., Großer Birkensplintkäfer

Brutpflanze: Birke
Biolog. Gruppe: Rindenbrüter
Fraßbild: (**Muttergang:**) einarmiger Längsgang (Abb. 458); oft mit hakenförmiger Krümmung beginnend. Zahlreiche Luftlöcher (Abb. 457). **Larvengänge:** bis 60, lang, dicht, greifen tief in den Splint ein, bis 25 cm lang, enden in Puppenwiegen, die von Jungkäfern durch große Fluglöcher nach außen verlassen werden.
Ökologie: einjährige Generation.
Wirtschaftl. Bedeutung: an kränkelnden Birken.

Scolytus (Eccoptogaster) scolytus F., Großer Ulmensplintkäfer

Ulme; gelegentlich an Pappel, Weide, Esche, Hainbuche. – Rindenbrüter. – Einarmiger Längsgang (Abb. 460); Muttergang breit und kurz, Larvengänge lang; Puppenwiege gewöhnlich in der Rinde.
Ökologie: in der Regel doppelte Generation; erste Schwärmzeit: Ende Mai, zweite Schwärmzeit: Mitte/Ende August.
Wirtschaftl. Bedeutung: vornehmlich Alleeschädling (steigt bei gesunden Stämmen von der Krone abwärts); beteiligt beim «Ulmensterben». – Kann durch Ernährungsfraß recht schädlich werden (u. a. an der Basis der Blattstiele fressend).

Scolytus (Eccoptogaster) multistriatus Marsh., Kleiner Ulmensplintkäfer

Ulme; auch an Pflaume und Zitterpappel. – Rindenbrüter. – Einarmiger Längsgang (Abb. 461); lang und dünn. Larvengänge dichter als bei *scolytus*, bis 100 insgesamt.
Ökologie: einfache oder doppelte Generation; 2. Brut überwintert allenfalls als Larven.

In Ästen der Ulme brütet eine andere Art: *Scolytus laevis* Chap. (mittlerer Ulmensplintkäfer); Reifungsfraß der Jungkäfer an vorjährigen Trieben und grünen Sprossen.

Pteleobius vittatus F., Bunter Ulmenbastkäfer

Ulme. – Rindenbrüter. – Zweiarmige Quergänge (Abb. 462), zusammen bis 4 cm lang. – Larvenfraßgänge kurz (etwa $1^1/2$ cm).
Ökologie: Rindenrosen («grindige» Stellen) als Ernährungsfraß erzeugend.

Leperisinus varius F., Kleiner bunter Eschenbastkäfer
(früher: *Hylesinus fraxini* PANZ.)

Esche; gelegentlich an Apfel, Akazie, Haselnuß und Eiche. – Rindenbrüter. – Doppelarmige Quergänge (6–10 cm). – Larvengänge kurz (etwa 4 cm), dicht-gedrängt (Abb. 463). – Fraßbild gewöhnlich tief ins Holz schneidend. Puppen-wiegen radiär oder längs im Splint.
Ökologie: einjährige Generation, durch Geschwisterbruten wird doppelte Generation vorgetäuscht. – Auch Ernährungsfraß zur Reifung bzw. Regenera-tion und Überwinterungsfraß. Käfer miniert in der Krone oder in den Schäften junger Stangen in der grünen Rinde; diese Miniergänge führen zur Bildung krebsähnlicher Grindstellen («Rinden»- oder «Eschenrosen» [Abb. 464]). Auch Jungkäfer bohren sich zu Naschfraß und Überwinterung in die Rinde ein.
Wirtschaftl. Bedeutung: befällt Eschen jeden Alters. Eschen nach lang-anhaltenden Überschwemmungen oder nach Schildlausbefall werden bevor-zugt angegangen, auch aufgearbeitetes Holz.

Hylesinus crenatus F., Großer schwarzer Eschenbastkäfer

Esche; gelegentlich Eiche, in Gärten an Flieder. – Rindenbrüter. – Doppel-armige Quergänge, deren einer Arm aber sehr kurz (Abb. 465). – Larvengänge sehr lang (bis 30 cm).
Ökologie: einfache und doppelte Generation. Anscheinend nur Überwin-terungsfraß im moosigen Wurzelanlauf befallener Stämme vorkommend. – Im übrigen an starkrindigen Stämmen (unten) anzutreffen.
Wirtschaftl. Bedeutung: gewöhnlich nicht häufig, in manchen Gegenden fehlend.

Scolytus (Eccoptogaster) intricatus Ratzeb., Eichensplintkäfer

Eiche; gelegentlich an Buche, Hainbuche, Weide, Pappel und an Straßen an Kastanie. – Rindenbrüter. – Einarmiger Quergang, kurz, Splint tief furchend (Abb. 466). – Larvengänge lang (bis 15 cm), auch tief in den Splint eingrei-fend. – Puppenlager bald in der Rinde, bald im Splint.
Ökologie: einfache und doppelte Generation. – Reifungs- und Regenera-tionsfraß der Käfer an der Basis der jüngsten Triebe.
Wirtschaftl. Bedeutung: bevorzugen kränkelnde Stämmchen, gehen auch

gesunde (etwa 15–20jährige) Stangen an. – Fraßbilder häufig an herabgefallenen Ästen auf der Streudecke im Bestande zu finden.

In Eichenstöcken oder in der dicken Rinde der untersten Stammpartie (auch von Buche und Kastanie) kommt ein anderer monogamer Rindenbrüter vor: *Dryocoetes villosus* F. (Zottiger Eichenborkenkäfer). Fraßfigur ein 2–7armiger, querer Sterngang, mit Rammelkammer.

In Rotbuchenästen (an aufgeschichtetem Knüppelholz) u. a. *Ernoporus fagi* F. (Kl. Buchenborkenkäfer). Fraßbild dieses Rindenbrüters aus unregelmäßigen Quer- und Längsgängen mit wenigen Larvengängen.

Scolytus (Eccoptogaster) mali Bechst., Großer Obstbaumsplintkäfer

Obstbäume; aber auch im Bestande an Ulme, Eberesche (Vogelbeerbaum), Weißdorn, Traubenkirsche («Faulbaum»). – Rindenbrüter. – Einarmiger Längsgang, lang (bis 12 cm), mit rammelkammerartiger Erweiterung (Abb. 467). – Larvengänge dicht, insgesamt bis 120. – Puppenlager radiär im Splint.
Ökologie: [BRAUNS, 1952]: doppelte Generation; schwärmt Mai/Juni und August/September. – Reifungsfraß der erwachsenen Käfer im Frühjahr an den jüngsten Trieben. – Befallszone: befliegt vor allem den Stamm.

Scolytus (Eccoptogaster) rugulosus Mueller,
Kleiner (oder: Runzliger) Obstbaumsplintkäfer

Obstbäume, an Waldrändern aber auch an Eberesche, Weißdorn. – Rindenbrüter. – Einarmiger Längsgang, ohne Erweiterung am Anfang, kurz (1–3 cm). – Larvengänge (nur 10–20 jederseits) geschlängelt, unregelmäßig. Puppenkammer im Splint.
Ökologie: befällt mehr die Krone (Äste und Zweige), aber nicht selten finden sich die Brutsysteme nahe jenen von *mali.* – Reifungsfraß im Frühjahr in jungen Trieben oder in den Polstern der Blattknospen beobachtet [BRAUNS, 1952].

Weitere Laubholz-Rindenbrüter:

Scolytus carpini RATZEB., Hainbuchensplintkäfer: an Hainbuche u. a. mit einarmigem Waagegang.
Scolytus koenigi SCHEW. (früher: *E. aceris* KNOT.: Ahornsplintkäfer): an Ahornarten, im Gebirge; mit einarmigem Lotgang.

Trypodendron domesticum L., Buchen- oder Laubnutzholzborkenkäfer
(früher: *Xyloterus domesticus* L.)

Buche; außerdem brütend in Eiche, Birke, Erle, Ahorn und Ulme. – Holzbrüter. – Horizontalgabelgänge; Eingangsröhre radiär (Abb. 470), Brutanlage (vom ♀ allein angelegt) gabelt sich dann in mehrere (bis 7 cm lange), meist den Jahresringen folgende, in einer Ebene liegende Gänge. Eiablage in Einischen in regelmäßigen Abständen oben und unten. Larven erweitern die Einischen zu kurzen Leitersprossengängen (Abb. 468). – Puppenlager im Larvengang, der von der Brutröhre durch Genagsel und Exkremente abgeschlossen ist. – Auf einer Stammscheibe werden die Leitergänge als Löcher im Brutarm sichtbar (Abb. 472).

Ökologie: Pilzzüchter, daher verlassene Gänge schwarz. – Anscheinend einfache Generation; monogam.

Wirtschaftl. Bedeutung: besonders in Stöcken (im ersten Humifizierungsstadium); aber auch in anbrüchigen Stämmen (etwa in rindenbrandgeschädigten Buchen häufig anzutreffen). Gleichfalls in lagernden Stämmen, vergesellschaften mit *Hylecoetus dermestoides* (Lymexylonidae; Abb. 471) und *Xyleborus dispar* (Ipidae; Abb. 469). – Über das Auftreten von *domesticum* beim «Rindensterben» der Buchen s. Seite 134 und BUTIN, 1983).

Trypodendron signatum Oliv., Eichennutzholzborkenkäfer; linierter Laubnutzholzborkenkäfer

Eiche; aber auch in Buche, Birke, Ulme, Ahorn, Esche. – Holzbrüter. – Horizontalgänge; Larven in Leitergängen.

Ökologie: Pilzzüchter; Lebensweise sonst ähnlich *domesticus*. – Doppelte Generation; Schwärmzeit: März und Juli. – ♂ bei der Anlage der Brutröhre insofern behilflich, als es das Bohrmehl herausschafft.

Xyleborus monographus F., gehöckerter Eichenholzbohrer; kl. schwarzer Nutzholzborkenkäfer; «kleiner schwarzer Wurm»

Eiche; gelegentlich u. a. Rotbuche, Ulme und Kastanie. – Holzbrüter. – Horizontalgabelgänge; typisch die geweihartigen, von der (bis 8 cm langen) radiären Eingangsröhre abzweigenden, den Jahresringen oft folgenden Brutröhren. – Keine Leitersprossen!

Ökologie: Pilzzüchter; Larven hintereinander in der Brutanlage. – Doppelte Generation; Flugzeiten: März/April und Juli.

Wirtschaftl. Bedeutung: gewöhnlich in frisch gefällten Stämmen; in älteren Eichen, wenn sie durch Blitzschlag u. dgl. anbrüchig sind. – In frischen Stöcken.

An Laub- und Nadelholz

Xyleborus dispar F., Ungleicher Holzbohr-Borkenkäfer
(früher: *Anisandrus dispar* F.)

In fast sämtlichen Laubhölzern, gelegentlich an Kiefer. – Holzbrüter. – Gabelgänge in verschiedenen Ebenen (bogenförmige Brutröhren 1. Ordnung meist von der radiären Eingangsröhre entlang den Jahresringen [Abb. 469]; Brutröhre 2. Ordnung [«falsche Leitersprossen»] in Holzfaserrichtung). – Larvengänge fehlen. – Puppen in der Brutanlage: Abb. 473 (BRAUNS, 1950).

Kennzeichen der Imagines (Abb. 474/475): Geschlechtsdimorphismus (vgl. auch Abb. 476 u. 477); ♂♂ außerdem flugunfähig, laufen höchstens auf der Rinde des befallenen Stammes zur Brutzeit umher.

Ökologie: Pilzzüchter mit ausgesprochener Brutpflege seitens des Weibchens. Weitere Angaben über Brutgewohnheiten: S. 275. Jungkäfer schwärmen nach der Überwinterung zeitiger im nächsten Frühjahr als die rindenbrütenden Borkenkäfer aus, um neue Brutsysteme anzulegen. Das ehemalige Einbohrloch des Mutterkäfers wird damit zum Ausschlupfloch der Jungkäfer. – Begleitart anderer Holzinsekten, etwa von *Trypodendron domesticum* (Abb. 470) und *Hylecoetus dermestoides* (Lymexylonidae; Abb. 471). – Auch in trockenen Sommern nur eine Generation.

Wirtschaftl. Bedeutung: arger Schädling in Obstgärten (besonders in Apfel- und Pflaumenbäumen). Geht freilich auch unter Beteiligung anderer Schadinsekten lebendes Material an, das allerdings meist durch Dürre, Frost oder dgl. geschwächt ist. – Außerdem in frischen Stöcken.

Xyleborus saxeseni Ratzeb., Kleiner Holzbohrer

Polyphag an anbrüchigem Laub- und Nadelholz. – Holzbrüter. – Horizontalgabelgänge. – Holzfamiliengänge; mithin Erweiterung der horizontalen Bruträhre zu einem Larven-Familienfraßplatz (Abb. 478).

Ökologie: Pilzzüchter. – Typisch oft das Verschmelzen mehrerer Fraßplätze oder aber mehrere Fraßplätze sind durch Bruträhren verbunden. An einem Fraßplatz bis zu 200 Larven, Puppen, Jung- und Altkäfer aufzufinden, deren Bewohner aber von verschiedenen Mutterkäfern stammen können. – Monogam. – Doppelte Generation. – Frühzeitiges Schwärzen der Wände des Brutsystems; Larven befressen dann den bräunlichen Gangbelag.

Wirtschaftl. Bedeutung: wenig schädlich, aber durch charakteristische Fraßfigur auffällige Art. – Interessant das Vorkommen an Stöcken im 1. Abbaustadium: nur auf die nordseitigen, feuchten Stellen des Stockes beschränkt bzw. überhaupt nur in überwiegend feucht stehenden Stöcken auftretend.

An Nadelholz

Dendroctonus micans Kug., Riesenbastkäfer

Brutpflanze: Fichte, Tanne, Sitkafichte (selten Kiefer).
Biolog. Gruppe: Rindenbrüter.
Befallszone: vorwiegend Stammbasis und an den Wurzelanläufen.
Fraßbild: Rindenfamiliengang (Abb. 479).
Ökologie: bevorzugt Wundstellen (nach Fällungs- oder Rückeschäden; Schälwunden, an Blitzrissen). – Brutanlage des Mutterkäfers beilförmig. Eiablage einzeln oder in Paketen. Luftlöcher meist vorhanden. – Larven fressen in geschlossener Phalanx und bilden dabei sogar Geschwistergemeinschaften.

Soziale Gewohnheiten können beobachtet werden: einige Larven schaffen Bohrmehl, Exkremente, Exuvien, tote Larven nach rückwärts und pressen alles mit Hilfe der Kopfkapsel zu fester Bohrmehlplatte zusammen. Dann stoßen sie wieder zur fressenden Phalanx und andere Larven übernehmen diese Arbeit. – Der Rindenfamiliengang kann durch Astansätze oder dgl. sich aufteilen; die Fraßplätze bleiben aber durch Straßen untereinander verbunden. In dicker Borke auch Fraß in Stockwerken übereinander. – Larvenfamilie nicht selten über 100 Individuen stark. – Von verschiedenen Mutterkäfern abstammende Larvenfamilien vereinigen sich nicht selten. – Puppenlager aber wieder einzeln in der Bohrmehlplatte. – Generation 1jährig, in Gebirgslagen 2jährig. – Erkennung des Befalls: an den Wurzelanläufen am Bohrloch austretendes Harz vermischt mit Bohrmehl (wie «Mörtelbrocken» aussehend; Abb. 479 [linker Bildteil]); an höheren Befallsstellen Harztrichter.

Wirtschaftl. Bedeutung: sehr schädlich, da auch primär werdend vor allem in 20–40jährigen Fichtenbeständen; Stämme erliegen meist erst, wenn andere Krankheiten hinzutreten (*Pissodes*-Befall; Hallimasch = pathozöner Blätterpilz). – In Aufforstungsgebieten Schleswigs, vor allem auf trockeneren Standorten bei Acker- und Ödlandaufforstungen, ist die Sitkafichte im Alter von 35–40 Jahren anfällig gegen Rotfäule (erzeugt durch den Porling *Fomes annosus* F. = *Trametes radiciperda* HART. [ELTON, 1950]); sie reagiert bei dem geringsten Befall sofort mit «Harzsticken», d.h. mit sofortigem Austritt von Harztropfen aus der Stammrinde. Der erkrankte Stamm ist dann gleichfalls für *Dendroctonus micans* als Brutstätte geeignet. Die Harztrichter sind an der Sitkafichte bisweilen so groß wie Hühnereier. – Infolge seiner Größe kann der Riesenbastkäfer starken Harzfluß ohne weiteres überstehen; andernfalls ringelt er partiell den Stamm und befällt dann den Stamm oberhalb und unterhalb dieser Ringelung. – Vertilgerkreis: an der Dezimierung des *Dendroctonus micans* (und zwar der Entwicklungsstadien und der Vollkerfe) stark beteiligt ist *Rhizophagus grandis* GYLL. (Nitidul.; Col.), bei Sitkafichten infolge des starken Harzflusses erst in älteren *Dendroctonus*-Bruten auftretend [FRANCKE-GROSMANN, 1950]; außerdem als Parasit *Pimpla terebrans* RATZEB. (Ichn.; Hym.) und als Räuber noch *Thanasimus formicarius* L. (Cler.; Col.).

Hylurgops palliatus Gyll., Gelbbrauner Fichtenbastkäfer

Fichte; aber auch an Lärche, Kiefer und Tanne. – Rindenbrüter (monogam). – Stammbasis. – Einarmiger Längsgang (bis 5 cm; teils steril) mit stiefelartigem Anfang. – Larvengänge lang, dicht gedrängt und wirr durcheinander (Abb. 482).

Ökologie: wahrscheinlich 2 Flugzeiten, im März/April und Juli, mithin doppelte Generation. – Wenn massenhaft vorkommend, Innenseite der Rinde in Mulm verwandelt, so daß typische Fraßfigur nicht mehr zu erkennen ist. – Eiablage in Stämme und an Meterholz (besonders an feuchte Stapel), die im Schatten liegen. Beim Stockabbau erscheinen die Mutterkäfer zur Eiablage im

1. Humifizierungsstadium; die Feuchtigkeit ist auch hier ein deutlicher ökologischer Faktor.

Wirtschaftl. Bedeutung: zumeist sekundär; erhöhte Populationsdichte erreichend auf Wind- und Schneebruchflächen.

Differentialdiagnose einer ähnlichen Fraßfigur mit stiefelförmigem Anfang des gleichfalls einarmigen Längs-Mutterganges (teils steril) – Rindenbrüter am Stamm der Fichte oder Zirbelkiefer (nur ältere Stämme befliegend) – Larvengänge den Splint schwach furchend, Puppenwiegen aber teils im Splint – einfache Generation – Vorkommen nur im Gebirge (bis 2000 m), Begleitart oder Nachfolger des Buchdruckers: *Hylurgops glabratus* ZETT., Dunkelbrauner Fichtenbastkäfer.

Polygraphus poligraphus L., Städteschreiber; kleiner (oder doppeläugiger) Fichtenbastkäfer

Fichte, bisweilen an Kiefer. – Rindenbrüter (polygam). – Stammitte. – 3–8armiger Sterngang (jeder Arm bis 6 cm), auf der Unterseite der Rinde meist nicht sichtbar, mit Rammelkammer. – Larvengänge nicht dicht, aber in dicker Rinde teils in verschiedenen Schichten liegend, dadurch Fraßfigur verworren (Abb. 481). – Puppenlager in der Rinde.

Ökologie: bei normalen Umweltbedingungen doppelte Generation; Larven etwa im Mai, Jungkäfer schlüpfen Juli/August; 2. Brut im September/Oktober Jungkäfer ergebend oder aber im Larven- bzw. Puppenstadium überwinternd. – Reifungsfraß: Erweiterung der Puppenwiegen; Regenerationsfraß: platzartige Gänge in der Rinde.

Kennzeichen (der Vollkerfe): Augen geteilt, daher auch «doppeläugiger Fichtenbastkäfer» genannt.

Wirtschaftl. Bedeutung: manchmal sehr schädigend; vor allem auftretend in 20–40jährigen Beständen (auch nach Blitzschäden und in Gesellschaft des Buchdruckers). – Vorwiegend in Gebirgsrevieren.

Ips typographus L., Buchdrucker; großer achtzähniger Fichtenborkenkäfer

Fichte, gelegentlich in Lärche, Kiefer. – Rindenbrüter (polygam). – Am Stamm. – Einarmiger Längsgang (stets in Faserrichtung zur Krone hin), doppelarmiger Längsgang und «Stimmgabelgang» (3 Brutarme; Stimmgabelgriff meist zur Krone hin); bis 7armige Brutsysteme vorkommend. – Brutbilder am liegenden Stamm ähnlich (bei einarmigem Längsgang dieser zur Krone oder Wurzel gerichtet). – Luftlöcher am Muttergang. – Hochzeitskammer in der Rinde verborgen. – Larvengänge: 20–100 je Muttergang, geschlängelt, verbreitern sich rasch, am Ende zu napfförmigen Puppenlagern erweitert (Abb. 483).

Ips typographus = einer der häufigsten, auffälligsten und schädlichsten Borkenkäfer, der außerordentlich leicht zu Gradationen neigt (vgl. S. 33). [Neuere Lit.: bei SCHWENKE, 1974; pag. 366 u. SCHWERDTFEGER, 1981; pag. 193].

Kennzeichen (Abb. 454/455): um 5 mm. – Jungkäfer schwach chitinisiert, gelblich; mit der Zeit nimmt die Ausfärbung (von der Temperatur abhängig!) zu, nach etwa 4 Wochen dunkelbraun, Altkäfer tiefbraun/schwarz. Körper glänzt, bräunlich-gelb behaart. – Gedrungener, walzenförmiger Habitus der Lebensweise in den Bohrgängen angepaßt. – Charakteristisches Artmerkmal ist der matt seifenglänzende, undeutlich punktierte Absturz, jederseits mit 4 Zähnchen, von denen der dritte am größten und knopfförmig eingeschnürt ist. Zahnbildungen, bei ♂♂ und ♀♀ nicht unterschiedlich, erhöhen den Absturzrand und gestatten so eine größere Aufnahme von Bohrmehl. ♂ transportiert auf diese Weise Bohrmehl (vom ♀ übernommen) aus den Muttergängen heraus und reinigt diese. – Die Hinterflügel sind übrigens länger und breiter als die Elytren, werden nur zum Flug ausgebreitet und sonst der Länge nach einmal zusammengefaltet. Flug schwerfällig, Käfer legen höchstens einige hundert Meter zurück; allenfalls mit Windunterstützung werden größere Flugweiten erzielt. – Madenähnliche Larven (Abb. 456) träge mit hellbrauner Kopfkapsel. Puppen weich, zarthäutig, können das Hinterende lebhaft bewegen.

Ökologie und wirtschaftl. Bedeutung: der gewöhnliche Brutfraß wurde schon skizziert. Außerdem noch unterscheidbar: durch die Eiablage vorübergehend erschöpftes ♀ verlängert den mit Einischen versehenen Muttergang; dieser Abschnitt bleibt aber steril: Regenerationsfraß des Altkäfers. – Jungkäfer zerfressen die an die Puppenlager anstoßenden Rindenpartien: Reifungsfraß der Jungkäfer (Abb. 483); bei vorzeitiger Austrocknung der Rinde kann dieser Jungkäfer-Reifungsfraß sogar das ursprüngliche Fraßbild zerstören. – Bei Übervölkerung Einbohren der ausfliegenden Jungkäfer an neuer Stelle der gleichen oder einer benachbarten Fichte: Gänge mit geweihartigen Verzweigungen = Reifungsfraß der Jungkäfer außerhalb des Brutgangsystems. – Schließlich läßt sich ein Überwinterungsfraß beobachten. Die Überwinterung erfolgt für gewöhnlich als Vollkerf, selten als Puppe und anscheinend recht vereinzelt als Larve. Das Überdauern der schlechten Jahreszeit findet statt am alten Brutstamm («Ausflugbaum») im ausgedienten Brutgangsystem, im bereits begonnenen Brutgang am «Anflugbaum», in Stöcken des ersten Humifizierungsgrades oder in der Bodenstreu (und zwar in der Förna und in der F_1-Schicht, insgesamt bis etwa 10 cm Tiefe). An Stöcken lassen sich neben den sternartigen Fraßfiguren gelegentlich auch waagerecht liegende Brutgänge beobachten, bei denen sich dann oft sogar Einischen feststellen lassen, infolge der vorgerückten Jahreszeit kommen aber Larvengänge nicht mehr zur Ausbildung. Die Überwinterungsdichte überdauernder Käfer in der Bodenstreu ist bei den Wurzelanläufen befallener Stämme am größten. – An sonnigen Wintertagen läßt sich beobachten, daß überwinternde Käfer ihre anfangs ausgewählten Überwinterungs- und späteren Ausflugsbäume verlassen und sich neue Überwinterungsorte wählen. – Bodenstreu-Überwinterer führen im Frühjahr einen Ernährungs- oder Reifungsfraß durch in der Rinde anbrüchiger Stämme (an der Basis), an Stöcken der Winterfällung (vorwiegend unterhalb des Bodenoberflächenhorizontes), in der Rinde von Knüppelholz oder von Fichtenreisern oder bei Mangel an zusagendem Material in Kulturen oder an Pflanzen etwaiger Naturverjüngungen.

Erster Hauptflug je nach Standort und nach den vorherrschenden Temperaturverhältnissen (da der gesamte Lebensgang des Buchdruckers sehr temperaturabhängig ist) etwa Mitte April/Ende Mai; im Gebirge (bis 2000 m auftretend) meist später; Schwärmzeit auffällig, da vielfach nur an wenigen Tagen «Schwärmtemperatur» um 20 °C. – Anflugbäume (= Befalls- oder Brutbäume) sind anbrüchige (mithin kränkelnde oder geschwächte) Stämme (bei Fichte stärkere, 60jährige und ältere Stämme). Befall setzt gewöhnlich in Kronennähe ein, geht dann tiefer (bis auf Brusthöhe) und greift zuletzt auf den Grundabschnitt über; nur bei bodenüberwinternden Käfern gelegentlich Befallsbeginn in Bodennähe. – Erkennungsmerkmal des Befluges: braunes Bohrmehl. Differentialdiagnose: weißes Splint-Bohrmehl rührt her vom Nutzholzborkenkäfer (*Trypod. lineatum* OL. = Holzbrüter!); *lineatum* = Frühschwärmer, *typographus* dagegen = Spätschwärmer. – Bohrmehlauswurf etwa 2–4 Wochen anhaltend, Bohrmehl zunächst auf den Rindenschuppen, später vom Regen an den Wurzelanlauf abgespült. Bei liegenden Stämmen Bohrmehl in Häufchen austretend. – ♂ bohrt Einbohrtunnel und Hochzeitskammer, ♀ die Brutarme und Luftlöcher. – Entwicklung der Brut je nach Witterung (vor allem Temperaturgang) verschieden: je höher die Temperatur, desto schneller die Entwicklung; Brutfraß und Eiablage: 2–4 Wochen, Eientwicklung bis Schlüpfen der Larven: 1–3 Wochen, larvales Stadium: 2–4 Wochen, pupales Stadium: 1–2 Wochen, Ausreifung der Jungkäfer: 2–4 Wochen. – Dauer bis Ausflug der Jungkäfer bei günstigen Witterungsverhältnissen: 2 Monate. – Nach Verlassen der 1. Brutanlage führen die Mutterkäfer zumeist eine Nachbrut (1. Nebenbrut = Geschwisterbrut) durch. Muttergänge dieses Brutsystems vielfach kenntlich an längerem sterilen Endteil (= «Witwengang»). Nachbruten auch mit verkürzten Muttergängen, verursacht durch große Befallsdichte und durch Austrocknen des Anflugbaumes. Altkäfer sterben dann ab.

Zweiter Hauptflug (unter günstigen Temperaturverhältnissen) etwa Anfang Juli, nach Ausreifung der Jungkäfer, deren Reifungsfraß vielfach an der Geburtsstätte oder im neuen Anflugbaum erfolgt. – In heißen Sommern sogar ein erneutes Ausfliegen der Mutterkäfer dieser zweiten Generation zur Anlage einer 2. Nebenbrut (Nachbrut oder Geschwisterbrut). Dadurch werden häufig 4 Generationen vorgetäuscht, während es sich in Wirklichkeit um 2 Generationen mit je einer Erst- und einer Nachbrut handelt. – Wenn auch das Auftreten einer echten 3. Generation an sich möglich wäre (vor allem in Dürrejahren und bei hohem Temperaturgang bis in den Herbst hinein), tritt sie sicher kaum auf;

durch das Nebeneinander von Erst- und Geschwisterbruten werden die wahren Verhältnisse zumeist verdeckt.

Vertilgerkreis des Buchdruckers: Hauptkontingent stellen räuberische Insekten und deren Larven, u. a. Col.: Staphylinidae (*Leptusa* spec., *Placusa* spec., *Quedius* spec.), Histeridae (*Platysoma* spec.), Nitidulidae (*Rhizophagus ferrugineus* PAYK.), Cleridae (*Thanasimus formicarius* L., Ameisenbuntkäfer); Neuropt.: *Rhaphidia ophiopsis* SCHUM.; Dipt.: *Erinna* spec. (Erinnidae), *Medetera signaticornis* LW. (Dolichopodidae), *Lonchaea* spec. (Lonchaeidae) und schließlich auch Hundertfüßer (Chilopoda). Außerdem zahlreiche parasitische Formen, u. a. als larvaler Schmarotzer *Rhopalicus* spec. (Chalcid.) und als imaginaler Schmarotzer *Ipocoelius* spec. (Chalcid; bohrt sich aus dem Absturz des befallenen Käfers aus!). Schließlich gehen manche Larven oder Puppen infolge Pilzbefall ein, sogar die bodenüberwinternden Vollkerfe sind in dieser Hinsicht gefährdet; andererseits können in strengen Wintern alle Stadien in Massen absterben. – An Eiparasiten wurde bisher nur eine Milbenart, *Tarsonemoides gaebleri* SCHAARSCHMIDT festgestellt (GÄBLER, 1955). «Die anfangs sehr beweglichen kleinen weiblichen Milben suchen Borkenkäfereier auf und beginnen an diesen zu saugen». Aus den von den Milbenweibchen abgelegten Eiern schlüpfen spindelförmige, weiße sechsbeinige Larven, die anscheinend noch nicht parasitisch leben. In den Borkenkäfergängen findet sich überhaupt eine artenreiche Milbenfauna an; die Ernährungsweise der einzelnen Arten ist aber vielfach noch ungeklärt. – Schließlich kommen manche Vogelarten (vornehmlich Spechte, aber auch Zaunkönig und Misteldrossel) als Feinde in Frage; nach v. VIETINGHOFF-RIESCH (1951) erhaschen sogar Buchfinken und Rauchschwalben über Bestandeslücken schwärmende Käfer oder die weiße Bachstelze lebt in verseuchten Beständen häufig vom Buchdrucker (obwohl sie im Bestande nur längs der Wege zu beobachten ist).

Große Populationsdichte der Feinde und anderweitige Krankheiten können die Borkenkäfer örtlich schon einmal begrenzen, aber eine Massenvermehrung dieses Bestandesverderbers niemals aufhalten. – Im allgemeinen befliegt der Buchdrucker liegende oder geschwächte, stehende Stämme. Der Übergang an völlig gesunde Anflugbäume ist nur so denkbar [SCHWERDTFEGER, 1948]:

a) infolge Versagens wirtschaftlicher Maßnahmen (Aufarbeitung von Sturmwürfen, Aufarbeitung von Einschlägen nach Raupenfraß usf.) lassen den Käfer derart günstige Brutmöglichkeiten finden, daß seine Bevölkerungsdichte gewaltig ansteigt.

b) Ein gesunder Stamm verhindert vielfach durch Harzfluß das Eindringen einiger weniger brutlustiger Käfer. Bei Anflug zahlreicher Mutterkäfer auf derselben Fläche genügt der Harzfluß nicht mehr, den an sich schon harzgewohnten Käfer abzuwehren.

c) Kommen jetzt noch außerordentlich günstige Umweltbedingungen (vor allem günstige Temperaturverhältnisse) hinzu, verlassen große Käfermassen ihre Geburtsstätte oder ihre Muttergänge zu erneuter Brut und können dann primär werden. Durch das auf der Innenseite der Rinde entstehende Brut- und Fraßbild wird der absteigende Saftstrom im Bast unterbrochen und die Verbindung der Rinde mit dem Splint zerstört. Der Stamm trocknet aus (Käfertrocknis, früher «Wurmtrocknis» genannt). Vorhandene Käfer- flächen weiten sich an den Rändern aus. Monokulturen auf ungeeigneten Standorten zeigen eine verstärkte Anfälligkeit.

Ausmaß der «Trocknisschäden»: 1944/51 in ganz Mitteleuropa eine Großkalami- tät, wobei sich die Massenvermehrung in den betroffenen Gebieten teilweise schon vor 1940 anbahnte (BENDER, 1948; MERKER, 1949). Gesamteinschlag rund 30 Millionen fm. Regionale Massenvermehrung in Thüringen u. Sachsen mit Kulmination 1964/65 (SCHWERDTFEGER, 1981). Anstieg der Populationsdichte in N-Deutschland nach der Sturmkatastrophe im Nov. 1972. Erneut verstärktes Auftreten in der Südheide nach den verheerenden Waldbränden (1975 u. 1976) u. neuerdings im Gefolge des Wald- sterben-Syndroms. – Lockstoff-Fallen mit synthet. Pheromonen werden bei der Käfer- bekämpfung seit 1979 eingesetzt (Lit. bei SCHWERDTFEGER [1981]). – In einer dies- bezüglichen Sonderuntersuchung wurden neben Ips typographus 179 Arthropodenarten gleichzeitig gefangen; das Fangergebnis wurde durch räuberische Arten verfälscht. Es zeigte sich, daß Verwesungsgeruch saprophage Arten anlockt (vor allem in schwarzen Fallen). In weißen Fallen wurden auch viele Blütenbesucher gefunden (SELLENSCHLO, 1988). Spezielle Untersuchungen über die Attraktivität von Weißfarben unterschied- licher (UV)-Lichtremission für den Buchdrucker (und auch für den Kupferstecher) führt MONIKA HILKER (1984) durch.

Erkennung des Borkenkäferbefalls an Einzelstämmen im Bestande [PRELL, 1948]: am Stamm Grauwerden der kronenwärtigen Rinde, Ablösen von Rin- denschuppen, Abblättern von Rindenfetzen (auch durch die Tätigkeit der Spechte) – Krone aber noch grün. – Im Sommer Bohrmehlaustritt, doch durch Regen schnell abgespült. – Schwer aufzufinden: Einbohrlöcher (nur bisweilen Harztrichter oder Harztropfen!); leichter erkennbar: Luftlöcher und Aus- schlupflöcher der Jungkäfer. – Krone: im Sommer Vergilben, später Rötung der Nadeln; deutlich oft frühzeitiges Abfallen grünlicher Nadeln. – Rascheln der unter der Rinde kriechenden und nagenden Jungkäfer wahrnehmbar.

Ips amitinus Eichh., Kleiner achtzähniger Buchdrucker

Fichte, befliegt aber mehr als typographus: andere Nadelhölzer (Pinus-, Picea-, Abies- und Larix-Arten). – Rindenbrüter (polygam). – Oben am Stamm. 3–7armiger Längs- bis Sterngang («Längssterngang»). Brutsystem ähnlich dem des typographus, aber Muttergänge kürzer und enger. – Rammelkammer meist auf der Rinde sichtbar (Abb. 484). – Fraßbild mehr im Splint. – Der Käfer befliegt im Hochgebirge gern Krummholzkiefer u. Arve oder Zirbel- kiefer.

Pityogenes chalcographus L., Kupferstecher; sechszähniger Fichtenborkenkäfer

Fichte, selten an anderen Nadelhözern. – Rindenbrüter (polygam). – Oben am Stamm. 3–6armiger Sterngang. – Rammelkammer in der Rinde verborgen (Abb. 480; nur an Kiefer und Weymouthskiefer sichtbar). – Larvengänge dicht, zahlreich, bisweilen nur oberflächlich am Splint sichtbar.
Ökologie: doppelte Generation; Flugzeiten: April und Juli/August.
Wirtschaftl. Bedeutung: typischer Begleiter des Buchdruckers (dann nur schädlich!). Da dünne Rinde bevorzugend, in älteren Beständen in obere Stammteile und Äste sich einbohrend oder Stangenhölzer befliegend.

Im Jahre 1988 Bedrohung der Fichten-Bestände auf etwa 100000 ha (BRD). In Berglagen der Schweiz (1986) die Borkenkäfergefahr (Kupferstecher und Buchdrucker) nach wie vor groß. Als Vertilger des Kupferstechers ein polyphager Lauerräuber, die Zwergspinne *Troxochrus nasutus* SCHENKEL (Erigonidae), ermittelt.

Cryphalus abietis Ratzeb., Gekörnter Fichtenborkenkäfer

Fichte (Kiefer, Tanne). – Rindenbrüter (monogam). – Obere Region (Astquirle). – Platzartiger Quer- oder Längsgang. – Larvengänge gewunden, meist in der Faserrichtung (Abb. 487).
Ökologie: Eiablage in Häufchen. – Doppelte Generation. – Frühschwärmer (1. Flugzeit schon im März).
Wirtschaftl. Bedeutung: befliegt vornehmlich Stangenholz (20–40jährig), aber auch an jungen (bis 12jährigen) Fichten beobachtet.

Dryocoetes autographus Ratzeb., Zottiger Fichtenborkenkäfer

Fichte (selten an anderen Nadelhölzern). – Rindenbrüter (monogam). – Stammbasis abgestorbener Fichten, bevorzugt Stöcke (im ersten Abbaustadium). – Muttergang: unregelmäßig, kurz, längs oder schräg. – Larvengänge geschlängelt. – Fraßbild recht verworren (Abb. 491).
Wirtschaftl. Bedeutung: Nachzügler anderer Ipidenarten; bei der Humifizierung der Stöcke nicht ganz bedeutungslos.

Pityophthorus pityographus Rtzb.
Kleiner oder furchenflügeliger Fichtenborkenkäfer
(früher: *P. micrographus* GYLL.)

Fichte (auch in anderen Nadelhölzern). – Rindenbrüter (polygam). – In Ästen. – Quersterngang (4–7armig). – Rammelkammer deutlich sichtbar. – Larvengänge weit voneinander entfernt (Differentialmerkmal gegenüber *chalcographus!*), meist in der Faserrichtung. – Puppenlager in der Rinde. – Fraßbild auch im Splint scharfkantig eingeschnitten (Abb. 486).
Ökologie und wirtschaftl. Bedeutung: doppelte Generation (Mai und Juli/August). Häufig, doch selten schädlich.

Crypturgus pusillus Gyll., Winziger Fichtenborkenkäfer

Fichte, Kiefer u. a. Nadelholzarten. – Rindenbrüter (monogam) – Raumparasit: benutzen Einbohrloch u. Eingangsstollen größerer Rindenbrüter (von *Dr. autographus* oder *Tomicus minor* u. a.). – Muttergänge vom fremden Muttergang aus [Abb. 492]. – Fraßbild verworren.

Ökologie und wirtschaftl. Bedeutung: Doppelte Generation; wirtschaftlich indifferent. Vielleicht schädlich an jungen Fichten (bis 15jährig), da selten auch mit selbständiger Brutanlage (?).

Trypodendron lineatum Ol., Nadelbaum-, gestreifter oder linierter Nutzholzborkenkäfer
(früher: *Xyloterus lineatus* Ol.)

Fichte und in anderen Nadelhölzern. – Holzbrüter. – Horizontalgabelgänge. Larvengänge = Leitersprossen (Abb. 490).

Ökologie und wirtschaftl. Bedeutung: Pilzzüchter; Brutsystem ähnlich wie bei *X. domesticus*. Beim Stockabbau im 1. Stad. zur Eiablage erscheinend: im nachfolgenden Frühjahr, wenn Stamm im Herbst gefällt. Neigt von Holzbrütern zu Massenvermehrungen; dann schädlich, da auch geschälte Stämme bei feuchter Lagerung angenommen werden (Abb. 494).

Ähnliche Lebensweise: *Gnathotrichus materiarius* Fitch. Aus U.S.A. eingeschleppt: seit 1933 in Frankreich, seit 1965 in Holland und Deutschland.

Hylastes cunicularis Er., Schwarzer Fichtenbastkäfer

Fichte (auch an Kiefer, Lärche). – Rindenbrüter (Wurzelbrüter, monogam). – Einarmiger Längsgang. – Larvengänge zu Anfang getrennt, später wirr ineinander laufend.

Ökologie und wirtschaftl. Bedeutung: Eiablage meist an Stöcke (1. Abbaustadium) und deren flachstreichende Wurzeln. – Frühschwärmer mit doppelter Generation. – Die im Herbst ausschlüpfenden Käfer der 2. Generation überwintern unter der Rinde von Stöcken, in Stockwurzeln oder in der Streudecke. – Brutfraß bodenbiologisch bedeutsam. Kulturschädling aber durch Reifungsfraß der Jungkäfer, die außer an Stöcken u. dgl. auch an 3–10jährigen Pflanzen den Ernährungsfraß ausführen; Schadbild: Fraß am unteren Stammteil, am Wurzelhals und an der Pfahlwurzel.

Pityokteines curvidens Germ., Krummzähniger Tannen- oder Weißtannenborkenkäfer
(früher: *Ips curoideus* Germ.)

Tanne (gelegentlich auch an anderen Nadelhölzern [*Abies-, Larix-, Picea-* und *Pinus-*Arten]). – Rindenbrüter (polygam). – Dicke Rindenteile. – Doppelarmige Waagegänge mit Rammelkammer im Splint (Abb. 488). – Larvengänge dicht stehend, längs verlaufend nach oben und unten. – Puppenlager bis 1 cm tief im Splint, in Faserrichtung liegend (Abb. 489).

Differentialdiagnose und Ökologie: als Begleiter (vor allem im Kaukasus, aber auch in Mittel- und Südeuropa) kommen 2 nahe Verwandte: *P. spinidens* Reitt. und *P. vorontzowi* Jacobs. an manchen Anflugbäumen gleichzeitig vor. Morphologische Ansprache durch unterschiedliche Ausbildung des Haarschopfes und der Haarbürste am Vorderrand des Halsschildes und an der Stirn etwa bei den ♀♀ gegeben [Maksymov, 1950]. Aber auch unterschiedlicher Beflug der Befallszone: *spinidens* und *vorontzowi* mehr in den Ästen der Tanne. Fraßbild: während bei *curvidens* doppelte, quer zur Faserrichtung verlaufende Klammergänge, bei *spinidens* vorwiegend vierarmige Sterngänge (mehr in der Längsrichtung orientiert) und bei *vorontzowi* symmetrisch liegende Quergänge (bei denen das für *curvidens* typische unpaare Anfangsstück mit anschließender Klammerbildung fehlt). Muttergänge bei *vorontzowi* ohne Bogen direkt in die Horizontale. – Typische Fraßfigur auch bei *curvidens* gelegentlich abgewandelt: die zweiarmigen Quergänge (einer bisweilen kurz, kann sogar fehlen!) von einem ♀ hergestellt; oft von einem zweiten ♀ ein entsprechender Muttergang von derselben Eingangsröhre aus nach der entgegengesetzten Seite («Doppelklammergang»); es gibt auch doppelarmige Waagegänge in verschiedenen Stockwerken übereinander («Mehrfach-Klammergang»): 3 und mehr ♀♀ dann an einer Brutanlage beteiligt – aber immer nur ein ♂. – Unter günstigen Umweltverhältnissen sogar 3 Generationen, in der Regel 2, mit Flugzeiten im März/April (Frühschwärmer!) und im Juli. – Von überwinterten Käfern wie von Nachkommen der 1. Hauptgeneration werden Geschwisterbruten erzeugt; die Geschwisterbrutgänge, stets mit Regenerationsfraß kombiniert, zeigen die klammerartige Form nur angedeutet, sind oft länger als die Muttergänge der Hauptgeneration; Rammelkammer fehlt meist und Eiablage vielfach nur auf einer Seite der Muttergänge, die zudem quer, schräg oder sogar längs zur Faserrichtung orientiert sind. – Reifungsfraß der Jungkäfer in der Regel von den Puppenwiegen aus, schürfen den Splint, oft geweihartig verzweigt. Auch selbständige Reifungsfraßbilder an neuen Anflugbäumen (oft bis 10 Käfer vom gemeinsamen Einbohrloch aus). – Überwinterung in verschiedenen Entwicklungsstadien in den Brutgängen in der Rinde oder in den Puppenkammern im Splint, aber auch als Vollkerf in kurzen harzfreien Bohrgängen an stehenden Überwinterungsstämmen; diese am Harzfluß kenntlich, wenn einbohrender Käfer auf eine Harztasche trifft. Einbohrloch vor allem nahe abgestorbener Äste oder an rissigen Rindenstellen gelegen.

Wirtschaftl. Bedeutung: neigt zu Massenvermehrungen und richtet ausgedehntere Schäden an in solchen Weißtannenbeständen, wo die Weißtanne nicht standortsgemäß ist. – *P. curvidens* mitbeteiligt am «Tannensterben» (vgl. Angaben bei *Pissodes piccae*, Seite 261). Neben der Schwächung der Weißtanne in ihrer Vitalität ist Ursache von *curvidens*-Massenvermehrungen auch anhaltende Trockenheit und Hitze neben dem Vorkommen prädisponierter Anflugbäume.

Cryphalus piceae Ratzeb., Kleiner Tannenborkenkäfer

Tanne (selten Fichte, Lärche, Kiefer). – Rindenbrüter (monogam). – An dünnrindigen Stammteilen (Krone und Äste älterer Bäume und Stangenholz). – Platzförmiger Muttergang mit radiär ausstrahlenden Larvengängen (Abb. 503). Puppenwiegen in der Rinde, Splint schwach furchend.

Ökologie: Eiablage einzeln, verstreut, im platzartigen Muttergang. – Frühschwärmer (im März/April) mit 2. Generation (Flugzeit: Juni). – Überwintert in Zweigen und Ästen in der Krone von alten Stämmen: Folge = Aufreißen der Rinde und krebsförmige Wucherungen.

Wirtschaftl. Bedeutung: in Stangenhölzern recht schädlich.

Ips cembrae Heer., Großer Lärchenborkenkäfer

Lärche (selten in Fichte und Kiefer). – Rindenbrüter (polygam). – Am Stamm. – Drei- und mehrarmige Längssterngänge (mit Rammelkammer und mit wenigen Luftlöchern). – Larvengänge dicht und wenig geschlängelt. – Rindenständige Puppenlager (Abb. 497).

Ökologie: bei günstigen Umweltverhältnissen doppelte Generation (Flugzeiten: April/Mai und August/September). – Ernährungsfraß z. T. wirtschaftlich wichtig; Regenerationsfraß des Mutterkäfers: Verlängerung des Mutterganges (bleibt steril!), an dünnrindigen Baumteilen und in Stöcken (1. Abbaustadium) außerhalb des ersten Anflugbaumes oder in den Wipfeln junger Lärchen (Harzfluß dann auftretend!). Reifungsfraß des Jungkäfers durch Erweiterung der Puppenkammer, durch geweihartige Gänge an anbrüchigem Material und schließlich durch Markröhrenfraß an gesunden Trieben (bisweilen an Douglasie).

Wirtschaftl. Bedeutung: wird sehr schädlich durch den Ernährungsfraß im Wipfelbereich junger Lärchen und an Trieben.

Tomicus (= Blastophagus) piniperda L., Großer oder Gefurchter Waldgärtner, Großer Kiefernmarkkäfer
(früher: *Myelophilus piniperda* L.)

Kiefer (selten Fichte und Lärche). – Rindenbrüter (monogam). – Unten am Stamm, bevorzugt aber auch frische Stöcke. – Einarmiger Längsgang (bis 16 cm); typische Kennzeichen: «krückstockartige» Krümmung des Anfangteiles (vor allem bei gefällten Stämmen [Abb. 498]); meist Auskleidung der Muttergänge mit heller Harzkruste und schließlich Bohrlöcher gewöhnlich von gelben Harztrichtern umgeben. Außerdem rammelkammerartige Erweiterung des Eingangstunnels und bis 4 Luftlöcher. – Larvengänge dicht, lang, wirr durcheinander. – Puppenkammern (schüsselförmig) in der Rinde (Abb. 499).

Ökologie: [LINDE, 1948]: Frühschwärmer (Flugzeit schon an warmen Februartagen beobachtet). – Nach dem Brutfraß ab Mitte Mai (bis Juni) etwa Regenerationsfraß in den vorjährigen Triebspitzen der Baumkronen; Einbohrloch von Harz in Form eines gelben Trichters umgeben (Abb. 502). Ausgehöhlte Triebe durch diesen Ernährungsfraß dürr, brechen an der Einbohrstelle ab («Abbrüche», «Abfälle»). Ein großer Teil dieser sogen. «Kiefernmarkkäfer» zur Herstellung neuer Brutgänge und zu nochmaliger Eiablage befähigt. Im allgemeinen sonst aber einfache Generation; Jungkäfer führen nur einen Naschfraß in den Kronen aus (Juli-Ende Oktober). Dann erfolgt (wie bei den Mutterkäfern), wenn sie nicht in den Triebspitzen bleiben, ein Überwinterungsfraß (November-März) in etwa 5 cm langen Rindengängen im Wurzelstock (am Stamm bis etwa $1^1/_2$ m hoch) bei oft mehrjähriger Benutzung. – Vertilgerkreis: außerordentlich zahlreich; u.a. *Rhizophagus*-Arten (Col.; Nitidulidae), *Thanasimus formicarius* (Col. Cleridae) als Räuber und die verschiedensten Ichneumonidae, Braconidae und Chalcididae als parasitische Formen.

Wirtschaftl. Bedeutung: Schäden durch den Brut- und Überwinterungsfraß im allgemeinen nicht so groß wie durch den Triebfraß (auch an vielen anderen *Pinus*-Arten [KRATOCHVIL, 1941]). – Dadurch sehen die Kronen wie beschnitten aus («Waldgärtner»). – Schon bei Lichtfraß durch andere Großschädlinge (etwa durch die Larven der Kiefernbuschhornblattwespe) kann zusätzlicher Fraß durch Kiefernmarkkäfer größeren Schaden anrichten. Dabei läßt sich auch das Überwandern aus jüngeren (etwa 30–40jährigen Beständen) in alte (bis 140jährige) Revierteile beobachten.

Differentialdiagnose beim Auffinden von Absprüngen: *piniperda:* (wenn überhaupt noch ein Insekt darin vorhanden ist) stets mit Vollkerf; *Ernobius nigrinus* STURM. (Anobiidae; Col.): mit Larve. Bei Markröhrenfraß in Kulturen entstehen ähnliche Fraßbilder durch Tortricidae (Lep.) etwa *Rhyac. duplana* HB., *Rhyac. buoliana* SCHIFF.; bei Wicklerfraß aber stets Kotkrümel im Fraßgang.

Tomicus (= Blastophagus) minor Hart.,
Kleiner oder Rotbrauner Waldgärtner
(früher: *Myelophilus minor* HFG.)

Kiefer (auch andere *Pinus*-Arten), selten Fichte. – Rindenbrüter (monogam). – Obere Stammpartien (da dünne Rinde vorwiegend befliegend) und Stangenhölzer. – Zweiarmige Quergänge (Splint tief furchend; Abb. 500) mit kurzem Eingangstunnel; zahlreiche Ausschlupflöcher, während bei *piniperda* Jungkäfer vielfach durch benachbarte Fluglöcher die Geburtsstätte verlassen. – Larvengänge kurz (bis 3 cm), in Faserrichtung. – Puppenkammern radial im Splint.

Ökologie: einjährige Generation; Schwärmzeit Ende März/April (später als sein naher Verwandter, der große Waldgärtner). – Ernährungsfraß in den Trieben (ähnlich *piniperda*). – Überwinterungsgänge in der Stammbasis.

Wirtschaftl. Bedeutung: Brutfraß von *minor* viel schädigender als jener von *piniperda*, da durch tief in den Splint eingegrabene Quergänge Saftstrom stärker gestört wird als durch flachstreichende Längsgänge. Folge: zumindest Wipfeldürre.

Ips sexdentatus Boern.,
Großer oder zwölfzähniger Kiefernborkenkäfer

Kiefer (und an anderen *Pinus*-Arten, selten an Fichte). – Rindenbrüter (polygam). – Unten am Stamm. – Mehr- (2-3) armiger Längsgang mit geräumiger Hochzeitskammer (Abb. 504). Muttergänge zusammen bis 1 m lang, mit vielen Luftlöchern. – Larvengänge kurz, quer verlaufend. – Schüsselförmige Puppenlager (Abb. 505). – Gesamtes Brutsystem in der Rinde.

Ökologie: Flugzeit: April und meist wieder August. – Generation einfach, meist doppelt. – Reifungsfraß der Jungkäfer von den Puppenlagern aus als unregelmäßige Plätze oder als geweihartige Gänge. – Überwinterung als Käfer (von der 1. oder 2. Brut) unter Rinde; bisweilen auch Larven im Winter. – Käfer mehr als Bewohner der Ebene als des Gebirges; im allgemeinen nur als Begleiter anderer Borkenkäferarten und bevorzugt ältere Stämme mit dicker Borke.

Wirtschaftl. Bedeutung: gering, da meist nur gefällte Stämme angegangen werden. Sonst als Nachfolger anderer Großschädlinge.

Ips acuminatus Gyll.,
Sechszähniger oder scharfgezähnter Kiefernborkenkäfer

Kiefer (auch in anderen *Pinus*- und *Picea*-Arten, gelegentlich in Lärche). – Rindenbrüter (polygam). – Gipfelteile älterer Kiefern (selbst in dünnere Zweige als *Tomicus minor*). – Vielarmiger (bis 8 Arme) Längssterngang (jeweils bis 40 cm lang) mit Hochzeitskammer und Luftlöchern; Brutsystem mit Genagsel verstopft und Splint deutlich furchend. – Larvengänge kurz, weit auseinander angeordnet (Abb. 493).

Ökologie: einfache und doppelte Generation.

Wirtschaftl. Bedeutung: «primärer» Schädling; bei uns nur stellenweise häufig (im SW).

Orthotomicus laricis F., Vielzähniger Kiefernborkenkäfer
(früher: *Ips laricis* F.)

Kiefer (aber auch an Fichte, Tanne, Lärche u. Strobe). – Rindenbrüter (polygam). – An kränkelndem Material und an gefällten Stämmen. – Rindenfamiliengänge: Muttergänge = kurze, mit stiefelartigem Knick beginnende Längs- oder Schräggänge mit Verzweigungen und Ausbuchtungen (Abb. 506). Eiablage in Haufen (bis 50 Stück). Larven erweitern zunächst den Muttergang, machen später aber auch getrennte Fraßgänge.

Ökologie: Flugzeit: Mai. Trotz einer so späten Schwärmzeit Vorkommen einer doppelten Generation.

Wirtschaftl. Bedeutung: ausgesprochen «sekundär».

Pityogenes bidentatus Herbst,
Hakenzähniger (zweizähniger) Kiefernborkenkäfer

Kiefer (Fichte, Lärche, Tanne, Douglasie). – Rindenbrüter (polygam). – Vornehmlich an Ästen, Zweigen. 3–7armiger Sterngang (in schwachem Brutmaterial Längssterngang), 3–5 cm jeweils lang. Rammelkammer deutlich (Abb. 485). – Larvengänge verschieden lang, zuletzt verworren. – Puppenlager im Splint.

Ökologie: einfache Generation, aber doppelte Generation unter günstigen Umweltverhältnissen möglich. Erste Flugzeit: Mai/Juni.

Wirtschaftl. Bedeutung: kann bedeutend sein, da auch an jungen Pflanzen (Kulturschädling).

Pityophthorus glabratus Eichh., Kl. Kiefernzweigborkenkäfer

Kiefer (Lärche). – Rindenbrüter (polygam). – Dünne Zweige. – 2–6armige Sterngänge (von Rammelkammer aus), Holz tief furchend (Abb. 501); bei sehr dünnem Material spiralig um den Ast, sonst nach allen Richtungen laufend. – Larvengänge weitgestellt.

Ökologie: schwärmen im Mai und Juli (?); ob doppelte Generation (?).

Wirtschaftl. Bedeutung: Schädigend durch Triebfraß (wie *Tomicus piniperda*) und gelegentlich in Kulturen.

Hylurgus ligniperda F.,
Holzzerstörender (oder: Rothaariger) Kiefernbastkäfer

Kiefer. – Rindenbrüter (Wurzelbrüter; monogam). – Einarmiger Längsgang (quer, später längs). – Larvengänge querabgehend, wirr durcheinander.

Biologisches Verhalten gleich:

Hylastes ater Payk., Schwarzer Kiefernbastkäfer

Ökologie und wirtschaftl. Bedeutung (beider Arten): übereinstimmend mit *Hylastes cunicularius* Er.; Seite 290.

Platypodidae, Kernkäfer

Nur eine Art erwähnenswert:

Platypus cylindrus Fabr., Eichenkernkäfer

Kennzeichen (Abb. 496): 5–5$^1/_2$ mm. Borkenkäfer-Habitus (jedoch langgestreckter); matt-braun, gelblich behaart, Fühler und Beine rötlichbraun. – Kopf meist breiter als das dicht punktierte Halsschild; Fühler in tiefen Gruben inseriert, gekniet, mit großer, platter Keule. Halsschildseiten lateral mehr oder weniger ausgeschnitten oder ausgebuchtet zur Aufnahme der Vorderschenkel. Elytren mit Punktstreifen, beim ♂ mit bezahntem und behaartem Flügeldeckenabsturz zum Abtransport des Genagsels und der Exkremente; beim ♀ mit unbezahntem Absturz. Geflügelt. Schenkel und Schienen breitgedrückt; an den Vorderschienen Leisten und Endhaken zur Fortbewegung in den engen Gängen. – Zur gleichen Gattung rechnet noch *cylindriformis* REITT., die von anderer Seite aber als Varietät aufgefaßt wird.

Ökologie: beider Formen übereinstimmend. – Anflugbäume: Stammbasis stehender oder frisch gefällter Eichen und an Stöcken (1. Abbaustadium; dicht über der Bodenoberfläche); an weiteren Holzarten gelegentlich: Buche, Esche, Kastanie, Linde [RIMSKY-KORSAKOFF, 1940], (Kirsche). – Flugzeit: Juni/Juli. – Holzbrüter (monogam); Pilzzüchter. – Muttergänge im Kernholz; ♀ nagt zunächst radiären Eingangsstollen bis an die Kernholzgrenze, dann (nach etwa 2 Tagen Bohrtätigkeit) bis 30 cm langen, seitlichen, geschlängelten Gang zur einen Seite (später zur anderen Seite), der ungefähr jeweils den Jahresringen folgt. Diese Seitengänge gabeln sich wieder in seitlicher und radialer (zur Längsachse des Stammes gelegener) Richtung. Bei beträchtlicher Stammstärke liegt das gesamte Muttergangsystem in einer Ebene; in schwächerem Brutmaterial verlaufen Einzelgänge auch parallel der Längsachse des Stammes. – ♂ bei der Anlage der Brutgänge unbeteiligt, hält sie nur sauber; Bohrmehl auffallend grob und langfaserig (gegenüber den Splintkäferarten). – Eiablage in Häufchen in allen Gangteilen. – Keine Larvengänge; Larven ernähren sich vom Ambrosia-Pilz, der außerhalb des Brutsystems nicht gedeiht. – Reife Larven nagen leitersprossenähnliche Puppenlager und verschließen den Eingang zu ihnen mit lockerem Genagsel. Durch diese «Leitergänge» Ähnlichkeit im endgültigen Fraßbild mit jenem von *Trypod. domesticum* L. oder *Tr. signatum* F. (Col., Ipidae), wenn das ganze System in einer Ebene liegt; Differentialdiagnose: *Xyloterus*-Larven legen die Leitersprossen sofort nach dem Schlüpfen an und durchlaufen nun ihre ganze Entwicklung in diesen kurzen Röhren. – Vor Anlage der Puppenwiegen Fraßfigur von *Platypus* vielleicht zu verwechseln mit jener von *Xyleborus monographus* F. (Col., Ipidae); letztere aber in ihrer Anlage konzentrierter. – Einjährige Generation; im Spätherbst geschlüpfte Jungkäfer verbleiben in ihrer Puppenwiege bis zur Schwärmzeit des nächsten Jahres. – Gelegentlich vergesellschaftet mit *Hylecoetus dermestoides* (Col., Lymexylonidae).

Wirtschaftl. Bedeutung: als technischer Schädling beachtenswert, beim Stockabbau in den Kreislauf der Humifizierungsprozesse eingeschaltet.

Neuropteroidea

(Megaloptera, Raphidides, Planipennia, Mecoptera,
Trichoptera, Lepidoptera, Diptera und Aphaniptera)

Kennzeichen, Ökologie und wirtschaftl. Bedeutung: trotz großer Verschiedenartigkeit im Habitus, im Bau und in der Lebensweise werden alle übrigen

Insekten in diese Überordnung gestellt; dabei faßt man die 3 ersten Ordnungen (Schlammfliegen, Kamelhalsfliegen und Landhafte) zu den Neuroptera zusammen.

An gemeinsamen Merkmalen für die gesamte Gruppe der Neuropteroidea sind u. a. aufzuführen:

a) Holometabole Entwicklung, d. h. Insekten mit vollkommener Verwandlung (charakteristisch zudem Auftreten eines präimaginalen Puppenstadiums [äußerlich erkennbare Flügelanlagen!]).

b) Häutige Vorder- und Hinterflügel; Neigung zur Verkleinerung der hinteren Flügel, so daß die Vorderflügel die Hauptlast des Fluges übernehmen.

c) Mittel- und Hinterbrust in der Ausbildung ziemlich gleich oder Neigung zur Verkleinerung des Metathorax, der niemals größer ist als der Mesothorax.

Von den Hymenopteren, für die diese Merkmale auch gelten, durch besondere anatomische Kennzeichen unterschieden (u. a. ist das Halsschild [Pronotum] nicht dem Mesothorax zugeteilt).

In wirtschaftlicher Hinsicht stellen die 3 letzten Ordnungen ein großes Kontingent zur Gruppe der ausgesprochenen Schadinsekten.

Neuroptera, Netzflügler

(Megaloptera, Raphidides, Planipennia)

Felddiagnose: flächige Flügel (mit reichem, netzartigem Geäder), in der Ruhe dachförmig auf den Hinterleib gelegt.

Megaloptera, Schlammfliegen

Imagines, kenntlich an den 4 gleichartigen, braunen Flügeln und an besonderen Verhaltenseigenarten (sitzen meist träge auf Uferbewuchs oder zeigen schwerfälligen Flug), im Frühjahr und Sommer in der Nähe stehender Gewässer, in denen sich die Larven entwickeln. Während Imagines wahrscheinlich ohne jegliche Nahrungsaufnahme, Larven raptorisch lebend von anderen aquatischen Insekten oder deren Larven (u. a. Chironomidenlarven [Dipt.]), auch von kleinen Krebsen, und differentialdiagnostisch ausgezeichnet durch zahlreiche, paarige, aus Extremitäten hervorgegangene, behaarte, abdominale Tracheenkiemen; Hinterleibsende der Larve in ein langbewimpertes Terminalfilament (Schwanzfaden) auslaufend *(Sialis)*. – In der Waldbiozönose bedeutungslos.

Raphidides, Kamelhalsfliegen

(mit der einzigen Familie der Raphididae).

Familiencharaktere in der Beschreibung der häufigsten Art enthalten.

Raphidia ophiopsis Schumm., Kamelhalsfliege

Kennzeichen: Körper etwa 9–11 mm. – Bei der Imago auffallend als Feldkennzeichen der verlängerte, gewöhnlich etwas aufwärts getragene, halsartige Prothorax. – Schwarz; Kopf metallisch glänzend, am Mesothorax und am Abdomen mit gelben Zeichnungen. Randmal am jeweiligen Vorderrand des Flügels braun bis schwärzlich, mit 1 Querader; die gleichartigen Flügel spannen über 2 cm (Abb. 509). – Legeröhre des ♀ (Abb. 508) so lang wie das Abdomen. – Bräunliche Larve (um 12 mm), depress, mit hellbraunem, stark chitinisiertem, fast quadratischem Kopf und verlängertem Prothorakalabschnitt (Abb. 507); Abdomen dagegen weich und etwas behaart. Besondere Verhaltenseigenart der Larven: sehr beweglich und bei Störung vor- wie rückwärts laufend. – Bei den Imagines und Larven deutlich die kauenden, prognathen Mundteile.

Ökologie: nach Überwinterung der Larve in Rindenritzen erscheint Imago etwa im April/Mai; Eiablage in Rindenrisse. – Im Imaginal- wie im Larvalstadium ausgesprochene Räuber; Larven ernähren sich von Eiern und Larven anderer Insekten (etwa der Curculionidae, Cerambycidae [Col.]), stellen aber mit besonderer Vorliebe den Borkenkäferlarven nach und vermögen ihren schlanken Körper in manchen Fraßgang hineinzuzwängen. Auch die Verpuppung erfolgt unter der Rinde; bemerkenswert ist das Durchlaufen von 2 Puppenstadien, von denen das erste unbeweglich, das zweite aber sehr beweglich ist und sich nicht selten zusammen mit Larven auf der Rinde zeigt.

Wirtschaftl. Bedeutung: in forstlicher Hinsicht ausgesprochen nützliche Mitglieder der Waldbiozönose; während anhaltender Nonnenkalamitäten hat sich das Vorkommen der Kamelhalsfliegen als sehr günstig gezeigt, da bei großer Gefräßigkeit den Larven viele Nonneneier zum Opfer fallen. Trotzdem können die Nadelholzbestände nicht als bevorzugte Aufenthaltsorte angegeben werden, da Raphidides auch in Laubholzbeständen in Baumrindenspalten aufzufinden sind, bisweilen sogar in trockener Förna.

Planipennia, Landhafte; Hafte; Netzflügler i.e.S.

Die 4 häutigen, meist irisierenden Flügel mit besonders zahlreichen Längs- und vielen Queradern. – Die imaginalen Mundteile (Kopf orthognath) vom kauenden Typ, während die Larven durch Saugzangen ausgezeichnet sind. – Einige Arten im Larvenstadium aquatisch (in Spongien- und Bryozoenkolonien [Tentaculata, Kranzfühler]), die meisten aber terrestrisch. – Vor der Verpuppung spinnen die Larven einen Kokon, der aus dem Sekret der Malpighischen Gefäße hergestellt wird. – Die Ordnung wird am besten charakterisiert durch die Vertreter von zwei Familien:

Chrysopidae, Florfliegen

Chrysopa vulgaris Schneid.,
Gemeine Florfliege; Goldauge; Perlauge

Kennzeichen: Imago zart, Körperlänge: etwa 8–12 mm. – Grasgrüne bis graugrüne Körperfarbe, längs des Rückens mit gelbem Mittelstreif; grüne Adern in den verhältnismäßig großen, beinahe durchsichtigen Flügeln; goldglänzende Augen.

Differentialdiagnose der gleichhäufigen Art:

Chrysopa perla L.

Kennzeichen: Körperlänge: bis 14 mm. – Abdomen schwarz, Seiten und Segmentgrenzen grünlich. – Flügelqueradern schwarz, Längsadern aber ganz grün.

Differentialmerkmale der Larven beider Arten: lanzettförmig, rostgelb oder schwarzbraun gefärbt, mit großem Kopf und einwärts eingeschlagenen Saugzangen. Larven kostümieren sich mit den Häuten ihrer ausgesaugten Opfer (vor allem von Blattläusen), mit Rindenstückchen und Algen, nicht mit eigenen Exkrementbestandteilen (anatomisch unmöglich, da sich die Verbindung zwischen Mittel- und Enddarm erst während der Puppenruhe ausbildet).

Ökologie und wirtschaftl. Bedeutung: Florfliegenlarven stellen vornehmlich Blattläusen nach, werden daher auch «Blattlauslöwen» genannt, verfolgen aber auch Milben, Blattflöhe, Schmetterlingsraupen, Blattwespenlarven, Schildläuse und aphidivore Syrphidenlarven. – Die Maskierung (Abb. 510) kommt bei Arten vor, die als Larven überwintern; daher erfolgt die Kostümierung vielleicht aus wärmetechnischen Gründen (?). – Imagines gleichfalls an der Dezimierung der Blattläuse erheblich beteiligt (saugen aber ihre Beutetiere nicht aus, sondern fressen sie auf), so daß den Chrysopidae insgesamt durchaus eine besondere Bedeutung im Vertilgerkomplex der Aphididae zukommt. Diese Bedeutung als Gegenspieler der Blattlausvermehrung kann durch Angaben über den Nahrungsbedarf belegt werden: eine hungrige Florfliege vertilgt in 10 Minuten etwa 5 Blattläuse; für die gesamte Larvenzeit werden zumeist über 150 Blattläuse benötigt. – Eiablage (im Frühjahr und Sommer) auf Blättern; jedes Ei mit einem kleinen Stiel versehen. Bei der Eiablage preßt das ♀ seine Abdomenspitze zunächst auf ein Blatt, hebt den Hinterleib und scheidet dabei einen weißlichen Faden ab, der schnell erhärtet, und setzt dem Ende dieses Fädchens das grünliche Ei auf. Ein Häufchen dieser Eier macht den Eindruck eines Schimmelpilzrasens. – Obwohl ein Florfliegenweibchen im Laufe mehrerer Wochen bis 400 Eier absetzen kann, ist die Populationsdichte nicht übermäßig, da die Chrysopiden selbst wiederum einen großen Kreis von Feinden haben; so stellen den Florfliegen u.a. nach: Hemipteren, Coccinelliden, Asiliden und bei den Larven parasitieren zahlreiche Schlupfwespen. – Überwinterung im Imaginalstadium, dann gern in Häusern.

Das Anbringen von roten oder braunen, mit Weizenstroh gefüllten «Florfliegenhäuschen» aus Holz, auf einer Seite mit lamellenartigen Öffnungen, auf $1^1/_2$ m hohen Pfählen in der offenen Feldflur wird zur Überwinterung der erwachsenen Tiere vorgeschlagen, um die Überlebensrate dieser zu erhöhen (DLG-Mitt., Heft 12, 1987; pag. 656–657).

Myrmeleonidae; Ameisenlöwen, Ameisenjungfern

Myrmeleon formicarius L., Ameisenjungfer

Kennzeichen: Körper etwa 25 mm; Flügel-Spannweite bis 75 mm. – Odonatenhabitus (gelegentlich sogar «Landlibelle» genannt), aber differentialdiagnostisch durch folgende Merkmale von einer Libelle zu unterscheiden: Flügel in der Ruhe dachartig; zarte, regenbogenfarben-schillernde Flügel (ohne dunkles Randmal und sonstige Fleckung!) erlauben dem Tier nur einen taumelnden Flug; Fühler keulig verdickt. – Körperfarbe: mattschwarzbraun, Thorax mit kaum sichtbaren gelben Flecken. – Bräunliche Larven («Ameisenlöwen») von eigenartiger Gestalt: Körper (12 mm lang) am Kopf- und Abdominalende schmal, in der Mitte breit (5 mm); Prothorax halsförmig; am Kopf auffallend die mächtigen, stark gezähnten, säbelförmigen Saugzangen (aus Mandibeln und Unterkiefer).

Ökologie und wirtschaftl. Bedeutung: Biotop: sandige Nadelholzbestände der Ebene; Fundort der von den Ameisenlöwen ausgehöhlten trichterartigen Gruben: Waldränder, Böschungen. – *Myrmeleon*-Larve (jeweils nur eine am Trichtergrunde) lauert als «Sandfallensteller» bis zum Kopf mit den Saugzangen im lockeren Sande versteckt auf Beute. Jedes Insekt, besonders jede Ameise, die den steilen Grubenhang hinabgleitet, wird mit den Saugzangen erdolcht und ausgesaugt. Das Hinabgleiten des Opfers wird durch Hinaufschleudern von Sand und Steinchen seitens des Ameisenlöwen des öfteren noch beschleunigt. Auch die ausgesogenen Beutetiere werden hinausgeschleudert. – Fallgruben bis 5 cm tief und bis 8 cm Umfang. – Larven überwintern und verpuppen sich erst unterhalb des Trichters im Frühjahr. – Imagines fliegen gegen Abend im Juli/August, sitzen tagsüber mit der charakteristischen dachartigen Flügelhaltung an Stämmen und Zweigen und ernähren sich von Kleininsekten. – Forstlich von geringerer Bedeutung, da sich die Beutetiere kaum aus ausgesprochenen Forstschädlingen zusammensetzen.

Die Anlage von trichterförmigen Fallgruben zum Fang von Beute haben wir als konvergente Erscheinung noch einmal im Insektenreich in einer fernstehenden Gruppe mit einer völlig anders gestalteten Larve: bei den Schnepfenfliegen (Rhagionidae), Gattung *Vermileo*, in Südeuropa und Nordafrika häufig (siehe Seite 419).

Mecoptera (Panorpata), Schnabelhafte; Schnabelfliegen

Zu dieser Ordnung gehören terrestrische, räuberische oder zoonecrophage Insekten, die meist düster gefärbt und z. T. kenntlich sind an dunklen Binden- und Fleckenzeichnungen auf Rumpf und Flügeln. − Kopf zu einem Rostrum (zu einem Schnabel) ausgezogen mit beißenden bis stechend-saugenden Mundteilen. − Verdauung bei den Imagines übrigens extraintestinal. − Die räuberischen Formen (*Bittacus* spec., im Habitus den Schnaken nicht unähnlich, auch mit sehr langen Beinen) hängen gern in typischer Lauerstellung mit den Vorderbeinen an Zweigen u. dgl. aufgehängt (ähnliches Verhalten bei manchen Tipuliden [Dipt.], die aber nur harmlose Blütenbesucher sind).

Larven der Mecoptera (Abb. 511) raupenähnlich, mit kauenden Mundwerkzeugen und stummelförmigen Abdominalbeinen, am Hinterleibsende ausstülpbare Zapfen; letzte Abdominalsegmente mit Dornen, die auf Warzen sitzen. Die omnivoren (vorwiegend schizozoo- und schizophytophagen) Larven leben unmittelbar am Boden oder in den obersten Bodenschichten in selbstgegrabenen Gängen und kommen zur Nahrungssuche an die Oberfläche. − Die Boreidae (Winterhafte) mit *Boreus hiemalis* L. («Gletschergast» oder «Schnabelgrille», auch «Schneefloh» genannt; $3^1/_2$ mm) als der häufigsten Art (Kennzeichen: bronzebraun, Flügelrudimente hellbraun) können im Winter in Gebirgen auf Schnee und im Moos angetroffen werden und ähneln im Habitus Heuschreckenlarven. Fundzeit: etwa Ende Oktober bis März.

Bekannt vor allem:

Panorpidae, Skorpionsfliegen

Panorpa communis L., Gemeine Skorpionsfliege

Kennzeichen (Abb. 512): etwa 10 mm. − Außer den Merkmalen der Ordnung folgende Kennzeichen für die Felddiagnose charakteristisch: Körper bräunlich bis schwärzlich, Mesothorax mit hellem Längsband, Abdominalsegmente mit gelblichen Säumen. Flügel gleichartig, in der Ruhe fast flach auf das Abdomen gelegt, Spannweite bis 30 mm, mit einer mehrminder zusammenhängenden braunen Querbinde, dunkelbraunem Spitzenfleck und mehreren kleinen Flecken. − Abdominalende des ♀ kegelförmig, des ♂ mit eigenartiger kurzer, dicker Greifzange (letzte Hinterleibssegmente werden nach oben und vorn umgeschlagen getragen; vgl. Vulgärname).

Ökologie und wirtschaftl. Bedeutung: Biotop: auf Weidengebüsch oder auf anderem Buschwerk an feuchten Lokalitäten. − Mai/September. − Eiablage in Bodenspalten. − Bei zeitiger Eiablage eine Generation im Sommer schon beobachtbar, deren Larven dann überwintern. − Neben der Annahme von toten oder anderweitig verletzten Insekten gelegentlich auch unbeschädigte, kleinere Insekten jagend in schnellem, sprungartigem Fluge; lauert auf diese auch auf Gebüsch im Sonnenschein. − Bisweilen auch Schadinsekten erhaschend und dann von gewisser forstlicher Bedeutung.

Trichoptera, Köcherfliegen; Frühlingsfliegen; «Wassermotten»

Kennzeichen, Ökologie und wirtschaftl. Bedeutung: gehören zu den bemerkenswertesten Insekten am Ufer der Binnengewässer. Tagsüber sitzen die erwachsenen Tiere an den Uferpflanzen und sind kenntlich in der Ruhe an den dachförmig über dem Abdomen gehaltenen Flügeln und an den sehr langen, zarten, borstenförmigen Fühlern. – Die Trichopteren gleiten oft in schwerfälligem Fluge kleinen Motten gleich (Vulgärname!) dicht über dem Wasserspiegel in großer Menge umher. Von Lepidopteren aber unterschieden durch die hyalinen Flügel, die in der Aderung zwar einem Schmetterlingsflügel nicht unähnlich, doch hier mehr oder weniger behaart sind und niemals die abreibbaren Schuppen der Lepidopterenflügel zeigen. – Die Imagines ernähren sich von allerlei Pflanzensäften. – Eiablage in zusammenhängenden Laichmassen unter Wasser an Steine oder Wasserpflanzen stehender oder fließender Gewässer.

Larven aquatisch, mit kräftigen Kiefern, mit denen sie hauptsächlich abgestorbene und lebende Pflanzenteile benagen. Viele Larven, besonders größere Arten, schützen ihr weiches Abdomen dadurch, daß sie sich aus Sandkörnchen, Steinchen, Schneckenschalen, Moosstückchen, Blatteilen oder anderweitigen Pflanzenstücken eine köcherartige Röhre bauen; das Sekret der großen Speicheldrüsen liefert die erforderliche Kittmasse. In reißenden Gebirgsbächen werden die Larvenköcher an Steinen festgesponnen. Andere Lebensformtypen wühlen frei im Schlamm oder wieder andere bauen Fangnetze an Steinen, in denen sie Plankton oder von der Strömung mitgeführte Kleintiere fangen, um sie dann zu verzehren. Eine einzige Form führt sogar eine terrestrische Lebensweise und beansprucht daher in diesem Rahmen ein gesondertes Interesse.

Obwohl die aquatischen Trichopterenlarven gelegentlich Mückenlarven anfallen oder vor allem in den Stoffkreislauf eingeschaltet sind, indem sie (oder die pupalen Stadien) zur Fischnahrung gehören, werden sie im allgemeinen als wirtschaftlich indifferent angesprochen. Larven einiger Arten sind aber doch am Holz von Brücken schädlich geworden durch Ansiedlung in Zapfenlöchern; dadurch trat Lockerung des Balkengefüges ein.

Limnephilidae (Limnophilidae*), Köcherjungfern

Enoicyla pusilla Burm.

Kennzeichen: 3 Arten für Europa bekannt geworden; *pusilla* jene für Deutschland heimische Art, die in ihrer Verbreitung auf Gebiete mit atlantischem Klimaeinfluß beschränkt zu sein scheint [RATHJEN, 1939]. – Imagines

---

* In der Bestimmungsliteratur noch bis in die 70er Jahre unter dieser Bezeichnung geführt. **Neuere Lit.:** MEY, 1983; REUSCH, 1988.

(11^{1}/2–15^{1}/2 mm) mit ausgesprochenem Sexualdimorphismus: ♂ glänzend-schwarz, normal-flügelig (Abb. 517); Vorderflügel hellrauchbraun mit dunklen Adern, hellgelb behaart, Hinterflügel weißlich-hyalin mit bräunlichen Adern. Flugvermögen des ♂ aber anscheinend gering. ♀ brachypter (Abb. 515, 516), nur noch kurze, stark behaarte Stummel vorhanden. Körper bräunlich. – Larvenköcher: etwa 8 mm (Abb. 513).

Ökologie: Biotop: Laubwälder; in Schleswig-Holstein in Buchen-, Eichenbeständen; in Erlenbrüchen, aber auch in Mischbeständen angetroffen, gleichfalls in Knicks mit Buchen-, Eichen-, Haselnuß-, Weißdorn- und Mischbeständen. Grenzen Laub- und Nadelholzbestände aneinander, dringen Larven vereinzelt in den Nadelwald vor (aber nur in einem wenige m umfassenden Randbezirk). Im übrigen *pusilla* auch in Süd-, Mittel- und Westdeuschland aufgefunden. – Flugzeit: September/Oktober; ♂♂ (die sich schon beim Abstreifen des Waldbodens mit dem Schmetterlingsnetz in großer Zahl fangen lassen) und ♀♀ kommen in gleicher Anzahl im Lebensraum vor, obwohl ♀♀ vielfach nur selten gefunden werden.

Eier werden in Gallerte abgelegt; ♀♀ legen den Laich in die untersten Förnaschichten oder zwischen Moos ab, kriechen nach vollzogener Laichablage wieder in die oberen Blattschichten und sterben hier nach etwa 5 Tagen; gelegentlich kleben die ♀♀ mit dem Hinterleib am Laich fest und sterben dann schon nach 2–3 Tagen. Lebensdauer der ♂♂ etwa bis 2 Wochen. Beide Geschlechter nehmen keine Nahrung auf. – Laichklumpen enthalten 35 bis fast 100 Eier; ungefähr 3 Wochen nach der Laichablage schlüpfen die jungen Larven, die sofort nach dem Herausarbeiten aus der Gallerte mit dem Gehäusebau beginnen. Köcher innen mit einer dicken, glatten, glasartigen Schicht der Kittmasse ausgekleidet, die außen mit Steinchen und feinen Sandkörnchen, zwischen denen sich Blatt- und Rindenteilchen und Kotkrümel eingefügt finden, besetzt ist. Von Zeit zu Zeit kriecht die Larve (Abb. 514) so weit wie möglich aus dem Gehäuse heraus, hält den Köcher mit den Nachschiebern des letzten Abdominalsegmentes fest und beißt mit den Mandibeln das Köcherende ab; vorn am Gehäuse wird angebaut. Das Wachstum der Larven, die übrigens ein geschlossenes Tracheensystem besitzen (auch Tracheenkiemen sind nicht vorhanden), sistiert den Winter über, um vom Frühjahr bis Anfang Juli wiederum gleichmäßig vonstatten zu gehen.

Larven ernähren sich fast ausschließlich von Fallaub und hinterlassen charakteristische Fraßspuren (Abb. 518); Junglarven gelegentlich auch an Moos fressend (vornehmlich an den beiden Moosarten *Mnium hornum* HEDW. und *Brachythecium rutabulum* NOB. beobachtet). – Ein schwaches Feuchtigkeitsbedürfnis ist auch bei den Larven dieser terrestrischen Art ausgeprägt; erwachsene Larven vornehmlich am Stammgrunde oder auf der Unterseite morscher Äste auf dem Waldboden. – Ende Juni bis Ende Juli spinnen die Larven ihren Köcher hinten zu; Verschlußplatte aus konzentrisch gesponnenen Gespinstfäden. Bis zur eigentlichen Verpuppung Mitte August/Mitte September larvale Diapause ohne Nahrungsaufnahme. Als geeignete

Verpuppungsorte werden Stellen aufgesucht, die vor zu großer Feuchtigkeit oder vor etwaiger Wasseransammlung geschützt sind; am Stammgrund Puppen eigentlich nie dort, wo größere Fallaubmassen zusammengeweht sind. Dann spinnen die Larven auch einen vorderen Gehäuseverschluß, der wie hinten in geringem Abstand von der äußeren Köcherkante angeheftet ist. Puppendauer: etwa 4 Wochen.

Die Puppe ist eine freigliedrige Puppe (Pupa libera), bei der die Anhänge (vor allem die Flügel- und Beinscheiden) frei vom Körper abstehen; mit den übrigen Ordnungen der Megaloptera, Raphidides, Planipennia und Mecoptera gehören die Trichoptera jener Gruppe an, deren Puppen über Mandibeln mit basaler Artikulation verfügen (Pupae decticae) gegenüber jenen Puppenformen, bei denen fixierte, nicht bewegungsfähige Mandibeln vorhanden sind (Pupae adecticae) und die den meisten anderen holometabolen Insekten zukommen [BRAUNS, 1954]. Nach beendeter «äußerer Puppenruhe» beißt die *Enoicyla*-Puppe mit den kräftigen Mandibeln (bewegt durch 2 Chitinsehnen) den vorderen Deckel auf und verläßt mit Hilfe der dorsalen Abdominal-Chitinhäkchen das Gehäuse. Während bei fast allen (aquatischen) Trichopteren-Puppen die Pedothecae (Beinscheiden) mit langen Haaren besetzt sind (und damit das Schwimmen unterstützen), fehlen übrigens diese Haare bei den Puppen der terrestrischen Gattung *Enoicyla*. Unmittelbar nach dem Verlassen des Köchers können die Imagines schlüpfen. Die pupalen Mandibeln werden mit der Puppenexuvie abgeworfen; die imaginalen Mandibeln sind rudimentär. Unter den Larven hohe Mortalität (besonders in den Monaten April/Juni) beobachtet, die durch abiotische Faktoren (sehr wahrscheinlich Luftfeuchtigkeit und Temperatur in ihrem Zusammenwirken) bedingt ist, weniger durch biotische Faktoren. Parasiten aber auch bei *Enoicyla*-Larven festgestellt, u. a. Schlupfwespen (*Apanteles* spec.).

Wirtschaftl. Bedeutung: in bodenbiologischer Hinsicht durch die Aufarbeitung des Bestandesabfalles während der Larvenperiode gegeben.

Lepidoptera, Schmetterlinge

Der Habitus im Imaginalstadium ist allgemein bekannt, so daß Anführung der Differentialmerkmale gegenüber anderen Ordnungen in Stichworten genügen dürfte. Lepidopteren sind zumeist Insekten mit saugenden Mundteilen, 4 schuppenbesetzten Flügeln und vollständiger Verwandlung (Holometabola). – Im einzelnen: Kopf mit großen Facettenaugen; funktionsfähige Mandibeln nur noch in der Familie der Micropterygidae (Urmotten) vorhanden (Falter sind Pollenfresser), sonst reduziert. Die äußeren Kauladen (Galeae) des Mittelkiefers (1. Maxille) bilden den langen, in der Ruhe uhrfederartig aufgerollten Saugrüssel (gelegentlich als «Rollzunge» bezeichnet), der zum Gebrauch ausgestreckt und mit der Spitze etwa in offenliegende Pflanzensäfte getaucht wird. Die Ausstreckung des eingerollten Rüssels erfolgt durch Blutdruck. Das Aufsaugen der Blütensäfte geschieht durch Pumpbewegungen der Mundhöhle und durch die Kapillarwirkung des englumigen Saugrohres. Geschmacks- und Geruchsorgane (zumindest Organe eines chemischen Sinnes) befinden sich an der Spitze des Saugrüssels. – Die drei Brustsegmente sind miteinander verwachsen; Metathorax meist schwächer als Mesothorax, Prothorax nur schmal ringförmig. Die nicht faltbaren Flügel verhältnismäßig groß und wie der gesamte Körper mit kleinen Schuppen (abgeplatteten echten Haaren) dicht bedeckt. – Viele Falter besitzen Tympanalorgane, die entweder am Metathorax (u. a. Noctuidae) oder am Abdomen (u. a. Geometridae) gelegen sind und für die eine Gehörfunktion nach entsprechenden Versuchsergebnissen anzunehmen ist.

Während die Vollkerfe in seltenen Fällen falsch angesprochen werden, vielleicht bei völliger Flügelreduktion (im weiblichen Geschlecht gelegentlich vorkommend), werden die Larven, als Raupen bezeichnet, schon eher einmal mit den Larven anderer Ordnungen verwechselt (etwa mit Hymenopteren- oder Mecopterenlarven). Schmetterlingsraupen sind gekennzeichnet durch stark chitinisierte Kopfkapsel mit beißenden Mundgliedmaßen und mit zumeist 5–6 lateral gelegenen Einzelaugen (Stemmata); Blattwespenlarven tragen nur ein Larvenauge jederseits an ihrem kugelförmigen Kopf. Wesentliches Differentialmerkmal gegenüber jenen bisweilen auch farbig gezeichneten Afterraupen ist aber die Zahl und die Insertionsstelle der Körperanhänge; bei den Lepidopteren-Raupen finden wir neben den drei gegliederten Beinpaaren am Thorax meist 4 Bauchfußpaare am 3. bis 6. und 1 Paar «Nachschieber» am letzten Ring des walzenförmigen Abdomens (bei vielen Eulen- und Spannerraupen Zahl der Afterfüßchen verringert oder bei Sackträgern Bauchfüßchen fehlend); diese Bauchfüße sind weiche, ungegliederte Auswüchse, die aus- und eingeschoben werden können und bei der Bewegung eine Rolle spielen. Auf der Sohle der Bauchfüßchen finden sich Häkchen, deren Anordnung wiederum unterschiedlich ist. Chitinhäkchen bei den Raupen der «Kleinschmetterlinge» in einem Kreis (Abb. 519), mit den Spitzen von der Mitte fortweisend («Kranzfüße») – bei den Raupen der «Großschmetterlinge» Sohle der Bauchfüßchen zumeist zweilappig beweglich und Chitinhäkchen nur am äußeren Rand im Halbkreis oder in einer einzelnen Reihe angeordnet («Klammerfüße»; Abb. 520). Da bei den Klammerfüßen die Spitzen der Chitinhäkchen auf die Längsachse der Raupe zu gerichtet sind, kann das Tier Zweige u. dgl. umgreifen. Daher auch folgende Differentialdiagnose möglich: frei auf Nahrungspflanzen vorkommende Raupen meistens mit Klammerfüßen, in Wirtspflanzen minierende oder in Gespinsten lebende Schmetterlingsraupen meist mit Kranzfüßen. – Erkennungsmerkmale der Blattwespen-Larven: s. Seite 136; Abb. 84; 965 u. 1016.

Die Puppe der Lepidopteren ist eine Mumienpuppe, d. h. Fühler-, Bein- und Flügelscheiden sind durch erhärtende Exuvialflüssigkeit mit dem Körper verklebt und außen stark chitinisiert wie die übrigen freien Körperflächen. Puppe sieht aus, wie wenn sie mit Firnis überzogen wäre; sie verfügt über fixierte, nicht funktionsfähige Mandibeln («Pupae adecticae»). Nur einige Puppen-typen (Micropterygidae u. a.) haben artikulierte, stark sklerotisierte Mandibeln, die durch zahlreiche, kräftige Adduktoren und einige kleinere Abduktoren bewegt werden können (sogen. «Pupae decticae»; vgl. auch Seite 782).–Puppen farbig, braun oder gelb, auch schwarzbraun oder sogar grünlich; in der Regel in einem Kokon eingesponnen, der von dem letzten Raupenstadium mittels eines Sekrets (aus den Labialdrüsen) verfertigt wird; die zu langen Schläuchen ausgestalteten Speicheldrüsen ziehen weit hinab in den Körper und münden an der Unterlippe aus in einer vielfach fingerartigen Spinnwarze. Andere Formen heften sich nur mit wenigen Spinnfäden an. Die «Stürzpuppen» sind am Cremaster frei aufgehängt (Kopf nach unten also); sind die Puppen mit dem Hinterleibsende auf einer Unterlage festgesponnen, während ein um den Körper gelegter Gürtelfaden sie in aufrechter Stellung hält, spricht man von «Gürtelpuppen». – Unterschiedliche Kennzeichen an den letzten Segmenten der Puppe lassen schon auf diesem Stadium das Geschlecht des später schlüpfenden Falters bestimmen (bedeutungsvoll bei Prognosearbeiten). Ein typisches Merkmal an den Lepidopterenpuppen ist weiterhin der Cremaster (Aftergriffel), eine Aufhängevorrichtung oder zumindest eine Verankerungs-einrichtung am Hinterende. Bisweilen besteht der Cremaster nur aus wenigen Haken und Dornen, oftmals aber setzt er sich aus vielen kleinen, chitinigen Gebilden zusammen. Bei Puppen, die innerhalb von Minen oder in morschen Stämmen bzw. in modernden Stöcken vorkommen, kann der Cremaster reduziert sein. – Nach einer Puppenruhe, die verschieden lang ist, schlüpft der Schmetterling; bei *Eriogaster lanestris* L. (Lasiocamp.) etwa kommt eine mehr-malige Überwinterung vor, so daß die Puppen mehr als 5 Jahre «überliegen» können (s. Seite 344). Neben dem Überdauern der ungünstigen Jahreszeit im pupalen Stadium, gehen etwa 40% unserer Schmetterlinge im Raupenstadium in den Winter, weniger als 20% überwintern als Ei, und manche Arten verkriechen sich sogar als Imagines bis zum nachfolgenden Frühjahr.

Die Lepidoptera gehören zwar mit etwa 110000 Arten [KAESTNER..., 1983] zu den recht umfangreichen Insektenordnungen, aber zu diesem Artenreichtum kommt nicht ein fast unvorstellbarer Formenreichtum, wie er sich etwa bei den Coleopteren (mit 264000 Arten) zeigt. Der gewissen Einförmigkeit im Habitus steht jedoch ein erstaunlicher Reichtum an verschiedenen Färbungen und Zeichnungen gegenüber. Bei gezwingerten Exemplaren läßt sich diese be-trächtliche Variationsbreite in der Flügelfärbung und -zeichnung vorführen; so konnten vom Wegerichbär (*Parasemia plantaginis* L.) nicht weniger als über 5000 Aberrationen gezüchtet werden. Während die Stammform die Be-zeichnung *plantaginis – plantaginis* L. trägt, führen die Abberationen dann etwa folgende Namen: *plantaginis – subalpina* SCHAW. oder *plantaginis – nigrociliata* SCHAW. [DÖRING, 1949]. Aber auch im Freilande werden häufig die verschiedensten Aberrationen aufgefunden; hinzukommt die Erscheinung des «Saison-Dimorphismus», bekannt vom «Landkärtchen» (*Araschnia*; Nymphal.), das in der Frühjahrsform *levana* L. und in der Sommerform *prorsa* L. auftritt. Von manchen Arten treten melane Formen auf und werden vielfach schon häufiger als in früheren Jahren festgestellt (etwa der gr. Birkenspanner, s. S. 359). Andererseits lassen sich durchaus nicht selten ausgesprochene Geschlechtsunterschiede beobachten, die auch auf dem Gebiet der Färbung und Zeichnung ausgeprägt sein können. So spricht man eigentlich von «Geschlechtsdichroismus», wenn ♂♂ und ♀♀ nur in der Färbung verschieden sind (etwa bei den Bläulingen) – von «Geschlechtsdigryphismus», wenn ♂♂ und ♀♀ nur in der Zeichnung verschieden sind (dies trifft annähernd beim Senfweißling [*Leptidea sinapis* L.] zu). Sind ♂♂ und ♀♀ nur in der Form von Körperanhängen verschieden, spricht man schlechthin von «Geschlechtsdimorphismus». In den meisten Fällen kommen 2 oder alle 3 Geschlechtsverschiedenheiten gleichzeitig vor; so unterscheiden sich die Geschlechter beim Schwammspinner (*Lymantria dispar* L.) in der Farbe, in der Zeichnung und schließlich in der Fühlerform, Körper- und Flügelgröße.

Gerade bei den Schmetterlingen läßt sich sehr schön demonstrieren, daß, wie auch sonst im Tierreich, chemisch bedingte Pigmentfarben und physikalisch bedingte Strukturfarben, vielfach durch Kombination, die den Träger auszeichnenden Färbungen erzeugen. Die Pigmentfarben werden durch Substanzen von unterschiedlicher chemischer Zusammensetzung und Färbung hervorgerufen; hierher gehören vornehmlich die braunen, schwarzen, gelben und roten Farbtöne. Die in den Schuppen mancher Schmetterlingsarten vorkommenden weißen, gelblichen und rötlichen Pigmente haben sich dabei als Harnsäurederivate erwiesen; die Pigmentbildung ist hier gleichzeitig einem Exkretionsvorgang angeschlossen. Viele Pigmentfarben der Insekten sind offensichtlich als Zwischen- oder Endprodukt des Stoffwechsels aufzufassen. Demgegenüber handelt es sich bei den Strukturfarben um besondere strukturelle Eigentümlichkeiten der äußersten Körperdecken-Schicht, durch die die Färbungserscheinungen hervorgerufen werden. Hierher gehören die Schillerfarben vieler Lepidopteren, aber auch die Metallfarben vieler glatthäutiger Insekten. In der Regel handelt es sich um blaue, grüne, bronzene, goldene und kupferrote Farbtöne. Häufig wechseln sehr dünne Chitinlamellen mit Luftschichten ab, so daß Schichten von wechselndem Brechungsindex übereinanderliegen. Ebenfalls die Schillerschuppen, die gewissen Schmetterlingen den unübertrefflichen Farbglanz auf den Flügeln verleihen, zeigen dieses gleiche Bauprinzip. Schließlich kann auch die weiße Farbe mancher Schuppen eine Strukturfarbe sein; Voraussetzung ist freilich das Fehlen jeglichen Pigments. Die Weißfärbung entsteht hier durch zahlreiche, unregelmäßig geneigte spiegelnde Flächen, ähnlich wie auch pulverisiertes Glas weiß gefärbt erscheint.

Viele Falter (oder auch Raupen) zeigen Färbungen, die geeignet erscheinen, ihre Träger im Lebensraum schwer sichtbar zu machen (Verbergetrachten); da in diesem Zusammenhange vornehmlich Freilandbeobachtungen die Grundlage bilden, ist vor allem diese Kategorie der Schutztrachten erwähnenswert. Es sei hier nur erinnert an die Umgebungstracht, die sich in einer Übereinstimmung mit der Allgemeinfärbung der Umgebung zeigt. Beim Buchenspinner (*Stauropus fagi* L.) sind die Hinterflügel so weit rindenfarbig, wie sie von den Vorderflügeln unbedeckt bleiben; die übrige Flügelfläche ist graubraun gefärbt. Diese Erscheinung ist als «Westen-Prinzip» bezeichnet; auch die Weste besteht dort aus Anzugstoff, wo sie vom Jackett unbedeckt bleiben kann [v. Frankenberg, 1946]. Andere Schmetterlinge ähneln in der Ruhestellung trockenen Blättern, Flechten, Zweigstückchen oder moderndem Holz und sind ausgezeichnete Beispiele für die Phytomimese. Unter den Raupen lassen sich ähnliche Beispiele auffinden; zusätzlich können wir verschiedentlich besondere Schreckstellungen beobachten. Damit sind nur einige besonders interessante Erscheinungen aus dem Gebiet der Färbungs- und Zeichnungsausprägungen angeführt, um die reichhaltige Variabilität unter den Lepidopteren skizzieren zu können. Auf weitere Einzelheiten wird bei verschiedenen Arten noch hinzuweisen sein.

An dieser Stelle mag noch einiges über die Flügelhaltung unter den Lepidopteren nachgetragen werden, da dieses Merkmal für das Ansprechen vieler Arten im Freilande wesentlich ist. Während in fast allen ausgesprochenen Schmetterlingsbüchern, vor allem auf den Farbtafeln, die Falter jeweils mit ausgebreiteten Flügeln aufgezeichnet werden, nehmen die wenigsten Schmetterlinge beim Ausruhen diese Flügehaltung ein. Und die meisten Lepidopteren müssen bei Freilandbeobachtungen in der Ruhe angesprochen werden; nur bei einigen Arten, die über recht auffällige Flügelfärbungen und -zeichnungen verfügen, gelingt auch die Artdetermination während des gaukelnden Fluges. – Tagfalter sonnen sich gern mit ausgebreiteten Flügeln, sitzen aber sonst mit hochgeklappten Flügeln («Fluchtbereitschaft»; der Emporschlag der Flügel wird gespart). Die meisten anderen Schmetterlinge halten die Flügel in der Ruhe dachförmig an das Abdomen gelegt, teils mehr, teils weniger flach.

Die meist terrestrisch lebenden Falter ernähren sich fast ausschließlich von Blütennektar; die Pollenfresser (Micropterygidae) waren schon erwähnt, einige andere Formen nehmen gar keine Nahrung auf (ihre Mundgliedmaßen sind daher auch nur wenig ausgebildet). Weil wirklich eine Ausnahme, sei zumindest erwähnt, daß eine *Acentropus*-Art (Pyralidae) zeitlebens den aquatischen Lebensformen angehört.

Unter den Raupen finden sich immerhin Angehörige aus mehreren Familien, die zur aquatischen Lebensweise übergegangen sind (u. a. aus den Familien der Nepticulidae, Hyponomeutidae, Tortricidae, Pyralidae, Cossidae und Noctuidae). Sonst sind die Raupen durchweg als terrestrisch und größtenteils als Pflanzenfresser anzusprechen, die frei auf Blättern oder anderen Pflanzenteilen (zuweilen mit ausgeprägtem Geselligkeitstrieb) vorkommen oder in lebender pflanzlicher Substanz minieren. Daher enthält die Ordnung eine große Anzahl wirtschaftlich bedeutsamer Arten. Nur verhältnismäßig wenige Formen ernähren sich von trockenen, pflanzlichen oder gar tierischen Stoffen. – Zwischen dem Imaginal- und Larvalstadium herrscht sozusagen eine Arbeitsteilung. Während das geflügelte Stadium für die Verbreitung der Art und für die Unterbringung der strukturell und farblich oft sehr verschiedenen Eier

[DÖRING, 1955] an den Fraßpflanzen der Raupen zu sorgen hat, obliegt es diesen, zunächst unentwegt Nahrung aufzunehmen, um den Fettkörper zu vergrößern und damit die Grundlage zu schaffen für die «postmetabole Entwicklung» (umfaßt sämtliche Formwandlungsvorgänge, die sich am Falter abspielen), besonders für die Entwicklung der Geschlechtsorgane. Außerdem hat die Raupe zumeist die Aufgabe, einen günstig gelegenen Verpuppungsort ausfindig zu machen. – Schmetterlinge, deren ♀♀ reduzierte Flügel haben, und die damit bei der Eiablage für die Ausbreitung der Art nicht sorgen können, haben vielfach auffallend wanderlustige Raupen (etwa Schlehenspinner, *Orgyia antiqua* L.).

Eine besondere Erscheinung aus der Ökologie der Lepidopteren sind die gelegentlich zur Beobachtung kommenden Wanderzüge gewisser Falter; zu jenen einheimischen Arten, die aus ihrem deutschen (und sonstigen mitteleuropäischen) Verbreitungsgebiet heraus Wanderungen unternehmen, gehören u. a. *Hyloicus pinastri* L. und *Leucoma salicis* L. [WARNECKE, 1949]; weitere «Wanderfalter» finden sich unter den Nymphalidae (siehe dazu WILLIAMS, 1961).

Systematik: Die früher übliche Einteilung in Klein- und Großschmetterlinge kann bei der systematischen Aufzählung nicht mehr aufrecht erhalten werden, weil die Größe mancher «Klein»-Schmetterlinge (etwa der Cossidae) dazu verleiten könnte, sie zu den «Groß»-Schmetterlingen zu stellen, während sie tatsächlich aber den Motten näher verwandt sind als den Macrolepidopteren. Es kommt hier daher ein geringfügig abgeändertes System zur Anwendung, das auch in den entomologischen Lehrbüchern größtenteils aufgeführt wird. Zur Schnellorientierung werden freilich in der Praxis die Bezeichnungen «Micro-» und «Macrolepidopteren» bzw. Klein- und Großschmetterlinge noch gern verwendet (vgl. KALTENBACH und KÜPPERS, 1987). – Geht man bei dem Ansprechen weniger nach dem Fraßbild oder nach sonstigen als charakteristisch aufgeführten Merkmalen, sondern zieht Determinationstabellen zu Rate, so spielt das Flügelgeäder nicht selten in den Bestimmungsschlüsseln eine Rolle; die Flügeladerung macht man dazu leicht sichtbar durch Befeuchten beider Flügelseiten mit Alkohol oder Xylol, ohne den Falter sonst zu beschädigen.

Jugatae, Urschmetterlinge

Schmetterlinge, deren Mandibeln teilweise noch als beißende Mundteile verwendet werden; Saugrüssel höchstens ganz kurz. Wichtigstes Differentialmerkmal (gegenüber den Frenatae, s. Seite 310): Synchronismus der Flügelbewegung durch die Bindevorrichtung des Jugum (fingerförmiger Fortsatz des Vorderflügels) gewährleistet; Jugum greift in den Vorderrand des Hinterflügels (Abb. 521/522). – Obwohl forstlich von geringer Bedeutung, seien folgende Familien zumindest erwähnt, da sie Beispiele sind für diese primitive Gruppe.

Micropterigidae, Urmotten

Falter mottenähnlich; Mandibeln gezähnt. Pollenfresser. Räupchen mit Afterfüßchen (den Thorakalbeinen ähnlich) an allen abdominalen Segmenten, minieren nicht, sondern leben an Moos. – *Micropterix tunbergella* F. (9 mm), goldgelb, ♂♂ fliegen im Mai im Sonnenschein um Haselsträucher.

Eriocraniidae, Trugmotten

Falter mottenähnlich, aber Mandibeln verkümmert; kurzer Rüssel. Räupchen apod (fußlos). – *Eriocrania sparrmannella* BOSC. (Birkenminiermotte), Spannweite etwa 10 mm. Auffälliger als Falter ist das Fraßbild: Räupchen minieren in Birkenblättern (Bestandesschädling gelegentlich, an über 30jährigen Birken auftretend); zunächst von Mittelrippe aus Gang-, dann Platzmine. Kot in feinen Strängen (bei durchscheinendem Licht sichtbar).

Hepialidae, Wurzelbohrer

Falter (früher infolge äußerer Formähnlichkeit zu den Spinnern gerechnet) fliegen in der Dämmerung, tagsüber mit dachförmig liegenden Flügeln ruhend. Mundteile reduziert. Beim Hochzeitsflug lassen ♂♂ die Hinterbeine (sonst in abdominalen Seitentaschen untergebracht) als «Duftsendeanlage» herabhängen. – Auffälliger als Imago ist die Lebensweise der Räupchen (mit 5 Kranzfußpaaren): so ernähren sich die schmutziggrauen, terricolen Räupchen von *Phymatopus hectus* L. (Heidekraut-Wurzelspinner; Raupe weiterhin an dunklem Thorakalring und an 2 dorsalen schwarzen Flecken auf jedem Segment kenntlich) von den Wurzeln von *Calluna*, *Pteris aquilina* (Adlerfarn) usw. Zur Verpuppung fertigen sie in der Bodenschicht einen langen, fast waagerechten, mit Spinnseide ausgekleideten Gang. Puppen sehr beweglich, gleiten in den röhrenförmigen Gespinsten bei Störungen hin und her.

Frenatae

Hierher alle übrigen Schmetterlingsfamilien gehörig; Falter mit verkümmerten Mandibeln und mit charakteristischem Saugrüssel (wenn er nicht nachträglich wieder reduziert ist). Wichtigstes Differentialmerkmal (gegenüber den Jugatae, s. Seite 309): am Vorderrand des Hinterflügels nahe der Wurzel zumeist ein Borstenbündel (Frenulum) vorhanden, das hinter Chitinlamellen des Vorderflügels (Retinaculum) oder hinter Haarbüschel am Hinterrand des vorderen Flügels greift (Abb. 523/524); bei den Räupchen: ersten beiden abdominalen Segmente zumeist frei von Bauchfüßchen.

Die Differentialmerkmale der einzelnen Lepidopteren-Familien (vor allem unter den «Microlepidoptera») in wenigen Worten aufzuzeigen, ist recht schwierig, so daß auf die exakte Beschreibung der Familiencharaktere oft verzichtet wird. Vielfach ist im Freilande das Fraßbild wesentlich auffälliger; daher wird durch Beschreibung typischer Arten oder allein ihrer Fraßbeschädigungen eine gewisse Kennzeichnung der Familie gegeben (manchmal nur in ökologischer Hinsicht). – Ansprechen der «Klein-schmetterlingsraupen» im Freilande: sehr beweglich, können sich schnell rückwärts bewegen (dazu am Vorderende mit Finger oder Zweigstückchen berühren).

Tineoidea, Motten

Zumeist kleine Arten mit schmalen Flügeln. – Räupchen zumeist mit 5 Paar Kranz-füßchen.

Adelidae; Langfühler-, Langhornmotten (Abb. 948)

Differentialkennzeichen der Falter: auffallend lange, haarförmig dünne Fühler; Mai bis August auf Blättern mit dachförmig gehaltenen Flügeln sitzend oder im Sonnenschein fliegend. – *Adela reaumurella* L. (V.fl. metallisch-dkl. grün, daher = Grüner Langfühler): typisch für Buchen- und Eichenbestände; Räupchen minieren zunächst und fertigen dann in der Förna flachovales, beiderseits offenes Säckchen aus Blattstückchen an, die sie an den Rändern mit Spinnseide zusammenhalten. Räupchen an der Verarbeitung des Fallaubs beteiligt und damit bodenbiologisch von Bedeutung, überwintern in den Säckchen (*A. reaum.*, früher = *Adela viridella* ZELL.).

Incurvariidae, Miniersackmotten

Auffallender als Falter sind wiederum das Fraßbild der Räupchen und ihre Lebensweise. Räupchen minieren zumeist anfangs in Blättern verschiedener Laubhölzer; als Einhäuter schneiden sie ein kreisrundes Stück aus der Mine aus und lassen sich in diesem Säckchen auf die Fallaubschicht fallen (Abb. 525) und benagen nunmehr welke Blätter. U.a.: *Lampronia koerneriella* ZEL. (Schild-krötenmotte; in der Förna unter Birke, Buche, aber auch unter Linde). – [*Lampromia k.*, früher = *Incurvaria k.*] In der Waldbiozönose damit von bodenbiologischer Bedeutung. – *Incurvaria rubiella* BJERK., Himbeermotte; dunkelrote Raupe, frißt im Fruchtboden und im Mark vorjähriger Triebe.

Stigmellidae (Nepticulidae), Zwergmotten

Die kleinsten Falter (eine Art mit nur 3 mm Flügelspannweite) hierher ge-hörig, die im übrigen auf den Flügelflächen außer den Schuppen mikroskopisch kleine Stacheln besitzen (wie Adelidae und Incurvariidae). Rüssel zurückgebil-det. – Aus der Vielzahl der Arten seien nur 3 herausgegriffen, die diese Familie charakterisieren: *Ectoedemia sericopeza* ZELL. (Ahornminiermotte), Ei-ablage an die Samenflügel, Mine zur Samenkammer hin, Eindringen des

Räupchens in die Samenleiste, Ausfressen der Fruchtkammer. 2 Generationen, Mai/Juni und August/Oktober. – *Stigmella hemargyrella* KOLL. (Buchenminiermotte), Mine des Räupchens stark gewunden zwischen 2 Blattrippen (Abb. 530); Blattverfärbung verzögert. Juli und Oktober. – In der Rinde von Rotbuchen, auch von älteren Stämmen, fast stets auf der Südseite, miniert die Raupe von *Ectoedemia (= Zimmermannia) liebwerdella* F. ZIMMERMANN (Buchenrindenminiermotte). Befallen wird der ganze Stamm vom Wurzelanlauf bis zu den Zweigen hinauf; die Raupen minieren im grünen Rindenparenchym (Abb. 531) unter der dünnen Korkschicht (also nicht im Kambium wie Pracht- oder Borkenkäfer). Die forstliche Bedeutung ist gering; vor allem konnten ernsthafte Nachfolgeerkrankungen an befallenen Stämmen bisher nicht nachgewiesen werden. Infolge des Zuwachses platzt die ältere Mine nach einigen Jahren auf; «die unter ihr liegende, neugebildete Korkschicht ist unverletzt» [DORFMANN, 1960]. Zumeist in Höhenlagen zwischen 200 u. 400 m vorkommend. – [Buchenminiermotte früher = *Nepticula basalella* H.-S.].

Tineidae, Echte Motten

Als einziges auffälliges Kennzeichen der Imagines erwähnenswert, daß diese Kleinschmetterlinge schmale, z.T. auch zugespitzte Flügel besitzen, die lange Haarfransen (besonders am Außenrand der Vorder- und am Hinterrand der Hinterflügel) tragen, und daß die Flügelflächen zumeist nur beschuppt sind. – Raupen in ausgesponnenen Säckchen oder Röhren; Puppe schiebt sich vor dem Schlüpfen fast ganz aus dem Raupen-Gehäuse hervor.

Bekanntester Vertreter: *Tineola biseliella* HUM., die Kleidermotte. – Außer dieser in Jagdhütten möglicherweise anzutreffenden Tineide in der Waldbiozönose in den Stoffkreislauf eingeschaltet: *Euplocamus anthracinalis* SCOP. (Holzmotte), Räupchen in faulendem Holz von Buche, Eiche, Weißdorn (bis April). – *Morophaga choragella* D. u. S., RA. in faulem Holz oder in Baumschwämmen (Herbst bis Mai): Abb. 1010. – *Triaxomera parasitella* HB., Räupchen u.a. in *Polyporus, Daedalea (= Trametes)*, September, Raupenkot in röhrenförmigem Gespinst außen an der Fruchtkörper-Unterseite des Schwammes hängend (Abb. 1006 u. 1011). Gelegentlich vergesellschaftet mit Limnobiidae-Larven (Dipt.).

[Die Mottenraupen in Baumschwämmen früher bekannt unter *Scardia* u. *Tinea*].

Psychidae, Sackträgermotten; Sackspinner

Auffallendes Differentialmerkmal: Geschlechtsdimorphismus; ♀♀ zumeist apter, larviform (infolge eines vergrößerten Abdomens madenförmig), oft Augen, Fühler und Extremitäten stark reduziert (nicht bei *Fumea* spec.!), in der Regel im Raupensäckchen verbleibend. – ♂♂ geflügelt. – Lebensdauer der Imagines oft nur einige Stunden (Mandibeln reduziert, Rüssel fehlend). – Biologisch bemerkenswert das Vorkommen der Parthenogenese. – Räupchen mit gut entwickelten Brustbeinen, jedoch mit rudimentären Kranzfüßen; Kopf und Thorax stark chitinisiert; leben in selbstgefertigten Säckchen, die sie zur Verpuppung an Stämmen festspinnen. Raupen ernähren sich von Algen (und in der Streuschicht von aufgeweichten Pflanzenresten).

Häufige Arten:

Psyche (= Fumea) casta PALL. (Rauchsackspinner), Abb. 532.

Taleporia (= Talaesporia) tubulosa RETZ., Abb. 533.

Dahlica (= Solenobia) spec.

Die beiden letzten Arten gelegentlich auch in der Laubstreu auftretend: ihre Säckchen mit dreieckigem Querschnitt und mit dreilappigem Verschlußapparat.

Tischeriidae (= Lyonetiidae), Langhorn-Blattminiermotten; Schopfstirnmotten

Langhorn-Blattminiermotten genannt, da Fühler so lang oder fast so lang sind wie der Vorderflügel; Schopfstirnmotten bezeichnet, weil auf dem Scheitel der Falter ein abstehender Haarbusch zu beobachten ist. – Raupen unserer einheimischen Arten sind Blattminierer; meist jährlich nur 1 Generation. Primitive Formen sind Detritusfresser. Forstlich beachtenswert und allgemein auffallend:

Tischeria ekebladella Bjerk. (= T. complanella Hb.), Eichenminiermotte

Kennzeichen (Farbtafel 10, Abb. 58): Falter dottergelb, matt glänzend; beim Ruhen in charakteristischer Haltung am Stamm (Farbtafel 14, Abb. 96).

Schadbild: Blasenmine an Eichenblättern (Abb. 534); gelegentlich an Kastanie.

Ökologie: Flugzeit: Mai/Juni; Eiablage des Weibchens mittels eines besonders ausgebildeten Legeapparates in das Blattgewebe, besonders häufig an Eichenbuschwerk. – Räupchen (mit Resten von Thorakalbeinen und einem undeutlichen [wulstartigen] Bauchfußpaar unter dem letzten Abdominalsegment), zwischen den Epidermisschichten das Palisadengewebe des Eichenblattes ausfressend; vertrocknende Epidermis weißgelb. Exkremente werden durch einen Spalt hinausgeschafft. – Räupchen überwintern in den Minen der abgefallenen Blätter und verpuppen sich dann im Kokon innerhalb der Mine.

Wirtschaftl. Bedeutung: nicht völlig indifferent; Massenauftreten beobachtet (Eichen hatten schon im Juni gelbbraune Gesamtfarbe und waren im September kahl).

Plutellidae, Schabenmotten

Räupchen dieser Familie charakterisiert durch relativ lange Abdominalbeine, leben in einem leichten Gespinst an Pflanzen oder minieren. – Durch eine Art charakterisiert: *Ypsolopha parenthesella* L., gelbgrünes Räupchen (mit gelbbraunem Kopf und schwarzen Warzen) frißt auf der Blattunterseite alter Buchen, hängt dann gern an einem Faden, schadet durch Fraß aber auch dem Buchenaufschlag (frißt an den Keimlingen). – Juni/Juli.

Plutella maculipennis Curt. (fälschl. Kohl«schabe»); Raupen oft schädlich an Kohl.

Als monophage Laubholzart forstlich beachtenswert:

Prays fraxinella Bjerk. (= *P. curtisellus* **Dup.**), **Eschenzwieselmotte**

Kennzeichen: Imago mit typischer Vorderflügelzeichnung: am Vorderrand grauer Dreieckfleck, dunkle Flecken am Außenrand, sonst weiße Grundfarbe; Hinterflügel braun; Kopf und Thorax weiß, Abdomen oberseits braungrau. – Flügel-Spannweite bis etwa 17 mm. – Ei-Räupchen honiggelb mit brauner Kopfkapsel, später schmutziggrün (oberseits rotbräunlich) mit schwarzer Kopfkapsel.

Ökologie: bisher nur an Esche und zwar an beschatteten, dichtstehenden jungen Pflanzen und Heistern auftretend. – Mit doppelter Generation; Flugzeit der 1. Generation: Juni; Eiablage an die Blätter. – Eiräupchen minieren unregelmäßig in den Blättern (fressen das Palisaden- und Schwammgewebe); Gänge oder Plätze mit braunem Kot. Dann Blattfraß nach Verlassen der Mine; dabei oft nur die untere Epidermis übrigbleibend. Erwachsene Raupe spinnt 2 Blätter zusammen, frißt große Löcher, in denen an Spinnfäden die Kotkrümel hängenbleiben. – Verpuppung in der Förna zwischen dürren Blättern (etwa in der letzten Julidekade). – Flugzeit der 2. Generation: August; Eiablage wiederum an die Blätter. – Eiräupchen minieren anfangs wie die Räupchen der 1. Generation. Bei beginnendem Blattfall Einbohren in die Terminalknospen der Triebe (Abb. 558). Erkennung: am Eingangsloch feine Spinnfäden. Überwinterung in der Knospe. Im nächsten Frühjahr Fraß in der Knospe, auch im Trieb (Auswurf der Kotkrümel durch laterale Öffnungen) und am Blatt. – Verpuppung in «einem weitmaschigen, hängemattenähnlichen, nur aus wenig Fäden bestehenden Gespinste». – Vertilgerkomplex: bisher keine Parasiten bekannt geworden.

Wirtschaftl. Bedeutung: in Kämpen nicht unerheblich; infolge Vernichtung der Terminalknospen Austreiben der beiden Lateralknospen und dadurch Entstehung einer Gabelung («Zwieselbildung»), die hier die Fraßfolge eines Schadinsekts ist; weitverbreitet ist die Erscheinung übrigens gleichfalls bei Ahorn oder auch Rotbuche ohne Schadwirkung eines Insektenstadiums.

Gracillariidae (Lithocolletidae), Blatt-Tütenmotten

Habitus der Falter charakterisiert durch langen, dünnen Körper und zumeist schmale Flügel. Typische Ruhehaltung: Vorderkörper hoch aufgerichtet, Hinterbeine dem Abdomen entlang ausgestreckt, dachförmig gehaltene Flügel nach hinten abwärts gerichtet, Fühler nach hinten zurückgelegt. – Dem Räupchen fehlt 4. Bauchfußpaar. Junge Raupen zunächst Blattminierer, diese Lebensweise bis zur Verpuppung beibehaltend oder später die Mine verlassend; sie leben dann in einem umgeschlagenen oder zusammengerollten Blatt und benagen die innere Blattfläche (etwa *Caloptilia rufipennela* Hb., die Ahornmotte, in einem tütenförmig aufgerollten Blatteil; Juli/August). – Besonderer Lebensformtyp: *Spulerina (Eutrichocnemis) simploniella* F. R. im Raupenstadium: Körper depress, scharfe Segmentinzisuren; dorsal und ventral mit Chitinplatten als Kriechschwielen; Thorakalbeine zu Warzen, Bauchfüßchen zu kranzartigen Wülsten reduziert. – Die Räupchen dieser Eichenrindenminiermotte fertigen geschlängelte Rindenminen an jungen Eichenstämmchen (schon an 4jährigen), zumeist dicht über dem Boden; Minenwindungen erinnern an die *Agrilus*-Fraßgänge (s. Seite 222); Rinde platzt schließlich auf.

Lithocolletis faginella Zell., Buche; Befall nur an Blättern des Unterholzes oder unterer Äste älterer Stämme; Faltenmine (Aufwölbung nicht durch Gas wie bei der Blasenmine, sondern durch Gespinstfäden unter Aussparung einzelner Blatthautteile), anfangs grün, später braun oder weißlich (Abb. 527 u. 528); in der Mitte schwarzes Kothäufchen. 2 Generationen: Juli und September/Oktober (Flugzeit entsprechend früher). Puppe (Abb. 526) in weißem Gespinst innerhalb der Mine, überwintert. – Imago: Farbtafel 10, Abb. 56 u. 57.

[*Lith. fag.* heute = *Phyllonorycter maestingella* Mull.].

Coleophoridae; Sackträgermotten, Futteralmotten

Ausgezeichnet charakterisiert durch die Lebensweise der Räupchen, die in der Jugend ohne Sack minieren in Blättern, Nadeln oder Samenkapseln, später in Säckchen leben, die sie aus abgeschnittenen Blatt- oder Nadelstückchen verfertigen. Die Säckchen kann man nach ihrem Aussehen in verschiedene Formen einteilen; die Jugendsäcke oft anders gestaltet als die Säckchen der erwachsenen Raupen, deren Bauchfüßchen verkümmert sind.

Außer **Coleophora serratella L.** [= fuscedinella Zell.] (Erlenknospenmotte), die sehr polyphag an vielerlei Laubhölzern (u. a. an Erle, Birke, Hainbuche, Ulme, Eiche) auftritt (im Juni Massenvermehrungen beobachtet) und **C. lutipennella Zell.** (Eichenknospenmotte), deren Räupchen zunächst in der Knospe, später aber als Sackträger an den Blättern lebt, interessiert vornehmlich eine Nadelholzart:

Coleophora laricella Hb., Lärchenminiermotte

Kennzeichen: Vorderflügel der Imago bräunlich grau, schwach glänzend; Hinterflügel dunkler grau, lanzettförmig zugespitzt; beide mit langen Fransen (Abb. 538, 539). Flügelspannweite: kaum 10 mm. – Falter in typischer Haltung sitzend (Abb. 540). – Räupchen (Abb. 537) etwa 5 mm; dunkler Kopf, Brustfüßchen und 4 vorderen Bauchfüßchenpaare sehr klein; nur Nachschieber groß mit schwarzem Hakenhalbkranz.

Ökologie: Flugzeit: Mai/Juni. – Eiablage an die Nadeln. – Räupchen schlüpfen nach 10–12 Tagen, bohren sich in die Nadeln ein und minieren. Wachsen anfänglich sehr langsam; erst gegen Mitte September schreiten die Räupchen zur Anfertigung eines Säckchens (Abb. 542), in dem sie jeweils vornehmlich an den Knospen der Kurztriebe überwintern (Abb. 543). Im nächsten Frühjahr zeitiger Fraßbeginn (April), Räupchen Ende April erwachsen. – Verpuppung im Innern des an eine Nadel befestigten Säckchens. – Einjährige Generation. – Unterschiedliches Befallsbild im Frühjahr (Verschonung der Langtriebe; Abb. 535, 536), zum Herbst hin (Abb. 541) und im Winter.

Wirtschaftl. Bedeutung: Fraßpflanze ist die Lärche; nimmt auch ausländische Lärchenarten an, freilich in einigen Lagen *Larix leptolepis* SIEB. (japan. Lärche) und *Larix sibirica* LED. (sibir. Lärche) mehrminder verschonend. – Stärkster Fraß in der Krone und an äußeren Zweigen, so daß man befallene Lärchen schon von weitem am grau-bräunlichen Farbüberflug erkennt. – Stangenholz wird bevorzugt, doch auftretend in allen Altersklassen (von etwa 3jährigen Pflanzen bis zum Altholz). – Bestandesränder und sonnige Hanglagen werden besonders gern vom Falter zur Eiablage aufgesucht. – Fraßfolgen: Zuwachsverlust; bei anhaltendem Befall Nadelbildung im Frühjahr verspätet, kaum Ausbildung von Langtrieben und schließlich erhöhte Disposition für andere Krankheiten. – Vertilgerkreis: unter den abiotischen Faktoren setzen nicht etwa starke Winter die Populationsdichte herab, sondern höchstens verhindern anhaltende Niederschläge zur Flugzeit die Eiablage oder Spätfröste schaden den Räupchen. Vor allem Meisen, aber auch Buchfink, Fitis, Goldhähnchen, Kleiber u.a. stellen den Räupchen eifrigst nach. Zahlreiche Parasiten (u.a. Braconidae, Ichneumonidae, Chalcididae [Farbtafel 5, Abb. 19]) aufgefunden. – Waldbauliche Maßnahmen bisher ohne Erfolg, da Lärchen auch im Mischbestande befallen werden. Räumliche Entwicklung eines Befalls wird zurückgeführt auf Disposition der Lärche durch Grundwasserferne.

Yponomeutidae (Hyponomeutidae), Gespinst-Motten

Diese Familie enthält recht heterogene Elemente. Auch die Lebensweise ist sehr verschiedenartig; einige minieren in Blättern, Nadeln, Knospen usw., andere kommen gesellig in Gespinsten vor. Vornehmlich bekannt jene Arten der Gattung *Yponomeuta*, deren Vorderflügel weiß (oft grau angeflogen) mit feinen schwarzen Pünktchen gefärbt sind und deren ähnlich gefärbte Räupchen in gemeinsamem Gespinst leben (Abb. 546) und sich auch gemeinsam verpuppen (Abb. 547). In der Waldbiozönose zwei Arten:

Yponomeuta padella L.: Raupengespinst schon im Mai u.a. auf Weißdorn, Schlehe, Eberesche über ganze Astpartien hinweg. – **Yponomeuta malinella Zll.** (Abb. 544/545): Raupengespinst erst im Juni u.a. auf Weißdorn u. Traubenkirsche. [Früher: *Hyponomeuta*].

Hierher gehörig: *Ocnerostoma copiosella* FREI, Arvenminiermotte (i. d. Schweiz seit 1984 an Zirbelkiefer schädigend aufgetreten [BENZ, 1985; siehe S. 37 (Anm.)].

Argyresthiidae, Silbermotten
Argyresthia fundella F. R., Tannennadelmotte

Kennzeichen (Abb. 548): Falter mit glänzend weißen Vorderflügeln, die zur Spitze hin eine variable Häufung von braunen Querstrichelchen aufweisen. Flügelspannweite von etwa 10 bis 12 mm. – Typischer Habitus im Sitzen: Flügel dachförmig über dem Abdomen, Kopf etwas geneigt, Hinterbeine vom Körper abgestreckt, nicht auf die Nadel aufgesetzt (Abb. 549). Flug taumelnd, dem charakteristischen Mottenflug sehr ähnlich. – Räupchen mattgrün, mit typischen Kranzfüßchen, mit glänzend schwarzer Kopfkapsel und einem dunkel gekörnten Nackenschild (Abb. 550 u. 551).

Ökologie [BRAUNS, 1952]: Vorkommen nicht mehr auf Süddeutschland beschränkt. – Flugzeit etwa Mitte Mai/Mitte Juni. – Eiablage auf die Nadeloberseite. – Eiräupchen bohren sich in die Nadel ein, geben zunächst die Exkremente durch das vielfach in der oberen Nadelhälfte gelegene Einbohrloch nach außen ab. Meistens verschließt das Räupchen das Einbohrloch sehr bald mit einem Seidengespinst. Beim Verlassen der Mine zum Übergang auf eine neue Nadel zwängt sich das Räupchen durch die verhältnismäßig kleine Ausbohröffnung. Hinüberwechseln des Räupchens von einer Nadelhälfte zur anderen kommt vor, doch wird dabei oftmals die Mine nicht bis zum gänzlichen Ausfressen der Nadel zu Ende geführt. Gelegentlich bohrt sich ein Räupchen in eine bereits besetzte Nadel oder in eine schon teilweise minierte Nadel ein, verläßt die Nadel durch ein neues Ausbohrloch oder benutzt jenes seiner Vorgängerin. Der ausgefressene Miniergang ist weißlich (Abb. 553). Minierte Nadeln fallen nach einiger Zeit ab. Überwinterung innerhalb einer Mine und Fortsetzung des Fraßes im darauffolgenden Frühjahr. – Ende April verläßt das Räupchen seinen letzten Fraßort und verpuppt sich zumeist auf der Unterseite einer gesunden Nadel. Dazu spinnt das Räupchen ein schneeweißes, spindelartiges, vorn geschlossenes, anal offenes Gespinst. Nach einer Puppenruhe von etwa 3 Wochen schlüpft der Falter aus dem Säckchen und schiebt beim Schlüpfen die letzte Larvenhaut mit der Kopfkapsel aus dem Kokon heraus (Abb. 552); vor dem Schlüpfakt tritt aber nicht die Puppe aus dem Kokon hervor (wie etwa bei den nahe verwandten Tineidae). – Vertilgerkreis: bisher kein Parasit aufgefunden.

Wirtschaftl. Bedeutung: Hauptfraßpflanze: Weißtanne; Massenfraß zuerst in 30–40jährigen Mischbeständen von Weißtanne und Fichte beobachtet; dabei Übergang (vor allem während des Frühjahrsfraßes) auf Fichte beobachtet. Auch *Abies sibirica* LEDEB. und *Abies nordmanniana* LK. werden angenommen; Vorkommen an Kiefer fraglich. – Auffallend war das Auftreten bei *Abies nordmanniana* auf podsolierten Heideböden in Schleswig-Holstein; hier trat überaus starker Flechtenbewuchs auf und trotzdem zeigten gerade diese flechtenbewachsenen Nadeln überall die *fundella*-Minen. Ob hier wie bei dem grauen Lärchenwickler (s. Seite 329) freilich ein Zusammenhang besteht zwischen Flechtenbewuchs und Eibelegung muß dahingestellt bleiben. – Fraßgrad: Lichtfraß möglich. – Erkennungsmerkmale des Befalls: starke Entnadelung der Zweige; Fraßerscheinungen zumeist erst im 2. Befallsjahr auffällig; schließlich die schlohweißen Puppenkokons.

Differentialdiagnose bei ähnlichen Befallserscheinungen:

Epinotia subsequana Hw. (Tannennadelwickler; Tortricidae): an Weißtanne (Alt- und Mittelhölzer; auch in Mischbeständen); Räupchen spinnen minierte Nadeln zusammen. [*Epinotia:* früher Semasia].

Blastotere laevigatella H.-S., Lärchentriebmotte; Lärchen-Triebminiermotte; Lärchenlängstriebmotte

[sämtl. *Blastotere*-Arten, früher: *Argyresthia*].

Kennzeichen (Abb. 554/555): Imago mit bleiglänzenden Vorderflügeln; Vorderrand dunkler, Fransen grau. – Flügelspannweite: 10–12 mm. – Räupchen weißgrau-rötlich mit schwarzem Kopf, am Abdomenende mit hyaliner dunkler Mittellinie.
Ökologie: Flugzeit: letzte Dekade Mai/Juni; Eiablage an unterem Teil jüngster (auch zweijähriger) Triebe. – Räupchen frißt zunächst unter der Rinde schlängelnd, dann plätzend zur Triebspitze hin, dringt ins Holz ein (bei schwachen Zweigen ins Mark; Abb. 557), überwintert im Gang und setzt den Fraß im Frühjahr fort. – Verpuppung im Gang; Räupchen nagt vorher Flugloch für den Falter, verschließt es mit leichtem Gespinst.
Schadbild: Trieb welkt oberhalb der Fraßstelle und stirbt ab (Abb. 556).
Wirtschaftl. Bedeutung: Schädling in Lärchenkulturen (an etwa $1^1/2$–3 m hohen Lärchen). Schaden auffällig, wenn viele vorjährige Triebe vernichtet werden und gleichzeitig *Coleophora laricella* und Frostschäden hinzukommen.

Weitere Nadelholzarten:

Blastotere bergiella RATZ. (= *A. certella* ZELL.) (**gelbe Fichtenknospenmotte**): an mannshoher Fichte; Räupchen höhlen nur die Knospen aus. – Mai/Juli.
Blastotere glabratella Zell. (**braune Fichtenknospenmotte**): an mannshoher Fichte; Räupchen dringen außer in die Knospe auch noch mehr oder weniger weit in den Trieb ein. – Gebirge; Mai/Juli.
Blastotere sergiella Retz. (**Tannenknospenmotte**): an Weißtanne (s. weiterhin S. 330).

Aegeriidae (Sesiidae), Glasflügler; Glasschwärmer

Kennzeichen, Ökologie, wirtschaftl. Bedeutung und Systematik: Sesien werden trotz Schwärmerhabitus bei flüchtiger Betrachtung weit eher für Dipteren oder für Hymenopteren (vor allem Vespiden; Abb. 991) gehalten. Diese Ähnlichkeit wird dadurch hervorgerufen, daß die Flügel (wenigstens die hinteren) glasartig durchsichtig sind, da Beschuppung stellenweise fehlt; außerdem ist auch Färbung des Körpers jener der Dipteren oder der Vespiden («Sphecoidie») sehr ähnlich. Die Ähnlichkeit mit wehrhaften oder sonst vor Verfolgungen geschützten Tieren soll den Sesien gewissen Schutz einbringen. Diese Erscheinung der «Mimikry» spielt in den Tropen gerade unter den Lepidopteren eine besondere Rolle. Voraussetzung für einen relativen Schutz ist natürlich, daß die Schutznießer bei Tage fliegen; das trifft nun für die Sesien tatsächlich zu: sie schwärmen gern im Sonnenschein. – Die Raupen der Glasflügler morphologisch insofern interessant, als nur die ersten 4 Bauchfüßchen mit kreisförmig angeordneten Chitinhäkchen besetzt sind; leben in Wurzeln, Stengeln und Stämmen verschiedener Pflanzen. – Puppen: s. Seite 320. – Wirtschaftl. Bedeutung kann erheblich sein (Kulturschädling); junge Stämmchen gehen nach Fraßbeschädigungen zugrunde. – Nach den Fraßpflanzen verschiedene, in Weiden, Erlen und Birken, in Eichen und Weißtannen vorkommende, forstlich beachtenswerte Arten. Bodenbiologisch von Bedeutung (Abbau der Stöcke): **Synanthedon spheciformis Gerning (Erlenglasschwärmer)** und **S. culiciformis L. (kleiner Birkenglasschwärmer)**: beide in frischen Erlen- und Birkenstubben. – **S. vespiformis L. (Eichenglasschwärmer)** unter Rinde von frischen Eichen- und Buchenstöcken. – [*Synanthedon*, früher: *Seria*].

An Pappeln: *Paranthrene (Sciapteron) tabaniformis* ROTT., Pappelglasschwärmer (Abb. 929) und

Aegeria apiformis Cl.,
Hornissenglasschwärmer; Bienenschwärmer; großer Pappelglasflügler
[früher: *Trochilium apiforme* CL.]

Kennzeichen (Farbtafel 10, Abb. 65 u. 66): Körperlänge etwa 16 mm, Flügelspannweite bis 45 mm. – «Visuelle Schutzanpassung» durch täuschende Ähnlichkeit mit einer Hornisse; beim Fliegen sogar Summton wahrnehmbar. – Falter träge und häufig flugunlustig.

Ökologie: Fraßpflanzen: alle Pappelarten; gelegentlich an Birke, Esche, Weide, Linde. – Flugzeit etwa Mai/Juni; Eiablage an Stammbasis oder an starke Wurzeln, gelegentlich während der Ruhestellung oder sogar während des Fluges frei auf den Boden. – Die nach 1 Monat schlüpfenden Räupchen bohren sich in die Rinde ein, fressen anfangs plätzend unter der Rinde; nach der 1. Überwinterung gehen die Räupchen ins Holz der Wurzeln oder Stämmchen, wo sie lange Gänge fressen. Sägespäneähnliche Exkremente grob, werden stets unten am Stamm durch Öffnung hinausbefördert. Raupen ernähren sich vorwiegend vom Pflanzensaft. Nach der 2. Überwinterung (nunmehr im Fraßgang) frißt die gelbliche, braunköpfige Raupe noch bis zum April und nagt dann vor der Verpuppung das Flugloch für den Falter aus. Puppe braucht daher zum Schutz einen Kokon, den die reife Raupe aus braunen, groben Holzspänen verfertigt (Abb. 559). Bisweilen Verpuppung auch in der Bodenschicht (etwa in der Nähe der Wurzel), Kokon dann teilweise aus Erdpartikelchen. Vor dem

Schlüpfen schiebt sich die Puppe mittels abdominaler Dornen aus dem Kokon heraus (wie die Puppen der Cossidae). – Generation zumeist zweijährig.

Wirtschaftl. Bedeutung: schadet vor allem in Baumschulen und an freistehenden Standorten (Alleen); Bestandesränder und Bachläufe anscheinend gefährdet. Häufig mit *Saperda carcharias* L. (großer Pappelbock) gleichzeitig auftretend.

Differentialdiagnose (gegenüber *Saperda*): sägespäneähnlicher *Trochilium*kot; wenn ältere Fraßgänge, Puppenreste beachten (s. u.).

Erkennung des Befalls: Schadsetzung am unteren Stammteil; Anschwellung dieser Stammpartie; Nagespäne-Ausräumung an Stammbasis (auch beim Himbeerglasflügler: Abb. 989).

Differentialmerkmale der Sesiidae-Puppen (gegenüber gleichzeitig auftretenden Tipulidae-Puppen [Dipt.]): bei flüchtiger Betrachtung schon auffällig: Fühlerscheiden lang, Prothorakalhörner [= vordere Respirationsöffnungen] fehlen, 2 Flügelscheiden-Paare, lange Maxillenscheiden, am Vorderende «Frontalfortsatz» und abdominale Dornenreihen und Cremaster zum Herausarbeiten aus den Puppenwiegen. Während des Schlüpfaktes trennen sich die ventralen Teile des Puppen-Vorderendes weitgehend voneinander (halbfreie Puppen = Pupae semiliberae).

Oecophoridae

Vertreter dieser den Wicklern nahestehenden Familie gelegentlich mit den Tastermotten (Gelechiidae; Abb. 1033), zu denen u. a. die Baumwollmotte gehört, vereinigt. Die Oecophoriden aber durch eine typische, häufige Art in der einheimischen Waldbiozönose charakterisiert:

Chimabacche fagella F., «Sängerin»; Buchenmotte

Kennzeichen, Verhaltenseigenart, Ökologie: ♂ weiß oder olivgrau mit schwarzbrauner Bestäubung, normalflügelig (Abb. 562 u. 563; Spannweite bis 28 mm); ♀ grau, schwärzlicher gezeichnet, kurzflügelig (Abb. 564; Spannweite um 16–20 mm). Sitzen mit dachförmig gehaltenen Flügeln an Buchenstämmen. – Oktober und April/Juni. – Räupchen ohne weiteres erkennbar an den keulenförmig verdickten Metathorakalbeinen (Abb. 560; ob nur bei ♂♂ ergebenden Räupchen?), leben zwischen 2 schräg übereinanderliegenden, etwas versponnenen und teilweise skelettierten Blättern (Abb. 561) und befressen von ihrem Blattnest aus abends und nachts Blätter der Nachbarschaft von der Kante her. Bei durchscheinendem Licht Räupchen im Blattnest erkennbar; dann auch Zirpen («Sängerin») hörbar, verursacht mit der etwas gebogenen Kralle der verdickten Hinterbeine; dabei kratzen die Krallen auf dem Blatt mit rasch vibrierenden Bewegungen. Vielleicht soll durch diese Lautäußerungen ein Angreifer abgewehrt werden. – Hauptsächlich an Buchenunterwuchs, aber auch an Zweigen älterer Buchen; doch gleichfalls an Hainbuche, Eiche, Birke und Himbeere. – Verpuppung (Oktober) im Gespinst im Blattnest; gelegentlich fällt das Räupchen durch eigenen Fraß mit einem Teil des Blattnestes auf die Fallaubschicht.

Wirtschaftl. Bedeutung: indifferent, zumindest nicht stark schädigend; mit anderen Buchen-Schadinsekten häufig vergesellschaftet (*Operophtera fagata* SCHARF. [Bu-Frostspanner]. *Bena prasinana* L. [Bu-kahneule] u. *Dasychira pudibunda* L. [Buchenspinner; Lymantr.]). – Andere Oecophoriden bodenbiologisch sogar von Bedeutung, da Räupchen in morschem Holz vorkommen (u. a. etwa *Moetalampra cinnamomea* ZLL. in Kiefernstöcken).

Tortricidae, Wickler

Die Wickler sind im Imaginalstadium an den dreieckigen, in der Ruhe breit dachförmig getragenen Flügeln leicht anzusprechen. Kurze Haarfransen an den gleichen Stellen wie an den Flügeln der Motten, mit denen sie zu derselben Überfamilie gehören. – Artenreiche Familie, die als Schmetterlinge zumeist wenig auffallen, da bei Tage vielfach versteckt und wie Motten erst in der Dämmerung oder nachts fliegend. – Sexueller Dimorphismus kann u. a. in Färbung und Zeichnung ausgeprägt sein. – Raupen (oft lebhaft gefärbt durch Leibeshöhlenflüssigkeit oder bei schwarzgrüner Färbung auch mittels Hautpigmente) mit 5 Paar Kranzfüßchen, in zusammengesponnenen Blättern lebend (Vulgärname!); andere Arten an oder in Früchten vorkommend, auch in Stengeln oder Wurzeln bohrend oder an ihnen in Gespinstgängen. Räupchen flink in ihren Bewegungen, krümmen sich lebhaft bei Störungen. – Puppen mit abdominalen Dornenreihen, schieben sich vor dem Schlüpfakt aus dem Kokon. – Bisweilen 2–3 Generationen im Jahr. – Überwinterung in allen Stadien möglich. – Von 4500 Arten insgesamt etwa 1000 in der paläarktischen Region und über 40 in der heimischen Waldbiozönose auffällig. Außer recht gefürchteten forstwirtschaftlichen Arten auch manche berüchtigten Obstbaumschädlinge, u. a. *Cydia pomonella* L. (Apfelwickler), einer unserer wichtigsten Obstschädlinge neben *Grapholita funebrana* TR., dem Pflaumenwickler, *Eupoecilia ambiguella* HB., dem einbindigen und schließlich *Lobesia botrana* SCHIFF., dem bekreuzten Traubenwickler; *Sparganothis pilleriana* SCHIFF. (Springwurmwickler) ist der 3. Rebenschädling. Als landwirtschaftlicher Schädling sei besonders *Cydia nigricana* F., der Erbsenwickler genannt.

Forstliche Bedeutung haben vor allem folgende Arten:

Rhyacionia (= Evetria) buoliana Den. et Schiff.,
Kiefernknospentriebwickler; Kieferntriebwickler

Kennzeichen (Farbtafel 9, Abb. 46 u. 47): Vorderflügel ziegelrot, mit mattsilbernen Querlinien, auffallend bunt; Hinterflügel braungrau. Spannweite um 20 mm. – Räupchen rotbraun, fettig-glänzend, mit schwarzer Kopfkapsel und dunklem Nackenschild; bis 21 mm.

Ökologie: Falter fliegen an Sommerabenden in jungen Kiefernbeständen; Eiablage Juni/Juli an Knospen oder Nadelscheiden am oberen Teil des Triebes. – Räupchen fressen anfangs in den inneren Basalteilen der Nadeln und bohren sich dann in eine Quirlknospe ein; hier überwintern sie und fressen im Frühjahr treibende Knospen von unten her aus (Abb. 568) und rinnenartig unter harzigem Gespinst an der Trieboberfläche. Als Folge des Rinnenfraßes entstehen, wenn der Trieb im Wachstum einen Vorsprung hat, Umknickungen, die bei Wiederaufrichtung des Triebes zu den bekannten Posthornbildungen (Abb. 569 u. 570) führen; kommen 2 Triebe zur Posthornbildung: Lyraform, bei 3 Trieben: Kandelaberform. Vertrocknet der Gipfeltrieb und stirbt ab, wird der Verlust durch stärkeres Austreiben ausgeglichen; ein anderer Trieb wird Gipfeltrieb (man spricht dann von einer «kompensatorischen Hypertrophie»). – Raupen wandern von Triebknospe zu Triebknospe; durch Bildung von Kurztrieben mit Riesennadeln können dann am Gipfeltrieb auch Büschelbildungen («Bürsten» oder «Besen») auftreten (Abb. 571). – Vertilgerkreis sehr groß; zahlreiche Parasiten (Ichneumonidae, Braconidae, Chalcididae; Tachinidae), als Räuber wird bei Raupen und Puppen besonders *Forficula auricularia* L. beobachtet. Hyperparasit: *Perilampus tristis* MAYR (Chalc.). – *R. buoliana* vergesellschaftet gelegentlich mit *Heringia* (= *Exoteleia*) *dodecella* L. (Kiefernknospentriebmotte; Gelechiidae [Palpenmotten] Lep.; Jungraupe miniert ab Mitte Juni in der Nadelspitze, überwintert in ihr, höhlt im folgenden Frühjahr Knospe aus [spinnt dabei weiße Gespinströhre] und bohrt sich oft noch in jungen Trieb ein).

Wirtschaftl. Bedeutung: zu den ausgesprochenen Schadinsekten gehörig, da erhebliche Störung der Triebbildung mit dem Befall verbunden. Vor allem in 3–12jährigen frei und sonnig gelegenen Kiefernkulturen auftretend (etwa auf Südhängen), wird jedoch auch in Stangenhölzern oder in lückigen Dickungen festgestellt. Selbst an alten Kiefern noch ein in der Jugend überstandener Schaden deutlich zu erkennen. – Ähnliche Fraßfolgen bei Beschädigungen durch Eichhörnchen in 5–15jährigen Kiefernkulturen (im oberen Drittel) beobachtet [KRATOCHVÍL, 1940]; dabei werden die Vegetationsknospen und oft auch die Geschlechtsknospen herausgeschält, ihr Inhalt ausgenagt und die schuppenartigen Hüllen in Form von aufgelockerten Käppchen weggeworfen. Gelegentlich wird nur ein Teil der Knospen vernichtet, indem die schuppenartigen Hüllen zur Seite geschoben und ihr faßdaubenartiger innerer Teil schief heruntergebissen wird. Die Schäden können in zapfenarmen Jahren fühlbarer auftreten; der Höhenzuwachs wird zumindest um 2 oder 3 Jahre aufgehalten, außerdem wird der Haupttrieb oft buschig, leierartig und zeigt damit eine Schadfolge wie nach *Rh. buoliana*-Befall. – Posthornbildungen an Fichte werden durch einen anderen Wickler (*Dichelia histrionana* FROEL.) hervorgerufen (s. Seite 325).

Blastethia turionella L., Kiefernknospenwickler

[früher: *Evetria turionana* HBN.]

Kennzeichen (Farbtafel 9, Abb. 50): Vorderflügel braun bis rostgelb, von bleigrauen Querlinien durchzogen. Spannweite um 20 mm. – Räupchen gelbbraun mit schwarzer Kopfkapsel; bis 10 mm.

Ökologie: Falterflug Mai (bis Juni); Eiablage an Mittelkospen der Krone. – Räupchen frißt in der Terminalknospe von jungen, 6–15jährigen Kiefern, höhlt diese bis zum Winter aus (Abb. 567) und überwintert in ihr; im nächsten Frühjahr noch kurzer Fraß, dann Verpuppung in der mit einem feinen Gespinst ausgekleideten Fraßknospe. – Es treten Büschelbildungen (Abb. 571) oder Verkrüppelungen des Triebes nach Befall auf. – Vertilgerkreis: hauptsächlich Parasiten; häufig *Glypta resinanae* HTG. (Ichneumonidae, Pimplinae).

Wirtschaftl. Bedeutung: *turionana* im allgemeinen unterschätzt, wohl deshalb, weil Fraßbeschädigungen denen von *buoliana* sehr ähnlich sind. – Erkennung: im Frühjahr besonders (aber auch schon im Herbst) Harzaustritt; befallene Knospe bleibt im Wachstum zurück.

Rhyacionia duplana Hbn., Kieferntriebspitzenwickler, Kiefernquirlwickler

[früher: *Evetria duplana* HB.]

Kennzeichen (Farbtafel 9, Abb. 51): Vorderflügel dunkelbraun-grau, mit 4 weißen Doppellinien, Hinterflügel braungrau. Spannweite etwa 15 mm. – Räupchen hellgelbbraun, wachsfarben, Kopfkapsel dunkelbraun; 9 mm.

Ökologie: Flugzeit schon März/April. – Räupchen frißt in den jungen Maitrieben 2–6jähriger Kiefern von der Triebspitze zur Basis hin, also abwärts; es frißt mehrere Triebe aus, die welken, sich biegen und vertrocknen. – Verpuppung im Kokon an Stammbasis oder in der Bodenstreu. – Puppe überwintert. – Vertilgerkreis: bisher unbekannt.

Wirtschaftl. Bedeutung: bei längerem Befall treten Wipfelverkrüppelungen (Abb. 571) auf. – Erkennung: typisches Schadbild (Ende des jungen Maitriebes hängt herab; bei Hagelschlag fehlt die innere Fraßbeschädigung beim Trieb). – Differentialdiagnose gegenüber Fraßbeschädigungen durch andere Arten: *Rh. buoliana* SCHIFF. (Fraßkanal nicht von oben zur Knickungsstelle, sondern höchstens von der Knickungsstelle in das Triebinnere); *Archips oporana* L. (Kiefernnadelwickler; Fraßbeschädigungen wenigstens teilweise auch an den Nadeln und an der Triebrinde; Kiefer nicht ausschließliche Fraßpflanze, auch an Fichte, Tanne und Lärche gefunden).

Petrova resinella L., Kiefernharzgallenwickler

[früher: *Evetria resinella* L.]

Kennzeichen (Farbtafel 9, Abb. 48 u. 49): Vorderflügel in der Grundfarbe dunkel braungrau mit breiten, etwas entfernt voneinander gelegenen, bleifarbenen Binden; Hinterflügel dunkelbraun mit helleren Fransen. Spannweite variabel, 16–20 mm. – Räupchen gelb oder gelbbraun mit kleinen dunklen Warzen, Kopfkapsel dunkelbraun, Nackenschild hellbraun.

Ökologie: Falter fliegen Mai/Juni. – Räupchen fertigt unterhalb des Knospenquirls dünnes Gespinst zwischen Trieb und benachbarten Nadeln und benagt unter diesem die Rinde; austretende Harztröpfchen, Rindenteile und Kotkrümel werden zur Verstärkung des Gespinstes verwendet. Räupchen frißt sich dann bis zum Mark des Triebes vor. Bis zum Herbst ist dieses gallenartige Gespinst etwa so groß wie eine Erbse (Abb. 565), wird nach Überwinterung und durch weiteren Fraß größer, erreicht schließlich die Größe einer Nuß. Durch dauernden Fraß der Raupe vernarbt die Wunde am Trieb nicht, daher immer wieder Harztröpfchen als «Mörtel» vorhanden. Bei der Vergrößerung entsteht zweikammerige Harzgalle (Abb. 566; gegenüber anderen Gallbildungen aber nur durch die Tätigkeit der Raupe entstanden), wobei neben innerer, späterer Puppenwiege eine äußere Kammer gebildet wird, in der sich die Kotkrümel sammeln. – Verpuppung erst nach zweimaliger Überwinterung der Raupe, mithin Generation zweijährig. – Puppe schiebt sich vor dem Schlüpfakt aus der Harzgalle heraus. – Vertilgerkreis: manche Gallen hackt der große Buntspecht auf; weiterhin zahlreiche Parasiten (Ichneumonidae, Braconidae, Chalcidier, eine Proctotrupide; Tachinidae). – In alten Harzgallen finden sich gelegentlich die Räupchen von *Dioryctria splendidella* H. S. (Pyralidae, Lep.; s. Seite 340).

Wirtschaftl. Bedeutung: meist werden 6–10 jährige Kiefern auf ungünstigen Standorten befallen; Harzgallen auch im Stangenholz oder in alten Beständen (Versuche zur Harzgewinnung im Jahre 1915). Im allgemeinen an Seitenzweigen, selten an den Höhentrieben. – In Dünenaufforstungsgebieten können die Fraßfolgen bedeutender sein, sind aber doch geringer als nach Befall durch die eigentlichen Triebwickler.

Epinotia tedella Cl., Fichtennest-, Hohlnadelwickler
[früher: *Epiblema tedella* Ch.]

Kennzeichen (Farbtafel 10, Abb. 54 u. 55): Vorderflügel dunkelbraun mit silberweißen Querlinien, Flügel-Spannweite etwa 13 mm. – Räupchen gelbbraun mit 2 braunroten Rückenstreifen oder grünlich mit helleren Streifen; Kopf und Nackenschild schwarzbraun. 8–9 mm.

Ökologie: in Fichtenbeständen. – Flugzeit oft schon im Mai (bis Juli). Eiablage unterseits der Nadeln meist in Einzahl. – Räupchen sind Minierer; es werden bei hoher Populationsdichte gesellig Nadeln ausgehöhlt (Hauptfraßzeit: August/September), mehrere Nadeln (bis zu 16) werden zu einem «Nest» versponnen, in dem sich der Kot ansammelt (Abb. 572). Das Räupchen verläßt die ausgefressene Nadel durch das Einbohrloch oder frißt (seltener) ein neues Ausbohrloch an der Nadelspitze. Minierte Nadeln vergilben, bräunen sich später. Fraß bei günstiger Witterung oft bis November anhaltend. – Räupchen spinnen sich dann ab, überwintern in Kokons in der Streulage und verpuppen sich im nächsten Frühjahr. – Vertilgerkreis: nur wenige Ichneumoniden bisher aufgefunden. Eine Mykose (*Entomophthora sphaerosperma* FRES.; Entomophthoraceae, Zygomyc.) bei den Räupchen beobachtet.

Wirtschaftl. Bedeutung: im allgemeinen gering, da die Knospen verschont bleiben. Bestände im Alter von 10–30 Jahren (Dickungen und Stangenhölzer) und anderweitig geschwächte Stämme am anfälligsten. Obwohl Gradationen auftreten, ist wirtschaftlich allenfalls ein gewisser Zuwachsverlust festzustellen.

Differentialdiagnose gegenüber anderen Wicklerarten:

Epinotia pygmaeana Hb. (Kleiner Fichtennadelmarkwickler); Biotop: Kulturen, Stangen-, aber auch Althölzer; Fraßperiode setzt schon im Juni ein; nur wenige Nadeln (zumeist befressen, wenn miniert, vielfach mit 2 Löchern) werden zusammengesponnen und sind eigentlich frei von Kotkrümeln.

Epinotia nanana Tr. (Kleinster Fichtennadelmarkwickler); Biotop: Fichtenhecken [bis etwa 15 Jahre]: Frühjahrsfraß schon im Mai beginnend; Herbstfraß eines Räupchens anscheinend an einer Nadel. Zumeist 5 minierte Nadeln (mit einem durch Gespinst ausgekleideten Loch) werden zusammengesponnen.

Dichelia histrionana Roel., Fichtentriebwickler, grauer Fichtenwickler
[früher: *Cacoecia histrionana* FROEL.]

Kennzeichen: Vorderflügel weißlichaschgrau mit bräunlichen oder schwarzbraunen Zeichnungen. Flügel-Spannweite meist um 20 mm. – Eiräupchen weißgelb mit dunkelbrauner Kopfkapsel; erwachsene Raupe grasgrün mit brauner Kopfkapsel und mit braungrünem Nackenschild.

Ökologie: vornehmlich in Fichtenbeständen; in Mischbeständen selten auf andere Holzarten (Tanne; Weymuthskiefer) übergehend. – Flugzeit: Juli. – Ob Eier überwintern? – Räupchen im Frühjahr in einem Gespinst zunächst zwischen vorjährigen Nadeln, dann an den Maitrieben, die sich infolge des Fraßes krümmen (Abb. 573). – Verpuppung am Fraßort im röhrenartigen Gespinst. – Vertilgerkomplex: bis jetzt kein spezieller Parasit bekannt geworden.

Wirtschaftl. Bedeutung: weit geringer als *Rh. buoliana* an der Kiefer, mit der die Fraßfolgen gemeinsam sein können; bevorzugt werden 10–30jährige Fichten, an denen nach Befall posthornartige Krümmungen gelegentlich auftreten.

Cydia pactolana Zell., Fichtenrindenwickler
[früher: *Laspeyresia pactolana* ZELL.]

Kennzeichen (Farbtafel 9, Abb. 44 u. 45): Vorderflügel olivrötlichbraun; Querlinie in der Mitte doppelt, glänzend weißlich, geknickt; Hinterflügel braun bis schwarzbraun mit grauweißen Fransen. Flügel-Spannweite etwa 14 mm. – Räupchen meist blaßrötlich; Kopf und Nackenschild hellbraun. 10–11 mm.

Ökologie: Eiablage Ende Mai bis Juni an die Basis der Quirltriebe 10–20jähriger Fichten; bei stärkerer Vermehrung auch Befall von jüngeren Kulturen und von Stangenhölzern. – Die Eiräupchen bohren sich in die Rinde ein, fressen hier bis 4 cm lange, mit Gespinsten ausgekleidete Gänge (Abb. 574). – Frischer

Fraß kenntlich an hellen «Harztränen», die den Stamm herablaufen; später vermischt sich das Harz mit den Kotkrümeln zu charakteristischen braunen Klumpen. Die befallene Stelle ähnelt einer krebsartigen Anschwellung (Abb. 575). – Raupen fressen bis zum Auftreten starken Frostes, nehmen Fraßtätigkeit aber jeweils an milden Wintertagen wieder auf. – Nach erfolgter Überwinterung Verpuppung in dem Kotausführgang. – Gelegentlich in frischen Gallen von *Sacch. viridis* RATZ. vorkommend (s. Seite 130). – Vertilgerkreis: nur wenige Ichneumoniden als Parasiten bekannt; *Craspedothrix vivipara* B. B. (Dipt.; Tachin.) bisweilen beobachtet.

Wirtschaftl. Bedeutung: besonders anfällig scheinen schlechtwüchsige, durch Frost geschädigte oder durch Wild verbissene Fichten zu sein. Bisweilen werden freilich auch gesunde und kräftige Kulturen angegangen; dabei werden Ränder von Kulturen und einzeln stehende Stämmchen bevorzugt. – Fraßfolgen: Kränkeln; Anfälligkeit für den Befall durch sekundäre Schädlinge (*Magdalis violacea* L.; Curculionidae, Col., vgl. S. 261 – *Pityogenes chalcographus* L.; Scol., Col., vgl. Seite 289); schließlich auch Absterben befallener Fichten. – Nicht selten folgt dem *pactolana*-Befall der Fichtenrindenpilz (*Nectria cucurbitula* [TODE] FR., Asc.). – Erkennungsmerkmale des *pactolana*-Befalls: Wipfeldürre bei gleichzeitiger Anschwellung der Quirlgegend, Harzausfluß und Kotaustritt. – In eigenen Beobachtungen häufig auch bei den «Blaufichten» (*Picea engelmanni* ENGELM. und *Picea pungens* ENGELM.) festgestellt. In einer 12jährigen Mischkultur von *Picea excelsa* mit der serbischen *Picea omorica* PUR. diese nur wenig von *pactolana* befallen; fand ein Befall statt, zeigte die Balkanfichte bei gleichem Befallsstadium noch eine grüne Nadelfarbe bei bedeutend froherem Wuchs [BRAUNS, 1951].

Cydia strobilella L., Fichtenzapfenwickler
[früher: *Laspeyresia strobilella* L.]

Kennzeichen (Farbtafel 9, Abb. 43): Vorderflügelfärbung ähnlich der des Fichtenrindenwicklers *(C. pactolana):* olivbraun, zur Wurzel hin 2 schwach gebogene, dunkle Bleilinien. Flügel-Spannweite etwa 13 mm. – Räupchen gelblich-weiß oder gelblich; Kopfkapsel hellbraun.

Ökologie: Falter fliegen ungefähr von Ende April bis Ende Mai. Eiablage an die jungen, grünen Zapfen. – Räupchen fressen gesellig in der Spindel von Fichtenzapfen, in älteren Stadien auch an Zapfenschuppen und Samen (Abb. 589). – Die erwachsenen Raupen überwintern in den Zapfen und verpuppen sich erst im darauffolgenden Frühjahr. Gelegentlich Überliegen der Raupen, so daß dann die Generation zweijährig wird. – Puppen schieben sich zwischen den Zapfenschuppen hervor und entlassen dann den Falter; die Puppenhülsen sind ein auffälliges Merkmal für die Feststellung eines erfolgten Befalles. – Vertilgerkreis: zahlreiche Parasiten aufgefunden (u. a. eine Braconide, die sehr häufig aufzutreten scheint).

Wirtschaftl. Bedeutung: Beeinträchtigung der Samenernte. – Erkennungsmerkmale des Befalls: besetzte Zapfen krümmen sich und zeigen Harzausfluß; die Exkremente zeigen sich aber nicht zwischen den Schuppenrändern außen am Zapfen.

Differentialdiagnose der Zapfenverletzungen an Nadelhölzern:

Zapfen äußerlich stark benagt

Eichhörnchen: bei zumeist unbeschädigter Zapfenspitze sind die Schuppen vom Grunde her abgenagt (Abb. 582).

Kreuzschnabel: Zapfenspitze und Zapfengrund nicht verletzt; Schuppen sind längsgespalten oder in der Mitte faserig quer abgerissen (Abb. 583).

Großer Buntspecht: bei Verletzung des Zapfens von der Spitze her stehen die Schuppen wirr durcheinander und sind zerrissen und gespalten (Abb. 584).

Waldmaus, Waldwühlmaus [Rötelmaus]: Zapfen nur auf schmaler Bahn angenagt.

Grauer Lärchenwickler [*Zeiraphera (Semasia) diniana* Gn.; Tortric., Lep.]: außerhalb des Alpengebietes in Fichtenbeständen vorkommend; junge Zapfen werden äußerlich durch die Microlepidopterenraupe befressen (Abb. 593). Gelegentlich dringen die Räupchen auch in den Zapfen ein (Bionomie dieser Art: s. Seite 328).

Zapfen äußerlich nicht oder kaum verletzt

Fichtenzapfen-Klopfkäfer (*Ernobius abietis* F.; Anobiid., Col.): Larven fressen in Richtung Zapfenstiel kurze Gänge, die in das Mark der Spindel führen (Abb. 587). Befallsreaktion: Harzfluß. Später zerfressen Larven auch die Schuppenbasis (Abb. 588; s. Seite 226). In den abgefallenen, in der Streuschicht liegenden Zapfen ab August die Käfer selbst (Abb. 586).

Kiefernzapfen-Klopfkäfer (*Ernobius abietinus* Gyll.; Anobiid., Col.): die gleichen Fraßbeschädigungen und Befallserscheinungen wie bei *abietis* (s. Seite 228).

Kiefernzapfen-Rüßler (*Pissodes validirostris* Gyll.; Curculion., Rhynchaen., Col.): befallene Zapfen fallen gewöhnlich im August/September ab, bis dahin Larvenfraß mit anschließender Verpuppung; Jungkäfer bohren sich durch kreisrundes Ausflugsloch nach außen (Abb. 585; s. Seite 260).

Fichtenzapfen-Wickler (*Cydia strobilella* L.; Tortric., Lep): Auffällig: Harzfluß; ohne Kotkrümel äußerlich (Abb. 589); Räupchen überwintern im Zapfen (s. Seite 326).

Fichtenzapfen-Zünsler (*Dioryctria abietella* Schiff.; Pyral., Lep.): die am Grunde ankerförmig benagten Schuppen (Abb. 591) eines trockenen Fichtenzapfens zeigen braunes Mehl; die Spindel wird nicht befressen. Zapfen (zeitig abfallend) außen mit Kotkrümeln (Abb. 590); Räupchen verlassen Zapfen durch runde Öffnung (Oktober) und gehen in die Streudecke (s. Seite 340).

Fichtenzapfenspanner (*Eupithecia abietaria* Goetze [= *E. pini* Retz] und *Eupithecia bilunulata* Hbn. (Geometr., Lep.): befallene Zapfen zeigen äußerlich einen Belag von braunroten Exkrementen (*abietaria:* nur wenige Kothäufchen [Abb. 592], *bilunulata:* zahlreiche Kothäufchen an den

Rändern der Zapfenschuppen [Abb. 594]). Räupchen benagt anfangs die äußere Oberfläche einer Schuppe, durchnagt die Schuppe und geht auf die zweite, dritte usf. über und frißt dann die dickeren Basalteile der Schuppen oder Samen vollends auf (Abb. 595). Befallene Zapfen vertrocknen vor der Reife und fallen zumeist ab. Differentialkennzeichnen der Spannerraupen: dorsal schmutzig fleischrot, ventral schmutzig weiß, 15 mm *(abietaria)*; farblich gleich, aber dorsal mit 5 hellen Längsstreifen, 12 mm *(bilunul.)*. Fundzeit der Raupen: etwa Ende Juli, Puppen: Ende August. – Biologisch interessant, daß gelegentlich *bilunul.*-Raupen in *Sacchiph.*-Gallen vorkommen.

Cydia zebeana Ratzeburg,
Lärchengallenwickler; Lärchenrindenwickler
[früher: *Laspeyresia zebeana* RATZ.]

Kennzeichen (Farbtafel 9, Abb. 41 u. 42): Vorderflügel olivgrünlich bis grau mit schwarzem Fleck vor veilchenblaueingefaßtem Spiegel, der wiederum tiefschwarze Punkte oder Striche zeigt. Flügel-Spannweite: 16 mm. – Räupchen hellgrau oder trüb gelbgrün; Kopfkapsel und Nackenschild braun oder schwarz. 15 bis 16 mm.

Ökologie: monophag an Lärche. – Flugzeit Mai/Juni. Eiablage an die Basis der einjährigen Triebe. – Lebensweise ähnelt dem Kiefernharzgallenwickler *(Retinia resinella)*, nur mit dem Unterschied, daß das Räupchen nach dem Einbohren in die Rinde neben Harzausfluß eine direkte Anschwellung des Holzkörpers erzeugt. Bis Spätherbst ist die Galle erbsengroß, Räupchen überwintert, Fortsetzung des Fraßes im folgenden Frühjahr, dann Galle so groß wie eine Kirsche (Abb. 576). Verpuppung an der Fraßstelle; Puppe schiebt sich vor dem Schlüpfen des Falters hervor. – Generation mithin zweijährig. – Vertilgerkreis: ?

Wirtschaftl. Bedeutung: recht erheblich, da *zebeana* mit dem Discomycet *Dasyscypha willkommii* HTG. (dem Erreger des Lärchenkrebses) an dem Auftreten des «Lärchensterbens» (verursacht u. a. durch Wasserhaushaltsstörungen, Frostschädigungen) beteiligt ist. Befallen werden vor allem 4–10jährige Lärchen; die Gallen jedoch auch noch an 40jährigen Stämmen (an den höheren, nicht ohne weiteres erreichbaren Ästen). – Schadfolgen verschieden: entweder nur Deformierung durch Galle oder Verzweigungsfehler auftretend (Strauchform), wenn Seitentrieb oder sogar Haupttrieb abstirbt. Bei gehäuftem Vorkommen Absterben älterer Stämme vornehmlich durch diesen Wicklerfraß nicht unwahrscheinlich. – Lit.: «Pflanzentumoren»: BEIDERBECK, 1977.

Zeiraphera diniana Gn., Grauer Lärchenwickler
[früher: *Semasia diniana* GN.]

Kennzeichen (Farbtafel 10, Abb. 53): Vorderflügel hellgrau mit brauner Gitterung und braunen Querbinden. Flügel-Spannweite: 18–22 mm. – Eiräupchen gelbgrün, später graugrün bis schwärzlich grau; Körperfärbung scheint variabel zu sein. Kopfkapsel und Nackenschild schwarz, später auch mit brauner Kopfkapsel. Um 10 mm.

Ökologie: polyphag auf Nadelholz; im Alpengebiet vornehmlich auf Lärche, doch sonst auch primär auf Fichte, seltener auf Kiefer (u. a. auf *Pinus silvestris, montana, cembra*) und Weißtanne. – Flugzeit etwa Juli/Oktober. Schwärmt zumeist nach Dämmerungsbeginn. Eiablage in Rindenritzen oder an der Basis von Kurztrieben vorjähriger Zweige (selbst wenn diese einen olivgrünen Flechtenbesatz aufweisen; vgl. ähnliche Beobachtungen bei *Argyresthia fundella;* Argyrestiidae, Lep.; Seite 316). – Eiräupchen in Gespinstsäckchen zwischen jungen Nadeln; als Zweihäuter die inneren Nadeln eines neuen Kurztriebes zu einem «Wickel» zusammenspinnend und versponnene Nadeln von der Innenfläche benagend. Erst im 4. Raupenstadium werden Nadeln bis auf eine Nadelkante als übrigbleibender Faden (oft mit unbeschädigter Nadelspitze) befressen. Erkennungsmerkmal: Kronen röten sich; Fraßbeginn an unteren Zweigen, zur Spitze fortschreitend; in den Gespinsten Kotkrümel. – Fraßform an anderen Nadelhölzern andersartig. An Fichte beispielsweise in Knospen minierend, Nadeln junger Triebe fressend (als Fraßfolge treten oft Krümmungen der Triebe auf; ansonsten ähnelt das Fraßbild durch die übrigbleibenden rotbraunen Nadelreste jenem der kleinen Fichtenblattwespe, *Pristiphora abietina* CHRIST; vgl. Seite 149) oder junge Zapfen äußerlich benagend (gelegentlich in den Zapfen eindringend [Abb. 593]). – Fraßzeit: Mai/Juli. – Verpuppung in einem seidenartigen, außen mit Nadeln belegten Kokon zumeist in der Streuschicht. – Je nach Klima, Witterung und Lage des Schadgebietes können sich Flug- und Fraßzeiten verschieben. Überwinterung als Ei. – Vertilgerkreis: Vögel als Vertilger des grauen Lärchenwicklers beobachtet, u. a. Meisen, Finken (Raupen), Tannenhäher (Puppen), Alpenlerchen (Falter), Zusammenbruch der Übervermehrungen aber durch Polyederkrankheit (?), durch Mykosen und zahlreiche Parasiten verursacht; außer Tachinen mehrere Ichneumonidenarten festgestellt. Milben u. eine Blindwanze saugen Eier aus. – [Insgesamt neuere Lit.: BENZ, 1974 u. 1990].

Wirtschaftl. Bedeutung: in den Alpen beachtenswertes Schadinsekt; besonders gefährdet lichte, ältere Lärchenreinbestände (prädispositionelle Standortsfaktoren: Boden flachgründig, mager; Lage sonnig, trocken); in anderen Gebieten als Lärcheninsekt von geringerer wirtschaftlicher Bedeutung. – In Fichtenbeständen zumindest Zuwachsverlust als Fraßfolge; dabei werden Fichten unter Schirm stärker befressen als freistehende, jüngere Bestände häufiger befallen als ältere und eingesprengte Lärchen können restlos verschont bleiben. Bei Vorkommen in Fichtenbeständen Differentialdiagnose gegenüber *Lygaeonematus*-Befall (s. Seite 149): vor allem Auffinden der Larven- bzw. Raupenstadien, der kurzen Gespinströhre mit Kotkrümeln und Nadelresten.

Epinotia nigricana H.-S., Tannenknospenwickler
[früher: *Epiblema nigricana* H. S.]

Kennzeichen: Vorderflügel dunkelbraungrau, Wurzelfeld mit bleigrauen Wellenlinien; vor und hinter der Mitte zu 2 unregelmäßigen Schrägbändern zusammengestellte, bleigraue Querlinien. Flügel-Spannweite um 12 mm. – Räupchen bräunlich; Kopfkapsel und Nackenschild schwarz. Um 8 mm.

Ökologie: befällt vornehmlich die Tanne, selten die Fichte. – Flugzeit: Juni/Juli; Falter schwärmen in den Abendstunden. Eiablage an die Knospen junger Tannen; bisher Beobachtungen über Bevorzugung 10–30jähriger Bestände, doch finden sich auch Berichte über schwere Fraßschäden in älteren Beständen (sogar in 80–120jährigen; [FRANZ, 1949]). – Räupchen fressen die Knospen aus, wandern von einer Knospe zur andern. Charakteristisches Befallskennzeichen: zwischen 2 Knospen befindet sich ein weißliches, harzgetränktes Gespinst (das außen mit Rindenabbissen ausgezeichnet getarnt ist). Räupchen dringt jeweils an der Basis der Knospe in diese ein. Von einer Knospengruppe zumeist 1 oder 2 Knospen ausgefressen, selten alle drei. Fraß auf Knospeninhalt beschränkt, so daß unbeschädigte Nachbarknospen noch austreiben können. Nach Überwinterung im Raupenstadium nimmt der Fraß im Frühjahr seinen Fortgang; die jetzt ausgehöhlten Knospen zeigen meist kein Gespinst mehr, sind aber noch kenntlich an dem basalen Einbohrloch. – Mit der letzten Aprildekade beginnt etwa das Abspinnen der verpuppungsreifen Raupen; Verpuppung in den Bodenschichten. – Vertilgerkreis: ?

Wirtschaftl. Bedeutung: in Tannenbeständen ein ausgesprochener Schädling, gefördert durch Begründung von Reinbeständen. Nach andernorts durchgeführten Feststellungen benötigt ein Räupchen zu seiner Entwicklung mindestens 4–5 Knospen. Bei Alttannen wird der mittlere Kronenbereich bevorzugt. – Schadfolgen sind abnormale Verzweigungen («Besenwuchs») und Zuwachsverlust («durch Zerstörung zukünftiger Nadeln und der für das Wachstum so wichtigen Orte pflanzlicher Wuchsstoffbildung» [FRANZ, 1949]). Fühlbarer Schaden bei gleichzeitigem Auftreten von *Chorist. murinana* (s. Seite 331), *Dreyfusia nordman.* (s. Seite 127) und Wildverbiß; somit zum Ursachenkomplex des «Tannensterbens» gehörig, denn durch den Befall des Tannenknospenwicklers wird das normale Austreiben an bereits anderweitig geschwächten Stämmen verhindert.

Schadbild verwechselbar mit Befallsbild anderer Arten; Differentialdiagnose:
Argyresthia illuminatella F. R. (Tannenknospenmotte; Argyr., Lep.): außer der Knospe wird auch der Markkanal des Triebes noch mehrminder weit ausgehöhlt; Fraßfolge: Gelbwerden der Nadeln unter der Endknospe. – Vornehmlich an jungen Stämmen im Schatten oder Halbschatten. – Siehe dazu Seite 318.
Dioryctria abietella SCHIFF. (Fichtenzapfenzünsler; Pyral., Lep. s. Seite 340): selten an Tanne; außer der Knospe wird gleichfalls der Trieb ausgefressen.

Choristoneura murinana Hbn., (Schwarzköpfiger) Tannentriebwickler; grüner Tannenwickler; Tannennadelnestwickler
[früher: *Cacoecia murinana* Hbn.]

Kennzeichen (Farbtafel 9, Abb. 52): Vorderflügel verschwommen bräunlichgrau mit vielen braunen oder schwarzbraunen Querlinien; sehr variabel gefärbt. Flügel-Spannweite bis 25 mm. – Räupchen grün, Kopfkapsel schwarz, Nackenschild braunschwarz. Um 20 mm.

Ökologie: monophag an Weißtanne; vornehmlich in den Kronen von Althölzern. – Flugzeit: Juni/Juli. – Eier werden wie Dachziegel auf einer Nadel abgelegt. – Nach etwa 10 Tagen schlüpfen Eiräupchen, häuten sich ohne vorherige Nahrungsaufnahme; Einhäuter überwintern unter Rindenschuppen des Kronenbereiches. – Nach Knospenaufbruch fertigen die Raupen ein lockeres röhrenförmiges Gespinst und verlängern dieses mit dem Wachstum des Triebes; anfangs Lochfraß in der Nadelmitte, später werden Nadeln basal abgebissen, aber nur z. T. verzehrt (oberer Teil der Nadel bleibt im Gespinst hängen). Jede Raupe benötigt für ihre Entwicklung 1–2 Maitriebe (etwa 120 Nadeln). – Verpuppung in der Krone zwischen versponnenen Nadeln, am Stamm oder in den Bodenschichten. – Vertilgerkreis: außer zahlreichen Waldvögeln als Vertilger werden Ichneumoniden, Braconiden, Chalcidoidea und Tachinen als Parasiten genannt [Zwölfer, 1956].

Wirtschaftl. Bedeutung: im allgemeinen Bestandesverderber, also in Alt- und Mittelhölzern vorkommend; bei Massenvermehrungen auch in Stangenhölzern. – Fraßfolgen: Entnadelung und Krümmung der Maitriebe, Zuwachsverlust und bei anhaltender Fraßdauer eine gewisse Empfänglichkeit für sekundäre Schadinsekten (*Pissodes piceae*, s. Seite 261, *P. curvidens*, s. Seite 290). – Auch *Chorist. murinana* mitbeteiligt am «Tannensterben» (s. Seite 330).

Tortrix viridana L., Grüner Eichenwickler

Kennzeichen (Farbtafel 10, Abb. 59/61; 63): Flügel-Spannweite bis 23 mm; durch die apfelgrün gefärbten Vorderflügel (einschließlich des Thorax) so eindeutig charakterisiert, daß kaum Verwechslungsmöglichkeiten mit anderen Lepidopterenarten gegeben sind. In der Praxis wird aber der Eichenwickler oft mit der Weidenkahneule (*Earias* [= *Halias*] *chlorana* L.) verwechselt; bei ihr Vorderflügel und Brustregion oberseits jedoch mehr mattgrün gefärbt. Hinterflügel = typisches Diffenentialmerkmal: beim Eichenwickler zartgrau, bei der Weidenkahneule dagegen ausgesprochen weißlich. – Räupchen (des Eichenwicklers): graugrün (Farbtafel 10, Abb. 62); Kopfkapsel beim Eiräupchen schwarz, später schwarzbraun, Nackenschild bräunlich oder grünlichgelb; Warzen schwarz. 18 mm.

Ökologie [Brauns, 1952]: ausgesprochenes Eicheninsekt, bevorzugt Stieleiche; bei Massenvermehrung und Nahrungsmangel aber auch Fraß der älteren Raupenstadien an zahlreichen Laubhölzern, sogar an Coniferen. –

Flugzeit etwa ab Mitte Juni; Falter schwärmen tagsüber oder während der Dämmerung in oder über den Baumkronen und halten sich sonst zwischen dem Blattwerk des Fraßbaumes der Raupen auf. Bei Übervermehrungen sitzen die Falter mit typischer, dachförmiger Flügelhaltung auch an Zweigen oder an der Borke. 5–7 Tage leben die Falter und sorgen während dieser Zeit für den Fortbestand der Art. – In der Form der Eiablage nimmt der Eichenwickler eine Sonderstellung ein: es werden jeweils 2 scheibenförmige Eier nebeneinander abgelegt; dabei überdeckt der Rand des einen Eies ein wenig den des anderen. Das Eigelege, von gummiartiger Masse eingehüllt, findet sich meist an den Zweigen, vornehmlich nahe der Blattansatzstellen oder an den Blattnarben, auch an Zweiggabelungen und durch anfliegenden Staub oder durch Algenbelag werden die Eigelege schwer auffindbar. – Überwinterung im Eistadium. – Ende April bis Mitte Mai des nächsten Jahres schlüpfen die Räupchen und schieben sich, sobald die Knospenschuppen nach der Schwellung nicht mehr so fest anliegen, unter eine Schuppe und beginnen hier mit dem Fraß. Aber schon die Einhäuter sind nicht mehr allein Knospenzerstörer, sondern befressen bereits junge Blättchen. Die Zweihäuter stellen Blattwickel her, indem sie Blätter falten und durch Gespinstfäden zusammenrollen. Fraßbild an den Blättern in verschiedener Form: Lochfraß (Abb. 596; nur vereinzelten Blattrandfraß) oder Blätter werden so stark befressen, daß nur noch Reste der Blattspreite an der starken Mittelrippe hängen. – Verpuppung (Farbtafel 10, Abb. 64): Ende Mai/Mitte Juni unter umgeschlagenem, versponnenem Blattzipfel des zuletzt befressenen Blattes. Blattwickel innen wie von einer Seidentapete ausgekleidet. Puppe schiebt sich aus diesem Blattwickel ein Stück heraus (Abb. 596). – Vertilgerkreis: die Vögel stellen ein großes Kontingent an Eichenwickler-Verfolgern; mindestens 40 Vogelarten sind beim Vernichten der verschiedenen Entwicklungsstadien beobachtet worden. – An raptorischen Arthropoden werden genannt: Raubwanzen (u. a. *Troilus luridus* F.; Pentatom., Heteroptera); Formicidae; *Calosoma sycophanta* L. und *inquisitor* L. (Carab., Col.); *Xylodr. quadripunctata* L. (Silph., Col.); «Mordraupen» (Noct., Lep., s. Seite 370) und verschiedene Spinnenarten. – Schließlich sind zahlreiche Raupenparasiten bekannt geworden aus mehreren entomophagen Insektenfamilien: Ichneumonidae (*Pimpla maculator* F., *P. quadridentata* Th. und *P. rufata* Gm. beispielsweise), Braconidae, Chalcididae (Hymenopt.) und Tachinidae (Dipt.). – Zu den Krisenfaktoren im Verlauf einer Eichenwickler-Massenvermehrung gehören weniger ungünstige Witterungsverhältnisse, die allenfalls nur kurz nach dem Schlüpfen der Räupchen sich dezimierend auswirken können, als vielmehr diese große Schar von Feinden.

Wirtschaftl. Bedeutung [Hertz-Kleptow, Krahl-Urban und Schwerdtfeger, 1949]: liegt vor allem in dem chronischen Schadauftreten in Eichenbeständen. Westfalen wird im nordwestdeutschen Raum vielfach als die klassische Gegend für Eichenwicklerfraß bezeichnet; doch darf nicht vergessen werden, daß er nicht allein auf dies Landschaftsgebiet beschränkt ist, sondern daß sich die Verbreitung von *Tortrix viridana* durch ganz Mitteleuropa erstreckt. Angaben über die Schäden in Westfalen und in den angrenzenden Gebieten besagen, daß von rund 100000 ha Eichenfläche etwa 50000 ha laufend durch Fraß des Eichenwicklers geschädigt werden. Infolge einer großen Reproduktionsfähigkeit der Eiche tritt als erste Fraßfolge eine Verfrühung des Johannistriebs ein, die als weitere Folge dann die Verringerung des Zuwachses hat. Neuerdings scheint dieser bisher regulierende Faktor auszubleiben; Gründe können dafür noch nicht angegeben werden. – Es hat sich gezeigt, daß bei einer radikalen Laubverbrennung mit einem chemischen Insectizid, die einem totalen Kahlfraß gleich sein würde, etwa die fünffache Blattmasse ausgetrieben wird; damit ist naturgemäß ein erheblicher Zuwachsverlust verbunden. Auf der eben genannten Schadfläche wird der Zuwachsverlauf auf 1,5 fm je ha und Jahr geschätzt, das sind jährlich immerhin 75 000 fm. Außerdem dürften als Schadfolgen u. a. genannt werden: Ausfall der Mast, Erschwerung der Verjüngung usf. – In epidemiologischer Hinsicht ist wichtig, daß wir es bei dem grünen Eichenwickler mit einem ausgesprochen hartnäckigen Schadinsekt zu tun haben, dessen Gradationen von unterschiedlicher Dauer sind. Weiterhin bedeutungsvoll, daß selbst auf fast fraßlose Jahre bald schon wieder ein Kahlfraßjahr folgen kann; es zeigt *Tortrix viridana* mithin keinen ausgesprochenen Massenwechsel. – Das Schadauftreten des Eichenwicklers in seinen Auswirkungen und in dem Versuch, wirksame und langanhaltende Gegenmaßnahmen anzusetzen, stellt schon ein «forstpahologisches Problem» dar, so daß ohne weiteres von einer «Eichenwicklerfrage» gesprochen werden kann. Dabei fällt beim Überblick der bionomischen Daten vor allem auf, daß sich die Entwicklung des grünen Eichenwicklers in einem Zeitraum von rund 3 Monaten abspielt; während der übrigen Zeit des Jahres befindet sich der Schädling im schwer angreifbaren Eistadium. Die Schwierigkeiten von chemischen Bekämpfungsmaßnahmen sind im übrigen auch deshalb nicht zu unterschätzen, weil Begiftungen unter Umständen viel zu häufig wiederholt werden müssen (vgl. die epidemiologischen Erscheinungen) und damit wirtschaftlich nicht tragbar erscheinen. Andererseits ist folgende Beobachtung interessant: mancherorts werden spätaustreibende Eichen aufgefunden, die sich als «wicklerfest» erweisen; bei den Spätaustreibern können sich die Eiräupchen des Eichenwicklers nicht unter die Knospenschuppen schieben, da die Knospen zur Schlüpfzeit noch vollkommen geschlossen sind. Die wicklerfesten Eichen sollen jugoslawischer Herkunft sein; gerade bei dieser «Provenienzfrage» sind jedoch wieder recht unterschiedliche Meinungen geäußert worden, die die Frage der Rassenherkunft der wicklerfesten Eichen einer einheitlichen Lösung bisher nicht nähergebracht haben. – Wie verzahnt die Eichenwicklerfrage oft mit den waldbaulichen Verhältnissen ist, läßt sich an folgendem Beispiel eindeutig aufzeigen: im Jahre 1942 wurde eine sehr starke Vermehrung von *Tortrix viridana* im thüringischen Forstamt Wilchwitz-Kraschwitz festgestellt, nachdem der Schädling schon seit mehreren Jahren chronisch im ganzen Revier gefressen hatte. Das Revier stockt auf Lößboden und war Anfang des 19. Jahrhunderts mit Eichenmischwald bestanden;

Hainbuche, Linde und Birke kamen als Mischhölzer vor; auch Rotbuche (jedoch nicht standortsgemäß) war vorhanden. Das Revier wurde sodann auf einen Fichtenanbau umgestellt. In der ersten Generation leistete die Fichte beträchtliches, hatte aber eine sichtbare Bodenverschlechterung zur Folge. In der 2. Generation wird sie in zunehmendem Maße von der kleinen Fichten-blattwespe (*Pristiphora abietina* CHRIST) befallen. Schon lange vor Beginn des 20. Jahrhunderts erkannte man die Gefahr und versuchte eine stärkere Ein-bringung von Laubhölzern. Damals begründete man weitständige Eichenhei-sterpflanzungen auf ca. 300 ha, allerdings ohne Beachtung der Herkunft. Da nun die Provenienzfrage nicht beachtet war und anscheinend anfällige Rassen erzogen wurden, zeigte 1942 bereits das ganze Revier einen sehr starken Eichenwickler-Befall, selbst die ältesten Eichen, deren Erhaltung als Samen-bäume eine waldbauliche Notwendigkeit war, wurden vom Eichenwickler befallen. – Nicht zuletzt ist *Tortrix viridana* an der Kettenkrankheit des «Eichensterbens» beteiligt. Solche Kettenkrankheiten sind vielfach nicht leicht zu diagnostizieren, da häufig die Erscheinungen erst in den letzten Gliedern beobachtet werden, wenn die Primärursache (die ursprünglich die ganze Krankheitsfolge ausgelöst hat) schon längst nicht mehr erkennbar ist. So kann beim Eichensterben die Kettenkrankheit beginnen mit Spätfrost; es folgen Eichenwickler- und Frostspannerfraß (s. Seite 358); das schließlich noch ausgetriebene Laub wird befallen vom Eichen-Mehltau (*Microsphaera quer-cina* FOEX; Erysiphaceae, Pyrenomycetes); die damit sehr geschwächten Stämme werden schließlich zum Absterben gebracht durch Hallimasch (*Armillaria mellea* (VAHL) SACC. [Agaricaceae, Basidiomycetes]) und durch Rindenpilze (Thelephoraceae, Basidiom.), u. a. *Corticium quercinum* P., *Stereum hirsutum* (WILLD.) FR., *St. frustulosum* (P.) FR. und *St. rugosum* P.

Bucheckern- und Eichel-Schädlinge:

In guten Samenjahren zeigen manche Bucheckern und Eicheln das Ausbohr-loch der sich in ihnen entwickelnden und dann im Boden verpuppenden Räupchen der Buchel- und Eichel-Wickler, von denen vor allem folgende häufigeren Arten in Frage kommen können (vgl. Seite 255 [Rüßler-Larven meist ohne Extremitäten, nur mit Wülsten!]):

Cydia amplana Hb. (Haselnußwickler):
Räupchen ziegelrot; Kopfkapsel braungelb. Polyphag, auch in Eicheln. – Bis Oktober. – Oft 2jährige Generation.

Cydia fagiglandana Z. (Buchenwickler):
Räupchen weißlich; Kopfkapsel hellbraun, Segmente jeweils mit karmin-rotem Sattel. – In Bucheckern (auch in Haselnüssen; befallene Früchte frühzeitig abfallend). – August/September.

Cydia splendana Hb. (Eichelwickler, Kastanienwickler):

Räupchen weißlich mit gleichgefärbten Warzen; Kopfkapsel blaßbraun. – In Eicheln (befallene Früchte fallen früh ab) und in Kastanien (gelegentl. in Walnüssen). – August/Oktober.

Cossidae, Holzbohrer

Kennzeichen, Ökologie und wirtschaftl. Bedeutung: Erinnern im Habitus an Spinner, sind aber Riesenformen der «Microlepidoptera» (Raupen mit gutentwickelten abdominalen Kranzfüßen). – In ihrer Lebensweise ähneln sie den Sesiidae; Holzbohrer-Raupen mit auffallend kräftigen Mandibeln, leben in den Stämmen verschiedener Laubbäume. Infolgedessen ist diese Familie den physiologischen und technischen Schädlingen unter den Schadinsekten zuzurechnen. – Puppen sind «Pupae semiliberae» (s. Seite 782) und sind mit Stacheln an den Segmenten ausgestattet, mit denen sie sich vor dem Schlüpfen des Falters (dessen Rüssel und Taster verkümmert sind) aus ihren «Wohnungen» herausarbeiten.

Familie charakterisiert durch zwei beachtenswerte Arten:

Cossus cossus L., Weidenbohrer

Kennzeichen (Abb. 597): Vorderflügel dunkelbraungrau mit unregelmäßigen schwärzlichen Querlinien; äußerer Teil der Flügel mit netzartiger Zeichnung, besonders auf den Hinterflügeln; sonst Vorder- und Hinterflügel in der Farbtönung gleich gehalten. Falter starkleibig, träge; Flügelspannweite bis 12 cm (♀ bedeutend größer als ♂). Falter an Stämmen mit rissiger Borke selbst bei Tage kaum zu erkennen; zumeist an Stammbasis in typischer Haltung: Vorderkörper etwas aufgerichtet, Flügelhaltung breit dachförmig, auf die Ränder der Flügel sich stützend. – Eiräupchen zumeist hellrot, Kopfkapsel und Nackenschild schwarz. Erwachsene Raupe unterseits gelbrot, oberseits dunkelrotbraun bis violett gefärbt; Kopfkapsel glänzend schwarz mit 2 kräftigen zangenartigen Kiefern. Nackenschild mit 2 schwarzen Flecken, sonst gelblich. Oben und an den Flanken ist die Raupe mit einzelnen grauen Haaren besetzt. Weibliche Raupe wird bis 10 cm lang, fingerdick (Abb. 1046 u. 1047). Raupen mit intensivem Holzessig-Geruch.

Ökologie [SCHOLLES, 1954]: Flugzeit: Juni/August. – Eiablage: bis zu 2000 milchweiße Eier werden meist in Gelegen von 15–20 Stück in Rindenritzen am unteren Stammteil abgelegt. – Die nach etwa 14 Tagen erscheinenden Eiräupchen plätzen gesellig unter der Rinde und überwintern dort. Im darauffolgenden Frühjahr treiben die Raupen einzeln einen aufsteigenden Gang; dabei werden Nagespäne und Exkremente zu einer unteren Öffnung aus den Gängen herausgeschafft. Gelegentlich in flachstreichenden Wurzeln, dann hat der Bohrgang «absteigende Tendenz». Bis zum Herbst hat die Raupe ihre Größe erreicht. Im 3. Jahr nur noch geringe Fraßtätigkeit, bohrt in

Rindennähe eine länglich-ovale Puppenwiege und von hier einen Gang durch die Rinde nach außen. Das spätere Flugloch wird mit Rindenstückchen und Genagsel wieder verschlossen. – Verpuppungsreife Raupe fertigt mit Hilfe einer Spinndrüse (an der Kopfunterseite gelegen) einen festen, mit Holzspänen bedeckten Kokon, aus dem sich die Puppe kurz vor dem Schlüpfen und nach einer etwa 2–4 Wochen anhaltenden Puppenruhe... «mittels der gegen die Gespinstwand angestemmten Hinterleibsstacheln...» etwas herausschiebt. Gelegentlich Verpuppung in den Bodenschichten. – Zu ihrer vollen Entwicklung brauchen die Raupen 3 (bis 4) Jahre, überdauern also im larvalen Stadium mindestens 2 Winter. – Vertilgerkreis: Feinde der nachts schwärmenden Falter sind Nachtschwalben, Eulen, aber auch Fledermäuse; Spechte dezimieren die Raupen; Eier werden von Meisen gefunden. – An Parasiten sind einige Tachinen- und Ichneumoniden-Arten beobachtet worden. Mitunter auch eine Mykose, hervorgerufen durch *Spicaria cossus* PETSCH (Hyphomycetes), festgestellt. Besonders eigenartig der ausgesprochene Kannibalismus beim Antreffen von Artgenossen. – Befallen werden viele unserer Laubhölzer, vor allem Weide, Pappel, Kastanie und Erle, aber auch Buche, Ulme, Linde, Ahorn, Birke, Eiche, Esche und schließlich Apfel, Birne und Kirsche; die Art ist mithin wenig wählerisch.

Wirtschaftl. Bedeutung: im geschlossenen Bestande im allgemeinen weniger gegeben als in Alleen, Parken und Gärten, wo neben Zierbäumen häufig Obstbäume von den *Cossus*-Raupen erledigt werden. Durch die in der Kambialzone angelegten Bohrgänge wird die Wasserversorgung der Bäume unterbrochen. In Baumschulen kann die Weidenbohrer-Raupe dadurch auch junge Bäume in ihrem Wachstum sehr beeinträchtigen; besetzte Pflanzen werden dann leicht vom Wind gebrochen. Bei zu schwachem Material wandern die Raupen aus und bohren sich neu ein. In älteren Stämmen ist der Weidenbohrer vor allem technisch schädlich, da die Raupen anfangs gesellig vorkommen und bis zu 200 Exemplare oder sogar noch mehr in einem Stamm aufgefunden werden können. Erkennungsmerkmale des Befalls sind unterschiedlicher Art; leider läßt sich ein junger Befall von außen fast niemals erkennen. Die Eier werden selten entdeckt. Weit eher werden das nach außen gedrückte Genagsel und die geformten Exkremente aufgefunden, die sich an der Stammbasis um ein großes Einbohrloch ansammeln. Weiterhin charakteristisch: Holzessiggeruch der Raupe; ovale, glattrandige Fluglöcher von 10–15 mm Durchmesser; Bohrgänge können sich stellenweise flächig erweitern bis auf 80 mm und zeigen eine rötliche, später blauschwarz werdende Verfärbung (auch des sie umgebenden Holzes). Zumeist wird der Befall zu spät bemerkt, etwa an verringertem Laubbesatz oder am Kahlbleiben der Äste im Frühjahr. Häufig tritt etwaiger Schaden an älteren Stämmen erst zutage, wenn Äste oder ganze Stämme durch Sturm gebrochen werden. – Differentialdiagnose bei Befall durch verschiedene Cerambycidae (u. a. *Saperda carcharias*, s. Seite 246): Fehlen der Kotkrümel und des Essiggeruches; bei Befall mit Sesienraupen (s. auch Seite 319): Fehlen des Geruches. – Außer im Freilande gelegentlich sogar in verbautem Holz noch schädigend; mit ihren kräftigen Mandibeln vermögen die Raupen sogar Bleiplatten zu durchnagen (vgl. Seite 160).

Zeuzera pyrina L., Blausieb; Roßkastanienbohrer

Kennzeichen (Abb. 598): Thorax und Flügel weiß mit stahlblauen Punkten; ♀ bedeutend größer als ♂, mit langer Legeröhre. Flügel-Spannweite beim ♀: bis 7 cm, beim ♂: um 5 cm. – Raupe (Abb. 599) hellgelblich mit schwarzen, je ein Chitinhaar tragenden Warzen auf dem 2.–11. Körperring; Kopfkapsel und Nackenschild dunkelbraun; auf dem letzten Segment 2 dunkle Chitinschilder. Abdominale Kranzfüßchen. Körperlänge etwa 5 cm.

Ökologie: Flugzeit: Juli. – Eier werden von den meist nachts fliegenden Imagines an jüngere Stämme gelegt und zwar vorwiegend an Blattstiele, in die Blattstielwinkel oder auf Knospen. – Nach anfänglichem zunächst unauffälligem Fraß im Mark der Zweige gehen die Raupen in andere Baumteile über, zuerst unter der Rinde plätzend, dann sich einbohrend in den Stamm oder bei älteren Bäumen in der Ast- und Zweigregion; der aufsteigende Fraßgang in Faserrichtung des Holzes bis 20 cm lang. – Zweimalige Überwinterung und erst im Frühjahr des 3. Kalenderjahres Verpuppung in der Nähe der am oberen Rand des Plätzefraßes befindlichen Kotauswurföffnung, die während der Larvalzeit mit einem Gespinst verschlossen ist und nur von Zeit zu Zeit eröffnet wird zur Hinausbeförderung der Exkremente und der Nagespäne. Die verpuppungsreife Raupe verschließt diese Öffnung mit Genagsel; die Puppe schiebt sich vor dem Schlüpfakt des Falters aus diesem Genagsel etwas heraus. – Vertilgerkreis: außer großer Buntspecht nur wenige Feinde (vor allem auch nur eine geringe Anzahl von Parasiten) bekanntgeworden.

Wirtschaftl. Bedeutung: ist größer als bei dem Weidenbohrer, da *Zeuzera pyrina* besonders in Heisterpflanzungen oder in Baumschulen und Pflanzgärten schädigend auftreten kann. Raupe des Blausiebs noch polyphager als Weidenbohrer-Raupe, fast alle Laubhölzer annehmend (dabei Birken, Eschen, Buchen anscheinend bevorzugend). Bedeutender Schaden kann auch im Obstbau (Abb. 600) angerichtet werden. – Bei Befall von älteren Stämmen werden diese technisch entwertet, weniger physiologisch geschädigt. – Erkennungsmerkmale eines Befalles: Gänge stets frei von Genagsel und Exkrementen (vgl. dazu Seiten 160 u. 246).

Zygaenoidea

Auffallende larvale und pupale Kennzeichen: Raupen ohne Abdominalextremitäten oder mit Klammerfüßen; Puppen mit freibeweglichen Abdominalsegmenten und mit Dornenreihen, mit denen sie sich vor dem Entlassen des Falters aus dem Kokon teilweise hervorschieben.

Cochlidiidae (Limacodidae); Schildmotten, Schneckenspinner

Vergleichend-morphologisch insofern interessant, weil die Raupe der in der Waldbiozönose häufigsten Art ausgesprochen nacktschneckenähnlich ist und dadurch nicht selten mit anderen Larvalformen verwechselt werden kann:

Apodes limacodes Hfn. (Große Schildmotte): Raupe (Abb. 601) gelbgrün, mit weißen und gelblichen glänzenden Knopfwarzen in 3 Dorsalstreifen; Flanken kantig abgeschrägt, mit gelben und roten Punkten; Stigmen schwarz mit weißem Saum; Kopfkapsel braun. Bauchfüßchen zu Längswülsten umgebildet, mit denen sich die Raupen schneckenartig weiterbewegen (daher d. Gattungsname «Apoda»). – Bis 18 mm.

Ökologie: Raupen im September/Oktober phyllophag, vornehmlich an Buche und Eiche, aber auch an Weiß- und Schwarzdorn, Nußbaum, Kastanie. Fraßbild dem Nonnenfraß an Blättern nicht unähnlich. – Die verpuppungsreifen Raupen fallen auf die Streuschicht und spinnen zwischen den Blättern in der Förna einen tönnchenartigen Kokon, in dem sie den Winter überdauern und sich erst im folgenden Frühjahr verpuppen. Beim Ausschlüpfen öffnet sich der Kokon in Form eines Deckels. – Vertilgerkreis: Feinde? Als Parasit bisher eine Ichneumonide beobachtet.

Differentialdiagnose:

Caliroa annulipes Klg. (Tenthredinid.; Hymenopt.); Blattwespen-Afterraupe. – Skelettierfraß an den Blättern der Fraßpflanze (s. Seite 154).

Platycampus luridiventris Fall. (Tenthr.; Hym.); asselförmige Blattwespe; hellgrün mit schwarzen Dorsalflecken, Kopfkapsel rostbraun. – Lochfraß, vornehmlich an Schwarz- und Grauerle (s. Seite 154).

Epistrophe bifasciata Fabr. (Syrph.; Dipt.); s. Seite 433. – Ab Mitte Juni an Waldrändern in den Bodenschichten als Diapauselarven anzutreffen, die aber, ohne einen Kokon zu spinnen, den Winter überdauern.

Zygaenidae (Anthroceridae), Blutströpfchen; Widderchen

Die kleinen Falter zeigen meist als auffallendes Merkmal einen metallischen Glanz ihrer Vorderflügel, die außerdem wie auch die Hinterflügel oft grellrote Farbzeichnungen aufweisen. Falter zumeist zu mehreren träge auf Blüten; bei Berührung stellen sie sich tot und sondern «Blutströpfchen» ab. – Raupen farbig, mit Klammerfüßchen und Nachschiebern vorwiegend auf Papilionaceen (nur einige Arten als Eiräupchen Minierer), überwintern, setzen Fraß im nächsten Frühjahr fort, erklettern einen Pflanzenstengel und verpuppen sich in seidenglänzenden, weißen oder gelben Kokons. Biotop: Lichtungen, Waldwiesen (besonders gern auf Bergwiesen).

Charakterart: Zygaena lonicerae Scheven; Raupe gelblich oder grünlich, mit weißer Dorsallinie und 2 Reihen schwarzer Dorsalflecken; Fraßpflanzen: Klee-Arten (u. a. auf *Trifolium alpestre* L., Waldklee; dieser an Abhängen, auf trockenen Laubwald-Plätzen, im NW selten) und auf Wicken-Arten (an *Vicia* *sepium* L., Zaunwicke); bis Juni. – Puppenkokon länglich kahnförmig, hellgelb. – Falter ab Ende Juni häufig auf Waldlichtungen; Flügel-Spannweite fast 40 mm.

Freiland-Differentialdiagnose: ähnliche Falterform im Habitus und in der Farbigkeit der Flügel bei den Syntomidae. Charakterart in der Waldbiozönose, aber im anderen Biotop vorkommend (s. Seite 368).

Pyraloidea

Diese Familiengruppe im wesentlichen durch die Familie der Zünsler charakterisiert. Raupen besitzen Bauchfüßchen mit mehrminder geschlossenen Hakenkränzen. Puppen mit verklebten Körperanhängen, zumeist ohne Dornen (schieben sich daher vor dem Schlüpfen des Falters nicht aus der Puppenwiege heraus).

Pyralidae (= Phycitidae), Zünsler

Gut gekennzeichnet durch die länglich dreieckigen Vorder- und die breit dreieckigen Hinterflügel. Sexualdimorphismus vorkommend; während Flügel gelegentlich beim ♀ reduziert sind, Fühler beim ♀ einfach, beim ♂ dagegen vielfach mehr oder weniger bewimpert. – Bei den Faltern herrschen graue, bräunliche und rostgelbe Farben vor. – Raupen meist in Gespinstgängen an Pflanzen (oder in Vorräten), auch in Bienen- und Wespenbauten. – In dieser Familie unscheinbare Arten, die aber wirtschaftlich von besonderer Bedeutung sind, etwa *Achroia grisella* L. (kleine Wachsmotte) und *Galleria mellonella* L. (große Wachsmotte; auch «Bienenwolf» genannt. Vgl. dazu aber gleichfalls S. 192 u. 216). Die Larven beider Wachsmotten («Rankmaden») als Schädlinge in Bienenstöcken vorkommend. Hierher gehörig weiterhin die Mehlmotte (*Ephestia kuehniella* ZELLER), die als leicht züchtbare Art sehr häufig zu genetischen Untersuchungen herangezogen wird – oder unter den freilebenden Arten der Kohlzünsler (*Evergestis forficalis* L.), der Maiszünsler (*Ostrinia nubilalis* Hb.) und im Rübenanbau der Rübenzünsler (*Margaritia sticticalis* L.) und der «Rübensaatpfeifer» (*Evergestis extimalis* SCOP.).

Die **Grasmotten (Crambus spec.)** richten in. Nordamerika beträchtliche Schäden an. Auf Waldwiesen oder an Waldrändern werden auch im heimischen Faunengebiet (außer auf sonstigem Grünland) diese Formen leicht aufgescheucht. **Feldkennzeichen:** Falter (Abb. 602/603) setzen sich bald wieder an einen Grashalm, mit dem Kopf nach unten, rollen die Flügel um den Körper und strecken die Palpen vor. Gesicht vielfach mit hornigem Vorsprung. – Raupen rhizophag auf grasigen Flächen in der obersten Bodenschicht, spinnen Röhren (in denen Grasstückchen und Bodenkrümel mit eingesponnen sind) und fressen nachts in der unteren Krautschicht an oberirdischen Pflanzenteilen.

Charakterart: Agriphila straminella D. & Schiff. (= Crambus culmellus

L.): Imago ockergelb, Rand des Vorderflügels schwärzlich. Juni/August; häufig an *Festuca gigantea* VILL., Riesenschwingel (Gramineae) in Laubwäldern.

Forstliche Arten: *Hyphantidium terebrellum* (= *Assara terebrella*) ZCK., Tannen-zapfenzünsler und *Ephestia elutella* HB., Kiefernsamenzünsler.

Dioryctria splendidella H.-S., Kiefernharzbeulenzünsler

Vorkommen und wirtschaftl. Bedeutung: an verschiedensten Kiefern-Arten, vorwiegend an *Pinus silvestris* L. und *Pinus strobus* L.; gelegentlich an der Fichte. – Räupchen lebt in unregelmäßigem Platzgang zwischen Rinde und Splint, besonders sekundär in Kienzöpfen, die durch den Kiefernrindenblasen-rost (einen Basidiomyceten) hervorgerufen werden oder an vom Hallimasch befallenen Stammanläufen von Kiefern. Die oft trichterförmigen Harzaus-flüsse mit braunen Kotkrümeln durchsetzt, ähneln manchen Harztrichtern von *Dendroctonus micans* KUG. (Scol., Col.; s. Seite 283); Differentialmerkmal (nur nach dem bzw. kurz vor dem Ausflug des Zünslers gültig): bis 4 mm großes Flugloch, das die verpuppungsreife Raupe schon anfertigt und mit seidenartigem Gespinst verschließt. – Fraßgang innen verschieden stark mit seidenpapierähnlichem Gespinst ausgekleidet. – Der Befall von Eiräupchen, der sich gerade im Austreten von Kotkrümeln zeigt (ohne daß schon Harzfluß auftritt), läßt dunkelbraune Kotkrümel erkennen (im Gegensatz zu etwaigem Befall mit *D. abietella* [siehe nachfolgend]). – Auch in alten Harzgallen von *Retinia resinella* L. (Tortricidae; s. Seite 324) aufgefunden. – *D. splendidella* kommt gelegentlich an den verharzten Rotwild-Schälstellen an Fichte vor (vgl. Abb. 265) und verhindert hier bis zu einem gewissen Grade den Heilungsprozeß. – Vertilgerkreis: *Pimpla examinator* F. und *P. inquisitor* SCOP. als entomophage Ichneumoniden beobachtet. Außerdem parasitiert *Actia (Gymnopareia) pilipennis* FALL. (Tachinid., Dipt.) die Zünslerraupe; dabei ist bemerkenswert, daß tachinierte *splendidella*-Raupen das Flugloch noch anfertigen, aber es nicht mit dem seidenartigen Gespinst verschließen.

Kennzeichen der Raupe: da diese erwachsen in der Puppenwiege über-wintert und sich erst im nächsten Frühjahr ohne nochmaligen Fraß am Fraßort verpuppt, seien ihre Charaktermerkmale gesondert aufgeführt: Raupe rosa oder grünlich, grauschimmernd; Kopfkapsel schwarzbraun, gleichfalls die haartragenden, großen Punktwarzen.

Dioryctria abietella Den. et Schiff., Fichtenzapfenzünsler
Fichtentriebzünsler (Abb. 577)

Vorkommen und wirtschaftl. Bedeutung: besonders auffällig ist die ausge-sprochen polyphage Lebensweise. – 1. Zunächst wirtschaftlich bedeutungsvoll ist der Fraß in Wipfeltrieben junger Fichten in Kulturen und Stangenhölzern; Fraßfolge: der Endtrieb vertrocknet, schrumpft, bräunt und krümmt sich. Fraßrichtung: zumeist von der Spitze nach unten; doch auch Fraß spitzenwärts beobachtet, wo dann die Kotkrümel unten durch ein Loch ausgeworfen werden. Dieser Triebfraß nicht allein auf Fichte beschränkt, auch bei anderen Nadelhölzern festzustellen (u. a. bei Kiefer [Abb. 578, 581], Tanne und Lärche). – 2. Wirtschaftlich auch beachtenswert ist der Raupenfraß in Zapfen, da dadurch die Samenernte geschädigt wird. In den noch grünen Zapfen werden die Samen befressen und die Schuppen benagt, oft beiderseits der Mittelrippe von der Basis her («ankerförmiges» Fraßbild; Abb. 590/591). Die Zapfenspindel wird nicht angegangen. **Differentialdiagnose** ähnlicher Fraßbeschädigungen: s. Seite 327. – Fraßfolgen: zeitige Schuppenbräunung, Austritt von Kotkrümeln und Harztröpfchen, Krümmung und zeitiges Abfallen des Zapfens. – Raupe geht dann zur Verpuppung in die Bodenschicht, überwintert zuvor in einem Gespinst und verpuppt sich erst im nächsten Frühjahr. – Außer in Fichtenzapfen auch in Zapfen der Kiefer, Lärche, Weißtanne und der *Abies nordmanniana* Lk. aufgefunden. – 3. Gelegentlich in frischen Gallen (Abb. 207) von *Sacch. viridis* Ratz. (Chermesid., Aphidina; s. S. 130) vorkommend; Fundzeit: Juli/September. – 4. *abietella*-Raupen auch in verharzten Stammteilen aufgefunden, mitunter mit *Dioryctria splendidella* zusammen. Der Befall durch den Fichtentriebzünsler zeigt aber nicht die bei *splendidella* so charakteristischen Harzflüsse und braunrote Kotkrümel (s. Seite 340). – Vertilgerkreis: umschließt die gleichen parasitischen Arten wie bei ihrer Verwandten; außer der *Actia*-Tachine ist noch eine *Digonochaeta* spec. gezogen worden.

Kennzeichen der Raupe (Abb. 579, 580): wesentlich bei Vergesellschaftung mit der anderen Art (etwa an pilzkranken Stellen): Raupe deutlich längsgestreift, jederseits des dunklen Medianstreifens ein heller Längsstreif, sonst dunkelrotbraun gefärbt. Kopfkapsel und Nackenschild dunkel, aber schwachchitinisierte Warzen hell.

Pterophoridae, Federmotten; Federgeistchen

Wirtschaftlich völlig indifferent, sind die Angehörigen dieser Familie im Habitus so auffällig, daß sie trotz selteneren Vorkommens in der Waldbiozönose zumindest erwähnt werden sollen. – Vorderflügel zumeist in 2, Hinterflügel in 3 oder 4 «Federn» gespalten; die Tiefe der Spaltung unterschiedlich. – Am bekanntesten die als Imago seidenglänzend schneeweiße Art *Pterophorus* (= *Alucita*) *pentadactylus* L., deren Raupe an Winde und Klee-Arten frißt und überwintert (Fundort: Äcker und Wegränder; Okt. bis Mai). – In Nadelholzbeständen u. a. an Hasenlattich (*Prenanthes purpurea* L., Composit.) im Mai/Juni die Raupen von *Pselnophorus heterodactylus* Müller, deren Vorderflügel nicht bis zur Mitte gespalten sind. Schadbild der Raupen: Lochfraß.

Alucitidae, Geistchen

[früher: Orneodidae; Gattg. *Orneodes*]

Im Habitus den Federmotten außerordentlich ähnlich, mit ihnen aber nicht verwandt, den Pyralidae näher stehend. Vorder- und Hinterflügel gewöhnlich je 6federig. – **Charakterart:** *Alucita hexadactyla* L. (Geißblattgeistchen); Falter gelbbraun, Räupchen gelb, endophag in den Blütenknospen der Heckenkirsche (Geißblatt; *Lonicera*); Biotop: Waldränder. – Wirtschaftl. Bedeutung: indifferent.

Alle weiteren Familien bildeten früher das Hauptkontingent der «Großschmetterlinge» (Macrolepidoptera).

Macrofrenatae

Feldkennzeichen: Fühler fast nie mit deutlicher Endkeule; in diese Familiengruppe fast alle «Nachtfalter» und Schwärmer gehörig. – Die früher vornehmlich auf Grund der Lebensweise durchgeführte Aufteilung der Macrolepidoptera in Nacht- und Tagfalter ist systematisch unhaltbar, da unter den angeblichen Tagfaltern manche Arten nur in den Dämmerungs- und während der Nachtstunden fliegen und andererseits gibt es unter den angeblichen Nachtfaltern viele, die am Tage fliegen, so u. a. viele Eulen. Interessant ist freilich die Erscheinung, daß fast alle am Tage fliegenden Falter mehrminder lebhaft gefärbte Flügel besitzen (und das trifft gleichfalls zu auf die zur alten Gruppe der Nachtfalter gehörigen Imagines, die bei Tage fliegen [*Eudia pavonia* L., ♂; s. S. 349]), während die Nachtschmetterlinge düsterer, einfarbiger sind. – Raupen der Macrofrenatae fast immer mit Klammerfüßchen (Abb. 520). – Puppen ohne Dornen (Ausnahme: Endromididae).

Endromididae; Frühlings-, Birkenspinner, Scheckflügel

Familiencharaktere in der Beschreibung der einzigen Art:

Endromis versicolora L.; Birkenspinner, Scheckflügel

Kennzeichen: braun und weiß gescheckt; Flügel mit großen braunen Zackenflecken; Vorderflügel in der Mitte mit schwarzem V-förmigem Winkelhaken. – Flügel-Spannweite: ca. $5\frac{1}{2}$ cm (♂); ca. 8 cm (♀). – Rüssel kurz, rudimentär. – Deutliche Sexualunterschiede: ♂ kleiner, Hinterflügel mit rostroter Grundfarbe; ♀ größer, beim Hinterflügel weiße Grundfarbe vorherrschend. – Raupe 16füßig; Eiräupchen schwarz mit behaarten Tuberkeln, erwachsen hellgrün mit thorakalen, weißlichen Subdorsal- und Seitenstreifen und mit abdominalen weißen Schrägstrichen. Stigmen weiß, schwarz gerandet. Am Hinterende mit spitzem Höcker.

Ökologie: Flugzeit: März/April; Falter fliegt bei Tage. – Raupe im Mai/Juni auf Birke, seltener auf Hainbuche, Erle, Hasel. – Puppe überwintert 2mal; Verpuppung im losen Gespinst in der Streuschicht.

Wirtschaftl. Bedeutung: indifferent.

Lasiocampidae, Glucken; Wollraupenspinner

Kennzeichen, Ökologie und wirtschaftl. Bedeutung: die deutsche Bezeichnung «Glucken» bezieht sich auf die Flügelhaltung: die Falter fliegen vorwiegend bei Nacht und sitzen bei Tage mit steil dachförmig gehaltenen Flügeln (dabei tritt das Vorderrandfeld der Hinterflügel bisweilen vor die Vorderflügel), wie eine «Hühnerglucke» auf ihren Eiern oder über den Küken sitzt. – Körper plump; Hinterleib des ♀ zuweilen mit Afterwolle, überhaupt Körper mehrminder stark behaart (Schenkel, Schienen, selbst die Augen, die selten nackt sind). – Fühler des ♂ doppelkammzähnig bis zur Spitze des ♀ verschieden gestaltet. – Raupen pelzig behaart (charakteristisch seitlich nach abwärts gerichtete Haarbüschel!), häufig mit «Spiegelflecken» (lebhaft gefärbte Querwülste) auf dem meso- und metathorakalen Segment. – Raupen freilebend auf Laub- und Nadelholz, dadurch teilweise stark schädigend; auf niederen Pflanzen selten. – Verpuppung in einem aus Gespinst und Haaren gefertigten Kokon. Mumienpuppen plump, liegen oft mehrere Jahre.

In der Waldbiozönose folgende forstlich bedeutsamen oder auffälligen Arten:

Malacosoma neustria L., Ringelspinner

Kennzeichen (Abb. 604): in der Färbung sehr variabel. Vorderflügel gelblich mit 2 dunklen Querstreifen bis rotbraun mit 2 hellen Querstreifen; Mittelraum zwischen den Querstreifen zumeist dunkel. ♀ deutlich größer als ♂. Flügel-Spannweite bis etwa 35 mm. – Raupen infolge ihrer auffallenden Färbung «Livreeraupen» genannt; Kopfkapsel blaugrau, Körper mit weißer Rückenlinie und blauem Seitenstreifen, zwischen ihnen rostrote Färbung mit schwarzer Strichelung; dünn und weich braun behaart. Etwa bis 50 mm.

Ökologie und wirtschaftl. Bedeutung: von Ende Juni ab auftretend. – Eiablage in einer festen Spirale (Abb. 605) rings um einen schwächeren Zweig (Vulgärname). – Eier überwintern. – Raupen leben im nächsten Frühjahr anfangs gesellig, vor allem an Eiche, und fertigen ein flaches, festes Gespinst (gern in Astgabeln), von dem aus sie die benachbarten Zweige kahlfressen und auf dem sie gern in einem «Spiegel» sitzend sich sonnen. Erst die Dreihäuter geben das gesellige Leben miteinander auf. – Als Bestandesschädling an Laubholz auftretend, zeitweise massenhaft, auch starker Fraß an Obstbäumen. – Vertilgerkreis: *Pimpla examinator* F. (Ichneum., Hym.) u.a. Puppenparasit beim Ringelspinner.

Als Falter vielleicht verwechselbar mit

Macrothylacia rubi L., Brombeerspinner

Differentialdiagnose: zwischen den beiden weißen Querlinien des Vorderflügels kein dunkleres Mittelfeld. Wesentlich größere Art; Flügel-Spannweite
bis 50 mm. – Raupe grundsätzlich anders gefärbt: erwachsen samtartig braun,
seitlich schwärzlich, mit schwarzblauen Segmenteinschnitten, an den hinteren
Segmenträndern mit orangegelben Punkten. – Ökologie: von Juli bis Herbst
auf Brombeere, Heide, aber auch auf Laubholz. – Reife Raupe überwintert.

Eriogaster lanestris L., Wollafter; Birkennestspinner

Kennzeichen (Abb. 606): Vorderflügel dunkelrostbraun, mit weißem Schul-
ter- (= Wurzel-) und Mittelfleck, mit weißlichem geschwungenen äußeren
Querstreifen; Hinterflügel braungrau mit weißlichem Mittelstreifen. Flügel-
Spannweite etwa 35 mm ($\male$), etwa 40–45 mm ($\female$, außerdem mit hellgrauer
Afterwolle). – Raupe, erwachsen, blauschwarz, dorsal mit 2 Reihen rotgelb
behaarter, weißgelb gerandeter Flecken, unter denen lateral jeweils 3 weiße
Punkte. Länge: um 50 mm.

Ökologie: Flugzeit: sehr zeitig; Falter erscheinen schon im März/April. –
Eiablage: Eier werden spiralig um einen Zweig geklebt, mit Afterwolle
bedeckt. – Raupen im Mai/Juni gesellig in gemeinschaftlichen, weißen, sack-
förmigen Gespinsten tagsüber ruhend oder sich häutend; des Nachts wandern
sie in unregelmäßigen Zügen zum Fraßplatz. – Fraßpflanzen: Birke, Weide,
Weiß- und Schwarzdorn und Schlehe; in Parks auf Linden, in Obstgärten auf
Kirschen und Pflaumen. – Weiche, ockergelbe Puppe im braunen Kokon in der
Bodenschicht, bis 7 Jahre «überliegend».

Wirtschaftl. Bedeutung: an Birke gelegentlich Kahlfraß.

Lasiocampa quercus L., Eichenspinner; Quittenvogel

Kennzeichen: Falter in der Färbung variabel; $\male$ dunkelrotbraun (Abb. 607),
$\female$ ockergelb; Flügel nach der Mitte mit nach innen scharfer, nach außen
mehrminder verwaschener gelblicher Querlinie. Vorderflügel mit weißem,
dunkel gerandetem Mittelpunkt. Hinterflügel mit gelben Fransen. Flügel-
Spannweite bis 70 mm ($\female$) oder bis 55 mm ($\male$). – Erwachsene Raupe
langbehaart, oberseits braungelb, unterseits (von weißer Laterallinie getrennt)
dunkelbraun; Segmentinzisuren samtschwarz, weißgefleckt. Bis etwa 65 mm.
– Bei der auf *Calluna* schädigenden var. *callunae* Palm. fehlt der weiße
Subdorsalstreifen.

Ökologie: Raupen polyphag auf Laubholz (u. a. auf Eichen, Birken,
Schlehen, Weiden, aber auch auf *Calluna* und *Rubus*), gelegentlich auf
Nadelholz. – Raupen überwintern. Verpuppung Ende Mai in einem walzigen,
braunen Kokon.

Wirtschaftl. Bedeutung: im allgemeinen nicht sehr erheblich; die an Heide
auftretende Varietät aber an Heidelbeere in Gesellschaft des Geometriden

Ectropis bistortata Goeze (Lep.) stark schädigend beobachtet, so daß die Heidelbeerernte einer ganzen Gegend vernichtet werden kann [Brauns, 1951]. [Gattg. *Ectropis* früher = *Boarmia*].

In Baumschulen bisweilen schädlich, sonst vorwiegend auf Schlehen (Schwarzdorn) und auf Obstbäumen die Raupen der

Gastropacha quercifolia L., Kupferglucke

Als filzig behaarte Spinnerraupen charakteristisch, daß die längere weiche Behaarung nur unten lateral vorkommt; weiterhin vorn mit 2 dunkelblauen «Genickbändern» (= Querflecken zwischen den Brustringen), sonst dorsal jederseits 2 segmentale braune Knopfwarzen, vor allem aber kein laterales Längsband; mit subdorsalen zapfenförmigen Vorsprüngen und mit einem deutlichen Zapfen auf dem letzten Körperring (Abb. 608). Sonst sind die Raupen aschgrau bis bräunlich. Bis 80 mm.

Auf Pappeln und Weiden treten selten auf die Raupen der Pappelglucke *Gastropacha populifolia* Esp.; differentialdiagnostisch beachtenswert: dorsal ein rostgelbes und vor diesem ein schwarzblaues Genickband. Sonst sind die Raupen dunkelaschgrau, etwas kleiner als jene der Kupferglucke, bis 70 mm.

An Nadelholz

Dendrolimus pini L.; Kiefernspinner, Große Kiefernglucke

Kennzeichen (Abb. 609/611): Färbung des Falters sehr variabel; Vorderflügel weißlich-grau bis rotbraun, mit milchweißem Mittelpunkt, auf den zur Flügelspitze hin 3 schwarzbraune Querstreifen folgen; die Felder zwischen diesen dunklen Streifen verschiedenartig grau oder rostbraun ausgefüllt. Hinterflügel grau bis rotbraun, ohne Zeichnungen. Flügel-Spannweite ($\male$) 65–70 mm, ($\female$) 75–90 mm; außerdem ist das kleinere $\male$ lebhafter gefärbt und deutlicher gezeichnet als das größere $\female$. – Raupe (Farbtafel 13, Abb. 90) gleichfalls variabel gefärbt, zumeist rötlich schiefer- oder weißgrau, aber auch gelb- oder rotbraun bis dunkelbraun; vom 4. Segment ab rautenförmige Dorsalflecke; an den Flanken braun mit dunklen Schrägstrichen. Am meso- und metathorakalen Segment mit stahlblauen «Spiegelflecken» (Nackenstreifen, Genickbändern). Am vorletzten Körperring mit blauem Haarbüschel, sonst rötlich behaart. Körperlänge: bis 80 mm.
Ökologie: als monophager Schädling verheerend in Kiefernbeständen auftretend (nur bei Nahrungsmangel gelegentlich andere Nadelhölzer angehend). – Flugzeit: Ende Juni bis August. – Am Tage sitzen Falter träge am Stamm, $\male\male$ aber scheuer! – Eiablage: an die Rinde in der Zweigregion in Häufchen von ca. 50 Stück, seltener am Stamm oder an die Nadeln; Eier hanfkorngroß. – Beim «Herbstfraß» (August/November) wird von den

Eiräupchen zunächst die Eischale befressen, dann Schartenfraß an den Nadeln und in 10 Tagen werden die Nadeln ganz abgefressen, die Zwei- oder Dreihäuter gehen etwa in der letzten Oktoberdekade/Anfang November zur Überwinterung in die Streudecke und liegen in der Nähe des Stammfußes eingerollt meist an der Grenze zwischen der H-Schicht und dem Mineralboden. – Zum «Frühjahrsfraß» (März/Juni) baumen die Raupen bis etwa Mitte April erneut auf und richten dann empfindlichen Schaden an, da sie die alten Nadeln bis zur Scheide abfressen (Abb. 612), dann die Maitriebe annagen und z. T. nur abbeißen. – Eine Raupe verzehrt während ihrer Entwicklungszeit rund 900 Nadeln. – Verpuppung etwa Ende Juni in einem dichten, mit Haaren vermischten, gelblichen Gespinst, das am Stamm, in der Krone (Abb. 612) oder am Unterwuchs zu finden ist. – Während Massenvermehrungen Generationsdauer meist einjährig; im nördlichen Verbreitungsgebiet (*Dendrolimus pini* kommt mit Ausschluß von Großbritannien in ganz Mitteleuropa vor) und in normalen Vermehrungsjahren kommt auch in Norddeutschland schon eine 2jährige Generation vor; im Winterlager dann kleinere und größere Raupen nebeneinander. – Vertilgerkreis: an Parasiten seien vornehmlich genannt: *Telenomus* spec. (Proctotrupidae) als Eiparasit, *Apanteles ordinarius* R ATZ. und *Meteorus versicolor* WESM. (Braconidae) als frühzeitige Raupenparasiten; *Exochilum circumflexum* L. (Ichneum.) ist zwar auch Raupenparasit, geht aber in die Puppe über, so daß die Parasitierung keinen Einfluß auf den Fraß der Raupen hat. – Überwinternde Raupen in wasserhaltenden Streuschichten leicht durch Verpilzung gefährdet.

Wirtschaftl. Bedeutung: Schadgebiete des Kiefernspinners vor allem trockene Gebiete mit höchstens 600 mm Jahresniederschlag, die während der Vegetationszeit besonders warm sind [SCHWERDTFEGER, 1981]; reine Stangen- und Althölzer geringer Bonität werden bevorzugt; Fundortmerkmale: Lückige Kronen; Fehlen des Unterholzes und der Moosdecke. – Herbstfraß unbedeutend, da Raupenfraß nur bis Zwei- oder Dreihäuterstadium und nächstjährige Knospen schon fertig entwickelt sind. Dagegen Frühjahrsfraß infolge erheblicheren Nahrungsverbrauches sehr gefährlich (vor allem durch die Vernichtung der Maitriebe). Häufig Wanderungen bei erwachsenen Raupen zu beobachten, führen aber zu keiner Befallsausweitung, da diese Wanderungen mehr oder weniger ziellos sind. – Prognose: ähnlich der laufenden Überwachung der in der Bodendecke überwinternden Insekten werden die Raupen des Kiefernspinners gleichzeitig mit anderen sich im Winterlager befindlichen Schadinsekten aufgefunden. Gegenmaßnahmen werden im allgemeinen erforderlich, wenn in mittelalten Beständen (50–70jährigen Stangenhölzern) mit normaler Benadelung mehr als 50 gesunde Raupen je Stamm aufgefunden werden (d. h. also in einem Umkreis um den Stammfuß mit einem Radius von etwa 1 m). In jüngeren Beständen kann man bis auf 25 herabgehen, in älteren Beständen bis auf 100 gesunde Raupen hinaufgehen [SCHWERDT-FEGER, 1941]. – Großkalamitäten ohne wesentliche Gegenmaßnahmen von beträchtlichem Ausmaß; so um 1870 im Osten von Deutschland umfaßte das

Befallsgebiet eine Fläche von $1^3/_4$ Mill. ha, dabei war der Einschlag über 2 Mill. fm.

Sphingidae, Schwärmer

Kennzeichen, Ökologie und Systematik: hierher gehörige (oft sehr langrüsselige) Formen (mit einigen unserer stattlichsten Falter) leicht von anderen Arten zu unterscheiden; Thorax dick, Hinterleib langgestreckt mit anliegender Behaarung und gegen das Ende hin zumeist spitzzulaufend. Kräftige Beine zeigen dicht behaarte Schenkel. Vorderflügel lang, schlank-dreieckig, Hinterflügel im Verhältnis zu ihnen nur klein. Schwärmer rechnen zu den ausdauerndsten Fliegern unter den Insekten. Flügel in der Ruhestellung dachförmig gelegt oder horizontal ausgebreitet. – Raupen (freilebend) mit behaarten Klammerfüßen, sonst völlig nackt, mit enggeringelter Körperhaut, mit einem charakteristischen Dorsalhorn («Afterhorn»; Farbtafel 12, Abb. 81) am Körperende oder selten an dieser Stelle mit runder, stumpfer Erhebung. Raupen zumeist auffällig gefärbt, bisweilen sogar Träger einer «Warnfärbung». Bei Beunruhigung erheben die Schwärmerraupen das Vorderende. Dieses charakteristische Verhalten (die «Sphinxstellung») hat den Schwärmern den Namen «Sphingidae» eingebracht. – Metamorphose in einer Erdhöhle oder in der Streudecke zwischen versponnenen Blättern. Keine Sphingiden-Art überwintert in Europa im Raupenstadium. Die Mumienpuppe («Pupa obtecta») im 5. und 6. Abdominalsegment beweglich. Von den pupalen Strukturen typisch ist die freiabstehende, spiralige Rüsselscheide (Stomatotheca). – In den Tropen stärker vertreten als in unseren Breiten. Die meist in der Dämmerung fliegenden Falter stehen gleichsam in der Luft vor den Blüten und können vermöge ihrer ausdauernden Flugkraft weite Wanderungen zurücklegen. So wandern regelmäßig einige unserer Schwärmer (u. a. Oleanderschwärmer [*Daphnis* (= *Deilephila) nerii* L.], Windenschwärmer [*Agrius convolvuli* L.] oder der Totenkopfschwärmer [*Acherontia atropos* L.; Raupe vor allem auf Kartoffel]) aus Südeuropa bei uns ein. So unternimmt der Totenkopf auch nach Schleswig-Holstein immer wieder Vorstöße, um auf dieser Länderbrücke zwischen dem Norddeutschen und dem Skandinavischen Raum sein Verbreitungsgebiet auszudehnen; wahrscheinlich wird aber der Totenkopf hier nie zu einer dauernden Besiedlung kommen, da die Umweltbedingungen für ihn ungeeignet sind. – Damit sind schon einige charakteristische Vertreter genannt; im heimischen Faunengebiet auffällig sind weiterhin u. a.: Pappelschwärmer (*Laothoë* [= *Smerinthus] populi* L.; Abb. 81), Abendpfauenauge (*Sm. ocellatus* L.; mit blaugekernten Augenflecken auf den Hinterflügeln; Raupen auf Weiden und Pappeln), Lindenschwärmer (*Mimas* [= *Dilina]tiliae* L.), Ligusterschwärmer (*Sphinx ligustri* L.), Labkrautschwärmer (*Hyles galii* R.; Raupen im Juli/August und wieder Ende September auf Kahlschlägen an Labkraut, Waldweidenröschen und Springkraut); Wolfsmilchschwärmer (*Hyles euphorbiae* L.; Raupen vorwiegend an der Zypressenwolfsmilch [vorkommend an Wegen längs des Waldrandes]); Mittlerer Weinschwärmer (*Deilephila elpenor* L.; auf Kahlschlägen, Raupen auf Waldweidenröschen und an Labkraut); Kleiner Weinschwärmer (*D. porcellus* L., Biologie wie vorige Art) und schließlich der Taubenschwanz (*Macroglossum stellatarum* L., Raupen u. a. an Labkraut-Arten).

Gefährliche Schädlinge unter den Schwärmern nicht vertreten, bedeutungsvoll allenfalls:

Hyloicus pinastri L., Kiefernschwärmer
(fälschlich auch «Tannenpfeil» genannt)

Kennzeichen (Abb. 613/614): Hinterleib aschgrau mit dunkler Rückenlinie und breiten, weißgrau getrennten schwarzen seitlichen Querverbinden. Vorderflügel aschgrau mit 2 braunschwarzen verwaschenen Binden und mit schwärzlichen Längsstrahlen an der Flügelspitze und im Mittelraum; Hinterflügel braungrau. Alle Fransen der Flügelaußenränder schwarz-weiß gescheckt. Bezüglich der Färbung sind mehrere Aberrationen beschrieben worden. Flügel-Spannweite bis 70(80) mm. – Unterschiedliche Färbung der Eiraupe, des Einhäuters und der erwachsenen Raupe; diese mit breitem braunen oder roten, von hellen Subdorsalstreifen eingefaßten Medianband und weiteren unterbrochenen weißlichen Längsstreifen; über und unter den schwarzgeränderten, roten Stigmen jederseits gelbliche Längsbänder. Das Schwanzhorn spitzenwärts schwärzlich. Kopfkapsel braungelb mit schwarzen und gelben Seitenstreifen (Farbtafel 13, Abb. 91). Länge: bis 80 mm. – Puppe im Habitus auffällig: schwarzbraun mit kurzer freier, aber der Thorakalscheide aufliegender Stomatotheca (Rüsselscheide). Cremaster (Hinterleibsfortsatz) spitz mit kleinen kurzen Seitendornen.

Ökologie und wirtschaftl. Bedeutung: Biotop: Kiefernbestände, seltener in Fichten- oder Lärchenbeständen; nie in Weißtannenbeständen, wie man aus dem Vulgärnamen vielleicht ableiten könnte. – Flugzeit: Juni/Juli; fliegt in der Dämmerung und des Nachts. – Eiablage: an die Nadeln, einzeln oder gruppenweise. – Raupen entwickeln sich im Juli/September; fressen an den Nadeln. Der von ihnen angerichtete Schaden im allgemeinen unbeträchtlich, da die Raupen eigentlich niemals in Massen auftreten. Und doch ist um die Mitte der Dreißiger Jahre des 20. Jahrhunderts eine Massenvermehrung in Polen beobachtet worden, die immerhin einen Nadelverlust von etwa 75 % verursachte; im Jahr 1969 Schadfraß in Westfalen an *Picea omorica* (SCHWERDTFEGER, 1981). – Verpuppung unmittelbar am Fuß der Stämme, meist in einem Mooslager (Oktober). Überwinterung im Ruhestadium; zuweilen überliegt die Puppe auch das 2. Jahr.

Bombycidae, Spinner

Diese Familie enthält keine Vertreter der Waldbiozönose. Nur erwähnenswert, weil hierher gehörig der vor allem zur Seidengewinnung gezüchtete Seidenspinner (*Bombyx mori* L.); Raupen mit besonders gut entwickeltem Spinnvermögen.

Saturniidae, Nachtpfauenaugen; Pfauenspinner
(Gattung *Saturnia = Eudia*)

Kennzeichen, Ökologie und wirtschaftl. Bedeutung: Imagines oft mit Augenflecken auf den Flügeln geziert. Bekannt sind etwa das große oder Wiener Nachtpfauenauge (*Saturnia pyri* SCHIFF.), das mit einer Flügel-Spannweite bis zu 14 cm der größte Schmetterling Europas sein dürfte und sich zu uns gelegentlich verfliegt (Raupe u. a. an Schlehen und Eschen) – oder das kleine Nachtpfauenauge (*Eudia pavonia* L.), dessen Raupen u. a. an verschiedenen Laubhölzern und Schlehen vorkommen. Gerade bei *pavonia* hat die Lage der Flugzeit sogar zu einem Sexualdichroismus geführt: das in der Nacht fliegende ♀ zeigt hell- und dunkelgrau gefärbte Flügel, während das (entgegen seinem Vulgärnamen) am lichten Tage (sogar bei Sonnenschein) fliegende ♂ braungraue Vorderflügel und rostgelbe bis orangefarbene Hinterflügel besitzt (s. Seite 342). – Raupen zumeist nackt (außer am Kopf), gewöhnlich mit beborsteten Knopfwarzen (meist 6 auf jedem Körperring) oder mit Dornzapfen, die in den letzten Raupenstadien öfter verschwinden (Abb. 970). – Verpuppung in einem birnförmigen Kokon (Abb. 971), der vielfach an der Rinde angeheftet ist, nur bei der nachfolgenden Art in einem Gespinst an der Erde.

Wirtschaftl. Bedeutung der Angehörigen dieser Familie: mehrminder indifferent.

Auffällig in der heimischen Waldbiozönose aber zumindest:

Aglia tau L., Nagelfleck; Taufalter

Kennzeichen (Farbtafel 11, Abb. 67, 69 u. 70): ausgeprägte Geschlechts-unterschiede; ockergelb (♀♀), rotbraun (♂♂), mit schwarzer geschwungener Querlinie vor dem schwärzlich bestäubten Saum, über alle 4 Flügel hinweg-ziehend. Vorder- und Hinterflügel mit Augenflecken, die blauviolett gefärbt, schwarzgeringt sind und in der Mitte einen weißen Kern in Form eines T («Nagelfleck») zeigen. Fühler des ♂ lang kammzähnig, jene des ♀ aus verdickten, beborsteten Gliedern. Flügel-Spannweite bis 80 mm. – Eiräupchen («Jugendkleid») grünlich, mit paarigen Rückendornen, die weit von ge-gabelten Pro- und Metathorakalhörnern und solchen auf dem 11. Körperring überragt werden; außerdem noch ein Schwanzdorn vorhanden (Farbtafel 11, Abb. 72). Bei den Dreihäutern ist diese gesamte «Bewehrung» verschwunden. Erwachsen bleibt die Raupe grün, zeigt vom 4. Segment ab seitlich gelblichweiße Schrägstreifen und einen schmalen gleichgefärbten Längsstreifen über den Klammerfüßchen. Oberhalb dieses Lateralbandes jeweils rotgelbe Segmentalflecken. Die Segmentinzisuren sehr scharf und jeder segmentale Abschnitt dorsal in einen Höcker auslaufend. Kopfkapsel klein, grün mit gelbem «Hals».

Ökologie: Biotop: Buchenbestände; auch auf Eichen, Birken, Erlen und Linden kann die Nagelfleck-Raupe gefunden werden. – Flugzeit: Anfang Mai zur Zeit des ersten Buchenlaubes, bisweilen schon im März/April; ♂♂ fliegen selbst bei Sonnenschein in schwirrähnlichem Flug umher, während die ♀♀ am Stammfuß sitzen. – Eiablage: Farbtafel 11, Abb. 68. – Die Raupen vollführen bis etwa Juni einen typischen Randfraß an den Blättern der Fraßpflanze. – Verpuppung in dünnem Kokon in der Förna, auch zwischen Moos und Fallaub; Puppe überwintert (Farbtafel 11, Abb. 71 u. 73).

Thaumetopoeidae; Prozessionsspinner

[früher: Thaumatopoeidae od. Cnethocampidae]

Kennzeichen, Ökologie, wirtschaftl. Bedeutung und Systematik: relativ kleine, plumpe Falter mit gedrungenem, abstehend wollig behaartem Thorax; das Abdomen mit einem Afterbusch (♂) oder mit einem breiten Ring von Afterwolle (♀). Geschlechtsdimorphismus in der Fühlerform weniger ausgeprägt; in beiden Geschlechtern doppelkammzähnig, beim ♀ nur kürzer. – Raupen gleichmäßig kurz behaart und mit büschelweise gestellten, langen brüchigen Borsten auf Knopfwarzen; dorsale «Spiegelflecke» ab 4. Segment auftretend. Raupen leben gesellig in gemeinsamen Gespinsten und wandern jeden Abend in langen Zügen von diesen «Nestern» zum Fraßplatz, wobei eine Raupe stets der anderen dicht folgt. Diese «Marschordnung» hat der ganzen Familie den Vulgärnamen eingebracht. Die Wanderzüge der Prozessionsspinner-Raupen werden als Paradebeispiel zur Erklärung der Unverstandenheit tierischer Instinkthandlungen angeführt, um zu beweisen, daß die Tiere selbst die Ziele ihrer Handlungen und die Zweckmäßigkeit derselben in bezug auf das Ziel nicht kennen. Bei dem ausgesprochenen «Gänsemarsch» der Raupen berührt jedes Tier mit der Kopfkapsel das Hinterende seines Vordermannes und spinnt dabei einen Faden, der mit dem der anderen zu einem seidenen Band vereinigt wird. Schließt man nunmehr künstlich eine solche Raupenkette zum Kreise (wie es dem berühmten Franzosen FABRE mit den Raupen des vorwiegend im Mittelmeergebiet vorkommenden Pinien- oder Fichtenprozessionsspinners *Thaumetopoea pityocampa* SCHIFF. gelang), dann laufen die Raupen bis zur Erschöpfung, wenn nicht durch einen Zufall der Ring gesprengt wird.

Wirtschaftl. Bedeutung im allgemeinen nicht erheblich. Gefährlich ist dagegen die Wirkung der leicht abbrechbaren Haare bei Menschen und Tieren; es entstehen schmerzhafte Entzündungen auf der Haut oder auch auf den Schleimhäuten der Atmungswege usf. – Die Familie ist auf der ganzen Erde in wenigen Gattungen, bei uns nur in einem Genus, vertreten.

Thaumetopoea (= Cnethocampa) processionea L., Eichenprozessionsspinner

Kennzeichen: Vorderflügel graubraun, mit kaum gezackten Querlinien; Zeichnung im übrigen oft sehr verwaschen. Hinterflügel weißgrau, beim ♂ mit dunklem Querstreifen. Flügel-Spannweite etwa 30 mm. – Raupen bläulich-schwärzlich, seitlich weißlich. Dorsal auf den thorakalen Segmenten jeweils mit 8, auf den abdominalen Segmenten mit je 4 lang und rötlich behaarten, rotbraunen Knopfwarzen. Spiegelflecken rötlichbraun, mit feinen Härchen dicht besetzt. Stigmen schwarz, Kopfkapsel braunschwarz. Länge: bis 35 mm. **Ökologie:** Biotop: Eichenbestände. – Flugzeit: August/September. – Eiablage: Eier in plattenförmigen Gelegen an glatten Rindenstellen freistehender, älterer Eichen (zumeist in der Astregion); Eigelege mit braunem Kitt überzogen, überwintern. – Raupen leben gesellig in Nestern, die kindskopfgroß werden können, und wandern abends in pyramidenförmigen Staffelreihen zum Fraßplatz und kehren gegen Morgen wieder zum Nest zurück. Ist der Nestbaum kahlgefressen, wandern sie zum benachbarten Baum. Die Nester befinden sich zumeist selten unter 10 m Höhe am Nestbaum, gelegentlich auch am Stammfuß. – Fraßzeit: etwa Mai/Juli. Fraßbild: junge Blätter werden ganz verzehrt, bei älteren Blättern Verschonung der Rippen. – Verpuppung etwa Ende Juli/August in ovalen braunen Kokons in den mit der Zeit mit abgebrochenen Haaren vermengten, gemeinsam angelegten Gespinsten, die zudem auch Kotkrümel und Raupenhäute (Exuvien) enthalten.

Thaumetopoea (= Cnethocampa) pinivora Tr., Kiefernprozessionsspinner

Kennzeichen (Abb. 620): Vorderflügel-Färbung gleicht der des Eichenprozessionsspinners, mit dem einzigen Unterschied, daß die Querlinien deutlich gezackt sind. Falter etwas größer als vorige Art. – Raupen gleichfalls jenen von *processionea* sehr ähnlich, aber heller, vorherrschend grüngrau; Spiegelflecke samtschwarz mit rötlichem Rand. Länge: bis 40 mm. **Ökologie:** Biotop: Kiefernbestände (vor allem an der Ostseeküste in schlechtwüchsigen, jüngeren Beständen, in Dünenaufforstungen). – Flugzeit: Mai/Juni. – Eigelege «rohrkolbenartig»: Eier werden spiralig um ein Nadelpaar gelegt und mit Afterwolle und Kittmasse umhüllt (Abb. 618). – Raupen gesellig, bauen jedoch kein eigentliches Nest (Abb. 619), häuten sich aber gemeinsam in Astgabeln (zu Klumpen vereint). Prozessionen meist einreihig. Fraßzeit: Juli/August (September). Fraßbild: ähnelt jenem der Afterraupen der Kiefernbuschhornblattwespe; nehmen anfangs Altnadeln, später auch die Maitriebe an. – Zum Vertilgerkreis gehören u. a. aphidivore Syrphidenlarven

(Dipt.; u. a. *Xanthandrus comptus* HAAR. [SCHNEIDER, 1953]; vgl. Seite 432).
– Verpuppung: reife Raupen graben sich etwa im September im leichten Sand
ein und verpuppen sich dicht gedrängt in aufrecht stehenden, bräunlichen
Kokons. Zuweilen überliegen die Puppen.

Thaumetopoea (= Cnethocampa) pityocampa Schiff., Pinien- oder Fichtenprozessionsspinner

Kennzeichen: gleichfalls größer als der Eichenprozessionsspinner. Vorder-
flügel weißgrau mit dunklem Mittelstrich und 3 solchen Querlinien (äußere
Querlinie aber nicht gezähnt). Hinterflügel weiß mit schwarzem Fleck am
Hinterrand. – Raupen blauschwarz; Spiegelflecken schwarz mit rötlichem
Rand. Kopfkapsel schwarz.

Ökologie: auf verschiedenen Kiefernarten im Mittelmeergebiet, gelegentlich
aber auch bis Baden vordringend, dort an Fichten und Tannen. – Flugzeit:
etwa Mai/Juli. – Eiablage in ringförmigen Gelegen an die Nadeln. – Fraßzeit:
August bis zum Eintritt des Winters und wiederum im nachfolgenden Frühjahr
bis Mai. Raupen überwintern in kegelförmigen, mit der Spitze nach unten
gerichteten Gespinsten in der Krone; in der Kegelspitze sammeln sich
Exkremente, Nadeln und Exuvien an. Sonst in kleineren Kolonien lebend. –
Verpuppung in braunrötlichen Kokons in den Bodenschichten; während die
verwandten Arten nur einen Stirnfortsatz zum Auseinanderschieben der
Gespinstfäden haben, zeigt sich beispielsweise bei dieser Art, die einen festen
Kokon vor der Verpuppung spinnt, beim Falter auf der Stirn eine gezähnte
Chitinleiste («Hahnenkammfortsatz») zum Zersägen der Fäden.

Notodontidae, Zahnspinner

Kennzeichen, Ökologie und wirtschaftl. Bedeutung: meist mittelgroße
Falter, die bei Tag an Stämmen, Zäunen mit dachförmiger Flügelhaltung
sitzen und bei Nacht fliegen. – Habitus durch Haarschöpfe am Kopf und
Thorax, durch schlankes Abdomen (oft mit Analbusch) und durch langbe-
haarte Schenkel und Schienen gekennzeichnet. Vorderflügel lang und schmal,
zumeist kleine Hinterflügel; vor allem hierher gehörig Arten, deren Vorderflügel an ihrem Hinterrand einen zahnartigen Schuppenfortsatz (der dann bei
der dachförmigen Flügelhaltung in der Ruhestellung absteht) besitzen. –
Raupen glatt, seltener behaart, oft mit Rückenhöckern, mit seitlich behaarten
Klammerfüßchen; wenn ohne Nachschieber, treten am Analsegment eigenartige Anhänge auf (in der Gattungsgruppe *Cerura-Furcula* mit einer
Schwanzgabel [mit ausstreckbaren Fäden]). Verhaltenseigenart der Raupen:
bei Störung erheben sie das Vorder- und Hinterende und halten sich nur mit
den 4 Bauchfußpaaren fest (vgl. Farbtafel 12, Abb. 83). – Puppen überwintern;
nur eine Art, *Ptilophora plumigera* ESP. (deren grüne Raupen im Juni/Juli auf
Rotbuche, Ahornarten und Schlehen vorkommen), überwintert im Eistadium

(daher «Frostspinner» genannt). – Fraßpflanzen sind vorwiegend Laubhölzer, selten Nadelhölzer. Wirtschaftliche Bedeutung gering, doch manche Arten, besonders im Raupenstadium, derart auffällig, daß sie aufgeführt werden müssen (Abb. 987).

Cerura vinula L., Großer (od. Weiden-) Gabelschwanz
[früher: *Dicranura*]

Kennzeichen (Abb. 616/617): Vorderflügel grauweiß mit grauer Querbinde im Wurzelfeld und mit äußerer, gezackter, doppelter Querlinie. Schwarze Punkte im Basalteil des Flügels, längs des Vorderrandes und zwischen den Adern am Außensaum. Hinterflügel weiß (♂) oder grau (♀). Flügel-Spannweite: bis 80 mm. – Abdomen charakteristisch gezeichnet: dunkelgrau mit weißen Segmenträndern. – Raupen im Jugendkleid schwärzlich, mit 2 beborsteten Knöpfen hinter der Kopfkapsel. Erwachsen hellgrün; Kopfkapsel braun, mit roten Rändern und 2 schwarzen Strichen; ein grauer Nackenfleck läuft von der Kopfkapsel spitz zu der metathorakalen pyramidenförmigen Erhöhung; der daran anstoßende Rückenstreifen violettbraun, weiß gerandet, bis zum Körperende verlaufend. Stigmen weiß mit schwarzem Rand. Nachschieber zu einer zweispitzigen Schwanzgabel umgewandelt, aus deren Enden hellrote Fäden ausgestreckt werden können (Abb. 615). Körperlänge: bis 80 mm.

Ökologie: Flugzeit: Mai/Juli. – Fraßzeit: Juli/September. – Fraßpflanzen: Weiden und Pappeln. – Reife Raupe fertigt aus Rindenteilen und sonstigen Holzspänchen ein sehr festes Puppengehäuse, befestigt es flach am Stamm und überwintert in ihm nach Verwandlung in eine dunkelrotbraune Puppe, die feine Stachelkränze am Hinterleibsende zeigt.

Differentialdiagnose einer ähnlichen, im gleichen Biotop aber seltener vorkommenden Art: *Cerura erminea* ESP. (Weißer Gabelschwanz; Hermelinspinner): Flügel weiß mit undeutlichen schwarzen Zackenlinien; Abdomen oberseits mit dickem, schwarzem V, die beiden letzten Segmente mit feinen schwarzen Längsstrichen. Flügel-Spannweite nur bis etwa 65 mm. – Raupe jener von *vinula* ähnlich, aber dunkler Rückenstreifen schmaler, blaugrau, auf dem Segment des 2. Bauchfußpaares springt der weißgesäumte Rückenfleck bis an die Füßchen herab. Kopfkapsel braun mit 2 schwarzen Streifen. Schwanzgabel kürzer.

Stauropus fagi L., Buchenspinner

Kennzeichen (Abb. 670): Falter bräunlichgrau: Vorderflügel zwischen äußerer Zackenlinie und Außenrand mit einer Querreihe von schwärzlichen Punkten, die auch beim ruhenden Tier sichtbar ist. Die Flügelhaltung des sitzenden Tieres jener der Glucken (Lasiocamp.) nicht unähnlich. Flügel-Spannweite: bis 60 mm. – Raupen von bizarrer Gestalt (Abb. 83 u. 1045); gelb- oder dunkelbraun mit paarigen, kegelförmigen Höckern auf dem Rücken vom 3.–8. Segment; 2. und 3. Brustbein verlängert (tritt sonst bei keiner anderen Lepidopterenraupe auf) und die Nachschieber ersetzt durch 2 lange keulenförmige Analspitzen, die dem lateral gezähnten Abdomenende aufsitzen.

Ökologie: Biotop: vornehmlich Buchenbestände; als Fraßpflanzen werden aber auch angenommen: Eichen, Haseln, Birken und andere Laubhölzer. – Flugzeit: (April) Mai/Juni und evtl. wieder Juli/August; in nördlicheren Verbreitungsgebieten nur eine Generation. – Verpuppung zwischen zusammengesponnenen Blättern.

Eligmodonta ziczac L., Zickzackspinner
[früher: *Notodonta*]

Kennzeichen: Vorderflügel ockerbraun, zum Vorderrand hin weißlichgrau bestäubt, zum Hinterrand am Außensaum entlanggreifend ein tiefbrauner halbmondförmiger Streifen; charakteristisch, daß der äußere Teil des Vorderflügels durch eine scharfe Bogenlinie abgegrenzt ist. Hinterflügel graubraun, beim ♂ heller als beim ♀. Flügel-Spannweite: bis 45 mm. – Raupen violettgrau mit unterbrochenem, rotbraunem Dorsalstreifen, mit je einem kegelförmigen Höcker am 5. und 6. Segment und mit einem pyramidenförmigen, rot oder gelb gefärbten Höcker am 11. Segment. Ein dunkelbegrenzter Lateralstreifen ist gelblich. Kopfkapsel herzförmig, Scheitel tief eingeschnitten (Farbtafel 12, Abb. 82). Körperlänge: bis 50 mm.

Ökologie: Flugzeit: April/Mai und Juli/August; in nördlichen Gebieten nur 1 Generation. – Raupen im Juli und September an Pappeln und Weiden. – Verpuppung in einem festen Gespinst am oder im Boden.

Ptilodon camelina L., Kamelspinner
[früher: *Lophopteryx*]

Kennzeichen: Vorderflügel rostgelb mit rotbraunen Tönungen, mit 2 scharfzackigen schwarzen Querlinien, mit dunklem Schuppenzahn am Hinterrande und mit stark gezacktem Außensaum. Hinterflügel hellbräunlich mit schwarzem (aber 2mal unterbrochenem) Analfleck. Flügel-Spannweite: bis 45 mm. – Raupe von variabler Färbung; zumeist grün, dorsal weißlich mit gelbem rotbepunkteten Seitenstreifen; der Analhöcker mit 2 roten behaarten Spitzen. Kopfkapsel grün oder bräunlich (Farbtafel 12, Abb. 79). Körperlänge: bis 50 mm (Abb. 988).

Ökologie: Flugzeit: April/Juni und von Mitteldeutschland ab südlich nochmals im Juli/August. – Raupen von Mai/September auf Birken und anderen Laubhölzern (u. a. Linde); Eiräupchen gesellig, später einzeln. – Verpuppung am Stammfuß in einer Erdhöhle.

Phalera bucephala L.; Mondvogel, Mondfleck

Kennzeichen (Abb. 621/622): Kopf und Thorax vorherrschend hellgelb; Thoraxhinterrand silbergrau, rotbraun gerandet. Vorderflügel violettbraun;

Innenrandhälfte aschgrau bestäubt, mit 2 rostbraunen Querstreifen, in der Flügelspitze ein auffallender mondförmiger, hellgelber Fleck, der von einer gewellten bräunlichen Linie durchzogen wird. Hinterflügel hellgelb. Flügel-Spannweite: 50–60 mm. – Raupen schwarzbraun mit gelber Gitterzeichnung, d. h. mit etwa 10 schmalen, gelben Längsstreifen, die jeweils segmental durch orangegelbe Querbinde vereinigt werden. Flaumartige gelbe Behaarung. Kopfkapsel schwarz mit gelber Winkelzeichnung. Körperlänge: bis 60 mm. **Ökologie:** Flugzeit: Mai/Juli. – Raupen verhältnismäßig polyphag; leben von Juni/Oktober auf Pappeln, Weiden, Eichen, Birken und Linden, auch auf anderen Laubhölzern (Abb. 623); anfangs gesellig (Abb. 624). – Verpuppung im Boden, ohne Gespinst. Puppen überwintern, überliegen gelegentlich 2 Jahre.

Thyatiridae; Wollrückenspinner, Eulenspinner
[früher: *Cymatophoridae*]

Falter mit ausgesprochenem Eulenhabitus (Noctuidae). Dachförmige Ruhe-haltung der Flügel; Nachtflieger. Lebensgewohnheiten vornehmlich durch Verhaltensweisen von zwei Arten in der Waldbiozönose gegeben.

Thyatira batis L.; Brombeereule, Roseneule

Kennzeichen: Falter mit dunklen olivbraunen Vorderflügeln, mit jeweils 5 großen, weiß, rötlich oder bräunlich ausgefüllten Flecken, davon 1 basal-, 2 innenrand-, 2 vorderrandständig. Hinterflügel dunkel gelbgrau mit hellem Mittelstreifen. Flügel-Spannweite: etwa 35 mm. – Raupen charakterisiert durch einen nach vorn gezogenen, zweispitzigen Höcker, auf den mittleren und am 11. Segment mit je 1 stumpfen Höcker. Braun oder rostfarben gescheckt, mit weißlichen unbestimmten Lateralflecken am 3.–11. Segment. Kopfkapsel braun, mit tief eingekerbtem Scheitel. Typische Verhaltenseigenart: in der Ruhe werden Vorder- und Hinterende in die Höhe gestreckt (Abb. 627). Länge: etwa 30–35 mm.
Ökologie: Flugzeit: Mai/Juni und im August. – Raupen: Juni/Juli und August/September an *Rubus*-Arten. – Verpuppung zwischen zusammenge-sponnenen Blättern; Puppen überwintern.

Differentialdiagnose eines Wollrückenspinners an der gleichen Fraßpflanze: *Habrosyne derasa* L. (Achateulenspinner); Raupe mit Wülsten am 2. und 11. Segment, braunrot mit dunkler Rückenlinie; neben ihr eckige rötliche Flecken und am 4. und 5. Segment dorsolateral je ein weißlicher, dunkel gesäumter rundlicher Fleck. – Fundzeit: August/September, auch auf Himbeere; tagsüber unter dürren Blättern verborgen. [Heute Achateulenspinner = *H. pyritoides* Hufn.]

Drepanidae; Sichelflügler, Sichelspanner

Obwohl Angehörige dieser Familie als wirtschaftlich indifferent anzuspre-chen sind, gelegentlich auffällig und durch besondere Differentialmerkmale ausgezeichnet. – In der Flügelform und im sonstigen Habitus an Spanner (Geometridae, s. unten) erinnernd, aber Spitzen der Vorderflügel sichelförmig vorgezogen (Abb. 625). Falter fliegen in den Sommermonaten während der Dämmerung und haben eine Flügel-Spannweite bis 40 mm. – Raupen zeigen Habitus und Verhaltenseigenart der Gabelschwanzraupen (Notodontidae; s. Seite 352); 14füßig, Nachschieber fehlen, doch ist das Analsegment nur zu einer unpaaren Spitze umgebildet. – Verpuppung zwischen zusammengesponnenen Blättern; Puppen überwintern. – Zumeist 2 Generationen.

Charakterarten: u. a. *Drepana cultraria* F. (Buchensichler): Raupe im Juni und August auf Buche; hellbraun mit rötlichem Dorsalfleck. – *Drepana falcataria* L. (Birkensichler): Raupe im Juni und September auf Birke und Erle; oberseits bräunlich, mit paarigen Dornzapfen auf Meso- und Metathorax und am 2. Abdominalsegment, unterseits grünlich. – *Sabra harpagula* Esp. (Lindensichler): Raupe bis September auf Birke, Eiche, (Linde); gelblich mit violett-bräunlichen Flanken und mit metathorakalem Höcker.

Geometridae, Spanner

Kennzeichen, Ökologie und wirtschaftl. Bedeutung: nach den Eulen die artenreichste Familie unter den einheimischen «Großschmetterlingen»; es dürften wohl insgesamt mehr als 12 000 Arten in allen Gebieten der Erde bekannt sein. Freilandkennzeichen: überwiegende Mehrzahl unserer Spanner nur von geringer Größe. Im allgemeinen ist die Flügelfärbung so gehalten, daß die Falter in der Ruhestellung im Lebensraum schwer auffindbar sind. Wenige heben sich auffallend in der Umgebung ab (Beispiele: etwa der als Raupe an Stachelbeersträuchern oder an Faulbaum [Traubenkirsche] in feuchten Waldbeständen vorkommende Stachelbeerspanner [*Abraxas grossulariata* L.], *Cyclophora* (= *Cosymbia, Ephyra*) *linearia* Hbn. (Gelber Buchenspanner) [s. Seite 359] oder *Mesoleuca* (= *Cidaria*) *albicillata* L. (Himbeerspanner) [s. Seite 359]). Beide Flügelpaare sind vielfach mit dem gleichen Zeichnungsmuster versehen; häufig lassen aber die hinteren Flügel in ihrer ganzen Fläche oder im inneren Teil keine oder eine nur schwache Zeichnung erkennen. Vor allem sind die Hinterflügel nicht stärker gefärbt als die Vorderflügel. In der Ruhe werden die (breiten) Flügel zumeist mehrminder flach ausgebreitet, wobei dann die hinteren Flügel ganz sichtbar sind oder im vorderen Teil bedeckt bleiben. Diese Flügelhaltung ist im allgemeinen charakteristisch gegenüber anderen Faltern. Nur wenige «wickeln» die Flügel um den Körper oder klappen die Flügel wie Tagfalter zusammen (etwa Kiefernspanner). – Charakteristisch ist im übrigen bei vielen Arten eine Sprenkelung in der Flügelzeichnung; diese läßt die Arten auch dann als Spanner ansprechen, wenn die Körperform jener der Spinner mehr ähnelt, während sonst die Spanner zumeist durch einen schlanken Körper ausgezeichnet sind. – Falter fliegen im allgemeinen während der Dämmerung oder nachts, nur wenige auch am Tage (wiederum *Bupalus piniarius*); sind nicht besonders fluggewandt. Bei einigen

Arten sind die Flügel beim Weibchen reduziert; diese Formen gegenüber anderen flügelreduzierten Lepidopterenarten differentialdiagnostisch an den verhältnismäßig langen Beinen kenntlich. – Am auffälligsten die ungeselligen, meist schlanken Spannerraupen, die in der Regel neben den 3 Paar Thoraxbeinen nur das letzte Bauchfußpaar und als kräftige Klammerorgane die Nachschieber besitzen. Die typische Fortbewegungsart der Raupen (sie machen einen «Katzenbuckel» beim Kriechen) hat der ganzen Familie den Vulgärnamen eingebracht. In der Ruhe oder bei Störung strecken die Raupen den Körper gerade von der Unterlage ab und ähneln dann einem frischen oder trockenen Zweig; durch Höcker und Wülste am Körper wird dieser Eindruck noch verstärkt. – Zumeist leben die Spannerraupen außen auf den Fraßpflanzen; nur wenige Arten haben eine andere Lebensweise wie etwa die Zapfenspanner (*Eupithecia abietaria* GOEZE und *E. bilunulata* ZETT. in Fichtenzapfen; s. Seite 327). – Im allgemeinen wird Laubholz bevorzugt, wenige Arten auf Nadelholz. – Ein hoher Prozentsatz überwintert als Puppe, und vielfach haben diese Formen eine doppelte Generation. Aber auch die Überwinterung im Ei-, Raupen- oder Falterstadium kommt bei einheimischen Arten vor. – Während viele Spannerarten wirtschaftlich kaum hervortreten, sind einige doch von überragender Bedeutung.

Auf Laubholz

Operophthera (= Cheimatobia) brumata L.,
Kleiner Frostspanner

Kennzeichen (Abb. 631/633): Vorderflügel des ♂ graugelb mit dunklen, queren Wellenlinien, Spannweite etwa um 25 mm; Hinterflügel hellgrau ohne besondere Zeichnung. ♀ nur mit sehr kurzen bräunlichen Flügelstummeln (kaum die Hälfte des Abdomens erreichend), gleichfalls mit dunklerer Querlinie. – Raupe erwachsen grün mit dunklem Medianstreifen und jederseits mit 3 weißen Lateralstreifen; Kopfkapsel grün (nur Eiräupchen mit schwarzer Kopfkapsel). Länge etwa 20 mm.

Operophthera fagata Scharfb.; Buchenfrostspanner, Waldfrostspanner
[früher: *Cheimatobia boreata* HB.]

Differentialdiagnose: gegenüber dem kl. Frostspanner: Falter ähnlich; Vorderflügel des ♂ mehr weißgrau, mit undeutlicher Zeichnung, Spannweite bis 30 mm. ♀ gleichfalls brachypter, aber Flügelstummel fast so lang wie Abdomen. – Raupe (Farbtafel 12, Abb. 80) mehr schmutzig-gelbgrün, auch erwachsen mit schwarzem Kopf; Länge etwa 25 mm.

Ökologie (beider Arten): während für die Insektenwelt im allgemeinen der Sommer die Kulminationszeit darstellt, ruht die Frostspannerpuppe zu dieser

Zeit im Boden. Falter schlüpfen im Spätherbst (Nord- und Mitteldeutschland etwa Mitte Oktober, in West- und Süddeutschland etwa Ende Oktober). Frost ist jedoch zur Auslösung des Schlüpfaktes nicht notwendig. – Eiablage: ♀♀ erklettern den Fraßbaum der Raupen und legen in der Krone bis 300 Eier (oder gelegentlich mehr) einzeln zwischen Flechten in Rindenritzen oder an die äußersten Zweigspitzen; Eier werden festgeklebt. Die Embryonalentwicklung setzt sofort ein, wird aber nicht zu Ende geführt (Einschaltung einer Latenzzeit [Diapause]). – Erst im Frühjahr des nächsten Jahres Beendigung der Embryonalentwicklung und Schlüpfen des Eiräupchens etwa im April. – Räupchen befressen zunächst die sich entfaltenden Knospen; ältere Raupen führen an den Blättern Lochfraß aus; später verzehren sie die Blattfläche bis auf die Mittelrippe. Dabei rege Spinntätigkeit (schon der Eiräupchen). – Vertilgerkreis: Regulationen der Populationsdichte durch klimatische Faktoren, aber auch durch zahlreiche Feinde (Vögel, Spinnen, Wanzen, Formicidae, *Calosoma inquisitor* [Carab., Col.], *Xylod. quadripuncatata* [Silph., Col.], Chrysopidenlarven, *Panorpa communis* [Mec.]; «Mordraupen» (Noct., Lep., s. Seite 370); als Parasiten Ichneumoniden und Braconiden. Bisweilen treten Mykosen auf.

Wirtschaftl. Bedeutung: *Op. brumata* ist Großschädling im Obstbau und verursacht starke Ausfälle, weil neben Kahlfraß auch der Fruchtansatz zerstört werden kann. In forstlichen Beständen polyphag an Laubholz (Eiche, Hainbuche, Rotbuche, Ahorn, Esche, Weide, Haselnuß usf.); wiederholtes Auftreten zeitigt Mastausfall und Zuwachsverlust. Eichenheisterpflanzungen und Aufschlag gefährdet. – *Op. fagata* ist ein beachtenswerter Schädling an Birke und vor allem in Laubholzkulturen (Buchenaufschlag).

Erannis [= Hibernia] defoliaria Cl., Großer Frostspanner

Kennzeichen (Abb. 634/636): Vorderflügel des ♂ gelbbraun, rostbraun bestäubt, mit 2 dunkelbraunen Querstreifen. Vorder- und Hinterflügel mit dunkelbraunem Mittelfleck, sonst Hinterflügel heller und fein bestäubt. Flügel-Spannweite um 40 mm. Weibchen völlig flügellos; Abdomenende zugespitzt, gelblichweiß, dorsal grünlichgrau, schwarz gefleckt; Körperlänge: wenig über 1 cm. – Raupe rotbraun (auch gelbbraun) mit doppelter, dunkler Medianlinie und gelben Seitenstreifen (Abb. 78 u. 1014). Länge etwa 35 mm.

Ökologie und wirtschaftl. Bedeutung: Lebensweise ähnelt der des kleinen Frostspanners; Flugzeit nur früher (September/Oktober), sonst Fraßzeit der Raupen auch April bis Juni. Raupen sitzen frei auf der Fraßpflanze, nicht zwischen zusammengesponnenen Blättern. – Wiederum eine recht polyphage Laubholzart (außer auf Obstbäumen, an denen die Art besonders schädlich werden kann, beobachtet an Eiche, Ulme, Hain- und Rotbuche, Birke, Haselnuß, aber auch an Vogelbeeren, Weiß- und Schwarzdorn usf.). Forstlich schädlich vor allem in Gesellschaft mit dem Eichenwickler (s. «Eichensterben», Seite 334).

Biston betularius L., Großer Birkenspanner; Astspanner

Kennzeichen: durchaus kein Spannerhabitus im Imaginalstadium, eher spinnerähnlich. Weibchen nicht flügellos. Die Art aber als Geometride anzusprechen durch die gehäufte Sprenkelung der kreideweißen bis grauen Flügel. Helle Nominatform wird aber immer stärker verdrängt durch eine (anfangs zuerst in England im vorigen Jahrhundert beobachtete) dunkle Mutante (*B. b. f. carbonaria;* Abb. 629/630). Flügel-Spannweite: 45–60 mm. – Raupenfärbung gleichfalls sehr variabel; zumeist braun (Farbtafel 1, Abb. 3), aber auch gelblichgrün, sogar grau, mit (bisweilen fehlender) dunkler Medianlinie, roten Stigmen und großen, weißen Warzen auf dem 8.–11. Ring.

Ökologie und wirtschaftl. Bedeutung: Flugzeit: Mai bis Juli. – Raupen (mit ausgesprochener «Phytomimese», sehr einem Zweig der Fraßpflanze ähnelnd) wiederum polyphag (auf Weide, Pappel, Eiche, Esche, Vogelbeere und Akazie), vor allem auf Birke, doch auch auf Lärche übergehend (Abb. 628); bis Oktober aufzufinden. Schädigend in Saatkämpen und Pflanzschulen. – Als Puppe überwinternd im Boden. – Zum Vertilgerkreis der Raupen gehört u. a. *Troilus luridus* L. (Pentatomid., Heteropt.).

Auf Laubholz oder Unterwuchs: Cyclophora linearia Hbn., Gürtelpuppenspanner; Gelber Buchenspanner

[früher: *Cosymbia; Ephyra; Codonia*]

Kennzeichen: Flügel ockergelb-bräunlich mit dunklen Querstreifen. Saum mit schwarzen, unterbrochenen Strichen. Flügel-Spannweite: etwa 28 mm. – Raupe grün, weiß punktiert, mit rötlichen Extremitäten und rötlicher After-klappe, selten braun mit dunklen Strichen.

Feldkennzeichen: charakteristische Flügelhaltung des ruhenden Falters am stehenden Stamm (Farbtafel 14, Abb. 94).

Ökologie: Flugzeit: Mai und Juli bis August (2 Generationen). – Raupen im Juni und September auf Buche, Eiche und an Heidelbeeren. – Puppen bemer-kenswerterweise frei an einem Blatt wie Gürtelpuppen der Pieriden mit einem um den Körper gelegten Gürtelfaden festgesponnen (s. Seite 386). – Wirt-schaftlich indifferent.

Cidaria (= Larentia; Mesoleuca) albicillata L., Himbeerspanner

Kennzeichen: Flügel breit weiß; in der Mitte mit (gelegentlich fehlenden) schwarzen Mittelpunkten. Wurzelhälfte der Vorderflügel schwarzbraun, geringfügig blaugrau durchzogen. Das weiße Mittelfeld der Vorderflügel nach außen (beim sitzenden Falter nach hinten) von zackiger Querlinie begrenzt, die auch auf den Hinterflügeln zu erkennen ist, und am Vorderrand des ersten Flügelpaares in einem dunklen Fleck endet. Saumfeld grau mit bogiger, weißer Wellenlinie (auf den Hinterflügeln etwas verloschen). Flügel-Spannweite:

etwa 32 mm. – Raupe grün, mit roten dorsalen Dreiecksflecken und gelben Lateralstreifen.

Feldkennzeichen: typische Ruhestellung des sitzenden Falters am Stamm (Farbtafel 14, Abb. 93).

Ökologie: Flugzeit: Mai und (in 2. Generation) August. – Raupen im Juli und September auf Brombeeren, Himbeeren und Heidelbeeren. – Wirtschaftlich bisher nicht schädigend aufgetreten.

Ectropis bistortata Goeze, Lärchenbaumspanner;
Beerenkraut-, Heidelbeer-, Tannen- oder Pflaumenspanner
[früher: *Boarmia*]

Systemat. Artdiagnose: in früheren lepidopterologischen Bearbeitungen werden die beiden Arten *Boarmia bistortata* Goeze und *Boarmia crepuscularia* Hbn. zwar stets getrennt aufgeführt, aber auf ihre beträchtliche Ähnlichkeit wird gleichzeitig verwiesen und gelegentlich schon die Vermutung ausgesprochen, daß es sich vielleicht nur um zwei Rassen einer Art handele (u. a. Rebel [1910] in Berge's Schmetterlingsbuch). Während nun Rebel angibt, daß *bistortata* vornehmlich in England vorkomme, ist nach Wehrli [im Seitz, 1954] *B. crepuscularia* Hbn. die «einbrütige», in England auftretende Form, *B. bistortata* dagegen die «mehrbrütige» Form. Die Möglichkeit, die beiden Arten nach der Zahl der Generationen zu trennen, erwies sich jedoch auch nicht als feststehend, nachdem bei *B. crepuscularia* eine partielle zweite Brut nachgewiesen werden konnte. Schimitschek [1957] stellt mit Recht heraus, daß in der Bezeichnung und Trennung der beiden Arten einige Unklarheiten herrschen; vielleicht sind, wie Schimitschek (den Ansichten einiger Spezialisten folgend) meint, «...*B. bistortata* Goeze und *B. crepuscularia* Hbn. als zwei verschiedene biologische Formen einer Art aufzufassen, deren Aufspaltung in England weiter fortgeschritten zu sein scheint als auf dem Kontinent». – Für *B. crepuscularia* werden an Vulgärnamen genannt: zackenstreifiger Baumspanner, kleiner Baumspanner und Zwetschgenspanner.

Kennzeichen: in der Färbung sehr variabel; Flügel zumeist weißgrau, bräunlich bestäubt, mit braunen, auf den Rippen schwarz gefleckten und gezähnten Querstreifen, von denen der hintere scharfzackige auch auf die Hinterflügel übergeht. Flügel-Spannweite etwa 40 mm. – Vollwüchsige Raupe mit aufgetriebenem 3. Segment, grau oder bräunlich, mit doppelter dunkler Medianlinie und rötlichgelben Subdorsalstreifen (Abb. 626). Die Eiraupe ist dagegen schwarz mit weißen Zeichnungen. Insgesamt lassen sich 5 Raupenstadien beobachten.

Feldkennzeichen des Falters (zutreffend für die meisten Arten der Gattung): in der Ruhestellung stets in der Längsrichtung des stehenden Stammes sitzend (Farbtafel 14, Abb. 95).

Ökologie und wirtschaftl. Bedeutung: als bevorzugte Fraßpflanzen benennt Schimitschek nach Angaben aus der Literatur: Eiche, Erle (auch Grauerle), Faulbaum, Hasel, Eberesche, Heidelbeere, Schlehe, Weide, Birke und Lärche. An weiteren Holzarten werden noch genannt: Fichte, Tanne und Kiefer (vornehmlich jüngere Stämme); doch scheinen diese Nadelholzarten nicht die

geeigneten Futterpflanzen zu sein, daher rege Spinntätigkeit. In unserem
Faunengebiet scheint neben der Lärche die Heidelbeere die am häufigsten
befallene Fraßpflanze zu sein; so konnte die Art mehrfach schädigend an
Heidelbeere festgestellt werden, etwa an Heidelbeersträuchern auf einer
Mischkultur von Fichte, Buche, Eiche und Birke, wobei die Laubhölzer
insgesamt, bei der Fichte nur die frischen Triebe befallen wurden [vgl.
BRAUNS, 1951; dort noch als *Boarmia crepuscularia* SCHIFF. aufgeführt,
nunmehr = *bistortata* GOEZE]. In der Lüneburger Gegend beispielsweise wird
der Lärchen- oder Heidelbeerspanner seit Jahrzehnten in dem weitaus größten
Teil sämtlicher Nadelholzbestände beobachtet; nach Vernichtung des Beeren-
krautes geht *bistortata* auf unterdrückte Anflugkiefern und auf junge Lärchen
in den Kulturen über (vergesellschaftet mit *Lasiocampa quercus* [Lasiocamp.,
Lep.], s. Seite 345). – Bei 2 Generationen Flugzeit im Frühjahr frühestens letzte
Dekade März/erste Dekade April) und im Sommer, demnach Raupen frühestens etwa April/Mai bis Mitte Juli und August/September. Sommergeneration mit höherer Populationsdichte als die Frühjahrsgeneration. – Eiablage an
der Lärche in mehreren Häufchen, «. . . unter die Borkenschuppen geschoben
und in ein Gespinst abgelegt, das vom Weibchen mit dem Ovipositor verfertigt
wird . . .» Untersuchungen über den Einfluß von Temperatur und rel. Luftfeuchtigkeit auf die Entwicklung von Ei, Raupe und Puppe: siehe SCHEFER-
IMMEL [1958]. – Der Raupenfraß an der Lärche beginnt stets an den untersten
Ästen. Die Eiraupen zeigen einen «Schabefraß», erst die Einhäuter fressen die
Nadeln an, so daß dabei auch zahlreich Nadelabbisse auftreten. Erst Zwei-
und Dreihäuter fressen die Nadeln nach SCHIMITSCHEK gänzlich ab; die
Kurztriebe werden somit entnadelt. Lichtfraß tritt vor allem an den Bestandesrändern längs der Wege und Schneisen auf. An der Heidelbeere wird neben
den Blättern und Knospen auch die grüne Rinde der Äste benagt. Verpuppung
in Lärchenbeständen in der oberflächlichen Streuschicht unter der Moosdecke.
Der bereits fertig entwickelte Falter überdauert in der Puppe den Winter.
Andererseits kommt auch ein Überliegen vor. Unter den Puppen sind
wesentlich an der Dezimierung beteiligt: Pilze (etwa *Isaria farinosa* DICKS) und
eine Bakteriose; an Parasiten sind Ichneumoniden zu nennen (vornehmlich
Ichneumon nigritarius GRAV., *I. pachymerus* HTG.). Braconiden und Dipteren
sind als Parasiten vereinzelt gleichfalls beobachtet worden. – Meisen,
Drosseln, Stare und Finken sind als Feinde der Falter anzuführen. – In
Gebirgsgegenden tritt an Blaubeere (und Birke) eine andere Art häufig auf, die
im Münsterland nach restlosem Kahlfraß im Befallsgebiet auch auf Fichte und
Eberesche überging: *Itame brunneata* THUNB. (syn. *Thamnonoma fulvaria*
VILL.); BRAUNS, 1951.

Ematurga atomaria L., Heidekrautspanner

Kennzeichen: Flügel (♂) trüb ockergelb; (♀) weißlich, dicht braun gesprenkelt, Vorder- und Hinterflügel mit braunen Querstreifen. Flügel-Spann-

weite etwa 30 mm. – Raupe meist bräunlich, mit fleckenförmiger, dunkler Medianlinie und hellgelben Lateralstreifen. – Puppen (im Schadgebiet des Kiefernspanners gleichzeitig zahlreich auftretend) differentialdiagnostisch an dem langen, dünnen, an der Spitze leicht gegabelten Abdominalgriffel (Cremaster) von der *Bupalus piniarius*-Puppe zu unterscheiden.

Ökologie: Flugzeit: April/Mai und Juli/September, mithin 2 Generationen. – Raupen auf Heidekraut, Besenginster, auch auf Hauhechel und an Birke.

Wirtschaftl. Bedeutung: erlangt dieser Spanner auf dem biologisch-parasitologischen Sektor; die Raupenpopulationen von *Ematurga atomaria* sind Parasitenreservoire für die Kiefernspannerparasiten (u. a. vornehmlich für *Ichneumon nigritarius* GRAV.; Ichneumon.).

Auf Nadelholz:

Bupalus piniarius L., Kiefernspanner

Kennzeichen (Abb. 637/638): ausgesprochener Geschlechtsdimorphismus (♂: Fühler doppelt gekämmt, ♀: Fühler borstenförmig) und zugleich mit Geschlechtsdichroismus: ♂: Flügel schwarzbraun mit weißlich-gelben Flekken, die auf den Hinterflügeln ausgedehnter sind; ♀: Flügel hell- und dunkelrostbraun mit undeutlicher Zeichnung. Flügel-Spannweite: ♂ (bis 38 mm); ♀ (bis 40 mm). Feldkennzeichen: Tagtier mit tagfalterförmiger Ruhestellung der Flügel, die unterseits lebhaft gefärbt sind. – Raupe graugrün mit 3 breiten weißen Längsstreifen, die im Gegensatz zur Forleulenraupe (im gleichen Biotop) auch auf der grünen Kopfkapsel zu erkennen sind (Farbtafel 13, Abb. 89). Körperlänge einer reifen Raupe: 26 mm. – Puppe (Merkmale für Prognose-Untersuchungen wichtig): anfangs grün, später grünbraun mit einspitzigem, kurzem Cremaster (siehe Differentialdiagnose der Heidekrautspannerpuppe, siehe oben).

Ökologie: Überwinterung als Puppe. – Falterflug im Mai, vor allem im Juni, oft bis August; es schlüpfen zunächst vorwiegend ♂♂ («protandrisch»). ♂♂ schwärmen im taumeligen Flatterflug, vor allem an sonnigen, windstillen Tagen im Bestandesinnern; ♀♀ träge in den Kronen oder am Unterwuchs. – Eiablage vornehmlich in der Krone, in einreihigen Zeilen an alte Nadeln (Abb. 639, vgl. Abb. 640). – Während die Zeit des Eistadiums etwa 3 Wochen einnimmt, dauert das Raupenstadium 4 Monate; Verpuppung nach erfolgter Abwanderung am Stamm oder nach Abspinnung in der Bodenstreu (vornehmlich im Kronenbereich) bis zur Grenze des Mineralbodens, gelegentlich tiefer, ab Oktober. – Zumeist nimmt die Kiefernspannerraupe Kiefer an, nur in der Not auch andere Nadelhölzer. Fraßbild des Eiräupchens: Rinnenfraß an alten Nadeln von der Fläche her; diesjährige Nadeln werden verschont. Einhäuter vollführen einen charakteristischen Schartenfraß an den Nadelrändern; dieses Fraßbild bleibt typisch für alle weiteren Raupenstadien. Dabei wird schließlich nur die Mittelrippe mit zackigen Nadelresten, an denen Harztropfen austreten (die trocknen und weiß werden), übrig gelassen. Bisweilen fressen ältere Raupenstadien auch die Mittelrippe durch und dann den basalen Teil der Nadel völlig auf. Sind beide Nadeln eines Paares stark befressen, bräunen sie sich und fallen ab. Fraß schreitet infolge langsamer Raupenentwicklung auch langsam voran, so daß zumeist erst im September die Nadelbräunung im Kronenraum bemerkt wird. – Vertilgerkreis: da die Puppen in den Bodenschichten liegen und überwintern, ist auch dies Stadium besonderen Dezimierungsfaktoren ausgesetzt. So vernichten Spitzmäuse und Mäuse manche Puppe; aber auch Schwarzwild und Dachs sind zumindest beteiligt. Selbst eine Polyedrose stellte man zuerst bei Puppen fest. Obwohl die reifen Raupen geeignete Bodenbereiche zur Verpuppung aufsuchen, ist auch das Auftreten von Mykosen und Bakteriosen im Ruhestadium gegeben. – Vögel verfolgen eigentlich alle Entwicklungsstadien. – Außer Spinnen, die in der Krone die Eiräupchen verfolgen, können als Prädatoren vornehmlich Ameisen (unter ihnen an erster Stelle *Formica rufa*) beobachtet werden; weiterhin werden als Räuber genannt: Wanzen, Carabiden, Elateridenlarven (Vernichter der Puppen), Coccinelliden, *Rhaphidia ophiopsis* (Neuropt.; Imagines und Larven vernichten die Eier) und schließlich aphidivore Syrphidenlarven (Dipt.; u. a. *Syrphus tricinctus* Fall; [Schneider, 1953]). – Das Hauptkontingent der Parasiten stellen neben den Tachinidae (Dipt., u. a. die Arten: *Carcelia rutilla* B. B., *Lydella nigripes* Fall. als die häufigste Tachine und die ebenfalls polyphage Art *Zenillia libratrix* Pz.) die Schlupfwespen: *Ichneumon nigritarius* Grav., ein wichtiger Raupen- und Puppenparasit [dessen Parasitenreservoir die Raupenpopulationen des Heidekrautspanners sind, s. Seite 362], *Heteropelma calcator* Wesm. und *Anomalon biguttatum* Grav. [Ichneumon.] und die Eiparasiten *Trichogramma evanescens* Westw. [Chalcidid.] und *Telenomus* spec. [Proctotrupid.].

Wirtschaftl. Bedeutung: Der Kiefernspanner gehört zweifellos zu den forstlichen Großschädlingen. Schadfraß aber im Gegensatz zur Forleule spät im Jahre, so daß Knospen für ihre Entwicklung Zeit haben; damit ist das Austreiben im nächsten Jahre zumeist gesichert. Nochmaliger Kahlfraß im folgenden Jahre ist aber wesentlich gefährlicher. Besonders ungünstige Witterungsverhältnisse haben gelegentlich auch nach einmaligem Kahlfraß zur Vernichtung der befallenen Bestände geführt. – Die Voraussage (Prognose) einer für den befallenen Bestand gefährlichen Populationsdichte des Schädlings ist ausgerichtet auf die Feststellung der kritischen Zahl von im Boden überwinternden Puppen; es wird jene Zahl gesunder Puppen ermittelt, die nach Entlassung der Falter und deren erfolgter Eiablage eine solche Besatzdichte der Raupenstadien erwarten läßt, die starke Schäden wahrscheinlich macht. Dabei wird berücksichtigt, daß bei einer solchen Berechnung parasitierte Puppen von vornherein auszuscheiden sind, bzw. die Mortalität auch durch andere endogene Faktoren im Verlauf der Puppenruhe sich noch erhöhen kann. Die «kritische Puppenzahl» für den Kiefernspanner wurde mit 6 gesunden Puppen je qm für alle Alters- und Ertragsklassen ermittelt. –

Auftretend in 25–70jährigen Kiefernreinbeständen, Trockengebiete und auf schlechten Böden stockende Bestände bevorzugend. Kiefernspanner meidet Bestandesränder, Abteilungsgrenzen; stärkere Befallsdichte mehr im Bestandesinnern.

Arctiidae; Bärenspinner, Bären

Kennzeichen, Ökologie und wirtschaftl. Bedeutung: kleine bis mittelgroße Falter, bei denen sich vornehmlich die Hinterflügel oberseits durch auffallende Färbungen auszeichnen; doch auch die Vorderflügel sind oberseits niemals rindenfarbig oder mit schmalen Querbinden oder Querlinien (wie bei den Noctuiden), sondern getüpfelt, breit gestreift, auch einfarbig, bisweilen sogar kontrastreich gezeichnet. Falter teilweise heliophil, mit dachförmiger Ruhestellung der Flügel. – Die überwinternden, 16füßigen Raupen dicht mit warzenständigen, langen Haaren besetzt; sie sind vielfach polyphag und laufen mitunter recht eilig. – Die Metamorphose findet zumeist in weichen Gespinsten über der Erde statt, selten in den Bodenschichten ohne Gespinst. – Wirtschaftlich sind die Bärenspinner im allgemeinen indifferent, da ihre Raupen größtenteils an krautartigen Pflanzen (u. a. an Brennessel, Labkraut, Wegerich, Wolfsmilch), einige Arten in der Waldbiozönose aber auch an Himbeere, Brombeere, Waldweidenröschen und schließlich an verschiedenen Flechtenarten vorkommen. Neuerdings ist eine Arctiide, der in Nordamerika beheimatete weiße Bärenspinner, in Europa in bedrohlicher Ausbreitung begriffen, so daß damit die Familienangehörigen insgesamt nicht mehr als indifferent angesprochen werden können.

Auffällig und zumindest auf waldrandnahen Wiesen ziemlich häufig:

Arctia caja L., Brauner Bär

Kennzeichen: vom Falter zahlreiche Aberrationen bekannt; Vorderflügel schwarzbraun mit zusammenhängenden gelblichen Binden, Hinterflügel zinnoberrot mit schwarzblauen Flecken; Kopf und Thorax braun, Abdomen aber rot mit schwarzen Querstreifen. Flügel-Spannweite um 70 mm. Während der Ruhestellung werden die breiten und gerundeten, leuchtenden Hinterflügel von den mehrminder länglich dreieckigen Vorderflügeln dachförmig bedeckt; trotzdem wird durch die Streifung der Vorderflügel eine ausgezeichnete Somatolyse des Tieres in der Umgebung bewirkt. – Raupen erwachsen schwarz mit weißen Warzen, auf denen dorsal schwarze, vorn und lateral rostrote lange Haare sistiert sind. Körperlänge bis 60 mm.

Ökologie: Raupen leben an fast allen niederen Pflanzen auf den Wiesen; dort auch überwinternd.

In der Waldbiozönose

Lithosia (= Oeonistis) quadra L., Flechtenspinner; Würfelflechtenspinner; (Würfelmotte, Vierpunktmotte); Stahlspinner; Vierpunkt-Flechtenbär

Kennzeichen (Abb. 644/645): Falter mit charakteristischem Geschlechts-dichroismus. Vorderflügel (♂) gelblichgrau mit orangegelber Wurzel und stahlblauem Rand davor, (♀) ockergelb mit jeweils einem stahlblauen Fleck an der Mitte des Flügelvorder- und über der Mitte des -hinterrandes; Hinterflügel strohgelb. Flügel-Spannweite: bis 50 mm. – Raupe schwärzlich, mit hellroten Warzen, mit gelben von feinen, dunklen Längslinien durchzogenen Dorsalstreifen (der selbst wieder auf dem 2., 7. und 11. Ring durch schwarzen Fleck unterbrochen ist [Abb. 646]). Länge: etwa 40 mm. – Puppe glänzend schwarz-braun mit stumpfem Cremaster, in weißlichem Gespinst.

Ökologie und wirtschaftl. Bedeutung: Raupen nach der Überwinterung (in der Bodenstreu) bis Juni an Baumflechten von Eichen, Buchen, Fichten, Kiefern, zuweilen aber auch an den Blättern oder Nadeln der besetzten Stämme vorkommend. – Da der Stahlspinner gelegentlich mit der Nonne im gleichen Schadgebiet auftritt und die Puppe dann nicht selten mit der *Lymantria monacha*-Puppe verwechselt wird, ist die Kenntnis der Lebensgewohnheiten dieser Arctiide und der daraus ersichtlichen, nicht sehr erheblichen wirtschaftlichen Bedeutung bei der Prognosestellung in Nonnenschadgebieten nicht nebensächlich.

Nach Europa eingeschleppt und im Vordringen:

Hyphantria cunea Drury, Weißer Bärenspinner; amerikanischer Webebär

Kennzeichen [Bollow, 1955, Schimitschek, 1955 und Flugbl. Bayer. Landesamt München]: deutlicher Geschlechtsdimorphismus (Fühler bei den ♂♂ mit doppelreihigen Kammzähnen, bei den ♀♀ dagegen glatt, außerdem ♂♂ kleiner als ♀♀) und zudem in 2 Formen auftretend; **cunea-Form** (Abb. 641): Vorderflügel weiß mit schwarzen Flecken, Hinterflügel weiß, auch der Körper, doch hat das Abdomen dieser Form mitunter dunkle Flecken oder Punkte; Fühler schwärzlich. – Bei der früher als **Hyphantria textor Harris** [Essig, 1947] beschriebenen Art (Abb. 642), die sich aber aus einem Gelege der *cunea*-Form entwickeln und damit nur eine **Varietät** sein kann, sind alle oben genannten Körperabschnitte rein weiß (Tarsen jedoch schwärzlich; Schenkel der p_1 wie bei *cunea* gelb). Flügel-Spannweite wird mit 25–30 mm angegeben, während im Handbuch «Insects of Western North America» (1947) eine «wing expanse» von 50–60 mm verzeichnet ist. – Jungraupe blaßgelb, ohne Zeichnung (außer am Nackenschild), aber an den einzelnen Ringen jeweils ein Gürtel aus 12 fast schwarzen, nach den Seiten kleiner werdenden Warzen mit langen dünnen Haaren, die lateral weißlich, dorsal weiß oder schwarz sind und zum Körperende deutlich länger werden. Mit jeder Häutung (deren es 5 oder 6 gibt) werden die Raupen dunkler. Erwachsene Raupen (Abb. 643): mit auffallend langer warzenständiger leicht ausfallender Behaarung; Grundfarbe mehr grünlichgelb; dorsal ein dunkelgrauer oder schwarzer Medianstreifen, lateral jeweils mit gelblicher Längslinie, der sich jederseits eine aus dunklen Punkten und Strichen bestehende Längslinie anschließt. In diesem Längs-streifen die schwarzgerandeten weißen Stigmen, unter denen wiederum ein heller Längsstreifen sich befindet. Die dorsalen Warzen schwarz, mit braunen, weißen oder schwarzen Haaren; die Lateralwarzen rötlich mit weißen Haaren. Kopfkapsel glänzend schwarz; Nackenschild dunkelbraun, median geteilt, nach den Seiten einem E oder U nicht unähnlich. Raupen verpuppungsreif gelegentlich schon bei 25 mm Länge; zumeist aber 30–40 mm lang. – Puppe: Größe schwankt zwischen 8 und 15 mm; anfangs hellgelb, dann rot- bis schwarzbraun. Differentialdiagnostisches Merkmal: am Cremaster 12 sym-metrisch angeordnete, verschieden lange, am Ende scheibenförmig erweiterte Dorne.

Differentialdiagnose anderer ähnlicher Arten:

Gefleckte Falterform

Diaphora (= Spilosoma) mendica Cl. («Tigermotte»; Arct.) mit ♀ verwechselbar, aber Vorder- und Hinterflügel weiß mit schwarzen Punkten; Abdomen gelblich-grau mit Mittelreihe von schwarzen Flecken und gleichfarbiger Seitenstrieme. – Raupen an Ampfer, Wegerich, mithin in anderem Biotop, höchstens auf waldrandnahen Wiesen.

Spilosoma urticae Esp. (Weißer Fleckleibbär; Arct.): Vorderflügel weiß mit geringer, schwarzer Punktzeichnung, Hinterflügel meist rein weiß. Abdomen dorsal aber ockergelb, mit schwarzen Mittel- und Seitenflecken. – Raupen an Minze (also vornehmlich an Gräben, Wegrändern usf.) und an Brennessel (damit auch innerhalb von Wäldern, aber seltener); daher auch «Nesselbär» genannt.

Spilosoma lubricipeda L. (= *mentastri* Esp.); punktierter Fleckleibbär; auch «Weiße Tigermotte» genannt; Arct.): Vorderflügel weiß mit zahlreichen feinen und groben schwarzen Punkten, Hinterflügel weiß, meist mit großem schwarzem Mittelpunkt und mit einigen Saumpunkten. Hinterleib gelb mit schwarzen Mittel- und Seitenpunkten. – Biotop gleicht dem Vorkommensbereich von *Sp. urticae*, nur ist die Art häufiger.

Weiße Falterform

Leucoma (Stilpnotia) salicis L. (Weiden- oder Pappelspinner; Lymantriidae): Flügel glänzend weiß, längs des Vorderrandes schwach bräunlich angeflogen. Flüge-Spann-weite um 45 mm. – Abdomen gleichmäßig geformt, kaum terminal zugespitzt, gelb-lichweiß mit dunklen Querbinden. – Raupen an Pappeln und Weiden (s. Seite 378).

Euproctis (= Porthesia) similis Fuessl. («Schwan», Goldafter Lymantriidae): Flügel und Körper weiß; im vorderen Flügelinnenwinkel finden sich schwärzliche Flecken (♂), sonst (♂) Enddrittel des Abdomens und Afterbusch, beim ♀ nur die Afterwolle goldgelb. – Raupen unter Baumrinde überwinternd und bis Juni dann polyphag an Laubholz, vor allem schädigend an Obstbäumen.

Euproctis chrysorrhoea L. (Goldafter, auch «dunkler Goldafter» genannt; Lymantr.):
Vorder-, Hinterflügel und Thorax weiß; Hinterleib (♂) rotbraun oder dunkler, (♀)
weißgrau mit glänzend rotbraunem Haarwulst. – Raupen in großen Raupennestern
überwinternd, polyphag an Laubholz, besonders an Eichen und Obstbäumen (s.
Seite 378).

Jungraupe

Yponomeuta spec. (Gespinst-Motten; Yponomeutid.): auffallend auf den Ringen
jeweils 2 gr., dunkle (nierenförmige) Sklerotinschildchen u. mehrere, kleine haar-
tragende Warzen. Körpergrundfarbe grau, grünlich oder gelblich (je nach den verschiedenen Arten). Nackenschild deutlich geteilt, aber seitlich nicht E-förmig. Körperlänge:
bei 20 mm (s. auch Seite 316).

Ökologie (von Hyphantria cunea): da der Falter ursprünglich in Nordamerika heimisch ist, nach Europa und Japan verschleppt wurde, konnte man
seine Ausbreitung (vor allem in Europa) nahezu von Jahr zu Jahr verfolgen.
– In europäischen Befallsgebieten 2 Generationen, gelegentlich 3. – Flugzeit
etwa von Mitte April bis Juni und wieder vom Juli an bis August. Flugzeit
witterungsabhängig und kann sich somit verschieben. – Falter schwärmen in
der Dämmerung und nachts; Flug wenig ausdauernd. – Eiablage: auf Ober-
und Unterseite der Blätter, Eier anfangs erbsengrün, später dunkler, zumeist
mit weißer Afterwolle bedeckt. Eiablage in geschlossenen Spiegeln. Gelege
können bis zu 1000 Eier enthalten, im Durchschnitt werden 300–800
angegeben. In seiner Heimat legt das Weibchen nur 300–600 Eier ab, so daß
die Vermehrungsenergie in Europa als größer angesehen wird. – Embryonalentwicklung in Nordamerika etwa 10 Tage beanspruchend, in Europa
anscheinend länger (je nach der herrschenden Witterung ungefähr 2 bis sogar
3 Wochen). Vor dem Schlüpfen der Eiräupchen verfärben sich die Eier
grauviolett. – Eiräupchen befressen zunächst die Eischalen, vollführen dann
einen Schabefraß an den Blättern. Erst die Einhäuter oder Zweihäuter
skelettieren die Blätter. Bis zur 3. Häutung leben sie gesellig in einem Gespinst,
in dem sich auch die Raupen häuten und Kotkrümel zu finden sind. Im
Gespinst können sogar ganze Äste eingesponnen sein. Später verteilen sich die
Raupen über die ganze Krone der Fraßpflanze und fressen die Blätter bis auf
die Mittelrippe auf. Am Boden zahlreiche Blattabbisse, Fraß mithin verschwenderisch. – Bei Kahlfraß auch an Unterwuchs übergehend, vor allem
reife Raupen wanderlustig. Diese gegen widrige Witterungsumstände außerordentlich widerstandsfähig, besonders die letzten Stadien der 2. Generation,
so daß Raupen bis in den November hinein gefunden werden können
(Vulgärname in Nordamerika: «the fall webworm»; fall = Herbst). –
Verpuppung unter Rindenschuppen, in Rindenritzen, in Baumhöhlen, auch in
der Bodenstreu; innerhalb von Ortschaften an zahllosen anderen Lokalitäten,
in Mauerfugen von Stallungen, Scheunen und Wohnhäusern, unter Dach-
ziegeln, an Zäunen, selbst im Innern der Häuser. Kokon etwa 20 mm lang,
weißlich bis graubraun; interessant ist die Feststellung der für die Umbildung
von der reifen Raupe bis zur Puppe benötigten Zeit: bei der 1. Generation über

40 Stunden, bei der 2. Generation bis 150 Stunden. Puppen der letzten Generation im Jahre überwintern; aus ihnen schlüpfen häufiger die gefleckten Falter. – Vertilgerkreis: Vögel (u. a. Kuckuck, Meisen) verfolgen sämtliche Stadien. Spinnen (besonders die «behutsam schleichende» Clubionide *Clubiona* spec. [Araneina]) fallen die trägen Weibchen bei der Eiablage an; ihnen fallen auch Jungraupen zum Opfer, denen weiterhin *Forficula*-Arten (Dermapt.), Coccinelliden (Col.) und *Chrysopa*-Larven (Planipennia) nachstellen. An Raupen- und Puppenparasiten sind in Europa bisher weit weniger Hymenopteren- und Dipterenarten beobachtet worden als in Nordamerika, so daß sich hier vielleicht ein Ansatzpunkt für biologische Bekämpfungsmaßnahmen durch Einfuhr von Parasitenformen aus dem Heimatland ergibt.

Wirtschaftl. Bedeutung: des weißen Bärenspinners in der beträchtlichen Polyphagie seiner Raupenstadien begründet. Wie seine Artverwandten kommen die Raupen zunächst auf zahlreichen krautartigen Pflanzen (Brennessel, Wegerich usf.) vor, dann auf mancherlei Unkräutern der Feld- und Ackerflächen, gehen auf verschiedene Gemüse- oder landwirtschaftliche Kulturpflanzen über, fressen an zahlreichen Obstarten (darunter auch an Beerenobst), befallen Zierpflanzen, Sträucher und schließlich Laubholzbestände. Der schwarze Holunder scheint mancherorts beim Frühjahrsflug zur Eiablage bevorzugt zu werden. – Fraßfolgen: Zuwachsverlust, Frostempfindlichkeit der nicht zur Verholzung gekommenen jungen Triebe usf.

Syntomididae (= Syntomidae, Amatidae); Widderbären, Fleckwidderchen

In der paläarktischen Region nur wenige Angehörige, weitaus die meisten in den Tropen vertreten. – **Feldkennzeichen:** kleine bis mittelgroße Falter mit teilweise auffallender Ähnlichkeit mit Zygaeniden (s. Seite 338), im Habitus und in der Farbigkeit der Flügel (obwohl keine nähere Verwandtschaft besteht); vielfach fehlen an einigen Stellen auf den Flügeln die Schuppen. Tagflieger, die in der Ruhe die Flügel flach dachförmig halten (auch in dieser Verhaltensweise den Zygaeniden außerordentlich ähnlich).

Die Syntomid. werden neuerdings trotz beträchtlicher Unterschiede systematisch zu den Arctiiden gestellt.

Ökologie und wirtschaftl. Bedeutung durch folgende Charakterart gegeben:

Syntomis (= Amata) phegea L.; Ringelwidderchen, Weißfleckwidderchen

Kennzeichen: Falter mit schwarzblauen Flügeln und mit weißen, durchscheinenden, in der Größe variierenden Flecken; Flügel-Spannweite etwa 40 mm. Fühler schwarz, spitzenwärts weiß; erstes und 5. Abdominalsegment dorsal gelb, schlanker Körper sonst gleichfalls schwarzblau. – Räupchen graubraun mit Querreihen büschelweiser, rotgrau behaarter Punktwarzen; Kopfkapsel und Extremitäten hellrot.

Ökologie und wirtschaftl. Bedeutung: Flugzeit Ende Juni/Juli; in lichten Laubwäldern. – Raupen ab August an Unterwuchs und gesellig überwinternd; bodenbiologisch bedeutungsvoll, da sie sich während des Winters vom Fallaub ernähren. – Verpuppung im Mai in einem mit Haaren vermengten Gespinst an niederen Pflanzen; Puppe dunkel rotbraun.

Noctuidae, Eulen

Eulenfalter bilden unsere artenreichste Familie mit kleinen bis sehr großen Formen.

Feldkennzeichen: zumeist dunkle, bräunliche oder graue Falter mit in der Ruhe dachförmig gehaltenen Flügeln, die infolge der allein sichtbaren Oberseite der Vorderflügel auf Stämmen, Fallaub oder Moos in der Umgebung kaum auffallen. Vor allem kommen auf den Vorderflügeln fast niemals hellfarbige Flächen vor (Ausnahme etwa: *Staurophora celsia* L. [Malachit-eule]; Raupen in Büscheln von verschiedenen Gräsern in Nadelholzbe-ständen), höchstens silber- oder goldglänzende Flecken (Beispiel: *Plusia*-Arten). – Die Angehörigen der Familie zumeist durch ein kennzeichnendes Muster auf den Vorderflügeln, durch die sogenannte «Eulenzeichnung» charakterisiert und vielfach nach dieser Zeichnung als Noctuiden anzu-sprechen. Wesentliche Elemente dieser Flügelzeichnung sind 2 deutliche Flecken, nach ihrer Form auch «Nieren-» und «Ringmakel» benannt. Der nierenförmige Fleck, dem Vorderrand genähert, etwas außerhalb der Mitte des Vorderflügels; der kleinere runde Ringfleck weiter nach innen, hinter dem sich noch ein weniger auffallender «Zapfenfleck» befindet. Außerdem auf den Vorderflügeln mehrere feine gewellte Querlinien. – Hinterflügel in der Färbung immer völlig verschieden von jener der Vorderflügel, oft ohne deutliche Zeichnung. Ist aber eine Zeichnung vorhanden, so ähnelt sie nicht jener der Vorderflügel (wie etwa bei den Geometriden, s. Seite 356). – Einige Eulenarten gekennzeichnet durch besondere Farbigkeit der Hinterflügel; diese Arten er-reichen gleichzeitig oft eine beträchtliche Flügel-Spannweite (5–10 cm je nach den einzelnen Arten). Den Lepidopterologen sind diese prächtig gefärbten Falter, die die kontrastreichen Hinterflügel unter rindenfarbigen Vorderflügeln verbergen, bekannt. Nur wenige (auffallende, aber wirtschaftlich indifferente) Formen seien angeführt: *Catocala fraxini* L. [Blaues Ordensband]; schwarze Hinterflügel mit breiter blauer Querbinde; Fraßpflanzen der Raupen: Esche, Pappel und andere Laubhölzer. – *Catocala nupta* L. [Rotes Ordensband]; rote Hinterflügel mit schwarzer Außen- und schwarzer Mittelquerbinde; Fraß-pflanzen der Raupen: Pappeln und Weiden. – *Catocala (Mormonia) sponsa* L. [Eichenkarmin]; rote Hinterflügel mit schwarzer Außen- und W-förmiger Mittelquerbinde; Raupe (Abb. 952) auf Eiche. – *Noctua (Agrotis) pronuba* L. [«Hausmütterchen»]; Hinterflügel leuchtend gelb mit schwarzer Außenbinde;

Falter tagsüber und überwinternd in alten Stöcken. Fraßpflanze der Raupen u. a. Primeln. – Eulen fast ausschließlich Nachttiere, bei Tage verborgen lebend. Die Hinterbeine der Falter sind lang und kräftig, mit denen manche Arten schnelle Hüpfbewegungen ausführen können. Viele Eulen durch leuchtende Augen gekennzeichnet. – Raupen meist nackt oder nur dünn mit weichen, kurzen Haaren besetzt; mit 5 Paar Klammerfüßchen, manchmal das vordere Paar oder die beiden ersten Paare verkümmert. Nicht immer deutliche differentialdiagnostische Merkmale auffindbar. Lebensweise verschieden; neben manchen auf Laub- oder Nadelholz vorkommenden Arten viele an krautartigen Pflanzen und manche in den Bodenschichten; gerade diese «Erdraupen» ausgezeichnet durch düstere Färbung mit undeutlicher, einförmiger Zeichnung. – Verpuppung bei den meisten Arten in den Bodenschichten, in Erdkokons mit oder ohne Gespinst. – Generation zumeist einjährig: Überwinterung selten im Ei- oder Imaginalstadium. – **Wirtschaftl. Bedeutung** einiger Arten erheblich. – **Differentialdiagnose** der verschiedenen Arten, selbst größerer Artgruppen, im allgemeinen schwierig; nur wenige Arten in der Färbung mit derart auffallenden Merkmalen, daß sie danach leicht angesprochen werden können. Daher mögen hier dem Charakter eines Freiland-Grundrisses gemäß einige Arten nach dem biologischen Verhalten ihrer Raupen aufgeführt werden.

«Mordraupen»

Einige Arten erlangen durch ihre eigentlich völlig abweichende Lebensweise eine gewisse Bedeutung, so stellen u. a. die Raupen der Frühlingseule (*Orthosia cruda* D. & Schiff., vorkommend im Mai/Juni zwischen zusammengesponnenen Blättern auf Eichen, Birken und Ahorn) und der Trapezod. Ulmeneule (*Cosmia [= Calymnia] trapezina* L., vorkommend im Mai/Juni auf Eichen, Birken, Ulmen, Weiden und Pappeln) anderen Raupen nach; bei Massenvermehrungen des Eichenwicklers und des Frostspanners als Prädatoren beobachtet. – Auch einige Artgenossen werden bei Nahrungsmangel angefallen (etwa die Raupe der Mordraupeneule *Scopelosoma satellitia* L. [= *Eupsilia transversa* Hufn.], die sonst sehr schädigend am Buchenaufschlag auftritt).

Bodenbiologisch auffällige Arten
(Lit.: Brauns, A. [1968]: Praktische Bodenbiologie).

In Fallaubschichten (auch überwinternd) kommen die phytosaprophagen Raupen von folgenden Arten regelmäßig vor:

Simplicia rectalis Ev.: Räupchen im Habitus gewölbt, braun, mit dunkler Dorsallinie und angedunkelten Subdorsalen, lateral heller. Punktwarzen schwarz, grünlichgelb gerandet. Kopfkapsel und Nackenschild fast schwarz. – Besonders in Eichenbeständen.

Zanclognatha tarsiplumalis Hb.: Räupchen rötlichgelb, mit rötlicher Medianlinie, beiderseits mit 3 parallelen, geschlängelten, helleren Längsstreifen und mit doppeltem gleichfarbigen Lateralstreifen. Punktwarzen schwarz; Kopfkapsel rotgelb mit schwarzen Punkten.

Herminia lunalis Sc.: Räupchen grau, mit dunkler Medianlinie; Punktwarzen schwarz, heller umrandet, Kopfkapsel braun. – Seltener.

Herminia tarsicrinalis Knoch.: Räupchen grünlichbraun mit gelber Sprenkelung, mit schwarzen Dorsaldreiecken (Spitze nach hinten), lateral dunkle Längsstriche. Kopfkapsel schwarzbraun, hell gesprenkelt. – Besonders im Brombeerfallaub.

Trisateles emortualis Schiff.: Räupchen braungelb mit schwer sichtbaren braunen Dorsallinien, mit schwarzen, kurz behaarten Punktwärzchen und mit kugeliger, gelbbrauner Kopfkapsel. Nur 14füßig (gegenüber den anderen Raupen im gleichen Stratum, die 16füßig sind). – Besonders in Eichen- und Buchenbeständen; Fraßbild: Fallaub wird siebförmig durchlöchert.

In modernden Stöcken und Stämmen ernähren sich von morschen Holzbestandteilen die Raupen der Art *Epizeuxis calvaria* F.; Differentialmerkmale: braun, gelegentlich rötlich; Punktwarzen groß und schwarz; Kopfkapsel und Nackenschild dunkelbraun.

In Pflanzgärten:

Agrotis segetum Schiff.,
Wintersaateule; Saateule; Erdeule

Kennzeichen (Abb. 651): Falter: Vorderflügel gelblich- oder braungrau, oft mit deutlicher Eulenzeichnung; Färbung und Zeichnung aber in Einzelheiten veränderlich. Hinterflügel (♂) weißlich, (♀) lichtgrau. Flügel-Spannweite bis 40 mm. – «Erdraupe»: je nach dem Alter in Färbung, Beborstung und Ausbildung der Extremitäten verschieden; Eiräupchen etwa ohne die beiden ersten Bauchfußpaare, Einhäuter erst mit 6 Bauchfüßchen usf. Erwachsen: walziger Habitus, 16füßig; bis 50 mm, glänzend, grüngrau bis graurötlich, mit dunkel gesäumter Dorsallinie und breitem gesäumten Lateralstreifen; auf jedem Segment 4 dunkle behaarte Rückenwärzchen, seitlich 2 ähnliche Warzen jeweils oberhalb und unterhalb der schwarzen Stigmen; Kopfkapsel hellgrau mit 2 schwarzen Bogenstrichen (Abb. 649). Feldkennzeichen: Raupen rollen sich öfter spiralig, mit dem Kopf nach innen, zusammen (Abb. 650).

Ökologie und wirtschaftl. Bedeutung: Falter fliegt vom Mai ab den ganzen Sommer über bis in den Oktober hinein. – Eiablage einzeln (im weiblichen Abdomen jedoch bis zu 1600 Eier), mit Kittmasse an verschiedene Unkräuter, aber auch an zahlreiche Kulturpflanzen (daher bekannter landwirtschaftlicher Schädling) und schließlich an Kiefernkeimlinge oder an 1jährige Pflanzen von Fichte, Lärche, Buche (forstlich schädigend). Fraßbild der Raupen in Saatkämpen: Keimlinge unter den Cotyledonen oder dicht über dem Boden abgebissen, einjährige Pflänzchen werden am Wurzelanlauf unregelmäßig entrindet oder auch die Nadeln gefressen. Wurzelentrindung hat ein Welken der Pflänzchen, die sich leicht aus dem Boden ziehen lassen, zur Folge. – Vertilgerkreis: verschiedene Vögel (u. a. Eichelhäher, Hühnervögel [Erdraupen], Ziegenmelker [Falter]), Igel, Spitzmäuse, Dachs [wiederum Erdraupen], Fledermäuse [Falter]; Schlupfwespen als Parasiten (Ichn., Brac., 1 Chalcid.); in schweren Böden mit hohem Humus- und Kalkgehalt eine Mykose: befallene Raupen schließlich ganz schwarz. Bekämpfung mit entomophagen Nematoden erfolgreich getestet.

Auftreten u. Stärke des Befalls anscheinend witterungsabhängig. Gehäuftes Vorkommen der Erdraupen in Dürrejahren. HÜLBERT und HANNELORE KURTH (1987) führen eine Analyse des Befalls durch die Wintersaateule und durch den Kartoffelkäfer zwischen den Jahren 1976 und 1985 durch in ausgewählten Bezirken der DDR. «In Abhängigkeit von der Witterung werden gleiche Befallstrends nachgewiesen...», veranschaulicht durch aktuelle Klimadiagramme.

Agrotis vestigialis Rott., Kiefernsaateule

Kennzeichen: Falter (Abb. 647): Vorderflügel aschgrau und bräunlich gemischt, durch lebhafte Makelfärbung und charakteristische Adernzeichnung wird ein buntes Aussehen der auch wieder recht variablen Art hervorgerufen. Hinterflügel mehr bräunlichgrau, beim ♀ noch dunkler. Flügel-Spannweite gleichfalls bis 40 mm. – Raupe (Abb. 648) differentialdiagnostisch schwer von jener der verwandten *segetum*-Art zu unterscheiden; Kopfkapsel und Nackenschild gelbbraun, das Nackenschild 3 mal hell «durchschnitten». Ausgesprochen forstliche Schadinsektenart.

Ökologie und wirtschaftl. Bedeutung: Falter in sandigen Gebieten im August und September (auch bei Tage) aufzufinden. – Raupen überwintern im Sandboden an Wurzeln von Gräsern; schädigend auftretend in Kiefernkulturen, wo sie besonders im Frühjahr an ein- bis dreijährigen Kiefern bis etwa 2 cm tief an den Wurzeln, nachts auch oberirdisch an Nadeln und Rinde fressen.

Autographa (= Plusia) gamma L., Gammaeule

Kennzeichen (Abb. 652/653): Falter graubraun, hell und dunkel marmoriert, mit einem gelblich silbernen Gamma auf den Vorderflügeln. Hinterflügel grau mit dunklem Saum. Flügel-Spannweite: bis 40 mm. – Raupe grün, mit feinen weißen welligen Rücken- und gelben Seitenlinien. Die beiden ersten Afterfußpaare fehlen. 30–40 mm lang. Bei Störung lassen sich die Raupen fallen und ringeln sich zusammen.

Ökologie und wirtschaftl. Bedeutung: Flugzeit etwa April/November; fliegt tagsüber und in der Nacht. Ein Wanderfalter, der in gewissen Jahren in Massen aus Südeuropa einwandert. Alle Stadien können überwintern. 2–3

Generationen im Jahr. – Raupen außerordentlich polyphag, daher verteilen sich die Schäden bei periodischem Massenauftreten. – Als auffällige Art auch in der Waldbiozönose genannt, da sie frei auf Keimlingen oder auch an älteren Pflänzchen (Rinde und Nadeln befressend) auftreten können.

An Heidekraut:

Anarta myrtilli L., Heidekrauteule

Vor allem deshalb genannt, weil Falter mit etwa 20–25 mm Flügel-Spannweite zu den kleinen Familienangehörigen zählen; weiterhin weil Vorderflügel braunrot mit rotgelben-schwarzen Zeichnungen, mit weißer Makel, weißgefleckten Fransen und Hinterflügel gelb mit schwarzbrauner Saumbinde. – Räupchen grün mit 3 Reihen gelblicher Dorsalflecken und weißen schrägen Lateralflecken. Kopfkapsel grün. – In Heidegebieten, fliegt April/Mai und wieder im August, tagsüber bei Sonne. Räupchen im Juni und Herbst auf *Calluna*, *Erica* und auf Heidelbeere.

An bebuschten Hängen:

Mamestra persicariae L., Flohkrauteule; schwarze Garteneule

Falter kenntlich an den violettschwarzen Vorderflügeln mit weißer, rostgelb gekernter Nierenmakel. Flügel-Spannweite etwa 45 mm. – Raupe schmutziggrün, seitlich mit besonders auffallenden dunklen Schrägflecken (Abb. 654) und mit 1 schwachem Höcker am 11. Segment. – Flugzeit: Mai bis August. – Raupen bis in den Herbst hinein an niederen Pflanzen, besonders an einer Composite, dem Flohkraut (*Pulicaria vulgaris* [L.] GAERTN.]), in der Waldbiozönose aber oft häufig an *Sambucus nigra* L. (Schwarzer Holunder).

An verschiedenen Laubhölzern im Bestande

Bena prasinana L. (Buchenkahneule); «Jägerhütchen»
(früher: *Hylophila* pr.)

Falter (Abb. 657/658): Kopf, Thorax und Vorderflügel grün, diese mit 3 undeutlichen weißlichen Querstreifen, roten Fransen; Hinterflügel (♂) gelb, (♀) weiß. Flügel-Spannweite: meist über 30 mm. – Raupe grüngelb mit 3 gelben Dorsallinien, glatt, nach hinten verjüngt; Kopfkapsel grün; Nachschieber mit einem roten Seitenstrich (Abb. 76 u. 1013). – Puppe in einem weißlichgelben kahnförmigen Gehäuse (Vulgärname), oberseits auf dem Blatt angesponnen. – Flugzeit: Mai/Juni; typische Stellung des ruhenden Falters am Stamm (Farbtafel 14, Abb. 98). – Raupen auf verschiedenen Laubhölzern (vornehmlich Buche, dann Eiche und Birke). Fraßbild: Teile der Blätter werden herausgefressen. – Massenvermehrungen in 40jährigen Buchendickungen, aber auch in 80–120jährigen Buchenbeständen beobachtet zus. mit *Calliteara pudibunda* [Lymantr.; Lep.; s. Seite 377]; *Colocasia coryli* [Noct.; Lep.; s. hier]; *Phalera bucephala* [Notodont.; Lep.; s. Seite 354]).

Colocasia (= Demas) coryli L. (Haseleule)

Falter: Vorderflügel mit auffallendem Farbgegensatz; Wurzelhälfte dunkelbraun (mit schwarzen Querlinien und schwarzem Ringmakel), Saumhälfte hellgrau. Flügel-Spannweite: bis 33 mm. – Raupe (bis 40 mm) fleischfarben mit schwarzen Mittellängsstreifen und solchen Seitenstreifen (Farbtafel 12, Abb. 77); charakteristisch die fuchsroten Haarbüschel (seitlich an Ring 1, dorsal an den Ringen 4, 5 und 11). – Flugzeit: Frühjahr bis Juni. – **Feldkennzeichen:** ruhender Falter am Stamm in typischer Haltung (Farbtafel 14, Abb. 97). – Raupen Juli/Herbst polyphag an Laubholz, vornehmlich an Hasel, Buche, Eiche.

Acronicta aceris L. (Ahorneule)

Falter: Vorderflügel weißgrau mit doppeltem Querstreifen, mit hell und dunkel geschecktem Außenrand. Flügel-Spannweite: bis 45 mm. – Raupe (erwachsen) wiederum auffällig im Habitus: gelb, mit segmentalen, weißen, schwarzgesäumten rautenförmigen Dorsalflecken (Abb. 655) und mit langen, gelbroten, seitlichen Haarbüscheln. – Flugzeit: Mai/Juni; Raupen (um 50 mm) von Juli ab bis Herbst auf Ahorn, Roßkastanie, Buchen, Ulmen und Eichen. Anfangs Skelettierfraß, später Fraß der Blattfläche bis auf die stärksten Rippen. Feldkennzeichen: Raupen sitzen sehr fest an den Zweigen (Abb. 656). – An Parasiten sind bekannt geworden: die Tachine (Dipt.) *Compsilura concinnata* Mg. u. die Ichneumonide *Ichneumon lineator* F.

Acronicta alni L., Erleneule

Mit außerordentlich auffallender Raupe: erwachsen schwarz, stahlblau glänzend, dorsal mit hochgelben Querwülsten, die seitlich je 1 langes, ruderförmiges Haar tragen. Körperlänge: 40 mm. – Raupen: Juli/September u. a. auf Erlen, Birken, Pappeln, Eichen. *A. leporina* L. (Wolleule): Abb. 953 u. *A. psi* L.: Abb. 1012.

Xanthia togata Esp., Weidengelbeule

Falter (Abb. 659/660): Vorderflügel goldgelb mit bräunlichem Querstreifen und Saum; Hinterflügel bleich gelb. – Raupe graubraun, mit Dorsal- und Lateralstreifen aus feinen dunklen Punkten. Kopfkapsel braun mit dunklen

Strichen, Nackenschild schwarz mit weißem Schnitt. – Flugzeit: August/September. – Eier überwintern. Räupchen leben anfangs in den Kätzchen der Salweide, dann am Untersuchs; auffallend lange Pupalzeit.

Xanthia (= **Cirrhia**) **citrago L.**, **Zitroneneule** [wegen der gelben Farbe des Falters auch «Gelbeule» genannt].

Im goldgelben Vorderflügel der Imago dominieren zwei feine, rostrote Querstreifen (Abb. 661) gegenüber den breiteren Binden auf den Vorderflügeln von *Xanthia togata*. – Flugzeit: Ende Juli/Sept. – Die schiefergraue Raupe (30 mm) der Zitroneneule kommt von Mai bis Juli an Linde vor, die Jungraupen zwischen zusammengezogenen Blättern.

In Kiefernbeständen

Panolis flammea Schiff., Kiefern- oder Forleule

Kennzeichen: Falter (Abb. 662/663): Färbung und Zeichnung der Vorderflügel veränderlich; Grundfarbe meist ziegelrot und olivgrau mit äußerem (großen) und innerem (kleinen) weißlichen Fleck; Hinterflügel einfarbig dunkelgrau bis dunkelbraun mit weißen Fransen. Flügel-Spannweite: bis 35 mm. – Raupe (erwachsen): grün mit 3 weißen Dorsalstreifen und einem gelborangefarbenen Lateralstreifen; Kopfkapsel bräunlich, netzartig dunkel gezeichnet (Farbtafel 13, Abb. 92). **Differentialdiagnose** gegenüber Kiefernspannerraupe: Längsbinden gehen nicht auf die Kopfkapsel hinüber. Eiräupchen und Einhäuter der Foreule spannen merkwürdigerweise noch (ähnlich den Geometridenraupen), obwohl schon Bauchfüßchen vorhanden sind (nur 1. Paar ist rudimentär). – Puppe schwarzbraun, mit 2spitzigem Aftergriffel. **Differentialdiagnose** gegenüber anderen Eulenpuppen: nierenförmige Dorsalgrube am 4. Abdominalsegment (vorn).
Ökologie: Falterflug: Ende März/Mai, meist Anfang April. Falter sitzen tagsüber an Nadeln und Zweigen; mit der Dämmerung beginnt das Schwärmen um die Kronenregion. – Eiablage (Abb. 640): in einreihigen Zeilen an vorjährige Nadeln (jeweils etwa bis 10 Stück). Eistadium: etwa 3 Wochen; während der Embryonalentwicklung deutlicher Farbwechsel von Weißlichgrün bis Grauviolett (kurz vor dem Schlüpfen). – Eiräupchen (mit honiggelber Kopfkapsel) fressen anfangs die glashelle Eischale, wandern zu den Maitrieben und befressen die jungen Nadeln. Erst Einhäuter benagen alte Nadeln, die vom Zweihäuter-Stadium an nur angenommen werden. Nadeln werden bis auf kurze Stummel verzehrt; gelegentlich wird die Rinde der Triebe benagt. – Es wird ausschließlich die Kiefer befallen; nur bei großem Nahrungsmangel geht die Raupe an andere Nadelhölzer, sogar Laubholz oder Gräser. – Verpuppung in einer mit Gespinstfäden ausgekleideten Höhle aus Kotkrümeln, Nadel- oder Moosteilchen in der Bodenstreu (an der Grenze zum Mineralboden). Über-

winterung als Puppe, obwohl Falter schon Ende August zumeist entwickelt ist (in der pupalen Hülle aber bis zum nächsten Frühjahr bleibt). – Vertilgerkreis: zahlreiche Vögel; Dachs, Spitzmäuse, Waldmäuse, Schwarzwild. Prädatoren: u. a. Spinnen; *Troilus luridus* (Pentatomid., Heteropt.), *Formica rufa* (Formicid.), *Vespa crabro* (Vesp. Hymen.), Cicindelidae, *Calosoma sycophanta* (Car., Col.), Staphylinidae, Coccinellidae (Col.); weiterhin Dipteren als Räuber beobachtet: *Laphria* spec. (Asilid.) und *Rhagio* spec. (Rhagionidae). Eine Raupen- und eine Puppen-Mykose sind beachtenswert. – Von den zahlreichen Parasiten seien nur jeweils einige angeführt: *Banchus femoralis* Thoms. (Ichn.); *Trichogramma evanescens* Westw. (Eiparasit, Chalc., Hymenopt.); *Ernestia rudis* Fall. (Tachinid., Dipt.); die beiden Hauptparasiten *(Banchus* und *Ernestia)* werden wieder von zahlreichen Hyperparasiten befallen (etwa von *Anthrax morio* L. [Bombyliidae, Dipt.]).

Wirtschaftl. Bedeutung: erheblich, weil der Fraß der Forleulenraupen durch das frühzeitige Einsetzen sehr schädlich werden kann. Kahlfraß schon im Juni; Knospen für das nächste Jahr sind dann noch nicht entwickelt. Einmaliger Kahlfraß bewirkt mithin u. U. schon das Absterben des Fraßbaumes. – Sind die Kronen nur teilweise mehrminder stark befressen, treten verschiedene Erscheinungen der Wiederbegrünung auf. Erholt sich die Kiefer, bleiben vielfach sogen. «Eulenspieße», wenn Wipfeltrieb mit den obersten Quirlen abstirbt. – Vor allem auftretend in 40–80jährigen Beständen («Bestandesschädling»), vorkommend auch in jüngeren (20) oder älteren (100) Altersklassen. – Erkennung eines Forleulenfraßes: vertrocknete Maitriebe mit Schadstellen; Entnadelung schnell fortschreitend. – Prognose: ähnlich den Maßnahmen bei Kiefernspanner-Befall; es werden also auch bei Forleulengradationen Puppensuchen durchgeführt, Gesundheitszustand der Puppen untersucht und das Geschlechtsverhältnis geprüft. Werden etwa 4–5 gesunde Puppen pro qm auf Probeflächen gefunden, ist der Bestand durch die nächstjährige Raupenpopulation gefährdet. Kiefern-Monokulturen vor dem Befall oft durch Immissionen vorgeschädigt.

Lymantriidae, Wollspinner; Trägspinner; Schadspinner

Kennzeichen, Ökologie und wirtschaftl. Bedeutung: mittelgroße bis größere Falter, plumper Habitus; meist behaart, mit breiten Flügeln und mit oft weitgehendem Geschlechtsdimorphismus (bei einigen Arten Weibchen nur mit Flügelstummeln). Fühler gekämmt. Vorderflügel oft mit dunklen Zackenstreifen (weißlich-grau), Hinterflügel bleicher, ohne Zeichnung. Ruhestellung der Flügel flach dachförmig; Flug meist des Nachts, selten tagsüber. Männchen mit Afterbusch, Weibchen oft mit starker Afterwolle. Eiablage in ganzen Gelegen («Spiegeln»). – Raupen 16füßig, mit dorsalen, abgestutzten Haarbüscheln («Bürsten») auf den mittleren Ringen oder mit je 6 oder 8 sternförmig behaarten Warzen auf jedem Ring. Am 6. und 7. Abdominalring dorsal mit je 1 trichterförmigen, ausstülpbaren, meist lebhaft gefärbten, nackten Warze (Sekret zur «Salbung» der Körperhaare nach jeder Häutung, damit sie sich aufrichten und auseinanderspreizen). – Verpuppung in einem mit Haaren vermengten, bisweilen doppelten Gespinst an der Fraßpflanze. Puppe hart, ohne Dornen, oft mit Haaren besetzt. – Hierher gehörig eine größere Anzahl wirtschaftlich bedeutender Arten.

An Laubholz

Calliteara (= Dasychira) pudibunda L., Buchenspinner; Buchenrotschwanz; Streckfuß

Kennzeichen: Falter (Abb. 677/678): Vorderflügel bräunlich (♂), hellgrau (♀) mit dunklen Querbinden. Hinterflügel heller, mit undeutlicher Querbinde. Fransen schwach gescheckt. Flügel-Spannweite: bis etwa 50 mm. – Raupe (Farbtafel 12, Abb. 74) meist grünlichgelb, seltener grau oder bräunlichgelb behaart, mit breiten, samtschwarzen Ringeinschnitten zwischen den 4 ocker-gelben Dorsalbürsten; am letzten Segment ein langer, schwachgebogener, rötlicher Afterpinsel. Kopfkapsel hellgrün. Körperlänge: 40–45 mm. – Puppe schwarzbraun, gelblich behaart mit rotbrauner Abdomenspitze, in einem gelblichen, stark mit Haaren vermischten Gespinst.

Ökologie: Flugzeit: Mai/Juni. – Raupen leben von Juni bis zum Herbst hin (Oktober) an verschiedenen Laubhölzern, besonders an Buchen, aber auch an Brombeeren. Feldkennzeichen: Raupen lassen sich bei Erschütterung zusammengeringelt zu Boden fallen und können in manchen Jahren in Mengen beobachtet werden, wie sie von einer Abteilung zur anderen über die Straße «wandern» (etwa an sonnigen Septembertagen). – Puppe überwintert. – An natürlichen Feinden sind Ichneumoniden, Tachiniden und unter den Vögeln der Kuckuck beobachtet worden.

Wirtschaftl. Bedeutung: im allgemeinen gering, da Fraß verhältnismäßig spät. Gelegentlich aber Massenvermehrungen; Fraßfolgen bei wiederholtem Kahlfraß: Zuwachs- und Mastverlust.

Euproctis chrysorrhoea L., dunkler Goldafter, Eichengoldafterspinner

Kennzeichen: Falter (Abb. 664): Vorder- und Hinterflügel reinweiß, Vorderflügel (♂) bisweilen am Innenwinkel mit einigen, feinen, schwarzen Punkten; Flügel-Spannweite: etwa 30 mm. Vorderkörper gleichfalls weiß; Hinterleib des ♂ rotbraun, beim ♀ in einem dicken, glänzend goldbraunen Haarschopf endigend. – Raupen (erwachsen) ohne Bürsten, dunkelgrau bis schwarz, bräunlich behaart, mit 2 roten Dorsallinien und jeweils einer aus weißen Strichen sich zusammensetzenden Laterallinie (Abb. 665). Auf dem 9. und 10. Ring je ein zinnoberroter, ringförmiger Wulst (einstülpbare Drüsen, deren Sekret zum Einreiben der Haare nach jeder Häutung dient). Körperlänge etwa 30 mm.

Ökologie: Flugzeit: Juni/August. – Eiablage in kleinen «Schwämmen» auf der Blattunterseite, wobei das ♀ den Eierhaufen mit den goldbraunen Haaren der Hinterleibsspitze umgibt. – Eiräupchen gesellig; Raupen verspinnen im Sommer mehrere Blätter zu einem gemeinsamen, weißen, filzigen Gespinst, das etwa hühnerei- bis faustgroß wird und in dem sie dann überwintern (Abb. 666). Zeitig im Frühjahr beginnen die Raupen erneut mit dem Fraß (anfangs an den sich gerade entfaltenden Knospen), wobei sie weiterhin Spinnfäden ausscheiden (charakteristisches Erkennungsmerkmal des Gold-afterfraßes) und zunächst immer noch zu ihrem Nest zurückkehren. – Verpuppung einzeln in einem aus Blattresten versponnenen Puppennest; kurze Puppenruhe. – Nur 1 Generation. – Vertilgerkreis: Meisen hacken die Raupennester auf.

Wirtschaftl. Bedeutung: oft Jahre hindurch nur vereinzelt, plötzlich gebietsweise Massenvermehrungen. In Obstplantagen dann beträchtliche Schäden; in der Waldbiozönose merklich schädigend an Eiche. Massenvermehrungen oft von Weißdornhecken ausgehend (übrigens wird der Weißdorn auch in der roten Varietät [der an Straßen häufig vorkommende «Rotdorn»] befressen). Die Gehölzstreifen der Autobahnen sind durch den Goldafter nicht selten stark befallen.

Leucoma (= Stilpnotia) salicis L., Pappelspinner; Weidenspinner; Ringelfuß

Kennzeichen: Falter: Flügel glänzend weiß, längs des Flügel-Vorderrandes schwach bräunlich. Flügel-Spannweite: um 45 mm. Abdomen gleichmäßig geformt, am Ende kaum zugespitzt, gelblichweiß mit dunklen Querbinden. Tarsen und Schienen schwarz und weiß geringt. Differentialdiagnose gegenüber *Hyphantria cunea* (Arct.) s. Seite 366. – Raupe schwarz (zumindest dunkel), lateral heller, mit jeweils 2 miteinander verbundenen, segmentalen, weißen (selten gelblichen) schildförmigen Dorsalflecken und mit roten Warzen. Körper stark behaart (Rückenflecken aber nackt). Länge: bis 45 mm. – Puppe: schwarzbraun, mit gelben Flecken; lange gelbe Behaarung; Cremaster stielförmig, in Dornenkranz endigend.

Ökologie: Flugzeit: Juni/Juli. – Eiablage: Eier werden mit einem weißen, schaumigen, erhärtenden Überzug abgelegt (sogen. «Schaumflecke»); Eier zumeist überwinternd. Bei ungewöhnlichen Witterungsverhältnissen Schlüpfen der Eiräupchen schon 2 Wochen nach der Eiablage, dann 2 Generationen. – Raupen befressen (April) Mai/Juni (Juli) Pappeln und Weiden, anfänglich die Blätter skelettierend, später verzehrend bis auf ein kleines, am Stiel verbleibendes Stück. – Verpuppung in lockerem Gespinst zwischen Blättern.

Wirtschaftl. Bedeutung: öfter durch Kahlfraß schädigend, besonders an der italienischen Pyramidenpappel (Mutation der Schwarzpappel) und an der Kanadischen Pappel.

An Laub- (und Nadel-) holz

Orgyia antiqua L. (= O. recens Hbn.), Schlehenspinner; Aprikosenspinner; kleiner Bürstenspinner

Kennzeichen: Falter: (♂) Vorderflügel rostbraun, mit dunklen Querlinien; im Innenwinkel mit weißem Fleck; Fransen dunkel gefleckt. Hinterflügel rostgelb. Flügel-Spannweite: 30–35 mm. (♀) mit nur kleinen Flügellappen; differentialdiagnostisch vom Frostspanner-Weibchen durch plumpes, wollig behaartes Abdomen zu unterscheiden. – Raupen sehr bunt (Farbtafel 12, Abb. 75); Kopfkapsel schwarz; sonst grau mit weißen Längslinien und segmentalen, leuchtend roten Warzen, weiterhin mit 4 gelben Dorsalbüscheln und seitwärts gerichteten «Pinseln»; Pinselhaare terminal kolbenartig verdickt. Körperlänge: etwa 30 mm. – Puppe gelblichgrau, in einem dichten Gespinst.

Ökologie: Flugzeit (♂♂): im Sommer (Juni) und Herbst (September/Oktober); bei einer Generation nur einmal, Juli/August. – ♀♀ sehr träge, daher Eiablage gleich auf dem Verpuppungsgespinst (Abb. 667); zumeist überwintern die Eier. – Raupen polyphag an Laub- und Nadelholz; bei der geringen Beweglichkeit der ♀♀ an anderer Stelle des Entwicklungsganges für die Verbreitung der Art «gesorgt»: Raupen wandern lebhaft. – Als Eiparasit ist eine Proctotrupide (*Telenomus dalmani* RATZEBG.) beobachtet worden.

Wirtschaftl. Bedeutung: meist schädlich an Obstbäumen; Schaden im allgemeinen nicht beträchtlich, da keine ausgesprochenen Gradationen auftreten. Raupen kommen jedoch auch in Fichten- und Kiefernbeständen vor; Puppengespinste werden dann nicht selten zahlreich bei Nonnengradationen zu den Prognoseuntersuchungen eingesandt.

Lymantria dispar L., Schwammspinner

Kennzeichen (Abb. 668/669; 671/672): Falter mit ausgesprochenen Geschlechtsunterschieden; ♂ in der Grundfarbe etwa graubraun, Vorderflügel mit dunkelbraunen, stark gezähnten Querstreifen und dunkel gefleckten Fransen; Hinterflügel einfarbig braun, mit dunklem Saumband und hellen Fransen. ♀: Kopf, Thorax, Vorder- und Hinterflügel weißgelblich, Fransen gescheckt, äußere Querstreifen auf den Vorderflügeln oft verloschen. Abdomen braun, dicht behaart. Beide Geschlechter auf den Vorderflügeln außerdem mit einem schwarzen Punkt und einem ebenso gefärbten V-förmigen Queraderfleck. Flügel-Spannweite: (♂) etwa 45 mm; (♀) bis 70 mm. – Raupen (erwachsen) ohne Bürsten, braun, büschelweise mit langen Haaren, mit 3 gelben dorsalen Längslinien und mit vorn blauen, hinten roten, mittleren Knopfwarzen; Kopfkapsel gelbbraun, dunkel genetzt mit 2 schwarzbraunen Längslinien (Farbtafel 13, Abb. 87). Körperlänge: bis 70 mm. – Puppe schwarzbraun mit rostgelben Haarbüscheln, mit wenigen Gespinstfäden an Unterlage befestigt.

Ökologie: Flugzeit: Juli/September, besonders ♂♂ schwärmen gern gegen

Abend. – Eiablage in Häufchen, vom ♀ mit den braunen Haaren des Hinterleibes bedeckt (damit einem Schwamm nicht unähnlich; Abb. 673/674; vgl. Abb. 675/676). Eier überwintern. – Raupen (ab April/Juli) sehr gefräßig, anfangs gesellig. – Die Raupen werden gern vom Kuckuck verzehrt, während Meisen und Goldhähnchen die «Eierschwämme» untersuchen. Unter den Parasiten dürfte die wesentlichste Art die Ichneumonide *Protichneumon disparis* PODA sein; als ausgesprochener Eiparasit ist *Anastatus disparis* RUSCHKA (Chalc.) beschrieben (KURIR, 1944).

Wirtschaftl. Bedeutung: 1869 nach Nordamerika eingeschleppt; dort infolge Fehlens d. Vertilgerkreises sich zu einem gefährlichen Schadinsekt (im Laubwald und im Obstbau) entwickelnd. Auch im heimischen Verbreitungsgebiet gelegentlich stärkere Schäden in Obstanbaugebieten oder in Laubholzbeständen (Eiche; Gegenspieler: Tachinen *Parasetigena silvestris* ROB.-DESV. und *Blepharipa schineri* MESN. [Lit.: MAIER und BOGENSCHÜTZ, 1988]). – Bisweilen mit Nonne zusammen in Nadelholzbeständen auftretend; zum Ansprechen der Falter vgl. die Abb. 668, 670, 671, 677, 679 und 682 unter Beachtung der Biotope. Niedrigdichtepopulation von *L. dispar* im Elsaß von einer Tachinen- **und** einer Braconiden-Art dominiert.

An Nadel- (und Laub-)holz

Lymantria monacha L.; Nonne, Nonnenspinner

Kennzeichen (Abb. 679/684): Falter mit harmonischer Farbenzusammenstellung; Vorderflügel schlohweiß mit 4 schwarzen Zickzackstreifen, Hinterflügel hellgrau oder bräunlichgrau mit hellen, schwarzgefleckten Fransen; Thorax weiß, schwarz gefleckt; Abdomen oberseits weißlich mit Längsreihe schwarzer Flecken, Abdomenspitze (♀) mit flamingoroter Tönung und etwas vorstehender Legeröhre, (♂) mit dichtem Haarbüschel. Fühler (♂) stark gekämmt, Beine zottig behaart. – In Zeichnung und Färbung variiert der Nonnenfalter oftmals beträchtlich; eine melane Färbungsvarietät als var. *eremita* O. bezeichnet. Bei den ♀♀ teilweise oder gänzliche Verdunkelung seltener auftretend. Verdunkelung der Grundfarbe auch bei den Raupen bekannt geworden, aber es zeigte sich, daß zwischen Imago- und Raupenmelanismus kein genetischer Zusammenhang besteht. Flügel-Spannweite: bis 45 mm. – Raupe (Farbtafel 13, Abb. 85; erwachsen): grünlich- bis graubraun; auf jedem Ring 6 bläuliche und rötliche Warzen mit dunklen Härchen; auf dem 2. Ring herzförmiger, schwarzer Fleck, hinten bläulich, seitlich weiß gesäumt; auf den folgenden Segmenten dunkler Rückenstreifen, der auf dem 7. und 8. Ring aussetzt (dadurch heller «Sattelfleck»). Auf dem 9. und 10. Ring je eine dorsale, rote, ausstülpbare Warze (die gerade den *Lithosia*-Raupen [«Flechtenspinner»; Arct., Lep.] fehlen; diese Raupen überwintern in den Bodenschichten). Körperlänge der Nonnenraupe: bis 50 mm. – Puppe dunkelbraun, bronzeschillernd; am «Halskragen» 2 schwarzblaue Haarbüschel, an der Körperoberfläche weißlich-gelbe, mitunter rötliche Haarschopfe (Farbtafel 13, Abb. 86).

Ökologie und wirtschaftl. Bedeutung: Flugzeit: Juli/August; ♂♂ und ♀♀ schwärmen besonders in den Abendstunden. – Eiablage: Eier (Abb. 676) werden mittels Legeröhre in Haufen von 20–100 unter borkigen Rindenschuppen (Abb. 675), in Rissen oder bei glattrindigen Stämmen unter Flechten abgelegt, in der Regel in den unteren Stammpartien; zu Zeiten einer Massenvermehrung Eibelag auch in höheren Stammregionen. – Bestandesinnere mit höherem Eibelag als die peripheren Bestandesteile, da Falter geschützte Regionen bevorzugen. – Embryonalentwicklung setzt sofort ein, aber junges Räupchen überwintert in der Eischale. Diapause dauert 7–8 Monate, länger als die gesamte übrige Lebenszeit des Insekts. Während dieser Latenzzeit sehr widerstandsfähig gegen äußere Witterungseinflüsse. Selbst die in manchen Gegenden bis auf $-40°C$ fallenden Temperaturen des Winters 1928/29 hatten eine Abtötung der abgelegten Eier nicht zur Folge. – Eifarbe bei Untersuchungen u. U. wichtig; so sind die etwa 1 mm großen Eier anfangs hellila bis fleischfarben, 4–6 Wochen nach der Eiablage dunkelbraun bis schwarz gefärbt (jetzt schimmert das fertig ausgebildete Räupchen durch). «Taube» Nonneneier behalten lila Farbe. Kurz vor dem Schlüpfen nehmen Eier perlmutter-weißliche Farbe an. – Räupchen schlüpfen April/Mai; halten sich zunächst dicht beieinander und sitzen in «Spiegeln» zusammen. Bei günstigen Witterungsverhältnissen nach wenigen Stunden, bei kühler und feuchter Witterung erst nach mehreren Tagen wandern sie zur Krone, dabei rege Spinntätigkeit (besonders über Astsparren «Nonnenschleier»). – Bei Beunruhigung spinnen sich die Raupen sofort ab. Selbst bei einer Windgeschwindigkeit von etwa $1^{1}/_{4}$–$2^{1}/_{2}$ m in der Sekunde erfolgt Abspinnen. Da über Nadelholzbeständen (besonders im Hochsommer) Aufwinde von 2–3 m in der Sekunde vorkommen, können die Eiräupchen direkt aus dem Kronendach über größere Strecken verweht werden; eine Verringerung der Sinkgeschwindigkeit bei den Ei- und Spiegelräupchen wird durch zahlreiche lange Schwebehärchen hervorgerufen. – Forstliches Verhalten: Raupen sehr polyphag, bevorzugen deutlich die Fichte; Fraß an Laubholz (etwa Buche) sehr verschwenderisch («Ankerfraß»). Bei der Fichte: Fraß zuerst an den Maitrieben oder an den austreibenden Knospen. Frühestens Zweihäuter verzehren vorjährige Nadeln, befressen Nadel von der Spitze her. Auftreten in Kiefernbeständen wirkt sich anders aus: die Kiefern treiben nicht so frühzeitig aus wie Fichten, daher finden Spiegelräupchen anfangs keine frischen Nadeln. Raupen fressen zunächst am Fichtenunterwuchs (sogar am Beerenkrautunterwuchs) oder aber die männlichen Blütenstände der Kiefer werden angenommen, Maitriebe bleiben erhalten oder werden erst von ausgewachsenen Raupen befressen. – Forstliche Bedeutung: da Fichte bei mehr als 70% Nadelverlust abstirbt (teils infolge Überhitzung des Kambiums durch Sonnenbestrahlung), während Kiefer einen solchen von etwa 90% ertragen kann, ist eine Gefährdung bei reinen Kiefernbeständen nicht so groß wie bei Fichtenreinbeständen (vor allem ist auch die Jungraupenernährung unterschiedlich). Bei beiden Holzarten setzt eine Wiederbegrünung nach Fraß ein, doch können zunächst wieder ergrünte Fichten (etwa nach «Lichtfraß») durch widrige Witterungsumstände im nachfolgenden Winter noch zum Absterben gebracht werden. Oder Nachfolgeschädlingen ist der Angriff zumindest erleichtert, weil die Bestände geschwächt sind. Sogen. «Nonnenresistenz» gewisser Fichten wird wahrscheinlich weniger durch unterschiedlichen Nahrungswert der Maitriebe und Nadeln hervorgerufen, sondern findet vielmehr in dem «späten Austreiben» eine ursächliche Erklärung; man kann bei der Fichte «Früh-» und «Spättreiber» unterscheiden. Andere Fraßgrad-Unterschiede treten je nach Lage des Befallsgebietes auf; Südränder werden durchweg stärker befressen als Bestände an Nordhängen. – Ende Juni/Anfang Juli Raupen ausgewachsen; wirtschaftlich-schädigende Fraßperiode dauert mithin ungefähr 2 Monate. Reife Raupe ist in Ritzen oder am Flechtenbesatz des Stammes mit einigen Gespinstfäden eingesponnen. Bei einer Massenvermehrung spinnen sich die reifen Raupen überall, auch in der Krone zwischen Nadeln oder in Laubholz zwischen Blättern, zur Puppenruhe an oder hängen frei am Stamm. Ruhestadium dauert 2–3 Wochen. – Verlauf einer Massenvermehrung in Fichtenreinbeständen zeigt sich im allgemeinen in mehreren Befallsstufen; zwei Vorbereitungsjahren folgen (ohne jegliche Gegenmaßnahmen) zwei Hauptfraßjahre und im fünften Jahr der Zusammenbruch der Übervermehrung («Krisis»). Fraßgrade: Naschfraß (1. Jahr), Lichtfraß (2. Jahr), Kahlfraß (ab 3. Jahr). – Kalamitätenverlauf in Kiefernbeständen oder in Mischbeständen aus Kiefer und Fichte durchschnittlich kürzer als in Fichtenreinbeständen; diese Erscheinung führt man auf die unterschiedlichen Klimaverhältnisse beider Bestandestypen zurück. Kiefernwald ist ein trockener, warmer Bestand, dessen Kleinklima (Lokal- oder Standortklima) die Entwicklung der Parasiten fördert und zugleich die Entwicklung der Nonnenraupen (die höherer relativer Feuchtigkeit bedürfen) hemmt. Freilich sind auch Kiefernreinbestände insofern gefährdet, als sich andere Schadinsekten (u. a. Kiefernspinner, Kiefernspanner, Forleule) gleichzeitig einfinden können. – Epidemiologisch ist vor allem die Zahl der gesunden Weibchen, die voraussichtlich zu einer Eiablage gekommen ist, für die Vorhersage etwaiger Schäden in der nächsten Fraßperiode aufzufinden. Daher zeigt sich, daß die lebende Puppe zur Prognosestellung nicht geeignet ist, sondern die Puppenhülsen-Suche einen Einblick in die Probestamm-Population eines Jahres ermöglicht. Es erfolgt die Untersuchung des Geschlechtsverhältnisses; selbst an den Hülsen kann noch an der Form der Geschlechtszeichen (ventral vor dem Cremaster) das Geschlecht des geschlüpften Falters festgestellt werden. Von allen normalgeschlüpften Puppen sind die der ♀♀ ausschlaggebend, da diese als Weibchen geschlüpften Falter sehr wahrscheinlich zur Eiablage gekommen sind und somit als Weiser für die Befallsstärke der Raupenpopulationen im darauffolgenden Sommer in Betracht zu ziehen sind. Es erfolgt daher eine Berechnung der voraussichtlich abgelegten Eier (je größer der Eivorrat im Abdomen des geschlüpften weiblichen Falters war, desto breiter ist die Puppenhülse an bestimmten Ringen) und gleichzeitig eine Untersuchung der Sterblichkeitsfaktoren bei den Puppen, die Aussonderung vorjähriger Puppenhülsen und Vorpuppen und die Feststellung, ob etwa andere Großschädlinge noch in beträchtlicher Besatzdichte auftreten. – Einzelheiten über die Phasen der Gradation und ihre Differentialmerkmale sind in einschlägigen Veröffentlichungen enthalten [BRAUNS, 1941 u. 1944; WELLENSTEIN, 1942]; dort sind auch eingehend die Verfahren zur Ermittlung der Ausdehnung der Befallsgebiete und die Untersuchungen zur Feststellung des Gradationsstandes geschildert. – Vertilgerkreis: sobald als Zeichen einer beginnenden Massenvermehrung ein relativ hoher Weibchenanteil festzustellen ist, tritt demgegenüber der Vernichtungsquotient noch zurück, d. h. die Feinde können sich nicht sogleich auf die im Ansteigen begriffene Vermehrung einstellen. Trotzdem sind es aber später vornehmlich biotische Faktoren, die den Zusammenbruch einer Massenvermehrung herbeiführen. Aus der großen Zahl der Feinde seien nur wenige, häufige Arten aufgezeigt [BRAUNS, 1944 u. v. VIETINGHOFF-RIESCH, 1951]. – Einmal wird die Zahl der Eier von Vögeln beträchtlich dezimiert; als Eiräuber konnten u. a. Meisen, Kleiber, großer Buntspecht, Eichelhäher festgestellt werden. Die Vögel, die die einzelnen Metamorphosestadien verfolgen, lassen sich in verschiedene Gruppen aufteilen: Hauptvertilger, Vertilger zweiter Ordnung, Gelegenheitsvertilger. Zu den Hauptvertilgern gehören etwa Kohl-, Hauben- und Tannenmeise; Eichelhäher und für die Raupen besonders: Buchfink, Trauerfliegenschnäpper und Kuckuck. Zu den Vertilgern zweiter Ordnung werden gerechnet: u. a. Goldhähnchen, Kleiber, Schwanzmeise, Waldbaumläufer usf. Gelegenheitsvertilger sind u. a. großer Buntspecht, Ziegenmelker (Falter), Drosselarten usf. Außerdem werden die Eigelege dezimiert durch Larven der Kamelhalsfliege (*Raphidia ophiopsis;* Neuropt.), Raubwanzen und vermutlich auch von Spinnen. Aus Nonneneiern sind die verschiedensten Eiparasiten gezogen worden. Protozoen und Bakterien vernichten Eier; sehr gefährdet sind Nonneneier durch *Formica rufa* (Formic.; Hym.). – Falter, durch Färbung mehrminder auffällig, werden außer von Vögeln, von Fledermäusen und der Waldspitzmaus und schließlich von Odonaten (*Libellula depressa;* Anisopt.) vertilgt; von Fadenwürmern (Nematodes) soll *Mermis albicans* v. SIEBOLD, heute dem Genus *Hexamermis* STEINER eindeutig zugeordnet, gelegentlich die Nonnenweibchen verlassen. Die Gesamtlänge der parasitischen Mermithiden-Weibchen beträgt etwa 10 cm. Nach neueren Untersuchungen kommt aber Barbara RATHKE (1952/56) zu dem Schluß, daß nicht an der Anschauung festgehalten werden kann, *Hexamermis albicans* besitze «einen großen Aktionsradius in der Wahl ihrer Wirte»; sie fand die fragliche Mermithide in der Nähe von Erlangen nur in der Bernsteinschnecke *Succinea putris* L., in ganz vereinzelten Fällen auch in der Ackerschnecke *Agriolimax agrestis* L. und in einigen Arthropoden. Vielleicht handelt es sich bei der Nonnen-Mermithide um *Mermis nigrescens* DUJARDIN, die bei Insekten im wesentlichen zu finden ist (vgl. auch STAMMER, in litteris) und «in der Literatur bezüglich der großzügigen Wirtswahl gleich hinter *Hexamermis albicans* rangiert» (Rathke). – Am leichtesten angreifbar ist die Raupe; anfängliche Frühlingswärme mit nachfolgenden Frösten und dadurch bedingtem, verspäteten Austreiben der Fichte können zwar vorher schon viele Jungräupchen zum Absterben bringen. Den Raupen stellen viele Prädatoren und Parasiten nach; da für die Prognose die Beschädigungen an den Vorpuppen und Puppen zur Unterscheidung der verschiedenen Vertilger wesentlich sind, erfolgt hier keine Aufzählung nach dem System. Aus der Gruppe der Protozoa sind Erreger tödlicher Erkrankungen bekannt geworden. Bedeutendsten Anteil an der Vernichtung nehmen zweifellos aber die entomophagen Insekten ein. Neben den Arachnoiden (etwa Finsterspinnen [Amaurobiidae], Springspinnen [Salticidae], Krabbenspinnen [Thomisidae]), Formicidae *(Formica rufa)*, Sphegidae (*Ammophila sabulosa*, die Sandwespe), Tachinidae und Ichneumonidae. Das Hauptkontingent der in Nonnenschadgebieten auftretenden Tachinenarten stellt *Phorocera silvestris* Rob.-Desv. Beachtenswert ist, daß die Weibchen ihre Eier fast nur an ältere und kaum an kranke Raupen legen. Die reifen Tachinenmaden bohren sich erst aus der Nonnenpuppe (an den Intersegmentalhäuten, auch an der Fühlerscheidennaht) aus; Ausbohrstelle schlitzartig, verkrustet. Als Hyperparasiten (mithin als Parasiten der Tachinenlarven) wurden beobachtet: *Hemipenthes morio* L. (Bombyliidae; Dipt.), *Megaselia* spec. (Phoridae; Dipt.) und *Monodontomerus virens* Thoms. (Chalcididae; Hym.). Die Ausschlupfstellen aus der Nonnenpuppe von *Monodontomerus* sind kreisrund, 1 mm im Durchmesser (vgl. Abb. 860). Ausschlupflöcher der bei Nonnenraupen parasitierenden Ichneumoniden aus deren Puppenstadien gegenüber den Beschädigungen durch die Tachinenmaden mit scharfer Kante (vgl. Abb. 859 mit 861); Kokon der Schlupfwespen verbleibt im Innern der Nonnen-Puppenhülsen. Typische Schlupfwespen als Parasiten sind: *Protichneumon disparis* Poda (Schlupfwespe hebt kreisrunden Deckel am Vorderende der Nonnenpuppe ab); *Pimpla instigator* Scop. (Abb. 273) und *P. capulifera* Kriechb. (Schlupfloch-Ränder bei diesen Gattungsangehörigen unregelmäßig gezackt). Andere Schlupfwespen-Verwandte verlassen nach erfolgter Parasitierung noch die Raupe: so verpuppt sich die Braconide *Meteorus versicolor* Wesm. in hängenden Kokons nahe der toten Nonnenraupe oder die Braconide *Apanteles melanoscelus* Ratzeburg auf dem ausgefressenen Raupenkörper in angesponnenen Kokons («Raupeneier»). Raupen und Puppen werden weiterhin von Raubkäfern und Wanzen dezimiert; ihre Fraßbeschädigungen an den Vorpuppen und Puppen sind für die Prognosestellung beachtenswert; oval geformte, klaffende Fraßstellen zeigen die räuberische Tätigkeit von *Calosoma sycophanta, C. inquisitor* (Carab. Col.) an, kleine Einstiche (ähnlich dem Einstechen mit einer Fichten- oder Kiefernnadel) zeigen die erfolgte Saugtätigkeit an von *Picromerus bidens* (Pentatomid., Heteropt.). – Außer diesen zahlreichen tierischen Feinden können auch andere ausmerzende Faktoren wie Verpilzung (etwa durch *Beauveria bassiana* [Bals.] Vuill. verursacht, als Mykose bekannt unter «Kalksucht», auch beobachtet bei Kiefernspinner, Kiefernspanner, Forleule) eine Lichtung in der Populationsdichte hervorrufen. Die verpilzten Präpuppen und Puppen äußerlich an dem weißen Belag zu erkennen. Aus den Zwischenring-Häuten oder aus der Naht der Fühlerscheiden sprießen die Hyphen hervor. Bei den Altraupen tritt Belag anfangs unterhalb der Kopfkapsel auf, von hier wuchert der Pilz weiter, bis mitunter die ganze Präpuppe in einen Pilzmantel eingehüllt erscheint. Vielleicht geht der Mykose eine Bakteriose voraus (?). – Oft erst in der 3. oder 4. Fraßperiode bricht dann die «Raupencholera» (Polyederkrankheit; Polyedrie), eine Virose, aus. Virulenz kommt erst gegen Ende einer Nonnen-Übervermehrung im allgemeinen zur höchsten Entfaltung, obwohl die Krankheitskeime zweifellos latent immer vorhanden sind. Felddiagnose: Raupen spinnen sich vielfach ab, kriechen unruhig umher; weit häufiger aber (jedenfalls in Fichtenbeständen) «erklettern» sie die Wipfel der befallenen Stämme (daher als «Wipfelkrankheit» bezeichnet), drängen sich zusammen, fressen nicht mehr, verfärben sich und hängen hier, nur mit einigen Bauchfüßchen angeklammert, schlaff an Trieben und Nadeln. Körperinhalt wird zu einer bräunlichen Jaucheflüssigkeit, trocknet ein; nach diesen letzten Krankheitszeichen diese Seuche auch «Schlaffsucht» (fälschlich «Schlafsucht») genannt. Bezeichnung «Flacherie» [flache = schlaff] früher noch für diese Polyedrose angewendet, bezieht sich aber auf eine polyederfreie Krankheit der Seidenraupe. – Mikroskopische Diagnose: die «Polyeder» sind etwa 3/1000–15/1000 mm große, lichtbrechende Gebilde, die beim Höhepunkt der Krankheit in allen Zellkernen der Organe (außer in den Epithelzellen des Darmes) und in den Blutkörperchen aufzufinden sind.

Großkalamitäten: Erst seit dem Ende des 18. Jahrhunderts sind Einzelheiten über Nonnenvermehrungen bekannt geworden. Verheerendster Fraß: 1845; Entstehungsherd: ein russ. Gouvernement; 1853 griff die Gradation auf Ostpreußen über. Insgesamt befallen: über 400000 qkm Waldflächen; auf 140000 ha mußten fast 184 Mill. Raummeter geschlagen werden. – 1888/92 in Bayern: fast 5300 ha Fichtenbestände und mit Kiefern untermischte Bestände kahlgefressen; Holzanfall: 2,6 Mill. fm. – Görlitzer Heide (Schlesien): Kiefernbestände (jedoch zumeist mit Fichtenunterbau), 1906/08 eine starke Gradation; August 1906 schwärmen die Falter bis in die jüngsten Stangenhölzer und Dickungen; nach der Fraßperiode 4 cm hohe Raupenkotdecke in den Jagen. – Nonnenkalamitäten jüngeren Datums: 1933/37 in Ostpreußen; 1939/44 in Mittelgebirgsrevieren (u. a. Anhalt, Thüringen, Bayern); damals wurden mindestens 2400 ha mit Gift bestäubt, um die Bestände zu retten. 1947/50 in Franken/Oberpfalz, ostelbischem Kieferngebiet; Österreich. – Neuerdings besteht die Aussicht, zur Prognose auch beim Auftreten der Nonne Pheromonfallen aufzustellen; der Lockstoff mußte dafür erst synthetisch hergestellt werden, um diese Methode in der Praxis in großem Umfang einsetzen zu können. Mit Pheromonfallen konnte man damit neuerdings für jede Phase der Gradation eine entsprechende Anzahl von Falterfängen feststellen (SKATULLA, 1989). – [Nachtrag einer Großkalamität: Polen (1981–1984): ca. 4 Mill. ha befallen].

Rhopalocera, Tagfalter

Vielfach farbenprächtige, schlanke Falter mit großen Flügeln (die in der Ruhe nach oben zusammengelegt werden); **Fühler am Ende kolbig verdickt.** Raupen zumeist nackt; Puppen ohne Kokon. – Den «Abend- und Nachtfaltern» gegenüber mit weit geringerer Artenzahl, als Tagflieger (im Sonnenschein) so auffallend, daß einige Arten für die Waldbiozönose benannt werden müssen.

Pieridae, Weißlinge

Vorwiegend von weißer oder gelber Färbung; häufig mit Geschlechtsdimorphismus. Gürtelpuppen. – Verwandt mit dem Kohl- und dem Rapsweißling:

Aporia crataegi L., Baumweißling

Kennzeichen (Abb. 685): gelblich-weiß mit schwarzen Adern, ohne jeglichen dunklen Spitzenfleck am Vorderflügel; ♀ zumeist noch dünner beschuppt als ♂. Flügel-Spannweite 60–65 mm. – Raupe grau mit feiner Behaarung, mit 2 dorsalen, bräunlich-roten, unterbrochenen Längsstreifen und rötlichgelbem Lateralstreifen; Kopfkapsel und Brustfüße schwarz. Erwachsene Raupe: 40 bis 50 mm. – Kantige Gürtelpuppe, gelblich-weiß mit schwarzen Flecken.

Ökologie: in manchen Jahren selten, in anderen wieder so häufig, daß man von einer Massenvermehrung sprechen kann. Welche Ursachen die Vermehrung plötzlich derart begünstigen, ist bisher nicht geklärt. – Flugzeit im Juni/Juli; die Falter besuchen nicht nur blühende Pflanzen, sondern finden sich (etwa auf Holzabfuhrwegen) an Pfützen oder Wagenrinnen ein oder trinken auch auf feucht-sumpfigen Arealen (Unterscheidungsmerkmal gegenüber dem Kohlweißling, *Pieris brassicae* L.). – Die kegelförmigen, gelben Eier werden auf der Blattspreite von Vogelbeere (Eberesche), Schwarz- und Weißdorn, auch von vielen anderen Laubbäumen, haufenweise abgelegt, meist an den äußersten Zweigen. – Anfangs nur Schabefraß der geselligen Räupchen auf den Blattoberseiten («Eigemeinschaften»); befressene Blätter krümmen sich, vertrocknen, werden zusammengesponnen und in diesen «kleinen Raupennestern» überwintern die bis 7 mm langen Räupchen in einzelnen Kokons. – Bei sonnigem Frühjahrswetter befressen die Raupen dann die Knospen und zerstreuen sich bald in der Baumkrone. – Verpuppung am Stamm, besonders gern in den Astgabeln.

Wirtschaftl. Bedeutung: Fraßschaden kann in Obstanbaugebieten erheblich sein; im Walde gelegentlich an Eichen schädigend auftretend.

Gonepteryx (= Rhodocera) rhamni L., Zitronenfalter

Kennzeichen, Ökologie und wirtschaftl. Bedeutung: ♂ mit zitronengelben, ♀ mit grünlichweißen Flügeln; beide mit orange gefärbten Mittelflecken, die auf den Hinterflügeln größer sind. Vorderflügel besonders mit rotbraunen Randstrichen. Flügel-Spannweite etwa 60 mm. – Raupen mattgrün mit schwachen, weißlichen Lateralstreifen (Abb. 686), Kopfkapsel grün. – Gürtelpuppe ebenfalls grün und mit dickem vorgewölbten Thorakalabschnitt. Überwinterung als Imago unter Blättern nahe der Bodenschicht; Falter erscheint am ersten sonnigen Frühlingstag. Ausgesprochen heliophiles Waldrandinsekt. Eiablage an die Unterseite der sich entfaltenden Blätter von Kreuzdorngewächsen, zumeist vom gem. Faulbaum (*Frangula* [= *Rhamnus*] *alnus* MILL.). – Wirtschaftlich indifferent. – Abb. 967/969.

Satyridae, Augenfalter

Differentialdiagnostisch kennzeichnend die oberseits in geringer Anzahl, unterseits der Flügel in Vielzahl auftretenden Augenringe (vielfach in einer hellen Binde angeordnet). Vorderbeine bei beiden Geschlechtern rudimentär. Falter fliegen zumeist langsam, fast hüpfend über grasigen Flächen, wo auch die Weibchen ihre Eier einfach fallen lassen. – Raupen mit «Schwanzgabel» statt mit Nachschiebern, an den Gräsern. – Stürzpuppen oder Verpuppung in lockerem Gespinst im Boden. – Wirtschaftliche Bedeutung nicht gegeben, daher seien vornehmlich nur die Kennzeichen der Imagines aufgeführt.

Erebia ligea Esp., Großer Mohrenfalter

Eintönig dunkelbräunlich mit zahlreichen schwarzen, beim ♀ stets weißgekernten, Augenflecken in rotbraunen Binden (Abb. 687). Flügelrand schwarzweiß gescheckt. Flügel-Spannweite etwa 50 mm. – Flugzeit: Juli/August. – Falter fliegen gern auf begrasten Lichtungen der Laubholzbestände, auf Waldschneisen, auf breiten Holzabfuhrwegen und auf waldrandnahen Wiesen.

Pararge aegeria L. ssp. egerides Stgr., Queckenfalter

Schwarzbraun mit bleichgelben Flecken (Abb. 688); im heimischen Faunengebiet meist nur diese Unterart vertreten. Flügel-Spannweite etwa 45 mm. – Flugzeit in 2 Generationen im Frühjahr und im Sommer. – Typische Waldart, Falter spielen im Wald um Gebüsch oder auch über Laub am Boden im Sonnenschein. – Raupen an Wald-Gramineen (u.a. *Triticum*-, *Poa*-[Rispengras] u. *Brachypodium*- [Zwenke-] Arten). Als Raupe oder Puppe überwinternd.

Nymphalidae, Edelfalter

Diese Familie enthält bei uns die farbenprächtigsten Arten, bei denen Ober- und Unterseite der Flügel gänzlich verschieden sein können; ausdauernde Flieger, einige von ihnen auch zu den «Wanderfaltern» gehörig, die also mehr oder weniger regelmäßig Wanderungen, einzeln oder in Schwärmen, in andere Gebiete unternehmen (WILLIAMS, 1961). – Vorderbeine in beiden Geschlechtern zurückgebildet; die Vorderextremitäten zum Laufen also unbrauchbar, werden daher aufrecht getragen und häufig sieht man den Falter den Kopf mit diesen «Putzpfoten» putzen. – Raupen häufig mit Kopfhörnern *(Apatura)* oder mit Fleischzapfen und Dornen *(Limenitis);* die Stürzpuppen am Cremaster frei aufgehängt. – Da die wenigen, hierher gehörigen typischen «Waldarten» wirtschaftlich indifferent sind, seien vornehmlich nur für die Falter die Kennzeichen angegeben.

Apatura iris L., Großer Schillerfalter

Flügel oberseits schwarzbraun; ♂ (Abb. 693) mit hochblauem Schiller, der dem mehr hellbräunlich gefärbten ♀ fehlt. Beide Flügel mit weißer Fleckenbinde, auf dem Vorderflügel stark gebrochen, auf dem Hinterflügel mit einer nach hinten gerichteten Spitze. Flügel-Spannweite etwa 70 mm. – Flugzeit: Juni/Juli, in Laubholzbeständen. Beim Ansprechen beachten, daß die Falter sich gern auf Exkremente jeglicher Art, auch auf Aas, setzen und trotz Störung nach einiger Zeit wieder zurückkehren. – Die etwa Ende Juli erscheinenden Räupchen braunschwarz, ohne Kopfhörner; nach der Überwinterung grün mit 2 Kopfdornen (Spitze blau mit roter Gabel). – Fraßpflanzen: Salweide (*Salix caprea* L.), auch aschgraue Weide (*S. cinerea* L.).

Apatura ilia Schiff., Kleiner Schillerfalter

Dem großen Schillerfalter auffallend ähnlich, vor allem aber fehlt der Zahn an der weißen Hinterflügelbinde. Flügel-Spannweite geringer, höchstens bis 60 mm. – Flugzeit schon Ende Mai beginnend. – Raupen (mit vorn geschwärzten Kopfhörnern) auf Zitterpappeln (Espen).

Limenitis populi L., Großer Eisvogel

Dunkelbraun mit weißer, auf den Vorderflügeln in einzelne Flecken aufgelöster Mittelbinde und mit einem weißen Querfleck (Abb. 690). Vor den bläulichweißen Flügelaußenrändern eine vorn bald verlöschende, hinten deutliche orangefarbene Mondfleckenreihe. Falter variieren in der Färbung, besonders bei den ♂♂ sind die weißen Flecken und Binden zumeist dunkel bestäubt. Flügel-Spannweite bis 80 mm. – Flugzeit: Juni/Juli, auf Waldwegen, an Waldrändern, setzt sich gern auf feuchte Areale. Nicht häufig. – Raupen auf

Zitterpappeln, in einem zusammengesponnenen Blatt am Zweigende überwinternd.

Limenitis camilla L., Kleiner Eisvogel (syn. *L. sibilla* L.)

Kleiner als der große Eisvogel, Flügel-Spannweite höchstens bis etwa 60 mm. Die orangen Mondfleckenreihen auf den Flügeln fehlen; die weißen Flecken auf den Vorderflügeln fast zu einer Querbinde geordnet (Abb. 694). – Flugzeit: Mitte Juni/Mitte August, fliegt in feuchten, lichten Laubholzbeständen. – Raupen an Geißblatt (*Lonicera periclymenum* L.), also an Waldrändern.

Araschnia levana L., Landkärtchen

Beispiel für Saisondimorphismus. Frühjahrsgeneration *levana* L. (Abb. 691) mit bräunlichen Flügeln, mit vielen in der Größe unterschiedlichen, schwarzen und wenigen weißen Flecken (Flugzeit etwa Ende April/Mitte Juni), während Sommerform (von LINNÉ seinerzeit als *A. prorsa* bezeichnet) schwarzbraun gefärbt ist (Abb. 692) und auf den Flügeln eine (auf den Vorderflügeln unterbrochene) weiße Querbinde aufweist (Flugzeit: Mitte Juli/August). Flügel-Spannweite etwa 35 mm (Sommergeneration etwas größer). – In lichten, feuchten Laubholzbeständen, auf Waldwiesen und an Waldrändern. Raupen gesellig an Brennesseln; durch 2 Kopfdornen von den dort gleichfalls gesellig vorkommenden schwarzen Jungraupen des Tagpfauenauges (*Vanessa* [= *Inachis*] *io* L.) unterschieden (Abb. 1001 ff.). – Puppe überwintert.

Argynnis paphia L., Kaisermantel; Silberstrich

Häufigster Perlmutterfalter, dessen ockergelbe Flügel bindenartig angeordnete dunkelbraune bis schwarze Flecken aufweisen (Abb. 689). Kennzeichnend die auf der Unterseite der Hinterflügel sich zeigenden, wie Perlmutter schimmernden silbernen Striche auf grünlichem Untergrund. Flügel-Spannweite bis 70 mm. – Flugzeit: Ende Juli/Anfang September. In Laubwäldern auf Waldwiesen und an Waldwegen vorkommend, gern als Blütenbesucher an Brombeeren. – Raupen an Waldveilchen, aber auch an Himbeeren und im Ei überwinternd.

Diptera, Zweiflügler

Kennzeichen: Die systematische Abgrenzung der Zweiflügler im Imaginalstadium ist anderen Insekten gegenüber eindeutig, weil die Dipteren (wie der Vulgärname und die wissenschaftliche Bezeichnung besagen) lediglich über 2 Flügel verfügen. Nur die Vorderflügel entwickelt, während an Stelle der

Hinterflügel stecknadelähnliche Gebilde (Schwingkölbchen oder Halteren) treten.

Das Problem der Halterenfunktion hat seit über $2^1/_2$ Jahrhunderten die Naturforscher immer wieder beschäftigt, ohne daß man zu einer Lösung gekommen wäre, die von allen Bearbeitern einstimmig anerkannt wird. Die Schwingkölbchen enthalten zahlreiche propriorezeptive Organe, orientieren das Tier im Raum und arbeiten gleichzeitig als «Kreiselstabilisatoren», aber auch als «Stimulatoren» für die Flugbewegung. Die Funktionen sind durchaus nicht bei allen Zweiflüglern gleich; es kann bei einzelnen Arten die eine oder andere Funktion stärker hervortreten oder bei flugträgen, brachypteren und apteren Formen scheint der Wirkungsbereich der Schwinger offensichtlich nicht auf die Flügel allein beschränkt zu sein [BRAUNS, 1939 u.1954]. Nach NACHTIGALL (1968) sind Halteren vielleicht ein Sinnesorgan zur Lagekontrolle. «Er vergleicht sie mit einem Kreiselkompaß mit Servomechanismus und mit der Selbststeuereinrichtung von Flugzeugen (‹Autopilot zur dynamischen Flugstabilitätskontrolle›)» (HENNIG, 1973). In neueren Untersuchungen sprechen GERBERA NALBACH und R. HENGSTENBERG (1986) die Halteren (zumindest bei *Calliphora*) von ihrer Physik her als Geschwindigkeits- und nicht als Beschleunigungssensoren an (weitere Literatur unter HENGSTENBERG, 1988). – Trotz Ausbildung nur eines Flügelpaares stellen die Dipteren andererseits wieder ein starkes Kontingent zu jener Formengruppe, die ausgesprochene Flügelreduktion selbst der noch verbliebenen vorderen Flugbewegungsorgane zeigen. So finden wir die verschiedenartigsten Übergänge zwischen beginnender Flugunlust (ohne Veränderung der Flügel), Einschmelzung der Flügelfläche bis zu vollkommenem Fehlen der Vorderflügel. Trotzdem sind meist die Halteren (wenn auch oft nur in mikroskopisch kleinen Rudimenten mit funktionsfähigen Sinnesorganen) erhalten. In ihrer großen Mehrheit gehören die Zweiflügler aber zu den fluggewandtesten und damit zu den flüchtigsten Fliegern unter den Insekten.

Zur Nahrungsaufnahme besitzen die erwachsenen Dipteren einen Saug- oder Stechrüssel; bei wenigen räuberisch lebenden Formen sind Mandibeln vorhanden.

Alle Zweiflügler zeigen einen ruhenden Puppenzustand, haben also eine vollkommene Verwandlung («holometabol», vgl. S.297).

Neben den Imagines, die vornehmlich durch besonderes biologisches Verhalten oder durch ausgezeichnete Färbung in der Waldbiozönose auffallen, sind es vielfach auch die Larven (seltener die Puppen), die dem interessierten Freilandbeobachter des öfteren begegnen. Während nun der Habitus eines erwachsenen Dipters so geläufig ist, daß er nicht weiter gekennzeichnet zu werden braucht, zeigt sich die Gestalt der Larve derart mannigfaltig, daß bei einer Charakterisierung des aktiven Entwicklungsstadiums gegenüber anderen Insektenraupen und -larven beträchtliche Schwierigkeiten auftreten. Es gibt eben kein Differentialmerkmal, das die Zweiflüglerlarven insgesamt vor allen anderen Insektenlarven auszeichnet. Freilich wird das Fehlen von gegliederten Extremitäten angeführt, aber diese Besonderheit finden wir bei vielen Insektenlarven anderer Ordnungen wieder. Lediglich in der Kombination mehrerer Kennzeichen, die teilweise auch als Feldkennzeichen gelten können und bei den einzelnen Familien u. U. aufgeführt werden, lassen sich manche Larvenformen als Entwicklungsstadien der Zweiflügler identifizieren. Es können im folgenden zumindest einige Charaktermerkmale hervorgehoben werden, die das Ansprechen erleichtern [BRAUNS, 1954; FERRAR, 1987; SMITH, 1990].

Vorherrschend ist die wurmförmige Körpergestalt, obwohl depresse Formen durchaus auftreten und nicht selten zu Verwechselungen mit anderen Larvenformen führen. Da die Segmentierungsverhältnisse sich nicht immer eindeutig zeigen, sind diese weniger zu beachten; taxonomisch wichtig ist lediglich die Ausgestaltung des letzten Körper-Ringes, wobei vielfach Körperanhänge oder Skulpturelemente der Cuticula eine gewisse Bedeutung haben. – Die Feststellung der Körperfarbe wird bei Freilandbeobachtungen neben der Berücksichtigung des Habitus und der Fixierung typischer Verhaltenseigenarten häufig das erste Ansprechen bestimmen. Außer der zahlreich vertretenen weißlichen, gelblich-weißen und schmutzig-weißen Farbtönungen sind asch- und schwarzgraue Formen, in den Bodenschichten auch hellbräunliche, olivbraune bis dunkelschwarzbraune Farbtypen vertreten. Daß aber auch lebhafte Färbungen unter den Dipterenlarven zu finden sind, zeigen die Darstellungen: Abb. 99–102. In Alkohol oder anderen Fixierungsflüssigkeiten abgetötetes Larvenmaterial zeigt stets erhebliche Verfärbungserscheinungen.

Eine exakte Determination einer aufgefundenen Zweiflüglerlarve ist freilich erst durch eine mikroskopische Untersuchung gegeben. Dabei ist das wichtigste differentialdiagnostische Merkmal gegenüber anderen Insektenlarven und auch der einzelnen Formen untereinander die Kopfbildung. Von den «eucephalen» Dipterenlarven, bei denen eine vollständige Kopfkapsel erhalten ist, bis zu den «acephalen» Larvenformen, denen ein äußeres Kopfskelett völlig fehlt, finden wir wieder mannigfache Übergänge, zu denen etwa die «hemicephalen» Metamorphosestadien der Schnaken (Tipulidae) und Stelzmücken (Limnobiidae) gehören. Wesentlich bei allen drei Kopfbautypen ist dann die Ausgestaltung des Innenskeletts des Larvenkopfes, die im großen und ganzen eine Zuordnung aufgefundener Larven zu den einzelnen Familien gestattet, innerhalb einer Gruppe aber oftmals auch eine gewisse Einförmigkeit feststellen läßt, die die Bestimmung erschweren kann. Die Ausgestaltung des larvalen Kopfinnenskelettes ist übrigens in den einzelnen Stadien, die bis zum Ruhestadium durchlaufen werden, zumeist unterschiedlich, so daß bei detaillierten Untersuchungen möglichst eine verpuppungsreife Larve vorliegen muß. – Larvenaugen (Stemmata) lassen sich vielfach feststellen, aber sind oft derart klein, daß durch sie keine verschiedenen Abschnitte auf den seitlichen Platten (Epikranialplatten; Lateralia) einer eucephalen Kopfkapsel unterteilt werden. Man nimmt an, daß die Stemmata funktionell allenfalls für ein undeutliches Richtungs- und Bewegungssehen geeignet sind, da Pigment vorhanden ist, aber jegliche lichtsammelnden dioptrischen Apparate fehlen.

Von gleichem Wertigkeitsrang wie der Kopfbau ist für eine exakte Determination wesentlich die Stigmenverteilung und der Bau der Stigmen. Gelegentlich gelingt das Erkennen besonders gefärbter Stigmen beim Ansprechen der Larvenformen im Freiland; in solchen Fällen wird auf diese auffälligen Merkmale unter den Feldkennzeichen aufmerksam gemacht. Im allgemeinen dürfte aber auch die Formbildung des Respirationssystems, obwohl bei der Bestimmung der verschiedenen Larvenformen maßgeblich, nur bei mikroskopischen Untersuchungen festzustellen sein.

Bei den Puppen lassen sich gleichfalls taxonomisch wesentliche Merkmale für die Differentialdiagnose herausarbeiten, wobei der Habitus, die Form der Kopfanhangs-, Flügel- und Extremitätenscheiden, die Stigmenverteilung, die Art der Borsten- und Dornenkränze und schließlich die Ausgestaltung des letzten Hinterleibsringes zu den verwertbaren Gestaltsverhältnissen gehören. Zur Schnellorientierung beim Auffinden von Zweiflüglerpuppen im Biotop sei an folgenden Typen festgehalten, obwohl auch hier schon ein neues Klassifikationssystem (freilich ohne deutsche Vulgärbezeichnungen) vorgeschlagen wurde: freigliedrige Puppen (bei denen die Körperanhänge abstehen), Mumienpuppen (bei denen die Anhänge mit dem Rumpf verklebt sind) und Tönnchenpuppen oder Puparien (bei denen sich das letzte Larvenstadium innerhalb der verhärteten Cuticula des vorletzten Stadiums verpuppt). Die beiden ersten Typen stets durch nur ein Paar von Flügelscheiden gekennzeichnet; kokonähnliche Puparien lassen zum Unterschied gegenüber den Kokons anderer Insektengruppen immer die larvale Segmentierung erkennen. – Die Puppenhaut spaltet beim Schlüpfen auf der Rückenseite längs der Mitte («Spaltschlüpfer»; Schlüpfakt dieser Formen wahrscheinlich unterstützt durch gewisse Expansionsmöglichkeit des Kopfes) oder beim «Tönnchen» wird von der schlüpfenden Imago vorn ein kreisförmiger Deckel abgesprengt («Deckelschlüpfer»; Schlüpfakt erfolgt zumeist unter dem Druck einer oberhalb der Fühler hervortretenden «Kopfblase»; durch abwechselnde Füllung und Entleerung der Kopfblase an der schlüpfbereiten Imago werden die Kalotten am Vorderende des Pupariums in praeformierten Schwächelinien [fälschlich auch «Nähte» genannt] abgesprengt, so daß das erwachsene Individuum die larvale Schutzhülle verlassen kann [Abb. 852]. Durch einen «Stirnspalt» wird dann an der Imago die membranöse Kopfblase zurückgezogen) [BRAUNS, 1954; Bd. 2].

Ökologie und wirtschaftl. Bedeutung: Bionomisch dürften wohl die Dipteren die interessanteste Insektenordnung darstellen, da sie als hochspezialisierte Tiere eine außerordentlich vielfältige Lebensweise haben. Schon die Unzahl der Vulgärbezeichnungen weist auf diese Tatsache hin. Bei den Larven beobachten wir nachgewiesenermaßen die niedrigste Kälteresistenz (Toleranz bis zu $-61°$C) (FERENZ, 1987). Zwischen der Nahrung der Larve und der der Imago besteht in den meisten Fällen keinerlei Beziehung; das Leben des aktiven Metamorphosestadiums spielt sich im allgemeinen in einer ganz anderen Umwelt oder in völlig andersartigem Substrat ab, wie das der flugfähigen und daher weniger ortsgebundenen Imago. Für die Dipteren charakteristisch sind ein ubiquitäres Vorkommen und eine weitgehende Polyphagie im Larvenstadium. Diese Polyphagie ist aber nicht allein unter verschiedenen Arten einer Familie verbreitet, sondern tritt nicht selten während des larvalen Stadiums der einzelnen Art auf. Alle Larven der

Zweiflügler machen (wie u. a. Raupenstadien der Lepidopteren) während ihrer Lebensdauer verschiedene Häutungen durch und wechseln damit mitunter ihre Ernährungsweise (nun aber im Gegensatz zu den eben genannten Schmetterlingsräupchen, die allenfalls von eben sich entfaltenden Blättern später zu alten Blättern überwechseln). Sind Dipterenlarven im ersten Stadium als ausgesprochen saprophag anzusprechen, so können sie etwa als Zweihäuter schon vorwiegend carnivor sein. Es gibt sogar Arten, die ohne derartige Zusatznahrung überhaupt nicht das pupale Stadium erreichen. Was für die Larven gilt, trifft nur bis zu einem gewissen Grade für die Imagines zu. Arten, die im weiblichen Geschlecht zu den Blutsaugern gehören, sind im männlichen Geschlecht harmlose Blütenbesucher, beispielsweise Tabanidae. Oft werden freilich auch die ♀♀ an Blüten und am Saftfluß von Laubbäumen angetroffen; aber der Blutgenuß ist offenbar für die Entwicklung der Eier notwendig. Eine weitgehende Polyphagie, wenn nicht sogar eine Pantophagie, der Imagines ist höchstens bei den Muscidae zu beobachten.

Es braucht kaum betont zu werden, daß die Zweiflügler gerade infolge ihrer vielseitigen Lebensweise eine eminente Bedeutung auf dem wirtschaftlichen Sektor erlangt haben. Dabei werden freilich zunächst immer jene Fälle aufgezählt, wo sich ihr Eingreifen im menschliche Tätigkeitsbereiche nachteilig auswirkt. Ein derartiges «Register» beginnt zumeist mit den hygienisch zweifellos unsympathischen Stubenfliegen, geht dann über zu den «Plagegeistern» (Stechmücken, Bremsen, Kriebelmücken, Stechfliegen u. a.), nennt die Fleisch- und Käsefliegen in der Vorratswirtschaft, führt die schädigenden Arten auf landwirtschaftlichen Nutzungsflächen und in der Forstwirtschaft an und erwähnt vielleicht noch, daß neben der Mehrzahl von Schadformen einige wenige auch als nützlich anzusprechen seien, etwa die Raupenfliegen (Tachinidae), weil sie als parasitische Arten an der Dezimierung ausgesprochener Schadinsekten beteiligt seien. Damit ist aber die wirtschaftliche Bedeutung der Dipteren keineswegs erschöpft.* In diesem Zusammenhang darf der Nutzen der Vollkerfe bei der Bestäubung unzähliger Blütenpflanzen nicht übergangen werden. Noch eindringlicher läßt sich die wirtschaftliche Bedeutung nichtschädlicher Zweiflüglerarten in der Fischereibiologie aufzeigen: In den Gewässern leben die Chironomidenlarven oftmals in beträchtlichen Mengen. Von 24 Wildfischarten in Deutschland ernähren sich 50% zu gewissen Zeiten und in bestimmten Gewässern allein von Zuckmückenlarven und beim Ausschlämmen von 12 l Bodenschlamm können nicht selten 3 l Tendipedidenlarven gewonnen werden.

Andererseits hat sich durch umfangreiche Untersuchungen in terrestrischen Biotopen nachweisen lassen, daß auch hier den aktiven Entwicklungsstadien der Zweiflügler eine nicht unerhebliche Bedeutung zukommt. Unter den bodenbewohnenden Organismen sind die terricolen Dipterenlarven in zahl-

---

* In den Radkästen der Jumbo-Jets überqueren tropische Arten sogar weite Strecken.

reichen Arten vertreten. Viele Larvenformen leben in den Streu- und Bodenschichten gerade der forstlichen Standorte und nehmen gemeinsam mit Pilzen und Bakterien den Bestandesabfall (Fallaub, Nadeln, Zweige und Äste) als «Erstzersetzer» an. Durch die Aufarbeitung des Pflanzenmaterials werden sie zu wertvollen Produzenten humoser Exkremente. Und erst in den letzten Jahrzehnten hat die Forschung den Zusammenhang zwischen der Fruchtbarkeit und dem Humusgehalt des Bodens erkannt (BRAUNS, 1968; 1973; 1981; 1985). Es liegt im Charakter dieses Grundrisses, der einen Ausschnitt aus dem gesamten Bereich der Insekten in der Waldlebensgemeinschaft vermitteln soll, daß damit auch auf jene Formen zumindest in einigen Lebensformtypen aufmerksam gemacht werden muß. Dabei wird es vielfach genügen, in einigen Familien vornehmlich auf die Larvalstadien hinzuweisen, weil der Beobachter mit ihnen eher in Berührung kommt als mit den flüchtigen Imagines.

Die Dipteren insgesamt gehören, soweit sie nicht als schädigende Arten durch ein auffallendes Schadbild in Erscheinung treten, nicht selten vielerorts zu den vernachlässigten Gruppen. Als Begründung der Abneigung wird zumeist angeführt, daß die Coleopteren oder die Lepidopteren weit farbenprächtiger in ihrem Aussehen seien und daher die Abneigung gegen die Zweiflügler verständlich sein müsse. Aber schon die farbige Darstellung weniger Arten auf den Tafeln zeigt, daß es durchaus manche farblich auffällige Formen gibt und daß selbst unter den Larven Typen mit lebhaften Farbkontrasten vertreten sind (Abb. 99 bis 109).

Systemat. Klassifikation: Die Gliederung der Zweiflügler erfolgt in 2 leicht unterscheidbare Unterordnungen, die auch bei den gebräuchlichen Vulgärbezeichnungen zum Ausdruck kommen: Nematocera, Mücken und Brachycera, Fliegen. Von einer weiteren Unterteilung in Sektionen, Familienreihen und -gruppen wird hier Abstand genommen, weil dies bei Freilandbeobachtungen unwesentlich und bei Spezialstudien die dafür notwendige systematische Literatur sowieso heranzuziehen ist. Außerdem sind für die Anordnung der Familien und sonstigen Gruppen aufgrund ausgedehnter Untersuchungen der larvalen Stadien in der letzten Zeit neuere Ansichten vorgetragen worden, die bei einer Betrachtung der Beziehungen der Imaginalformen untereinander zweifellos Berücksichtigung finden müßten. Aber gerade die Kenntnis der Larvenformen kann noch weit weniger als abgeschlossen erachtet werden als die Kenntnis der imaginalen Formen, so daß in dieser Hinsicht zunächst abzuwarten ist, wieweit sich die eine oder andere Ansicht bei intensiver Erforschung der systematischen Grundlagen durchsetzen kann (LINDNER, ab 1924 [bis jetzt]; HENNIG, 1948/52; FERRAR, 1987; SÉGUY, 1950 [mit ausführl. Lit.-Zitaten aus der «Faune de France»]; ČEPELAK et al., 1984/89; SOOS (Ed.), 1984/89; SMITH, 1990.

Nematocera, Mücken

Durchweg schlanker Habitus der Vollkerfe; mehr oder weniger langbeinig. Fühler fadenförmig und vielgliedrig, zumeist länger als Kopf und Thorax. Ziemlich homonom geformte Geißelglieder an 2 Basalgliedern; selten die Geißelglieder so eng aneinander, daß der Eindruck eines nur eingekerbten

Fadens vorliegt. – Hierher gehörig allseits bekannte Typen wie Haarmücken, Gallmücken, Pilzmücken, Stechmücken, Zuckmücken, Schnaken usw., die ein gutes Bild der Verschiedenheit nach Körperbau, Lebensweise usw. geben. – Larven meist mit deutlich sichtbarer Kopfkapsel (eucephal) und mit großen Mandibeln, die sich wie Zangen horizontal bewegen (in wenigen Fällen etwas nach abwärts gerichtet). Larventypen mit andersartigen Merkmalskombinationen, die trotzdem Mückenlarven sind, durch auffällige Kennzeichen charakterisiert. – Bei den Puppen die spätere Fadenförmigkeit und reiche Gliederung der imaginalen Fühler an den Fühlerscheiden deutlich sichtbar. Beim Schlüpfakt der Imago springt die Puppenhaut in einem Längsspalt auf («langfühlerige Spaltschlüpfer»).

Anisopodidae (Phryneidae, Rhyphidae), Pfriemenmücken

Kennzeichen: etwa 5 mm große Mücken mit relativ langen Beinen und mit nackten (Differentialmerkmal gegenüber Stechmücken), pfriemenförmig zugespitzten Fühlern; Flügel oft gefleckt, in der Ruhe übereinanderliegend. **Verhaltenseigenart:** ♂♂ führen Lufttänze auf; tanzende Schwärme gewöhnlich auf der windgeschützten Seite der Bäume und Sträucher, oft auch unter tief herabhängenden Zweigen. – Die sehr beweglichen, im Substrat schlängelnden, weißlichen Larven (Abb. 695/696) ungefähr 14 mm lang, kenntlich an Zwischensegmenten und (bei der Gattung *Silvicola [Phryne]*) an einer schildförmigen Verdickung am After. **Ökologie und wirtschaftl. Bedeutung:** Larven typisch für Wundstellen mancher Laubhölzer (Eiche, Ulme), dabei die Ausbreitung von ulzerösen Geschwüren fördernd, teils auch in Baummulm *(Mycetobia)* oder in Gängen der Borkenkäfer (Larven auch hier nur saprophag). In Phytotelmen, etwa in Astlöchern (besonders wenn Baumsaft hineinrinnt), aber nicht in solchen, die mit Regenwasser und Blättern gefüllt sind.

Trichoceridae (Petauristidae), Wintermücken; Winterschnaken

Kennzeichen: 5–7 mm große, den Schnaken im Habitus ähnelnde Zweiflügler mit langen, leicht abbrechenden Extremitäten; die stark irisierenden Flügel in der Ruhe übereinanderliegend. **Verhaltenseigenart:** an sonnigen Herbst- und Wintertagen ♂♂-Schwärme zu beobachten; auch auf der Schneedecke anzutreffen. Wenn Nahrungsaufnahme überhaupt stattfindet, höchstens Aufnahme von flüssigen Substanzen, da Mundwerkzeuge weitgehend reduziert. – Die trägen, gelblich-weißen Larven nicht ganz 1 cm lang, besonders gekennzeichnet durch 4 fleischige, stark behaarte Zapfen am Hinterende (Abb. 697). **Ökologie und wirtschaftl. Bedeutung:** die phytosaprophagen Larven vorwiegend in faulenden organischen Substanzen, mithin unter faulenden Blättern (bodenbiologisch jedoch geringe Bedeutung, da vereinzelt), in moderndem Holz, in faulenden Pilzen; Entwicklung auch im Winter. Larven gelegentlich lebende, junge Pflänzchen angehend. Im Walde zumeist *Trichocera hiemalis* DE GEER vorkommend.

Bibionidae, Haarmücken (fälschlich «Märzfliegen» genannt)

[früher: *Penthetria holosericea* u. *Philia* (= *Dilophus*)]

Kennzeichen: ziemlich große (5–9 mm), meist düster oder schwärzlich gefärbte, dicht- und feinbehaarte Mücken; im Habitus durch spitze Flügel und plumpes Abdomen gewisse Ähnlichkeit mit Fliegen (Vulgärname!). ♂♂ mit großen, behaarten Augen, die sozusagen den ganzen Kopf bedecken; außerdem Komplexaugen jeweils durch Längsfurche in grob facettierten oberen und kleiner facettierten unteren Abschnitt geteilt. Bei den ♀♀ Augen wie Kopf kleiner und am Ende der Vorderschienen deutlich sichtbare Grabdorne oder Dornenkranz (ausgesprochener Geschlechtsdimorphismus). – Verhaltenseigenart: im zeitigen Frühjahr (Vulgärbezeichnung!) im Walde oftmals massenhaft und hängen dann an Gräsern und Zweigen (♀♀) oder schweben träge auf und nieder mit herabhängenden Beinen (♂♂). Flügelreduktion bei den Pleciinae stark ausgeprägt (*Penthetria funebris* MEIG. kurzflügelig [Abb. 736], flugunfähig, läuft spinnenartig auf dem Boden). – Larven schwarzbraun (*Penthetria* [Abb. 698]), graubraun (*Bibio* [Abb. 699 u. 701]) oder lichtbraun (*Dilophus* [Abb. 700]), in der Größe je nach Art variierend, 10–25 mm. Junglarven teilweise durch besondere Merkmale von vollerwachsenen Larven zu unterscheiden (Abb. 700). Bei den Altlarven Körper mit fleischigen Fortsätzen besetzt (Abb. 770; vgl. dazu Abb. 765/769). – Charakteristische Puppenform; Thoraxscheide meist dorsal stark vorgewölbt (Abb. 702).

Ökologie und wirtschaftl. Bedeutung: Larven in den Bodenschichten gesellig, normalerweise phytosaprophag, können aber auch als phytophage Arten wirtschaftlich schädigend auftreten (vor allem in der Landwirtschaft). In der Waldbiozönose gelegentlich Schäden durch Wurzelfraß in Saatkämpen. Larven und Schadbild dabei häufig verwechselt mit Drahtwürmern (Elat., Col.), Erdraupen (Noct., Lep.) und Tipulidenlarven (Dipt.). Andererseits charakteristisch in der Nähe von Stöcken und durch das kolonieartige Vorkommen rasche Umwandlung des Fallaubes in koprogenen Humus (dadurch bodenbiologisch hervorragende Bedeutung). Die abgefallenen Blätter werden benagt oder ganze Teile der Blattspreite gefressen. – Artdiagnose: in Erlenbeständen, aber auch in der F-Schicht von Laubholzmischbeständen oftmals *Penthetria funebris* MEIG. (Flormücke) anzutreffen; in Stangen- und Altholzbeständen (vorwiegend von Laubholz, seltener in Fichten-Monokulturen), im Mulm zerfallender Stöcke und modernder Stämme: u. a. *Bibio marci* L. (Markushaarmücke), *Bibio johannis* L. (Johannishaarmücke), *Dilophus febrilis* L. [gem. Strahlenmücke]. – Vertilgerkreis: Protozoa (Sporozoa), Dipterenlarven (Phoridae), vornehmlich Elateridenlarven (Col.), Ameisen (Hym.) und Vögel.

Scatopsidae, Dungmücken

Kennzeichen, Ökologie und wirtschaftl. Bedeutung: bei Freilandbeobach-tungen sind die Imagines weniger auffällig; dagegen sind die geselligen Larven in der Waldlebensgemeinschaft nicht bedeutungslos. Die wurmförmigen, gelblich-grauen, trägen Larven kenntlich an den abdominalen Atemröhren (Abb. 703), unter Baumrinde oder in Stöcken und zwischen Blattlagen in Schleimhäutchen, aber auch in Exkrementen; Laubholzbestände. – *Scatopse notata* L., *Scatopse fuscipes* MEIG. (auch in Pilzen).

Cecidomyiidae (Itonididae), Gallmücken

Obwohl durchaus nicht alle «Gallmücken» Gallenerzeuger sind (wie sich nachher bei der Aufteilung in biologische Gruppen zeigen wird), soll an dem auch heute noch im anwendungsorientierten Schrifttum gebräuchlichen Namen festgehalten werden, weil bei Freilandbeobachtungen zumeist Gall-bildungen als Schadbild am auffälligsten sind.

Kennzeichen (Imagines): Dem aufmerksamen Beobachter entgehen nicht die samt und sonders sehr kleinen (2–5 mm), äußerst zarten und schmächtigen Mücken (gelegentlich in der Nähe des Larvenhabitats) mit meist nur 2–6 Flügellängsadern und mit perlschnurförmigen, oft wirtelartig behaarten Fühlern. Die Augen groß und meist über den Fühlern durch eine «Augen-brücke» verbunden. Die Weibchen vielfach ausgezeichnet durch lange Lege-röhre (Abb. 737).

Kennzeichen (Larven): spindelförmiger Habitus (Abb. 704/705), meist etwas depress, an den Flanken oft scharfkantig. Bei ausgewachsenen Larven nach dem Kopf ein Nackensegment (Collare). Im allgemeinen um 2–3 mm, in Stöcken aber auch Formen bis etwa 10 mm. Die trägen Larven an sich farblos oder weißlich, jedoch Fettkörper usw. stark durchscheinend, so daß ein gelber oder roter Farbeindruck entsteht. – Auffallende Reduktion der Kopfkapsel (fälschlich mit «Acephalie» charakterisiert); deutliche Kopfkapsel, Fühler und paarige chitinöse Stützspangen im Kopfinnern jedoch vorhanden (ausge-sprochen beißende Mundwerkzeuge fehlen also, so daß Ernährung meist durch Saugtätigkeit erfolgt). Typisch weiterhin Warzen und Papillen, die freilich erst bei mikroskopischer Beobachtung erkennbar sind, und schließlich bei den meisten verpuppungsreifen (oder bei den beiden letzten) Stadien eine eigentümliche ventrale, spatelförmige Verdickung («Brustgräte»; Spatula sternalis). Das Vorkommen eines derartigen Brustspatels stets sicheres Dif-ferentialmerkmal gegenüber anderen Zweiflüglerlarven. Manchen Larven ein Sprungvermögen eigen, wobei diese cuticulare Verdickung eine Rolle spielt. – Erwähnenswert, daß in nahverwandten Familien, die mit den Gallmücken zur gleichen Überfamilie (Itonidoidea) gestellt werden, die Erscheinung der Larviparie in Verbindung mit einer Paedogenese auftritt (u. a. bei der Gattung *Miastor* [Heteropezidae, Moosmücken; Abb. 706], deren Larven vorwiegend von Moosen, Rindenalgen, Flechten, niederen Pilzen oder unter Laubholz-rinde leben; auch bei Art-Angehörigen der hierher gerechneten Lestremiidae eine Viviparie auf dem Larvenstadium, wo also in einer Mutterlarve parthenogenetische Tochterlarven entstehen, beobachtet). – Bei der Ver-puppung der Gallmückenlarven Besonderheiten insofern, als die Ruhestadien vielfach in einem Gespinst liegen und bei manchen Arten überwintert die verpuppungsreife Larve als «Scheinpuppe» (aus der vorletzten Larvenhaut gebildet), oft als «Tönnchen» bezeichnet. Dieses Cecidomyiiden-Puparium aber vom Cyclorrhaphen-Tönnchen einwandfrei zu unterscheiden: es fehlen am Vorderende das für die höheren Fliegenlarven charakteristische, stets durchscheinende Schlundgerüst (Cephalopharyngealskelett) und am Hinter-ende die typischen Hinterstigmenplatten des Cyclorrhaphen-Pupariums (etwa bei einem Musciden-Tönnchen stets deutlich erkennbar).

Ökologische Differentialdiagnose und wirtschaftl. Bedeutung: da die Vollkerfe nur wenige Tage leben, bemerkenswerter die vielseitige Lebensweise der Larven; zwei Nahrungsklassen kennzeichnen immerhin die Möglichkeit zur Trennung in zwei biologisch unterschiedliche Kohorten:

a) **phytophage Arten:** hierher gehören Gallenerzeuger (cecidogene Arten), Inquilinen in Gallen (die aber von anderen Artgenossen oder von anderen Insekten erzeugt wurden), auf oder in höheren Pflanzen vorkommende Arten (ohne Gallbildung), mycetophage Arten (von Pilzsporen sich ernäh-rende Formen) und schließlich schizophytophage Familienangehörige (von faulenden Pflanzenteilen [phytosaprophag] lebend oder Baumsäfte an Stöcken usw. aufnehmend). – Unter diesen Phytophagen finden sich landwirtschaftliche Großschädlinge (u. a. *Mayetiola destructor* SAY, Hes-senfliege; *Contarinia pyrivora* RILEY, Birnen-Gallmücke; *Contarinia hu-muli* THEOBALD, Hopfen-Gallmücke). In forstlichen Beständen haben pathogene Arten geringere wirtschaftliche Bedeutung; in den Gallen stets keine Kotteilchen (vgl. S. 172). Die terricolen Formen haben bodenbiologi-sche Bedeutung (BRAUNS, 1954).

b) **zoophage Arten:** Prädatoren; andere Artgenossen angreifend, Milben, Blatt- und Schildläuse, Psyllidenlarven verfolgend; Endoparasiten; schizo-zoophage Arten (vornehmlich koprophag, an Exkrementen von anderen Insektenlarven, von terricolen Nematoden [Fadenwürmer] und Lumbrici-den [Regenwürmer] in den Bodenschichten). – Bei den Angehörigen dieser zweiten Kohorte Kopf und halsartiger Schaltabschnitt (Collare) ausge-sprochen schmal und verlängert. – Vertilgerkreis: starke Dezimierung der aktiven Larvenstadien durch Ichneumoniden und Chalcididen, gelegentlich durch Braconidae, Proctotrupidae (sämtl. Hym.), Artgenossen und Nema-toden.

Systematische Artdiagnose: außerordentlich schwierig im Larval- wie im Imaginalstadium; Kenntnis der Wirtspflanze bei phytophagen Arten dazu gleichfalls erforderlich. Da weiterhin eine ganze Schadbildreihe aufgestellt werden kann, angefangen von Faltungen der Blattränder, Deformationen der

Blüten über Sproßspitzen-Verkürzungen bis zu typischen Gallbildungen, erscheint es mir angängig, an einzelnen Holzarten und Waldpflanzen vorkommende, charakteristische Arten zu benennen, deren Schadbild auffällig sein kann. Die unter Baumrinde, in Stöcken oder in den Bodenschichten aufgefundenen Cecidomyiiden-Larven lassen sich nach den Angaben bei der Familiencharakteristik ohne weitere Artanalyse zumindest als Angehörige dieser Familie identifizieren.

Gallmückenarten an verschiedenen Wirtspflanzen und ihr biologisches Verhalten

An Nadelholz

Fichte

Dasineura abietiperda Hensch., Fichtentrieb-Gallmücke
Befallsbild: in den Maitrieben tönnchenförmige Gallen mit roten Larven.
Kaltenbachiola (Dasineura) strobi Winn., Fichtenzapfenschuppen-Gallmücke
Befallsbild (Abb. 716): in warzenförmigen Verdickungen am Grunde der Zapfenschuppen und zwar auf der Innenseite; auch im Holz der Zapfen. – In strobi-Gallen die an den Fichtensamen fressenden Larven der Chalcidide *Torymus azureus* BOH. mehrfach aufgefunden. – *D. strobi* wird häufig verwechselt mit
Plemeliella abietina Seitn., Fichtensamen-Gallmücke
Befallsbild (Abb. 715): eigelbe Larve in den Samen; «Überwinterung und Verpuppung in den Zapfen» [HENNIG, 1953].

Kiefer

Contarinia baeri Prell, Nadelknickende Kiefern-Gallmücke [früher = *Cecidomyia b.*]
Befallsbild (Abb. 719/721): «Krückstockkrankheit der Kiefernkurztriebe». Die orange-gelben Larven von nicht ganz 2 mm Länge, mit deutlich sichtbarem Brustspatel, in der Nadelscheide (zwischen und neben den Nadeln); erst ausgewachsene Nadeln werden angegangen, dadurch Abknicken und Bräunung der Nadeln (etwa im August). – Schadbild mit jenem von *Thecodiplosis* oftmals verwechselt (s. Seite 400). – Hauptsächlich in 5–10jährigen Kulturen.
Cecidomyia (= Itonida) pini Deg., Kiefernharz-Gallmücke
Befallsbild: dottergelbe Larven (mit eigenartigen, dorsalen, blasenartigen Fortsätzen) unterseits an frischen Maitrieben, an der Rinde saugend; dabei Harzausfluß auftretend. – Überwinterung in einem typischen, weißen, länglichen Harzkokon (Abb. 713) mit zapfenartiger Spitze an Nadeln oder

nahe der Fraßstelle. – Scheint auch auf Fichte (Abb. 714) und Tanne überzugehen.

Thecodiplosis brachyntera Schwaegr., Nadelkürzende Kiefern-Gallmücke; Kiefernnadelscheiden-Gallmücke

Befallsbild (Abb. 717/718): durch Eindringen der aus den Eiern schlüpfenden Larven in die Nadelscheide verwachsen die beiden Nadeln am Grunde, und es bildet sich hier eine Galle mit je einer orangeroten Larve. Nadeln bleiben kurz und drehen sich u. U. um ihre Längsachse, werden gelb und fallen während der kalten Jahreszeit ab (daher Schadbild häufig mit Frostschäden verwechselt). – Eiablage an die Nadelknospen oder unter die Deckschuppen der Maitriebe; Überwinterung der Larven in Kokons in den Nadelscheiden, hinter Rindenschuppen, auch am Boden. In allen Altersklassen vorkommend; befallen werden gem. Kiefer, Schwarzkiefer und Legföhre. – Differentialdiagnostisch von anderen Schadbildern zu unterscheiden: a) gegenüber *C. baeri* vor allem beachtenswert: Farbe der Larve, *brachyntera*-Larve ohne Brustgräte, deutliche Galle mit Larvenkammer und schließlich Verbleiben der Kurztriebe teilweise bis zum Frühjahr. Treten bei *C. baeri* ausnahmsweise Nadelverkürzungen auf, kann vornehmlich eine Larven-Untersuchung die Klärung bringen. – b) gegenüber dem Langrüssler *Brachonyx pineti* Payk., Kiefernscheidenrüßler (Curcul., Col.), durch dessen Larvenfraß zum Nadelgrunde hin das Nadelpaar im Wuchse zurückbleibt, sich verfärbt und abfällt. Die zitronengelbe *pineti*-Larve aber mit deutlich abgesetzter Kopfkapsel.

Lärche

Dasineura kellneri Hensch., Lärchenknospen-Gallmücke [früher: *Dasineura laricis* F. Löw]

Befallsbild (Abb. 709/711): nach erfolgter Eiablage an die Basis eines Nadelbüschels der Kurztriebe Einbohren der Larve in die nächstjährige Knospe; diese schwillt bis August an und treibt die sie umstehenden Nadeln sternförmig auseinander. Absterben der befallenen Triebe. Larven überwintern und verpuppen sich erst im nächsten Frühjahr in den Bodenschichten. – Vor allem in den Alpen, seltener in der Ebene. – Unter den Lärchenarten scheint die japan. Lärche (*Larix leptolepis* Gord.) nicht anfällig zu sein.

Tanne

Reselliella piceae Seitner, Tannensamen-Gallmücke

Befallsbild: von Larven besetzte Samenkörner flach, mit harzarmer, brüchiger Schale; bis 7 Larven im befallenen Samen. Keine Gallbildung. – Eiablage zwischen die fleischigen, zarten Samenschuppen (Mai); Mitte Oktober mit dem zur Erde fallenden Samen auf den Boden, wo im nächsten Frühjahr zumeist ein weißer, leicht zerreißbarer Kokon gesponnen wird. Verpuppung aber vielfach erst im darauffolgenden Jahr.

Eibe

Taxomyia taxi Inchbald, Eiben-Gallmücke

Eiben (*Taxus baccata* L.) in Bergwäldern auf Steilfelsen vorkommend, schon im Mittelgebirge (etwa am Hohenstein/Süntel); da in Naturschutzgebieten zuweilen auch angepflanzt, diese Gallmückenart erwähnenswert.
Befallsbild (Abb. 712): rosenknospenartige Galle an männlichen Blütenknospen. Ähnliches Schadbild erzeugt durch gallbildende Milbe *Eriophyes psilaspis* Nal., die auch die Cecidomyiiden-Gallen nicht selten mitbewohnt.

An Laub- und Unterholz

Buche

Schueziella (Dasineura) fagicola Barnes u. Contarinia fagi Rübsaamen (Buchenknospengallmücken)

Befallsbild beider Arten: in Buchenaufzuchten saugen die Larven an den Blättern junger Knospen, die dann absterben. Keine Gallbildung. – Im Jahr 3–4 Generationen.

Mikiola fagi Htg., Buchenblatt-Gallmücke

Befallsbild: eiförmige, zugespitzte, dickschalige Beutelgalle (Abb. 529, 722/723) auf der Blattoberseite auf oder neben einer Blattrippe; anfangs grün, später rötlich. – Oberer Teil der Galle fällt mit Larve zu Boden und findet sich in der F-Schicht. Larve verschließt die beim Abfallen entstandene Öffnung mit einem Gespinst und verpuppt sich bisweilen erst zu Ausgang des Winters. – Bei starkem Auftreten an jungen Pflanzen Zuwachsverlust. Nach dem regenreichen Sommer 1984 bis zu 25 Gallen auf einem Blatt. – Als Primärparasitoide konnten bisher insgesamt 12 Hymenoptera-Arten beobachtet werden, darunter 4 Eulophiden, 3 Torymiden und 2 Pteromaliden (sämtl. Chalcidoidea). Interessant ist eine ausgeprägte Parasitoidensequenz. «Nahtlos nacheinander angreifende Schmarotzerarten belegen eine zeitlich abgestimmte Einnischung am Wirt» (K. H. Lampe, 1989)

Hartigiola annulipes Htg., Buchen-Gallmücke

Befallsbild (Abb. 724): stumpfzylindrische, mit bräunlichen Haaren dicht besetzte Gallen auf der Blattoberseite, meist längs des Mittelnervs; niedriger als *Mikiola*-Gallen, auch vor dem Laubabfall abfallend. – Wirtschaftlich indifferent. – An Parasiten beobachtet: *Synopeas* spec. (Proct.) und *Tetrastichus roesellae* Nees (Chalc.). Im Sommer 1984 bis zu 22 Gallen an einem Blatt normaler Größe.

Eiche

Macrodiplosis dryobia F. Löw (Abb. 725) und
Macrodiplosis volvens Kieff. (Abb. 726)

Befallsbild: Larven in eingerollten oder umgeklappten Blatträndern der Stiel- oder Sommereiche (*Quercus Robur* L.) und Trauben- oder Wintereiche (*Quercus sessiliflora* Salisb.).

Birke

Semudobia (= Oligotrophus) betulae Winn., Birkensamen-Gallmücke
Befallsbild: Larve in dem zu einer Galle umgebildeten Samenkorn in gesonderter Kammer; Gallen teils mit Deckschuppen oder mit der Zapfenspindel verwachsen. – Vertilgerkreis: neben einer Chalcidide (*Torymus pallidicornis* BOH.) auch eine Chamaemyiide (*Leucopis griseola* FALL., Dipt.) als Parasiten beobachtet; das Tönnchen der Fliege meist an den Fruchtflügeln klebend.

Esche

Dasineura fraxinea Kieff.
Befallsbild: pustelartige Parenchymgallen, die bei starkem Befall zusammenfließen können (Larven dann in einem größeren Hohlraum). Blätter werden runzelig, braunfleckig, vertrocknen und fallen zu Boden.

Dasineura fraxini Bremi
Befallsbild (Abb. 730): Larven in taschenförmigen Falten (bis 10 mm) längs der verdickten Blatt-Mittelrippe.

Dasineura acrophila Winn.
Befallsbild (Abb. 731): Blätter längs der Mittelrippe nach oben zusammengefaltet; sieht nun wie eine Schote aus.

Haselstrauch

Contarinia coryli Kaltenbach, Haselkätzchengallmücke
Befallsbild (Abb. 729): Gallbildung am Kätzchen.

Weide (Salix-Arten)

Dasineura marginemtorquens Bremi
Befallsbild: Mißbildung an den Blättern, Blattränder (bisweilen bis an die Mittelrippe) eingerollt. Eingerollte Blattränder (innen mit gelbroten Larven) zerbrechlich, gefleckt, später braun.

Dasineura (Rhabdophaga) rosaria H. Loew., Weidenrosen-Gallmücke
Befallsbild (Abb. 732): befallener Trieb bleibt kurz, die mehrminder verkümmernden Blätter rosettenartig übereinander sich entwickelnd («Weidenrose»). In der Blattrosette blaßrote Larve, daneben oft als Inquilinen orangerote Larven von *Rh. terminalis* (siehe nachfolgende Art).

Dasineura (Rhabdophaga) terminalis H. Loew.
Befallsbild (Abb. 733): spindelförmige Mißbildungen an der Sproßspitze. – Bis 5 Generationen beobachtet. – Larven auch in den Gallen von *Rh. rosaria* H. LOEW.

Dasineura (Rhabdophaga) salicis Schrank, Weidenruten-Gallmücke
Befallsbild (Abb. 734): Stengelgalle; an jungen einjährigen Ruten knotige, rundliche Anschwellungen (bis 4 cm lang, 1 cm dick), deren Rinde rissig und mißfarben wird. Im Innern orangerote Larven, jeweils in besonderen Kammern.

Dasineura (Rhabdophaga) saliciperda Dufour, Weidenholz-Gallmücke
Befallsbild (Abb. 735): Eiablage erfolgt an zwei- und mehrjährige Zweige (etwa von Baum- und Kopfweiden: Silberpappel), an diesjährige Ruten, an Stämmen bis 15 cm Durchmesser. Von befallenen Regionen (bis zu $^1/_2$ m lang) löst sich die Rinde in Fetzen ab und die freie, mehrminder gebräunte Splintschicht erscheint wabig durchlöchert («Schußloch»-Gallmücke). Ablösung des Bastes wahrscheinlich durch die Tätigkeit insektenfressender Vögel hervorgerufen, die während der kalten Jahreszeit die von Larven besetzten Areale aufhacken. – Das Aufspringen der Rinde erst letztes Befallsstadium; bereits belegt gewesene und von den Mücken längst verlassene Befallsstellen werden mit Vorliebe erneut befallen, so daß Überlagerungen der Brutschichten erfolgen und allmählich eine Verdickung der Befallsregionen eintritt. – Gelegentlich findet man nach dem Schlüpfen noch eine Zeitlang die Puppenexuvien in scharfrandigen Fluglöchern der Epidermis stecken, da Verpuppung am Ort des Befalls. Brutstätte nicht immer ringsum greifend, meist nur an einer Seite.

Brombeere (Himbeere)

Lasioptera rubi Schrank, Brombeersaummücke; Himbeer-Gallmücke
Befallsbild (Abb. 727): walnußgroße, kugelige Stengelgallen mit leuchtend roten Larven, auch während des Winters. – Gleichfalls an der Himbeere vorkommend.

Dasineura plicatrix H. Loew, Brombeerblatt-Gallmücke
Befallsbild (Abb. 728): Eiablage in die ungeöffneten Blätter, die verkümmern und schwarz werden. – Bei den *plicatrix*-Larven räuberische Larve einer anderen Cecidom.-Art vorkommend (*Lestodiplosis plicatricis* BARNES). – Brombeerblatt-Gallmücke wird oft verwechselt mit

Contarinia rubicola Kiefer, Brombeer-Gallmücke
Befallsbild: die mit Larven besetzten, angeschwollenen Knospen bleiben geschlossen und ergeben höchstens verbildete Früchte.

Himbeere

Reseliella theobaldi Barnes, Himbeerruten-Gallmücke
Befallsbild: in pilzbefallenen Ruten Larven unter der Rinde, keine Gallbildung verursachend; Fraß unter der Epidermis angezeigt durch dunkle Verfärbung der Rinde.

Mycetophiloidea (Fungivoroidea), Pilzmücken

Die Angehörigen dieser Familienreihe (in der im heimischen Faunengebiet allein 8 Familien zusammengefaßt sind) werden im Imaginalstadium vom interessierten Beobachter selten im Lebensraum festgestellt. Allenfalls die kleinen, schlanken, zumeist dunklen «Trauermücken» (Lycoriidae [Sciaridae]) beim Abheben der obersten Blattschicht in der Förna, beim Abstreifen der Moosdecke vom «Deckel» (Sägefläche) eines amorphen Stockes (sich sofort wieder verkriechend oder vom leichten Windstoß davongetragen) oder schließlich an Pilzen auffallend. Häufiger im Walde in den verschiedensten Substraten werden die Larven angetroffen, von denen einige Lebensformtypen mit besonderem biologischen Verhalten aufgezeigt werden sollen. Bezüglich d. systemat. Angaben sei auf d. Ausführungen auf Seite 394 ausdrückl. verwiesen.

Differential-Kennzeichen und Ökologie (Larven):

Lycoriidae (Sciaridae), Trauermücken: meist schmutzigweiße, wurmförmige Larven (Abb. 749), bis 10 oder 12 mm, mit stets glänzend schwarzer Kopfkapsel. – Phytosapro- und mycetophag, koprophag, im Ausfluß ulzeröser Geschwüre mikrophag. – Häufig in der F- und H-Schicht von Laubholz- und Laubmischbeständen, in amorphen Stöcken, unter der Rinde anbrüchiger Stämme; in Pilzen, einige Arten sogar in Laubmoosen minierend. – Bekannteste Art dürfte *Lycoria militaris* Now., «Heerwurm»-Trauermücke, sein. Ihre Larven-Wanderzüge (bis 15 m Länge, meist aber unter 4 m bei einer Breite von etwa 15 cm) zwischen Ende Juni bis Mitte August gelegentlich beobachtet (Erscheinung mit dem Beginn von Kriegen in Verbindung gebracht). Auch die Larven anderer Arten rotten sich zu derartigen wandernden Zügen («snake worms») zusammen. Einerseits wird Nahrungsmangel als Ursache angegeben, andererseits sind es wohl überwiegend reife Larven, die gemeinsamen Verpuppungsort aufsuchen. – Weitere Arten etwa: *Lycoria bicolor* Meig. und *L. socialis* Winn. (Buchen-Fallaub: F-Schicht); *Lycoria modesta* Staeg. (Buchen-Fallaub: H-Schicht); *Lycoria flavicauda* Zeit. (in *Ips typographus*-Gängen); *Neosciara amoena* Winn. (Larven = Schädlinge in Aspenstecklingszuchten; Gäbel, 1961).

Sciophilidae: im Habitus schlanker, Kopfkapsel vielfach braungelb. – Auch phytosaprophag, mycetophag und koprophag. – Blätter der Fallaubschicht befressend, an *Polyporus fomentarius* Fr. Pilzsporen annehmend, zahlreich an Rindenpilzen (Stöcke, moderne Stämme) oder mycetophag im Innern amorpher Stöcke. – Da Speicheldrüsen gut ausgebildet sind, vielfach Anfertigung von seidenartigen Wohnschläuchen, in denen die Larven leben. Einige Arten sollen zu räuberischer Lebensweise übergegangen sein; die Larven fertigen ein Netzwerk aus schnell sich erhärtenden Speichelfäden an (Abb. 748), in dem Speicheltröpfchen (Oxalsäure enthaltend) hängen. Kommen Collembolen mit diesen Tropfen in Berührung, sterben sie ab (oder werden zumindest in ihrer Bewegungsfähigkeit gehemmt) und die unter dem Gespinst verharrende Larve saugt die Beutetiere aus.

Fungivoridae (Mycetophilidae): in 2 charakteristischen Habitustypen in der Waldbiozönose vertreten:

a) wurmförmige Larven (Abb. 750), den Lycoriiden- und Sciophilidenlarven ähnlich, aber mit mehrminder deutlichen Kriechwülsten; Kopfkapsel braunschwarz bis schwarz.

b) schneckenähnliche Larven (Abb. 745), die einen kegelförmigen Dorsalaufsatz aus Schleim und Exkrementen tragen, der regenbogenartig schillert;

kurz vor der Verpuppung wird dann der Großteil dieses Exkrement-«Gehäuses» abgestoßen.

Beide Lebensformtypen in den Fallaubschichten von Laubwaldungen, der erste Habitustyp auch noch in Pilzen oder an rindenlosen, modernden Zweigen.

Wirtschaftl. Bedeutung sämtlicher Ausbildungsformen vor allem in der Aufarbeitung des Bestandesabfalles gegeben (Abb. 744, 746/747); Arten kommen zwar als vorwiegend hygrophile Formen in feuchtigkeitsgesättigten Biotopen oder Gebietsarealen vor. So kann mit diesen stets gesellig anzutreffenden Larventypen eigentlich immer in Erosionsgräben in Laubholzbeständen gerechnet werden. – Schädlich werden nur jene Arten, die in pilzreichen Wäldern die Speisepilze angehen oder im Pflanzgarten im Wurzelbereich von Stecklingen (Aspe, Birke, Lärche) vorkommen.

Psychodidae, Schmetterlingsmücken; Mottenmücken

Wiederum werden die Imagines nur selten beobachtet, am ehesten vielleicht noch in den Toilettenräumen einer Waldschenke («Abtrittsfliegen») oder in der «Kesselfalle» des in schattigen, feuchten Laubwäldern vorkommenden, gefleckten Aronstabes (*Arum maculatum* L.), an dessen Blütenstand sich nicht selten bis zu 4000 Individuen der Art *Psychoda phalaenoides* L. (Abb. 738) vorfinden, die erst nach der vollzogenen Bestäubung aus dem Gefängnis entlassen werden. – Die Vollkerfe sind kleine, auffallend schmetterlingsartige, meist düster gefärbte Mücken mit bisweilen völlig behaarten Flügeln, die in der Ruhe dachartig getragen werden. Die Larven der «synanthropen» Formen entwickeln sich in den Ablaufröhren der Aborte, Küchen usw. – Bodenbiologisch von Bedeutung sind aber im Bestande die Larven anderer Arten.

Larven

Kennzeichen und Ökologie: die um 4 mm großen Larven leicht anzusprechen an den zahlreichen Borstenquerreihen, die mit Erdpartikelchen verkrustet sind (Abb. 751), oder bei einem nackten Typ an den dorsalen Chitinplättchen (Abb. 752). – Als hygropetrische Formen in Rinnsalen unter der Fallaubdecke, aber auch in Löchern amorpher Stöcke und sogar in Pilzen; zoo- und phytosaprophag, algo- und mycetophag.

Culicidae, Stechmücken; Gelsen

Kennzeichen und Ökologie: Vollkerfe dem Habitus nach weithin bekannt; schlanke Mücken (2–10 mm) mit langen Beinen, schmalen Flügeln, deren Adern wie auch der Körper und die Extremitäten beschuppt bzw. behaart sind. Die Schuppenform auf den einzelnen Körperteilen verschieden; auch die Schuppenfarbe charakteristisch, neben goldenen, kupfernen und stahlblauen zumeist gelbe bis braune Töne. – Infolge des massenhaften Vorkommens und des Blutsaugens der ♀♀ sind die Stechmücken auch im Waldbestande zu gewissen Zeiten eine Plage, vor allem wenn günstige Entwicklungsbedingungen in Form von Altwässern usw. vorhanden sind. Die ♂♂ nehmen nur Wasser oder Pflanzensäfte auf. – Die in der Streuschicht in Laubholzbeständen selten (vielleicht beim normal hohen Grundwasserstand) anzutreffenden, meist in Waldgräben vorkommenden, mikrophagen Larven durch ihren typischen Habitus gekennzeichnet. Beim Austrocknen der Brutgewässer eine Zeitlang sich zwischen Laub am Boden verkriechend. Gelegentlich findet man Stechmücken-Larven in Astlöchern, die mit Regenwasser und faulenden Blättern gefüllt sind. In der Abb. 753 ist die Atemröhre (Sipho), mit der die Larve oft an der Wasseroberfläche «hängt», unsymmetrisch etwas zur Seite gelegt, gezeichnet. – Die zu Ruderbewegungen befähigten Puppen im Habitus gleichfalls eindeutig charakterisiert (Abb. 754). – Systematik: neben *Culex pipiens* L. und *Aëdes*-Arten die humanmedizinisch berüchtigte Gattung *Anopheles* MG. in der Waldbiozönose vertreten.

(Fälschliche Vulgärbez. d. Culicidae = «Rheinschnaken»; Seite 410).

Simuliidae, Kriebelmücken

Die um 1880 schon gelegentlich als «Gnitzen» bezeichneten Mücken sind im Larvenstadium eine durch ausgesprochene Differentialmerkmale gekennzeichnete Familie. Die in rasch fließenden Gewässern, in Bächen oder in ufernahen Regionen der Flüsse an Steinen und Wasserpflanzen vorkommenden aquatischen Larven kenntlich an 2 kopfständigen Haarfächern, die Nahrungspartikelchen (Diatomeen usw.) heranstrudeln (Abb. 755). Spannerartige Fortbewegung durch abdominalen Saugnapf mit randständigen Häkchen, durch unpaaren gleichfalls mit Haken ausgerüsteten Fußstummel und durch Spinntätigkeit unterstützt. – Nicht zu verwechseln mit den (4–13 mm langen) Larven der Blepharoceridae (Lid- oder Netzmücken), die in Fließgewässern mit lebhafter Strömung (in reißenden Gebirgsbächen der Hochgebirge, in der Forellenregion der Fließgewässer in den Mittelgebirgen) leben und auf der Unterseite in der Medianlinie mit 6 unpaaren Saugscheiben ausgestattet sind. Die Vollkerfe der Blepharoceridae (um 5 mm) nahrungsbiologisch nicht zu den Haematophagen zu rechnen; ♀♀ saugen kleine Beutetiere (Chironomiden) aus, ♂♂ vermögen nur Pflanzensäfte (aus Röhrenblüten von Compositen) aufzunehmen. – Die Verpuppung der Kriebelmückenlarven in einem anfangs geschlossenen, erst später offenen tütenförmigen Kokon, aus dem das Vorderende der Puppe mit den verzweigten Atemröhren hervorragt (Abb. 756). Puppe mit abdominalen Häkchen an Seidenfäden des Kokoninnern befestigt.

Imagines

Kennzeichen und wirtschaftl. Bedeutung: gedrungen gebaute, etwa flohgroße Mücken (um 5 mm), ausgezeichnet durch einen typischen buckeligen

Brustabschnitt (Abb. 739). Im Habitus kleinen Fliegen ähnelnd, aber am Fühler deutlich 10 (freilich sehr kurze) Glieder erkennbar. – Eine in Waldbeständen häufige Art ist *Simulium* (= *Melusina) reptans* L.: ♂ samtschwarz, Thorax dorsal weiß gerandet; ♀ schwarzbraun, Thorax dorsal schwarzblau, vorn grau. – ♂♂ «tanzen» schon frühmorgens im Sonnenschein in Schwärmen und ernähren sich nur vegetabilisch. ♀♀ stechen (vornehmlich bei Tage); Wild dürfte im Walde auch Blutspender sein. Beträchtliche Verluste in bevorzugten Gegenden unter dem Weidevieh durch Giftwirkung des Kriebelmücken-Stiches (BRAUNS, 1985; pag. 34).

Da manche Arten kurz vor einem Wettersturz oder vor Gewittern besonders angriffslustig sind, werden diese Familienangehörigen gelegentlich auch als «Gewittertiere» oder im Volksmunde als «Gewitterfliegen» bezeichnet. Mit dem gleichen Vulgärnamen werden aber auch strichförmig schlanke Blasenfüße (Thysanoptera [Physopoda], vor allem die Art *Limothrips denticornis* HALID; Getreideblasenfuß; um 1,5 mm) belegt; diese andererseits auch «Gewitterwürmchen» genannten schwarzen Tierchen werden durch ihr Krabbeln ungemein lästig und treten bisweilen im Sommer in ungeheuren Schwärmen auf, auch am Waldesrande (selbst in Städten) [siehe Seite 104].

Ceratopogonidae (Heleïdae), Bartmücken

Auch die Angehörigen dieser Familie vielfach als «Gnitzen» bezeichnet und gelegentlich als «Gewitterfliegen» angesprochen (vgl. S. 104 u. 417). – Vielerorts als UF der Zuckmücken aufgefaßt; aber durch die Lebensweise der Vollkerfe doch mehr oder weniger als selbständige Familie gekennzeichnet.

Imagines

Kennzeichen und Ökologie: flohgroße Mücken (knapp 1 bis 3 mm), leiten im Habitus schon etwas zu den fliegenähnlichen Typen über. Rücken zwar gewölbt, aber nicht kapuzenartig über den Kopf vorgezogen. Flügel in der Ruhe flach über dem Hinterleib zusammengelegt. Vorderbeine in der Ruhe aufgesetzt, aber kürzer als die übrigen. Meist 14gliedrige Fühler; die Geißelglieder der ♂♂ mit langer, büschelförmiger Behaarung. Charakteristisch ein nach unten gehaltener Stechrüssel. Aber nur die ♀♀ gehören zu den überaus lästigen Blutsaugern, sind mithin haematophag, oder greifen andere Insekten räuberisch an (etwa Chironomiden oder sogar Artgenossen) und saugen sie aus. Wieder andere saugen Blut von größeren Insekten (Raupen, Schmetterlinge), auch von Regenwürmern. Die Art *Atrichopogon infuscus* GOETGH. wurde auf den Flügeln von *Stauropus fagi* L. (Buchenspinner; Lep., Notodont.) aufgefunden; die winzigen Bartmücken ernährten sich anscheinend u. a. von Sekreten. – Die ♂♂ ernähren sich allesamt durch Saugen von Pflanzensäften; die Angehörigen der Dasyheleinae sind wohl am stärksten an Pflanzen gebunden, da auch ihre Weibchen ausnahmsweise Pflanzensauger sind (v. NEINDORFF, 1960). – In Waldgegenden im Frühjahr bekannteste Art:

Culicoïdes pulicaris L. (etwa 2 mm); schwarzbraun. Brust oberseits aschgrau, Beine braun mit helleren Tarsen. Hinterleib mit weißen Einschnitten. Flügel weiß, mit graubraunen Punkten, behaart. Biologisches Verhalten: stechen empfindlich, gern am Rande der Kleidung [unter dem Hutrand, am Kragenrand usw.], besonders abends und des Nachts. – In den Monaten Juli/September dagegen ist eine andere Art häufig, die als Imago blutsaugend an Insekten angetroffen werden kann: *Atrichopogon oedemerarum* STORA, die als Beispiel für die gesamte Familie in Abb. 740/741 dargestellt ist. Mesonotum der Imago graubraun, mit gelblicher, kurzer Pubescenz; Halterenköpfchen weiß, -stiel dagegen bräunlich. Auffallend ist der ungewöhnlich lange Rüssel am Kopf. – Larval-Entwicklung in humifiziertem Holz oder auch in feuchten Laublagen kleinerer Gräben.

Larven

In den Bodenschichten der Waldbiozönose vorwiegend 3 Typen vertreten, denen allen ein wurmförmiger Habitus gemeinsam ist:

a) **Forcipomyia spec.** (Abb. 757): weißlich-grau, mit Borsten auf charakteristischen Chitinkegeln und -platten.

b) **Atrichopogon spec.** (Abb. 758): graubraun; mit kleinen Dornen auf zylinderförmigen Zapfen. [früher: *Kempia* spec.]

c) **Bezzia spec.** (Abb. 759): weiß-gelblich; drehrund. Am Hinterende mit einem Borstenkranz.

Verwechslungsmöglichkeiten mit den nahverwandten Chironomidenlarven gegeben, aber vor allem folgende Differentialmerkmale: vorderer Fußstummel und Nachschieber des letzten Körpersegmentes fehlend oder unpaar; kompliziertes Pharyngealskelett innerhalb der Kopfkapsel sichtbar.

Während *Forcipomyia*-Larven mit besonderer Vorliebe unter der Rinde von anbrüchigen Stämmen (etwa von Borkenkäfer-Stämmen) oder von amorphen Stöcken gesellig angetroffen werden können, kommen *Kempia*-Larven in feuchten Fallaublagen in Erosionsgräben und die schlängelnden *Bezzia*-Larven in der F-Schicht von Laubholzbeständen vor. – Micro-, myceto-, einige Arten sogar phytophag (als Blattminierer [etwa am Rande von Gewässern]). Viele Formen dieser Familie aquatisch lebend. Die Puppen der Ceratopogonidae lassen sich von jenen der Chironomidae nur sehr schwer unterscheiden [BRAUNS, 1954; Bd. 2].

Chironomidae (Tendipedidae), Zuck- oder Schwarmmücken

Imagines

Die Vollkerfe werden, weil im Habitus den Stechmücken ähnlich, mit diesen auch laufend verwechselt; vor allem bilden vornehmlich die Männchen oft große tanzende Schwärme von Hunterten bis zu Hunderttausenden von

Individuen (Vulgärname!). Die Schwarmbildung (zweifellos dem Sichfinden der Geschlechter dienend) ist in der Erscheinung und zu manchen Zeiten so auffällig, daß sie ein sehenswertes Naturschauspiel darstellt. Mit Intervallen bis zu mehreren Jahren treten sie mancherorts in solchen Massen auf, daß sie beim Schwärmen den Horizont wie in Wolken verschwimmen lassen oder selbst in Großstädten an den Spitzen hoher Gebäude für Rauchfahnen gehalten werden. Bekannt sind die großartigen Haffmückenschwärme auf der Kurischen Nehrung. Die eigenartige Gewohnheit der Schwarmbildung ist gleicherweise aber auch an Binnengewässern häufig zu beobachten, wenn auch nicht immer in wolkenartigen Schwärmen, die die Sonne verdunkeln. Die Höhe des Tones, den die oft säulenartigen, geradezu «stehenden» Schwärme erzeugen, ist von der Größe der Mücken abhängig und auch arteigentümlich.

Kenntlich sind die kleinen bis mittelgroßen ♂♂-Mücken (größte Art etwa 12 mm) an den buschig oder pinselartig behaarten Fühlern (ähnlich den in früheren Zeiten gebräuchlichen «Lampenputzern» zum Reinigen der Glaszylinder bei den Petroleumlampen [Abb. 742]); bei den ♀♀ sind die Fühler zumindest mit Wirtelhaaren besetzt. – Der Name «Zuckmücken» bezieht sich auf ihre Gewohnheit, mit den aufgerichteten und wie Fühler vorgestreckten, langen Vorderbeinen ständig zu zucken. – Die Flügel dachförmig den Hinterleib bedeckend. – Der Mittel-Brustabschnitt ist über einen Teil des Kopfes vorgezogen. – Neben Arten mit blaßgelbgrün gefärbten Brustabschnitten auch solche, bei denen graubraune oder weißgraue Farbtönung vorherrscht.

In forstlichen Beständen nur in der Nähe von Gewässern auffällig; die meisten Larven sind aquatisch; den Zierfischzüchtern bekannt sind die «roten Mückenlarven» (Arten der Gattung *Chironomus*, bei denen das Haemoglobin durchschimmert). Auf die Bedeutung dieser im Wasser lebenden Larvenformen war eingangs hingewiesen worden (s. Seite 393). Biologisch interessant ist aber nun, daß Vertreter einer einzigen Unterfamilie (Orthocladiinae, Ringelmücken [Abb. 743]) wieder sekundär zur terrestrischen Lebensweise im Larvenstadium zurückgekehrt sind.

Terrestrische Larvenformen

Kennzeichen und Ökologie: schlank, zu den kleinsten Chironomidenlarven vielfach gehörig (um 4 mm). Weißlich, bei erwachsenen Larven vorn oft mit schwefelgelben, nicht selten sogar mit lila-farbenen Zeichnungen. – Kopfkapsel meist hellbraun, ohne Pharyngealskelett im Innern. – Während sonst meist 2 vordere Fußstummel und 2 Nachschieber vorhanden sind, ist bei den terricolen Formen nur ein völlig verwachsener prothorakaler Fußstummel festzustellen; die Nachschieber sind völlig reduziert (Abb. 760). – In manchen Bodenschichten in beträchtlicher Wohndichte auftretend und dann als aktive Bodentiere einen gewissen Anteil an dem Kreislauf der Stoffe. Im Darm dieser Formen u.a. Pilzhyphen, Pilzsporen, Diatomeenschalen, Teile von pflanzlichem Gewebe und organogenem Detrius aufgefunden [STRENZKE, 1950]. – Bisher freilich nur in Laubholz- oder Laubmischbeständen beobachtet. Artdetermination der Zuckmückenlarven nur mit Spezialliteratur und zahlreichem Vergleichsmaterial möglich. – Verwechselungsmöglichkeit mit Flohlarven gegeben; siehe Unterscheidungsmerkmale Seite 468.

Tipulidae, Schnaken; Erd-, Pferde- od. Riesenschnaken

Imagines

Kennzeichen und Ökologie: Am typischen Habitus unschwer anzusprechen (Abb. 774). Mittelgroße bis große Mücken mit unförmig verlängerten, zerbrechlichen Beinen wie bei den Weberknechten oder «Kankern» (die aber zu den Arachnida, Spinnentieren, gehören, Ord. Opiliones). – Untergesicht schnauzenartig vorgezogen; große Augen; mit langen Fühlern. – Die schmalen Flügel in Ruhe halb ausgebreitet oder flach aufliegend, mit ziemlich stark ausgebildetem Adernetz. Schwinger freistehend, stets gut sichtbar. Thorax gewölbt, mit deutlicher V-förmiger Quernaht. – Der schlanke Hinterleib beim ♂ am Ende keulenförmig angeschwollen («Hypopygium» verdickt), beim ♀ mit Legeröhre (eigentlich 3 Spitzen vorhanden: 2 Cerci und die Legeröhre; «Ovipositor» stets dunkel chitinisiert). – Diese Mücken stechen nie, sind niemals haematophag; ihnen fehlen Stechborsten. Vielfach werden die Erdschnaken den Blutsaugern zugerechnet, weil in einigen Gegenden der Vulgärname «Schnaken» den Culiciden gegeben wird (etwa «Rheinschnaken»). Die Tipuliden sind aber als erwachsene Mücken harmlose Blütensaftsauger oder nehmen freiliegende Säfte auf; sie fliegen schwerfällig (werden dabei leicht verweht) oder hängen an Grashalmen bzw. an sonstigen Bodenpflanzen; ♀♀ fliegen zur Eiablage mit herabhängendem Hinterleib dicht über feuchte Lokalitäten und suchen ihnen zusagende Areale; hier sitzen sie dann ruhig am Boden und schieben die Legeröhre in die Erde. – Größte paläarktische und zugleich größte nematocere Art: *Tipula maxima* PODA (syn. *gigantea* SCHRANK): ♀ (mit 32 mm) größer als ♂; grau mit dorsalen braunen Bruststreifen; Beine rötlich; Flügel weißlich, am Vorderrand mit bräunlichem, ausgebuchteten Saum, am Hinterrand hellbraun gefleckt. – Auf Waldwiesen im Sommer.

Larven

Kennzeichen: die meist dicken, derbhäutigen, walzigen Larven (Größe unterschiedlich, meist um 20 mm, aber auch bis 40 mm) graugelblich oder graubraun («erdfarben») mit fast ganz in den Thorax eingezogener, durch die Haut durchschimmernder Kopfkapsel, die dorsal und ventral tiefe Einschnitte zeigt. Typisch kauende Mundteile, vor allem deutlich sichtbar die kräftigen, bezahnten gegenständigen Mandibeln. Körperende mit Wülsten, über und unter den beiden Stigmenplatten mit zipfeligen Auswüchsen («Randlappen»). Gestaltung des Stigmenfeldes mit den Hautzapfen ist gattungs- und art-spezifisch (Abb. 765/769; vgl. dazu Abb. 770). – Biologisches Verhalten: Die an sich trägen Larven stülpen bei Beunruhigung das Hinterende auf; die dunklen Stigmenplatten werden jetzt wie 2 aufleuchtende Augen sichtbar. An dieser «Teufelsfratze» sind die Larven stets sofort zu erkennen. In der Ruhe ist das Stigmenfeld von den Randlappen völlig verdeckt. – Nicht alle Arten lassen lange zipfelige Auswüchse am Hinterende erkennen; es können auch hier im Bereich der Hinterstigmen erhebliche Reduktionserscheinungen stattfinden, die die Bestimmung erschweren. Bei in amorphem Holz lebenden Larven sind von den Hauptzapfen oft nur noch Rudimente erkennbar (Abb. 762). – Kriechwülste fehlen; die Tracheenlängsstämme schimmern meistens bei reifen Larven durch. – Junglarven geringfügig anders gestaltet, mit typischen, langen Seitenhaaren am Hinterleibsende (Abb. 761). – Die Puppe besitzt Querreihen von kleineren oder größeren Dornen (Abb. 763). Vor der Spren-gung der Puppenhülle arbeiten sich die schlüpfbereiten Puppen durch Bewegungen des Abdomens, unterstützt durch die Dornenkränze, aus dem Substrat so weit nach oben, daß die Imago ungehindert sich befreien kann. Bei den meisten Tipulidenpuppen hängt übrigens am Hinterleibsende noch die Larvenexuvie (Abb. 764). Außerdem sind für die Tipulidenpuppen noch folgende Kennzeichen wesentlich: vordere Stigmenöffnungen an sogen. Pro-thorakalhörnern; entsprechend der Halterenausbildung bei der Imago nur eine Flügelscheide jederseits; während des Schlüpfaktes trennen sich die ventralen Teile des Puppen-Vorderendes nicht voneinander. – Mit Tipuliden-Puppen können verwechselt werden: Puppen der Sesiidae (Lep.); Differentialmerk-male s. Seite 320.

Ökologie und wirtschaftl. Bedeutung: auf landwirtschaftlichen Nutzungs-flächen als ausgesprochene Schädlinge bekannt geworden; hier ernähren sie sich vornehmlich von Sprossen und Blättern, auch von Wurzeln. Sie beißen die Pflänzchen oder Keimlinge am Sproß dicht unter der Oberfläche durch. Während der Nacht oder an Regentagen bleiben sie in ihren Gängen, stecken nur das Vorderende heraus und ziehen erreichbare Pflanzenteile in die Gänge. Bei Massenvermehrungen kriechen sie auch bei feuchter Witterung oberfläch-lich umher [MAERCKS, 1953]. – Gradationsgebiete liegen im heimischen Faunengebiet vor allem im Nordwesten im nordatlantischen Klimabereich; dabei scheinen Übervermehrungen bei den jeweilig untersuchten Arten in geringer Abwandlung durch entsprechende Witterungseinflüsse hervorgerufen zu werden («durch feuchtkühle Witterung zur Zeit der Ei-Entwicklung», «außerdem bei Arten mit Sommerruhe der Eier höchstwahrscheinlich durch warmen, trockenen Sommer…, mit Winterruhe der Eier durch kalten Winter und Frühjahrsüberschwemmung…, mit überwinternden Larven … durch milde Winter»). Besprüht man den Boden etwa mit 4%igem Ammoniakwas-ser, kommen Larven an die Oberfläche; flach abgestochene Grünlandplaggen legt man in eine 20%ige Viehsalzlösung und erlangt dann die jungen Larven. –

Vertilgerkreis: vor allem Tachinen als Parasiten aufgefunden; u. a. *Siphona (Bucentes) geniculata* DE GEER in *Tipula paludosa* MEIG. (Flugzeit August/September, überwintert als Einhäuter oder Zweihäuter) und in *Tipula oleracea* L. (2 Flugzeiten: April/Juni und August/Oktober, Eiproduktion: bis 1300; überwintert als Zwei- und Dreihäuter). In Holland wurden Phoridenlarven (Dipt.) im Freiland als Parasiten beobachtet, im Labor die in forstlicher Hinsicht durch völlig andere Lebensweise auffallende *Megaselia rufipes* MEIG. (syn. *omnivora* HUDSON, *semiflava* HARTIG; Phoridae, Dipt.) als Parasit festgestellt. Beachtenswert sind als Larvenkrankheiten Polyedrose (polyederkranke Larven kreideweiß) und die sogen. Schwarzfleckenkrankheit (auf der Haut werden schwarze Flecken sichtbar, in denen die Cuticula zerstört ist). – Den Imagines stellen als Räuber nach Asiliden und Scatophagiden (Dipt.) und Spinnen; die Larven werden verfolgt von Carabiden (Larven und Vollkerfe), Staphyliniden und Canthariden (Larven; Col.). Außerdem sind eifrige Vertilger der Schnakenlarven: Maulwurf, Spitzmäuse und zahlreiche Vogelarten (darunter auch die anderweitig wieder verfolgten Stare und Krähen).

In der Waldlebensgemeinschaft ist die Lebensweise der Tipulidenlarven unterschiedlich zu bewerten. Zunächst sind sie als sapro- bis phytophag anzusprechen. Einmal ist ihre bodenbiologische Bedeutung außerordentlich hoch anzusetzen, da sie, soweit sie die F-Schicht der Laubholzbestände bevölkern, ähnlich den Bibionidenlarven, die Fallaubsubstanz in koprogene Humuselemente umwandeln (Abb. 773). Auch in amorphen Stöcken oder in modernden Ästen (Abb. 771/772) und Stämmen spielen sie eine beachtliche Rolle. Zum andern greifen aber auch saprophage Arten unter gegebenen Umständen lebende Pflänzchen an und schaden durch rhizophage Ernährungsweise. Bei jungen Holzpflanzen ringeln sie knapp über oder unter dem Bodenoberflächenhorizont Rinde und Bast (Abb. 350); Keimlinge werden über dem Boden durchgebissen. Die Larven können also in Saatkämpen oder Pflanzgärten arge Schäden anrichten. Übrigens werden auch in Weidenhegern die jungen Schößlinge neugepflanzter Stecklinge regelrecht abgefressen. – Schnakenlarven leben zwar nicht ausgesprochen gesellig (wie etwa Bibioniden- oder Lycoriidenlarven), aber zumeist auch nicht als Einzelgänger.

Artdiagnose

Da eine systematische Artdiagnose nach den aktiven Larvenstadien noch heute auf besondere Schwierigkeiten stößt und in diesem Rahmen nicht angestrebt werden kann, seien einmal einige Beispiele nach auffallenden Vollkerfen gegeben und im Anschluß daran einige Charakterarten genannt je nach den verschiedenen Habitaten.

Gattung Tipula L., Wiesenschnaken

Hierher unsere meisten großen Schnaken gehörig; Körper der Imagines unscheinbar gefärbt (grau bis braun). An Schadarten seien aufgeführt: *Tipula marginata* MEIG., *T. melanoceros* SCHUM., *T. pabulina* MEIG., *T. subnodicornis* MEIG. und *T. (= Vestiplex) scripta* MEIG. (Abb. 774). – Außerdem *Tipula (= Oreomyza) flavolineata* MEIG. (Larven schädigend in Tannen- und Lärchenpflanzungen).

Gattung Nephrotoma Meig., Krähenschnaken
Pales Meig., Pachyrhina Macq.)

Kopf und Brust der Imagines gelb oder mit gelben Zeichnungen. *N. crocata* LIN. (gelbbindige Riesenschnake), *N. irridicolor* SCHUMMEL (syn. *cornicina* L.) und *N. quadrifaria* MEIG. (sämtliche Larven an jungen Nadelholzpflanzen; *quadrifaria*-Larven aber auch in H-Schicht von Hainbuchenbeständen); *N. flavescens* L. forstlich schädigend aufgetreten, doch auch in amorphen Stöcken und Stämmen.

UF Ctenophorinae, Kammschnaken

Recht bunte Formen; Körper der Vollkerfe glänzend schwarz oder schwarz und gelb gezeichnet. Außerdem Fühlergeißel der ♂♂ mit kammartigen Fortsätzen, bei den ♀♀ tief gesägt oder gekerbt. Hierher gehörig u. a. die im folgenden genannten Gattungen *Dictenidia* BRULLÉ und *Tanyptera* LATR. (syn. *Xiphura* BRULLÉ).

Charakterarten in verschiedenen Habitaten (nach den Larven)

Amorphe Stämme und Stöcke:

Weißfaules Buchenholz: *Tanyptera atrata* MEIG. (starke Reduktion des abdominalen Stigmenfeldes); Abb. 762.

In Laubholz (allgemein): *Dictenidia bimaculata* L. (Abb. 765); *Tipula irrorata* MACQ. (Abb. 766).

F-Schicht von Beständen:

Buche: *Tipula scripta* MEIG. (Abb. 767).
Nadelholz: *Tipula nubeculosa* MEIG. [Abb. 768]).

Unter Moos an Stöcken und Stammbasis:

Tipula cinereocincta LUNDSTR. (Abb. 769).

Vorwiegend aquatische Formen

deren Imagines ausgesprochenen Tipulidenhabitus zeigen, in Waldgegenden auch auftreten,
deren Larven in einigen Arten aber terrestrisch leben:

Limoniidae (= Limnobiidae), Stelz- oder Sumpfmücken

Unter den Imagines am auffallendsten unsere größte einheimische Art: *Pedicia rivosa* L. (Quellschnake fälschlich genannt; 25 mm) mit kräftiger Flügelzeichnung (lebhaft braun und weiß), in Laubholzbeständen in der Nähe von Bächen und Quellen, Larven im Schlamm, aber auch unter feuchten Fallaublagen, gelegentlich sogar auf Grasland und an Getreide schädigend aufgetreten (Schottland, England).

Unter den Larven 2 Formen charakteristisch:

Limonia quadrimaculata L.:

typisch fungicole Art in *Daedalea* (= *Trametes*) *gibbosa* FRIES (Polyporaceae, Basidiomycetes), vergesellschaftet vielfach mit den Räupchen von *Tinea parasitella* HB. (Tineidae, Lep.), aber in eigenen Fraßgängen.

Thaumastoptera calceata MIK.:

mit gehäusebauender Larve; das brillenfutteralähnliche Gehäuse (Abb. 776) aus Teilchen von faulendem Buchenlaub, die mit im Wasser erhärtendem Drüsensekret zusammengeleimt werden. Vorkommend in vom Quellrinnsal überrieselten Buchenlaub kalter Quellen (etwa in Ostholstein), aber auch zwischen moderndem Laub unter Erlen zusammen mit den Larven von *Penthetria holosericea* MEIG. (Bibionidae, Dipt.) *Thaumastoptera*-Larve phytosaprophag (skelettiert Fallaubblätter).

Imagines der Familie Limoniidae gelegentlich «Wintermücken» genannt, weil an warmen Wintertagen ein Schwärmen dieser Stelzmücken stattfinden kann. – Larven den Tipulidenlarven ähnlich, terricole Formen (Abb. 775) meist gelbbräunlich bis schmutzig-weiß (etwa die in Pilzen lebenden Arten), mit seidenglänzendem Haarstrich, Kopfkapsel mit tiefen Einschnitten, so daß nur noch chitinige «Gräten» erkennbar sind. Stigmenfeld des Hinterendes auch mit Randlappen, die lang behaart sein können, doch beträchtliche Reduktionserscheinungen zu beobachten. – Beim Stockabbau oder bei den Zersetzungsvorgängen des Bestandesabfalles, freilich in geringerer Besatzdichte als die Tipulidenlarven, beteiligt.

Cylindrotomidae, Moosmücken

Hier sind allein die Larven in der Waldbiozönose besonders auffällig. Sie zeigen eine bizarre Form durch den Besatz mit blatt- oder fadenförmigen Anhängen und seitlichen Höckern (Abb. 777). Diese moosblattähnlichen Körperanhänge als «Schutzanpassung» gedeutet. Larven (10–25 mm) jedoch stets um die Wirtspflanze gewunden, so daß die Segmentanhänge eher ein Weggespültwerden bei Überflutung des Habitats verhindern sollen. Moosähnlichkeit also nur etwas «Zufälliges». Körperfarbe: bräunlich- bis gelbgrün. In Moospolstern (als semiaquatisch und bryophag anzusprechen), aber auch in Grünerlenfallaub (terricol und saprophag) anzutreffen.

Brachycera, Fliegen

Im allgemeinen gedrungener Bau, oft mit vergrößertem Kopf, mithin typischer Fliegenhabitus (Abb. 778/780). Fühler kurz; den beiden Basalgliedern sitzt ein größeres Glied auf, das wiederum einen mehr oder weniger gegliederten Griffel oder sogar nur am Ende bzw. dorsal eine Fühlerborste trägt. Nur vereinzelt ist eine «geringelte» Geißel als Fortsetzung der Grundglieder vorhanden. Das Fühlergeäder, das zur Bestimmung weitgehend herangezogen wird, zeigt eine starke Spezialisation. – Hierher gehörig außerordentlich vielgestaltige Zweiflügler-Typen; ebenso vielseitig ist auch die Ökologie der in dieser UO zusammengefaßten Familien. Dies zeigt sich besonders bei dem Versuch, die einzelnen brachyceren Formen in ein System nach den verschiedenen Nahrungsklassen einzuordnen. – Larven ohne deutlich sichtbare Kopfkapsel («acephal»). Gelegentlich wird für die Ausbildungsform der larvalen Kopfregion bei den Brachyceren die Bezeichnung «kopflos» angegeben; das führt jedoch zu einer falschen Vorstellung. Larvenkopf oft nur sehr klein und nicht stärker chitinisiert als das folgende Segment. Larven mit allseitig kräftig chitinisiertem Kopf (etwa Tabanidae, Erinnidae, Asilidae), lassen ein typisches Kopfinnenskelett erkennen. Mandibeln jedenfalls fast immer hakenförmig; die Mundwerkzeuge in der Vertikalebene parallel zueinander beweglich. Die unter den Brachyceren am stärksten abgewandelten Larvenformen können den Kopf völlig in die Brustregion einziehen; bei ihnen finden wir als Mundwerkzeuge die sogen. Mundhaken. – Bei den Puppen ist an den Fühlerscheiden die spätere geringe Gliederzahl der Vollkerf-Antennen deutlich sichtbar. Bei den höher entwickelten Brachyceren findet die Verpuppung in der letzten bzw. vorletzten erhärtenden Larvenhaut statt; wir haben dann eine «Tönnchen»-Puppe (Puparium) vor uns (vielfach wird nur die Bezeichnung Tönnchen angewendet). Beim Schlüpfakt der Imago wird die Puppenhaut auf der Dorsalseite längs der Mitte T-förmig gespalten («kurzfühlerige Spaltschlüpfer» [Brachycera orthorrhapha]; dazu gehören alle Familien von den Stratiomyiiden bis zu den Dolichopodiden). Bei den weiteren Familien wird das Puparium durch Absprengen eines meist kreisförmigen Deckels eröffnet («Deckelschlüpfer»). Das Sprengen des Tönnchens geschieht mittels des Untergesichtes der Imago (Brachycera cyclorrhapha aschiza; hier wären etwa Lonchopteridae, Syrphidae, Phoridae zu nennen) oder das schlüpfende Vollkerf treibt oberhalb der Fühler mit Hilfe des Körperturgors aus einer mondförmigen Spalte (Lunula) eine Blase (Ptilinum) hervor, die das Tönnchen an der kreisförmig präformierten Spaltlinie aufreißen läßt (Brachycera cyclorrhapha schizophora). Diese letzte Gruppe der Deckelschlüpfer mit gut entwickelter, imaginaler Stirnblase wird dann wieder unterteilt in 2 Kohorten: Acalyptratae und Calyptratae; die Bezeichnungen seien nur zur vergleichenden Orientierung mit Angaben in ausgesprochenen Determinationswerken angeführt ohne eingehende Erläuterung, weil dies auf das Gebiet der systematischen Spezialarbeit führen würde (vgl. Brauns, 1954; Bd. 1, Seite 159). Hier sei nur so viel gesagt: Bei den Imagines sind die Thorakal- und Flügelschüppchen meist klein und rudimentär = **Acalyptratae** (**Holometopa**) oder Thorakal- und Flügelschüppchen sind meist stark entwickelt = **Calyptatae** (**Schizometopa**). Die Bezeichnungen in den Klammern beziehen sich auf den unterschiedlichen Kopfbau der beiden Kohorten.

Systematik: Wie schon Escherich [1942] in seinem mehrbändigen Handbuch über die Forstinsekten Mitteleuropas darstellt, spielt ein großer Teil der Diptera brachycera eine beachtliche Rolle in der Waldbiozönose, wenn auch größtenteils bei weitem noch nicht alle Einzelheiten bekannt geworden sind. Deshalb berücksichtigt er bereits diese UO der Zweiflügler stärker als es in anderen forstentomologischen Werken der Fall ist. Noch viel mehr ist diese Feststellung im vorliegenden Rahmen gegeben, weil weniger die wirtschaftlichen Arten im Vordergrund stehen sollen als besonders die gesamte Lebensgemeinschaft, in der die Fliegen einen wesentlichen Bestandteil der biotischen Faktoren darstellen.

Diptera Brachycera Orthorrhapha,
Kurzfühlerige Spaltschlüpfer

Stratiomyidae, Waffenfliegen

Ausgesprochen schönfarbige Fliegen, häufig schwarz und gelb («Wespenfarbe») oder grün, auch glänzend grün oder blau gefärbt. Die Vulgärbezeichnung wird auf die den meisten Stratiomyiiden zukommende Bedornung des Schildchens zurückgeführt. Diese Dornen sind aber keine Bewaffnung, sondern lediglich Schmuckmerkmale («ornamentale Charaktere»). Der griechisch-lateinische Name der Familie ist gleichfalls auf die vielfach auffallenden, damit als «kriegerisch» angesprochenen Abzeichen und Kennzeichen bezogen. – Vollkerfe oft mit auffallend breitem, aber flachen Hinterleib. – Eifrige Blumenbesucher (Umbelliferen [etwa in feuchten Laubwäldern auf *Chaerophyllum*, Kälberkropf] und Compositen [etwa auf *Arctium*, Klette]), ernähren sich von Pollen und Nektar; der Thorax oft völlig von Blütenstaub bedeckt. – Heliophil, sitzen dabei gern auf Unterholz in der Nähe von Wasser. – *Stratiomys (Stratiomyia) chamaeleon* L. (Abb. 779) mit Vorliebe auf Weißdorn (Juni/September).

Larven

Kennzeichen (Abb. 785): derbhäutig, mit reichlicher Kalkeinlagerung in der ledrigen Haut (bei stärkerer Vergrößerung hexagonale Felder erkennbar).

Meist hellbräunlich mit Sprenkelung. Asselförmiger Habitus. Körperlänge unterschiedlich, von 10–50 mm. Träge in der Bewegung. – Biologisch interessant, daß bei den aquatischen Formen (ausgezeichnet durch Kranz von vielfach gefiederten Haaren am Hinterende) nicht selten am Kopf Epizoën (Ciliaten und zwar Vorticellidae) auftreten, die in ernährungsbiologischer Hinsicht Commensalen sind. – Verpuppung in der letzten Larvenhaut, daher handelt es sich oft beim Auffinden dieser Formen um die Puparien.

Ökologie: terrestrische Larventypen wohl vorwiegend algo- und phytosaprophag. Sehr widerstandsfähig, können langanhaltende Trockenzeiten ohne Schaden überdauern. – Auffindbar in der F-Schicht von Laubholzbeständen, aber auch in Stöcken und modernden Stämmen, selbst in Borkenkäfergängen, hier sich ernährend von den Exkrementen der Scolyt.larven oder von Pilzmyzel. – Vertilgerkreis: Ichneumonidae als Parasiten. – Aquatische Formen als ausgesprochene «Baumhöhlenbrüter» (in den wassergefüllten Höhlungen alter Stämme).

Tabanidae, Bremsen

Imagines

Kennzeichen: mittelgroße bis große Fliegen (etwa 10–24 mm) von plumpem Habitus, mit kräftigem, manchmal vorstehenden Stechrüssel, mit großen Augen, die bei vielen Arten im Leben mit in Regenbogenfarben schillernden Zeichnungen versehen sind. – Unter den Bremsen unsere größten Fliegen überhaupt (teils mit über 50 mm Flügel-Spannweite).

Ökologie: ♂♂ nehmen Pflanzensäfte auf, während die ♀♀ außerordentlich lästige, an schwülen Sommertagen oftmals sehr angriffslustige Blutsauger sind. Auf Straßen längs eines Waldrandes oder auf Waldlichtungen umschwärmen vor allem die kleineren Arten (Regen- und Blindbremsen) unaufhörlich in wildem Fluge ihr Opfer (gern in hellem Sonnenschein), während auf angrenzenden Viehweiden die großen *Tabanus*-Arten anzutreffen sind. – Schon durch den Blutverlust der aufgesuchten Wirte werden beträchtliche Schäden in der Viehzucht verursacht. Andererseits sind die Bremsen aber auch Überträger tierischer und menschlicher Infektionskrankheiten.

Freiland-Differentialdiagnose: an Beispielen seien genannt:

Gattung Haematopota (= Chrysozona) Meig.: grau bis schwarzgrau gefärbte, schlanke Fliegen mit grauen, weißmarmorierten Flügeln (in der Ruhe dachförmig). Augen beim ♀: auf leuchtend grünem Grund 3 Zickzackbinden, mit bläulichem Unter- und Oberrand. Vulgärname «blinde Fliegen» bezogen auf die rauchig getrübten Flügel mit den helleren Flecken. – Allgemein bekannt: *Haematopota pluvialis* L., «Regenbremse» («Gewitterfliege») etwa 6 bis 11 mm. Juni/August.

Gattung Chrysops Meig., Blindbremsen: meist schwarze Arten mit gelben Hinterleibszeichnungen, quergebänderten Flügeln und im Leben mit leuchtend goldgrün oder violett gefärbten Augen, die zudem noch Purpurflecken und -binden zeigen. – Häufig: *Chrysops caecutiens* L. (Abb. 781); 10–13 mm. Mai/August.

Gattung Tabanus L., Viehbremsen: enthält unsere robusten Bremsenarten, gekennzeichnet vielfach durch ein breites Abdomen, das gebändert oder gefleckt ist. Flügel meistens klar oder höchstens leicht gefärbt, selten gefleckt oder schwarz. Brustabschnitte oft mit Längsstriemen. Augen fast immer mit charakteristischen Querbinden, beim ♂ oft zweifarbig. Körperzeichnung vielfach nur durch helle Behaarung gebildet, die aber empfindlich ist (Feuchtwerden gefangener und getöteter Exemplare ändert die Rotgelbfärbung).

Larven

Kennzeichen und Ökologie: spindelförmig, 12–25 mm, weißlich oder bräunlich-gelb; der gesamte Körper längsgestreift und mit typischen Kriechwarzen (Abb. 786). – Vorwiegend aquatisch, aber auch terrestrisch (etwa in Fallaublagen); terricole Formen saprophag, doch daneben raptorische Ernährungsweise (Insektenlarven [*Rhizotrogus*-Larven, Noctuidenraupe], Nematoden, Lumbriciden und Mollusken). Sehr wahrscheinlich extraintestinale Verdauung; durch Speichelsekret wird die Nahrung außerhalb des Körpers gelöst und dann in flüssiger Form aufgenommen (vgl. Seite 198). – Vertilgerkreis: u. a. Larven der Bombyliiden (Dipt.).

Rhagionidae (Leptidae), Schnepfenfliegen .

Imagines

Kennzeichen: mittelgroße bis kleine Arten mit schlankem Körper und mit etwas verlängerten Beinen; Flügel häufig gefleckt. – Feldkennzeichen: an sonnenbeschienenen Baumstämmen sitzen viele Arten (und warten auf Beute?); die ♂♂ sitzen dabei mit hochaufgerichtetem Vorderkörper, freilich mit dem Kopfende zum Stammfuß hin (Abb. 783/784). Fliegen bei Beunruhigung zeitig ab. Bisweilen auch in Wohnungen anzutreffen.

Ökologie: über die Lebensweise der Vollkerfe gehen die Meinungen auseinander. Während einerseits behauptet wird, es seien Räuber von kleinen Fliegen und anderen Insekten, haben andere Beobachter wie auch ich nur die Aufnahme von Wasser, Blattlaushonig usw. festgestellt.

Larven

Kennzeichen (Abb. 787): meist bis 20 mm, gelblich bis schmutzig-weiß, Körper ziemlich durchscheinend. Bei alkoholfixierten Exemplaren typisch die gelbbräunliche Verfärbung des Integuments und weiterhin oft eine Trennung des Darmes in einem oder mehreren Hinterleibssegmenten, obwohl die Tracheenlängsstämme unbeschädigt durchlaufen. – Trotz «Acephalie» außen am Kopf noch eine langbirnenförmige Dorsalplatte sichtbar. – Fast jeder Körperring mit ventraler, zurückziehbarer Kriechschwiele. Letzter Körperring mit seitlichen Längsfalten. Feldkennzeichen: sehr lichtscheu, bei jeder Störung sich eilig wieder verkriechend; jüngere Stadien sich hin- und herwindend wie Nematoden. – Puppen denen der Bibioniden außerordentlich ähnlich, auch mit vorgewölbter Mittelbrustregion, aber mit bauchwärts gekrümmten Hinterleibssegmenten (Abb. 788).

Ökologie: im bestandesbildenden Biotop im Moos, in der Laubstreu, unter Baumrinde, in moderndem Holz oder auch in Gängen holzbohrender Insektenlarven. Schizophytophag. In Laubblattlagen wird das Bestandes-abfallmaterial in charakteristischer Weise befressen; es bleiben nur der Mittelnerv, einige Seitennerven und am Blattende wenige Spreitenteile stehen. Außerdem aber auch raptorisch lebend; greifen andere Insekten oder ihre Larven an, unter Moospolstern mit besonderer Vorliebe Regenwürmer (Körperinhalt der Rhagionidenlarven erscheint dann fleischfarben).

Wirtschaftl. Bedeutung: durch die saprophage Ernährungsweise zweifels-ohne gegeben, wenn sie auch als Regenwurmspezialisten wieder weniger nützlich sein können.

Systematik: häufigste Arten aus der UF Rhagioninae: *Rhagio lineola* Fabr. (6–8 mm) Juni bis September, und *Rh. scolopaceus* L. (8–14 mm [Abb. 783]). – Hierher gehörig auch Gattung *Atherix* Meig.; die Weibchen vereinigen sich zu bienentraubenähnlichen Klumpen an überhängenden Zweigen bei Fließge-wässern. Die absterbenden Tiere verkleben mit den abgelegten Eiern. Die ausschlüpfenden Larven befressen zunächst die toten Körper ihrer Muttertiere, bis die Traube ins Wasser fällt; Larven leben dann aquatisch. Bekannteste Art: *Atherix ibis* Fabr. (Ibisfliege). Trauben außereuropäischer Arten sollen von Indianern in Kalifornien und Oregon zu Brot verbacken und gegessen werden. – Biologisch interessant, daß die in Südeuropa vorkommenden Larven von *Vermileo vermileo* Deg. einer anderen UF nach Art des Ameisenlöwen (s. Seite 300) in selbstgebauten Trichtern Insekten fangen. – Schließlich er-wähnenswert, daß zur gleichen Verwandschaftsgruppe wie die Schnepfenflie-gen auch die neotropischen Acanthomeridae (Panthophthalmidae) gehören, deren larvale Ein- und Zweihäuter wirkliche Holzbohrer sind und Gänge bis zu 20 mm lichter Weite nagen; das Holz wird wohl weniger verdaut als die mit der Substanz aufgenommenen Pilzhyphen und Pilzsporen; durch die Gang-bohrungen wird aber das Holz wertlos. Die Larven ähneln sehr jenen der nachfolgenden Familie.

Xylophagidae (= Erinnidae), Holzfliegen

Imagines

Kennzeichen und Ökologie: auffallend ähnlich den Ichneumoniden (Hym.); vollführen einen balzartigen Flug an Baumstämmen in lichten Laubwaldungen, auf- und niederschwebend. – Gern an Wundstellen von alten Stämmen.

Larven

Kennzeichen: auffallend; an der freien, konischen, nicht zurückziehbaren, tief schwarzbraunen Kopfkapsel («schnabelförmiges Vorderende») und an dem schräg abgestutzten Hinterende mit schwarzbrauner Apicalplatte ohne Schwierigkeit anzusprechen (Abb. 789). Sonst walzenartige Gestalt, weißlich-gelb, durchscheinend, an den segmentalen Vorderrändern dorsale und ventrale Kriechschwielen. – Verhaltenseigenarten: zeigt ausgesprochene Thigmotaxis, bohrt sich nach Auffinden mit erstaunlicher Schnelligkeit in Spalten ein.

Ökologie: unter der Rinde gefällter Stämme (Birke, auch Nadelholz) oder von Stöcken (etwa Buche), auch in Bohrgängen von Holzinsekten vorkommend. – Holzfliegenlarven nicht etwa xylophag, wie aus dem Synonym vor allem geschlossen werden könnte, sondern mit raptorischer Ernährungsweise (Regenwürmer; *Pyrochroa coccinea*-Larven [Pyrochr., Col.], Bockkäfer-larven; Ipiden); einige Beobachter geben die Aufnahme von in Gärung befindlichen Baumsäften an.

Artdiagnose: am häufigsten *Xylophagus atra* F. vertreten.

Therevidae, Stilett- oder Luchsfliegen

Imagines

Weil der Freilandbiologe den Angehörigen dieser Familie im erwachsenen Stadium wohl weniger begegnet, seien die Differentialcharaktere an einer anscheinend sehr tychozönen Art aufgezeigt, die als «forstlicher» Pflanzenschädling im Binnenlande, sonst aber in sämtlichen Küstenregionen als typisches Düneninsekt, gelegentlich in den Salzwiesen oder in der dortigen Heide (bewachsen mit *Empetrum nigrum* L. [Schwarze Krähenbeere] und mit *Calluna vulgaris* SALISB. [Heidekraut] bzw. *Erica Tetralix* L. [Moor- oder Glockenheide]) auftritt (BRAUNS, 1959).

Thereva annulata Fabr.

Kennzeichen (Abb. 799): Raubfliegenhabitus; eingesattelte Stirn aber fehlend, daher nie hervorquellende Augen (♂♂ = zusammenstoßend, ♀♀ = getrennt). Hinterleib mehrminder konisch. – Grau; pelzige, hellere Behaarung. Hinterleibsspitze (♀) schwarz mit rotbraunem Ende; letzten Segmente kurz schwarzhaarig. Flügel hyalin mit gelblich-braunen Adern und Randmal. – Etwa 10 mm. – Auffallende Verhaltenseigenart: ausgesprochen heliophil. Setzt sich mit Vorliebe in den sandigen Regionen ihres Vorkommensgebietes auf die widerstrahlenden Sandflächen und erscheint dann wie durch eine Tarnkappe infolge der silberweißen Behaarung «unsichtbar». – Mai bis September auftretend.

Ökologie: Eiablage dieser an sich xerophilen Art im Sande; ♀ am Hinterleibsende mit kräftigen Dornen, um nach Beendigung der Eiablage mit der Abdomenspitze den Sand wieder über den kleinen entstandenen Trichter «fegen» zu können. – Auf larvalem Stadium bereits in einer Kiefern-Schonung arg schädigend aufgetreten, wo die Hälfte oder teilweise mehr von den jungen Pflanzen vernichtet wurde. Als Vollkerf aber als Räuber beobachtet.

Verhaltenseigenart anderer Stilettfliegen-Imagines: schweben im hellen Sonnenschein an Hecken und Waldrändern (etwa die graugrüne, bräunlichgelb behaarte *Thereva subfasciata* SCHUMM. [Juni/August], 12 mm), auch einmal an sonnigen Sandplätzen innerhalb der Waldgebiete; im Abflug hastig, gewandt.

Larven

Entgegen der vereinzelt auftretenden, soeben geschilderten Phytophagie die meisten Arten mit anderer Ernährungsweise.

Kennzeichen (Abb. 790): wurmförmig, langgestreckt bis etwa 30 mm Körperlänge; weißlich-gelb mit gelbbraunem Kopf und infolge einer Scheinsegmentierung besteht der gesamte Körper aus 20 Segmenten. Vulgärbezeichnung: «weißer Drahtwurm». – Charakteristisch die schnelle, schlangenähnliche Bewegungsweise.

Ökologie und wirtschaftl. Bedeutung: regelmäßig in Laub- und Nadelstreu, unter Moos, in moderndem Holz (in völlig amorphen Stöcken) aufzufinden, dabei vornehmlich saprophag, doch auch carnivor (an Lepidopterenpuppen, an *Dendrolimus pini*-Raupen [Lasioc.], an Elateriden- und anderen Coleopterenlarven) oder sogar parasitisch lebend. In Laborzuchten stets die terricolen Nematoden stark dezimierend. – Wirtschaftliche Bedeutung gegeben, besonders durch Zugehörigkeit zum Vertilgerkreis forstlicher Schadinsekten und durch die saprophage Lebensweise.

Asilidae, Raubfliegen

Imagines

Orthorrhaphe Brachyceren, die in vielgestalten Typen, repräsentiert durch die einzelnen Unterfamilien, gewisse Anklänge im Habitus an die verschiedensten Arthropoden zeigen.

Die Leptogasterinae sind schlanke Raubfliegen mit zylindrischem Hinterleib, mit relativ kurzen Flügeln; erinnern etwas an Odonaten. – Auf Wiesen und an niedrigen Gebüschen. – Beutetiere sind Motten, Spanner oder Zikaden.

Die Asilinae sind durchweg robuste Formen, die freilich auch schlank sein können, aber doch einen kräftigen Körperbau zumeist aufweisen. Stets kenntlich sind Angehörige dieser UF an dem auf einem Höcker oberhalb des Mundrandes sitzenden «Knebelbart», vielfach an einem zusätzlichen Backenbart und an dem eingesattelten Scheitel, so daß die Augen mehr oder weniger vorquellen. Typisch sind auch die starken Klauen und meist sparrige Borstenhaare an den Beinen. Bei einigen Gattungen tragen auch die einzelnen Segmente Borsten. Deutlich sichtbar der kräftige Rüssel, der aber selten länger als der Kopf ist. – Hierher gehörig u. a. die Gattung *Dysmachus* LOEW, deren Larven in Bodenschichten verschiedener Laubholzbestände, zuweilen in Fichtenmonokulturen, zu finden sind. An Zäunen und Baumstämmen lauern die Vollkerfe auf Beute, sitzen im Sonnenschein unbeweglich auf der Lauer und fangen die Beutetiere im Stoßflug; dabei werden u. a. Tipuliden oder kräftige Sarcophaginen ohne weiteres überwältigt.

Die Laphriinae (Mordfliegen) erinnern an Hummeln und Wespen, sind breitgebaut und kurzbeinig, mit oft deutlich gebogenen Schenkeln und Schienen. Untere Gesichtshälfte mit Höcker, auf dem aus spärlichen groben Borsten und feinen Haaren gebildeter Knebelbart sitzt. Sonst sind es dicht und bunt behaarte, aber schwach beborstete Formen. – Vorzugsweise an Bestandesrändern und auf Lichtungen; die *Laphria*-Arten wagen sich gleichfalls an große und schwere Beutetiere heran, tragen etwa Exemplare des *Hylobius abietis* L. an einen Ruheplatz, wo sie dann ihren Rüssel zwischen die auseinanderklaffenden harten Elytren in den Körper des Beutetieres «eintreiben» und ihn aussaugen. Scolytiden werden gleichfalls verfolgt.

Die Dasypogoninae (Wolfsfliegen) sind die formenreichste UF der Asilidae; einige spinnenartig-langbeinige Formen können sogar Bienen fortschleppen, ohne sich der Gefahr eines Stiches auszusetzen.

Häufig auf Stöcken sitzend:

Laphria gibbosa L. (Abb. 782)

Im Freiland von weitem schon erkennbar an dem schwarzen Hinterleib, der auf den ersten Rückenplatten bräunlich, auf den weiteren 3 Tergiten aber dicht filzig, messinggelb bis weißlich behaart ist. Überhaupt ist die Art außerordentlich pelzig behaart; auch der Kopf zeigt fahlgelbe, dichte, feine und lange Behaarung. Flügel bräunlich getrübt, an der Basis glasklar. Die schwarzen Beine mit gelber Behaarung und Beborstung, doch auf der Oberseite der Schenkel und an der Spitze der Hinterschienen viele schwarze Haare. – 15–27 mm. – Etwa von Juli bis September anzutreffen.

Interessant aus der Bionomie der gesamten Familie ist die Art der Eiablage im Zusammenhang mit der Ausbildungsform des Ovipositors. Sind am Eilegeapparat Stacheln und Zähnchen vorhanden, können diese Formen bei der Ablage der Eier in den Sand beobachtet werden (*Philonicus*, in sandigen

Kiefernbeständen wie in strandnahen Biotopen [BRAUNS, 1959]), während bei konisch zugespitztem Ovipositor *(Laphria)* die Eier in Ritzen der Stöcke, in Borkenkäferfraßgänge usw. praktiziert werden. Zeigt der Ovipositor keine besondere Ausbildung, lassen die Arten ihre Eier von Halmen aus einfach zu Boden fallen (etwa *Leptogaster*).

Wirtschaftl. Bedeutung: zweifellos gegeben, obwohl den mordgierigen Fliegen auch viele indifferente oder sogar wirtschaftlich nützliche Arten neben Schadinsekten zum Opfer fallen. Aber in Gradationsgebieten können sie ein beachtenswerter Faktor im Vertilgerkreis der schädigenden Art sein.

Larven

Kennzeichen (Abb. 791): zylindrisch oder depress mit deutlicher Segmentierung, mit ventralen Kriechwülsten und mit lateralen Seitenschwielen. Charakteristisch die an den Brustringen jederseits in Einzahl vorkommenden, langen Seitenborsten und am Hinterende die meist in 4 Zweiergruppen auffallenden Terminalborsten. – 12–24 mm. – Weiß bis weißgelblich; seitlich oft glasdurchsichtig. Stets gerade Körperhaltung. – Form der Puppenexuvie: Abb. 792.

Ökologie und wirtschaftl. Bedeutung: in Sand- und Bodenschichten, in der Streudecke, unter Rinde von Stöcken oder von anbrüchigen Stämmen und schließlich in den Gängen holzbohrender Insektenlarven. Größtenteils wohl phytophag, evtl. auch saprophag (wie etwa der Fund von zahlreichen jungen Larvenstadien im November in einem Nonnenfraßgebiet [Fichtenbestand] zeigt, wo sie zweifellos die Kotkrümel der *Lymantria monacha*-Raupen weiter verwertet haben). Gelegentlich aber anscheinend Räuber; Larven von *Epholkiolaphria fulva* MEIG. (Laphriinae) wurden angetroffen in den Fraßgängen von *Chrysobothris affinis* FABR. (Buprest., Col.), jene von *E. gilva* L. in den Fraßgängen von *Criocephalus rusticus* L. und von *Spondylis buprestoides* L. (Cerambyc., Col.). Das Auffinden von Puppenhülsen in den Fluglöchern größerer Cerambyciden beweist noch nicht die ausschließlich raptorische Ernährungsweise der Larvenstadien, denn diese können genauso gut vom Detritus in den Bockkäferlarven-Gängen gelebt haben. Die Bionomie der Larven zeigt immer noch Unklarheiten in dieser Hinsicht; nach Zuchten scheint mir, daß die Asilidenlarven wie andere Dipterenlarven ihre Ernährungsweise wechseln können. – Entwicklungsdauer beträgt unter Umständen 3 Jahre oder sogar noch längere Zeit. – Bodenbiologisch bei ausgesprochener Saprophagie und bei carnivorer Lebensweise von Bedeutung. – Die Entwicklungsstadien der Asiliden können selbst wieder verfolgt werden von anderen Räubern, so trägt *Formica rufa* L. nicht selten die Puppen der Asiline *Cerdistus geniculatus* MEIG. als Beute ein.

Beide nachfolgenden Familien weniger als Imagines auffallend, als vielmehr dadurch ausgezeichnet, daß bei ihnen ein ausgesprochener larvaler Dimorphismus auftritt:

Nemestrinidae, Netzfliegen

Junglarve (1,5 mm) schlank, durchsichtig, sehr beweglich, ventral mit hakig ge-krümmten Borsten, die den weiteren Larvenstadien fehlen. – Erwachsene Larve (22 mm) walzig, vorn verjüngt, hinten breit, mit dorsalen und ventralen Quer- und Längswülsten. – Lebensgeschichte noch ziemlich unbekannt, aber die Larve der einzigen in Mittel-europa vorkommenden Art *Hirmoneura obscura* MEIG. als Parasit in den Larven von *Amphimallus* (= *Rhizotrogus*) *solstitialis* L. (Scarab., Col.), die terricol auf Waldwiesen vorkommen, aufgefunden. Die Netzfliegen-Larven sollen auch in Hymenopterenlarven schmarotzen.

Cyrtidae (Acroceridae; Acroceratidae; Oncodidae; Henopidae), Kugel- oder Spinnenfliegen

Infolge einer Hypermetamorphose (vgl. *Triungulinus*-Larve der Meloïden; Col.; s. Seite 232) gleichfalls Jung- und Altlarven stark unterschiedlich: Junglarve (*Oncodes* spec. nur 0,4 mm lang) langgestreckt, dorsal mit kräftigen Borsten, ventral mit Dornenflächen; am Hinterende mit Haft- und Sprungapparat (bei manchen Formen sogar ventral ein Saugnapf). – Altlarve völlig anders gestaltet mit ventralen Kriech-wülsten und mit einem wulstförmigen Hinterende, auf dem die Hinterstigmen liegen. – Parasiten im Hinterleib von Spinnen; Kopf der Cyrtidenlarve bleibt frei beweglich im Fettkörper des Wirtstieres, während das Hinterende in die Fächerlungen der in den Streuschichten vorkommenden Spinne hineinragen. – Junglarve springt das Wirtstier an, indem sie sich mit den langen Borsten abstößt. Sobald sie durch die Gelenkhäutchen an den Extremitäten der Spinne eingedrungen ist, verändert sie ihre Gestalt. – Einige Arten auch in den Eikokons der Spinnen aufzufinden.

Bombyliidae, Hummelfliegen; Wollschweber; Schweber

Imagines

Kennzeichen und Ökologie: mittelgroße Formen, die durch verschieden-artig gefärbte, pelzartige Behaarung und zumeist durch schön gefleckte Flügel auffallen (Abb. 800). Das hummelartige Aussehen zusammen mit großer Flugfertigkeit (sie «stehen» oft geradezu in der Luft vor Blüten [wie Kolibris]) haben ihnen die Vulgärnamen eingetragen. Als ausgesprochene Blütenbesu-cher oft mit einem langen, nadelförmigen, nach vorn gerichteten Rüssel ausgestattet. Im übrigen sehr heliophile Tiere, die vor allem in den Vor- und Hochsommermonaten auftreten. – An besonderen Differentialmerkmalen erwähnenswert: Kopf unterschiedlich geformt, mehrminder kugelförmig; die Seitenaugen (beim ♂ sich auf längerer Strecke berührend) nehmen den größten Teil ein. Nicht immer ist die Flügelfläche gefleckt oder gezeichnet; wenn sie aber ganz durchsichtig ist, schimmert sie fast stets irisierend oder milchig (hervorgerufen durch mikroskopische Härchen). Flügel in der Ruhe mehr oder weniger gespreizt; die Tiere sitzen gern in dieser Stellung auf sonnenbeschiene-nen Arealen (xerophile Tiere etwa auf sandigen Flächen). – Wiederum (wie bei den Raubfliegen) sind die Legeröhren der ♀♀ verschieden in ihrer Form je nach der Art der Eiablage. Bei einigen Arten ist der Ovipositor mit einem Dornen-kranz umgeben, denn bei ihnen werden die Eier im Sand abgelegt. Bei anderen Arten finden sich unbedornte, zwar behaarte, lippenartige Endsegmente; bei ihnen werden die Eier im Fluge fortgeschleudert, und die Larven suchen aktiv ihre Nahrungsquelle auf.

Larven

Kennzeichen: larvaler Dimorphismus (Abb. 793/794); durch die damit auch hier auftretende Hypermetamorphose eine gewisse Zusammengehörigkeit zu den vorhergehenden Familien gegeben. – Junglarve ein «*Triungulinus*»-Stadium (vgl. Larve der Meloïden; Col.; s. Seite 232), sehr beweglich, bis zum Einhäuter anhaltend, lang, schlank, mit längeren thorakalen und auffallend langen Borsten am Hinterleibsende, die im 2. Larvenstadium freilich auch schon fehlen können. Anfangs etwa $1^1/_2$ mm, später 2–3 mm. Mit kleinen Fußstummeln. – Parasitische Larve: noch als Einhäuter sich meist auf einer Wirtslarve festsetzend. Nach erfolgter Häutung völlig anderer Habitus; jetzt typisch madenförmig. Borsten fehlen, höchstens schwache Haare am Thorax. Körperlänge etwa 9–10 mm, nach einer weiteren Häutung aber schon bis 15 mm. Verteilung der funktionsfähigen Stigmen hat sich gleichfalls geändert. – Bei der Verpuppung kann vielfach ein sogen. «Pronymphenstadium» (ausgezeichnet durch schwache Chitinisierung und Beborstung, aber sonst wieder durch lebhaftere Beweglichkeit) vorweggehen. An der Puppe ist charakteristisch die «Zackenkrone» der Kopfscheide; diese Antennal- und Rüsselscheiden-Dornen sind ventralwärts gerichtet und geben den Puppen oftmals ein höchst merkwürdiges Aussehen (Abb. 795/797). Man spricht von sogen. «Gesichtsmasken», deren Form vielfach ein taxonomisches Merkmal darstellt. Die Kopfscheiden-Dornen erleichtern zunächst das Durchbrechen des Wirtskokons oder das Abheben der Kalotten bei der Wirtspuppe, dann natürlich auch das Hervorarbeiten durch etwaige Streuschichten hindurch (wenn die Wirtspuppe in den bodennahen Schichten liegt), unterstützt durch die abdominalen Borsten, bevor die Imago entlassen wird. – Erscheinung des «Überliegens» (bei Dipteren selten) bekannt geworden.

Ökologie und wirtschaftl. Bedeutung: als Inquilinen (besonders als Jung-larven), Räuber oder vor allem Parasiten u. a. bei verschiedenen solitären Bienenarten und Grabwespen vorkommend; auch Hyperparasiten u. a. bei Ichneumoniden- (Hym.) oder Tachinen-Larven (Dipt.) in Lepidopteren-Raupen. Während des larvalen Lebens tritt in vielen Fällen ein Wechsel der Nahrung auf; die «*Triungulinus*»-Larven mancher Formen sind Pollenfresser in den Brutzellen ihrer Wirtstiere und werden erst als Einhäuter Parasiten. Nicht terricol im eigentlichen Sinne, aber mit den sich in den Bodenschichten verpuppenden Wirtstieren nicht selten in dieses Stratum geratend. Einige Formen (etwa *Usia spec.*, vorkommend in Ameisennestern des mediterranen Faunengebietes) verpuppen sich im Boden in einer Hülle aus Erde und einem

Gespinst. – Forstwirtschaftlich von Bedeutung als Hyperparasiten, da sie Gegenspieler wichtiger Schmarotzer bei Schadinsekten (Nonne, Forleule usw.) sind. Durch den Sekundärparasitismus kann der anfangs günstige Ablauf einer Schädlingsgradation infolge starken Auftretens dieser Hyperparasiten wieder nachteilig beeinflußt werden.

Systematik: *Hemipenthes maurus* L. (die Schwärzung des Basalteils im Flügel greift mit 2 hakenförmigen Abschnitten in das sonst helle Drittel der Flügelfläche [Abb. 800]) und *Hemipenthes morio* L. (Flügelzeichnung ähnlich, aber dunkle Färbung nicht über eine schräge Linie in den hellen Apikalteil der Flügelfläche hinübergreifend): Hyperparasiten bei Ichneumoniden-Arten und Tachinen, die wiederum Forleule und Nonne parasitieren. – *Villa hottentotta* L. mit weiteren, vorwiegend gelb in verschiedenen Abstufungen behaarten Arten (kenntlich an hellen, am Vorderrand bräunlich getrübten Flügeln): Parasiten u. a. von *Agrotis, Panolis* (Noct., Lep.). – *Villa*-Arten sind bemerkenswerterweise auch die häufigsten und wirksamsten Feinde der berüchtigten Tsetse- oder Zungenfliegen (*Glossina* spec.; Musc., Dipt.).

Empidoidea

Diese hier ausnahmsweise genannte Überfamilie enthält 2 Familien, die sich auf dem Larvenstadium sehr ähneln, so daß selbst dem Spezialisten die Determination oftmals schwerfällt. Als Vollkerfe lassen sie sich zwar systematisch charakterisieren, aber auch hier kann eine Kennzeichnung eigentlich nur durch Aufführung zahlreicher Differentialmerkmale durchgeführt werden. Es seien daher nur biologische Verhaltenseigenarten im wesentlichen herausgegriffen, da damit die Angehörigen der beiden Familien genügend angesprochen werden können.

Empididae, Tanzfliegen; Rennfliegen

Schlanke Fliegen (Abb. 802/803), die meisten unter 10 mm. – Kleiner, mehrminder kugeliger Kopf auf dünnem Hals. Rüssel vorwärts oder nach unten gerichtet. An den Beinen können einzelne Teile verlängert sein oder durch besondere Verzierungen auffallen. – «Tanzfliegen» genannt, weil die ♂♂ mancher Arten in nicht allzu großen Schwärmen über sonnenbeschienenem Gebüsch, aber auch an schattigen Wegen, Tänze aufführen («Balzflüge»). Zur «Hochzeit» wird dem ♀ eine «Hochzeitsgabe» (ein Beutetier) überreicht. *Empis tessellata* F. fängt dazu sogar die viel größere Schnepfenfliege *Rhagio scolopaceus* L. – In der Waldlebensgemeinschaft als typische Empididenart *Tachypeza nubila* MEIG., die mit großem Wendigkeitsvermögen ausgestattet an den Buchenstämmen eines Altbestandes herumläuft und dem zweiten Vulgärnamen alle Ehre macht. – Zahlreiche Arten eifrige Blütenbesucher (Compositae; vgl. Seite 416); die meisten aber arge Räuber kleinerer Insekten, verschonen dabei aber auch einige Artgenossen nicht. In Buchenbeständen verfolgen Empididen-Imagines im September beispielsweise gern Zikaden (etwa *Fagocyba cruenta* H. S.; s. Seite 115).

Dolichopodidae, Langbeinfliegen

Gleichfalls schlanke, lebhafte, vielfach metallisch grün glänzende Fliegen, die durch noch längere Extremitäten und im ♂-Geschlecht durch die noch komplizierteren Anhänge an den letzten Abdominal-Segmenten besonders auffallen (Abb. 801). – Auch in der Größe zumeist Formen um 5–7 mm. – Viele Arten vorzugsweise an feuchten Lokalitäten vorkommend (laufen auch auf dem Oberflächenhäutchen stehender Gewässer oder auf den Wasserblänken von ausgefahrenen Holzabfuhrwegen), hier sind sie ständig in Bewegung und scheinen Jagd auf andere kleine Insekten (auch auf Dipteren) zu machen. Man vermutet dies zwar nur, weil es selten gelingt, Vertreter der Langbeinfliegen in der Strauch- und Krautschicht des Bestandes bei der Nahrungsaufnahme zu beobachten, so daß viele Arten vielleicht auch keine Nahrung im Imaginalstadium aufnehmen. STACKELBERG [im LINDNER] gibt an, daß sich die Imagines hauptsächlich von Oligochaeten, unter den Insekten von Collembolen und Aphidoidea ernähren. Als Beispiele aus dieser Familie seien angeführt: *Poecilobothrus nobilitatus* L. (Abb. 801): dunkel metallisch-grün, am Hinterleib ins Purpurne spielend, Seiten weiß bereift. Flügel (♂) mit weißem Spitzenfleck, Flügel (♀) ohne diesen, aber bräunlich getrübt. 5–6 mm. – Mit Vorliebe in der unteren Vegetationsschicht an feuchten Waldplätzen oder in Knickwegen (Schleswig-Holstein!). – Juli/September.

An glattrindigen Buchen mit dünnem Überzug von Algen und Krustenflechten wie auch an randständigen Stämmen mit typischem Sonnenbrand von Juli bis Ende Oktober auffällig die beiden Arten: *Medetera jacula* FALL. und *Medetera dendrobaena* KW. (beide Arten graugrünlich, 3 mm lang und nur nach speziellen Merkmalen sicher zu unterscheiden). Bei seitlicher Betrachtung des Stammes an der für die Gattung charakteristischen Haltung anzusprechen: stets kronenaufwärts mit aufgerichtetem Kopf und Vorderkörper sitzend und laufend. Nahrung sollen Kleininsekten und Milben sein (vgl. EMEIS, 1961). Bei Fangversuchen machen die Dolichopodiden kleine Flugsprünge, während am gleichen Ort vorkommende Empididen nur wegrennen.

Larven (beider Familien)

Fast zylindrischer Habitus, etwa 6–8 mm (Abb. 798 u. 807); weißlich oder gelblich. Im Kopfbau einander außerordentlich ähnlich [BRAUNS, 1954]. – Hinterstigmen gewöhnlich freiliegend (Empididae) oder von lappenförmigen Fortsätzen umgeben (Dolichopodidae); dies aber kein unbedingtes differentialdiagnostisches Merkmal. – In den Beständen in den Bodenschichten, in der Streudecke, unter Moosansatz der Wurzelanläufe von Stämmen, auch im Baummulm oder unter Rinde anbrüchiger Stämme und von Stöcken aufzufinden. Neben phytosaprophager Ernährungsweise (Fallaubblätter) überwiegend aber carnivor; greifen andere Insektenlarven oder -puppen an (Larven der Dolichopodidenart *Medetera signaticornis* LW. etwa zum Vertilgerkreis von *Ips typographus* L. [Ipid., Col.] gehörig oder Empididen-Larven stellen *Fannia*-Larven [Musc., Phaoniinae; Dipt.] nach). Unter den Dolichopodiden-Larven findet man einige Formen auch im ausfließenden Baumsaft bzw. ist unter ihnen eine rein phytophage Art bekannt geworden (*Thrypticus* spec. in *Phragmites*stengeln [Schilfrohr]), so daß die Angehörigen dieser Familie anscheinend schon eher von einer ausgesprochenen raptorischen Lebensweise abweichen können. Außer in Laubholz- und Laubmischbeständen sind die Larven beider Familien ebenfalls in Nadelholzmonokulturen (gern am Bestandesrand) anzutreffen.

Cyclorrhapha Aschiza

(siehe systemat. Bemerkungen: Seite 415)

Lonchopteridae (Musidoridae), Lanzenfliegen

Die durch ruderförmige Flügel ausgezeichneten Imagines (nur 2–4 mm) halten sich auf dem Gras feuchter Wiesen auf oder leben oft in Mengen auf Waldblößen, an Bachrändern, wo sie gern auf der Unterseite von Blättern vorkommen und deshalb schwerer sichtbar sind, außerdem aber auch sehr behende laufen können. – Während die Familie früher zu der orthorrhaphen Kohorte gezählt wurde, stellt man sie heute fast allgemein zu den Cyclorrhapha auf Grund der imaginalen Morphologie. Wir beobachten zwar bei den Lonchopteriden eine ausgesprochene Pupariumbildung, und das Puparium wird merkwürdigerweise später orthorrhaph eröffnet. Doch finden sich bei den Aschiza noch zahlreiche Möglichkeiten in der Anlage der Spaltlinien, so daß die Form des Schlüpfspaltes nicht weiter auffällt in der Zahl der Verschiedenheiten.

An der Aufarbeitung des Fallaubes beteiligt und daher für den Freilandbiologen von Bedeutung und auffällig sind die

Larven

Kennzeichen (Abb. 808): im Habitus asselförmig, etwa 4 mm, dabei 2 mm breit. Dunkelbraun bis schwarzgrau gefärbt. Am Vorderende mit 2 Paar, am Hinterende mit 1 Paar langen Borsten und röhrenförmigen Stigmen. – Bewegungsart: recht träge. – Mit anderen ähnlich gestalteten Larvenformen zu verwechseln (u. a. mit *Penthetria* [Bibion.], *Phronia* [Fungiv.], Stratiomyiiden-Larven, Syrphiden-Larven [lange Borsten fehlen], *Fannia* [Musc., Phaoniinae; charakteristische Körperanhänge beachten]).

Ökologie: in der Laubstreu (bevorzugt in der F-Schicht) oder im Anspülicht von Gewässern vorkommend. – Phytosaprophag, doch auch koprophag an der Losung des Wildes. – Häufigste Art: *Lonchoptera lutea* Panz. – Vertilgerkreis: Chalcididae.

Syrphidae, Schweb- oder Schwirrfliegen

Imagines

Kennzeichen, Ökologie und Verhaltenseigenarten: zu dieser recht umfangreichen Familie gehören viele durch bunte Farben ausgezeichnete Fliegen, die zudem häufig einen wespen-, hummel- oder bienenartigen Habitus erkennen lassen (s. Seite 424). Als gute Flieger können sie sich schwirrfliegend längere Zeit an einem Punkt in der Luft halten und werden so rüttelnd oft vor Blüten angetroffen (Vulgärnamen). Sie nehmen fast ausschließlich Pflanzensäfte auf und gehören somit zu den regelmäßigen Blütenbesuchern (Farbtafel 15, Abb. 103). – Am ehesten werden sie noch systematisch mit den Musciden verwechselt, unterscheiden sich aber von ihnen durch das Fehlen der Stirnnaht. Außerdem fehlen den Syrphiden die sogen. Gesichtsleisten, die mit ihren Borsten dem «Gesichte» der Muscidae ein typisches Gepräge geben. Im Flügelgeäder, das sowieso bei der Artdetermination der Dipteren eine große Rolle spielt, sind gleichfalls Differentialmerkmale vorhanden, die die Angehörigen der beiden Familien leicht trennen lassen. Bei den Syrphiden reicht u. a. eine Flügelhinterrandzelle (Cubitalzelle) fast bis zum Hinterrand, während sie bei den Musciden nur sehr kurz bleibt. Weiterhin ist in den weitaus meisten Fällen eine chitinisierte Flügelfalte (Scheinader, Vena spuria) im Schwebfliegen-Flügel deutlich sichtbar, die den echten Fliegen fehlt.

Larven

So einheitlich sich die gesamte Familie als Vollkerfe in bezug auf die Ernährungsbiologie verhält – nur wenige Arten sind acidophil [man trifft sie am ausfließenden Saft von Bäumen] – so uneinheitlich ist die Larvennahrung. Im folgenden mögen die vornehmlich vertretenen Formtypen in einer Skizze aufgezählt werden und dabei die Mannigfaltigkeit des Habitus und die vielseitige Ökologie zum Ausdruck kommen. Nicht selten zeigt sich eine Überschneidung der Ernährungsgruppen mit der systematischen Einteilung [Brauns, 1953].

Biologische Gruppen und Charakterarten

Über 2500 Arten gehören zur Familie der Syrphiden, davon leben in der paläarktischen Region etwa 800; von diesen wiederum phytophag fast 40%, die meisten schizophytophag. Unter den letztgenannten Ernährungstypen hat sich als phytosaprophager jener entwickelt, der gemeinhin bezeichnet wird als **Mulmfresser:** wir treffen diese Ernährungsweise an bei den Sphegininae, Chrysotoxinae, Cerioidinae, Cinxiinae und vor allem bei den Milesiinae. Selbst in der UF der Eristalinae vertreten (*Mallota* spec. im Mulm einer Birke).

Temnostoma vespiforme L. (Abb. 809)

Milesiinae; Charakterart in der Waldbiozönose. – Deutliche Beziehungen zwischen Körpergestaltung der Larve und Nahrungsart [STAMMER, 1933]. – Vorkommen: brüchig-weiche, feuchte Birkenstämme. – Gegenüber den freilebenden Syrphidenlarven von ausgesprochenem walzenförmigen Habitus ohne zahlreiche Borsten auf Warzen. Mundwerkzeuge wie bei allen Cyclorrhapha-Larven weitgehend reduziert. Durch kräftige Muskeln, durch Vor- und Zurückpumpen der Körperflüssigkeit werden am Vorderende 2 grabschaufelartige, bedornte Chitinwülste aufgerichtet und gesenkt. Dadurch wird das brüchig-weiche Holz zu Bohrmehl geraspelt, das dann aufgenommen wird. Kreisrunde Bohrgänge entstehen während dieser Tätigkeit durch ständige Körperdrehung.

Stengel- und Blattminierer; diese phytophagen Larven im Gewebe höherer Pflanzen lebend. Unter diesen hat sich der besondere Ernährungstyp der «Saftschlürfer» herausgebildet (etwa jene in Zwiebeln von Zierpflanzen vorkommenden Arten hierher gehörend). Dorsal tragen die Larven kräftige Chitindörnchen, die beim Vorwärtsschieben des Körpers in das Pflanzengewebe eindringen und Pflanzensaft zum Ausschlürfen austreten lassen.

In Kalkbuchenwäldern minieren die Larven von *Cheilosia* (= *Chaetochilosia*) *fasciata* SCHINER et EGGER gern in Blättern des Bärlauchs (*Allinum ursinum* L., Liliaceae). Bei Freiland-Untersuchungen zeigte sich, «daß in Jahren mit hoher Abundanz die Mortalität in den Populationen hoch war und umhekehrt.» Eine intraspezifische Konkurrenz um Nahrung wird vom Beobachter als Grund hierfür angenommen [HÖVEMEYER, D. G. a.a.E. – Nachrichten 4 (1), 7–8; 1990]. Interessant an diesem Befund ist, daß innerhalb **einer** Gattung sich eine Zugehörigkeit zu verschiedenen Ernährungsgruppen herausbilden kann; hier einerseits die Gruppe der Blattminierer, dort jene der Mikroorganismen-Vertilger im ausfließenden Baumsaft.

Detritusfresser; hierher gehören zunächst Larventypen, die den Übergang von den phytophagen Larven zu microphagen Ernährungsformen vermitteln, beispielsweise Angehörige der Gattung *Ferdinandea* ROND. (Milesiinae). Sie finden sich außer im Mulm hohler Bäume und Stöcke auch in ulzerösen Geschwüren (Birke, Eiche; Ahorn, Pappel). – In Borkenrissen beschädigter Buchen (auch während des Winters) oder an Buchenstöcken (deren Stamm zur Zeit des Saftsteigens gefällt wurde) treten Larven der Gattung *Brachyopa* MEIG. (Brachyopinae; Abb. 811) auf. Den an sich schon dunkel gefärbten Larven haften Zersetzungsprodukte des Baumflusses an, daher oft schwer auffindbar. – An nässenden Wunden der Nadelhölzer treten *Cheilosia*-Arten auf (etwa *Cheilosia morio* ZETT., Fichtenharzfliege; Larven leben im Kambium, Harzfluß verursachend. Schäden zu verwechseln mit jenen, die von *Dendroctonus micans* KLUG. [Ipid., Col.] hervorgerufen werden. Doch gleichzeitig finden sich nahverwandte Formen, die wiederum rein phytophag zu sein scheinen, etwa *Brachyopa bicolor* FALL., die aus Schwämmen an Eiche erzogen wurde. Mäßig lange Atemrohre sind aber für diese Formen vielfach charakteristisch. – Soweit die Typen im oder am ausfließenden Saft leben, ernähren sie sich weniger davon, als vielmehr von den im Ausfluß vorkommenden Mikroorganismen. Dieser Nahrungserwerb durch Ausbildung eines Siebapparates im Mundskelett unterstützt.

Schlammfresser; eigentlich auch den microphagen Larvenformen zuzurechnen, doch ihre Ernährungsweise eher als phytosaprophag anzusprechen. Derartig saprobionte Larven auch in Laubblattlagen feuchter Bestände auftretend. – Hierher gehörig die «Scheinbiene» (*Eristalomyia tenax* L. [Abb. 810]) und Angehörige der Gattungen *Eristalinus* ROND., *Lathyrophthalmus* MIK, *Eristalis* LATR. und *Tubifera* MEIG. (Eristalinae), aber auch u. a. Vertreter der UF Chilosiinae, Cinxiinae und Milesiinae.

Differentialdiagnose des Schlammfresser-Typs

Dick-walzig, bis 20 mm lang, schmutzig-weißgrau, mit fernrohrartig einziehbarer Atemröhre (bis 35 mm lang; daher Vulgärbezeichnung dieses Typs: «Rattenschwanz- oder Mäuseschwanz-Larven»). – Tracheenhauptstämme meist durchscheinend. – Larven sehr kontraktil. – Kriechen zur Verpuppung stets «an Land», da im Larvenstadium vornehmlich aquatisch oder doch zumindest semiaquatisch zu nennen.

Kotfresser; einige Larvenformen der vorher genannten Gruppe auch sogar in den Exkrementen höherer Wirbeltiere (etwa pflanzenfressender Säuger: *Syritta* spec. [Milesiinae]); obligatorisch koprophag: *Rhingia* Scop. (Brachyopinae).

Schmarotzer i. w. S.; eine Gruppe, in der nicht leicht festzustellen ist, ob im Verhältnis zum Wirtstier Räuber oder nur Inquilin. Jedenfalls hierher gehörig die deutschen *Vollucella*-Arten (Volucellinae), aufgefunden in Hummel- und Wespennestern und

Microdon mutabilis L. (Abb. 812)

Microdontinae; in den Kolonien verschiedener Formicidenarten (u. a. bei *Formica rufa* L., *Lasius*-Arten). Auch aufzufinden unter der Rinde alter Stöcke, am Splint festgesogen (bei näherer Untersuchung zumeist Ameisenkolonie auffindbar). – Habitus: nacktschneckenähnlich, Körper dorsal gewölbt. Segmentierung schwer erkennbar. Grauweiß; am Hinterende die Stigmen deutlich sichtbar.

Räuber (vornehmlich aphidivor); zu dieser ernährungsbiologischen Gruppe stellt die UF Syrphinae das Hauptkontingent, u. a. *Melanostoma* SCHIN., *Ischyrosyrphus* BIGOT, *Sphaerophoria* LE PELETIER und weitere Arten aus den näher besprochenen Gattungen (vgl. auch Seite 433), aber wiederum auch aus den UF Bacchiinae und Chilosiinae. – Außer Aphididae nehmen einige Arten auch Adelgiden, Cocciden, Microlepidopterenräupchen, Chrysomelidenlarven und Afterraupen der Tenthredinidae an. So leben Larven von *Syrphus corollae* FABR. in Kolonien von *Pineus strobi* HTG. (Chermes.; Aphidina). Die Syrphine *Xanthandrus comptus* HARR. saugt u. a. an *Thaumatopoea pinivora* TR. (Thaumatop., Lep.) und *Melasoma populi* L. (Chrysomel., Col.), *Syrphus tricinctus* FALL. überfällt u. a. Raupen von *Bupalus piniarius* L. (Geometr., Lep.) und *Syrphus nigritarsis* ZETT. ist sogar ein Ei- und Larvenräuber bei einer *Melasoma*-Art [SCHNEIDER, 1953], um nur einige dieser «Außenseiter» gleichfalls aufzuführen.

Sämtliche, nachfolgend charakterisierten auffälligsten Formen der aphidivoren Nahrungsklasse zeigen im Lebensraum typisches Verhalten:[*] tagsüber, vor allem während der stärksten Sonneneinstrahlung, sitzen sie träge auf der sonnenabgewandten Seite des Strauches, unter den Blättern u. dgl., erst gegen Abend oder frühmorgens findet man die Larven inmitten der Lauskolonien. – Schnelle egelartige Bewegungen beim Aufsuchen der Fraßstätte. Dort auch typisch die Bewegungen bei der Suche nach den Beutetieren. Vorderkörper hoch aufgerichtet, schlägt die Larve hin- und herpendelnd aus. Trifft sie eine Laus, wird sie aufgespießt (Abb. 16) und aus der Kolonie herausgerissen. In oft weniger als 1 Min. ist die Laus ausgesogen und mit der ausgesogenen Körperhaut maskiert sich die Schwebfliegenlarve. Ältere Larven können einen Tagesverbrauch von 80–90 Blattläusen haben. – Waldränder sind bevorzugte Aufenthaltsorte; hier findet man auch stets die charakteristischen, an einem Ende zugespitzten, glänzendschwarzen Exkrementenstreifen der Larven auf den Blättern. – Fundzeit: vereinzelt in der ersten Maidekade, zumeist aber Mitte bis Ende Mai auftretend. Ab Mitte Juni spätestens als Diapauselarven (Latenzstadien) in die Bodenschichten unter den heliophilen Gehölzen gehend. Hier überwinternd und Verpuppung erst im darauffolgenden Frühjahr. Die Latenzstadien nehmen meist eine andere Farbtönung an, jedenfalls bei jenen Arten, deren Larven lebhaft gefärbt sind. Dauer der Diapause: im allgemeinen mehr als 9 Monate. Charakteristischer Verpuppungsort aphidivorer Syrphidenlarven kann auch ein völlig amorpher Laubholzstamm sein (etwa am Rande eines Fichtenreinbestandes). – Verpuppung in der Haut des 3.

---

[*] In diesem Zusammenhang ist eine aktuelle Äußerung über das freilandökologische Verhalten der aphidivoren Syrphidenlarven beachtenswert (H. MOLTHAN: Dichte und Prädationspotential aphidophager Schwebfliegen [Dipt.: Syrphidae] in Saumbiotopen der Agrarlandschaft. Phytomedizin, Mitt. Dt. Phytomedizin. Gesellschaft 20 (1), 20; 1990): «Schwebfliegenlarven gehören zu den wichtigsten Blattlausantagonisten in der Agrozönose. Da sich nur eine oder zwei Larvengenerationen an Blattläusen deer Kulturpflanzen entwickeln können und die Imagines zur Reproduktion auf Blütennahrung angewiesen sind, stellen feldbegleitende Saumbiotope wichtige Nahrungs- und Ausweichhabitate zur Unterstützung stabiler Schwebfliegenpopulationen in der Agrarlandschaft dar.»

Larvenstadiums, das dabei (jedenfalls bei den aphidivoren Arten) lederartig wird und sich stark verkürzt (Tropfenform; Abb. 16, rechts; Abb. 813). Manche Puparien über und über mit Sandkörnchen und Streuteilchen behaftet, die mit Speichel auf der Larvenhaut festgeklebt sind.

Epistrophe elegans Harris (= bifasciata Fabr.)

Asselförmig; etwa 12 mm (Farbtafel 15, Abb. 99). Grasgrün bis blaugrün (Diapauselarven gelblich-grün) mit auffallendem dorsalen gelblichweißen Medianstreifen und rötlich-gelben Hinterstigmenträgern. Auf dem Rücken feine, glänzende Warzen. – Waldrandstandorte; auf Spindelbaum (*Evonymus europaea* L.) und Holunder (*Sambucus nigra* L.; hier gern unter *Aphis sambuci* L. [Aphidinae]).

Syrphus vitripennis Meig.

Schlank, vorn etwas verjüngt; 10 mm (Farbtafel 15; Abb. 100). Gelblich-weiß bis rahmfarben mit charakteristischer Zeichnung dorsal in der Median-linie. Über dem schwarzen Darminhalt auffallend gefärbte Fettkörperstränge sichtbar. Bei Larven aus Nadelholzbeständen oft grau-grüne Grundfarbe. Auch Exemplare auffindbar, die infolge starker Kotabgabe fast keinen schwarzgefärbten Darmtraktus erkennen lassen (nicht gesättigte Tiere) und denen die roten Längsstränge fehlen. Hinterstigmen an der Spitze mittel-brauner Zapfen. – An Waldrändern; auch in Fichtenaltbeständen. 3–4 Generationen im Jahr. Larven überwintern in den Bodenschichten oder in amorphen Stöcken bzw. in morhenden Stämmen. Diapause vielleicht auf-tretend. – Ichneumonidae (*Paniscus* spec., Ophioninae) zum Vertilgerkreis gehörend.

Scaeva selenistica Meig. (= Lasiopticus seleniticus Meig.)

Schlanker Habitus, etwa 12 mm (Farbtafel 15, Abb. 101). Hellgraugrün, doch Körper so durchscheinend, daß der gelbe Fettkörper die Gesamtfarbe zu Rötlichgelbbraun abändert. Außerdem Horste von tiefschwarzen Dörnchen auf den Sekundärwülsten und schräge schwärzliche Lateralstreifen tragen zur farblichen Tönung bei. Hinterstigmen unter einem Querwulst verborgen. – Am Waldesrande auftretend; ohne Diapause. Imagines fliegen gern um die Kronen von Nadelholzbeständen.

Scaeva (= Lasiopticus) pyrastri L.

Schlank-birnenförmig, vorn verjüngt; etwa 12 mm (Farbtafel 15, Abb. 102). Saftig grasgrün, oft mit gelblicher Tönung. Grundfarbe verstärkt durch oliv-grüne Körperflüssigkeit. Fettzellen in dorsaler, schmutzig-weißer Mittellinie angeordnet. – 3 Generationen im Jahr; verpuppungsreife Larven überwintern. Diapause fehlt. An Waldesrändern, aber auch in Fichtenmonokulturen; zur Verpuppung gern morhende Stämme aufsuchend.

Wirtschaftl. Bedeutung: vor allem bei den aphidovoren Arten gegeben; Nahrungsbedarf vom Schlüpfen aus dem Ei bis zur Verpuppung je Larve kann mehrere 1000 Blattläuse aller Entwicklungsstadien betragen.

Neuere Syrphiden-Literatur u. a.: Bastian, 1986; Kormann, 1988; Verena Ruppert und Klingauf, 1988. –

Phoridae, Buckel- oder Rennfliegen

Arten im imaginalen Stadium am Flügelgeäder einwandfrei zu identifizieren: Adern nur am Flügelgrund verdickt; vier Längsadern sehr dünn und blaß, ohne Queradern verbunden, schief über die übrige Flügelfläche laufend. Sonst im Habitus buckelig; oftmals hastig im Zickzack auf Blättern usf. herumrennend. – Larven sehr schwer richtig anzusprechen, eher das Vorkommen festzustellen an dem Auftreten der charakteristischen

Puparien

In der Waldbiozönose vornehmlich vertreten der «pantoffelförmige» (auch «schildkrötenartig» genannte) Typ (Abb. 814), weniger häufig der «kahnförmige» Typ (Abb. 815). – Farbe: strohgelb bis schwärzlich. – Am Vorderende vielfach kennzeichnend die erst mehrere Tage nach Beginn der Verpuppung durchbrechenden Prothorakalhörner (Sitz der Vorderstigmen). – Die präformierten «Spaltlinien», die das Ausschlüpfen der Imago erleichtern, schon frühzeitig erkennbar.

Ökologie der Larven

Schizozoophag (Aasfresser, u. a. in toten Lumbriciden, in toten Gehäuseschnecken, in faulenden Raupen und Puppen von Lepidopteren), schizophytophag, mycetophag (diese Ernährungsgruppe besonders auffällig), selten echte Endoparasiten (in erwachsenen Formiciden); polyphage Larven gelegentlich zu einem fakultativen Parasitismus übergehend. Terricole Arten Parasiten in «Myriapoden», auch in anderen Dipterenlarven (Bibionidae, Tipulidae). – Typisch sind die Fraßbeschädigungen, die die Phoridenlarven in Pilzen hervorrufen; wie die Lycoriidae-Larven dringen sie durch den Stiel ein und durchziehen den Hut mit ihren Fraßgängen.

Neuere Untersuchungen zeigen, daß die Fruchtkörper der Hutpilze für mycetophage Arten eine oft nur einige Tage verfügbare Nahrungsgrundlage bilden; trotzdem «werden Hutpilze bis zu 90% ihrer Biomasse konsumiert» (Dreyer, 1986).

Beachtenswert vielleicht folgende Arten: *Borophaga incrassata* Meig. (aus Bibionidenlarven erzogen). – *Megaselia* (= *Aphiochaeta*) *fungivora* Wood (Larven in Ipidengängen, vergesellschaftet mit Lycoriidenlarven und räuberisch von ihnen lebend). – *Megaselia nigra* Meig. (mycetophag in allerlei

Pilzen; Abb. 804/805). – *Megaselia plurispinulosa* ZETT. (Larve parasitisch in *Hylobius abietis*-Larven [Curcul.; Col.]). – *Megaselia (= Aphiochaeta) rufipes* MEIG. (Larven fressen Samen der Schwarzkiefer [*Pinus nigra* ARNOLD] aus, sind aber gleichfalls als Parasiten bei *Thanas. formicarius* L. [Cler., Col.] festgestellt). – *Plastophora rufa* WOOD (La. an *Parthenol. corni* BOUCHÉ [Cocc., Hom.]). – Vertilgerkreis der Phoridenlarven: Chalcididae, aber auch Braconidae (etwa *Synaldis* [= *Aspilota*] *concolor* NEES, gezogen aus *Megaselia nigra* MG.). – Übrigens gehören zur Familie der Buckelfliegen im heimischen Gebiet auch myrmekophile, im tropischen Gebiet sogar termitophile Arten, die bei ihren Wirten als Kommensalen leben. Nah verwandt mit den Phoriden sind schließlich die merkwürdigen **Termitoxeniidae**, die gleichfalls Termitengäste sind.

Platypezidae (Clythiidae), Plattfüßer; Sohlen- oder Rollfliegen; Tummelfliegen

Imagines

Gewöhnlich nach dem Geschlecht unterschiedlich gefärbte Dipteren; ♂♂ dunkel, oft samtschwarz, ♀♀ hell, grau, mit schwarzen Zeichnungen. Einige auch rotgelb mit silberweißen oder rotgelben Flecken und Bändern. Hintertarsen verbreitert, abgeflacht (Vulgärname). – Fast immer auf beschatteten Blättern der Strauchschicht im Kreise herumrennend. ♂♂ einiger Arten auch mit herabhängenden Beinen in der Luft schwebend oder in Schwärmen. Auffälliger sind freilich die

Larven

Asselförmig, etwa $4^1/_2$ mm (Abb. 816). – Hell- bis dunkelbraun (*Platypeza* spec.), an den Segmenten mit Fortsätzen oder bei einer anderen (weißlichen) Art mit Dörnchenwarzen. – In Rindenpilzen (Laub- und Nadelholz), im Hallimasch (saprophytisch auch in Laubholzstöcken) und in wundparasitischen Pilzarten *(Polyporus)* vorkommend. – Als typisch mycetophage Arten vor der Verpuppung zumeist einen Köcher aus Pilzsubstanz fertigend, in dem sich die Puparien vorfinden; dies Köcherchen in der Nähe der Larven-Nährstelle.

Noch auffälliger sind die von einer Art erzeugten

Zitzen-Gallen (Abb. 708 und 881)

am Fruchtkörper des flachen Lackporlings, *Ganoderma applanatum* PATOUILLARD (= *Polyporus applanatus* WALLROTH). WEIDNER und SCHREMMER (1962) konnten zeigen, daß die zitzenförmigen Gebilde auf der Fruchtkörper-Unterseite als echte Gallen anzusprechen sind und der Platypezidenart

Agathomyia wankowiczi SCHNABL zugehören. Die Fliegenlarven lassen eine Verlagerung des Prothorax unter den Mesothorax erkennen, so daß die Mundöffnung auf die Bauchseite zu liegen kommt; SCHREMMER vermutet, daß dies beim Nahrungserwerb von funktioneller Bedeutung ist. Offenbar ernährt sich die Larve von den die Galleninnenwand auskleidenden Pilzhyphen. «Diese werden durch den kräftigen Mundhakenapparat der Larve angeschnitten oder aufgerissen, so daß ihr Cytoplasma austritt und eingesaugt werden kann». Es konnte nicht beobachtet werden, daß die Larven Fraßgänge in tieferen Lagen des Fruchtkörpers fertigen, wie dies von den Cisidenlarven (Col.) und vielen anderen Tieren nach WEIDNER bekannt ist (Mottenraupen [u. a. *Scardia boleti*], Nematoden, Enchytraeen [Oligochaeta], *Dendrobaena octaedra* SAV. [Lumbric.], Diplopoden usw.). Zum Verlassen der Galle wird die Spitze durchbohrt; Verpuppung wahrscheinlich in der Bodenschicht.

Cyclorrhapha Schizophora (Acalyptratae)

(siehe systemat. Bemerkungen: Seite 415)

Tephritidae (= Trypetidae), Bohr- oder Fruchtfliegen

Die meisten Bohrfliegen machen ihre Metamorphose in Compositen durch und sind wirtschaftlich ohne Bedeutung. Einige sind aber zweifellos zu den landwirtschaftlichen Großschädlingen zu rechnen, vor allem jene Arten, deren Larven in den Früchten leben. – Hierher gehören nun viele Fliegen mit auffallend gezeichneten, gefleckten, gebänderten oder gegitterten Flügeln (kein Differentialmerkmal gegenüber allen anderen Familien, aber der gegitterte Zeichnungstyp mancher Trypetiden ist doch schon sehr spezialisiert). Die weibliche Legeröhre ist zu einem bohrerartigen Instrument umgebildet (Vulgärname). – Bei der Eiablage wurde beobachtet, daß an der Fruchtoberfläche vom Weibchen ein Pheromon abgegeben wird, welches weitere Eiablagen an der «markierten» Frucht hemmt. Die legebereiten Fliegen suchen dann noch «unbefallene» Früchte auf. Auch für weitere phytophage Insektenarten ist bekannt geworden, daß chemische Botenstoffe von den eierlegenden Weibchen produziert werden; Eiablagehemmstoffe sind neuerdings auch im Larvenkot aufgefunden (**Lit.:** über dieses Problem: MONIKA HILKER, 1988 und 1989).

Aus der sehr artenreichen, über die ganze Welt verbreiteten Familie allein erwähnenswert:

Rhagoletis alternata Fall., Hagebuttenfliege

Beim Weibchen auffällig rotgelber Thorax, rotgelbes Abdomen und Legerohr. Flügel mit 2 durchgehenden, dunklen Binden, einem streifenförmigen Fleck zwischen ihnen und einem Spitzenfleck. – Etwa $4^1/_2$–6 mm. – Larven (etwa 4 mm), gelblichweiß, minieren Gänge in dem Fruchtfleisch der Hagebutte und verhindern dadurch das Ausreifen der Samen. Die befallenen Hagebutten sind ungleichmäßig gefärbt und verkrüppeln. – An Waldrand-Standorten, in den Knicks atlantischer Gebiete NW-Europas oder an Hohl-wegen, die auf bewaldete Hänge zuführen, vorkommend. – Massenauftreten beobachtet (GÄBLER, 1941).

Dryomyzidae

Die Arten dieser Familie werden im Imaginalstadium oftmals mit Dung- oder Mistfliegen (Cordyluridae [Scatomyzidae, Scatophagidae]) verwechselt, deren Angehörige sich stets auf Aas und Exkrementen einfinden (etwa die goldgelb behaarte Kotfliege *Scopeuma stercoraria* L. auf waldnahen viehbegangenen Weiden). Die Dryomyziden kommen zwar auch gelegentlich auf Exkrementen vor, können im Walde aber zumeist auf niederen Pflanzen oder an Pilzen (Farbtafel 16, Abb. 107) angetroffen werden.

Lonchaeidae

Imagines

Vornehmlich kleinere (um 3–4 mm), metallisch schwarzblau oder grün glänzende (meist mit glashellen, allenfalls schwach getönten Flügeln: *Lonchaea* spec., *Earomyia* spec.) oder hellgraue und gelbliche Fliegen (mit braungefleckten Flügeln: *Palloptera* spec.). Vor allem für jene durch die Flügelzeichnung auffällige Art ist ein rhythmisches Wippen der Flügel bei jeder Gangbewegung charakteristisch (diese Erscheinung bekannt von einer anderen acalyptraten Familie, von den **Sepsidae** [Schwingfliegen], kleinen schwarzen, ameisenähnlichen Fliegen, die in tierischen und menschlichen Exkrementen brüten und besonders gern Umbelliferen besuchen. Dieses Flügelschlagen wird ganz allgemein bei beiden Geschlechtern als Ausdruck der sexuellen Erregung hingestellt und geschieht wohl kaum zur Windrichtungsperzeption [BRAUNS, 1959]).

Larven

Kennzeichen (Abb. 817): im Habitus die gewöhnliche Form saprophager Cyclorrhaphen-Larven zeigend: gestreckt-walzig, vorn verjüngt, hinten abgestutzt. – 6–8 mm; gelblich-weiß, oft etwas hyalin, reife Larven meist gelbbraun. – Am Vorderende die spitzigen Mundhaken erkennbar. – Ventrale Dörnchengürtel vorhanden.

Ökologie und wirtschaftl. Bedeutung: außerordentlich verschiedenartige Lebensweise; Gallenerzeuger an Gräsern, phytophag, saprophag lebend (etwa in Laubblattlagen oder in Nadelstreu), koprophag in Exkrementen pflanzenfressender Säugetiere und schließlich ausgesprochen carnivor in den Gängen rindenbrütender Ipiden (wo anfangs wahrscheinlich die Exkremente angenommen, später aber einwandfrei Larven und sogar ausgereifte Borkenkäfer-

Imagines angegriffen werden) oder in Laubblattlagen von Buchenstangen-hölzern (wo sie unter den *Fannia*-Populationen [Musc., Dipt.] erheblich aufräumen). Während die raptorischen Arten im Fraßbild der Scolyt. als nützlich, sind jene letzteren eher als schädlich anzusprechen, dezimieren sie doch gerade Erstzersetzer in den Bodenschichten, deren humose Exkremente im Stoffkreislauf so erwünscht erscheinen.

Systematische Freiland-Differentialdiagnose:

a) Unter Rinde verschiedener Nadel- und Laubbäume (wahrscheinlich carnivor): *Lonchaea chorea* FABR., *L. laticornis* MEIG., *L. sylvatica* BELING (syn. *ludiciventris* BECK.), *L. palposa* ZETT., *L. tarsata* FALL.

b) In Gängen von *Ips amitinus* EICHH. [Ipid., Col.] vorkommend: *Lonchaea seitneri* HEND.

c) Im Fraßbild von *Ips typographus* L. [Ipid., Col.] vorkommend: *Palloptera usta* MEIG.

d) In Lärchenzapfen, befallen von *Botanophila laricicola* KARL (Anthomyiinae, Musc., Dipt.), als Räuber der Larven auftretend: *Lonchaea inquilina* HEND. – In d. Samen verschiedener Lärchenarten: Larven von *Earomyia viridana* MEIG. (in Polen: 1973–1975).

e) In Tannenzapfen als Samenschädling: *Earomyia impossibile* MORGE. – Eiablage im Mai nahe der Zapfenspitze; Larven bohren sich aktiv in den Zapfen ein. Fraß von der Spitze zur Basis längs der Zapfenspindel, dabei die Samenanlagen ausfressend.

Chamaemyiidae (Ochthiphilidae), Blattlausfliegen

Fast alle Arten sind kleine, graue Fliegen (um 2 mm etwa), mit braun oder schwarz geflecktem Hinterleib. Viele betrillern die Blattläuse mit den Vorder-beinen ähnlich wie die Ameisen es mit den Fühlern bewerkstelligen, so daß die Chamaemyiidae zweifellos als «blattlausmelkende Formen» bezeichnet wer-den können. – Auffälliger als die Imagines sind die kleinen Larven, die den Syrphidenlarven im Habitus nicht unähnlich sind, mit ihnen sogar die spannerartige Fortbewegungsweise unter ihren Opfern gemeinsam haben. Vor der Verpuppung geben die Larven meistens ein schwarzes Sekret ab, mit dem das schmutzig-blaßgelbe Puparium an die Unterlage festgeheftet wird. – Zahlreiche Larven der Gattung *Leucopis* MEIG. sind Räuber von Aphididen, Chermesiden und Cocciden. Die älteren Artbestimmungen sind freilich mit Vorsicht aufzunehmen, so daß hier auf eingehende Angaben verzichtet wird.

Carnidae

Nur aus der UF Carninae interessiert hier eine Art, *Carnus hemapterus* NITZSCH, die Gefiederfliege, die im imaginalen Stadium an zahlreichen Vogelarten (u. a. Baumläufer, Schwarzspecht, Goldhähnchen, Star, Sing-drossel) zu finden ist. – Kennzeichen (Abb. 806): etwa flohgroß; schwärzlich mit gelblichem Hinterleib. Flügel nur bei frischgeschlüpften Exemplaren vorhanden und später nahe der Basis abbrechend. – Ökologie: während früher angenommen wurde, die Art ernähre sich lediglich von Hautsekreten, gilt neuerdings das Blutsaugen an den Jungvögeln für erwiesen. Man findet die Vollkerfe vor allem an der Flügelunterseite, in den Achselhöhlen oder auch auf dem Rücken der Nestjungen oder im Nistmaterial (zumindest in der Nähe des Wirtsvogels), die Larven dagegen in den äußeren Nestschichten. Mithin gehört die Gefiederfliege als Ektoparasit zu der Gruppe der ausgesprochenen «Nidicolen».

Agromyzidae, Minierfliegen

Eine artenreiche Familie von nur kleinen bis sehr kleinen Fliegen, die fast alle eine Länge von nur wenigen Millimetern erreichen. Die meisten Arten sind dunkel, manchmal metallisch schimmernd gefärbt, gelegentlich mit gelblichen Zeichnungen. Es ist schwierig, für den Freilandbiologen ohne weiteres erkennbare Differentialmerkmale gegenüber anderen Gruppen aufzuzeigen, die ein sofortiges Ansprechen ermöglichen. Es dürfte auch in diesem Zusammenhange nicht erforderlich sein, da die Familie auf Grund der charakteristischen larvalen Fraßbilder derart gekennzeichnet ist, daß eine nähere Determination der Imagines systematischen Spezial-Studien vorbehalten bleiben kann. – Doch weist die Ernährungsbiologie der Vollkerfe sehr interessante Züge auf, die der Erwähnung wert sind. Daß Dipteren im Imaginalstadium verschiedentlich Pflanzensäfte aufnehmen, darüber wurde in diesem dipterologisch-systematisch-ökologischen Abschnitt des öfteren berichtet. Eine Unmenge von Zweiflüglern zählen zu den Blütenbesuchern. Es fällt nicht sonderlich auf, daß zwischen den Blüten und den Dipteren Wechselbeziehungen verschiedenster Art auftreten. Es sei nur an den bestimmten Blütentyp der Compositae erinnert; die tiefen Röhren sind zugänglich für Arten mit senkrecht nach unten gerichtetem Rüssel. Manche Empididenarten scheinen durch die Bauart ihres Rüssels ganz hervorragend befähigt zu sein, den Nektar aus den tiefen Röhren zu holen. – Einige Dipteren machen sich aber Pflanzensäfte auf ganz andere Weise zugänglich. So eröffnen die ♀♀ der Agromyziden durch quirlartige Bewegungen des bezahnten Ovipositors zunächst die Blattepidermis an ihren Wirtspflanzen und erweitern das Grübchen. Vor der Beschickung mit einem Ei beleckt und betastet das ♀ die hergestellte Höhlung und saugt dabei den austretenden Zellsaft mit dem Zellenbrei aus und bringt dann das Ei in eine vorteilhafte Lage. Es finden sich aber auch viele leere Bohrlöcher auf den Blättern, so daß diese Art der Nahrungsaufnahme nicht mehr zufällig ist. Es fällt auf, daß die beschickten Eigrübchen bis zur Epidermis der anderen Blattseite reichen und bei durchfallendem Licht wie feine Pünktchen erscheinen. An diesen «feeding-holes» suchen außerdem die ♂♂, was ihnen die ♀♀ übriggelassen haben, wenn auch ihre eigentliche Nahrungsquelle der «Blattlaushonig» ist.

Ökologie: Die Vielzahl der Agromyziden-Larven sind Parenchym-Blattminierer. Die «Minen» zeigen sich im befallenen Blatt als helle, gewundene Stränge. In die oft geschlängelten Gänge dringt Luft ein und außerdem sind am Rande der Mine Kotspuren sichtbar, so daß sich die Minen vom umgebenden Blattgewebe deutlich abheben. Viele Arten fertigen «Gangminen»; in anderen Fällen erweitert die Larve den anfangs gefressenen Gang zu einer «Platzmine», die sich als Fleck von unregelmäßiger Größe darstellt (Abb. 983 bis 986). –

Wenige Beispiele für typische Blattminierer seien aufgeführt:

Nemorimyza (= **Dizygomyza**) **posticata Meig.**: Larven etwa von Juni/ August und in zweiter Generation von August/Oktober. – Futterpflanze: *Solidago*-Arten (Goldrute; Compositae); selten: *Buphthalmum salicifolium* L. (Weidenblättriges Rindsauge; Composit.). – Oberseitige Platzmine (Abb. 820); Exkremente als verwaschene Konturen sichtbar. Farbton wechselt «vom rostfarbigen zum rotbraunen, vom olivbraunen bis zum sepiabraunen». Verpuppungsreife Larve läßt sich durch oberseitigen Schlitz in der Epidermis zur Bodenoberfläche fallen. Die vom ♀ hergestellte Bohrgrube zur Eiablage ist stets am Blattrande gelegen.

Agromyza alnibetulae Hend.: Larven im Juni/Juli und in zweiter Generation wieder im August/September. – Futterpflanzen: Hängebirke (*Betula pendula* ROTH.), Moorbirke (*B. pubescens* EHRH.), Grünerle (*Alnus viridis* [SPACH] DC), Schwarzerle (*A. glutinosa* GAERTN.) und Grau- oder Weißerle (*A. incana* DC). – Oberseitige Gangmine, die sich höchstens zu einem blasigen Schlauch erweitert (Abb. 821). Exkremente im Anfangsgang am Außenrande in 2 Perlschnüren, später rücken die Kotschnüre zur Gangmitte. Minenende kotlos. Verpuppungsreife Larve verläßt die Mine durch oberseitigen Schlitz. Junge Birkenblätter sind bei Befall oft gekrümmt.

Reizvoller als die Lebensweise dieser minierenden Zweiflüglerlarven sind die dabei auftretenden allgemeinen Fragen der Minenkunde, da in dieser Spezialwissenschaft ein Grenzgebiet vor uns liegt, das enge Beziehungen zur Botanik und zur Phytochemie unterhält. – So wird in botanischer Hinsicht das Vorkommen einer minierenden Insektenlarve interessant, wenn parenchymale Minen (wie hier bei den Agromyziden-Larven) angelegt werden. Durch diese werden größere Blatteile von den zu- und ableitenden Elementen abgeschnitten; in den Blättern treten nunmehr besondere Neubildungen auf, die die Verbindung zu den leitenden Elementen wiederherstellen. – Die Phytochemie erhält durch den Befall von einer Minierinsektenart an zwei verschiedenen Pflanzenarten Hinweise über das Vorkommen gleicher oder ähnlicher organischer bzw. anorganischer Stoffe, da die Insektenlarven auf feine Unterschiede ihres Substrates ähnlich wie die pflanzlichen Organismen als hervorragende Weiser reagieren [BRAUNS, 1949].

Einige Minierfliegen minieren nun auch in Rindenschichten oder erzeugen regelrechte Gallen in dieser Befallsregion. Wieder andere minieren im Stengelmark, in Fruchtböden der Compositen oder leben sogar in Pflanzensamen. Beachtenswert sind in der Waldlebensgemeinschaft jedoch jene Arten, die bezeichnet werden als

Kambium-Minierer

Ökologie: Die Weibchen dieser biologischen Gruppe bohren etwa im Mai bis Juli noch weiche Triebe verschiedener Holzarten an. Die Höhe der Anbohrstellen wird für Birke beispielsweise mit 4–5 m (aber auch mit 10 m) angegeben, während Weiden in $^1/_2$ bis $1^1/_2$ m Höhe mit Eiern belegt werden. Ich selbst habe die Eiablage an Pappel-Stecklingen beobachtet (Art?). – Das Weibchen durchbohrt mit seinem Legebohrer die Rinde und läßt ein Ei austreten; lediglich eine geringere bräunliche Verfärbung in der Umgebung der Eiablagestelle läßt den Befall allenfalls erkennen, denn das Einbohrloch in der Rinde ist sehr klein. Die ausschlüpfende Larve beginnt sofort mit dem Fraß und fertigt eine Gangmine an in der Splint- und Kambialzone, nur selten in der Rinde. Der Fraßgang wird stammabwärts angelegt, ist schmal, fast gerade und erreicht oft schon in 2 Wochen eine Länge von 2 m. Später wird der Gang breiter, geschlängelt und kann an der Stammbasis recht verschlungen werden. Mit zierlichen Mundhaken schabt die Larve Zellen ab und nimmt diese auf. – Zur Verpuppung bohrt sich die Larve durch die Rinde nach außen, läßt sich zu Boden fallen und überwintert im Tönnchen in den Bodenschichten. – Vertilgerkreis: Chalcididae, Braconidae; Cecidomyiidae (?; vermutet, da verwandte Art der aufgefundenen carnivor ist). Eingetragene Blätter mit Minen entlassen oft zu 90% die Parasiten.

Schadbild: im Längsschnitt des befallenen Holzes erkennt man braune Striche, die als «Braunketten» oder «Zellgänge» bezeichnet werden (Abb. 818); auf dem Stirnholz zeigen sie sich als «Markflecken» (Abb. 819). Die Braunfärbung ist auf den Kot der Larven zurückzuführen, so daß die Befallserscheinung auch als «Braunfleckigkeit» bekannt ist. – Wie kommen diese bräunlichen Stränge im Holz zustande? Trotz des Befalls wird der Baum im allgemeinen nicht so stark geschädigt, daß er abstirbt. Es geht vielmehr das Wachstum ungehindert weiter. Nach Schließung und Überwallung der Fraßgänge wird wieder normales Holz und normale Rinde gebildet. Die Fraßgänge selbst werden meist durch Markstrahlzellen der Rinde, gelegentlich auch des Holzes, vollständig ausgefüllt. – Einmal mit Eiern belegte Stämme werden in jedem Jahr gern wieder von Agromyziden-♀♀ aufgesucht; daher finden sich auf einer Stammscheibe die Querschnitte der Gangminen oftmals in jedem Jahresring.

Wirtschaftl. Bedeutung: Der Schaden durch die Kambium-Minierfliegen in den Laubhölzern macht sich vor allem bei Schleif- bzw. Schälholz und durch die Braunfleckigkeit in der Furnier- und Möbelindustrie (Birke, Erle) bemerkbar, da durch den Befall Qualitätsverluste eintreten. Nur das Holz der nordischen Birke, für die die Braunfleckigkeit geradezu charakteristisch ist, wird, wenn es stark befallen ist, zu kunstgewerblichen Gegenständen gern verwendet. – Pappel-Stecklinge werden dagegen durch die Fraßtätigkeit so geschädigt, daß sie absterben. In Großbaumschulen können die Kambium-Minierfliegen somit empfindliche Verluste verursachen. – Bei befallenen

Korbweiden werden u. a. die Ruten durch die Fraßgänge geschwächt; die unteren dicken Enden sind dann vielfach für den Korbflechter völlig unbrauchbar.

Artdiagnose: ältere, systematische Angaben sind oft durch neuere Untersuchungen berichtigt, so daß nur wenige Arten benannt werden können. – Die Gattung *Phytobia* LIOY (syn. mit *Dendromyza* HEND) stellt die bekanntesten Vertreter der Kambrium-Minierer. *Ph. cambii* HEND (syn. *tremulae* KANGAS) (in England und Finnland in Korbweiden u. Zitterpappel; *Ph. betulae* KANGAS (in Finnland in jungen Birkenzweigen); *Ph. aucupariae* KANGAS (in Finnland in Eberesche [Vogelbeerbaum]). Im heimischen Faunengebiet: *Ph. cambii* HEND. (in Korbweide); *Ph. carbonaria* ZETT. (wahrscheinlich in Hänge- und Moor-Birke und in Schwarz- und Grauerle).

Cyclorrhapha Schizophora (Calyptratae)

(siehe systemat. Bemerkungen: Seite 416)

Muscoidea

mit der Familie der **Scatophagidae** (= Cordyluridae); Kot-, Dung- oder Mistfliegen [auf waldnahen Weiden tritt Scatophaga (Scopeuma) stercoraria L. – eine pelzig-gelb behaarte Dungfliege – auf frischen Kuhfladen gern auf]
der **Muscidae**, Echte Fliegen (mit den UF Muscinae (Tribus Stomoxyini u. Muscini) u. der UF Phaoninae)
der **Fanniidae** und
der **Anthomyiidae**, Blumenfliegen.

Diese Familie ist außerordentlich artenreich und taxonomisch, zusammen mit den Calliphoriden und den Tachiniden (Larvaevoriden), oftmals nicht «auf Anhieb» anderen Gruppen gegenüber ohne spezielle Studien für den Freilandbiologen abzugrenzen. Es seien daher in diesem Rahmen einige Kennzeichen herausgegriffen, obwohl durchaus bekannt ist, daß selbst innerhalb einer Unterfamilie in einer Determinationstabelle etwa der Metamorphosestadien einige Formen auftreten würden, die sich den genannten Differentialmerkmalen nicht ganz unterordnen würden. Gerade die Larven der Muscidae sind von jenen anderer Familien, selbst von solchen der Acalyptraten-Familien, nicht leicht zu unterscheiden. Hinzukommt, daß die Larven, wenn auch innerhalb einer allgemeinen, fast immer erkennbaren Cyclorrhaphen-Organisation, zusätzlich noch recht vielgestaltig sind. So soll im folgenden versucht werden, nur auf einige Charakterformen aufmerksam zu machen, was dem Zweck der Freiland-Beobachtungen genügen muß, während eingehendere Untersuchungen schon intensivere Erfahrungen erfordern. In dieser Blickrichtung lassen sich differentialdiagnostische Merkmale hervorheben, die zumindest ein Ansprechen beim Auffinden der Typen erleichtern und zusammen mit ökologischen Feststellungen die Bedeutung auch dieser Dipterenfamilien in der Lebensgemeinschaft des Waldes zu skizzieren ermöglicht.

Larven

Kennzeichen: einmal ist es die Form der Hinterstigmen (Abb. 825), ein andermal sind es etwa die Körperanhänge, die die Determination erleichtern. In einigen Fällen ist aber auch eine mikroskopische Untersuchung der Kopfregion nicht zu umgehen, da gelegentlich eine starke individuelle Variabilität in der Ausformung eines besonderen Merkmals stattgefunden hat, die erst die Zuordnung zu einer bestimmten Unterfamilie wahrscheinlich macht (KRÜMMEL und BRAUNS, 1956).

Muscinae: bei den Triben (Stomoxydini und Muscini) ist die Ausbildungsform der 3 Hinterstigmenschlitze charakteristisch: wir finden sie immer s- bis oftmals mäanderartig gewunden und derart angeordnet, daß «ihre Längsachsen etwa parallel zum Rande der Stigmenplatte liegen» [HENNIG, 1952]. Weiterhin ist typisch das Schlundgerüst, das in den jungen Larvenstadien schon die Form des reifen und letzten Stadiums erkennen läßt (Abb. 822/824).

Phaoniinae: hier sind die sichelförmigen Mundhaken, umgeben von akzessorischen Spangen, im Schlundgerüst (Cephalopharyngealskelett) ganz besonders charakteristisch (Abb. 826). In der Ausbildungsform dieses Kopf-Innenskelettes lassen sich hierher gehörige Larventypen von solchen der UF der Anthomyiidae vielfach unterscheiden, obwohl andererseits wieder im Habitus zweifellos Ähnlichkeiten festzustellen sind mit den Muscinae-, Sarcophaginae- und Calliphorinae-Larven. Als Beispiel sei eine terrestrische *Phaonia*-Art vorgeführt (Abb. 830).

Fanniidae: an den langen, seitlichen, gefiederten Fortsätzen, die als Fortbewegungs- oder als Schwebeorgane gedeutet werden, unverkennbar gekennzeichnet (Abb. 831).

Anthomyiidae: Larven dieser Fa. zumeist ausgezeichnet durch fleischige Zapfen am Hinterende (Abb. 829, aber auch Abb. 827).

Ökologie und Artdiagnose

Die verschiedenen Familien der Muscoidea sind ein Beispiel dafür, daß einer «verhältnismäßig großen Einförmigkeit im allgemeinen Habitus» ... «eine recht erhebliche Unterschiedlichkeit der Lebensweise» gegenübersteht [HENNIG, 1952]. Gerade hier läßt sich durchaus nicht selten nachweisen, daß ein- und dieselbe Art unter völlig verschiedenen Bedingungen zu leben vermag oder aber in einer Gattung neben mycetophagen Arten ausgesprochen monophage Blattminierer vorkommen. HENNIG [1952] spricht in seiner umfangreichen Larven-Monographie davon, daß die Muscidenlarven ursprünglich zweifellos Saprophagen sind, daß sich aber der Übergang zur carnivoren, parasitischen oder zur phytophagen Lebensweise in vielen parallelen Entwicklungszweigen unabhängig voneinander vollzogen hat und dieser Prozeß noch heute in manchen Teilgruppen der Musciden in vollem Gange sei. Betrachten wir daher nach dem ökologischen Verhalten die einzelnen Familien, so zeigt sich eine andersartige Gruppierung, die im Anschluß an den eben genannten Autor und nach einigen Untersuchungen und Beobachtungen gegeben sei.

Anthomyiidae: viele Larven sind noch saprophag. Koprophage und carnivore Arten selten, dagegen deutliche Neigung zur Phytophagie. Es kommen sogar Blattminierer vor und manche landwirtschaftlichen Schädlinge (etwa *Phorbia* [= *Delia*] *brassicae* BOUCHÉ, kleine Kohlfliege; *Ph.* [= *Delia*] *floralis* FALL., große Kohlfliege; *Pegomyia hyoscyami betae* CURTIS, Rüben- oder Runkelfliege) gehören hierher. Einige Larvenformen Kommensalen in Hymenopterennestern und bodenbiologische Arten in den Streuschichten vornehmlich von Laubholzbeständen. – Die Anthomyiiden sind im Imaginal-stadium vorwiegend Blütenbesucher (Vulgärname!) und finden sich im Waldbestande gern auf den Blättern des Unterholzes, aber auch in der Krautschicht (etwa auf Farnkraut u. dgl.). Biologisch bemerkenswert ist, daß neben der gewöhnlichen Oviparie Fälle einer Viviparie bekannt geworden sind. So liegt von einer Anthomyiine das Phänomen vor: Imagines, deren Larven in warmen Gegenden als Parasiten in Locustiden-Eiern vorkommen, sind larvipar, während solche, deren Larven in kalten Landschaftsstrichen phytophag anzutreffen sind, Eier ablegen [SÉGUY, 1938].

In den forstlichen Beständen erwähnenswert:

Anthomyia pluvialis L.

Thorax silbergrau mit 7 tiefschwarzen Flecken, Abdomen gleichfalls mit charakteristischer Zeichnung (Abb. 833). 5–7 mm. – Analader den Flügelrand erreichend, bei allen anderen Fa. dagegen abgekürzt (wesentliches Unter-scheidungsmerkmal). – Auch an der Küste aufgefunden und hier typische «Windschutzart» (so in der Ruderalvegetation hinter Deichen und in den Kiefernbeständen). – Imagines auf den küstennahen Inseln stets an Harzaus-flußstellen der Kiefern beobachtet (ob hier andere Insekten gesucht werden? – Vollkerfe sonst Blütenbesucher); Larven als Kommensalen in Vogelnestern neben sonst phytosaprophager Lebensweise. – ♂♂ führen vor Regenbeginn Lufttänze auf (Paarungsvorspiele?). – Etwa Juni bis August. – Da die Art auch mit Vorliebe in der Nähe von Gewässern als vorkommend gemeldet wird, sei noch vermerkt, daß die Larven in Ungarn in den Blütenknospen von *Iris* gefunden wurden.

Lasiomma anthracina Czerny, Fichtensamenfliege

Larven in Fichtenzapfen, die Samen zerstörend. Die befallenen Zapfen krümmen sich und zeigen Harzfluß; diese Deformationen werden häufig als Befallsursachen vom Fichtenzapfenwickler *(Cydia strobilella* l., Tortr., Lep.;

s. Seite 326) gedeutet. – In Nordeuropa auftretend, allenfalls aber im heimischen Gebiet damit zu rechnen.

Lasiomma laricicola Karl, Lärchenzapfenfliege; Lärchensamenfliege

Eiablage etwa im Mai/Juni hinter die Schuppen junger Lärchenzapfen; die Larven (kenntlich an kurzen, braunspitzigen Hinterleibszäpfchen) dann in der Zapfenspindel und in den Samenanlagen, diese zerstörend. Verpuppung aber in der Streudecke. – Befallene und zerstörte Zapfen früh zerfallend. – Vertilgerkreis: als Parasiten u. a. *Seitneria austriaca* TAVAR. (Cynip.), *Phaenocarpa seitneri* FAHR (Bracon.) u. *Asyncrita rufipes* FÖRST. (Ichn.).

Paregle radicum Lin., Schnauzen-Wurzelfliege

Vulgärname nach dem vorstehenden Mundrand der Imagines [HENNIG, 1953]. – Larven in Saatkämpen und Pflanzgärten schädlich an Samen und Keimpflanzen (Nadelholz).

Egle muscaria Zett. und parva Rob.-Desv. Weidenkätzchenfliegen

Larven in Weidenkätzchen, Samenanlagen zerstörend.

Pycnoglossa cinerosa Zett.

Larve entwickelt sich in Minen an den Blättern des Adlerfarns (*Pteridium aquilinum* [L.] KUHN); Juli/August. – Gleichzeitig können 2 Arten des Tribus der Fucellini auftreten, dessen Larven von jenen der Anthomyiini nicht zu unterscheiden sind: *Chirosia albitarsis* ZETT. (Larven in den Blattstielen des Adlerfarnes) und *Chirosia parvicornis* ZETT. (Larven minieren in den umgerollten Fiederblättchen von *Pteridium*).

Fanniidae: auch die *Fannia*-Larven sind eigentlich saprophag (oder allgemein gesagt: schizophytophag und schizozoophag). Zur letzten Nahrungsklasse rechnet u. a. die koprophage, nekrophage (in toten Schnecken) und zoosaprophage Lebensweise, die wir unter den *Fannia*-Arten weitgehend vertreten finden. Hierher gehörige Larvenformen treten u. a. auch in den Nestern von *Formica rufa* L. auf oder *Fannia fuscula* FALL. (Abb. 831) kommt in Wespen- und Hummelnestern vor, dort von dem «Gemüll» lebend. – *Fannia canicularis* L. (kleine Stubenfliege [Farbtafel 16, Abb. 110]) und *Fannia scalaris* FABR. (Latrinenfliege) sogar ausgesprochen synanthrop, die aber andererseits auch als phytosaprophage Arten im Edaphon der Waldbiozönose während des ganzen Jahres zu beobachten sind; auf den Fallaubblättern in

Erosionsgräben in mosaikartigen Fraßspuren die Ober- und Unterseite «abweidend» (Abb. 832). Gleichermaßen als nesteigene Insekten in verschiedenen Vogelnestern gefunden. – Nicht selten sind *Fannia*-Larven übrigens fakultative Parasiten in verschiedenen Insektenlarven. – Die Imagines häufig an Wirbeltierleichen, um ihren Eiweißbedarf zu decken. Führen im Schatten der Baumkronen Tanzflüge auf (in den menschlichen Wohnräumen unter der Deckenbeleuchtung).

Phaoniinae: Larven dieser UF oftmals karnivor; so wurden *Phaonia mirabilis* RINGDAHL-Larven als natürliche Feinde von einer *Aëdes*-Art genannt oder *Phaonia gobertii* MIK als raptorische Art bei *Ips amitinus* EICHH., *Ips cembrae* HEER und bei *Ips typographus* L. (Scolyt.) festgestellt. Da *Phaonia*-Larven jedoch gleichfalls in völlig amorphen Buchenstöcken oder in Streuschichten der Nadelholzbestände (*Phaonia erratica* FALL.) auftreten, sind sie offenbar nicht als obligatorisch karnivor, sondern durchweg als saprophag anzusehen (die zwar tierische Nahrung nicht verschmähen, wenn sie sich ihnen bietet). – Einige Arten freilich auch zur Phytophagie übergegangen. – Bei den Imagines (vgl. Farbtafel 16, Abb. 109) zeigt sich andererseits wiederum «die Tendenz zur räuberischen Lebensweise». Hier wären etwa zu nennen: die *Lispa*-Arten («Löffelfliegen»; gelegentlich als eigene UF aufgefaßt, in anderen systematischen Arbeiten nur als Tribus in der UF Phaoniinae aufgeführt), unter denen halobionte Arten an der Meeresküste bei eigenartigem Balzspiel und bei ihrer Jagd zu beobachten sind; oder die *Coenosia*-Arten, die nunmehr schon an feuchten, krautigen Waldstellen häufig beobachtet werden können und sich vom Insektenfang ernähren.

Muscinae: hier sei zunächst auf die Imagines einer Gattung aufmerksam gemacht, die beim Menschen und bei Säugern gern Schweiß (oder in Wnden Blut) saugen und damit einen ausgezeichneten Übergang bilden zu den Muscini und zu den Stomoxyini:

Hydrotaea meteorica Lin.

Etwa 5–6 mm. – Thorax tiefschwarz, schwach glänzend (♂) oder aschgrau (♀); Hinterleib dunkelgrau bestäubt mit deutlicher Mittelstrieme. Flügel bräunlich, Schwinger schwarz. – ♂♂ an schwülen Tagen wie Mücken in der Luft spielend (daher «Gewitterfliegen» genannt; s. auch Seiten 104, 407, 417 u. 446).

Muscinae: sämtliche bekannten Larvenformen der Gattungsgruppen *Stomoxys* und *Musca* sind koprophag und leben in den Exkrementen der Rinder [vgl. THOMSEN, 1938]. Nur wenige Arten kommen in Substraten vor, in denen sie mehrminder nur saprophag sich ernähren können. – Unter den Imagines lassen sich die beiden Triben in der Lebensweise trennen.

Muscini: saprophage Fliegen mit fleischigem Rüssel, nur zur Aufnahme flüssiger Stoffe befähigt. Hierher gehört u. a.: *Musca domestica* L. (Stubenfliege).

In den Diensträumen der Forstämter oder in privaten Jagdhütten finden sich gelegentlich im Spätsommer oder im Herbst auf der Fensterbank am sogenannten «Fliegenschimmel» (*Entomophthera muscae*, andernorts als *E. muscae-domesticae* [Entomophthoraceae; Zygomyc.] bezeichnet), eingegangene Stubenfliegen. Von diesem insektenpathogenen Pilz befallene Tiere sterben meistens in den späten Nachmittagsstunden. Aus den toten Fliegen werden bei infektionsgünstigen Luftfeuchtigkeiten (mithin des Nachts) die Konidien abgeschleudert, die nahe der abgestorbenen Imago auf der Unterlage (auch an der Fensterscheibe) haften. Da noch nicht infizierte Tiere häufig ihre abgestorbenen Artgenossen inspizieren, ist eine Infektion ohne weiteres gegeben (Lit.: MÜLLER-KÖGLER, 1965; FRANZ und KRIEG, 1982).

Stomoxyini: haematophage Formen mit hornigem, lang vorgestrecktem Rüssel; beide Geschlechter sind Blutsauger, vor allem auf viehbegangenen Weiden am Waldesrand vorkommend. Bekannt sind: *Stomoxys calcitrans* L. (Wadenstecher), *Haematobosca (= Haematobia) stimulans* MEIG. (Abb. 834) und *Haematobia (Lyperosia) irritans* LINN.

Hippoboscidae, Lausfliegen

Die systematische Stellung dieser Familie hat im Laufe der Zeit vielfach gewechselt und auch heute gehen die Meinungen, ob zu den Acalyptrata oder Calyptrata gehörig, noch auseinander. Mit den ausgesprochenen Fledermausparasiten, den beiden verwandten Familien der **Nycteribiidae** (kenntlich an der ledergelben Farbe, dem in eine Grube zurückschlagbaren Kopf, den spinnenartigen Beinen und der völligen Flügellosigkeit) und **Streblidae**, werden die Lausfliegen in einer gemeinsamen Gruppe, den **Pupipara**, vereinigt. Bei diesen werden die Larven (wie auch bei den Tsetse-Fliegen [Glossininae, Muscidae]) erst unmittelbar vor der Verpuppung abgesetzt, so daß man hier von der extremsten Form der Viviparie, von einer Pupiparie, spricht [BRAUNS, 1959]. Auf Grund spezieller morphologischer Untersuchungen erscheint es sicher, daß alle drei Familien zu den Calyptraten zu rechnen sind und mit den Musciden eine engere Abstammungsgemeinschaft bilden [HENNIG, 1952]. – Am häufigsten und auffälligsten ist folgende Art:

Lipoptena cervi L., Hirschlausfliege

Die Vulgärbezeichnung hat sich allgemein eingebürgert, obwohl diese Art durchaus nicht stenophag ist. Sie kann alle größeren Säugetiere unserer Wälder befallen, kommt aber vornehmlich bei Wiederkäuern vor; die Säugergruppe der Carnivora entledigt sich nur leichter dieses Parasiten [DYK, 1956; POVOLNÝ, 1957]. Als «Irrläufer» vorkommend bei Fuchs, Dachs und Schwarzwild [BOUVIER, 1956].

Kennzeichen und Ökologie: Imago (Abb. 835/836) etwa bis 5 mm, horniglederartig, mit flachgedrücktem Habitus. – Thorax oben bräunlich, Hinterleib dunkler braun. – Flügel etwas gelblich, mit bräunlichen Adern, leicht an präformierter Stelle abbrechend. – Geflügelte Exemplare besonders gern zum Herbst hin (vielfach in Laubholzbeständen) den Menschen anfliegend, meist sich nur bei ihm anklammernd. In wildreichen Gegenden sollen Jäger aber auch von Lausfliegen gestochen worden sein, wobei die Tiere in wenigen Minuten mit Blut vollgesogen sind (EICHLER, 1939). – Nach erfolgtem Beflug des Wirtstieres werden die Flügel abgeworfen; es bleiben nur gezackte Stummel übrig. Auf erlegtem Rot-, Reh- und Damwild oftmals ♀♀ in beträchtlicher Besatzdichte vorhanden. – Die samenkornähnlichen, glänzend-schwarzen Puparien (3 mm) liegen nach Abgabe seitens des viviparen Weibchens (Abb. 837) zwischen den Haaren auf der Decke des Wirtstieres und fallen im «Bett» des Wildes leicht ab, da sie nicht festkleben. Daher treten die Tönnchen (Abb. 838) gelegentlich in Streu- oder Bodenproben aus Waldbeständen auf. – Das Puparium wird übrigens von der schlüpfenden Imago durch Absprengen einer sogenannten apikalen Pelotte eröffnet.

Weitere Vertreter: *Ornithomyia avicularia* L. bei zahlreichen Vogelarten (auch auf Fasan); *O. fringillina* CURT., besonders bei Finkenvögeln; hierher auch: *Stenepteryx hirundinis* L. bei Schwalben, auch Haussperling; *Hippobosca equina* L. (Pferdelausfliege; auf Pferden, auch auf Hunden); *Melophagus ovinus* L. (Schaflausfliege, fälschlich «Schafzecke» genannt, weil ohne Flügel bzw. Flügelstummel; auf Schafen); *Melophagus rupicaprinus* RONDANI (gewöhnlicher Parasit der Gemse, seltener des Steinbocks; nicht häufig und in geringerer Dichte auf seinem Wirtstier).

Tachinoidea

Sarcophagidae, Aas- oder Fleischfliegen
Calliphoridae, Schmeißfliegen

Tachinidae, Raupenfliegen

Diese fast in jedem Biotop auftauchenden Angehörigen der Aas, Schmeiß- und Fleischfliegen stellt man den durchweg entomophagen Raupenfliegen gegenüber.

Imagines

Sarcophaga carnaria L. ist der Typ der Familie der Sarcophagidae, bei der charakteristisch ist die Färbung des schachbrettartig hell und dunkel schimmernden Abdomens (Farbtafel 16, Abb. 111).

Demgegenüber gehören zu den Calliphoriden Fliegen von oft goldgrüner oder blauer Färbung (Farbtafel 16, Abb. 104/105). Bekannt ist besonders *Calliphora*, als «großer Brummer» oder «blauer Brummer» vielfach bezeichnet. – Eine Unterscheidung der zahlreichen Arten ist nur durch spezielle systematische Studien möglich.

Larven

Das Ansprechen dieser Metamorphosestadien ist auch nicht immer leicht. Die meisten Larven sind am Vorderende zugespitzt und hinten verhältnismäßig breit und abgestutzt. Als Anhaltspunkte mögen allenfalls genannt werden:

Sacrophagidae (Abb. 839/841, 843, 845): Abdominalende zumeist mit tiefer Hinterstigmengrube; die Umrandung, in der die Hinterstigmen-Schlitze liegen, meistens an einer Stelle unterbrochen. Obere Flügel des Basalstückes am Schlundgerüst gespalten (jedenfalls bei Altlarven).

Calliphoridae (Abb. 842, 844, 846): Abdominalende ohne oder höchstens mit flacher Hinterstigmengrube; die Umrandung, in der die Hinterstigmen-Schlitze liegen, zumeist geschlossen (Hinterstigma hat die «Gestalt eines Siegelringes» [HENNIG, 1952]). Obere Flügel des Basalstückes am Cephalopharyngealskelett nicht gespalten.

In allen Fällen sind aber diese Differentialmerkmale nicht zuverlässig.

Lebensweise

Die Sarcophagiden-Larven sind ausgesprochen saprophag und werden nur gelegentlich als echte Parasiten beobachtet (u. a. in den Eikokons der Spinnen oder in Lepidopterenraupen). – Ähnlich verhalten sich die Calliphoriden, deren Larven vorwiegend Aas- und Exkrementenfresser sind; nur einige Arten treten gerade im Edaphon der Waldbestände als Parasiten in Lumbriciden und in Mollusken auf und wenige Arten sind in anderen Biotopen obligatorisch subkutane Endoparasiten bei jungen Vögeln (*Trypocalliphora* PEUS, «Vogelhautfliegen» [vgl. PEUS, 1960]). Neben diesen Endoparasiten finden wir auch den larvalen Ektoparasitismus, die im Larvenstadium seltene Erscheinung des temporären Blutsaugens, vertreten. In der heimischen Fauna haben lediglich *Protocalliphora*-Arten («Vogelblutfliegen») diese Ernährungsweise aufgenommen; ihre Larven kommen ebenfalls nur in Vogelnestern vor. Ganze Bruten können durch diese ornithoparasitischen Larvenformen, die unter den Flügeln der Jungvögel wie Blutegel saugen und sich dann wieder im Nestmaterial verbergen, gefährdet sein.

Biologisch interessant und deshalb nicht zu übergehen ist, daß die Larven (etwa von *Calliphora vicina* ROB.-DES.) außerordentlich schnell heranwachsen können, wenn die Eier an zusagendes Substrat gelegt wurden (vgl. dazu auch die Erscheinung der «fakultativen Viviparie», s. Seite 444); die Larven erreichen nach 24 Stunden das 200fache ihres Anfangsgewichtes und können sich unter günstigen Bedingungen schon eine Woche nach der Eiablage verpuppen (Abb. 851/852). – *Sarcophaga*-Arten sind, soweit bekannt geworden ist, ovovivipar; die jungen Larven entschlüpfen der Eihülle im Augenblick der Ablage oder kurz vorher. Ein trächtiges Weibchen bringt auf einmal im

Durchschnitt 20–40 Lärvchen zur Welt; ein einziges Weibchen von gewissen *Sarcophaga*-Arten soll bis 15 000 Larven insgesamt hervorbringen können [MESNIL im LINDNER, 1944]). – Arten aus der Familie der Calliphoridae gehören zu den «fakultativen Myiasis-Erregern»; unter «Myiasis» wird der stationäre Befall von Menschen (oder von Wirbeltieren) mit Fliegenlarven und die dadurch hervorgerufenen Störungen am lebenden Körper bezeichnet [KRÜMMEL u. BRAUNS, 1956]. Die Calliphoriden-Weibchen fliegen besonders gern Wunden beim Menschen an. Eine Art, *Lucilia bufonivora* MON., ist bekannt dafür, daß sie lebende Kröten (anscheinend auch Feuersalamander) mit ihren Eiern infiziert. Die Larven dringen aus den an den verschiedensten Körperstellen abgelegten Eiern durch die Nasenöffnungen in den Wirt ein, fressen erst die Nasenhöhle, die Augen, dann das Gehirn aus. «Wohl unter Mitwirkung eines fermentierenden Sekrets der Speicheldrüsen der Larven zerfällt der Kadaver rasch zu einer geruchslosen Jauche, in welcher die Larven schnell heranwachsen. Es findet also offenbar eine Vorverdauung durch jenes Sekret statt.» LINDNER [1943] sieht in diesem Fall von Wundschmarotzertum schon eine radikale Form des Raubes, die auch als echter Fall von Parasitismus gelten kann.

Aas-, Fleisch- und Schmeißfliegen treten in unverhältnismäßig kurzer Zeit bei kleineren Wirbeltierleichen oder bei Fallwild auf. Es ist daher nicht verwunderlich, daß sie auch bei Pflanzen, die einen Aasgeruch verbreiten, sich als «Gäste» einstellen. So können wir am Stinkmorchel (*Ityphallus impudicus* [L.] FR.) zahlreiche Zweiflüglerarten, besonders gern Calliphoriden beobachten, die den vom Hut abtropfenden grünlichen Schleim absaugen (Farbtafel 16); in dem Schleim befinden sich die Sporen, die durch die Tätigkeit der «Aasinsekten» verbreitet werden.

Tachinidae (Larvaevoridae), Raupenfliegen

Die systematische Klassifikation und Abgrenzung den übrigen Familien gegenüber ist immer wieder Gegenstand eingehender Erörterungen gewesen. Gewisse Schwierigkeiten machen offensichtlich allen Bearbeitern die Rhinophorinen, die bald dieser, bald jener Gruppe zugeordnet wurden, teils auch als eigene Familie rangierten. Die Rhinophorinen-Larven leben parasitisch in Asseln, Spinnen-Eiern, Mollusken und als Entomophagen in Coleopteren. HENNIG [1952] stellt sie zunächst zu den Calliphoriden, betont aber, daß die Lösung dieser Frage nach den wirklichen Verwandtschaftsbeziehungen zu den wichtigsten Zukunftsaufgaben der Calliphoriden-Systematik gehört. Da es sich bei den Rhinophorinae (meist schwarze Fliegen mit des öfteren mehr oder weniger geschwärzten Flügeln) um eine verhältnismäßig kleine Gruppe handelt, die zudem forstlich anscheinend eine untergeordnete Rolle spielt, sei sie hier nicht des näheren berücksichtigt. – Da sich aber andererseits auch zeigt, daß die Determination der Familienangehörigen selbst dem Spezialisten nicht immer leicht fällt, sei vornehmlich die Bionomie in den Vordergrund gerückt, denn in dieser Hinsicht lassen sich durchaus lohnende Beobachtungen machen. Im Imaginalstadium (Abb. 863) sind es zumeist Fliegen von verschiedener Größe mit in der Regel langen, starren und schwarzen Borsten

(Makrochaeten; daher *Echinomyia fera* L. als «Igelfliege» bezeichnet); beim schnellen Ansprechen werden die Raupenfliegen nicht selten mit Musciden verwechselt (Farbtafel 16, Abb. 106). – Dem Abschnitt über die Lebensweise sei lediglich vorweggenommen, daß alle Tachinidae in der hier gegebenen Unterfamilien-Zusammensetzung Insektenparasiten sind [*Echinomyia* heute = *Tachina*].

Larven

Eine für die gesamten Familienangehörigen gültige Kennzeichnung des aktiven Metamorphosestadiums ist nicht möglich, vor allem weil bei weitem noch nicht alle Larvenformen bekannt geworden sind. Im 3. Stadium, das möglichst zur Vermeidung von Fehldiagnosen sowieso zur Untersuchung gelangen muß, hat die Tachinidenlarve den charakteristischen Habitus einer Cyclorrhaphenmade, ist also mehrminder walzenförmig, am Vorderende sich zumeist weit mehr verjüngend als nach hinten zu. Die Hinterleibsringe vielfach mit Quer- und Seitenwülsten (Kriechschwielen) besetzt. Das Hinterende ist zumeist deutlich abgestutzt, besitzt aber keinen Papillenkranz wie etwa die Calliphoridenlarven. Die Form der abdominalen Stigmenöffnungen kann hier wieder recht unterschiedlich sein, so lassen sich u. a. schlitzförmige (*Phorocera* [syn. *Parasetigena*]), aufgeknäulte (*Ernestia* [syn. *Panzeria*]) oder auf röhrenförmigen Fortsätzen gelegene Atemöffnungen (Spirakula) auffinden. Desgleichen zeigen die Vorderstigmen nicht selten eine recht verschiedene Ausbildung, die sich jedoch auch bei den einzelnen, aufeinanderfolgenden Larvenstadien abändern kann. – Wie in anderen Familien zeigen dann aber die einzelnen Larvenstadien in der Ausbildungsform des Schlundgerüstes, wenigstens bei den Angehörigen der UF Tachininae, wesentliche Differentialmerkmale (Abb. 865). So ist im ersten Larvenstadium nur ein unpaarer, oft verschieden gestalteter Mittelzahn vorhanden, der mit den seitlichen Pharyngealplatten fest verbunden ist. Bei den Einhäutern finden wir dagegen paarige, sichelförmige Mundhaken, die an die Pharyngealplatten durch ein Gelenk anschließen. Bei den Zweihäutern ist zwischen den paarigen Mundhaken und den Vertikalplatten ein Schaltstück vorhanden, das nach beiden Richtungen, nach vorn und hinten, die gelenkige Verbindung sichert, so daß die Mundhaken damit beweglicher geworden sind als selbst bei den Einhäutern. – Die jungen Larven verfügen endlich oftmals noch über weitere spezielle Verschiedenheiten, die als besondere Anpassungserscheinungen an die Lebensweise gedeutet werden. Junge Dexiinae-Larven, die ihr Wirtstier aktiv aufsuchen müssen, besitzen am Hinterende lange Fortsätze und schnellen sich damit fort oder Junglarven von *Ernestia rudis* FALL. (Tachininae) beispielsweise besitzen breite dunkle Platten auf den Körpersegmenten, so daß die Larven gewisse Zeit gegen zu schnelles Austrocknen geschützt sind; nach dem Einbohren in den Wirt oder spätestens nach der ersten Häutung verschwinden diese Plättchen.

Puparien

Die Tachinidenlarven verlassen zur Verpuppung das Wirtstier und verursachen dadurch charakteristische Beschädigungen, die bei Prognoseuntersuchungen anläßlich der Großkalamitäten von besonderer Bedeutung sind. In Abb. 858/862 ist neben den Schlüpfweisen der Tenthredinide *Diprion pini* L. selbst, der Ichneumoniden und der Chalcididen, neben der häufigen Fraßbeschädigung durch einen Räuber aus der Coleopterenfamilie der Elateridae die Ausbohrweise der häufig bei der Kiefernbuschhornblattwespe parasitierenden Tachinen-Art *Sturmia inconspicua* MEIG (Exoristinae) gezeigt (Abb. 861). Oder als Beispiel für die morphologische Kennzeichnung eines Tachinen-Tönnchens sei das Puparium von *Ernestia rudis* L. (Abb. 864) dargestellt, des wichtigsten Parasiten der Kiefern- oder Forleule (*Panolis flammea* SCHIFF.; Noct.). Auch hier verläßt die Raupenfliegenlarve die tote Forleulenraupe und verpuppt sich in den Bodenschichten. Die Tönnchen bei der Eulentachine variieren je nach Ernährung zwischen ungefähr 5 und 11 mm; zumeist beträgt die Körperlänge etwa 9–10 mm. Die Oberfläche ist stark glänzend, rotbraun bis schwarzbraun. Vorderstigmen als körnige Höcker hervortretend. – Insgesamt zeigen die ei- bis tonnenförmigen Tachinen-Puparien gegenüber anderen Fliegen-Tönnchen keine Besonderheiten. Allenfalls mit ähnlich gestalteten Blatt- und Schlupfwespenkokons, die gleichfalls in den Streu- und Bodenschichten auftreten, können Tachinen-Puparien verwechselt werden; doch wesentliches Unterscheidungsmerkmal ist stets das Vorkommen deutlicher Segmentgrenzen an den Dipteren-Tönnchen. Am Hinterrand des 4. Segmentes finden sich winzige, paarige Warzen vor, die als «Pseudostigmen» bezeichnet worden sind.

Systematik

Im folgenden sei den Ausführungen über die interessanten biologischen Verhältnisse die Einteilung in Unterfamilien vorangestellt. Nach Ausscheiden der Sarcophagidae, Calliphoridae (s. Seite 448), Rhinophoridae (s. Seite 450) und der Dasselfliegen-Gruppen (s. Seite 461), die andernorts eingereiht sind, bleiben an sich fünf Unterfamilien übrig, von denen aber auch die **Salmaciinae** und die **Phorocerinae** benannt, aber nur im biologischen Teil gelegentlich berücksichtigt werden sollen. – [Salmaciinae u. Phorocerinae heute = Exoristinae].

a) Tachininae (Larvaevorinae): enthält die Hauptschmarotzer der forstlichen Großschädlinge und überhaupt das Hauptkontingent der gesamten Familie der Tachinidae. – Die Tachininae sind als Larven Endoparasiten von Insektenlarven, vor allem von Schmetterlingsraupen (einige wenige sind Parasiten bei den Lepidopteren-Imagines), dann von Dermapteren, Tenthrediniden (Hym.), Coleopteren und anderen Dipteren.

b) Dexiinae: oft langbeinige Formen; einige Arten aber auch wieder den Tachininae im Habitus sehr nahe. – Neben ausgesprochenen Käferspezialisten (u. a. parasitierend in Engerlingen von *Melolontha*, *Polyphylla* oder *Rhizo-*

trogus [Scarab.], *Saperda populnea* F. [Ceramb.] oder *Melasoma* spec. [Chrysomel.]) finden sich in dieser UF auch Parasiten von Lepidopterenraupen (u. a. Sesiidae, Thaumetopoeidae) und von Beerenwanzen.

c) **Phasiinae:** im Habitus meist durch ein flachgedrücktes Abdomen ausgezeichnet (*Phasia* spec.), doch kugelrunde Formen auch vorkommend (*Gymnosoma* spec.) oder schlanke Formen (etwa *Cylindromyia* spec.). Neben bunt gefärbten Angehörigen manche Arten glänzend schwarz, teils mit gelben und roten, bisweilen violetten Farbtönen. – Die Larven leben parasitisch in Imagines von Pentatomiden (Heteropt.; häufigster Parasit: *Gymnosoma (Rhodogyne) rotundata* L.), gelegentlich auch in Käfern (etwa *Besseria (Rondania) dimidiata* Zett. in erwachsenen Tieren von *Brachyderes incanus* L. [Curculion.; Col.]).

Bionomie
Vorkommen im Lebensraum

Die Imagines der Tachinidae sind zumeist ausgesprochen heliophil. Vor allem ist dies morgens am Waldesrande zu beobachten, wenn die Sonnenstrahlen hier die Gebüsche treffen; dann lassen sich sofort viele Arten auffinden. Gern fliegen sie auch in der Nähe von Gebüsch im Windschatten; schon eine leichte Brise kann die Tiere aber hindern, ihre Ruheplätze aufzugeben. Nicht alle Raupenfliegen sind Tagtiere; Parasiten bei Scarabaeiden (Imagines) suchen ihre Wirtstiere während der Dämmerung oder später auf. – Für das Beobachten der Tachinen im Biotop ist weiterhin wesentlich, daß fast alle Arten als Imagines ein lebhaftes Nahrungsbedürfnis haben. Entweder trifft man sie auf Blüten oder auf Blättern mit Honigtau an. Im Frühjahr nehmen sie den Pollen der Weidenkätzchen, während des Sommers sitzen sie gern auf Umbelliferen (u. a. *Heracleum* [Bärenklau], *Daucus* [Möhre]), im Herbst sind es wiederum andere Pflanzenarten, die mit Vorliebe aufgesucht werden. MESNIL [1944] weist auf das eigenartige Verhalten der kleinen, schwarzen *Staurochaeta albocingulata* FALL. hin, die im Juni von Wacholdergebüsch zu Wacholdergebüsch fliegt und damit ein Beispiel dafür gibt, welche Anziehungskraft manche ganz bestimmten Pflanzen auf die Tiere ausüben. – Wir kennen andererseits bestimmte Gewohnheiten der Tachinen, wobei noch Eigenarten des Fluges hinzukommen, so daß daraus schon mit großer Sicherheit auf Artzugehörigkeit geschlossen werden kann. So sitzen von Tachininen *Athrycia*-Exemplare ziemlich fest in Kräutern und niederen Pflanzen, die Arten von *Tachina*, *Servillea* sind dagegen scheu, fliegen sofort auf und biegen seitwärts aus. Die Dexiine *Microphthalma* sitzt mit Vorliebe auf schwach besonnten Blättern, fliegt schnell auf, setzt sich dann aber wieder auf die gleiche Stelle. Die *Carcelia*-Arten (Goniinae) sind wie die Syrphiden Schwirrflieger und die großen Phasiinen lieben es, in praller Sonne auf Umbelliferen zu sitzen, während bei den kleineren Arten die ♂♂ unter Mittag im Baumschatten Tänze aufführen, wobei die Tiere auf- und absteigen, plötzlich seitwärts schwenken usw.

Eiablage

Es hat sich gezeigt, daß der Reifungsvorgang der Eier im weiblichen Tier bei einigen Arten erst nach dem Zusammentreffen der Geschlechter einsetzt und die Ausreifung dann bei einer Vorzugstemperatur immerhin fast 2 Wochen in Anspruch nimmt, während bei anderen Arten das Finden der Geschlechter nur wenige Tage später die Eiablage auslöst. Bei dem Forleulenparasit *Ernestia rudis* FALL. vergeht nach dem Zusammentreffen der Geschlechter bei gewöhnlicher Sommertemperatur ein Zeitraum von $2^1/_2$ Dekaden bis zur Eiablage, weil diese Tiere ovovivipar sind und deshalb die inneren Höhlungen z. T. erst zu einem «Brutraum» umgebildet werden müssen; allein durch schneckenhausartige Aufwindungen dieser «Brutkammer» in dem an sich kurzen Hinterleib können die Eier mit ausgebildeten Larven im Innern im weiblichen Organismus untergebracht werden (Abb. 866/867, vgl. auch Abb. 868/869). Temperatureinflüsse sind dabei von geringerer Wirkung als bei den anfangs genannten Arten.

Infektionstypen und Eiproduktion

ESCHERICH [1942] unterscheidet noch 5 verschiedene biologische Gruppen, begründet hauptsächlich auf der Infektionsart. Vielleicht genügt aber die Aufteilung der Infektionsformen nach folgender Klassifikation:

A) Die Eiablage erfolgt auf die Körperoberfläche des Wirts oder in die Nähe des Opfers.

Bei der Deponierung des Eies auf der Haut oder bei Befestigung des Eies an den Haaren des Wirtstieres wird eine bestimmte Körperregion nicht bevorzugt. Die weißen, ovalen Eier lassen sich dann in nicht übermäßiger Anzahl auf der Körperoberfläche eines einzelnen Wirtstieres beobachten. Freilich hat diese Infektionsart einen wesentlichen Nachteil; es kommt vor, daß eine mit Tachinen-Eiern belegte («tachinierte») Raupe vor dem Schlüpfen der Larven mit der Exuvie die Eier abstreift und damit nicht «tachinös» wird; in den meisten Fällen gelingt es den Tachinenlärvchen aber vorher, die Haut des Opfers zu durchbohren und in das Körperinnere zu gelangen. – Auffällig ist, daß zumeist nur ältere Raupenstadien tachiniert werden; dabei gibt es durchaus eine Vielfachbelegung, denn gelegentlich findet sogar eine erneute Eiablage auf bereits tachinöse Raupen statt. Doch selbst ein Teil der rechtzeitig geschlüpften Raupenfliegen-Larven gelangt bisweilen nicht in das Wirtsinnere, vor allem dann nicht, wenn das Ei an einer stark chitinisierten Stelle, etwa auf die Kopfkapsel, abgelegt wird. Sind Vollkerfe die Wirtstiere, so werden die Eier vom Parasiten teils auf dem weichhäutigen Hinterleib im Moment des Abfliegens abgelegt, teils unter die Flügel geschoben (etwa bei den Schildwanzen). – Zu dieser gesamten Untergruppe gehören u. a. die Raupenparasiten *Phorocera* und *Tachina*, um nur 2 Gattungen zu benennen.

Noch schwerer als bei dem bisher geschilderten Eiablagetyp ist der Verlust an Eiern, wenn die Eiablage in der Nähe des Wirtes, vornehmlich an der Fraßpflanze, erfolgt. So sucht u. a. die Forleulen-Tachine *Ernestia rudis* FALL. die Fraßplätze ihres Wirtstieres auf und heftet die vollentwickelten Eier an die Nadeln. Da viele Metamorphosestadien beim Kriechen einen Faden hinterlassen, auf dem sie den Rückweg wieder antreten, werden vorwiegend in der Nähe solcher Gespinstbahnen von dem Tachinen-Weibchen die Eier abgelegt. Die Fliegenlarven schlüpfen sofort nach der Eiablage aus, die Eihülle schiebt sich zusammen, so daß das Lärvchen mit dem Hinterende wie in einem Becher sitzt (Abb. 871/872). Sobald sich ein Wirtstier nähert, wird die halb aufgerichtete Wartestellung aufgegeben, die Parasitenlarve führt mit dem Vorderende kreisförmige Schwingungen («pendelnde Suchbewegungen») aus, wobei zusätzlich Speichelflüssigkeit aus dem Munde hervortritt. Wird ein Opfer berührt, klebt die Tachinen-Larve an diesem fest und wird aus dem Becher losgelöst. Zumeist bohrt sich die Parasitenlarve schnellstens ein; der Vorgang des Einbohrens nimmt höchstens nur 3–4 Minuten in Anspruch, während bei dem zuerst geschilderten Eiablagetypus die jungen Tachinenlarven oftmals 3–4 Stunden zum Einbohren benötigen. Kommen bei den Tachinenlarven «mit Wartezeit» keine Raupen, Afterraupen oder andere Wirtstiere vorbei, sterben die wartenden Larven nach einiger Zeit ab (je nach der Außentemperatur früher oder später). Die Wartezeit ist also die außerordentlich kritische Periode im Leben dieser Tachinen. Infolgedessen ist bei den hierher gehörigen Formen die Eizahl verhältnismäßig hoch, um die beträchtlichen Verluste auszugleichen. – Als Besonderheit dieser «Wegelagerer»-Larventypen ist erwähnenswert, daß ihre Körperhaut Dornen trägt, die zu Platten verbreitert sind (vgl. Seite 457). Den zumeist weißen Larven anderer Tachinenarten gegenüber erscheinen die «Wartelarven» grau oder schwärzlich.

Schließlich müssen einige Tachinenarten ihre Brut in der Nähe des Wirtstieres absetzen, weil sie dieses seiner verborgenen Lebensweise wegen gar nicht oder nur schwer erreichen können. So werden die Parasitenlarven von Engerlingen, Bock- oder Borkenkäferlarven am Boden oder im Baummulm abgelegt, von wo aus sie dann aktiv ihre Wirtstiere aufsuchen; zur Fortbewegung sind manche hierher gehörenden Larven mit Stützborsten an langen abdominalen Stigmenträgern ausgerüstet. – Zu dieser Gruppe können u. a. vivipare Dexien gerechnet werden.

B) Die Eiablage erfolgt auf die Fraßpflanze des Wirtes oder wird diesem während seiner Fraßtätigkeit zwischen die Mundteile geschoben; die Tachinenlarve schlüpft im Darm des Wirtstieres.

Diese Infektionsform hat der Japaner SASAKI entdeckt. Die Tachinen-Weibchen legen äußerst winzige Eier an die Fraßpflanzen ihrer Wirtstiere, vor allem an frisch befressene Blattränder. GÄBLER [1952] gibt an, daß die Parasiteneier nur $1/40$ der Größe von gewöhnlichen Fliegeneiern und ca. $1/6$–$1/8$ der Größe der gefressenen Blattstücke betragen. Zusätzlich ist die Eihaut oberseits stark verdickt. Im Darm etwa der phyllophagen Raupe schlüpfen dann die Parasitenlarven und durchbohren die Darmwand. Im Wirtsdarm quillt zuvor das Ei, die dünnwandige Unterseite wölbt sich hervor und kann hier von der Eilarve durchbrochen werden. – Andere Arten legen ihre Eier auf die Blattunterseite, wo sie gegen Sonnenbestrahlung oder Feuchtigkeitseinwirkungen mehr oder weniger geschützt sind. – In beiden Fällen werden die Eier rein zufällig gefressen. Das ist anders bei der Eiablage der Phasiine *Rondania dimidiata* MEIG., die das Gefressenwerden der Eier dadurch sicherstellt, indem das Weibchen mit Hilfe seiner stark verlängerten Legeröhre seine Eier dem fressenden Kiefernnadel-Rüsselkäfer (*Brachyderes incanus* L., Curculion.; Col.) zwischen die Mundteile schiebt [DE FLUITER u. BLIJDORP, 1935; vgl. Seite 267]. – Die Fruchtbarkeit dieser biologischen Gruppe ist gleichfalls groß, weil der Abgang von abgelegten Eiern, deren Larven nicht zur weiteren Entwicklung kommen, beträchtlich ist. Größtenteils gehören hierher Schmarotzer von behaarten oder dornigen Raupen; Vertreter der Gattungen *Zenillia*, *Sturmia* und *Salmacia (Gonia)*, sämtlich Exoristinae, wären hier zu nennen.

C) Die Eiablage erfolgt mittels eines besonderen Legeapparates in das Wirtsinnere.

Diese Methode der Infektionsform kommt des öfteren bei der Parasitierung von Vollinsekten vor (etwa bei Wanzen und Käfern Angehörige der Phasiinae), ist aber auch bekannt von Raupenparasiten (z. B. von der Exoristine *Compsilura concinnata* MEIG.). – Die Legemechanismen sind oftmals komplizierterer Art; so finden wir gerade bei der polyphagen Phorocerine einen Legedorn und als Hilfsorgan zum Festhalten des Opfers stark bezahnte Platten auf der Ventralseite des Bauches (Abb. 875). – Die Fruchtbarkeit bei dieser letzten Gruppe ist gering; durch die Unterbringung des Eies in das Wirtsinnere ist für die Weiterentwicklung der Brut in erhöhtem Maße Sorge getragen. Hier zeigt sich, je sicherer der Infektionsweg ist, desto geringer kann auch die Eiproduktion sein.

Entwicklung des entomophagen Larvalstadiums

Im allgemeinen kann sich der Körper eines Wirtstieres nicht gegen die Parasitenlarven wehren. Es ist freilich gelegentlich beobachtet worden, daß durch eine wundschorfartige Bildung Raupenfliegenlarven vom Wirt abgekapselt wurden, aber diese Erscheinung ist ein Ausnahmefall. In der Regel sind tachinöse Wirtstiere ausgesprochene Todeskandidaten. – Die Entwicklung des entomophagen Larvenstadiums im Wirt schlägt nunmehr ganz eigenartige Wege ein in bezug auf die Versorgung der Parasitenlarve mit Sauerstoff, mit Nahrung usf.

Atmung

In diesem Funktionskreis lassen sich 3 verschiedene **Formen des Larvenlebens** unterscheiden:

1. Nur selten schweift der Parasit im Wirtsinnern während der gesamten
   Larvenzeit umher, ohne direkt mit der Außenluft die Verbindung aufzunehmen. Der für alle Lebensfunktionen notwendige Sauerstoff wird also
   dem Blut des Wirtes entnommen. – Diese Art der Sauerstoffversorgung ist
   weniger für die eigentlichen Raupenfliegen (Tachinidae), als vielmehr für
   Sarcophagiden-Larven, soweit sie als entomophage Schmarotzer auftreten,
   charakteristisch.

2. Bei anderen Arten bleibt das erste Larvenstadium im Wirtskörper ebenfalls
   ohne Verbindung mit der Außenluft. Als Einhäuter aber durchbohrt die
   Larve die Haut des Wirtes (Abb. 870) oder die Wandung eines größeren
   Tracheenstammes (dabei häufig in der Nähe eines Stigmas). Wahrscheinlich
   wird dieses sekundäre Atemloch sehr oft mittels der Mundwerkzeuge
   gefertigt. Durch das Loch vermag die Larve mit ihren abdominalen
   Stigmenöffnungen aus der atmosphärischen Luft den Sauerstoff zu ent-
   nehmen. Von dem Atemloch ausgehend bildet sich um das Larven-
   Hinterende ein komplizierter, wundschorfartiger, dunkelbraun gefärbter
   Chitin-Trichter.

3. Eine gleiche Trichterbildung (Abb. 873) findet sich auch bei der letzten
   Kategorie, doch setzt die Entstehung sogleich im Anschluß an das
   Einbohren ein, direkt am Einbohrloch. An der Körperhaut des Wirtstieres,
   also am Trichtergrunde, ist die Trichtersubstanz dunkelbraun, fast schwarz
   und von sehr fester Konsistenz; am Ende (dem Wirtsinnern zu gerichtet)
   geht der Trichter in einen durchsichtigen Schlauch (auch «Sack» genannt
   [Abb. 874]) über. Das ganze Gebilde vergrößert sich während der larvalen
   Entwicklung des Parasiten, der sich während dieser Zeit häutet und sich
   sogar in den Trichter oder Sack fast völlig zurückziehen kann; meistens
   ragen aber die ersten Segmente aus ihm heraus.

Ernährungsbiologie

Die ersten Larvenstadien des Parasiten ernähren sich im Wirtskörper nur
von nicht lebenswichtigen Substanzen oder Organen, etwa von Blut oder vom
Fettkörper. Erst nach Erreichung des letzten Stadiums werden die Tachinenlarven gefräßiger und zerstören nun sämtliche inneren Organe des Wirtes, den
Darm dabei bisweilen bis zuletzt verschonend. Da die Parasitenlarven keine
eigentlichen Kau-Mundteile besitzen, sondern sie Speicheldrüsen-Säfte ab, die
die Wirtsorgane verflüssigen, so daß diese «Nährflüssigkeit» dann leicht
eingeschlürft werden kann. Schließlich besteht die ganze tachinöse Raupe nur
noch aus einer Außenhaut, die mit einer bräunlichen Flüssigkeit angefüllt ist.
Dabei handelt es sich nicht um einen Fäulnisvorgang, denn die «Brühe» hat
durchaus keinen fauligen Geruch.

Entwicklungsdauer

Zumeist dauert die Larvenentwicklung 2–3 Wochen. Nur ganz wenige Arten vermögen sich noch schneller zu entwickeln. Überwintert der Wirt oder werden bei ihm Diapause-Zeiten eingeschaltet, so setzt auch bei der Parasitenlarve die Entwicklung vorübergehend aus.

Verpuppung und Schlüpfen

Anfangs war schon gesagt worden, daß sich die Tachinenlarven aus dem Wirtskörper ausbohren, um sich in den Streu- und Bodenschichten zu verpuppen. Dabei wird der als Larve tachinierte Wirt auch meistens als Larve getötet. Es gibt allerdings auch Raupenfliegen-Arten, die den Wirt noch in das pupale Stadium übergehen lassen und sich dann erst ausbohren. Wenige Fälle sind beobachtet worden, wo das Ausbohren sogar bis zur Entwicklung der Wirts-Imago verschoben wird. Mit den Mundhaken reißt die Parasitenlarve an einer sehr dünnen Stelle die Haut des Wirtes zum Ausbohren auf; bei den Puppen werden dazu gern die Intersegmentalhäute genommen. Selten verläßt die Tachinenlarve den Wirt durch dessen Analöffnung oder durch ihr Atemloch. – Erwähnenswert sind die besonderen Erscheinungen, die nach GÄBLER [1952] bei den beiden Buschhornblattwespen-Tachinen *Ceromasia inclusia* HTG. und *Diplostichus janithrix* HTG. beobachtet wurden. «Bei Befall durch die erstere spinnt der Wirt den Kokon am Kopfende dünner als normal und erleichtert somit seinem Feind das Schlüpfen. *Diplostichus*-infizierte Tiere schneiden am Kopfende des Kokons einen Deckel ab, der nur durch schwaches Gespinst befestigt ist». – Beim Schlüpfen wird mittels der Kopfblase (Ptilinum) der Tachinen-Imago der Vorderteil des Tönnchens in 2 gleichartigen Teilstücken abgesprengt.

Generationsverhältnisse und Befallsgrad

Wenn auch viele Tachinenarten eine einjährige Generation haben, wobei zumeist das pupale Stadium überwintert, so sind doch die diesbezüglichen Verhältnisse nicht einheitlich. Bisweilen überdauert die Larve die ungünstige Jahreszeit, verschiedentlich kommt eine doppelte Generation vor, ja sogar 3 und mehr Generationen im Jahr lassen sich bei einigen Arten feststellen. – Fast durchweg herrscht bei den Tachinidae eine ausgesprochene Polyphagie vor. Monophage Arten sind verhältnismäßig selten. Aber selbst unter jenen Raupenfliegen, die mehrere Wirtstierarten mit Eiern belegen, können wir viele benennen, die offensichtlich einen Wirt bevorzugt tachinieren. So sind die Tachinine *Ernestia rudis* FALL. für die Forleule *Panolis flammea* SCHIFF. (Noct.; Lep.) oder die Exoristine Phorocera agilis ROB.-DESV. [syn. *Parasetigena silvestris* ROB.-DESV.] für die Nonne Lymantria monacha L. (Lymantr.; Lep.) die jeweiligen, typischen Parasiten. – Gerade bei diesen, eben aufgeführten Tachinen kommt fast stets nur eine Larve im Wirt zur Entwicklung. Hat eine Mehrfachbelegung mit Eiern stattgefunden, wobei sich anfangs die Parasitenlarven noch einbohren, sterben die überzähligen im weiteren Verlaufe der Entwicklung ab. Bei anderen Tachinenarten ist eine Vielfachinfektion die Regel. Es kommt endlich eine Mischinfektion mit verschiedenen Tachinenarten oder eine solche mit verschiedenen Parasiten-gruppen vor (etwa von Schlupfwespen belegte Raupen werden zusätzlich noch tachiniert). – Schließlich läßt sich sogar ein «Wirtswechsel» feststellen und zwar durchaus nicht selten bei systematisch nicht verwandten Tieren. Die erste Generation der Salmaciine *Phryxe vulgaris* FALL. parasitiert in Frostspanner-Raupen, die zweite dagegen in Spinner- und Eulenraupen.

Gegenspieler der Tachiniden-Larven

Aus der Lebensweise ist ersichtlich, daß die Raupenfliegen während ihrer Entwicklung kritische Perioden zu überstehen haben. Deutlich wurde dies einmal bei den Wegelagerer-Larventypen, bei denen die Wartezeit gefährlich werden kann; zum anderen ist wiederum ein gefahrvoller Weg nach dem Ausbohren aus dem Wirt bis zur Verpuppung. – Außer diesen Verlusten, die teils durch hohe Eizahlen kompensiert werden, außer Mykosen, die gelegent-lich auftreten, sind aber viel wesentlicher als Vernichtungsfaktoren Parasiten bzw. Hyperparasiten und eine ganze Schar von räuberischen Feinden. Das Hauptkontingent zu den Hyperparasiten stellen die Schlupfwespen i. w. S.; neben ihnen kommen im Vertilgerkreis auch andere Dipterenlarven (Bombylii-dae: *Hemipenthes morio* L. und *H. maurus* L.) vor. – Von raptorischen Tieren fällt den Spitzmäusen, Mäusen, dem Dachs und Schwarzwild in der Boden-streu manches Tachinentönnchen zum Opfer; viele Vogelarten und Ameisen suchen die verpuppungsreifen Larven vor Erreichen tieferer Bodenschichten zu vereinnahmen, Fliegenschnäpper und Schwalben fangen auch viele Imagines weg. Unter den räuberischen Insekten sind für die Raupenfliegen besondere Gegenspieler Sphegiden der Gattung *Crabro* L. (die ihre Brut ausschließlich mit Fliegen füttern) [nicht verwechseln mit *Vespa crabro!*]; die Spinnen und Raubfliegen (Asilid.; Dipt.), die die Fliegen oder andere mit Tachinenlarven infizierte Insekten wegfangen; die Elateriden-Larven (bohren sich in Tönnchen ein und fressen sie aus); Carabiden (Larven und Vollkerfe) und Staphyliniden wurden beide als Puparienvernichter beobachtet.

Erkennung tachinösen Befalls im Freilande

Wesentlich ist bei Untersuchungen oder bei Zwingerungen, die etwa der Schulbiologe ansetzt, die frühzeitige Erkennung der Tachinose (s. dazu auch S. 460). Eine Infektion ist ja erst dann eingetreten, wenn die Parasitenlarve aus dem Ei geschlüpft ist und sich in den Wirtskörper eingebohrt hat. Lassen sich keine leeren Eihüllen, auch keine Einbohrlöcher auffinden oder haben wir eine

Art des «Wegelagerer»-Typs vor uns, so ist eine Diagnose nach einer in der Zwischenzeit vielleicht erfolgten Häutung der Wirtsraupe nicht immer mit Sicherheit zu stellen. – In manchen Fällen kann man den dunkel gefärbten Chitin-Trichter bei parasitierten Raupen durch die Haut schimmern sehen; oder aber wenn bei Tachinose allgemeine Verfärbungserscheinungen auftreten, sind diese natürlich auffällig (die gelbe Fleckenkette auf dem Rücken der Weidenspinnerraupe [*Stilpnotia salicis* L.; Lymantr.; Lep.] färbt sich dunkler). Vor allem ist eine Frühdiagnose durchaus schwierig und kann zumeist nur durch eine anatomische Untersuchung erreicht werden. – Sind dagegen die Parasitenlarven bereits im Zweihäuter-Stadium, dann ist die Feststellung einer wahrscheinlich vorliegenden Tachinose erleichtert, da in diesem Zustande die Wirtsraupe eine erhebliche Freßunlust und zugleich eine Hauterschlaffung zeigt, unter Umständen schon eine Verflüssigung der Organe im Wirtsinnern eingesetzt hat.

Wirtschaftliche Bedeutung

Bei manchen Forstschädlingen haben die Schmarotzerfliegen eine ganz beträchtliche, wirtschaftliche Bedeutung. So hat die Kiefereulen-Tachine *Ernestia rudis* Fall. bei Massenvermehrungen ihres Wirtes diesen wiederholt erheblich dezimiert. Bei Kalamitäten anderer Schadinsektenarten sind Tachinen an der Vernichtung nicht selten beteiligt, ohne daß es ihnen gelingt, die Massenvermehrung ihres Wirtes zu beenden.

Gradationsverhältnisse

Jegliche Übervermehrung der Tachinen hat jedoch als Voraussetzung die Massenvermehrung ihrer Wirtstiere [Escherich, 1942]. Nur wo die Schmarotzer ein Überangebot an Brutmöglichkeiten sozusagen vorfinden, können sie selbst die Vermehrungsquote derart erhöhen, daß ihre Gradationskurve bald jene des Schadinsekts überflügelt.

Möglichkeiten biologischer Bekämpfungsmaßnahmen, «Tachinen-Weide» und Parasiten-Reservoire

Vielerorts ist die Zucht von Raupenfliegen und ihre Aussetzung bei katastrophalen Übervermehrungen bestimmter schädigender Wirtsinsektenarten versucht worden. Die Züchtung im großen stößt aber trotz gewisser Erfolge noch immer auf Schwierigkeiten, so daß man andererseits auch die Vergrößerung des Parasitenbestandes durch geeignete Kulturmaßnahmen empfiehlt. Hierzu gehört zunächst die Schaffung einer ergiebigen «Tachinen-Weide», d.h. es muß eine Bodenflora in genügender Vorkommensdichte vorhanden sein, damit die Imagines ihrer Nahrung nachgehen können (siehe dazu auch Franz u. Krieg, 1982). Noch wesentlicher erscheint vielleicht, durch Begründung von Mischwald, für einen höheren «eisernen Bestand» an polyphagen Tachinenarten zu sorgen. In Mischbeständen ist naturgemäß eine artenreichere Insektenfauna aufzufinden, in der sich die Schmarotzerfliegen entwickeln können. Setzt eine Übervermehrung eines Schadinsekts ein, so kommen jetzt schon viel mehr Parasiten vor als etwa in einer Nadelholz-Monokultur, da einmal für die Schmarotzer ein Parasiten-Reservoire und zum anderen auch Zwischenwirte in größerer Anzahl zur Verfügung stehen. Auf landwirtschaftlichen Nutzungsflächen sind aus den gleichen Gründen eine Unterbrechung der Felder und dgl. durch Hecken oder abwechslungsreich bewachsene Feldraine günstiger als jegliches Fehlen derartiger Feld-Begrenzungen. [Sachbezogene Literatur: Krieg und Franz, 1989; Röser, 1988].

Chemische Bekämpfungsmaßnahmen und Prognose-Untersuchungen

Sind bei Gradationen wirtschaftlicher Schädlinge chemische, großräumige Bekämpfungsmaßnahmen nicht zu umgehen, ist eine frühzeitige Durchführung (etwa bei der Nonne sofort nach dem Schlüpfen) anzustreben, weil zu dieser Zeit die Tachinen noch als Puparien in den Bodenschichten liegen. – Die Prognose ist daher nicht nur auf die Entwicklung des Schädlings, sondern auch auf Untersuchungen des Gesundheitszustandes der Parasiten auszurichten, weil dadurch aufgefunden wird, ob die Raupenfliegen durch Verpilzung oder Hyperparasitierung in ihrer Vermehrungskraft gehemmt sind oder ob sie als Vernichtungsfaktoren für das Schadinsekt einkalkuliert werden können. Sind viele Tachinentönnchen gesund, werden voraussichtlich viele Weibchen zur Eiablage kommen; dadurch wird selbst nach einer Großbekämpfung den Parasiten die Möglichkeit gegeben, überlebende Wirtsraupen verstärkt zu tachinieren und wahrscheinlich den restlichen Schädlingsbestand in erhöhtem Prozentanteil zu vernichten.

Die Tachinen sind mithin eine Familie mit überaus vielfältiger Lebensweise und zudem so interessant, weil sie wirtschaftlich eine erhebliche Bedeutung haben.

Oestridae

Die systematische Einordnung der hierher gestellten Arten wird wiederum verschieden gehandhabt. Viele Autoren unterstellen die Magenbremsen (Gastrophilinae), Hautbremsen (Hypoderminae) und Biesfliegen (Oestrinae) den Tachinidae (Larvaevoridae). Hennig [1952] vereinigt aber alle Arten, die streng auf Säugetiere beschränkt sind, in der gemeinsamen Familie der Oestridae. Eine Übersicht möge die weitere Untergliederung, die teilweise nur für deutsche Arten zutrifft, zeigen:

a) *Gasterophilus*-Gruppe, «Magendasseln»
b) *Cephenemyia*-Gruppe, «Rachendasseln»
c) *Oestrus*-Gruppe, «Nasendasseln»
d) *Hypoderma*-Gruppe, «Hautdasseln».

Diese Einteilung läßt erkennen, daß weniger morphologische Differentialmerkmale als treffend zur Unterscheidung erachtet werden, als vielmehr der Ort ihres Vorkommens im larvalen Zustand. Gerade für den **Freilandbiologen** ist das **Ansprechen** beim Auftreten der jeweiligen Krankheitsbilder bei der biologisch fundierten Untergliederung wesentlich erleichtert. Obwohl also damit mehr Gewicht gelegt wird auf das Vorkommen der aktiv-schädigenden Larve und die differentialdiagnostischen Kennzeichen dieses Metamorphosestadiums naturgemäß am wichtigsten sind, seien mit wenigen Worten die allgemeinen imaginalen Charaktere zumindest skizziert, soweit nicht die besonderen Merkmale bei einzelnen Arten aufgeführt werden. – [Siehe Lit.-Nachtrag auf Seite 819: Čepelák et al. (1984/89)].

Imagines

Kennzeichen: Fliegen von mittlerer bis beträchtlicher Größe, von plumpem Habitus, der aber zumeist bewirkt wird durch mehrminder dichte Behaarung; dadurch teils Hummeln oder Bienen im Aussehen nicht unähnlich (Abb. 855). – Verhaltenseigenart: während der Flugzeit zeigen die Arten, nach den einzelnen Gruppen unterschiedlich, ein besonderes Verhalten, das für das richtige Ansprechen bemerkenswert ist. – Die Mundteile sind zumeist sehr klein, wenn nicht sogar rudimentär.

Larvalmorphologie, Bionomie und pathogene Bedeutung

a) Gasterophilus-Gruppe, «Magendasseln»

Als Vertreter dieser Kohorte sei angeführt:

Gasterophilus intestinalis DEG. (Pferdemagenbremse): ♀♀ belegen an heißen, sonnigen Tagen im August auf Feldern und Weiden die Haare der Brust und der Vorderläufe des Wirtstieres; vor dem kräftigen Summen der nicht stechenden Fliegen scheuen die Pferde mehr als vor den empfindlichen Plagegeistern der Tabanidae. Sieben Tage nach der Eiablage schlüpfen die Eilarven, doch nur, wenn die Eier vorher beleckt wurden; sonst bleiben die Eilarven bis zu 3 Monaten in der Eihülle. Die Junglarven gelangen infolge des Wirtsverhaltens in das Maul des Wirtstieres, verbleiben eine Zeitlang in der dortigen Schleimhaut und setzen sich dann im Magen und im Darmkanal fest, vor allem von Einhufern, aber (und deshalb erwähnt) ausnahmsweise auch von Hunden.

b) Cephenemyia-Gruppe, «Rachendasseln»

Die Larven der «Rachenbremsen» leben fast ausschließlich (bis auf wenige Ausnahmen) beim Wild, und zwar bei Cerviden. Im mitteleuropäischen Faunengebiet kommen folgende Arten vor:

Cephenemyia stimulator Clark, Rehrachenbremse (Abb. 847/848); Wirtstier: Rehwild. – Fliege: gelblicher «Bart»; Abdomen durchweg gelb, an den Flanken fast fuchsrot; Schwärmzeit: Anfang Juni bis etwa Mitte September. – Bis über 70 Larven können in dem Windfang und angrenzenden Höhlungen eines einzigen Stückes gefunden werden. – Bei Aufsicht auf das Analsegment der Larve sichtbar: horizontale Stigmenplatten, die nierenförmig erscheinen. – Bei mikroskopischer Betrachtung (die zur Differentialdiagnose erforderlich ist) wichtig dorsale Bedornung eines mittleren Abdominalsegmentes: Zwischenwulst 2 Dornenreihen, dahinter 3 Dornenreihen. – Körperlänge: 13–30 mm; Viertlarve leicht gelblich. – Im Sommer Erstlarven kaum zu finden; vermutlich rasche Häutung zum 2. Stadium. Junge Einhäuter: Ende Juli/August, vom November an auch im hinteren Teil des Schlundes. Häutung zum 3. Larvenstadium meist im April/Mai des folgenden Jahres. 4. Larvenstadium: Ende Mai/Juni; von Mitte Juni ab Puppen.

Cephenemyia auribarbis Meig. (syn. rufibarbis Meig.), Hirschrachenbremse (Abb. 849/850); Wirstier: Rotwild. – Fliege: fuchsroter «Bart»; Abdomen gelblich an der Basis, dann schwarz, an der Spitze greis behaart. Schwärmzeit: etwa Ende Mai bis Anfang August. – Aufsicht auf das Analsegment: Stigmenplatten schief gestellt; Form: breit sichelförmig. – Dorsale Bedornung eines mittleren Hinterleibsegmentes: Zwischenwulst eine vollständige Reihe von Dornen, dahinter 3 Dornenreihen. – Körperlänge: ungefähr 24 bis 40 mm.

Cephenemyia multispinosa Ullrich; Wirstier: Damwild. – Bisher nur als Larve bekannt. – Stigmenplatten am Hinterende breit nierenförmig, zur Bauchseite hin so stark auseinanderweichend, daß die oberen schmalen Seiten sich fast gegenüberliegen. – Jeweils das ganze Segment stark bedornt. – Körperlänge: 19 bis 24 mm. – [Zweifelhafte Art (BENZ, Zürich, 1991; in litteris)].

Cephenemyia ulrichii Brauer, Elchrachenbremse; Wirstier: Elch. – Fliege: gelblicher «Bart»; Abdomen am Grunde gelbhaarig, an der Spitze weißhaarig, zwischen beiden Haarfärbungen eine in der Mitte eingeschnürte, schwarz behaarte Querbinde. Schwärmzeit: Ende Mai bis Mitte September. – «Hintere Stigmenplatten halbmondförmig mit abgerundeten Hörnern» [ESCHERICH, 1942]. – Rückenflächige Bedornung eines mittleren Hinterleibsegmentes: Zwischenwulst mit unregelmäßiger Querreihe größerer Dornenwarzen oder selten mit einer zusätzlichen alternierenden zweiten Reihe an der Seite. Dahinter dornenfreie Stelle und dann 3 Querreihen von Dornenwarzen. – Körperlänge: 16–40 mm.

Cephenemyia trompe Mod., Rentierrachenbremse [bei Rind, Pferd, Hund und beim Menschen gelegentlich auftretend].

Pharyngomyia picta Meig.; Wirstiere: Rotwild und Elch [gelegentlich auch beim Rehwild]. – Schwärmzeit: Ende Juni bis Anfang August. – Fühlerrudimente am Grunde weit voneinander getrennt (Differentialmerkmal gegenüber sämtlichen *Cephenemyia*-Arten, bei denen sie nahe beieinanderliegen). – Noch im Februar Zweitlarven. März: Drittlarve, Stadium von kurzer Dauer. Letztes Larvenstadium bis Ende April/Anfang Mai. Reife Larven lassen sich zu

Boden fallen, um sich zu verpuppen. Ausgewachsene Larve, die unmittelbar vor ihrer Häutung zur Viertlarve steht, mißt etwa $13^1/_2$ mm. Färbung: zitronengelb.

Bei allen Rachendassel-Drittlarven sind Mundhaken aufzufinden, ein Kennzeichen, das den Larven anderer Gruppen gegenüber wichtig ist. – Für das Ansprechen der imaginalen Stadien ist wesentlich die auffällige Erscheinung des Schwärmens an hochgelegenen Lokalitäten (Berggipfel, Felsen, Dünenkämme) oder an erhöhten Punkten (so stets in meiner Heimat auf dem «Süntelturm» beobachtet!). Dieses Schwärmen dürfte ein «Spieltrieb» der ♂♂ sein (ähnlich den Tanzflügen der Culiciden-♂♂), weniger im allgemeinen ein «Hochzeitsflug». – Etwa 2 Wochen nur sind die Imagines lebensfähig, da sie einen verkümmerten Rüssel und keinen Darm besitzen und deshalb auch keine Nahrung aufnehmen. Legereife ♀♀ fliegen vor allem an Waldrändern und in lichten Beständen. Ist bei dieser Suche ein Wirtstier aufgefunden, umkreisen sie ihr «Opfer» und schleudern im Fluge Eier bzw. Larven in den Windfang. Das Wild zeigt dabei ein besonders unruhiges Verhalten, durch das jeder Beobachter unwillkürlich aufmerksam wird (nach der Ablage der Eier bzw. Larven setzt ein allgemeines «Niesen» ein: zu beobachten bei Gatterwild!). Der Tod befallener Stücke tritt durch Erstickungserscheinungen ein, da die Nasen- und retropharyngealen Höhlen vollgestopft an Larven sein können. Nicht jeder Befall führt zum Tode; bei Stücken in gutem Ernährungszustand wird ein Befall u. U. überstanden.

c) Oestrus-Gruppe, «Nasendasseln»; Nasenbremsen

Oestrus ovis Lin.; Schafbremse; Schafbiesfliege

Vorderende der Erstlarve mit charakteristischen hornförmigen Mundhaken; das letzte Hinterleibssegment hinten gespalten, jeder Zapfenwulst mit zahlreichen Häkchen (Abb. 853). – Normaler Parasit der Schafe und Ziegen, aber auch bei Antilopen und selbst beim Rehwild aufgefunden. Wenn noch nicht bei Muffelwild festgestellt, so liegt das zwar durchaus im Bereich der Möglichkeit. – Während des außerordentlich schnellen Fluges legt das Weibchen in kälteren Gegenden Eier in einem Tropfen Flüssigkeit auf die glänzende Schleimhaut der Nasenränder oder des Auges ab; in warmen Landstrichen dagegen wird das Fliegenweibchen vivipar (bzw. hier larvipar). Diese Erscheinung ist bei verwandten Familien auch beobachtet worden (Anthomyiidae oder aber ovipare *Calliphora*-Arten werden mit beschleunigter sommerlicher Entwicklung larvipar). – Die ausschlüpfenden oder abgelegten *Oestrus*-Larven kriechen schnellstens in die Mund- und Nasenhöhle, setzen sich hier oft in großer Anzahl fest und verursachen einen Katarrh. Obwohl *Oestrus ovis* L. im ganzen als gutartiger Schleimhautparasit angesehen wird, erfolgt durch die lange Dauer der Larvalentwicklung (über $^3/_4$ Jahr) eine Schwächung des befallenen Tieres im Ernährungszustand. Die

Entwicklung der aktiven Metamorphosestadien scheint auch zu variieren; für klimatisch günstige Gebiete oder zur Sommerzeit werden Werte von über 2 Dekaden bis zu $2^1/_2$ Monaten angegeben. – Das Vorkommen der «Nasenwürmer» verursacht bei den Schafen den «Bremsenkoller». Reife Larven werden durch Schnauben ausgestoßen und verpuppen sich im Boden. – Es wird nur 1 Generation angenommen. – *Oestrus ovis* gehört zu den obligatorischen Ophthalmomyiasis-Erregern, erzeugt also beim Menschen eine oculäre Myiasis; gelegentlich sind ihre Larven auch bei einer «Otomyiasis» beteiligt [KRÜMMEL u. BRAUNS, 1956].

d(Hypoderma-Gruppe, «Hautdasseln»

Artdiagnose

Hypoderma bovis Lin.; Wirt: Rind
Hypoderma lineatum de Villers; Wirt: Rind
Hypoderma actaeon Brauer, Hirschdasselfliege; Wirt: Rotwild
Hypoderma diana Brauer, Rehdasselfliege; Wirt: Rehwild, aber auch Rot-, Elch- und Gamswild
Oestromyia marmotae Gedoelst; Wirt: Alpenmurmeltier

Ansprechen der Imagines

Auffallend hummelartiges Aussehen, das hier allerdings bei *Hypoderma lineatum* demonstriert wird (Abb. 855); doch jene bei unseren Haustieren pathogenen Arten werden nicht selten in der Nähe von Waldbeständen bei Angrenzung viehbegangener Weiden angetroffen, so daß die Lebensweise dieser parasitischen Formen mitberücksichtigt werden kann. – Wesentlich für das Ansprechen im Gelände: Die Weibchen lassen sich am Standort ihrer Wirtstiere, etwa auf Umzäunungen – im Wirtschaftswald auf den Wildwechseln oder auf Baumstämmen – mit hochaufgerichtetem Vorderkörper «lauernd» beobachten. Flugzeit der einzelnen Arten ist unterschiedlich, fällt aber zumeist in die Monate Mai/Juni bis August.

Larvaldiagnose

Da das erste Larvenstadium dem Freilandbiologen nur selten zur Determination vorliegt (vgl. Bionomie und pathogene Bedeutung), seien die Kennzeichen nur der Ein- und Zweihäuter aufgezeigt, wobei die Rehdasselfliege als Beispiel gewählt ist (Abb. 856/857). – Gedrungener, fast tonnenförmiger Habitus, mit ausgeprägten Dornenfeldern bzw. Dornengarnituren; Körper ventral konvex, dorsal höchstens schwach gekrümmt. – Nach der ersten Larvalhäutung sind die Mundhaken, die bei allen Arten eine unterschiedliche Ausbildung zeigen und deren Form damit für die Differentialdiagnose bei humanmedizinischen Untersuchungen wesentlich ist [vgl. KRÜMMEL u.

BRAUNS, 1956], zu fühlerförmigen Chitinringen reduziert. – Die Hinterstigmen in charakteristischen Stigmenplatten angeordnet. Keine getrennten
Stigmenschlitze vorhanden, sondern jede Stigmenplatte trägt zahlreiche
porenartige Öffnungen.

Bionomie

Die Larven dieser Dasselfliegen werden häufig (besonders von Jägern) mit
dem Vulgärnamen «Haut-Engerlinge» belegt; sie erzeugen furunkulöse Geschwüre, die «Dasselbeulen», die an den Befallsstellen die Haare auseinander-
treiben und dadurch das struppige Aussehen der befallenen Stücke verursachen. – Die Eiablage erfolgt an die Haare des Wirtstieres. Damit ist ein leiser
Kitzel verbunden und zusätzlich werden die Wirtstiere durch das Summen der
Fliegen in Aufregung versetzt und durch dieses «Biesen» wird nicht selten eine
ganze Herde, ein ganzes Rudel zu wilder Flucht gebracht. – Das Fliegenweibchen verfügt über eine vorstreckbare Legeröhre; die ablegereifen Eier
(1 mm) enthalten bereits die ausgebildete Erstlarve. Durch das Lecken des
Wirtstieres wird das Auskriechen der Eilarve bewirkt. Die auskriechenden
Larven gelangen unter die Schleimhaut des Leckers, vermögen sich hier
festzuklammern mit ihren Mundhaken und wandern dann im Unterhautzell-
gewebe (vielfach entlang den Nervensträngen) bis zum Rücken und setzen sich
hier längs der Wirbelsäule unter der Haut fest. In der Wahl des Wanderweges
im Wirtskörper sind freilich auch abweichende Feststellungen beobachtet; so
sollen sich die Erstlarven der Haustierparasiten auch am Ort der Eiablage
direkt in die Haut einbohren und teils über den Wirbelkanal, ohne den Schlund
aufzusuchen (*Hypoderma bovis*) zum eigentlichen Befallsort wandern können. – Nach der ersten Häutung bildet sich um die Zweitlarve (= Einhäuter)
ein Bindegewebssack und am Hinterende der Larve findet ein Durchbruch
nach außen statt. Durch diese Öffnung steckt die Larve ihr Stigmenfeld nach
außen zur Atmung vor; in diesem Zustand ist das Stück Wild gestreckt, aus
dessen Decke die Abb. 854 einen maßgetreuen Ausschnitt bringt. Die Decke
sieht aus, wie wenn sie von einem Schrotschuß durchbohrt wäre. In den
Wandungen des Bindegewebssackes treten übrigens noch kleinere Blutergüsse
und eitrige Exsudate auf. – Das erste Larvalstadium, das sogenannte
Wanderstadium, hält beim Wild etwa 8 Monate an, das zweite Stadium dauert
wahrscheinlich nur 4 Wochen, das dritte Stadium schließlich 3–4 Monate. –
Im Frühjahr verlassen die reifen Larven die Dasselbeulen, indem sie sich aus
der Öffnung herauszwängen und verpuppen sich in den Bodenschichten, wo
die Puparien (den Larven durchaus nicht unähnlich, höchstens geschrumpft)
dann bei bodenbiologischen Untersuchungen aufgefunden werden können
(etwa in der Nähe von Hochwild-Fütterungen in der Zeit von März bis April).
¬ Die Löcher am lebenden Stück vernarben übrigens wieder. Trotzdem
kommen bei zahlreichem Besatz Todesfälle infolge von Sekundärinfektionen
(etwa bei *H. diana*) vor, besonders wenn bis 300 oder sogar 500 Larven bei
einem Wirtstier auftreten.

Die Hautdasseln richten auf den Vieh-Weiden Europas noch heute einen Schaden an, dessen Ausmaß auf jährlich etwa 300 Mill. DM geschätzt wird (BRAUNS, 1985; pag. 34).

Pathogene Bedeutung

Neben der veterinärmedizinischen und wirtschaftlichen Bedeutung der bei Großtieren parasitierenden Larvenformen (narbenhaltige Decken sind im Wert erheblich gemindert), ist über Fälle des Vorkommens von Dassellarven beim Menschen des öfteren berichtet worden («obligatorische Myiasis-Erreger»). Bei der Ansiedlung von Dipterenlarven in der Umgebung des menschlichen Auges wird eine «Ophthalmomyiasis externa» (insbesondere im Bindehautsack) neben der äußerst gefährlichen «Ophthalmomyiasis interna» (bei der die Dipterenlarve sich in das Innere des Auges einbohrt) unterschieden. KRÜMMEL und BRAUNS (1956) veröffentlichten eine Monographie über die medizinischen und entomologischen Grundlagen der Augen-Myiasis. Infolge der verstärkten Touristik nach dem 2. Weltkrieg kommen gelegentlich Urlauber mit einer «Myiasis-Infektion» aus den Feriengebieten zurück. So wurde im Jahre 1986 erstmals *Pharyngomyia picta* aus der «Rachendassel»-Gruppe als Erreger einer Ophthalmomyiasis externa beim Menschen beobachtet (SAUTER und HUBER, 1988) und damit belegt, daß auch Angehörige der *Cephenomyia*-Gruppe außer einer nasalen Myiasis die gefährliche Ophthalmomyiasis beim Menschen erzeugen können. – Andererseits rufen die Dipterenlarven u. a. auch eine Haut-Myiasis hervor, die je nach der Artzugehörigkeit und dem Alter der Metamorphosestadien verschiedene klinische Formen annehmen kann. Die Larven bewegen sich beim Menschen nicht selten mehrere Monate unter der Haut, erzeugen mehrere wieder verschwindende Beulen und beenden die Serie von Geschwüren an einer beliebigen Stelle und entfernen sich hier; dadurch werden langanhaltende Beschwerden, Drüsenschwellungen usw. hervorgerufen. Niemals ist aber bisher festgestellt, daß die Larven beim Menschen sich bis zum Puparium entwickeln; der Mensch ist für den Parasiten nicht artspezifisch. Vor allem ist zu beachten, daß in der Nähe von viehbegangenen Weiden Spaziergänger (besonders Kinder) nicht in der Sonne schlafen.

Siphonaptera (Aphaniptera), Flöhe

Imagines

Durchweg kleine, stets flügellose Insekten, deren seitlich komprimierter Körper mit zahlreichen, rückwärts gerichteten Borsten und Borstenkämmen (Ctenidien) besetzt ist (Abb. 876). Meist chitinbraun gefärbt, mit Sprungbeinen und mit seitlich sitzenden, bisweilen auch rudimentären Ocellen. Die stechend-saugenden Mundteile sind nach unten rückwärts gerichtet. Die helmförmige Kopfkapsel umfaßt die nachfolgende Vorderbrustregion und ist daher nur wenig beweglich.

Larven

Gekennzeichnet durch einen deutlich entwickelten Kopf (ohne Augen) und durch einen mehr oder weniger langen, weichen, fußlosen Rumpf; auf jedem Körpersegment eine Querreihe langer Borsten, vor allem aber am letzten Abdominalsegment durch einen sog. Analkamm und durch Nachschieber besonderer Gestalt charakterisiert. – Werden Flohlarven berührt, winden sie sich spiralförmig ein. – Im allgemeinen werden wie hier die Flöhe an die Dipteren angeschlossen (Larven = primitiven Nematocerenlarven ähnlich); Stellung in der Nähe der Zweiflügler auch dadurch wahrscheinlicher, nachdem im Mesothorax der Puppe Flügelanlagen aufgefunden worden sind. Andere Zuordnungsmöglichkeiten werden jedoch gleichfalls erörtert (WEBER/WEIDNER, 1974).

Ökologie, Verhältnis zu den Wirtstieren und Artdiagnose

Alle bekannten Floharten sind eierlegend; die Eier fallen einfach auf den Boden an jenen Stellen, wo sich der Wirt des Schmarotzers aufhält. Auf diese Weise gelangen Eier auch in die Streuschichten der Waldbestände, und Flohlarven treten deshalb im Detritusgesiebe bei bodenbiologischen Untersuchungen gar nicht selten auf, wo sie dann mit Chironomidenlarven oftmals verwechselt werden (s. Seite 409). Die Larven leben von allerlei toten organischen Stoffen, von Schimmelpilzen u. dgl. – Vor der Verpuppung webt sich die Larve einen seidenartigen Kokon aus dem Sekret, das in mehrlappigen, riesigen Labialdrüsen gebildet wird. Am Seidenkokon haften oft Staub, Federreste, Härchen, Erdpartikelchen usw. – Größtenteils sind die jeweiligen Arten an eine bestimmte Gruppe von Wirten gebunden, doch ist es durchaus möglich, sowohl Hauptwirte, die typisch für eine bestimmte Flohart sind, wie auch zufällige Wirte zu unterscheiden. Infolge seiner Beweglichkeit wandert der Floh leicht auch auf Wirte über, die nicht artspezifisch sind und hält sich zeitweilig auf solchen auf. Verhältnismäßig nur wenige Arten leben ausschließlich auf einer einzigen Säugetier- oder Vogelart. – Der Fang der im Lebensraum des Waldes vorkommenden Floharten ist recht schwierig, da sie einen toten Wirt rasch verlassen.

An Arten mögen allenfalls genannt werden:

Archaeopsylla erinacei BOUCHÉ: Hauptwirt: Igel, gelegentlich Fuchs;

Chaetopsylla globiceps TASCHENBERG (Abb. 876): regelmäßiger Parasit des Fuchses;

Ctenocephalides canis CURTIS: Normalparasit des Hundes (gleichfalls beim Fuchs);

Paraceras melis CURTIS: Hauptwirt: Dachs (auch beim Fuchs);

Spilopsyllus cuniculi DALE: Parasit des Feldhasen (aber nur bei warmen Tieren zu fangen).

5 Ökologische Freiland-Differentialdiagnose

5.1 Anleitung zur Handhabung der Freiland-Beobachtungen

Der Titel dieses Abschnittes soll zum Ausdruck bringen, daß der Benutzer des Taschenbuches hier vornehmlich jene Angaben findet, die auf die Außenbeobachtungen aufbauen.

Dazu gehören zuallererst die Beschäftigung mit der «neuartigen Waldkrankheit» (Abschn. 3.1) und die damit im Ökosystem im Zusammenhang stehenden Gegebenheiten am Standort, am Stammfuß und in den Bodenschichten des gesamten Bestandes (Absch. 3.2). Aus technischen Gründen, um die entomologisch-ausgerichteten Abschnitte mit den zeichnerischen Darstellungen und mit den freilandökologischen Unterlagen zur Abgrenzung der «Nischen», der Wirkungsfelder der einzelnen Arten im Ökosystem, in die Nähe der Gattungs-, Art- und Sachregister zu rücken, wurden die ökosystemaren, auffallenden Krankheitserscheinungen und die organismischen Vorgänge in den Bodenschichten den Ausführungen über das Verknüpfungsgefüge im Ökosystem Wald (Abschn. 2) angeschlossen.

In dem jetzt hier nachfolgenden Teil des Exkursionführers sind beispielsweise die systematischen Detailzeichnungen untergebracht und gezielt auf Einzelbeobachtungen gerichtete Biotopskizzen vorgeführt, da die Biologie auf bildliche Darstellungen erfahrungsgemäß niemals verzichten kann. Eine gewinnbringende Handhabung der selbst aufgezeichneten, freilandökologischen Feststellungen zur Auffindung der einzelnen Arten im Waldökosystem will jedoch gelernt sein. Und so darf ich – einem besonderen Wunsche der Studenten und einiger eifriger Benutzer folgend – eine kurze Anleitung zum Gebrauch des Grundrisses im Gelände geben.

Stets sollte von dem Abschnitt «Verzeichnis der Arten an verschiedenen Fraßpflanzen und an charakteristischen Fundplätzen» (Seite 470 bis 525) ausgegangen werden. Unter den einzelnen Stichworten wird bei den benannten Insektenarten auf die Einzelabbildungen im Bildteil des Buches (Seiten 527 bis 667) verwiesen. Zur weiteren Orientierung leisten dann die Fundort- und Bestandesskizzen (Abb. 887 bis 941 auf den Seiten 668 bis 707) wertvolle Hilfe, denn in jedem Bestande sind neben der Schichtung die räumliche Gruppierung, d. h. das verstärkte Auftreten von Insekten (Vollkerfen oder besonders von Larven) in Aktionszentren und Konzentrationsstellen, charakteristisch und für unsere Beobachtungen eine nicht zu unterschätzende Unterstützung. Schließlich dürfte das Studium des Abschnittes «Differentialmerkmale und Ökologie der wichtigsten, häufigsten und auffälligsten Waldinsekten» (Seiten 92 bis 468) wieder unter Verwendung der exakten Figuren und Habitusbilder (Abb. 1 bis 876 und von 944 bis 1050) für die Artdetermination eine ziemlich annähernde Artbestimmung ermöglichen. Fraßbilder (wie sie beispielsweise in

den Abb. 346 bis 352 oder in den Fraßfiguren der Borkenkäfer [Abb. 457 ff]
gegeben werden) oder die Darstellung besonderer Verhaltenseigenarten (etwa
in den Abb. 249, 367, 420, 510, 546 etc.) lassen die Bestimmung vielfach über
eine Vororientierung weiterkommen bis zur systematischen Einheit oder bis zu
einem Lebensformtyp, der bei Benutzung von zumeist diffizilen, sonst
gebräuchlichen taxonomischen Bestimmungsschlüsseln nicht so schnell im
Freilande angesprochen werden könnte.

In einer Rezension ist das Taschenbuch – und der Rezensent betont
ausdrücklich, daß dies kein schlechtes Urteil sein soll – als eine Art
Museumsführer angesprochen worden, «der den Besucher in einen Sektor des
lebendigen Naturmuseums Wald einführen will.» Und damit sei noch
besonders auf die Diagramme in den Abb. 877 bis 886 (Seiten 660 bis 667)
verwiesen, die den Besucher des Naturmuseums «Wald» einführen wollen in
die vielseitigen Probleme der Lebensgemeinschaft, so daß der Benutzer des
Exkursionführers bei intensivem Studium der Freiland-Verhältnisse im Text
und Bild teilnehmen kann an den verschlungenen biologischen Zusammenhängen im großen Naturgeschehen und oftmals nur staunen wird über die
großartige Darstellungskunst der Natur im kleinen. Gerade diese immer
wieder frappierende Beobachtungstatsache möge auch den Bildteil zu einem
ständigen Begleiter aufmerksamer Wanderer werden lassen.

Um die neuen farblichen Darstellungen einer andersartigen Leitlinie bei der
Einordnung der Freilandbeobachtungen unterstellen zu können, wurden die
zusätzlichen Farbtafeln erst nach der Abb. 943 gebracht; zwangsläufig mußten
mit dieser Konzentration die ausführlichen Legenden zu den neuen Darstellungen vorab auf Seite 709 ff. aufgeführt werden.

5.2 Verzeichnis der Arten an verschiedenen Fraßpflanzen und an charakteristischen Fundplätzen

[Hierzu siehe auch Abb. 887–943 und 944–1052]
[Bitte beachten: Letzten Absatz auf Seite 6]

Im folgenden soll versucht werden, dem Beobachter für seine Arbeit im Freilande eine
Übersicht des Vorkommens der zahlreichen Insekten und ihrer Entwicklungsstadien an
den verschiedenen Pflanzen- bzw. Holzarten oder an charakteristischen Fundplätzen an
die Hand zu geben, nach der er sich unter gleichzeitiger Verwendung der Farbtafeln und
Strichzeichnungen zumindest grob zu orientieren in der Lage ist. Die aufgeführten **Zahlen**
hier im Text verweisen daher auf die **Abbildungen,** in denen zeichnerische Darstellungen
der Imagines, der Larven oder Puppen oder der Fraßbilder gegeben werden. Findet der
Benutzer keine Abbildung vor (fehlt mithin ein Zahlenhinweis), so ist vielfach mit
wenigen Worten ein typisches Feldkennzeichen oder ein Merkmal der Fraßbeschädigung
angeführt. Der Zahlenhinweis ist in Klammern gesetzt, wenn eine Abbildung den
Habitus einer verwandten Art oder ähnliche Fraßweisen bzw. Verhaltensformen bringt.

Es sei vor allem vorausgeschickt, daß eine derartige Aufschlüsselung der Beobachtungsunterlagen (selbst in einem festumrissenen Lebensraum) unvollständig sein muß, da aus der Gesamtzahl der in der Waldbiozönose auftretenden Formen im Rahmen eines Taschenbuches (und damit eines Grundrisses) eine Auswahl zu treffen war. Wie schon in der Einführung darf ich auch hier deshalb herausstellen, daß lediglich die wichtigsten, häufigsten und auffälligsten Arten angeführt werden, wobei die Auffälligkeit sich einmal auf die postembryonalen Entwicklungsstadien, ein andermal je nach den ökologischen Gegebenheiten auf kennzeichnende Fraßtätigkeits-Merkmale beziehen kann. Ganz besonders beachtet wurde, daß sich diese Zusammenstellung nicht zu sehr in Einzelheiten verliert, um übersichtlich zu bleiben. Aus diesem Grunde wurden die Artnamen, gelegentlich sogar nur Gattungs- oder Familienbezeichnungen angeführt, ohne Hinweise über Fundzeiten und dgl. zu geben. Auch Angaben über die systematische Stellung der betreffenden Arten (wie es in abgekürzter Form im Text durchweg gehandhabt wurde) wären für den Anfänger zweifellos wünschenswert gewesen, hätten aber noch mehr Raum beansprucht und die Übersichtlichkeit behindert; durch Hinzufügung des gebräuchlichsten deutschen Vulgärnamens ist immerhin zumeist ein Anhaltspunkt gegeben, wo etwa die Art einzuordnen ist. Darüber mag man dann eingehend im systematischen Abschnitt nachlesen. Die deutsche Bezeichnung wird auch hier in Klammern gesetzt, wenn für die Gattungsgruppe, für die Unterfamilie oder dgl. ein Vulgärname verwendet wird, für die betreffende Art aber eigentlich keine landläufige Bezeichnung existiert. Andererseits wurden nicht zu viele Stichworte aufgenommen, denn bei Beobachtung spezieller Erscheinungen, etwa des Auftretens von Schwarmbildungen oder lästiger Insekten beim Herannahen einer Gewitterfront (der im Volksmunde als «Gewitterfliegen» bezeichneten Arten) kann man sich nach dem Sach- oder Artenregister Aufschluß holen.

Verschiedene Wege sind bei der nachfolgenden Analyse im übrigen gangbar. Selbst wenn die betreffende Art im allgemeinen charakteristische Fraßgänge zwischen Rinde und Splint an Ästen und Zweigen im Kronenbereich von Altholz fertigt, so kann die Art im Stangenholz gelegentlich im dünnrindigen Bezirk der Stammregion beobachtet werden. Es würde freilich zu weit führen, in einer solchen straffen Übersicht alle Möglichkeiten (zuzüglich vielleicht noch die bevorzugte Altersgruppe in einem Bestande) zu berücksichtigen. Zum andern sind manche Arten beispielsweise nicht allein typische Bewohner etwa der Buche, sondern auch weiterer Laubholzarten, so daß beim Auftreten etwaiger Fraßbeschädigungen unter den Angaben bei «Buche» und unter jenen der «Laubholzbestände» nachzuschlagen ist. Oder aber andere Arten treten mit Vorliebe in «anbrüchigen» Buchenstämmen auf und sind deshalb unter diesem Begriff aufzufinden. Wiederum andere Arten erzeugen als Larven nur Fraßgänge bei der Zitterpappel oder Espe (*Populus tremula* L.), dann finden sich diese Artangaben unter der Gesamtbezeichnung «Pappel», denn von einer Aufgliederung der Holzarten wurde (bis auf wenige Ausnahmen) abgesehen.

Diese Zusammenfassung bringt naturgemäß vornehmlich jene Insektenarten, die in irgendeiner Form als Vollkerfe oder aktive Larven- bzw. Raupenstadien sichtbare Fraßbeschädigungen an Pflanzen oder Pflanzenteilen bewerkstelligen, ohne damit immer wirtschaftliche Schädlinge zu sein. Das große Heer der Parasiten und Räuber, die in der Waldlebensgemeinschaft ein beträchtliches Kontingent der Bevölkerung ausmachen, kann in einem derartigen Verzeichnis in seiner Gesamtheit nicht untergebracht werden. Wie bei einer Pflanzenart diese zunächst bestimmt sein muß, um die Schadinsektenart auffinden zu können, wird man ähnlich bei Feststellung entomophager Parasiten oder raptorischer Formen zu verfahren haben; nach Ansprechen der Wirtstierart oder des Beutetieres findet man in vielen Fällen einschlägige Angaben im systematischen Teil.

Eine ökologische Aufgliederung der Beobachtungsunterlagen (oder Zusammenstellung der tierischen Schaderreger nach Holzart und Vorkommensbereich, wie man bei den ausgesprochen wirtschaftlich schädigenden Insekten sagen könnte) ist zumindest für die verschiedenen Holzarten schon in dem für den land- und forstwirtschaftlichen Sektor bestimmten praktischen Handbuch über die schädlichen Insekten in Luxemburg von FERRANT (1911) enthalten. Hier wie in weiteren angwandten Werken (u. a. etwa über die tierischen Schädlinge des Ackerbaues [ROSTRUP-THOMSEN, 1931] oder über die Krankheiten und Schädlinge im Obst- und Gemüsebau [KOTTE, 1958 u. 1960]) werden solche Übersichten auch für die landwirtschaftlichen Kulturpflanzen gegeben. Sie sind in ähnlicher Form von RHUMBLER (1927) in der Neubearbeitung von NÜSSLINS Forstinsektenkunde, von PUZYR in den von WAPPES (1932/36) herausgegebenen Bänden «Wald und Holz» aufgestellt und von SCHWERDTFEGER (1944) schon in der ersten Auflage seines Lehrbuches «Die Waldkrankheiten» gebracht. Demgegenüber gibt GÄBLER (1955) nur eine systematische Aufzählung der Schädlinge, nach Holzarten geordnet. Daß bei der nachfolgenden Aufteilung der Arten an den Holzgewächsen hinsichtlich der Bevorzugung bestimmter Regionen nach einem Schema verfahren wird, das auch in den genannten Werken (jeweils in geringfügig abgewandelter Form) zum Ausdruck kommt, liegt in dem eindeutigen Altersaufbau eines Bestandes (Keimpflanze, junge Pflanze, Stangen- und Altholz) und in der Tatsache begründet, daß man immer in der epigäischen Vegetationsschicht die Beobachtungen vom Wurzelbereich über die Stammzone zur Krone ansetzt. Am Schaft unterscheiden wir die Arten, die auf der Rinde, unter der Rinde (in Fraßgängen zwischen Rinde und Splint) und im Holz vorkommen; in der Kronenregion zeigen sich die einzelnen Formen an Zweigen und Ästen, an oder in Knospen und Trieben, an oder in Blättern (oder Nadeln), an oder in Blüten, Kätzchen, Eicheln, Bucheln, Zapfen und dgl. Bei krautigen Pflanzen kann dies Schema etwas verändert sein, weil die Insektenarten bei Fraßtätigkeit am Stengel weniger oberflächliche Beschädigungen anrichten, als vielmehr zumeist zu einem Markfraß übergehen.

Abschließend sei hervorgehoben, daß der textlichen Freiland-Differentialdiagnose die **zeichnerischen Darstellungen von typischen Biotopen, von besonderen Standorten, von Aktionszentren oder von Konzentrationsstellen in Beständen** in diesem Zusammenhange gegenüberzustellen sind (**Abb. 887 ff.**). Aus den (gelegentlich skizzenmäßigen) Bestandesbildern ist die unterschiedliche Gestalt der wichtigsten Holzarten für das Ansprechen im Freilande zu ersehen. Die Abbildungen seien zeichnerische Beispiele für Fundort-Protokolle diagrammatischer Natur, auf denen die Fraßschäden nicht immer deutlich gemacht werden konnten – diese sind auf den Sondertafeln dargestellt; dabei ist beachtenswert, daß durchaus nicht alle verzeichneten Arten gleichzeitig im betreffenden Biotop oder Biochorion vorzukommen brauchen, sondern die Aufzählung wurde nach den Befundberichten von vielen Exkursionen zusammengestellt. Die Nummern auf den Fundorttafeln verweisen nicht auf andere Abbildungen, sondern auf gleichlautende Nummern in den Legenden bzw. Erklärungen.

Neben häufigen oder auffälligen Arten sind seltenere Formen (die bisher nicht beschrieben und abgebildet wurden) hier teilweise aufgenommen, um den schon eingearbeiteten Entomologen auf diese Arten aufmerksam zu machen. In den Legenden zu den Fundort-Skizzen sind die «bisweilen auftretenden Arten» stets in der wissenschaftlichen Bezeichnung mit Autorenangabe aufgeführt. Weicht die Biologie von verwandten Arten mehrminder ab, wird ein Hinweis gegeben. Wenn auch die einzelnen Arten unter verkürzter Beigabe der Familienbenennungen zusammengefaßt werden, so ließ sich naturgemäß eine systematische Anordnung aus technischen Gründen nicht immer verwirklichen.

An Abkürzungen werden hier im Text und in den Legenden der zugehörigen Abbildungen verwendet: **I** = Imago oder Imagines; **La** = Larve(n); **Ra** = Raupe(n); **Schadb.** = Schadbild; **Pu** = Puppe(n); **Farbt.** = Farbtafel; **Fraßb.** = Fraßbild (vornehmlich der Borken- und Bockkäfer); **u.** = und; **od.** = oder. – VI/IX etwa: gibt die Monate des Vorkommens der entsprechenden aktiven Stadien an (I, La od. Ra). – **gen.spec.** = Gattung (genus) und Art (species) nicht näher bestimmt; Familienzugehörigkeit aber bekannt. Das Zeichen ~ bei Maßstabsangaben bedeutet: «ungefähr»; **r** = rechts, **lks.** = links (etwa auf einer Farbtafel).

Die systematische Zugehörigkeit ähnlicher oder parasitierender Arten (im Text aufgeführt) bzw. der in den Zeichnungen dargestellten Arten (in den Legenden angegeben) wird oftmals verkürzt wiedergegeben – etwa Coll. = Collembola; Col. = Coleoptera; Hym. = Hymenoptera; Lep. = Lepidoptera; Dipt. = Diptera etc. Die Familienzugehörigkeit wird auch des öfteren abgekürzt – z.B. Brac. = Braconidae; Tortr. = Tortricidae usf. Vgl. gegebenenfalls das Gattungs- und Artregister, nach dem dann leicht die gewählten Abkürzungen ergänzt werden können.

Im nachfolgenden Verzeichnis werden **Sch** und **St** nicht gesondert aufgeführt.

Bei den Holzarten beachte neben den Regionen **am stehenden Stamm** auch den **Stock!**

Bei den Holzarten werden gelegentlich folgende Abkürzungen verwendet: Bi = Birke; Bu = Buche; Ei = Eiche; Fi = Fichte; Ki = Kiefer; Lä = Lärche; Ta = Tanne.

Neue zeichnerische und freiland-ökologische Darstellungen oder Photographien im forstlichen Bereich: Abb. 944 bis 1049.

Baumschäden besonderer Art wurden abgehandelt im Abschnitt: Baumsterben, Waldsterben – Saurer Regen: Seiten 24 bis 70.

Aas: siehe «Tierleichen» (dazu auch 1044)

Absterbende Stämme: siehe «anbrüchige» Stämme

Adlerfarn (*Pteridium aquilinum* [L.] KULM.): **Fraß an Wurzeln:** *Hepialus hecta*, Heidekraut-Wurzelspinner [Ra; Verpuppung im Boden in röhrenförmig. Gespinsten]. **Im Blattstiel:** *Chirosia albitarsis* [La.]. **Blatt:** Mine von *Pycnoglossa cinerosa* [La; Blumenfliege]. – Auf den Blättern: Anthomyiinae [I; Blumenfliegen; vgl. 833]. – In umgerollten Fiederblättchen: Mine von *Chirosia parvicornis* [La].

Ahorn (*Acer campestre* L. [Feldahorn], *A. platanoides* L. [Spitzahorn], *A. pseudoplatanus* L. [Berg- od. Waldahorn]): **An Wurzeln:** Melolontha spec., Maikäferengerling 329/330, 347. **Stammregion: auf begrünter Rinde** (od. an Flechten): *Mesopsocus immunis* 145/147; *Hyperetes guestfalicus* 149; *Periscopus parvulus* 151 [Rindenläuse]. – **Unter Rinde** an Pilzgeflecht: *Reuterella helvimacula* 148; *Pseudopsocus rostocki* 152 [Rindenläuse]. – *Ptinus brunneus* [Diebskäfer]. – Fraßgänge zw. Rinde u. Splint: *Eccoptogaster aceris* [einarmig. Lotgang; i. Gebirge]. – Fraßgänge i. **Holz:** *Xiphydria longicollis*, Eichenholzwespe [typ. Siricidenlarve]. – *Xyloterus signatus*, Eichennutzholzborkenkäfer [vgl. 468, 372]. – *Anisandrus dispar*, Ungleicher

Holzbohr-Borkenkäfer 469. – *Cossus cossus*, Weidenbohrer [I: 597; Ra dunkelrotbraun bis violett, fingerdick, bis 10 cm lang; Holzessiggeruch]. – *Zeuzera pyrina*, Blausieb 599. **Kronenregion: Blatt:** *Typhlocyba cruenta*, Buchenzirpe 175. – Bogenförmiger Fraß durch Imagines: *Lytta vesicatoria*, Span. «Fliege» [Pflasterkäfer 378]. – Raupenfraß: *Ptilophora plumigera* [grüne Zahnspinnerraupe]. – *Acronycta aceris*, Ahorneule 655/656. – Trichterrolle (mit seitenständiger Rolle): *Deporaus tristis*, Ahornblattroller. – Tütenförmig aufgerollter Blatteil (mit «Microlep.»-Raupe): *Gracilaria rufipennella*, Ahornmotte. – **Frucht:** *Nepticula sericopeza*, Ahornminiermotte [Fruchtkammer ausgefressen].

Akazie: siehe «Robinie» (= unechte Akazie)

Ameisenbauten (vornehmlich der Roten Waldameise): **Apterygota:** Diplura, Doppelschwänze [*Campodea* spec.; 124; kl. weißl. Tiere]. – **Typ. Schrecken:** Gryllidae [terricole Arten; vgl. 139]. – **Schildläuse** (frei bewegl.): *Orthezia cataphracta*. – **Käfer:** Staphylinidae, Kurzflügelkäfer (etwa *Xantholinus* spec.; vgl. 108 [Farbt. 16]). – Pselaphidae, Palpenkäfer [mit verkürzt. Flügeldecken]. – Histeridae, Stutzkäfer (etwa *Hetaerius* spec. [mit abgestutzt. Elytren u. retraktil. Grabextremitäten]). – *Attagenus pellio*, Pelzkäfer [Larve hinten mit Haarschopf, Imago schwarz mit weißen Elytrenflecken]. – Engerlingsähnl. Käferlarven: *Cetonia aurata*, Rosen- od. Goldkäfer [I 323; La 334/335]. – *Potosia cuprea* («Rosenkäfer») 336. – In den Verpuppungskokons der Rosenkäferlarven: *Formicoxenus nitidulus* [Gastameise]. – Schwarzer Köcher (aus Exkrementen mit Larve, die sich schnell zurückzieht): *Clytra quadripunctata*, Vierpunktkäfer [Blattkäferhabitus; vgl. 422, 423]. – Nacktschneckenähnl. Schwebfliegenlarve: *Microdon mutabilis* 812. – Dipterenlarve mit seitl. gefiederten Fortsätzen: Fanniinae [vgl. 831].

«Anbrüchige» Stämme (hierher gehörig etwa: Stämme, die durch Blitz, Windod. Schneebruch geschädigt, nach Raupenfraß geschwächt und viell. umgebrochen sind – rindenbrandgeschädigte Laubhölzer – rauchbeschädigte Nadelhölzer. – Das Vorkommen nachfolgender Insektenarten vorwiegend im Holz solcher Stämme ist vielfach charakteristisch, doch ist gegebenenfalls bei den einzelnen Holzarten zusätzlich nachzuschlagen):

Laubholz. Birke: *Temnostoma vespiforme* [Schwebfliegenlarve; 809; im brüchig-weichen, feuchten Mulm]. – **Buche:** *Rosalia alpina*, Alpenbock [I 404; i. Gebirgsbiotopen; I gern an aufgeklaftertem Buchenholz]. – *Xyloterus domesticus*, Buchennutzholzborkenkäfer [i. rindenbrandgeschädigt. Stämmen] 468, 470, 472. – In Borkenrissen: *Brachyopa* spec. [Schwebfliegenlarven; auch i. Winter] 811. – (Besonders Buche): *Sinodendron cylindricum*, Baumschröter [Lucanidenlarve, vgl. 314; I 316]. – *Cerambyx scopolii*, Buchen-Spießbock [fast 12 cm langer Hakengang; Puppenwiege mit Kalkdeckel]. – **Eiche:** *Lymexylon navale*, Schiffswerftkäfer 368/372. – *Niptus hololeucus*, Messingkäfer [I 373]. – (Besonders Eiche): *Cerambyx cerdo*, Gr. Eichenbock [I 403] 414. Im Mulm umgebrochener Laubholzstämme: Puparien aphidivorer Schwebfliegenarten 813. – In Höhlungen: Nester von Vespiden.

Laub- und Nadelholz. Stamm: *Systenocerus caraboides*, Rehschröter [I 317, i. Puppengehäuse überwinternd] vgl. 314 als Typ einer Lucanidenlarve. – *Hylecoetus dermestoides*, Sägehörnig. Werftkäfer 359/367. – *Xyleborus saxeseni*, Saxesens Holzbohrer 478. – Unter Rinde: Dipteren-Larven: Cecidomyiidae, Gallmücken 704/705. – Lycoriidae, Trauermücken 749. – Sciophilidae 748. – Ceratopogonidae, Bartmücken 757/759. – Stratiomyiidae, Waffenfliegen 785. – Rhagionidae, Schnepfenfliegen 787. – Erinnidae, Holzfliegen 789. – Asilidae, Raubfliegen 791. – Empididae, Tanzfliegen 798. – Dolichopodidae, Langbeinfliegen 807. – Lonchaeidae 817. – Unter Rinde an Rindenpilzen: *Platypeza* spec. (Rollfliege) 816. – In modernden Stämmen u. Ästen: Tipulidae-Larven, Erdschnaken 765/766; 771/772; vgl. 762/763.

Nadelholz. Fichte: Fraßgänge zw. Rinde u. Splint: *Pissodes harcyniae*, Harzrüsselkäfer (Stamm äußerl. durch Harztröpfchen wie mit Kalk bespritzt) 433/434. – *Pissodes scabricollis*, Fichtenbestandsrüßler (ähnl. Verhalten wie *harcyniae*). – **Fichte u. Kiefer:** zw. Rinde u. Splint: *Monochamus sartor*, Schneiderbock (I 384) 396/397; *Monochamus sutor*, Schusterbock (ähnl. d. vorig. Art). – *Caenoptera minor* (kleiner) Wespenbock [nach starkem Hallimasch-Auftreten vom Stammfuß bis zur Krone] 402. – *Rhagium inquisitor*, Zangenbock u. *Rh. bifasciatum*, Zweibindiger Zangenbock 398. – **Fichte u. Tanne:** *Serropalpus barbatus* [Siricidenähnl. Larvengänge mit gelblich-weißen Larven (mit braunen Hornhaken am letzten Segment)]. – Unter Rinde von Borkenkäfer-Stämmen: *Forcipomyia* spec. (Bartmücken-Larve) 757. – In nässenden Wunden: Larven der *Cheilosia morio*, Fichtenharzfliege; *Brachyopa bicolor* (Schwebfliege) 811.

Arbeitsschuppen (Geräteschuppen für) Waldarbeiter: Unter Rinde von **Fichten- u. Kiefern-Latten:** *Anthaxia quadripunctata*, Vierpunkt-Prachtkäfer 354 (vgl. auch 402). In berindeten Rundhölzern aus **Fichte od. Kiefer:** *Hylotrupes bajulus*, Hausbock (selten). – Pfähle in Blockhütten aus **Kiefernholz** (vor allem in Bodennähe): *Ergates faber*, Mulmbock 399. – **Bau (in hohlem Ständer):** *Bombus hypnorum*, Baumhummel. – **Nest (unter Dach):** *Vespa crabro; Dolichovespula saxonica*, Sächs. Wespe 1042.

Aronstab (*Arum maculatum* L.): Am Blütenstand in d. «Kesselfalle»: I von *Psychoda phalaenoides* (Schmetterlingsmücke) 738.

Arve od. Zirbelkiefer (*Pinus cembra* L.): **Stammregion: zw. Rinde u. Splint:** *Ips amitinus*, Kl. Buchdrucker 484. **Krone: Trieb:** *Pineus sibiricus*, Arvenlaus [Überwinterungsläuse]. – **Nadeln:** *Acantholyda erythrocephala*, Stahlblaue Kiefernschonungs-Gespinstblattwespe 225/226. – *Neodiprion sertifer*, Rote Kiefernbuschhornblattwespe 229/230. – *Semasia diniana*, Grauer Lärchenwickler [«Microlep.»-Räupchen: selten; I 53 (Farbt. 10)]. – *Lymantria monacha*, Nonne 85/86 (Farbt. 13).

Aspe = Espe, Zitterpappel: siehe «Pappel»: 1018 ff.

Astlöcher: siehe «Phytotelmen»

Aussichtstürme: Schwärmen v. Dasselfliegen (Juli) 855
Baumflechten: siehe «Flechtenkrusten an Stämmen»
Baumsäfte: siehe «Geschwüre» («ulzeröse» Geschwüre)
Baumschwämme: siehe «Holzschwämme»
Birke (*Betula verrucosa* ERH. [Hänge-, Rauh- od. «Sandbirke»], *B. pubescens*
EHRH. [Haar- od. «Moorbirke»], *B. nana* L. [Zwergbirke]): Minen-Insekten: 972 bis 982. – «Buchtenfraß» 987. **Junge Pflanze:** siehe Angaben bei
«Zweig» u. Blatt. **An Wurzeln:** *Melolontha* spec., Maikäferengerling
329/330, 347. – *Phyllobius arborator*, Grünrüßler [typ. Curculionidenlarven; 3–4 j. Pflz. platz- od. streckenweise ringsum befressen, feine Wurzeln
nicht durchgebissen]. **Stammbereich: Unter Rinde:** Erinnidae, Holzfliegenlarven 789. – **Zw. Rinde u. Splint:** *Chrysobothris affinis* [Prachtkäferlarve;
Gänge flach im Bast] 355. – *Agrilus viridis*, Grüner Prachtkäfer 356; 358. –
Cryptorhynchus lapathi, Bunter Erlenrüsselkäfer 436 (I 437) [selten]. –
Eccoptogaster ratzeburgi, Gr. Birkensplintkäfer 457/458. – **Im Holz:**
Cryptorhynchus lapathi, Bunter Erlenrüsselkäfer 436 (I 437) [selten]. –
Xyloterus domesticus, Buchennutzholzborkenkäfer 468, 470, 472. – *Xyloterus signatus*, Eichennutzholzborkenkäfer (vgl. 468, 372). – *Xyleborus saxeseni*, Saxesens Holzbohrer 478. – *Trochilium apiforme*, Hornissenglasschwärmer 65/66 (Farbt. 10). – *Cossus cossus*, Weidenbohrer [I: 597; Ra
rotbraun bis violett, 10 cm; 1046; Holzessiggeruch]. – *Zeuzera pyrina*,
Blausieb 599. – Agromyzidae, Minierfliegen [*Phytobia latigenis;* 818/819]. –
Krone: Zweige: *Vespa crabro*, Hornisse [spiralige Schälbeschädigungen]. –
In jungen Zweigen: *Phytobia betulae* [Minierfliege; 818/819]. – **Trieb:**
Cimbex femorata, Gr. Birkenblattwespe [Ringelung durch Vollkerfe 260]. –
Blatt: *Palomena prasina*, Stinkwanze 165. – *Caliroa annulipes*, Kl. Lindenblattwespe 254. – *Hemichroa alni*, Birkenblattw. 1015 ff. – *Platycampus
luridiventris* [Lochfraß unterseits; 255]. – *Cimbex femorata*, Gr. Birkenblattwespe; *Trichiosoma lucorum*, Gr. Pelzblattwespe [typ. Knopfhornwespenlarven, meist grün, zahlr. Querfalten u. weiße Punktwarzen, vgl. 84
(Farbt. 12); bei Störungen «Reflexbluten»]. – *Megachile circumcinctus* u.
M. analis [Blattschneiderbienen; I schneiden ovale Stücke aus dem Blatt; vgl.
297]. – Längsroller ohne Blattschnitt: *Bytiscus betulae*, Rebenstecher [Aufrollung der Blattspreite zu einem Zapfen; I 38 (Farbt. 7)]. – Längsroller mit
Blattschnitt: *Deporaus betulae*, Birkenblattroller [Trichterroller mit mittelständ. Rolle, gern in Büschen 443; (I 444)]. – Querroller mit Blattschnitt:
Apoderus coryli; Haselroller [Buschwerk; selten]. – Minen: *Orchestes
populi* F., (Springrüßler) [vgl. 438]. – *Eriocrania sparmanella*, Birkenminiermotte [von Mittelrippe aus anfangs Gang-, dann Platzmine; Kot in feinen
Strängen]. – *Agromyza alnibetulae* [Minierfliege] 821. – Fraß: *Melolontha
melolontha*, Feldmaikäfer 319. – *Galeruca capreae* (gelb. Weidenblattkäfer).
– *Magdalis violacea* (Langrüßler) 435 [I skelettieren das Blatt]. – *Phyllobius
arborator*, Grünrüßler [goldgrüne Beschuppung]. – *Polydrosus sericeus*
(Glanzrüßler) 40 (Farbt. 8). – **Raupenfraß:** *Endromis versicolora*, Birken-

spinner [Hinterende d. Raupe mit spitzem Höcker]. – *Eriogaster lanestris*, Birkennestspinner (I 606) [Raupen gesellig i. sackförmig. Gespinsten]. – *Lasiocampa quercus*, Eichenspinner (I 607) [Raupen braungelb, langbehaart, mit samtschwarz. Segmentinzisuren]. – *Aglia tau*, Nagelfleck 72 (Farbt. 11). – *Stauropus fagi*, Buchenspinner 83 (Farbt. 12); (I 670). – *Lophopteryx camelina*, Kamelspinner 79 (Farbt. 12). – *Phalera bucephala*, Mondvogel 623/624 (I 621/622). – *Drepana falcataria; Dr. harpagula* (Sichelflügler; I 625) [Raupen mit metathorakalen Dornzapfen]. – *Cheimatobia boreata*, Buchenfrostspanner 80. – *Hibernia defoliaria*, Gr. Frostspanner (I 634/636), Ra 1014. – *Biston betularius*, Gr. Birkenspanner 3 (Farbt. 1). – *Ematurga atomaria*, Heidekrautspanner [bräunl. Raupe mit fleckenförmig. Medianlinie u. hellgelb. Lateralstreifen, auch auf Besenginster u. Hauhechel]. – (*Hyphantria cunea*, Weißer Bärenspinner 643 [verschwenderischer Fraß, zahlr. Blattabbisse am Boden]). – *Hylophila prasinana*, Buchenkahneule 76 (I 98; Ra 1013). – *Acronycta alni* [Raupe stahlblau-schwarz, mit hochgelben behaarten Querwülsten]. – *Euproctis chrysorrhoea*, (braunschwänziger) Goldafter 665/666 (I 664). **Im Samen:** *Oligotrophus betulae* (Gallmückenlarve; vgl. 704/705). – Auch 948 ff., 953.

Blattlauskolonien: Körper der Blattläuse farblich verändert u. glasig aufgetrieben: Parasitierung durch Aphidiidae, Blattlauswespen. – Räuber: *Calopteryx splendens* («Wasserjungfer»; I 131). – Dermaptera, Ohrwürmer (vgl. 141). – *Picromerus bidens* (zimtbraune Wanze) 166. – *Psenulus* spec. u. *Mimesa* spec. (Grabwespen; tragen Pflanzenl. ein). – Coccinellidae, Marienkäfer (vgl. 10 u. 11 [Farbt. 4]). Raptorische Larven: Coccinellidae (15). – *Chrysopa vulgaris*, Gem. Florfliege u. *Chrysopa perla;* 510. – Farbige Zweiflüglerlarven: u. a. *Epistrophe bifasciata* 99 (jeweils Farbt. 15); *Syrphus vitripennis* 100; *Lasiopticus seleniticus* 101; *L. pyrastri* 102 (Farbt. 5). – Dipt.-Larven mit ausgesprochen spannerartiger Fortbewegungsweise: *Leucopis* spec. (Blattlausfliegen). – Auf Blättern mit «Blattlaushonig»: Chrysididae, Goldwespen (metallisch gefärbte Tierchen mit «ausgehöhltem» Bauch).

Blaubeere, Heidelbeere (*Vaccinium myrtillus* L.): **Auf Blättern:** *Palomena prasina*, Grasgrüne Stinkwanze 165. – *Aleurochiton vaccinii* («Weiße Fliege», aber eine Schmetterlings- od. Mottenlaus [sonst in Gewächshäusern vorkommende Gruppe]). Fraß: *Caliroa annulipes*, Kl. Lindenblattwespe 254 [anfangs Loch-, später Skelettierfraß]. – *Lasiocampa quercus*, Eichenspinner (I 607) [Raupen braungelb, langbehaart, mit samtschwarz. Segmentinzisuren]. – *Cosymbia linearia* (I 94 [Farbt. 14]); *Cidaria albicillata* (I 93 [Farbt. 14]) [Spanner]. – *Boarmia bistortata*, Lärchen- od. Heidelbeerspanner (I 95 [Farbt. 14]) – *Anarta myrtilli*, Heidekrauteule [grünes Räupchen mit weißen seitl. Schrägflecken]. – *Lymantria monacha*, Nonne; Ra 85 (Farbt. 13) [Notfraß]; Pu 86.

Blößen: Flugjäger: u. a. *Libellula depressa*, Gem. Plattbauch 130.

Bodenpflanzen: 983 ff.

Bodenstreu: «Laub- u. Nadelstreu». 1038 u. 1039.

Borkenkäfer-Bohrgänge: Käfer mit abgestutzten Elytren u. retraktilen Grab-extremitäten: u.a. *Hololepta*, *Platysoma*, *Paromalus*, *Plegaderus* spec. [Stutzkäfer]. – *Platysoma oblongum* 311 [in den Bohrgängen, u.a. an Kiefer, von *Ips sexdentatus* (Gr. Kiefernborkenkäfer) 504/505]. Fliegen-larven: *Megaselia fungivora* [Buckelfliegenlarve, vergesellschaftet in den Ipidengängen mit Lycoriiden-(Trauermücken-)Larven 749], auffälliger die Puparien der Phoridae 814. – *Lonchaea seitneri* [Habitus: 817] bei *Ips amitinus* (Kl. Buchdrucker: 484) u. *Palloptera usta* [Habitustyp: 817] bei *Ips typographus* (Buchdrucker; 483).

Brombeere (*Rubus* spec.): **Im Fallaub:** *Zanclognatha tarsicrinalis* [grünlich-braunes Eulen-Räupchen mit gelber Sprenkelung]. **Im hohlen Stengel:** Ei an einem Faden über gelähmter Käferlarve, Schmetterlingsraupe u. dgl. = Solitärwespen. **Stengelgalle:** *Lasioptera rubi*, Brombeersaummücke 727. **Knospe:** *Contarinia rubicola*, Brombeer-Gallmücke [Knospe angeschwol-len, mit Larven besetzt; vgl. Larventyp (704/705)]. **Blatt:** *Caenoptera minor*, (kleiner) Wespenbock [I 389]. **Fraß:** *Macrothylacia rubi*, Brombeerspinner [samtartig braune Raupe mit schwarzblauen Segmenteinschnitten und hin-ten mit orangegelben Punkten; erst ab Juli]. – *Lasiocampa quercus*, Eichen-spinner (I 607) [Ra braungelb, langbehaart, mit samtschwarz. Segmentein-schnitten]. – *Thyatira batis*, Brombeer«eule» 627 u. oft an der gleichen Fraßpflanze: *Habrosyne derasa* (ebenfalls eine Wollrückenspinnerraupe). – *Cidaria albicillata* [Spannerraupe: I siehe 93 (Farbt. 14)]. – *Dasychira pudibunda*, Buchenrotschwanz 74 (Farbt. 12). – Blätter ungeöffnet, schwarz: *Dasyneura plicatrix*, Brombeerblatt-Gallmücke 728 [als räuberische Larve andere Cecidomyiid.-Art vorkommend: *Lestodiplosis plicatricis*].

Buche, Rotbuche (*Fagus sylvatica* L.): **Förna:** 1039. **In lichten Buchenbestän-den:** *Carabus coriaceus*, Lederlaufkäfer 306. **Fallaubschicht:** *Standfussia emortualis* [14füßige Eulenraupe; Fallaub wird siebförmig durchlöchert]. **Keimpflanze:** (siehe auch: «Pflanzgarten»). *Podisma alpina*, Buchenwald-schrecke 140 [Entlaubung der Keimlinge]. – *Phyllaphis fagi*, Buchenblatt-Baumlaus 184. – *Cerostoma parenthesella* (Plutellidae) [Ra frißt auf Blatt-unterseite alter Buchen, hängt gern an einem Faden u. frißt auch an den Keimlingen]. – *Agrotis segetum*, Wintersaateule 649/650. **Junge Pflanze** (siehe auch «Pflanzgarten»). Fraßschäden: *Otiorrhynchus niger*, Mittl. schwarzer Rüsselkäfer (I 441) [Larven rhizophag]. – *Phyllobius arborator*, Grünrüßler [ventral gekrümmte, extremitätenlose weiße Larven befressen die Wurzeln platz- od. streckenweise ringsum]. – *Polydrosus sericeus* (Glanz-rüßler) 40 (Farbt. 8). – *Polydrosus mollis* [I: Blattknospenfraß, die Hülsen durchbohrend]. **An Wurzeln** (siehe auch: «Pflanzgarten»). Fraßschäden: *Melolontha melolontha*, Feldmaikäfer [Engerling 329/330] (Schadb. vgl. 346/352). – *Otiorrhynchus*, *Phyllobius* u. *Polydrosus*-Arten: siehe unter «Junge Pflanze». – *Philia febrilis*, Gem. Strahlenmücke 700 (vgl. 701/702; 770). **Stammregion: Auf der Rinde:** *Meconema thalassinum*, Eichenschrecke 136/137 (Aufbaumen nach stürmischen Wetterlagen). – *Mesopsocus immu-*

nis 145/147 [auf begrünter Rinde]. – *Fumea casta* (Rauchsackspinner) 532; *Talaesporia tubulosa* (Sackträgermotte) 533. – *Oeonistis quadra*, Flechtenspinner 646 [an Flechten]. – Rhagionidae, Schnepfenfliegen (I) 783/784. – Empididae, Tanz- od. Rennfliegen (I) 802/803, z.B. *Tachypeza nubila* [sehr wendig, bei Fangversuchen nur laufend]. – Dolichopodidae, Langbeinfliegen (I) [vgl. 801], z.B. *Medetera jacula* u. *M. dendrobaena* [auf glattrindig. Stämmen mit Algen u. Krustenflecht., gern an randständig. Stämmen mit Sonnenbrand; bei Fangversuchen kl. Flugsprünge]. – *Cryptococcus fagi*, Buchenwollaus 8 (Farbt. 4) [gern auch in den Überwallungswülsten des Buchenkrebses (*Nectria* spec.) 220]. – Räuber (unter *Cryptoc.*): *Chilocorus renipustulatus* (Marienkäfer) 10/11 (Farbt. 4); *Chrysopa* spec. (Florfliegenlarve) 510. – [Trombidiidae, Laufmilben, scharlachrot, Ernährung noch fraglich, in den filzig. Wachsausscheidung. der Buchenwollläuse 9 (Farbt. 4)]. – In aufgeplatzten Rinden-Längsrissen: *Lachnus exsiccator*, Buchenkrebs-Baumlaus [vgl. 220]. – Minen in d. Rine: *Ectoedemia liebwerdella*, Buchenrindenminiermotte 531. – Unter Rinde: *Aradus crenatus* (Rindenwanze) [an Pilzmyzelien]. – Im Bast: *Chrysobothris affinis* (Prachtkäferlarve) 355; in den larval. Fraßgängen Asilidae-Larven 791 [vgl. auch 792]. – Zw. Rinde u. Splint: *Agrilus viridis*, Grüner Prachtkäfer (I 357) 358, 356. – *Plagionotus arcuatus*, Eichenwidderbock (I 405) 415 [selten]. – *Callidium sanguineum*, Roter Scheibenbock; *C. lividum*; *C. testaceum*, Veränderl. Scheibenbock (I 411) 413 [vgl. dazu 279/283]. – *Rhagium sycophanta*, Schrotbock (I 412); *Rh. mordax* [nestartige Puppenwiegen; vgl. 398]. – *Eccoptogaster intricatus*, Eichensplintkäfer 466. – *Dryocoetes villosus* [querer Sterngang mit Rammelkammer]. – *Eccoptogaster carpini* [mit einarmig. Waagegang]. – Im Holz: *Tremex fuscicornis* u. *magus* (typ. Siriciden-La.). – *Hylecoetus dermestoides*, Sägehörnig. Werftkäfer 359/362; 364/367; 471. – *Anobium rufovillosum*, Scheckiger Pochkäfer [gewöhnl. i. Gefolge holzzerstörend. Pilze]. – *Cerambyx scopolii*, Buchen-Spießbock [fast 12 mm langer Hakengang; Puppenwiege mit Kalkdeckel]. – *Plagionotus arcuatus*, Eichenwidderbock (I 406) 415 [selten]. – *Rosalia alpina*, Alpenbock (I 404; i. Gebirgsbiotopen; I gern an aufgeklaftertem Buchenholz]. – *Xyloterus domesticus*, Buchennutzholzborkenkäfer 468, 470, 472. – *Xyloterus signatus*, Eichennutzholzborkenkäfer. – *Xyleborus monographus*, Eichenholzbohrer [Horizontalgabelgänge; typ. geweihartig. Brutröhren]. – *Anisandrus dispar*, Ungleich. Holzbohr-Borkenk. 469, 473. – *Xyleborus saxeseni*, Saxesens Holzbohrer 478. – *Platypus cylindrus*, Eichenkernkäfer (I 496) [gelegentl.]. – *Cossus cossus*, Weidenbohrer [I: 597; Ra rotbraun bis violett, fingerdick, bis 10 cm lang, 1046, Holzessiggeruch]. – *Zeuzera pyrina*, Blausieb 599. **Krone: unter Rinde abgestorbener Äste:** *Ptinus rufipes* (Diebskäfer). – **An Knospen u. Trieben:** *Dasyneura fagicola* u. *Contarinia fagi* (Gallmücken [hier Befallsbild jedoch ohne Gallbildung; Larventypen vgl. 704/705]). – **Ringelung der Triebe:** *Cimbex fagi*, Buchenblattwespe (I 259; 260). – **An oder auf Blättern:** *Periscopus parvulus* (Rindenlaus) [151; kl. Tiere mit tonnenförmig. Abdomen (vgl. 145/147)]. – *Typhlocyba cruenta*, Buchenzirpe 175. – *Typhlocyba quercus* (Eichenzirpe [I 5 (Farbt. 3)]. – *Phyllaphis fagi*, Buchenblatt-Baumlaus *178/184*. – *Caliroa annulipes*, Kl. Lindenblattwespe 254 [anfangs Loch-, später Skelettierfraß]. – *Cimbex fagi*, Buchenblattwespe; Ra 84 (Farbt. 12). – Minen: *Orchestes fagi*, Buchenspringrüßler 438. – *Nepticula basalella*, Buchenminiermotte 530. – *Lithocolletis faginella* (Blatt-Tütenmotte) 526/528. – Gallen: *Mikiola fagi*, Buchenblatt-Gallmücke 529, 722/723. – *Hartigiola annulipes* (Gallmücke) 724. – Saugschaden ohne Gallbildung: *Dasyneura* u. *Contarinia* spec. [siehe unter: «An Knospen...»]. – Trichterroller: *Deporaus betulae*, Birkenblattroller [selten; vgl. 443]. – Fraßbeschädigungen: *Podisma alpina*, Buchenwaldschrecke 140 [sogar Kahlfraß]. – *Melolontha melolontha*, Feldmaikäfer 319 (vgl. 318). – *Orchestes fagi*, Buchenspringrüßler (I: Lochfraß neben den Minen [siehe 438]). – *Phyllobius arborator*, Grünrüßler [goldgrüne Beschuppung]. – *Polydrosus sericeus* (Glanzrüßler) 40 (Farbt. 8). – Raupenfraß: *Cerostoma parenthesella* (Plutellidae) [Ra frißt auf Blattunterseite u. hängt gern an einem Faden]. – *Chimabacche fagella*, «Sängerin» 560/561 (I 562/564). – *Cochlidion limacodes*, Gr. Schildmotte 601. – *Aglia tau*, Nagelfleck 72 (Farbt. 11). – *Ptilophora plumigera* (Zahnspinner; Ra grün). – *Stauropus fagi*, Buchenspinner 83 (Farbt. 12). – *Drepana cultraria* (Sichelflügler [I 625]; hellbraune Ra mit rötlichem Dorsalfleck). – *Cheimatobia brumata*, Gem. Frostspanner (I 631/633) u. *Ch. boreata*, Buchenfrostspanner 80 (Farbt. 12). – *Hibernia defoliaria*, Gr. Frostspanner (I 634/636; Ra 1014). – *Cosymbia linearia* (Spanner [I 94]). – *Scopelosoma satellitium* (Eulen). – *Hylophila prasinana*, Buchenkahneule 76; 1013; I siehe 98. – *Colocasia coryli*, Haseleule (I 97).– *Acronycta aceris*, Ahorneule 655/656; *A. psi* 1012. – *Dasychira pudibunda*, Buchenrotschwanz 74 (Farbt. 12). – *Orgyia antiqua*, Schlehenspinner 75 (Farbt. 12). – *Lymantria monacha*, Nonne 85 (Farbt. 13). **An Bucheckern:** *Laspeyresia grossana*, Buchelwickler [befallene Früchte frühzeitig abfallend].

Buschwerk: siehe «Strauchschicht»

Compositae: siehe «Korbblütler»

Doldengewächse (Umbelliferae): *Cetonia aurata*, Gem. Rosen- od. Goldkäfer I 323. – *Anthrenus museorum*, Kabinett- od. Museumskäfer I [schwarz, gelb gesprenkelt]. – *Leptura rubra*, Schmalbock, ♂ 391. – *Caenoptera minor*, (kleiner) Wespenbock 389. – Stratiomyiidae, Waffenfliegen (vgl. 779), besonders in feucht. Laubwäldern auf *Chaerophyllum* spec. [Kälberkropf]).

Douglasie (*Pseudotsuga menziesii* [MIRBEL] FRANCO): **Keimpflanze:** *Gryllotalpa vulgaris*, Maulwurfsgrille 138. – Tipulidae, Erdschnaken [Larven, etwa *Pales crocata*, gelbbindige Riesenschnake u. weitere *Pales*-Arten] vgl. 761; 765/769; 774 u. 763. **Junge Pflanze:** Acridiidae, Feldheuschrecken (gen. spec.) vgl. 140. **An Wurzeln** (siehe auch «Pflanzgarten»). Fraßschäden: *Melolontha melolontha*, Feldmaikäfer [Engerling 329/330] (Schadb.: vgl. 346/352). **Stammregion: Unter Rinde:** *Pityogenes chalcographus*, Kupfer-

stecher 480 [selten]. **Krone: An Ästen und Zweigen:** Unter Rinde: *Pityoph-thorus micrographus*, Kl. Fichtenborkenkäfer 486. – *Pityogenes bidentatus*, Hakenzähnig, Kiefernborkenkäfer 485. – **An Trieben:** *Ips cembrae*, Gr. Lärchenborkenkäfer (Markröhrenfraß) [vgl. 497]. – **An Nadeln:** *Gilletteella cooleyi*, Douglasienlaus 200; 211. – *Lymantria monacha*, Nonne 85/86 (Farbt. 13). – **Zapfen:** im Samen: *Megastigmus spermatophorus* 284/286.
Eberesche: siehe «Vogelbeerbaum»: «Rollgallen» 998 ff.
Eibe (*Taxus baccata* L.): An männl. Blütenknospen: *Taxomyia taxi*, Eiben-Gallmücke [rosenknospenartige Galle] 712 [ähnl. Schadb.: gallbildende Milbe *Eriophyes psilaspis;* nicht selten auch Mitbewohner der Cecidomyi-iden-Galle].
Eiche (*Quercus robur* L. [Sommer- od. Stieleiche]; *Quercus petraea* (MATT.) LIEBL. [Winter- od. Traubeneiche]): **Fallaubschicht:** an Blättern phyto-saprophag: *Simplicia rectalis* u. *Standfussia emortualis* (Fraßbild: siebartige Durchlöcherung) [Eulenraupen]. **Keimpflanze** (siehe «Pflanzgarten»). **Junge Pflanze** (siehe «Pflanzgarten»): *Eulecanium corni*, Gr. Napflaus 216. – *Andricus testaceipes* [«seepockenähnl.» Rindengallen am Wurzelhals]. – Fraßschäden: *Haltica quercetorum*, Eichenerdfloh [Vollkerfe zeigen besonderes Sprungvermögen; die von Larven skelettierten Blätter bräunen u. kräuseln sich]. – *Otiorrhynchus niger*, Mittl. schwarzer Rüsselkäfer [Schadbild d. Vollkerfe 446; Larven zarte Wurzeln ganz verzehrend, stärkere schälend; vgl. 346/352]. **An Wurzeln:** Protura, Beintastler [an Mykorrhizen saugend] 120/123. – Gallen: *Biorrhiza pallida* (Gallwespe) [bis 1 m tief an den Wurzeln, gelegentl. auch am unterst. Teil der Sproßachse junger Pflanzen]. – Fraßschäden: *Melolontha melolontha*, Feldmaikäfer [Engerling 329/330] (Schadb.: vgl. 346/352). – Elateridae, Schnellkäfer (u. zwar die Larven = Drahtwürmer) 344/346 [vgl. auch 347/352]. – Larven folgender Rüßler: *Otiorrhynchus niger*, Mittl. schwarzer Rüsselkäfer (I 441); *Phyllobius arborator*, Grünrüßler [weiße Larven = ventral gekrümmt, extremitätenlos]; *Polydrosus sericeus* (Glanzrüßler) 40 (Farbt. 8) u. a. **Stammregion: Auf der Rinde:** *Meconema thalassinum*, Eichenschrecke 136/137 [hellgrüne Laubschrecke beim «Aufbaumen» nach stürmischem Wetter]. – *Lachnus exsiccator*, Buchenkrebs-Baumlaus (vgl. 220) [Folge: Rinde platzt in Längsrissen auf]. – *Chionaspis salicis*, Miesmuschelschildlaus 218/219 [Rinde hebt sich blasenartig ab]. – *Eutrichocnemis simploniella*, Eichenrinden-miniermotte [den Blatt-Tütenmotten zugehörig; schon an 4jährig. Stämmchen]. **Unter Rinde:** *Aradus corticalis* (Rindenwanze) [an Pilzmyzelien]. – Fraßgänge: *Chrysobothris affinis* (Prachtkäferlarve) 355. – *Agrilus viridis:* Grüner Prachtkäfer (I 357) 358; 356. – *Plagionotus arcuatus*, Eichenwidderbock (I 405) 415. – *Callidium sanguineum*, Roter Scheibenbock; *C. lividum; C. testaceum*, Veränderl. Scheibenbock (I 411) 413 [vgl. dazu 279/283]. – *Rhagium sycophanta*, Schrotbock (I 412); *Rh. mordax* [nestartige Puppenwiegen; vgl. 398]. – *Hylesinus fraxini*, Kl. bunter Eschenbastkäfer 463 u. *H. crenatus*, Gr. schwarzer Eschenbastkäfer 465 (gelegentl.). – *Eccopto-*

gaster intricatus, Eichensplintkäfer 466. – *Dryocoetes villosus* [querer Stern-gang mit Rammelkammer]. – *Eccoptogaster carpini* [mit einarmig. Waage-gang]. **Im Holz:** *Tremex* spec. u. *Xiphydria longicollis*, Eichenholzwespe [typ. Siricidenlarven; vgl. 262]. – *Camponotus herculeanus*, Roßameise [gelegentl.; vgl. 294/295]. – *Lucanus cervus*, Hirschkäfer; *Dorcus parallelo-pipedus*, Zwerghirschkäfer [La 314; im Holzmulm modernder Stämme]. – *Hylecoetus dermestoides*, Sägehörn. Werftkäfer 359/362; 364/367; 471. – *Lymexylon navale*, Schiffswerftkäfer 368/372. – *Anobium rufovillosum*, Scheckiger Pochkäfer [gewöhnl. i. Gefolge holzzerstörender Pilze]. – *Ce-rambyx cerdo*, Gr. Eichenbock (I 403) 414. – *C. scopolii*, Buchen-Spießbock [fast 12 mm langer Hakengang; Puppenwiege mit Kalkdeckel]. – *Plagio-notus arcuatus*, Eichenwidderbock (I 405) 415. – *Xyloterus domesticus*, Buchennutzholzborkenkäfer 468; 470; 472. – *X. signatus*, Eichennutzholz-borkenkäfer. – *Xyleborus monographus*, Eichenholzbohrer [Horizontal-gabelgänge; typ. geweihartig. Brutröhren]. – *Anisandrus dispar*, Ungleich. Holzbohr-Borkenk. 469, 473. – *Xyleborus saxeseni*, Saxesens Holzbohrer 478. – *Platypus cylindrus*, Eichenkernkäfer (I 496). – *Cossus cossus*, Weiden-bohrer [I: 597; Ra rotbraun bis violett, fingerdick, bis 10 cm lang; Holzessig-geruch, 1046]. – *Zeuzera pyrina*, Blausieb 599. **Krone: An Ästen und Zweigen:** an der Rinde: *Vespa crabro*, Hornisse [spiralige Schälbeschädi-gungen, bis 20 cm lang]. – Anbrüchige Stellen od. Aststummel: *Anobium rufovillosum*, Scheckiger Pochkäfer [befallene Areale siebartig mit Flug-löchern]. – Unter Rinde: *Chrysobothris affinis* (Prachtkäferlarve) 355. – *Ptinus rufipes* (Diebskäfer) [vorwiegend in abgestorbenen Ästen]. – *Rhyn-chites cavifrons*, Eichenzweigstecher [Larven minieren im Mark eines ab-sterbenden Zweiges]. – **An Knospen u. Trieben:** Fraß: *Camponotus hercu-leanus*, Roßameise [Arbeiter beißen Knospen u. Triebe an: I 292]. – *Systenocerus caraboides*, Rehschröter 317 [Fraß der Lucaniden-Imagines; Knospen fallen bei Berührung ab]. – *Cantharis obscura*, Eichenweichkäfer 339 [benagte Triebe knicken um, werden schwarz]. – Elateridae, Schnell-käfer (I 342/343). – *Eccoptogaster intricatus*, Eichensplintkäfer [Reifungs- u. Regenerationsfraß der Käfer]; sonst Rindenbrüter 466. – Gallbildungen [von Gallwespen]: *Cynips quercusfolii* (früher wurde diese Knospengalle der Art *Diplolepis taschenbergi* zugeschrieben), vgl. Blattgalle dies. Art 20/22 (Farbt. 6). – *Biorrhiza pallida* («Eichapfel»; 26 [Farbt. 6]). – *Andricus fecundator* («Eichenrose»; 27 [Farbt. 6]). **An Blättern:** Saugschäden: *Eurha-dina pulchella* (Kleinzirpe) 6, 7 (Farbt. 3). – *Typhlocyba quercus* (Zwerg-zirpe) 5 (Farbt. 3). – Fraß: *Caliroa annulipes*, Kl. Lindenblattwespe 254 [anfangs Loch-, später Skelettierfraß]. – *Periclista lineolata* (gleichfalls Blattwespenlarve) 258 [954 bis 957 – gern an Bestandesrändern u. in mannshohen Kulturen]. – *Megachile annalis* (Blattschneiderbiene; vgl. 297) [I schneidet ovale Stücke aus der Blattspreite]. – *Melolontha melolontha*, Feldmaikäfer I 319 (vgl. auch 318). – *Polyphylla fullo*, Walker I 320. – *Phyllopertha horticola*, Gartenlaubkäfer; I 322. – *Coccinella septempunc-*

tata, Siebenpunkt [I kann an jungen Blättern phytophag sein]. – *Haltica quercetorum*, Eichenerdfloh [Larven anfangs die Epidermis der Blattunterseite befressend; später Bräunung u. Kräuselung der skelettiert. Blätter]. – *Orchestes quercus*, Eichenspringrüßler [Käfer nagt an der Blattunterseite «Flecken», selten Löcher wie der Buchenspringrüßler]. – *Phyllobius arborator*, Grünrüßler [I.; Blätter nach Fraß zersaust, zerschlissen]. – *Polydrosus sericeus* (Glanzrüßler) 40 (Farbt. 8) u. *P. mollis.* – *Tortrix viridana*, Grüner Eichenwickler 59/64 (Farbt. 10) [mit typ. Blattwickeln 596]. – *Malacosoma neustria*, Ringelspinner (I 604) 605 [charakteristisch: flaches Gespinst in Astgabeln]. – *Lasiocampa quercus*, Eichenspinner (I 607) [Raupen braungelb, langbehaart, mit samtschwarzen Segmentinzisuren]. – *Aglia tau*, Nagelfleck 67 bis 73. – *Thaumatopoea processionea*, Eichenprozessionsspinner [Ra gesellig in Nestern]. – *Stauropus fagi*, Buchenspinner 83 (Farbt. 12); (I 607). – *Phalera bucephala*, Mondvogel 623/624 (I 621/622). – *Drepana harpagula* (Sichelflügler; I 625) [Ra mit metathorakal. Höcker]. – *Cheimatobia brumata*, Gem. Frostspanner (I 631/633); *Ch. boreata*, Buchenfrostspanner 80 (Farbt. 12); *Hibernia defoliaria*, Gr. Frostsp. 78, 1014. – *Biston betularius*, Gr. Birkenspanner 3 (Farbt. 1) (I 629/630). – *Cosymbia linearia* (Spanner: 94 [Farbt. 14]). – *Boarmia bistortata*, Lärchenbaumspanner (I 95 [Farbt. 14]). – *Hylophilina bicolorana*, Eichenkahnspinner 951; *Catocala sponsa*, Eichenkarmin 952 [Noctuidae]. – *Colocasia coryli*, Haseleule (I 97 [Farbt. 14]). – *Acronycta aceris*, Ahorneule 655/656. – *Acronycta alni* [Ra stahlblau mit hochgelben Querwülsten]. – *Euproctis chrysorrhoea*, (braunschwänziger) Goldafter (I 664) Ra 665/666. – *Orgyia antiqua*, Schlehenspinner 75 (Farbt. 12); 667. – *Lymantria dispar*, Schwammspinner 87 (Farbt. 13). – *Lymantria monacha*, Nonne 85/86 (Farbt. 13). – *Aporia crataegi*, Baumweißling (I 685). – Eingerollte Blattränder: *Macrodiplisis dryobia* 725 u. *M. volens* 726 (Gallmückenlarven; vgl. 704/705). – Blattwickel: *Tortrix viridana*, Grüner Eichenwickler 596; 59–64. – Blatt zur mittelständig. Büchse rollend: *Apoderus coryli*, Haselroller. – *Attelabus nitens*, Roter Eichenkugelrüßler 445; 995 ff. – Minen: *Orchestes quercus*, Eichenspringrüßler [Gangmine mit Platzmine am Blattrand; I: siehe Blattfraß]. – *Tischeria complanella*, Eichenminiermotte 534 (I 96 [Farbt. 14]). Blattgallen (Gallwespen; sämtl.: Farbt. 6): *Cynips quercusfolii* 20/22 [«Eichengallapfel»]. – *Trigonaspis megaptera* 23. – *Neuroterus numismalis* 24. – *Cynpis longiventris* 25. – *Neuroterus quercus-baccarum* 28. – **An Blüten:** *Tortrix viridana*, Grüner Eichenwickler (Ra; 62 [Farbt. 10]). – **Eicheln:** *Balaninus glandium*, Eichelrüßler 439. – *Rhynchites aeneovirens*, Eichenknospenstecher. – *Laspeyresia splendana*, Eichelwickler [Ra weißlich mit Warzen; befallene Früchte fallen frühzeitig ab].

Eichhornkobel: Nestbauten von folgend. Hummeln: *Bombus muscorum*, Moos-Hummel; *B. pratorum*, Wiesen-Hummel; *B. silvarum*, Wald-Hummel.

Erle (*Alnus glutinosa* GAERTN. [Rot- od. Schwarzerle]; *A. incana* DC. [Weiß- od. Grauerle]; *Alnus viridis* (SPACH.) DC [Grünerle]): **Fallaubschicht:**

Penthetria holosericea, Flormücke [diese Haarmückenlarven (698) bevorzugen die Förna von Erlenbeständen, hier auch die charakteristische I (736)]. **Keimpflanze:** siehe «Pflanzgarten». – Außerdem: *Polydrosus sericeus* (Kurzbzw. «Glanz»-Rüßler) I 40 [Farbt. 8] [befressen Blätter u. Triebe einjährig. Pflänzchen]. **Junge Pflanze:** *Vespa crabro*, Hornisse [spiralige Schälbeschädigungen]. **Stammregion: auf der Rinde:** *Chionaspis salicis*, Miesmuschelschildlaus 218/219 [bei starkem Befall blasenartige Abhebung der Rinde]. – **Unter Rinde:** *Agrilus viridis*, Grüner Prachtkäfer (I 357) 358; 356. – *Cryptorrhynchus lapathi*, Bunter Erlenrüsselkäfer (I 437) 436 [Rissigwerden der Rinde]. – **Im Holz:** Erlenrüsselkäfer (wie vor) [hier zentraler Fraß; an den Bohrlöchern Späne]. – *Xyloterus domesticus*, Buchennutzholzborkenkäfer 468; 470; 472. – *Sesia spheciformis*, Erlenglasschwärmer u. *S. culiciformis*, Kl. Birkenglasschwärmer [vgl. 559]. – *Cossus cossus*, Weidenbohrer [I: 597; Ra rotbraun bis violett, fingerdick, bis 10 cm lang; Holzessiggeruch, 1046]. – *Zeuzera pyrina*, Blausieb 599. – «Braunketten», «Markflecken» («Braunfleckigkeit») im Holz, bei Längs- u. Stirnschnitt sichtbar: (818/819): Larven der Kambium-Minierer (Agromyzidae, Minierfliegen). **Krone: An Zweigen:** *Vespa crabro*, Hornisse [spiralige Schälbeschädigungen]. – **An Trieben u. Knospen:** Aphrophora alni, Erlenschaumzikade [gelblich-grau mit schwarzen Pünktchen; weißer medianer Querfleck]. – *Psylla alni*, Erlenblattfloh [in den Blattachseln der Triebspitzen wachsausscheidende Larven]. – *Coleophora fuscedinella*, Erlenknospenmotte [ältere Larven in Säckchen]. – **An od. auf Blättern:** *Typhlocyba cruenta*, Buchenzirpe 175. – *Psylla alni*, Erlenblattfloh 176. – *Platycampus luridiventris* 255 [Blattwespenlarve]. – *Cimbex connata* [typ. Knopfhornwespenlarve (vgl. 84, Farbt. 12)]. – *Galeruca lineola* («gelber» Weidenblattkäfer) u. *Agelastica alni*, Blauer Erlenblattkäfer 422/425. – *Drepana falcataria* (Sichelflügler; I 625) [Ra mit meso- u. metathorakal. Höckern]. – *Acronycta alni* [Eulenraupe; schwarzstahlblau mit gelben Querwülsten u. jeweils ruderförmig. Haaren seitl.]. – **Mine:** *Agromyza alnibetulae* 821 [Minierfliegenlarve]. – **Trichterrolle:** *Deporaus betulae*, Birkenblattroller 443 [an Erle selten]. – Auch 949 ff.

Erosionsgräben: siehe unter «Laubstreu»

Esche (*Fraxinus excelsior* L.): **Keimpflanze:** siehe unter «Pflanzgarten». **Junge Pflanze:** *Vespa crabro*, Hornisse [spiralige Schälbeschädigungen]. **Im Wurzelbereich:** *Melolontha melolontha*, Feldmaikäfer [Engerling 329/330] (Schadb.: vgl. 346/352). **Stammregion: Auf der Rinde:** *Chionaspis salicis*, Miesmuschelschildlaus 218/219 [an schwachen Sortimenten bei starkem Besatz Rinde mit Blasen]. – *Hylesinus fraxini*, Kl. bunter Eschenbastkäfer 464 [«Rinden- od. Eschenrosen» = krebsähnl. Grindstellen i. d. grünen Schaftrinde junger Stangen]. – **Unter Rinde:** *Hylesinus fraxini*, Kl. bunter Eschenbastkäfer 463 [siehe auch 464]. – *Hylesinus orni* [Fraßb. dem v. *H. fraxini* sehr ähnl., aber Larvengänge gz. dicht, einander berührend]. – *Hylesinus crenatus*, Gr. schwarzer Eschenbastkäfer 465. – *Eccoptogaster scolytus*, Ulmensplintkäfer 460. – **Im Holz:** *Cerambyx cerdo*, Gr. Eichen-

bock; I 403 (Fraßb. 414). – *Xyloterus signatus*, Eichennutzholzborkenkäfer [vgl. 468; 470; 472]. – *Platypus cylindrus*, Eichenkernkäfer (I 496) [gelegentl. i. Esche]. – *Cossus cossus*, Weidenbohrer [I 597; Ra rotbraun bis violett, fingerdick, bis 10 cm lang; Holzessiggeruch, 1046]. – *Zeuzera pyrina*, Blausieb 599. **Krone: an Zweigen u. Ästen:** auch hier «Rinden- od. Eschenrosen» von *Hylesinus fraxini* (s. unter «Stammregion»). – *Vespa crabro*, Hornisse [spiralige Schälbeschädigungen]. – **An Knospen u. Trieben:** *Prays curtisellus*, Eschenzwieselmotte (zu den Gespinstmotten gehörig) 558 [monophage Laubholzart; vornehml. an beschatteten, dichtstehd. Pflanzen]. – Ringelung (an Trieben): Cimbicinae, Knopfhornwespen (I 259) 260. – **An Blättern:** *Psyllopsis fraxini*, Eschenblattfloh (z. d. Pflanzensaugern gehörig) 177 [charakteristisch: blasige Randrollungen mit rot u. violett gefärbten Adernetzen]. – *Prociphilus nidificus*, Eschenblattlaus [eine «Röhrenlaus»; erzeugt Blätterschöpfe von vogelnestähnlicher Gestalt]. – **Fraßschäden:** *Lytta vesicatoria*, «Span. Fliege» (aber zu d. Pflasterkäfern gehörig; I 378) [bogenförmig. Fraß durch den goldgrünen Käfer]. – *Otiorrhynchus niger*, Mittl. schwarzer Rüsselkäfer, I 441 [Fraß vom Blattrand aus]. – *Saturnia pyri*, Gr. od. Wiener Nachtpfauenauge (Ra; I = größter Schmetterling Europas mit 14 cm Flügel-Spannweite [gelegentl. bei uns vorkommend]). – *Catocala fraxini*, Blaues Ordensband (Eulenart mit besonderer Farbigkeit der Hinterflügel; Ra an Esche). – Gallen (erzeugt von Gallmücken; La, vgl. Habitusbilder 704/705): *Dasyneura fraxinea* [pustelartig. Parenchymgallen]; *D. fraxini* 730; *D. acrophila* 731.

Espe (Aspe; Zitterpappel; *Populus tremula* L.): siehe «Pappel»

Exkremente (hierher auch **«Losung»**): Käfer mit abgestutzt. Flügeldecken, mit retraktil. Grabextremitäten (den i. Milieu vorkommend. Zweiflüglerlarven nachstellend): u. a. *Hister, Saprinus*, spec. [vgl. 311]. – *Geotrupes silvaticus*, Waldmistkäfer 304 [Brutbau 305; mit Vorliebe an Pferdedung; neuerdings auch an kotgetränktem Zeitungs- od. Toilettenpapier (längs der Autobahnen)]. – *Aphodius* spec., Dungkäfer (häufig an Rot-, Rehwild- u. Hasenlosung; engerlingsartig. La 326). – In den Exkrementen: Scatopsidae, Dungmücken (La; 703). – Auf Exkrementen jegl. Art: Imagines von *Apatura iris*, Gr. Schillerfalter 693. – Sarcophaginae u. Calliphorinae, Aas-, Schmeiß- u. Fleischfliegen, I 111; 104/105 (Farbt. 16).

Fallaub: siehe «Laubstreu»: 1039.

Fallwild: siehe «Tierleichen» (vgl. auch 1044).

Faulbaum: siehe teils **«Traubenkirsche»** (*Prunus padus* L.), teils **«Pulverholz»** (= Gem. Faulbaum, *Frangula alnus* MILL.): *Gonepteryx rhamni*, Zitronenfalter: 967 ff.

Fichte (**Rotfichte**, fälschl. auch **«Rottanne»** genannt; *Picea abies* [L.] KARST.): 1038; 1040. **Keimpflanze** (siehe auch unter «Pflanzgarten»): Wurzelabbiß: *Gryllotalpa vulgaris*, Maulwurfsgrille 138. – Abfressen d. Keimpflanzen: u. a. *Amara, Bembidion, Poecilus* spec.; *Harpalus aeneus* 307 (zugleich Habitusbild der Laufkäfer überhaupt zeigend). – Elateridae, Schnellkäfer [schädigend die La = «Drahtwürmer» 344/346]. – Tipulidae, Erdschnaken [Larven, etwa *Pales crocata*, gelbbindige Riesenschnake u. weitere *Pales*-Arten] vgl. 761; 765/769; 774 u. 763. **Junge Pflanze** (siehe auch unter «Pflanzgarten» u. 346/352): *Hylobius abietis*, Gr. brauner Rüsselkäfer 429; 431; *H. pinastri*, Kl. brauner Rüsselkäfer. – *Pissodes notatus*, Kiefernkultur-rüßler 432. – *Otiorrhynchus niger*, Mittl. schwarzer Rüsselkäfer 441; 446. – *Brachyderes incanus*, Kiefernnadel-Rüsselkäfer [La = rhizophag; vgl. Fraß d. I 442]. – *Hylastes cunicularius*, Schwarzer Fichtenbastkäfer [schädigend durch Reifungsfraß der Jungkäfer am Wurzelhals u. an der Pfahlwurzel]. – *Agrotis segetum*, Wintersaateule 649 u. 650 [vgl. auch 651]. **An Wurzeln:** Melolontha melolontha, Feldmaikäfer [Engerling 329/330] (Schadb.: vgl. 346/352). – *Phyllopertha horticola*, Gartenlaubkäfer (I 322) [La = rhizophag 332]. – *Otiorrhynchus niger*, Mittl. schwarzer Rüsselkäfer (vgl. 349). – *Hylastes cunicularius*, Schwarzer Fichtenbastkäfer [siehe oben unter «Junge Pflanze»]. – *Agrotis* spec. [vgl. 346/352, bes. 349]. **Stammregion: auf der Rinde:** *Aradus cinnamomeus*, Kiefernrindenwanze 163/164 [gelegentl. auf Fichte unter Rindenschuppen; Rinde springt unter Harzaustritt]. – *Pineus pineoides*, Weißwollige Fichtenstammlaus (vgl. 195) [lange Wachsfäden charakteristisch]. – *Oenistis quadra*, Flechtenspinner 646 (Ra an den Flechten vorkommend). – **In der Borke:** *Anobium emarginatum* [weißl. La mit Extremitäten zum Unterschied v. Borkenkäfer-La]. **Unter Rinde:** *Phaenops cyanea* [Prachtkäferlarvengänge, geg. Ende i. d. Splint eingreifend; I: 34 (Farbt. 7)]. – *Anthaxia quadripunctata*, Vierpunkt-Prachtkäfer (I 353) 354. – *Tetropium luridum*, (zerstörender) Fichtenbock (I 385); *T. fuscum*, (brauner) Fichtenbock 393/394. – *Monochamus sartor*, Schneiderbock (I 384); *M. sutor*, Schusterbock 396/397. – *Pissodes harcyniae*, Harzrüsselkäfer 433/434 [50–100 j. kränkelnde Fichten sehen wie mit Kalk bespritzt aus; Spanpolster an der Puppenwiege; bes. i. Gebirgsrevieren]. – *Pissodes scabricollis*, Fichtenbestandsrüßler (ähnl. Lebensweise wie vorig. Art). – *Magdalis violacea* (La dieses Langrüßlers fertigen tiefe Furchen i. d. Splint, zw. denen deutl. Kämme stehen [wie die in and. Bereich hergestellten La-Gänge v. *Hylobius*]). – *Dendroctonus micans*, Riesenbastkäfer 479. – *Hylurgops palliatus*, Gelbbrauner Fichtenbastkäfer 482. – *H. glabratus*, dunkelbrauner Fichtenbastkäfer [nur im Gebirge bis 2000 m, Begleitart u. Nachfolger des Buchdruckers]. – *Polygraphus polygraphus*, Städteschreiber 481. – *Ips typographus* 483; 454/456 [in den Gängen häufig: *Lycoria flavicauda* (Trauermückenlarve; vgl. 749) od. La von *Phaonia gobertii* (Fliegenlarve: vgl. 830 u. 826)]. – *Ips amitinus*, Kl. Buchdrucker 484 [in d. Gängen häufig La von *Phaonia gobertii* (Fliegenlarve; vgl. 830 u. 826)]. – *Cryphalus abietis*, Gekörnter Fichtenborkenkäfer 487. – *Dryocoetes autographus*, Zottiger Fichtenborkenkäfer 491. – *Crypturgus pusillus* (Raumparasit v. vorig. Art) 492. – *Ips curvidens*, Krummzähnig. Weißtannenborkenkäfer 488/489 (gelegentl.).– *Ips cembrae*, Gr. Lärchenborkenkäfer 497 (selten). – In den Borkenkäfergängen: Phryneidae, Pfriemenmücken [La; 695/696]. – **Fraß in**

der Rinde: *Laspeyresia pactolana*, Fichtenrindenwickler (I 44/45 [Farbt. 9])
574/575. – Im Holz: *Urocerus gigas*, Riesenholzwespe (I 261) 262/263; 265/
266. – *Xeris spectrum*, Schwarze Kiefernholzwespe [La bevorzugt Kiefer,
aber auch i. Fichte]. – *Sirex juvencus*, Gem. Holzwespe (I 268/269); 270. –
Camponotus herculeanus, Roßameise 294/295. – Monochamus sartor,
Schneiderbock (I 384); *M. sutor*, Schusterbock 396/397. – *Xyleborus saxeseni*,
Saxesens Holzbohrer 478. – *Xyloterus lineatus*, Nadelbaum-Nutzholzborkenkäfer 490. **Krone: an Zweigen und Ästen:** unter Rinde: *Pogonochaerus
fasciculatus*, Kiefernzweigbock 395 (gelegentl. an dieser Holzart). – *Caeno-
ptera minor*, (kleiner) Wespenbock (I 389) 402. – *Pityogenes chalcographus*,
Kupferstecher 480. – *Cryphalus abietis*, Gekörnter Fichtenborkenkäfer 487.
– *Pityophthorus micrographus*, Kl. Fichtenborkenkäfer 486. – *Cryphalus
piceae*, Kl. Tannenborkenkäfer 503 [selten]. – *Ips acuminatus*, Sechszähnig.
Kiefernborkenkäfer 493 [gelegentl.]. – *Pityogenes bidentatus*, Hakenzähnig.
Kiefernborkenkäfer 485. – **In dürrem Reisig:** *Ernobius abietinus*, Kiefernzapfen-Klopfkäfer [Differentialmerkmale gegenüber Borkenkäfer-La: gut entwickelte Extremitäten]. **An Knospen u. Trieben:** Fraß an beiden: *Barbitistes
constrictus*, Waldheuschrecke 135. – **Vorwiegend nur an Knospen:** *Argyresthia certella*, Gelbe Fichtenknospenmotte [an mannshoher Fichte vorkommend; bei den Räupchen die Kranzfüßchen beachten]. – *Argyresthia glabratella*, braune Fichtenknospenmotte [auch gern an mannshohen Fichten;
mehrminder weit in den Trieb eindringend]. – *Semasia diniana*, Grauer
Lärchenwickler [an ihrer Hauptfraßpflanze andersartige Fraßgewohnheiten; Räupchen krümmen sich lebhaft bei Störungen, mit 5 Paar Kranzfüß-
chen]. – **Vornehml. an Trieben:** *Taeniothrips laricivorus*, Lärchenblasenfuß
(überwinternd) 157. – Gleichzeitig an Fichte noch andere Fransenflügler
vorkommend: *Taeniothrips pini* [an Terminaltrieben 12jährig. Fichten];
Haplothrips aculeatus [in Wipfeln von Altfichten]. – *Hylobius abietis*, Gr.
brauner Rüsselkäfer (viell. auch *H. pinastri*, Kl. brauner Rüsselkäfer) 429
[gelegentl. Imaginalfraß i. d. Krone von Althölzern]. – *Phyllobius arborator*,
Grünrüßler [Vollkerfe; typ. Kurzrüßler]. – *Cacoecia histrionana*, Fichtentriebwickler 573. – *Dioryctria abietella*, Fichtenzapfenzünsler (vgl. 578/581)
[Fraß in Wipfeltrieben]. – **Trieb mit Honigtau u. Rußtaupilzbefall:** *Physokermes piceae*, Fichtenquirlschildlaus 217 [monophag bei d. seßhaften ♀♀-
Schildläusen die Larven v. *Anthribus nebulosus*, Grauer Schildlausrüßler
(I 426)]. – **Gallen:** *Pineus sibiricus*, Arvenlaus. – *Cnaphalodes strobilobius*,
Rote Fichtengallenlaus 205. – *Chermes viridis*, Grüne Fichtengallenlaus 206/
207 [gelegentl. in frischen Gallen: *Dioryctria abietella*, Fichtenzapfenzünsler, Räupchen, 579/580]. – *Dasyneura abietiperda*, Fichtentrieb-Gallmücke
[tönnchenförmige Gallen mit roten La, vgl. 704/705]. – **An Nadeln:**
Barbitistes constrictus, Waldheuschrecke 135. – *Cephalcia abietis*, Fichtengespinstblattwespe 221 [40-120jährig. Bestände in Mittelgebirgs- u. Gebirgslagen; Gespinstblattwespen-La mit verkümmerten Brustfüßen, ohne
Bauchfüße, mit Aftergriffeln (vgl. 222)]. – *Pristiphora abietina*, Kl. Fichten-

blattwespe 231 [10-30j. Altersklassen; Feldkennzeichen d. La: Wanzengeruch; typ. Tenthredininen-La, bei Beunruhigung S-fömrig. Schwingen d. Abdomens]. – (*Lygaeonematus saxeseni*, *L. ambiguus*, *L. compressus*, *L. stecki* [siehe Text]). – *Cryptocephalus pini*, Gelber Kiefernblattkäfer [Feldkennzeichen: auf Nadelunterseite Rinnenfraß der lehmgelb. Käfer, die sich bei d. geringst. Berührg. fallen lassen; 5-20j. Altersklassen]. – *Epiblema tedella*, Fichtennestwickler 572 [I 54/55 (Farbt. 10)]. – *Asthenia pygmaeana*, Kl. Fichtennadelmarkwickler [Ra spinnen nur wenige Nadeln zus., Gespinst frei von Kotkrümeln; Kulturen, Stangen- u. Althölzer]. – *Semasia nanana*, kleinster Fichtennadelmarkwickler [an Fichtenhecken (bis etwa 15 Jahre]). – *Lasiocampa quercus*, Eichenspinner (I 607) [gelegentl. i. Nadelholzbeständen; Ra langbehaart, braungelb mit samtschwarz. Segmenteinschnitten, bis 65 mm]. – *Dendrolimus pini*, Kiefernspinner 90 (Farbt. 13) [nur bei Nahrungsmangel]. – *Hyloicus pinastri*, Kiefernschwärmer 91 (Farbt. 13) [selten]. – *Thaumatopoea pityocampa*, Pinien- od. Fichtenprozessionsspinner [Ra blauschwarz mit rötl. beränderten, schwarzen Spiegelflecken]. – *Boarmia bistortata*, Lärchenbaumspanner 626 (I 95 [Farbt. 14]). – *Bupalus piniarius*, Kiefernspanner 89 (Farbt. 13) [nur in d. Not]. – *Oeonistis quadra*, Flechtenspinner 646 (bisweilen an den Nadeln der von d. Ra besetzten Stämme; I 644/645). – *Orgyia antiqua*, Schlehenspinner 75 (Farbt. 12); 667. – *Lymantria dispar*, Schwammspinner 87 (Farbt. 13). – *Lymantria monacha*, Nonne 85/86 (Farbt. 13). – *Dasyneura piceae*, Fichtennadel-Gallmücke [zwiebelartige Galle mit roten La (vgl. 704/705) an Nadelbasis dies- u. vorjährig. Triebe; selten]. – **An od. in Zapfen:** *Gastrodes abietum*, Tannenwanze u. *G. grossipes* 167/171. – *Megastigmus strobilobius*, Fichtensamen-Wespe, vgl. (I 285) 284. – **Zapfenverletzungen:** 582/595; weiterhin: *Dasyneura strobi*, Fichtenzapfenschuppen-Gallmücke 716 [in den warzenförmig. Verdickungen La der Chalcidide *Torymus azureus*]; *Plemeliella abietina*, Fichtensamen-Gallmücke 715 [La eigelb; vgl. 704/705]; *Phorbia anthracina* (Anthomyiinae, Blumenfliegen; La vgl. 827/829).

Flechtenkrusten (Flechtenbesatz) an Stämmen: Thysanura, Borstenschwänze 126/127 [in Gebirgsgegenden]. – Psocoptera, Rinden- od. Holzläuse, Flechtlinge (vgl. 145/147). – Thysanoptera, Fransenflügler (vgl. 154/156). – *Oenistis quadra*, Flechtenspinner 646. – Heteropezidae, Moosmücken 706 [*Miastor* spec.].

Gallen: Blatt- u. Knospengallen von Gallwespen (an Eiche): 20/28 (Farbt. 6). – Blasenlausgallen: 186/189. – Fichtenlausgallen: 205/207. – Galle d. Douglasienwollaus an Sitkafichte: 210. – Zweiggallen des Kl. Pappelbocks: 409. – Beutelgallen an Buchenblättern: 529. – Harzgallen an Kiefern: 565/566. – Galle an Lärche: 576. – Gallmückengallen an Nadelholz: 709/721, an Laubholz: 722/735.

Gatter (Wildgatter, Gatter um Schonungen u. dgl.): *Elater cinnabarinus* [Schnellkäfer mit blutroten Flügeldecken, gern unter Rinde v. Fichtenstangen]. – *Anthaxia quadripunctata*, Vierpunkt-Prachtkäfer 354 [Scharfrandige Fraßgänge der Larven; Begleitart: *Anobium rufovillosum*, Scheckiger Pochkäfer (weißl. La mit gut entwickelt. Extremitäten gegenüber den Borkenkäfer-La)]. *Hylotrupes bajulus*, Hausbock [in berindeten Nadelholz-Planken; Außenschicht bleibt intakt]. – *Ergates faber*, Mulmbock 399 [Zaunpfähle aus Kiefernholz (vor allem in Bodennähe)]. – *Caenoptera minor*, (kleiner) Wespenbock 402 (I 389).

Geißblatt (Heckenkirsche; Jelängerjelieber, *Lonicera caprifolium* L.)**:** *Limenitis camilla*, Kleiner Eisvogel (I 694).

Geräteschuppen: siehe «Arbeitsschuppen für Waldarbeiter»

Geschwüre («ulzeröse» Geschwüre; Harzausflüsse): Histeridae, Stutzkäfer [den im Milieu sich ansammelnden Insekten (-larven) nachstellend; vgl. Habitus 311; Käfer mit abgestutzten Elytren u. retraktilen Grabextremitäten]. – *Lucanus cervus*, Hirschkäfer 312 [an Rindenverwundungen v. Eichen]. – *Geotrupes silvaticus*, Waldmistkäfer 304 [außerdem gern an Laubholzstöcken, deren Stämme zu Anfang der Vegetationsperiode geschlagen wurden u. daher reichlicher Saftaustritt zu beobachten ist]. – *Cetonia aurata*, Gem. Rosen- od. Goldkäfer 323. – Phryneidae, Pfriemenmücken (La) 695/696 [in Wundstellen von Eiche, Ulme usw.]. – Lycoriidae, Trauermücken (La) 749. – Dolichopodidae, Langbeinfliegen (La) 807. – *Ferdinandea* spec. (La einer Schwebfliege) [Birke, Eiche, Ahorn, Pappel]. – *Brachyopa* spec. (Schwebfliegenlarve) 811 [Buche]. – *Cheilosia morio*, Fichtenharzfliege (ebenfalls Schwebfliegenlarve; an Harzausflüssen bei Rotwild-Schälstellen).

Hainbuche (Weißbuche [Hagebuche], *Carpinus betulus* L.)**: Keimpflanze u. junge Pflanze:** vgl. «Pflanzgarten». **An Wurzeln:** *Acerentomon doderoi* u. *Eosentomon transitorium* (Beintastler; Habitus vgl. 120/123) [Sauger an Mykorrhizen]. – *Melolontha melolontha*, Feldmaikäfer [Engerling 329/330] (Schadb. vgl. 346/352). **Stammregion: auf der Rinde:** *Reuterella helvimacula* 148; *Hyperetes guestfalicus* 149 [beide zu den Flechtlingen gehörig]. – **Unter Rinde:** *Pseudopsocus rostocki* 152 (ebenfalls ein Flechtling). – *Plagionotus arcuatus*, Eichenwidderbock 415 [selten]. – *Callidium sanguineum*, Roter Scheibenbock, *C. lividum*, *C. testaceum*, Veränderl. Scheibenbock (I 411) 413. – *Eccoptogaster scolytus*, Ulmensplintkäfer 460. – *Eccoptogaster intricatus*, Eichensplintkäfer 466. – *Eccoptogaster carpini* [mit einarmig. Waagegang]. **Krone: an Trieben:** *Cimbex* spec. 260. – *Obera linearis*, Schwarzer Haselbock (La; zunächst ringförmigen Gang unter d. Rinde, dann erst Markröhrenfraß) [selten]. – **An Blättern:** *Typhlocyba cruenta*, Buchenzirpe 175. – *Melolontha melolontha*, Feldmaikäfer (I 319); vgl. 318. – *Deporaus betulae*, Birkenblattroller [Trichterwickler; I 444) 443. – *Malacosoma neustria*, Ringelspinner [Besatz der Fraßpflanze an der Eiablage (605) kenntlich]. – *Stauropus fagi*, Buchenspinner 83 (Farbt. 12). – *Cheimatoba brumata*, Frostspanner; I 631/633; *Ch. boreata*, Buchenfrostspanner; Ra 80 (Farbt. 12) [Blätter teils versponnen, durchlöchert u. befressen]. – *Lymantria monacha*, Nonne 85 (Farbt. 13).

Hasel (Haselnuß, Wald-Haselstrauch, *Corylus avellana* L.)**:** mottenähnl.

Falter um Sträucher im Sonnenschein (Mai): *Micropteryx thunbergella*, Urmotte (♂♂). – Markröhrenfraß in vorjährig. Trieben: *Oberea linearis*, Schwarzer Haselbock (La) [charakteristisch: zunächst ringförmig. Gang i. d. Rinde, dann erst Markröhrenfraß]. – **An Blättern:** *Caliroa annulipes*, Kl. Lindenblattwespe 254 [anfangs Loch-, später Skelettierfraß]. – *Platycampus luridiventris* 255 [selten]. – *Colocasia coryli*, Haseleule (I 97 [Farbt. 14]; Ra [etwa 40 mm] fleischfarben mit schwarzen Mittellängsstreifen u. mit fuchsroten Haarbüscheln). – Längsroller mit Blattschnitt: *Deporaus betulae*, Birkenblattroller 443. – Querroller mit Blattschnitt: *Apoderus coryli*, Haselroller (Rüsselkäfer). – An **Kätzchen Gallbildung:** *Contarinia corylina* 729 [Gallmückenlarve, vgl. 704/705]. In **Haselnüssen:** *Balaninus nucum*, Haselnußbohrer (I 440). – *Balaninus glandium*, Eichelrüßler 439. – *Laspeyresia amplana*, Haselnußwickler [Ra ziegelrot].

Heidelbeere: siehe «Blaubeere»

Heide (Heidekraut [*Calluna vulgaris* SALISB.], Moor- od. Glockenheide [*Erica tetralix* L.]): 966; 970ff. **Fraß an Wurzeln:** *Hepialus hecta*, Heidekraut-Wurzelspinner [Ra; Verpuppung im Boden in röhrenförmig. Gespinsten]. – **Fraß an Blättern:** *Macrothylacia rubi*, Brombeerspinner [Ra erwachsen samtartig braun, seitl. schwärzl., mit schwarzblauen Segmentinzisuren, hinten mit orangegelb. Punkten]. – *Lasiocampa quercus* var. *callunae*, (Eichenspinner) [Ra braungelb, langbehaart, mit samtschwarzen Segmenteinschnitten, bis 65 mm]. – *Ematurga atomaria*, Heidekrautspanner [typ. Spannerraupe, bräunlich, mit fleckenförmig., dunkler Medianlinie u. hellgelb. Lateralstreifen; sonst auch vorkommend u.a. auf Besenginster u. Hauhechel]. – *Anarta myrtilli*, Heidekrauteule [grünes Räupchen mit weißen seitl. Schrägflecken].

Himbeere (*Rubus ideaeus* L.): **im hohlen Stengel:** Ei an einem Faden über gelähmter Käferlarve, Raupe usw.: Brutanlage von Solitärwespen (Faltenwespen). – Walnußgr. **Galle** am Stengel: *Lasioptera rubi*, Himbeer-Gallmücke 727 (vgl. 704/705). – **Unter Rinde** (pilzbefallener Ruten): *Thomasiniana theobaldi*, Himbeerruten-Gallmücken [Fraß angezeigt durch dunkle Verfärbung der Rinde]; vgl. 704/705. – Fraßgänge zw. Rinde u. Bast: *Agrilus viridis*, Grüner Prachtkäfer 356; 358. – **Auf od. an Blättern:** *Caenoptera minor*, (kleiner) Wespenbock (I) 389. – *Chimabacche fagella*, «Sängerin» (den Wicklern systemat. nahestehend) 560/561. – *Malacosoma neustria*, Ringelspinner [Besatz d. Fraßpflanze an der Eiablage (605) erkennbar]. – *Habrosyne derasa*, (Wollrückenspinner) [Ra vorn u. hinten mit Wülsten, braunrot mit dunkler Medianlinie]. – *Cidaria albicillata* [typ. Spannerraupe, grün mit roten dorsalen Dreiecksflecken u. gelben Seitenstreifen] (I 93 [Farbt. 14]). – *Argynnis paphia*, Kaisermantel (I 689) [Ra auch an Waldveilchen (*Viola silvestrix* [LMK.] RCHB.); 989ff. – **An den Früchten** (od. auf den Blättern): *Palomena prasina*, Grasgrüne Stinkwanze 165.

Hochsitz: An berindeten **Fichten**stangen od. -latten (unter Rinde): *Elater sanguineus* (I) [Schnellkäfer mit blutroten Flügeldecken]. – *Anthaxia qua-*

dripunctata, Vierpunkt-Prachtkäfer 354 [Begleitart: *Anobium rufovillosum*, Scheckiger Pochkäfer (weißl. La mit gut entwickelt. Extremitäten gegenüber den Borkenkäfer-La)]. – *Caenoptera minor*, (kleiner) Wespenbock 402 (I 389). – *Polygraphus polygraphus*, Städteschreiber 481. – *Pityogenes chalcographus*, Kupferstecher 480. – *Dryocoetes autographus*, Zottiger Fichtenborkenkäfer 491. – *Crypturgus pusillus* (Raumparasit v. vorig. Art) 492. – *Cryphalus piceae*, Kl. Tannenborkenkäfer 503 (selten). An berindeten **Kiefern**stangen od. -latten (unter Rinde): *Anthaxia quadripunctata*, Vierpunkt-Prachtkäfer 354. – *Pogonochaerus fasciculatus*, Kiefernzweigbock 395 (I 387). – *Rhagium inquisitor*, Zangenbock u. *Rh. bifasciatum*, Zweibindiger Zangenbock 398. – *Pissodes notatus*, Kiefernkulturrüßler 432. – *P. piniphilus*, Kiefernstangenrüßler (erkennbar an den mit weißen, feinen Spänen gefüllten ellipt. Puppenwiegen). – *Ips laricis*, Vielzähnig. Kiefernborkenkäfer 506.

Holunder (Schwarzer Holunder [*Sambucus nigra* L.]; Roter Holunder [*Sambucus racemosa* L.]: **an der Rinde:** *Mesopsocus immunis* (Rindenläuse; Flechtlinge) 145/147. – **An jungen Trieben:** Aphididae, Röhrenläuse (etwa *Aphis sambuci* [unter ihnen als arge Räuber: La der Chrysopidae, Florfliegen 510; aphidivore Schwebfliegenlarven 99, 100, 102 auf Farbt. 15]). – **An u. auf Blättern:** *Palomena prasina*, Grasgrüne Stinkwanze 165. – *Lytta vesicatoria*, Span. Fliege (Pflasterkäfer; bogenförmig. Fraß durch goldgrünen Käfer 378). – *Hyphantria cunea*, Weißer Bärenspinner 641/642 (beim Frühjahrsflug mancherorts Bevorzugung von *S. nigra* zur Eiablage; Ra später: 643). – *Mamestra persicariae*, Flohkrauteule 654. – **Auf Blüten:** *Cetonia aurata*, Gem. Rosen- od. Goldkäfer 323.

Holzabfuhrwege: siehe «Waldwege»

Holzschwämme (Löcherpilze, Porlinge [Polyporaceae]; u. a. Kiefernbaumschwamm [*Daedalea (Trametes) pini* Fr.], Wurzelschwamm [*D. radiciperda* Htg.] u. wundparasitische Pilzarten der Gattung *Polyporus* Mich., Zunder- od. Feuerschwamm [*Polyporus fomentarius* Fr.; an Buche u. and. Laubhölzern]; Flacher Schichtporling [*Ganoderma applanatum* (Pers.) Pat.; «Weißfäule» erzeugd.]; 1007ff.). **Im Fruchtkörper:** Thysanoptera, Blasenfüßler [vgl. Habitus 155/156]. – Aradidae, Rindenwanzen [meist düster gefärbte Tiere mit stark. Skulptur des Integuments (vgl. Habitus 163/164)]. – *Colenis*, *Anisotoma*, *Amphicyllis*, *Agathidium* spec. (Aaskäfer; können durch Neigung von Kopf u. Thorax sich kugelig zus.krümmen). – Anobiidae, Pochkäfer (I [vgl. 377] u. La gelegentl.; La weißl., aber durch Extremitäten von Borkenkäfer-La zu unterscheiden). – Mycetophagidae u. Cisidae (Käfer u. La.), etwa i. Feuerschwamm an Buche 707. – Melandryidae, Düsterkäfer (Käfer u. La) [Habitus vgl. 382]. – Tenebrionidae, Schattenkäfer (La, vgl. 383). – *Scardia boleti* [Mottenräupchen]; *Tinea parasitella* (gleichfalls zu d. Tineidae, Motten, gehörig [Raupenkot in röhrenförmig. Gespinst außen an der Fruchtkörper-Unterseite hängend] 1006ff.; vergesellschaftet mit einer Sumpfmückenlarve, etwa *Limonia qua-*

drimaculata [vgl. 775]). – Sciophilidae, La; vgl. 748 u. 750. – *Brachyopa bicolor* (Schwebfliege); vgl. 811 [jedoch bisher nur aus Schwämmen an Eiche erzogen]. – *Platypeza* spec. (Rollfliegen) 708; 816. – Zitzengallen auf Fruchtkörper-Unterseite: *Agathomyia wankowiczi* (ebenfalls Rollfliege) 708.

Jagdhütte: In Ritzen (des Fußbodens): *Lepisma saccharina*, Zuckergast 128/ 129. – (etwa des Fensterrahmens): *Forficula auricularia*, Ohrwurm (Habitus: vgl. 141). – **In Staub-Ecken:** *Psyllipsocus ramburi* (Staublaus) 153. – **An Nahrungsresten** im Speiseschrank (od. an Wollsachen): *Dermestes lardarius*, Speckkäfer 337 (La behaart mit 2 gekrümmten Enddornen am Hinterende); Puppenwiegen bisweilen sogar im Holz 338. – **An Tierfellen:** *Attagenus pellio*, Pelzkäfer (auf jeder Flügeldecke 2 weiße Flecken; La: Haarschopf am Körperende). – **An Lederwaren** usw.: *Niptus hololeucus*, Messingkäfer 373. – Techn. **Holzschädlinge:** Anobiidae, Pochkäfer (Habitus: vgl. 377). – Hummelbau (in hohlem Ständer): *Bombus hypnorum*, Baumhummel. – Nest (unter Dach): *Vespa crabro; Dolichovespula saxonia* 1042.

Jungpflanzen: Schadbilder u. a. am Wurzelhals u. an Nebenwurzeln: 346/352.

Kahlschläge: an Labkraut [*Galium* spec.], Waldweidenröschen [*Epilobium* spec.] u. Springkraut [*Impatiens noli tangere* L.]: *Celerio galii*, Labkrautschwärmer (Ra). – An *Galium* u. *Epilobium: Pergesa elpenor*, Mittl. Weinschwärmer; *P. porcellus*, Kl. Weinschwärmer (Ra). – Nur an Labkraut: *Macroglossum stellatarum*, Taubenschwanz (Schwärmer-Raupe). – Siehe weiter auch unter «Springkraut».

Kastanie (*Castanea sativa* MILL.): **im Stammbereich: unter Rinde:** *Chrysobothris affinis* (Prachtkäfer) 355. – *Callidium sanguineum*, Roter Scheibenbock; *Callidium lividum; Callidium testaceum*, Veränderl. Scheibenbock (I 411) Larvengänge 413. – *Eccoptogaster intricatus*, Eichensplintkäfer 466. – *Dryocoetes villosus* [2-7armiger, querer Sterngang mit Rammelkmmer]. – **Im Holz:** *Anobium rufovillosum*, Scheckiger Pochkäfer [in anbrüchigen Stellen typ. «Holzwürmer» (mit Extremitäten gegenüber La der Borkenkäfer)]. – *Cerambyx cerdo*, Gr. Eichenbock 414. – Cerambyx scopolii, Buchenspießbock [Puppenwiege neben Spänen durch Kalkdeckel abgeschlossen]. – *Xyleborus monographus*, Eichenholzbohrer [Holzbrüter; Horizontalgabelgänge; typ.: geweihartig. v. d. Eingangsröhre abzweigende Brutröhren, ohne Leitersprossen]. – *Platypus cylindrus*, Eichenkernkäfer (I 496) [Muttergang im Kernholz; radiärer Eingangsstollen, nach beiden Seiten geschlängelte Seitengänge, die sich wieder gabeln; Pilzzüchter]. **Krone: an Ästen u. Zweigen** (unter Rinde): *Pogonochaerus fasciculatus*, Kiefernzweigbock 395. – **An Blättern:** Blasenmine: *Tischeria complanella*, Eichenminiermotte 534. – Büchsenrolle: *Attelabus nitens*, Roter Eichenkugelrüßler (I 33 [Farbt. 7]) 445; 995 ff. – **In Kastanien** (Früchten): *Laspeyresia amplana*, Haselnußwickler [Ra ziegelrot]; *L. splendana*, Eichelwickler [Ra weißl. mit gleichgefärbten Warzen].

Kiefer (u.a. Gem. Kiefer od. Föhre [*Pinus sylvestris* L.]; Bergkiefer, Legföhre [*Pinus montana* MILL.]; Bankskiefer [*Pinus banksiana* LAMB. (aus Nordamerika stammend)]. Gesondert aufgeführt werden: Zirbelkiefer [*Pinus cembra* L.]: siehe «Arve»; Weymouths-Kiefer [*Pinus strobus* L.]: siehe dort). **Keimpflanze** (siehe auch unter «Pflanzgarten»): Wurzelabbiß: *Gryllotalpa vulgaris*, Maulwurfsgrille 138. – Abfressen d. Keimpflanzen: u.a. *Amara, Bembidion, Poecilus* spec.; *Harpalus aeneus* 307 (zugleich Habitusbild der Laufkäfer überhaupt zeigend). – Elateridae, Schnellkäfer [schädigend die La = «Drahtwürmer» 344/345]. – Tipulidae, Erdschnaken [Larven, etwa *Pales crocata*, gelbbindige Riesenschnake u. weitere *Pales*-Arten] vgl. 761; 765/ 769; 774 u. 763. **Junge Pflanze** (siehe auch unter «Pflanzgarten» u. 346/352): *Acantholyda hieroglyphica*, Kiefernkultur-Gespinstblattwespe 227. – *Opatrum sabulosum*, Staubkäfer 381 [Habitusbild d. La: vgl. 383]. – *Hylobius abietis*, Gr. brauner Rüsselkäfer 429; 431; *H. pinastri*, Kl. brauner Rüsselkäfer. – *Pissodes notatus*, Kiefernkulturrüßler 432. – *Hylastes cunicularius*, Schwarzer Fichtenbastkäfer [schädigend durch Reifungsfraß der Jungkäfer am Wurzelhals u. an der Pfahlwurzel]. – *Ocnerostoma piniariella*, Kiefernnadelmotte [Ra spinnt Brutnadel u. andere Nadeln zur Verpuppungsröhre zus.; Ra einer verwandt. Gattung: 550]. – *Cecidomyia baeri*, Nadelknickende Kiefern-Gallmücke 719/721. **An Wurzeln:** *Melolontha melolontha*, Feldmaikäfer [Engerling 329/330] (Schadb.: vgl. 346/352). – *Melolontha hippocastani*, Waldmaikäfer [siehe Feldmaik.; I 318]. – *Polyphylla fullo*, Walker (I 320) [Engerling rhizophag 328]. – *Rhizotrogus solstitialis*, Junikäfer (I 321) [Engerling rhizophag 331]. – Elateridae, Schnellkäfer [schädigend die La = «Drahtwürmer» 344/345]. – *Hylobius*-Larvengänge: siehe unter «Junge Pflanze» [in Wurzeln absterbender Stämme]. – *Brachyderes incanus*, Kiefernnadel-Rüsselkäfer [La = rhizophag; vgl. Fraß d. I 442]. – *Hylurgus ligniperda*, Holzzerstörender Kiefernbastkäfer; *Hylastes ater*, Schwarzer Kiefernbastkäfer [einarmig. Längsgang bei beid.]. – *Agrotis* spec. [vgl. 346/352, bes. 349]. – *Thereva annulata*, (Stilettfliege) I 799 [La rhizophag 790]. **Bodenschicht:** *Cicindela hybrida*, Kupferbrauner Tigerkäfer (Sandlaufkäfer) 302/303. **Kraut- u. Streuschicht (i. Kiefernbestand):** *Ectobius lapponicus*, Lappländ. Schabe 142. **Stammbereich: auf der Rinde:** *Meconema thalassinum*, Eichenschrecke 136/137 [beim Aufbaumen; an sich häufig i. Laubholzbeständen]. – *Hyperetes guestfalicus* 149/150. – **Unter Rindenschuppen:** *Aradus cinnamomeus*, Kiefernrindenwanze 163/164 [Aufspringen der Rinde unter Harzaustritt]. – **In verharzten Stammteilen:** (mitunter zus. mit *Dioryctria splendidella*, Kiefernharzbeulenzünsler [trichterförmige Harzausflüsse mit braunen Kotkrümeln]): *Dioryctria abietella*, Fichtenzapfenzünsler (I 577) 579/580. – **An Harzausflußstellen:** *Anthomyia pluvialis* 833 (Blumenfliege). – **In der Borke:** *Anobium emarginatum* (Pochkäfer) [La weißl., mit gut entwickelt. Extremitäten]. – **Unter Rinde:** *Chalcophora mariana*, Kiefernprachtkäfer (I 35 [Farbt. 7]) [gelegentl. in d. Stammregion, häufiger in Stöcken]. – *Phaenops cyanea* (Prachtkäfer; I 34

[Farbt. 7]) [typ. Buprestiden-La-Gänge, geschlängelt, mit wolkig. Bohrmehl, geg. Ende i. den Splint eingreifend; in Frankreich auch an Strandkiefer (*Pinus pinaster* SOLAND.)]. – *Rhizobius chrysomeloides* (Marienkäfer [unter Kiefernrinde überwinternd]). – *Tetropium luridum*, (zerstörender) Fichtenbock (I 385) Hakengang 1037; *T. fuscum*, (brauner) F. [Fraßbild: 393/394]. – *Monochamus sartor*, Schneiderbock (I 384); *M. sutor*, Schusterbock 396/397. – *Acanthocinus aedilis*, Zimmermannsbock (I 388). – *Criocephalus rusticus*, Grubenhalsbock; *Cr. polonicus* [Bohrgänge auffallend fest mit Bohrmehl verstopft. In den La-Gängen oft Larven der Asilidae, Raubfliegen 791; vgl. auch Puppe 792]. – *Pissodes notatus*, Kiefernkulturrüßler 432. – *P. piniphilus*, Kiefernstangenrüßler. – *P. pini*, Kiefernbestandsr. 1034 ff. – *Dendroctonus micans*, Riesenbastkäfer 479 [selten]. – *Hylurgops palliatus*, Gelbbrauner Fichtenbastkäfer 482. – *Polygraphus polygraphus*, Städteschreiber 481 [gelegentlich]. – *Ips typographus*, Buchdrucker 483 [gelegentl.]; vgl. auch 454/456. – *Ips amitinus*, Kl. Buchdrucker 484. – *Pityogenes chalcographus*, Kupferstecher 480 [Rammelkammer an Kiefer sichtbar]. – *Ips curvidens*, Krummzähnig. Weißtannenborkenkäfer 488/489 [gelegentl.]. – *Ips cembrae*, Gr. Lärchenborkenkäfer 497 [selten]. – *Myelophilus piniperda*, Waldgärtner 498/499 [in den Fraßgängen häufig rosarote La mit zwei endständigen Höckern: *Clerus formicarius*, Ameisenartiger Buntkäfer 340]. – *Myelophilus minor*, Kl. Waldgärtner 500. – *Ips sexdentatus*, Zwölfzähniger Kiefernborkenkäfer 504/505. – *Ips laricis*, Vielzähniger Kiefernborkenkäfer 506. – **In Borkenkäfer-Gängen** allgemein: Phryneidae, Pfriemenmücken (La; 695/696). – (Besonders an vom Hallimasch befallenen Stammanläufen **unter Rinde**: *Dioryctria splendidella*, Kiefernharzbeulenzünsler [trichterförmige Harzausflüsse mit braunen Kotkrümeln]). – **Im Holz**: *Urocerus gigas*, Riesenholzwespe (I 261) 262 [selten]. – *Xeris spectrum*, Schwarze Kiefernholzwespe. – *Sirex juvencus*, Gem. Holzwespe (vgl. hier u. bei den and. Holzwespenarten: 265/266; 264 u. 270]. – *Camponotus herculeanus*, Roßameise (vgl. 294/295). – *Monochamus sartor*, Schneiderbock (I 384) *M. sutor*, Schusterbock 396/397. – *Anisandrus dispar*, Ungleicher Holzbohr-Borkenkäfer 469; 473/475. – *Xyleborus saxeseni*, Saxesens Holzbohrer 478. – *Xyloterus lineatus*, Nadelbaum-Nutzholzborkenkäfer 494. **In der Kronenregion**: (älterer Kiefern): *Pissodes pini*, Kiefernbestandsrüßler [La-Gänge i. typ. «Strahlenfraß»; an Legföhren an Ästen]. – **An Ästen und Zweigen**: unter Rinde: *Anthaxia quadripunctata*, Vierpunkt-Prachtkäfer (I 353) 354. – *Pogonochaerus fasciculatus*, Kiefernzweigbock (I 387) 395. – *Cryphalus piceae*, Kl. Tannenborkenkäfer 503 [selten]. – *Ips acuminatus*, Sechszähniger Kiefernborkenkäfer 493. – *Pityogenes bidentatus*, Zweizähniger Kiefernborkenkäfer 485. – *Pityophthorus glabratus* (Borkenkäfer) 501. **An Knospen u. Trieben**: *Evetria buoliana*, Kiefernknospentriebwickler (46/47 [Farbt. 9]) 571. – In d. Büschelbildungen nach Wicklerbefall: Dermaptera, Ohrwürmer [Habitus vgl. 141]. – *Evetria turionana*, Kiefernknospenwickler (50 [Farbt. 9]) 567; 571. – **An Triebspitzen**: *Locusta viridissima*, Grünes Heupferd 133/134. – *Barbitistes constrictus*, Waldheuschrecke 135. – **Nage-stellen:** *Cantharis fusca*, Brauner Weichkäfer [I schwarz mit gelbrotem, schwarz-gefleckt. Halsschild; Habitus vgl. 339; Triebe knicken]. – *Luperus pinicola*, Schwarzer Kiefernblattkäfer [Rinnenfraß auf d. Nadelunterseite; Platzfraß an d. Triebrinde; I schwarz mit teilw. rot. Halsschild]. – *Hylobius abietis*, Gr. brauner Rüsselkäfer 429 [gelegentl. Fraß in dies. Region]. – Markröhrenfraß: *Ernobius nigrinus* [La frißt v. unt. nach oben; typ. Pochkäfer-La mit Extremitäten]. – *Myelophilus piniperda*, Gr. Waldgärtner 502 [«Absprünge»]. – *Myelophilus minor*, Kl. Waldgärner [gleichfalls «Abbrüche»]. – *Pityophthorus glabratus* [Borkenkäfer; Triebfraß wie b. Waldg.]. – *Heringia dodecella*, Kiefernknospentriebmotte [höhlt i. Frühj. Knopse aus u. spinnt dabei weiße Gespinströhre; vergesellschaftet mit *E. buoliana*]. – *Evetria duplana*, Kiefernntriebwickler (I 51 [Farbt. 9]) 571. – *Cacoecia piceana*, Kiefernnadelwickler [Fraßbeschädigung i. Trieb, an Triebrinde u. an d. Nadeln]. – Benagen der Triebrinde, mit gallenartig. Gespinst: *Evetria resinella*, Kiefernharzgallenwickler 565/566 (I 48/49 [Farbt. 9]). – *Cecidomyia pini*, Kiefernharz-Gallmücke 713 (vgl. 714) [dabei Harzausfluß auftretend]. – **An Nadeln:** Fraß: *Barbitistes constrictus*, Wald-heuschrecke 135. – *Stenodema virescens* (Weich- od. Blindwanze) 160. – *Palomena prasina*, Grasgrüne Stinkwanze 165 [in Heide-Grasgebieten]. – *Acantholyda hieroglyphica*, Kiefernkultur-Gespinstblattwespe 227. – *Acantholyda erythrocephala*, Stahlblaue Kiefernschonungs-Gespinstblattwespe 226. – *Acantholyda nemoralis*, (Große) Kiefernbestands-Gespinstblattwespe 228. – *Diprion pini*, Kiefernbuschhornblattwespe 88 (Farbt. 13); 233/235. – *Neodiprion sertifer*, Rote Kiefernbuschhornblattwespe 229. – *Polyphylla fullo*, Walker 320 [typ. Nadelkantenfraß, andere Kante bleibt als Faden stehen]. – *Rhizotrogus solstitialis*, Junikäfer 321. – *Cryptocephalus pini*, Gelber Kiefernblattkäfer [Rinnenfraß auf d. Nadelunterseite durch einen lehmgelben Käfer; starker Fallreflex]. – *Luperus pinicola*, Schwarzer Kie-fernblattkäfer [Fraßbeschädig. gleicht d. v. *Cr. pini*; Käfer schwarz mit teilw. rot. Halsschild]. – *Brachonyx pineti*, Kiefernscheidenrüßler [Lochfraß des Käfers in d. Nadelepidermis und anschließend im Parenchym; Fraßstellen gebräunt. Zitronengelbe La befrißt Nadelbasis]. – *Brachyderes incanus*, Kiefernnadel-Rüsselkäfer 442. – *Ocnerostoma piniariella*, Kiefernnadelmotte (Gespinstmotte) [Ra spinnt Brut- u. andere Nadeln zu Verpuppungsröhre zus.; (vgl. 553)]. – *Semasia diniana*, Grauer Lärchenwickler [Gespinst-säckch. d. Eiräupchen zw. jungen Nadeln: später Nadelfraß bis auf eine Nadelkante als übrigbleibd. Faden]. – *Lasiocampa quercus*, Eichenspinner [gelegentl. auf Nadelholz; Ra bis 65 mm, braungelb, langbehaart mit samtschwarzen Segmenteinschnitten]. – *Dendrolimus pini*, Kiefernspinner (Glucken) 90 (Farbt. 13). – *Hyloicus pinastri*, Kiefernschwärmer 91 (Farbt. 13). – *Thaumatopoea pinivora*, Kiefernprozessionsspinner 618/619. – *Boar-mia bistortata*, Lärchenbaumspanner 626. – *Bupalus piniarius*, Kiefernspan-ner 89 (Farbt. 13). – *Panolis flammea*, Kiefern- od. Forleule 92 (Farbt. 13). –

Orgyia antiqua, Schlehenspinner 75 (Farbt. 12). – *Lymantria dispar*, Schwammspinner 87 (Farbt. 13). – *Lymantria monacha*, Nonne 85 (Farbt. 13). – *Cecidomyia baeri*, Nadelknickende Kiefern-Gallmücke 719/721. – *Thecodiplosis brachyntera*, Nadelkürzende Kiefern-Gallmücke 717/718. – **An Zapfen:** *Gastrodes abietum*, Tannenwanze 170; *G. grossipes* 171. – Zapfenverletzungen: (vgl. allgem. 582/595). – *Ernobius abietinus*, Kiefernzapfen-Klopfkäfer (vgl. 586/587). – *Pissodes validirostris*, Kiefernzapfenrüßler 585. – Samen (d. Schwarzkiefer): Megaselia rufipes (Buckelfliege) La (vgl. Pu 814).

Klafterholz: siehe «Scheitholz» (od. «Schichtholzstapelungen»)

Knüppelholz: siehe «Scheitholz»

Korbblütler (Compositae): Auf Blüten von *Arctium* spec. (Klette): Stratiomyiidae, Waffenfliegen I, vgl. 779, – Blatt von *Solidago* spec. (Goldrute) mit oberseitiger Platzmine: *Dizygomyza posticata* (Minierfliege) 820.

Krautschicht: (teils gern in Blüten): *Orchesella bifasciata*, Laufspringer (Springschwanz) 116; *Deuterosminthurus bicinctus*, Kugelspringschwanz 117. – Thysanoptera, Fransenflügler (Habitus vgl. 154/156) [an Blättern finden sich silbrige Stellen = luftgefüllte Zellen als Folge des Einstichs]. – (Auf Blättern): Ectobius lapponicus, Lappländ. Schabe 142. – [des Adlerfarns (*Pteridium aquilinum* [L.] KULM.) od. von Brennesseln (*Urtica dioica* L.)]: *Palomena prasina*, Grasgrüne Stinkwanze 165. – [an Bachufern]: *Cercopis sanguinea* (Schaumzikade) 4 [Farbt. 2]. – [von Frankraut]: Anthomyiinae, Blumenfliegen, I [Habitus vgl. 833].

Laubholzbestände (unter diesem Begriff werden vor allem «Mischbestände» mit verschiedenen Laubholzarten eingeordnet. Bestimmte Holzarten (siehe auch dort) werden von einzelnen Insektenarten zweifellos bevorzugt, sind jedoch im systematischen Teil gesondert aufgeführt): **Am Boden:** *Podisma alpina*, Buchenwaldschrecke 140 [schädigend an d. Naturverjüngung]. – *Cicindela hybrida*, Kupferbrauner Tiger- od. Sandlaufkäfer 302/303. – *Enoicyla pusilla*, (Köcherfliege; einzige terrestrische Art) 513/518 [auch in Knicks mit Buche, Eiche, Haselnuß, Weißdorn usw.]. – *Cochlidion limacodes*, Große Schildmotte 601 [in der Förna zw. Blättern tönnchenartiger Kokon mit d. Räupchen]. – (in Wasserblänken feuchter Bestände): Culicidae, Stechmücken; La 753; Pu 754. – (Falter spielen über Laub [Ra an Wald-Gramineen]): *Pararge aegeria* L. *egerides*, (Augenfalter) 688. **Am Unterwuchs** (von lichten Beständen): *Syntomis phegea*, Ringelwidderchen: Ra [i. Winter zw. d. Fallaub] (zu den Widderbären gehörig, obwohl äußerl. teilw. auffalld. Ähnlichk. mit Zygaeniden). – (gern am Riesenschwingel [*Festuca gigantea* VILL.]): *Crambus culmellus*, (Grasmotte; Zünsler) 602/603. **Buschwerk, Gesträuch:** *Locusta viridissima*, Grünes Heupferd 133/134. – *Ectobius lapponicus*, Lappländ. Schabe 142. – *Picromerus bidens*, (zimtbraune Schildwanze) 166 [Räuber]. – *Troilus luridus*, (gleichfalls Schildwanze) 1 [Farbt. 1]. – *Neurotoma* spec. [Kotsack-Blattwespenlarven i. gemeinsamen Gespinst [Larventyp vgl. 225]]. – *Pamphilius* spec. [gleichfalls

Kotsack-Blattwespenlarven, aber einzeln in Blattröhren (Larventyp vgl. 225)]. – *Calosoma sycophanta*, Puppenräuber 30 (Farbt. 7). – *Calosoma inquisitor*, Kl. Kletterlaufkäfer 31 (Farbt. 7). – *Silpha quadripunctata*, (Aaskäfer, schwarz mit bräunlichgelben Flügeldecken, jeweils mit 2 schwarzen Makeln 309). – *Polydrosus sericeus*, (Glanzrüßler) 40 (Farbt. 8). – (Unter d. Schirm v. Laubbäumen über d. Kraut- u. Strauchschicht): *Simulium reptans*, (Kriebelmücke; ♀♀ kurz vor Wetterstürzen «Gewitterfliegen» genannt) ♂♂ (vgl. 739) [♂♂ tanzen i. Sonnenschein; aquatische La (755) entwickeln sich in nahegelegenen Fließgewässern]. – *Culicoïdes pulicaris*, (Bartmücke) [i. Frühj. empfindl. stechende, flohgroße Mücken]. – Anthomyiinae, Blumenfliegen. I [Habitus vgl. 833; gern einzeln tanzend]. – *Lipoptena cervi*, Hirschlausfliege 835/836 [i. Herbst gern den Menschen anfliegend]. **Am Stamm: (auf begrünter Rinde):** Psocoptera, Rinden- od. Holzläuse, Flechtlinge (vgl. 145/147; 149). – **(in Rindenspalten):** *Rhaphidia ophiopsis*, Kamelhalsfliege, La 507. – (angesponnene Raupensäckchen): *Fumea casta*, Rauchsacksspinner 532; *Talaesporia tubulosa* 533, *Solenobia* spec. (Sackträgermotten). – **Unter Rinde:** Thysanoptera, Blasenfüßler (Habitus vgl. 154/156). – Aradidae, Rindenwanzen (Habitus vgl. 163/164). – *Agrilus viridis*, Grüner Prachtkäfer 356 (La 358). – Cecidomyiidae, Gallmücken; La (vgl. 704/705); Heteropezidae, Moosmücken (Gattung *Miastor* 706). – **Im Holz:** *Xyloterus domesticus*, Buchennutzholzborkenkäfer 470, 472. – *Xyloterus signatus*, Eichennutzholzborkenkäfer [Horizontalgänge, La in Leitergängen; Pilzzüchter]. – *Xyleborus monographus*, Eichenholzbohrer [Horizontalgabelgänge mit geweihartig. Bruttröhren, keine Leitersprossen; Pilzzüchter]. – *Anisandrus dispar*, Ungleicher Holzbohr-Borkenk. 469, 473. – *Trochilium apiforme*, Hornissenglasschwärmer (vgl. 559). – *Cossus cossus*, Weidenbohrer (Ra, bis 10 cm lang, fingerdick, oberseits rotbraun bis violett; Holzessiggeruch; 1046). – *Zeuzera pyrina*, Blausieb 599/600. – In morschen Stämmen: *Elater cinnabrinus* (schwarz mit roten Flügeldecken; Habitus vgl. 343). – *Euplocamus anthracinalis*, Holzmotte (ein echtes Mottenräupchen). **An Zweigen:** *Eulecanium corni*, Akazien-Schildlaus 216. **An Knospen und Trieben:** *Polydrosus mollis*, (Glanzrüßler) [kupferartige Beschuppung gegenüber *P. sericeus* (40, Farbt. 8); Hülsen d. Blattknospen durchbohrend]. – *Coleophora fuscedinella*, Erlenknospenmotte (Sackträgermotte; ähnl. 542). – (Ringelung des Triebes): Cimbicinae, Knopfhornwespen 259 u. 260. – (Befressen d. Johannistriebes): *Rhizotrogus solstitialis*, Junikäfer, I 321. **An od. auf Blättern:** Chrysididae, Goldwespen [auf Blättern mit Blattlaushonig; metallisch grün, rot, blau gefärbte Tiere mit «ausgehöhltem» Bauch]. – Zapfenwickel; Bytiscus betulae, Rebenstecher (I 38 [Farbt. 7]). – Zw. zus. gesponnenen Blättern: *Chimabacche fagella*, «Sängerin», Buchenmotte 560/561. – *Taeniocampa pulverulenta*, Frühlingseule; *Calymnia trapezina*, Ulmeneule (sog. «Mordraupen», stellen anderen Raupen nach). – Fraßbeschädigungen: *Melolontha melolontha*, Feldmaikäfer 319. – *Melolontha hippocastani*, Waldmaikäfer 318. – *Phyllopertha horticola*, Gartenlaubkäfer 322.

– *Phyllobius arborator*, Grünrüßler [Käfer metallisch grün, frißt Blätter vom Rande her an; diese sehen dann zerzaust u. zerschlissen aus]. – *Cochlidion limacodes*, Große Schildmotte 601. – *Eriogaster lanestris*, Birkennestspinner (I 606; zu den Glucken gehörig) [Ra gesellig in weißen, sackförmigen Gespinsten]. – *Lasiocampa quercus*, Eichenspinner (I 607) [Ra braungelb mit samtschwarz. Segmentinzisuren; bis 6,5 cm lang]. – *Aglia tau*, Nagelfleck; Farbt. 11. – *Stauropus fagi*, Buchenspinner 83 (Farbt. 12); I 670. – *Phalera bucephala*, Mondvogel 623/624 (I 621/622). – *Cheimatobia brumata*, Gem. Frostspanner (I 631/633); *Ch. boreata*, Buchenfrostspanner 80 (Farbt. 12). – *Hibernia defoliaria*, Gr. Frostspanner (I 634/636) [typ. Spannerraupe rotbraun mit gelben Lateralstreifen]. – *Biston betularius*, Gr. Birkenspanner (I 629/630) 3 (Farbt. 1). – *Boarmia bistortata*, Lärchenbaumspanner (Heidelbeerspanner) [I 95 (Farbt. 14)]. – *Hyphantria cunea*, Weißer Bärenspinner (I 641/642) 643. – *Dasychira pudibunda*, Buchenrotschwanz (I 677/678) 74 (Farbt. 12). – *Porthesia similis*, «Schwan» (gelegentl. auch «Goldafter» gen.; zu den Wollspinnern gehörig). – *Orgyia antiqua*, Schlehenspinner 75 (Farbt. 12); 667. – *Lymantria monacha*, Nonne 85/86 (Farbt. 13); «Ankerfraß».

Laubholzstock: siehe «Stock»; dazu auch: 1023.

Laubstreu (Eine Aufteilung der verschiedenen Arten auf die Förna, F- u. H-Schicht wird hier im einzelnen nicht durchgeführt, da sowieso je nach der Jahreszeit Vertikalwanderungen der subterranen Organismen stattfinden; im Gegenteil, es werden sogar jene Arten, die im allgemeinen vorwiegend in tieferen Bodenschichten vorkommen, auch hier benannt, weil ein Hinüberwechseln zumindest in die H-Schicht oftmals erfolgt. – Zum Auffinden typischer terricoler Formen eigenen sich übrigens besonders gut «Erosionsgräben» in Laubholzbeständen, da in ihnen stets mehrschichtige, optimal durchfeuchtete Fallaublagen vorhanden sind; dabei lassen sich in der F-Schicht und in der H-Schicht die ergiebigsten Beobachtungen machen. – 1039; 1041; 1049.

Collembola, Springschwänze 112/118. – Protura, Beintastler (etwa *Acerentomon doderoi; Eosentomon transitorium* [vgl. 120/123]). – Diplura, Doppelschwänze (*Campodea* spec. 124; in xerothermen Lagen 125). – Thysanura, Borstenschwänze (Machilidae, Felsenspringer 126/127 [Buchenfallaub skelettierend]). – *Troglophilus* spec. [eine flügellose Laubheuschrecke]. – Gryllidae, Grillen [terricole Arten in Röhren]. – Dermaptera, Ohrwürmer (etwa *Chelidurella acanthopygia*, Waldohrwurm 141 [Eiablage der Ohrwürmer in kl. Erdkammern; Larvenbewachung durch Muttertier]). – *Ectobius lapponicus*, Lappländ. Schabe 142 [in gebirgig. Biotopen u. an d. Küste: *E. sylvestris;* unter Fallaub gern La, zwar käferähnl., aber mit griffelartig. Abdom.-Anhängen]. – Psocoptera, Rinden- od. Holzläuse 145 ff. – Thysanoptera, Fransenflügler od. Blasenfüßler (teils nur zur Überwinterung; vgl. 154/156 [Habitusbilder]). – Wanzen: Anthocoridae, Blumenwanzen; Lygaeidae, Lang- od. Erdwanzen (Habiuts vgl. 170/171; 167/169) [besonders im Winter]. – *Orthezia cataphracta* [freibewegl. Schildlaus]. – Cynipoidea, Gallwespen: auffällige Blatt- u. Knospengallen an Eichenblättern zumeist auch gegen Ende des Spätsommers in der Streuschicht (Farbt. 6). – *Calosoma inquisitor*, Kl. Kletterlaufkäfer 31 (Farbt. 7) [zwischen Laubblattlagen]. – Silphidae, Aaskäfer: *Choleva-*, *Nargus-*, *Catops-*Arten [Bewohner oberer Laubblattlagen]; *Silpha quadripunctata* I 309 [asselförmige La in Buchenstangenhölzern u. Eichenheisterpflanzungen]. – Staphylinidae, Kurzflügelkäfer (etwa *Tachyporus*, *Atheta*, *Aleochara*, *Lathrobium*, *Xantholinus*, *Othius*, *Philonthus* u. *Quedius* spec. [vgl. 108 (Farbt. 16); 308]. – Pselaphidae, Palpenkäfer [Zwergkäfer mit verkürzten Flügeldecken; von Milben sich ernährend]. – Histeridae, Stutzkäfer (u. a. *Abraeus-*, *Acritus-*Arten [Habitus vgl. 311]). – Cantharidae, Weichkäfer (samtartig behaarte La überwintern in den Laubstreu-Schichten od. in tieferen Erdgängen, kommen sogar auf die Schneedecke [= «Schneewürmer»]). – Elateridae, Schnellkäfer [gelbbraune La = «Drahtwürmer» 344/345]. – Tenebrionidae, Schattenkäfer [Habitustyp vgl. 383]. – *Mniophila muscorum* (Erdfloh, zu d. Blattkäfern gehörig). – Rüsselkäfer: u. a. *Caenopsis fissirostris* (i. SW d. heimisch. Faunengebietes); *Omias forticornis* u. *Adexius scrobipennis* (i. gebirgig. Lagen); *Cotaster uncipes* u. *Acalles* spec. (Käfer i. Winter). – *Rhaphidia ophiopsis*, Kamelhalsfliege, La 507. – *Enoicyla pusilla* (terrestrische Köcherfliegenart) Larvenköcher 513 (La 514; Fraßspuren 518; I 515 ff. – *Adela viridella*, (Langfühlermotte) I 948 [Ra fertigen flachovales, beiderseits offenes Säckchen aus Blattstückchen an, an den Rändern mit Spinnseide zus. gehalten; überwintern im Säckchen]. – *Incurvaria koerneriella*, Schildkrötenmotte (Miniersackmotten) 525. – *Maesia vinculella* (gleichfalls Miniersackmotte) [flaches Raupensäckchen, beiderseits Verschlußapp. aus kreisfömig. Lappen]. – *Talaesporia tubulosa*, (Sackspinner) 533. – *Solenobia* spec. (Sackträgermotte). – *Cochlidion limacodes*, Gr. Schildmotte [zw. d. Blättern tönnchenartig. Kokon mit Ra 601]. – *Syntomis phegea*, Ringelwidderchen [graubraune Ra mit büschelweise, rotgrau behaarten Punktwarzen; im Winter]. – Eulenraupen (auch überwinternd): *Simplicia rectalis; Standfusia emortualis; Zanclognatha tarsiplumalis; Z. tarsipennalis; Z. tarsicrinalis* (bes. i. Brombeerfallaub); *Standfusia emortualis* (Fallaub siebartig durchlöchert; Buchen- u. Eichenbest.). – *Gonepteryx rhamni*, Zitronenfalter (Imago überwinternd unter Blättern). – Zweiflüglerlarven mannigfaltiger Gestalt: Phryneidae, Pfriemenmücken 695/696. – Trichoceridae, Wintermücken 697. – Bibionidae, Haarmücken (*Penthetria holosericea*, Flormücke [I 736] La 698; Bibio spec. 701; *Philia* spec. 700; Junglarven 699 u. 700; Pu 702). – *Scatopse notata*, *Sc. fuscipes* (Dungmücken) La zw. Blattlagen i. Schleimhäutchen 703. – Cecidomyiidae, Gallmücken (vornehml. koprophage Arten, an Exkrementen v. and. Insektenlarven, terricoler Nematoden u. Lumbricidae; vgl. 704/705). – (**In tieferen Schichten**): Lycoriidae, Trauermücken 749. – Sciophilidae (Pilzmücken) 748. – Fungivoridae (d. eigentl. «Pilzmücken») 745; 750; Bilder der Aufarbei-

tung des Bestandesabfalles 744; 746/747. – Psychodidae, Schmetterlingsmücken 751/752. – Culicidae, Stechmücken 753 (Pu 754) [nur in sehr
feuchten Beständen]. – Ceratopogonidae, Bartmücken (*Forcipomyia* spec.
757; *Kempia* spec. 758; *Bezzia* spec. 759). – Chironomidae, Zuckmücken
760. – Tipulidae, Erdschnaken (Junglarven 761; Altlarven 765/769 [vgl.
Habitus 762]; Pu 763; Fraßbilder 773). – Limnobiidae, Stelzmücken 775
(*Thaumastoptera calceata* 776 [brillenfutteralähnl. Gehäuse]). – Cylindrotomidae, Moosmücken 777. – Stratiomyiidae, Waffenfliegen 785. – Tabanidae, Bremsen 786. – Rhagionidae, Schnepfenfliegen 787 [Pu 788]. –
Therevidae, Stilett- od. Luchsfliegen 790. Asilidae, Raubfliegen 791 [Pu
792]. – Empididae, Tanz- od. Rennfliegen 798. – Dolichopodidae, Langbeinfliegen 807. – Lonchopteridae (*Lonchoptera lutea* 808). – Syrphidae,
Schwebfliegen (Diapauselarven aphidivorer Arten 99/100; 102 [Farbt. 15; in
der Färbung freilich den freilebenden Stadien gegenüber abgeblaßt]; in
feuchten Beständen: u. a. *Eristalomyia tenax* [«Scheinbiene», hier La =
«Rattenschwanzlarve»: 810]). – Phoridae, Buckelfliegen [auffällig die Puparien 814]. – Platypezidae, Plattfüßler 816. – Lonchaeidae 817. – Muscinae
822/825. – Phaoniinae 826; 830. – Anthomyiinae, Blumenfliegen 829; 827/
828. – *Fannia canicularis*, Kl. Stubenfliege; *F. scalaris*, Latrinenfliege [Habi-
tus vgl. 831]; Fraßbild 832. – *Lipoptena cervi*, Hirschlausfliege (Tönnchen
im «Wildbett» 838). – Sarcophaginae, Aasfliegen [La parasitisch in Regenwürmern; vgl. 839/841; 843; 845]. – Gelegentl. reife Larven der *Cephenomyia*-Gruppe («Rachendasseln», 847/850), d. *Oestrus*-Gruppe («Nasendasseln», 853) u. d. *Hypoderma*-Gruppe («Hautdasseln», 856/857). – Flohlarven (Aphaniptera), werden vielfach verwechselt mit Chironomidenlarven
(760), aber charakterisiert durch segmentale Querreihen langer Borsten, vor
allem durch Analkamm; bei Berührung winden sich Flohlarven spiralförmig
ein. – Wurzelsauger: Schildläuse: *Porphyrophora polonica; Margarodes
vitium*. – Silphidae, Aaskäfer: u. a. *Colon-, Liodes*-Arten [an Wurzelpilzen
absterbender Pflanzen].

Lärche (Sommerlärche [*Larix europaea* DC = *decidua* MILL.]; japan. Lärche
[*Larix leptolepis* GORD.]): **Keimpflanze** (siehe auch unter «Pflanzgarten»):
Agrotis segetum, Wintersaateule 649/650. – Junge Pflanze (siehe unter
«Pflanzgarten»). – **An Wurzeln:** *Melolontha melolontha*, Feldmaikäfer 329/
330 [vgl. 314 u. 325/336; 346/352]. **Stammregion: auf der Rinde** (Nester aus
Harzzellen): *Anthidium strigatum*, Kl. Harzbiene 300. – (Rinde in Längsris-
sen aufgeplatzt): *Lachnus exsiccator*, Buchenkrebs-Baumlaus [selten]. – In
der Borke: *Anobium emarginatum* (Pochkäfer [La weißl. mit gut entw.
Extremitäten]). – **Unter Rinde:** *Anthaxia quadripunctata*, Vierpunkt-
Prachtkäfer 354 (vgl. auch 402). – *Tetropium luridum*, (zerstörender)
Fichtenbock; *Tetropium fuscum*, (brauner) Fichtenbock 393 [selten], meist
verwechselt mit *T. gabrieli*, Lärchenbock. – *Pissodes notatus*, Kiefernkulturrüßler 432 [selten]. – *Hylurgops palliatus*, Gelbbrauner Fichtenbastkäfer
482. – *Ips typographus*, Buchdrucker 483 [gelegentl.]; 456. – *Ips amitinus*,

Kl. Buchdrucker 484. – *Pityogenes chalcographus*, Kupferstecher 480 [selten]. – *Dryocoetes autographus*, Zottiger Fichtenborkenkäfer 491 [selten]. – *Ips curvidens*, Krummzähnig. Weißtannenborkenkäfer 488 [gelegentl.]. – *Cryphalus piceae*, Kl. Tannenborkenkäfer 503 [selten]. – *Ips cembrae*, Gr. Lärchenborkenkäfer 497 [in den Brutgängen räuberische Dipterenlarven (u. a. *Phaonia gobertii*; vgl. 830; 826)]. – *Myelophilus pinperda*, Gr. Waldgärtner 498/499 [selten]. – *Ips acuminatus*, Sechszähnig, Kiefernborkenkäfer 493 [gelegentl.]. – *Ips laricis*, Vielzähnig. Kiefernborkenkäfer 506. – *Pityophthorus glabratus* 501. – **Im Holz:** *Urocerus gigas*, Riesenholzwespe 262 [selten]. **Krone: an Zweigen u. Ästen:** *Vespa crabro*, Hornisse [spiralige Schäldbeschädigungen]. – *Laspeyresia zebeana*, Lärchengallenwickler [Fraß in der Rinde; direkte Anschwellung des Holzkörpers] 576. – **(Unter Rinde):** *Pityogenes bidentatus*, Hakenzähnig. Kiefernborkenkäfer 485. – **An Knospen u. Trieben:** *Dasyneura laricis*, Lärchenknospen-Gallmücke 709/ 711. – *Agryresthia laevigatella*, Lärchentriebmotte 556/557. – **An Nadeln:** *Taeniothrips laricivorus*, Lärchenblasenfuß 154/156; 158/159. – *Cephalcia alpina*, Lärchengespinstblattwespe 222/224 [jeweils einzeln an d. Basis des Kurztriebes in Gespinströhre]. – *Pristiphora laricis*, Kl. schwarze Lärchenblattwespe 246/247 (I 245). – *Pristiphora erichsoni*, Gr. Lärchenblattwespe 248. – *Melolontha melolontha*, Feldmaikäfer 319 [selten]. – *Coleophora laricella*, Lärchenminiermotte 535/536; 541; 543 [siehe auch 537/540; 542; an Parasiten etwa Chalcidier: 18/19 (Farbt. 5)]. – *Semasia diniana*, Grauer Lärchenwickler [Eiräupch. i. Gespinstsäckch. zw. jg. Nadeln; als Zweihäuter d. inneren Nadeln eines Kurztriebes zu einem «Trichter» zus. spinnend; später Befressen d. Nadeln bis auf Nadelspitze u. eine Nadelkante; Rötung der Kronen; I 53 (Farbt. 10)]. – *Lasiocampa quercus*, Eichenspinner [Ra braungelb mit samtschwarz. Segmenteinschnitten, bis 6,5 cm lang; I 607]. – *Hyloicus pinastri*, Kiefernschwärmer 91 (Farbt. 13); I 613/614 [selten i. Lärchenbeständen]. – *Biston betularius*, Gr. Birkenspanner 628; 3 (Farbt. 1); I 629/630. – *Boarmia bistortata*, Lärchenbaumspanner (Heidelbeerspanner) 626 (I 95 [Farbt. 14]). – Läuse (keine Gallen): *Cnaphalodes strobilobius*, Rote Fichtengallenlaus 198 [Nadeln knicken durch das Saugen der Sistens-Generationen]. – *Chermes viridis*, Grüne Fichtengallenlaus (vgl. 208/209). – **An od. in Zapfen:** *Megastigmus seitneri*, (phytophag. Chalcidier [Erzwespe]; i. Lärchensamen [vgl. 286]). – *Phorbia laricicola*, Lärchenzapfenfliege [La kenntl. an braunspitzig. Hinterleibszäpfchen, i. d. Zapfenspindel u. in d. Samenanlagen vorkommend (als Räuber häufig bei dies. La auftretend La einer and. Zweiflüglerfamilie: *Lonchaea inquilina*, vgl. 817)].

Leichen: siehe «Tierleichen»: dazu auch 1044.

Lichtungen: *Calopteryx splendens*, (Wasserjungfer) 131 [Jäger sitzender Beutetiere]. – *Harpalus aeneus*, (kupferiger Laufkäfer) 307. – *Pyrochroa coccinea*, «Feuerfliege» (zu d. Feuerkäfern [Kardinälen] gehörig; auf Blüten) 374 [scharlachrote Flügeldecken; La 375/376]. – *Zygaena lonicerae*, (Blutströpfchen, Widderchen) [Falter auffallend durch metallisch. Glanz der

Vorderflügel mit grellrot. Farbzeichnungen; Ra u. a. auf Waldklee (*Trifolium alpestre* L.)]. – *Erebia ligea*, Mohrenfalter (ein Augen- bzw. Tagfalter) 687 [auf begrasten Laubholz-Lichtungen]. – *Chrysozona pluvialis*, «Regenbremse»; *Chrysops caecutiens*, (Blindbremse) 781 [schwärmen in hellem Sonnenschein, vor allem vor dem Gewitter].

Linde (Sommerlinde [*Tilia platyphyllos* Scop.]; Winterlinde [*Tilia cordata* Mill]): **Keimpflanze:** *siehe unter «Pflanzgarten».* **Junge Pflanze:** *Vespa crabro*, Hornisse [spiralige Schälbeschädigungen; in Parks u. Gärten beobachtet]. **Stammregion: auf der Rinde:** *Meconema thalassinum*, Lindenhähnchen 136/137 [beim Aufbaumen, eigentl. in der Krone versteckt lebend]. – *Pyrrhocoris apterus* L., Feuerwanze [schwarz mit roten Farbzeichnungen; häufig am Stammfuß auftretend]. – *Chionaspis salicis*, Miesmuschelschildlaus 218/219 [Rinde hebt sich blasenartig ab]. – **Unter Rinde:** *Agrilus viridis* 356 (I 357; La 358). – *Dorcus parallelopipedus*, Zwerghirschkäfer 314/315 [in faulendem Holz, auch in Stöcken]. – **Im Holz:** *Cossus cossus*, Weidenbohrer [Ra rotbraun bis violett, bis 10 cm lang, fingerdick, Holzessiggeruch; 1046; I 597]. – *Zeuzera pyrina*, Blausieb 599 (I 598) 600. **Krone: an Trieben:** *Eulecanium corni*, Gr. Napflaus 216. – **An Blättern:** *Caliroa annulipes*, Kl. Lindenblattwespe 254 [anfangs Loch-, später Skelettierfraß]. – *Eriogaster lanestris*, Birkennestspinner (I 606) [Ra blauschwarz mit 2 Reihen rotgelb behaarter, weißgelb gerandeter Flecken; gesellig in weißen, sackförmigen Gespinsten tagsüber]. – *Dilina tiliae*, Lindenschwärmer [typ. Schwärmerraupe mit «Afterhorn», vgl. 81 (Farbt. 12)]. – *Lophopteryx camelina*, Kamelspinner 79; 988 – *Phalera bucephala*, Mondvogel 623/624 (I 621/622). – *Drepana harpagula*, (Sichelflügler) [Ra gelblich mit violett-bräunl. Flanken u. mit metathorakal. Höcker; I 625]. – *Xanthia citrago*, Zitroneneule (I 661) [Ra schiefergrau, 3 cm, Jungraupe zw. zus. gezogenen Blättern].

Losung (Rot-, Rehwild- u. Hasenlosung u. a.): siehe unter «Exkremente»

Modernde Stämme: siehe «anbrüchige Stämme»

Moosdecke (Moospolster): Collembola, Springschwänze (etwa *Tomocerus flavescens* 115). – Thysanoptera, Fransenflügler od. Blasenfüßler; (vgl. 154/156). – Staphylinidae, Kurzflügelkäfer (kleine Arten; vgl. 108 [Farbt. 16] u. Habitus 36 [Farbt. 7]). – Elateridae, Schnellkäfer [La = Drahtwürmer 344/345]. – Chrysomelidae, Blattkäfer [Halticinae, Erdflöhe od. Flohkäfer u. zwar: *Mniophila muscorum;* in Moospolstern an starken Buchenstämmen, Art ernährt sich von Moos]. – *Enoicyla pusilla* (Köcherjungfer) 513 (I 515/517) [Junglarven fressend an den beiden Moosarten: *Mnium hornum* u. *Brachythecium rutabulum*]. – *Micropteryx thunbergella*, (Urmotte) [Ra mit Afterfüßchen an allen Abdominalsegmenten leben an Moos]. – Dipterenlarven: Heteropezidae, Moosmücken [*Miaster* spec. 706; Habiuts vgl. 704/705]. – Lycoriidae, Trauermücken 749. – Cylindrotomidae, Moosmücken 777. – Rhagionidae, Schnepfenfliegen 787 (Pu 788). – Therevidae, Stilettod. Luchsfliegen 790. – Empididae, Tanzfliegen 798. – Dolichopodidae, Langbeinfliegen 807.

Mykorrhizen: winzige, oft glashelle, fühlerlose Tierchen, flügellos, mit stechend-saugenden Mundwerkzeugen: Protura, Beintastler [im Eichen-Hainbuchen-Bestand u. a. aufgefunden: *Acerentomon doderoi; Eosentomon transitorium*]; vgl. 120/123.

Nadelholzbestände (siehe auch unter den verschiedenen Nadelholzarten); dazu: 1038, 1040. *Cicindela silvatica*, Wald-Sandlaufkäfer [I bronzeschwarz mit weißen Elytren-Binden; Habitus vgl. 302; auch auf Sträuchern]. – *Myrmeleon formicarius*, Ameisenjungfer (La = «Ameisenlöwe»,Sandfallensteller [an Böschungen, Bestandesrändern]). **An Unterwuchs:** *Pselnophorus brachydactulus*, (Federmotte) [Ra im Mai/Juni an Hasenlattich (*Prenanthes purpurea* L.; Compositae); Lochfraß]. – *Jaspidea celsia*, Malachiteule [Ra in Büscheln von verschiedenen Gräsern]. An **lagernden Stämmen** (od. auf Holzstößen): *Clerus formicarius*, Ameisenartiger Buntkäfer 341 [schwarzweiß-rot]. **Unter der Rinde** (stehender Stämme): Thysanoptera, Fransenflügler (vgl. 154/156). – Borkenkäfer: *Dendroctonus micans*, Riesenbastkäfer 479. – *Hylurgops palliatus*, Gelbbrauner Fichtenbastkäfer 482. – *Ips typographus*, Buchdrucker 483. – *Ips amitinus*, Kl. Buchdrucker 484 [im Hochgebirge: *Ips amitinus montanus*]. – *Ips curvidens*, Krummzähnig. Weißtannenborkenkäfer 488 [Begleitarten: *Ips spinidens* u. *I. vorontzowi*. – In den Borkenkäfer-Fraßgängen: *Rhaphidia ophiopsis*, Kamelhalsfliege 507. **Im Holz:** *Xyloterus lineatus*, Nadelbaum-Nutzholzborkenkäfer 490. **Im Kronenbereich:** *Troilus luridus* (Raubwanze) 1 (Farbt. 1). – *Calosoma sycophanta*, Puppenräuber 30 (Farbt. 7) [selbst im Sonnenschein jagend]. – An Ästen u. Zweigen unter Rinde: *Cryphalus abietis*, Gekörnter Fichtenborkenkäfer 487. – *Pityophthorus micrographus*, Kl. Fichtenborkenkäfer 486. – *Ips acuminatus*, Sechszähniger Kiefernborkenkäfer 493. – *Pityogenes bidentatus*, Hakenzähnig. Kiefernborkenkäfer 485. – An Trieben: *Cacoecia piceana*, Kiefernnadelwickler [Fraß im Trieb, an der Triebrinde u. an Nadeln]. – An Nadeln: *Melolontha melolontha*, Feldmaikäfer, I 319 (vgl. 318) [selten]. – *Boarmia bistortata*, Lärchenbaum-, Heidelbeer- od. Tannenspanner 626 (I 95 [Farbt. 14]).

Nadelholzstock: siehe unter «Stock»

Nadelstreu (siehe auch unter «Laubstreu»): **Obere Schicht:** Collembola, Springschwänze (vgl. 112/117) [typ. Form: *Tetracanthella wahlgreni*, Gleichringler 114]. – An feuchten Arealen: etwa *Tomerus flavescens* 115. – Protura, Beintastler [*Eosentomon ribagai* 120/121]. – Blattaria, Schaben [mit zumeist griffelartig. Abdominalanhängen; *Hololampra* spec. (vgl. 142)]. – Käfer von typ. Curculionidenhabitus: *Acalles* spec. [im Winter; raupenartige graue Larven im Juli/August im Gesiebe]. – *Hylastes cunicularius*, Schwarzer Fichtenbastkäfer [Borkenkäfer, Wurzelbrüter, in der Streudecke überwinternd; Habitus vgl. 452/453]. – **Tiefere Schichten:** *Cephalcia alpina*, Lärchengespinstblattwespe [überwinternde Kotsack-Blattwespenlarven in Erdhöhlen; Lärchenbestand; vgl. 222]. – *Diprion pini*, Kiefernbuschhornblattwespe [lederartig braune Kokons (ohne Segmentierung) während des Winters, am Stammfuß vielfach gehäuft; im Innern noch Blattwespen-Afterraupen. Vgl. 236/237; 242; siehe auch: 858/862]. – Viele Dipterenlarven: u. a. Bibionidae, Haarmücken 699/701. – Therevidae, Stilettfliegen 790. – Asilidae, Raubfliegen 791 [besonders in Fichten-Monokulturen, saprophag an Kotkrümeln der epigäischen Nonnenraupen]. – Empididae, Tanz- od. Rennfliegen 798. – Dolichopodidae, Langbeinfliegen 807. – Phaoniinae = Unterfamilie d. Muscidae, Echte Fliegen [etwa *Phaonia erratica*, vgl. 830 u. 826]. – In Schonungen (im Wildbett): *Lipoptena cervi*, Hirschlausfliege [samenkornähnl. Puparium: 838]. – Reife La der *Cephenomyia*-Gruppe («Rachendasseln») 847/850; d. *Oestrus*-Gruppe («Nasendasseln») 853; d. *Hypoderma*-Gruppe («Hautdasseln») 856/857.

Naturzäune: siehe «Gatter»

Pappel (forstl. bedeutungsvoll eigentl. nur Zitterpappel od. Aspe (Espe) [*Populus tremula* L.]; eingeführt: Silberpappel [*P. alba* L.] u. Schwarzpappel [*P. nigra* L.]. Einige Insektenarten bisher allein an folgend. Arten beobachtet: Pyramidenpappel [*P. italica* DUR.], Rosenkranzpappel [*P. monilifera* AIT.], Kanadapappel [*P. canadensis* MÖNCH.]). – **Kätzchen:** 1018 ff. **Keimpflanze:** siehe unter «Pflanzgarten». **Junge Pflanze** (siehe auch unter «Pflanzgarten»): *Aphrophora salicina*, Weidenschaumzikade 172 [La in «Kuckucksspeichel» 173; vgl. auch 174 (2jährig. Ruten werden brüchig)]. **An Wurzeln:** *Melolontha melolontha*, Feldmaikäfer [vgl. dazu 346/352]; Differentialdiagnose der häufigsten Lamellicornia-La 314 u. 325/336. **Stammregion: auf der Rinde:** *Chionaspis salicis*, Miesmuschelschildlaus 218/219 [Rinde mit Blasen]. – *Saperda carcharias*, Gr. Pappelbock (I 406). – **Unter Rinde:** *Chrysobothris affinis*, (Prachtkäfer) 355 [flache La-Gänge im Bast]. – *Agrilus viridis*, Grüner Prachtkäfer 358; 356. – *Cryptorrhynchus lapathi*, Bunter Erlenrüsselkäfer 437 [«Stichfraß» d. Jungkäfer; vgl. auch 436]. – *Ecoptogaster scolytus*, Ulmensplintkäfer 460. – *Ecc. multistriatus*, Kl. Ulmensplintkäfer 461. – *Ecc. intricatus*, Eichensplintkäfer 466. – **Im Holz:** *Saperda carcharias*, Gr. Pappelbock 416. – *Cryptorhynchus lapathi*, Bunter Erlenrüsselkäfer 436 (I 437). – *Trochilium apiforme*, Hornissenglasschwärmer (I 65 u. 66 [Farbt. 10]) 559. – *Cossus cossus*, Weidenbohrer (I 597) [Ra rotbraun bis violett, fingerdick, bis 10 cm, mit intensivem Holzessig-Geruch; 1046]. – «Braunketten» 818, «Markflecken» 819: Agromyzidae, Minierfliegen [sog. «Kambium-Minierer», «im Holz» infolge Überwallung der Fraßgänge]. **Krone: an Zweigen u. Ästen:** *Eulecanium corni*, Gr. Napflaus 216. – *Vespa crabro*, Hornisse [spiralige Schälbeschädigungen]. – *Saperda populnea*, Kl. Pappelbock 409/410 (I 408). – *Phytobia tremulae*, (Minierfliege) [in Finnland auftretend; ähnl. starke Schäden an Pappelstecklingen (in Großbaumschulen) durch Larven anderer Agromyzidae-Arten, Minierfliegen; vgl. 818/819]. – **An Knospen u. Trieben:** *Systenocerus caraboides*, Rehschröter, I 317 [Fraß an Aspenknospen, die dann leicht abfallen]. – *Aphrophora salicina*, Weidenschaumzikade 172 [La im «Kuckucksspeichel» 173; vgl. auch 174]. – *Cimbex lutea*, (Knopfhornwespe) I (vgl. 259) [Ringelung des Triebes 260]. – *Galeruca capreae, G. lineola* («gelbe» Weidenblattkäfer) [an Triebspitzen, später auch auf tiefersitzenden Blättern; La (vgl. 417)]. – *Rhabdophaga saliciperda,* Weidenholz-Gallmücke 735 [an Silberpappel beobachtet]. – **An od. auf Blättern:** *Pteronidea pavida,* (Afterraupe) 249 [an Aspe]; vgl. 964 ff. – *Trichiocampus viminalis,* Gelbe Pappelblattwespe 250/ 253. – *Cimbex lutea; Clavellaria amerinae* (Knopfhornwespen) [typ. Cimbi- cinen-La, vgl. 84 (Farbt. 12)]. – Bogenförmiger Randfraß: *Lytta vesicatoria,* «Spanische Fliege» (Pflaster- od. Ölkäfer) [Käfer goldgrün; 378; La parasi- tisch in Bauten von Solitärbienen (vgl. 379/380)]. – *Saperda carcharias,* Gr. Pappelbock 406 [unregelm. Löcher mit zerfetzten Rändern als Reifungsfraß d. Käfer]. – Blattkäfer-La auf d. Unterseite: *Melasoma populi,* Pappelblatt- käfer [I: schwarzblau, ziegelrote Flügeldecken; La hellgrün, schwarz gefleckt mit gelbl. Fleischzapfen; Blätter werden skelettiert]. – *M. tremulae,* Aspen- blattkäfer; Buchtenfraß: 947; 946. – *Plagiodera versicolor,* Blauer Weiden- blattkäfer [La fressen in Phalanxreihen d. Blattfleisch, wollige Behaarung als Flausch vor sich herschiebend]. – *Phyllodecta vitellinae,* Kl. Weidenblatt- käfer 39 (Farbt. 7); La 417/418; 420. – *Galeruca capreae, G. lineola* («gelbe») Weidenblattkäfer. – Raupen: *Gastropacha populifolia,* Pappelglucke [La mit schwarzblauem u. rotgelb. Genickband (vgl. 608)]. – *Smerinthus populi,* Pappelschwärmer 81 (Farbt. 12). – *Sm. ocellata,* Abendpfauenauge [Schwärmerraupe]. – *Dicranura vinula,* Gr. Gabelschwanz 615/617. – *Dicr. erminea,* Weißer Gabelschwanz. – *Notodonta ziczac,* Zickzackspinner 82 (Farbt. 12). – *Phalera bucephala,* Mondvogel 623/624 (1621/622). – *Cato- cala fraxini,* Blaues Ordensband [Eulenraupe]. – *C. nupta,* Rotes Ordens- band. – *Acronycta alni* [schwarze Eulenraupe, dorsal gelb. Querwülste mit je 1 ruderförmig. Haar]. – *Stilpnotia salicis,* Pappelspinner [Ra schwarz mit rot. Warzen; Kahlfraß oftmals an d. italien. Pyramidenpappel (= Mutation der Schwarzpappel) u. an d. Kanadapappel]. – Tagfalterraupen: *Apatura ilia,* Kl. Schillerfalter; *Limenitis populi,* Gr. Eisvogel (I 690). – Gallen (von Woll- od. Blasenläusen): *Pemphigus ovatooblongus* 187; *P. spirothecae* 188; *P. protospirae; P. bursarius* 189. – Blatt zur «Zapfenrolle»: *Bytiscus populi,* Pappelblattroller (992 bis 994).

Parasiten (es werden nur auffällige Formen benannt); siehe dazu auch: 1045. [Acridiidae (Feldheuschrecken 140]: lange Fäden, aus Gelenkhaut sich herausschiebend: Gordioidea (Saitenwürmer)]. – Flache, flügellose Insekten an Federn, Haaren, an verkrusteten Hautstellen bei Vögeln u. Säugern: Mallophaga, Federlinge u. Haarlinge 143. – Flache, flügellose Tierchen mit Klammerextremitäten: Anoplura, Läuse 144 (teils artspezifische Arten). – [Zikaden (5/7 [Farbt. 3]) gelegentl. parasitiert v. Nematoden (Rundwür- mer), dadurch «parasitäre Kastration»]. – Insekten mit deutl. Habitus einer Wespe, mit «Wespentaille» (gelegentl. mit «sitzendem Hinterleib») u. mit Legebohrer (verschieden lang): bei einigen Formen Antennen mit weißem Ring: Terebrantia, Entomophaga: u. a. Ichneumonidae (echte Schlupf- wespen 272); Braconidae (Brackwespen 276); Chalcididae (Zehr- od.

Erdwespen [Farbt. 5]). – Scoliidae (Dolchwespen), Tiphiidae (Rollwespen) [Aculeata] parasitieren gern in Engerlingen (Col.; Scarab.). – Aculeate Hymenopt. wiederum, Zikaden (selten Locustidae) enthalten als madenförmige Parasiten: ♀♀ d. Strepsiptera (Fächerflügler). – Dipterenlarven: *Hirmoneura obscura* (Netzfliegen) parasitiert Engerling (331) von *Rhizotrogus solstitialis*, Junikäfer 321. – Cyrtidae, Kugel- od. Spinnenfliegen: La im Hinterleib von Spinnen. – Bombyliidae, Wollschweber od. Hummelfliegen: La (793/794) als Hyperparasiten in Ichneumoniden-, Tachinenlarven in Lepidopteren-Raupen (aber auch als Parasiten bei Grabwespen- u. solitären Apidenlarven). – *Liptoptena cervi*, Hirschlausfliege 835/837, I auf Rot-, Reh-, Damwild, im Sept./Okt. in Laubholzbeständen den Menschen anfliegend. – *Cephenomyia*-Gruppe, «Rachendasseln» 847/850; *Oestrus*-Gruppe, «Nasendasseln» 853; *Hypoderma*-Gruppe, «Hautdasseln» 856/857. – Tachinidae, Raupenfliegen: La ausgesprochene entomophage Parasiten (vgl. 865).

Pflanzgarten (einschl. «Saatkamp»). Bei den verschiedenen Holzarten kann zunächst auch dort unter «Keimpflanze», «Junge Pflanze» nachgesehen werden, vor allem bei Holzarten (wie Esche usw.), die gewöhnlich nicht im Pflanzgarten herangezogen werden. Es wird im nachfolgenden eine Übersicht nach dem ausgesprochenen Schadbild gegeben.

Beschädigung der **Rinde:** *Gryllotalpa vulgaris*, Maulwurfsgrille 138 [leichte Gangaufwürfe, Welken junger Pflänzchen u. Wurzelabbiß gleichzeitig zu beobachten]. – *Andricus testaceipes* [Gallwespe; seepockenähnl. Rindengallen am Wurzelhals von Eichenpflänzchen, anfangs kirschrot, später braun]. – *Vespa crabro*, Hornisse [Schälbeschädigungen an verschiedenen Laubhölzern in spiraliger Form]. – *Hylobius abietis*, Gr. brauner Rüsselkäfer 429 u. *H. pinastri*, Kl. brauner Rüsselkäfer [Langrüßler]: typ. «Pockennarbenfraß» 431. – *Otiorrhynchus niger*, Mittl. schwarzer Rüsselkäfer 441 [Fraß der Vollkerfe plätzend an der Rinde (446), zumeist nachts u. gern an jungen Fichten; außer dieser Art noch weitere Kurzrüßler]. – Reifungs- u. Ernährungsfraß folgender Borkenkäfer: *Hylastes cunicularius*, Schwarzer Fichtenbastkäfer [eigentl. Wurzelbrüter an Fichte, Kiefer u. Lärche mit einarmig. Längsgang]; *Hylastes ater*, Schwarzer Kiefernbastkäfer [eigentl. Wurzelbrüter an Kiefer mit einarmig. Längsgang]. – *Agrotis segetum*, Wintersaateule 649/650 u. *A. vestigialis*, Kiefernsaateule 647 [Ra 648; Fraßbild d. Ra: unregelmäßige Entrindung einjährig. Pflänzchen am Wurzelanlauf]. – *Plusia gamma*, Gammaeule (1652/653; Ra grün mit weißen welligen Rücken- u. gelben Seitenlinien; ringeln sich bei Störung zusammen). – Tipulidae, Schnaken [La; vgl. 765/769; 761; 763/764; Habitus vgl. 762]; beachte: 770.

Fraß am **Wurzelhals** oder Durchbeißen der Keimlinge u. jungen Pflänzchen (dicht über der Bodenoberfläche): Dermaptera, Ohrwürmer [Habitus, vgl. 141]. – *Amara, Bembidion, Harpalus, Poecilus* spec. (Laufkäfer, Carabidae), *Harpalus aeneus* 307 [kupferig oberseits]. – *Agrotis segetum*,

Wintersaateule 649/650 u. *A. vestigialis*, Kiefernsaateule 647 [Ra 648]. – Tipulidae, Schnaken [La; vgl. 765/769; 761; 763/764; Habitus vgl. 762]; beachte: 770.

Fraßspuren an den **Wurzeln** (beschädigte Pflanzen welken, bräunen u. lassen sich leicht herausziehen): *Pemphigus poschingeri*, Tannenwurzellaus [zarte Läuse mit Wachswollausscheidungen; befallene Wurzelstellen abgeplattet, schwärzlich od. bläulich bereift; an Fichte u. Weißtanne]. – Differentialmerkmale verschiedener Schadbilder: 346/352. – *Gryllotalpa vulgaris*, Maulwurfsgrille 138 [leichte Gangaufwürfe erkennbar]. – Engerlingsartige Käferlarven: 325/336. – Außer den schon bei den Schadbildern angeführten Kurzrüßlern *(Otiorrhynchus* u. *Phyllobius)* noch *Brachyderes incanus*, Kiefernnadel-Rüsselkäfer [La gelegentl. an jungen Kiefern- u. Fichtenpflanzen]. – *Hylastes cunicularius*, Schwarzer Fichtenbastkäfer [an der Pfahlwurzel von Fichten-, Kiefern-, Lärchenpflänzchen (einarmig. Längsgang dieses wurzelbrütenden Borkenkäfers); daneben auch Fraßbeschädigungen am Wurzelhals u. unteren Stämmchenteil]. – *Thereva annulata* (Stilett- od. Luchsfliege); La = «weißer Drahtwurm» 790.

An keimenden **Samen:** *Harpalus aeneus* 307 [Laufkäfer, Carabidae; oberseits kupferig]. – «Drahtwürmer» 344/345 [La d. Elateridae, Schnellkäfer]. – (Nur an Samen u. Keimpflänzchen von Nadelhölzern): *Phorbia radicum*, Schnauzen-Wurzelfliege (Blumenfliegen [Anthomiinae]; vgl. 829, aber auch 827/828).

Beschädigungen der **Assimilationsorgane** (hier werden nur wenige, typische Pflanzgartenschädlinge benannt; bei den einzelnen Holzarten sind wesentliche Arten als «an od. in Blättern [u. Nadeln]» aufgeführt). **Blattfraß:** *Locusta viridissima*, Grünes Heupferd 133. – *Gryllus campestris*, Feldgrille 139. – *Podisma alpina*, Buchenwaldschrecke 140. – *Phyllaphis fagi*, Buchenblatt-Baumlaus 184. – *Phyllopertha horticola*, Gartenlaubkäfer 322 (Imagines an jungen Eichenpflanzen). – *Coccinella septempunctata*, Siebenpunkt (Marienkäfer) [gelegentl. schädigend an jungen Eichen od. Weiden: vgl. 10 (Farbt. 4)]. – *Plagiodera versicolor*, Blauer Weidenblattkäfer u. *Phyllodecta vitellinae*, Kl. Weidenblattkäfer 39 [Farbt. 7]; 417/421 [auch in Pappelkulturen]. – *Agelastica alni*, Blauer Erlenblattkäfer 422/423; 424; 425 [in Saatkämpen u. Kulturen kann durch Befall ein Absterben der Pflanzen eintreten]. – *Haltica quercetorum*, Eichenerdfloh [wesentl. Erkennungsmerkmal = Sprungvermögen; Hinterschenkel verdickt. Bedenklich schädigend an jungen Eichenpflanzen]. **Nadelfraß:** *Physokermes piceae*, Fichtenquirlschildlaus 217 [starker schwarzer Überzug durch Honigtau u. Rußtaupilze an den Trieben schon 3jährig. Fichtenpflänzchen]. – *Acantholyda hieroglyphica*, Kiefernkultur-Gespinstblattwespe 227 [La in wurstförmig. Röhre, schon an 2jährig. Kiefernpflänzchen]. – *Coccinella septempunctata*, Siebenpunkt (Marienkäfer) [gelegentl. schädigend]. – *Anatis ocellata* (Cocc.), Eiablage an Nadel im benachbart. Bestande.

In **Komposthaufen** (oftmals nahe bei Saatkämpen angelegt): *Geotrupes silvaticus*, Waldmistkäfer 304 [La 325]. – *Oryctes nasicornis*, Nashornkäfer (I 324 [♂]; Engerlinge kenntlich am Fehlen von Dörnchenlängs- u. -quer-reihen [333]).

Phytotelmen (m. Baumsaft gefüllte Astlöcher ohne eingewehte Blätter): La der Phryneidae, Pfriemenmücken 695/696. – (Astlöcher mit Regenwasser u. mit faulenden, eingewehten Blättern): La der Culicidae, Stechmücken 753; auch Pu 754.

In od. an Pilzen (siehe auch «Holzschwämme»): 1006 ff.; am grünlichen Schleim der Stinkmorchel (*Ityphallus impudicus* [L.] FR.): zahlreiche Dipteren-Vollkerfe (u. a. der Fam. Dryomyzidae 107; Muscidae, UF Phaoniinae 109, UF Fanniinae 110; Calliphoridae, UF Sarcophaginae 111, UF Calliphorinae 104/105; Tachinidae 106 [Farbt. 16]); weiterhin am Stiel gern Imagines d. Staphylinidae, Kurzflügelkäfer (Col.) 108. – An sontigen (besonders faulenden) Pilzen verschiedener Arten: *Silpha thoracica* [breitovaler Habitus, mattschwarz (vgl. 309)]. – Staphylinidae, Kurzflügelkäfer [Imago; vgl. 108 (Farbt. 16) u. 36 (Farbt. 7)]. – *Geotrupes silvaticus*, Waldmistkäfer 304. – Zweiflügler-Larven verschiedener Familien [Fraßbild: siehe 805]: Trichoceridae, Wintermücken 697; *Scatopse fuscipes*, (Dungmücke) 703; Lycoriidae, Trauermücken 749; Fungivoridae (Pilzmücken) 745 u. 750; Psychodidae, Schmetterlingsmücken 751/752; Phoridae, Buckelfliegen [La schwer anzusprechen, auffälliger die in unmittelbarer Nähe von Pilzen in Streu- u. Bodenschicht auffindbaren pantoffelförmigen Puparien 814]; Platypezidae, Plattfüßer 816 u. 708.

Pulverholz (Gem. Faulbaum [*Frangula alnus* MILL.]): Blattfraß: Ra von *Gonepteryx rhamni*, Zitronenfalter 686 [mattgrün mit weißl. Lateralstreifen; Kopfkapsel grün] 967 ff.

Reisig: Larven von: *Anthrenus museorum*, Kabinett- od. Museumskäfer [charakteristischer Haarbüschel am Abdomenende; Körpergröße: etwa 5 mm]. – An rindenlosen, modernden Zweigstücken: Lycoriidae, Trauermücken 749; Fungivoridae, (Pilzmücken) 750 [Aufarbeitung des Bestandesabfalles, vgl. 744].

Rindenritzen: *Forficula auricularia*, Gem. Ohrwurm [Habitus, vgl. 141]. – Psocoptera, Rinden- od. Holzläuse [kl. Tiere mit tonnenformig. Abdomen; 145 ff.].

Robinie (*Robinia pseudacacia* L.): in der Stammregion (**unter Rinde**): Hylesinus fraxini, Kl. bunter Eschenbastkäfer 463 [gelegentl.]. – **An Zweigen u. Ästen:** *Eulecanium corni*, Akazien-Schildlaus 216.

Rückeschäden (bei Holzabfuhr): an **Nadelholz:** Siricidae, Holzwespen [an den von Rinde freigelegten Stellen kreisrunde Ausflugslöcher (bis 10 mm im Durchmesser) sichtbar: 265; bei Freilegung der Gänge durch Spechte erkennbar, daß Fraßmehl zus.gepreßt ist]. – *Camponotus herculeanus*, Roßameise [an den Schadstellen gr. braunschwarze Ameisen 292, Genagsel an der Stammbasis od. infolge Spechteinschlag Einblick in typ. Nestkammern 295. – **An Laubholz:** wie vor: Roßameise. – *Hylecoetus dermestoides*, Sägehörnig. Werftkäfer 367. – *Xyloterus domesticus*, Buchennutzholzborkenkäfer 470; 468; 472. – *Anisandrus dispar*, Ungleicher Holzbohr-Borkenkäfer 469; 473.

Saatkamp: siehe «Pflanzgarten»

Schälschäden (durch Hochwild) an Nadelholz: Siricidae, Holzwespen 265/266 [siehe unter: «Rückeschäden»]. – *Dioryctria splendidella*, Kiefernharzbeulenzünsler [gelegentl. in den verharzten Rotwildschälstellen an Fichte; typ. «Kleinschmetterlingsraupe»]; mitunter zus. mit Räupchen von *D. abietella*, Fichtenzapfenzünsler (I 577; Ra 579/580). – *Cheilosia morio*, Fichtenharzfliege (zu den Schwebfliegen [Syrphidae] gehörig; La im Kambium vorkommend). – Schälschäden, verglichen mit Nagespuren von einigen Wirbeltieren und Insektenfraßschäden an Zweigen: 446/449.

Scheitholz: auf der Rinde an Flechten u. Algen: Psocoptera, Rinden- od. Holzläuse, Flechtlinge 145 ff. – Auf Buchenklaftern: *Elater cinnabrinus* (Schnellkäfer) [ähnl. dem mit blutroten Elytren ausgezeichnet. *E. sanguineus*]. – (in Gebirgs-Biotopen): *Rosalia alpina*, Alpenbock 404 [graublauer Bock mit sammetschwarzen Elytren-Makeln].

Schichtholzstapelungen: Buprestidae, Prachtkäfer [kahnförmig. Habitus charakteristisch; vgl. 34/35 (Farbt. 7), 357]. – Cerambycidae, Bockkäfer [mit zumeist langen Fühlern; vgl. 384/389; 391; 403/406; 408; 412]. – Fraßgänge zw. Rinde u. Holz (an Kiefern-Schichtholz): *Acanthocinus aedilis*, Zimmermannsbock [Verpuppung unter dicker Rinde in nestartiger Puppenwiege]. – (in Rotbuchenästen [an aufgeschichtetem Knüppelholz]): *Ernoporus fagi, (rindenbrütender Borkenkäfer)* [Fraßbild = Quer- u. Längsgänge mit wenigen Larvengängen].

Schlehe: siehe «Schwarzdorn»

Schneckengehäuse: im Innern hergerichtete Zellen: *Osmia bicolor*, (Mauerbiene) 298; *O. aurulenta* 299 [Bienen gewöhnl. schwarz mit langer Behaarung]. – In leeren Gehäusen (auch an zertretenen Schnecken): Cantharidae, Weichkäfer [samtartig behaarte Larven; I 339].

Schneeflächen: *Isotoma saltans*, «Gletscherfloh» (zu den Collembola, Springschwänzen gehörig, vgl. 112/117 [in alpinen Regionen gelegentl. Massenvorkommen dieser schwarz-grünlichen, kl. Tiere]). – *Hypogastrura socialis*, «Schneefloh» (gleichf. Coll., vgl. 112/117 [bisweilen im Winter Massenauftreten dieser dunkelblauen, kl. Tierchen an Waldrändern u. Waldwegen]). – La der Cantharidae, Weichkäfer [samtartig behaarte «Schneewürmer», «Schneiderlarven» an warmen Wintertagen]. – *Boreus hiemalis*, «Gletschergast», «Schnabelgrille», auch «Schneefloh» (zu den Mecoptera, Schnabelhaften bzw. Boreidae, Winterhaften gehörig [im Gebirge auf Schnee u. Moos anzutreffen; bronzebraun mit hellbraunen Flügelrudimenten]). – Trichoceridae, Wintermücken [I; 5-7 mm gr., den Schnaken im Habitus ähnl. Zweiflügler mit langen, leicht abbrechenden Extremitäten; Flügel stark irisierend u. in der Ruhe übereinanderliegend].

Schneise (vgl. «Äsungsschneise», Abb. 902): *Libellula depressa*, Gem. Platt-bauch (Libelle) 130 [Flugjäger; fliegt gern den Schneisen entlang auf Beute]. − *Cicindela campestris*, Feld-Sandlaufkäfer [grün mit weißen Flecken; sichelförmige Mandibeln; Habitus vgl. 302]. − *Erebia ligea*, Mohrenfalter 687 [zu d. Augen- bzw. Tagfaltern gehörig, d. h. kenntl. an den kolbig verdickten Fühlerenden; I fliegen auch auf naheliegenden, breiten Holz-abfuhrwegen].

Schutzhütte: siehe «Arbeitsschuppen» für Waldarbeiter

Schwarzdorn Schlehe [*Prunus spinosa* L.]): *Attagenus pellio*, Pelzkäfer [zu d. Speckkäfern gehörig; schwarz mit weißen Elytrenflecken. Käfer ab Mai auf Blüten]. − Fraß an Blättern: *Hyponomeuta padella*, (Gespinst-Motte); vgl. 546/547 [Ra-Gespinste über ganze Zweigpartien hinweg]. − *Eriogaster lanestris*, Birkennestspinner [Ra tagsüber gesellig in weißen, sackförmigen Gespinsten]. − *Gastropacha quercifolia*, Kupferglucke; Ra 608 [filzig be-haarte Spinnerraupe mit 2 dunkelblauen Genickbändern u. deutl. Zapfen auf d. letzt. Körperring]. − *Saturnia pyri*, Gr. od. Wiener Nachtpfauenauge [mit 14 cm Flügel-Spannweite größter Schmetterling Europas; gelegentl. in unserem faunistischen Gebiet; Ra (erwachsen bis 12 cm) gelbgrün mit himmelblauen Knopfwarzen u. mit langen kolbig verdickten Haaren, wäh-rend Jung-Ra schwarz sind u. orangerote Knopfwarzen besitzen (vgl. Raupenentwicklung beim naheverwandten Nagelfleck, *Aglia tau*, Farbt. 11)]. − *S. pavonia*, Kl. Nachtpfauenauge [Ra in d. Jugend auch schwarz, erwachsen aber grün mit segmentalen, auf schwarzen Querbändern stehen-den rötlichen Knopfwarzen] 970. − *Ptilophora plumigera*, (Zahnspinner) [Ra grün; verwandt mit Gr. Gabelschwanz, Buchen- u. Zickzackspinner, Mondvogel]. − *Aporia crataegi*, Baumweißling [Ra grau mit 2 dorsalen, bräunlich-roten Längs- u. rötl.-gelben Seitenstreifen, fein behaart; I 685].

Säugetiere: siehe unter «Waldsäugetiere».

Sitkafichte (*Picea sitkaensis* CARR.; aus dem pazifischen Westamerika): **Unter Rinde:** *Dendroctonus micans*, Riesenbastkäfer 479 [rindenbrütiger Borken-käfer, vornehml. an der Stammbasis]. − **An Trieben:** (5-10jährig. Exem-plare): *Gilletteella cooleyi*, Douglasienwollaus; Gallen 210. − *Pristiphora abietina*, Kl. Fichtenblattwespe 231 [in 20–60jährig. Beständen an Nadeln der Maitriebe; typ. Afterraupe].

Spinnen (**u. ihre Eikokons**): Cyrtidae, Spinnenfliegen [La i. Abd. d. Spinnen; von einigen Arten Larven auch in den Eikokons. Befallen werden in d. Streuschichten vorkd. Spinnenarten]. − Eikokons einer Clubionide (*Agroeca* spec.) selbst an Lä-zweigen 1043.

Springkraut («Rühr-mich-nicht-an» [*Impatiens noli tangere* L.]): Fraß an den Blättern: *Siobla sturmi*, (Blattwespe) 256/257 [beachtenswerte Hypermeta-morphose; Junglarve grün mit Fleischzapfen, Altlarve schwarzgrün ohne Fleischzapfen. La spritzen bei Beunruhigung Haemolymphe an den Flanken aus]. − *Celerio galii*, Labkrautschwärmer [d. freilebenden Ra stets an d. Dorsalhorn od. Höcker am Körperende kenntl. (vgl. 91)].

Stauden: 1001 ff.

Unter Steinen: Collembola, Springschwänze 112/117 (etwa *Orchesella bifasciata*, Laufspringer 116). – Diplura, Doppelschwänze 124 (in xerothermen Lagen evtl. auch *Japyx* spec. 125). – Dermaptera, Ohrwürmer: *Forficula auricularia*, Gem. Ohrwurm; *Chelidurella acanthopigia*, Waldohrwurm 141. – Psocoptera, Rinden- od. Holzläuse 145/153. – Cantharidae, Weichkäfer [samtartig behaarte La; I 339].

In Steinbrüchen: *Harpalus aeneus*, (kupferiger Laufkäfer) 307.

Stinkmorchel: siehe «in od. an Pilzen»

Stock (gegenüber den Fundortskizzen [Abb. 931/941], in denen Beispiele je nach den verschiedenen Humifizierungsstadien gegeben werden, folgt hier die Aufteilung der Arten nach der unterschiedlichen Bevorzugung bestimmter Regionen am Stock; die vorherige Bestimmung der Holzart ist freilich wünschenswert. – Bewohner von Polyporaceen bitte unter «Holzschwämme» aufsuchen).

Laubholzstöcke: unter Rinde: Collembola, Springschwänze 112/117 [vielfach nur wenige mm gr., mitunter weiß, sehr beweglich, flügellos]. – Diplura, Doppelschwänze 124 [kl., weißl. Tiere mit fadenförmig. Cerci u. griffelartig. Styli]. – Dermaptera, Ohrwürmer (vgl. 141) [auch in Rindenritzen]. – *Ectobius lapponicus*, Lappländ. Schabe (I 142), rotbraune Eikokons mit deutl. Skulpturen. – Psocoptera, Rinden- od. Holzläuse 145 ff. – *Aradus crenatus* (Rotbuche), *A. corticalis* (Eiche), Habitus vgl. 163/164 [Rindenwanzen, an Pilzmyzelien od. vom Saft faulend. Holzes saugend]. – Zoophage Schlupfwespen i.w. S. [überwinternd; kl. Insekten von wespenähnl. Habitus, mit Legebohrer (♀♀) u. oft mit reduziert. Flügelgeäder]. – Staphylinidae, Kurzflügelkäfer 108 (Farbt. 16). – Pselaphidae, Zwergkäfer [mit verkürzten Flügeldecken, nur einige mm groß, von Milben lebend]. – *Hylecoetus dermestoides*, Sägehörnig. Werftkäfer 366 (vgl. auch 367). – *Lymexylon navale*, Schiffswerftkäfer 371/372 [Eiche]. – *Pyrochroa coccinea*, «Feuerfliege» [zu d. Feuerkäfern gehörig] 375/376. – Tenebrionidae, Schattenkäfer 383 [vornehml. unter verpilzter Rinde]. – *Plagionotus arcuatus*, Eichenwidderbock 415 (auf der sonnenexponierten Seite, besonders von Eichenstökken). – *Rhagium sycophanta*, Schrotbock 412; *Rh. mordax* [Puppenwiege: vgl. 398]. – *Dryocoetes villosus* [rindenbrütiger Borkenkäfer, vor allem an Eiche; mit 2-7armigem, queren Sterngang]. – *Rhaphidia ophiopsis*, Kamelhalsfliege 507 [La überwinternd in tiefen Rindenritzen]. – *Sesia spheciformis*, Erlenglasschwärmer; *S. culiciformis*, Kl. Birkenglasschwärmer (vgl. Habitus 65/66 [Farbt. 10]; Kokonbau 559). – *Sesia vespiformis*, Eichenglasschwärmer (wie vor; auch an Buche). – *Scatopse notata, S. fuscipes* (Dungmücken) 703. – Cecidomyiidae, Gallmücken (Larven; Habitus vgl. 704/705). – Lycoriidae, Trauermücken (La 749). – Sciophilidae, (Pilzmücken) La 748. – *Forcipomyia* spec. (Bartmücken) La 757. – Tipulidae, Erdschnaken (La; 765/769; vgl. auch 761/764 und 770). – Stratiomyiidae, Waffenfliegen (La) 785. – Rhagionidae, Schnepfenfliegen (La) 787 [vgl. auch 788]. –

Erinnidae, Holzfliegen (La) 789. – Asilidae, Raubliegen (La) 791 [vgl. auch Pu 792; I oft auf dem «Deckel» von Stöcken sitzend (etwa *Laphria gibbosa* 782)]. – Empididae, Tanz- od. Rennfliegen (La) 798. – Dolichopodidae, Langbeinfliegen (La) 807. – *Platypeza* spec. (Rollfliege) (La) 816 [an Rindenpilzen]. **Im frischen Holz:** *Cerambyx cerdo*, Gr. Eichenbock 414 [charakterist. fingerstarke La-Gänge mit geschwärzten Wandungen]. – *Xyloterus domesticus*, Buchennutzholzborkenkäfer 470. – *Anisandrus dispar*, Ungl. Holzbohr-Borkenkäfer 469, 473. – *Xyleborus saxeseni*, Saxesens Holzbohrer 478 [auf nordseitige, feuchte Stellen des Stockes beschränkt bzw. überhaupt in überwiegend feuchten Stöcken vorkommend]. – *Platypus cylindrus*, Eichenkernkäfer (I 496) [pilzzüchtender Holzbrüter dicht über d. Bodenoberfläche]. **Im amorphen Material:** *Carabus* spec. (Laufkäfer), Habitus vgl. 306/307 [überwintern gern in modernen Stöcken, finden sich auch zu «Schlafgesellschaften» zus., wobei jeder Käfer in eigener Zelle]. – Staphylinidae, Kurzflügelkäfer (etwa *Tachyporus*-, *Atheta*-, *Aleochara*-Arten) Habitus vgl. 308. – *Lucanus cervus*, Hirschkäfer; engerlingsartige La, vgl. 314 [beachte: längsgespaltene Afteröffnung) [vornehml. Eiche, auch Buche u. Ulme]. – *Dorcus parallelopipedus*, Zwerghirschkäfer 314/315 [vor allem in Eiche u. Buche; bei Puppenwiege grobe Nagespäne]. – *Oryctes nasicornis*, Nashornkäfer I 324 u. La 333 [besonders Eiche]. – Elateridae, Schnellkäfer (La = «Drahtw.» 344/345; 1023; auch unter «Stockdeckel»). – *Bostrychus capucinus*, Kapuzinerkäfer (zu d. Holzbohrkäfern gehörig; in Eichenstöcken). – *Melandrya caraboides* (zu d. Düsterkäfern gehörig). – Tenebrionidae, Schattenkäfer; I in amorphen Stöcken in «Stinkergenossenschaften» auftretend [La 383]. – *Rosalia alpina*, Alpenbock (I 404) [La in Buchenstöcken in Gebirgsbiotopen]. – *Caenopsis fissirostris* (typ. Rüsselkäfer) [SW-Deutschland]. – *Agrotis pronuba*, «Hausmütterchen» (zu d. Eulen gehörig; I tagsüber u. überwinternd i. alten Stöcken [Hinterflügel leuchtend gelb mit schwarz. Außenbinde]). – Phryneidae, Pfriemenmücken (*Mycetobia* spec.; La 696). – Trichoceridae, Wintermücken (etwa *Trichocera hiemalis;* La 697). – Bibionidae, Haarmücken; La (etwa *Bibio marci*, Markushaarmücke, vgl. 701 [Pu 702]; *B. johannis*, Johannishaarmücke; *Philia febrilis*, Gem. Strahlenmücke, La 700). – Lycoriidae, Trauermücken; La 749. – Sciophilidae, (Pilzmücken); La 748. – Psychodidae, Schmetterlingsmücken; La 751/752 [gern in Einbruchsstellen des «Stockdeckels»]. – Tipulidae, Erschnaken; La (vgl. 761/762), Pu (vgl. 763); bei La bemerkenswert die «Teufelsfratzen»: 765/769, vgl. dazu 770. – Limnobiidae, Sumpfmücken; La 775. – Therevidae, Stilettfliegen; La 790. – *Phaonia* spec. (Phaoniinae; zu den echten Fliegen gehörig); La (vgl. 826; 830).

Nadelholzstöcke: in der **Wurzelregion:** *Prionus coriarius*, Sägebock; I 392 (La auch i. manchen Laubholzstöcken rhizophag). – *Hylobius abietis*, Gr. brauner Rüsselkäfer (I 429), *H. pinastri*, Kl. brauner Rüsselkäfer: La (428) beider Arten «Kannelierfraß» 427. – *Hylastes cunicularius*, Schwarzer Fichtenbastkäfer [an flachstreichenden Wurzeln rindenbrütender Borkenkäfer

mit einarmig. Längsgang]. – *Hylurgus ligniperda*, Holzzerstörender Kiefern-
bastkäfer u. *Hylastes ater*, Schwarzer Kiefernbastkäfer (biolog. Verhalt.
H. cunic. gleich). **Unter Rinde:** Aradidae, Rindenwanzen [an Pilzmyzelien;
Habitus vgl. 163/164]. – Siricidae, Holzwespen [kreisrunde Ausschlupflö-
cher seitl. u. auf d. «Deckel» sichtbar; 4-10 mm im Durchmesser 265; La 262,
Pu 263]. – *Hylecoetus dermestoides*, Sägehörnig. Werftkäfer, La 359;
Auswurföffnungen vgl. 364. – *Pyrochroa coccinea*, «Feuerfliege» (zu d.
Feuerkäfern gehörig) La 375/376 [an Kiefer]. – *Tetropium luridum*, (zerstö-
render) Fichtenbock u. *T. fuscum*, (brauner) Fichtenbock 393 [La-Gänge bis
in d. Wurzelanläufe]. – *Acanthocinus aedilis*, Zimmermannsbock (I 388)
[La an Kiefer]. – *Hylotrupes bajulus*, Hausbock [La in berindeten Nadel-
holzstöcken?]. – *Criocephalus rusticus*, Grubenhalsbock; *Cr. polonicus*
[La-Gänge in d. Bastschicht, später i. Holz saftfrischer Kiefernstöcke – i. d.
Fraßgängen oft La d. Raubfliegen (Asilidae) 791 (Pu 792)]. – *Leptura rubra*,
Rothalsbock 400. – *Rhagium inquisitor*, Zangenbock 1029; Rh. bifasciatum, Zweibindiger Zangenbock [gewundene Gänge mit Miniaturnest als
Puppenwiege 398]. – *Dryocoetes autographus*, Zottiger Fichtenborkenkäfer
491 [Raumparasit: *Crypturgus pusillus* (gleichfalls rindenbrütiger Borkenkäfer 492)]. – *Myelophilus piniperda*, Gr. Waldgärtner (vgl. 498 u. 499) [an
frischen Kiefernstöcken]. **Im Holz:** *Hylecoetus dermestoides*, Sägehörnig.
Werftkäfer 363. – *Xyleborus saxeseni*, Saxesens Holzbohrer 478 [auf
nordseitige, feuchte Stellen beschränkt]. – *Xyloterus lineatus*, Nadelbaum-
Nutzholzborkenkäfer 494. **In amorphem Material:** Protura, Beintastler 120/
123 [in modernen Kiefernstöcken]. – *Dorcus parallelopipedus*, Zwerg-
hirschkäfer 314 (vgl. 315) [gewöhnl. in Laubholzstöcken, auch in Lärche]. –
Elater sanguineus, (Schnellkäfer) 343. – *Melanotus rufipes*, (Elat.) 1024ff. –
Chalcophora mariana, Kiefernprachtkäfer (I 35; La 358). – *Ergates faber*,
Mulmbock 399 [in Kiefernstöcken, besonders an Bestandesrändern, auf
Lichtungen]. – *Spondylis buprestoides*, Waldbock [in Kiefernstöcken; in d.
Fraßgängen oft La d. Raubfliegen (Asilidae) 791 (Pu 792)]. – *Borkhausenia
cinnamomea* (zu d. Oecophoridae gehörig, d. Wicklern nahestehend [Räup-
chen in Kiefernstöcken]). – *Alabonia bractella* (Palpenmotte) 1031ff.
Strauchschicht: *Locusta viridissima*, Grünes Heupferd 133 [vorwiegend
Nachttier]. – Platypezidae, Rollfliegen [auf Blättern der Strauchschicht, im
Kreise herumrennend]; ♂♂ dunkel, oft samtschwarz; ♂♂ einiger Arten mit
herabhängenden Beinen in d. Luft schwebend. – Anthomyiinae, Blumenflie-
gen; I auf d. Blättern des Unterholzes [vgl. 833]. – *Pentatoma rufipes*, Rotb.
Baumwanze 958ff.
Streu- u. Bodenschichten: siehe unter «Laubstreu» und «Nadelstreu»
Strobe: siehe unter «Weymouthskiefer»
Stubben (Strunk): siehe unter «Stock»: 1023/1033. Auch 931/941.
Tanne (Weißtanne [*Abies alba* MILL. = *A. pectinata* LAM.]; neben dieser in
den Gebirgswäldern Süd- u. Mitteldeutschlands vorkommenden Art finden
sich auf forstlich genutzten Wirtschaftsflächen oder vereinzelt weitere aus

Nordamerika eingeführte *Abies*-Arten: u. a. *A. balsamea* MILL., Balsamtanne; *A. concolor* LINDL. u. CORD., Gleichfarbige Tanne od. Grautanne;
A. grandis LINDI, Gr. kalifornische Tanne u. *Tsuga canadensis* CARR.,
Kanadische Hemlocktanne, Schierlingstanne. In Nord- u. Ostrußland ein-
heimisch ist *A. sibirica* LEDEB., die Sibirische Tanne u. aus dem Kaukasus
stammt *A. nordmanniana* SPACH., die Nordmannstanne). **Keimpflanze,
Jungpflanze:** siehe unter «Pflanzgarten». **Im Wurzelbereich:** *Pemphigus
poschingeri*, Tannenwurzellaus [2 mm gr. Läuse mit Wollausscheidungen;
befallene Wurzelstellen abgeplattet, bläulich bereift; typ. Pflanzgartenschäd-
ling: Welken befallener Pflänzchen]. **Stammregion: auf der Rinde:** *Dreyfusia
piceae*, Weißtannen-Stammlaus 197. – **Unter Rinde:** *Rhagium inquisitor*,
Zangenbock; *Rh. bifasciatum*, Zweibindiger Zangenbock [charakteristi-
sche, gewundene La-Gänge mit festem Nagemehl u. typ. Puppenwiege 398].
– *Pissodes piceae*, Weißtannenrüßler [vielstrahlige Fraßfigur an 40-80j.
Stangenhölzern]. – Borkenkäfer: *Dendroctonus micans*, Riesenbastkäfer
479. – *Hylurgops palliatus*, Gellbbrauner Fichtenbastkäfer 482 [gelegentl.].
– *Ips amitinus*, Kl. Buchdrucker 484. – *Ips curvidens*, Krummzähnig.
Weißtannenborkenkäfer 488/489; *Ips spinidens* u. *Ips vorontzowi*. – *Cry-
phalus piceae*, Kl. Tannenborkenkäfer 503. – *Ips laricis*, Vielzähnig. Kiefern-
borkenkäfer 506. – **Im Holz:** *Camponotus herculeanus*, Roßameise 292/295.
– *Serropalpus barbatus*, (Düsterkäfer) I 382 [La-Gänge den Siricidengängen
ähnl.; La gelblich-weiß, letztes Hinterleibssegm. dorsal mit 2 braunen
Hornhaken]. – *Xyleborus saxeseni*, Saxesens Holzbohrer 478. – *Xyloterus
lineatus*, Nadelbaum-Nutzholzborkenkäfer 494. **Krone: an Zweigen u.
Ästen** (unter Rinde): *Cryphalus piceae*, Kl. Tannenborkenkäfer 503. –
Pityogenes bidentatus, Hakenzähnig. Kiefernborkenkäfer 485. – **An Knos-
pen:** *Argyresthia illuminatella*, Tannenknospenmotte [zu den Gespinst-
Motten gehörig; außer Knospe auch Markkanal des Triebes ausgehöhlt;
Gelbwerden der Nadeln]. – *Epiblema nigricana*, Tannenknospenwickler
[zw. 2 Knospen weißl., harzgetränktes Gespinst, außen mit Rindenabbissen
«getarnt»]. – **An Trieben:** *Mindarus abietinus*, Weißtannen-Trieblaus 185. –
Dreyfusia nüsslini, Gefährl. Weißtannenlaus 190/194; 196. – *Dr. piceae*,
Weißtannen-Stammlaus 197 [an der Triebrinde]. – *Dioryctria abietella*,
Fichtenzapfenzünsler [Bohrgänge in Maitrieben, vgl. 578/581]. – **An Na-
deln:** Läuse (siehe: «an Trieben»). – *Melolontha hippocastani*, Waldmaikäfer I 318 (vgl. 319). – *Cryptocephalus pini*, Gelber Kiefernblattkäfer [auf
der Nadelunterseite junger Pflanzen Rinnenfraß; Käfer bei der geringsten
Berührung «Fallreflex» zeigend]. – *Argysethia fundella*, Tannennadelmotte
(Gespinstmotte) 553 [Minen]. – *Semasia subsequana*, Tannennadelwickler
[Alt- u. Mittelhölzer; Ra spinnen minierte Nadeln zus.]. – *Cacoecia
murinana*, Tannennadelnestwickler I 52 (Farbt. 9) [anfangs Lochfraß, später werden Nadeln basal abgebissen]. – *Thaumatopoea pityocampa*, Pinien-
od. Fichtenprozessionsspinner [Ra blauschwarz; Spiegelflecken schwarz, rot
berändert]. – **Zapfen:** (Samenschädlinge): *Megastigmus suspectus* [zu d.

phytophagen Erzwespen gehörig; vgl. 284/286]. – *Dioryctria abietella*, Fichtenzapfenzünsler [in grünen Zapfen werd. Samen befressen u. Schuppen benagt («ankerförmiges» Fraßbild); Zapfenspindel verschont; 590/591]. – *Reselliella piceae*, Tannensamen-Gallmücke [von La besetzte Samenkörner flach, mit harzarmer, brüchiger Schale; La vgl. 704/705]. – *Spermatolonchaea viridana* (Zweiflüglerlarve, vgl. 817) [Fraß von der Spitze des Zapfens zur Basis längs d. Zapfenspindel, dabei Samenanlagen ausfressend].
Tierleichen: (dazu auch: 1044). (flache, flügellose Tierchen): Mallophaga, Haar- u. Federlinge (vgl. 143) [auf der Decke (um Lauscher, Lichter u. Geäse) u. auf dem Federkleid auftretend: u. a. *Cervicola meyeri, Rehhaarling* 143; *Eichlerella vulpis*, Fuchshaarling; Trichodectes melis, Dachshaarling]. – Anoplura, Läuse (vgl. 144) [mit Klammerextremitäten, vom erlegten Wirtstier nicht sofort abwandernd (wie die Flöhe); verschiedene, teils artspezifische Arten]. – (Käfer): *Necrophorus germanicus*, Gr. Totengräber [schwarz; Elytren-Seitenrand rötlich; vorwiegend an größeren Kadavern, aber auch unter Pferdedung auf Holzabfuhrwegen]. – *Necrophorus vespillo*, Kl. Totengräber 310 [schwarz mit orangegelben Querbinden; an kl. Tierleichen]. – *Silpha thoracica*, (Aaskäfer) [mattschwarz, von breitovalem Habitus (vgl. 309)]. – Staphylinidae, Kurzflügelkäfer; Habitus vgl. 36 (Farbt. 7), 108 (Farbt. 16) u. 308 [Abdomenende wird gern beim Lauf nach oben gekrümmt]. – *Hister-, Saprinus*-Arten (Stutzkäfer) [abgestutzte Elytren, retraktile Grabextremitäten; stellen den im Milieu vorkommenden Zweiflüglerlarven nach]. – *Geotrupes silvaticus*, Waldmistkäfer 304 [gelegentl. an Aas]. – *Attagenus pellio*, Pelzkäfer [schwarz mit weißfleckigen Flügeldecken; 4 mm; in der Decke von Fallwild]. – *Apatura iris*, Gr. Schillerfalter 693 [Imagines setzen sich gern auf Aas]. – Phoridae, Buckelfliegen [auffälliger als die in den Tierleichen vorkommenden Larven, die in der Nähe in den Bodenschichten auffindbaren pantoffelförmigen Puparien 814, kenntl. zudem meistens an charakteristisch. Prothorakalhörnern]. – Fanniinae, Larven 831 [gern an toten Schnecken]. – Hippoboscidae, Lausfliegen [bei zahlreichen Vogelarten, u. a. *Ornithomyia avicularia* (Fasan), *Ornithomyia fringillina* (Finkenvögel)]. – Sarcophaginae u. Calliphorinae, Aas-, Schmeiß- u. Fleischfliegen: auf dem Leichenkörper stets bald die Imagines anzutreffen: 104/105; 111 (Farbt. 16); im Innern stinkender Tierleichen: Larven: 839/846. – Aphaniptera, Flöhe; folgende Arten evtl. zu beobachten: *Archaeopsylla erinacei* [an Igel, gelegentl. an Fuchs]; *Chaetopsylla globiceps* 876 [an Fuchs regelm.]; *Ctenocephalides canis* [an Hund u. Fuchs], *Paraceras melis* [an Dachs u. Fuchs]; *Spilopsyllus cuniculi* [an Feldhase]; meist verlassen alle Floharten ihren Wirt rasch, sobald dieser erlegt ist oder abstirbt [i. Gegensatz zu den Läusen].
Traubenkirsche (Traubenahle, gelegentl. auch «Faulbaum» genannt [*Prunus padus* L.]): Unter Rinde: *Eccoptogaster mali*, Gr. Obstbaumsplintkäfer 467. – *Ecc. rugulosus*, Kl. Obstbaumsplintkäfer [La-Gänge geschlängelt, nur bis 20; einarmig. Muttergang kurz]. – Fraß an Blättern: *Hyponomeuta mali-*

nella, (Gespinstmotte) I 544/545 [Ra im gemeinsamen Gespinst (vgl. 546), in dem sie sich auch gemeinsam verpuppen (vgl. 547)]. – *Abraxus grossulariata*, Stachelbeerpanner [typ. Geometriden-Ra].

Ulme (auch «Rüster» genannt; Feldulme [*Ulmus campestris* L.]; Bergulme [*Ulmus scabra* MILL.]; Flatterulme [*Ulmus levis* PALLAS.]): **Keimpflanze u. Jungpflanze:** siehe unter «Pflanzgarten». **An Wurzeln:** *Melolontha melolontha*, Feldmaikäfer (La rhizophag; vgl. Schadbilder 346/352; La-Kennzeichen: 329/330). **Stammregion: auf der Rinde:** Psocoptera, Rinden- od. Holzläuse (etwa *Mesopsocus immunis* 145/147; auf begrünter Rinde auffällig die silbrigen Eigespinste). – *Chionaspis salicis*, Miesmuschelschildlaus 218/219 [an schwachen Sortimenten hebt sich d. Rinde blasenartig ab]. – «Grindstellen» (Rindenrosen): *Pteleobius vittatus*, Bunter Ulmenbastkäfer [Ernährungsfraß; Brutfraß 462]. – **Unter Rinde** (Borkenkäfer): *Eccoptogaster scolytus*, Ulmensplintkäfer 460. – *Ecc. multistriatus*, Kl. Ulmensplintkäfer 461. – *Pteleobius vittatus*, Bunter Ulmenbastkäfer 462. – *Eccoptogaster mali*, Gr. Obstbaumsplintkäfer 467. – **Im Holz:** *Cerambyx scopolii*, Buchen-Spießbock [Hakengang sehr lang (bis 12 cm); Pu-Wiege neben Spänen auch mit Kalkdeckel abgeschlossen]. – *Xyloterus domesticus*, Buchennutzholzborkenkäfer 468; 470; 472. – *X. signatus*, Eichennutzholzborkenkäfer. – *Xyleborus monographus*, Eichenholzbohrer [typ. die geweihartig. Brutröhren]. – *Cossus cossus*, Weidenbohrer [Ra rotbraun/violett, bis 10 cm lang; intensiver Holzessiggeruch (1046) I 597]. – *Zeuzera pyrina*, Blausieb; Ra 599 (I 598). **Krone: an Zweigen u. Ästen:** (auf der Rinde): *Eulecanium corni*, Gr. Napflaus [Akazien-Schildlaus] 216. – (Unter Rinde): *Eccoptogaster laevis*, Mittlerer Ulmensplintkäfer [rindenbrütender Borkenkäfer]. – (An Blättern): *Eriosoma lanuginosa*, Ulmen-Beutelgallenblattlaus [erzeugt «Mantelgallen» 186]. – Mine: *Orchestes* spec., (Springrüßler) [vgl. 438]. – Fraß: Ra-Fraß einer Knopfhorn- (Keulenhorn-) Blattwespe: *Cimbex* spec. [vgl. 84 (Farbt. 12)]. – *Acronycta aceris*, Ahorneule; Ra 655/656 [gelb mit weißen, schwarzgesäumten, dorsalen Rautenflecken u. mit gelbroten, seitl. Haarbüscheln].

Umbelliferae: siehe «Doldengewächse».

Unterholz: Auf Blättern: 985 ff.

Unterkunftshütte: siehe «Arbeitsschuppen» (für Waldarbeiter) und unter «Jagdhütte».

Vegetabilien (faulende): siehe «Pflanzgarten – Komposthaufen».

Vogelbeerbaum (Eberesche [*Pirus aucuparia* (L.) GAERTN.]): **Unter der Stammrinde** (Borkenkäfer): *Eccoptogaster mali*, Gr. Obstbaumsplintkäfer 467. – *Ecc. rugulosus*, Kl. Obstbaumsplintkäfer [ebenfalls Rindenbrüter mit einarmig. Längsgang, aber ohne Erweiterung am Anfang]. – **In Zweigen:** (im Holz): Braunketten 818, auf dem Stirnholz «Markflecken» 819: *Phytobia aucupariae*, (Minierfliege, in Finnland auftretend). – **Fraß an Blättern:** *Otiorrhynchus niger*, Mittl. schwarzer Rüsselkäfer, I 441 [Fraß v. Blattrand bis zur Mittelrippe]. – *Hyponomeuta padella*, (Gespinst-Motte) I (vgl.

544/545) [Ra-Gespinste (546) über ganze Astpartien hinweg; Pu 547]. –
Aporia crataegi, Baumweißling, I 685 [Ra grau mit bläulichroten Längsstreifen u. rötlichgelbem Lateralstreifen: 4-5 cm].

Vogelnester: Psocoptera, Rinden- od. Holzläuse (etwa *Hyperetes guestfalicus*
149). – Hummelbau im alten Nest: Bombus silvarum, Waldhummel [auch in
Säugetier-Nestern]. – *Carnus hemapterus*, Gefiederfliege (I [806], wenn
nicht am Vogel selbst, im Nistmaterial; La in den äußeren Nestschichten). –
Anthomyia pluvialis (zu d. Blumenfliegen gehörig); La (vgl. 829, auch
827/828) als Kommensalen im Nest. – Hippoboscidae, Lausfliegen (etwa
Ornithomyia-Arten). – Obligatorisch subkutane Endoparasiten bei jungen
Vögeln: La von *Trypocalliphora* spec., «Vogelhautfliege»; larvaler Ektoparasitismus (temporäres Blutsaugen): La von *Protocalliphora* spec., «Vogel-
blutfliege» [Ansprechen der Larven: vgl. 842, 844, 846 u. 839/841, 843 u.
845].

Vögel: Im Federkleid, an Federn, auf verkrusteten Hautstellen: Mallophaga,
Federlinge (vgl. 143) [verschiedene, teils artspezifische Arten]. – An der
Flügelunterseite, in den Achselhöhlen od. auf dem Rücken der Nestjungen
(u. a. beim Baumläufer, Schwarzspecht, Goldhähnchen, Star, Singdrossel):
Carnus hemapterus, Gefiederfliege 806 (I = flohgroß).

Wacholder (*Juniperus communis* L.; etwa in Heidegebieten): **Unter Rinde**
scharfrandige Fraßgänge: *Anthaxia quadripunctata*, Vierpunkt-Prachtkäfer
(I 353) 354. – (flache Einbohrgänge = ♂♂-Borkenkäfersterbegänge): *Pityogenes chalcographus*, Kupferstecher (480); *Cryphalus abietis*, Gekörnter
Fichtenborkenkäfer (487); *Pityophthorus micrographus*, Kl. Fichtenborkenkäfer (486). – **An Triebspitzen:** «Knickbeeren», d.s. Gallmückengallen
(Cecidomyiidae; La vgl. 704/705). – **An Nadeln:** *Malacosoma neustria*,
Ringelspinner [an d. charakteristischen Eiablage (605) erkennbar; Ra anfangs gesellig in Astgabel-Gespinst]. – *Bupalus piarius*, Kiefernspanner; Ra
89 (Farbt. 13).

Waldrand (Als «Saumbiotop» zumeist mit reicher Artenzahl; bei günstiger
(süd- bis südwestl.) Lage des Waldrandes hier ausgesprochen heliophile
Insekten zu beobachten): **Auf Gebüsch:** *Ectobius lapponicus*, Lappländ.
Schabe 142. – *Palomena prasina*, Grasgrüne Stinkwanze 165 [am Wald-
rande zur Erntezeit festzustellen; auch in der Krautschicht]. – Insekten von
wespenähnl. Habitus: Terebrantia, zoophage Schlupfwespen in w. S. [Zit-
tern der Fühler (oft hell geringelt) auffällig 272; ♀♀ mit Legebohrer.
Totstellung der Vollkerfe als Schutzreflex]. **Heliophile Waldrandinsekten:**
Gonepteryx rhamni, Zitronenfalter (I). – *Limenitis populi*, Gr. Eisvogel 690.
– *Chrysozona pluvialis*, «Regenbremse»; *Chrysops caecutiens* (Blindbremse)
781; [bei angrenzenden Viehweiden auch: *Tabanus* spec., (Viehbremse)]. –
Thereva subfasciata, (Stilett- od. Luchsfliege); Habitus vgl. 799. – *Hydrotaea meteorica* (Phaoniinae; Muscidae [echte Fliegen]; ♂♂ wie Mücken an
schwülen Tagen in der Luft «spielend», daher auch «Gewitterfliegen»
genannt. (Wenn viehbegangene Weiden nahe): blutsaugende Imagines von

Stomoxys calcitrans, Wadenstecher; *Haematobia stimulans* 834; *Lyperosia irritans* [«Muscinae» echte Fliegen]. **Krautschicht:** (auf Blüten): *Pyrochroa coccinea*, «Feuerfliege» 374 [Feuerkäfer, mit scharlachroten Flügeldecken]. – Bombyliidae, Wollschweber od. Hummelfliegen 800 [charakteristisch die pelzartige Behaarung und das «Stehen» in d. Luft vor den Blüten]. – Syrphidae, Schweb- od. Schwirrfliegen 103 (Farbt. 15) [Fliegen «rütteln» wie Turmfalken in der Luft]. An **einzelnen Pflanzen:** *Rhagoletis alternata*, Hagebuttenfliegen (Fruchtfliegen) [La in d. Früchten der Hagebutte (Hekken- od. Hundsrose), *Rosa canina* L.]. – Geißblatt, Heckenkirsche *Lonicera periclymenum* L.): *Orneodes hexadactyla*, Geißblattgeistchen [Vorder- u. Hinterflügel beim Falter 6federig], Ra endophag in d. Blütenknospen; *Limenitis camilla*, Kl. Eisvogel, 1694 [Ra am Blatt]. – An Zaunwinde (*Convolvulus sepium* L.): *Herse convolvuli*, Windenschwärmer [Ra mit typ, schwarzen Dorsalhorn am Körperende; im übrigen Alt-Ra gelblichbraun, v. 2. Abdominalsegment ab mit ockergelben braun beschatteten Schrägstreifen; schwarze Stigmenflecken]. – Auf d. *Zypressenwolfsmilch (Euphorbia cyparissias L.): Celerio euphorbiae*, Wolfsmilchschwärmer [Ra mit roter Kopfkapsel u. vorwiegend rotem Afterhorn; sonst schwärzlich, mit hellen Punkten, einem roten Median- u. Stigmenstreifen u. schließl. je 2 gelbliche, auf einem schwarzen Querband stehende Lateralflecken]. – An Brennnesseln *(Urtica dioica L.): Spilosoma urticae*, Weißer Fleckleibbär; I mit gefleckter Falterform von *Hyphantria cunea*, Weißer Bärenspinner, zu verwechseln: 641; *Spilosoma mentastri*, «punktierter» Fleckleibbär [Bärenspinner; Ra (vgl. 643) mit langer, warzenständiger Behaarung]; *Araschnia levana* (691) u. *prorsa* (692), Landkärtchen [Ra gesellig an Brennnesseln, durch 2 Kopfdornen von den dort gleichfalls gesellig vorkommenden, schwarzen Jungraupen des Tagpfauenauges *(Vanessa io)* unterschieden. – Auf Gräsern: *Crambus*-Arten, (Grasmotten) 602/603 [Zünsler; mit dem Kopf nach unten sitzend, «Gesicht» mit hornigem Vorsprung]. In der **Fallaubschicht:** *Troilus luridus*, (Raubwanze) 1 (Farbt. 1) [im Winterlager]. – *Harpalus aeneus*, (Laufkäfer) 307. – Syrphidae, Schwebfliegen (Diapauselarven aphidivorer Arten 99/100; 102 [Farbt. 15; in d. Färbung freilich den freilebenden Stadien gegenüber abgeblaßt]. – An zertretenen Gehäuse- od. toten Nacktschnecken: *Carabus auratus*, Goldschmied 29 (Farbt. 7); Faniinae, La (Diptera, Zweiflügler) 831. – **Waldrandnahe Wiesen u. Weiden:** siehe unter «Waldwiesen».

Waldsäugetiere (siehe auch unter «Tierleichen», «Vögel» u. «Wild»): Mallophaga, Haarlinge (vgl. 143) [am Grunde der Haare od. an verkrusteten Hautstellen auftretend]. – Anoplura, Läuse (vgl. 144); verschiedene, teils artspezifische Arten.

Waldwege (Holzabfuhrwege; vgl. auch: «Schneisen»): **In Röhren:** *Gryllus campestris*, Feldgrille 139 [an grasigen Wegrändern]. – *Cicindela campestris*, Feld-Sandlaufkäfer [La in Sandröhren (bis 50 cm tief), durch Rückenhöcker sich festhaltend (944/945). – **Auf den Wegen:** Sphegidae, Grabwespen [lebhafte, wespenartige Insekten mit gelähmten Beutetieren (vgl. 296)]. – *Cicindela campestris*, Feld-Sandlaufkäfer [Tigerkäfer mit Laufkäferhabitus; grün mit weißen Flecken (Habitus vgl. 302)]. – *Calosoma inquisitor*, Kl. Kletterlaufkäfer 31 (Farbt. 7) [beim Beutefang]. – Staphylinidae, Kurzflügelkäfer [Habitus vgl. 108 (Farbt. 16); 308. Hinterleibsende nach oben beim Lauf gekrümmt]. – *Erebia ligea*, Mohrenfalter 687. – *Limenitis populi*, Gr. Eisvogel 690. – **Unter od. am Pferdedung:** *Necrophorus germanicus*, Gr. Totengräber (Habitus, vgl. 310). – *Geotrupes silvaticus*, Waldmistkäfer 304. – **Wasserpfützen** (Wagen- bzw. Schlepper-Rinnen): Gerridae, Wasserläufer (eigentl. zu d. «Landwanzen» gehörig; Insekten laufen über d. Oberflächenhäutchen des Wassers). – *Aporia crataegi*, Baumweißling; I 685. – Dolichopodidae, Langbeinfliegen; I 801. – **An Brennesseln:** *Spilosoma urticae*, Weißer Fleckleibbär; *Sp. mentastri*, «punktierter» Fleckleibbär [I mit gefleckter Falterform von *Hyphantria cunea*, Weißer Bärenspinner, zu verwechseln 641]. – **An Himbeere** (sieh auch dort) u. an **Waldveilchen** *(Viola silvestris* [Lmk.] Rehb.*): Argynnis paphia*, Kaisermantel [I (689) gern als Blütenbesucher von Brombeeren]. – **An niederen Büschen** (u. Pflanzen, an Doldenblüten): Insekten von wespenähnl. Habitus: Terebrantia, zoophage Schlupfwespen i. w. S. [Zittern der Fühler (oft hell geringelt) auffällig 272; ♀♀ mit Legebohrer. Totstellung der Vollkerfe als Schutzreflex].

Waldwiesen (einschl. waldrandnahe Wiesen): **An Gräsern:** *Crambus*-Arten (Grasmotten) 602/603 [sitzen mit d. Kopf nach unten u. rollen Flügel um den Körper]. – *Tipula maxima*, (Erdschnake), Habitus vgl. 774 [an Grashalmen hängend od. ruhig am Boden sitzend (schieben die Legeröhre in d. Erde)]. – **An Wurzeln:** *Rhizotrogus solstitialis*, Junikäfer; La 331 [Parasit: *Hirmoneura obscura* (Nemestrinidae, Netzfliegen)]. – Tipulidae, Erdschnaken; La [derbhäutig, walzig; «Teufelsfratze» charakteristisch, vgl. 765/769 (beachte 770); 761]. – **Fraß** (an bestimmten Pflanzen): *Arctia caja*, Brauner Bär (I: Vorderfl. schwarzbraun mit gelblichen Binden; Hinterfl. zinnoberrot mit schwarzblauen Flecken); Ra [schwarz mit weißen Warzen u. mit dorsalen, teils rostroten, langen Haaren]; an fast all. niederen Pflanzen. – *Spilosoma mendica*, «Tigermotte» (Bärenspinner [I mit *Hyphantria cunea*, Weißer Bärenspinner, zu verwechseln; Ra an Sauerampfer (*Rumex acetosa* L.) u. Wegerich (u. a. *Plantago major* L.)]. – *Araschnia levana* 691 u. *prorsa* 692, Landkärtchen [Ra gesellig an Brennessel (*Urtica dioica* L.); durch 2 Kopfdornen von d. gleichfalls schwarzen Jungraupen des Tagpfauenauges *(Vanessa io)* zu unterscheiden]. – Falter gern **über Waldwiesen:** *Erebia ligea*, Mohrenfalter 687. – *Argynnis paphia*, Kaisermantel 689. – **Kuhfladen**-Besiedlung (von den Larven in dieser Gemeinschaft sind durchaus nicht alle Arten koprophag, sondern viele sind ausgesprochen räuberisch und stellen eifrig den Mitbewohnern nach): Staphylinidae, Kurzflügelkäfer (etwa *Philonthus* spec.). – Histeridae, Stutzkäfer (u. a. *Hister* spec., *Saprinus* spec.). – *Geotrupes* spec. «Roßkäfer» [La 325]; *Aphodius* spec., (Dungkäfer) [La

326]. – Zahlreiche Zweiflügler: *Trichocera* spec. 697 (Wintermücke; besonders im Winter). – *Scatopse* spec. 703 (Dungmücke; Vorkommen auf Sommer beschränkt). – Psychodidae, Schmetterlingsmücken (*Psychoda* spec.; vgl. 752; Arten zeigen Frühjahrs- u. Herbst-Maximum). – Empididae, Tanzfliegen 802/803 u. Dolichopodidae, Langbeinfliegen (vgl. 801) jagen als Vollkerfe auf den Kuhfladen nach Beute. – Syrphidae, Schwebfliegen (etwa *Syritta* spec., *Rhingia* spec.). – Muscidae, Echte Fliegen (I, vgl. Farbt. 16), u. zwar Muscinae-La 822/824 *(Musca* spec.; *Stomoxys calcitrans* [Wadenstecher]; *Haematobia stimulans* 834; *Lyperosia irritans); Phaoniinae-La 826, 830 (u. a. *Hydrotaea* spec); Fanniinae-La 831 u. schließl. Anthomyiinae- (Blumenfliegen-) La 827/829. – Calliphoridae (I, vgl. Farbt. 16) mit den UF: Sarcophaginae, Aas- od. Schmeißfliegen u. Calliphorinae, Fleischod. Schmeißfliegen 839/846. – An weiteren Dipterenfamilien noch stark vertreten: Sepsidae, Schwingfliegen [schwingen rhythmisch mit den Flügeln]; Sphaeroceridae (Borboridae, Cypselidae), Dungfliegen [zeichnen sich vielfach durch starke Beborstung aus] u. Cordyluridae (Scatomyzidae, Scatophagidae), Dung- od. Mistfliegen [gewöhnlichste Art: *Scopeuma stercoraria* L., eine goldgelb behaarte Kotfliege]; diese Formen gehören aber der eigentlichen Waldbiozönose nicht an.

Weide (u. a. Silber-Weide [*Salix alba* L.]; Mandel-W. [*S. amygdalina* L.]; Purpur-W. [*S. purpurea* L.]; Korb-W. [*S. viminalis* L.]; Aschgraue od. Werft-W. [*S. cinerea* L.]; Sal-W. [*S. caprea* L]; Ohr-W. [*S. aurita* L.]; Bruch-W. [*S. fragilis* L.]; Kriech-W. [*S. repens* L.]): **Keimpflanze:** siehe «Pflanzgarten». **Junge Pflanze:** *Aprophora salicina*, Weidenschaumzikade 172; «Kuckucksspeichel» 173. – Tipulidae, Erdschnaken; La [derbhäutig, walzig; «Teufelsfratze» charakteristisch, vgl. 765/769 (beachte 770); 761; Schadbild vgl. 350]. **An Wurzeln:** *Melolontha melolontha*, Feldmaikäfer; La 329/330; Schadbild: vgl. 346/352. **Stammregion: auf der Rinde:** *Chionaspis salicis*, Miesmuschelschildlaus 218/219 [Rinde mit Blasen]. – **Unter Rinde:** *Agrilus viridis*, Grüner Prachtkäfer (I 357) La 358, Gangsystem 356. – *Cryptorrhynchus lapathi*, Bunter Erlenrüsselkäfer (I 437) 436 [über d. Gängen Rissigwerden d. Rinde, an den Bohrlöchern hängen Späne]. – *Eccoptogaster scolytus*, Ulmensplintkäfer 460. – *Ecc. intricatus*, Eichensplintkäfer 466. – *Rhabdophaga saliciperda*, Weidenholz-Gallmücke; Befallsbild: 735. – **Im Holz:** (im hohlen Stamm): *Xylocopa violacea* [blauschwarze Holzbiene von hummelartig. Aussehen mit metallisch blauen od. grünschillernden Flügeln]. – *Saperda carcharias*, Gr. Pappelbock (I 406) La 407; Fraßgänge 416 [Auswurf grober, braungelber Nagespäne; Anschwellung des unteren Stammendes bei schwachen Sortimenten]. – *Cryptorrhynchus lapathi* [siehe «unter Rinde»]. – *Trochilium apiforme*, Hornissenglasschwärmer (I 65/66 [Farbt. 10]) Pu-Kokkon 559. – *Cossus cossus*, Weidenbohrer (I 597) Ra rotbraun, fingerdick, bis 10 cm, Holzessiggeruch, 1046. **Krone: an Zweigen u. Ästen:** *Vespa crabro*, Hornisse [spiralige Schälbeschädigungen]. – *Calosoma inquisitor*, Kl. Kletterlaufkäfer 31 (Farbt. 7) [steigt tagsüber zum Beutefang von Raupen auf Zweige]. – *Panorpa communis*, Gem. Skorpionsfliege 512 [lauert auf Beutetiere auf den Zweigen]. – **Gallen:** *Saperda populnea*, Kl. Pappelbock (I 408) 409/410. – *Rhabdophaga salicis*, Weidenruten-Gallmücke 734. – (Splintschicht wabig durchlöchert): *Rh. saliciperda*, Weidenholz-Gallmücke 735. – (Kambium-Minierer): Agromyzidae, Minierfliegen, u. a. *Phytobia cambii* [La in Ruten von Korbweiden, vgl. 818/819]. – **An Trieben:** *Aphrophora salicina*, Weidenschaumzikade 172; «Kuckucksspeichel» 173. – *A. alni*, Erlenschaumzikade [mit weißem Medianfleck u. dreieckig. Oberflügel-Spitzenfleck]. – *Galeruca capreae; G. lineola*, («gelbe Weidenblattkäfer») La anfangs auf Triebspitzen, später auf tiefersitzend. Blättern. – *Cryptorrhynchus lapathi*, Bunter Erlenrüsselkäfer, 437 [Benagen d. einj. Ruten]. – (Fraß in den Ruten: *Oberea oculata*, Rothalsiger Weidenbock. – (Gallmücken, vgl. 704/705): *Rhabdophaga rosaria*, «Weidenrosen»-Gallmücke 732 [Blätter rosettenartig]; *Rh. terminalis* 733 [spindelförmig. Mißbildungen an der Sproßspitze. – **An u. auf Blättern:** *Cercopis sanguinea*, (Schaumzikade, Schildzirpe) 4 (Farbt. 2). – (Blattwespen-La): *Pteronidea pavida* 249; *Pt. melanaspis* [gesellig am Blattrand, mit Wanzengeruch, bei Störung in typischer Schreckstellung]. – *Trichiocampus viminalis*, Gelbe Pappelblattwespe 251 [gesellig auf Blattunterseite 250; Eila zunächst mit Schabefraß der Epidermisschicht]. – *Caliroa annulipes*, Kl. Lindenblattwespe 254 [nacktschneckenähnl.; anfangs Loch-, später Skelettierfraß]. – (Knopfhornwespen-La; Habitus 84 [Farbt. 12]): *Trichiosoma lucorum*, Gr. Pelzblattwespe; *Cimbex lutea; Clavellaria amerinae* [Vollkerfe ringeln die Triebe 260]. – (Käfer od. ihre La); *Phyllopertha horticola*, Gartenlaubkäfer I 322 [La dageg. rhizophag, vor allem auf landwirtschaftl. Nutzungflächen]. – *Coccinella septempunctata*, Siebenpunkt (Marienkäfer; I auch gelegentl. an jungen Blättern phytophag). – *Saperda carcharias*, Gr. Pappelbock 406 [Reifungsfraß d. Käfers an d. Blättern: unregelm. Löcher mit zerfetzten Rändern]. – **Auf der Blattunterseite:** *Melasoma populi*, Pappelblattkäfer; *Plagiodera versicolor*, Blauer Weidenblattkäfer; *Phyllodecta vitellinae*, Kl. Weidenblattkäfer [417/418 u. 420 als Beispiel für alle Arten]; *Galeruca capreae; G. lineola* (d. «gelben» Weidenblattkäfer). – *Orchestes* spec. [ähnl. O. fagi 438]. – (Raupen): *Hyponomeuta padella*, (Gespinst-Motte) [Ra – Gespinst über Astpartien hinweg; vgl. 546]. – *Eriogaster lanestris*, Wollafter (I 606) [Ra blauschwarz mit 2 Dorsalreihen rotgelb behaarter, weißgelb gerandeter Flecken; Eier werd. spiralig um d. Zweig geklebt]. – *Lasiocampa quercus*, Eichenspinner [Ra braungelb mit samtschwarz. Segmentinzisuren, weißgefleckt (I 607)]. – *Gastropacha populifolia*, Pappelglucke [Ra dorsal ein rotgelbes, vor diesem ein schwarzblaues Genickband; sonst dunkelaschgrau, bis 70 mm (vgl. 608)]. – *Smerintus ocellata*, Abendpfauenauge [typ. Schwärmer-Ra mit Afterhorn]. – *Dicranura vinula*, Gr. Gabelschwanz 615; *D. erminea*, Weißer Gabelschwanz [Zahnspinner]. – *Notodonta ziczac*, Zickzackspinner 82 (Farbt. 12). – *Phalera bucephala*, Mondvogel 623/624. – Verschiedene

Spannerarten: Frost-, Buchenfrost-, Gr. Birken- u. Lärchenbaumspanner (80, 3, 626). – *Aeronicta leporina* «Wolleule» 953. – *Catocala nupta*, Rotes Ordensband (Eulenraupe). – *Stilpnotia salicis*, Pappel- od. Weidenspinner [Ra schwarz mit segmentalen weißen schildförmig. Dorsalflecken u. roten Warzen]. – *Apatura iris*, Gr. Schillerfalter (1693) [Ra braunschwarz ohne Kopfhörner, nach d. Überwinterung grün mit 2 Kopfdornen, deren Spitze blau mit roter Gabel]. – (Blattrand eingerollt): *Dasyneura marginemtorquens* [im Innern der Mißbildung gelbrote Gallmücken-La vgl. 704/705]. – **An od. in Kätzchen:** *Bombus pratorum*, Wiesen-Hummel u. a. im zeitig. Frühjahr. – *Xanthia lutea* (Eulenraupe). – *Hylemyia muscaria* u. *H. parva* (Blumenfliegen; La vgl. 827/829) [Samenanlagen zerstörend].

Weißdorn (*Crataegus oxyacantha* L.): **Fraßgänge** zw. **Rinde u. Splint** (Borkenkäfer): *Eccoptogaster mali*, Gr. Obstbaumsplintkäfer 467. – *Ecc. rugulosus*, Kl. Obstbaumsplintkäfer [einarmig. Längsgang, kurz, ohne Erweiterung am Anfang]. – **Fraß an Blättern:** *Hyponomeuta padella; H. malinella* [Gespinst-Motten; Ra-Gespinste über ganze Zweigpartien hinweg 546/547]. – *Eriogaster lanestris*, Wollafter [siehe unter «Weide – an Blättern»]. – *Hibernia defoliaria*, Gr. Frostspanner (1634/636) [Ra rotbraun mit doppelter dunkler Medianlinie u. gelben Lateralstreifen]. – *Euproctis chrysorrhoea*, (braunschwänziger) Goldafter 665/666. – *Aporia crataegi*, Baumweißling [Ra grau mit 2 bräunlich-roten unterbrochenen Dorsalstreifen u. rötlichgelbem Seitenstreifen]. – **Auf Zweigen, Blättern od. Blüten:** *Calosoma inquisitor*, Kl. Kletterlaufkäfer 31 (Farbt. 7) [auf Beutefang]. – *Attagenus pellio*, Pelzkäfer (I: schwarz mit zwei weißen Flügeldecken-Flecken]. – *Stratiomyia chamaeleon*, (Waffenfliege) 1779.

Wespennester: *Dermestes lardarius*, Speckkäfer (I 337) [La behaart, hinten mit 2 gekrümmten Enddornen; zoodetritivor]. – *Attagenus pellio*, Pelzkäfer [I schwarz mit 2 weißen Flügeldecken-Flecken; La mit Haarschopf am Abdominalende]. – *Volucella* spec. (Schwebfliegen; La = Räuber od. Inquilin). – Anthomyiinae, Blumenfliegen (zu d. echten Fliegen gehörig) La 827/829 [Kommensalen in d. Wespennestern]. – *Fannia fuscula*, (Fanniinae; Fam. d. echten Fliegen) La 831 [vom Gemüll lebend]. – Siehe auch: 1042.

Weymouthskiefer (Strobe [*Pinus strobus* L.]): **Keimpflanze:** siehe «Pflanzgarten». **Junge Pflanze:** *Hylobius abietis*, Gr. brauner Rüsselkäfer (I 429), *H. pinastri*, Kl. brauner Rüsselkäfer [beide: «Pockennarbenfraß» 431]. – *Acantholyda hieroglyphica*, Kiefernkultur-Gespinstblattwespe [La in wurstförmiger Gespinströhre; Fraß von oben nach unten 227]. **An Wurzeln:** *Melolontha melolontha*, Feldmaikäfer; *M. hippocastani*, Waldmaikäfer [Schadbild, vgl. 346/352]. **Stammregion: auf der Rinde:** *Pineus strobi*, Strobenlaus 12 (Farbt. 4)]. – [Räuber unter den Läusen: Schwebfliegenlarven 13/14 (Farbt. 4)]. – **Unter Rinde:** *Pissodes piniphilus*, Kiefernstangenrüßler [La-Gänge geschlängelt, im Bast; ellipt. Pu-Wiegen mit weißen, feinen Spänen gefüllt]. – *P. pini*, Kiefernbestandsrüßler [La-Gänge, strahlig, am ganzen Stamm]. – *Magdalis violacea*, (gleichfalls Langrüßler) (I 435) [La fressen parallel verlaufende tiefe Furchen in den Splint; Verpuppung in noch tiefer liegenden Puppenwiegen]. – *Ips amitinus*, Kl. Buchdrucker 484. – *Pityogenes chalcographus*, Kupferstecher 480 [Rammelkammer an Weymouthskiefer aber sichtbar]. – *Dryocoetes autographus*, Zottiger Fichtenborkenkäfer 491 [selten]. – *Crypturgus pusillus* 492 [Raumparasit bei voriger Art]. – *Myelophilus piniperda*, Gr. Waldgärtner 499. – *Ips sexdentatus*, Gr. Kiefernborkenkäfer 504/505. – *Ips laricis*, Vielzähniger Kiefernborkenkäfer 506. – *Dioryctria splendidella*, Kiefernharzbeulenzünsler [an vom Hallimasch befallenen Stammanläufen; bei Eiräupchen-Befall zeigt sich weniger Harzfluß, als vielmehr dunkelbraune Kotkrümel]. **Krone: an Ästen u. Zweigen** (unter Rinde): *Myelophilus minor*, Kl. Waldgärtner 500 [bei Stangenholz auch am Stamm]. – *Ips acuminatus*, Sechszähniger Kiefernborkenkäfer 493. – **An Trieben:** *Hylobius abietis*, Gr. brauner Rüsselkäfer 429. – *Myelophilus piniperda*, Gr. Waldgärtner 502; *M. minor*, Kl. Waldgärtner. – *Evetria buoliana*, Kieferntriebwickler [Ra höhlt Maitriebe basal aus, später Posthorn- od. Büschelbildungen (569/571)]. – **An Nadeln:** *Pineus strobi*, Strobenlaus (Nadelknickungen; Läuse). – *Acantholyda hieroglyphica* [siehe hier «Junge Pflanze»]. – *A. erythrocephala*, Stahlblaue Kiefernschonungs-Gespinstblattwespe 225/226. – *Diprion pini*, Kiefernbuschhornblattwespe 88 (Farbt. 13). – *Neodiprion sertifer*, Rote Kiefernbuschhornblattwespe 229/230. – *Cryptocephalus pini*, Gelber Kiefernblattkäfer; *Luperus pinicola*, Schwarzer Kiefernblattkäfer [beide Arten als Käfer Rinnen auf der Nadelunterseite ausfressend]. – *Lymantria monacha*, Nonne 85 (Farbt. 13). – **Zapfen:** *Megastigmus zwölferi* (I vgl. 285; La vgl. 284; Schadb. vgl. 286).

Wild (siehe auch unter «Tierleichen», «Vögel» u. «Waldsäugetiere»): Mallophaga, Haarlinge, am Grund d. Haare u. an verkrusteten Hautstellen auftretend; u. a. Rehhaarling *(Cervicola meyeri)* 143 [auch an Rot- u. Sikahirsch], Gemsenhaarling *(Bovicola alpinus)*, Steinbockhaarling *(B. ibicis)*, Fuchshaarling *(Eichlerella vulpis)*, Dachshaarling *(Trichodectes melis)*. – Anoplura, Läuse; verschiedene, teils artspezifische Arten (u. a. *Haemodipsus lyriocephalus* [auf Feldhase]; *Haematopinus aperis* 144 u. *H. suis* [auf Schwarzwild]; *Solenoptes burmeisteri* [auf Rotwild]; *S. capreoli* [auf Rehwild]). – *Lipoptena cervi*, Hirschlausfliege 835/836 [auf erlegtem Rot-, Reh- u. Damwild («Irrläufer» bei Fuchs, Dachs u. Schwarzwild)]. – *Melophagus rupicaprinus* (gleichfalls Lausfliege), gewöhnl. Parasit d. Gemse (seltener des Steinbocks). – Arten d. *Cephenomyia*-Gruppe, «Rachendassel»-Larven (u. a. *C. stimulator* 847/848 [Rehwild]; *C. auribarbis* 849/850 [Rotwild]; *C. multispinosa* [Damwild]; *C. ulrichii* [Elchwild]; *Pharyngomyia picta* [Rotwild u. Elch]; La in Windfang u. angrenzenden Höhlungen. – *Oestrus*-Gruppe «Nasendasseln»: *Oestrus ovis* (auch bei Rehwild, viell. bei Muffelwild?) 853. – *Hypoderma*-Gruppe, «Hautdassel»-Larven («Haut-Engerlinge» in «Dasselbeulen» in d. Decke 854): u. a. *Hypoderma actaeon*, Hirschdasselfliege; *H. diana*, Rehdasselfliege 856/857 [auch bei Rot-, Elch- u. Gamswild]; *Oestromyia marmotae* [auf Alpenmurmeltier].

Wildfutterraufe: siehe unter «Gatter»

Wildlosung: siehe gleichfalls unter «Exkremente»

Zapfenverletzungen (Beschädigungen durch Kleinsäuger, Vögel u. Insekten): 582/595.

Zirbelkiefer: siehe «Arve»

Neue zeichnerische und freilandökologische Darstellungen oder Photographien im forstlichen Bereich: siehe Seite 709 ff. (Legenden).

6 Bildteil

Vorbemerkungen: Die Übernahme von Abb. oder Einzelfiguren aus Veröffentlichungen anderer Autoren ist jeweils aufgeführt; die Angaben besagen zwar nicht, daß die Abb. ohne geringfügige Veränderungen übernommen wurden. Originalzeichnungen sind als solche stets gekennzeichnet. Nach dem Artnamen ist die systematische Zugehörigkeit in abgekürzter Form wiedergegeben. Größenangaben erübrigen sich, weil fast sämtlichen Abbildungen ein Maßstab beigefügt wird. – Die Fraßbilder der Borkenkäfer wurden größtenteils nach einem neuartigen zeichentechnischen Verfahren angefertigt. – Die systematische Anordnung ist bisweilen durchbrochen, wenn leicht verwechselbare Formen nebeneinander gezeigt werden sollten oder wenn die Tafel-Zusammenstellung dies aus technischen Gründen erforderte. – Über die Handhabung der Fundortskizzen (Abb. 887–941): siehe Seite 472 [Mitte].

Die früher gebrachten Abb. 15 und 16 (Farbt. 5) wurden ersetzt. Es wurde nicht bestätigt, daß *Trichogramma evanescens* Westw. als Eiparasit bei der Nonne im Bestande vorkommt, obwohl eine Zucht im Labor aus Nonneneiern angeblich gelungen ist.

In die vierte Auflage des Taschenbuches konnten neue Farbtafeln aufgenommen werden als Abb. 944 bis 1052 (sämtlich: Originale) auf den Seiten 720 bis 748. Die Anordnung dieser neuen Tafeln erfolgt nach der in meinem musealen Taschenbuchführer «Waldinsekten und Streubewohner» (2. Auflage, Braunschweig 1966) aufgezeigten Themenführung – das Insekt bleibt dabei im Mittelpunkt des Interesses. Im Anschluß daran werden ausgewählte Beispiele gegeben aus dem photographischen Bereich; neben wenigen Bildern zur Kennzeichnung systematischer Einzelheiten möchte ich aufmerksam machen auf landschaftsökologische Besonderheiten, Wuchsdeformationen (die nicht Folgen von Insektenbeschädigungen sind) und schließlich auf Gebilde, die auf Nicht-Insekten als Urheber zurückgehen.

Letztendlich beachte man bitte die Angaben im letzten Textabschnitt auf Seite 6.

Tafel 1: Raubwanze mit Larve und Beutetier. Abb. 1: *Troilus luridus* F. (Pentatom.; Heteropt.); Imago. – Abb. 2: Larve der Raubwanze. – Abb. 3: Beutetier: Raupe von *Biston (= Amphidasys) betularius* L., Gr. Birkenspanner (Geometr.; Lep.). – Sämtl.: Orig.

1 cm

4

Tafel 2: **Schaumzikade** (**Schildzirpe**). Abb. **4**: *Cercopis sanguinea* GEOFFR. (Cercop.;
Cicad.; Homopt.); Imago. – Orig.

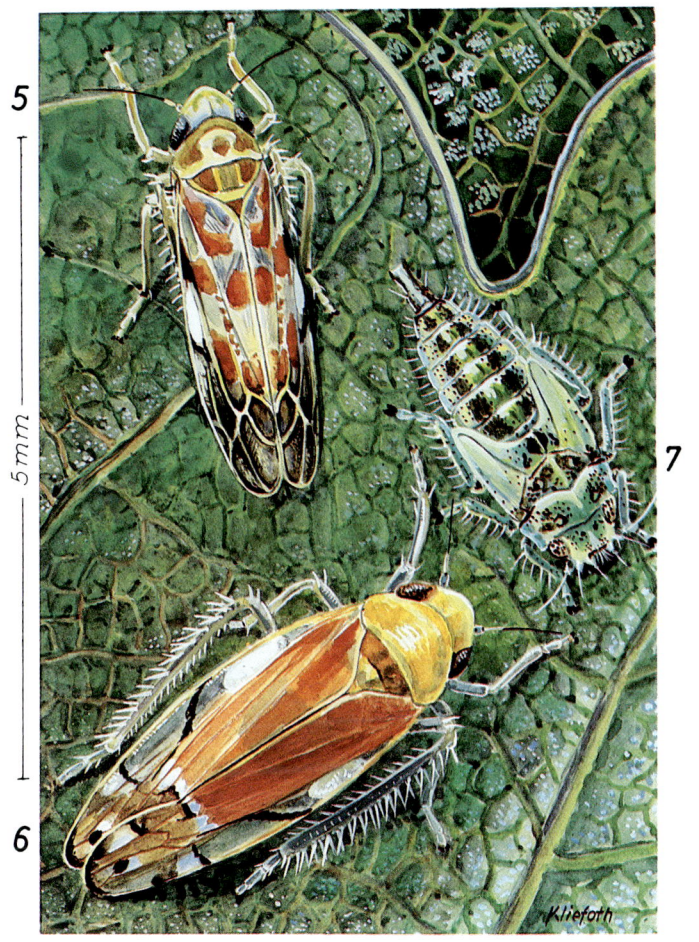

5

5 mm

7

6

Tafel 3: Klein- und Zwergzirpen. Abb. 5: *Typhlocyba quercus* FABR. (Typhlocyb.; Cicad.; Homopt.); Imago. – Abb. 6: *Eurhadina pulchella* FALL. (Jass.; Cicad.; Homopt.); Imago. – Abb. 7: Larve von *Eurhadina*. – Sämtl. Orig.

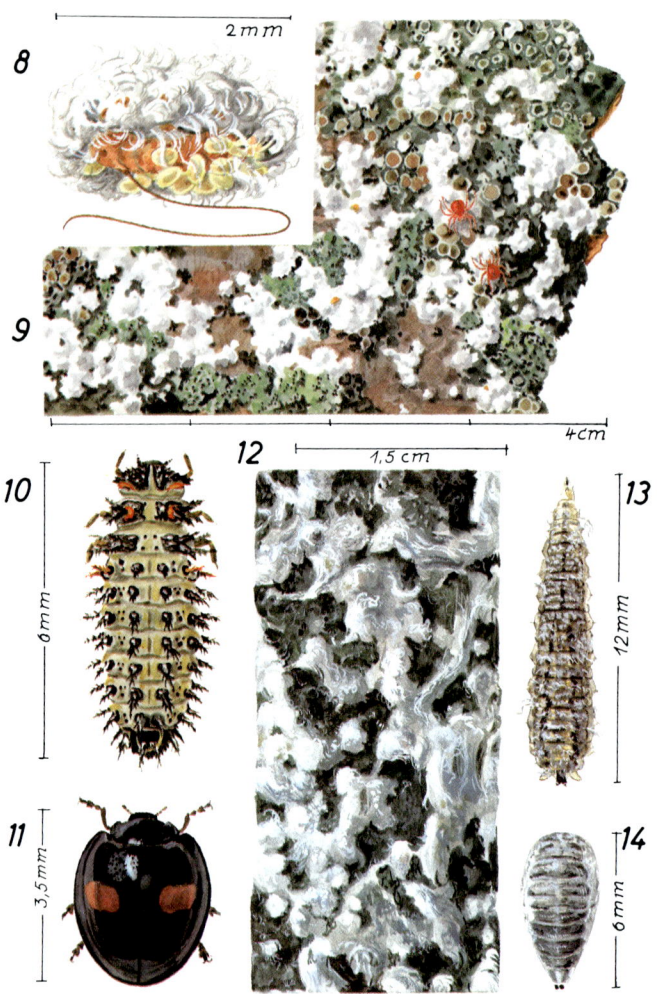

Tafel 4: **Pflanzensauger und jeweils einer ihrer Hauptfeinde.** Abb. 8: *Cryptococcus fagi* Bärspr., Buchenwollaus (Cocc.; Homopt.), vergrößert herausgez. aus Abb. 9: Buchenwollaus-Überzug auf Buchenrinde mit scharlachroten Laufmilben (Tromb.; Acari, Arachn.). – Abb. 10: Larve, Abb. 11: Imago des räuberisch unter den Buchenschildläusen lebenden *Chilocorus renipustulatus* Scriba (Coccinell.; Col.). – Abb. 12: *Pineus strobi* Htg., Strobenlaus (Cherm.; Aphidin.; Homopt.), Virgines in Massen am Stamm einer Weymouths-Kiefer. – Abb. 13: Larve, Abb. 14: Puparium der räuberisch unter den Strobenläusen aufgefundenen Schwebfliege *Syrphus corollae* Fabr. (Syrph.; Dipt.). – Sämtl. Orig.

Tafel 5: Räuber unter Kiefern-Baumläusen; Parasiten (Erzwespen). Abb. 15: I des Marienkäfers *Anatis ocellata* L. (Coccinellid., Col.); Vollkerf u. La (oben) vertilgen Lachniden u. andere Blattlausarten. – Abb. 16: Schwebfliegenlarve (gen. spec.) in typischer Haltung eine Laus aussaugend; oben das schlank birnenförmige Puparium der Schwebfliege (Syrphid., Dipt.). – In der Mitte des Bildes: Lachniden – bei der noch nicht angegriffenen Laus deutlich sichtbar die paarigen Rückenporen, aus denen Wachswolle ausgeschieden werden kann. – Abb. 17: *Monodontomerus virens* THOMS. (Chalcid.; Hym.); Hyperparasit (d.h. Parasit bei Nonnentachinen). – Abb. 18: *Cirrospilus pictus* NEES (Chalcid.; Hym.); Parasit bei *Coleophora laricella* HB. (Coleophor.; Lep.). – Abb. 19: Puppensäckchen der Lärchenminiermotte mit dem seitlichen Ausschlupfloch des in Abb. 18 benannten Parasiten. – Sämtl. Abb. = Orig.

Tafel 6: Auffällige Blatt- und Knospengallen von Gallwespen (Cynip.; Hym.) an Eiche.
Abb. 20: *Diplolepis quercus-folii* L. – Abb. 21: Galle im Schnitt mit der kugeligen
Larvenkammer. – Abb. 22: Imago, parthenogenetische Generation, im Frühjahr aus der
Galle geschlüpft; vergrößert. – Abb. 23: *Trigonaspis megaptera* PANZ. – Abb. 24:
Neuroterus numismalis FOURC. – Abb. 25: *Diplolepis longiventris* HTG. – Abb. 26:
Biorrhiza pallida OL. – Abb. 27: *Andricus fecundator* HTG. – Abb. 28: *Neuroterus
quercus-baccarum* L. – Sämtl. Orig.

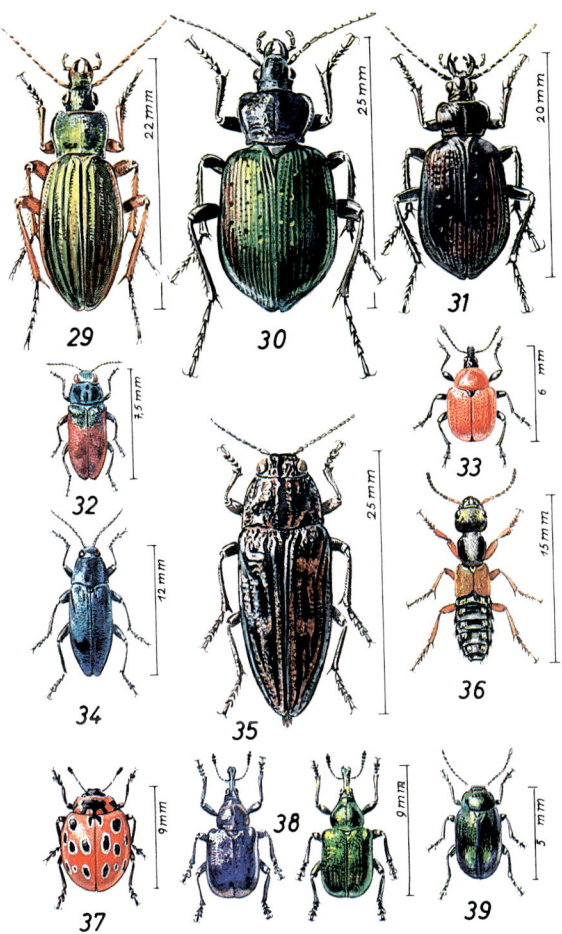

Tafel 7: **Färbung und Zeichnung bei verschiedenen Käferarten** (Col.). Abb. 29: *Carabus auratus* L., Goldschmied (Carab.). – Abb. 30: *Calosoma sycophanta* L., Puppenräuber (Carab.). – Abb. 31: *Calosoma inquisitor* L., Kleiner Kletterlaufkäfer (Carab.). – Abb. 32: *Anthaxia salicis* Fabr. (Bupr.). – Abb. 33: *Attelabus nitens* Scop., Roter Eichenkugelrüßler (Curculion.). – Abb. 34: *Phaenops cyanea* F. (Bupr.). – Abb. 35: *Chalcophora mariana* L., Kiefernprachtkäfer (Bupr.). – Abb. 36: *Staphylinus caesareus* Cederh. Gr. Kurzflügler (Staphylin.). – Abb. 37: *Anatis ocellata* L. (Coccinell.). – Abb. 38: *Byctiscus betulae* L., Rebenstecher (Curculion.); links das metallisch blaue, rechts das grüne Farbenspiel. – Abb. 39: *Phyllodecta vitellinae* L., Kleiner Weidenblatt-käfer (Chrysom.). – Sämtl. Orig.

Tafel 8: **Ein Glanzrüßler bei starker Vergrößerung.** Abb. 40: *Polydrosus sericeus* SCHALL. (Curculion.; Col.); links sich sonnend, rechts in charakteristischer Fraßstellung. – Orig.

Tafel 9: Beachtenswerte Wicklerarten (Tortricidae; Imagines) in forstlichen Beständen. Abb. **41**: *Laspeyresia zebeana* RATZ., Lärchengallenwickler. – Abb. **42**: die gleiche Art, sitzend. – Abb. **43**: *Laspeyresia strobilella* L., Fichtenzapfenwickler. – Abb. **44**: *Laspeyresia pactolana* ZELL., Fichtenrindenwickler, sitzend und Abb. **45**: rechtes Flügelpaar ausgebreitet. – Abb. **46**: *Evetria buoliana* SCHIFF., Kiefernknospenwickler und Abb. **47**: mit ausgebreiteten Flügeln (rechts). – Abb. **48**: *Evetria resinella* L., Kiefernharzgallenwickler und Abb. **49**: Flügel, rechts, ausgebreitet. – Abb. **50**: *Evetria turionana* HBN., Kiefernknospenwickler. – Abb. **51**: *Evetria duplana* HB., Kiefernquirlwickler. – Abb. **52**: *Cacoecia murinana* HBN., Tannennadelnestwickler. – Sämtl. Orig.

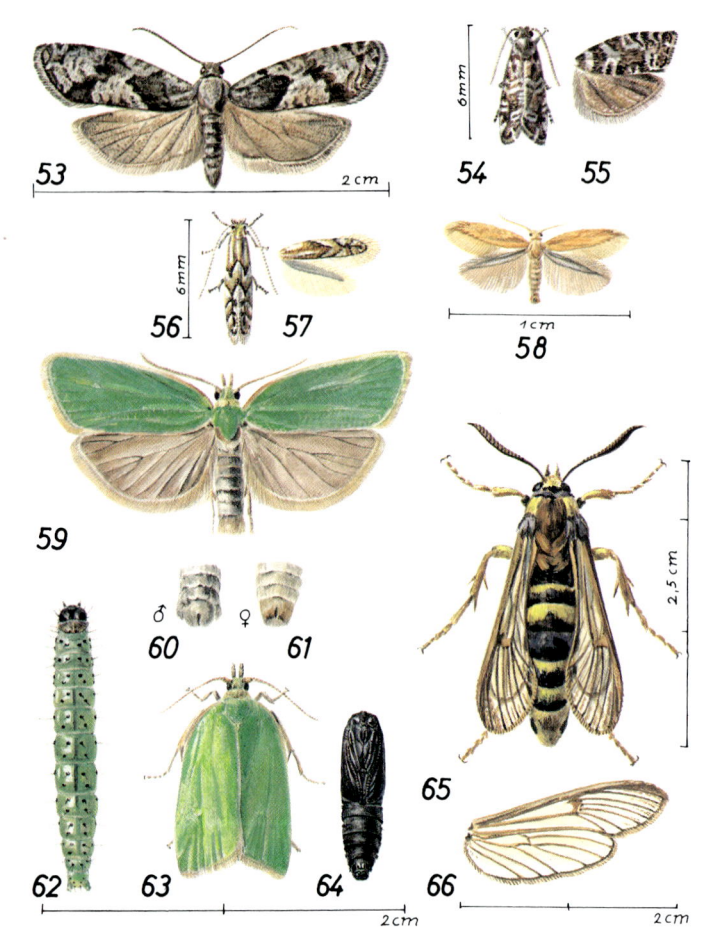

Tafel 10: Weitere Wicklerarten, Blattüten- und Blattminiermotte und eine Glasflügler-art. Abb. **53**: *Semasia diniana* Gn., Grauer Lärchenwickler (Tortric.; Lep.); Imago. – Abb. **54**: *Epiblema tedella* Cl., Fichtennestwickler (Tortric.; Lep.); Imago, sitzend und Abb. **55**: rechtes Flügelpaar ausgebreitet. – Abb. **56**: *Lithocolletis faginella* Zll. (Gracilar.; Lep.); Imago, sitzend und Abb. **57**: rechtes Flügelpaar der gleichen Art. – Abb. **58**: *Tischeria complanella* Hb., Eichenminiermotte (Lyonet.; Lep.); Imago mit ausgebreiteten Flügeln. – Abb. **59**: *Tortrix viridana* L., Grüner Eichenwickler (Tortric.; Lep.); Imago mit ausgebreiteten Flügeln. – Abb. **60**: Hinterleibsende des ♂, Abb. **61**: des ♀, jeweils von der Unterseite gesehen, vergrößert. – Abb. **62**: Eichenwicklerraupe, erwachsen. – Abb. **63**: sitzende Imago. – Abb. **64**: Eichenwicklerpuppe. – Abb. **65**: *Trochilium apiforme* Cl., Hornissenglasschwärmer (Sesiid.; Lep.); sitzende Imago und Abb. **66**: rechtes Flügelpaar. – Sämtl. Orig.

Tafel 11: Entwicklungsstadien eines Charaktertieres der Buchenbestände: Aglia tau L., Nagelfleck (Saturniidae; Lep.). Abb. 67: ♂ mit ausgebreiteten Flügeln. – Abb. 68: Eiablage. – Abb. 69: ♀, soeben geschlüpft, am Zweig hängend, Flügelunterseite sichtbar und Abb. 70: rechtes Flügelpaar, von oben gesehen (ausgeprägte Geschlechtsunterschiede auch in der Flügelfärbung). – Abb. 71: Puppe (aus dem dünnen Kokon herausgelöst). – Abb. 72: die verschiedenen Häutungsstadien der Raupe, vom «Jugendkleid» bis zum reifen Stadium ohne «Bewehrung». – Abb. 73: zwischen Fallaub in der Förna überwinternde Puppe im Kokon. – Sämtl. Orig.

74 75 76 77 78 79 80 81 82 83 84

1 2 3 4 5 6 7 8 cm

Tafel 12: Habitus und Tracht bei Schmetterlings- und Afterraupen in Laubholzbestän-
den. Abb. 74: *Dasychira pudibunda* L., Buchenrotschwanz (Lym.; Lep.). – Abb. 75:
Orgyia antiqua L., Schlehenspinner (Lym.; Lep.). – Abb. 76: *Hylophila prasinana* L.,
Buchenkahneule (Noct.; Lep.). – Abb. 77: *Colocasia coryli* L., Haseleule (Noct.; Lep.).
– Abb. 78: *Hibernia defoliaria* L., Großer Frostspanner (Geom.; Lep.). – Abb. 79:
Lophopteryx camelina L., Kamelspinner (Notodont.; Lep.). – Abb. 80: *Cheimatobia
boreata* Hʙ., Buchenfrostspanner (Geom.; Lep.). – Abb. 81: *Smerinthus populi* L.,
Pappelschwärmer (Sphing.; Lep.). – Abb. 82: *Notodonta ziczac* L., Zickzackspinner
(Notodont.; Lep.). – Abb. 83: *Stauropus fagi* L., Buchenspinner (Notodont.; Lep.). –
Abb. 84: *Cimbex fagi* Zᴀᴅᴅ., Buchenblattwespe (Tenthredin.; Hym.), eine Afterraupe
der Unterfamilie der Knopfhornwespen (Cimbicinae). – Sämtl. Orig.

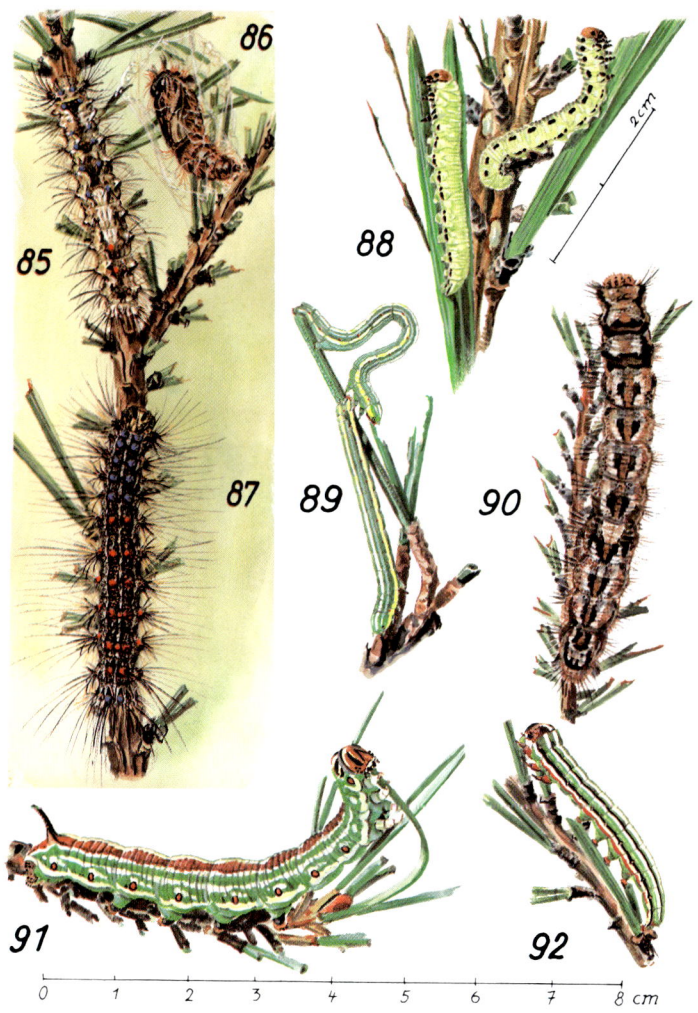

Tafel 13: Verschiedene Schmetterlings- und Afterraupen in Nadelholzbeständen. –
Abb. 85: *Lymantria monacha* L., Nonne (Lymantr.; Lep.). – Abb. 86: Nonnenpuppe. –
Abb. 87: *Lymantria dispar* L., Schwammspinner (Lymantr.; Lep.). – Abb. 88: *Diprion
pini* L., Kiefernbuschhornblattwespe (Tenthr.; Hym.). – Abb. 89: *Bupalus piniarius* L.,
Kiefernspanner (Geometr.; Lep.). – Abb. 90: *Dendrolimus pini* L., Kiefernspinner
(Lasiocamp.; Lep.). – Abb. 91: *Hyloicus pinastri* L., Kiefernschwärmer (Sphing.; Lep.).
– Abb. 92: *Panolis flammea* SCHIFF., Floreule (Noctuid.; Lep.). – Sämtl. Orig.

Tafel 14: Charakteristische Körper- und Flügelhaltung ruhender Falter am Eichen-stamm. (Flugzeiten: zeitiges Frühjahr bis etwa Ende Juni und teilweise zweite Genera-tion im Spätsommer bis Herbst). Abb. 93: *Cidaria albicillata* L. (Geometr.; Lep.). – Abb. 94: *Cosymbia linearia* Hв. (Geometr.; Lep.). – Abb. 95: *Boarmia bistortata* Goeze, Lärchenbaumspanner (Geometr.; Lep.). – Abb. 96: *Tischeria complanella* Hв., Eichenminiermotte (Lyonet.; Lep.). – Abb. 97: *Colocasia coryli* L., Haseleule (Noct.; Lep.). – Abb. 98: *Hylophila prasinana* L., Buchenkahneule (Noct.; Lep.). – Sämtl. Orig.

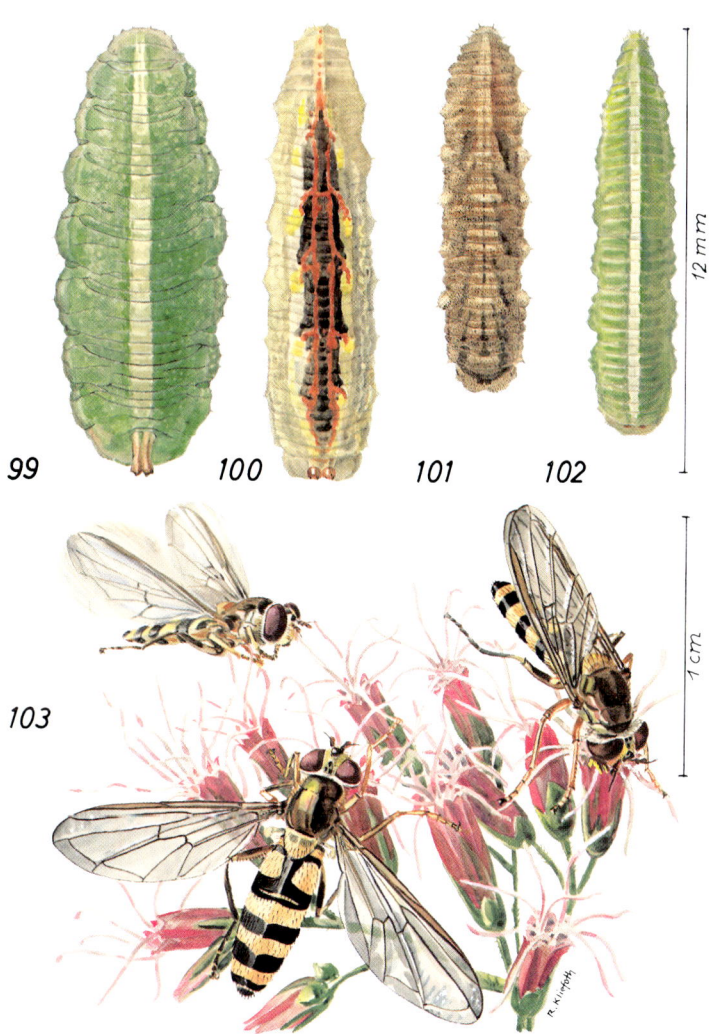

99 **100** **101** **102**

12 mm

1 cm

103

Tafel 15: Färbung und Zeichnung aphidivorer Syrphidenlarven – Schwebfliegen vor und auf Blüten. Abb. 99: *Epistrophe bifasciata* Fabr. – Abb. 100: *Syrphus vitripennis* Meig. (gesättigtes Exemplar). – Abb. 101: *Lasiopticus seleniticus* Meig., – Abb. 102: *Lasiopticus pyrastri* L. – Abb. 103: Imagines von *Epistrophe cinctella* Zett. schwebend vor den Doldentrauben oder auf den Blüten von *Eupatorium cannabinum* L., Kunigundenkraut oder Wasserdost (Compositae; unter feuchten Gebüschen am Waldrand). – Sämtl. Insekten u. -larven: Syrph.; Dipt. – Abb. 99–102 nach Brauns (1954); Abb. 103: Orig.

Tafel 16: **Insekten als Gäste am Stinkmorchel** (*Ityphallus impudicus* [L.] Fr.).
Abb. 104: *Calliphora* spec. (Calliphor.; Dipt.). – Abb. 105: *Lucilia* spec. (Calliphor.;
Dipt.). – Abb. 106: Tachinidae (Dipt.), gen. spec. – Abb. 107: Dryomyzidae (Dipt.), gen.
spec. – Abb. 108: Staphylinidae (Col.), gen. spec. – Abb. 109: *Alloeostilus diaphanus*
Wiedemann (Phaoniinae, Muscid.; Dipt.). – Abb. 110: *Fannia canicularis* L., Kleine
Stubenfliege, ♂ (Faniinae, Muscid.; Dipt.). – Abb. 111: *Sarcophaga* spec. (Sarcophag-
inae, Calliphor.; Dipt.). – Sämtl. Orig.

6.2 Tafeln mit Strichzeichnungen und Diagrammen

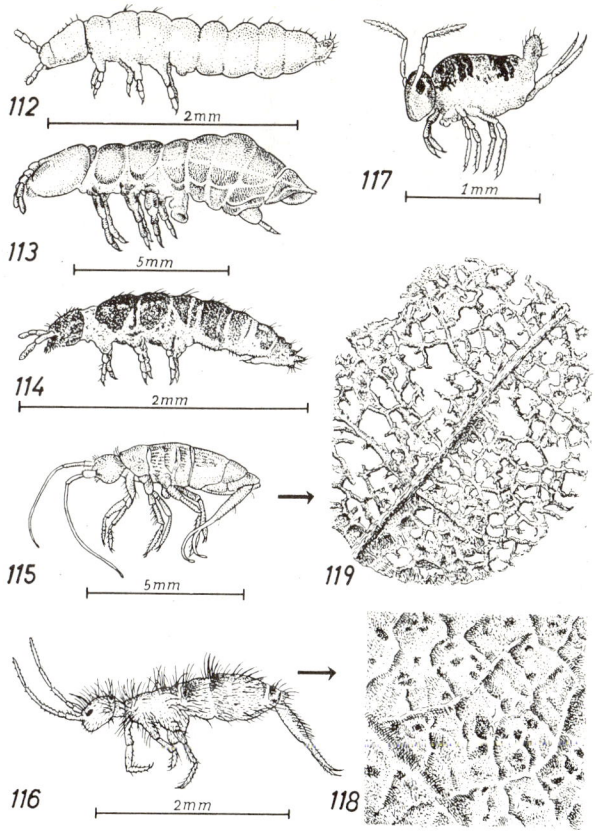

Lebensformtypen der Collembola und Fraßspuren von Springschwänzen (Coll.; Apteryg.). Abb. 112: *Onychiurus armatus* TULLBG., Blindspringer; Leitform der Humusfauna. – Abb. 113: *Tetrodontophora bielanensis* WAGA, Blindspringer; Gebirgstier. – Abb. 114: *Tetracanthella wahlgreni* AXELSON; boreal-arkt. Form, typisch in Nadelstreu. – Abb. 115: *Tomocerus flavescens* TULLBG.; unter Fallaub u. Nadelstreu, Bewohner feuchter Orte (auch unter Moos). – Abb. 116: *Orchesella bifasciata* NICOLET, Laufspringer; in der Kraut- u. Strauchschicht. – Abb. 117: *Deuterosminthurus bicinctus* KOCH, Kugelspringschwanz; in Blüten krautiger Pflanzen. Bisherige Abb.: gez. nach FRENZEL (1937). – Abb. 118: Fraßbild eines Laufspringers (*Orchesella flavescens* BOURL.) auf einem Blatt von einer Stieleiche (*Quercus pedunculata* ERH. [besonders an Waldrändern]). Gez. nach SCHALLER (1950). – Abb. 119: Fraßspuren von *Tomocerus flavescens* TULLBG. an einem Fallaubblatt von Hain- oder Weißbuche (*Carpinus betulus* L.) Gez. nach SCHALLER (1949).

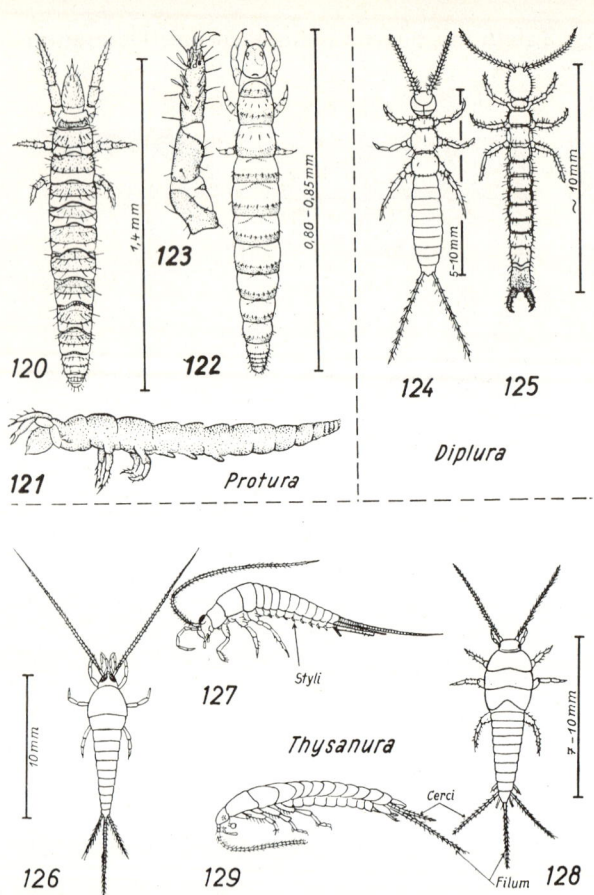

Habitusbilder weiterer Apterygota: Beintastler, Doppelschwänze und Borsten-
schwänze. Abb. 120: *Eosentomon ribagai* BERL. (Prot.; gez. nach HANDSCHIN [1929]);
Oberflächenform. – Abb. 121: wie Abb. 120, nur Seitenansicht; nach FRENZEL (1937). –
Abb. 122: *Protentomon* (= *Protentulus*) *thienemanni* STRENZKE (Prot.; gez. nach
STRENZKE [1942]); Tiefenform, ausgestrecktes ♀. – Abb. 123: wie Abb. 122; Femur,
Tibia u. Tarsus des 1. Thorakalbeines von außen gesehen. – Abb. 124: *Campodea
staphylinus* WESTW. (Campodeid.; Dipl.); gez. nach LUBBOCK aus HANDSCHIN (1929). –
Abb. 125: *Japyx solifugus* HAL. (Japyg. Dipl.); sonst wie Abb. 124. – Abb. 126:
Machilis spec. (Machilid.; Thysan.); Dorsalansicht, gez. wie Abb. 124. – Abb. 127:
Machilis spec., Seitenansicht nach BÖRNER aus HANDSCHIN (1929). – Abb. 128:
Lepisma saccharina L. (Lepismatid.; Thysan.), Zuckergast; Dorsalansicht; gez. wie
Abb. 124. – Abb. 129: Silberfischchen in Seitenansicht; gez. nach HANDSCHIN (1929).

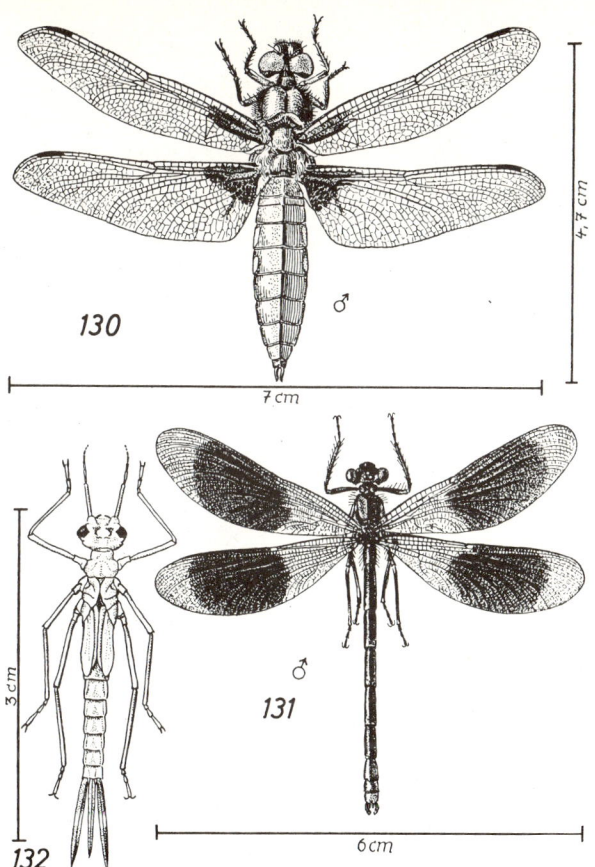

130

132

131

7 cm

4,7 cm

3 cm

6 cm

♂

♂

Libellen: Drachenfliege und Wasserjungfer. Abb. **130**: *Libellula depressa* L. (Anisopt.; Odon.), Gemeiner Plattbauch. – Abb. **131**: *Calopteryx splendens* HARR. (Zygopt.; Odon.); beide Abb. Orig. – Abb. **132**: Larvaler Habitus der Zygopteren, hier: *Agrion virgo* L., gez. nach GARDNER (1954).

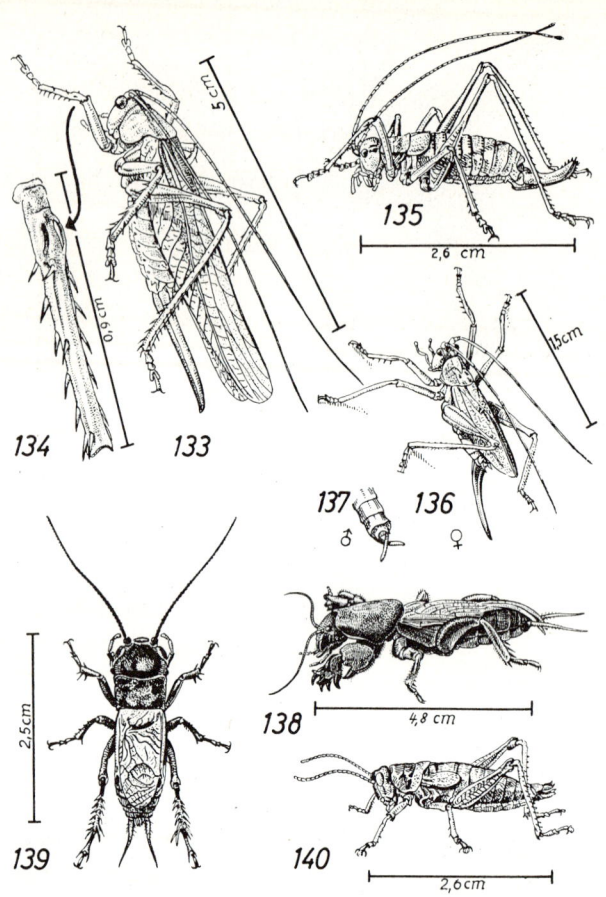

Laub-, Grab- und Feldheuschrecken (Saltatoria). Abb. 133: *Locusta viridissima* L. (Tettigon.), Grünes Heupferd; ♀. – Abb. 134: wie vordem, Vorderschiene seitlich mit Tympanalorgan. – Abb. 135: *Barbitistes constrictus* Br. (Tettigon.), Waldheuschrecke, ♀. – Abb. 136: *Meconema thalassinum* Deg. (Tettigon.), Eichenschrecke, ♀. – Abb. 137: wie vor, Hinterleib des ♂. – Abb. 138: *Gryllotalpa vulgaris* Latr. (Gryllotalp.), Maulwurfsgrille. – Abb. 139: *Gryllus campestris* L. (Gryllid.), Feldgrille. – Abb. 140: *Podisma alpina* Koll. (Acrid.), Buchenwaldschrecke. – Sämtl.: Orig.

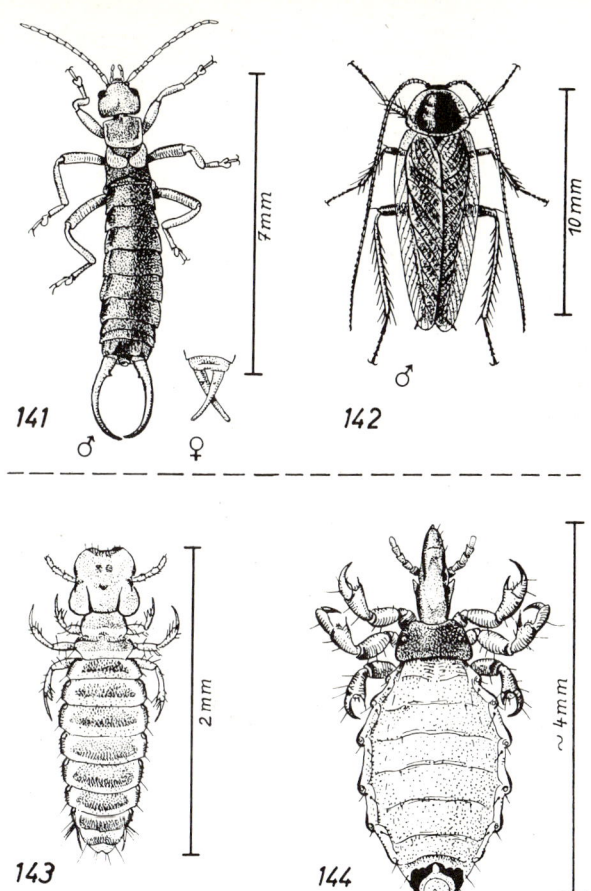

Ohrwurm, Schabe und Tierläuse. Abb. 141: *Chelidurella acanthopygia* GÉNÉ (Dermapt.; Orthopt.), Waldohrwurm, ♂; Nebenfigur: Abdominalende des ♀. – Abb. 142: *Ectobius lapponicus* L. (Blattar.; Blattoid.), Lappländische Schabe. – Abb. 143: *Cervicola meyeri* TASCHENBERG (Mallph.; Phthirapt.), Rehhaarling. – Abb. 144: *Haematopinus aperis* FERRIS (Anopl.; Phthirapt.), [Schweinelaus]. – Sämtl.: Orig.

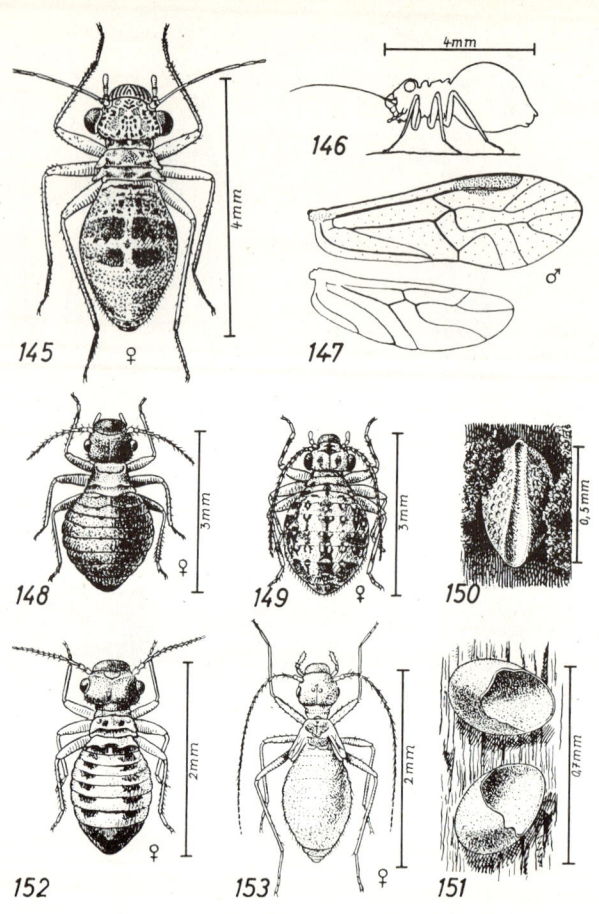

Rinden- oder Holzläuse; Flechtlinge (Psocopt.; Psocoid.). Abb. **145**: *Mesopsocus immunis* STEPH., ♀; nur 6 der 13 Fühlerglieder sind gezeichnet. – Abb. **146**: wie vor, Seitenansicht. – Abb. **147**: wie Abb. **145**, ♂, rechtes Flügelpaar. – Abb. **148**: *Reuterella helvimacula* ENDERL., ♀. – Abb. **149**: *Hyperetes guestfalicus* KOLBE, ♀. – Abb. **150**: Ei der e.g. Art zwischen Grünalgenhäufchen auf Platanenrinde. – Abb. **151**: Kitthüllenreste von Eiern der Art *Peripsocus parvulus* KOLBE. – Abb. **152**: *Pseudopsocus rostocki* KOLBE, ♀. – Abb. **153**: *Psyllipsocus ramburi* SEL.; ♀, brachyptere Form; die Flügelrudimente hier besonders groß. – Sämtl. Abb.: gez. nach JENTSCH (1938 u. 1939).

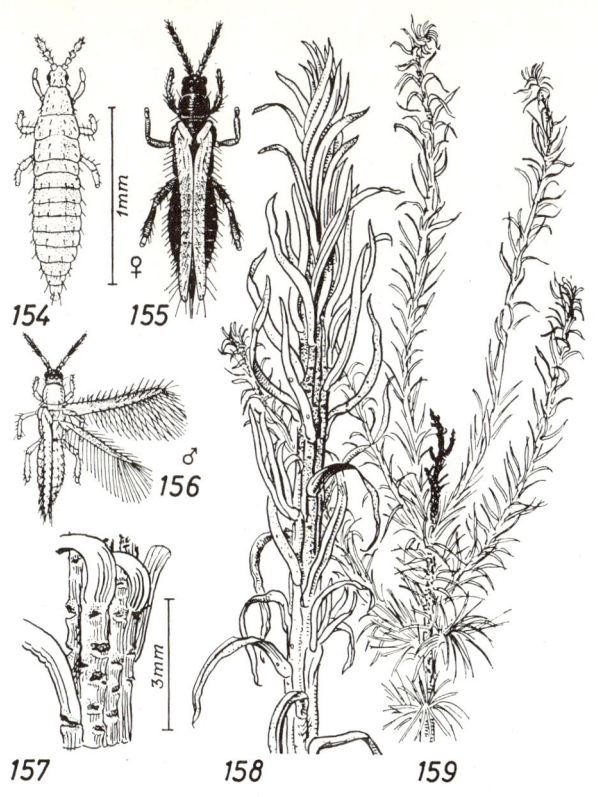

**Lärchenblasenfuß (Taeniothrips laricivorus Krat. et Farsky [Thysanopt.]) und seine
charakteristischen Befallsbilder, Larven- und Imaginalstadien.** Abb. 154: zweites
Larvenstadium. – Abb. 155: ♀, Abb. 156: ♂ in Rückenansicht. – Abb. 157: «Querrißbildung» als Folge der Saugtätigkeit des Lärchenblasenfußes an der Spitze eines
Fichtentriebes (vergr.); Sept./Okt. – Abb. 158: Befallsbild in den Monaten Juni/Juli;
verkrümmte Nadeln und weiße Harztröpfchen am Terminaltrieb einer Lärche (stark
vergr.). – Abb. 159: durch Blasenfußschaden (im Juli) zum Absterben gebrachter
Terminaltrieb (schwarz gehalten) einer Lärche mit Seitentrieben, die gleichfalls befallen sind. – Sämtl.: Orig., allenfalls Larven- und Imaginalstadien in Anlehnung an
Vité (1953).

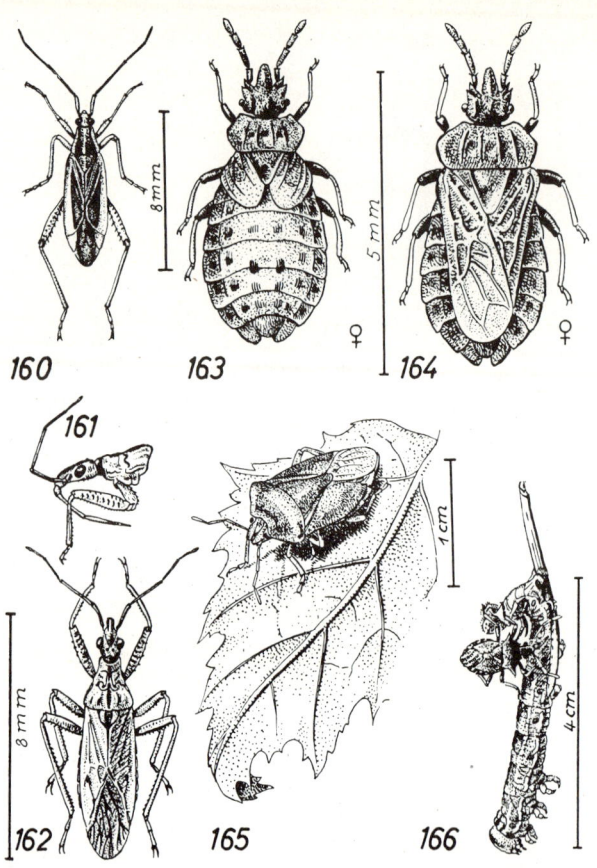

Habitusbilder verschiedener Wanzen (Heteroptera; Rhynchota). Abb. 160: *Stenodema virescens* L. (Mirid.; [Weichwanze]). – Abb. 161: *Nabis ferus* L. (Nabid.; [Sichelwanze]), Seitenansicht des Kopfes; Abb. 162: Rückenansicht des gesamten Tieres. – Abb. 163: Kurzflügeliges, Abb. 164: Langflügeliges ♀ von *Aradus cinnamomeus* PANZ. (Aradid.), Kiefernrindenwanze. – Abb. 165: *Palomena prasina* L. (Pentatom.; Schildwanzen), Grasgrüne Stinkwanze, auf Birkenblatt. – Abb. 166: *Picromerus bidens* L. (Pentatom.), eine Kiefernschwärmer-Raupe (Sphingid.; Lep.) aussaugend (Mitte Sept. gefd.). – Sämtl.: Orig., nur Abb. 163 in Anlehnung an WEBER (1930).– Eiablage einer Pentatomide (*Pentatoma rufipes* L.): Abb. 958 bis 962. Orig.

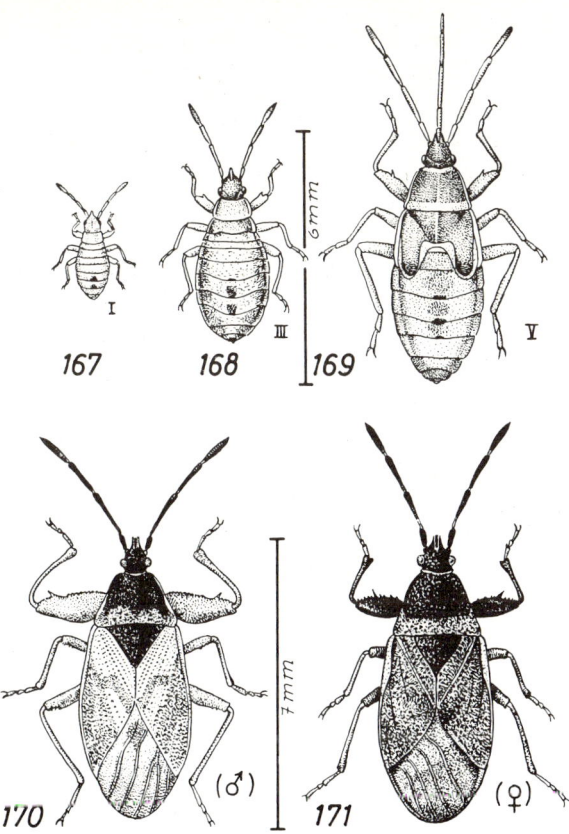

Altersstadien von Langwanzen (Lygaeidae; Heteropt.; Rhynchota). Abb. **167**: erstes, Abb. **168**: drittes, Abb. **169**: fünftes Larvenstadium von *Gastrodes abietum* BERGR., Abb. **170**: zugehörige Imago (♂). – Abb. **171**: Weibchen von *Gastrodes grossipes* DE GEER. – Die unterschiedlichen Altersstadien der «Tannenwanzen»-Larven zeigen deutlich die paurometabole Entwicklung. – Gez. nach NÄGELI (1933), aber verändert, da Vorlagen farbig.

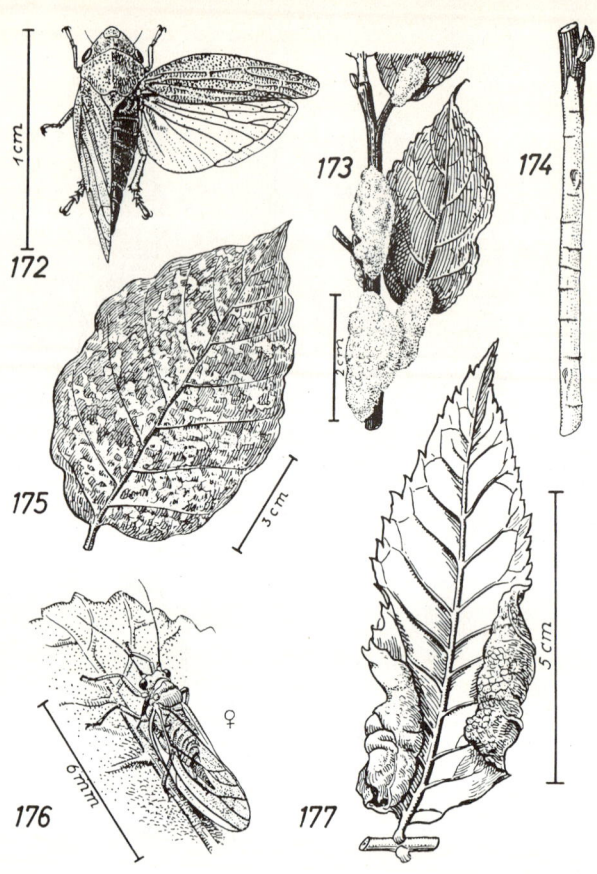

Zikaden oder Zirpen (Cicadina) und Blattflöhe (Psyllina) aus der Ordnung der Pflanzensauger (Homoptera). Abb. **172:** *Aphrophora salicina* GOEZE, Weidenschaum-zikade (Cercopid.), Imago, rechtes Flügelpaar entfaltet. – Abb. **173:** Larven dieser Art im «Kuckucksspeichel» an jungem Trieb von Salweide (*Salix caprea* L.). – Abb. **174:** Absterbende Rinde an einer Weidenrute infolge von Zikadeneinstichen. – Abb. **175:** Schadbild auf einem Buchenblatt nach Befall mit *Typhlocyba cruenta* H.S., Buchen-zirpe (Typhlocyb.). – Abb. **176:** *Psylla alni* L., Erlenblattfloh, Weibchen. – Abb. **177:** Randrollung eines Blattes nach unten, hervorgerufen durch den Eschenblattfloh, *Psyllopsis fraxini* L., an Esche (*Fraxinus excelsior* L.). – Sämtl.: Orig., außer Abb. **177:** gez. nach ROSS (1932), wesentlich verändert.

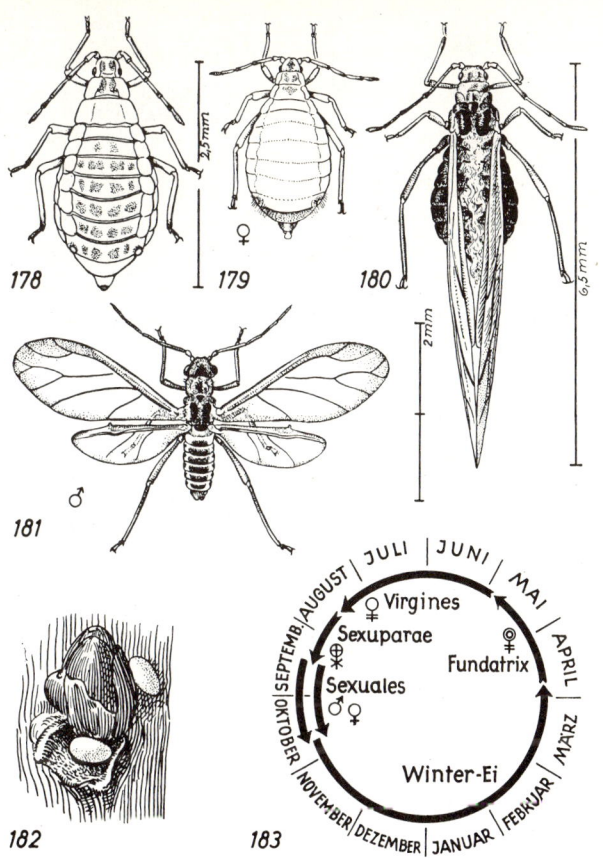

Generationszyklus der nicht wirtswechselnden Buchenblatt-Baumlaus, Phyllaphis fagi
L. (Aphididae, Aphidina, Homoptera). Abb. 178: Stammutter (Fundatrix). – Abb. 179:
Weibchen. – Abb. 180: Nymphe. – Abb. 181: Männchen. – Abb. 182: Eiablage der
Geschlechtsgeneration an die Knospeninsertionen. – Abb. 183: Aufzeichnung des Ent-
wicklungszyklus im Jahresablauf. – Sämtl. Abb. in Anlehnung an BURSCHEL u. VITÉ
(1951).

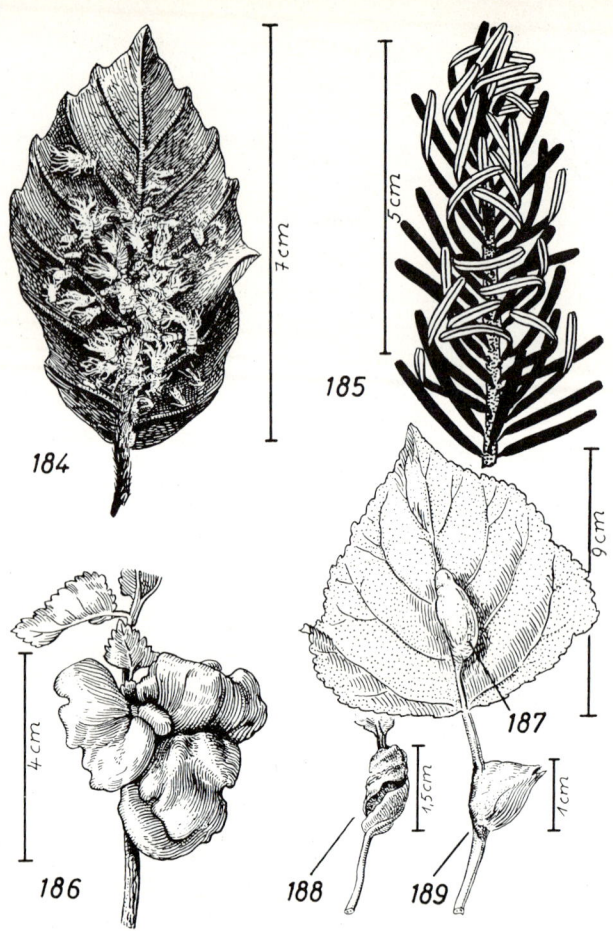

Röhrenläuse (Aphididae), Woll- oder Blasenläuse (Pemphigidae) und ihre Befalls-bilder. Abb. **184:** *Phyllaphis fagi* L., Buchenblatt-Baumlaus (Aphid.); auf der Unterseite eines Buchenblattes «Virgines» in bläulich-weißer Wolle. Orig. – Abb. **185:** *Mindarus abietinus* KOCH, Weißtannen-Trieblaus (Aphid.); als Saugfolge ist das Einknicken der Tannennadeln nach oben charakteristisch. Gez. nach SCHNEIDER-ORELLI (1945). – Abb. **186:** *Eriosoma lanuginosa* HARTIG., Ulmen-Beutelgallenlaus (Pemph.); «Mantel-galle» an Ulmenblatt. Gez. nach WEBER (1933). – Abb. **187:** *Pemphigus ovatooblongus* KESSL.; blasige Galle auf der Blatt-Mittelrippe. – Abb. **188:** *Pemphigus spirothecae* PASS.; alte, offene, spiralig gedrehte Galle an der Blattbasis. – Abb. **189:** *Pemphigus bursarius* L.; Blattstielgalle. – Sämtliche *Pemphigus*-Gallen an Pappel als Hauptwirt. Gez. nach ROSS (1932).

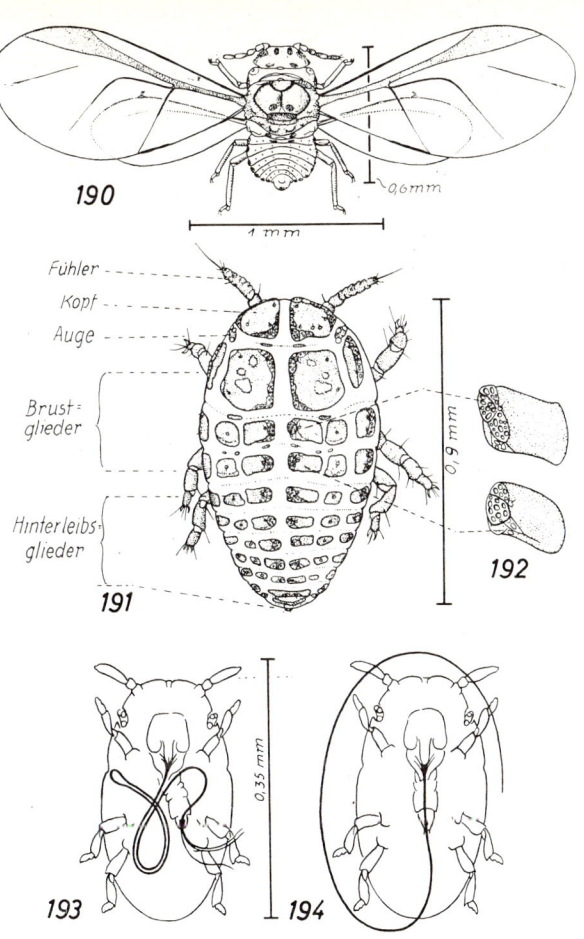

190

Fühler
Kopf
Auge

Brust-
glieder

0,9 mm

192

Hinterleibs-
glieder

191

0,35 mm

193   194

Kennzeichen geflügelter und ungeflügelter Tannentriebläuse (Dreyfusia nüsslini C. B.; Chermes.; Aphidina; Homopt.). Abb. 190: Sexupare Geflügelte, nach vollzogener Eiablage Abdomen geschrumpft; seitlich am Hinterleib Drüsenplatten erkennbar. – Abb. 191: Sistens-Junglarve (Neosistens); nach dem Pro-, Meso- u. Metathorax folgen 9 Hinterleibssegmente. Präparat bei leichter Quetschung. – Abb. 192: Spinale Rückenplatten vom 2. u. 3. thorakalen Segment einer Sistens-Junglarve; vergrößert. Vgl. Abb. 196. – Abb. 193: Sistens-Junglarve, Stechborsten in Schleifenform im Innern des Borstensackes. – Abb. 194: Sistens-Junglarve, nach dem Herausstoßen der Stechborsten aus dem Borstensack. – Gez. teils nach SCHNEIDER-ORELLI, SCHAEFFER u. WIESMANN (1929), teils nach SCHNEIDER-ORELLI (1945).

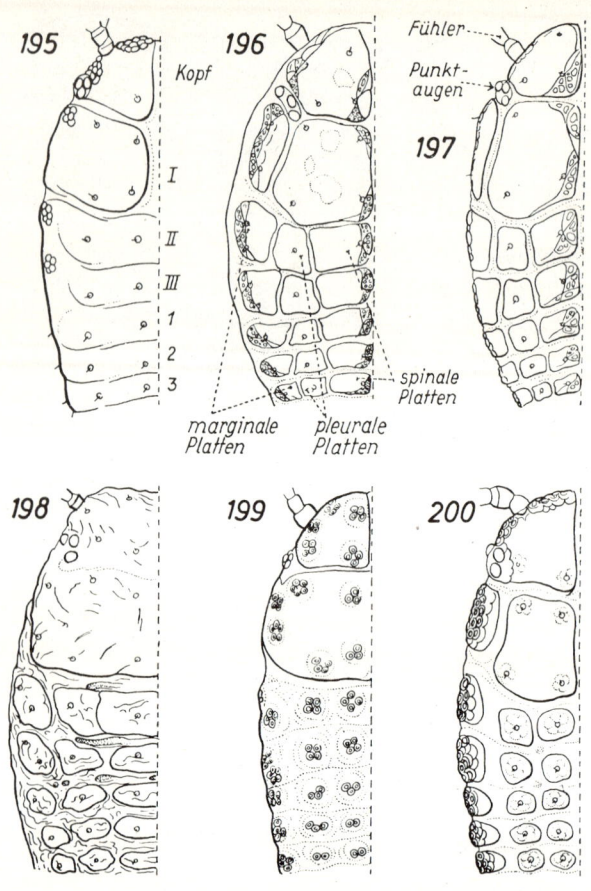

Junglarven der Sistens-Generation der wichtigsten Chermesiden-Gattungen (Aphidina; Homopt.). Vergleich der chitinisierten Rückenplatten und der Wachsporen; von jeder Larve nur linke Körperseite vom Kopf bis zum 3. Abdominalsegment dargestellt (I, II, III = thorakale Segmente; 1, 2, 3 ... = Abdominalsegmente). Wirkliche Gesamtkörperlänge schwankt von 0,3 mm *(P. pineoides)* bis zu 0,6 mm *(Cn. strobilobius);* alle Zeichnungen auf gleiche Größe gebracht, zudem aber stark vergr. – Abb. **195:** *Pineus pineoides* Cholodk. (von Fichte). – Abb. **196:** *Dreyfusia nüsslini* C. B. (von Weißtanne). – Abb. **197:** *Dreyfusia piceae* Ratz. (von Weißtanne). – Abb. **198:** *Cnaphalodes strobilobius* Kalt. (von Lärche). – Abb. **199:** *Chermes viridis* Ratz. (diözisch; von Lärche). – Abb. **200:** *Gilletteella cooleyi* (Gill.) C. B. (von Douglasie). – Sämtl. Zeichn. nach Schneider-Orelli (1945).

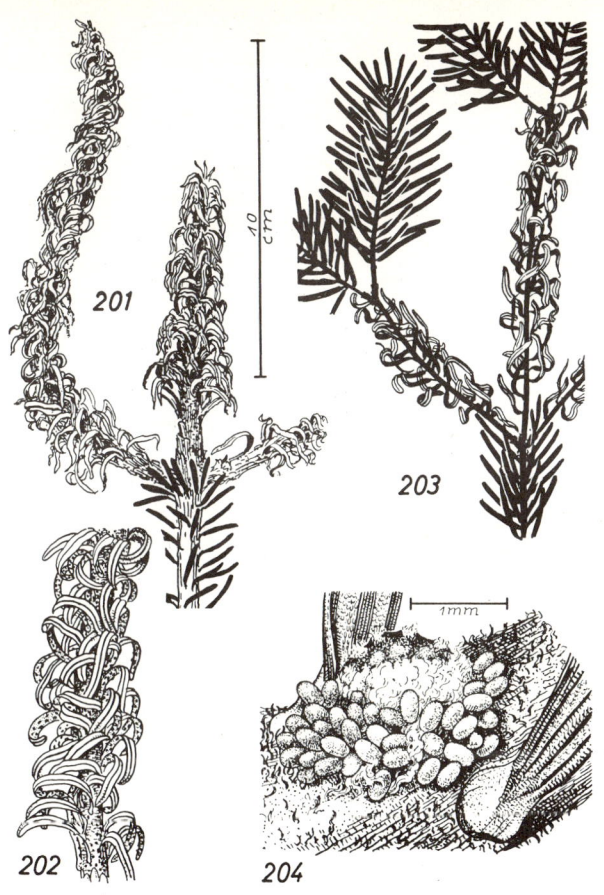

Schadbilder und Eiablagen der gefährlichen Weißtannenlaus (Dreyfusia nüsslini C. B.; Chermes.; Aphidina; Homopt.). Abb. 201: starker Befall an Maitrieben der Weißtanne («Flaschenbürstchen»). – Abb. 202: Verkräuselung der Maitriebnadeln an Weißtanne («Flaschenbürstchen»); vergrößert. Nadeln nach der Unterseite eingerollt (vgl. dazu das andersartige Schadbild der Weißtannen-Trieblaus, einer Aphidide [Abb. 185]). – Abb. 203: Zweigpartie einer befallenen *Abies nordmanniana* SPACH. mit drei aufeinander folgenden Jahrestrieben; nur im mittleren Jahr Nadelkräuselung infolge Befalls. – Abb. 204: Ausgewachsene Mutterlaus (Sistens IV), umhüllt von weißen Wachsfäden neben ihren abgelegten Eiern (März/Mai u. Juli/Aug.) an der Nadelbasis. – Gez. nach SCHNEIDER-ORELLI (1950); teilweise sind Fotos in Strichmanier umgezeichnet.

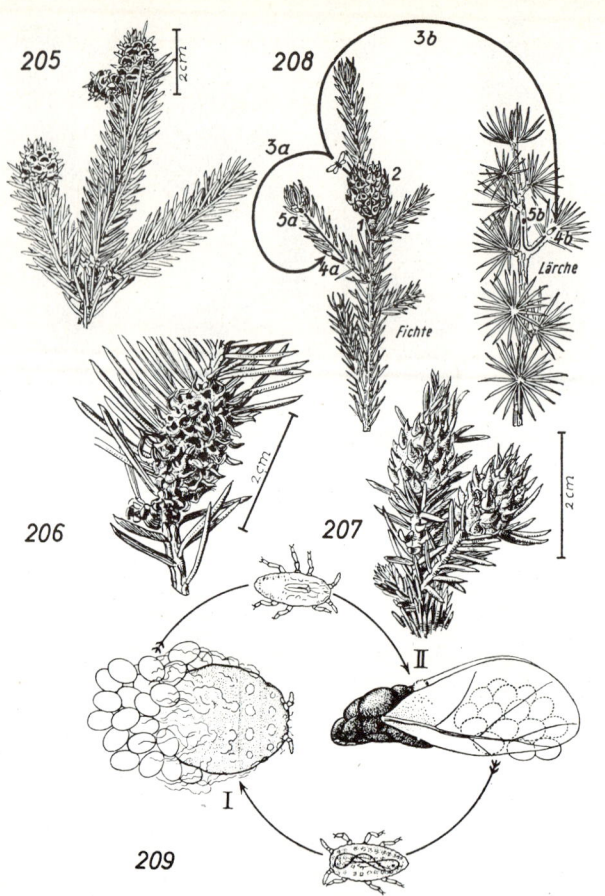

Darstellungen zur Biologie der Roten Fichtengallenlaus (Cnaphalodes strobilobius Kalt. [syn. *Adelges laricis* Vallot]) und der Grünen Fichtengallenlaus (Chermes viridis Ratz. [syn. *Sacchiphantes viridis* Ratz. u. *S. abietis* L.]). Chermes.; Aphidina; Homopt. – Abb. 205: *Cnaphalodes strobilobius* Kalt. Erdbeerförmige Gallen im Winter an Fichte; Orig. – Abb. 206: Ananasförmige Galle im Herbst, Abb. 207: Gallen im Frühjahr von *Chermes viridis* Ratz.; beide Zeichn.: Orig. – Abb. 208: Darstellungsversuch der Möglichkeiten in der Generationsfolge von Gallengeflügelten mit ungleicher Nachkommenschaft bei *Chermes viridis* Ratz.; entnommen: Schneider-Orelli (1938). Die kleinen arabischen Ziffernsignaturen bedeuten: 1) Pseudofundatrix; 2) Galle; 3a) Gallengeflügelte beim Einschlagen des *abietis*-Zyklus; 3b) die gleiche Geflügelte beim Einschlagen des *viridis*-Zyklus; 4a) Eiablage an Fichte; 4b) Eiablage an Lärche; 5a) der typische Langborster unter den Jungen wandert als Pseudofundatrix an eine Knospenbasis; 5b) der typische Kurzborster unter den Jungen wandert als Sistens an den Lärchentrieb. – Abb. 209: Darstellung des *abietis*-

[Fortsetzung auf Seite 559]

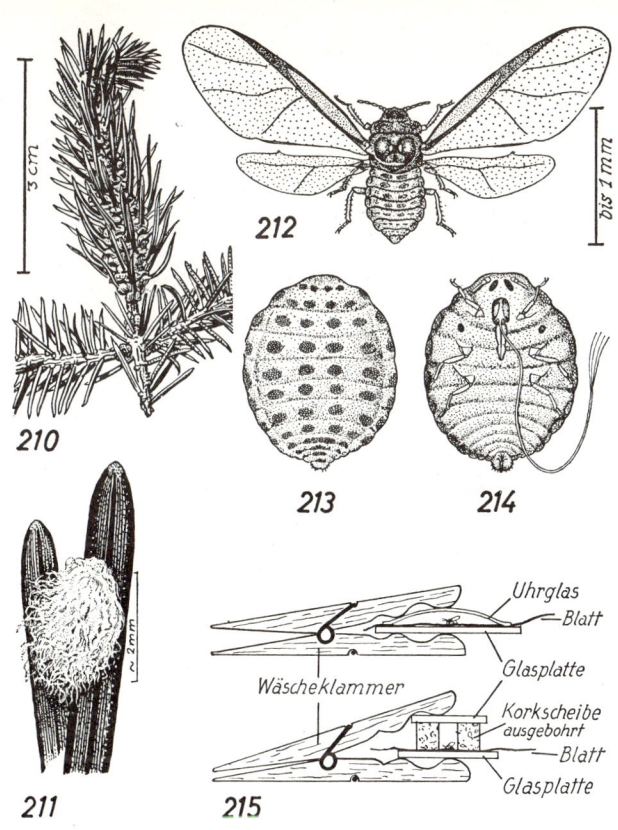

Kennzeichen und Befallsbilder der Douglasienwollaus (Gilletteella cooleyi [Gill.] C.B.; Chermes.; Aphidina; Homopt.). Abb. 210: Galle an Sitkafichte (*Picea sitkaensis* CARR.); Orig. – Abb. 211: Junglarven in großen Wachsflocken auf Douglasiennadeln. Orig. – Abb. 212: Geflügelte Form; vergrößert. Gez. nach GILLETTE aus SCHRÖDER (1925), aber verändert. – Abb. 213: Oberseite, Abb. 214: Unterseite der flügellosen Form; vergrößert. Gez. wie vor. – Abb. 215: Behelfseinrichtung für Blattlaus-Untersuchungen: Isolierkammern für Zuchten von Einzeltieren. Gez. nach FENJVES (1945).

[Fortsetzung von Seite 558]
Zyklus (monözisch) von *Sacchiphantes abietis* L.; gez. nach SCHNEIDER-ORELLI (1938). Dabei bedeutet: I = ausgewachsene Pseudofundatrix mit Eiern, aus denen die jungen Gallenläuse schlüpfen, die in den Gallenkammern zu den virginoparen Geflügelten (II) heranwachsen. Diese Gallengeflügelten erzeugen an Fichtennadeln langborstige Junglarven (unten), die nach der Überwinterung wieder zu eierlegenden Pseudofundatrices heranwachsen.

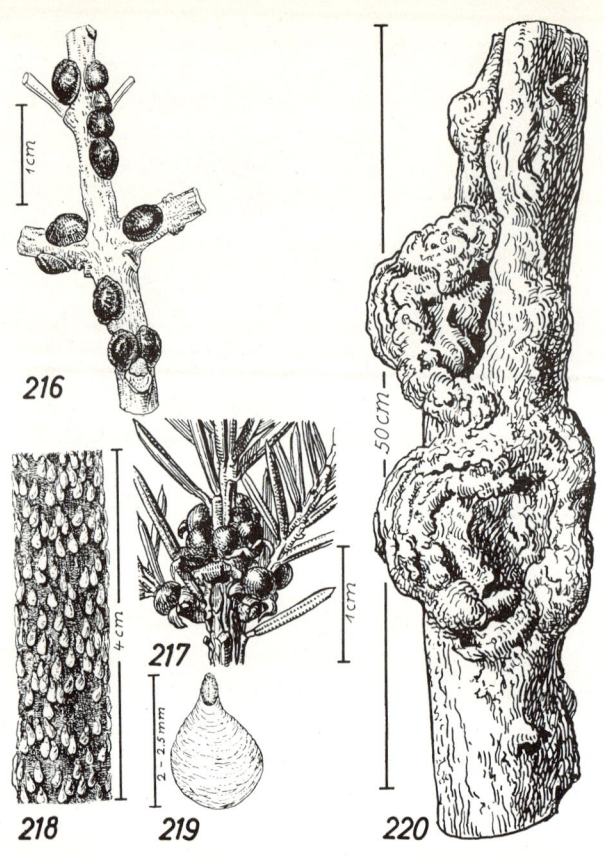

Bilder zum Auftreten der Schildläuse (Coccid.; Coccina; Homopt.) im Bestande.
Abb. 216: *Eulecanium corni* BOUCHÉ, Akazien-Schildlaus; Befallsbild; Orig. –
Abb. 217: *Physokermes piceae* SCHRK., Fichtenquirlschildlaus; eierbergende ♀♀ an
Fichte. Orig. – Abb. 218: Weidenzweig mit ♀♀, Abb. 219: Schildform eines einzelnen
Weibchens von *Chionaspis salicis* LIN., Miesmuschelschildlaus. Abb. 218: gez. nach
DELLA BEFA (1949); Abb. 219: gez. nach BRANDT u. BOLLOW (1948), Merkblatt Nr. 67
des «Amtlichen Pflanzenschutzdienstes», München. – Abb. 220: «Buchenkrebs»; in
den Überwallungswülsten finden sich vielfach Exemplare von *Cryptococcus fagi*
BÄRSPR. (Buchenwollaus). Orig. (Vgl. dazu Angaben bei *Lachnus exsiccator* ALTUM,
der Buchenkrebs-Baumlaus).

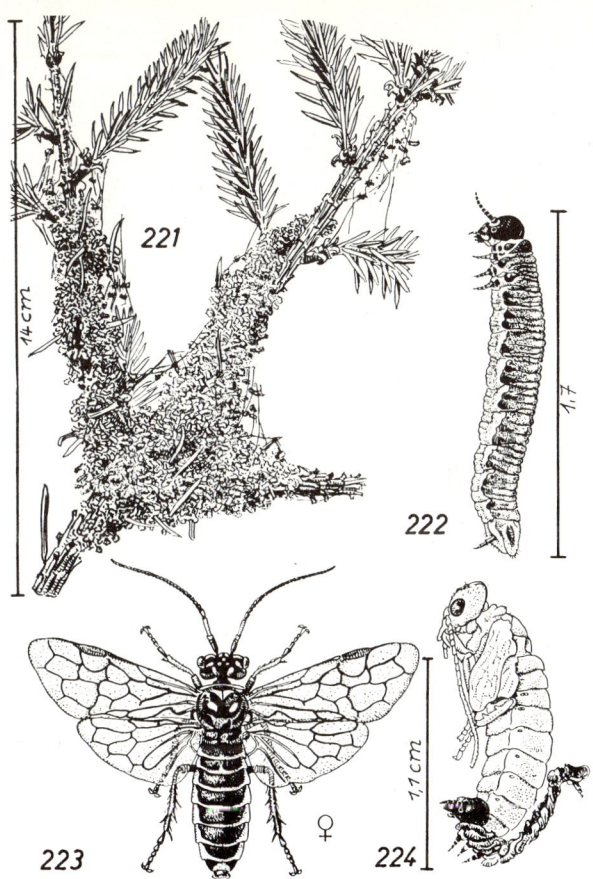

**Befallsbild der Fichten- und Kennzeichen der Lärchengespinstblattwespe (Pamphiliid.;
Symph.; Hym.).** Abb. 221: *Cephalcia abietis* L.; mit Kot durchsetztes Gespinst der
Larven (Knospen meist verschont). Orig. – Abb. 222: *Cephalcia alpina* KLUG, viertes
Larvenstadium (beachte: Hinweise bei Abb. 225); Abb. 223: Weibchen; Abb. 224:
Puppe mit anhängender Larvenhaut. Die letzten Zeichn. in Anlehnung an RÖHRIG
(1954).

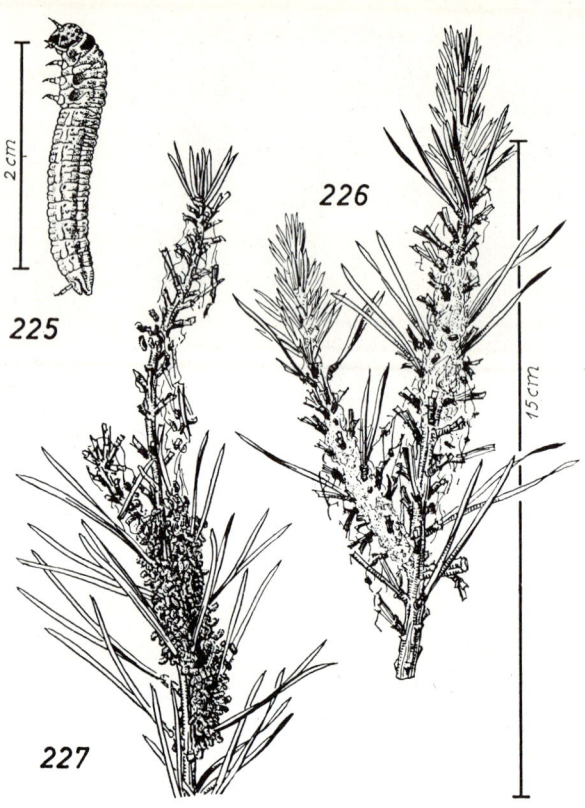

Larven-Fraßbilder der Kiefernschonungs- und Kiefernkultur-Gespinstblattwespe (Pamphiliid.; Symph.; Hym.). Abb. 225: Typ einer Gespinst- oder Kotsack-Blattwespenlarve, hier *Acantholyda erythrocephala* L. (beachte: das Fehlen der Bauchfüßchen, aber das Vorkommen der Aftergriffel) und Abb. 226: ihr außen glattes Gespinst (an Kiefer). – Abb. 227: wurstförmige Gespinströhre der Larve von *Acantholyda hieroglyphica* CHRIST; Fraß von oben nach unten. – Sämtl.: Orig.

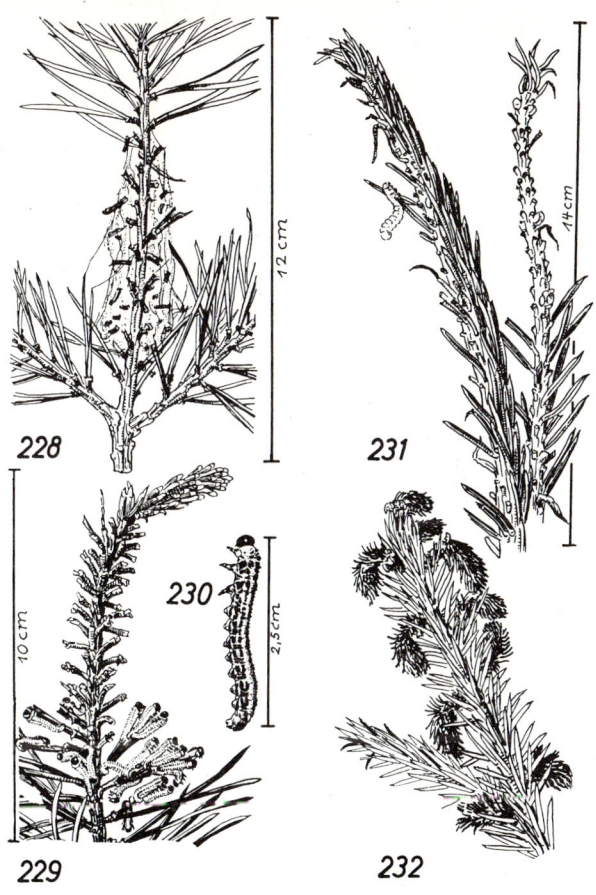

228 12 cm

231 14 cm

230 2,5 cm

229 10 cm

232

Befallsbilder weiterer Pflanzenwespen (Symphyta, Hym.). Abb. 228: *Acantholyda nemoralis* THOMS., Kiefernbestands-Gespinstblattwespe (Pamph.; Gespinst fast ohne Kotkrümel). – Abb. 229: *Neodiprion sertifer* GEOFFR., Rote Kiefernbuschhornblattwespe (Diprionin.; Tenthredin.); Befallsbild mit fressenden Afterraupen. – Abb. 230: Afterraupe dieser Art, vergr. (beachte: zw. dem letzten Thorakalbein u. dem ersten Abdominalfüßchen ist nur **ein** Segment frei). – Abb. 231: *Pristiphora abietina* CHRIST, Kleine Fichtenblattwespe (Tenthredininae; Tenthredin.); Befallsbild. – Abb. 232: Spätfrost an Fichte (Juni 1957); *Pristiphora*-Fraß erinnert aus der Ferne an Frost. – Sämtl.: Orig.

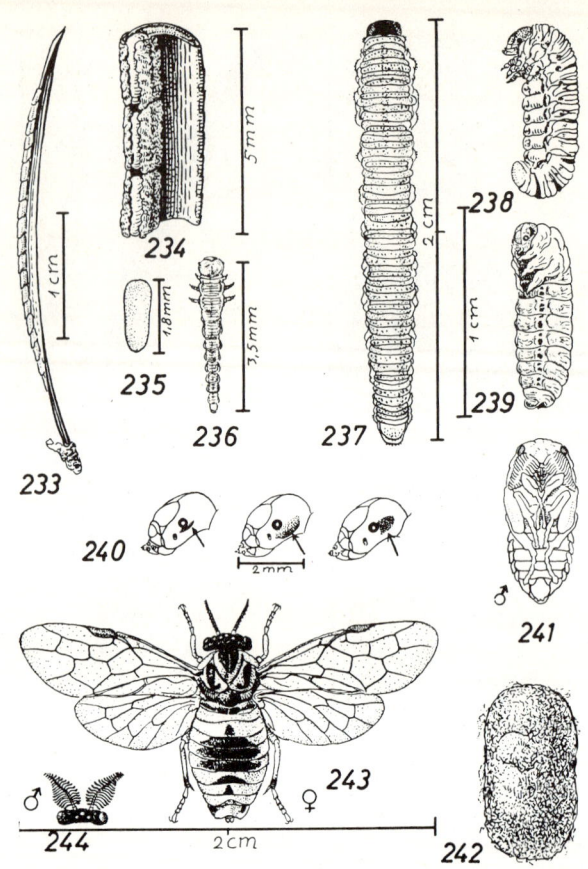

Kiefernbuschhornblattwespe, Diprion pini L. (Diprioninae, Tenthr.; Symph.; Hym.).
Abb. 233: Eiablage. – Abb. 234: Vergrößerter Ausschnitt aus der in der Nadelkante (links) untergebrachten Eizeile. – Abb. 235: Ei. – Abb. 236: Dorsalansicht einer Junglarve, Abb. 237: einer Altlarve. – Abb. 238: **nicht**schlüpfbereite Vorpuppe **ohne** Puppenaugen = **Eonymphe.** – Abb. 239: schlüpfbereite Vorpuppe mit Puppenaugen = **Pronymphe.** – Abb. 240: Die allmähliche Vergrößerung der schwarzen Flecken (= «Puppenaugen»; siehe Hinweispfeil) an der Kopfkapsel des Einspinnstadiums. – Abb. 241: ♂-Puppe. – Abb. 242: Kokon aus der Streudecke. – Abb. 243: Habitusbild des Weibchens. – Abb. 244: Kopf des Männchens, vergrößert. – Sämtl.: Orig.

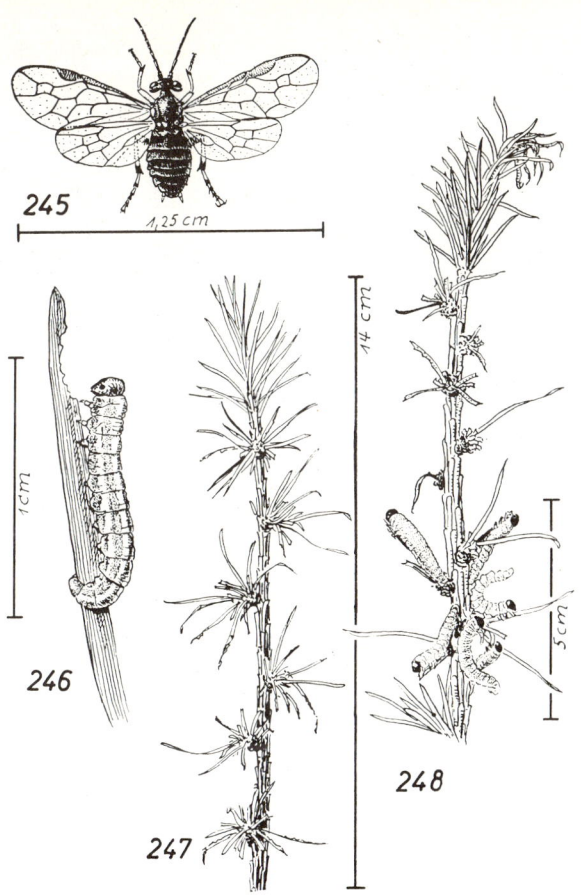

Lärchenblattwespen und die unterschiedlichen Fraßbilder ihrer Larven (Tenthredin.; Symph.; Hym.). Abb. 245: *Pristiphora laricis* HARTIG, Kl. schwarze Lärchenblattwespe, Weibchen; Abb. 246: eine einzelne Afterraupe beim typischen Schartenfraß u. in auffälliger Haltung des Hinterendes. – Abb. 247: das charakteristische Befallsbild dieser Art. – Abb. 248: *Pristiphora erichsoni* HARTIG, Gr. Lärchenblattwespe; erwachsene Afterraupen und ihr Fraßbild. – Letzte Abb.: Orig., die übrigen in Anlehnung an THIELMANN (1939).

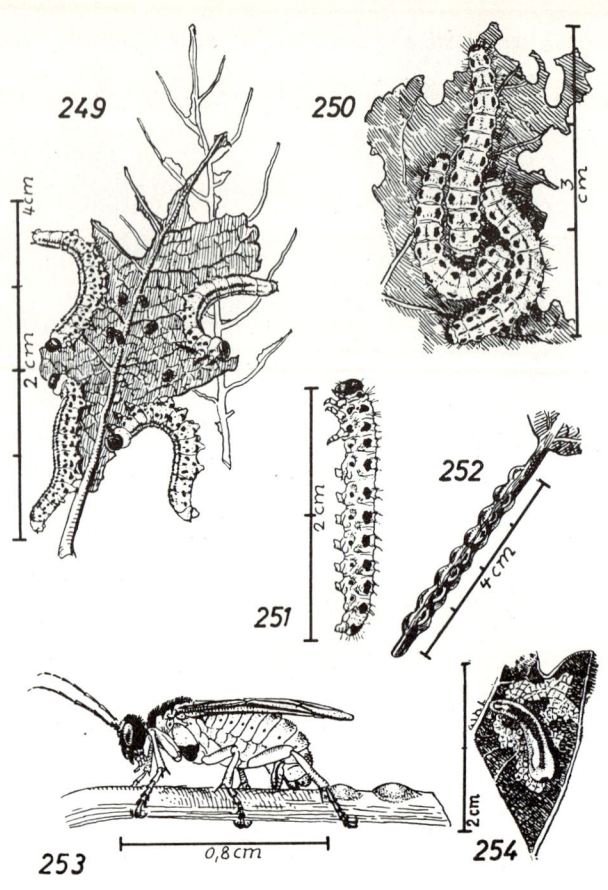

Blattwespen (Tenthredininae) an Laubholz; Eiablage und Larventypen. Abb. **249:**
Pteronidea pavida Lep.; Afterraupen beim Befressen des Blattrandes in typischer
Schreckstellung. – Abb. **250:** *Trichiocampus viminalis* Fall., Gelbe Pappelblatt-
wespe; Larven gesellig auf der Unterseite eines Pappelblattes; Abb. **251:** einzelne
Afterraupe; Abb. **252:** Blattstiel, aufgeschnitten, mit den zweireihig angeordneten
Eiern; Abb. **253:** *viminalis*-Weibchen bei der Eiablage in einem Pappelblattstiel. –
Abb. **254:** *Caliroa annulipes* Klug, Kl. Lindenblattwespe; nacktschneckenähnliche
Afterraupe. – Sämtl.: Orig.

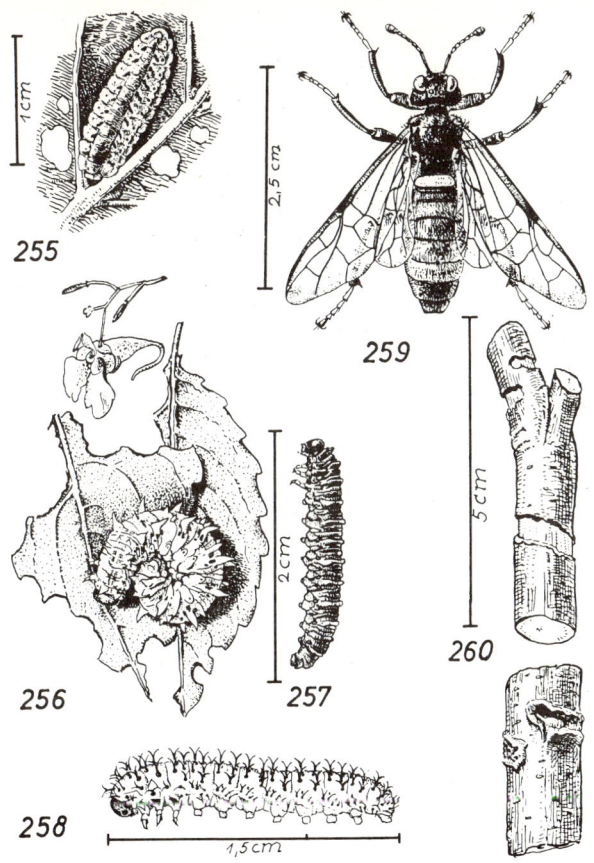

Afterraupen von weiteren Laubholz-Blattwespen (Tenthredininae) und Befallsbilder einer Knopfhornwespe (Cimbicinae). Abb. 255: *Platycampus luridiventris* FALL., asselförmige Afterraupe im Winkel zwischen Haupt- u. Nebennerv auf der Unterseite eines Erlenblattes (Fraßbild: Lochfraß); Orig. – Abb. 256: *Siobla sturmi* KLUG, Afterraupe vor der letzten Häutung (mit Fleischzapfen) auf einem Blatt des Springkrautes (*Impatiens nolitangere* L.; oben Blüte dieses Balsaminengewächses) und Abb. 257: nach der letzten Häutung (**ohne** Fleischzapfen), schon ein vorpuppenähnl. Stadium, das kurze Zeit später in die Bodenschicht geht; beide Abb.: Orig. – Abb. 258: *Periclista lineolata* KLUG; Habitusbild einer typischen «Dornraupe» (Fraßbild u. Entwicklung: Abb. 954 ff.). – Abb. 259: *Cimbex femorata* L., Gr. Birkenblattwespe; beachte die mit Endkeule versehenen Fühler. Orig. – Abb. 260: oben: Triebringelung, die durch Überwallungserscheinung deutlicher wird (unten) seitens der Vollkerfe, hier von *Cimbex fagi* ZADD., der Buchenblattwespe. Orig. – [Abb. 258 gez. aus ESCHERICH (1942), aber verändert].

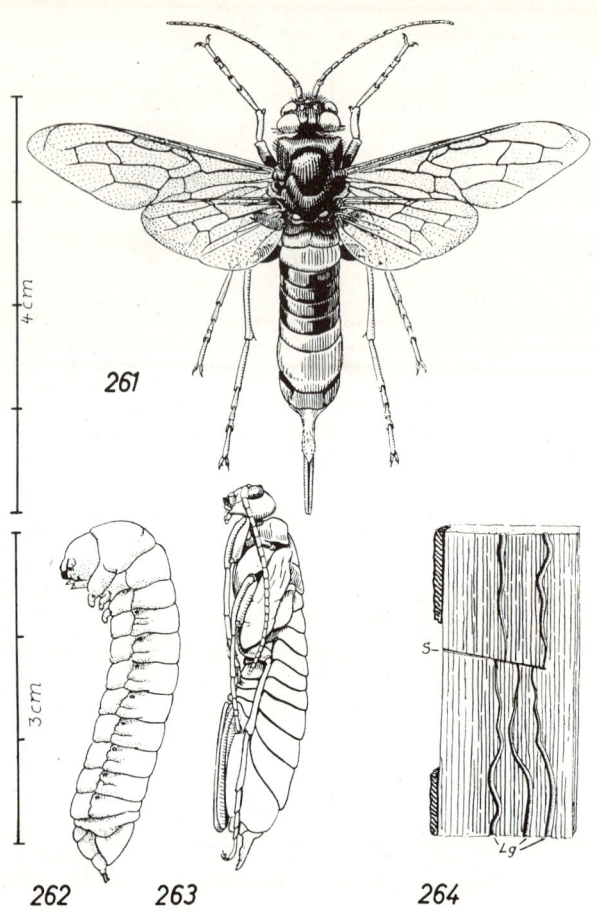

261

262 263 264

Riesenholzwespe, Urocerus (Sirex) gigas L. (Siric.; Symph.; Hym.). Abb. 261: Weibchen. – Abb. 262: Larve. – Abb. 263: Puppe. – Abb. 264: Längsschnitt durch den vom Weibchen verfertigten Stichkanal (S) mit den von diesem abgehenden Larvengängen (Lg); schematisiert. – Letzte Abb. in Anlehnung an SCHEIDTER (1923) aus ESCHERICH (1942); die übrigen Abb.: Orig., nach BRAUNS (1950).

266

265   30 cm

267   10 cm

Befallsbilder der Riesenholzwespe (Urocerus gigas L. [Siric.; Symph.; Hym.]).
Abb. **265**: Ausschlupflöcher der Imagines in einem alten Schälschaden an einem
Fichtenstamm; die Schadstelle ist schon stark überwallt. – Abb. **266**: Längsschnitt
durch den gleichen Stamm, den Verlauf der Larvengänge zeigend. – Abb. **267**: Befall
mit Holzwespenlarven in einem Fichten-Dielenbrett; aus den dunkel schattierten
ovalen Löchern sind Wespen ausgeschlüpft, außerdem sind (auch im Stirnschnitt)
mit Fraßmehl fest verstopfte Gänge angeschnitten. – Sämtl. Abb.: Orig., nach BRAUNS
(1950 u. 1951).

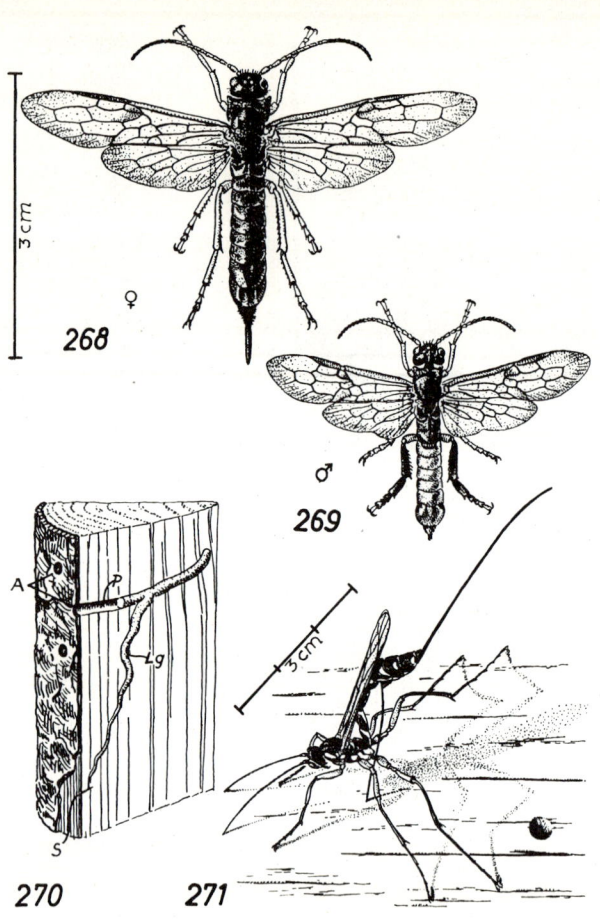

Holzwespen (Siricidae) und Gegenspieler (Ichneum.). Abb. 268: ♀, Abb. 269: ♂ der Gemeinen Holzwespe, *Sirex juvencus* L. (Siric., Symph.; Hym.); Orig. – Abb. 270: Keil aus einem Fichtenstamm mit Larvengang (Lg) von *Sirex juvencus* L.; S = kurzer Stichkanal des Holzwespenweibchens bei der Eiablage; P = Puppenwiege; A = Ausschlupflöcher der schlüpfenden Imagines. Zeichnung schematisiert. Gez. in Anlehnung an Ass u. FUNTIKOW (1932) aus ESCHERICH (1942), aber völlig verändert. – Abb. 271: Einer der größten Feinde der Holzwespenlarven, hier beim Einführen des Legestachels in ein Gangsystem der Riesenholzwespe (deren imaginales Schlupfloch rechts zu sehen ist): *Rhyssa persuasoria* L. (Pimpl.; Ichneumon.; Entomophaga; Terebrant.; Hym.). Orig.

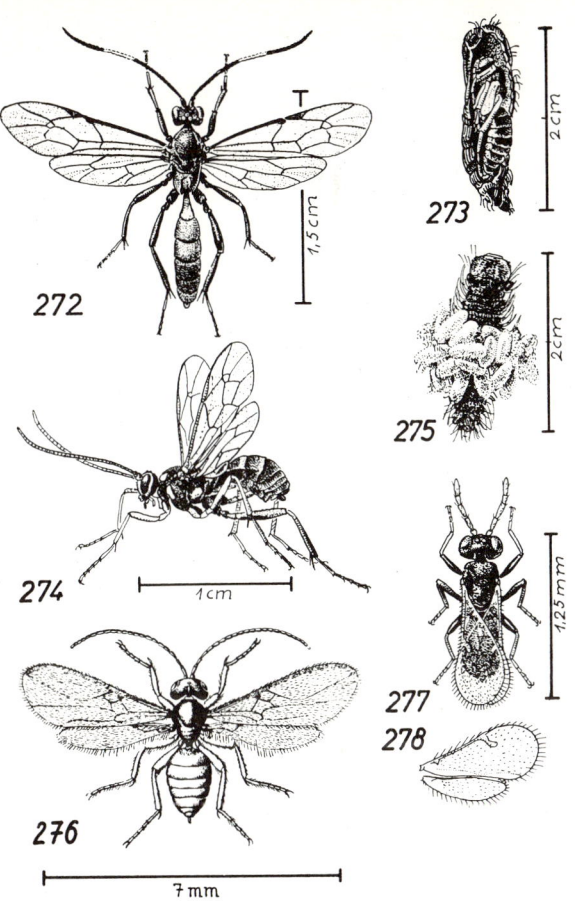

Schlupf-, Brack- und Erzwespen (insgesamt Entomophaga; Terebrantia; Hym.).
Abb. 272: Habitusbild einer Imago der UF Ichneumoninae: *Ichneumon nigritarius*
GRAV. (Ichneumonid.); beachte weißen Antennenring. – Abb. 273: Freigelegte Puppe
von *Pimpla instigator* F. (Pimplin. Ichn.) in einer Nonnen-Puppenhülse. – Abb. 274:
Habitusbild der Imago der UF Ophioninae: *Banchus femoralis* THOMS. (Ichn.). –
Abb. 275: Puppengespinste von *Microgaster nemorum* HTG. (Bracon.) an Kiefern-
spinner-Raupe. – Abb. 276: Typ einer Brackwespenart, die bei Dipterenlarven para-
sitiert: *Synaldis concolor* NEES (Bracon.). – Abb. 277: Habitusbild, Abb. 278: rechtes
Flügelpaar einer Erzwespe: *Achrysocharella ruforum* KRAUSSE (Chalcidid.). – Sämtl.:
Orig.; *Synaldis* gez. nach BRAUNS (1950).

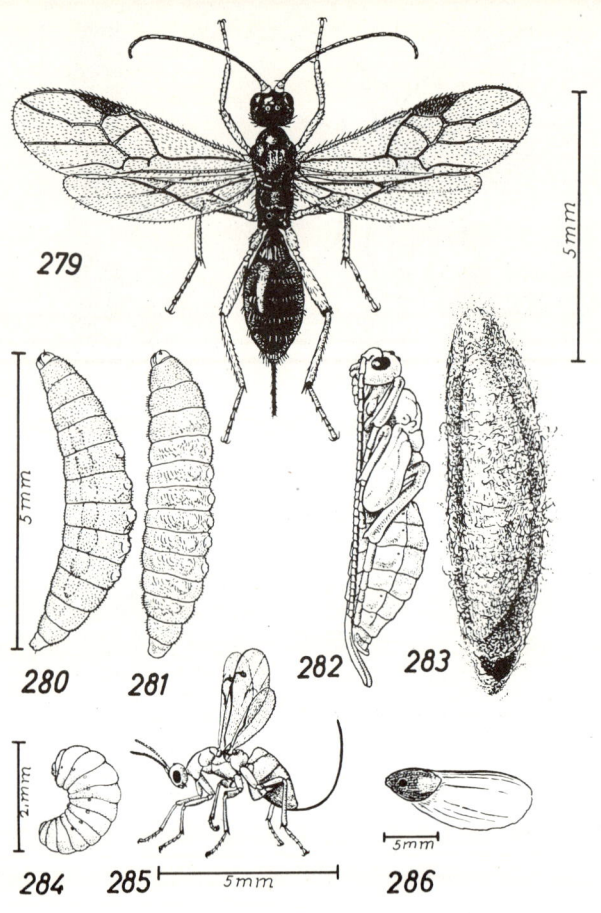

**Ektoparasitische Brackwespe (Braconid.) und phytophage Erzwespe (Chalcidid.),
beide: Terebrant.; Hym.** Abb. 279: Weibchen; Abb. 280: Larve; Abb. 281: Vorpuppe,
aus Kokon herauspräpariert (gestreckt gegenüber der typischen Larvalhaltung);
Abb. 282: Puppe (herauspräpariert); Abb. 283: pupales Gespinst der Braconide:
Doryctes gallicus REINH., als Larve ektoparasitisch lebend beim Veränderlichen
Scheibenbock (*Callidium testaceum* L.; Cerambyc.; Col.). – Abb. 284: Larve; Abb. 285:
Weibchen einer phytophagen Chalcidide: *Megastigmus spermatophorus* WACHTL.;
beachte im Flügel den Radius-Endknopf. Abb. 286: Ausschlupfloch eines Vollkerfs
aus Douglasiensamen. – Sämtl.: Orig.

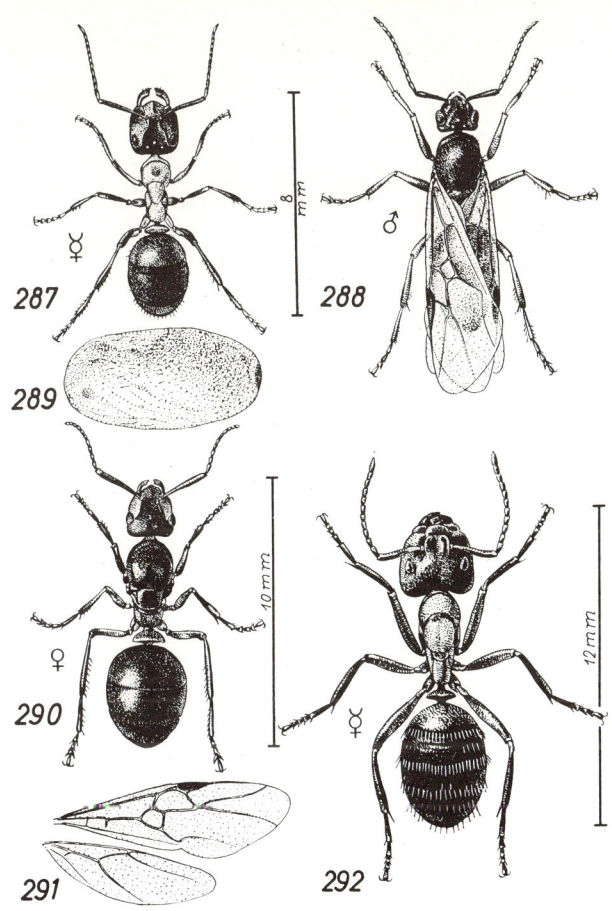

Habituelle Kennzeichen der Großen Roten Wald- und der Roßameise (Formicidae; Aculeata; Hym.). Abb. 287: Arbeiterin, Abb. 288: Männchen, Abb. 289: Puppe (fälschlich «Ameisenei» genannt), Abb. 290: Königin, Abb. 291: rechtes Flügelpaar der Königin von einer Großen Roten Waldameise, *Formica rufa* L. Sämtl. Abb. gez. nach GÖSSWALD (1951). – Abb. 292: *Camponotus herculeanus* L., Roßameise; Arbeiterin. Orig.

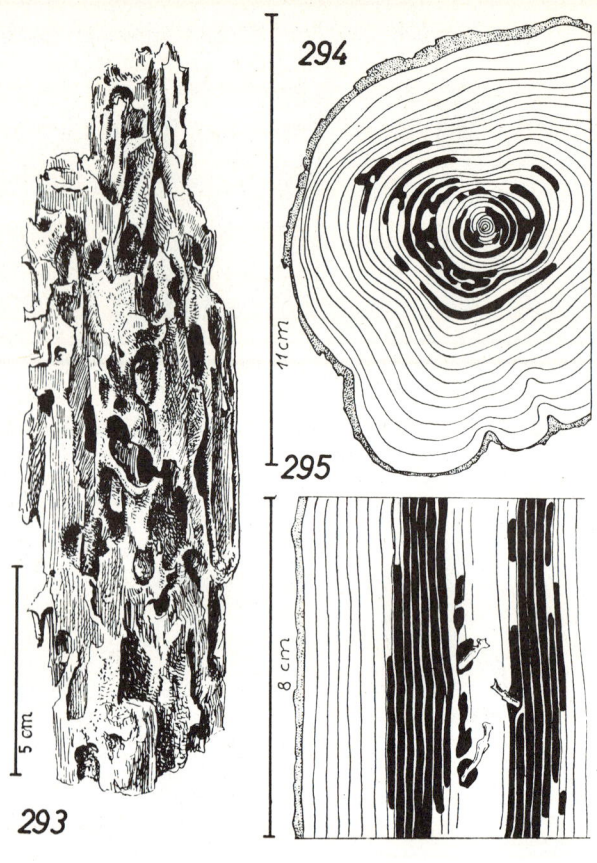

Nestbauten von holzbewohnenden Ameisen. Abb. 293: Bruchstück aus einer «Ameisen-Fichte». Orig. – Abb. 294: Querschnitt durch die Basis eines Nestes der Roßameise (*Camponotus herculeanus* L.) in einer gesunden Fichte. – Abb. 295: Längsschnitt durch eine Nestanlage in Fichte mit Blick auf die Wand einer zentralen Nestkammer mit Durchgangstüren und isolierten Hornästen. – Die beiden letzten Abb. gez. in Anlehnung an EIDMANN (1929), verändert und entnommen aus BRAUNS (1950).

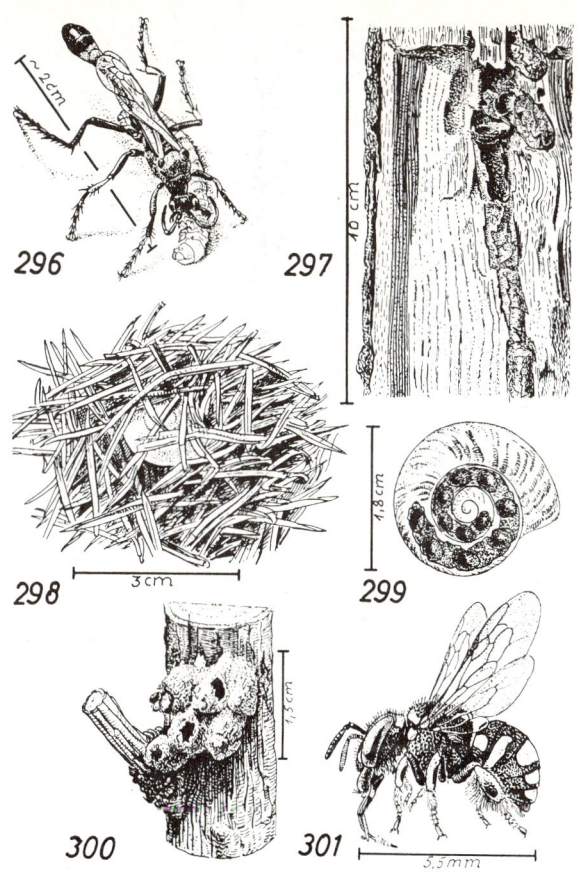

Grab- und Blumenwespen (Sphegidae u. Apidae; Aculeata; Hym.). Abb. 296: *Ammo-phila sabulosa* L., Gemeine Sandwespe, mit *Diprion*-Larve als Beute; Orig. – **Apidae** (Bienen): Abb. 297: Nestanlage der Blattschneiderbiene *Megachile* spec. in Akazie; die Mutterbiene hat von einem Astloch aus (nicht sichtbar in der Zeichnung) einen röhrenförmigen Gang genagt. Unten im Gang: drei unbeschädigte, fingerhutförmige Brutzellen, darüber eine stark beschädigte Brutzelle, von der nur noch der Deckel erhalten ist. Rechts in einem Seitengang eine entdeckelte Brutzelle. Orig. nach BRAUNS (1951), aber verändert. – Mauerbienen: Abb. 298: *Osmia bicolor* SCHRK.; Schutz der Brutanlage aus aufgestapelten Kiefernnadeln um ein Schneckenhaus. Abb. 299: *Osmia aurulenta* PANZ., Brutanlage in leerem Gehäuse der Weinbergschnecke (*Helix pomatia* L.); die Zwischenwände der einzelnen Zellen aus zerkauten Blättern der Walderdbeere (*Fragaria vesca* L.; Rosaceae). Beide Abb. gez. nach FRIESE (1922). – Wollbiene: Abb. 300: *Anthidium strigatum* PZ.; Nester aus Harzzellen an einem Lärchenstämmchen in 1,50 m Höhe. – Abb. 301: Imago dieser «Kleinen Harzbiene». – Die beiden letzten Abb.: Orig.

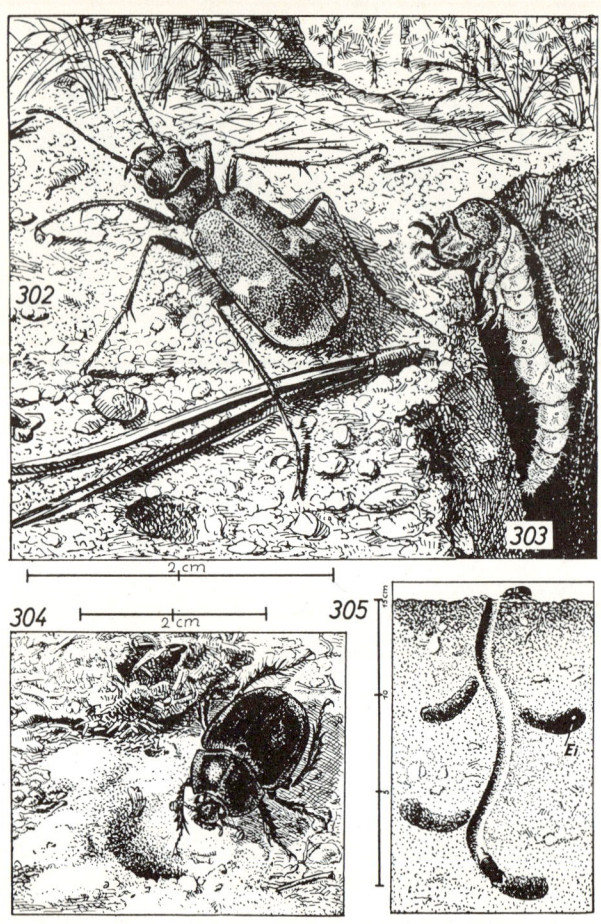

Lebensweise der Tiger- und Roßkäfer (Coleoptera). Abb. 302: *Cicindela hybrida* L.,
Kupferbrauner Tigerkäfer (Cicindel.), in charakteristischer Körperhaltung auf dem
Boden sitzend; Abb. 303: seine Larve. Orig. – Abb. 304: *Geotrupes silvaticus* PANZ.,
Waldmistkäfer (Scarab.; Lamellicorn.) vor der «Einfahrt» in den Brutbau. Orig.
(Abb. der Larve: 325). – Abb. 305: Brutbau, nach Präparat u. Zuchtergebnis von
A. SPANEY aus v. LENGERKEN (1939), verändert; rechts geöffneter Brutballen, um das
Ei im stumpfen Ende der Dungwurst zu zeigen. Unten: Käfer bei der Arbeit. Ver-
kleinert.

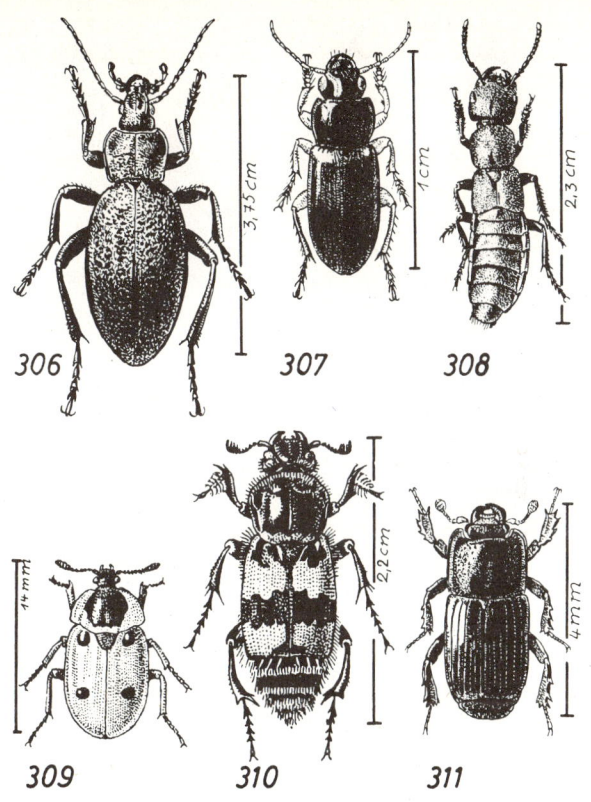

Habitusbilder der Lauf-, Kurzflügel-, Aas- und Stutzkäfer (Coleoptera). Laufkäfer (Carab.): Abb. 306: *Carabus coriaceus* L., Lederlaufkäfer. – Abb. 307: *Harpalus aeneus* FABR. – **Kurzflügelkäfer** (Staphylin.): Abb. 308: *Ocypus olens* MÜLL. (Vertreter der großen Arten; bei Kiefernspinner-Kalamitäten [Lasiocampid.; Lep.] beobachtet; vgl. auch Abb. 108). – **Aaskäfer** (Silphid.): Abb. 309: *Silpha quadripunctata* L. – Abb. 310: *Necrophorus vespillo* L., Kl. Totengräber. – **Stutzkäfer** (Histerid.): Abb. 311: *Platysoma oblongum* F. – Sämtl.: Orig.

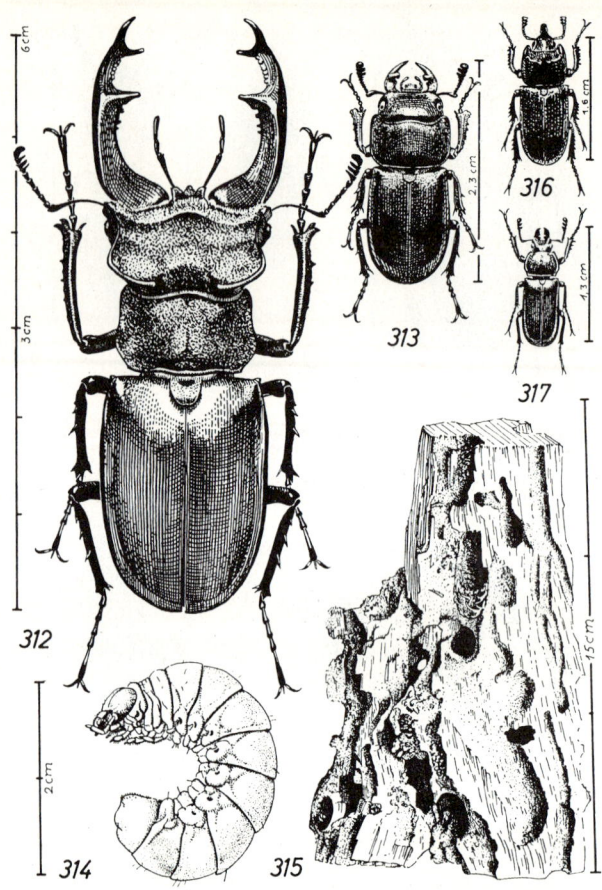

Hirschkäfer (Lucanidae, Lamellicornia, Col.). Abb. **312:** *Lucanus cervus* L., Hirsch-
käfer; ♂. – Abb. **313:** *Dorcus parallelopipedus* L., Zwerghirschkäfer; ♂. – Abb. **314:**
Dorcus-Larve. – Abb. **315:** Fraßbild des Zwerghirschkäfers in Nußbaum. – Abb. **316:**
Sinodendron cylindricum L., Baumschröter. – Abb. **317:** *Systenocerus caraboides* L.,
Rehschröter. – Orig., *Dorcus*-Zeichnungen nach BRAUNS (1950).

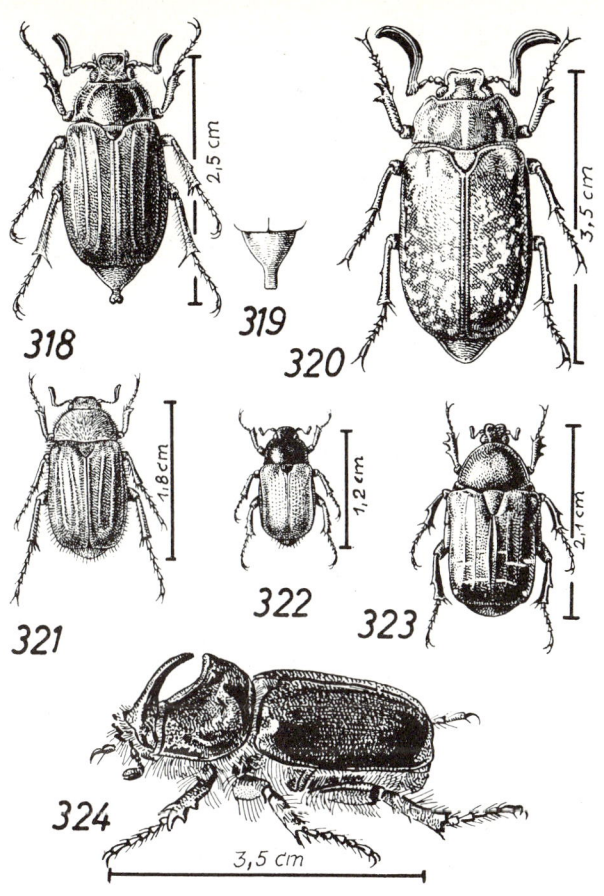

Skarabäen (Scarabaeid.; Lamellicorn.; Col.). Abb. 318: *Melolontha hippocastani* F.,
Waldmaikäfer. – Abb. 319: *Melolontha melolontha* L., Feldmaikäfer; Hinterleibs-
spitze. – Abb. 320: *Polyphylla fullo* L., Walker. – Abb. 321: *Rhizotrogus solstitialis* L.,
Junikäfer. – Abb. 322: *Phyllopertha horticola* L., Gartenlaubkäfer. – Abb. 323:
Cetonia aurata L., Gemeiner Rosenkäfer. – Abb. 324: *Oryctes nasicornis* L., Nashorn-
käfer; ♂ (dorsolaterale Ansicht). – Sämtl.: Orig.

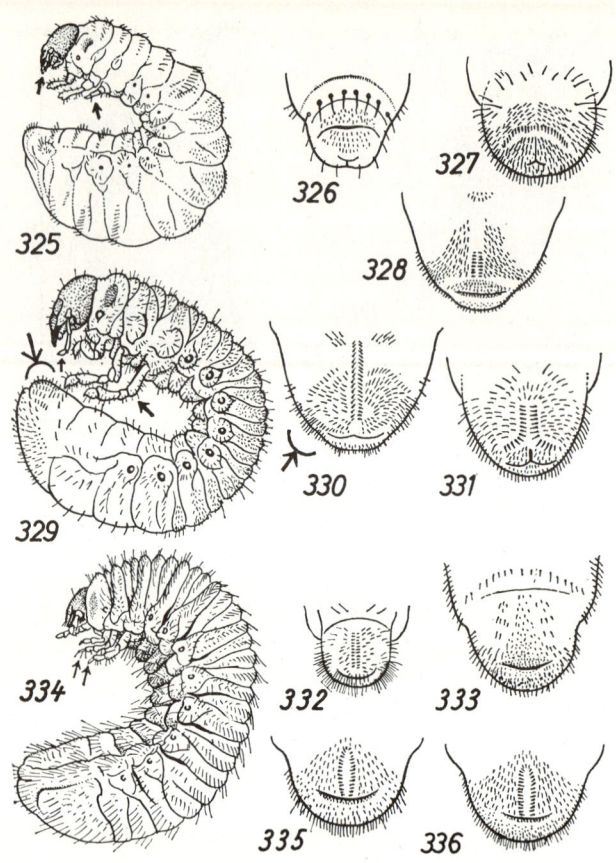

Differentialdiagnose der häufigsten Skarabäen-Larven. **Roßkäfer** (Coprophaginae):
Abb. 325: *Geotrupes* spec.; Habitus der Larve. Beachte: kurze Fühler, viergliedrig;
Hinterbeine verkürzt (s. Pfeile). – Abb. 326: *Aphodius* spec. (Dungkäfer); Aufsicht
auf das «Borstenfeld» (= letztes Segment, ventral [vgl. Abb. 329]). – **Laubkäfer**
(Melolonthinae): Abb. 327: *Serica brunnea* L., Rotbrauner Laubkäfer; Borstenfeld. –
Abb. 328: *Polyphylla fullo* L., Walker; Borstenfeld. – Abb. 329: *Melolontha* spec.,
Maikäfer. Beachte: lange Fühler; Brustbeine. Der Pfeil am Abdomenende umreißt die
Lage des Borstenfeldes. – Abb. 330: *Melolontha* spec.; Borstenfeld. – Abb. 331:
Rhizotrogus solstitialis L.; Junikäfer. Borstenfeld. – **Gartenkäfer** (Rutelinae): Abb. 332:
Phyllopertha horticola L., Gartenlaubkäfer; Borstenfeld. – **Riesenkäfer** (Dynastinae):
Abb. 333: *Oryctes nasicornis* L., Nashornkäfer; Borstenfeld. – **Goldkäfer** (Cetoniinae):
Abb. 334: *Cetonia* spec.; Habitus der Larve. Beachte: schwach entwickelte Extremi-
täten. – Abb. 335: *Cetonia aurata* L., Gem. Rosenkäfer; Borstenfeld. – Abb. 336:
Potosia cuprea F. (Rosenkäfer); Borstenfeld. – Gez. in Anlehnung an BOLLOW (1954),
außer Abb. 334: Orig.

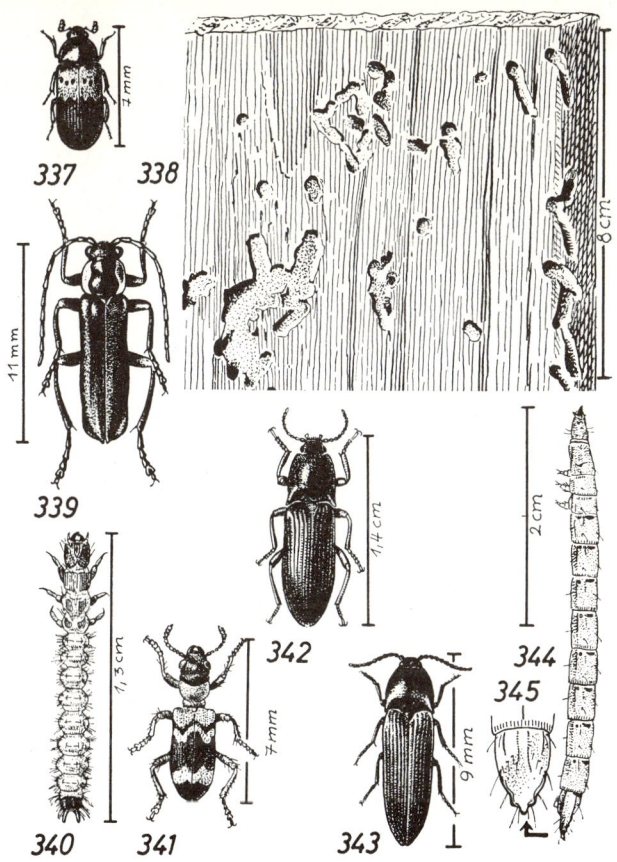

Speck-, Weich-, Bunt- und Schnellkäfer. Abb. **337**: *Dermestes lardarius* L., Speck-käfer (Dermestidae). – Abb. **338**: Befallsspuren in einem Brett aus Fichtenholz durch Speckkäfer-Larven als Beispiel für den Befall «holzbewohnender» Insekten. Rechts an der Außenkante des Brettes ist die Form der Puppenwiegen erkennbar. – Abb. **339**: *Cantharis obscura* L., Eichenweichkäfer (Canthar.). – *Clerus formicarius* L., Ameisen-artiger Bunkäfer (Clerid.): Abb. **340**: Larve in Rückenansicht; Abb. **341**: Vollkerf. – Abb. **342**: *Corymbites aeneus* L., Glanzspringkäfer (Elaterid.). – Abb. **343**: *Elater sanguineus* L. (Elaterid.). – Abb. **344**: Typus einer terricolen Elateriden-Larve in Seitenansicht; Abb. **345**: Ventralansicht des letzten Segmentes der Larve. – Sämtl.: Orig., Abb. 338 gez. nach BRAUNS (1950).

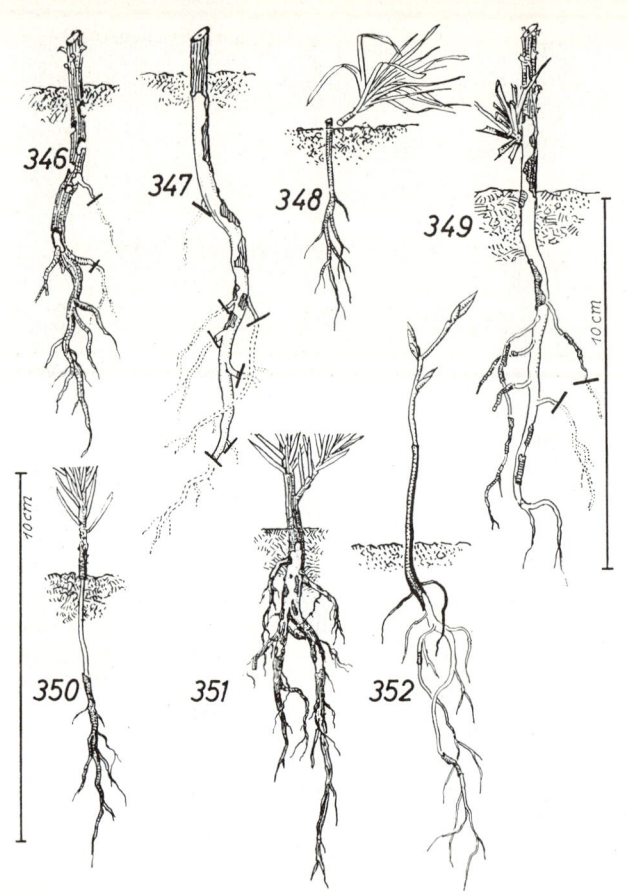

Differentialmerkmale des Drahtwurm-Schadbildes an Jungpflanzen gegenüber Fraß-beschädigungen durch andere Insekten oder deren Larven. Abb. **346:** Drahtwurm-befall (*Elater* spec.; Elaterid.; Col.) an 2jähr. Fichte. – Abb. **347:** Engerlingsschadbild (*Melolontha* spec.; Scarab.; Col.) an 2jähr. Fichte. – Abb. **348:** Fraßbild einer Erd-raupe (*Agrotis* spec.; Noctuid.; Lep.) an 1jähr. Kiefer. – Abb. **349:** Schadbild der rhizophagen Larven von *Otiorrhynchus* spec. (Curculion.; Col.): zarte Wurzeln wer-den abgefressen, stärkere werden geschält oder Erdraupe (*Agrotis* spec.): nur Schäl-spuren; beide vorkommend hier an 2jähr. Kiefer. – Abb. **350:** Schnakenlarvenfraß (*Tipula* spec.; Tipulid.; Dipt.) an Fichtenjungpflanze. – Abb. **351:** Reifungsfraß der Jungkäfer von *Hylastes cunicularius* ER., Schwarzer Fichtenbastkäfer (Ipid.; Col.) an Fichtenjungpflanze. – Abb. **352:** Larvenfraß von *Phyllobius* spec. (Curculionid.; Col.) an 1 jährig. Buche. – Querstriche an den zarten (punktiert gez.) Wurzeln zeigt das vollständige Abfressen der Nebenwurzeln an. – Teils gez. in Anlehnung an SCHI-MITSCHEK (1955), doch verändert, die letzten beiden Abb. aber Orig.

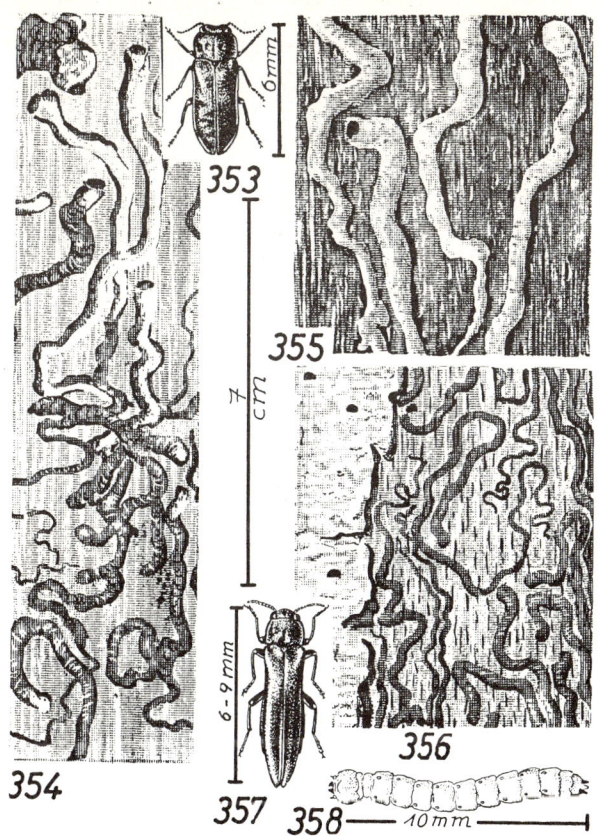

Prachtkäfer und ihre larvalen Fraßbilder (Buprestidae; Col.). Abb. 353: *Anthaxia quadripunctata* L., Vierpunkt-Prachtkäfer, Imago. – Abb. 354: Larvenfraß; Bohrmehl = wolkig. – Abb. 355: Larvenfraß von *Chrysobothris affinis* FABR. – Abb. 356: *Agrilus viridis* L., Grüner Prachtkäfer; Larvenfraß; links die Rinde des befallenen Stammes mit den elliptischen Fluglöchern. – Abb. 357: Imago; Abb. 358: Larve. – Sämtl.: Orig.

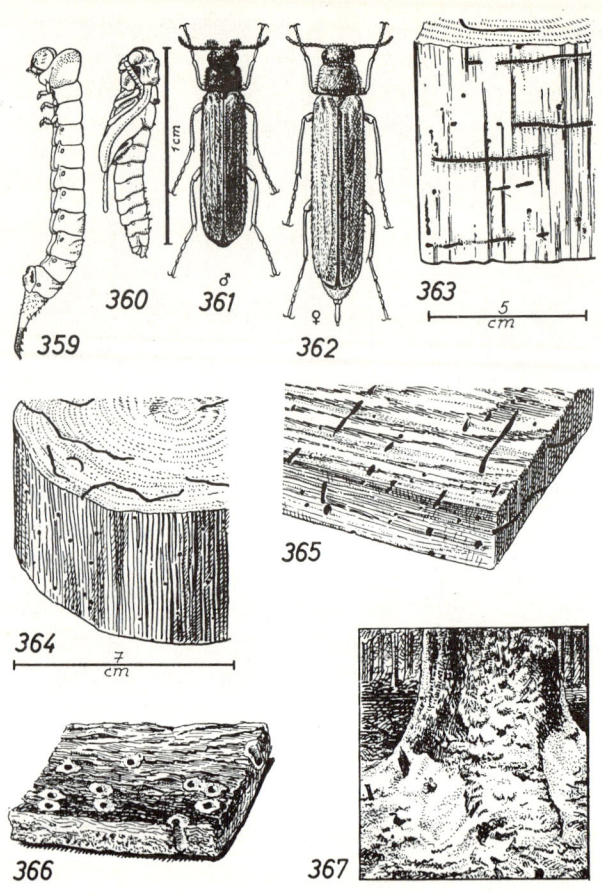

Sägehörniger Werftkäfer (Hylecoetus dermestoides L.; Lymexylon.; Col.). Abb. **359:** Larve in Seitenansicht. – Abb. **360:** Puppe, lateral. – Abb. **361:** Männchen. – Abb. **362:** Weibchen. – Abb. **363:** Fraßbild in Weißtanne. – Abb. **364:** Fraßbild in Eiche im Stirnschnitt; auf dem Splint die Auswurföffnungen sichtbar. – Abb. **365:** Fraßbild in einem Eichenbrett. – Abb. **366:** «Bohrmehlhöfe» auf der Innenfläche von Buchenrinde. – Abb. **367:** Bohrmehlauswurf im Bestande an der Basis eines «anbrüchigen» Stammes. – Sämtl.: Orig. nach BRAUNS (1950).

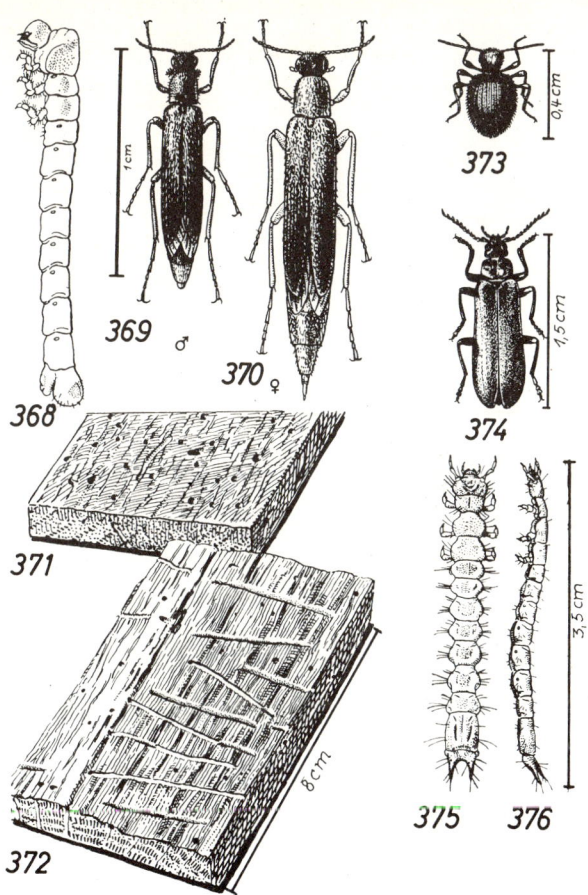

Schiffswerft-, Messing- und Feuerkäfer (Col.). Lymexylonidae: *Lymexylon navale* L., Schiffswerftkäfer: Abb. 368: Larve in Lateralansicht. – Abb. 369: Männchen. – Abb. 370: Weibchen. – Abb. 371 u. Abb. 372: Fraßbilder in Eiche. – **Ptinidae** (Diebskäfer): Abb. 373: *Niptus hololeucus* FALD., Messingkäfer; Imago. – **Pyrochroidae:** *Pyrochroa coccinea* L., «Feuerfliege»; Abb. 374: Imago; Abb. 375: Larve in Dorsalansicht, Abb. 376: in Lateralansicht. – Sämtl.: Orig., die Zeichnungen vom Schiffswerftkäfer nach BRAUNS (1950).

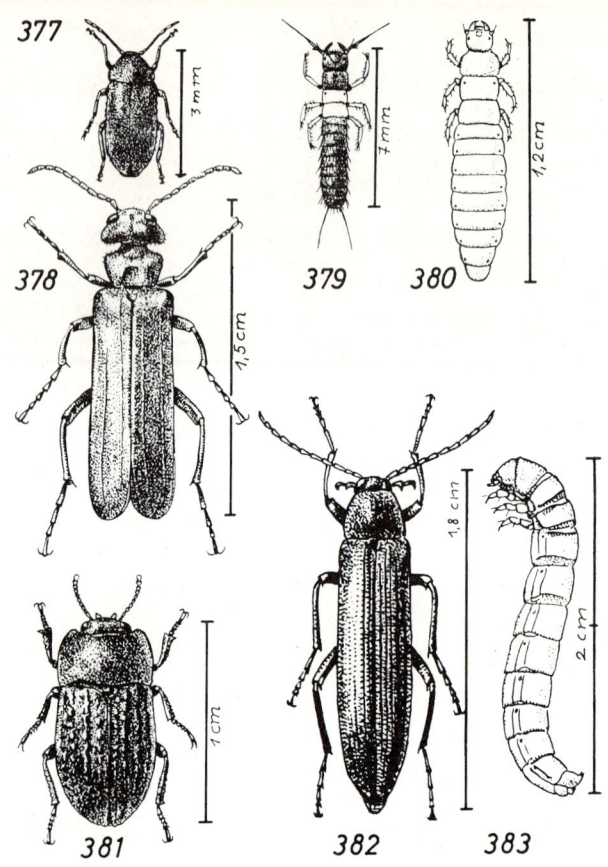

Poch-, Pflaster-, Schwarz- und Düsterkäfer (Col.). Anobiidae (Pochkäfer): Abb. **377**: *Ernobius abietis* F., Fichtenzapfen-Klopfkäfer. – **Meloidae** (Pflasterkäfer): Abb. **378**: *Lytta vesicatoria* L., Spanische Fliege; Imago. – Abb. **379**: erste Larvenform (Triungulinus-Larve), Abb. **380**: zweite (caraboide) Larvenform. – **Tenebrionidae** (Schwarzkäfer): Abb. **381**: *Opatrum sabulosum* L., Staubkäfer; Imago. – Abb. **383**: *Tenebrio molitor* L., Mehlkäfer; «Mehlwurm» in Seitenansicht. – **Melandryidae** (Düsterkäfer): Abb. **382**: *Serropalpus barbatus* SCHALL.; Imago. – Sämtl. Orig., nur Hypermetamorphose-Stadium von *Lytta* gez. nach ESCHERICH (1923).

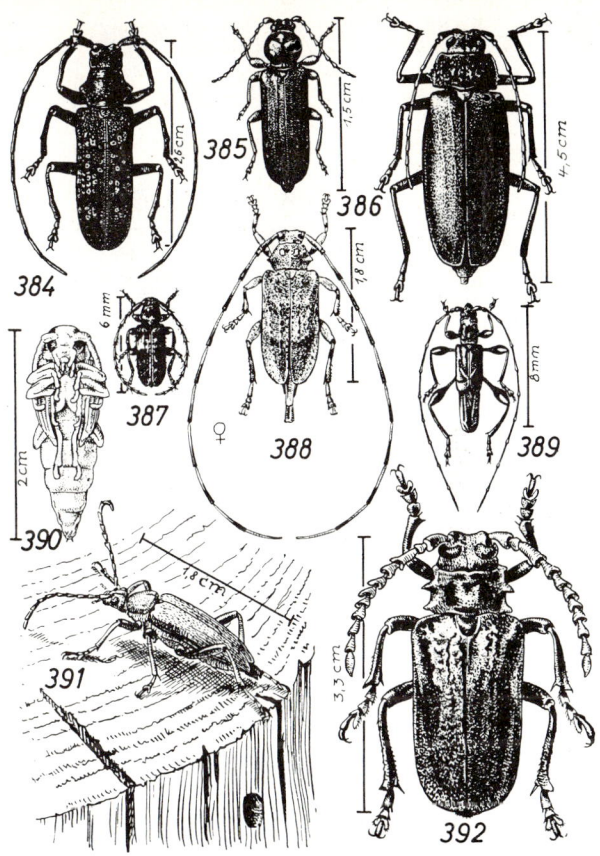

Nadelholzböcke (Cerambycidae; Col.). Abb. **384:** *Monochamus sartor* F., Schneider-
bock. – Abb. **385:** *Tetropium luridum* L., (zerstörender) Fichtenbock. – Abb. **386:**
Ergates faber L., Mulmbock. – Abb. **387:** *Pogonochaerus fasciculatus* DE GEER,
Kiefernzweigbock. – Abb. **388:** *Acanthocinus aedilis* L., Zimmermannsbock, ♀. –
Abb. **389:** *Caenoptera minor* L., (kleiner) Wespenbock. – Abb. **390:** *Leptura rubra* L.,
Schmalbock, Puppe, Ventralansicht; Abb. **391:** Imago. – Abb. **392:** *Prionus coriarius*
L., Sägebock. – Sämtl.: Orig.

Larvale Fraßbilder von Nadelholzböcken: I (Cerambycid.; Col.). Abb. 393: *Tetro-pium luridum* F., (zerstörender) Fichtenbock; Larvengänge mit stellenweise muschel-förmig erweiterten Arealen. – Abb. 394: hakenförmige Puppenwiege der gleichen Art; unten: flachovales Flugloch. – Abb. 395: *Pogonochaerus fasciculatus* DE GEER, Kiefernzweigbock; scharfrandiger Splintgang der Larve. Unten: Eingang in die Puppenwiege erkennbar. – Sämtl.: Orig.

Larvale Fraßbilder von Nadelholzböcken: II (Cerambycid.; Col.). Abb. 396: *Mono-chamus sartor* F., Schneiderbock u. *M. sutor* F., Schusterbock; platzförmiger Larven-fraß mit den ovalen Eindringungsstellen der Larven in das Holz. – Abb. 397: An-schnitt der larvalen Holzgänge, mit Puppenwiegen nahe der Stammoberfläche. – Abb. 398: *Rhagium inquisitor* L., Zangenbock; Endabschnitt eines mit festem Nage-mehl und Exkrementen angefüllten Fraßganges auf Fichtenrinde, mit Span-Nest. – Sämtl.: Orig.

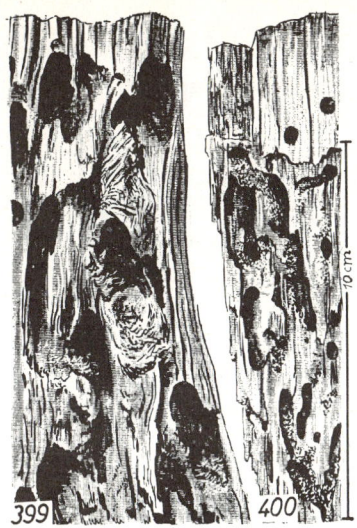

Fraßbilder von Bockkäferlarven (Cerambycid.; Col.) in Nadelholzstöcken. Abb. **399:**
Ergates faber L., Mulmbock; charakteristisch die längeren Holzspäne. – Abb. **400:**
Leptura rubra L., Schmalbock; beachte: die meist runden Ausschlupflöcher. – Beide
Abb.: Orig.

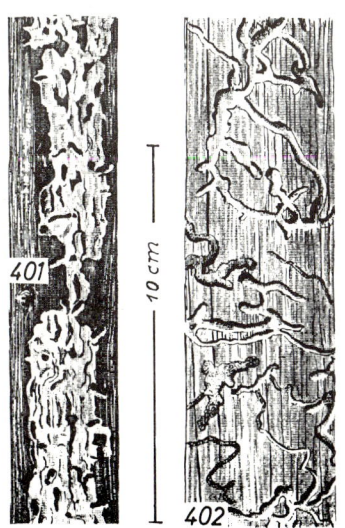

Fraßbilder an Latten und Stangen von Nadelholz-Naturzäunen. Anobiidae (Pochkäfer): Abb. **401:** *Anobium molle* L. – **Cerambycidae** (Bockkäfer): Abb. **402:** *Caenoptera minor* L., (kleiner) Wespenbock [vgl. Abb. 354]. – Beide Abb.: Orig.

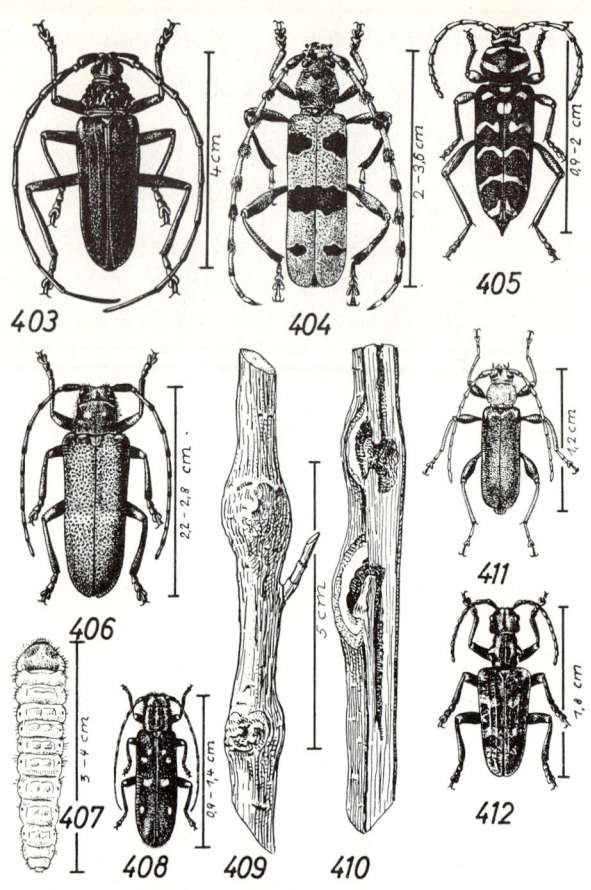

Laubholzböcke (Cerambycid.; Col.). Abb. **403:** *Cerambyx cerdo* L., Großer Eichenbock. – Abb. **404:** *Rosalia alpina* L., Alpenbock. – Abb. **405:** *Plagionotus arcuatus* L., Eichenwidderbock. – Abb. **406:** *Saperda carcharias* L., Großer Pappelbock; Abb. **407:** seine Larve. – Abb. **408:** *Saperda populnea* L., Kl. Pappelbock; Abb. **409:** Aspenzweigstück mit zwei Gallen; Abb. **410:** aufgeschnittenes befallenes Zweigstück, um Platz- u. Rundfraß und Zentralgang zu zeigen. – Abb. **411:** *Callidium testaceum* L., Veränderlicher Scheibenbock. – Abb. **412:** *Rhagium sycophanta* SCHRNK., Schrotbock. – Sämtl.: Orig.

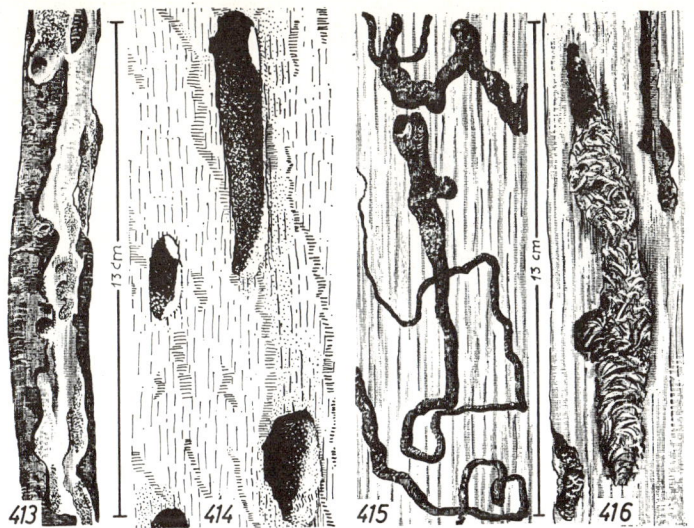

Larvale Fraßbilder von Laubholzböcken (Cerambycid.; Col.): I. Abb. **413**: *Callidium testaceum* L., Veränderl. Scheibenbock; die larvalen Ernährungsfraßgänge flach, geschlängelt, furchen Rinde u. Holz. – Abb. **414**: *Cerambyx cerdo* L., Gr. Eichenbock; Stück einer Eichenbohle mit Larvengängen im Anschnitt. – Orig., letzte Abb. gez. nach BRAUNS (1952).

Larvale Fraßbilder von Laubholzbocken (Cerambycid.; Col.): II. Abb. **415**: *Plagionotus arcuatus* L., Eichenwidderbock; Ausschnitt aus einem sehr langen Fraßbild; oben: querovaler Eingang zur Puppenwiege. – Abb. **416**: *Saperda carcharias* L., Gr. Pappelbock; der Larvengang ist stellenweise mit grober, abgeraspelter Nagespäne gefüllt. – Beide Abb.: Orig.

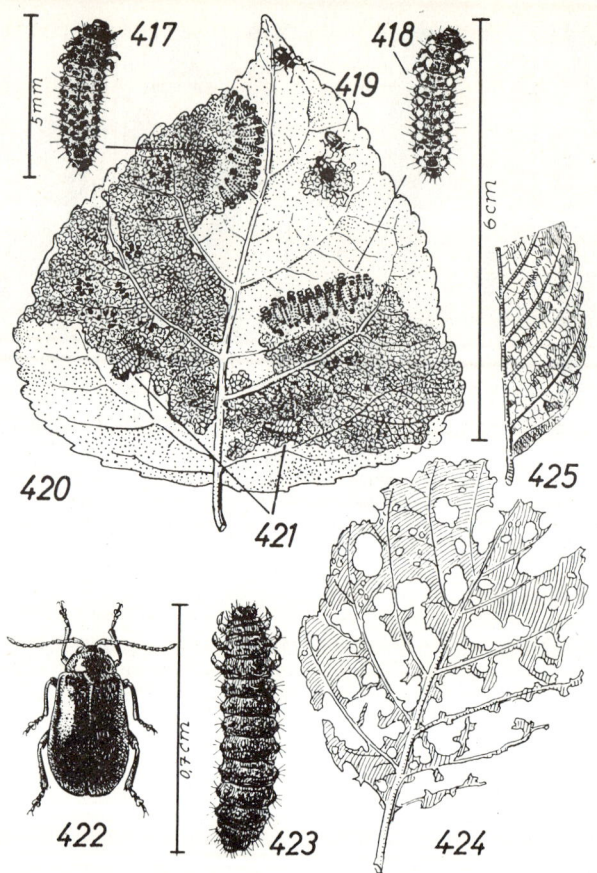

Kleiner Weiden- und blauer Erlenblattkäfer (Chrysomelidae; Col.). *Phyllodecta vitellinae* L. (Kl. Weidenblattkäfer): Abb. **417**: Larve; Abb. **418**: Larve nach Beunruhigung mit ausgetretenen, weißen Haemolymphe-Tropfen auf den dunklen Warzen. – Abb. **419**: Käfer (Skizze) mit dem etwas gröberen Fraßbild der Vollkerfe. – Abb. **420**: Das typische Fraßbild der Larven, die in geschlossener Phalanx die Unterseite der Blätter an der Fraßpflanze befressen. Im Fraßbild selbst als dunklere Punkte das Absetzen der Exkremente erkennbar. – Abb. **421**: Eiablage. – *Agelastica alni* L. (Blauer Erlenblattkäfer): Abb. **422**: Käfer, Abb. **423**: Larve. – Abb. **424**: Reifungsfraß des Käfers. – Abb. **425**: Skelettierfraß der Larven. – Sämtl.: Orig.

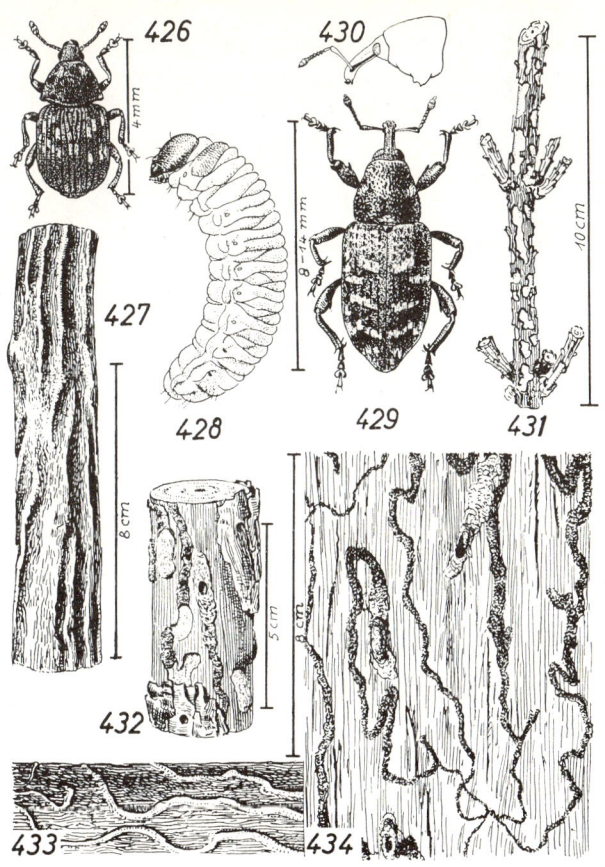

Breit- und Langrüßler (Col.). Anthribidae (Breitrüßler); Abb. 426: *Brachytarsus nebulosus* FORST., Grauer Schildlausrüßler. – **Curculionidae** (Rüsselkäfer), Rhynchaenides (**Langrüßler**): *Hylobius abietis* L., Gr. brauner Rüsselkäfer: Abb. 427: «**Kannelierfraß**» der Larven an einer Nadelholz-Stockwurzel. – Abb. 428: *Hylobius*-Larve, typisches Habitusbild einer Rüsselkäferlarve. – Abb. 429: Vollkerf. – Abb. 430: Kopf mit Fühlerfurche bei *Hylobius*: Kohorte der Gonatoceri, Rhynchaenides (Langrüßler), Lateralansicht (vergrößert). – Abb. 431: «**Pockennarbenfraß**» der Imagines von *Hylobius abietis* L. – Abb. 432: *Pissodes notatus* F., Kiefernkulturrüßler; die mit langfaserigen Nagespänen ausgepolsterten, elliptischen Puppenwiegen und die runden Ausschlupflöcher der Jungkäfer nach außen. – Abb. 433: *Pissodes harcyniae* HRBST., Harzrüsselkäfer; Ausschnitt aus dem unregelmäßigen Fraßbild der Larven; Abb. 434: ausgesprochene strahlige Fraßfigur der gleichen Larven an Fichte mit elliptischen Splintwiegen und Ausschlupflöchern der Jungkäfer. – Sämtl.: Orig.

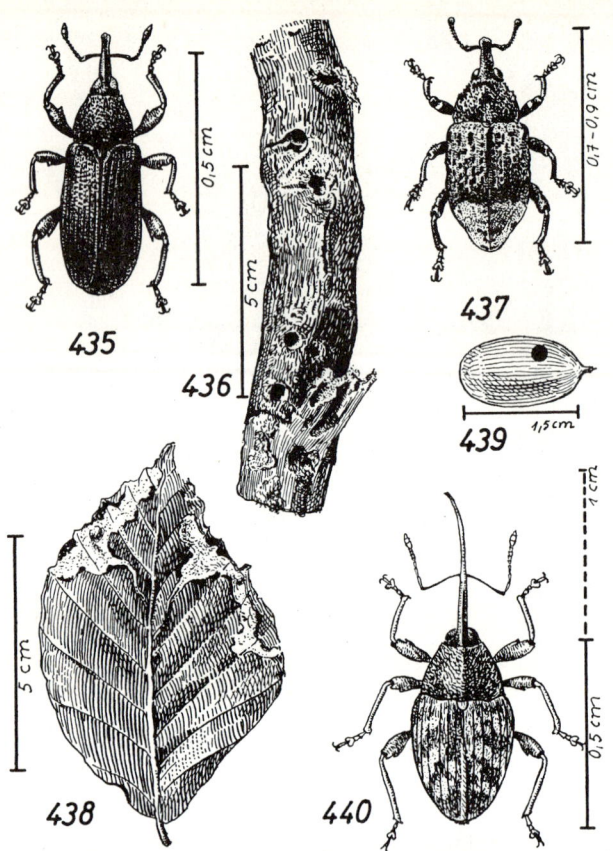

Weitere beachtenswerte Langrüßler (Rhynchaenides; Curculionid.; Col.) an Laubholz.
Abb. **435**: *Magdalis violacea* L., Imago. – Abb. **436**: *Cryptorrhynchus lapathi* L.,
Bunter Erlenrüsselkäfer; Rindensprünge an einem durch Larvenfraß eingegangenen
Erlenstämmchen mit Ausschlupflöchern. – Abb. **437**: «Erlenwürger», Imago; beachte
die dicht gelbweiß beschuppten Flügeldecken-Enden. – Abb. **438**: *Orchestes fagi* L.,
Buchenspringrüßler; zwei Blattminen (anfangs Gang-, dann Platzmine) der Larven in
einem Buchenblatt. In der linken Mine deutlich die Losung und der Verpuppungsort
erkennbar. – Abb. **439**: *Balaninus glandium* Mʀsʜ., Eichelrüßler; Eichel mit dem
Ausbohrloch der Larve. – Abb. **440**: *Balaninus nucum* L., Haselnußbohrer; Imago. –
Sämtl.: Orig.

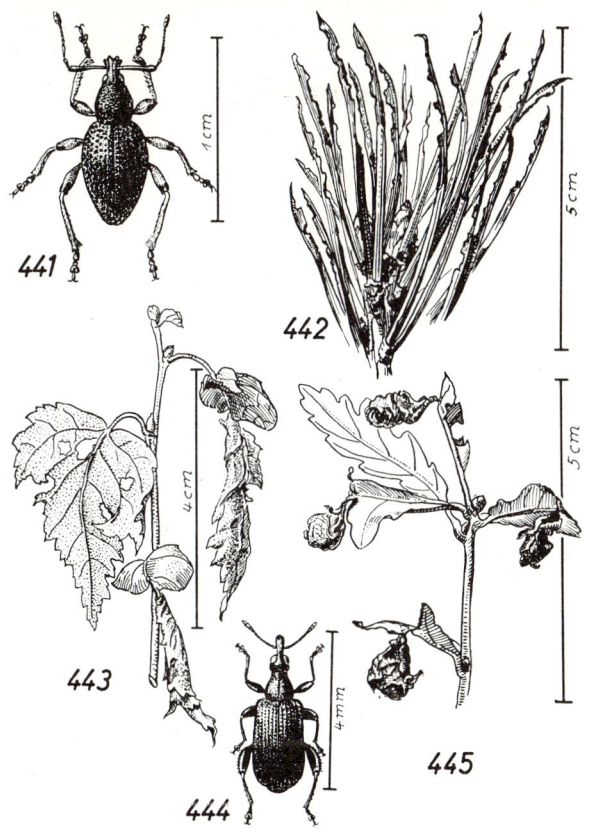

Kurzrüßler (Curculionides) und Blattroller (Rhynchitini) unter den Rüsselkäfern (Curculionid.; Col.). Abb. 441: *Otiorrhynchus niger* F., Mittl. schwarzer Rüsselkäfer; Imago. – Abb. 442: *Brachyderes incanus* L., Kiefernnadel-Rüsselkäfer; Schartenfraß der Imagines unter Schonung der Endknospen. – Abb. 443: *Deporaus betulae* L., Birkenblattroller; fertiggestellte Wickel; Abb. 444: Imago. – Abb. 445: *Attelabus nitens* Scop., Roter Eichenkugelrüßler; Blattrollen (Eiche) mit zweiseitigem Blattschnitt. (Vgl. Abb. 995–997). – Sämtl.: Orig.

Differentialmerkmale des Rüsselkäfer-Schadbildes gegenüber Fraßbeschädigungen durch Wirbeltiere. Abb. **446**: *Otiorrhynchus niger* F., Mittl. schwarzer Rüsselkäfer; Platzfraß der Käfer im Frühjahr an der Rinde, hier an Buche. – Abb. **447**: *Apodemus sylvaticus* L., **Waldmaus**; Nagestellen an Buchenrinde, relativ hoch liegend (bis zu 1 m und höher). Charakteristisch: kaum Zahnspuren erkennbar. – Abb. **448**: *Clethrionomys glareolus* Schreb., **Rötelmaus**; Nagestellen an Fichtenrinde. Typisch bei diesem Schadbild: schmale, den Splint nur schwach furchende, zumeist schräge Zahnspuren. Rötelmäuse klettern ausgezeichnet, daher Nagespuren oft auch an Ästen und Zweigen älterer Stämme. – Abb. **449**: Schälschaden von **Rehwild**, *Capreolus capreolus* L., an Eiche. Deutlich sichtbare Zahnspuren. – Sämtl.: Orig.

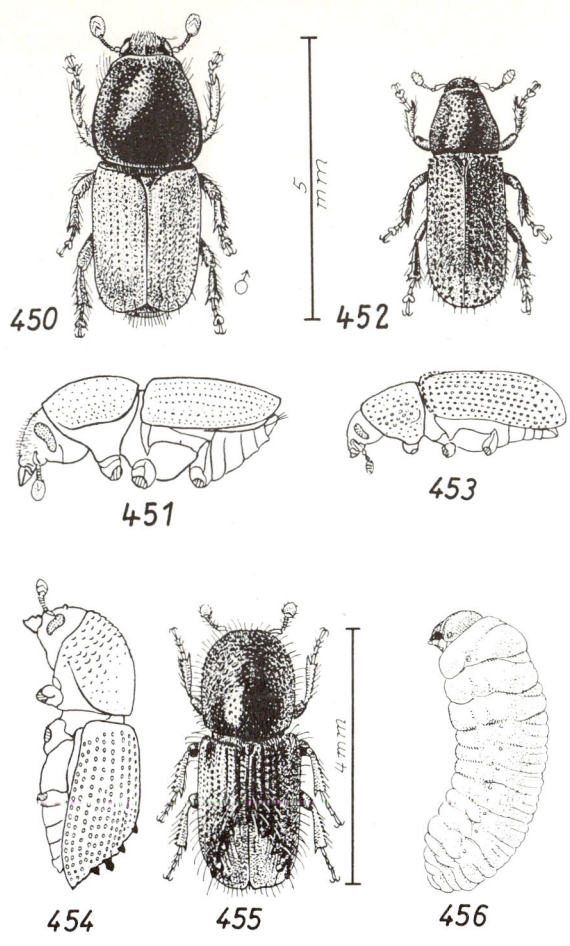

Habitustypen der Borkenkäfer (Ipidae; Col.). Eccoptogasterinae: Abb. 450: *Eccopto-gaster scolytus* F., Großer Ulmensplintkäfer; ♂; dorsal. – Abb. 451: Imago (Skizze), lateral. – **Hylesininae:** Abb. 452: *Myelophilus piniperda* L., Gr. Waldgärtner; Imago, dorsal. – Abb. 453: Imago (Skizze), lateral. – **Ipinae:** *Ips typographus* L., Buchdrucker; Abb. 454: Imago (Skizze), lateral; Abb. 455: Imago, dorsal (auch die Gattungen *Xyloterus* [Abb. 495] u. *Anisandrus* [Abb. 474 u. 475] hierher gehörig); Abb. 456: Buchdruckerlarve als Typ der Borkenkäferlarven (vgl. zusätzlich Abb. 459). – Sämtl.: Orig.

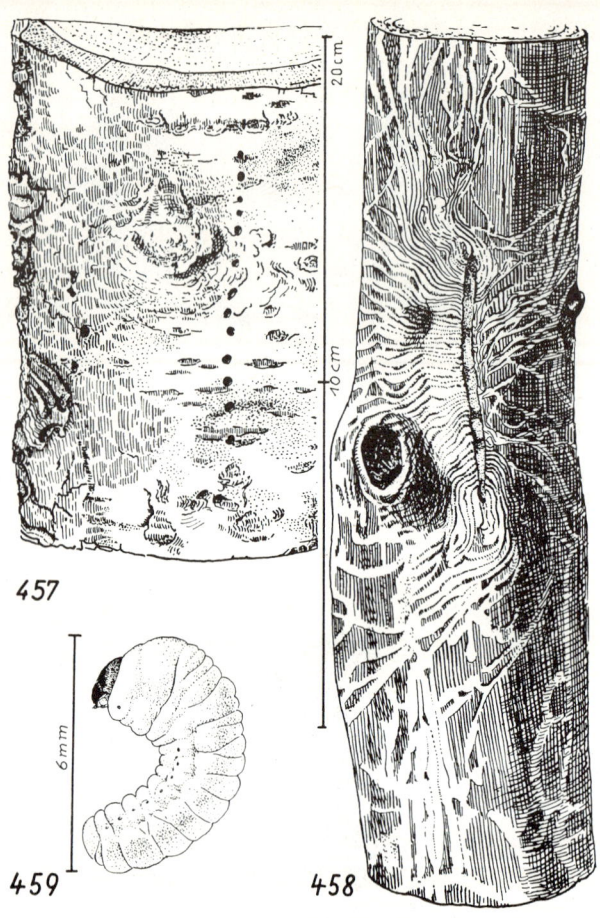

457

459

458

Großer Birkensplintkäfer (Eccoptogaster ratzeburgi Jans.; Ipid.; Col.). Abb. **457:** Stück eines Birkenstammes mit den Begattungs- und Luftlöchern längs des Mutterganges. – Abb. **458:** Gangsystem am Splint einer Birke. – Beide Abb.: Orig., nach BRAUNS (1952). – Abb. **459:** Larve; gez. nach DELLA BEFFA (1949).

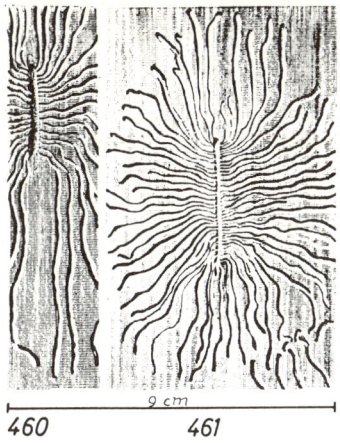

Ulmensplintkäfer (Ipid.; Col.). Abb. 460: *Eccoptogaster scolytus* F., Großer Ulmensplintkäfer; kurzer Muttergang mit Larvengängen. – Abb. 461: *Ecc. multistriatus* MARSH., Kleiner Ulmensplintkäfer; langer, dünner Muttergang mit dichtgestellten Larvengängen. – Beide Abb.: Orig.

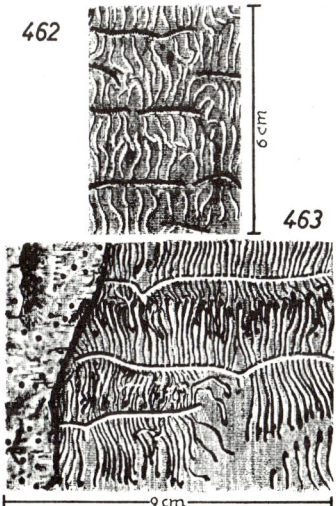

Ulmen- und Eschenbastkäfer (Ipid., Col.). Abb. 462: *Pteleobius vittatus* F., Bunter Ulmenbastkäfer; Ausschnitt aus einem Fraßbild auf Ulmenrinde. – Abb. 463: *Hylesinus fraxini* PANZ., Kleiner bunter Eschenbastkäfer; rechts: das gewöhnlich tief ins Holz einschneidende Fraßbild mit dicht besetzten Brutfraßgängen; links: die dicht gedrängten Ausflugslöcher auf der Eschenrinde. – Beide Abb.: Orig.

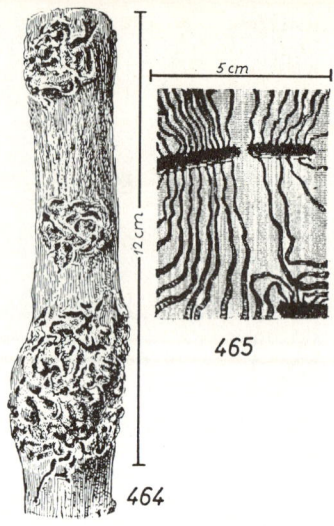

465

464

Kleiner bunter und großer schwarzer Eschenbastkäfer (Ipid.; Col.). Abb. 464: *Hyle-sinus fraxini* PANZ., «**Rinden**»- oder «**Eschenrosen**», verursacht durch den Ernäh-rungsfraß der Käfer. – Abb. 465: *Hylesinus crenatus* F.; Ausschnitt aus einem Brut-fraßbild in einer starkrindigen Esche. – Beide Abb.: Orig.

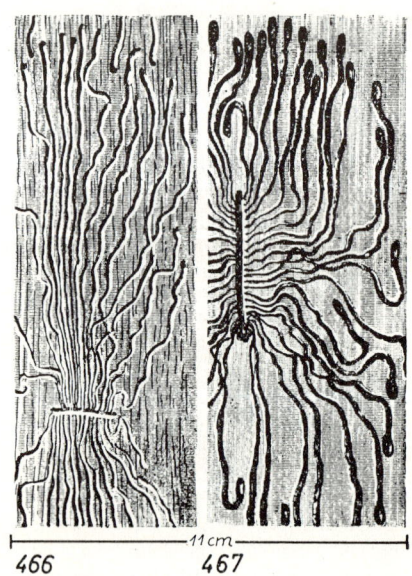

466   467

Eichensplint- und großer Obstbaumsplintkäfer (Ipid.; Col.). Abb. 466: *Eccoptogaster intricatus* RATZEB.; Brutfraß im Eichensplint. – Abb. 467: *Ecc. mali* BECHST.; Brutfraß
[Fortsetzung auf Seite 601]

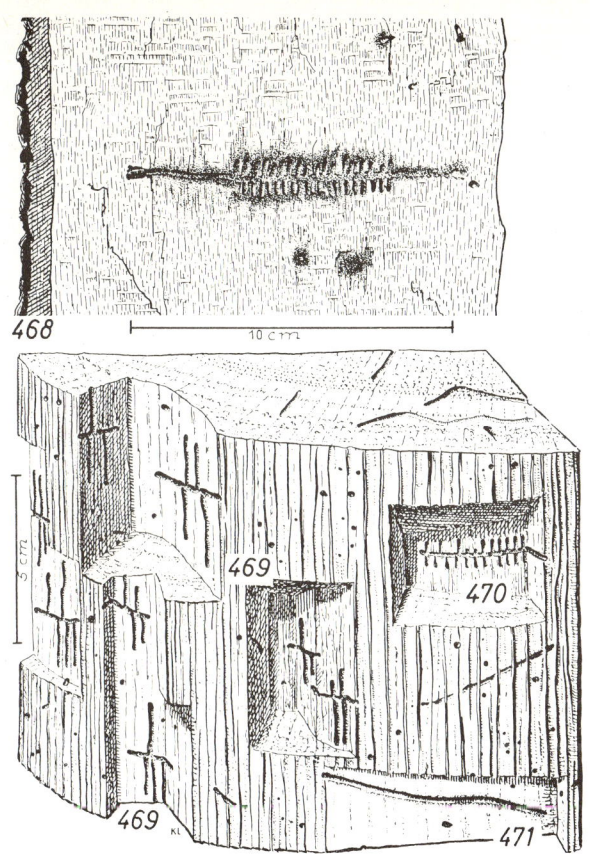

Brutanlagen und Bohrgänge pilzzüchtender Käferarten (Col.) in Laubholz. Abb. **468**: Muttergang und Larvensprossen von *Xyloterus domesticus* L. (Buchennutzholz-borkenkäfer, Ipid.) in Buche. Die Eingangsröhre ist auf diesem Schnitt nicht getroffen. Orig. nach BRAUNS, 1952. – Ein Stück eines stark von pilzzüchtenden Käfern befallenen Eichenstammes nach Entfernung der Rinde (Orig.; nach BRAUNS [1950]): Abb. **469**: Gabelgänge in verschiedenen Ebenen von *Anisandrus dispar* F., Ungleicher Holzbohr-Borkenkäfer (Ipid.). – Abb. **470**: Brutanlage von *Xyloterus domesticus* L. (Ipid.), um auch die Eingangsröhre zu zeigen. – Abb. **471**: Bohrgang einer Larve von *Hylecoetus dermestoides* L. (Sägehörniger Werftkäfer; Lymexylon.), bei dem die aktive züchterische Betätigung allein bei den Larven liegt (im Gegensatz zu den Ipidae). Auf dem Stirnschnitt des Stückes gleichfalls noch Gänge der Werftkäferlarven.

[Fortsetzung von S. 600]
an Zwetsche (*Prunus domestica* L.). Beachte: rammelkammerartige Erweiterung am Muttergang. – Beide Abb.: Orig.

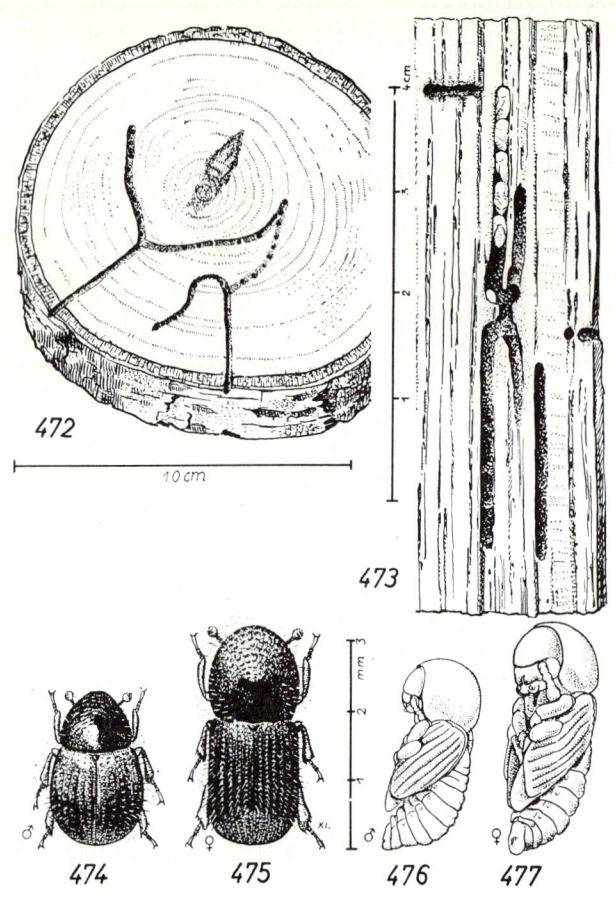

472

10 cm

473

474 ♂ **475** ♀ **476** ♂ **477** ♀

Holzbrütende Borkenkäfer (Ipid., Col.) in Laubholz. Abb. **472**: Stirnschnitt durch einen Birkenstamm mit der Eingangsröhre und den Brutarmen von *Xyloterus domesticus* L. (Buchennutzholzborkenkäfer); Leitergänge als Löcher in den Brutarmen auf der Stammscheibe sichtbar. – Abb. **473**: *Anisandrus dispar* F. (Ungleicher Holzbohr-Borkenkäfer); Lage der Puppen in der angeschnittenen Brutanlage. Oben links die Eingangsröhre eines zweiten Brutsystems, gleichfalls nur teilweise angeschnitten. – Abb. **474**: Männchen; Abb. **475**: Weibchen, jeweils dorsal. – Abb. **476**: Puppe, ein ♂, Abb. **477**: Puppe, ein ♀ ergebend. – Sämtl. Abb.: Orig., nach BRAUNS (1950 u. 1952).

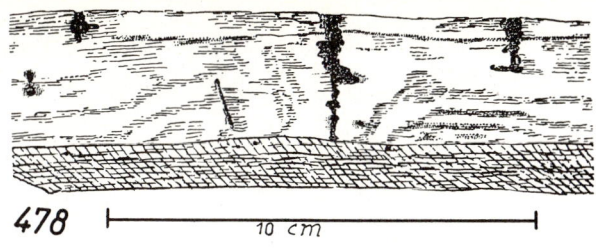

478 ├────── 10 cm ──────┤

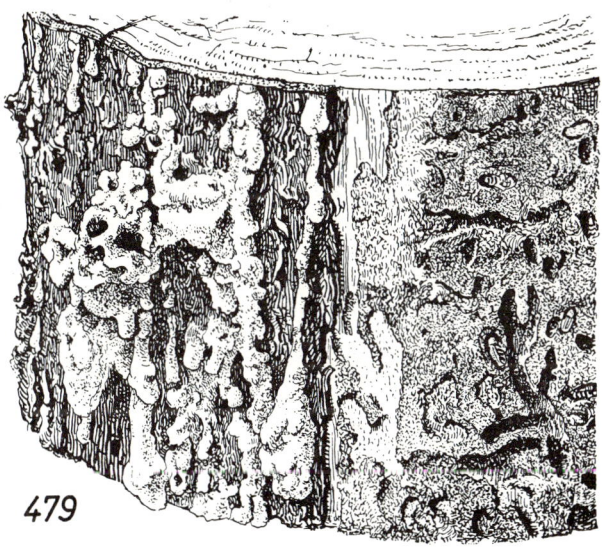

479

Borkenkäferarten (Ipidae) mit Familienplatzgängen im Fraßbild. Abb. 478: «Holzfamiliengänge» von *Xyleborus saxeseni* RATZEB. (Saxesens Holzbohrer) in Eiche; Ausschnitt aus einem Fraßbild an einem liegenden Stamm. Orig., nach BRAUNS (1952). – Abb. 479: *Dendroctonus micans* KUG., Riesenbastkäfer; links: Befallsstellen außen auf der Rinde an dem mit Bohrmehl vermischten Harz (wie «Mörtelbrocken») erkennbar. Rechts: Befallsbild nach Abheben der Rinde («Rindenfamiliengänge»). In der Mitte am Übergang von der Rinde zum Splint: die beilförmige Brutanlage des Mutterkäfers. Orig.

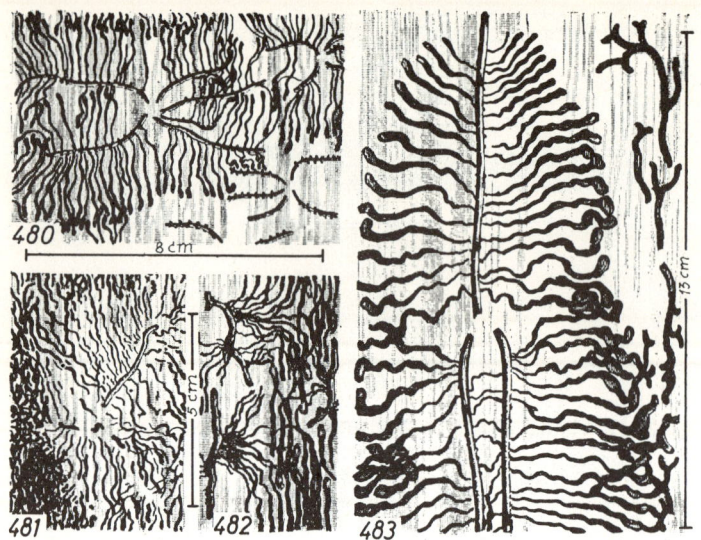

Borkenkäfer: Nadelholz-Rindenbrüter I (Ipidae; Col.). Abb. 480: *Pityogenes chalco-graphus* L., Kupferstecher. Brutfraß in einem Fichtenbaststück; Rammelkammer nicht sichtbar. Rechts unten: Sterngang im Anfangsstadium mit Einischen. – Abb. 481: *Polygraphus polygraphus* L., Städteschreiber. Der sternförmige Brutfraß schwach sichtbar; Rammelkammer verborgen. Fraßfigur insgesamt verworren. – Abb. 482: *Hylurgops palliatus* GYLL., Gelbbrauner Fichtenbastkäfer; beachtenswert der stiefel-artige Anfang am einarmigen Längsgang. Larvengänge dicht u. wirr durcheinander. – Sämtl.: Orig.

Borkenkäfer: Nadelholz-Rindenbrüter II (Ipidae; Col.). *Ips typographus* L., Buch-drucker. Abb. 483: Vollendeter Brutfraß an Fichte (Bastseite der Rinde); Rammel-kammer verborgen. Rechts in der Fraßfigur gehäuft die Puppenwiegen und daneben der hirschgeweihförmige Reifungsfraß der Jungkäfer. – Orig.

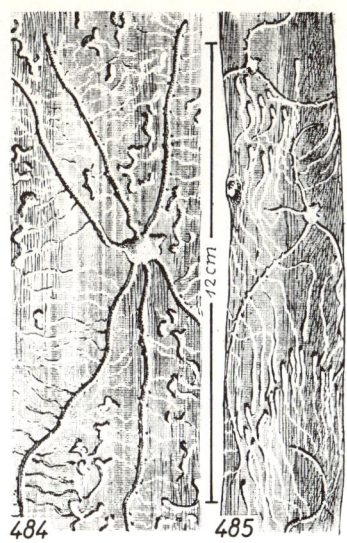

Borkenkäfer: Nadelholz-Rindenbrüter III (Ipidae; Col.). Abb. 484: *Ips amitinus* Eichh., Kleiner Buchdrucker; Brutfraßbild mit auf der Rinde sichtbarer Rammelkammer. – Abb. 485: *Pityogenes bidentatus* Hbst., Hakenzähniger Kiefernborkenkäfer; Brutfraß mit deutlicher Rammelkammer, in schwächerem Material vorkommend. – Beide Abb.: Orig.

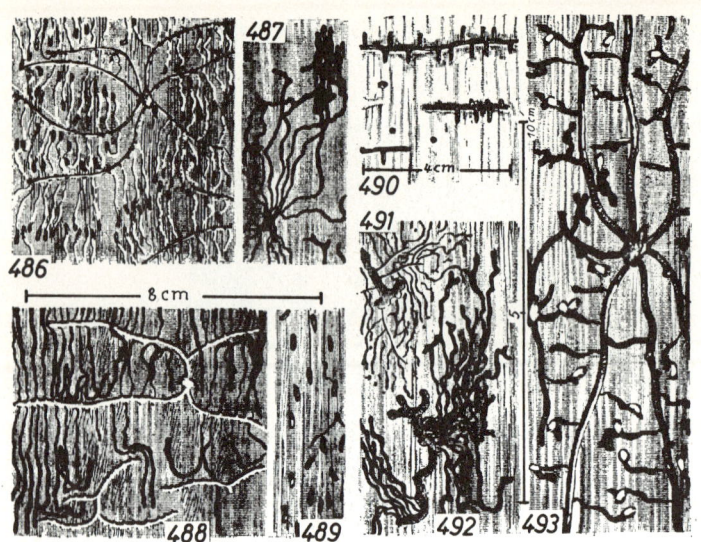

Borkenkäfer: Nadelholz-Rindenbrüter IV (Ipidae; Col.). Abb. 486: *Pityophthorus micrographus* GYLL., Furchenflügeliger Fichtenborkenkäfer; das im Splint scharf-kantig eingeschnittene Fraßbild mit deutlich sichtbarer Rammelkammer. – Abb. 487: *Cryphalus abietis* RATZEB., Gekörnter Fichtenborkenkäfer; Brutfraß; platzartiger Quer- oder Längsgang als Muttergang, gewundene Larvengänge mit anschließendem Ernährungsfraß. – Abb. 488: *Ips curvidens* GERM., Krummzähniger Weißtannen-borkenkäfer; Brutfraß, bei dem die Muttergänge teilweise eben erst begonnene Larvengänge zeigen. – Abb. 489: *Ips curvidens* GERM.; zahlreiche, bis 1 cm tief im Splint, meist in Faserrichtung liegende Puppenlager. – Sämtl.: Orig.

Nadelholz-Borkenkäfer: Holzbrüter – Rindenbrüter V (Ipidae; Col.). Holzbrüter (Pilzzüchter); Abb. 490: *Xyloterus lineatus* OL.; Nadelbaum-Nutzholzborkenkäfer; zwei Bruträhren mit Larvengängen («Leitersprossen») in Kiefernholz. – Rinden-brüter: Abb. 491: *Dryocoetes autographus* RATZEB., Zottiger Fichtenborkenkäfer; vollendeter Brutfraß in Fichtenrinde. Beachte: da ♀♀ ihre Eier gruppenweise am Ende des oft spornförmigen Mutterganges ablegen, sind die Larvengänge anfangs nicht getrennt; dendritische Gänge = Reifungsfraß der Jungkäfer. – Abb. 492: *Crypturgus pusillus* GYLL., Raumparasit des *Dryocoetes;* das vorliegende Fraßbild auf Fichten-rinde. – Abb. 493: *Ips acuminatus* GYLL., Sechszähniger Kiefernborkenkäfer; fast vollendetes Brutbild auf Kiefernrinde mit Hochzeitskammer und Puppenwiegen. Beachte: Larvengänge weit voneinander stehend. – Sämtl.: Orig.

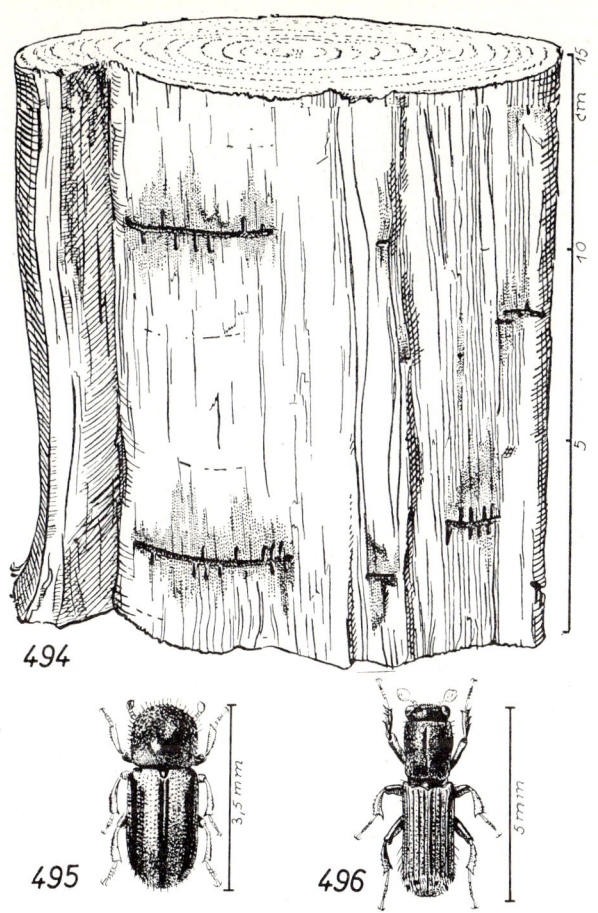

494

495   496

Nadelholzborkenkäfer (Ipidae) und Kernkäfer (Platypodidae; Col.). *Xyloterus lineatus* OL., Nadelbaum-Nutzholzborkenkäfer; Abb. 494: Stück eines Fichtenstammes mit den Mutter- und Larvengängen. Orig., nach BRAUNS (1952). – Abb. 495: Imago; dorsal. – Abb. 496: *Platypus cylindrus* FABR., Eichenkernkäfer; beachte: langgestreckter Habitus; platte Fühlerkeule u. ausgebuchtete Halsschildseite. Die letzten beiden Abb.: Orig.

Borkenkäfer: Nadelholz-Rindenbrüter VI (Ipidae; Col.). Abb. 497: *Ips cembrae*
Heer., Großer Lärchenborkenkäfer; vollendeter Brutfraß in Lärchenrinde mit Rammelkammer und rindenständigen Puppenlagern. Orig.

Borkenkäfer: Nadelholz-Rindenbrüter VII (Ipidae; Col.). *Myelophilus piniperda* L.,
Großer Waldgärtner: Abb. 498: Muttergang mit der krückstockartigen Anfangskrümmung bei einem gefällten Stamm. – Abb. 499: Ausschnitt aus einem nahezu
vollendeten Brutfraß mit den Puppenkammern in der Kiefernrinde; Fraßbild am
stehenden Stamm, daher Muttergang ohne «Krückstock». – Beide Abb.: Orig.

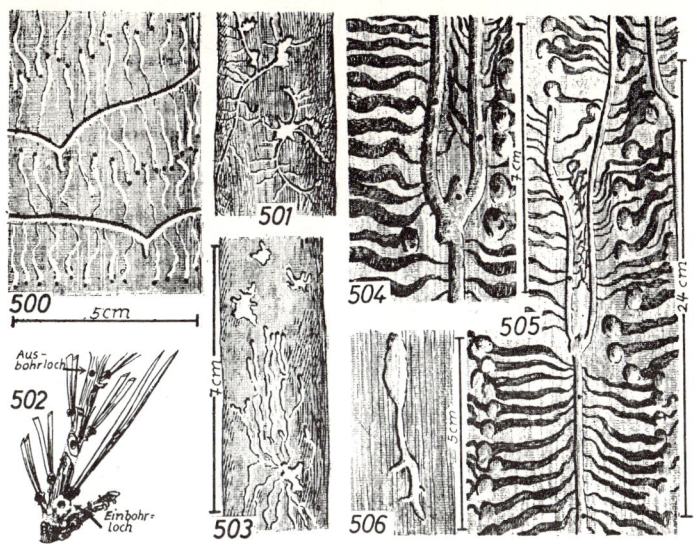

Borkenkäfer: Nadelholz-Rindenbrüter VIII (Ipidae; Col.). Abb. 500: *Myelophilus minor* Htg., Kleiner Waldgärtner; Ausschnitt aus Brutfraßbild in Kiefer (Splint tief furchend). – Abb. 501: *Pityophthorus glabratus* Eichh.; Brutfraßbild an schwachem Material, Fraßgänge das Holz tief furchend. – Abb. 502: *Myelophilus piniperda* L., Großer Waldgärtner; Regenerationsfraß in den vorjährigen Triebspitzen der Baumkronen. Beachte: Einbohrloch mit gelbem Harztrichter; ausgehöhlte Triebe = «Abbrüche». – Abb. 503: *Cryphalus piceae* Ratzeb.; Kleiner Tannenborkenkäfer; platzförmiger Muttergang mit radiär ausstrahlenden Larvengängen. Oben: Anfangsfraß; unten: vollendeter Brutfraß. – Sämtl. Abb.: Orig.

Borkenkäfer: Nadelholz-Rindenbrüter IX (Ipidae; Col.). *Ips sexdentatus* Boern., Zwölfzähniger Kiefernborkenkäfer: Abb. 504: vergrößerter Ausschnitt aus dem Brutfraßbild, um die geräumige Hochzeitskammer zu zeigen. – Abb. 505: Brutfraßbild mit den ineinandergreifenden Larvengängen von verschiedenen Muttergängen und mit den zahlreichen schüsselförmigen Puppenlagern in der Rinde. Beide Abb.: Orig. – Abb. 506: *Ips laricis* F., Vielzähniger Kiefernborkenkäfer; Muttergang (Splint). Gez. nach Koch (1932).

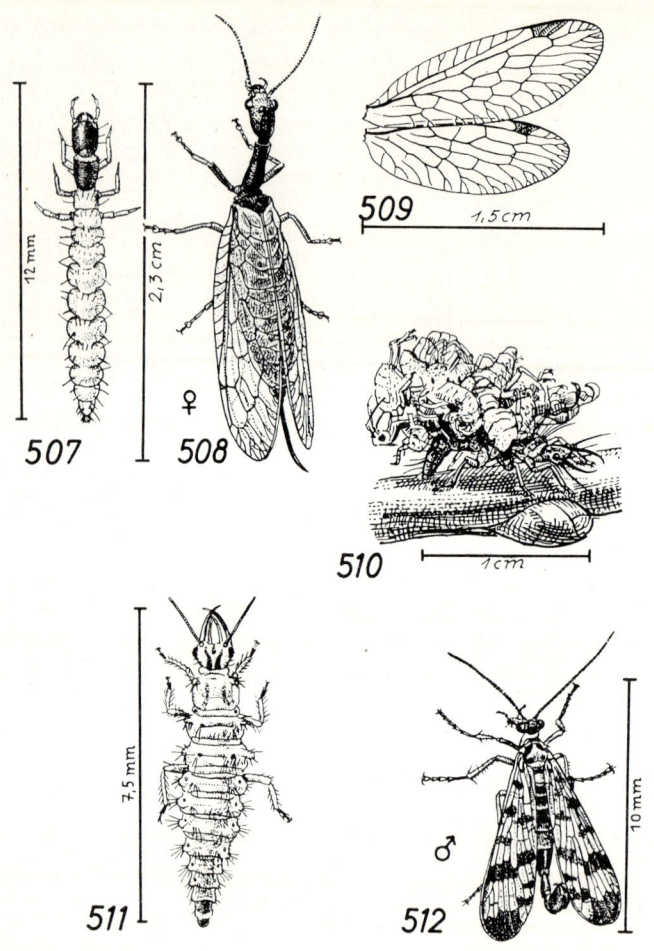

Netzflügler (Neuroptera). *Raphidia ophiopsis* SCHUM., Kamelhalsfliege (Raphidides):
Abb. 507: Larve; Abb. 508: Weibchen; beachte: Legeröhre; Abb. 509: rechtes Flügel-
paar. – Abb. 510: *Chrysopa* spec. (Chrysopid., Planipennia), Florfliegenlarve, kostü-
miert mit Blattlaushäuten, rechts: Kopf mit Saugzangen. – *Panorpa communis* L., gem.
Skorpionsfliege (Panorpid.; Mecopt.): Abb. 511: Larve; Abb. 512: Imago. – Sämtl.:
Orig.

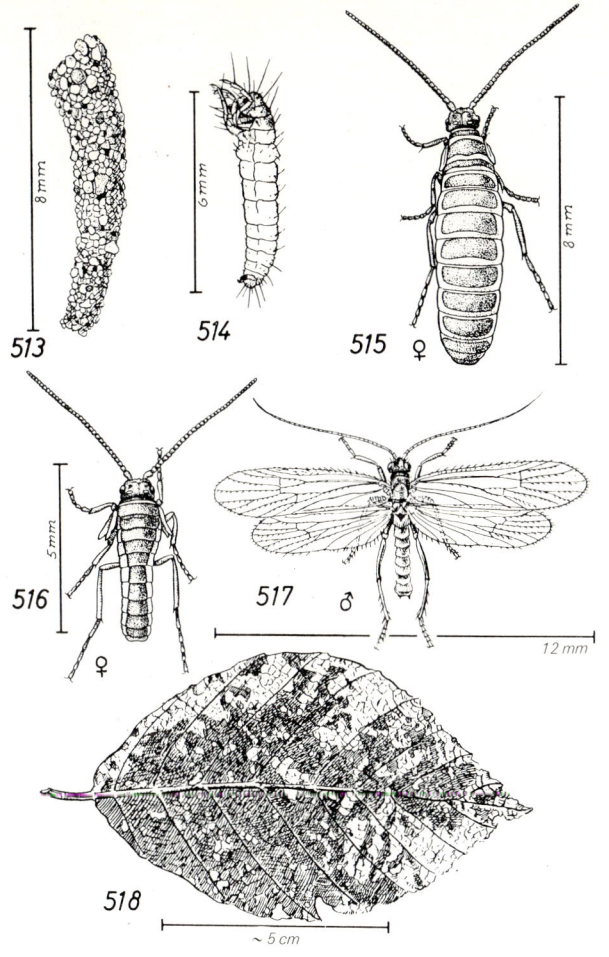

Terrestrische Köcherfliegenart (Trichoptera). *Enoicyla pusilla* Burm. (Limnephilid., Köcherjungfern): Abb. 513: Larvenköcher; Abb. 514: Larve, aus dem Köcher herauspräpariert. – Abb. 515: Weibchen, vor der Eiablage, Abb. 516: nach der Eiablage. – Abb. 517: Männchen. – Abb. 518: Fraßspuren der Larve am Buchenblatt aus der Fallaubschicht. – Weibchen u. Fraßbild: gez. nach Rathjen (1939); die übrigen Abb.: Orig.

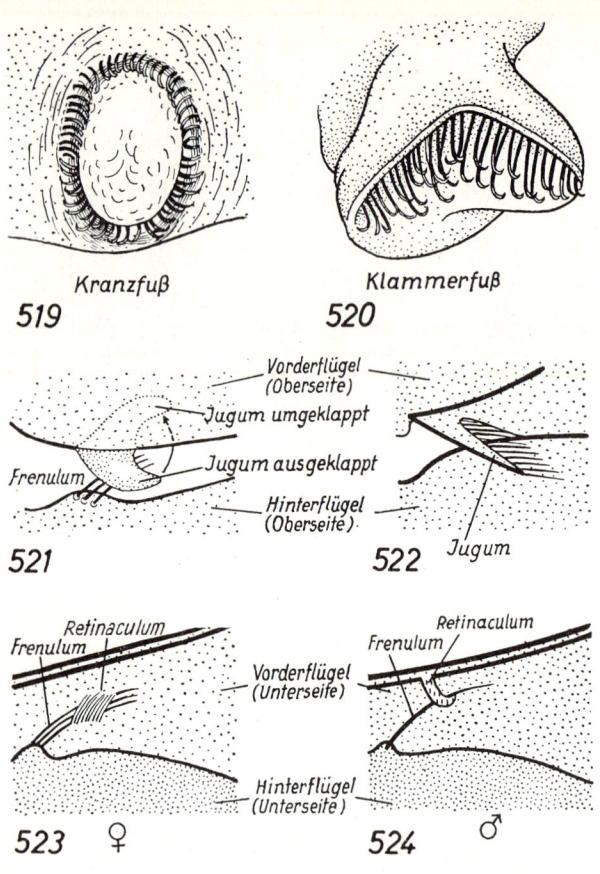

Kranzfuß
519

Klammerfuß
520

Vorderflügel (Oberseite)
Jugum umgeklappt
Jugum ausgeklappt
Frenulum
Hinterflügel (Oberseite)
521

Jugum
522

Retinaculum
Frenulum
Vorderflügel (Unterseite)
Hinterflügel (Unterseite)
523 ♀

Retinaculum
Frenulum
524 ♂

Systematische Differentialmerkmale bei Raupen und Schmetterlingen (Lepidoptera).
Stummelfüße der Lepidopteren-Larven (= Raupen): Abb. **519**: *Cossus cossus* L.,
Weidenbohrer (Cossid.); **Kranzfuß** (Pes coronatus). – Abb. **520**: *Eudia (= Saturnia)
pavonia* L., Kleines Nachtpfauenauge (Saturniid.); **Klammerfuß** (Pes semicoronatus). –
Beide Abb. nach BOURGOGNE aus GRASSÉ, entnommen HENNIG (1959). – Die wichtig-
sten Koppelungseinrichtungen der Flügel bei den Schmetterlingen (Abb. 522 nach
WEBER [1949], sonst nach HENNIG [1959]): Abb. **521**: *Micropteryx* spec. (Micro-
pterygid.; Urmotten; Jugatae); Koppelung «jugo-frenat». – Abb. **522**: *Hepialus* spec.
(Hepialid.; Wurzelbohrer; Jugatae); Koppelung «jugat». – Abb. **523** und Abb. **524**:
Choerocampa (= Hippotion) celerio L., Großer Weinschwärmer (Sphingid.); ♀ u. ♂;
Koppelung «frenat».

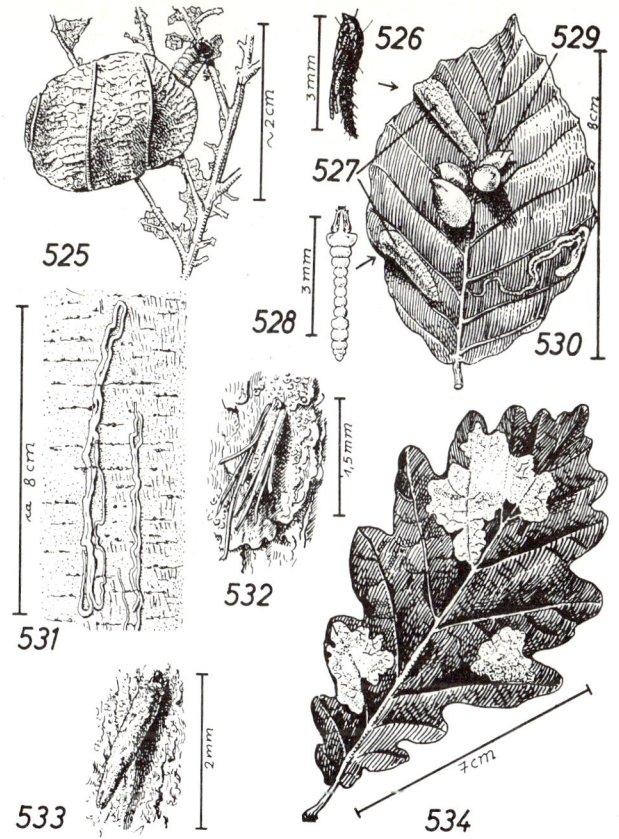

Verschiedene Mottenarten (Tineoidea; Frenatae; Lep.). Abb. 525: *Incurvaria* spec. (Incurvariid.; Miniersackmotten); Raupensäckchen mit Raupe in der Förna. Gez. nach einem Foto bei v. FRANKENBERG (1946). – *Lithocolletis faginella* ZLL. (Gracilariid.; Blatt-Tütenmotten); Abb. 526: Puppe lateral; Abb. 527: Faltenminen; Abb. 528: Larve, dorsal. – Abb. 529: Beutelgallen am Blatt von *Fagus silvatica* L., verursacht durch *Mikiola fagi* HART. (Cecidomyiid.; Diptera [Zweiflügler], häufige Begleitart). – Abb. 530: *Neptikula basalella* HS., Buchenminiermotte (Nepticulid.; Zwergmotten); Gangmine mit Kotspur des Räupchens. Sämtl.: Orig. – Abb. 531: *Ectoedemia liebwerdella* F. ZIMMERMANN, Buchenrindenminiermotte (Nepticulid.); Rindenminen an Rotbuche, links: ältere, längst verlassene Mine, die schon aufzuplatzen beginnt; rechts: jüngere Mine. Gez. nach einem Foto aus SCHÖNHERR (1957). – Abb. 532: *Fumea casta* PALL. Rauchsackspinner (Psychid., Sackträgermotten); Raupensäckchen. – Abb. 533: *Talaesporia tubulosa* RETZ. (Psychid.); Raupensäckchen. – Abb. 534: *Tischeria complanella* HB., Eichenminiermotte (Lyonetiid., Langhorn-Blattminiermotten); Blasenminen an Eichenblatt. – Sämtl. weiteren Abb.: Orig.

613

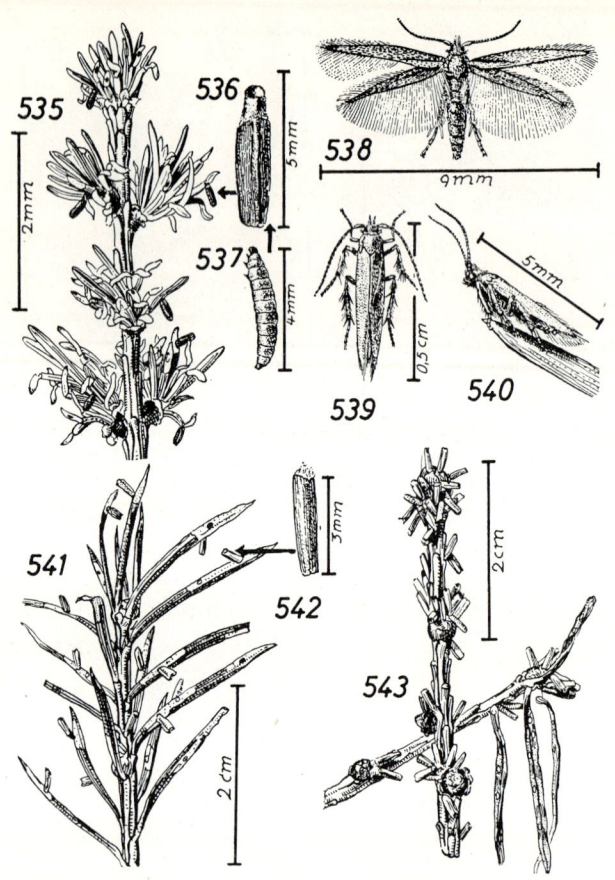

Lärchenminiermotte (Coleophora laricella Hb.; Coleophorid.; Lep.). Abb. 535: Befallsbild im Frühjahr (Mai); beachte: Verschonung der Langtriebe. – Abb. 536: Raupensäckchen, vergrößert; Abb. 537: Räupchen, vom Säckchen isoliert. – Abb. 538: Falter mit ausgebreiteten Flügeln; Abb. 539: Falter mit zusammengefalteten Flügeln; Abb. 540: Falter in typischer Sitzhaltung an der Spitze einer Lärchennadel. – Abb. 541: Befallsbild im Sommer (Juli/August). – Abb. 542: Raupensäckchen, vergrößert. – Abb. 543: Befallsbild im Winter mit den in den Säckchen überwinternden Räupchen. – Sämtl.: Orig.

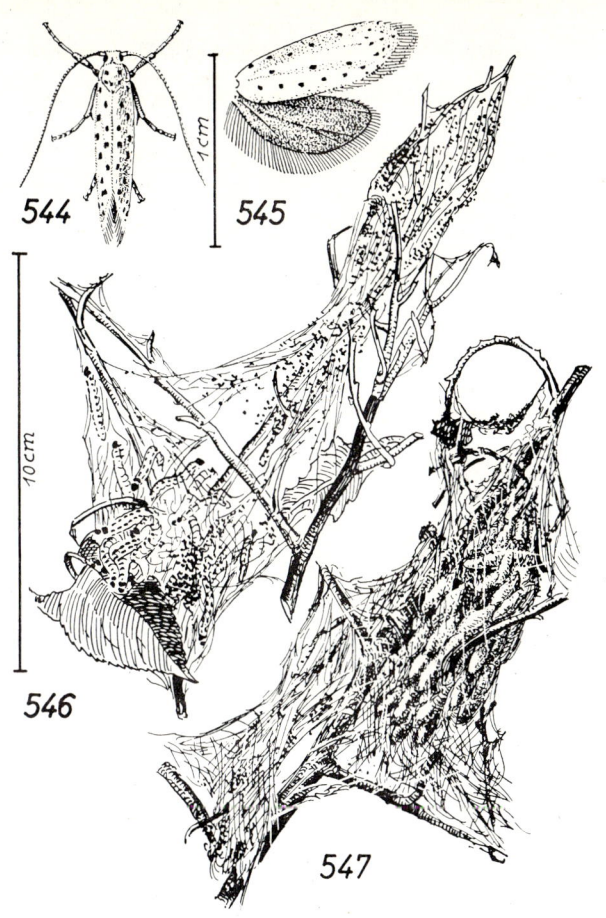

544

545

546

547

Gespinst-Motten (Hyponomeuta malinella Zll.; Hyponomeutid.; Lep.). Abb. **544:**
Falter, sitzend; Abb. **545:** rechtes Flügelpaar. – Abb. **546:** Räupchen in gemeinsamem
Gespinst. – Abb. **547:** Verpuppungsgemeinschaft. – Sämtl.: Orig.

[Fortsetzung von S. 616]
chens abgetöteter Lärchentrieb mit dem Ausschlupfloch des Falters (s. Pfeil); Abb. **557:**
Markfraßgang des Räupchens; vergrößert. Sämtl.: Orig. – *Prays curtisellus* Dup.,
Eschenzwieselmotte: Abb. **558:** Befallsbild an Esche nach Einbohren der Räupchen
der 2. Generation in die Terminalknospen des Triebs bei beginnendem Blattfall;
Fraß im nächsten Frühjahr u. a. im Trieb. Gez. nach Farbbild bei Eckstein (1933).

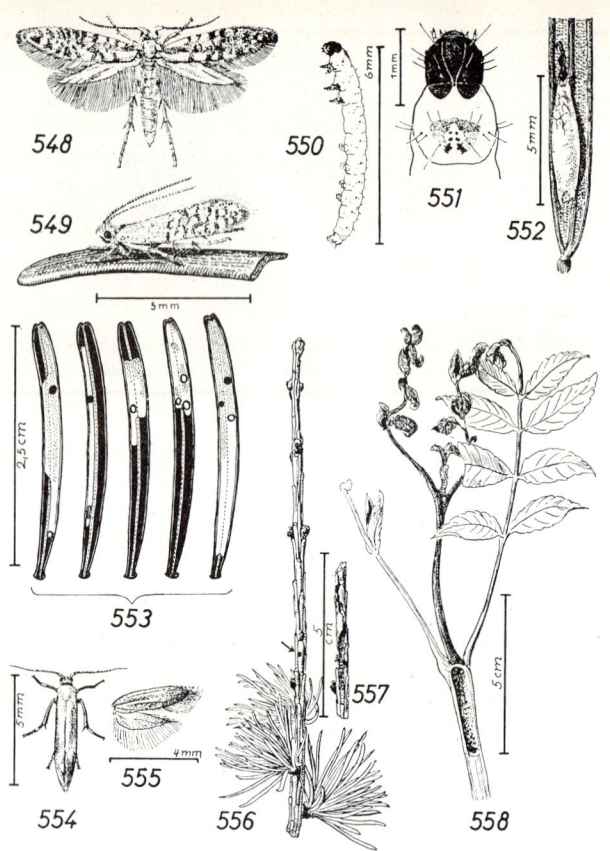

Forstlich beachtenswerte Gespinst-Motten (Hyponomeutid.; Lep.). *Argyresthia fundella* F.R., Tannennadelmotte: Abb. **548**: Falter mit ausgebreiteten Flügeln (Querstrichelchen auf den Vorderflügeln!); Abb. **549**: ruhender Falter auf einer Nadel. – Abb. **550**: verpuppungsreifes Räupchen, lateral; Abb. **551**: vergr. dorsale Aufsicht auf Kopfkapsel und gekörntes Halsschild der Raupe; Abb. **552**: vom Falter verlassener Puppenkokon, oben die letzte Larvenhaut mit der Kopfkapsel. – Abb. **553**: Minen in Nadeln von *Abies nordmanniana* SPACH., Fraßzeit: Mai; schematisch. Dabei ist unbefressenes Palisadenparenchym jeweils schwarz, die Mine weiß gehalten; die Ablagerung der Kotkrümelchen wurde durch Punktierung markiert. Wenn Nadel keinerlei Kotkrümelchen im Innern der Mine aufweist, sind die Exkremente nach dem Einbohren in eine neue Nadel zunächst durch das Einbohrloch nach außen abgegeben. Das verschlossene Einbohrloch ist stets schwarz gezeichnet; gelegentlich wird das Einbohrloch nicht mit einem Seidengespinst verschlossen oder aber das Räupchen verläßt die Mine sogar durch die Einbohröffnung. Sämtl. Zeichnungen: Orig., nach BRAUNS (1952). – *Argyresthia laevigatella* H.S., Lärchentriebmotte: Abb. **554**: Falter, sitzend; Abb. **555**: rechtes Flügelpaar. – Abb. **556**: durch die Fraßtätigkeit des Räup-

[Fortsetzung S. 615]

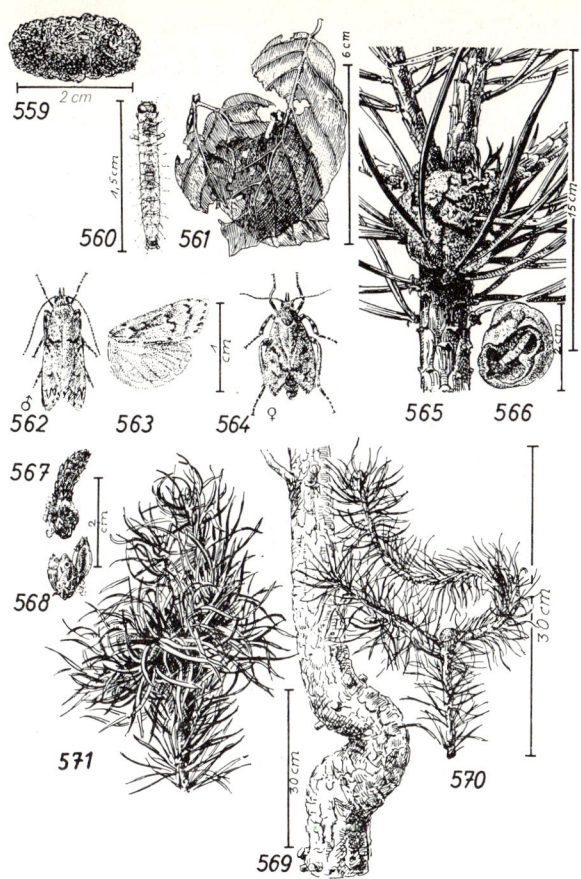

Glasflügler; Buchenmotte und Nadelholz-Wickler I (Lep.). *Trochilium apiforme* CL., Hornissenglasschwärmer (Sesiid.; Glasflügler): Abb. 559: Puppenkokon. – *Chimabacche fagella* F., «Sängerin», Buchenmotte (Oecophorid.): Abb. 560: Räupchen mit keulenförmig verdickten Metathorakalbeinen; Abb. 561: Blattnest mit Räupchen; Abb. 562: Männchen (normalflügelig), Abb. 563: rechtes Flügelpaar; Abb. 564: Weibchen (kurzflügelig). – **Tortricidae** (Wickler): *Evetria resinella* L., Kiefernharzgallenwickler; Abb. 565: Harzgalle unterhalb des Knospenquirls; Abb. 566: zweikammerige Galle, aufgeschnitten, mit Räupchen. – *Evetria turionana* HBN., Kiefernknospenwickler: Abb. 567: von einem Räupchen dieser Art befallene Knospe, im Wachstum zurückbleibend, mit typischem Harzaustritt. – *Evetria buoliana* SCHIFF., Kiefernknospentriebwickler: Abb. 568: ausgefressene Knospen, mit Ausbohrloch (in der Mitte) bzw. angeschnitten gedacht mit Räupchen. – Abb. 569: Posthornbildung; Ausschnitt aus einem befallenen Stamm, der noch in späteren Jahren als Fraßfolge die Beschädigungen durch die **buoliana**-Raupe erkennen läßt. – Abb. 570: Posthornbildung an einer etwa 12jährigen Kiefer, also die anfänglichen Verbildungserscheinungen nach **buoliana**-Fraß zeigend. – Abb. 571: Büschelbildung nach Zerstörung fast aller normalen

[Fortsetzung auf S. 618]

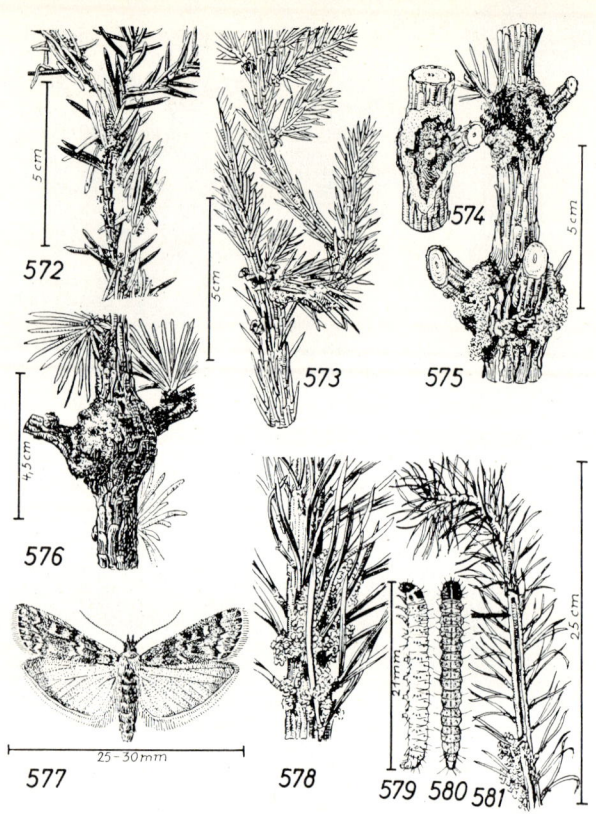

Nadelholz-Wickler II und Zünsler (Lep.). Tortricidae (Wickler): *Epiblema tedella* CL., Fichtennestwickler; Abb. **572**: zu einem Nest versponnene Nadeln mit Kotkrümeln. – *Cacoecia histrionana* FROEL., Fichtentriebwickler; Abb. **573**: Deformation eines Fichtentriebes nach *histrionana*-Fraß. – *Laspeyresia pactolana* ZELL., Fichtenrindenwickler; Abb. **574**: Fraßgänge freigelegt; Abb. **575**: Abschnitt einer schlechtwüchsigen, an den Quirlen stark befallenen Fichte; charakteristisch das mit den Kotkrümeln zu braunen Klumpen vermischte Harz. – *Laspeyresia zebeana* RATZ., Lärchengallenwickler; Abb. **576**: Ausschnitt aus einem Lärchenzweig mit einer Anschwellung (Galle), verursacht durch den Fraß einer *zebeana*-Raupe. – **Pyralidae** (Zünsler): *Dioryctria abietella* SCHIFF., Fichtenzapfenzünsler; Abb. **577**: Imago, mit ausgebreiteten Flügeln. – Triebfraß in Kiefer: Abb. **578**: vergrößerter Ausschnitt aus einer Befallsstelle; Abb. **579**: Räupchen, lateral; Abb. **580**: Räupchen, dorsal; Abb. **581**: Wipfeltrieb einer jungen Kiefer, aufgeschnitten, um das Auswurfsloch für die Kotkrümel zu zeigen. – Sämtl.: Orig.

[Fortsetzung von S. 617]
Knospen u. Triebe durch den Kiefernknospentriebwickler. Ähnliches Erscheinungsbild gegeben nach Befall von *Evetria turionana* (s. oben) oder von *Evetria duplana* HB., Kieferntriebwickler. Sämtl.: Orig.

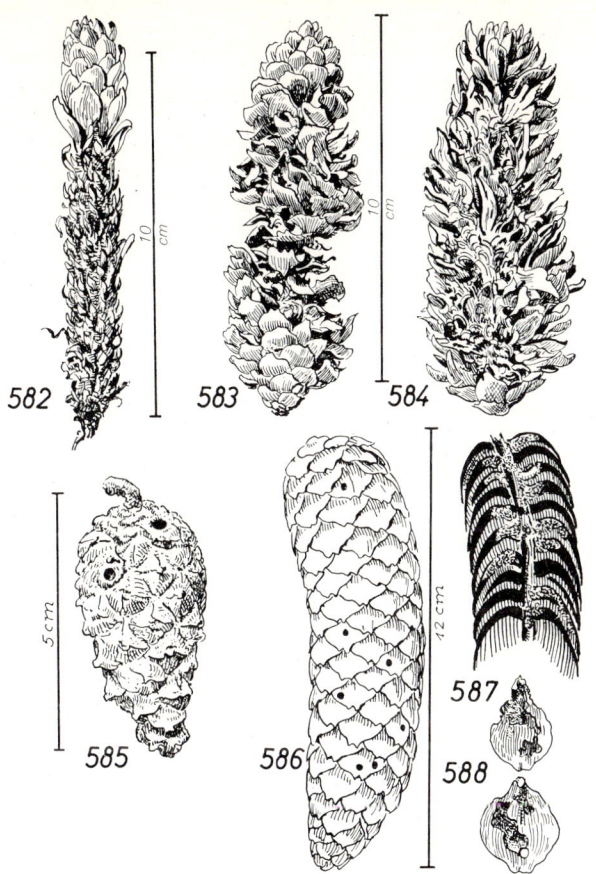

Differentialmerkmale der Zapfenverletzungen I. Abb. **582**: vom Eichhörnchen (*Sciurus vulgaris* L.) benagter Fichtenzapfen. – Abb. **583**: vom Fichtenkreuzschnabel (*Loxia curvirostra* L.) bearbeiteter Fichtenzapfen. – Abb. **584**: vom Großen Buntsprecht (*Dryobates major* L.) zerhackter Fichtenzapfen. – Abb. **585**: vom Jungkäfer des Kiefernzapfen-Rüßlers (*Pissodes validirostris* GYLL.; Curculion.; Col.) durch kreisrundes Ausschlupfloch verlassener Kiefernzapfen. – Sämtl.: Orig. – *Ernobius abietis* F., Fichtenzapfen-Klopfkäfer (Anobiid.; Col.): Abb. **586**: stark befallener Fichtenzapfen mit den Schlupflöchern der Käfer. – Abb. **587**: Längsschnitt durch das untere Ende eines befallenen Fichtenzapfens; Larvengänge dabei freigelegt. – Abb. **588**: Larvengänge in der Unterseite einzelner Zapfenschuppen (beachte: kein Samenfraß). – Diese letzten Zeichn. in Anlehnung an RIECK u. VITÉ (1953), aber teils stark verändert.

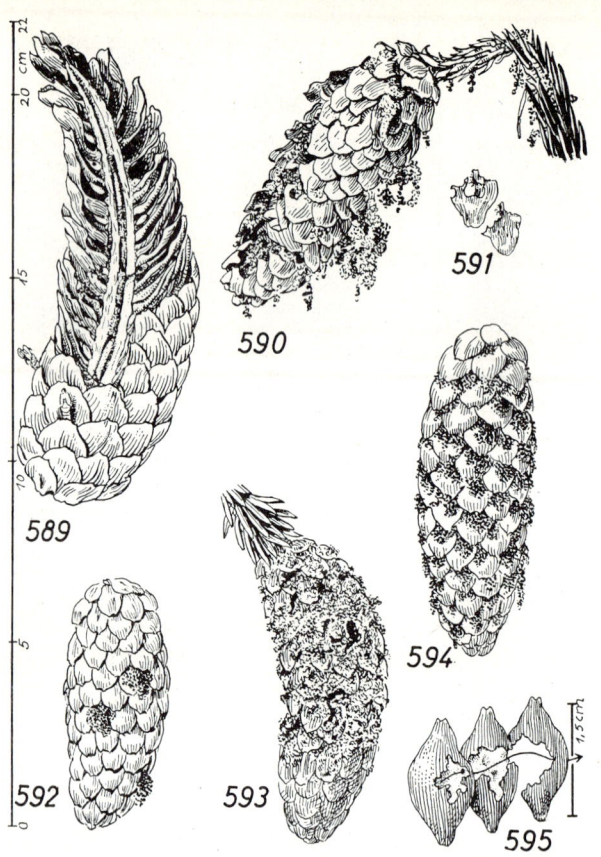

Differentialmerkmale der Zapfenverletzungen II. Abb. **589:** *Laspeyresia strobilella* L.,
Fichtenzapfenwickler (Tortricid.; Lep.); beachte: geselliger Fraß der Räupchen in der
Zapfenspindel, auch an den Schuppen u. Samen; unten am Zapfen Puppenhülsen erkennbar; weiterhin auffällig: Harzfluß; keine Kotkrümel. – Abb. **590:** *Dioryctria
abietella* SCHIFF.; Fichtenzapfenzünsler (Pyralid.; Lep.); Befallsmerkmale: Zapfen
außen mit zahlreichen Kotkrümeln, «ankerförmiges» Fraßbild an den Schuppen
(Abb. **591**), Samenfraß, Verschonung der Spindel. – Abb. **592:** *Eupithecia abietaria*
GOEZE, Fichtenzapfenspanner (Geometr.; Lep.); Befallskennzeichen: äußerlich braunrote Exkremente in wenigen Häufchen; Räupchen sehr ähnl. einer verwandten Art
(siehe Abb. **594**). – Abb. **593:** *Semasia diniana* GN., Grauer Lärchenwickler (Tortricid.;
Lep.); Befallsbild an einem Fichtenzapfen (außerhalb des Alpengebietes): vornehmlich
äußere Benagung des Zapfens (anschließend gelegentl. in den Zapfen eindringend:
hier Einbohrloch in der Mitte oben). – Abb. **594:** *Eupithecia strobilata* HB. (Geometr.;
Lep.); Differentialmerkmale des Zapfenbefalls gegenüber der nahverwandten Art
(Abb. **592**): zahlreiche Kothäufchen an den Schuppenrändern. – Abb. **595:** drei Zapfenschuppen von einer jungen *strobilata*-Raupe befressen. – Sämtl.: Orig.; die letzten
beiden Zeichn. nach SPESSIVTSEFF (1924) aus ESCHERICH (1931).

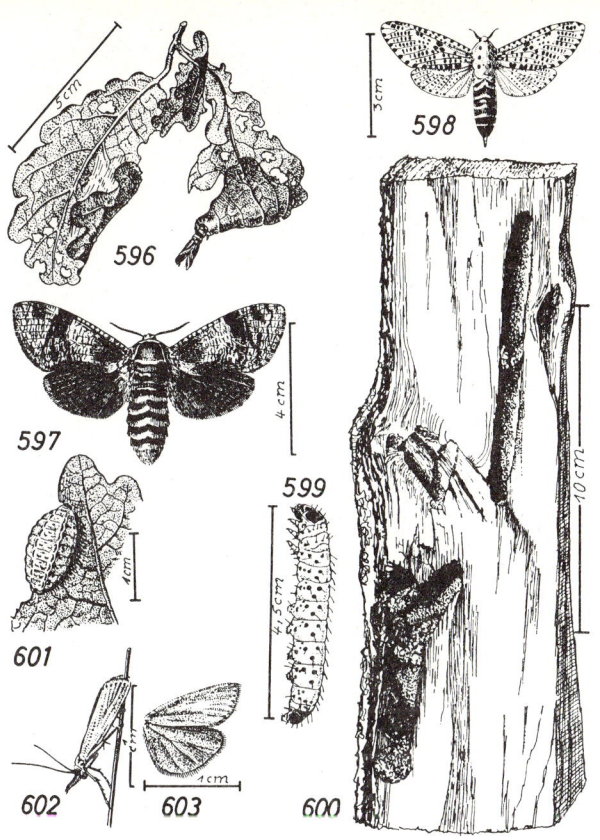

Laubholz-Wickler, Holzbohrer, Schildmotte u. Zünsler (Lep.). Abb. 596: *Tortrix viridana* L., Grüner Eichenwickler (Tortric.); Lochfraß an Eichenblättern (links) durch ältere Einhäuter-Raupen; Blattwickel der Zweihäuter (rechts in vollendeter Form) mit hervorgeschobener Puppenhülse. – Abb. 597: *Cossus cossus* L., Weiden-bohrer (Cossid.); Imago. – Abb. 598: *Zeuzera pyrina* L., Blausieb (Cossid.); Weibchen (Skizze zur Demonstration der Flügelzeichnung). – Abb. 599: Blausieb-Raupe. – Abb. 600: Fraßgang der *Zeuzera*-Raupe in Kirsche. – Abb. 601: *Cochlidion limacodes* Hfn., Große Schildmotte (Cochlidiid.; Zygaenoidea); nacktschneckenähnl. Räup-chen auf einem Eichenblatt. – Abb. 602: *Crambus culmellus* L.([Grasmotte] Pyralid.); Imago in typischer Haltung an Riesenschwingel. – Abb. 603: rechts Flügelpaar des Falters. – Sämtl.: Orig. (Abb. 600 nach Brauns [1951]).

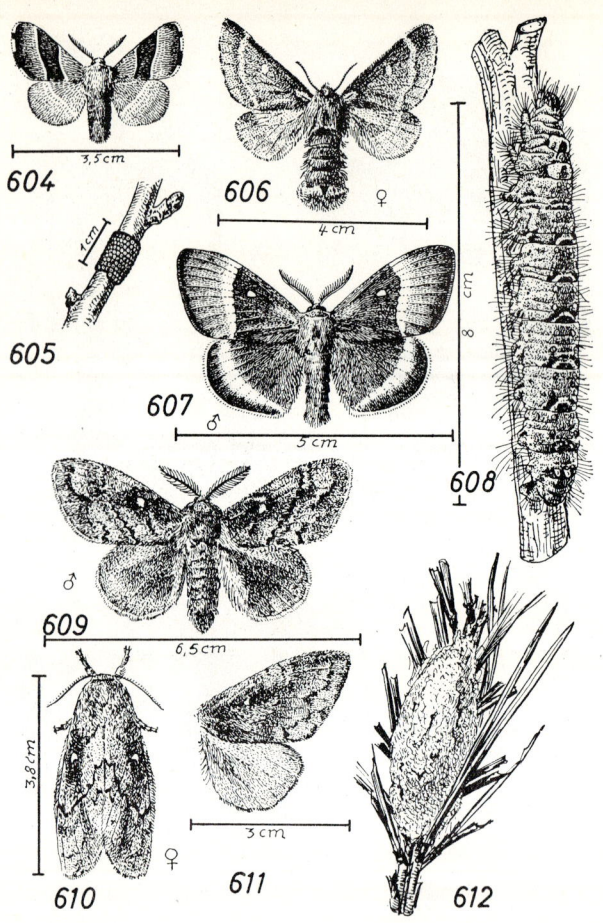

Glucken (Lasiocampidae; Lep.). Abb. 604: *Malacosoma neustria* L., Ringelspinner; Imago; Abb. 605: Eigelege. – Abb. 606: *Eriogaster lanestris* L., Birkennestspinner; Weibchen. – Abb. 607: *Lasiocampa quercus* L., Eichenspinner; Männchen. – Abb. 608: *Gastropacha quercifolia* L., Kupferglucke; Raupe. – *Dendrolimus pini* L., Kiefernspinner: Abb. 609: Männchen mit ausgebreiteten Flügeln; Abb. 610: Weibchen in typischer, sitzender Haltung; Abb. 611: rechtes Flügelpaar, ausgebreitet; Abb. 612: Verpuppungs-Kokon in der Krone des befallenen Stammes, gleichzeitig das Fraßbild der Altraupen zeigend. Sämtl.: Orig.

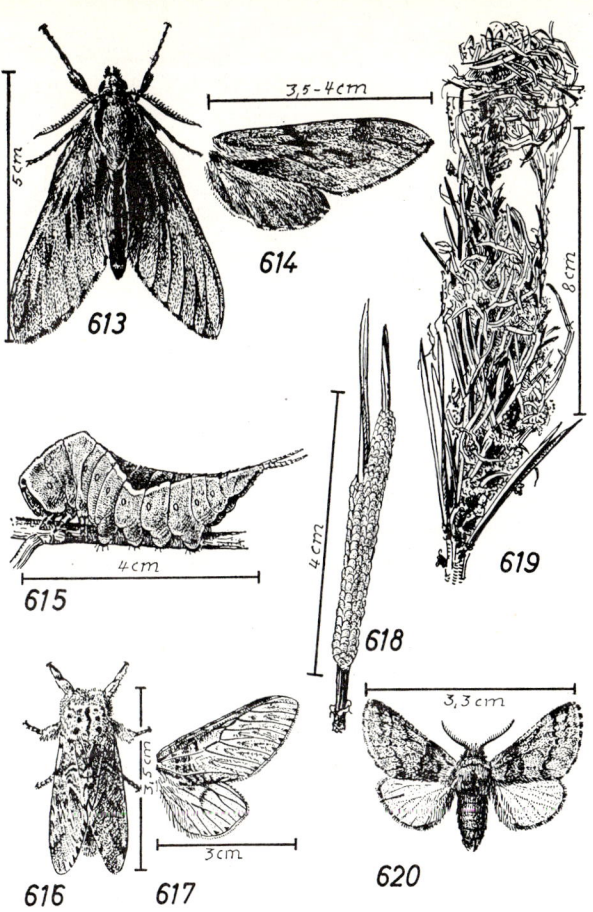

Schwärmer, Zahn- und Prozessionsspinner (Lep.). *Hyloicus pinastri* L., Kiefern-
schwärmer (Sphingid.): Abb. 613: Falter in der typischen Ruhestellung; Abb. 614:
Flügelpaar, ausgebreitet. – *Dicranura vinula* L., Großer Gabelschwanz (Notodontid.):
Abb. 615: Raupe (beachte: zweispitzige Schwanzgabel); Abb. 616: Imago, sitzend;
Abb. 617: rechtes Flügelpaar, ausgebreitet. – *Thaumatopoea pinivora* Tr., Kiefern-
prozessionsspinner: Abb. 618: «rohrkolbenartige» Eiablage; Abb. 619: «Raupennest»
(in dem die Raupen gesellig anzutreffen sind); Abb. 620: Imago, Flügel gespannt. –
Sämtl.: Orig.

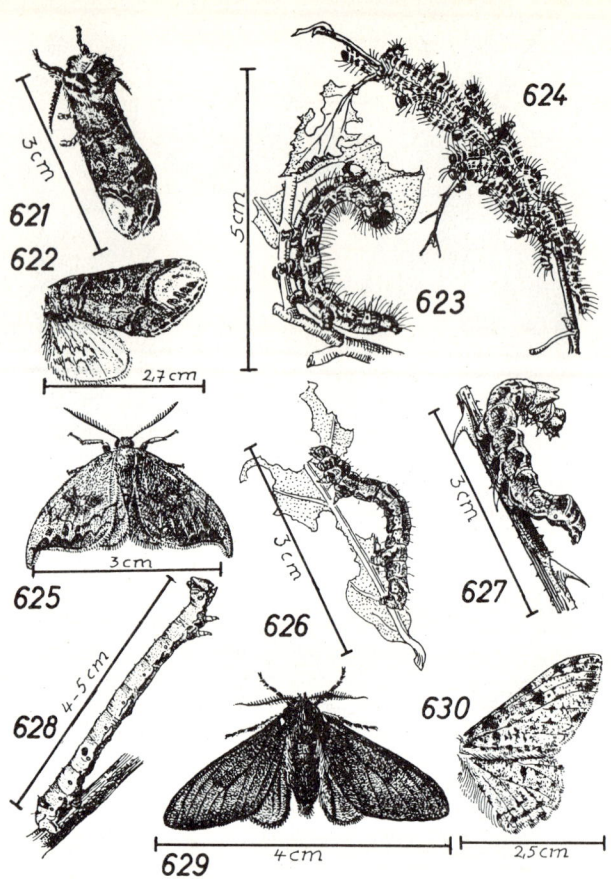

Zahn-, Wollrückenspinner, Sichelflügler und Spanner (Lep.). *Phalera bucephala* L., Mondvogel (Notodontid., Zahnsp.): Abb. 621: Imago in Ruhestellung; Abb. 622: rechtes Flügelpaar, ausgebreitet; Abb. 623: Altraupe, in typ. Klammerstellung beim Fraß; Abb. 624: Jungraupen, gesellig. – Abb. 625: *Drepana harpagula* ESP. (Drepanid., Sichelflügler); Imago sitzend; beachte: sichelförmig vorgezogene Vorderflügel-Spitzen. – Abb. 626: *Boarmia bistortata* GOEZE, Lärchenbaumspanner (Geometr.); vollwüchsige Raupe, beachte: aufgetriebenes, drittes Segment, doppelte dunkle Medianlinie. – Abb. 627: *Thyatira batis* L., Brombeereule (Cymatophorid.; Wollrückenspinner); Raupe; beachte: vorn den zweispitzigen Höcker, auf den mittleren und am 11. Segment jeweils den stumpfen Höcker u. die typ. hier dargestellte Ruhestellung. – *Biston betularius* L., Großer Birkenspanner (Geometr.): Abb. 628: Raupe in charakteristisch. Spannerstellung; Abb. 629: Falter in der jetzt vorherrschenden, dunklen Mutante; Abb. 630: rechtes Flügelpaar der hellen Nominatform (seltener geworden). – Sämtl.: Orig.

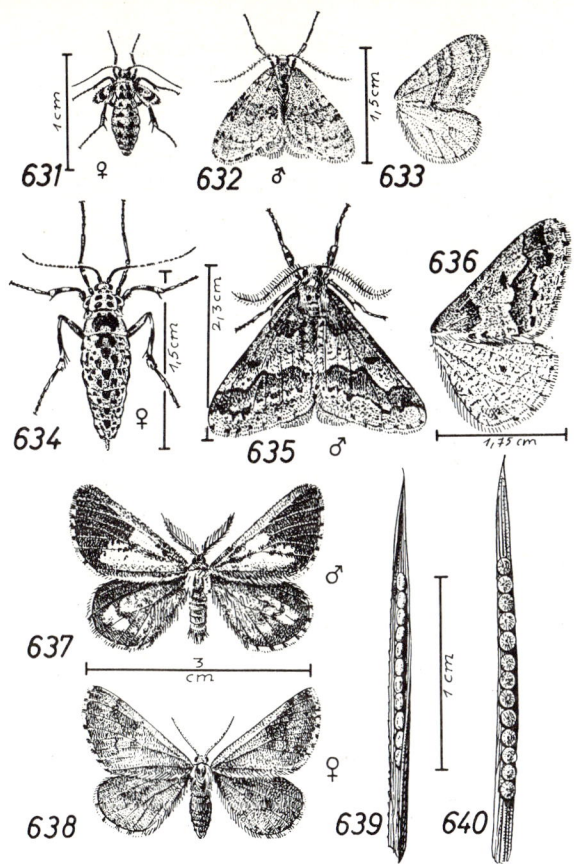

Laub- und Nadelholz-Spanner (Geometrid.; Lep.). *Cheimatobia brumata* L., Kleiner Frostspanner: Abb. 631: Weibchen (mit Flügelstummeln); Abb. 632: Männchen, Abb. 633: rechtes Flügelpaar. – *Hibernia defoliaria* Cl., Großer Frostspanner: Abb. 634: Weibchen (flügellos, beachte: zugespitztes Abdomen); Abb. 635: Männchen, Abb. 636: rechtes Flügelpaar. – *Bupalus piniarius* L., Kiefernspanner: Abb. 637: Männchen, Abb. 638: Weibchen; Abb. 639: einreihige Eizeile an alter Nadel. – Zum Unterschied gegenüber der Spanner-Eiablage im gleichen Biotop: Abb. 640: einreihige Eizeile von *Panolis flammea* SCHIFF., Forleule (Noctuid.). – Sämtl.: Orig.

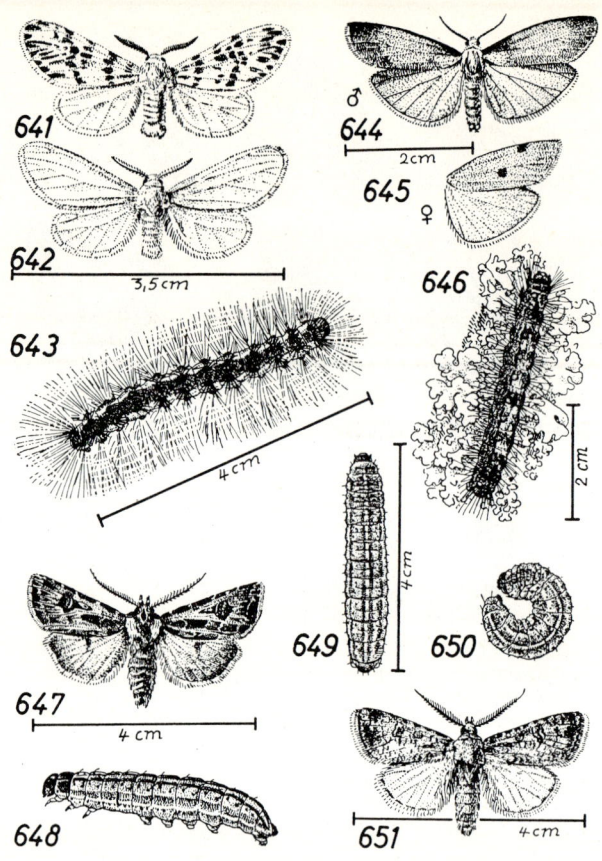

Bärenspinner und Eulen (Lep.). *Hyphantria cunea* DRURY, Weißer Bärenspinner
(Arctiid.): Abb. 641: Falter, gefleckte *(cunea-)*Form; Abb. 642: Falter, weiße Form
(früher als *Hyph. textor* HARRIS beschrieben); Abb. 643: erwachsene Raupe (beachte:
warzenständige, leicht ausfallende Behaarung). – *Oeonistis quadra* L., Flechten- oder
Stahlspinner (Arct.): Abb. 644: Männchen, Abb. 645: Weibchen, rechtes Flügelpaar;
Abb. 646: erwachsene Raupe auf Baumflechten; beachte: die dunklen Dorsalflecken. –
Agrotis vestigialis ROTT., Kiefernsaateule (Noctuid.): Abb. 647: Falter; Abb. 648:
Raupe, Lateralansicht. – *Agrotis segetum* SCHIFF., Wintersaateule (Noctuid.):
Abb. 649: Raupe, dorsal, Abb. 650: typ. eingerollte Raupe, wie man sie im Freiland
finden kann. – Abb. 651: Falter. – Sämtl.: Orig.

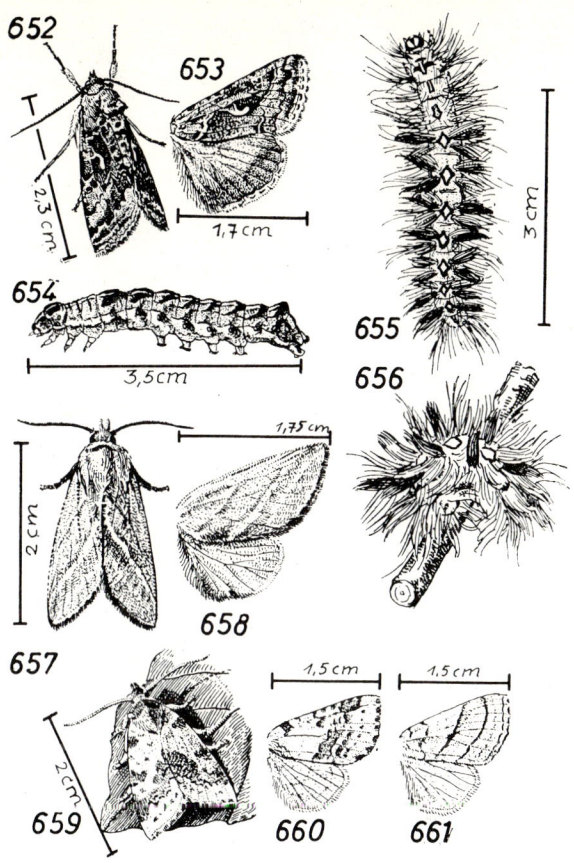

Eulen (Noctuidae; Lep.). Abb. 652: *Plusia gamma* L., Gammaeule; sitzender Falter; Abb. 653: rechtes Flügelpaar, ausgebreitet, um den silbernen Makel zu zeigen. – Abb. 654: *Mamestra persicariae* L., Flohkrauteule; Raupe, lateral, um auf die auffallenden dunklen Schrägflecken aufmerksam zu machen. – Abb. 655: *Acronycta aceris* L., Ahorneule; Raupe, dorsal (beachte: segmentale, weiße, schwarzgesäumte rautenförmig. Dorsalflecken); Abb. 656: Feldkennzeichen der Ahorneulen-Raupen; fest an Zweigen sitzend. – Abb. 657: *Hylophila prasinana* L., Buchenkahneule; Falter sitzend; Abb. 658: Flügelpaar, ausgebreitet. – Abb. 659: *Xanthia lutea* STRÖM.; Falter, sitzend; Abb. 660: rechtes Flügelpaar, ausgebreitet, um den breiten, braunen Querstreifen im Vorderflügel zu zeigen, zum Unterschied von *Xanthia citrago* L., bei der im Vorderflügel 2 feine, rostrote Querstreifen dominieren (Abb. 661). – Sämtl.: Orig.

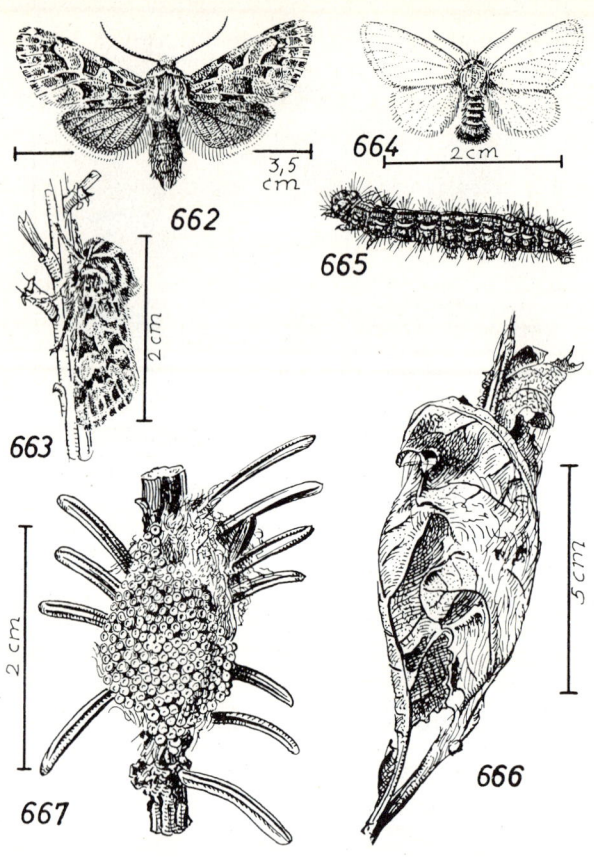

Forleule (Noctuid.), Goldafter und Schlehenspinner (Lymantriid.; Lep.). *Panolis flammea* SCHIFF., Forleule: Abb. **662:** Falter, mit ausgebreiteten Flügeln; Abb. **663:** Falter, sitzend; Eigelege: siehe Abb. 640; Raupe: siehe Abb. 92. – *Euproctis chrysorrhoea* L., Goldafter: Abb. **664:** Männchen; Abb. **665:** Raupe; dorsolateral; Abb. **666:** Raupennest. – *Orgyia antiqua* L., Schlehenspinner: Abb. **667:** Eiablage des Weibchens auf dem Verpuppungsgespinst (an Fichte). – Sämtl.: Orig.

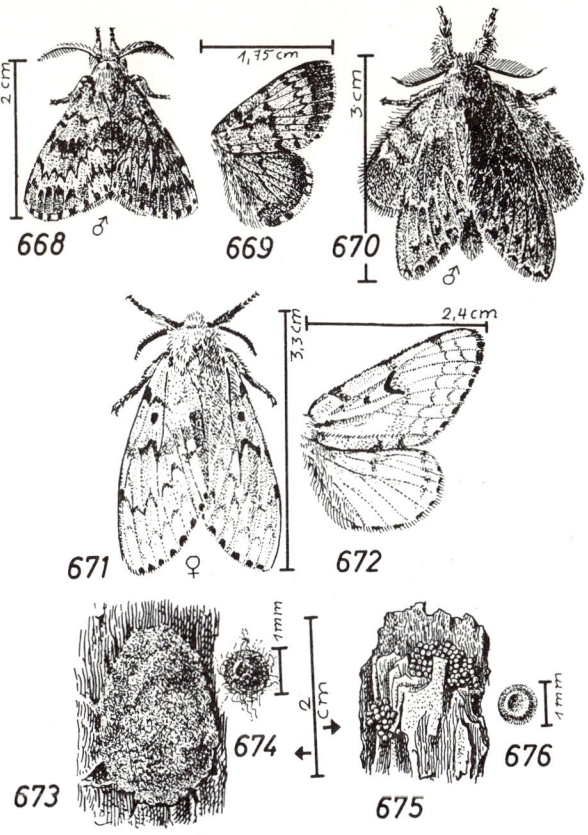

Schwammspinner (Lymantriidae; Lep.). Lymantria dispar L. Abb. 668: Männchen, in Ruhestellung; Abb. 669: rechtes Flügelpaar, ausgebreitet; Abb. 671: Weibchen, sitzend; Abb. 672: rechtes Flügelpaar, ausgebreitet. – Gelegentlich verwechselt mit dem Schwammspinner-♀ wird: Abb. 670: *Stauropus fagi* L., Buchenspinner (Notodontid.), Männchen, sitzend. – Auch die Eiablage des Schwammspinners wird bisweilen nicht richtig angesprochen; Abb. 673: Eiablage von *Lymantria dispar*, mit braunen Haaren des weiblichen Abdomens bedeckt; Abb. 674: einzelnes Ei, vergr. – Abb. 675: Eihaufen von *Lymantria monacha* L., Nonne, unter borkigen Rindenschuppen; Abb. 676: einzelnes Ei, vergr. – Sämtl.: Orig.

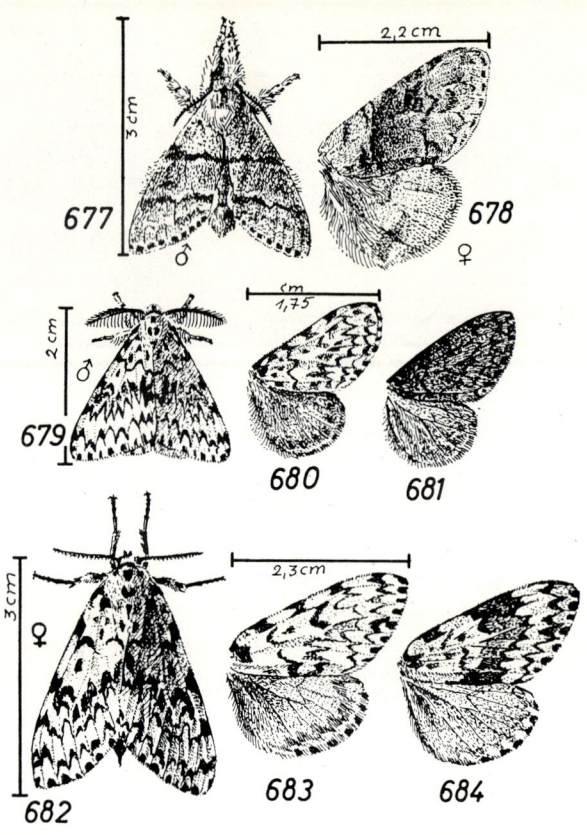

Buchenrotschwanz und Nonne (Lymantriid.; Lep.). *Dasychira pudibunda* L.: Abb. 677: Männchen in typischer Ruhestellung; Abb. 678: rechtes Flügelpaar des Weibchens. – *Lymantria monacha* L.: Abb. 679: Männchen am Stamm sitzend: Flügelbegrenzungen ein gleichseitiges Dreieck bildend; Abb. 680: rechtes Flügelpaar, ausgebreitet; Abb. 681: rechtes Flügelpaar der melanen Färbungsvarietät *eremita* O.; Abb. 682: Weibchen am Stamm sitzend: Flügelbegrenzungen ein gleichschenkliges Dreieck bildend; Abb. 683: rechtes Flügelpaar dieser Färbungsvariante und Abb. 684: rechtes Flügelpaar einer dunkleren Form. – Sämtl.: Orig.

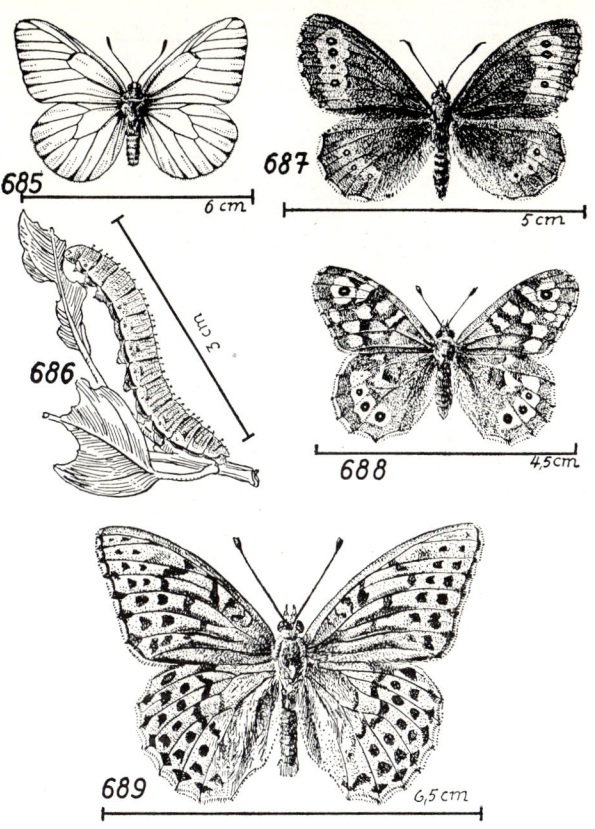

Tagfalter I (Rhopalocera; Lep.). Pieridae (**Weißlinge**): Abb. 685: *Aporia crataegi* L.,
Baumweißling; Falter. – Abb. 686: *Gonepteryx rhamni* L., Zitronenfalter; Raupe. –
Satyridae (**Augenfalter**): Abb. 687: *Erebia ligea* Esp., Mohrenfalter; Imago. – Abb. 688:
Pararge aegeria L. *egerides* Stgr., Falter. – Nymphalidae (**Edelfalter**): Abb. 689:
Argynnis paphia L., Kaisermantel; Falter. – Sämtl.: Orig. [Farbige Darstellung der
Entwicklungsstadien des Zitronenfalters: Abb. 967 ff. – Orig.]

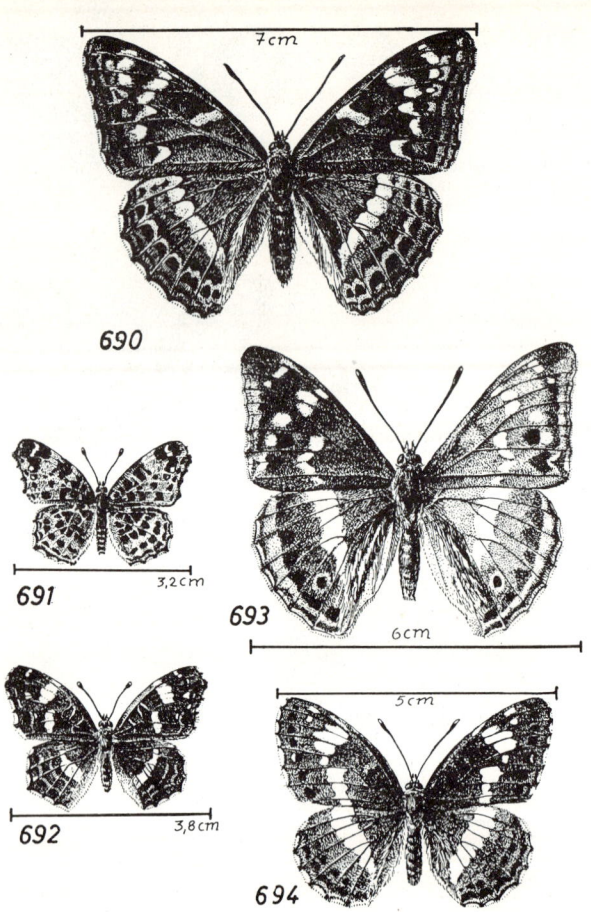

7cm

690

3,2cm

691

693

6cm

692

3,8cm

5cm

694

Tagfalter II (Rhopalocera; Lep.). Nymphalidae (**Edelfalter**): Abb. 690: *Limenitis populi* L., Großer Eisvogel. – *Araschnia levana* L., Landkärtchen: Abb. 691: Falter der Frühjahrsgeneration, Abb. 692: Sommerform (von LINNÉ als *A. prorsa* bezeichnet). – Abb. 693: *Apatura iris* L., Großer Schillerfalter. – Abb. 694: *Limenitis camilla* L., Kleiner Eisvogel. – Sämtl.: Orig.

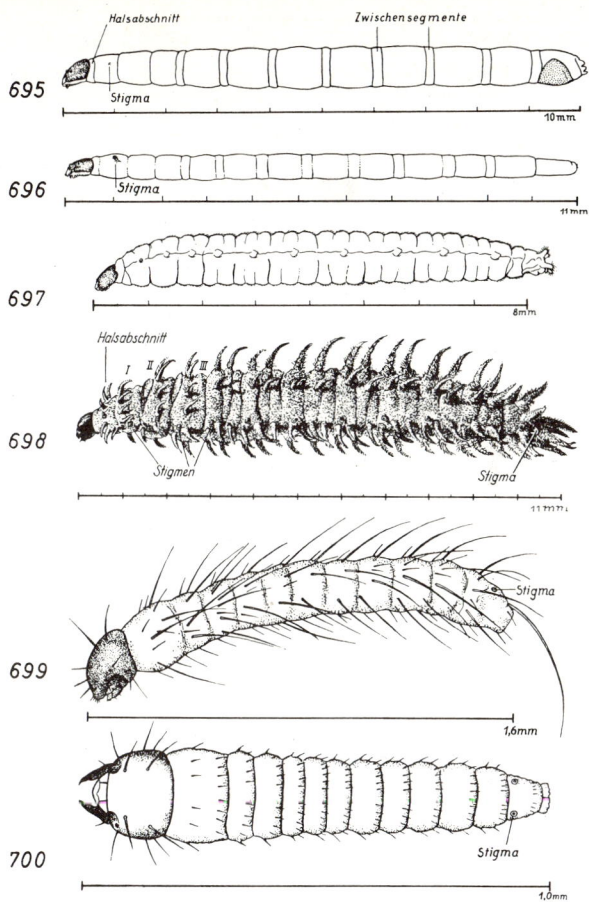

Pfriemen-, Winter- und Haarmücken-Larven (Nematoc.; Dipt.). Phryneidae: Abb. 695: *Phryne punctata* FABR.; charakteristisch am Abdomenende das Perianalschild und die fleischigen Lappen. – Abb. 696: *Mycetobia pallipes* MEIG.; schildförmige Verdickung am After undeutlich, Hinterleibsende mit reduzierten Lappen. – **Trichoceridae:** Abb. 697: *Trichocera hiemalis* DE GEER. – **Bibionidae:** Abb. 698: *Penthetria holosericea* MEIG., Flormücke. – Abb. 699: *Bibio marci* L., Markushaarmücke; Junglarve; gez. nach MORRIS (1921/22). – Abb. 700: *Philia febrilis* L., gem. Strahlenmücke; Junglarve; gez. nach DUDA aus LINDNER (1930). – Die übrig. Zeichn.: Orig., nach BRAUNS (1954).

633

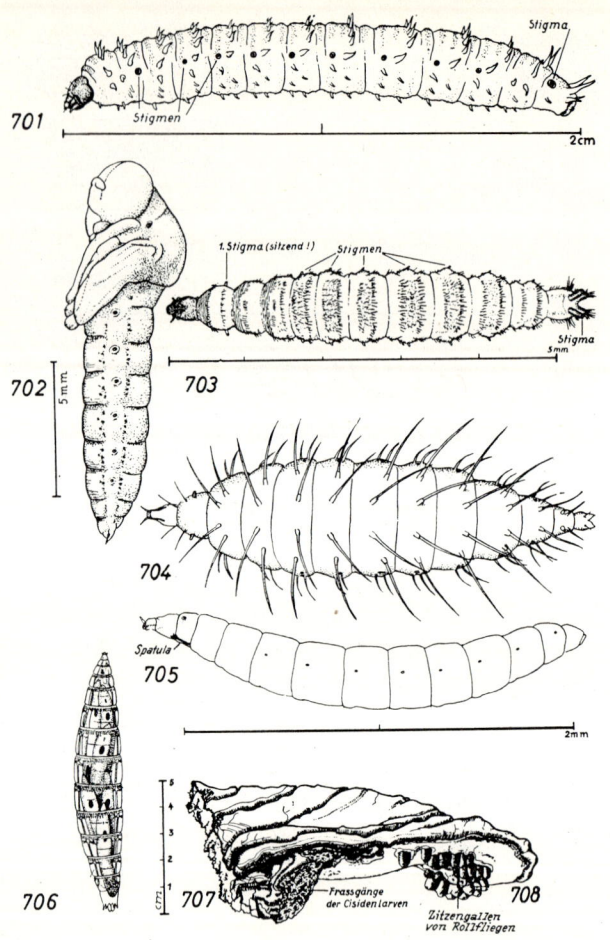

Haar-, Dung- und Gallmücken (Nematoc., Dipt.). Bibionidae: Abb. 701: *Bibio* spec.; Altlarve; Abb. 702: Puppe; lateral (beachte: stark vorgewölbte Rückenscheide). – **Scatopsidae:** Abb. 703: *Scatopse* spec.; Larve, dorsal; typisch die abdominalen Atemröhren. – **Cecidomyiidae** (Itonididae): zwei Ausbildungsformen der in dieser Familie vorkommenden Habitustypen: (Abb. 704 u. Abb. 705), bei schwacher V>rgrößerung. – Abb. 706: *Miastor metroloas* MEIN. (Heteropezidae, Moosmücken; zur Überfam. der Itonidoidea gerechnet); Larvenmutter mit Tochterlarven im Körperinnern (Erscheinung der Larviparie mit einer Paedogenese gekoppelt). Gez. nach SÉGUY aus GRASSÉ (1951). – Abb. 707: Fruchtkörper von *Ganoderma* (= *Polyporus*) *applanatum* PAT. (Polyporaceae) mit den Fraßgängen von Cisidenlarven (Col.), aber auch (Abb. 708) mit Zitzengallen von *Agathomyia wankowiczi* SCHNABL (Platypez., Dipt.), früher fälschlich für Dipterocecidien von Gallmücken (Cecidomyiid.) gehalten. – Sämtl. übrig. Zeichn. (außer Abb. 706): Orig., nach BRAUNS (1954).

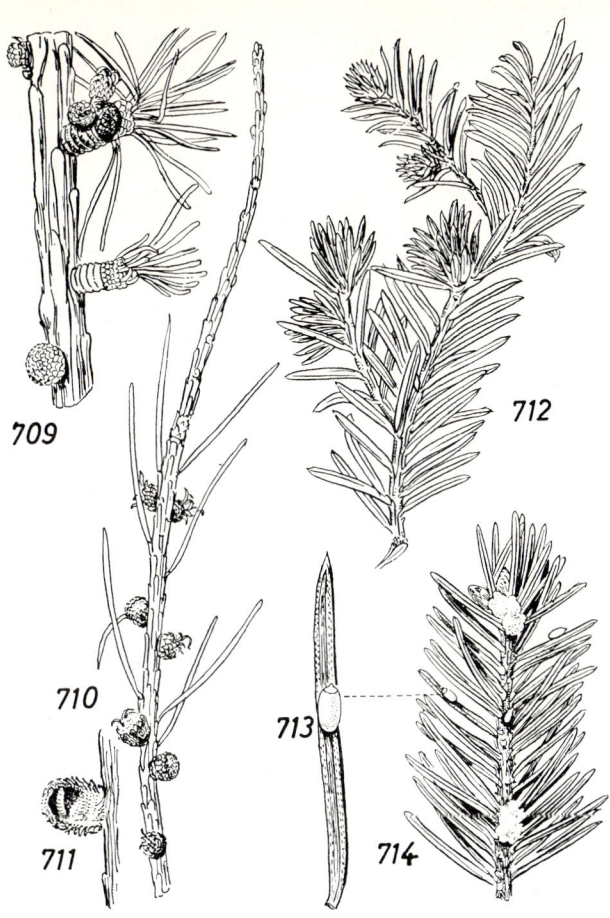

709

712

710

711

713

714

**Verschiedene Gallmückenarten und ihr Befallsbild an Nadelholz: I (Cecidomyiidae;
Dipt.).** *Dasyneura laricis* F. Löw, Lärchenknospen-Gallmücke: Abb. 709: Knospen-
mißbildung als Folge eines Befalles; gez. nach v. Tubeuf aus Escherich (1942). –
Abb. 710: *Larix decidua* Mill. mit Knospengallen; gez. nach Rübsaamen-Hedicke
(1925/39). – Abb. 711: einzelne Larvenkammer vergr.; gez. nach Escherich (1942). –
Taxomyia taxi Inchbald, Eiben-Gallmücke; Abb. 712: Sproßspitzengallen an *Taxus
baccata* L.; gez. in Anlehnung an Rübsaamen-Hedicke (1925/39). – *Cecidomyia pini*
Deg., Kiefernharz-Gallmücke: Abb. 713: Harzkokon zur Überwinterung an der
Nadel; Abb. 714: Befallsbild an Fichte; oben Harzklümpchen auf der Unterseite
eines Triebes als Saugfolge auftretend, rechts oben u. Mitte links Überwinterungs-
kokons auf der Nadel. Gez. nach Borries (1891) aus von Tubeuf bzw. Escherich
(1942).

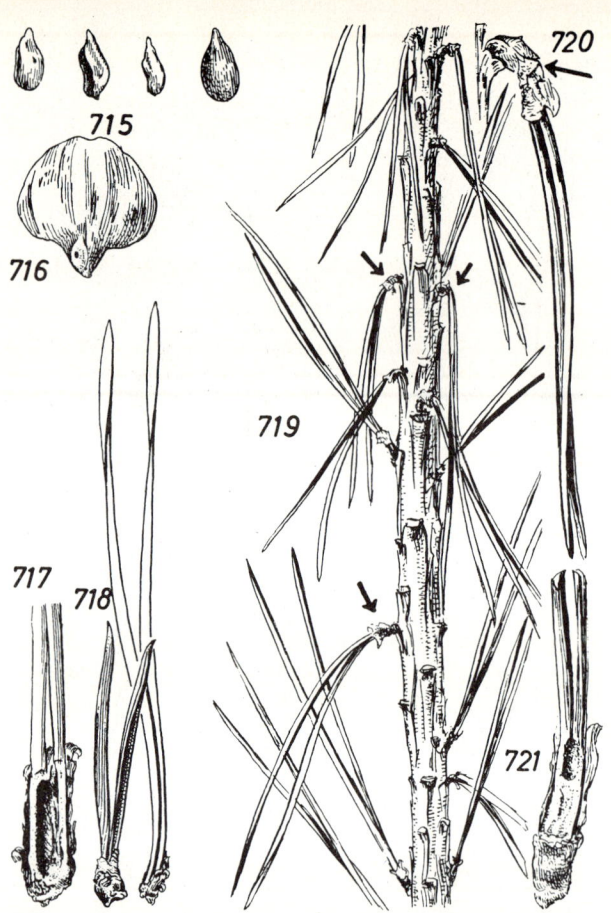

Verschiedene Gallmückenarten und ihr Befallsbild an Nadelholz: II (Cecidomyiidae;
Dipt.). Abb. 715: *Plemeliella abietina* SEITN., Fichtensamen-Gallmücke; befallene
Fichtensamen, rechts außen normaler Fichtensamen; gez. nach NITSCHE aus ESCHE-
RICH (1942). – Abb. 716: *Dasyneura strobi* WINN., Fichtenzapfenschuppen-Gallmücke; Zapfenschuppe, Dorsalansicht mit Schlupfloch der Gallmücke. Gez. nach
TRÄGARDH aus ESCHERICH (1942). – *Thecodiplosis brachyntera* SCHWAEGR., Kiefernnadelscheiden-Gallmücke: Abb. 717: seitlich aufgeschnittenes, verkürztes Nadelpaar
mit grundständiger Gallenkammer; gez. nach PRELL aus ESCHERICH (1942). – Abb. 718:
rechts normales Nadelpaar; links Kiefernkurztrieb, infolge *brachyntera*-Befall verkürzt und an der Basis verdickt. Orig. – *Cecidomyia baeri* PRELL, Nadelknickende
Kiefern-Gallmücke: Abb. 719: Kiefernzweig mit aufrechtstehenden gesunden grünen
und abwärts gerichteten, von *baeri* befallenen braunen Nadeln (mit Pfeilen bezeichnet); gez. in Anlehnung an ECKSTEIN aus ESCHERICH (1942). Abb. 720: ein befallenes
Nadelpaar vergr. herausgezeichnet; Orig. Abb. 721: seitlich aufgeschnittenes, von
baeri befallenes Nadelpaar; beachte: Gallenkammer ziemlich weit oben; gez. nach
PRELL aus ESCHERICH (1942).

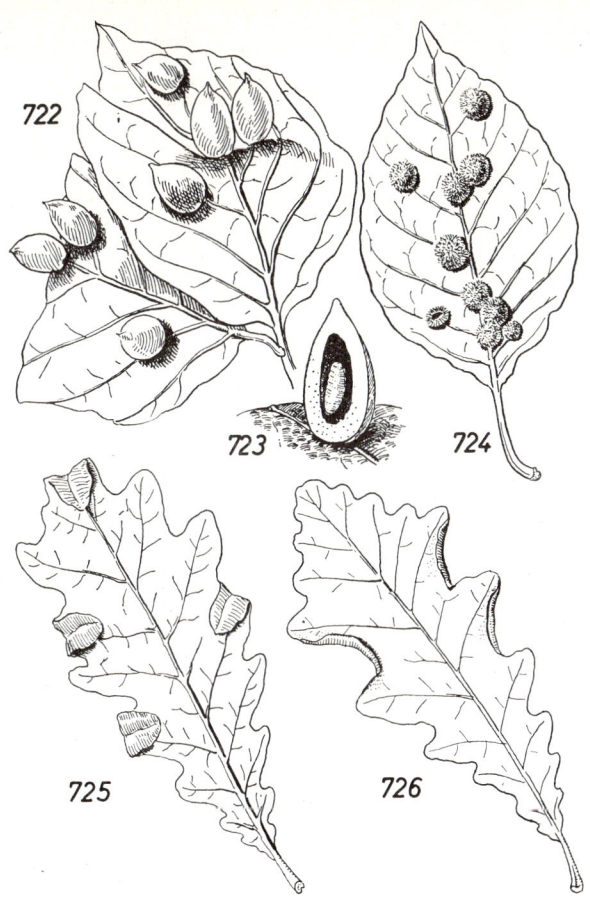

**Verschiedene Gallmückenarten und ihr Befallsbild an Laubholz: I (Cecidomyiidae;
Dipt.).** Abb. 722: *Mikiola fagi* HART., Buchenblatt-Gallmücke. Beutelgallen an Blättern von *Fagus silvatica* L.; das linke Blatt zur Demonstration der Galle beschnitten. –
Abb. 723: Schnitt durch eine Galle mit Larve. Beide Abb.: Orig. – Abb. 724: *Hartigiola
annulipes* HTG.; Beutelgallen auf einem Buchenblatt, links unten eine oberflächlich
angeschnittene Galle. – Abb. 725: *Macrodiplosis dryobia* FR. LW.; Gallbildungen auf
der Unterseite eines Blattes der Sommereiche (*Quercus robur* L.). – Abb. 726: *Macrodiplosis volvens* KIEFF.; Gallbildungen auf der Oberseite eines Blattes von *Quercus
robur* L. – Die letzten Zeichn. nach ROSS (1932).

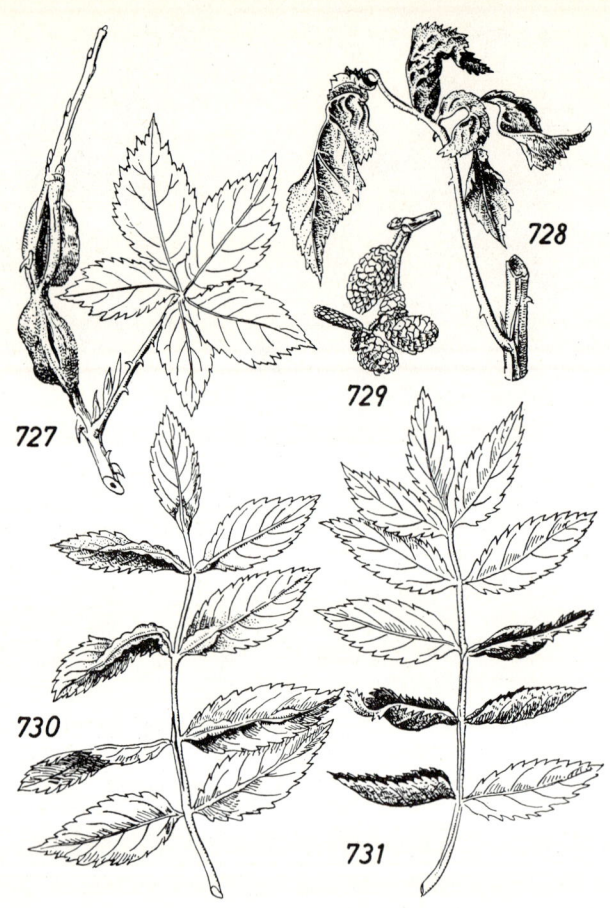

Verschiedene Gallmückenarten und ihr Befallsbild an Laubholz: II (Cecidomyiidae; Dipt.). Abb. 727: *Lasioptera rubi* HEEGER, Brombeersaummücke (Himbeer-Gallmücke); Galle auf *Rubus* spec. – Abb. 728: *Dasyneura plicatrix* H. LOEW, Brombeerblatt-Gallmücke; Blattgallen auf *Rubus* spec. – Abb. 729: *Contarinia corylina* F. LW.; Sproß vom Haselstrauch (*Corylus avellana* L.) mit einem normalen und drei vergallten, männlichen Blütenkätzchen. – Abb. 730: *Dasyneura fraxini* KIEFF.; Blattgallen auf *Fraxinus excelsior* L. – Abb. 731: *Dasyneura acrophila* WINN.; Blattgallen auf *Fraxinus excelsior* L. – Gez. teils nach RÜBSAAMEN-HEDICKE (1925/39), geringfügig verändert, teils nach ROSS (1932).

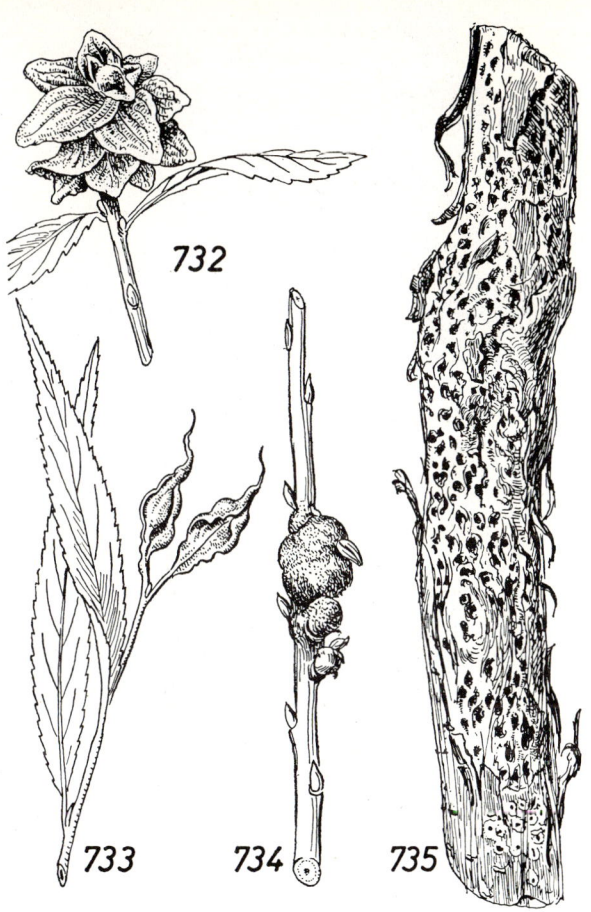

732

733 734 735

Verschiedene Gallmückenarten und ihr Befallsbild an Laubholz: III (Cecidomyiidae; **Dipt.**). Abb. 732: *Rhabdophaga rosaria* H. LOEW, Weidenrosen-Gallmücke; eine **«Weidenrose»** auf *Salix alba* L. – Abb. 733: *Rhabdophaga terminalis* H. LOEW; Sproßspitzengalle auf *Salix fragilis* L. – Abb. 734: *Rhabdophaga salicis* SCHRANK, Weidenruten-Gallmücke; Stengelgalle auf *Salix aurita* L. – Sämtl. gez. nach RÜB-SAAMEN-HEDICKE (1925/39), teilweise geringfügig verändert. – Abb. 735: *Rhabdophaga saliciperda* DUFOUR, Weidenholz-Gallmücke; geschädigter Weidenzweig. – Orig.

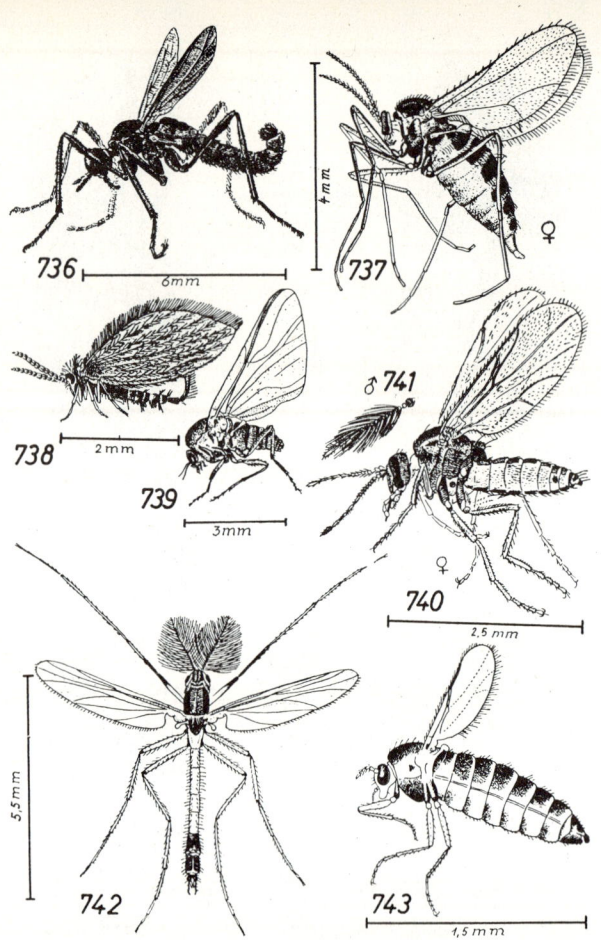

Vollkerfe der Haar-, Gall-, Schmetterlings-, Kriebel-, Bart- und Zuckmücken (Nematocera; Dipt.). Abb. 736: *Penthetria holosericea* MEIG., Flormücke (Bibionid.); ♂;
Orig. – Abb. 737: *Rhabdophaga rosaria* H. LOEW, Weidenrosen-Gallmücke (Cecidomyiid.), ♀; gez. nach farbiger Vorlage in RÜBSAAMEN-HEDICKE (1925/39). – Abb. 738:
Psychoda phalaenoides L. (Psychodid.); typ. Schmetterlingsmücke aus der Kesselfalle
von *Arum maculatum* L. (gefleckt. Aronstab). Gez. nach farbiger Vorlage im LINDNER
(1925/49). – Abb. 739: *Prosimulium hirtipes* FRIES; Typ einer Kriebelmücke; gez.
nach farbiger Vorlage im LINDNER (1925/49). – Abb. 740: *Atrichopogon oedemerarum*
STORA (Ceratopogonid.); Habitusbild des Weibchens; Abb. 741: Fühlerform des
Männchens. Beide Abb.: Orig. – Abb. 742: *Microtendipes pedellus* DEG., (Chironomid.); ♂. Typ einer Zuckmücke mit den «lampenputzerförmigen» Fühlern. Gez. nach
farbiger Vorlage im LINDNER (1925/49). – Abb. 743: *Smittia brachyptera* GOETGH.
(Chironomid.; Orthocladiinae), Weibchen. Eine Art, die bisher nur in Belgien vorkommt, aber zeigt, daß auch unter den Zuckmücken Brachypterie auftritt. Gez. nach
GOETGHEBUER im LINDNER (von 1924 an), geringfügig verändert.

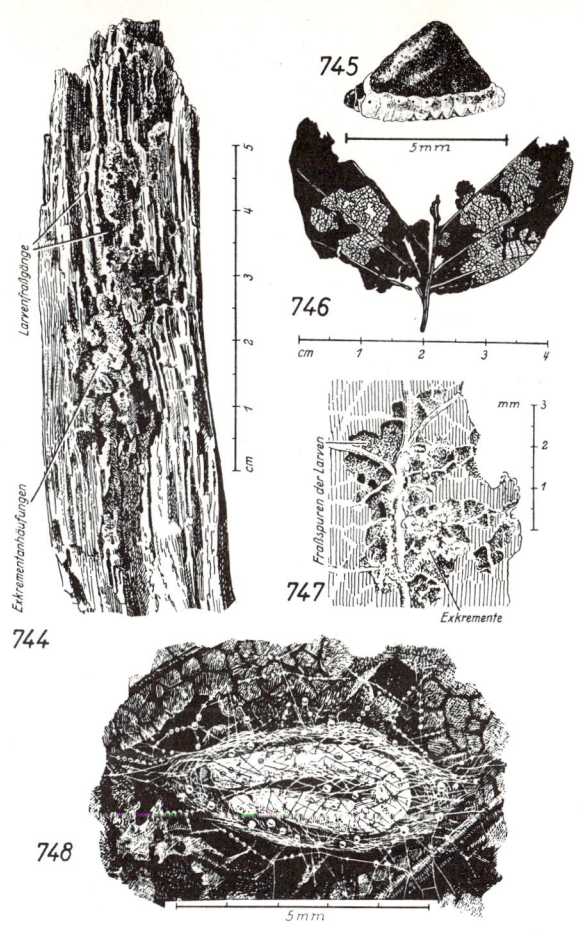

Pilzmücken (**Fungivoroidea**; **Nematoc.**; **Dipt.**). Abb. 744: Larven-Fraßgänge von Lycoriiden-(Trauermücken-)Larven in einem unter Moos verrotteten Eichenknüppel. – Abb. 745: *Phronia* spec. (Fungivorid.); Seitenansicht des Tieres mit dem kegelförmig. Dorsalaufsatz aus Schleim u. Exkrementen. – Abb. 746: *Phronia* spec. (Fungivorid.); Fraßbild der Larven an einem Blatt von *Fagus silvatica* L. (Fallaubschicht; F-Schicht); Lochfraß von anderen Insekten herrührend. – Abb. 747: Fraßbild von Lycoriiden-Larven (jenem von Fungivoriden-Larven oft nicht unähnlich) an einem Eichenblatt in der Fallaubstreu, vergrößerter Ausschnitt der Blattunterseite. – Abb. 748: Sciophiliden-Larve im Gespinst; die Tropfen sind keine Tautropfen, sondern Speicheltröpfchen (Oxalsäure enthaltend!). Larvengespinst auf einem Rotbuchenblatt (Fundzeit: letzte Dekade des Juni). – Sämtl.: Orig., teils nach BRAUNS (1954); teils Neuzeichnungen.

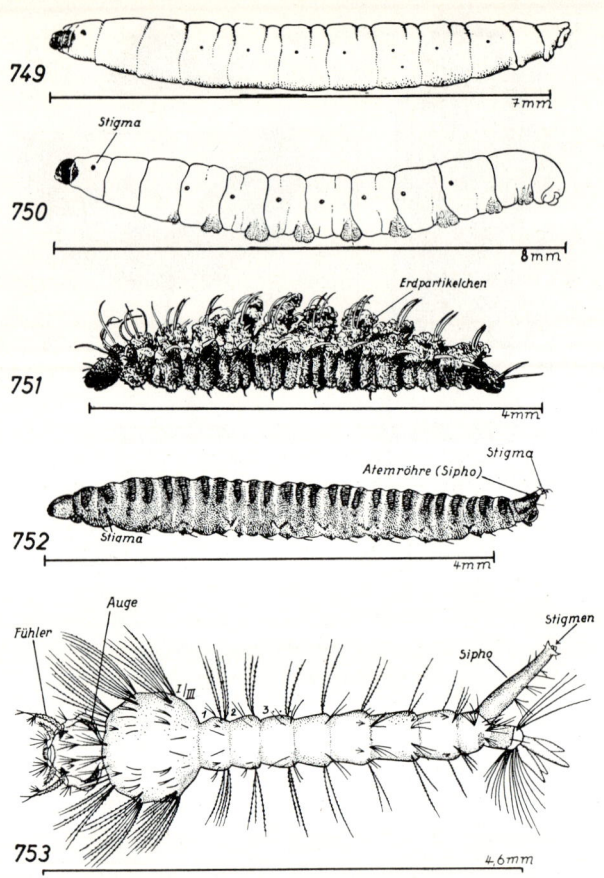

Pilz-, Schmetterlings- und Stechmücken-Larven (Nematocera; Dipt.). Abb. 749: Larventyp der Lycoriidae (Trauermücken; Sonderfam. d. Fungivoroidea, Pilzm.). – Abb. 750: Larventyp der Fungivoridae. – Abb. 751: *Pericoma ocellaris* MEIG. (Psychodid.); terrestrischer Larventyp. – Abb. 752: *Telmatoscopus* spec. (Psychodid.); dorsal finden sich charakteristische Chitinplättchen. – Abb. 753: *Culex pipiens* L., Gem. Stechmücke (Culicidae); Dorsalansicht, Atemrohr (Sipho) unsymmetrisch etwas zur Seite gelegt. Letzte Abb. gez. nach O.A. JOHANNSEN (1933); die übrigen Zeichn. Orig., nach BRAUNS (1954).

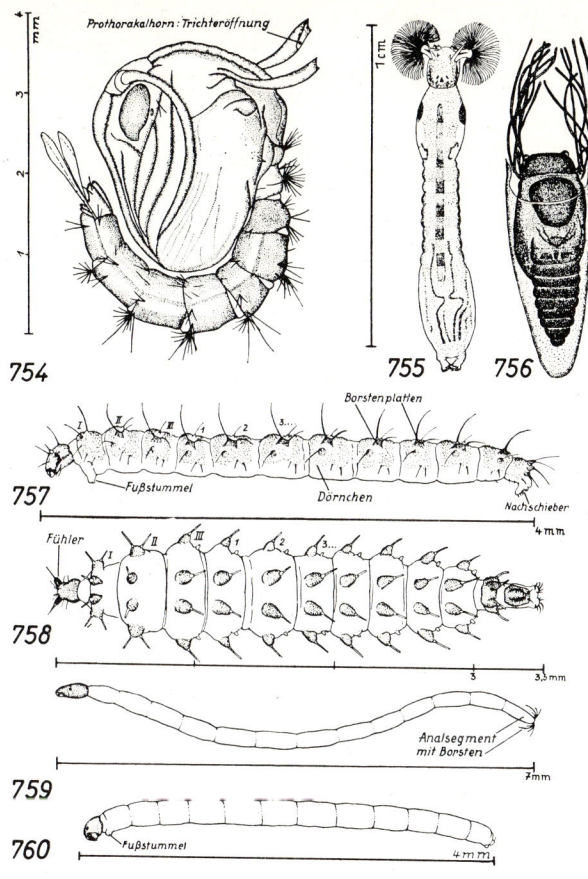

Larven- und Puppentypen aus den Familien der Stech-, Kriebel-, Bart- und Zuck-
mücken (Nematocera; Dipt.). Abb. 754: *Culex pipiens* L., Gem. Stechmücke (Culicid.);
Puppe, lateral; gez. nach JOHANNSEN (1933). – Abb. 755: *Simulium (Melusina)* spec.
(Simuliid.); Larve; Abb. 756: Puppe; als Typen der Entwicklungsstadien dieser Fa-
milie. Gez. nach SIKORA aus LINDNER (1931). – Larventypen der Ceratopogonidae
(Bartmücken): Abb. 757: *Forcipomyia* spec.; seitlich. – Abb. 758: *Kempia* spec.;
Dorsalansicht. – Abb. 759: *Bezzia* spec.; lateral. – Chironomidae (Orthocladiinae):
Abb. 760: *Pseudomittia simplex* STRENZKE, als Typ einer terrestrischen Zuckmücken-
larve. – Die letzten Abb.: Orig., nach BRAUNS (1954).

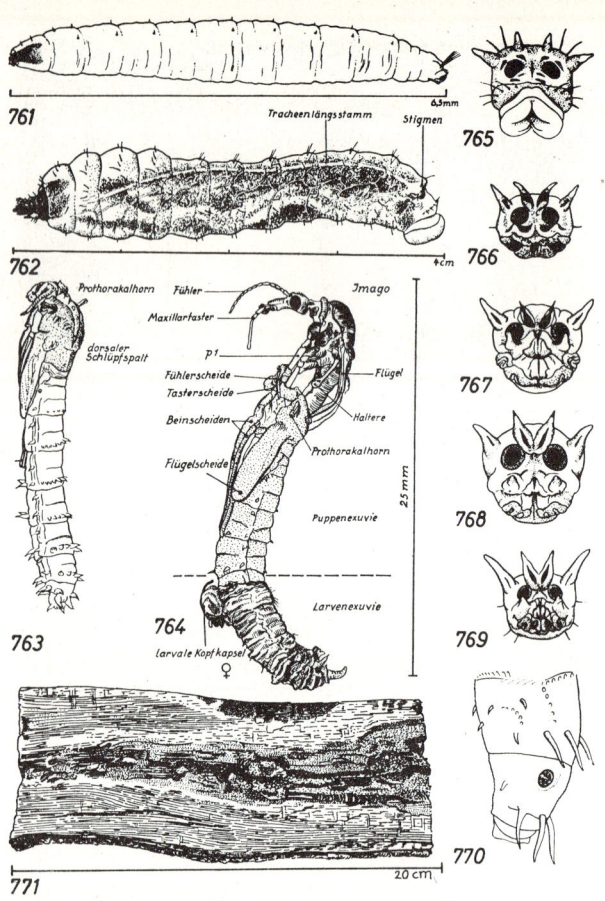

Differentialmerkmale der Schnaken-Larven und -Puppen (Tipulidae; Nematocera; Dipt.). Abb. 761: junge Schnakenlarve. – Abb. 762: *Tanyptera* spec., ein im zersetzten Holz lebender Larventyp mit starker Rudimentation der abdominalen Randlappen. – Abb. 763: *Tipula (Vestiplex) scripta* MEIG.; dorso-laterale Ansicht der Puppenhülse, um die Form des imaginalen Schlüpfspaltes zeigen zu können. – Abb. 764: *Tipula (Vestiplex) nubeculosa* MEIG.; während des Schlüpfaktes der ♀-Imago fixiertes Präparat. Gestrichelte Linie gibt etwa an, wie weit sich die Puppe aus dem Substrat vor dem Schlüpfen der Imago herausgearbeitet hat. – Aufsicht auf das Endsegment und Stigmenfeld (auf die «**Teufelsfratze**») verschiedener Tipulidenlarven: Abb. 765: *Dictenidia bimaculata* LIN.; Abb. 766: *Tipula irrorata* MACQ.; Abb. 767: *Tipula scripta* MEIG.; Abb. 768: *Tipula nubeculosa* MEIG.; Abb. 769: *Tipula cinereocincta* LUNDSTR. – Sämtl. Abb.: Orig., nach BRAUNS (1951 u. 1954). – Abb. 770: Dorso-laterale Aufsicht auf das Hinterende einer Larve von *Bibio hortulanus* L., (Bibionid.; Haarmücken), oft mit Tipuliden-Larven verwechselt. Gez. nach BALACHOWSKY-MESNIL (1935). – Abb. 771: *Tanyptera* spec. (Tipulid.); Larvenfraßgang in einem

[Fortsetzung auf Seite 645]

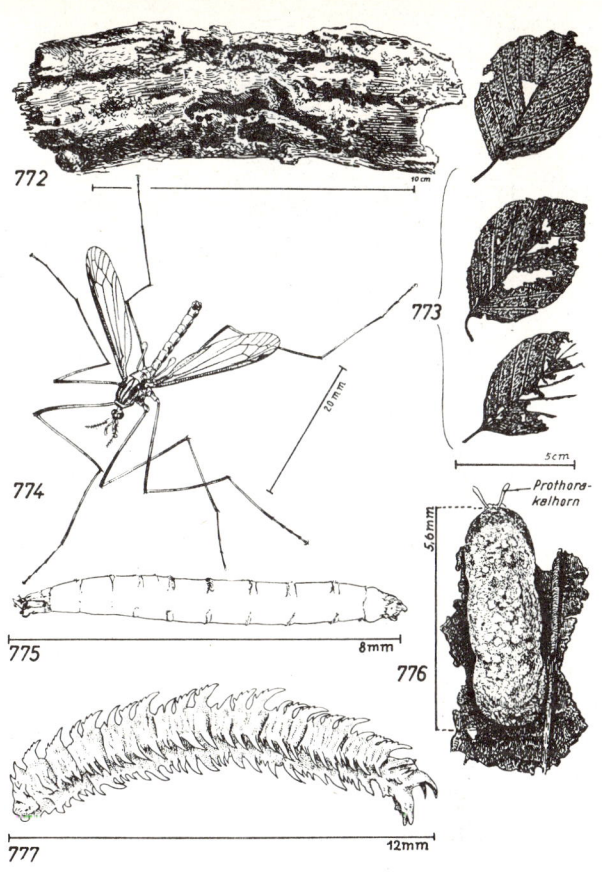

Erdschnaken, Sumpf- und Moosmücken (Nematocera; Dipt.). Tipulidae; Abb. 772:
Aufsicht auf ein Stück Splintholz eines gestürzten, alten Rotbuchenstammes mit den
Furchen, in denen unter Moospolstern Erdschnakenlarven (*Dictenidia bimaculata* L.)
beobachtet wurden (Juli). – Abb. 773: Fraßbilder von Schnaken-Larven an Buchenblättern der F-Schicht (Fallaubstreu). Alle Zeichn. in der Aufsicht auf die Blattunterseite; etwas schematisiert. – Abb. 774: *Tipula* (= *Vestiplex*) *scripta* MEIG., Männchen. – **Limnobiidae**: Abb. 775: gen. spec.; terricole Larvenform in Seitenansicht;
Abb. 776: *Thaumastoptera calceata* MIK; Puppe im brillenfutteralähnlichen Gehäuse,
das auf einem Rest eines Buchenblattes festgeheftet ist. – **Cylindrotomidae**: Abb. 777:
Triogma spec.; Larve in ventro-lateraler Ansicht. Gez. nach LENZ (1919) im LINDNER
(1931); alle übrigen Abb.: Orig., nach BRAUNS (1954).

[Fortsetzung von Seite 644]
weißfaulen Buchenast. Beachte rechts unten im Fraßgang die merkwürdige ringförmige Anordnung des Fraßmehls. Orig., gez. nach BRAUNS (1951).

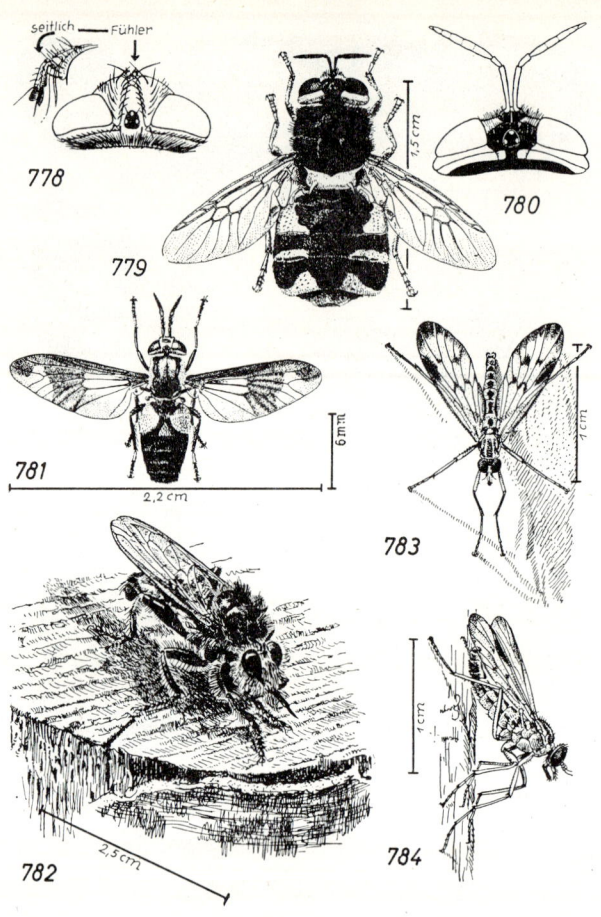

Systematische Gruppendiagnose – Vollkerfe der Waffenfliegen, Bremsen, Raub- und Schnepfenfliegen (Brachycera, Fliegen; Dipt.). Abb. 778: *Tachina* (= *Echinomyia*) *fera* LINN., «Igelfliege» (vgl. Abb. 863; Tachininae; Tachinid., Raupenfliegen); Dorsalansicht des Kopfes (rechts) u. Seitenansicht der Fühler (links). Beispiel für die Sektion der Brachycera Cyclorrhapha Schizophora Calyptrata. – Abb. 779: *Stratiomyia chamaeleon* L. (Stratiomyiid.), Weibchen, dorsal; Abb. 780: Kopf eines weiblichen Exemplares, vergrößert, um die besondere Fühlerform zu zeigen; Beispiel für die Sektion der Brachycera Orthorrhapha. – Abb. 781: *Chrysops caecutiens* L. (Tabanid.; «Blindbremse») ♀, dorsal. – Abb. 782: *Laphria gibbosa* L. (Asilid.; «Mordfliege»); in typischer Lauerstellung sitzend auf dem Deckel eines Stockes. – Abb. 783: *Rhagio scolopaceus* L. (Rhagionid.), Imago am Buchenstamm, Kopf zum Stammfuß gerichtet. – Abb. 784: das gleiche Tier in Seitenansicht, etwas stärker beunruhigt. – Sämtl. Orig., nur Abb. 780: gez. nach LINDNER (1937).

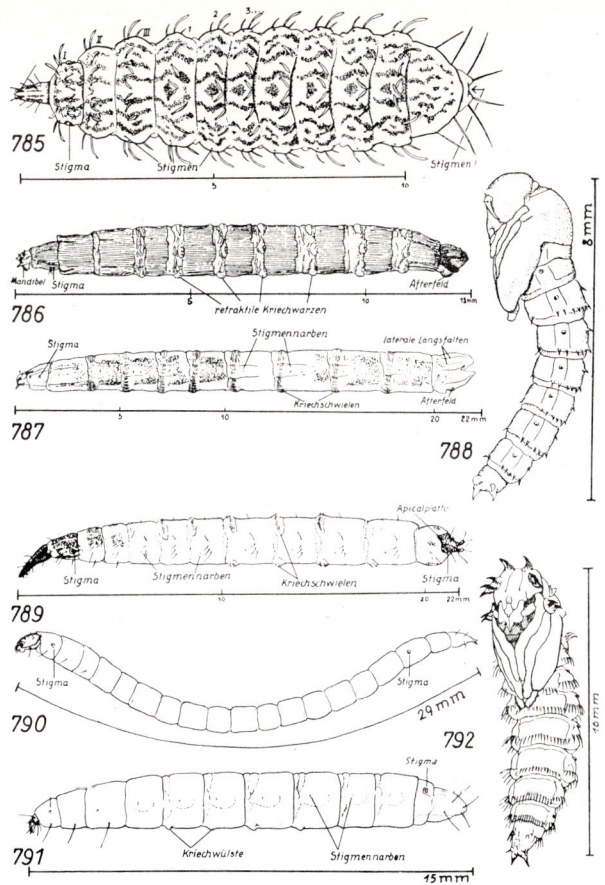

Larven- und Puppentypen aus den Familien der Waffenfliegen, Bremsen, Schnepfen-, Holz-, Stilett- und Raubfliegen (Brachycera; Dipt.). Abb. 785: gen. spec. (Stratio-myiid.); dorsal. – Abb. 786: *Tabanus* spec. (Tabanid.), lateral. – Abb. 787: *Rhagio* spec. (Rhagionid.); Seitenansicht. – Abb. 788: *Rhagio* spec. (Rhagionid.), Lateral-ansicht der Puppe: typisch die vorgewölbte Mittelbrustregion. – Abb. 789: *Erinna* spec. (Erinnid.), seitlich, teils dorso-lateral. – Abb. 790: gen. spec. (Therevid.), Larve in ventro-lateraler Ansicht. – Abb. 791: *Dysmachus* spec. (Asilid.), Seitenansicht. – Abb. 792: *Dysmachus trigonus* MEIG. (Asilid.), Puppenexuvie, ventro-lateral. – Sämtl. Orig., nach BRAUNS (1954).

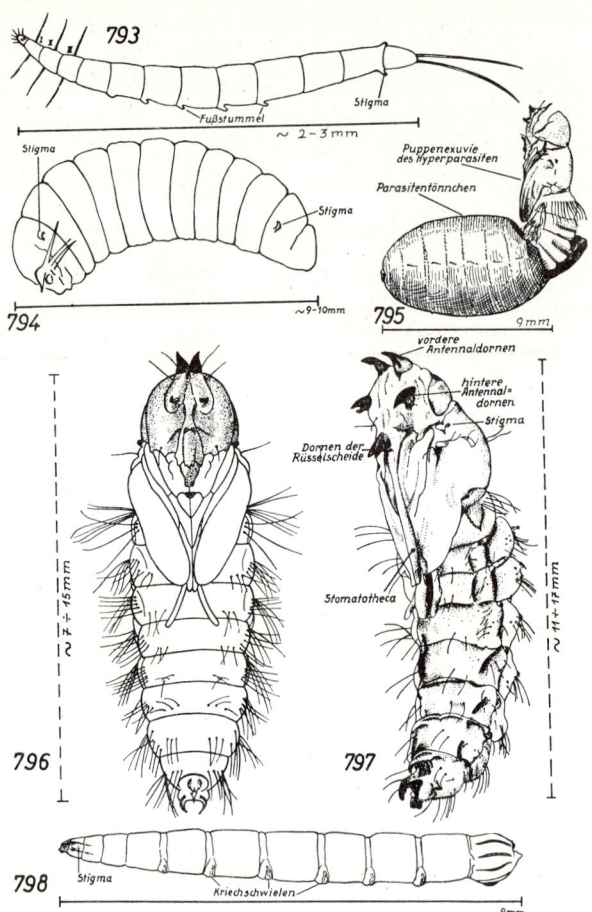

Larven- und Puppentypen der Hummel- und Tanzfliegen (Brachycera; Dipt.). Bombyliidae: Abb. 793: *Bombylius vulpinus* WIED. apud. MEIG. (*fugax* WIED.), Junglarve; Vorder- u. Hinterende in Dorsalansicht, mittlere Segmente des Larvenkörpers lateral. Abb. 794: erwachsene Larve. Gez. nach SÉGUY (1950), z. T. geringfügig verändert. – Abb. 795: Puppenexuvie einer *Hemipenthes morio* L. (Hyperparasit) nach dem Schlüpfakt, das Abheben der Gesichtsmaske zeigend; vom Tachinentönnchen ist eine Kalotte abgesprungen. Wirtstier war *Ernestia rudis* FALL. (Tachinidae; Dipt.), die wiederum Parasit ist bei *Panolis flammea* SCHIFF. (Forleule; Noctuid., Lep.). Orig., nach BRAUNS (1954). – Abb. 796: *Hemipenthes morio* L., ventral; Puppe gezogen aus der Ophionine *Banchus femoralis* THOMS. (Ichneumonid., Hym.), einem der wichtigsten Eulenraupenparasiten. Gez. nach GÄBLER (1950) u. nach HENNIG (1952). – Abb. 797: *Bombylius discolor* MIKAN, ventro-lateral; Stomatotheca = Scheide des imaginalen Rüssels. Gez. nach ENGEL (1938) im LINDNER; verändert. – **Empididae:** Abb. 798: gen. spec.; Larve in Seitenansicht; Orig., gez. nach BRAUNS (1954).

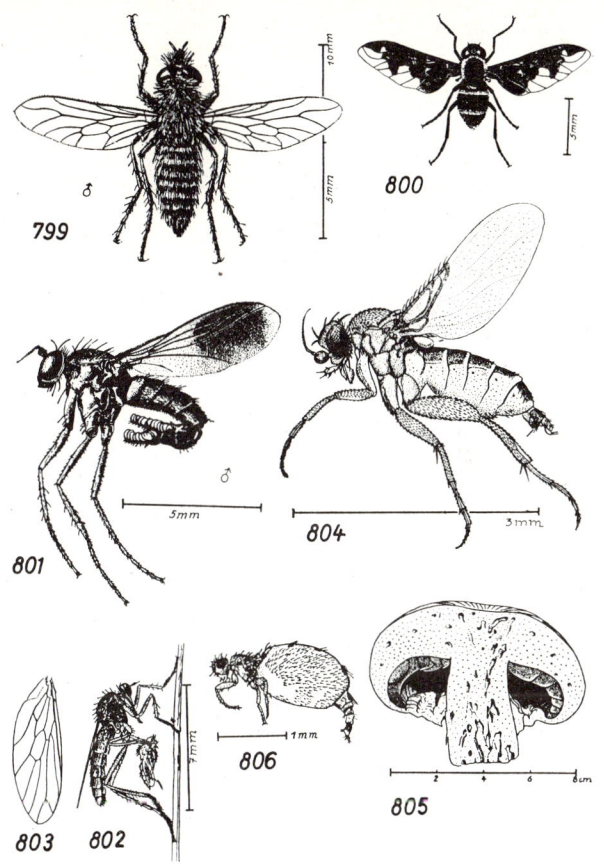

Vollkerfe der Stilettfliegen, Wollschweber, Langbein- u. Tanzfliegen (Brachycera orthorrhapha), der Buckel- und Gefiederfliegen (Cyclorrhapha Aschiza u. Schizophora; Dipt.). Abb. 799: *Thereva annulata* FABR. (Therevidae); ♂. – Abb. 800: *Hemipenthes maurus* L. (Bombyliid.). – Abb. 801: *Poecilobothrus nobilitatus* L. (Dolichopodid.); ♂. Sämtl.: Orig., nach BRAUNS (1959). – Abb. 802: *Empis* spec. (Empidid.); ♂ mit Beutetier; gez. nach TUOMIKOSKI (1939) aus ESCHERICH (1942); Abb. 803: Flügel einer Empidide, schemat., Orig. – Abb. 804: *Megaselia nigra* MEIG. (Phorid.); Abb. 805: Fraßbeschädigungen ihrer Larven im Pilzkörper eines Champignons. Orig., nach BRAUNS (1950). – Abb. 806: *Carnus hemapterus* NITZSCH, Gefiederfliege (Carnid.); gez. nach LINDNER (1933).

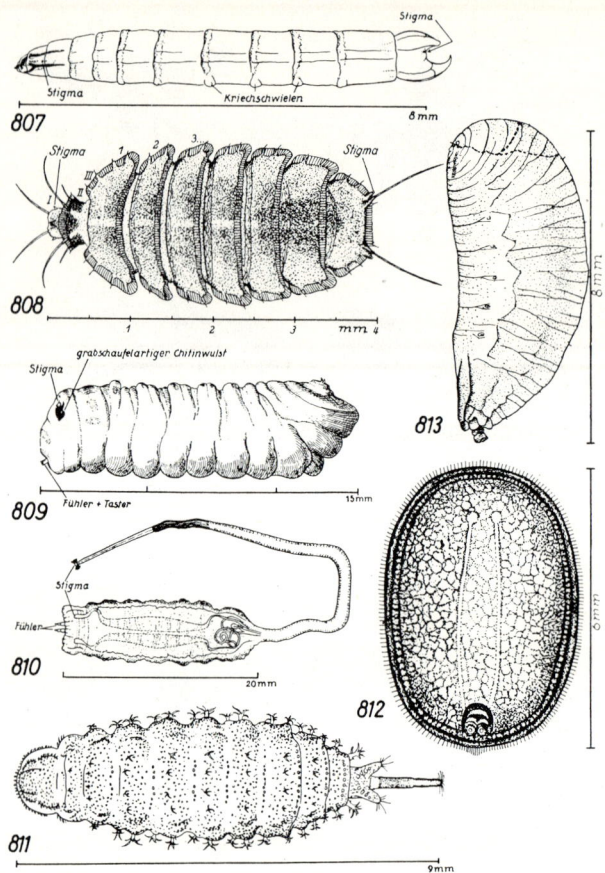

Entwicklungsstadien der Langbein-, Schwebfliegen und einer ihr nahestehenden Familie (Brachycera orthorrhapha u. Cyclorrhapha Aschiza; Dipt.). Abb. 807: gen. spec. (Dolichopodid.); Larve in Seitenansicht. – Abb. 808: *Lonchoptera* spec. (Lonchopterid.); asselförmige Larve in der Aufsicht. – **Syrphidae** (Schweb- oder Schwirrfliegen): Abb. 809: *Temnostoma vespiforme* L. (Milesiinae), lateral; gez. nach STAMMER (1933). – Abb. 810: *Eristalomyia tenax* L. (Eristalinae); Imago = «Scheinbiene», hier: Larve = «**Rattenschwanz-Larve**»; gez. nach SACK (1931) im LINDNER. – Abb. 811: *Brachyopa bicolor* FALL. (Brachyopinae). – Abb. 812: *Microdon mutabilis* L. (Microdontinae); nacktschneckenähnl. Larve in verschied. Ameisenbauten. Gez. nach SACK (1930) im LINDNER. – Abb. 813: *Syrphus vitripennis* MEIG. (Syrphinae); die typische, tropfenförmige Gestalt des Pupariums. – Soweit Herkunftsangab. fehlen: Orig., nach BRAUNS (1954).

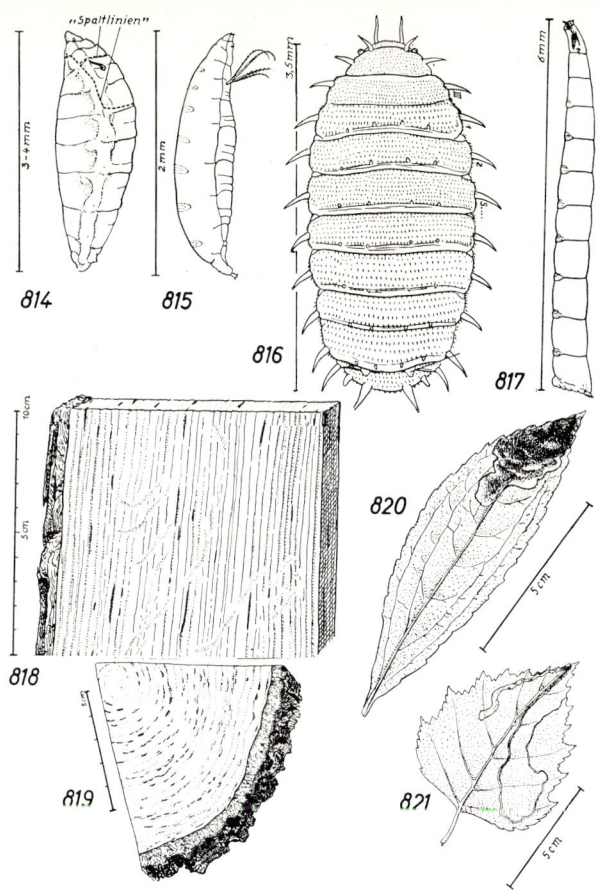

Tönnchentypen der Buckelfliegen; Larven u.a. der Tummel- und Minierfliegen und ihre Schadbilder (Cyclorrh. Aschiza u. Schizophora Acalyptrata; Dipt.). Phoridae: Haupttypen der Puparium-Gestalt: Abb. 814: *Megaselia nigra* Meig., pantoffelartig. Typ, lateral; Orig., nach Brauns (1954). Abb. 815: *Chonocephalus punctifascia* Borgm., kahnförmig. Typ, lateral. Gez. nach Borgmeier aus Schmitz (1938) im Lindner. – **Platypezidae**: Abb. 816: *Platypeza* spec.; Larve, dorsal (Zitzengallen, erzeugt von einer anderen Gattung, siehe Abb. 708). – **Lonchaeidae**: Abb. 817: *Lonchaea* spec., Larve, lateral. Beide Abb.: Orig., nach Brauns (1954). – **Agromyzidae**, Kambium-Minierer: Abb. 818: Ausschnitt aus einem «braunfleckigen» Erlenbrett; die Gangminen der Maden zeichnen sich als dunkle Längsstränge ab; Abb. 819: Ausschnitt aus einer Stammscheibe einer 35jährig. Birke; die Gangminen sind im Querschnitt als kleine Flecken sichtbar. Beide Abb.: Orig., nach Brauns (1950). – **Agromyzidae**, Parenchym-Blattminierer: Abb. 820: *Dizygomyza posticata* Meig., oberseitige Platzmine an *Solidago* (Goldrute; Composit.). Abb. 821: *Agromyza alnibetulae* Hend.; oberseitige Gangmine. Gez. nach Hering (1935/37).

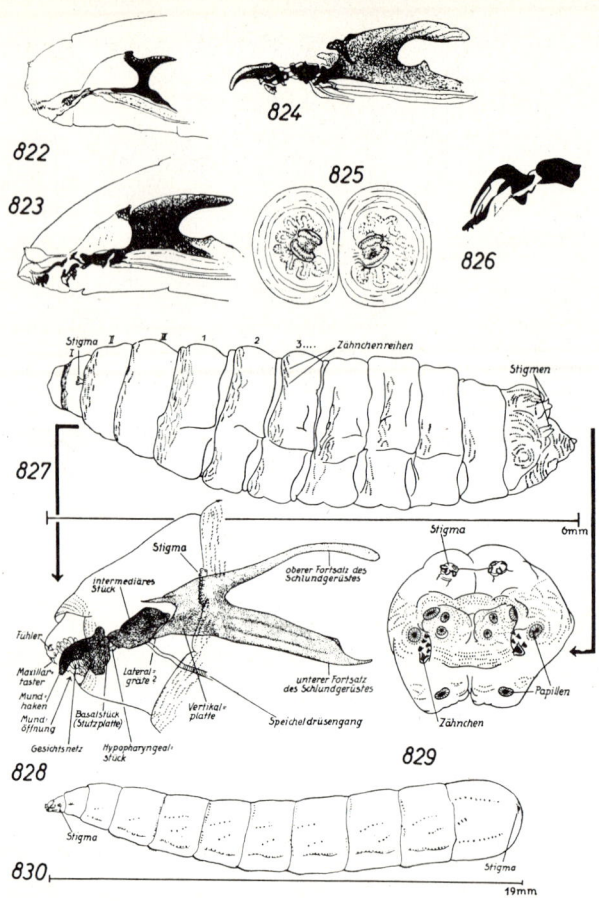

Larvenmerkmale der echten Fliegen (Muscidae; Cyclorr. Schizophora Calyptrata).
Musca domestica L., Stubenfliege (**Muscinae;** Muscini); Differentialkennzeichen der verschiedenen Larvenstadien im Kopfbau als Beispiele für die gesamten Muscinae. Abb. **822:** Vorderende der Erstlarve; Abb. **823:** Vorderende der Zweitlarve; Abb. **824:** Cephalopharyngealskelett der Drittlarve, herauspräpariert; Abb. **825:** charakteristische Anordnung der drei mäanderartig gewundenen Hinterstigmen-Schlitze, deren Anlage schon erkennbar ist bei der Zweitlarve (etwa bei 100facher Vergrößerung skizziert). Sämtl. Abb. gez. nach Thomsen (1938) aus Krümmel u. Brauns (1956). – *Phaonia mirabilis* Ringdahl (**Phaoniinae**): Abb. **826:** Vorderteil des Cephalopharyngealskeletts der Larve, herauspräp.; gez. nach Hennig (1952). – *Hylemyia* spec. (**Anthomyiinae**): Abb. **827:** Larve, lateral; Abb. **828:** Vorderende der Larve mit Cephalopharyngeal-skelett, vergrößert, mit Einzelbezeichnungen des Kopfinnenskelettes; Abb. **829:** Aufsicht auf das Hinterende der Larve. Sämtl. Abb. gez. nach Vos-de-Wilde (1935). – *Phaonia* spec. (Phaoniinae): Abb. **830:** Gesamtgestalt der Larve. Orig., nach Brauns (1954).

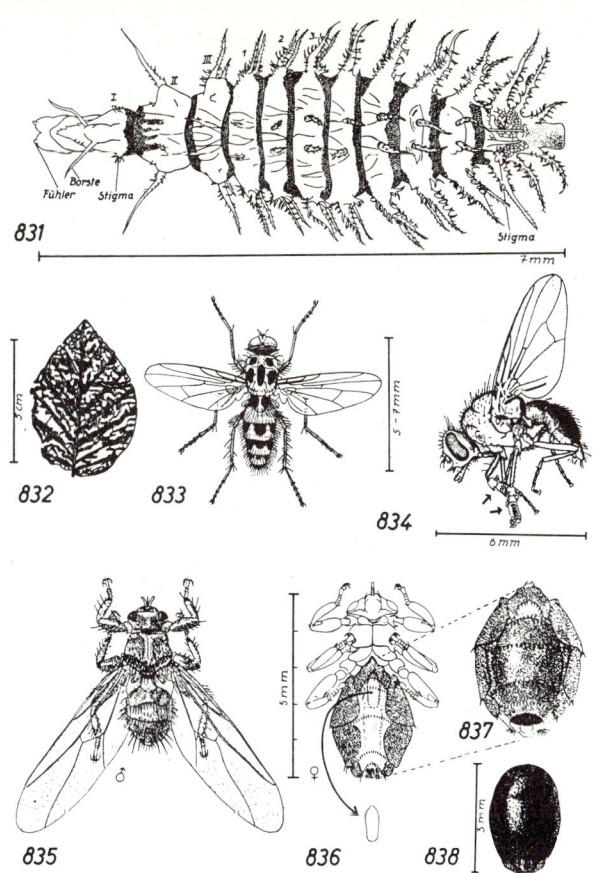

Echte Fliegen. – Hirschlausfliege (Cyclorr. Schizophora Calyptrata; Dipt.). **Muscidae:**
Abb. 831: *Fannia fuscula* FALL. (Fanniinae); Larve, dorsal; I, II, III = Thoraxseg-
mente; 1, 2, 3 … = die nachfolgenden Abdominalsegmente. Gez. nach VOS-DE-WILDE
(1935). – Abb. 832: *Fannia* spec.; Fraßspuren einer Larve auf einem Rotbuchenblatt
aus der F-Schicht eines etwa 40jährigen Buchenbestandes (Mai). Orig., nach BRAUNS
(1954). – Abb. 833: *Anthomyia pluvialis* L. (Anthomyiinae); Männchen; dorsal.
Orig., nach BRAUNS (1959). – Abb. 834: *Haematobia stimulans* MEIG. (Muscinae;
Stomoxydini) mit 2 *Cervicola tibialis* PLAGET (Mallophaga; s. Pfeil); gez. nach SIKORA
aus EICHLER (1944). – **Hippoboscidae,** Lausfliegen: *Lipoptena cervi* L., Hirschlausfliege; Abb. 835: ♂ (Orig.); Abb. 836: ♀, von unten, im Anfangsstadium der Trächtigkeit; Abb. 837: ♀, das Abdomen allein dargestellt, im Endstadium der Trächtigkeit;
Abb. 838: vom Weibchen abgelegtes Puparium; alle Zeichn.: Orig., nach BRAUNS
(1959).

Larvendiagnose u. Puppentyp der Fleisch-, Aas- oder Schmeißfliegen (Calliphoridae);
Larven der Rachendasseln (Oestridae; Cephenomyia-Gruppe) [Dipt.]. Differential-
merkmale der Sarcophaginen- u. Calliphorinenlarve; jeweils reife Larve (aus KRÜM-
MEL u. BRAUNS [1956]): Abb. 839: *Sarcophaga* spec., Habitusbild, lateral; gez. nach
JAMES (1947). – Abb. 840: *Sarcophaga* spec., Vorderstigma, links die Knospenfort-
sätze, an der verengten Stelle die Stigmenkammer und anschließend (gestrichelt) die
Trachee mit ihren Verzweigungen. Gez. nach V. ROHDENDORF (im LINDNER [1930]). –
Cephalopharyngealskelett [herauspräpariert] einer Sarcophagine: **Sarcophaga** spec.
(Abb. 841), einer Calliphorine: *Lucilia* spec. (Abb. 842). Gez. nach HENNIG (1952).
[Vgl. dazu Abb. 824 u. 826]. – Hinterstigma, vergrößert: Abb. 843: *Sarcophaga* spec.;
Abb. 844: *Calliphora* spec. Gez. nach HENNIG (1952). [Vgl. dazu Abb. 825]. – Caudalansicht des letzten Abdominalringes zur Demonstration der Zapfen und der Hinter-
stigmentplatte [vgl. dazu Abb. 829]: *Sarcophaga* spec. (Abb. 845), gez. nach JAMES
(1947); *Calliphora* spec. (Abb. 846), gez. nach HENNIG (1952). – Oestridae, Cephenomyia-Gruppe (Rachendasseln): *Cephenomyia stimulator* CLARK: Abb. 847: Alt-
Larve, lateral; Abb. 848: Caudalansicht des letzten Abdominalringes. – *Cephenomyia
auribarbis* MEIG.: Abb. 849: verpuppungsreife Larve; lateral; Abb. 850: Aufsicht von
hinten auf das letzte, abdominale Segment mit den Stigmentplatten. – Puppentyp der
Calliphorinae: Abb. 851: *Calliphora* spec., Rückenansicht des Tönnchens. Abb. 852:
Calliphora vomitoria U.; während des Schlüpfaktes der Imago fixiertes Exemplar
(Ptilinum daher etwas geschrumpft); Tönnchen dorso-lateral gezeichnet. Alle wei-
teren Abb.: Orig., nach BRAUNS (1954).

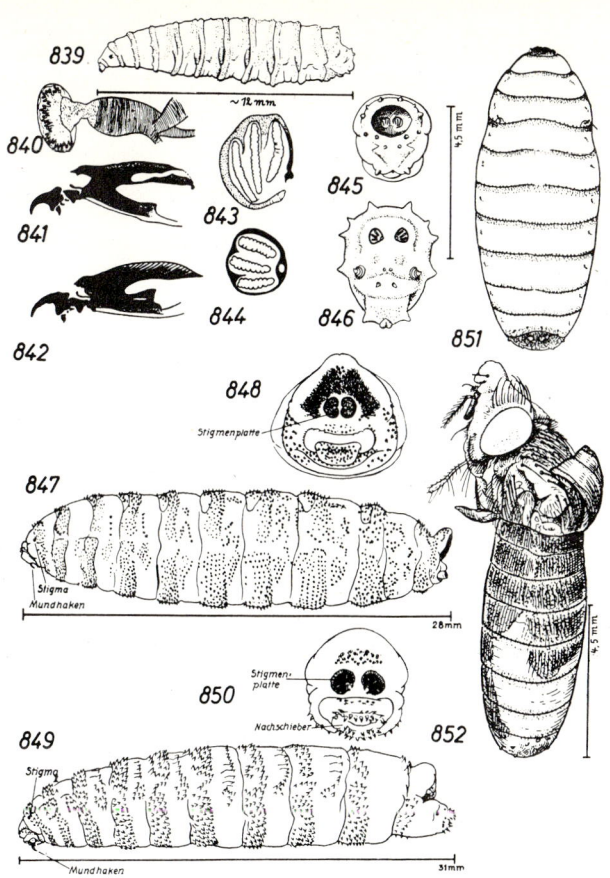

839

840

841

842

~ 12 mm

843

844

845

4,5 mm

846

848

Stigmenplatte

851

847

Stigma

Mundhaken

28mm

850

Stigmen-
platte

Nachschieber

849

Stigma

Mundhaken

31mm

852

4,5 mm

Larvaldiagnose und Bionomie der Nasendasseln (Oestridae; Oestrus-Gruppe) und Hautdasseln (Oestridae; Hypoderma-Gruppe); Kennzeichen entomophagen Befalls. Abb. 853: *Oestrus ovis* LIN., links Vorder-, rechts Hinterende einer Erstlarve; die mittleren Körpersegmente sind in der Abbildung ausgelassen. Gez. nach GAILLARD (1934). – Abb. 854: Ausschnitt aus einer Rothirschdecke mit Befall der Larven von *Hypoderma actaeon* BRAUER, Hirschdasselfliege; Aufsicht auf die Innenseite der Decke mit den Öffnungen der «Dasselbeulen». Orig. – Abb. 855: *Hypoderma lineatum* DE VILLERS, eine der Rinderdasselfliegen, als Beispiel für den Habitus der Hautdasselfliegen; hier ein Weibchen. Gez. in Anlehnung an JAMES (1947), aber geringfügig verändert. Sämtl. bisherigen Zeichn. aus KRÜMMEL u. BRAUNS (1956). – Abb. 856: *Hypoderma diana* BRAUER, Rehdasselfliege; Seitenansicht der Larve und Abb. 857: Aufsicht auf das abdominale Stigmenfeld (vgl. dazu Abb. 848 u. 850). – Darstellung einiger Schlüpföffnungen und einer Fraßbeschädigung an den Kokons von *Diprion pini* L., der Kiefernbuschhornblattwespe (Tenthredinid.; Hym.); Beispiele für die Unterscheidung der Ausbohrweise parasitierender Tachinenlarven aus Insektenkokons oder -puppen gegenüber normaler Schlüpfweise der Blattwespen-Imagines, der Schlüpfweise anderer Parasitenformen und einer häufigen Fraßbeschädigung durch einen Räuber: Abb. 858: *Diprion pini* L. – Abb. 859: *Microcryptus basizonicus* GRAV. (Ichneumonid.; Hym.). – Abb. 860: *Microplectron fuscipennis* ZETT. (Chalcidid.; Hym.). – Abb. 861: *Sturmia inconspicua* MEIG. (Tachinid.; Tachininae; Dipt.). – Abb. 862: von räuberischen Elateridae-Larven (Col.) eröffnet. Sämtl. weiteren Abb.: Orig., nach BRAUNS (1954).

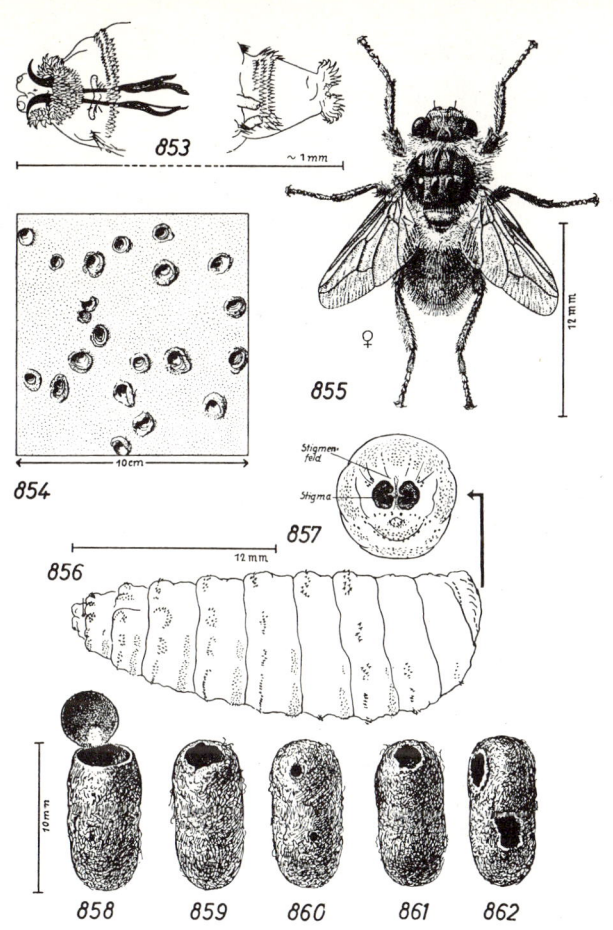

853

~ 1 mm

854

10 cm

855

♀

12 mm

Stigmenfeld

Stigma

857

12 mm

856

10 mm

858   859   860   861   862

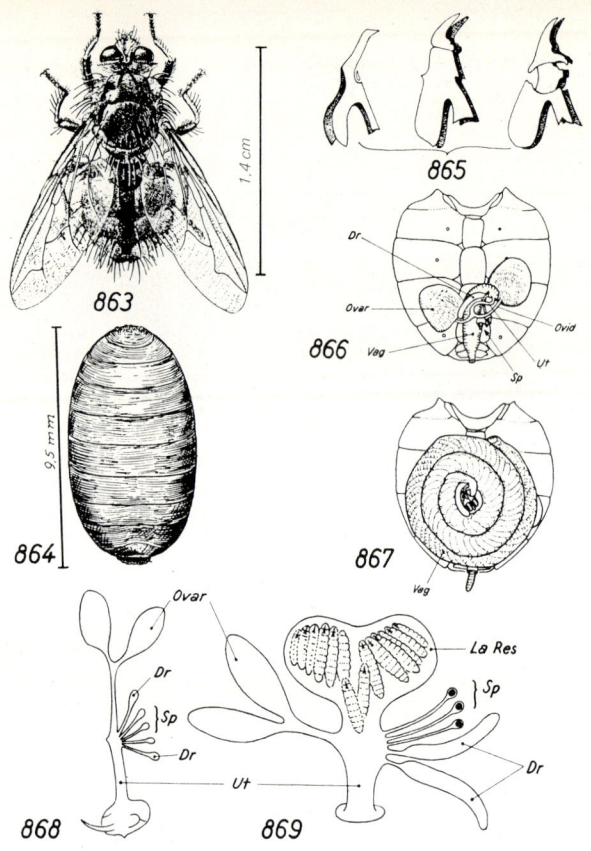

Raupenfliegen (I) [Tachinid.; Dipt.]. Abb. 863: *Tachina* (= *Echinomyia*) *fera* L., «Igelfliege» (Tachininae), Imago; Wirt: u.a. *Lymantria dispar* L. u. *monacha* L. (Lymantriid.; Lep.); als Typ der Raupenfliegen. Orig. – Abb. 864: *Ernestia rudis* L. (Tachininae); Habitusbild des Pupariums, dorsal. Orig., nach BRAUNS (1954). – Abb. 865: *Tachina larvarum* L.; Mundapparat der Larve als Beispiel für die Ausbildung des Pharyngealskelettes bei den Tachinidenlarven. Links: erstes Stadium mit unpaarem Mundhaken ohne gelenkige Verbindung; Mitte: zweites Stadium mit paarigen Mundhaken und einer gelenkigen Verbindung; rechts: drittes Stadium mit paarigen Mundhaken und zwei gelenkigen Verbindungen. Gez. nach NIELSEN (1912) aus ESCHERICH (1942). – *Ernestia rudis* FALL. (Tachininae): Abb. 866: Geschlechtsapparat eines frischgeschlüpften Weibchens mit leerer Vagina (Vag); weitere Bezeichnungen: Dr = akzessorische Drüse; Ovar = Eierstock; Ovid = Ovidukt; Sp = Spermatheca (= Receptaculum seminis); Ut = Uterus. Abb. 867: Geschlechtsapparat eines älteren trächtigen Weibchens; Vagina (Vag) zur Brutkammer hypertrophiert, aus der Eier mit ausgebildeten Larven abgegeben werden. Gez. nach PRELL aus WIGGLESWORTH (1955). – *Compsilura concinnata* ROND. (Phorocerinae): Abb. 868: Geschlechtsapparat eines unbefruchteten, Abb. 869: eines trächtigen Weibchens. Bezeichnungen wie in Abb. 866, zusätzl.: La Res = Larven-Reservoir. Gez. teils nach H. W. ALLEN und J. J. CULVER aus SÉGUY in GRASSÉ (1951).

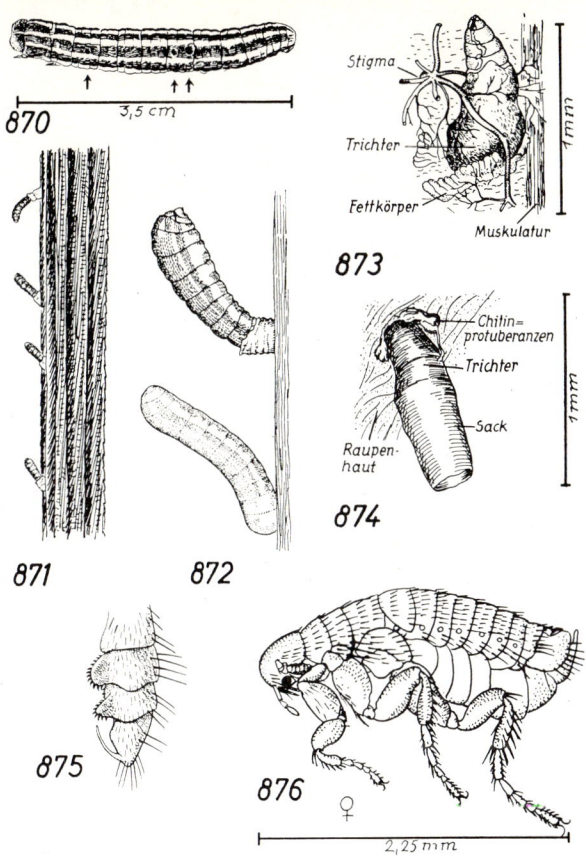

Raupenfliegen (II) [Tachinid.; Dipt.]; Flöhe (Aphaniptera). Abb. 870: Raupe von *Panolis flammea* SCHIFF. (Forleule; Noctuid.; Lep.) mit den Atemlöchern der Tachinenlarven
(s. Pfeile). Gez. in Anlehnung an GÄBLER (1952). – Abb. 871: auf einer Kiefernnadel
abgesetzte Larven der Eulen-Tachine *Ernestia rudis* FALL. (Tachininae). Gez. nach
GÖPFERT (1934) aus ESCHERICH (1942). – Abb. 872: Frisch abgesetzte Brut der Kiefern-
eulenraupenfliege *Ernestia rudis* FALL.; unten: Ei; oben: Junglarve im Becher. Mithin
vergrößerter Ausschnitt aus Abb. 871. Gez. nach PRELL (1915) aus GÄBLER (1952). –
Abb. 873: frisch eingebohrte Tachinen-Larve (*Phorocera silvestris* ROB.-DESV.;
Phorocerinae) in ihrem «Trichter» auf der Innenseite der Raupenhaut. Gez. nach
PRELL (1915) aus ESCHERICH (1942). – Abb. 874: «Trichter» einer Tachinen-Larve
(mit Kalilauge gereinigt); gez. nach PRELL (1915) aus ESCHERICH (1942). – Abb. 875:
Compsilura concinnata ROND. (Phorocerinae); Hinterleib von der Seite gesehen mit
dem Legedorn und dem «Sägebauch». Gez. nach BAER (1920/22) aus ESCHERICH
(1942). – Aphaniptera: Abb. 876: *Chaetopsylla globiceps* TASCHENBERG (von Fuchs);
Habitusbild des Weibchens. Orig., nach einem Exemplar von Prof. PEUS (Berlin).

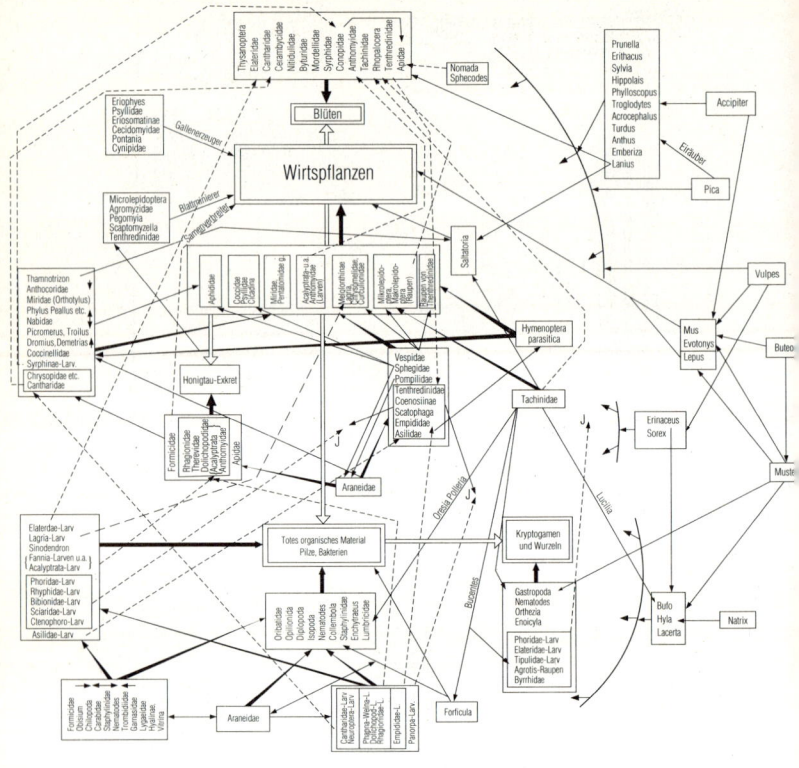

Abb. 877: **Biozönotischer Konnex an Wallhecken und Waldrändern** (in Schleswig-Holstein). – Erklärungen im Text. – Gez. nach TISCHLER (1951). .

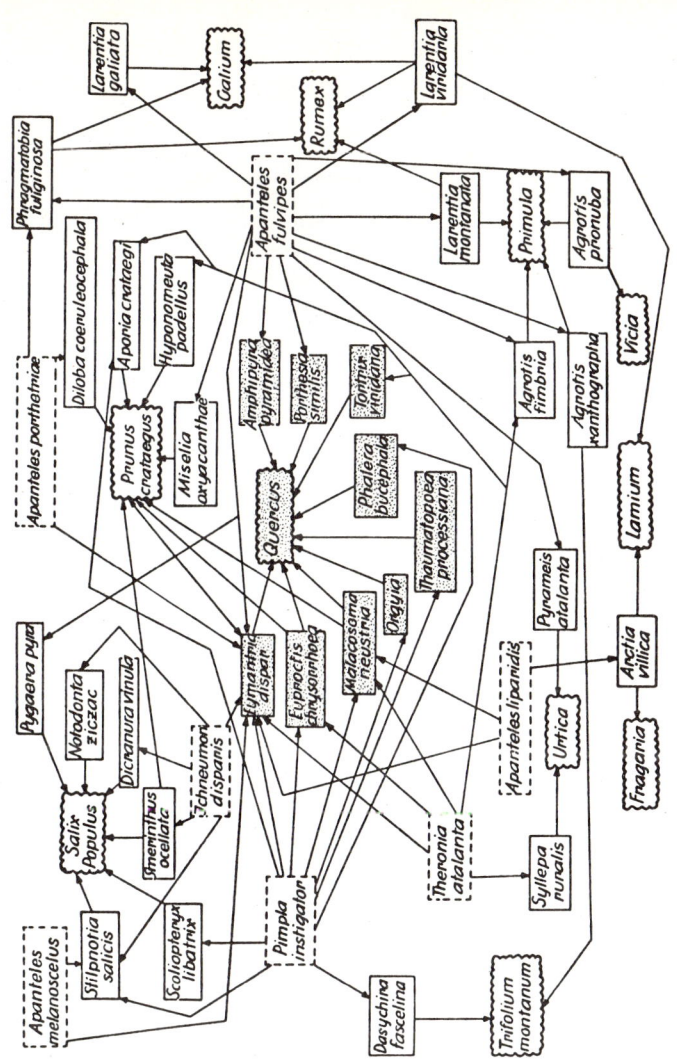

Abb. 878: **Zönotischer Konnex in ungarischen Eichenwäldern.** Umrandung gewellt = Pflanzen; Umrandung ausgezogen = Pflanzenfresser; Umrandung gestrichelt = Parasiten; punktierte Felder = Eiche und ihre Schädlinge. – Gez. nach Daten von GYÖRFI (1951) aus TISCHLER (1955).

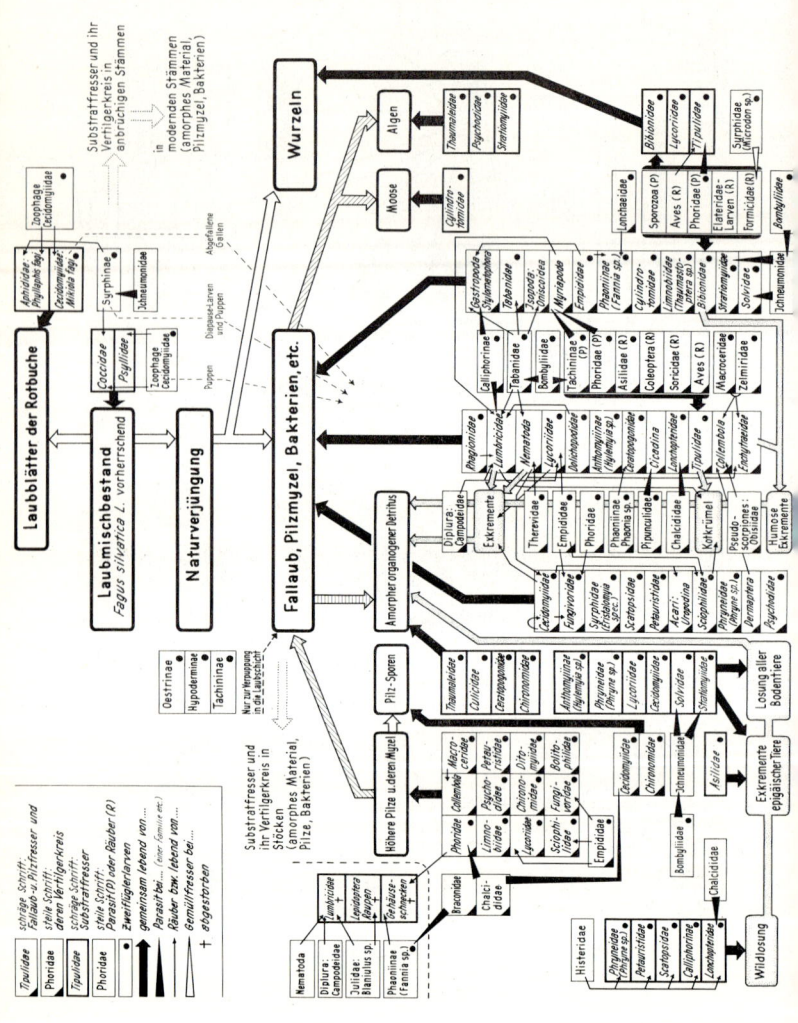

Abb. 879: Ausschnitt aus dem Diagramm «Stellung der bodenlebenden Zweiflüglerlarven im Verknüpfungsgefüge der Waldbiozönose»: Darstellung der Primär- und
Sekundärzersetzer in der Fallaubschicht. – Zeichenerklärung im Diagramm. Orig.,
gez. nach BRAUNS (1968).

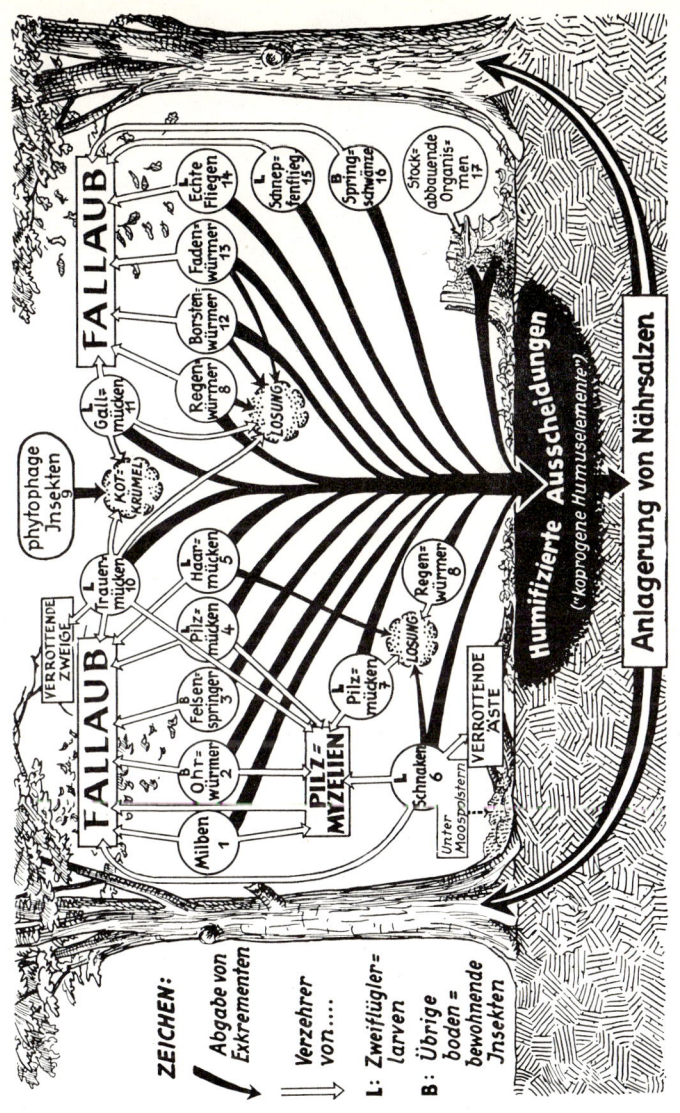

Abb. 880: Ausschnitt aus dem Stoffkreislauf in einem Laubholzbestande unter Berücksichtigung einiger Erstzersetzer, – Zeichenerklärungen im Diagramm. – Orig., gez. nach BRAUNS (1958) in Anlehnung an BRAUNS (1954. u. 1955).

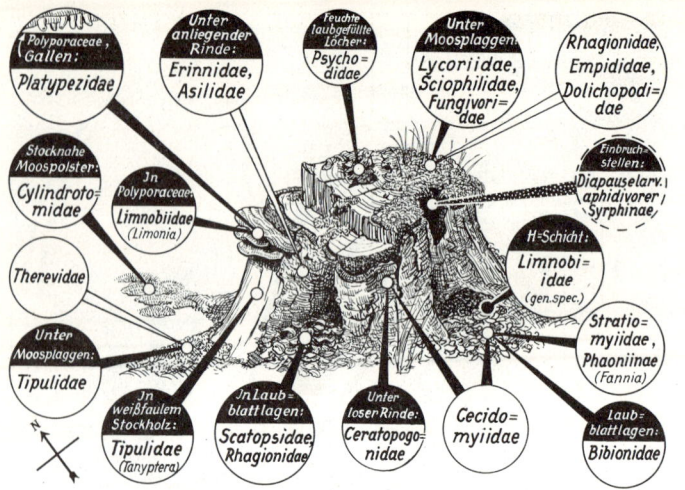

Abb. 881: **Vorkommen der häufigsten terricolen Dipterenlarven in einem 6–8jährigen Buchenstock.** – Erläuterungen im Text. – Orig., gez. nach BRAUNS (1954).

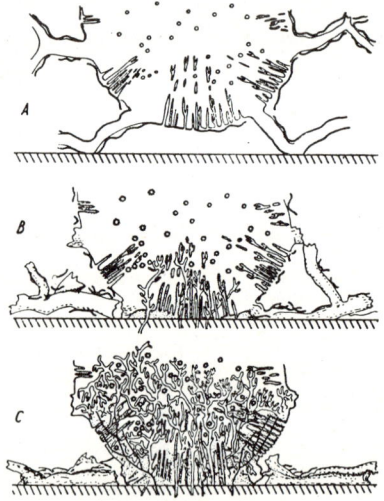

Abb. 882: **Abbaustadien eines geworfenen Stammes.** – A: Im Zentrum des Stirnschnittes Cerambycidengänge, von der Peripherie aus Platypodidengänge. B: Zweige abgefallen, Rinde hat sich gelöst. Bakterien und Pilze kleiden die Gänge der Insekten aus. Von der Bodenoberfläche aus bohren Termiten Gänge in den Holzkörper. – C: Das Zersetzungsstadium ist infolge der Tätigkeit der Mikroflora weiter vorangeschritten. Die Termitengänge durchziehen recht zahlreich den Stamm, Oligochaeten (zu den

[Fortsetzung auf Seite 665]

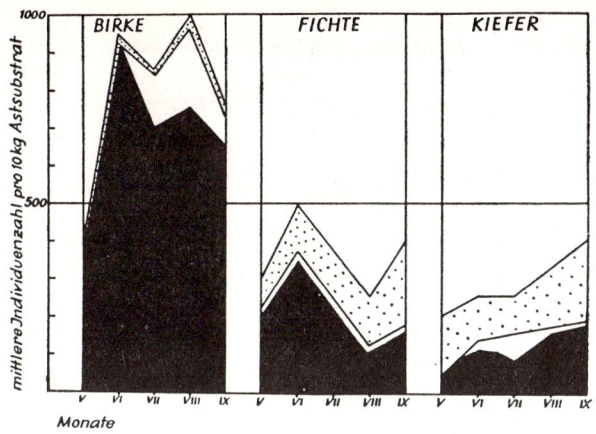

Abb. 883: Besiedlungsdichte von Arthropoden auf verschiedenen Holzarten. – Insektenimagines = schwarz; Spinnen = punktiert; zwischen beiden Kolumnen weiß belassen = Insektenlarven. – Gez. nach KUUSISTO (1941) aus TISCHLER (1955).

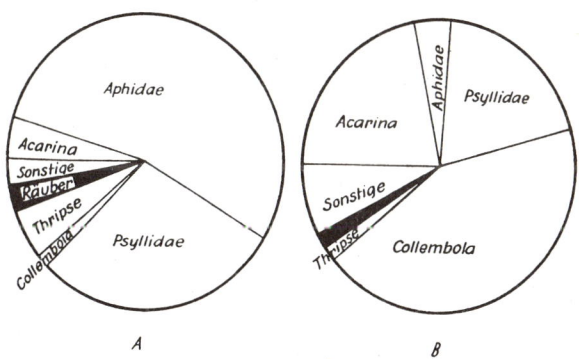

Abb. 884: Kleintierbesatz in der Krautschicht auf *Urtica* [Brennessel]; A: bei sonnigem, B: bei schattigem Stand. – Gez. nach WLADIMIRSKY (1926) aus TISCHLER (1955).

[Fortsetzung von Seite 664]

Annelida [Ringelwürmer] gehörig) folgen, bis schließlich das amorphe Material insgesamt dem Boden einverleibt ist und nunmehr von terricolen Organismen bewohnt wird. – Gez. nach DELAMARE-DEBOUTVILLE (1951) aus TISCHLER (1955).

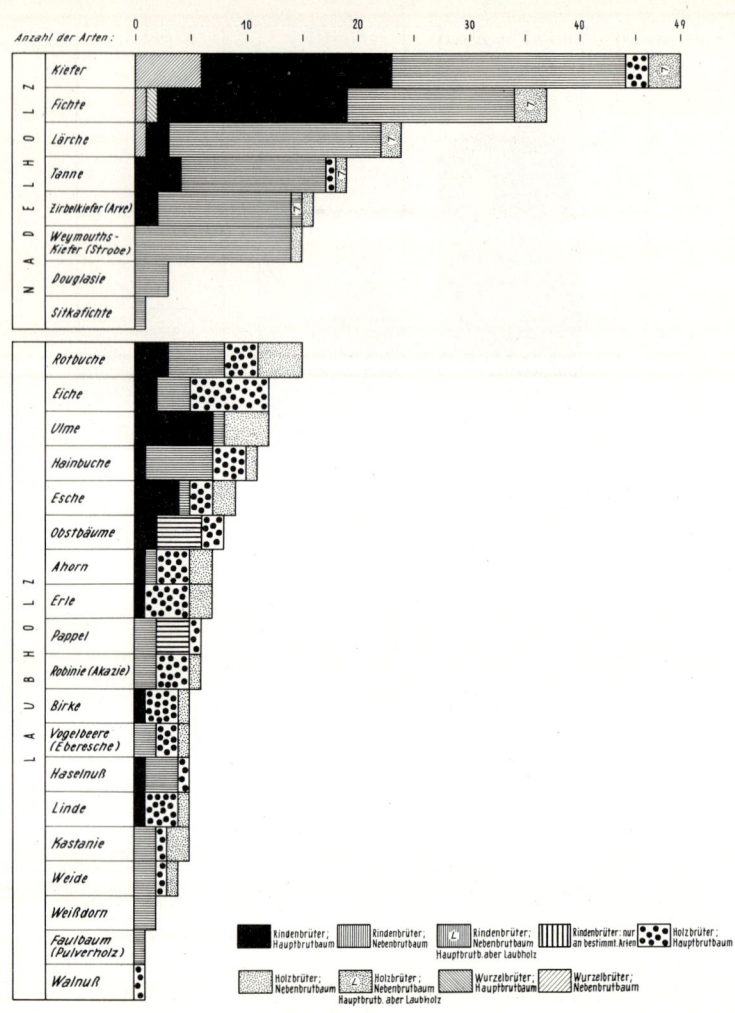

Abb. 885: Artdichte der verschiedenen biologischen Gruppen von Borkenkäfern an den einzelnen Holzarten. – Zeichenerklärungen im Diagramm. – Orig., gez. nach BRAUNS (1963).

Abb. 886: Indikatoren-Diagramm wirtschaftlich beachtenswerter Insektenarten für ▷ Kiefer in verschiedenen Altersklassen, vom Saatkamp und Pflanzgarten über Kulturen und Dickungen bis zum Stangen- und Altholz – Orig., gez. nach BRAUNS (1963).

Abb. 886

Pflanzgarten

Esche

6

8

3

5

7

Kiefer

887

Douglasie

9

6

Fichtenlatten-u.Reisig

3

7
5

2

8

Fi-Latten

1

10

888

Lärche

4

Fichte

Abb. 887: 1 = *Lytta vesicatoria*, I (Meloid.). – 2 = *Gilletteella cooleyi* (Chermesid.) mit Räubern: *Adalia conglomerata* L. u. *Anatis ocellata* L., I u. La (Coccinell.). – 3 = Nadelabfall nach **Spätfrost**. – 4 = Acridiidae (Entblättern u. Abbeißen der Pflanzen): u. a. *Acridium bipunctatum* L., *Stenobothrus haemorrhoidalis* CHARP., *Tettix bipunctatus* L. – 5 = *Oligonychus ununguis* JAC. (Tetranychidae, **Spinnmilben**). – 6 = *Acantholyda hieroglyphica*, L., VI (Pamphil.). – 7 = *Cneorrhinus plagiatus* SCHALL., I (gestreifter Graurüßler; Curculion; Fraß an Nadelbasis u. Platzfraß an Rinde). – 8 = Nematoden (Fadenwürmer; Wurzelsauger). – Orig.

Abb. 888: 1 = *Cinara laricicola* CB. (Lachn., Aphid.; typ. Baumlaus). – 2 = *Pristiphora wesmaeli*, La, VI (Tenthredin.; Fraß d. After-Ra an Langtriebnadeln). – **An Wurzeln**: 3 = *Gryllotalpa vulgaris*, I (Gryllotalp.); *Agrotis* spec., Ra (Noct.); Tipuliden-La (Dipt.). – 4 = Elateriden-La (Col.). – 5 = *Pemphigus poschingeri* (Exsulantes v. *Prociphilus nidificus*) [Pemphig.]. – 6 = *Melolontha* spec., La (Scarab.). – 7 = *Otiorrhynchus ovatus* L., Kl. schwarz. Rüsselkäfer; *O. singularis* L.; I (Curculion.; Fraß **am Wurzelhals** kl. Fichten). – Am «**Sonnenabdeck**»- u. «**Windschutz**»-**Material** (Fraßb.): 8 = *Polygraphus polygraphus*; 9 = *Pityophthorus micrographus* (Ipid.). – 10 = *Caenoptera minor* (Cerambyc.). – Orig.

Buchenaltholz

Buchenverjüngung

889

Abb. 889: 1 = **Rückeschaden.** – 2 = knollenartige Überwallung eines «geschlosse-nen» Stammkrebses (Erreger: *Nectria coccinea* Fr., *N. ditissima* Tub., *N. galligena* Bres.; Hypocreaceae, Ascomycetes [Schlauchpilze]). – 3 = Schleimflußflecken mit *Cryptococcus fagi* (Cocc.). u. zw. d. Kolonien häufig Trombidiidae (Laufmilben; Acari), als Räuber Coccinelliden-La u. -I (Col.). – 4 = Psychiden-Raupensäckchen (Tineoidea). – 5 = *Liopus nebulosus* L., Splintbock, Fraßb. (Cerambyc.). – 6 = *Tettix subulatus* L., Dornschrecke, I (Acridiid.; entblättert Buchenaufschlag). – 7 = *Ectoedemia liebwerdella* (Nepticul., Rindenmine); *Tachypeza nubila*, I (Empidid.; ab IX). – **Blattfraß: 8** = *Chimabacche fagella*, Ra, Sommer/Sept. (Oecophor.); *Aglia tau*, Ra V/VI (Saturn. [♀♀ am Stammfuß bei (9)]); *Stauropus fagi*, Ra, VI/VIII (Notodontid.); *Drepana cultraria*, Ra, VI u. VIII (Drepan.); *Cosymbia linearia* Ra, VI u. IX; I, V u. VII bei [10] (Geomtr.), *Hylophila prasinana*, Ra, VI/IX, X; I, V/VI bei [10] (Noct.). – 9: *Meconema thalassinum*, I, IX (Tettigon.; aufbaumend). – 10 = Rhagionidae, ♂♂ [Rhagio spec.] (Dipt.). – **Blattgallen: 11** = *Mikiola fagi* (Beutelgalle), *Hartigiola annulipes* (stumpfzylindr., bräunlich behaarte Galle) [Cecidom.]. – **Blattminen: 12** = *Orchestes fagi* (Curculion.; Lochfraß, Gang- u. Platzminen); *Nepticula basalella* (Nepticul.: Mine zw. Blattrippen). **Auf den Blättern:** Anthomyiinae, I. – **Am Boden** zw. Gras u. Moos: 13 = *Ityphallus impudicus* [L.] Fr., Stinkmorchel (auch in Nadelholzbeständen) mit zahlreichen Gästen [s. Tafel 16]. – Orig.

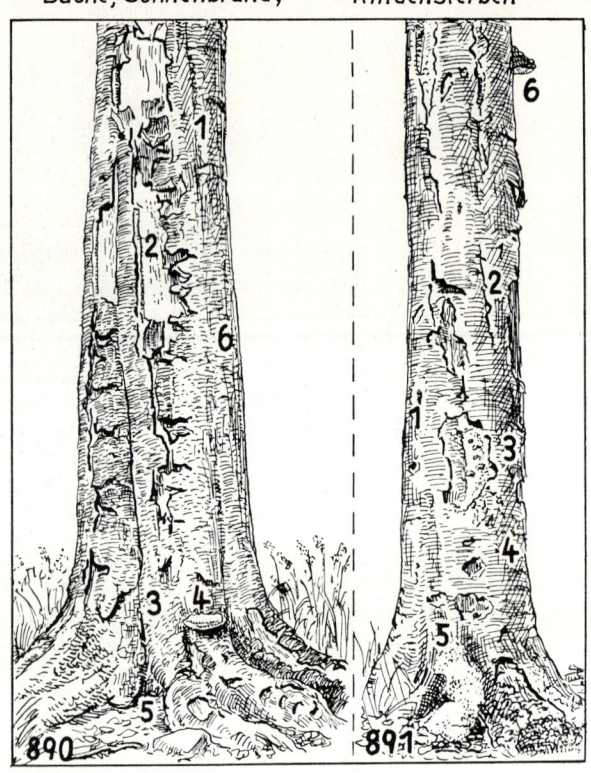

Buche, Sonnenbrand, Rindensterben

Abb. 890: (Fraßb.): 1 = *Agrilus viridis, A. elongatus* HRBST., *Chrysobothris affinis* (Buprest.); 2 = *Anisandrus dispar, Xylosandrus germanus* BLANDF., schwarzer Nutzholzborkenkäfer [Familienholzgang] (Ipid.); 3 = *Hylecoetus dermestoides* (Lymexylon.). – 4 = Ganoderma *(= Polyporus) applanatum* PAT. flacher Lackporling (Polyporac.) mit Zitzengallen von *Agathomyia wankowiczi* SCHNABL (Platypez.), früher fälschlich für Dipterocecidien von Gallmücken gehalten; außerdem im Fruchtkörper Fraßgänge von Cisidenlarven (Col.). – 5 = am Stammfuß im Herbst angewehte **Fallaubblätter** mit *Orchestes fagi* (Curculion.; Lochfraß, Gang- u. Platzmine), *Lithocolletis faginella* (Gracilar.; Faltenmine), *Mikiola fagi* (Cecidom.; Beutelgalle). – 6 = *Medetera jacula, M. dendrobaena;* I, VII/X (Dolichopodid.). – Orig.

Abb. 891: 1 = *Cryptococcus fagi* (Cocc.). – (**Fraßb.**): 2 = *Xyloterus domesticus* (Ipid.); 3 = *Callidium sanguineum, C. lividum, C. testaceum, C. aeneum* DEG. (Cerambyc.); 4 = *Rhagium sycophanta, Rh. mordax* (Cerambyc.); 5 = *Hylecoetus dermestoides* (Lymexylon.). – 6 = *Polyporus fomentarius* FR., Zunder- od. Feuerschwamm mit *Scardia boleti, Tinea parasitella;* Ra (Tineid.). – Orig.

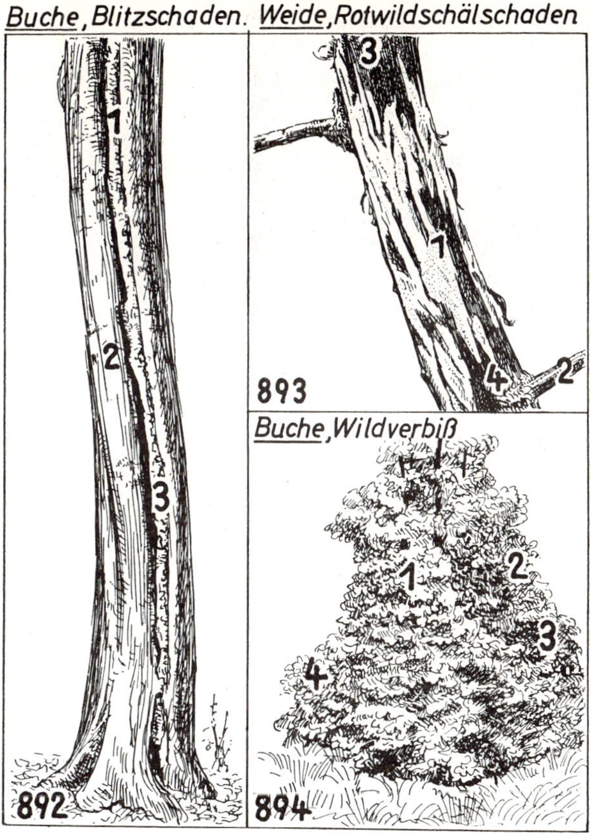

Buche, Blitzschaden. Weide, Rotwildschälschaden

893

Buche, Wildverbiß

892 894

Abb. 892: (Fraßb.): 1 = *Tremex fusicornis* F. (Siric.); 2 = *Sinodendron cylindricum* (Lucan.). – 3 = *Cryptococcus fagi* (Cocc.). – Orig.

Abb. 893: 1 = *Aromia moschata* L., Moschusbock (Cerambyc.; an frischen Schälspuren: I = Saftlecker; La in Holzgängen). – 2 = *Rhabdophaga saliciperda*, Fraßb. (Cecidom.). – 3 = *Poecilonota variolosa* PAYK. (Bupr.; Aspenprachtkäfer; Fraß in d. Rinde). – 4 = *Sarperda similis* LAICH.; *S. carcharias*, Fraßb. (Cerambyc.). – Orig.

Abb. 894: 1 = *Typhlocyba cruenta*, I u. La; VII/IX (Thyphlocyb.; Cicadina). – 2 = *Phyllaphis fagi*, V/IX (Aphid.). – 3 = *Cheimatobia boreata*, Ra, V (Geometr.); Feinde des brachypteren ♀: *Nabis myrmecoides* COSTA (= *lativentris* BOH.), I (Nabid.; Heteropt.) u. *Silpha quadripunctata*, I (Silph.; Col.). – 4 = *Polydrosus* (= *Eudipnus*) *mollis* (Curculion.; I = Blattknospenfraß). – Orig.

671

Buche-Windwurf

895

Abb. 895: (Ipid.) 1 = *Ernoporus fagi, Taphrorychus bicolor* Hrbst. [**Rindenbrüter**]; 2 = *Xyloterus domesticus* (Gangauswurf: bräunliches Rinden- u. helleres Holzmehl); *Anisandrus dispar* [beide: **Holzbrüter**]. – (**Fraßb.**): 3 = *Hylecoetus dermestoides* (Lymexylon.); 4 = *Callidium testaceum* (Cerambyc.). – 5 = **Stammrinne** mit Regenwasser u. mit faulendem Fallaub: Culiciden-La (Dipt.; in regenreich. Jahren). – 6 = unter **loser Rinde**: Collembolen (Apterygota); Psocoptera. – 7 = an **modernden Zweigstückchen**: Lycoriiden-, Fungivoriden-La (Dipt.). – Orig.

Abb. 896: (Stock i. ersten Abbaustad.): 1 = gelegentl. *Camponotus herculeanus*, Fraßb. (Formicid.); neben ihr kaum anderweitig. Befall, höchstens **unter Rinde**: 2 = *Aradus corticalis* (Aradid., Heteropt.); *Hylecoetus dermestoides*, Fraßb., *Lymexylon navale*, Fraßb. (Lymexylon.); *Pyrochroa coccinea*, La (Pyrochroid.); *Plagionotus arcuatus*, La u. Fraßb. – Auf d. **Rinde** [wenn Eiche im Frühjahr geschlagen wurde u. reichlich Saft vom «Deckel» seitl. abfließt, vielfach durch angewehte Hefepilze auch gärt]: 3 = *Geotrupes silvaticus*, I (Scarab.). – In **Rindenritzen**: 4 = *Haltica quercetorum*, I überwinternd (Chrysomel.). – [**An Stockausschlägen**: *Cantharis obscura*, I (Cantharid.)]. – (**An natürl. Verjüngung**): 5 = *Microsphaera alphitoides* Griff. et Maubl. (syn. *quercina* Foex), Eichenmehltau (Phycomycetes, Algenpilze), Blätter u. Triebe wie mit Mehl bestäubt; zahlr. Cynipiden-Gallen, u.a. *Cynips quercusfolii* (Cynipoidea). – (**An Jungpflanze**): 6 = *Otiorrhynchus singularis* L., I; *Polydrosus sericeus*, I (Curculion.), *Haltica quercetorum*, La (I hier unter 4). – (**Am Stamm alter Eichen**): 7 = *Meconema thalassinum* I (Tettigon., Saltator.); *Kermes quercus* Ckll., Eichenschildlaus, oft Schleimfluß hervorrufend (Cocc.); am Stamm hinauf wandern Individuen von *Formica rufa*, ♀♀, zu Lachniden (Baumläusen). – (An od. unter der **Rinde des** herabhängenden **Zweiges**): 8 = *Lachnus (= Dryobius, Pterochlorus) roboris* L., (Aphid.); an glatter Rinde auch vorkommend: *Asterolecanium variolosum* Rtzb., Eichenpockenschildlaus, Rindenteile pockennarbig nach Abfallen d. Coccid.;

[Fortsetzung auf Seite 673]

[Fortsetzung von Seite 672]

spiralige Ringelung des Zweiges: *Coraebus fasciatus* VILL. (= *bifasciatus* OL.), Zweibindiger Eichenprachtkäfer (Buprest.). – (**An Blättern**): 9 = *Allantus* (= *Emphytus) braccatus* GM., After-Ra (Tenthredin.); *Tischeria complanella*, Blasenmine (Lyonetiid.). – (**Anbrüchige Eichenstämme**): unter Rinde (Fraßb.): 10 = *Plagionotus* (= *Clytus) arietis* L., *Pl. detritus* L., *Pl. rhamni* GERM. u. *Pl. tropicus* PZ. (Cerambyc.); *Agrilus biguttatus* F. (Buprest.). – (**Im Holz**): 11 = *Cerambyx cerdo*, Fraßb. (Cerambyc.); 12 = *Anobium rufovillosum*, befallenes Areal siebartig durchlöchert (= Fluglöcher). – (**Hainbuchen-Unterwuchs**): 13 = (an Blättern): *Ennomos quercinaria* HFN., Eichen-Zackenrandspanner (Flügelränder gezackt) u. *E. autumnaria* WERNEB., I gern i. Herbst, Ra V–VI; neben diesen Spannerraupen auch: *Cheimatobia boreata* (Geometr.) u. als Prädator *Calosoma inquisitor*, I (Carabid.); (**an Hainbuchen-Heistern**): *Pulvinaria betulae* L. (syn. *Lecanium carpini* RTZB.), Hainbuchenschildlaus (Cocc.). – (Bei Übervermehrung an d. Borke sitzend): 14 = Falter von *Totrix viridana* (Tortric.). – Orig.

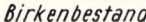

Abb. 897: (**Aushöhlung der Eiche** durch früheren starken Befall von): 1 = *Cossus cossus* (Cossid.); gelegentl. auffindbar die mit Holzspänen bedeckten Kokons u. die geformten Exkremente; anfangs eventuell auch Befall von *Cerambyx cerdo* (Cerambycid.). – 2 = *Sesia conopiformis* Esp. (Sesiid.), Ra unter d. Rinde. – (**Im Mulm**): 3 = «Drahtwürmer» (Elaterid.). – (Siebartig durchlöcherte **Rinde**): 4 = *Anobium rufovillosum*, Fraßb. (Anobiid.). – (**Unter Moosansatz** niedergebrochener Zweige): 5 = Schnakenlarven (Tipulid.). – (**Im Mulm dieser Zweige**): 6 = verpuppungsreife aphidivore Syrphidenlarven (Dipt.). – Orig.

Abb. 898: 1 = *Eccoptogaster ratzeburgi*, Fraßb. Luftlöcher markieren Gangverlauf (Ipid.). – 2 = *Cossus cossus*, Ra (Cossid.); **aus Fraßgängen** läuft bräunl. Saft u. verbreitet einen fruchtig-säuerlichen Geruch, der die verschiedensten **Insekten anlockt**: (Nymphalid.): Trauermantel [*Vanessa (= Nymphales) antiopa* L.: Ra an Birke], Großer Fuchs [*V. (= N.) polychloros* L.], Tagpfauenauge [*V. (= Inachis) io* L.; Ra an Brennnesseln], C-Falter (*Polygonia c – album* L.; Ra u.a. an Brennnesseln); zahlr. Fliegen, Käfer (u.a. *Cetonia aurata* [Scarab.]), Hornissen (*Vespa crabro*) u. andere Vespidae. – 3 = (**Beschädigungen an Blättern**): *Cimbex femorata* (Cimbicin.; Tenthredinid.); **Raupenfraß**: *Hibernia aurantiaria* Esp., Orangegelber Frostspanner; *Biston betularius*, Ra einem Zweig ähnelnd; *Hipparchus (= Geometra) papilionaria* L., Grünes Blatt [I, VI–VII; Vorderfl. mit 2 weißen Querstrichen, sonst grüngefärbte Art; Ra VIII, überwinternd u. V (auch an Erle)](Abb. 949/50); *Acalla ferrugana* Tr., Birkennestwickler, Ra in zus. gesponn. Blattnest (Tortric.); *Coleophora fuscedinella*, Ra fertigt aus Blatteilen ein Säckchen, (Coleophorid.); *Hemichroa alni* L. (auch an Erle; Tenthr.)(Abb. 1015 ff.). *Fenusa pumila* Klg., Ra hellgrün, Blattminierer (Tenthr.): Abb. 978 ff.; *Lyonetia clerkella* L., Ra in Blattmine VI–X; Pu in hängemattenähnl. Gespinst (Lyonetiid., Langhornblattminiermotten): Abb. 972 bis 977. **Blattroller**: *Byctiscus betulae*, *Deporaus betulae* (Curculion.); **Minen**: *Agromyza alnibetulae* (Agromyz.). – Orig.

Erle — Weide

Abb. 899: 1 = **Jagdplatz** v. Odonata u. **Flugbiotop** v. Plecopteren; im Wasser Ruderwanzen od. Wasserzikaden (Corixidae [Cryptocerata, Wasserwanzen]). – 2 = (**Fall-
laubschicht** [zumeist im geschlossenen Erlenbestand]): *Penthetria holosericea*, La
u. I (Bibion.). – 3 = (an stärkeren **Ästen** u. **Stämmen**): **unter Rinde:** *Agrilus viridis;*
gelegentl. auch *Poecilonata rutilans* L., Lindenprachtkäfer, Fraßb. (Buprest.). –
4 = (**unter Rinde u. i. Holz**): *Cryptorrhynchus lapathi* (Curculion.). – 5 = (**an Blättern**): *Lepidosaphes ulmi* F., Ulmenwollschildlaus, gelegentl. an d. Blattnerven (Cocc.);
Platycampus luridiventris, Ra, VI–X, aber auch die After-Ra von *Eriocampa ovata* L.,
E. umbratica KLG. u. *Hemichroa erocea* GEOFFR. [letzte Art mit larvalem, schrift-
zeichenähnl. Löcherfraß] (Tenthredin.); *Agelastica alni*, I u. La (Chrysomelid.);
Phyllobius glaucus STRL. (syn. *calcaratus* F.), *Ph. urticae* DEG. (syn. *alneti* F.) u.
Orchestes scutellaris F., I u. La (Curculion.); *Acronycta alni*, Ra (Noctuid.); *Selenia
bilunaria* ESP. u. *S. tetralunaria* HFN., Spanner-Ra (Geometr.). – Orig.

Abb. 900: 1 = **Tummelplatz** von Wasserläufern (Gerridae [Gymnocerata, Land-
wanzen]). – 2 = (**Aushöhlung** alter Weiden meist zurückführbar auf Befall von)
Cossus cossus (Cossid.); im **modernden Material:** *Elater cinnabarinus*, «Drahtwürmer» (Elaterid.); Nistplatz von *Xylocopa violacea* (Apid.). – 3 = (**am Stamm**
unter den Ruten): *Lamia textor* L., Weberbock (Cerambyc.). – 4 = (**im Splint**):
Agrilus sexguttatus HBST., Fraßb. (Buprestid.); Fraßb. von Cerambyc.: *Aromia
moschata* L., Moschusbock; *Necydalis major* L., Gr. Wespenbock [Bionomie ähnl.
Caenopt. minor]. – 5 = (**Splint toten Holzes**): *Cossonus linearis* F., Fraßb. (Curculion.), La- u. Muttergänge nicht streng voneinander getrennt [ähnl. d. Pochkäfern]. –
6 = (**an Blättern**): *Aphis capreae* F., *A. saliceti* KLTB. u. *A. vitellinae* SCHR. (Aphid.);
Orchestes populi F., Weidenspringrüßler [nur Platzmine], *O. stigma* GERM., I. u. La
(Curculion.). – Orig.

Mischwald

Kiefer 6 Lärche
7
9
8
Lärche
5
4 Kiefer
Birke
Fichte
Eiche
10
2 3
1
901 Heidekraut

Abb. 901: (**Am Wegesrand**): 1 = *Saturnia pavonia*, Ra V–VIII, Pu in Kokon am Heidestrauch überwinternd (Saturniid.); *Ematurga atomaria*, Ra V–VIII (Geometr.). – (**Eiche**): 2 = *Phalera bucephala*, Ra-Fraß VI–X (Notodontid.); *Melolontha melolontha*, I, V–VI (Scarabaeid.); *Ocneria detrita* Esp., Kl. grauer Schwammspinner, Ra-Fraß, V, Ra mit zinnoberroten Warzen, sonst blaugrau mit weißer Medianlinie (Lymantr.); Querroller mit Blattschnitt: *Attelabus nitens* (Curculion.); *Catocala sponsa*, Ra tagsüber auf Zweigen ruhend, VII–IX (Noctuid.); *Periclista lineolata*, After-Ra: Loch-, Total- u. später Skelettierfraß an d. Blättern; *Caliroa annulipes*, nacktschneckenähnl. After-Ra = Blattskelettierer (Tenthredinid.). – (**Fichte**): 3 = *Chermes viridis*, ananasartige Galle (Chermesid.). – (In d. Kronenraum d. Lärchen hineinragende Fichte): 4 = *Taeniothrips laricivorus*, ♀♀, in Rindenrissen junger Höhentriebe (Thysanoptera). – (**Kiefer mittl. Alters**): 5 = *Cacoecia piceana*, Ra spinnen Nadeln zus. u. befressen sie von innen (Tortric.). – (**Altkiefer**): 6 = Lyra- od. Kandelaber-Krone: früherer Befall von *Evetria buoliana* (Tortric.); 7 = «Hexenbesen» gelegentl. an Kronen-Ast (nicht wie bei Laubholz auf parasitische Einwirkung von Pilzen u. Milben zurückzuführen, sondern Knospenmutation). – (**Lärche mittl. Alters**): 8 = *Taeniothrips laricivorus* (Thysanoptera). – (**Alte Lärche**): 9 = **Tmetocera laricana**

[Fortsetzung auf Seite 677]

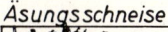

Abb. 902: **Melioration der Schneisen** zwischen Fichtenbeständen für Wildäsung mit gleichzeitiger Anpflanzung von anderen Holzarten als «Blendenschutz» (sog. **«Äsungs-schneisen»** [vgl. VOLKERT, 1961]). – Orig.

Salweide: 1 = *Earias (Halias) chlorana*, Weidenkahneule, Ra an d. Triebspitzen, VI–VIII (Noctuid.; 1 mit mattgrünen Vorder- u. weißl. Hinterflügeln); 2 = *Orchestes salicis* L., I u. La (Curculion.). – **Eiche:** 3 = *Stomaphis (= Lachnus) quercus* L., in Rindenspalten (Aphid.); 4 = *Acrobasis zelleri* RAG., Eichentriebzünsler, Ra in Blätterballen, VI (Pyralid.), *Hylophilina bicolorana* FUESSL., Ra VIII – überwinternd – V (Noctuid.; Imago ohne Eulenzeichnung: Abb. 951). – **Esche:** 5 = *Lytta vesicatoria*, I, Fraß an Blättern (Meloid.), *Fonscolombea fraxini* KLTB., Eschenwollschildlaus, an glatter Rinde (aber auch in Rindenritzen) [Cocc.]; 6 = *Cacoecia podana* SCOP., Eschenzwieselwickler, Ra vernichtet d. Endtriebe (Tortric.), *Prays curtisellus*, Ra (Zwieselbildg.; Hyponomeutid.). – **Birke:** 7 = *Croesus septentrionalis* L., Blattfresser, *Phyllotoma nemorata* FALL., Blattminierer (Afterraup.; Tenthredin.); *Agrilus angustulus* ILL., La auch in Eichenheistern (Buprest.); 8 = *Eustolus (= Polydrosus) cervinus* L., I (Curculion.). – *Melasoma aenea* L., Erzfarbige Erlenblatt-Käfer; I u. La sind Blattskelettierer (Chrysomelid.). – **Kiefer:** 9 = *Evetria resinella*, Galle (Totric.). – **Fichte:** 10 = *Liosomaphis (= Elatobium) abietinum* WALK., Fichtenröhrenlaus (Aphidid.); *Pachynematus montanus* ZADD., After-Ra etwa VI–VIII u. *P. scutellatus* HTG., Kl. gestreifte Fichtenblattwespe, After-Ra etwa VII (Tenthredin.); *Cephalcia abietis*, La, VI–VIII (Pamphil.). – **Schneise:** 11 = Flugbahn von *Libellula depressa* (Odonata; Anisopt.).

[Fortsetzung von Seite 676]

(ZLL.) HEIN., Lärchennadelwickler, Ra spinnen Kurztriebnadeln zus., V (Tortric.). – (**Birke**): 10 = *Anisopteryx aescularia* SCHIFF., Roßkastanien-Frostspanner; ♀ flügellos, sonst gem. Frostspanner ähnl., Ra IV–VII (Geometr.). – Orig.

Fichten –Lärchenkultur

Abb. 903: **Fichte** (Fraßb.) [Tortric.]: 1 = *Laspeyresia pactolana*, Basis d. Quirltriebe; 2 = *Cacoecia histrionana*; 3 = *Epiblema tedella* (VIII–IX); 4 = *Semasia diniana*. – [Tenthredinid.]: 5 = *Pristiphora abietina*, La, V–VI. – [Pyralid.]: 6 = *Dioryctria abietella*, in Wipfeltrieben.

Lärche (Fraßb.) [Coleophor.]: 7 = *Coleophora laricella*, Ra, VI–VII u. Winter. – [Thysanoptera]: 8 = *Taeniothrips laricivorus*, VI–VII. – [Pamphil.]: 9 = *Cephalcia alpina*, 10 = ♀♀ träge an Spitzen der Grashalme. – [Tenthredin.]: 11 = *Pristiphora laricis*; 12 = *Pr. erichsoni*; mit *laricis* gelegentl. gleichz. *Lygaeonematus wesmaeli*, *Platycampus duplex*, *Pl. ovatus*, *Pl. pectoralis*. – [Hyponomeutid.]: 13 = *Argyresthia laevigatella*. – [Tortricid.]: 14 = *Laspeyresia zebeana*, Galle; 4 = *Semasia diniana*. – Orig.

Abb. 904: Nach Abräumung eines «Käferhorstes» wird diese Fläche gern von Sträuchern und Laubholzarten bewachsen und ist als **«Käferloch»** in einem Reinbestand noch lange erkennbar. – Orig.

Faulbaum: 1 = *Gonepteryx rhamni*, Ra, VI–VII (Pier.). **Fichtenzapfen:** 2 = *Eupithecia abietaria* u. *E. strobilata*, Ra, VII (Geometr.); *Ernobius abietis*, I, ab VIII (Anob.); *Laspeyresia strobilella*, Ra, überwintert (Tortric.). **Im Gras** (im Streifnetz): 3 = *Balclutha punctata* THUNB. (= *Thamnotettix saltuellus* KBM.; Vorderfl. mit Flecken, bis 4 mm, VII–X), *Deltocephalus distinguendus* FLOR, Vorderfl. oft kurz, um 3 mm, VI–X (Jass.). **Aspe:** 4 = zahlr. Arten, u. a. *Chaitophorus leucomelas* KOCH, Blattrand nach oben zurückgeschlagen; *Gootiella tremulae* TULLGR., Blattfläche beutelartig aufgetrieben; *Pachypapella lactea* TULLGR. Blattspreite zus.-gefaltet (Aphid.). – *Pemphigus grandis* TULLGR., Blatt mit Beulen; *P. tremulae* DEG., Blattnest-Aspenblattlaus; Deformation der Blattstiele u. Blätter (Pemphig.). – *Aspidiotus ostreiformis* CURT., verursacht Rinden-Eindellungen. *Chionaspis salicis*; *Lepidosaphes ulmi* FERN., Ulmen-Wollschildlaus, gleichf. miesmuschelförm. Schildchen, auf Rinde (Cocc.). – Typ. Blattwespen-Afterraupen; u.a. *Pteronidea pavida*; *Pt. melana-*

[Fortsetzung auf Seite 679]

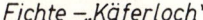

[Fortsetzung von Seite 678]

spis; Pt. cadderensis CAM., *Pt. ferruginea* FÖRST. u. *Pt. miliaris* PZ. (Tenthredin.). – Gallenerzeugende Blattwespen u.a. *Euura atra* JUV., Anschwellung an einjährig. Sproßachse (Tenthredin.). – *Saperda populnea*, Galle (Cerambyc.). – *Melasoma populi*, *M. tremulae, M. saliceti* WEISE, I u. La (Chrysomel.). – *Dorytomus dejeani* FAUST, La minieren in Kätzchenspindel; *Bystiscus populi* (Curculion.). – *Xyleborus cryptographus* RTZBG., Rindengänge im Bast (Ipid.). – *Neptìcula argyropeza* Z., Ra verursacht Blattstiel-Anschwellung u. miniert im Blatt (Nepticul.). – *Batrachedra praeangusta* HW., Ra an Kätzchen, Samenhaare werden zusammengeballt (Momphidae, Fransenmotten). – *Semasia aceriana* DUP., Pappelwickler, Ra frißt in d. Knospen u. Trieben (Tortric.). – *Dicranura vinula*, Ra (Notodontid.). – Gallmilben: u.a. *Eriophyes diversipunctatus* NAL. (Eriophyid.; Drüsen an Blattgrund wuchern bei Befall); *Phylloptes aegirinus* NAL., *Ph. populi* NAL. (Phyllocopt.; bei Befall Auswüchse an d. Blättern). **Salweide:** 5 = *Trichiocampus viminalis*, La (Tenthredin.). – *Notodonta ziczac*, Ra (Notodontid.). – *Apatura iris*, Ra (Nymphalid.). **Birke:** 6 = *Lophopteryx camelina*, Ra (Notodontid.).

Nest der Großen Roten Waldameise

Nest der Kleinen Roten Waldameise, Fichtenrasse

Abb. 905: Nest von *Formica rufa* L. – Nestkuppel hoch und steil.
Abb. 906: Nest von *Formica polyctena* FOERST.; Fichtenrasse. – Nest mehrminder steil; nach Regenfällen charakteristische, exzentrisch gelegene «Aufsatznestchen». Die Bodenschichten ringsherum mit Anlagen von Nestkammern u. -gängen, daher Fußstapfen sichtbar.
Beide Skizzen: gez. in Anlehnung an GÖSSWALD (1951); dazu auch: GÖSSWALD (1985). Über Mitbewohner in Ameisenbauten siehe Seite 182 ff.

Krankheitserreger (an beiden Stämmen): *Armillaria (= Agaricus) mellea* (VAHL) SACC., Hallimasch, Honigschwamm (Agaricaceae, Blätterpilze). Befall hallimaschkranker Stämme (nach vorausgegangenen Primärschäden, auch nach abiotisch bedingten Krankheiten) vornehml. durch Borkenkäfer u. andere «Sekundär»-Schädlinge.

Abb. 907: 1 = *Laspeyresia zebeana*, Galle (Tortric.). − Fraßb.; 2 = *Ips cembrae* (Ipid.); 3 = *Tetropium luridium*, *T. gabrieli* (Cerambyc.); Räuber: *Raphidia*-La (Raphid.). − Orig.

Abb. 908: Cerambyc. (Fraßb.): 1 = *Rhagium inquisitor*, *Rh. bifasciatium;* 2 = *Caenoptera minor*. − 3 = *Laspeyresia coniferana* RTZB., Schwarzer Nadelholzwickler, Ra (Tortric.), im Harzausfluß. − 4 = *Serropalpus barbatus*, La-Gänge im Holz (Melandryid.). − 5 = *Polygraphus polygraphus*, Fraßb. (Ipid.). − Orig.

Abb. 909: 1 = _Urocerus gigas_, Ausschlupflöcher (Siric.); Räuber bei Holzwespen-La: _Trichodes apiarius_, La (Cler.). – **Fraßb.**: 2 = _Xyloterus lineatus_ (Ipid.). – 3 = _Tetropium luridum_ u. _T. fuscum_ (Cerambyc.). – Orig.

Abb. 910: An **verharzten Stellen**: 1 = _Laspeyresia duplicana_ ZETT., Dunkelbrauner Fichtenrindenwickler, Ra (Tortric.); 2 = _Dioryctria splendidella_, Ra (Pyral.). – An **nässender Wundstelle**: 3 = _Cheilosia morio_, La [im Kambium] (Syrph.). – Orig.

Abb. 911: (**Unter Steinen**): 1 = Collembola; kleine Laufkäfer (Carabid.), Kurzdeckflügler (Staphylin.), Stutzkäfer (Histerid.). – (Am **windgebrochenen Schaft**): 2 = _Hylecoetus dermestoides_, Fraßb. (Lymexylon.). – (An **Fichte mit «Rückeschaden»**): 3 = _Urocerus gigas_, Ausschlupflöcher (Siric.). – Orig.

Fichte, gefällt; Stock und Jungpflanzen

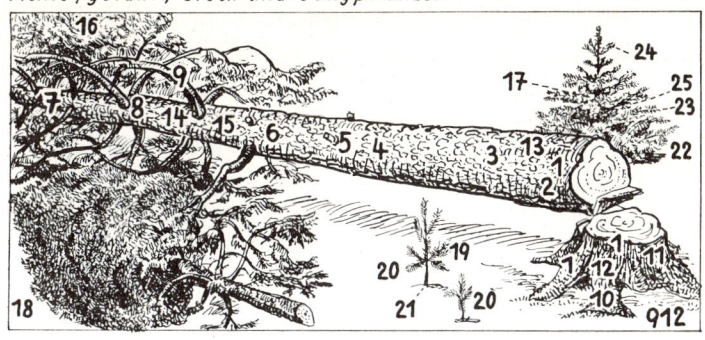

Abb. 912: **Ipid.** (Fraßb.): 1 = *Dendroctonus micans;* 2 = *Dryocoetes autographus* (mit Raumparasit *Crypturgus pusillus*); 3 = *Ips typographus* (mit Eiräuber *Tarsonemoides gaebleri* SCHAARSCHMIDT [Borkenkäferei-Milbe]); 4 = *Ips amitinus;* 5 = *Polygraphus polygraphus;* 6 = *Hylurgops glabratus;* 7 = *Pityogenes chalcographus;* 8 = *Cryphalus abietis;* 9 = *Pityophthorus micrographus;* 10 = *Hylastes cunicularius;* 11 = *Xyloterus lineatus.* – **Cerambycid.** (Fraßb.): 12 = *Rhagium inquisitor* u. *Rh. bifasciatum;* 13 = *Tetropium fuscum* u. *T. luridum.* – **Curculion.** (Fraßb.): 14 = *Pissodes harcyniae.* – **Buprest.** (Fraßb.): 15 = *Anthaxia quadripunctata.* – **Tortric.:** 16 = *Argyroploce (= Grapholitha) hercyniana* TR. (Gr. Fichtennadelwickler [Ra-Fraß vom Gespinst aus an Nadeln]); 17 = *Laspeyresia pactolana.* – Kein Insektenschaden, sondern **Knospenmutation:** 18 = Hexenbesen (bei Laubholz durch parasitäre Einwirkung von Pilzen u. Milben). – Tetranychidae, **Spinnmilben** (Acari): 19 = *Oligonychus ununguis* JAC. – **Tettigon.:** 20 = *Decticus verucivorus* L. (Warzenbeißer) u. *Pholidoptera cinerea* L. – **Pemphigid.:** 21 = Exsulantes von *Pemphigus (= Prociphilus; Stagona) xylostei* DEG. (Zweig- u. Geißblatt-Blattlaus; an Wurzeln). – **Aphidid.:** 22 = *Lachnus fasciatus* KLTB. u. *L. piceae* WLK. (an Zweigen); *Cinara pinicola* KLTB. (an jungen Trieben). **Chermesid.:** 23 = *Cnaphalodes strobilobius;* 24 = *Chermes viridis.* – **Cocc.:** 25 = *Physokermes piceae* (Feind u. a. *Anthribus nebulosus* [Anthrib.]; Basis vorj. Quirltriebe; vgl. Abb. 943). – Orig.

683

Fichtenzaun, Fichtenstock

Abb. 913: (*Solidago Virga aurea* L., **Wilde Goldrute,** Composit., VII–IX): 1 = *Dizygomyza posticata,* oberseitige Blatt-Platzmine (Agromyz.). – (*Rubus idaeus* L., **Himbeere**): auf od. an Blättern: 2 = *Palomena prasina,* I, VII (Pentatomid., Heteropt.); *Chimabacche fagella,* Ra zw. 2 versponnenen Blättern (Oecophor.); 3 = *Lasioptera rubi,* walnußgr. Stengelgalle (Cecidom.). – (**Fichtenstock** im 2. Zersetzungsstadium): 4 = *Urocerus* (= *Sirex*) *gigas,* Fraßb., typ. d. kreisrunden Ausschlupflöcher (Siricid.); gelegentl. suchend am Stock: *Rhyssa persuasoria,* I (Ichneumonid.); in diesem Humifizierungsstadium auf mehrminder sonnigem, sonst aber feuchtem Standort im Stock evtl. vorhand.: *Ergates faber,* La (Cerambyc.); an Wurzelanläufen noch sichtbar Fraßb. von: *Tetropium fuscum* (Cerambyc.). – (**Fichtenstangen**): 5 = in hohlen Pfosten: Brutanlage d. solitären *Xylocopa* spec. (Apid.). – (**Berindeter Fichtenpfosten**): unter Rinde: 6 = *Caenoptera minor,* Fraßb. (Cerambyc.), zus. mit *Anobium molle,* Fraßb. (Anobiid.). – (**Unter berindeten Fichtenlatten**): 7 = *Anthaxia quadripunctata,* Fraßb. (Buprest.). – (**Außerhalb des Wildgatters**): **Harzfluß am Stamm:** 8 = (Harzstreifen od. -tröpfchen): *Pissodes harcyniae* (Curculion.): *Tetropium fuscum* (Cerambyc.); (starker Harzfluß): *Monochamus sartor, M. sutor* (Cerambyc.). – Orig.

Abb. **914**: 1 = Heteroptera, I; Cicadina, I (mit Streifnetz); Puparien von *Hypoderma actaeon* od. *H. diana* (III–IV; Dipt.). – 2 = *Cnaphalodes strobilobius*, Gallen (Chermesid.). – (**Fraßb.; Ipid.**): 3 = *Dryocoetes autographus; Xyloterus lineatus;* 4 = *Pityogenes chalcographus;* 5 = Hylurgops glabratus. – (**Fraßb.; Cerambycid.**): 6 = *Callidium violaceum.* – Orig.

Abb. **915**: 1 = Heteroptera, I; Cicadina, I; *Cantharis* spec., I (Canthar.); Pyralidae, I (Lep.) [**auf Unterwuchs**]. – 2 = *Macrothylacia rubi*, Ra, VII; *Lasiocampa quercus*, Ra [überwintern] (Lasiocamp.); *Thyatira batis*, Ra, VI/IX (Cymatophor.); *Cidaria albicillata*, Ra, VII u. IX (Geometr.); **Cecidom.:** *Dasyneura plicatrix* (Blattgalle), *Lasioptera rubi* (Stengelgalle), *Contarinia rubicola* (Knospengalle). – 3 = *Gonepteryx rhamni*, I (Pierid.; unter *Rubus*-Fallaub überwinternd). – 4 = *Aphis sambuci* (Aphidid.) an Trieben mit aphidivoren Syrphid.-La (Dipt.), gelegentl. sogar *Raphidia ophiopsis*, I. u. La (Neuropt., Raphid.); u. a.; *Palomena prasina*, La u. Jungwanzen, VII (Pentatom.), auf Blättern. – 5 = *Hylotrupes bajulus*, Fraßb (?) (Cerambyc.). – (Fraßb. unter Rinde): 6 = *Magdalis violacea* (Curculion.); 7 = *Xyloterus lineatus* (Ipid.); 8 = *Pityophthorus micrographus* (Ipid.); 9 = *Anobium molle*, nur Rindenbewohner (Anobiid.). – Orig.

685

Fege-und Verbißschutz   *Hochsitz*

916

917

Klafterholz

Buche

918

Abb. 916: **unter Rinde der Fichtenrundhölzer u. -latten** (Fraßb.): 1 = *Anthaxia quadripunctata* (Buprest.), oft mit *Anobium rufovillosum* (Anob.); 2 = *Dryocoetes autographus* (Ipid.). – 3 = Fungivoridae-La (Dipt.). – 4 = *Elater cinnabrinus*, I (Elater.). – An **Apfelbaum** (in Beständen gelegentl. an Wegen): (**Fraßb.; Ipid.**): 5 = *Eccoptogaster mali, Ecc. rugulosus;* (Ra-Fraß, **Lymantriid.**): 6 = *Euproctis chrysorrhoea*. – Orig.

Abb. 917: **unter Rinde der Fichtenstangen u. -latten:** Fraßb. von **Ipid.:** 1 = *Polygraphus polygraphus;* 2 = *Pityogenes chalcographus;* 3 = *Dryocoetes autographus,* gelegentl. mit Raumparasit *Crypturgus pusillus;* 4 = *Hylurgops glabratus;* 5 = *Pityophthorus micrographus.* – **Cerambyc.:** 6 = *Caenoptera minor;* 7 = *Callidium violaceum.* – **Holzbrüter:** 8 = *Xyloterus lineatus* (Ipid.). – Nur **Rindenbewohner:** 9 = *Anobium molle* (Anobiid.). – Orig.

Abb. 918: **unter Rinde:** 1 = Psocoptera, I (auch an Algen auf Rinde). – 2 = *Ernoporus fagi* (Ipid.; Fraßb.). – 3 = *Elater cinnabrinus*, I, V (Elater.). – 4 = *Rosalia alpina,* I (Cerambyc.; in **Gebirgsbiotopen**). – 5 = *Vanessa antiopa* L., Trauermantel; I (Nymphal.; überwinternd). – Orig.

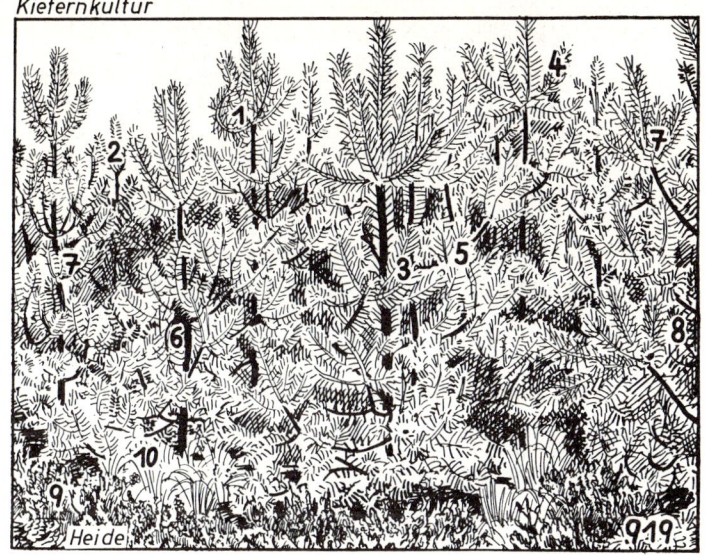

Kiefernkultur

Heide

919

Abb. 919: (an den Kiefern): Tortric.: 1 = *Evetria buoliana*, Ra, Posthornbildung; 2 = *E. turionana*, Ra, beginnende Büschelbildung (oft auch bei *buoliana*); 3 = *Evetria resinella*, Galle. – 4 = *Dioryctria abietella*, Ra, Triebfraß von Spitze nach unten (Pyralid.). – 5 = *Troilus luridus* (Pentatom., Heteropt.) mit Beutetier: *Acantholyda erythrocephala*, La (Pamphil.). – 6 = *Aradus cinnamomeus*, unter Rindenschuppen (Aradid., Heteropt.). – 7 = *Cecidomyia baeri* od. *Thecodiplosis brachyntera* (Cecidomyiid.). 8 = *Neodiprion sertifer*, La, V–VI (Tenthredin.). – 9 = (an Heidekraut): *Callophrys rubi* L., Brombeerzipfelfalter; Ra, VI; I, IV–VI (♂ unterseits grünlich mit weißem Querband) [Lycaenidae, Bläulinge]; *Lasiocampa quercus* var. *callunae*, Ra, V u. VIII (Lasiocamp.), *Anarta myrtilli*, Ra, VI u. VIII IX (Noctuid.); im Heidekraut überwinternd als I: *Gonepteryx rhamni* (Pierid.). – 10 = (an Grashalmen [Kopf nach unten]) *Crambus* spec., I, VI (Pyral.). – Orig.

(Fortsetzung von Seite 688)

der Borke (nicht i. Kambium; im Gang grünliche La) [Tenthredin.]. – (An etw. jüngeren Kiefern): 11 = *Ellopia prosapiaria* L. (syn. *fasciaria* SCHIFF.), Roter Kiefernspanner, Ra (Geometr.). – (Zur Population mittelalter od. alter Bestände gehörig): 12 = *Diprion pini* und *Diprion pallidum* KLUG. [«Blaßgelbe» Kiefernbuschhornblattwespe] (Tenthredin.), *Dendrolimus pini* (Lasiocamp.), *Hyloicus pinastri* (Sphingid.), *Bupalus piniarius* (Geometr.), an Feinden u.a. *Chlorochroa pinicola* M. u. R., I u. *Reduviolus ferus* L., I (Heteroptera), mit d. Kiefernspanner zus. gelegentl. *Semiothisa liturata* CL., Veilgrauer Kiefernspanner (Geometr.), *Panolis flammea* (Noctuid.) u. *Lymantria monacha* (Lymantr.). – Orig.

Kiefernaltholz

Wacholder
Heidelbeere
sandiger Weg

920

Abb. 920: (**Auf dem sandigen Wege**): 1 = *Cicindela hybrida*, La in Erdröhre (Cicindel.). – 2 = *Ammophila* spec., I Beute eintragend (Spheg.). – 3 = *Myrmeleon formicarius*, La = «Ameisenlöwe» (Myrmeleontid.). – (**Kiefernzapfen**): 4 = *Ernobius abietinus*, in abgefallenen Z. ab VIII, I (Anobiid.); *Pissodes validirostris*, ebenfalls ab VIII, I in d. abgef. Z. (Curculion.). – (**In d. Kiefernstreu**): 5 = Feinde der Kiefernspannerpuppen: u.a. La von *Athous haemorrhoidalis* FABR., *A. subfuscus* MÜD., *Dolopius marginatus* L., *Lygistopterus sanguineus* L., *Prosternon holosericeus* OLIV. u. *Selatoosomus aeneus* L. (Elaster.). – (**An Heidelbeere**): 6 = *Boarmia bistortata*, Ra, V–VII u. VIII–IX (Geometr.). – (**An Wacholder**): 7 = «Knickbeeren» an Triebspitzen (Gallen d. Cecidomyiidae); *Malacosoma neustria*, Ra (Lasiocamp.); *Phloeosinus thujae* PERRIS, I. u. La, Fraßb. vorwiegd. in d. Rinde, Verpuppung i. Holz (Ipid.). – (**An Altholzstämmen**): 8 = *Ips sexdentatus*, Fraßb., 9 = *Myelophilus piniperda* (Ipid.); 10 = *Strongylogaster cingulatus* F., Adlerfarnblattwespe, als Altlarven in

(Fortsetzung auf Seite 687)

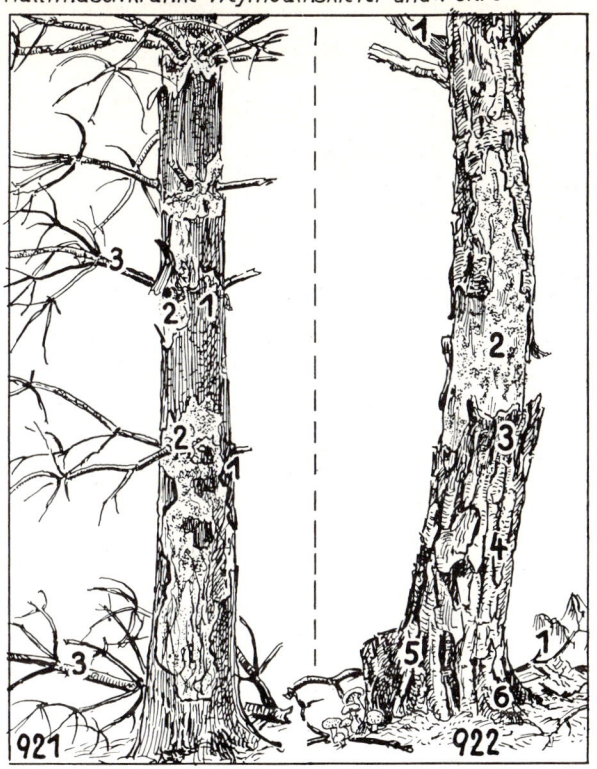

Krankheitserreger (an beiden Stämmen): *Armillaria (= Agaricus) mellea* (VAHL) SACC., Hallimasch, Honigschwamm (Agaricaceae, Blätterpilze). Befall von hallimaschkranken Stämmen (nach vorausgegangenen Primärschäden, auch nach abiotisch bedingten Erkrankungen) vornehmlich durch Borkenkäfer und andere «Sekundär»-Schädlinge.

Abb. 921: **(Weymounthskiefer)**: 1 = auf der Rinde Reste von *Pineus strobi*, Virgines (Chermes.). – 2 = *Pissodes piniphilus*, Fraßb. (Curculion). – 3 = *Pityophthorus micrographus*, Fraßb. (Ipid.). – Orig.

Abb. 922 **(Föhre)**: Fraßb. von: 1 = *Pityogenes bidentatus*; *P. quadridens* HART., Vierzähnig. Kiefernborkenkäfer, (beide Arten schwer unterscheidbar; Ipid.). – 2 = *Myelophilus piniperda* (Ipid.). – 3 = *Anobium emarginatum* (Anob.); nur in der Rinde. – 4 = *Monochamus sartor; M. sutor* (Cerambyc.); Räuber: *Athous* spec., La (Elater.). – 5 = unter der Rinde zahlr. Dipterenlarven. – 6 = *Dioryctria splendidella*, Ra zw. Rinde u. Splint am Stammanlauf. – Orig.

Abb. 923: **Kiefer:** (Fraßb.): 1 = *Myelophilus piniperda* (Ipid.). – 2 = *Pissodes pini* (Curculion.). – 3 = *Rhagium inquisitor, Rh. bifasciatum* (Cerambyc.). – **Unter der Rinde** (in den **Fraßgängen anderer Insektenlarven**): 4 = u.a. *Glischrochilus quadripustulatus* HERBST, Vierpunktig. Rindenglanzkäfer [I schwarz mit 4 gelbroten Flügeldecken-Punkten; Räuber; Nitidulid.]; Cecidomyiiden-, Lycoriiden-, Fungivoriden-La (Dipt.). – **Adlerfarn** (*Pteridium aquilinum* [L.] KULM.): 5 = Anthomyiinae (Dipt.), I.; auf den Blättern; *Hepialus hecta*, Ra rhizophag (Hepial.). – Orig.

Abb. 924: **Fichte: Ipid.** (Fraßb.): 1 = *Pityogenes chalcographus*; 2 = *Hylurgops palliatus*; 3 = *Ips typographus*; *Dryocoetes autographus*; 4 = *Polygraphus polygraphus*; 5 = *Phthorophloeus spinulosus* REY. (schräger, doppelarmig. Muttergang, einer meist kurz); *Pityophthorus exsulptus* RTZB. (= *macrographus* EICHH.) [bis 6-armig. Längsgänge, bis 35 cm lg. Muttergang]. – **Curculion.** (Fraßb.): 6 = *Pissodes harcyniae*. – **In Borken- u. Rüsselkäfer-Gängen** (I u. La. u.a. von): *Phloeopora reptans* ER., *Ph. angustiformis* B., *Leptura analis* GYLL., *Placusa atrata* STBG., *Pl. depressa* MAKL., *Pl. infima* ER., *Quedius laevigatus* GYLL., *Qu. ochropterus* ER., *Nudobius lentus* GRAV. (Staphylinid.); *Platysoma lineare* ER., *Pl. oblongum*; *Pl. elongatum* OLIV. (Histerid.); *Opilo mollis* L. (Clerid.); *Epuraea rufomarginata* STEPH., *E. suturalis* RTT., *Pityophagus ferrugineus* L., *Rhizophagus ferrugineus* PAYK., *Rh. parallelocollis* GYLL. u. *Rh. cribratus* GYLL. (Nitidulid., Glanzkäfer). – **Anobiid.** (Fraßb. i. Rinde): 7 = *Anobium emarginatum*. – **Unter Rinde** (Rindenschuppen): 8 = *Agonum* spec., *Dromius* spec. [Rinden- oder. Rennkäfer] I (Carab.; Borkenkäfer-Feinde); 9 = *Asenum striatum* L., Düsterbock, Fraßb. (Cerambyc.); verschied. Dipt.-La, u.a. Lycoriid., Fungivorid., Ceratopogonid., Stratiom., Erinnid. – **Auf d. Rinde:** 10 = *Clerus formicarius* I [La unter Rinde] u.a. Fam.-Angehörige (Clerid.). – Orig.

690

Kiefer, gefällt; Stock und Jungpflanzen

925

Abb. 925: **Ipid.** (Fraßb.): 1 = *Ips sexdentatus;* 2 = *Myelophilus piniperda* (**Krone:** Reifungsfraß); 3 = *Ips laricis;* 4 = *Pityogenes bidentatus;* 5 = *Myelophilus minor,* 6 = *Ips acuminatus;* 7 = *Ips longicollis* GYLL.; 8 = *Carphoborus minimus* F. (kleinster Kiefernbastkäfer); 9 = *Hylurgus ligniperda.* – **Cerambyc.** (Fraßb.): 10 = *Ergates faber;* 11 = *Leptura rubra;* 12 = *Acanthocinus aedilis;* 13 = *Pogonochaerus fasciculatus;* 14 = *Monochamus galloprovincialis* OL. (Bäckerbock; Rinden- u. Nadelfraß der Jungk., aus La-Gängen fällt viel Fraßmehl). – **Curculion.** (Fraßb.): 15 = *Hylobius abietis; H. pinastri;* 16 = *Pissodes notatus;* 17 = *P. piniphilus;* 18 = *P. pini;* 19 = *Brachonyx pineti* PAYK., (Kiefernscheidenrüßler; La an d. Nadelbasis, I = Lochfraß in Nadel-Epidermis); 20 = *Strophosomus rufipes* STEPH. (syn. *obesus* MARSH.), Dichtschuppig. Graurüßler; I (flugunfähig): Nadel-, Knospen-, Rindenfraß); 21 = *Str. lateralis* PAYK. – **Buprest.** (Fraßb.); 22 = *Anthaxia quadripunctata* (Feind u. a.: *Tillus elongatus* L. [Clerid.]). – **Aphidid.** («Baumläuse»): 23 = *Lachnus pini* KLTB. (gesellig) u. *L. tomentosus* GEER. (einzeln an jung. Trieben); 24 = *L. nudus* GEER. (Rindensauger). – **Tenthredin.:** 25 = *Diprion (= Microdiprion) pallipes* FALL. («Hellfüßige» Kieferbuschhornblattwespe: **Gebirgstier**), *D. socium* KLUG. u. *Gilpinia (= Diprion) frutetorum* F. (After-Ra). – **Lymantr.:** 26 = *Dasychira (Orgyia) selenitica* ESP., Mondfleck-Bürstenspinner; Ra. – 27 = **Curculion.:** *Pissodes validirostris* od. **Anobiid.:** *Ernobius abietinus.* – Orig.

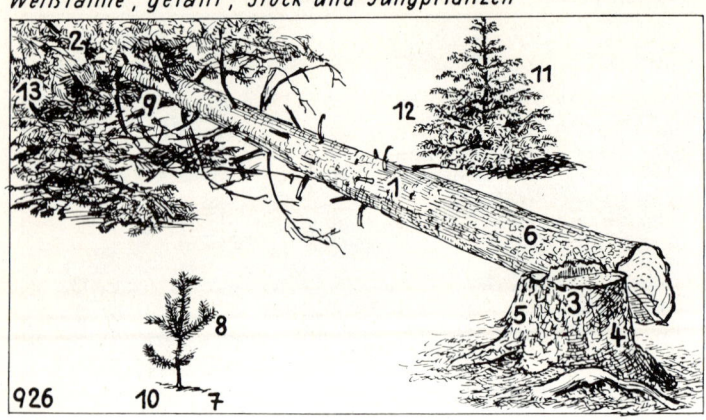

Weißtanne, gefällt; Stock und Jungpflanzen

926

Abb. 926: **Ipid.** (Fraßb.): 1 = *Ips curvidens;* 2 = *Cryphalus piceae.* – **Cerambyc.** (Fraßb.): 3 = *Leptura rubra;* 4 = *Rhagium inquisitor* u. *Rh. bifasciatum* (Feind u. a.: Pyrochroidae, La). – **Lymexylon.** (Fraßb.): 5 = *Hylecoetus dermestoides.* – **Curculion:** 6 = *Pissodes piceae* (Fraßb.); 7 = *Otiorrhynchus scaber* L. (La); 8 = wie vor (I). – **Buprest.** (Fraßb.): 9 = *Anthaxia quadripunctata.* – **Pemphig.:** 10 = *Pemphigus poschingeri* (Exsulantes v. *Prociphilus nidificus*); *Prociphilus bumeliae* SCHRK., Eschen-zweiglaus (hier Exsul. an d. Wurzeln). – **Chermes.:** 11 = *Dreyfusia nüsslini.* – **Aphidid.:** 12 = *Mindarus abietinus; Cinara pichtae* MORDW. – **Tortric.:** 13 = *Semasia rufimitrana* H.S., Rotköpfig. Tannenwickler (Ra). – Orig.

Waldrand

Abb. 927: 1 = diese Waldrandpartie typischer **Flugplatz** von zahlr. Rhopalocera (**Tag-falter**): u. a. *Aporia crataegi*, VI–VII; *Gonepteryx rhamni*, VII–Herbst, Überwinterg., dann bis VI (Pierid.); *Erebia ligea*, VII–VIII; *Pararge aegeria* L. *egerides*, IV–VI u. VII–IX; *Epinephele* (= *Maniola*) *jurtina* L., Kuhauge, Gr. Ochsenauge, VI–VIII (Satyrid.); *Apatura iris*, ♂♂ an nassen Wegestellen in d. Nähe v. Salweiden: VI–VIII; *Limenitis camilla*, VI–VIII; *Limenitis populi*, VI–VII; *Araschnia levana*, IV–VI (*A. prorsa*: VII–VIII); *Argynnis aglaja* L. (syn. *Mesoacidalia charlotta* Hw.), Gr. Perlmutterfalter, VII–VIII; *A. paphia*, VI–IX (Nymphalid.); daneben auch Flugplatz von *Aglia tau*, IV–V (tagsüber schwärmen nur ♂♂). – 2 = (**Buchenstock**, erstes Abbaustadium; «Deckel» noch fest): *Xyleborus saxeseni*, Fraßb. (Ipid.); *Rhagium mordax*, Fraßb. (Cerambyc.) u. ihr spez. Feind: *Pyrochroa coccinea*, La (Pyrochroid.); *Laphria gibbosa*, I, VII–IX gern auf Stöcken sitzend (Asilidae). – 3 = (**Fichtenstock**, zweites Abbaustadium, Rinde platzt ringsherum ab): zwischen Rinde u. Holzkörper koprogenes Material etc. mit zahlr. Dipt.-La besetzt. – 4 = **Fichten-Jungwuchs** mit Wildverbiß. – 5 (**Esche**) = *Cionus* (= *Stereonychus*) *fraxini* DEG., Eschenblattschaber, La auf Blattunterseite fressend, I: Lochfraß (Curculion.); *Hylesinus oleiperda* F. (syn. *H. toranio* BERNARD), kl. schwarzer Eschenbastkäfer, Fraßb. (Ipid., La-Gänge länger als bei *H. fraxini*). – 6 (**Salweide**) = Blattfraß durch La u. I von metallisch blauen Blattkäfern: *Phyllodecta vitellinae*, *Ph. tibialis* SUFFR. od. *Ph. vulgatissima* L. (Chrysomel.); Ra-Gespinste von *Hyponomeuta padella* (Hyponomeutid.). – 7 (**Lärche**) = *Coleophora laricella*, Ra im Nadelfutteral (Coleophorid.). – 8 (**Fichte**) = *Cnaphalodes strobilobius*, im Wirtswechsel mit Lärche, wo die Läuse an den Nadeln saugen (Chermesid.). – 9 (**Birke**) = (**Minen**): *Orchestes ilicis* HBST., *O. rusci* HBST. u. *O. semirufus* GYLL., I u. La (Curculion.); (**Zweiganschwellung**): *Epiblema tetraquetrana* Hw., Birkengallenwickler, Ra (Tortric.). – 10 (**Buchenblätter**) = *Typhlocyba cruenta*, Fraßb. (Typhlocybid.; Cicadin.): 11 (**Rückeschaden an Buche**) = *Xyloterus domesticus*, Einbohrlöcher zur Brutanlage (Ipid.): 12 (**Fichten-Stammholz**) = *Caenoptera minor*, Fraßb. (Cerambyc.). – Orig.

693

Abb. 928: (Ab Sept. in beträchtl. Anzahl an **Bestandesrändern, auf Blößen od. Kahlschlägen,** auch zwischen Grashalmen) 1 = die Hängemattennetze einer Baldachin-od. Deckennetzspinne (Linyphiidae; Araneae, Webespinnen); über den schwach gewölbten, regenschirmartigen Fanggeweben fast unsichtbare «Stolperfäden». Vgl. Abb. 1044. – (**An Jungfichte**): 2 = *Laspeyresia pactolana*, Fraßb. (Tortric.). – (**Auf d. Farnwedeln** sitzend): 3 = Anthomyiidae, I (Dipt.); Cantharidae, I (Col.). – (**An d. Blättern der Buche**): 4 = *Orchestes fagi*, Mine u. Lochfraß (Curculion.); *Lithocolletis faginella*, Faltenmine (Gracilariid.); *Stauropus fagi*, bizarre Ra VI–VIII (Notodontid.); ähnl. u. doch verschiedene Fraßbilder: *Hibernia defoliaria*, Ra IV–VI (Geometr.); *Acronycta psi* L., Pfeileule, Ra VII; IX–X (Noctuid. [mit schwarzem Fleischzapfen auf dem 4. Segment]); *Hylophila prasinana*, Ra VI–IX; X (Noctuid.). – (**Am Buchenstamm**): 5 = *Tachypeza nubila*, I rennen um den Schaft herum, IX (Empidid.); *Medetera dendrobaena* u. *M. jacula*, I machen Flugsprünge beim Fangversuch, VII–X (Dolichopodid.). – (Von **Blattunterseite alter Buchen** sich «abseilend»); 6 = *Cerostoma parenthesella* [gelbgrüne Ra], VI–VII (Plutellid.). – Orig.

Waldrand

Abb. 929: 1 = (im hohlen **Brombeerstengel** nistet) = Solitärwespe: Ei hängt am Faden über gelähmter Beute; (am **Blattwerk**): *Macrothylacia rubi*, ab VII (Lasiocamp.). – 2 (auf d. **Umbelliferen**-Blüten) = Stratiomyiiden-I (Dipt.). – 3 (an **Wurzeln junger Fichten**) = *Phyllopertha horticola*, La (Scarabaeid.); (an **Gras- u. Krautwurzeln**) = *Strophosomus coryli* F., Kahlnahtiger Graurüßler, La (Curculion.). – 4 (an **Vogelbeere**) = *Hyponomeuta padella*, Ra-Gespinste ab V über Astpartien hinweg (Hyponomeutid.). – 5 (auf der waldrandnahen **Wiese**) = *Anthocaris* (= *Anthocharis*) *cardamines* L., Aurorafalter (Pier.), Ra V–VII an Wiesenschaumkraut (♂ [schon ab IV] mit ockergelbem Vorderflügel-Drittel, sonst ähnl. d. Baumweißling gefärbt); zahlreiche Lycaeniden (Bläulinge, Lep.), deren Ra assel- od. schneckenförmig sind (versteckt lebend): u.a. *Celaestrina* (= *Cyaniris*) *argiolus* L., (I ab IV – etwa VIII), *Lycaena* (= *Polyommatus) icarus* Rott., Gemeiner Bläuling (I, V–X mit Unterbrechungen); in Mittel- u. Süddeutschld.: *Nemeobius lucina* L., Frühlingsscheckenfalter, mit lycaenidenähnl. Ra (I, V–VI [Riodinidae (Erycinid.)]; *Zygaena lonicerae*, I, VI–VII (Zyaenid.). –

(Fortsetzung auf Seite 696)

Waldboden, Erosionsgraben

Abb. 930: (**Unter Grasbüscheln**): 1 = *Dasychira pudibunda*, Pu (überwintern). – (Zw. oberflächl. **Fallaubblättern**): 2 = *Eresus niger* PETAGNA (Eresidae, Röhrenspinnen; Araneae, Webesp.). Gern an nach S gerichteten Hängen, graben 10 cm tiefe u. 1 cm lichte Erdröhren, die sie austapezieren; unter dem Eingang (etwa unter einigen Fallaub-Blättern), der mit einem Gespinstdach versehen ist und von dem Fangfäden in die nächste Umgebung ziehen, sitzt die Spinne lauernd auf Beute; IX–V. – (**In der Förna**): 3 = (Ra-Säckchen von) *Adela viridella* (Adelid.), *Incurvaria koerneriella* u. *Maesia vinculella* (Incuvariid.); *Enoicyla pusilla*, La-Köcher u. typ. Fraßb., vornehml. am Stammgrunde, Frühj./IX, Puppen nicht i. Erosionsgraben (Limnophilid., Trichopt.); *Stauropus fagi*, Pu im Gespinst, IV u. VI (Notodontid.). – (im eigentl. **Erosionsgraben**, vor allem i. d. **F- u. H-Schicht**): 4 = zahlr. terricole Insektenarten od. deren La, u. a. Collembola; *Chelidurella acanthopygia* (Dermapt.); manche Staphylin. (Col.); Cantharid. (Col.), La; Dipt.-La vieler Familien mit charakteristischen Merkmalen (z. B. der Bibionidae, Lycoriidae, Fungivoridae, Rhagionidae, Empididae, Dolichopodidae etc.). – Orig.

(Fortsetzung von Seite 695)

6 (**an Espe**) = (An Kätzchen): *Orthosia circellaris* HUFN. (Abb. 1019/20). Alt-Ra wandern auf Scharbockskraut (*Rannunculus ficaria* L.) (Noctuid.); *Trochilium melanocephala* DALM., Zitterpappelglasschwärmer; *Sciapteron tabaniforme* ROTT., Kl. Pappelglasschwärmer, Ra anfangs unter Rinde plätzend, dann Fraßgang im Holz (Sesiid.); (**an sonnenseitigen Randbäumen**): *Poecilonata variolosa* PAYK., Pappelprachtkäfer, La zw. Rinde u. Holz (Buprest.); 7 (**an Salweide**) = *Nematus* (= *Pontania*) *viminalis* L. (= *salicis* CHRIST.), kugelige Blattrippengalle; *N. vesicator* BREMI, bohnenförmige Blattrippengalle (Tenthredin.). – Orig.

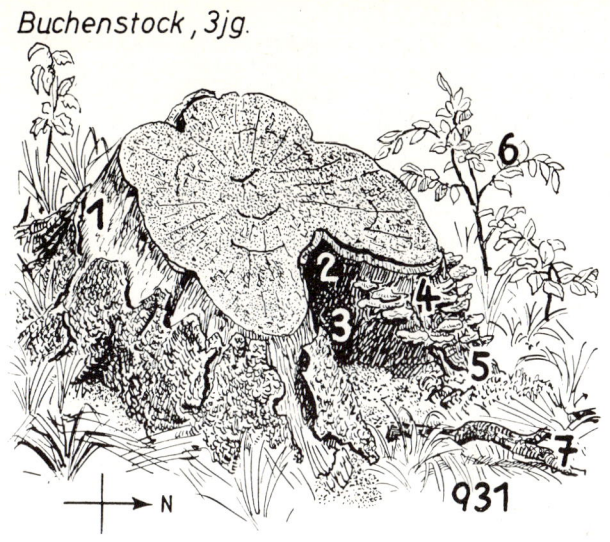

Buchenstock, 3jg.

931

→ N

Abb. 931: Der **Rindenzylinder zeigt eine sonnenseitige Zone** (= 1) **u. eine Schattenzone.**
1 = ziemlich bald frei von Insekten, auf trockenen Standorten allenfalls von Ameisen
besetzt; fällt d. Rinde nicht gleich ab, können hier *Agrilus viridis* od. *Chrysobothris
affinis* (Buprest.) auftreten. – 2 = *Rhagium mordax*, Fraßb. u. La (Cerambyc.);
Pyrochroa coccinea, La (Pyrochroid.); *Mordella fasciata* F. u. *M. aculeata* L., La
(Mordellid., Stachelkäfer); an sapro- u. mycetophagen Formen: u. a. «Drahtwürmer»,
z. B. *Athous haemorrhoidalis* F., *A. subfuscus* Müll., *Dolopius marginatus* L. (Elaterid.); *Endomychus coccineus* L. (Endomychid.); *Dacne bipustulata* Thunb. (Erotylid.);
Enicmus minutus L. (Lathridiid., Moderkäfer); *Scaphosoma agaricinum* L. (Sca-
phidiid., Kahnkäfer); auch auf diesem Stadium schon einige episitische Formen:
Staphylin. (Col.); *Platysoma compressum* Herbst, I. u. La (Histerid.); *Rhizophagus
bipustulatus* F., *Rh. perforatus* Er. (Nitidulid., Glanzkäfer) u. *Ditoma crenata* F.
(Colydiid., Rindenkäfer). An Wanzen finden sich etwa: *Piezostethus cursitans* Fall.
(Anthocorid.) u. *Aradus depressus* F. (Aradid.). – An Dipt.-Larven können beobachtet
werden: u. a. Cecidomyiid., Lycoriid., Sciophilid., Fungivorid., Zelmiridae; *Laphria
gilva* (Asilid.); gelegentl. Tipulid., Ceratopogonid., Lonchaeid., Empidid., Dolichopodid. Einige Arten von ihnen auch im Areal «4» auffindbar. – An räuberischen Arten,
die den Bevölkerungsbestand des Stockes in seiner Zusammensetzung beeinflussen,
wären anzuführen: kleinere Carabid. (Col.), Spinnen (u. a. Clubioniden [Abb. 1043],
Gnaphosiden [Glattbauchspinnen]). Neben Collembolen siedeln sich noch an: Oribatei
(Hornmilben), Nematoden (Fadenwürmer) u. ihre speziellen Feinde (Gamasiden
[Käfermilben]). – (Fraßb.): 3 = *Hylecoetus dermestoides* (Lymexylon.); *Anisandrus
dispar* (Ipid.). – 4 = *Cis boleti* Scop., *C. striatulus* Mell., sapro- u. mycetophag (Cisid.,
Schwammfresser); *Tinea cloacella* Hw., *T. fulvimitrella* Sod., Ra xylo- u. mycetophag
(Tineid.); in Gallen an Polyporaceen: Larven der Platypezidae (Dipt.) [Abb. 881]. –
5 = *Xyleborus saxeseni*, Fraßb. (Ipid.). – An d. **Buchenverjüngung:** 6 = *Phyllaphis fagi*
(Aphid.). – **Am Knüppel:** 7 = *Ernoporus fagi*, Fraßb. (Ipid.). – Orig.

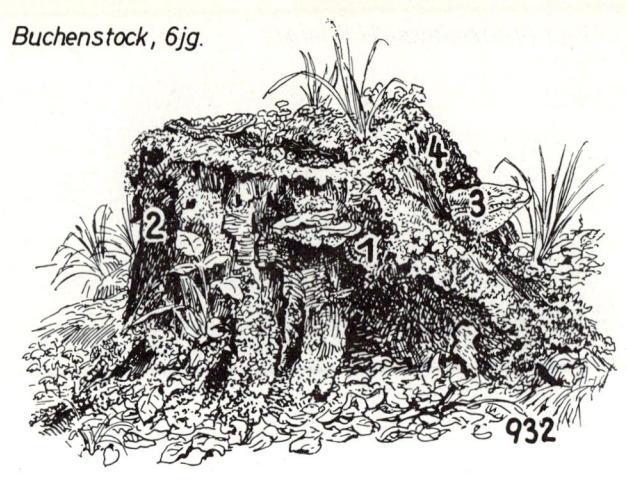

Buchenstock, 6jg.

932

Abb. 932. – Dieses Stadium charakterisiert durch **Blaualgen-Ansiedlung, Moosbe-
deckung** und stärkere Entwicklung der **Polyporaceae.** – Viele Col. od. zumindest die
Tätigkeit ihrer La noch beobachtbar (vgl. Abb. 931 [2]): u. a. *Rhagium (Rh. mordax* oft
v. *Rh. bifasciatum* abgelöst*)*, *Pyrochroa*, *Mordella*, *Hylecoetus* (1). Hinzu tritt jetzt:
Sinodendron cylindricum u. *Dorcus parallelopipedus* (Lucanid.); Elateriden-La sind
häufiger. In der nach S gelegenen Zone (2) finden sich kl. Kolonien von *Lasius niger niger*
L. od. an feuchten Standorten *Myrmica laevinodis* NYL. u. *M. ruginodis* NYL.
(Formicid.); anfangs werden d. übrigen Stockbewohner v. d. Ameisen noch nicht in ihrer
Tätigkeit behindert. – Unter d. Moosdecke Collembolen-Arten, die Moos- od.
Flechtenreste bzw. zersetztes Holz aufnehmen, Rotatorien (Rädertierchen), Tardigraden
(Bärentierchen), Nematoden u. Milben und schließl. eine außerordentl. reichhaltige
Dipterenlarven-Fauna (vgl. Abb. 931 [2]). – Neue Insektenarten treten aber auch in d.
Polyporaceen (3) auf (vgl. Abb. 881 u. 1006ff.): u. a. *Scardia boleti*, *Tinea parasitella*
(Tineid.); Platypeziden-Gallen (Dipt.), Limnobiid.-La und sogar *Megaselia*-Larven
(Phorid.). – Sehr feuchte Stöcke schon früher, sonst jetzt vorkommend: 4 = *Harpella
forficella* Sc., Palpenmotte (Gelechiid.), die Mündung des Verpuppungsganges an einer
merkwürdig. tiefen Ringfurche erkennbar. – **Einwanderung anderer terricoler Organis-
men von den Bodenschichten aus beginnend;** u. a. kommen die ersten Lumbriciden
(unter ihnen etwa *Eiseniella tetraedra* Sav. [in mit Kot ausgekleideten Kammern auch im
Winter aktiv], *Dendrobaena rubida* Sav. u. bisweilen *Allolobophora chlorotica* Sav.).
An Wegschnecken (Arionid.) treten auf: *Arion subfuscus* DRAP. u. *A. circumscriptus*
JOHNST., gleichzeitig d. kl. flachschalige *Punctum pygmaeum* DRAP. (Endodontid.).
Vor allem an d. Stockbasis: Oribatiden, Nematoden, Enchytraeiden [Oligochaeta;
Buchholzia spec.], verschied. Diplopoda (Doppelfüßer [Glomerid., Saftkugler u. Julid.,
Schnurfüßer]). (Ausführl. Angaben bei BRAUNS, 1968). – Orig.

Buchenstock, 9/11 jährig

933

Abb. 933: In derart amorphen Stöcken: *Cetonia aurata* (Scarabaeid.); Verpuppung im Gehäuse aus Holzstückchen u. Exkrementen. – Gelegentl. aufzufinden übersommernde Ex. von *Agrotis (= Rhyacia) pronuba*, I (Noctuid.). – Im genügend feuchten Stock u. zwar im noch festen Holz: *Temnostoma bombylans* F. (Syrphid.), La mit eigenartig. Raspelorganen am Vorderende. Sonst zahlreiche andere Dipt.-La. – **Einwanderung** vieler ausgesprochen **terricoler Organismen verstärkt,** auch Lumbriciden, denen Rhagionid., Erinnid. u. Dolichopodid.-La (Dipt.) u. Elaterid.-La (z. B. *Corymbites cupreus* F.; Col.) nachstellen. Besonders nimmt auch die Zahl der Tipulid.- u. Bibioniden-La zu, die u. a. von Phorid.-La (Dipt.) dezimiert werden. – Orig.

Buchenstock, 12 jg.

934

Abb. 934: **Seitenteile des Stockes noch teilweise erhalten;** Stockmitte oft noch wesentl. stärker als dargestellt eingebrochen u. zu einem Teil d. Streu- u. Bodenschicht geworden. – Unter d. Col.-La außer *Dorcus* auch *Systenocerus caraboides* (Lucanid.), *Strangalia quadrifasciata* L. (Schmalbock), *Prionus coriarius* (Cerambycid.) vertreten; daneben noch «Drahtwürmer» (Elaterid.). Von Dipt.-La weiterhin Tipulid.-La u. Limnobiiden-La, auch Thereviden-La u. die Diapausenstadien aphidivorer Syrphiden-La bzw. ihre tropfenförmigen Puparien. In Bestandesstöcken überwintern in geräumigen Höhlungen: *Carabus violaceus* L. u. andere *Carabus*arten. An terricolen Organismen auffällig, z. T. schon früher auftretend: Asseln (Isopoda; z. B. *Trachelipus ratzeburgi* BRANDT, *T. politus* C. L. KOCH); ebenso bleiben typisch bis zum völligen Zerfall des Stockes: Diplopoda (Doppelfüßer) u. zwar: *Polydesmus* spec. (Polydesmid., Bandfüßer) u. Glomeriden (Saftkugler); schließl. Regenwürmer (Lumbricid., Oligochaeta). – Orig.

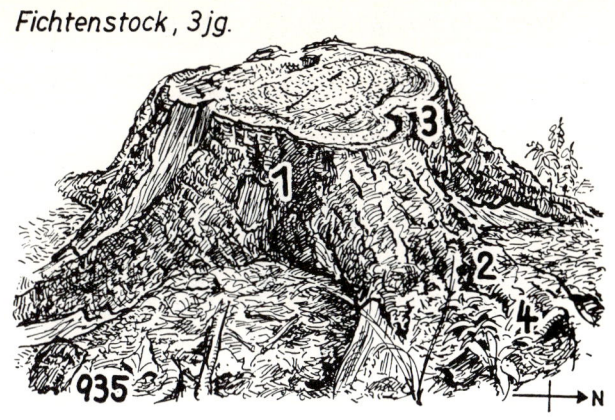

Fichtenstock, 3 jg.

935

→ N

Abb. 935: **Humifizierungsprozeß eines Nadelholzstockes** zeigt ähnl. strukturelle Ver-
änderungserscheinungen wie der Abbau eines Laubholzstockes. – Fraßb. bei 1 = von
Tetropium luridum od. *T. fuscum* (auch im Areal «2»; selbst an den Wurzelanläufen
häufig Spechteinschläge); *Leptura rubra; Rhagium inquisitor* u. *Rh. bifasciatum*
(Cerambyc.). – An Ipid. kommen vor: 3 = *Hylurgops palliatus; Dryocoetes autographus, Xyloterus lineatus* u. *Hylastes cunicularius* (Eiablage d. letzt. Art auch in Arealen
«2» u. «4»). – Den Borkenkäfern stellen nach *Clerus formicarius* (Clerid.), verschiedene
Staphylin. (u. a. *Omalium pusillum* GRAV., *Phloeopora reptans* ER. u. *Phl. angustiformis* B., *Placusa depressa* MAKL., *Quedius* spec., *Xantholinus* spec.); mit d.
Kurzdeckflüglern leicht verwechselbar: Pselaphiden, d. sich von Oribatid. ernähren. –
Unter Rinde (bei «3»): *Helops* spec., La (Tenebrionid.); *Alabonia bractella* L., Ra
bräunlichgrau, spinnt lebhaft (Gelechiid., Palpenmotten); unter Gespinstfäden dunkle
Exkrement- u. hellere Fraßkrümel (Abb. 1031 ff.). An Wegschnecken (Arionid.) *Arion
subfuscus* DRAP. u. *A. subfuscus f. brunneus* LEHM. u. an Schließmundschnecken
(Clausiliid.) *Laciniaria (= Alinda) biplicata* MONTAGU. – Zw. Holzkörper d. Stockes u.
Rindenmantel Fraßmehl splintschürfender Insekten-La u. eingewehter Detritus; in
diesem Substrat zahlr. Dipt.-La., u. a. Lycoriid., *Forcipomyia* spec. (Ceratopogonid.),
Erinnid., Therevid. u. Platypezid. – Orig.

Fichtenstock, 7 jg., schattiger Standort

936

Abb. 936: Wesentl. hier die **Beschattung** u. die damit **im Gefolge auftretende Moos-bedeckung,** die an der Stockbasis beginnt. – Es fehlen jetzt Borkenkäfer u. größtenteils die holzfressenden Arten, allenfalls ist ihr früheres Vorkommen an Fraßmehl u. Losungsspuren erkennbar. – Versteck u. Raubgelegenheit finden *Pterostichus metallicus* FBR. (Listkäfer; Carabid.) u. *Quedius mesomelinus* MRSH. (Staphylinid.). Daneben Lithobiid., Steinläufer (Chilopoda, Hundertfüßer), während nachfolgende Diplopoda (Doppelfüßer) Mulmfresser sind: *Haploglomeris multistriata* C.L. KOCH (Glomerid., Saftkugler), *Polydesmus complanatus* PORAT (Polydesmid., Bandfüßer), *Cylindroiulus meinerti* VERH. (Julid., Schnurfüßer). – An Schnecken bemerkenswert d. flachschalige *Goniodiscus rotundatus* O.F. MÜLLER (Endodontid.) u. in Gebirgswäldern (Alpen u. östl. Mittelgeb.) vereinzelt d. behaartschalige *Isognomostoma holosericeum* STUD. (Helicid.). – Unter Rinde, besonders unter Moosansatz treten verschied. Dipt.-La auf (u. a. Tipulid., Empidid., Dolichopodid. u. Diapause-La aphidivorer Syrphid.). – Gelegentl. finden sich Ameisen ein, etwa *Camponotus herculeanus hercul.* od. *Lasius niger* L. (Schwargraue Wegameise); *Myrmica laevinodis* NYL. od. *M. ruginodis* NYL. (die letzt. beid. Arten aber selten). – Orig.

Abb. 937: Große **Trockenheit des Standortes** hat frühzeitiges Abspringen der Rinde bewirkt. – Besonders trockenresistente La-Formen feststellbar, wie Siriciden (*Urocerus gigas* u. a.); aber für Kleintiere ist das Bohrmehl-Substrat schwer angreifbar. Um einen solchen trockenen Fichtenstock legen *Formica rufa* u. *F. polyctena* (Formicid.) gern ihre Nadelstreunester an. Weitere Angaben über die Vergesellschaftung mit den Ameisen: siehe Seite 182. – Orig.

Abb. 938: Dargestellt ist ein **Stock von einem «besonnten» Standort,** der aber eigentl. nicht ganz trocken ist. Die Rinde platzt an einzelnen Arealen schneller ab als an der Stockbasis. Das Ausschlüpfen von Siriciden (zumeist *Urocerus gigas,* auch *Sirex juvencus* od. *Xeris spectrum*) ist bei «1» schon erfolgt; offenbar aber finden sich noch Holzwespen-La im Stockkörper, denn ♀♀ von *Rhyssa persuasoria* (Ichneumonid.) od. von *Ephialtes* spec. suchen die rindenlosen Areale ab. – Bei «2» Ausschlupflöcher von *Xyloterus lineatus* (Ipid.). – Bei «3» oberfläch. in d. Borke ehemalig. Fraß von *Anobium emarginatum* (Anobiid.) und einige Ausschlupflöcher von *Ergates faber* (Cerambyc.) erkennbar; jetzt ist diese Region v. *Lasius niger n.* (Formicid.) besetzt. – Bei «4» kaum noch zu erkennende Rest des Fraßb. v. *Tetropium luridum* (Cerambycid.). – Nur bei «5» noch mehrminder festhaftender Rindenkomplex, unter dem Diplopoden, einige Dipt.-La (*Forcipomyia* spec. [Ceratopogonid.], Therevid., Lycoriid.) zu beobachten sind. – Orig.

Fichtenstock, 9jg.

939

Abb. 939: Die **beträchtliche Humifizierung** ist daran zu erkennen, daß der **Deckel des Stockes stärker einbricht.** Fraßspuren früheren Insekten-La-Besatzes nur schwach sichtbar. – Unter Moos weiterhin Dipt.-La; mit ihnen zus. vorkommend *Phosphuga atrata* L. (Silphid.) u. *Pterostichus metallicus* (Carabid., siehe Abb. 936; hier gleichzeitig zu beobachten die schalenlose *Limax cinereoniger* WOLF (Limacid., Fgelschnecken; unter Mantelschild ein Kalkplättchen als Schalenrest), seltener die schlank-turmförmigen Schalen d. Clausilien (Stylommatophora, Landlungenschnecken) u. *Cylindroiulus meinerti* VERH. (Julid., Diplopoda). – Feuchte, stark morsche Stöcke werden auch jetzt noch gern von Formicid. angenommen (*Myrmica*-Arten), dann aber sind neben den Ameisen kaum andere Tiere auffindbar. – Orig.

Fichtenstock mit Weißfäule

940

Abb. 940: In sehr feuchten Beständen durchziehen bald **Pilzmyzelstränge den ganzen Holzkörper des Stockes,** dessen weiße, wie mit schwarzen Adern durchzogene, schwammartige Masse Oribatiden und Insekten meiden. Im ersten Zersetzungsstadium treten schon Tipuliden-La auf, deren Vorkommen später noch erkennbar ist an den charakteristisch. Kotkrümeln. Bald aber werden die Schnaken-La abgelöst von sapro- u. mycetophagen Dipt.-La (Lycoriid., Sciophilid. u. Fungivorid.), weil sich schon frühzeitig eine geschlossene Moosbewachsung bilden kann. Unter dieser sind auch verschiedene Regenwürmer u. Collembolen zu finden. In den sonnenseitigen Regionen deuten allenfalls einige Ausschlupflöcher von *Leptura rubra* (Cerambyc.) auf einen anfängl. Befall hin; hier versuchen auch Ameisen *(Lasius niger n.)* (bei ihnen wiederum *Microdon* spec. [Syrphid.]) den Stock zu besetzen. In der Schattenzone (nach Osten und Norden hin) wird durch den verstärkten Pilzbefall (bei dem sich vorwiegend der Hallimasch [*Armillaria (= Agaricus) mellea* (VAHL.) SACC.: Basidiomycet.] beteiligt) das Lignin zerstört, so daß hier eine weitgehend durchfeuchtete, fast nur zellulosehaltige Masse zu finden ist. – Orig.

Fichtenstock mit Rotfäule

941

Abb. 941: Auch **rotfaule Stöcke** sind kennzeichnend für sehr feuchte Standorte; anaerobe Eiweißzersetzer u. zellulosespaltende Bakterien bewirken aber eine fäulnisartige Zersetzungsform, die ein der «Weißfäule» entgegengesetzter Vorgang ist. Nur Nematoden (u. a. *Rhabditis* spec.) u. besondere Collembolen-Arten werden angelockt. Sobald das durch gärungsartige Vorgänge rotbraun gefärbte Holz abtrocknet, zerfällt der ganze Stockkörper in prismenförmige Stücke; dabei bricht der Deckel in der Mitte frühzeitig ein. – Das zerklüftete Stockmaterial suchen Spinnen od. allerlei Insekten als Versteck auf, ohne sich am weiteren Abbau zu beteiligen. – Orig.

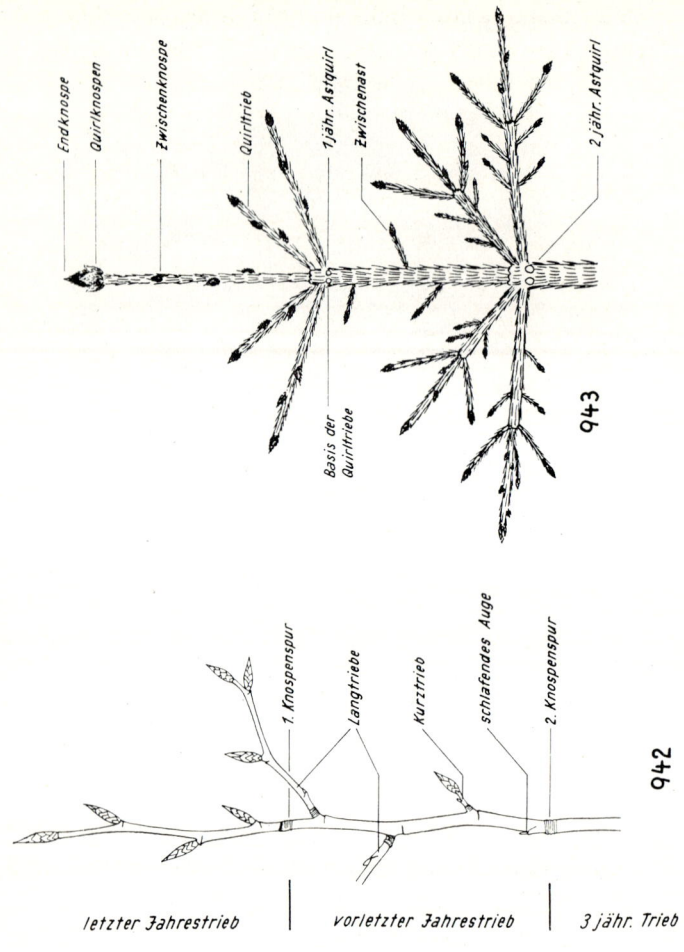

Abb. 942: Aufbau eines dreijährigen Buchentriebes; leicht schematisiert.
Abb. 943: Aufbau eines Fichtenwipfels; schematisiert.
(Beide Zeichnungen nach HUBER in RUBNER [1942]).

6.4 Neue zeichnerische und freilandökologische Darstellungen und Photographien im forstlichen Bereich:

(nach einer anderen thematischen Leitlinie)

(sämtl.: Orig.; Abkürzungen Seite 473)

6.4.1 Protokoll-Notizen von einer Lehrwanderung durch das Ökosystem «Wald» mit Einzelheiten über die getätigten Beobachtungen – Ausführliche Legenden zu den Zeichnungs- und Dia-Unterlagen

1.) Beispiele für unterschiedliche Gestalt der Waldinsekten

Feld-Sandlaufkäfer (*Cicindela campestris* L.; Cicindelid., Col.): Abb. 944: I (typ. Laufbeine u. sichelförmige Vorder- od. Oberkiefer); Abb. 945: La.

Aspenblattkäfer (*Melasoma tremulae* FABR.; Chrysomelid., Col.): Abb. 946: I (das f. Col. charakterist. «Schildchen» zw. d. Basis d. Flügeldecken deutl. sichtbar); Abb. 947: Trieb einer jungen Aspe mit typ. Fraßbild («**Buchtenfraß**»).

2.) Körperbau und Entwicklung der Insekten

In ausgewählten Beispielen sollen verschiedene Erscheinungsformen dieser Tiere in ihren Lebensraum hineingestellt gezeigt werden.

a) Habitus und Tracht im Lebensraum

Langfühlermotte (*Adela viridella* ZELL.; Adelid., Lep.): Abb. 948: I in Balzstellung auf Blatt einer jungen Birke im Unterholz (Mai/Aug.). Feldkennzeichen: lange, haarförmig-dünne Fühler.

«Grünes Blatt» (Spanner) (*Hipparchus [= Geometra] papilionaria* L.; Geometr., Lep.): Abb. 949: Ra an Erlenzweig (auch an Birke u. Haselsträuchern vorkd.); typ. Spannerraupenhaltg. zeigend (rechts Kopf u. d. schwachen Brustbeine). An d. Blättern rechts oben u. unten = Fraßspuren; Abb. 950: I i Ruhestellg. auf Erlenblatt.

Eichenkahnspinner (*Hylophilina bicolorana* FUESSL. *[= Pseudoips prasinana* L.]*, Großer Kahn*; Noct., Lep.): Abb. 951: I auf Eichenblatt i. Ruhestellg. Die typ. **Eulenzeichnung** i. Vorderflügel (aus 3 Flecken [Zapfen-, Nieren- u. Ring-«Makel»]) fehlt hier. Dt. Bez. bezieht sich auf kahnförmig. Gehäuse d. Puppe.

«Eichenkarmin» (Ordensband) (*Catocala sponsa* L.; Noct., Lep.): Abb. 952: Ra (einem Zweigstück sehr ähnl.); am 8. Körperring ein Querwulst (wie ein Zweigstummel aussehend). Eichenlaub zeigt Fraßspuren – Kopfkapsel d. Ra nahe der Zweigachsel.

«Wolleule» (*Acronicta leporina* L.; Noct., Lep.): Abb. 953: Ra (i. Laubholzgebieten bis etwa 1000 m – Vulgärname bezieht sich auf d. wollartige Seidenbehaarung = «**Sichtschutz**», viell. auch Schutz gegen übermäßige Nässe). Kopfkapsel d. Ra am Blatt-Mittelnerv. Dunkelrotbraune Puppe i. morschem Holz. I (Mai/Juni), i. 2. Generation (i. Süden [Aug.]). Eiablage auf Erle, Weide u. Birke.

(**Eichen-Blattwespe**) *Periclista lineolata* Klug.; Tenthredin., Hymen.). Abb. 954: «**Dornraupe**»; weitere Angaben: Seite 155 u. Abb. 258. – Abb. 955: La nach d. letzt. Häutung. – Abb. 956: Abgestreifte La-Haut d. vorletzten La-Stadiums; Rest d. Kopfkapsel: unten erkennbar. – Abb. 957: I; neben seitl. Facettenaugen drei Punktaugen auf d. Kopfkapsel. – Dieses Beispiel zeigt, daß sich selbst unter d. Entwicklungsstadien einer Art bei bleibendem «Sicht-schutz» d. äußere Erscheinungsbild erhebl. verändern kann.

b) Eitypen und Eiablageformen

(**Rotbeinige Baumwanze**) (*Pentatoma rufipes* L.; Pentatom., Heteropt.). Abb. 958: I bei d. Eiablage. Weitere Angaben: Seite 112. Habitusbild gekenn-zeichnet durch die an d. Basis deckflügelartig ausgebildeten Vorderflügel, d. beiderseits zu einem Fortsatz verlängerte Halsschild u. d. gelbrote Schildchen. – Abb. 959: Gelege = «**Eiplatte**» in Aufsicht. – Abb. 960: frisch abgesetztes Ei in Seitenansicht, vergr., auf d. Blattspreite mit Kittsubstanz festgeklebt; oberer Pol mit kreisförmig angeordneten Fortsätzen. – Abb. 961: ältere Eier in Aufsicht stark vergr. Embryonen schimmern durch die Eischale. Augenanla-gen als rote Flecken erkennbar. Stechrüssel als spitzer Fortsatz an d. schwarzen Kopfkapselbegrenzung. – Abb. 962: weiterentwickeltes Ei, stark vergr.

(**Eigelege eines Marienkäfers**: *Anatis ocellata* L.) (Coccinellid., Coleoptera): Abb. 963: Freiland-Aufnahme.

c) Larven und Puppen

Aus der reichhaltigen Zahl der verschiedensten Larven- und Puppentypen seien einige Formen vorgeführt:

Pteronidea spec. (**Blattwespen-Afterraupe**) (Tenthredinid., Hym.). Abb. 964: mehrere Ra beim Randfraß an einem Pappelblatt. – Abb. 965: S-förmige **Schreckstellg.** d. After-Ra; diese Verhaltensweise soll d. Abwehr parasit. Schlupfwespen-♀♀ dienen.

Kiefernbuschhornblattwespe (*Diprion pini* L.; Tenthredinid., Hym.). Abb. 966: Kokon mit der Ausbohröffnung einer parasitierenden Tachiniden-Larve. Photogr. Aufnahme von gesammeltem Material i. Labor (Hintergrund farbig, um die Blüten besser zur Geltung zu bringen).

Zitronenfalter (*Gonepteryx* [= Rhodocera] *rhamni* L.: Pierid., Rhopalo-cera, Lep.). Abb. 967: zwei Ra an einem Faulbaumzweig (Pulverholz; *Frangula alnus* Mill.); r. = junge (Kopfkapsel unten!), lks. = erwachsene Ra (Kopfkapsel oben!). – Abb. 968: «**Gürtelpuppe**» (siehe Seite 387). – Abb. 969: frischgeschlüpftes ♀; Seitenansicht d. ruhenden Falters.

Kleines Nachtpfauenauge (*Saturnia pavonia* L.; Saturniid., Lep.). Abb. 970: Alt-Ra, auf jd. Körperring mit orangegelben, beborsteten Knopfwarzen auf Heidekraut (sonst auch auf Schlehen od. auf verschiedenen Laubhölzern vorkd. [«**Warnfärbung**»!]. Kopfkapsel oben). – Abb. 971: Verpuppung in birnenförmig. Kokon i. Bodennähe.

3.) Das Waldinsekt an seiner Lebensstätte

a) Verborgenes Leben in Minen (und Gallen)

(**Langhorn-Blattminiermotte**) (*Lyonetia clerkella* L.; Lyonetiid., Lep.). Abb. 972: I, mit charakteristischen Fransen an Vorder- u. lanzettförmig. Hinterflügeln. – Abb. 973: I in Ruhestellg. (dachförmig. Flügelhaltg.). – Abb. 974: Birkenblatt mit oberseitig. «Gangmine» (Kotspur innerhalb d. Mine). – Abb. 975: Ra am Ende d. Gangmine; Kopfkapsel lks. – Abb. 976: Längsschnitt durch Blatt u. Endteil d. Mine. – Abb. 977: «Hängematte» mit Alt-Ra (Verpuppg.); Herstellg. d. Gespinstes erfordert Arbeitszeit von etwa 5 Stunden.

(**Kleinste Birkenblattwespe**) (*Fenusa pumila* Klg. [= *Fenusa pusilla* Lepel.]; Tenthredinid., Hym.). Abb. 978: Birkenblatt mit 3 Minen; Mine beginnt mit pustelartig. Anfangsteil, dann «**Platzmine**». – Abb. 979: Mine aufgetrennt, mit After-Ra i. Rückenlage (oben: bräunliche Kopfkapsel). – Abb. 980: Längsschnitt durch Mine mit After-Ra i. Seitenansicht. – Abb. 981: Pu i. Erdkokon (lks. geöffnet; Kokongröße u. Umrisse d. Pu angedeutet. – Abb. 982: I ($\male$), neben d. Facettenaugen auch rötl. Punktaugen dorsal auf d. Kopfkapsel.

b) Fraßspuren und Fraßbilder

An Fraßarten an Blättern und Nadeln lassen sich etwa **Schabe-, Scharten-, Löcher-, Skelettier-** od. **Kahlfraß** unterscheiden; an Stengeln u. Zweigen u. a. **Ringelung an der Rinde** usf. Bei Formen mit stechend-saugenden Mundwerkzeugen werden einzelne Zellen od. ganze Gefäßbündel d. Pflanzenteile angestochen – damit können Wachstumsstörungen bei der Wirtspflanze eintreten.

(**Hahnenfuß-Minierfliege**) (*Phytomyza ranunculi* Schrk.; Agromyzid., Diptera). Abb. 983: Blatt vom wolligen Hahnenfuß (*Ranunculus lanuginosus* L.; Vork. i. feucht. Laubwäldern) mit mehreren Minen. – Abb. 984: La (Kopfkapsel oben). – Abb. 985: Tönnchen. – Abb. 986: I. – Die **Gangminen** «fließen» gelegentl. zus. u. täuschen einen **Platzfraß** vor.

(**«Dromedar»-Zahnspinner**) (*Notodonta dromedarius* L.; Notodontid., Lep.). Abb. 987: **Buchten-** od. **Randfraß** der Ra an Birkenblättern. Auf d. Rücken d. Ra Erhebg., die bei d. Namensgebg. eine Rolle gespielt haben. Ra-Kopf: rechts unten.

Kamelspinner (*Lophopteryx camelina* L.; Notodontid., Lep.). Abb. 988: Zwei Ra unterschiedl. Färbg. u. Stellg. auf einem Lindenblatt. **Loch-** od. **Buchtenfraß** (Mai/Sept., gleichfalls auf Birken u. anderen Laubhölzern). Ra oben zeigt Abwehrhaltg. gegen Schlupfwespen.

(**Himbeerglasflügler**) (*Bembecia hylaeiformis* Lasp.; Sesiid. [Aegeriid.], Lep.). Abb. 989: Wurzelstock i. Schnitt u. jg. Himbeer-Rute, Ra am Fraßort. – Abb. 990: Ra; nach Überwinterg. leben d. Ra i. d. vorjährig. Stengeln, dort auch Verpuppung. – Abb. 991: $\female$-Falter; **Wespenfärbg.** am Hinterleib.

Pappelblattroller (*Bytiscus [= Rhynchites] populi* L.; Curculionid. Rhyn-

chitini, Col.). Abb. 992: Zitterpappel-(Espen-)Zweig mit frischen Längs-
(Zapfen-)Rollen ohne Blattschnitt i. verschiedenen Fertiggs.stufen (gz. Blatt
wird zur «Zigarre» aufgerollt). ♀ benötigt f. diese brutfürsorgerische Tätigkeit
etwa $1^1/_2$ bis 5 Std.; ein ♀ stellt insges. bis zu 30 Zigarren her. – Abb. 993: eine
«reife» Blattrolle mit verpuppgs.reifer Altla. – Abb. 994: I. Habitus u. Kupfer-
bzw. Goldglanz auffallend.

Roter Eichenkugelrüßler (*Attelabus nitens* Scop. [= *curculionides* L.];
Curculionid. [Rhynchitini], Col.). Abb. 995: Eichenzweig mit Fraßbild des
Altkäfers («**Lochfraß**»), mit mehreren Brutbauen (= mittelständige Büchsen)
u. mit I. – Abb. 996: Büchsenrolle, längs aufgeschnitten, um typ. Haltg. der in
der **Querrolle** festgeklemmten La zeigen zu können. – Abb. 997: La i. d.
gekrümmten Haltg. isoliert dargestellt.

c) Insekten als Regulatoren

Uns sind bekannt etwa «**Fraßgesellschaften**» (vgl. Abb. 417 und 418), auch
solche des Zusammenlebens mit verschiedenen Arten sind uns geläufig (so
treffen wir verschiedene Flechtlinge [Psocoptera] «einträchtig» nebeneinander
am Algenbewuchs der Stämme – od. an Tierleichen [Fallwild] treten mehrere
Arten Aasfresser (Abb. 1047) gleichzeitig auf [vgl. dazu auch Farbt. 16]).
Fraßgesellschaften können bisweilen zu Nahrungskonkurrenz führen. Es bilden sich auch «**Schlaf**»- u. «**Überwinterungsgesellschaften**» – so wandern zu
Ausgang des Herbstes zahlr. La i. d. weitgehend zersetzten Stöcke ein (viell.,
weil hier die «mikroklimatischen» Verhältnisse am günstigsten sind [vgl. dazu
Abb. 881]).

Neben d. Allesfressertum (vorkd. bei Schaben) ist wahrscheinl. das **Räuber-
tum** d. **ursprünglichste Ernährungsform** d. **Insekten**. Ein ausgezeichnetes
Beispiel: Farbt. 5, Abb. 15 u. 16).

d) Symbiose-Erscheinungen

Aus d. hochinteressanten Gebiet d. Symbiose-Erscheinungen zw. Insekten
u. Pflanzen nur ein Beispiel: Abb. 359 bis 367 bzw. Seiten 223 bis 224.

4.) Aus dem Insektenleben des Laubwaldes

In skizzenhafter Form sollen einige der ökologischen Besonderheiten des
«**Sommerwaldes**» hervorgehoben werden:

I.) Ausgesprochene jährl. Periodizität.

II.) Wärme u. Licht = Faktoren, die das Leben i. Laubholzbestande
bedingen.

III.) Trotz Belaubung d. Kronen können Bodenpflz. durch Herabsetzung
ihrer Lichtansprüche gedeihen; Auftreten charakteristischer Schatten-
pflz.

IV.) Die zur Vegetationszeit starke Strukturierung des Lebensraumes wird zum Winter hin wieder wesentlich vermindert.

V.) Während d. Sommers in d. einzelnen Schichten von einer Unmenge blattfressender, blattsaugender, blattminierender u. gallbildender Insektenarten u. damit auch von ihren Räubern besetzt.

VI.) Entwicklungszeit der Lebensformtypen i. Laubholzbestande verhältnismäßig kurz.

VII.) Gefüge eines Laubwaldes i. allgem. biologisch gut gepuffert.

VIII.) Lebensformtypen besonderer Art beispielsweise: **«Baumflußbewohner»**, die sich weniger vom ausfließenden Saft als vielmehr von den im «Ausfluß» vorkommenden Mikroorganismen ernähren (**«Detritusfresser»**).

IX.) Besiedlung eines Laubholzbestandes trotz guter Pufferg. reichhaltig; dabei «Hanglage» eines Bestandes auch wesentlich.

a) An Laubholz und Bodenpflanzen

Eschenblattfloh (*Psyllopsis fraxini* L., Psyllina [Hymenelytra], Homopt.). Abb. 998: I. – Abb. 999: Eschenfiederblatt mit **«Rollgallen»**. – Abb. 1000: La mit reichlicher Ausscheidg. d. Wachssekretes. – Teilzeichn. (links): La ohne «Wachswolle», um anliegende Flügelstummel zu zeigen (dadurch wanzenartiger Habitus).

Landkärtchen (*Araschnia levana* L., Nymphalid., [Rhopalocera], Lep.). Abb. 1001: Ra, charakterisiert durch Stacheln u. Dornen, gesellig an Brennesseln (etwa an Waldrändern); durch 2 Kopfdornen von d. gleichfalls an Brennessel gesellig lebend. schwarzen Jungraupen d. Tagpfauenauges unterschieden. [Ra-Kopf lks. unten]. – Abb. 1002: Ra nach Störung sich zus.rollend. – Abb. 1003: frei am Cremaster aufgehängte **«Stürzpuppe»**. – Abb. 1004: Puppenhülse, deutl. zeigend, wie beim Schlüpfen d. Falters Hülle gesprengt wird. – Abb. 1005: ruhender Falter (u. zwar Sommerform: *A. prorsa*, von LINNÉ so bezeichnet); beachte: die am Ende kolbig verdickten Fühler.

b) Pilze und Insekten

Die Bedeutung der Pilze in der Waldlebensgemeinschaft ist vielfältiger Art. So sind sie nicht allein beim Stockabbau, beim Abbau des Reisigs od. bei d. Humifizierg. des übrigen Bestandesabfalles beachtenswert, sondern spielen nach d. Insekten die wichtigste Rolle als Erzeuger von «Waldkrankheiten». Zwischen Pilzen und Insekten stellen sich vielseitige Beziehungen ein (siehe im Sachverzeichnis unter Pilze – Insekten).

[**Am Stamm unter Rinde**]

(**Freiland-Aufnahme**) – Abb. 1006: Fruchtkörper von *Daedalea* (= *Trametes*) *gibbosa* FRIES. (Polyporaceae, Basidiomycetes) mit den Kotsäckchen von *Tinea parasitella* HB. (Tineid., Lep.).

(Insektenbefall am Fruchtkörper des Flachen Schichtporlings) [*Ganoderma applanatum* (PERS.) PAT. (Polyporaceae), an Buche od. anderen Laubhölzern «Weißfäule» erzeugend]. Abb. 1007: Fruchtkörper mit den typischen Kotsäckchen von verschiedenen Schmetterlingsraupen. – Abb. 1008: Bruchstück des Pilz-Fruchtkörpers mit Raupenfraß u. mit dem röhrenförmig. Kot-Gespinst-Sack; der Kotsack ist teils angeschnitten, um die Lepidopteren-Ra zu zeigen. – Abb. 1009: Puppenhülse der nachfolgenden Art; die Pu schiebt sich aus einer Kotauswurfstelle der Altlarve ein Stück aus dem Fruchtkörper heraus, ehe sie den Falter entläßt. – Abb. 1010: *Scardia* (= *Morophaga*) *boleti* F. (Tineid., Lep.), I. Flugzeit: Mai bis Aug. Ra vom Herbst an i. Fruchtkörper, überwinternd. – Abb. 1011: *Tinea parasitella* HB. (Tineid., Lep.). Falter sitzend. Die Fleckg. u. Färbg. lassen die I auf d. Fruchtkörpern kaum schnell auffinden.

c) An Blättern und Blüten

Im Verlaufe der Abhandlung über die Differentialmerkmale u. über die Ökologie der wichtigsten, häufigsten u. auffälligsten Insektenarten in den Waldökosystemen sind zahlreiche Beispiele für diesen Abschnitt aufgeführt (pag. 92 bis 468). Nachfolgend sollen wenige farbliche Darstellungen das Insektenleben im Laubwalde im Kronenbereich demonstrieren.

(Verschiedene Lepidopteren-Raupen auf Buchenlaub – dabei zeigt jede Ra ein ihr arteigentümliches Fraßbild): Abb. 1012: *Acronicta psi* L. (Noctuid., Lep.): Ra (Juli u. Sept./Okt.). – Abb. 1013: *Hylophila* (= *Halias*) *prasinana* L. («Buchenkahneule»; Noctuid., Lep.). [Pu in einem kahnförmigen Gespinst]. – Abb. 1014: *Hibernia* (= *Erannis*) *defoliaria* L. (Geometrid., Lep.). Zwei Frostspanner-Ra. –

Hemichroa alni L. (**Birkenblattwespe**) (Tenthredinid., Hymenopt.). Abb. 1015: Birkenblätter mit den charakteristischen schriftzeichenartigen Fraßspuren («Runenfraß») d. jungen La. – Abb. 1016: erwachsene La beim Fraß. – Abb. 1017: I. Gegenüber einer nahverwandten Art an Erle lebt diese Art hier einzeln – das Ei wird in einer Tasche am Blattstiel abgelegt.

(**Raupen und Larven an Aspen-Blütenkätzchen**): Abb. 1018: ein blühender Zitterpappel-Zweig mit 3 Schmetterlingsraupen u. 2 Käferlarven an den Kätzchen. – Die Raupen gehören zur Art: *Orthosia circellaris* HUFN. (Noctuid., Lep.). – Abb. 1019: Ra (kenntl. an dunklen, licht geteilten, spatenförmig. Rückenflecken) an einem Espen-Kätzchen. Abb. 1020: Alt-Ra wandert in d. Krautschicht u. frißt hier an d. goldgelb blühenden Ranunculacee *Ranunculus ficaria* L., am Scharbockskraut. – Die Käferlarven gehören zur Art: *Apion* spec. (Curculionid., Col.). Abb. 1021: La. (typisch: Fehlen d. Extremitäten). Abb. 1022: I. [Bildmitte: typischer **«Lochfraß»** d. «Spitzmäuschen» am Aspenblatt. Diese Rüsselkäferformen auf landwirtschaftlichen Nutzungsflächen an Obstbäumen, an Erbsen od. Klee schädlich].

5.) Aus dem Insektenleben des Nadelwaldes

Für diese Waldform ist charakteristisch das schmale, bis zur Nadel zurück-
gebildete Assimilationsorgan. In dieser Flächenbeschränkg. des Nadel-
«laubes» glaubt man eine besondere Anpassungserscheinung an d. winterliche
Vertrocknungsgefahr zu sehen – d. Verdunstg. kann infolge d. Form u. d.
inneren Nadelbaues stark herabgesetzt werden. Mit d. Fehlen eines völligen
Nadelabwurfes ist offensichtlich eine bessere Ausnutzg. d. Wärme i. d. kurzen
Vegetationszeit gegeben. Im Frühjar brauchen d. Nadelholzarten nicht erst auf
d. Austreiben zu warten, sondern können mit d. Assimilation schon vorher
anfangen.

Nadelwälder neigen noch viel stärker als d. Laubwälder zur Reinbestands-
bildg. Strauchflora spärlich, allenfalls an Bestandesrändern u. auf Lichtungen
od. Blößen. Krautschicht nur bei lockerem Stand zu finden; neben Moosen u.
Farnen noch Algen, Pilze u. Flechten vorherrschend (also Sporenpflz. =
Kryptogamen).

Insekten-«Spektrum» eines geschlossenen Nadelholzbestandes: hier über-
wiegen die stammbewohnenden Borkenkäfer in vielen Arten (Abb. 885), die
Bock- u. Prachtkäfer (dazu auch Abb. 886) u. die Holzwespen. Nadelfressende
Raupen finden wir unter d. Blattwespen u. i. zahlreichen Schmetterlingsfamilien (Tortricid., Geometrid., Noctuid.). Alle diese Formen haben wieder ihre
Feinde, unter denen Wanzen, Schlupfwespen u. Raupenfliegen, stärker als im
Laubwald aber auch Ameisen (u. Spinnen) vertreten sind. Unter diesen
besitzen d. Ameisen wiederum Beziehungen zu einer Vielzahl von verschiedenen Pflanzensaugern (Honigtau der Blattläuse), so daß etwa die **Blattläuse**
geradezu als **eine der Schlüsselgruppen der Nadelwaldbiozönose** bezeichnet
werden.

Eine waldbauliche Besonderheit der Nadelholzbestände darf nicht übergangen werden, weil damit biologische Auswirkungen größten Ausmaßes
verbunden sind. Die **wintergrünen Holzarten** sind «sturmgefährdet» – die
flachwurzelnde Fichte (vgl. Abb. 1040) leidet am stärksten darunter. Nach
einem Windwurf beginnt ein konzentrischer «Angriff» aller stammbewohnenden Insektenarten auf die windgeworfenen Stämme, da diese Arten zu ihrer
Vermehrg. gern «geschwächtes» Material angehen.

a) Stock- bzw. Stubbenabbau

In diesem Zusammenhang möge der **Stockabbau im Laub- und Nadelholzbestand** aufgrund der unterschiedlichen Standort-Gegebenheiten eingeschaltet
werden. – Auf die Vorgänge im einzelnen ist bereits auf pag. 17 ff. eingegangen
(vgl. dazu auch Abb. 881; 931 bis 941). Hier sollen nur zusätzliche, ausgezeichnete farbliche Darstellungen interpretiert werden.

Athous spec. (Elaterid., Col.): Abb. 1023: lks. oben = Skizze eines 3jährig.
Buchenstockes (mit markierter Fundstelle d. Larve). Rechts: La; letztes Hinterleibssegment (= «Afterglied») am Hinterende mit hakenförmig. Zähnen.

Melanotus rufipes Hbst. (Elaterid., Col.): Abb. 1024: Wurzelanlauf eines 3jährigen Fichtenstockes = Fundstelle der Schnellkäfer-La. – Abb. 1025: La, teils seitl., teils dorsal, um Brustfüße u. besonders gestaltetes Hinterleibsende erkennen zu können. – Abb. 1026: I. – Abb. 1027: Skizze des Käfers i. Rückenlage, um den eigentl. Springapparat i. d. Brustregion zu zeigen. Funktionsweise: siehe pag. 216.

Schrotbock (*Rhagium inquisitor* L.; Cerambycid., Col.). Abb. 1028: Stück Rinde von einem etwa 3jährig. Fichtenstock mit La-Fraßbild, La u. mit einer Puppe i. d. Puppenwiege. – Abb. 1029: I. – Abb. 1030: Längsschnitt durch Fraßgang der La mit Lateralansicht d. Larve. Ökologie dieser u. der verwandten Art (*Rhagium bifasciatum* F.): pag. 243.

(Palpenmotte) (*Alabonia bractella* L.; Gelechiid., Lep.). Abb. 1031: ein Stück Rinde von einem 3jährig. Fichtenstock mit Ra unter Gespinstfäden mit dunklen Exkrement- und helleren Fraßkrümeln. – Abb. 1032: Puppenkokon u. Pu, aus d. Kokon isoliert. – Abb. 1033: Falter i. Ruhestellg.

b) Insekten unter Rinde stehender Nadelholzstämme

Kiefernbestandsrüßler (*Pissodes pini* L., Curculionid. [Rhynchaenides], Col.). Abb. 1034: Rindenstück aus d. Kronenregion einer älteren Kiefer mit d. typ. «Strahlenfraß» der La – linkes Fraßbild zeigt **Spanpolster-Puppenwiegen** mit (hellem) Schlupfloch d. Jungkäfer; rechtes Fraßbild = unvollständig: unten = Puppenwiege mit Altla, Mitte = mit Puppe, oben = mit schlüpfbereitem Jungkäfer. – Abb. 1035: La. – Abb. 1036: I auf Kiefernzweig mit «Stichfraß».

Fichtenbock (*Tetropium luridum* L.; Cerambycid., Col.). Abb. 1037: Starker Kiefernstamm mit freigelegter Puppenwiege zeigt außerordentl. seltenen Verlauf des Hakenganges. Eingang zur Puppenwiege zumeist radial u. aufwärts gerichtet – d. absteigende Ast wendet sich dann «hakenförmig» nach unten. Hier aber wich die Bockkäferla infolge der Astbasis (enggestellte Jahresringe!) zur Krone hin aus. Beweis: Stammdurchmesser unten = größer als oben.

6.) Streubewohner

Die Schichtung im Verknüpfungsgefüge der Waldlebensgemeinschaft ist andernorts schon angesprochen (pag. 7 ff.). Die Streu- u. Bodenschichten sind nunmehr jene Zone, in der die Humifizierungsvorgänge im Bestande vornehmlich ablaufen.

Abb. 1038: Die **Lockerdecke in einem Fichtenaltbestand** ist oftmals gar nicht so mächtig, wie man vermutet.

Abb. 1039: **Aufsicht** auf die oberste subterrane Schicht, auf die **Förna, eines Laubholzbestandes.**

In der Mitte des Bildes: ein ruhendes Exemplar der Wegschnecken (Arionidae; Stylommatophora, Land-Lungenschnecken; Gastropoda; Mollusca, Weichtiere): *Arion rufus* L. (*empiricorum* FER.), ziegelrot, braun oder schwarz, ausgestreckt bis 140 mm.

7.) Die Schrift des Bodens

Wie jede Handschrift eine ihr eigene Note hat, wie aus einer Schriftprobe manches abzulesen ist, so können wir aus Bodenproben durch Untersuchungen feststellen, wie der Boden an der Entnahmestelle beschaffen ist, oder wir können an sogen. «Bodeneinschlägen» (an den **«Bodenprofilen»**) die Zustandsmerkmale der Bodenschichten erkennen (BRAUNS, 1968; pag. 24/25).

Zeichenerklärung der Bodenprofile

I.) Abb. 1040: Extremer Braunerdepodsol; **Bodenprofil** im hohen Harz entnommen in einem **Fichtenrevier** – «autochthoner» Boden, mithin durch Verwitterung des anstehenden Grundgesteins gebildet. – Auffallend an diesem Profil: der relativ **«flache Wurzelteller»** der Fichten!

A_0 = über d. Mineralboden liegender Humus (Auflagehumus = A-Horizont od. = «organogene Auflageschicht»):

L (Litter = Streuauflage; andernorts auch «Förna» genannt) = oberster Teil des Auflagehumus, im wesentlichen aus unveränderten Pflz.abfällen (hier aus lockerer Nadelstreu) bestehend;

F (Fermentation = Vermoderungshorizont) = oberster Teil des Auflagehumus (Pflz.reste i. Zersetzg. befindl., aber Struktur unter d. Lupe noch erkennbar) – «filzig» u. durchwurzelt;

H (Humusstoffhorizont) = unterer Teil des Auflagehumus (vorwiegend aus organ. Substanz, aber Pflz.struktur unter d. Lupe nicht mehr erkennbar) – «schmierig» u. intensiv durchwurzelt.

Nach unten folgen:

A_1 = humusreicher, lehmiger Granitgrus mit zahlreichen gebleichten Quarzkörnern – schwache Durchwurzelung; ein «Subhorizont».

A_2 = stark gebleichter, humusarmer, feinsandiger Granitgrus (wiederum ein «Subhorizont») – A bedeutet hier bei podsolierten Böden Auswaschungsod. «Eluvialhorizont».

B_{sh} (s bedeutet Einschlämmung von Sesquioxyden [von Eisen- u. Aluminium-Verbindungen] u. von Humus – Kleinbuchstaben werden neuerdings für «Subhorizonte» verwendet); kaffee- bis rostbrauner, lehmiger Grus, verfestigt – Anreicherungs- od. «Illuvialhorizont» mit einzelnen Feinwurzeln.

(B) = hellbrauner bis ockerfarbener, lehmiger Granitgrus – übergehend in das Grundgestein. («B» wird hier eingeklammert zum Unterschied vom eben genannten Anreichergs.horizont.)

II.) Abb. 1041: Braunerdeprofil mittlerer bis guter Nährstoffversorgung; **Bodenprofil,** entnommen auf abgelagerten Sanden und Kiesen in der Rhein-

Main-Ebene in einem **Laubholzrevier** – «allochthoner» Boden, mithin fremd-bürtig. – Auffallend an diesem Bodenprofil: Intensive Durchwurzelung reicht sehr tief; hier kann eine anspruchsvolle Vegetation gedeihen, zu der auch die meisten unserer Laubbäume gehören.

A_{oL} = locker aufliegende ein- bis zweijährige Laubstreu, teils in Vermode-rung;

A = humusreicher Mittel- und Feinsand – intensiv durchwurzelt.

(B) = hellbrauner, im oberen Bereich schwach humoser Mittel- u. Feinsand – intensiv durchwurzelt (alte Wurzelkanäle lassen den Boden hier wie marmo-riert erscheinen).

C = fahlgelber, kiesiger Grobsand; nur einige Wurzeln erkennbar. (Mit C wird bei d. Bodenbildg. d. sogen. «Ausgangsgestein» bezeichnet.)

Probe-Entnahme in einem Buchenstangenholz, 40jährig, mit einzelnen Birken und Eichen. Abb. **1042/1043:** Aufblick auf ein Areal der Förna und der F-Schicht. In den Einzelkreisen (1- bis 12) jene Ei-, Larven- und Puppenfor-men der terricolen Zweiflüglerfamilien, die sich am 30. Oktober 1951 in der F-Schicht vorfanden. Forstamt Gahrenberg (Hann. Münden). Aquarell von R. Kliefoth. Orig. nach Brauns, 1954).

8.) Beispiele für lohnende photographische Arbeiten bei Freiland-Beobachtungen

Sächsische Wespe (*Dolichovespula saxonia* Fabr.; Vespid., Hym.): Abb. **1044:** Nest an einer Jagdhütte unter dem Dachvorsprung.

Beispiele aus dem Vertilgerkreis der Spinnen (Insekten = Beute).

Agroeca spec. (Clubionid., Sackspinnen; Araneae, Webespinnen): zumeist nächtl. lebd. Jagdspinnen (bei Tage in Wohnsäcken). Die Arten stellen keine Fanggewebe her, sondern die Beute wird angeschlichen. Artdetermination nach d. Genitalien. Abb. **1045:** d. charakteristischen **Eikokons** (sogen. **«Feen-lämpchen»**), befestigt an Stengeln od. Zweigen – in d. Eikokons zwei Kam-mern: Eikammer u. Häutgs.kammer für die schlüpfenden Jungspinnen. – Abb. **1046:** Gespinst- oder Hängematte einer «Baldachin- oder Deckennetz-spinne» (Linyphiidae; Araneae) im Morgentau; Netz wie ein kleiner Regen-schirm zwischen Grashalmen – über der Kuppel fast unsichtbar sind Stolperfä-den gespannt zum Fangen der Beutetiere. Orig.-Foto von Brauns im Kaufun-ger Wald (Oktober 1961).

Beispiele für interessante Arten aus d. Vertilgerkreis d. Insekten.

Enthäuteter Schädel eines Hasen: Sammelstelle für verschiedene wirbellose Tiere: Abb. **1047:** *Arion rufus* L. (Arionid., Wegschnecken; Mollusca, Gastro-poda [Schnecken], Stylommatophora [Land-Lungenschnecken]): Färbg. von ziegelrot über braun bis schwarz. – Außerdem Wespen, die neben d. Abflei-schen des Schädels auch den Calliphoriden (*Lucilia* spec.; Dipt., I mit typ. grünlich-schillernder Färbg., Abb. 104/105) nachstellen.

Buchenspinner (*Stauropus fagi* L.; Notodontid., Lep.): Abb. **1048:** aus einer

Altraupe haben sich Chalcididen-Larven ausgebohrt u. auf der Wirtslarve sofort eingesponnen; im Revier photographiert. –

Fraßstück mit aufgefundener Raupe wird ins Labor eingetragen, dann etwa $^1/_2$ Stunde lang in einen Kühlschrank legen. Nunmehr kann die Raupe auf das Fraßbild (od. Holzstückchen – niemals auf Teile einer fremden Pflanze!!) gelegt werden und mit starken Fotolampen ausgeleuchtet werden. Abb. 1049 u. 1050: Ra des **Weidenbohrers** (*Cossus cossus* L.; Cossid., Lep.): es sollten vor allem bei der gelbroten Raupe (die bis 10 cm lang ist) die gutentwickelten Kranzfüße (Abb. 519) demonstriert werden – siehe dazu Seite 335.

Wuchsdeformationen: nicht nur an Nadelholz, auch an Laubbäumen oftmals Wuchsdeformationen beobachtbar – nicht immer sind Insekten die Urheber – hier als Beispiel: Abb. 1051: **Krüppelwuchs einer Rotbuche** (sogen. «Süntelbuche»), als «Knospenmutation» von BRAUNS (1937) beschrieben. –

Eingliederung von Rekultivierungen der Abraumhalden der Braunschweigischen Kohlenbergwerke Helmstedt in das harmonische Landschaftsbild: Abb. 1052: im ausgekohlten Gebiet wurde bei der Aufforstung mit einer Vorwaldgeneration begonnen; als zweite Waldgeneration können dann auf tätigem Boden Rotbuche, Bergahorn u. Esche erzogen werden. Dies ist naturgemäß ohne bodenpflegerische Maßnahmen nicht möglich, so daß hierbei der Einsatz einer technischen Bodenbiologie vollauf gegeben ist (BRAUNS, 1968). Im Bild links im Hintergrund eine bewaldete Kippe; im Vordergrund ein Zuckerrübenbestand.

6.4.2 Ergebnisse einer mehrtägigen Freiland-Exkursion

[Abbildungen 944 bis 1052]

Ausführliche Erläuterungen und Protokoll-Notizen auf den Seiten 709 bis 719.

Abb. 944/945: Feld-Sandlauf-Käfer: etwas über 3× vergrößert.
Abb. 946/947: Aspenblattkäfer: fast 3× vergr.

950

949

948

Abb. 948: Langfühlermotte: fast 5 × verg.

Abb. 949/950: «Grünes Blatt»: etw. über nat. Größe.

Abb. 952: Eichenkarmin (Ra): etw. über nat. Gr.

Abb. 951: Eichenkahnspinner: fast 2 × vergr.

Abb. 953: «Wolleule» (Ra): etw. über nat. Gr.

Abb. 954/957: (Eichen-Blattwespe): 2 × vergrößert.

958

962

959

961

960

Abb. 958/962: (Rotbeinige Baumwanze): lks ob. fast 3 × , r unt. etw. über 13 × vergr.

963

Abb. 963: (Eigelege eines Marienkäfers): stark vergr.

Abb. 966: Kiefernbuschhornblattwespe (Kokon): vergr.

Abb. 964/965: (Blattwespen-Afterraupe): oben fast 3 × vergr.

970

971

Abb. 970/971: Kl. Nachtpfauenauge: etw. über nat. Gr.

968

969

967

Abb. 967/969: Zitronenfalter: etw. über nat. Gr.

Abb. 972/977: (Langhorn-Blattminiermotte): etwa 4^1/$_2$ × verg.
Abb. 978/982: (Kleinste Birkenblattwespe): (Einzelheiten etwa 5 × vergr.).

983

986

984

985

987

Abb. 983/986: (Hahnenfuß-Minierfliege): (Einzelheiten fast 9× vergr.).
Abb. 987: («Dromedar»-Zahnspinner): etw. über nat. Gr.

Abb. 989/991: (Himbeerglasflügler); etwa 3 × vergr.

Abb. 988: Kamelspinner-Raupen: etw. nat. Gr.

Abb. 995/997: Roter Eichenkugelrüßler: Büchsenrolle etw. über 5 × vergr.

Abb. 992/994: Pappelblattroller: Käfer gut 5 × vergr.

Abb. 1001/1005: Landkärtchen: etwa nat. Gr.

Abb. 998/1000: Eschenblattfloh: Details etw. über 8 × vergr.

1006

Abb. 1006: Fruchtkörper eines Löcherpilzes (Porlings) mit Kotsäckchen einer Motte [Freilandaufnahme].

1007

1008

1009

1011

1010

Abb. 1007/1011: Insektenbefall am Fruchtkörper des Flachen Schichtporlings; r unten: fast 3× vergr.

1012

1014

1013

1016

1015

1017

Abb. 1012/1014: Eulen- u. Spannerraupen mit Fraßbild: etwa nat. Größe.
Abb. 1015/1017: «Runenfraß» einer Birken-Blattwespenraupe (Details etwa 4 × verg.).

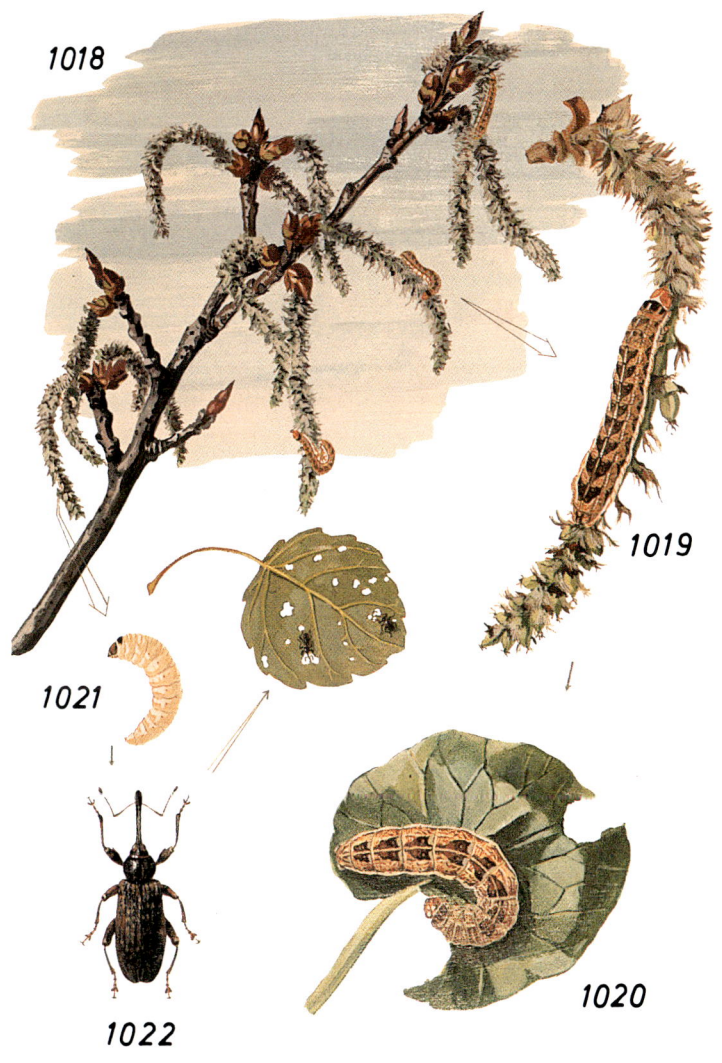

Abb. 1018/1022: Raupen und Larven an Aspen-Blütenkätzchen: oben = Eulenraupe; etw. über nat. Gr. – unten = Spitzmausrüßler; fast $3^{1}/_{2} \times$ vergrößert.

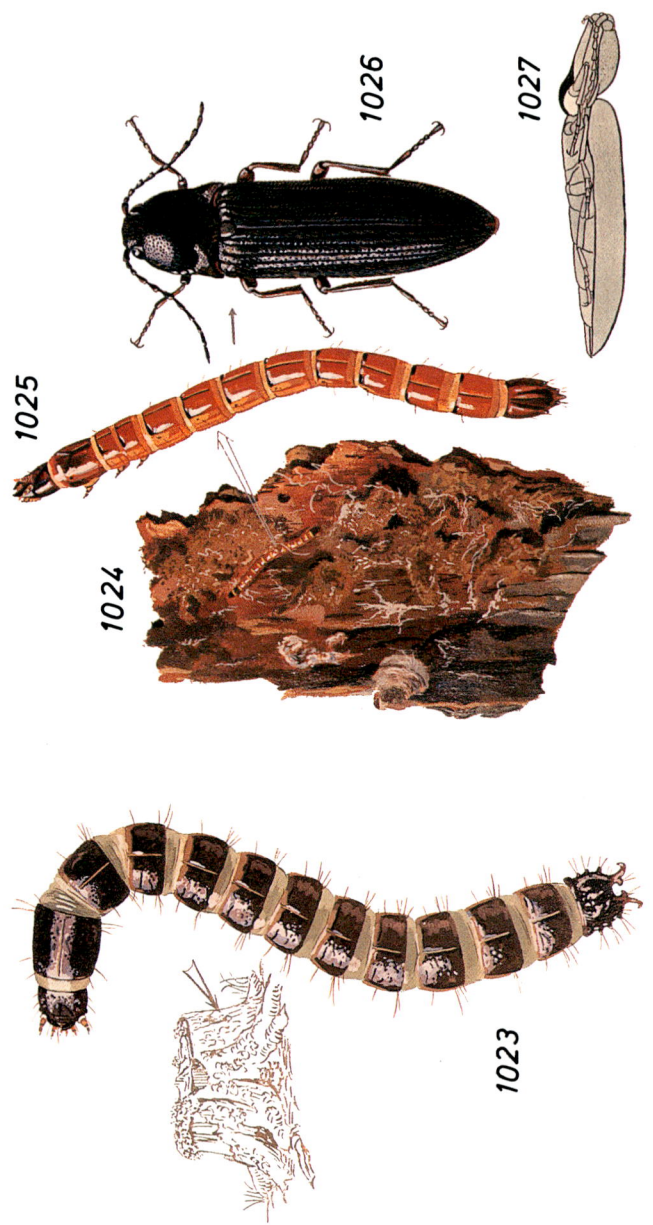

1026

1027

1025

1024

1023

Abb. 1024/1027: «Drahtwurm» aus Fichtenstock: fast 3 × vergr.

Abb. 1023: «Drahtwurm» aus Buchenstock: etwa 4 1/2 × vergr.

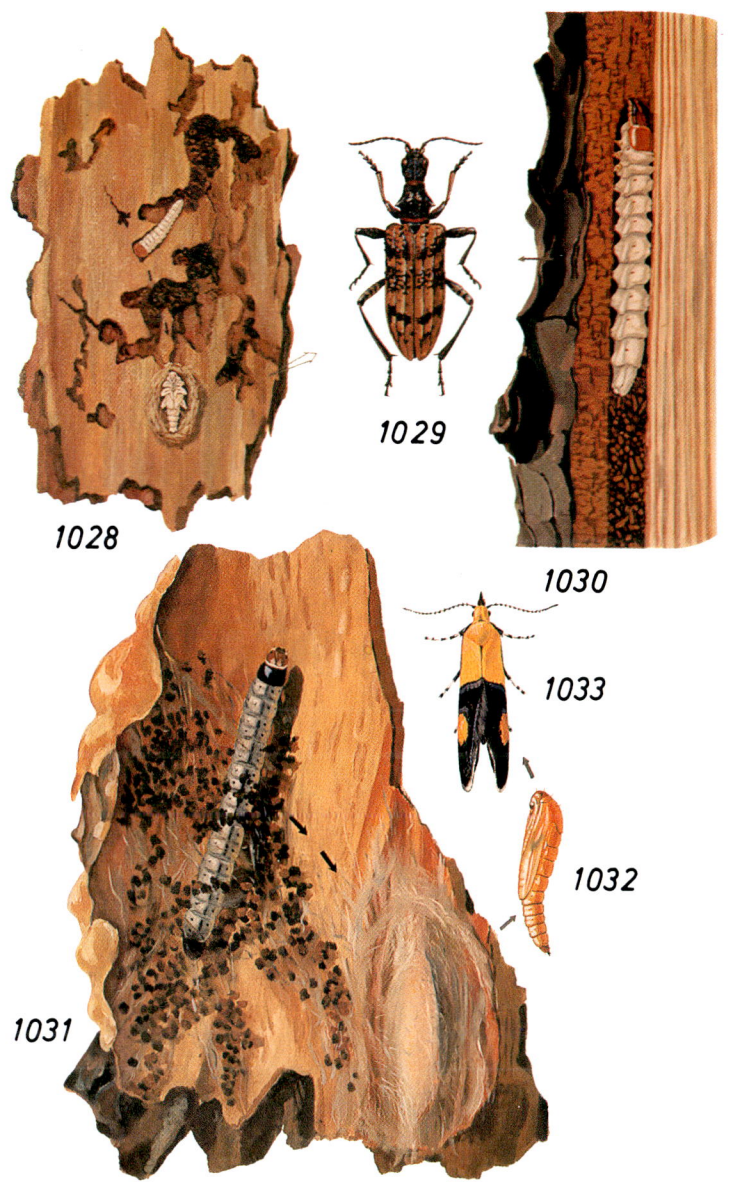

Abb. 1028/1030: Schrotbock am Fichtenstock: fast 2 × vergrößert.
Abb. 1031/1033: Palpenmotte unter Rinde eines Fichtenstockes: fast 2 × vergrößert.

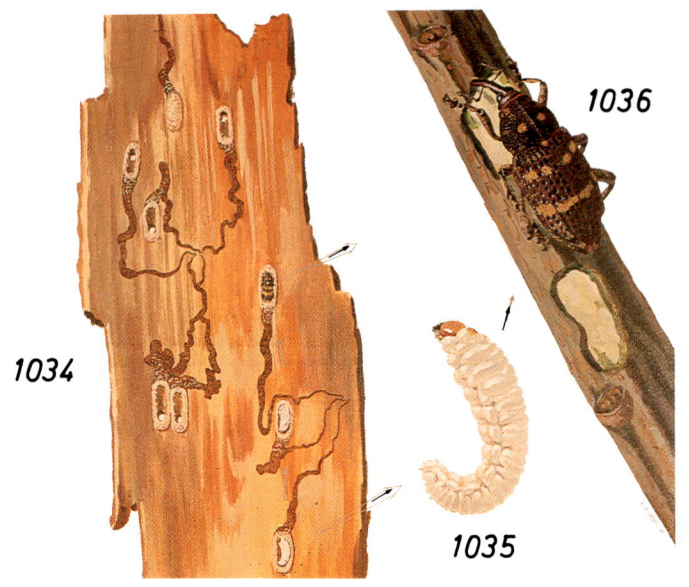

1034

1036

1035

1037

Abb. 1034/1036: Kiefernbestandsrüßler: rechts oben etwa 3 × vergr.

Abb. 1037: Außergewöhnlicher Hakengang des Fichtenbocks in Kiefer; Maßstab: Quadrat jeweils = 1 cm.

Abb. 1038: Anschnitt an einem Fichtenaltbestand, um «Lockerdecke» zu zeigen.

Abb. 1039: Aufsicht auf Förna eines Laubholzbestandes: ziegelrote Wegschnecke = ausgestreckt bis 140 mm.

L — — L
F — — F
— H
H — — A_1
A_1 — — A_2
A_2 — — B_sh
B_sh —
(B) — — (B)

Abb. 1040: Bodenprofil aus einem Fichtenrevier (fast $^1/_5$ nat. Gr.).

Ad

A

(B)
C

Abb. 1041: Bodenprofil aus einem Laubholzbestand (etwa ¹/₅ nat. Gr.).

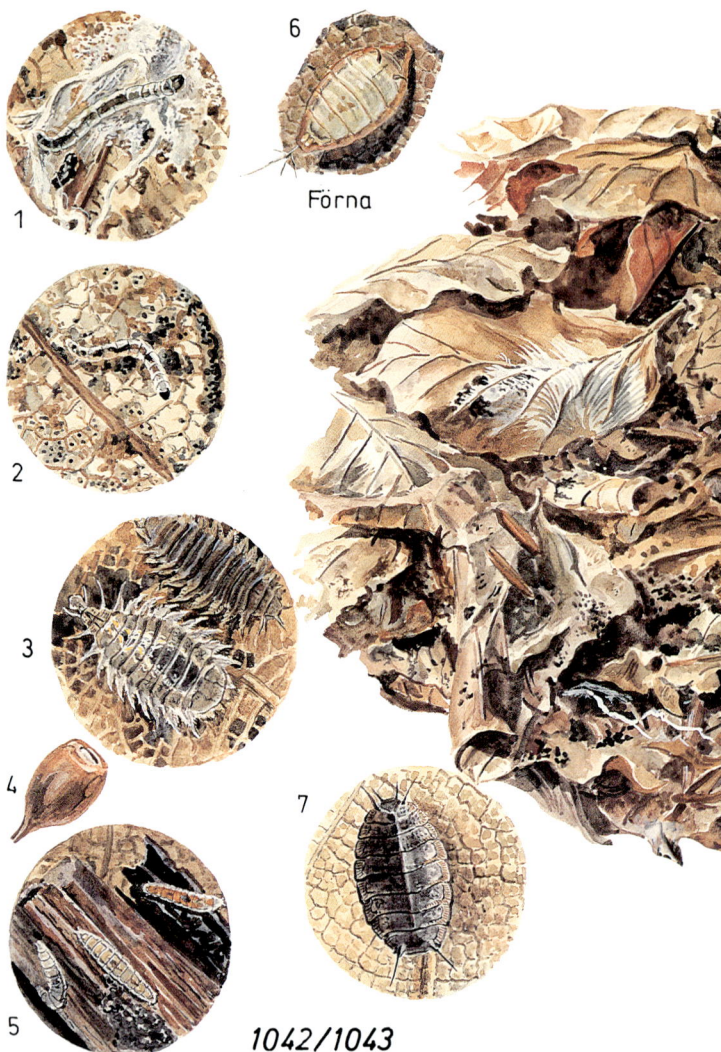

Förna

1042/1043

Abb. 1042/1043: Buchenstangenholz, 40jährig, mit einzelnen Birken u. Eichen: Aufblick auf ein Areal der Förna und F-Schicht. In den Einzelkreisen Aufarbeitung der Fundliste.

In den **Einzelkreisen** sind dargestellt:

1 = Sciophilidae: La 7 mm.
2 = Lycoriidae: La 5 mm.
3 = Muscidae, Phaoniinae, *Fannia* spec.: La 5 mm.
4 = Cecidomyiidae, *Mikiola fagi;* Galle, 9 mm.

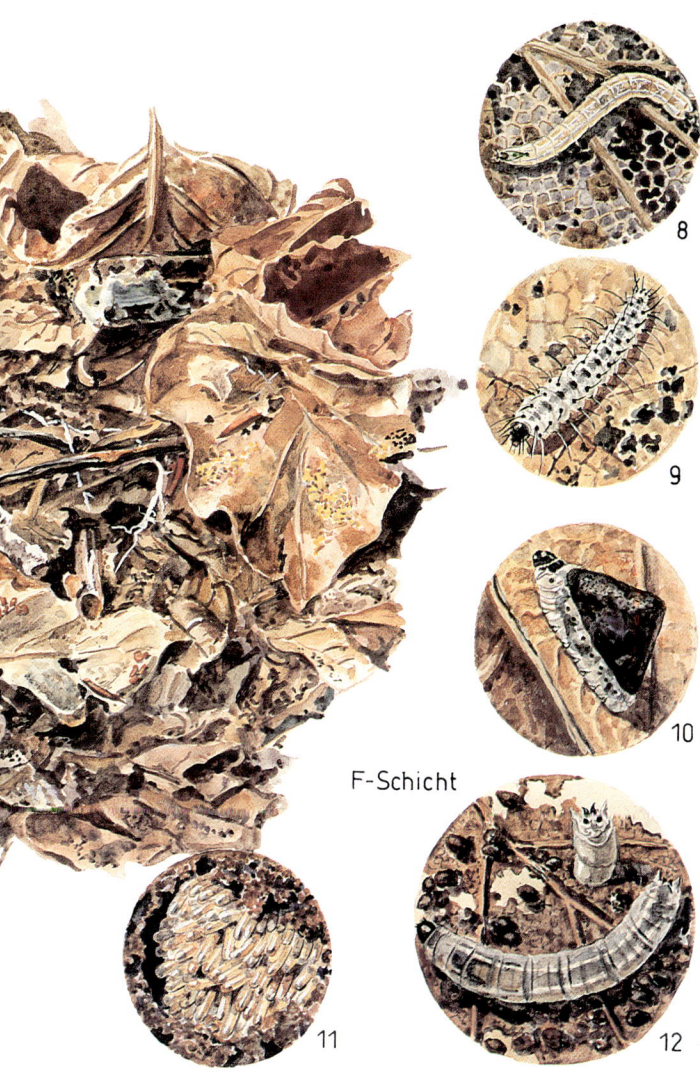

F-Schicht

5 = Cecidomyiidae: La 2 mm.
6 = Phoridae: Pu 3 mm.
7 = Lonchopteridae: La 4 mm.
8 = Rhagionidae: La 12 mm.
9 = Ceratopogonidae, *Forcipomyia* spec.: La 4 mm.
10 = Fungivoridae, *Phronia* spec.: La 5 mm.
11 = Bibionidae, *Dilophus* spec., Eiablage; Ei: 0,7 mm.
12 = Tipulidae: La 14 mm.

Abb. 1044: Nest der «Sächsischen Wespe» unter Dachvorsprung einer Jagdhütte. Maßstab: nat. Gr.

Abb. 1045: «Feenlämpchen» (= Eikokons) einer Sackspinne: befestigt an Lärchenzweigen mit aufbrechenden Knospen.

Abb. 1046: «Hängematte» einer «Baldachinspinne» am Wegesrand; kurz nach Sonnen-
aufgang fotogr. (Tauperlen noch sichtbar).

Abb. 1047: Faltenwespen und Fleischfliegen neben schwarzen Wegschnecken (siehe Abb. 1039).

Abb. 1048: Buchenspinner-Altraupe mit den Kokons ausgebohrter Chalcididen-Larven (vgl. Abb. 83).

Abb. 1049/1050: Aufnahme larvaler Merkmale an einer Weidenbohrer-Raupe: Gesamtlänge der Cossiden-Raupe = 10 cm.

Abb. 1051: Die «Süntelbuche»: keine Wuchsdeformation nach Insektenfraß (vgl. Abb. 570), sondern die Folge einer Knospenmutation.

Abb. 1052: Aufforstung von Abraumhalden nach Auskohlung der Braunkohlen-Flöze im Tagebau.

6.5 Holzart-abhängige Insekten und ihre auffälligen Nischen am stehenden Stamm

Nagelfleck
grüne Altraupe in der Baumkrone
5cm
Falter ♂
spannt bis 8cm
fliegt bei Laubausbruch

Streckfuß oder **Buchenrotschwanz**
bunte Raupe
~4,5cm
Falter spannt ~5cm

braune Blattminen der Larven

bizarre, braune Raupe des **Buchen-spinners**
4cm

Buchen-Springrüsselkäfer
2-2,5mm
Lochfraß der Käfer

3,5cm

Raupe des Gr. Frostspanners

Larve
Körper 4mm
Buchenblatt-Gallmücke

Buchenprachtkäfer
geschlängelte, mit Bohrmehl und Exkrementen ausge-füllte Larvengänge in Rinde und Splint.
6-9mm

Buchennutzholz-Borkenkäfer
Pilzzüchter in Leitersprossengängen des Stammholzes
2,5-3mm

1mm

Buchen-Wollaus
Kolonien auf der Stammrinde
6-18mm

Werftkäfer
Pilzzüchter in den langen Larvengängen im Holz von Stubben, liegenden u. stehenden Laub- und Nadelholz-stämmen.
♀

Abb. 1053 = Buchen-abhängige Insekten

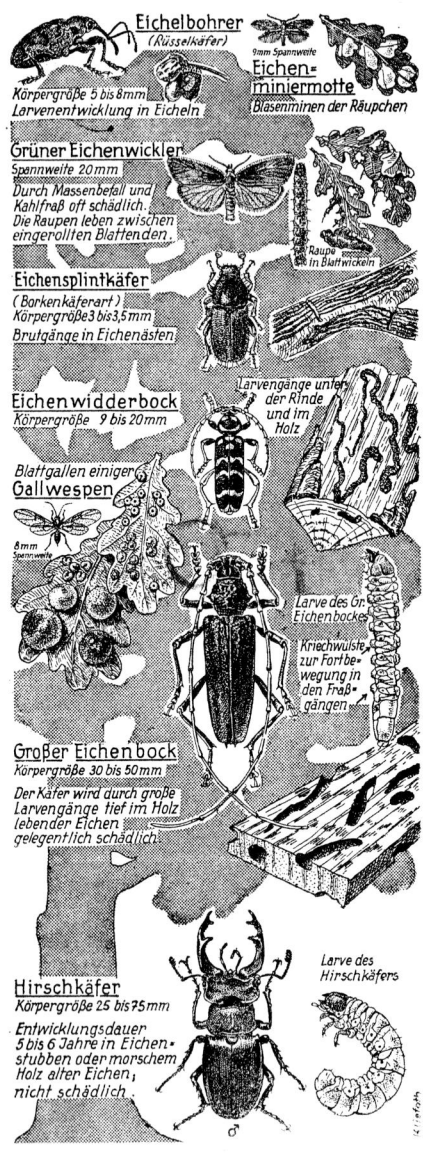

Eichelbohrer
(*Rüsselkäfer*)

9mm Spannweite

Eichen-miniermotte
Blasenminen der Räupchen

Körpergröße 5 bis 8mm
Larvenentwicklung in Eicheln

Grüner Eichenwickler
Spannweite 20mm
Durch Massenbefall und
Kahlfraß oft schädlich.
Die Raupen leben zwischen
eingerollten Blattenden.

Raupe
in Blattwickeln

Eichensplintkäfer
(*Borkenkäferart*)
Körpergröße 3 bis 3,5mm
Brutgänge in Eichenästen

Eichenwidderbock
Körpergröße 9 bis 20mm

Larvengänge unter
der Rinde
und im
Holz

Blattgallen einiger
Gallwespen

8mm
Spannweite

Larve des Gr.
Eichenbockes

Kriechwülste,
zur Fortbe-
wegung in
den Fraß-
gängen

Großer Eichenbock
Körpergröße 30 bis 50mm

Der Käfer wird durch große
Larvengänge tief im Holz
lebender Eichen
gelegentlich schädlich.

Hirschkäfer
Körpergröße 25 bis 75mm

Entwicklungsdauer
5 bis 6 Jahre in Eichen-
stubben oder morschem
Holz alter Eichen,
nicht schädlich.

Larve des
Hirschkäfers

Abb. 1054 = Eichen-abhängige Insekten

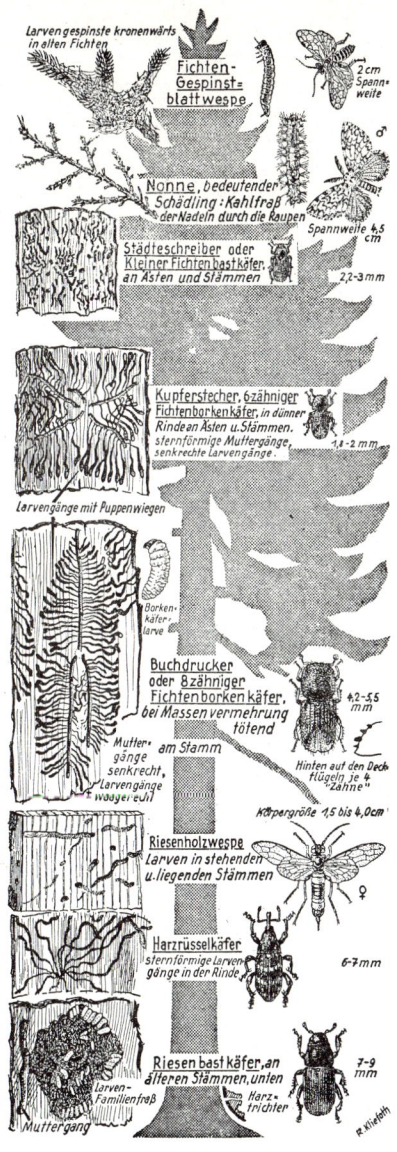

Abb. 1055 = Fichten-abhängige Insekten

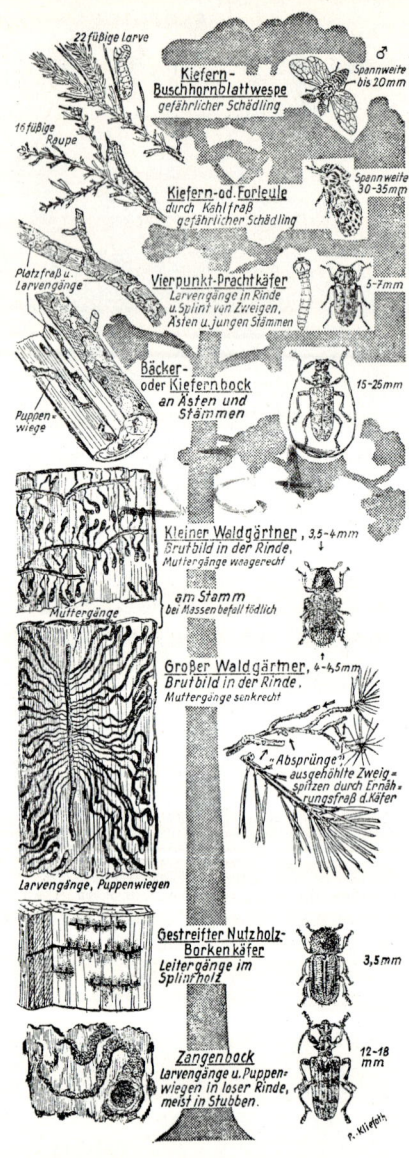

Abb. 1056 = Kiefern-abhängige Insekten

7 Glossarium
(Erklärung der Fachausdrücke und wissenschaftlichen Bezeichnungen)

In keiner Weise sollen die einschlägigen, ausgezeichneten Wörterbücher durch dieses über 800 Begriffe umfassende «Klein-Lexikon» der ökologischen, bodenbiologischen, bodenkundlichen, waldbaulichen (allgemein-forstlichen), bergbaulichen, jagdkundlichen, phytomedizinischen und tiergeographischen Fachausdrücke, der Begriffe in der Umweltforschung und im Umweltschutz und der wissenschaftlichen Bezeichnungen ersetzt werden; aber nicht jedem Benutzer dieses Taschenbuches stehen außer den Wörterbüchern die verschiedensten Lehr- und Handbücher laufend zur Verfügung, die er an sich zur Orientierung bei Freilandbeobachtungen benötigte. Freilich habe ich mich bei der Auswahl der Fachausdrücke u. dgl. insofern beschränkt, als nur einmal im Text vorkommende Bezeichnungen (beispielsweise «Synoekie», «Synechthrie» usw.) dort erklärt und über das Sachregister ohne weiteres zu ermitteln sind. Auch bei den im Text häufig verwendeten Ausdrücken ist die Erklärung hier meist nur für eine Bezeichnung aufgeführt (etwa zu «vivipar» gleichzeitig gehörig die Erscheinung der «Viviparie») oder aber bei **«Eiraupen»** ist auch unter **«Eilarven»**, bei der Beschreibung von «Häutungsspiegeln» gegebenenfalls unter «Spiegel» . . . raupen usf. nachzuschlagen. **Sch** und **St** sind hier **gesondert aufgeführt,** weil unter S immer sehr viel aufzuführen ist.
An Zeichen werden verwendet:

    ♂ = Männchen; ♂♂ = mehrere Männchen.
    ♀ = Weibchen; ♀♀ = mehrere Weibchen.
    ☿ = Arbeiterin (bei staatenbildenden Insekten); ☿☿ = mehrere Arbeiterinnen.
    UF = Unterfamilie. – a. od. ab. = Aberration. – f. = Forma. – var. = Varietas, Varietät.

Nur selten wird die ternäre Nomenklatur verwendet, wie bei *Cerambyx cerdo cerdo* L.

Die vielfach verwendeten Begriffe in den am Anfang des Bandes eingefügten Abschnitten über die neuartigen Waldschäden und über die Bedeutung der Bodenbiologie sind in dem vorliegenden Glossarium eingearbeitet.

Abbaukrankheiten: Erkrankg. von Kulturpflz. (vor allem Rückgang d. Ertrags).

Abdomen: Hinterleib («abdominale» Extremitäten = Anhänge der Hinterleibsringe).

Abduktoren (Abductoren): Muskeln, welche Gliedmaßen vom Körper fort bewegen (Gegens. Adduktoren).

Aberration: mutative Abänderung des Genotypus innerhalb des Verbreitungsgebietes der «Stammart», aber nur in einem lokalen Bereich vorkommend.

Abhängigkeitsketten: Beziehungen zwischen Organismen, Organismengesellschaften oder zwischen ihnen und Faktoren abiotischer Natur (hierher gehörig vor allem: Nahrungsbeziehungen, Schutz- u. Wohnverhältnisse usw.).

«abiotische» Faktoren: Einflüsse der unbelebten Natur; hierher gehörig ein ganzer Komplex von Faktoren, darunter auch: Frosteinwirkungen, Dürrezeiten, Grundwassersenkungen usf.

Absturz (bei manchen Borkenkäfern vorkommend): eine Flügeldeckenskulptur (zur Reinigung der Brutgänge) am Hinterende der Männchen, in gleicher od. in schwächerer Ausbildung auch bei den Weibchen erkennbar. Die Skulptur besteht aus einer Furche od. Mulde, deren Außenränder vielfach mit Zähnen besetzt sind.

Abteilung: zumeist 10-30 ha umfassende, möglichst unveränderliche Wirtschaftsfigur, die von Mulden, Wasserläufen, Holzabfuhrwegen u. dgl. begrenzt wird.

abweiden: abraspeln, etwa der Epidermis u. des Palisadengewebes eines Blattes durch eine Raupe od. Larve.

acephal: ohne äußere, deutlich sichtbare Kopfkapsel (etwa bei manchen Zweiflüglerlarven).

acidophil: (hier:) säureliebend – etwa Larven in ausfließenden Baumsäften.

«aculeate» Hymenoptera: Angehörige der Stechwespen (Aculeata).

Adduktoren (Adductoren): Muskeln, welche Gliedmaßen an den Körper heranziehen (Gegens.: Abduktoren).

adult: erwachsen (dieser Zustand mit Geschlechtsreife verbunden; soeben aus der Puppenhülle geschlüpfte Imago noch nicht adult, sondern als «juvenil» bezeichnet).

Afterhorn (bei den meisten Schwärmer-Raupen), auch Dorsal- od. Schwanzhorn genannt: ein hornförmiges Hautgebilde am Hinterleibsende.

agam: eingeschlechtlich (geschlechtl. Fortpflanzung ohne Beteiligung des ♂).

Aktionsradius: Wirkungsbereich.

«akzessorische» Spangen: zusätzliche od. anhangartige Spangen (Chitingebilde).

algophag (auch gelegentl.: algaephag): algenfressend.

Alternanz (biozönotische): Bevölkerungsdichte etwa der Springschwänze groß, der Milben gering u. umgekehrt.

Altersklassen: infolge einer jährlichen Nutzung der ältesten Stämme oder Bestände sind die einzelnen Altersstufen des Waldes in Form von «Altersklassen» vorhanden.

Altholz: Endstadium der natürlichen Wuchsklassen im Hochwald; durchschnittliche Stammstärke in Brusthöhe (1,3 m über dem Boden) über 20 cm.

Ameisenfichte: eine von tiefen Spechteinschlägen beschädigte ursprünglich von Ameisen (etwa von Roßameise) besetzte Fichte.

«amorphes» Material: (hier:) weitgehend humifizierte Holzsubstanz in modernden Stämmen u. Stöcken.

amphigon: zweigeschlechtlich (Amphigonie: zweigeschlechtliche Fortpflanzung) – Fortpflanzung unter Beteiligung von 2 [zumeist getrenntgeschlechtlichen] elterlichen Individuen.

Amphitokie: besondere Erscheinung der parthenogenetischen Fortpflanzung: aus unbefruchteten Eiern können beide Geschlechter hervorgehen (je nach der mütterlichen Konstitution).

Analadern: eine Gruppe von Flügellängsadern, meist ungegabelt, im Bogen zum Flügelhinterrand (Analrand) verlaufend.

Analkamm: Querreihe langer Borsten am letzten Hinteleibssegment (bei Flohlarven).

«anbrüchige» Stämme: durch Blitz, «Sonnen- od. Rindenbrand», Schneebruch geschädigte Einzelstämme (od. solche mit Frostplatte); bei Wind-, Sturm- u. Rauchschäden werden meistens ganze Stammgruppen geworfen bzw. geschädigt.

Anflug: die als «Naturverjüngung» aus leichtem, geflügeltem Samen hervorgegangenen Pflanzen (u. a. Fichte, Kiefer, Birke).

anholozyklisch: Blattlausarten ohne Generationswechsel. – Gegens.: holozyklisch.

Antennen: Fühler.

anthropogen: durch menschl. Einwirkung verursacht.

Anus: After (Bezeichnung wie «Analdeckel», «Analhöcker», «Analbusch», «Analwolle» usw. geben damit die Lage besonderer morphologischer Elemente an).

aphidivor (aphidophag): Blattläuse fressend.

apical (apikal): zur Spitze hin gerichtet (nach außen).

apod: (eigentl. fußlos, hier:) ohne Extremitäten; apode Larven häufig bei Hautflüglern und Käfern, bei Zweiflüglern überhaupt vorkommend.

apter: flügellos.

Arrhenotokie: besondere Erscheinung der parthenogenetischen Fortpflanzung: die unbefruchteten Eier ergeben nur ♂♂.

Art: Gesamtheit aller Einzelwesen, die eine natürliche Fortpflanzungsgemeinschaft bilden u. die sich unter gleichen Umweltbedingungen, in gleicher Alters- u. Generationsstufe in spezifischen Merkmalen einander gleichen.

Artdichte: nach TISCHLER «durchschnittliche Anzahl der Arten bezogen auf eine Flächeneinheit» (absolute Artenabundanz).

Artenspektrum: bei biozönotischen Untersuchungen die systematische Feststellung der verschiedenen Arten in einer Lebensgemeinschaft (Spektrum = Aufpaltung).

Assimilationsorgane: Blätter u. Nadeln, die den Kohlenstoff als wichtigsten Baustein aller organischen Substanz als Kohlen-Dioxyd aus der Luft aufnehmen u. in den Chlorophyllkörnern mittels der Lichtenergie zu Kohlehydraten verarbeiten.

Aspektfolge: «jahreszeitliche Veränderung ganzer Lebensgemeinschaften» (TISCHLER); so spricht man von einem Winter-, Vorfrühlingsaspekt usw.

«atlantische» Gebiete: auf Grund phänologischer Daten (d. s. die verschiedenen Blüh- u. Reifezeiten bestimmter Pflanzen) kann man das Klima Mitteleuropas in «Klimabezirke» gliedern. Zum «atlantischen Bezirk» gehören die Küstengebiete u. das Hinterland der Nordsee u. der westlichen Ostsee (nach WERTH). Sein Klima ist charakterisiert durch kühle Sommer, warme Winter, hohe Luftfeuchtigkeit u. Niederschlagsmengen, geringe Tages- u. Jahres-Temperaturschwankungen u. schließlich durch viel Wind.

Atmobios: dieser Begriff umfaßt die auf Landpflanzen und terrestrischen Tieren wohnenden Lebewesen. – Gegensatz: Edaphon = Bodenbewohner; Aerobios = Bewohner der freien Luft (Charaktertiere dieses Lebensbezirks etwa Libellen, Schwärmer usw.).

aufbaumen: ein in der Entomologie aus der Ornithologie entlehnter Ausdruck – besagt: Aufsuchen der Kronenschicht (bei Raupen etwa, wenn sie herabgeweht wurden oder aus Eigelegen in der Kraut- u. Strauchschicht stammen).

Aufforstung: eigentl. künstliche Bestandesbegründung auf Nichtwaldboden (etwa auf Abraumhalden u. dgl.) durch Saat od. Pflanzung; spricht gelegentl. aber auch von Aufforstung bei neuer Bepflanzung von Kahlschlägen usw.

Aufschlag: die als «Naturverjüngung» aus schwerem Samen hervorgegangenen Pflanzen (Buche, Eiche).

Augenflecken, Augenringe (auf den Flügeln mancher Falter): zwischen den Längsadern besondere augenähnl. Zeichnungselemente (in der Regel auf Ober- u. Unterseite deutlich, wenn auch oft verschieden gefärbt), denen eine Schreckwirkung zugesprochen wird (sobald sie bei Beunruhigung durch Verschieben der Flügel zu sehen sind).

«ausgerandete» Augen: Facettenaugen bei den Hautflüglern (Hymenoptera) gewöhnlich von elliptischem bis rundlichem Umriß; in der Familie der Faltenwespen an der Innenseite dagegen tief nierenförmig «ausgerandet». Diese Erscheinung bei gewissen Grabwespen in ähnl. Grade, während sich bei manchen Schlupf-, Dolch- u. Wegwespen nur eine leichte Ausbuchtung zeigt.

Autökologie (= **Physiologische Ökologie**): Ökologie des Einzelorganismus.

Autotomie: Selbstverstümmelung; Fähigkeit mancher Insekten, etwa ein eingeklemmtes Beinpaar abzuwerfen.

Bajonettbildung: Absterben des Wipfeltriebes (etwa durch Fraßbeschädigungen), Aufrichten eines Seitentriebes, der die Funktion des Wipfels übernimmt.

Bakteriose: infektiöse, durch Bakterien verursachte Krankheit.

Bast-Splintzone: umfaßt jenen Bereich, der noch nährstoffreich ist u. Reservestoffe speichert; der Bast setzt sich aus meist unverholzten Zellen zusammen (sekundäre Rinde) u. der Splint besteht aus den äußeren Holzschichten (= zuletzt entstandene Jahresringe).

Bauchfußpaare: Klammer- u. Kranzfüße; Seite 305.

Bauernwald: vielfach in mehrere Parzellen aufgesplitterter Kleinwald, der oft nur als Besitz zur Versorgung des landwirtschaftlichen Betriebes mit Brennholz, allenfalls mit Kleinnutzholz (Zäune usw.), betrachtet wird. Nicht immer gute Bestandespflege u. daher meist lückig u. geringwüchsig.

Befallsfolgen: (wirtschaftlich) sichtbarer Schaden nach Befall durch ein Schadinsekt.

Befallsgebiet: Vorkommensgebiet einer Insektenart (ohne Aussage über wirtschaftliche Indifferenz oder Schaden).

Besatzdichte: Häufigkeit von Ektoparasiten in der Haardecke eines Säugetiers oder einer pflanzenfressenden Raupe auf einem Fraßbaum (mithin durchschnittliche Anzahl der Individuen einer Art, bezogen auf ein Wirtstier bzw. auf eine Wirtspflanze).

Bestand: genügend großer Waldteil, zu gleichartiger Bewirtschaftung geeignet, in seiner Zusammensetzung durch Holzart (verschiedene Bestandestypen), Wachstum u. Alter sich aber von der nächsten Umgebung ökologisch unterscheidend.

bestäubt (mehlig bestäubt): puderartige Sekrete der Cuticula aufgelagert.

Bestandesabfall: die organischen Abfallstoffe der Bäume (etwa Nadeln, Blätter, Knospenschuppen, Äste, Borke) u. der Bodenflora (beim herbstlichen Absterben der Gräser u. Kräuter).

Bestandesaufbau: Grund- u. Aufriß eines Bestandes; die ökologischen Verhältnisse sind u. a. je nach der Flächengröße, je nach Vorkommen einer oder mehrerer Kronenschichten, je nach Dichtigkeit, ob schließlich eine od. mehrere Holzarten bestandesbildend sind, unterschiedlich.

Bestandeslagerbuch: Aufzeichnungen in einem Forstamt über die Geschichte eines Bestandes (u. a. Angaben über Holzart, Mischungsform, Alter, Ertragsklasse [Bonität], Bestandesbeschaffenheit [Wuchsstockungen, Rauchschäden, Schälschäden, Holzeigenschaften usw.], Vorrat, Zuwachs, Nutzung usf.

Bestandesschluß: Beschirmungsgrad, der für die Holzart nach Alter u. Standort u. bei Voraussetzung eines regelmäßigen «Durchforstungsbetriebes» möglich ist.

Bestandesverderber: Schadinsekt in Mittel- u. Althölzern.

bestiften: gebräuchlicher Ausdruck für: «mit einem Ei belegen».

Bestockung: «Bewachsung» der Wirtschaftswald-Flächen mit den jeweiligen Holzarten.

Beutelgalle: Cecidium von sack-, kopf-, horn- od. keulenförmiger Gestalt mit meist enger Öffnung.

Bevölkerungsdichte (Populationsdichte): Anzahl der Individuen einer Art, auf eine Flächen- od. Raumeinheit bezogen.

bewehrt: mit einem oder mehreren chitinigen Zähnchen besetzt. – Man spricht bei Raupen auch von «Bewehrung», wenn starke Fleischzapfen vorhanden sind.

Binden: entstehen auf den Schmetterlingsflügeln durch Zusammenfließen aneinanderstoßender Farbflecken.

Bioindikatoren (Indikatororganismen): Organismen, die durch Vorkommen od. Fehlen etc. best. Zustand eines Standortes anzeigen.

«Biologische» Bekämpfung: Verwendung von Lebewesen zur aktiven Verminderung od. Vertilgung schädlicher Tiere od. Pflanzen (SACHTLEBEN).

Biomasse: «Gewicht der Organismen pro Flächen- od. Raumeinheit» (TISCHLER).

Bionomie: Lebensweise.

Biophagie: Auffressen von gelähmten, noch lebenden Wirtstieren durch Parasitenlarven («biophag» [allgem.]: lebende Substanz fressend).

Biosphäre: der vom Leben erfüllte Raum auf der Erde. Der terrestr. Teil = Biogeosphäre.

«biotische» Faktoren: Einwirkungen der belebten Umwelt (mithin von Tieren, Pflanzen u. Bakterien ausgehend).

Biotopverbund: vernetzte Lebensräume. Die Bezeichnung B. wird von Landschaftsökologen im Zuge von naturgerechten Gestaltungsmöglichkeiten, zur Sicherung und Pflege der vernetzten L. in unserer Landschaft verwendet.

Biozide: Umweltchemikalien (Pestizide etc.).

Biozönotik: siehe Synökologie.

Biozönotischer Konnex: Verknüpfungsgefüge einer Lebensgemeinschaft.

bivoltin: jährlich zweimal auftretende Art.

Blasenmine: durch starke Auftreibung zur Blase gewordene «Platzmine» (siehe dort).

Blattlaushonig: siehe Honigtau.

Blattspreite: die lebhaft grüne, flächenförmige u. dünne «Lamina» gegenüber dem Blattstiel u. Blattgrund (letzterer auch als Blattscheide ausgebildet bzw. von Nebenblättern umhüllt).

Blindschläuche (Malpighische Gefäße): Exkretionsorgane der Insekten zwischen Mittel- u. Hinterdarm (in einigen Fällen die Funktion von Spinndrüsen übernehmend, bei gewissen Käferlarven Kittsubst. für Bau der Puppenhüllen ausscheidend).

Blöße: größere Bestandesunterbrechung in mittelalten od. älteren Beständen (etwa «Blitzlöcher» [hervorgerufen vermutlich durch Flächenblitze] od. «Käferlöcher» [in Nadelholzbeständen Absterben ganzer Stammgruppen nach Borkenkäferbefall]).

Bodenatmung: zwischen Boden u. Atmosphäre erfolgt durch Diffusion ein Gasaustausch, der aber sehr langsam verläuft. Daher kommt es im Boden zu einer Erhöhung des CO_2-Gehaltes gegenüber der Atmosphäre u. zur Verminderung des Sauerstoff-Gehaltes in den Bodenschichten. Die endogäischen Organismen sind an diese Gegebenheiten angepaßt.

Bodenazidität: Säuregrad des Bodens; hat Einfluß auf Leistg. u. Dichte d. pflzl. Edaphons.

Bodenbewuchs (**Bodenbewachsung**): u. a. Moose; Gras; Heide-, Beer- u. Farnkraut («Unterwuchs», z. Bodenvegetation gehörig).

Bodenbonitierung: siehe Bonität.

Bodendegradation: zeigt die Bodenentwicklung eine absteigende Tendenz, so sprechen wir von einer Entartung, Alterung od. von B. Der in Nutzung befindliche Boden bedarf daher einer ständigen Pflege, damit seine Leistungsfähigkeit nicht absinkt.

Bodendiagnose: Ansprechen des Bodens u. etwaige Zuordnung zu Bodengüte-Klassen.

Bodenfruchtbarkeit: Produktivität (Ertragsfähigkeit) des Bodens.

Bohrmehl (Fraßmehl): Kot u. Genagsel.

Bonität: Standortsgüte; Produktionsfähigkeit der Standorte wird (wie in der Landwirtschaft) mit verschiedenen Bonitätsgraden, bezogen auf eine bestimmte Holzart, gekennzeichnet.

boreal-arktisch: Verbreitungstyp, der an bestimmte klimatische Verhältnisse gebunden ist. Einmal finden sich diese Arten im nördlichsten Europa u. Asien, nördl. der Grenze des Baumwuchses (arktisch), dringen aber als nordische (boreale) Arten auch mehrminder weit südwärts nach Mitteleuropa vor.

boreo-alpin: Form der geographischen Verbreitung, bei der die Art im Norden u. in hohen Gebirgslagen (etwa in den Alpen) vorkommt, im Zwischengebiet jedoch nicht auftritt.

Brache: Aufgabe der Landnutzung. Unterscheidet: Sozial-, Struktur- und Grenzertragsbrache.

brachypter: kurzflügelig.

Braunketten (Zellgänge): Gangminen von Minierfliegenlarven in Splint- u. Kambialzone (auf der Stammscheibe [also im Stirnschnitt] als «Markflecken» sichtbar).

Brutfraß: ♀ nagt den Muttergang zur Eiablage (Borkenkäfer).

Brutfürsorge: Handlungen der Elterntiere, die zwar den Eiern od. Larven zugute kommen, aber mit der Eiablage beendet sind. Besondere fürsorgerische Tätigkeit ist schon das Aufsuchen der für die Larven erforderlichen Fraßpflanze, so daß die Eilarven sofort nach dem Schlüpfen die ihnen zusagende Nahrung finden.

Brutpflege: Betreuung der Eier nach erfolgter Eiablage und später der Larven (etwa durch das Weibchen; bei staatenbildenden Insekten durch die Arbeiterinnen).

bryophag: am Moos fressend.

Bürsten: abestutzte Haar- oder Borstenbüschel.

«caraboide» Larvenform: Habitus wie Larvenform der Carabidae (Laufkäfer).
– Siehe dazu auch: Hypermetamorphose.

carnivor: fleischfressend.

carpophag: frucht- u. samenfressend.

caudal: im od. am Schwanz gelegen; häufig im folgenden Sinne gebraucht: näher dem Schwanz zu gelegene Körperteile.

Cecidium: Pflanzengalle (Gallenkunde = Cecidologie).

cecidogen: Gallen erzeugend (d. h. von Insekten ausgeschiedene Stoffe, die das Pflanzengewebe zu verstärktem Wachstum anregen).

Cephalopharyngealskelett: Schlundgerüst (bei «acephalen» Zweiflüglerlarven).

Cerci: fadenförmige, gegliederte Hinterleibsanhänge; auch Afterraife, Schwanzborsten od. Afterfühler genannt.

Clavus (bei Wanzen): Analfeld (Faltenteil) im sklerotisierten Vorderflügel, mit dem «Corium» durch die Analfalte als Scharniergelenk verbunden.

Collare: Nackensegment, halsartiger Schaltabschnitt (etwa bei manchen Gallmückenlarven).

Coniferae: Nadelhölzer

Coparasitismus (= Multiparasitismus): Erscheinung, daß in einem parasitierten Wirt mehrere Schmarotzer (die verschiedenen Arten angehören) zusammentreffen. – Gegens.: Superparasitismus.

Corium: der dem Flügelgelenk genäherte Teil des «Costalfeldes» (zwischen Vorderrand u. Analfalte gelegen) im Vorderflügel der Wanzen.

Coxa: Hüfte (= 2. Glied des Insektenbeines).

Coxalsäckchen: durch Blutdruck ausstülpbare Bläschen an den Abdominalsegmenten (bei Thysanura u. Diplura).

Cremaster (After- od. Abdominalgriffel): ein mit Widerhaken od. Dornen versehener Hinterleibsfortsatz bei Schmetterlingspuppen.

Ctenidium (Ctenidien): Reihe von Chitindornen («Borstenkamm») am Kopf, Thorax u. an den Tergiten des Abdomens (u. a. der Aphaniptera).

Cyclopoid-Larve: Stadium erinnert im Habitus an Larvenform der Crustaceen (etwa der Cyclopoidae [Copepoda, Ruderfüßler]). – Siehe dazu: Hypermetamorphose.

cyclorrhaph: abgeleitet von «Cyclorrhapha», Deckelschlüpfer = Sektion der Diptera brachycera.

Daube: Seitenbrett am Faß.

Deckel: Säge-(Schnitt-)fläche (beim Stock); beim Schlüpfen [Blattwespen-Imago]: am Kokon abspringende «Kalotte».

Deflation: Bodenabtrag durch Wind.

Dekade: Zeitraum von 10 Tagen (in d. betr. Monat).

Demökologie = Populationsökologie.

Deposition: Schadstoffablagerung aus der Atmosphäre.

depress: abgeflacht.

Derivat: (Abkömmling); chemische Verbindung, aus einer anderen durch Ersatz von Atomen durch andere Atome od. Atomgruppen hergestellt.

Destabilisierung: Herabminderung der Stabilität, der Dauerhaftigkeit.

determinieren: bestimmen, d. h. eine unbekannte Art auf Grund der morphologischen Merkmale nach einer Bestimmungstabelle daraufhin prüfen, unter welcher wissenschaftlichen Bezeichnung sie bereits beschrieben ist.

Detritus (organogener): «zerriebene», zerfallene u. zerfallende Stoffe organischer Natur.

Deutonymphe: bei Milben (durch Häutungen entsth. Entwicklungsstadien: Milbenlarve – achtbeinige Protonymphe – Deutonymphe – Tritonymphe – geschlechtsreifes Tier). Gelegentl. Dauerstadien bei einzelnen Familien eingeschaltet.

Diapause (Latenzzeit): «...eine unter natürlichen Bedingungen mehrere Wochen, Monate od. sogar Jahre andauernde Depression im Wachstum embryonaler Gewebe...» (SCHNEIDER, 1948). Lebensvorgänge (etwa von Diapauselarven) latent.

«dichotomer» Aufbau (von Bestimmungstabellen): zweiteiliger Aufbau, d. h. jeweils ein Satz steht zu einem anderen in Gegensatz.

Dickungen: Wuchsklasse eines Hochwaldbestandes u. zwar jene Altersperiode etwa umfassend, die mit der inniger werdenden Berührung der Bestandesglieder einsetzt und mit Beginn der natürlichen «Bestandesreinigung» (fortschreitendes Absterben der unteren Äste) endet.

Differentialdiagnose: Verfahren, bei dem weniger die Erkennungsmerkmale, als vielmehr die Unterscheidungsmerkmale (Differentialmerkmale) herausgestellt werden (spricht auch von «differential-diagnostischen Merkmalen»).

Differentialmerkmal: Unterscheidungsmerkmal (siehe Diff.diagn.).

Dimorphismus: Zweigestaltigkeit; Erscheinung des Vorkommens von zwei in gewissen Merkmalen unterschiedlichen Formen innerhalb derselben Art. Sehr häufig ist der «Geschlechtsdimorphismus». Neben einem imaginalen D. gibt es auch einen larvalen D., d. h. etwa Junglarve mit anderen Kennzeichen als Altlarve.

diözisch (bei Blattläusen): zweihäusig; Generationen kommen auf 2 verschiedenen Pflanzenarten vor (Wirtswechsel!).

dioptrischer Apparat: «cuticularer Hilfsapparat der Sehzelle..., welcher die Lichtstrahlen sammelt und den Sehzellen ... zuführt» (VON KÉLER).

Disposition: spricht beim Einzelstamm wie beim Bestand von «Krankheitsvoraussetzungen», d. h. u. a. von «Disposition» od. einer konstitutionell festgelegten Empfänglichkeit gegenüber einem Krankheitserreger.

dorsal: auf der Rückenseite gelegen.

dorsolateral: zum Rücken hin u. seitlich (an der «Flanke» des Körpers).

Dreihäuter: Viertlarve (Larve nach der 3. Häutung).

Dünenbefestigungen: erfolgen an gefährdeten Stellen im Einbruchsbereich des Meeres auf den der Küste vorgelagerten Inseln nicht allein mit den charakteristischen Dünengräsern, sondern daneben mit «Faschinen-Material» (d. s. eingeführte Strauchbündel, mit denen vielfach auch Insekten eingeschleppt werden). Im Windschatten der Graudünen häufig Erziehung kleinerer Kiefernbestände (etwa *Pinus montana uncinata* RAM. [kriechende Bergkiefer] u. *Pinus silvestris* L.), die dort den Sand mehr oder weniger festlegen.

Durchforstung: Hiebsmaßnahmen, der Bestandespflege dienend, um Bestandesglieder mit verschiedener Kronenentwicklung u. damit Leistungsfähigkeit zu erziehen; zu großer Dichtstand bewirkt andererseits Zuwachsverlust.

Edaphon: die «endogäische» Flora u. Fauna (nach FRANCÉ), d.h. also die Bodenflora u. -fauna. – Siehe auch: «epigäisch».

«effektives» Verbreitungsgebiet: tatsächliches Wohngebiet einer Art (Gegens.: «potentielles» V.).

Eilarve: die aus dem Ei geschlüpfte Larve bis zur ersten Häutung. –Schmetterlingsraupen im ersten Stadium = Eiraupen.

Einhäuter: «Zweitlarve» (Larve nach der 1. Häutung).

Einspinnlarve: verpuppungsreife Larve, die sich soeben in einem Gespinst (Kokon) eingesponnen hat.

Eiparasit: Schmarotzer im Eistadium des Wirtstieres.

Eiraupe: siehe Eilarve.

«eiserner» Bestand: Normalbestand einer Insektenart.

Ektoparasiten (Ectoparasiten): Insekten, die ihre Nahrung der Oberfläche des Wirtes entnehmen, ohne insgesamt in den Wirtskörper einzudringen. Man unterscheidet dabei «stationäre» u. «temporäre» Außenschmarotzer.

Elytren: chitinig versteifte Deckflügel (bei Käfern).

Embryonalentwicklung: Lebensabschnitt von der Befruchtung der Eizelle bis zum Schlüpfen der Larve aus dem Ei.

Emission: Schadstoff-Ausstoß (im Industriegebiet etc.).

Emittenten: Schadstoffquellen.

Enddarmkiemen (Rectalkiemen): etwa bei Libellenlarven vorkommende, an der Innenwand des letzten Hinterdarmabschnittes in Längsreihen angeordnete «Darm-Tracheenkiemen», die durch den After mit frischem Wasser versorgt werden.

endogäisch: Bodenflora u. Bodenfauna.

Endogaion: Organismen der tieferen Bodenschichten.

«endogene» Faktoren: im Innern entstandene Faktoren.

endophag: im Innern (einer Knospe) fressend; auch Ernährungsweise der Entoparasiten als «endophag» bezeichnet.

Endosymbiose: Zusammenleben von Bakterien, Hefepilzen, Flagellaten mit Insekten, wobei die Endosymbionten einen geeigneten Nährboden innerhalb des Insektenkörpers finden, dem Symbiosespender aber keinen Schaden zufügen.

entomophag: insektenfressend; die bei Insekten vorkommenden Parasiten (u. a. Schlupfwespen, Raupenfliegen), des weiteren die räuberischen Arten, die anderen Insekten nachstellen.

Entoparasiten (Endoparasiten): in den Wirtskörper eindringende Schmarotzer, die (vielfach nur während der Zeit ihrer Entwicklung) in Geweben od. Körperhöhlen leben.

Eonymphe: nicht schlüpfbereite Vorpuppe ohne Puppenaugen (bei Blattwespen) – Gegens.: «Pronymphe».

Epidemiologie: Bevölkerungslehre im Bereich der angewandten Entomologie (d. h. die Beobachtungen der Populationsschwankungen von Schadinsekten, soweit sie zu wirtschaftlichen Schäden führen).

epigäisch: oberirdisch lebend (Gegens.: endogäisch).

Epigaion: Fauna der Bodenoberfläche (Gegens.: Endogaion).

Epikranialplatten: seitliche Platten an einer Kopfkapsel (bei «eucephalen» Dipterenlarven).

Episiten: bilden Übergang zwischen Schmarotzern u. Räubern; es sind Ektoparasiten, die bis zu ihrer vollen Entwicklung mehrere Exemplare des Wirtstieres verzehren (vgl. VON KÉLER, 1963).

Epizoën: «Aufwuchs» auf aquatischen Insektenlarven (od. auch auf Wasserasseln, -flöhen, Flohkrebschen usw.); bei Waffenfliegenlarven (Dipt.) wurden etwa peritriche Ciliaten (Vorticellidae) gefunden. Epizoën ernährungsbiologisch meist Commensalen («Tischgenossen») u. behindern Träger in seiner Beweglichkeit.

Ernährungsfraß: der Alt- u. Jungkäfer umfaßt den «Regenerations»- u. «Reifungsfraß» (bei den Ipidae [Scolytidae]).

Erosionsgräben: bei anhaltenden Regenfällen an Hängen sich bildende Ablaufgräben mit rasch wechselnder Wasserführung u. mit vielfach starkem «Tiefenschurf»; in Laubholzbeständen, wenn ohne Wasserführung, meist mit kompakten Fallaublagen.

Erstzersetzer: terricole Insektenlarven, die Fallaub ohne vorherige Humifizierung weitgehend verarbeiten können, wenn im Darm auch symbiontische Bakterien dabei beteiligt sind.

Ertragsklasse: in der Forstwirtschaft = Holzarten-Bonität, d. h. die Produktionsfähigkeit des Standorts mit Bezug auf eine bestimmte Holzart u. auf eine bestimmte Ertragstafel.

Eruptionsjahr: Zeit des Höhepunktes einer Massenvermehrung während der Gradation eines wirtschaftlichen Schadinsekts.

eucephal: mit äußerer, deutlich sichtbarer Kopfkapsel (bei manchen Zweiflüglerlarven) – Gegens.: acephal.

Euedaphon: Organismen tieferer Bodenschichten. – Gegens.: Hemiedaphon.

Eulenzeichnung: besondere Flügelzeichnung aus Nieren-, Ring- u. Zapfenfleck bei Eulenfaltern.

Exkrete: Stoffwechselschlacken, die von den Malpighischen Gefäßen dem Blut entnommen, dem Enddarm zugeführt u. mit dem Kot entleert werden.

«extraintestinale» Verdauung: nach Einschlagen der Mandibeln in ein Beutetier Abgabe von Mitteldarmsekret u. Zersetzung der Beutenahrung; anschließend Aufsaugen des «Breies».

Exuvie: die bei der Häutung abgestreifte Cuticula (fälschlich oft als «Haut» bezeichnet, besteht aber vornehmlich aus Chitin).

F-Schicht: unmittelbar unter der «Förna» gelegene «Vermoderungsschicht»; gelegentl. F_1-Schicht, F_2-Schicht usf.

Facetten-(Fazetten-)augen: Komplexaugen (= die aus vielen Sehkeilen sich zusammensetzenden Seitenaugen der Insektenimagines).

«fakultative» Parasiten: Schmarotzer, die ursprüngl. etwa nur Commensalen («Tischgenossen») sind, gelegentl. aber zum Parasitismus übergehen können.

Fallaublagen: jene mehr od. weniger deutlich abgrenzbaren Horizonte der Streu in einem Laubholzbestande (Förna, F-Schichten, H-Schicht).

Fallwild: verendetes (etwa infolge einer Krankheit oder in strengen Wintern eingegangenes) oder überfahrenes Wild.

Faltenmine: eine Sonderbildung der Platzmine (entsteht dadurch, daß die Oberhaut innen von der minierenden Larve od. Raupe übersponnen wird, sich zusammenzieht u. daher längs gefaltet erscheint).

Familienplatzgang: platzförmiger Muttergang mit Larvenfamiliengang (bei Borkenkäfern).

Fanggräben: werden ausgeworfen, um auf der Bodenoberfläche wandernde Raupen (etwa vom Kiefernspinner) od. gr. braunen Rüsselkäfer zu fangen. Gräben werden um eine zu schützende Fläche gezogen, sind 30 cm breit und vielleicht 35 cm tief mit senkrechten Wänden.

Fangmaske: vorschnellbare Unterlippe der Libellenlarven.

Farbvarietät: siehe Varietät.

Feldkennzeichen: werden beim schnellen Ansprechen im Freiland auffällige Merkmale genannt.

Femur: Schenkel.

Fermente: Wirkstoffe, die bei der Verdauung eine gr. Rolle spielen. Bei manchen Insekten sind sogar zellulosespaltende Fermente nachgewiesen; in anderen Fällen sind symbiontische Mikroorganismen die Lieferanten dieser Zellulose aufschließenden Enzyme.

Fettkörper: meist weißliche, oft jedoch auch auffallend rot, gelb od. grün gefärbte Fettzellen, in denen während der postembryonalen Entwicklung Reservestoffe zu späterer Verwendung gespeichert werden; schimmert bei Larven vielfach durch die Körperwand u. ist bei der Färbung dann mitbeteiligt.

Fließgleichgewicht: in einer Lebensgemeinschaft ist nach WURMBACH (1970) das Wachstum der pflanzl. u. tierischen Komponenten nicht von der Biozönose, sondern von zufälligen abiotischen u. biotischen Faktoren aus reguliert, die damit ein «Fließgleichgewicht» ergeben, das nach verschiedenen Seiten hin verschoben werden kann.

Flügelscheiden (Pterothecae): Hüllen an der Puppe, in denen die imaginalen Flügel ausgebildet werden.

Flugjäger: fängt Beute im Fluge.

Flugloch: Ausschlupfloch der Imago.

Flurbereinigung: Neugestaltung in ländl. Räumen (Zusammenlegung von unwirtschaftl. Flächen; Schutz deflationsgefährdeter Flächen etc.).

fm: Festmeter (Kubikmeter fester Holzmasse) – füllt man einen cbm-Maß-kasten mit Holzstücken aus, bleiben Zwischenräume; man spricht hier von rm (Raummeter). – Da fm = Rechnungseinheit ist, muß in rm gemessenes Holz in Festgehalt umgerechnet werden (erbolgt mittels Umrechnungszahlen).

Förna: oberste Schicht der Streu, aus verhältnismäßig frischen Bestandesabfäl-len (Laub, Nadeln, abgestorbener Bodenbewuchs usw.).

Forma: jede von der «Nominatform» abweichende Variation, die aber noch nicht als Varietät od. Art angesprochen werden kann.

Fraßfolgen: Auswirkungen eines Insektenbefalles auf den Einzelstamm od. auf die Gesamt-Biozönose.

«freie» Puppe: nicht in einem Kokon od. Gespinst eingeschlossene Puppe («Pupa libera» bedeutet heute «freigliedrige» Puppe).

Freilandklima: Ökoklima des offenen Geländes ist charakterisiert durch starke jahreszeitl. u. tägl. Temperatur- u. Feuchtigkeitsschwankungen, gegebenen-falls durch starke Sonneneinstrahlung (zumindest größere Lichtfülle als in einem geschlossenen Bestande), durch stärkere Windeinwirkungen usw. – Vgl. Stammraumklima; Standortklima.

Frenulum: Borstenbündel am Vorderrand des Hinterflügels (bei Schmetterlin-gen), zur Koppelungseinrichtung der Flügel gehörig.

Frostplatte: infolge Frosteinwirkung platzförmig abgestorbener Rindenbezirk am «Schaft» dünnrindiger Baumarten.

Frühtreiber: zeitig im Frühjahr austreibende Rasse einer Holzart (etwa «Früh-fichte»), in «spätfrostgefährdeten» Lagen für Anbau ungeeignet.

Fruktifikation: Frucht- u. Samenbildung.

Fühlergeißel: der typische Fühler (Antenne) besteht aus einem Basalglied (Schaft), es folgt das Wendeglied, u. alle weiteren Glieder bilden in ihrer Gesamtheit die «Geißel».

Fundatrix: Stammmutter (bei Blattläusen); Mehrzahl: Fundatrices.

Furca: Springgabel (bei Springschwänzen).

Galeae: Kauladen

Galle: ist eine aktive Bildungsabweichung, die durch einen Parasiten am Pflanzenkörper hervorgerufen wird. Zwischen dem Gallenerreger und der von ihm hervorgerufenen Bildungsabweichung bestehen ernährungsbiologi-sche Beziehungen. (Gegens.: passive Bildungsabweichungen, etwa die Blatt-rollen von Trichterwicklern [Rüsselkäfer]).

Gamogenie: geschlechtliche Fortpflanzung; gamogenetisch: von getrennt-geschlechtlichen Individuen erzeugt.

Ganglion: Nervenknoten

Gangmine: zwischen der Epidermis der Blattober- u. -unterseite mehrminder geschlängelt verlaufende Mine (d. i. ein in lebenden Pflanzenteilen ausgefres-sener Hohlraum, der mit dem Wachsen der minierenden Larve breiter wird).

Ganzheitsforschung: der Begriff der «Ganzheit» geht auf Roux (1922) zurück: «Eine Ganzheit ist ein System, das sich durch Selbstregulierung harmonisch (oder auch einfach: in einem bestehenden Zustand) erhält» (FRIEDERICHS, 1930).

Gatter: feste Zäune oder versetzbare Hordengatter, um eine Fläche gegen Wildverbiß zu schützen od. um auf landwirtschaftl. Nutzungsflächen Wildschäden zu verhüten.

Geäse: Maul des wiederkäuenden Schalenwildes (u. a. Rot-, Dam-, Reh- u. Muffelwild).

Gefüge: ist nach WOLTERECK (1932) jede geordnete Mannigfaltigkeit, zwischen deren Komponenten Wechselbeziehungen existieren od. Wechselwirkungen stattfinden.

Geißel: siehe Fühlergeißel.

«gekämmter» Fühler: die gleichartigen Geißelglieder sind schlanker als bei den «gesägten» Antennen, ähneln mehr den Zacken eines Kammes.

«geknieter» Fühler: «Fühlergeißel» ist dem «Schaft» winkelig angefügt (siehe «Fühlergeißel»).

gekörnt: kornförmige Skulpturen (besonders auf den Flügeldecken der Käfer).

Gemüll: Nahrungs- u. Exkrementenreste in den Bauten staatenbildender Insekten.

Genagsel (auch «Nagsel»): die von xylophagen Insektenlarven abgeraspelten, kleinen bis sehr kleinen, unregelmäßig geformten Holzteilchen.

Generation: Lebenslauf eines Insekts von Ei zu Ei.

Genickbänder (Nackenstreifen): Querflecken zwischen den Brustringen (bei manchen Schmetterlingsraupen).

Genist: Anhäufung von toter pflanzlicher Substanz; wird während der Schneeschmelze aus Bächen auch am höheren Uferrand gelegentl. abgelagert u. behält in der bodennahen Zone die Feuchtigkeit noch gewisse Zeit.

Geoökologie = Landschaftsökologie: ein Fachbereich, der in einem bestimmten Landschaftsausschnitt die vorherrschenden komplexen Wirkungsgefüge zwischen den Biozönosen und den Umweltbedingungen untersucht (LESER, 1989).

«geringes» Material: u. a. Äste, Zweige, Stangen (Holz wird nach seiner Stärke eingeteilt).

«gesägter» Fühler: die gleichartigen Geißelglieder ähneln den Zacken einer Säge.

«geschälte» Stämme: gegen Borkenkäferbefall werden gefällte Nadelholzstämme mit besonderen Schäleisen entrindet.

Geschlechtsdichromismus: ♂♂ u. ♀♀ (Färbung verschieden).

Geschlechtsdigryphismus: ♂♂ u. ♀♀ (Zeichnung verschieden).

Geschlechtsdimorphismus: ♂♂ u. ♀♀ (Körperanhänge verschieden).

Gesiebe: Substratproben nach Durchgang durch Siebe verschiedener Maschenweite in einem (1 m) langen Beutel.

Gleichgewicht («biozönotisches»): das «Gefüge» einer Biozönose besitzt in quantitativer u. in qualitativer Beziehung eine den Lebensbedingungen entsprechende, mehr od. weniger ausgeprägte Konstanz, die als «b. G.»

bezeichnet wird. Infolge fortgesetzter Schwankungen um eine Mittellage u. dauernder Verschiebungen läßt sich freilich nur von einer «Tendenz» zum Gleichgewicht sprechen, niemals von einem Gleichgewichtszustand.

Glykogen: Reservestoff der Tiere (entspricht der Pflanzenstärke).

Gradation: Massenvermehrung.

Gradologie: Lehre vom Massenwechsel.

Gruppenspektrum: bei der Analyse einer Tiergesellschaft die Aufteilung nach ökologischen Artengruppen, etwa nach Phytophagen, Saprophagen usw. Dabei kann man auch noch Individuenzahl, Gewicht der auf einen ha entfallenen Gruppen errechnen usf. (vgl. auch «Artenspektrum»).

Gürtelpuppe (bei Schmetterlingen): mit dem Hinterleibsende auf einer Unterlage festgesponnene Puppe, die durch «Gürtelfaden» vielfach in aufrechter Stellung gehalten wird – Gegens.: Stürzpuppe.

ha = Hektar.

Habitat: «Standort innerhalb eines Biotops, an dem eine Tierart regelmäßig anzutreffen ist» (TISCHLER, 1949). Beispiel: bestimmtes Abbaustadium eines Laubholzstockes.

Habitus: Gesamtheit aller äußerlich erkennbaren Merkmale einer systematischen Einheit (nach WEBER). – «Ameisenhabitus» kann nur bei Ameisen u. vielleicht nahverwandten Hymenopteren vorkommen; «Ameisentracht» läßt sich auch bei Wanzen, Käfern usw. beobachten.

haematophag: blutsaugend.

Haemolymphe (Blutplasma): die wässerige Flüssigkeit des Insektenblutes (klar od. grün, rot, gelb gefärbt).

Hakengang: hakenförmig ins Holz gehender Verpuppungsgang (typisch etwa für Bockkäfer).

Halbdecken: siehe Hemielytren.

«Halbflügler»: Insekten mit kurzen Flügeldecken (Elytren), etwa Kurzflügelkäfer.

Halden: Verstürzung der Abbaumassen (im Braunkohlen-Tagebau) auf bergbaulich unberührtem Gebiet.

«Hallimaschfichte»: eine vom Hallimasch (Blätterpilze [Agaricaceae]) befallene Fichte.

halobiont: sind Insekten, die nur in salzhaltigen Biotopen vorkommen.

halophil: salzliebend; halophile Insekten halten sich gern, aber nicht ausschließlich, in salzhaltigen Biotopen auf.

Halsschild (Scutum): das zumeist stark chitinisierte Rückenschild der Vorderbrust (etwa bei Käfern, Wanzen usw.).

Halteren: Schwingkölbchen.

Hanglage: Himmelsrichtung, nach der der Boden geneigt ist. Es zeigen sich etwa große Temperaturgegensätze zwischen Süd- u. Nordhängen. Auch Beschattung wesentlich; Westhang mit Schatten in den Morgenstunden verhindert das schnelle Verschwinden des Taus, der den Pflanzen in witterungskritischen Zeiten zugute kommt.

Harthölzer: Bezeichnung geht zurück auf Einteilung nach Härtegraden. Mittelharte Hölzer sind: Edelkastanie, Ulme. Harte Hölzer: Eiche, Vogelbeere, Berg- u. Spitzahorn, Obstbäume [u.a. Apfel, Birne], Esche, Eibe, Rotbuche, Robinie, Weißbuche u. Nußbaum. Gegens.: Weichhölzer.

Heister: bei «Pflanzgut» wird nach der Anzahl der fertiggeschobenen Jahrestriebe u. im späteren Alter nach der unterschiedlichen Größe gerechnet; Eichenheister (bewurzelte Stämmchen) etwa mannshoch (um 2 m) bis «Starkheister» (über 2,50 m). Bei heute nicht mehr üblicher Pflanzung zu großer Pflanzen zeigten sich vielfach Wuchsstockungen (buschige Stellen in der Krone = «Heisterknick»).

heliophil: sonnenliebend.

hemicephal: sind Fliegenlarven, bei denen die Kopfkapsel tief in das prothorakale Segment eingezogen u. von diesem ziemlich weit nach vorn überwachsen ist. Eine gewisse Rückbildung der Fühler u. Mundteile setzt auch schon ein. Beispiele: Schnaken- u. Stelzmückenlarven – Gegens.: acephal u. eucephal.

Hemiedaphon: Organismen der oberen Bodenschichten. – «Mesophiles H.» sind mithin Organismen, die sich vorwiegend in den mittleren Zonen der oberen Bodenschichten aufhalten. – Gegens.: Euedaphon.

Hemielytren (Halbdecken): Vorderflügel, deren innerer Teil deckflügelartig verdickt, spitzenwärts jedoch häutig ist (etwa bei Wanzen). – Vgl.: Elytren.

heterözisch (bei Blattläusen): Generationen auf verschiedenen (mehr als zwei) Pflanzenarten; vgl. diözisch u. monözisch.

heterogen: ungleichartig.

Heterogonie: Erscheinung des alternierenden Auftretens parthenogenesierender (agamer) u. amphigoner (Geschlechts-)Generationen (etwa bei Blattläusen).

Heterometabola: Insekten, bei denen normalerweise kein Puppenstadium auftritt u. Flügelanlagen meist schon bei den Larvenstadien äußerlich sichtbar sind. – Vgl.: Holometabola.

Hiebsführung: Technik der Entnahme von Bäumen aus Altbeständen.

hochalpin: Verbreitungstyp in den mitteleuropäischen Hochgebirgen, von der unteren Schneefleckengrenze des Monats Juli bis zur oberen Grenze tierischen Lebens.

Hochwild: u.a. Elch-, Rot-, Dam-, Stein-, Muffel-, Gams- u. Schwarzwild; von den Vögeln nur das Auerwild.

Höhenwachstum: nach Überwindung des Jugendstadiums nur gewisse Zeit anhaltend. Die Kulmination des «Höhenzuwachses» wird bei Lichtholzarten (u.a. Kiefer, Eiche, Birke) zwischen 10 u. 20 Jahren, bei Halbschatt- u. Schatthölzern (u.a. Fichte, Buche, Ahorn) zw. 30 u. 40 Jahren, bei Tanne sogar erst nach 35 Jahren erreicht.

Holometabola: Insekten mit vollkommener Verwandlung (Ei – Larve – Puppe – Imago; Larven besonders imagounähnlich). – Vgl. Heterometabola.

holozyklisch: Blattlausarten mit Generationswechsel. – Gegens.: anholozyklisch.

«homonome» Gliederung: wenn unter den Gliedern eine morphologische Gleichheit besteht; so spricht man von homonom gegliederten Antennen od. beim Körper der Larven von «homonomer Segmentierung», während sonst (vor allem bei den Imagines) an sich eine «heteronome Segmentierung» vorherrscht, so daß es zur Ausbildung von Körperregionen kommt.

Honigtau: Blattlaus-Exkremente, die hohen Zuckergehalt haben u. bei größeren Blattlauskolonien auf Blättern etwa als klebrige Überzüge auffindbar sind (auch fälschlich «Blattlaushonig» genannt).

H-Schicht: jener unter der F-Schicht befindliche Horizont in Streulagen, die «Humusschicht».

humidkühl: (humid = in feuchten Gebieten vorkommend).

Humifizierung: Umsetzung des Bestandesabfalles zu Humus.

«humose» Extremente: «Losung» von Streubewohnern, bei denen infolge der Passage von Fallaubmaterial durch Darm die Humifizierung dieser pflanzlichen Reste wesentlich gefördert ist.

Humus: «. . . Gesamtheit der organischen Reste und Abfälle von Pflanzen und Tieren, die dem Boden einverleibt wurden und dort Umwandlungsprozessen unterworfen sind» (HARTMANN, 1952).

hyalin: durchscheinend.

hydrographisch: Gewässerkunde betreffend.

Hydrologie: Wissenschaft vom Wasser u. seinen Erscheinungsformen. Teilgebiet: Hydrogeologie (beschäftigt sich mit d. Wasser im Boden).

hygropetrisch: im Wasser überrieselter Felsen lebend.

hygrophil: feuchtigkeitsliebend.

Hypermetamorphose: Erscheinung der holometabolen Metamorphose; die Junglarve hat eine andere Form als nachfolgende Stadien (etwa Triungulinus-Stadium bei Meloidae, Cyclopoid-Larve bei Proctotrupidae, Planidium-Larve bei Chalcididae).

Hyperparasitismus (Überparasitismus): das Parasitieren eines Parasiten (somit Wirt, Parasit, Hyperparasit ineinandergeschachtelt).

Hypertrophie: durch übermäßige Ernährung entstandene Vergrößerung eines Körperteiles. Oder aber bei pflanzlichem Gewebe eine Wucherung, die bei Wundheilungsprozessen eine wesentliche Rolle spielt.

Hyphen: die verzweigten Fäden der Pilze (insgesamt als «Myzel» bezeichnet).

hypognath: Mundteile u. Mundöffnung sind nach hinten gerichtet (etwa Zikaden).

Hypopygium: Veränderung des Hinterleibsendes durch eine Drehung der Genitalsegmente u. damit des Kopulationsorganes bei Zweiflügler-♂♂; Endsegmente oft so weit gedreht, daß die Sternite dorsal, die Tergite ventral zu liegen kommen.

Imago (Imagines): Vollkerf(e).

indifferent: sind solche Insektenarten, die wirtschaftlich völlig gleichgültig sind. Gelegentlich versteht man darunter auch jene Insekten, die gewisse Schäden verursachen, deren Ausmaß aber infolge Geringfügigkeit bisher noch keine Gegenmaßnahmen erforderlich machten (diese Insekten sind eigentlich besser als «wirtschaftlich kaum beachtenswert» zu bezeichnen).

Indikatoren-Diagramm: schematisches Schaubild, aus dem etwa das Vorkommen charakteristischer Arten in typischen Zonen, Schichten usw. zu ersehen ist.

industrielle Landschaft: ein bekannter Begriff gegenüber der Naturlandschaft od. der Kulturlandschaft – die Industrie ist in der i. L. verstärkt angesiedelt u. prägt sozusagen die Region.

Inquilinen: Einmieter (etwa Raum- u. Nahrungs-«parasiten» in Gallen, Minen u. Bohrgängen).

Insertion: Ansatzstelle (etwa der Knospe).

Integument: Körperdecke.

interdisziplinär: fachübergreifend.

Intersegmentalhäute: weiche u. biegsame Membranen, die die einzelnen Skelettstücke (Sklerite) miteinander verbinden.

«interspezifische» Beziehungen: sind Beziehungen zwischen zwei oder mehreren Arten.

«intraspezifische» Beziehungen: sind Beziehungen zwischen Individuen der gleichen Art.

«intrazyklische» Populationsbewegung: Wechsel der Populationsdichte innerhalb einer Generation. – Vgl. auch: Populationsbewegung.

Inzisuren: Einschnitte zwischen zwei Segmenten.

Jagen: kleinere Wirtschaftseinheit im Revier (Bezeichnung dem Jagdbetrieb entlehnt).

Jahresringe: infolge des Holzzuwachses in radialer Richtung Grenzlinien der abgeflachten Spätholzzellen gegenüber dem lockeren, gefäßreichen Frühholz (Periodizität des Dickenzuwachses).

jauchig (verjaucht): sind Larven od. Puppen im Körperinnern im Endstadium einer Viruskrankheit.

Jugum (bei Schmetterlingen): fingerförmiger Fortsatz des Vorderflügelhinterrandes, der mit Einrichtungen des Hinterflügels die Koppelung bewirkt.

juvenil: siehe unter «adult».

Käferloch: siehe «Blöße».

Kahlfraß: völlige Entlaubung od. Entnadelung in einem Bestande durch ein Fraßinsekt. Mit der Vernichtung der Assimilationsorgane ist die Produktionsstätte der Assimilation zerstört, so daß bei nichterfolgender Wiederbegrünung der derart geschädigte Stamm abstirbt.

Kahlschlag: Bestandesfläche, die vollständig «abgetrieben» ist (wo sämtliche Stämme gefällt wurden).

Kalamität: Erkrankung des Bestandes – Befall mit einem Schadinsekt hierher gehörig –, verknüpft mit biologischen u. wirtschaftlichen Schäden, wird als «Kalamität» bezeichnet.

Kalotte: Deckel, der beim Schlüfen der Imago aus einem Kokon abspringt (etwa bei Blattwespen). – Siehe auch: Pelotte.

Kambialzone: ein zwischen Holz u. Rinde liegender Dickenwachstums-Mantel mit teilungsfähigem Gewebe, nach innen jährlich einen Ring neuen Holzes, nach außen einen schwächeren Ring an Rinde liefernd.

Kannelierfraß: Rüsselkäferlarven (etwa vom kl. braunen R.) fressen im Wurzelbereich oberflächlich den Bast od. später tiefer den Splint furchend. Fraßstellen sehen dann aus wie Rillen (Auskehlungen) am Schaft von Säulen.

Kernholz: durch Gerbstoffe u. andere Einlagerungen dunkel gefärbtes, inneres Holz, an der Wasserleitung nicht mehr beteiligt.

Kettenkrankheit: mehrere Einzelkrankheiten folgen aufeinander, schwere Schäden oft verursachend – Diagnose durchaus nicht leicht, da Primärursache am Ende der Krankheit oft nicht mehr auszumachen ist.

Kiefertaster: mehrgliedriger Anhang des Hauptglieds der ersten Maxillen (Mittel- od. Unterkiefer) bei den Insekten.

Kippen: Verstürzung der Abbaumassen (etwa im Braunkohlentagebau) auf bereits tagebaulich-ausgekohltem Gebiet (siehe auch: Halden).

Klafterholz: nach altem, deutschen Längenmaß geschichtetes Holz.

Klammerfuß (Pes semicoronatus; bei Schmetterlingsraupen): Chitinhäkchen auf der Sohle der Bauchfüßchen sind im Halbkreis, in einer einzelnen Reihe, angeordnet. – Gegens.: Kranzfuß.

Klauen: werden die meist paarigen, hohlen, spitzen u. nach unten gekrümmten «Krallen» an den Insektenbeinen genannt.

Kleinklima: Mikroklima (in einem Stock, in einer Streuschicht).

Klimaxstadium: Endstadium der Vegetationsentwicklung. – Ob sich alle Pflanzengesellschaften eines bestimmten Gebietes zu einer klimabedingten Schlußgesellschaft entwickeln, wird neuerdings bezweifelt. Aufgrund geomorpholog. oder edaphischer Unterschiede können Dauergesellsch. entstehen, die d. Klimaxstadium nicht erreichen (unter anderem SCHUBERT et al., 1984).

Knick: Wallhecke (typisch für Schleswig-Holstein); in ökologischer Hinsicht ein «Saumbiotop» zwischen Wald u. Grasfluren.

Knüppelholz (Knüppel): Brennholz (gegenüber dem Nutzholz).

Kohorte: systematische Kategorie zur übersichtlichen Einteilung, heute meist mit Überfamilien-Charakter.

Koinzidenz: Zusammentreffen der Schadinsektenart mit ihren Gegenspielern (Räuber, Parasiten usw.) in Raum u. Zeit (THALENHORST, 1950).

Kokon: Schutzhülle für die Puppe, hergestellt aus einem Seidengespinst oder aus sonstigen Abscheidungen (Inhalt der Malpighigefäße, eigene Exkremente), wobei häufig Fremdkörper (Sandkörnchen, Holzmehl u. dgl.) zur Verfestigung od. Verkleidung verwendet werden.

Kommensalen (Commensalen): «Tischgenossen», d. h. bei reichlichem Nahrungsangebot harmlose Mitesser. Erst bei Nahrungsverknappung kann die Konkurrenz schärfere Form annehmen.

Komplexaugen (Complexaugen): Netz-, Facetten- od. Seitenaugen = zusammengesetzte Augen der Insekten-Imagines.

Konnex (biozönotischer K.): Verknüpfungsgefüge einer Lebensgemeinschaft, d. h. die direkten u. die näheren, greifbaren indirekten Beziehungen der Tiere zu anderen Tieren u. zu den Pflanzen u. dieser untereinander (BRAUNS, 1958).

Kopfkapsel: der vorderste Abschnitt des Insektenkörpers ist ein stark sklerotisiertes (verfestigtes) Hohlgebilde, das nur selten reduziert ist (etwa bei den «acephalen» Zweiflüglerlarven). Deshalb spricht man von einer «Kopfkapsel».

«koprogene» Humuselemente: Bildung humoser Stoffe in der Natur erfolgt stets in größerem Maßstabe, wenn daran Kleintiere maßgeblich mitwirken. Die von den Bodentieren abgesetzte «Losung» unterliegt einer weiteren bakteriellen Verarbeitung u. wird dadurch dann endgültig in Humus verwandelt. Diese Form der Humusbildung verläuft damit über den Tierdarm u. solche Humuselemente werden daher als «koprogen» bezeichnet.

koprophag (fälschlich oft «coprophag»); kot- od. mistfressend.

Korrelation (Correlation): Wechselbeziehung (etwa von Organen untereinander, derart, daß beispielsweise Veränderungen an einem Organ zu Veränderungen am anderen führen).

Kosmopolit (besser «Geopolit»; HERING): ist eine Art od. eine systematische Gruppe, die über alle tiergeographischen Regionen der Erde verbreitet ist (vgl. VON KÉLER, 1963).

Kotkrümel: der Kot der Insekten ist oft völlig trocken u. von krümeliger Struktur. Form, Größe u. Farbe dieser festen Exkremente sind in der angewandten Entomologie von Bedeutung, zur Feststellung eines fortschreitenden Fraßes, des Entwicklungsstandes, ja sogar zur Determination der etwa in der Krone schädigenden Art.

Kotyledonen: Keimblätter.

«kränkelnde» Kiefer: eine äußerlich sichtbar erkrankte Kiefer; Verfärbungen der Assimilationsorgane deuten zumeist auf eine Erkrankung od. Schädigung (durch abiotische Faktoren) hin.

Kranzfuß (Pes coronatus; bei Schmetterlingsraupen): Chitinhäkchen auf der Sohle der Bauchfüßchen sind in einem Kreis angeordnet. – Gegens.: Klammerfuß.

Krautschicht: vertikale Strukturierungszone des Bestandes mit Heide-, Beer- und Farnkraut usw.

Kriechschwielen: ventrale Quer- u. Seitenwülste.

Kronenschicht: höchste vertikale Strukturierungszone in einem Bestande.

Kronentraufe: Traufe im Schirmbereich des Baumes.

Kropf: vielfach (Hymenoptera!) eine Erweiterung des Hinterabschnittes der Speiseröhre, dient zur Nahrungsspeicherung.

Kulturen: junge, aus künstlichem Anbau hervorgegangene «Bestockungen».

Kurztriebe: bringen nur für einige Jahre etwa Blattbüschel zur Füllung der «Kronenschicht» hervor u. verkümmern dann (s. demgegenüber «Langtriebe»).

Labialdrüsen: bei der Mehrzahl der Insekten vorhanden, sind Speicheldrüsen u. münden in der Falte zwischen Unterlippe (Labium) u. Schlund aus.

Laich: Eiablage in Gallerte (bei Insekten gelegentlich vorkommend [etwa bei Köcherfliegen]).

Landschaftsgenese: Entstehung d. landschaftl. Mannigfaltigkeit.

Landschaftsökologie: Wirkungsgefüge zw. d. Biozönosen u. ihren Umweltbedingungen.

Landschaftspflege: Bemühung um Erhaltung einer ökolog. vielfältigen, schönen u. gesunden Landschaft.

Landschaftsschutz: Erhaltung best. schutzwürdiger Landschaftsteile inkl. Pflanzen- u. Tierwelt.

«landwirtschaftliche» Zwischennutzung: erfolgt vorübergehend auf kleineren Flächen zur Bodenverbesserung.

Langtriebe: im Zuge der Spitzenförderung treiben die vorderen Knospen zu längeren Trieben aus als die grundständigen; diese «Langtriebe» beteiligen sich zumeist weiterhin am Aufbau des Verzweigungssystems (s. demgegenüber «Kurztriebe»).

«larvale» Entwicklungszeit: Lebensabschnitt der Larvenstadien.

larviform: Vollkerfe zeigen infolge beträchtlicher Reduktionserscheinungen (an Fühlern, Augen, Flügeln, Extremitäten) einen larvalen Habitus.

Larviparie: das ♀ setzt Ein- od. Zweihäuter ab (vgl.: vivipar; Pupiparie).

Latenzlarven: Diapauselarven (siehe Diapause).

Latenzzeit (-periode): siehe Diapause.

lateral: seitlich.

Lateralia: seitliche Kopfkapselplatten.

Laufwülste (Gangwülste): segmentale Querwülste bei Larven (vielfach einziehbar u. zur Fortbewegung aufzutreiben).

Lauscher (in der Waidmannssprache): Ohren des wiederkäuenden Schalenwildes.

Lebensformtyp: umfaßt jene Gruppe von Organismen, die in eine bestimmte Umwelt mit gleichen Struktur- u. Verhaltenseigenarten eingepaßt sind (KOEPCKE, KÜHNELT, REMANE, TISCHLER u. a.). Dabei maßgeblich analoge, nicht homologe Übereinstimmungen. Beispiel: Holzbohrer, Blattminierer usw.

Lecker: Zunge des «Schalenwildes».

letal: tödlich.

Lichenase: ein reservezellulose-spaltendes Ferment (etwa bei zahlreichen Käferlarven).

lichenophag: flechtenfressend.

Lichter (in der Waidmannssprache): Augen des «Schalenwildes».

Lichtfraß: die Krone wird zwar nicht kahl, aber doch stark befressen (bei Auftreten eines wirtschaftlich-schädigenden Insekts in einem Bestande). Andere Fraßgrade: Nasch- u. Kahlfraß.

Lichtung: eine Fläche innerhalb eines Bestandes, die durch stärkere Hiebsmaßnahmen (über den Grad der Durchforstungen hinausgehend) entstanden ist u. ausgesprochen der Starkholzerziehung in kurzer Zeit dient.

Lochfraß: besondere Fraßform an Blattorganen.

Losung: feste Ausscheidungen tierischer Bodenorganismen (aus der Jagdsprache übernommen von KUBIENA).

«lückiger» Bestand: Wirtschaftseinheit mit holzleeren Stellen, die sich aber in jüngeren Beständen allein wieder «zuziehen».

Lunula: mondförmige Spalte oberhalb der Fühler bei manchen Fliegen.

Makel: Fleck(en).

Makrochaeten (**Macrochaeten**): stärkere, gesetzmäßig angeordnete Borsten, die beispielsweise bei der Determination der Dipteren eine besondere Rolle spielen.

makro-(macro-)pter: vollflügelig.

Malpighische Gefäße: siehe Blindschläuche.

Mandibeln: Vorder- od. Oberkiefer (paarig).

Mantelgalle (auch «Rollgalle» genannt): eine blasig gewölbte Rollung der Blattfläche nach unten (Blattlausbefall!).

marginal: randständig.

Mark (der Spindel beim Zapfen): Zentralgewebe, das der Speicherung u. Leitung von Stoffen dient; deshalb finden sich hier in grünen Zapfen gern Insektenlarven. Oder aber in Trieben spricht man auch häufig von «Markröhrenfraß».

Markstrahlen: Zellenzüge im Holzkörper, die den Stoffverkehr in radialer Richtung vermitteln; auf dem Stammquerschnitt als feine Radiallinien erkennbar.

Massenvermehrung: die Bevölkerungsschwankungen einer Art erreichen ein besonders großes Ausmaß u. führen zu einer zeitweisen «Übervermehrung».

Mast: Samenansatz bei Holzarten. Bei Rotbuche folgen die Mastjahre in mehrjärig. Abständen; in der Zwischenzeit werden vielfach gar keine Blüten angesetzt. Regelmäßig fruchten dagegen Birke u. Hainbuche.

Materialschädling: ist ein Schadinsekt, das in verarbeiteten Fertigwaren (Textilien, Wollstoffen, Pelzwerk, Werkholz usw.) vorkommt u. durch seinen Fraß Schaden anrichtet.

Maxille: erste M. = Mittel- od. Unterkiefer; zweite M. = Hinterkiefer, Unterlippe, Labium.

median: in der Mitte gelegen.

mediterran: ist eine Art, deren «Heimat» (d.h. Gebiet, wo die Art die zusagendsten Lebensbedingungen findet) im Mittelmeergebiet gelegen ist.

Melanismus: Erscheinung der Verdunkelung der Körperfarbe durch Anhäufung des Melanins in der äußeren Schicht der Körperdecke. Bei den «melanen» Formen sind jeweils Übergänge in der Verdunkelung zu beobachten.

Melioration: Eingriffe zur Verbesserung des Bodens.

melitophil: Honig [Blütennektar] liebend.

Membran: der von der Flügelwurzel entfernt gelegene Teil im Vorderflügel der Wanzen ist durchsichtig u. schwach sklerotisiert u. wird als «Membran» bezeichnet.

Mesothorax: Mittelbrust.

Metamorphose: Verwandlung; die Erreichung des imaginalen Habitus erfolgt auf dem Wege einer ausgesprochenen Verwandlung der äußeren Körperform (mit meist gleichzeitiger Umbildung der inneren Organe [Metabolie]).

Metathorax: Hinterbrust.

microphag: tierische u. pflanzliche Mikroorganismen fressend, die übrigens neben dem Detritus (siehe dort) auch im Baumfluß etwa vorhanden sind. Hierher gehörig also nicht nur aquatische Formen, die sich vom «Plankton» ernähren. – Siehe Schwären.

micropter (mikropter): kleinflügelig (gegenüber den brachypteren Formen aber nur mit kaum sichtbaren Flügelstummeln).

migrieren: wandern (bei Blattläusen: einen Wirtswechsel vornehmen; Migration).

Mikrokaverne: Kleinhöhle.

Mikroklima: siehe Kleinklima.

Mikrostandort (der Rhizosphäre): = Klein-Standort des Wurzelbereichs.

Mikrowellen: höchstfrequente elektromagnetische Schwingungen.

Mimese: täuschende Ähnlichkeit mit anderen Tieren (Zoomimese), mit Pflanzenteilen (Phytomimese) oder mit unbelebten Gegenständen (etwa mit Vogelkot; Allomimese).

Mimikry: Scheinwarntracht.

Mine: siehe Gangmine.

Mineralboden: im Bodenprofil befindet sich zuoberst die lebende Pflanzendecke. Nach unten folgen Förna, F- u. H-Schicht (siehe dort), zusammen als A-Horizont bezeichnet. Weiter unterhalb der B-Horizont, aus dem die Mineralstoffe stammen, die «in der H-Schicht mit den organischen Zersetzungsprodukten vermischt werden» (KÜHNELT, 1961). Es folgen schließlich C- u. D-Horizont (mineralischer Untergrund), in denen nur spärliches Leben vorhanden ist.

Mischbestand: einer Monokultur gegenüber das Begründen einer Bewirtschaftungsfläche mit verschiedenen Holzarten. Dabei gibt es Mischbestände aus Schattenhölzern untereinander (etwa Fichte + Buche; Rotbuche + Hainbuche), aus Lichthölzern (Kiefer + Eiche; Kiefer + Birke) oder aus Licht- u. Schattenhölzern usw.

Molekularbiologie: Biologie auf molekularer Grundlage – selbständige Disziplin in Zusammenarbeit mit Physik, Chemie u. Biologie; heute vor allem Molekulargenetik.

monözisch (bei Blattläusen): Generationen leben auf einer Pflanzenart; vgl. diözisch u. heterözisch.

monogam: einweibig.

Monokultur: Bewirtschaftungsfläche mit einer Holzart (vgl. Reinbestand; Mischbestand).

Monoparasitismus: Erscheinung, daß ein parasitierter Wirt nur ein Ei eines Schmarotzers in sich birgt. – Siehe: Super- u. Co- (od. Multi-)parasitismus.

monophag: nur an einer Pflanzenart (Holzart) fressend. Dabei ist wesentlich die Ernährungsweise des aktiven Stadiums; so spricht man noch von monophag, wenn auch die Imago keine Nahrung (etwa Buchenblattgallmücke) od. andere Nahrung aufnimmt als die Larven (etwa bei den Schmetterlingen) od. spricht sogar von «Monophagie an Nadelhölzern» (gegenüber Fraßvorkommen an Laubholz).

Mortalität: Sterblichkeit. – Mortalitätsfaktoren sind: u. a.: Räuber, Parasiten u. Krankheiten.

Mulm: Genagsel (von xylophagen Insektenlarven), längere Holzspäne u. Kotwalzen.

multidisziplinär: fachübergreifend zu vielen Forschungsgebieten.

Multiparasitismus = Coparasitismus (siehe dort).

multivoltin: mehrmals im Jahr auftretende Art.

Mumienpuppe: Pupa obtecta (siehe dort).

Mundhaken: paarige, krallenförmige Chitinstücke am Cephalopharyngealskelett der acephalen Zweiflüglerlarven; die Mundhaken können mit dem Schlundgerüst vor- u. zurückgezogen werden.

Mutante: eine durch Mutation (siehe dort) entstandene Form.

Mutation: sprunghaftes Auftreten einer sofort erblich festgelegten Eigenschaft in reinen Linien.

mycetophag: pilzfressend.

Myiasis: stationärer Befall von Menschen (od. von Wirbeltieren) mit Fliegenlarven u. die dadurch hervorgerufenen Störungen am lebenden Körper (BRAUNS, 1956).

mykoplasmaähnliche Organismen (MLO): den Bakterien nahestehend., amöbenartige Verformbarkeit charakt. Einige Mykopl. = Krankheitserreger für Pflanzen u. Tiere.

Mykorrhiza: Umspinnen der Wurzeln unserer Waldbäume durch symbiontische höhere Fadenpilze. Diese Erscheinung im Bestande verbreiteter als die Bakterienknöllchen (etwa bei Robinie, Ginster) u. die Strahlenpilz- (Aktinomyzeten-) «Symbiose» (etwa bei Erle u. Gagelstrauch).

Mykose (Mycose): pilzliche Erkrankungen der Insekten.

myrmekophil (myrmecophil): werden Insekten od. deren Larven genannt, wenn sie zu Ameisen irgendwelche Beziehungen haben.

Myzel: siehe Hyphen.

Nachfolgeschädlinge: Schadinsekten, die mit Vorliebe anderen im Auftreten folgen (etwa Borkenkäfer nach Blattwespenbefall).

Nachschieber: ein Bauchfußpaar am letzten Hinterleibsring.

Nackenschild: stark chitinisiertes «Pronotum» vieler Larven (zur Bestimmung wichtig bei Schmetterlingsräupchen).

Naht (bei Flügeldecken): die Berührungslinie der Elytren-Hinterränder (gelegentlich verwachsen).

Naschfraß: geringer Fraßgrad bei Auftreten eines wirtschaftlichen Schadinsekts in einem Bestande.

Naturverjüngung: Jungwuchs erfolgt mittels Besamung auf altem Waldboden von einem Mutterbestand aus oder durch «Ausschlag» an Stöcken, Wurzeln usw.

Naturzäune: Gatter mit berindeten Stangen od. Latten.

Nebenwirt: neben dem Hauptwirt können auch andere Insektenarten parasitiert werden. – Oder aber bei Bezug auf eine phytophage Raupe: Hauptwirt ist die bevorzugte Fraßplanze, alle anderen = Nebenwirte.

necrophag: an toten (frischen, nicht faulenden) Tierleichen od. Pflanzenteilen fressend.

Nekrose: Absterben von Zellen od. Zellteilen, von Geweben od. Organen im Anschluß an Verletzungen, durch parasitär-infektiöse Krankheitserscheinungen, durch Wassermangel, Frosteinwirkungen u. dgl.

Neometabola: Insekten, bei denen die Metamorphose eine Verzögerung der Flügelentwicklung zeigt. Dadurch kann man die ersten, flügellosen Larvenstadien von einer imagoähnlichen «Nymphe» unterscheiden.

Neosistentes: Junglarven der Sistens-Generation bei Fichtenläusen.

neotropisch: tiergeographischer Begriff; Neotropis = Gebiete von Südamerika, Antillen, festländisches Zentralamerika bis an die Grenze der Tropen.

Nidicolen: Nestbewohner bei Vögeln u. Säugern.

Nische: Wirkungsfeld bzw. Minimalumwelt einer Art.

Nominatform: jene Form einer Art, nach der die ursprüngliche Artbeschreibung gegeben wude.

Nymphe: das letzte, vor der Imago auftretende u. mit Flügelanlagen versehene, vielfach keine Nahrung aufnehmende Stadium der «Neometabola». – Bei Gruppen, deren Larven den Imagines ähnlich sind, werden vielfach auch diese Larven gegenüber den imagounähnlichen Larven der «Holometabola» als «Nymphen» bezeichnet. Bei den Schnabelkerfen hingegen wird nur das letzte Larvenstadium = Nymphe genannt.

«obligatorische» Parasiten: solche, die sich zur Vollendung ihrer Entwicklung von lebender Substanz ernähren müssen.

Ocellen (Ozellen): Einzelaugen (auch Punkt-, Stirn-, Scheitel- od. Neben-augen genannt). Sie liegen auf der Dorsalseite des Kopfes, meist in Dreizahl; können auch fehlen.

Ökophysiologie: arbeitet physiolog.-analytisch unter Berücksichtigung öko-logischer Zusammenhänge.

Ökosystem: Beziehungs- u. Wirkungsgefüge einer Organsimengemeinschaft mit den Umweltgegebenheiten (ELLENBERG [1973], Definition, in der auch die Dynamik herausgestellt wird).

Ökotone: Grenzbereiche zw. verschiedenen Gemeinschaften od. Ökosyste-men.

«offene» Landschaft: Felder, Natur- u. Kulturwiesen gegenüber den Wald-beständen.

Omma (verdeutscht pl. Ommen, eigentl. Ommata): das optische Element des Facettenauges.

omnivor: allesfressend.

Ophthalmomyiasis («oculäre» Myiasis): besondere Erscheinungsform der «Myiasis» (siehe dort): das Vorkommen von Fliegenlarven im Auge des Menschen (BRAUNS, 1956).

orthognath: Mundteile u. Mundöffnung nach unten gerichtet.

orthorrhaph: abgeleitet von «Orthorrhapha», kurzfühlerige Spaltschlüpfer = Sektion der Diptera brachycera.

Otomyiasis: besondere Erscheinungsform der «Myiasis» (siehe dort): Vor-kommen von Fliegenlarven im Ohr des Menschen.

Ovidukt (Oviduct): Eileiter.

ovipar: eierlegend; wesentlich dabei ist, daß die besamten od. befruchteten Eier vor Beginn der «Embryonalentwicklung» abgelegt wurden.

Ovipositor: Legeapparat eines Insektenweibchens, je nach Ausbildung als Legesäge, -säbel, -scheide, -stachel od. -röhre bezeichnet.

ovovivipar: sind Insekten, die zwar Eier ablegen, aus denen aber sehr bald danach die Larven ausschlüpfen; es werden also die Eier auf einem weit fortgeschrittenen Stadium der «Embryonalentwicklung» abgelegt.

Paedogenese: ist ein Sonderfall der Parthenogenese, d. h. eine parthenogeneti-sche Fortpflanzung bereits im larvalen Zustande. Diese kann sogar noch mit einer Larviparie gekoppelt sein (wie bei den Moosmücken [Heteropezidae]).

Palisadengewebe (des Blattes): chlorophyllreiches, typisches Assimilations-parenchym aus gestreckten, zylindrischen Zellen unter der Epidermis der Blattoberseite.

pantophag: allesfressend.

Parasitenfolge (Parasitenreihe): jedes Wirtsstadium ist von einer od. mehreren Parasitenarten befallen.

Parasitenreservoir: fehlt dem Parasit der Hauptwirt, werden belanglose Ne-benwirte parasitiert u. dadurch wird der Biozönose ein gewisser Parasitenbestand erhalten; diese Nebenwirte stellen das für das «biozönotische Gleichgewicht» erforderliche Parasitenreservoir dar.

Parenchym: pflanzliches Zellgewebe mit ziemlich dünnen Zellulosewänden u. mit vielseitiger Funktion.

Park (Mehrz. Parks; selten Parke): bei der Charakterisierung der Waldbiozönose Mittelstellung einnehmend (ähnlich Knick); Fauna setzt sich aus Wald- u. Wiesenelementen zusammen.

Parthenogenese («parthenogenetische» Fortpflanzung): Jungfernzeugung; Eizellen ohne Befruchtung entwicklungsfähig.

pathogen: Krankheiten hervorrufend.

Pathozön: «... Gesamtheit der bei einer Krankheit wirksamen Faktoren einschließlich der erkrankten Organismen ...» (SCHWERDTFEGER, 1981).

Paurometabola: Larven gleichen äußerlich der Imago; es ist eine allmähliche Entwicklung der Flügel festzustellen.

Pedothecae: Beinscheiden an der Puppe.

Pelotte: (in entomologischem Schrifttum vielfach:) Deckel, der beim Schlüpfakt einer Imago aus einer Tönnchenpuppe in praeformierten Schwächelinien (fälschlich oft «Nähte» genannt) abgesprengt wird. – Siehe auch: Kalotte.

Perianalschild: ein sklerotisierter Abschnitt um den After herum.

Pflanzgarten: in gartenartigen, eingefriedigten Anlagen erfolgt die Erziehung der Pflanzen aus dem Samen; die Sämlinge werden dann ausgepflanzt oder zur Erziehung eines besseren Wurzelsystems u. stufigeren Wuchses einmal od. des öfteren verpflanzt («verschult»), ehe sie endgültig ausgepflanzt werden. «Saatkämpe» u. «Verschulkämpe» liegen meist im gleichen Kamp.

Phagocytose: Unschädlichmachung von Fremdkörpern im Insekt durch besondere Blutzellen («Phagocyten»). Auch an dem Abbau larvaler Gewebe bei der inneren Metamorphose sind Phagocyten beteiligt.

Pharyngealskelett: chitiniges Gerüst um den Schlund, oft durch eine Larven-Kopfkapsel durchschimmernd.

Pheromone: u. a. Sexuallockstoffe.

Phoresie: zeitweilige Transportgesellung (d. h. aktive vorübergehende Benutzung anderer Tiere als Transportmittel).

Photooxidantien: Entstehung pflanzentoxischer Gase durch Einwirkung von Licht aus Stickoxiden und Kohlenwasserstoffen.

Photosynthese: Assimilation des Kohlendioxyds in grünen Pflanzen mittels Sonnenenergie; damit Aufbau von Kohlenhydraten.

phyllophag: blattfressend.

Phylogenese: Stammesentwicklung; gebräuchlicher der Begriff «Phylogenie» = Wissenschaft von den Formveränderungen, die von den Organismen während der ganzen Zeit ihrer Existenz durchlaufen sind (HAECKEL, 1866).

«physiologischer» Schädling: im Gegensatz zum «technischen» Schädling eine Insektenart, die durch ihren Befall einen lebenden Baum zum Absterben bringen od. zumindest seinen Stoff- u. Energiewechsel erheblich beeinträchtigen kann.

phytodetritivor: pflanzlichen «Detritus» fressend.

Phytomedizin: beschäftigt sich mit geschädigten u. kranken Pflanzen u. mit den Möglichkeiten, einen Pflanzenbestand gesund zu erhalten.

«phytopathogene» Mikroorganismen: u. a. Bakterien, die Pflanzenkrankheiten erzeugen.

phytophag: pflanzenfressend; dabei gleichgültig, ob sich die Tiere von lebenden od. toten Pflanzenteilen ernähren.

phytosaprophag: von modernden, faulenden Substanzen pflanzlichen Ursprungs sich ernährend.

Phytotelmen: Kleingewässer, «bei denen die Wände der flüssigkeitsführenden Hohlform durch das lebende oder abgestorbene Gewebe von Landpflanzen gebildet werden (z. B. Höhlungen in Baumstämmen ... usw.)» [STRENZKE].

Phytozönose: Gesamtheit der Pflanzen in einer Biozönose.

Pigmentfarben: durch Substanzen von unterschiedlicher chemischer Zusammensetzung u. Färbung hervorgerufen.

Pilzhyphen: siehe Hyphen.

Pilzmyzel: siehe Hyphen.

plätzend (an der Triebrinde): siehe Platzfraß.

Planidium-Larve: siehe Hypermetamorphose.

Plankton: die keiner nennenswerten Eigenbewegung fähigen Organismen in Süßgewässern u. im Meere.

Platzfraß («platzartiger» Fraß): besondere Form des Fraßschadens, bei der eine mehrminder große Fläche unregelmäßig flach ausgenagt wird.

Platzmine: verschieden großer, mehrminder unregelmäßiger (platzartiger) Minierfraß (siehe auch: Gangmine).

pleural: spricht besonders im Thoraxbereich von einer «Pleuralregion»; die hier in der Flankenregion auftretenden «Pleurite» (gegenüber Tergiten u. Sterniten) werden unter Verdrängung der membranösen Teile verfestigt (sklerotisiert), um ein Widerlager für die Gelenke der Flügel u. Beine zu schaffen.

plurivoltin (mehrbrütig): jährlich mehrmals auftretende Art.

Pockennarbenfraß: Der Fraß der Imagines vom kl. braunen Rüsselkäfer an d. Rinde u. am Kambium junger Nadelhölzer dicht oberhalb d. Wurzelknotens erfolgt in bohnengroßen Stellen; diese Fraßstellen sind trichterförmig und ähneln dem Krankheitsbild der früher verbreiteten Virose (Blattern genannt, einer fieberhaften Krankheit des Menschen) mit Pustelbildungen auf der Haut u. Schleimhaut.

podsolierte Böden: solche Böden, die eine schlechte Humuszersetzung u. starke Auswaschung zeigen (podsol = Asche [nach der Graufärbung der oberen ausgebleichten Schichten]).

Polyedrose (Polyederkrankheit): bei den Insekten auftretende Viruskrankheit, bei der beim Höhepunkt der Krankheit besonders geformte lichtbrechende Gebilde («Polyeder») auftreten (Polyedrie). – Siehe auch: «Schlaffsucht».

Polyembryonie: Entstehung von einer großen Anzahl von Nachkommen aus einem Ei (durch Teilungsvorgänge).

polyfaktoriell: viele Faktoren (etwa für ein Krankheitsbild) verantwortlich.

polygam: mehrweibig.

Polymorphismus: Vielgestaltigkeit innerhalb einer Art (siehe «Geschlechtsdimorphismus»; als sozialen P. bezeichnet man das Auftreten von Arbeiterinnen neben Männchen u. Weibchen in einem Ameisenstaat).

polyphag: «vielfressend»; Insekten od. ihre Larven, die neben Blättern auch Nadeln annehmen; hierzu werden gleichfalls jene gerechnet, die etwa bei Laubholz nicht monophag auf eine Holzart beschränkt sind («Polyphagie»).

polyphytophag: Insekten od. ihre Larven, die als phytophage Tiere wenig wählerisch sind.

Polyzyklie: Nebeneinanderhergehen verschiedener Parallelreihen (bei manchen Blattläusen vorkommend), d. h. Sonderform des Generationswechsels; es laufen mithin zwei oder mehrere Entwicklungsformen einer Art nebeneinander.

Population (Bevölkerung): Individuen einer Tier- od. Pflanzenart, die ein bestimmtes Gebiet bewohnen u. eine bestimmte Gemeinschaft bilden.

Populationsbewegung (während eines Massenwechsels): Schwankungen der Populationsdichte von Generation zu Generation (siehe auch «intrazyklische P.»).

Populationsdichte: siehe Bevölkerungsdichte.

Populationsdynamik: Bevölkerungsbewegung. – Siehe auch: Populationsbewegung od. «intrazyklische Populationsbewegung».

«postembryonale» Entwicklung: Lebensabschnitt vom Ausschlüpfen der Junglarve aus dem Ei bis zum Schlüpfen der Imago aus der Puppenhaut.

«postmetabole» Entwicklung: Lebensabschnitt der Imago (an Entwicklungsvorgängen sind etwa das Reifen der Geschlechtsprodukte, die Geschlechtsperiode u. das Altern zu nennen).

«potentielles» Verbreitungsgebiet: ein Gebiet, in dem mit der Möglichkeit des Auftretens gerechnet werden kann, wenn die verantwortlichen Faktoren dies zulassen (Gegens.: «effektives» Verbreitungsgebiet).

Prädator (Praedator; fälschlich oft geschrieben: Predator): Räuber.

Prädisposition: Empfänglichkeit für Krankheiten.

Präimaginalentwicklung: Lebensabschnitt der letzten Stadien im Verlauf der «postembryonalen» Entwicklung, auf die das Schlüpfen der Imago aus der Puppenhaut folgt.

Präpuppe (Praepuppe): Vorpuppe; letztes Larvenstadium mancher Insekten, bei dem schon Flügelanlagen erkennbar werden. Präpuppen bei der Nonne zeigen andererseits am Körperende schon den Puppencharakter, während das Vorderende noch mehrminder Raupenmerkmale aufweist.

«primäres» Schadinsekt: befällt etwa einen gesunden, lebenden Stamm, bei dem – wenn es sich um eine holzzerstörende Insektenart handelt – die kambialnahe Zone noch die erforderliche Feuchtigkeit u. vor allem einen hohen Stärke- u. Eiweißgehalt zeigt. – Siehe aber Ausführungen in der Einleitung. – Gegens.: «sekundäres» Schadinsekt.

Primärparasit: erstauftretender, einen gesunden Wirt befallender Parasit.

Priorität: Vorrecht; für die wissenschaftliche Namensgebung sind internationale Bestimmungen ausgearbeitet, nach denen von mehreren Namen jener Gültigkeit hat, der zeitlich zuerst unter Anwendung der herausgegebenen Bestimmungen veröffentlich wurde.

Produktionsbiologie: beschäftigt sich mit der Aufgabe der Bodenorganismen bei der Ertragssicherung auf den Wirtschaftsflächen.

Prognose: Vorhererkennung des Kalamitätenverlaufes eines Schadinsekts u. Voraussage der zu erwartenden Fraßschäden.

prognath: Mundöffnung u. Mundgliedmaßen nach vorn gerichtet.

Pronotum (Protergum): der vordere, obere, verfestigte Teil des Prothorax.

Pronymphe: wird das 3., mit Flügelanlagen versehene Larvenstadium der Blasenfüße genannt. – Andererseits wird gleichfalls die schlüpfbereite Vorpuppe mit Puppenaugen bei Blattwespen «Pronymphe» genannt. – Siehe auch: «Nymphe».

Prophylaxe: Vorbeugung (Ausdruck wird auch in der Forstpathologie u. im Waldbau verwendet).

«propriorezeptive» Organe: orientieren das Tier über den physiologischen Zustand im Innern seines Organismus.

Protandrie: Erscheinung, daß ♂♂ vor den ♀♀ schlüpfen.

Prothorakalhörner: vordere Respirationsöffnungen bei Puppen.

Prothorax: Vorderbrust.

Protogynie: Erscheinung, daß ♀♀ vor den ♂♂ schlüpfen.

Protuberanz: stumpfer Vorsprung (etwa am Chitin).

Provenienz: bei Waldbäumen spricht man von «Klima- od. Standortrassen», die sich infolge weiter Verbreitung über recht unterschiedliche Klimate od. Standorte herausgebildet haben. In Anbauversuchen mit Saat- od. Pflanzgut verschiedener Provenienz (Herkunft) Erblichkeit derartiger Unterschiede nachgewiesen.

Proventriculus: Vormagen (vielfach auch als «Kaumagen» [wenigstens im vorderen Abschnitt] ausgebildet).

psammophil: sandliebend (etwa in Dünen lebend).

Pseudochrysalis: Scheinpuppe (etwa bei Pflasterkäfern vorkommend).

Pseudofundatrix (bei Blattläusen): unechte Stammutter (siehe Ausführungen bei den Blattläusen).

Ptilinum: Kopfblase, die zum Sprengen des Tönnchens aus einer Spaltlinie an der Stirn der schlüpfenden Imago vorgetrieben wird (bei manchen Fliegen).

Pubescenz: kurze, weiche Behaarung. – Siehe auch Toment.

Punktaugen: siehe Ocellen.

Punktwarzen: kleine, eine kurze Borste tragende Warzen bei Schmetterlingsraupen.

Pupa adectica: Puppe mit fixierten, nicht bewegungsfähigen Mandibeln.

Pupa dectica: Puppe verfügt über Mandibeln mit basaler Artikulation.

Pupa exarata: freigliedrige Puppe (neuer Terminus für «Pupa libera», von HINTON, 1946 eingeführt; siehe «freie» Puppe).

Pupa libera: freigliedrige Puppe (Anhänge stehen frei vom Körper ab).

Pupa obtecta: Mumienpuppe; Fühler-, Bein- u. Flügelscheiden durch erhärtende Exuvialflüssigkeit mit dem Körper verklebt.

Pupa semilibera: «halbfreie» Puppe, d. h. die einzelnen Scheiden (für die Extremitäten) sind nur sehr locker mit dem Puppenkörper verbunden.

«pupale» Entwicklungszeit: Lebensabschnitt des Ruhestadiums.

Puparium: Tönnchenpuppe (letztes Larvenstadium verpuppt sich innerhalb der verhärteten Cuticula des vorletzten Stadiums).

pupicol: Puppenhülle nicht verlassend, auch als Vollkerf von ihr umschlossen.

Pupiparie: Absetzen verpuppungsreifer Larvenstadien.

Puppe: Ruhestadium, das den äußeren Bau des Vollkerfs in groben Umrissen erkennen läßt u. zur Nahrungsaufnahme stets unfähig ist.

Puppenhülle: Kokon.

Puppenhülse: nach dem Schlüpfen eines Vollkerfs die zurückbleibende Kutikula der Puppe.

Puppenwiege (-lager): an den Wänden mit Speichel geglätteter, mit Genagsel od. Seidensekret tapezierter, von der verpuppungsreifen Larve noch hergerichteter Hohlraum in der Bodenschicht, unter Rinde u. dgl., in dem dann die Verpuppung stattfindet.

Pygidium: Analschild, d. h. das letzte, den Hinterleib abschließende Tergit. Beim Maikäfer etwa als «Aftergriffel» vorhanden.

Quirl (Wirtel): der Kronenaufbau ist besonders klar bei der Fichte zu verfolgen; von dem zeitlebens von derselben Wipfelknospe aufgebauten Leittrieb geht jährlich ein Quirl od. Wirtel von Seitenästen ab. Die zwischen zwei Astquirlen am Stämmchen sitzenden Knospen werden als «Zwischenknospen», die Seitenästchen als «Zwischenäste» bezeichnet (Abb. 943).

Radarstrahlen: mittels R. erfolgende Entfernungsmessung u. Objektdarstellung durch kurzwellige Funkstrahlen.

Radionuklide: radioaktive Elemente. Künstl. R. entstehen bei der Spaltung von Atomkernen.

Radius (Abk.: r): dritte Längsader im Insektenflügel.

Rammelkammer (bei Borkenkäfern): Hochzeitskammer am Anfang des Mutterganges.

Randmal (am Flügel): ein verfestigtes, meist verdunkeltes Feld am Vorderrand beider Flügel od. des Vorderflügels.

raptorisch: räuberisch.

rasterelektronenmikroskopische Aufnahmen: die Formenmannigfaltigkeit wird mittels der Elektronenmikroskopie in einem Lebensbereich des Ökosystems dargestellt.

«Rauchschäden»: können in Waldbezirken gelegentlich in der Nähe von industriellen Anlagen beobachtet werden; als Schadensursache kommt in erster Linie die im Rauch enthaltene schweflige Säure in Betracht. Daneben wirken auch schädlich Salzsäure, Schwefelsäure, Fluorwasserstoffsäure, Teerdämpfe usw. Man spricht sogar von «Rauchbeständen». Fichte, Esche u. Birke sind am empfindlichsten. Rauchkranke Bäume: Verfärbung der Nadeln bzw. Braunfleckigkeit der Blätter.

Raumordnung: übergeordnete Planung u. Ordnung d. Raumes.

Raute: «Viereck», vor allem das gleichseitige schiefwinkelige Parallelogramm.

Reflexbluten: zeigen manche Larven bei Störungen; aus Poren oberhalb der Stigmen etwa quillt Blutflüssigkeit.

Refugialregion, Refugialgebiet, Refugium: Areale, in denen während der Eiszeiten Organismen überdauerten. Andererseits aber auch Kleinräume, in denen Pflanzen oder Tiere aus verschiedenen Gründen mehr oder weniger geschützt sind. Hierher werden jetzt auch die bisherigen Grenzstreifen an der ehemaligen Markierungslinie zur DDR gerechnet, da teilweise ein ungehinderter Austausch der Biozönosen in den Biotopen erfolgen konnte.

Regenerationsfraß: Fraßperiode zur erneuten Reifung der Geschlechtszellen bei ♂♂ u. ♀♀ (vorkommend bei Arten mit zwei od. mehreren Bruten).

Regulation: Fähigkeit des Ökosystems zur Aufrechterhaltung des ökologischen Gleichgewichts.

«reife» Larven: sich in Kürze verpuppende Larven.

Reifungsfraß: besondere Fraßperiode, der Ausreifung der Geschlechtsorgane dienend; die dabei erzeugten Fraßbilder oft charakteristisch u. vom Brutfraß unterschiedlich.

Reinbestand: ist aus nur einer Holzart gebildet (Monokultur).

Reisig: berindete Äste u. Zweige (Durchmesser unter 7 cm).

Rekultivierung = Regeneration des entkohlten Landschaftsraumes (Braunkohlentagebau); bei Kippen großer Stahlwerke vornehml. «forstliche» Rekultivierung.

Retinaculum: Chitinlamelle od. Borsten auf der Unterseite des Vorderflügels bei manchen Lepidopteren; mit dem «Frenulum» (siehe dort) zusammen zur Koppelungseinrichtung der Flügel gehörig. – Hymenoptera: ähnl. Heftapparat an den Flügeln.

retraktil: zurückziehbar.

«retropharyngeale» Höhlen: «hinter» (od. besser: dorsal hinter) dem Schlund gelegene Hohlräume (bei Säugern).

rhizophag: Wurzeln fressend.

Rhizosphäre: Wurzelbereich.

rickettsienähnl. Organismen (RLO): fast ausschließlich in lebenden Wirtszellen sich vermehrend; zw. Bakterien u. Viren einzuordnen.

Rindenbrand: siehe Sonnenbrand.

Ringelung (eines Triebes): Nagen eines feinen, geraden, rings um den Trieb laufenden Einschnittes.

Rinnenfraß: Jungraupen greifen etwa eine Nadel von der Fläche an, so daß eine rinnenartige Fraßspur entsteht.

rm = Raummeter (siehe fm).

Rohhumus (-Decke od. -Schicht): wenn erhebliche Pflanzenreste aus verschiedenen Jahren des Nadel- bzw. Laubabfalles dem «Mineralboden» aufliegen, ohne zersetzt zu sein, spricht man von «Rohhumus» (früher fälschlich als «Trockentorf» bezeichnet). [Ausführl. Angaben bei BRAUNS, 1968].

Rostrum: Schnabel (d. i. eine schnauzenartige Verlängerung des Vorderkopfes).

Rotfäule: wird von dem holzzersetzenden Halbsaprophyten *Polysporus sulphureus* (BULL.) FR. (Schwefelporling) erzeugt. Rotfäule an Laubhölzern (etwa Eiche, Pappel, Weide), auch an Nadelhölzern, auftretend.

Rudel: eine Herdenbildung bei Wild; beim Rotwild unterscheidet man etwa die Kahlwildrudel (weibliche Stücke u. schwache Hirsche) u. die Hirschrudel (mittelalte u. ältere Hirsche). Ganz alte Hirsche gehen vielfach allein. Ein setzendes Stück verläßt das Rudel; vor der Brunft lösen sich auch die Hirschrudel auf. (Beim Rehwild spricht man von «Sprüngen»).

Ruderalvegetation: Pflanzen auf Schuttgelände od. Abladeplätzen.

rudimentär: zurückgebildet.

Rückeschaden: Beschädigung am Stammfuß eines noch stehenden Stammes beim Abtransport gefällten Holzes.

Saatkamp: siehe Pflanzgarten.

Saison-Dimorphismus: zwei zu verschiedenen Jahreszeiten auftretende Generationen derselben Art sind etwa in der Färbung unterschiedlich.

saprobiont: sind Insekten, die nur in faulenden Substraten vorkommen.

saprophag: faulende tierische od. pflanzliche Stoffe fressend.

saprophytisch: Pflanzen, auf faulenden organischen Stoffen vorkommend (vor allem Pilze).

Saumbiozönose: Lebensgemeinschaft eines schmalräumigen Übergangsgebietes (etwa eines Waldrandes); zumeist reichhaltige Tierwelt festzustellen, die sich in der Zusammensetzung vom Bestandesinnern wie von der offenen Landschaft unterscheidet (Lit.: RÖSER, 1988).

Saumfeld (auf dem Flügel eines Falters): jener Teil zwischen Außenrand u. äußerer Querlinie.

Scutellum: Schildchen (besonders bei Wanzen u. Käfern ein vorn sichtbares Keilstück zwischen den Flügeldecken).

Scutum: Halsschild (siehe dort).

Segment: Körperring (Segmentierung bedeutet mithin die Aufteilung des Körpers in einzelne Ringe).

«sekundäres» Schadinsekt: wirtschaftlich schädigende Insektenart an bereits anderweitig «geschwächten» (geschädigten) Pflanzen, bei denen etwa schon Störungen od. Unterbrechungen des pflanzlichen Wasserhaushaltes u. dgl.

aufgetreten sind. – Siehe auch: «primäres» Schadinsekt u. Ausführungen in der Einleitung.

Sekundärparasit: befällt nur einen zuvor schon anderweitig geschädigten (geschwächten) Wirt (daher größtenteils auch als «Schwächeparasit» zu bezeichnen).

Selbstregulation: Populationsstärke der Arten in einer Biozönose ist mehr-minder konstant.

semiaquatisch: im feuchten Milieu lebend.

Semipupa: letztes Larvenstadium, bei dem die pupalen Anlagen unter der Larvencuticula durchschimmern.

Sexualdimorphismus: siehe Geschlechtsdimorphismus.

Sexuparae: parthenogenetisch entstandene Generation der Blattläuse, aus deren Eiern dann aber die Geschlechtstiere (die sexuale Generation) entsteht.

Siebröhren (bei Pflanzen): werden gebildet aus lebenden Zellen des Leitgewebes u. dienen dem Transport organischer Stoffe.

Sipho: Atemröhre (bei aquatischen Insektenlarven zur Zuleitung der Außenluft an das Tracheensystem).

Siphunculi: Rückenröhren am Hinterleib der Blattläuse, aus denen wachshaltiges Sekret (kein «Honigtau») austritt.

Sistentes (bei Blattläusen): Wintertiere bei besonderen parthenogenetischen Generationsreihen.

Skelettierfraß: zwischen den «Blattadern» wird Blattsubstanz herausgefressen; Rippen bleiben erhalten.

skulpturiert: auf dem Chitin sind Furchen, Leisten, Löcher od. Dornen erkennbar.

Solitärbienen: die einzeln lebenden Blumenwespen (i. Gegensatz zu den gesellig lebenden Formen der Hummeln u. Honigbienen).

Somatolyse: Körperauflösung (durch Färbung, Streifung usw. einen relativen Schutz gegen Feinde gewährend).

Sonnen-(Rinden-)brand: infolge Erhitzung durch direkte Sonnenbestrahlung (über 50 °C) erfolgendes Absterben der Rinde am Schaft; vorkommend vor allem bei dünnrindigen Holzarten (Buche, Fichte, Tanne, Weymouthskiefer) am Bestandesrand od. bei plötzlicher Freistellung.

Sortiment: Hölzer gleicher Beschaffenheit und gleicher Art faßt man zu Sorten zusammen. Schon im Bestande spricht man je nach der Stärke des Holzes daher von starken od. schwachen «Sortimenten».

Sozialbrache: nicht mehr unter dem Pflug stehende Landbauflächen od. nicht mehr genutzte Wiesen- u. Weideflächen – bei Vorliegen vorwiegend sozioökonomischer Gründe auch als «Wohlstandsbrache» bezeichnet (siehe auch: «Strukturbrache»). Andernorts werden unter S. auch die ausgeschiedenen Nutzflächen verstanden, die keiner anderen Verwendung (u. a. Besiedlung, Verkehrswege, Industrieanlagen) zugeführt werden konnten (BRAUNS, 1985).

Spätfrost: zu Ausgang des Winters nach dem Austreiben der Pflanzen auftretende Nachttemperaturen unter o °C, die durch Abtöten junger Triebe, Blüten, Blätter, Nadeln der Pflanze Nährstoffkapital entziehen (Rückgang des Wachstums; Vernichtung des Samenansatzes). Sehr empfindlich u. a. Tanne, Eiche, Buche... Fichte; weniger empfindl.: Lärche, Ahorn; frosthart: Ulme, Aspe, Erle, Birke, Kiefernarten (außer Jährlingen).

Spättreiber: spät im Frühjar erst austreibende Rasse einer Holzart (etwa «Spätfichte»).

Spannweite (bei Schmetterlingen): Entfernung von Flügelspitze zu Flügelspitze bei ausgebreiteten Flügeln, über den Körper hinweg gemessen (im Schrifttum wird vielfach ein anderes Maß angegeben u. zwar die Vorderrandlänge eines Vorderflügels, gemessen von der Flügelwurzel bis zur Flügelspitze).

Spanpolsterwiege («Span-Nest»): Puppenlager aus grobgeraspelten Holzspänchen. – Siehe auch: Puppenwiege.

Spatula sternalis: Brustgräte, Brustspatel (bei manchen Gallmückenlarven).

spec. (Abk. für Species): nicht näher bestimmte Art der angeführten Gattung.

Spermatheca (= Receptaculum seminis): Kapsel an den weiblichen Geschlechtswegen zur Aufnahme u. Speicherung der männlichen Geschlechtszellen.

Spiegelflecken (bei Schmetterlingsraupen): lebhaft gefärbte Haarpolster auf den Körperringen.

Spiegelraupen: Eiraupen (etwa der Nonne), die nach dem Schlüpfen noch eine Zeit lang dicht beieinander u. bei den Eischalen sitzen. Von älteren Lepidopterenraupen werden auch «Häutungsspiegel» gebildet.

Spiegelrinde: wird die glatte Rinde bei der Eiche genannt gegenüber der rissigen, rauhen Borke.

Spiegelzelle (auch nur «Spiegel» od. «Schallmembran» genannt): an der Basis beider Deckflügel befindliche, schallverstärkende, von kräftigen Adern umgebene Membran (bei Locustidae u. Gryllidae).

spinal: (eigentl. zum «Rückgrat» gehörig) in der Entomologie: dorsal mittelständig (etwa eine Chitinplatte bei Blattlaus-Junglarve).

Spindel (beim Zapfen): Mark.

Spirakula (Spiracula): Atemöffnungen (Stigmen).

Splint: gegenüber dem Kernholz ist der Splint heller gefärbt u. umfaßt die äußeren Holzschichten, die aus den letzten Jahresringen bestehen u. noch lebende Zellen enthalten. – Siehe auch: Bast-Splintzone.

Sporangium: Sporenträger (vorkommend bei manchen Pilzen, vielen Algen, Moosen u. Farnpflanzen).

Subdorsalstreifen: Längsstreifenzeichnung bei Schmetterlingsraupen, vielfach für die Bestimmung wichtig. Bei vollständiger Zeichnung finden sich folgende längsverlaufende Streifenanlagen vor: Dorsale (median auf dem Rücken), Subdorsale, Suprastigmale (über den Stigmen), Stigmale [doppelt], Basale, Subbasale, Supraventrale u. schließlich Ventrale [doppelt]. Durch Auflösung in Flecken od. Verschmelzung der primären Streifen usw. können recht verschiedene Zeichnungstypen entstehen.

Subcosta: meist unmittelbar hinter Vorderrandader u. parallel zu dieser verlaufende Ader im Insektenflügel.

subkutan (subcutan): unter der Haut vorkommend.

subterran: in den Erd-(Boden-)schichten vorkommend.

Sukzession: Befallsfolge (so haben etwa Holzinsekten ein ausgeprägtes Wahlvermögen gegenüber dem Zustand des Holzes; die Gruppen lösen sich gegenseitig ab) – od. allgem.: zeitlich aufeinanderfolgende «Aspekte» einer Lebensgemeinschaft.

Superparasitismus: Erscheinung, daß ein parasitierter Wirt mehr als einen Schmarotzer (aber der gleichen Art) in sich birgt [überzähliger Parasitismus]. – Gegens.: Coparasitismus.

Symbiose: Zusammenleben von verschiedenen Arten, bei dem beide Partner aus dem gegenseitigen Verhältnis Nutzen ziehen.

synanthrop: kulturgebunden.

Synchronismus: beim Fluge die gleichzeitige Bewegung der Flügel (oder bei den Dipteren der Flügel u. der Halteren).

Syndrom: gleichzeitiges Auftreten von Krankheitserscheinungen; da die für ein Krankheitsbild typischen Symptome zusammen auftreten, spricht man auch von einem «Syndrom-Komplex» (= vielschichtiges Krankheitsgeschehen).

Synökologie (Biozönotik): Lehre von den Umweltbeziehungen der Organismengemeinschaften.

synonym: wird in der Systematik eine zweite, wissenschaftliche Bezeichnung genannt, die ein- u. derselben Art (Gattung od. Familie) zugeschrieben wird. Dabei können zwei Möglichkeiten vorliegen: entweder wird das Synonym eigentlich heute nicht mehr angewendet, zur Orientierung u. zum Vergleich mit Artnamen in älteren Bestimmungsbüchern jedoch noch beigegeben; oder aber in der Zwischenzeit ist für eine allgem.-bekannte Art jetzt an sich schon ein neuer Name gültig, hat sich freilich (vor allem in der angewandten Disziplin) noch nicht durchgesetzt, so daß beide Bezeichnungen aufgeführt werden.

Schabefraß: Eiraupen schaben vielfach mit ihren noch nicht so robusten Mundwerkzeugen nur oberflächliche Zellen eines Pflanzenteiles ab.

Schadgebiet: regionale Abgrenzung von einem Waldgebiet, in dem eine Art «vereinzelt Schäden verursacht» (SCHWERDTFEGER, 1981).

Schälstellen (des Rot- u. Damwildes): unterscheidet «Stammschäle» = Abnagen der Rinde an Stämmen u. Wurzelschäle = Abnagen der Rinde an offenliegenden Wurzeln).

Schaft: Stammregion eines Einzelbaumes.

Schalenwild: hierher gehörig das wiederkäuende u. (Schwarzwild) nicht-wiederkäuende Wild.

Schartenfraß: der Fraß setzt am Blatt- od. Nadelrande an; Fraßbild zeigt halbkreisförmig ausgeschnittene Bögen, die zusammenfließen.

Scheibe (beim Halsschild von Käfern): die dorsale Mitte des Scutums.

Scheitholz: auch «Klobenholz» genannt, ist längsgespaltenes, aufgestapeltes Brennholz.

Schicht(nutz)holz: ist im Schichtmaß aufgearbeitetes u. nach Raummetern berechnetes Nutzholz («Rundhölzer» auch hierher gehörig).

Schild (bei den Schildläusen): der über den abgelegten Eiern absterbende Körper des Cocciden-Weibchens.

Schildchen: siehe Scutellum.

Schirm: von «Erziehung unter Schirm» spricht man in der Forstwirtschaft u. a. bei natürlicher Bestandesbegründung unter Bäumen, von denen die Besamung der Fläche erwartet wird.

schizophag: von zerfallenden, organischen Stoffen fressend (sich ernährend).

schizophytophag: von zerfallenden, toten Pflanzenteilen fressend (lebend).

schizozoophag: von zerfallenden, toten Stoffen tierischen Ursprungs fressend (lebend).

Schlaffsucht: Polyederkrankheit der Schmetterlingsraupen; äußerlich erkennbar am unruhigen Umherkriechen. Vielfach spinnen sich die Raupen ab. Weit häufiger klettern sie aber (z. B. die Nonne in Fichtenbeständen) in die Wipfel der Stämme («Wipfelkrankheit»), drängen sich zusammen, fressen nicht mehr und hängen hier, nur mit einigen Füßen angeklammert, schlaff an Trieben u. Nadeln. − Nicht verwechseln mit der «Flacherie» (flache = schlaff); dies ist eine polyederfreie Krankheit der Seidenraupe. − Siehe Polyedrose.

Schleier: Spinntätigkeit von Raupen über Astsparren hinweg.

Schliere: streifige Stelle.

Schluß: beim Übergang vom Dickungs- zum Stangenholzalter tritt ein Bestand in den sogen. «Schluß», d. h. die Einzelstämmchen stoßen mit ihren Kronen aneinander u. greifen sogar ineinander über. Gleichzeitig beginnt damit das Absterben der unteren Äste.

Schnabel (etwa bei Wanzen): siehe Rostrum.

Schneise: bei der Einteilung des Waldes in Wirtschaftsfiguren ein bis 35 m breiter «Leerstreifen», der gelegentlich landwirtschaftlich genutzt wird. Heute werden u. a. aus jagdwirtschaftlichen Gründen auch «Äsungsschneisen» für das Wild, die gleichzeitig die Waldaufschließung fördern, nach gründlicher Bodenbearbeitung geschaffen (VOLKERT, 1961).

Schonung: natürlich od. künstlich entstandener Jungbestand, gegen Verbeißen durch Wild oder gegen Betreten durch den Menschen meistens durch Eingatterung geschützt. − Siehe Gatter.

Schuppen (bei den Schmetterlingen): abgeplattete echte Haare, die in einer Schuppentasche stecken. Schuppenbekleidung im übrigen noch vorkommend bei Dipteren (etwa *Culex* spec.), bei Collembolen, Lepismatiden usw.

Schwären: nach Verletzungen an alten Bäumen tritt meist schleimiger Saftausfluß auf; in dem Schleimfluß siedeln sich Bakterien, Pilze usw. an. Die Ausflußstellen werden mancherorts «Schwären» genannt. − Siehe microphag.

Schwammgewebe: (in den Blättern): bei einem Querschnitt durch ein Buchenblatt folgt auf die Epidermis der Oberseite das Palisadenparenchym (siehe dort), die sogen. Trichterzellen, dann das Schwammparenchym (od. -gewebe) u. schließlich die Epidermis der Unterseite.

Schwanzgabel: bei manchen Zahnspinner-Raupen zu zweispitzigen Anhängen umgewandelte Nachschieber.

Schwanzhorn: siehe Afterhorn.

Schwanzkiemen: blattartige Tracheen (etwa bei manchen Libellenlarven).

Stabilität: «bezeichnet die Fähigkeit eines Ökosystems, Störungen zu widerstehen oder nach einer Störung wieder zum ursprünglichen Organismenbestand, Energie- und Stoffhaushalt zurückzufinden» (BICK, 1989).

Stachelscheiden (etwa bei Schlupfwespen): Hilfsapparat zum Schutz des oft sehr langen Legestachels.

Stammform (od. Stammart): gelegentlich in der entomologischen Literatur im Sinne der «Nominatform» gebraucht, also mehr nomenklatorisch.

Stammraumklima (Altbestand): ist ausgezeichnet durch große Gleichförmigkeit der Temperaturen, fehlende Strahlung, hohe Luftfeuchtigkeit u. geringe Windgeschwindigkeiten. Deutliche Unterschiede gegenüber dem «Freilandklima» (siehe dort) lassen sich naturgemäß auffinden. Beispiel: Buchenbestand; im Winter kein Temperaturunterschied; im Vorfühling ungehindertes Eindringen der Sonnenstrahlung, infolge Luftruhe zw. Stämmen u. Astwerk, Stammraum etwas wärmer; Temperaturunterschied am größten im Juli bei dichter Belaubung.

Stammscheibe: eine Holz-Scheibe im Stirnschnitt.

Standort: Lebensstätte, die durch eine bestimmt-geartete Bestockung, zugleich aber auch durch besondere Wärme-, Feuchtigkeits- und Bodenverhältnisse usw. gekennzeichnet ist.

Standortklima: je nach den Bestandestypen unterschiedlich. In der neu begründeten **Kultur** ist etwa das bodennahe Klima jenem einer nackten Bodenoberfläche gleich. Kommt die Kultur zum «Schluß», dringt ein beträchtl. Teil der Sonnenstrahlung nicht mehr bis zum Boden durch (besonders werden die schädigenden hohen Temperaturen zur Mittagszeit an der Bodenoberfläche abgemildert). In der **Dickung** erfolgt die Aufnahme der zugestrahlten Sonnenwärme u. die Wärmeabgabe bei Nacht an der Vegetationsoberfläche (die tägl. Temperaturgegensätze sind noch mehr gemildert, der Wasserhaushalt günstiger). Beim **Stangenholz** befindet sich zwischen äußerer tätiger Oberfläche u. der Bodenfläche ein Luftkörper, der charakterisiert ist durch größere Luftruhe u. hohe Luftfeuchtigkeit. Im **Altbestand** ist die Luft im vergrößerten Innenraum (infolge der Astreinigung und der Durchforstungen) wieder beweglicher; es zeichnen sich drei Zonen ab: der Kronenraum mit der äußeren tätigen Oberfläche, der Stammraum (siehe Stammraumklima) u. der Wurzelraum od. Boden.

Standpflanzen: «Aufenthaltspflanzen» für manche Insektenarten gegenüber den «Fraßpflanzen».

Stangenholz: Wuchsklasse eines Hochwaldbestandes vom Beginn der natürlichen «Bestandesreinigung» (fortschreitendes Absterben der unteren Äste) bis zur durchschnittlichen Stammstärke von 20 cm in Brusthöhe (1,30 m über der Bodenoberfläche).

Stemmata: Lateralozellen der Holometabolenlarven.

stenophag: an bestimmte Qualität der Nahrung angepaßte Tiere (etwa Larven der «Trichterroller» unter den Rüsselkäfern) od. wählerisch bezüglich der Wirtswahl (Gegens. euryphag = meist polyphag).

Sternit: Einzelstück des sklerotisierten, ventralen Sternums.

Stigma (Spiraculum): Außenöffnung des Tracheensystems.

Stimulationsorgane: sind nach v. BUDDENBROCK Sinnesorgane, die den Erregungsspiegel des Nervensystems erhöhen u. damit die Bereitschaft zu Reaktionen heraufsetzen.

Stirnaugen: siehe Ocellen.

Stirnholz: jene Holzsubstanz, die bei einem Stammquerschnitt («Stirnschnitt») auf einer «Stammscheibe» sichtbar ist u. den Verlauf etwa von Fraßgängen im Bereich der Jahresringe zeigt.

Stock (Stubben): die nach dem Fällen des Stammes im Boden verbleibende Basis des Baumes mit dem Wurzelsystem.

Stockausschlag: Ausschlagbildung aus dem Stocke (vorkommend u. a. bei Eiche, Hainbuche, Erle, Ulme, Ahorn; demgegenüber neigen Buche, Fichte u. Kiefer kaum zu dieser vegetativen Vermehrung). Stockausschläge der Eiche sind dem «Kernwuchs» (aus Samen) während vieler Jahre im Wachstum überlegen.

Stomatotheca: Rüsselscheide (bei Puppen).

Strahlenfraß: typische Fraßfigur mancher Rüsselkäfer; bei Ablage mehrerer Eier an einer Rindenstelle gehen von dieser Stelle die Larvengänge strahlenförmig auseinander.

Stratum (Mehrz.: Strata): vertikale Schicht innerhalb eines Lebensraumes (etwa Kronen-, Strauch- u. Krautschicht; Förna usw.; vgl. TISCHLER, 1949 u. 1955).

Strauchschicht: Vegetationsschicht innerhalb eines Bestandes, in der die Sträucher vorherrschend sind. Ihr gehören auch junge Stämme an, die in die Kronenschicht noch nicht hinaufreichen.

Stressoren (Streßfaktoren): sind etwa auf Pflanzen wirksame Luftschadstoffe; hierher gehören aber auch extreme Witterungseinflüsse oder Krankheitserreger.

Streu (Fallstreu): Bestandesabfall, der infolge seiner Schichtung auch als Streudecke, -schicht od. Fallaubschicht bezeichnet wird.

Stridulation: Fähigkeit mancher Insekten, mittels besonderer Integumentbildungen, Zirplaute zu erzeugen.

Strukturbrache: Aufgabe der Landnutzung aufgrund schlechter Betriebsstruktur (Kleinbesitz, Parzellengröße, Flurzersplitterung etc.) (BRAUNS, 1985).

Strukturfarben: physikalisch bedingte Farben (Schillerfarben, metallische Färbungen).

Stürzpuppe (bei Schmetterlingen): frei am Aftergriffel aufgehängte Puppe (also mit Kopf nach unten).

Styli: griffelartige Anhänge (Rest ehemaliger Beinanlagen an Hinterleibsringen) – etwa bei Thysanuren.

«tachinierte» Raupe: mit Raupenfliegen-Eiern äußerlich belegte Raupe.

«tachinöse» Raupe: Raupenfliegen-Lärvchen haben sich bereits eingebohrt.

Tachinose: Parasitierung durch Raupenfliegen (Tachinid.; Dipt.).

taktil (tactil): zum Tastsinn gehörig (etwa «taktile» Borsten).

Tarsus: Fuß (bei den Imagines vieler Ordnungen 5gliedrig; aber insgesamt unter den Insekten alle Übergänge vertreten: 1-5 Tarsenglieder. Bei Larven kommen auch Verschmelzungen mit der Schiene vor (bei manchen Coleopteren-Larven).

Taxonomie: jene Disziplin, die sich mit den Grundsätzen der Ordnung aller Organismen in ein System beschäftigt (mithin vielfach gleichgesetzt dem Begriff «Systematik»). Heute soll die T. allein die phylogenetische Systematik umfassen (HENNIG, 1950).

«technischer» Holz-Schädling: Schadinsektenart etwa in Lagerholz, in verbautem Holz usw., die die technische Verwendbarkeit des Holzes beeinträchtigt.

Tergit: Einzelstück des sklerotisierten, dorsalen Tergums.

Terminalfilament: Schwanzfaden (gegliederter Anhang des 11. Abdominaltergits).

Terminaltrieb: Endtrieb – Terminalknospen = Endknospen.

termitophil: werden Insekten od. deren Larven genannt, wenn sie zu Termiten irgendwelche Beziehungen haben.

terrestrisch: in Landbiotopen vorkommend (Gegens.: aquatisch).

terricol: bodenbewohnend.

Teufelsfratze: bei einigen Zweiflüglerlarven vorkommend. Das abgestutzte Hinterleibsende mit fleischigen u. charakteristisch chitinisierten Fortsätzen kann aufgestülpt werden, so daß die beiden dunkel sklerotisierten Stigmenplatten wie «Augen» aufleuchten (etwa bei Tipuliden-Larven).

Thelytokie: besondere Erscheinung der parthenogenetischen Fortpflanzung: die unbefruchteten Eier ergeben nur ♀♀.

thermophil: wärmeliebend.

Thigmotaxis: je nach den unterschiedlichen Reizen u. der daraufhin erfolgenden Orientierung des Insekts kann man verschiedene Taxien (Ortsbewegungsreaktionen) unterscheiden; Thigmotaxis ist die Berührungsreaktion (die Organismen schmiegen sich einer Fläche eng an).

Thorax: Brust (Thorakalbeine = Extremitäten der Brustabschnitte).

Tibia: Schiene. – Siehe auch unter: Tarsus.

Toment: feine Chitinbehaarung (ähnlich einem Polster); «tomentierte» Regionen oft als Flecken erkennbar (vgl. Pubescenz).

Tracheen: Luftröhren der Insekten.

Tracheenkiemen: faden- od. blattförmige, verzweigte od. unverzweigte Anhänge aquatischer Insektenlarven, reich mit Tracheen versorgt u. für den Gasaustausch verantwortlich.

Tracht: siehe Beispiel unter: Habitus.

Traufbereich: Bodenbezirk im Bereich der Baumkrone; beim Bestand als ökologischer Einheit werden als «Trauf» auch die Randstämme bezeichnet, die als Windmantel den Windschutz übernehmen.

Tribus: systematische Ordnungseinheit (Mehrzahl [oft] = Triben), vielfach eingeschaltet zwischen Familie u. Gattung.

Trichogrammierung: Parasitierung durch Eiparasiten *Trichogramma* spec. (Chalcidid.; Hymenopt.).

«Triungulinus»-Stadium: siehe Hypermetamorphose.

trockenresistente Formen: gegen Trockenheit (im Biotop, im Substrat) widerstandsfähige Arten.

Trophobiose: Erscheinung der Wechselbeziehungen zwischen Ameisen u. Pflanzenläusen.

Tuberkel (etwa bei Schmetterlingsraupen): Hautbuckel (Hauthöcker).

Turgor (bei Pflanzenzellen): der Innendruck gegen die Zellwand.

tychozön: ist eine Art, die in mehreren durch bestimmte Faktoren einander ähnlichen Biotopen optimal entfaltet ist (nach TISCHLER, 1949).

Tympanalorgan: Gehörorgan bei Insekten (aus speziellen Elementen zusammengesetzt).

Ubiquisten: siehe «ubiquitäres» Vorkommen.

«ubiquitäres» Vorkommen: Auftreten in verschiedenen Lebensräumen.

Überflug: bei Ferninfektion, weit entfernt vom etwaigen Befallsgebiet, wird ein «Überflug» der geflügelten Stadien angenommen.

Überhälter: beim Abtrieb eines Bestandes werden einzelne Stämme oder Gruppen bzw. Horste von ihnen bis zu höherem Alter belassen mit dem Wirtschaftsziel, Starkholz bei der Aufzucht des neuen Bestandes gleichzeitig zu erziehen oder mit der Absicht, die zum Samenschlag bestimmten Mutterbäume zur Mastnutzung (Wildfutter) in die Verjüngung einwachsen zu lassen. Überhalt fast immer mit gewisser Gefährdung verbunden (Windgefahr; dünnrindige Holzarten [etwa Buche] zeigen leicht Rindenbrand nach Freistellung usw.).

Überliegen: merkwürdige Erscheinung des Einschiebens einer gegebenenfalls sogar Jahre anhaltenden Latenzzeit bzw. der Verpuppung nur eines Teiles der reifen Larven.

überständig: siehe «Unterbau».

Überwallung: wulstartige Überwachsung von größeren Wundstellen an älteren Stammteilen (etwa bei «Schälwunden»).

«ulzeröse» Geschwüre: krebsartige Wucherungen an der Baumrinde mit starkem Saftausfluß.

Umweltschutz: alle Maßnahmen zur Sicherung der Umwelt des Menschen – dabei gilt es, Eingriffen durch Auswirkungen des ständig sich erweiternden, technischen Fortschritts zu begegnen, Nachteile oder Belästigungen, die aus solchen Eingriffen entstehen, zu beseitigen und durch sachgerechte Planung schon im voraus Schäden irgendwelcher Art zu vermeiden. Umweltschutz und Forstschutz berühren sich in ihren Interessen beispielsweise bei etwaigen Maßnahmen einer chemischen Schädlingsbekämpfung oder Standortberührungen zwischen Waldbeständen und gewissen Industriebetrieben [siehe «Rauchschäden»] (weiterhin: LEIBUNDGUT, 1971; OLSCHOWY, 1971).

Umweltwiderstände: Faktoren biotischer u. abiotischer Natur, die einer jeden übermäßigen Populationsbewegung entgegenstehen.

univoltin: jährlich einmal auftretende Art.

Unterbau: Erziehung einer Holzart (etwa Buche) unter dem «Schirm» einer anderen (etwa Eiche). Die Anzucht eines jüngeren Bestandes (einer «unterständigen» Holzart) unter einem älteren Oberbestand (einer «überständigen» Holzart) wirkt sich günstig u. a. in der Bodenpflege aus.

«unterdrückte» Fichten: kommen Fichte u. Buche etwa in der Jugend einzeln gemischt vor, wird jede Holzart «herrschend» sein, die zuerst ein geschlossenes Kronendach erzeugt. Schließen sich die Buchen zuerst (sind sie «vorwüchsig»), gelingt den Fichten nicht mehr der Durchbruch durch deren Kronendach, sie bleiben «unterdrückt».

«unterständige» Holzart: siehe «Unterbau». – Man spricht übrigens nicht allein von unterständigen Holzarten, sondern allgemein auch von «unterständigen Pflanzen» (etwa Farn usw.).

Unterwuchs: darunter versteht man alle unter dem «Schirm» einer bestandesbildenden Holzart sich vorfindenden gras-, kraut- u. strauchartigen Gewächse. An Gräsern etwa in lichten Nadelholzbeständen: Gramineen, Riedgräser u. Binsengewächse; an krautartigen Pflanzen (beispielsweise in lichten Kiefernbeständen) der Rote Fingerhut u. schließlich an Sträuchern Zwergsträucher u. auch Brom- u. Himbeere.

Uterus: bei den Säugetieren = Gebärmutter; bei den viviparen Insekten ist jedoch die Vagina (Scheide) erweiterungsfähig («Vaginalträchtigkeit»). In den oberen Teil des «Uterus» münden mütterliche Anhangsdrüsen zur Ernährung der Larven ein, die ihrerseits oft wieder mit einem komplizierten Saugapparat ausgestattet sind.

Vagina: Scheide (siehe dazu aber auch: «Uterus»).

Varietät: Individuen einer Art, die sich in gerinfügigen Abänderungen von dem Typ der Nominatart unterscheiden (etwa «Farbvarietät» usw.).

Vegetabilien: allerlei Nahrungsstoffe, die aus dem Pflanzenreich stammen.

Vegetationsperiode (-zeit): überall, wo infolge der Klimaperiodizität ein Wechsel stattfindet zwischen einer dem Pflanzenwachstum günstigen u. einer ihm mehrminder ungünstigen Jahreszeit, entspricht diesem Wechsel auch eine Periodizität der Lebensvorgänge der Pflanzen. Man spricht daher von einer Vegetations- u. von einer Ruheperiode.

Vektor = zur Vermittlung von Virusinfektionen bei Pflanzen befähigt.

Vena spuria: Scheinader (chitinisierte Falte) im Flügel vieler Schwebfliegen.

ventral: bauchwärts gelegen (Gegens.: dorsal).

ventrolateral: zur Bauchseite hin u. seitlich (an der «Flanke» des Körpers).

Verdichtung: des Bodens durch Zerstörung der Poren. Verhärtung folgt, wenn Wasserfilme zw. Bodenteilchen an Stärke abnehmen.

Verjüngung: Bestandesgründung auf altem Waldboden; natürliche V. (Besamung vom Mutterbestand aus od. Ausschlag an Teilen des Vorbestandes [u. a. Wurzeln, Stock]), künstliche V. (durch den Menschen mittels Saat od. Pflanzung nach Bodenvorbereitung usw.).

Verknüpfungsgefüge: diagrammatische Darstellung biozönotischer Befunde.

«verlichteter» Bestand: wenn im mittelalten u. älteren Bestande größere Bestandesunterbrechungen (Blößen; siehe dort) vorkommen; von «verlichteten» Beständen spricht man etwa bei Absterben ganzer Stammgruppen nach Insektenbefall.

Vertilgerkomplex (Vertilgerkreis): Zusammenfassung aller biotischen Feindfaktoren, die durch ihre Einwirkung das Verhältnis der Geschlechter u. die Eiproduktion u. damit auch die Fruchtbarkeit der Population beeinflussen. Zu ihnen gehören Räuber, Parasiten u. Krankheitserreger (Viren, Bakterien, Pilze usw.).

Virgines: im Generationszyklus der Blattläuse eingeschlechtlich geborene u. sich in gleicher Weise fortpflanzende Individuen.

virginopar: sind Läuse, die «Virgines» parthenogenetisch hervorbringen.

Virulenz: Giftigkeit eines Krankheitserregers.

Viruskrankheiten (Virosen): siehe Polyedrose.

«visuelle» Schutzanpassung: «erscheinungsbildliche» Schutzanpassung, allein gegenüber «Augentieren» wirksam.

vivipar: lebendgebärend (bei den Insekten hat die «Viviparie» nicht die gleiche Bedeutung wie bei den Säugetieren; bei den Insekten findet die Entwicklung des Eies im mütterlichen Organismus statt u. dann erfolgt das Absetzen zumeist von Larven auf einem verschieden fortgeschrittenen Stadium) [Lit.: Brauns, 1959].

Vollumbruch: ein Verfahren, das bei starkem Gras- u. «Segge»-Wuchs od. gegen den Engerling angewendet wird. Es soll damit die Vernichtung der lebenden Bodendecke erreicht werden.

Vorpuppe: siehe Präpuppe.

«vorwüchsige» (Buchen): siehe angezogenes Beispiel bei «unterdrückte» (Fichten).

Wald-Feldbau: landwirtschaftliche Zwischennutzung (als Maßnahme zur Gesundung biologisch gestörter Waldböden).

Waldkrankheiten: Lehre von den Waldkrankheiten = Forstpathologie. «Sie ist das Gegenstück vom gesunden Wald und seiner Behandlung, zum Waldbau» (SCHWERDTFEGER, 1981).

Waldränder (stabile W.): betrifft die Schaffung sturmfester Träufe.

Waldschadensinventur: in modernem Verfahren, basierend auf der Ausnutzung bestehender Reflexionsunterschiede zwischen ungeschädigten u. geschädigten Bäumen, werden Luftaufnahmen von ganzen Waldteilen hergestellt und nach vorgegebenen Auswertungsdaten bearbeitet. Mittels dieser neuartigen Methodik der terrestrischen Waldschadensinventur durch sogen. Fernerkundung lassen sich heute aktuelle Bestandeserhebungen durchführen u. die Schadensanteile errechnen.

Wanderfalter: «Schmetterlingsarten, die aus ihrer Heimat mehr oder weniger regelmäßig oder nur als seltene Irrgäste Wanderungen in andere Gebiete unternehmen» (WARNECKE, 1958).

Wanderfeldbau: «Busch-Feld-Wechsel-Wirtschaft» (= shifting cultivation») in den Tropen – alle 3 bis 5 Jahre werden ein Waldgebiet gerodet, das Pflanzenmaterial verbrannt und die Feldfrüchte in die Asche gepflanzt.

Warnfärbung: Lehre von der W. besagt, daß giftige, ekelhaft schmeckende, mit einem Stachel versehene od. anderweitig ungenießbare Insekten besonders dann von Insektenfressern gemieden werden, wenn sie durch grelle Farben gekennzeichnet sind.

Wasserhaushalt: Wasserbilanz in einem bestimmten Anbaugebiet auf einem bestimmten Boden.

Weichhölzer: Bezeichung geht zurück auf Einteilung nach Härtegraden. Sehr weiche Hölzer sind u. a. Fichte, Schwarzpappel, Weymouthskiefer, gem. Kiefer, Linde, Tanne. Weiche Hölzer: Lärche, Erle, Douglasie, Weide u. Birke. Gegens.: Harthölzer.

Weidenheger: der Betrieb eines «Weidenhegerniederwaldes» dient zur Erzeugung von Ruten zur Korbflechterei (in Überschwemmungsgebieten der Flußauen, aber auch außerhalb von Waldgebieten auf Wiesen u. Weiden, an Teichrändern usf.).

Weißfäule: vorwiegend an Laubholz. Bezeichnung nach der Verfärbung der Substanz, die durch die wundparasitischen Pilzarten hervorgerufen wird. Eine derartige mehrminder rasch verlaufende Form der Holzzersetzung ruft u. a. der echte Zunder- od. Feuerschwamm (*Polyporus fomentarius* FR.), sehr häufig an Buche u. anderen Laubhölzern, hervor.

Wiederbegrünung: Reproduktion des Blattwerks oder der Nadeln nach Fraßschaden durch Insekten.

Wildbett: Lokalität im «Einstand», wo sich das Wild niedertut.

Wildfutterraufe: Anlage zur Wildfütterung in Notzeiten.

Windbruch: Stämme werden über der Bodenoberfläche regelrecht gebrochen.

«windexponierte» Holzarten: sind solche Forsthölzer, die in windausgesetzten Lagen (auf Bergrücken, an der Meeresküste u. dgl.) stocken; bereits schwächere, aber ständige Winde können den Boden austrocknen, Bodenkohlensäure, Luftfeuchtigkeit u. Wärme fortführen, Bodenstreu wegwehen usw. Folgen sind Zuwachsrückgang, Kümmern junger Bestände, Abschrägung des Bestandesdaches usw.

Windwurf: Stämme werden mit Wurzelteller geworfen.

Winterlager: Überdauern der kalten Jahrezeit im heimischen Faunengebiet in besonderen Verstecken od. eigens hergerichteten Höhlungen usf. (vgl.: Puppenwiege).

Winterstarre: Überdauern der ungünstigen Jahreszeit in einem starreähnlichen Zustand.

Wipfelkrankheit: siehe Schlaffsucht.

Wirtelhaar: Haar mit Seitenästen in jeweiligen Quirlen.

«wüchsige» Lärchen: auf waldbaulich guten Standorten im Wachstum vorankommende Lärchen («frohwüchsig»).

Wurzelhorizont: je nach dem Verhältnis der Haupt- u. Seitenwurzeln im Bau der Wurzelsysteme gibt es verschiedene Abwandlungen (Pfahlwurzelsystem [Kiefer; Eiche], Flachwurzler [Fichte] usw.). Als Wurzelhorizont wird etwa jene Ebene bezeichnet, in der die Hauptseitenwurzeln mit ihren Nebenwurzeln verlaufen.

xerophil: trockenliebend.

xylophag: holzfressend.

Zellulase: zellulosespaltendes Ferment, durch das pflanzliche Zellwände aufgelöst werden können.

«Zönotischer» Konnex: von Zönose spricht man bei einer «Kleingemeinschaft», etwa eine «Choriozönose» ist die Bevölkerung eines Buchenstockes usw. Ein «zönotischer Konnex» bringt also vorwiegend die Verknüpfungsbeziehungen, die in einem Teilbezirk der Lebensstätte vorherrschen, etwa in der Krautschicht usw. – Siehe auch: Konnex.

zoodetritivor: tierischen «Detritus» fressend.

zoonecrophag: von toten, frischen Tierleichen sich ernährend.

zoosaprophag: von faulenden, tierischen Substanzen lebend (Aasfresser).

Zoozönose: tierischer Anteil einer Lebensgemeinschaft.

Zuwachs: Zunahme der Holzmasse während einer «Vegetationsperiode» (vom Forstmann in Festmetern gemessen). Man spricht vom Zuwachs des Einzelbaumes (wobei etwa vornehmlich der «Schaftholzzuwachs» interessiert), von «Stärkenzuwachs» (beim Vergleich der Jahrringbreiten), von «Lichtungszuwachs» (bei Freistellung eines Baumes [Überhälter]), «Massenzuwachs» auf einer größeren Bestandesfläche (wird nach festgestellten Durchschnittswerten aus Ertragstafeln entnommen u. ist je nach Bestandestyp u. Durchforstungsart unterschiedlich). Je besser nun ein Standort ist, desto größer ist der Zuwachs, desto höher wachsen auch die Stämme, so daß man auch von einem «Höhenzuwachs» spricht. Der Zuwachs ist im übrigen von den verschiedensten Faktoren abhängig; Krankheiten (Pilze; Schädigungen durch Insekten) können einen «Zuwachsverlust» bedingen. Andererseits ist die Niederschlagsmenge während der Vegetationszeit von Einfluß auf die Zuwachshöhe; niederschlagsreiche Jahre sind im allgemeinen «zuwachsreiche» Jahre.

Zweihäuter: Drittlarve (Larve nach der 2. Häutung).

Zwiesel: infolge Vernichtung der Terminalknospe (mithin des Haupttriebes) Austreiben der beiden Lateralknospen, Übernahme der Führung der Stammachse durch dieses Triebpaar u. dadurch Entstehung einer Gabelung.

zwingern (Zwingerung): Schmetterlingsraupen u. dgl. in Zuchtkäfigen halten.

Zwischenwirt: jene Wirtstierart, die der Parasit mit Eiern belegt, wenn das geeignete Stadium des Hauptwirtes fehlt, der Parasit aber mehrere Generationen im Jahr durchläuft.

8 Weiterführende Literatur zum Grundriß einer terrestrischen Bestandes- und Standort-Entomologie des Waldökosystems

Vorbemerkungen

Auf die Vorbemerkungen, die in der 3. Auflage des Taschenbuches dem gesamten Literaturverzeichnis, der Zusammenstellung der Referateorgane und der weiterführenden Literatur vorangestellt wurden, sei ausdrücklich verwiesen. Aus technischen Gründen können hier diese einleitenden Ausführungen nicht noch einmal wiederholt werden. Einige Referateorgane sind als Neuausgaben erschienen oder haben – wie beispielsweise die Berichte *Biochemie und Biologie* – ihr Erscheinen eingestellt. Wenige Buchveröffentlichungen aus den bisherigen Auflagen wurden übernommen, wenn die Bearbeitungen der betreffenden Gruppen monographischen Charakter haben oder weil (etwa bei eigenen Veröffentlichungen) das Manuskript gerade häufig auf diese Untersuchungen Bezug nimmt bzw. Abbildungen aus diesen Arbeiten entnommen worden sind. Ältere Veröffentlichungen werden aus wissenschaftlichen Gründen auch jetzt gelegenlich herangezogen, weil die Arbeiten selbst heute noch einmalig sind. Eine große Anzahl von Zeitrschriftenaufsätzen ist in den Lehrbüchern von KLINKOWSKI, SCHWENKE, SCHWERDTFEGER (Waldkrankheiten), ökologisch-ausgerichtete Arbeiten in den Lehr- und Handbüchern u. a. von BICK, KLÖTZLI, MÜLLER (H. J.), SCHUBERT et al., SCHWERDTFEGER (Ökologie...), TISCHLER u. a. ausfindig zu machen.

Aufgrund des interdisziplinären Charakters der ökologischen Differentialdiagnose im Rahmen der forstlichen Entomologie wurden bei dem weiterführenden Schrifttum ansonsten vornehmlich neuere und neueste Buchveröffentlichungen aufgeführt. Jedem Leser wird auffallen, daß das Literaturangebot im entomologischen Arbeitsbereich in den letzten Jahren ganz erheblich zugenommen hat. Für die Sonder-Forschungsgebiete über das «Waldsterben» und über «Aktuelle Probleme der Bodenbiologie» wurden Spezial-Literaturverzeichnisse erarbeitet (Seite 63 und 82); diese aktuellen Fragestellungen im Rahmen der gesamten forstlichen Ökosystemforschung haben eine eminente Breitenarbeit erlangt. Aus der umfangreichen Liste der fachbezogenen Veröffentlichungen konnte freilich nur eine Auswahl gebracht werden. Der gelegentliche Hinweis auf die Zahl der Literatur-Zitate einzelner sachbezogener Buchveröffentlichungen hier wie in den Sonderliteraturverzeichnissen (3.1.1 und 3.2.1) soll nur verdeutlichen, welchen Umfang allein oft heute schon die disziplinbezogenen Arbeiten angenommen haben.

Referate-Organe, Bibliographien, Autoren von Dokumentations-Unterlagen

agris (Intern. Inform. System for the Agricultural Sciences and Technology (1985): Forestry Bibliography 1981-1984. Vol. 1: Bibliographic references. Vol. 2: Indexes. FAO (Forestry Department)

Bibliographica Scientiae Naturalis Helvetica. (Schriftt. schweizer. Landeskunde, Bereiche d. Naturw., d. Landbau- u. d. Forstwiss., Geographie). (Hrsgb.: Schweizer. Landesbibliothek, Bern)

Bibliographie d. forst- u. holzwirtschaftl. Schrifttums. Kom. Verlag Max Wiedebusch, Hamburg

Bibliographie der Pflanzenschutz-Literatur. Biolog. Bundesanst. f. Land- u. Forstwirtschaft Berlin-Dahlem. Kom. Verl. Paul Parey, Berlin u. Hamburg. Neue Folge

Biological Abstracts; Bio Sciences Information Service, Philadelphia,, Pennsylvania; U.S.A.

Biologische Bundesanstalt für Land- und Forstwirtschaft (Bibliotheken): Verzeichnis der Zeitschriften und Serien in den Bibliotheken der BBA. Mitt. aus der BBA (Berlin-Dahlem), [4638 Titelaufnahmen; 10214 Verweisungen: 1984]

Current Contents. (Agriculture, Biology and Environmental Sciences). Inst. for Scientific Information Philadelphia, Pennsylvania U.S.A.

Dokumentation für Umweltschutz und Landespflege (bis 1970: Mitt. zur Landschaftspflege) (Bundesforschungsanstalt für Naturschutz und Landeschaftsökologie, Bonn). Kohlhammer, Köln

Entomology Abstracts. Cambridge Scientific Abstracts, Bethesda; U.S.A.

Ewald, G. (1983): Biologische Fachliteratur. 2. Aufl. G. Fischer, Stuttgart

Fauna Entomologica Scandinavica: Systemische Bearbeitungen verschiedener Ordnungen bzw. Familien. Gastrupp, Denmark

Forestry Abstracts. Commonwealth Forestry Bureau, Oxford. Commonwealth Agricultural Bureaux; Farnham Royal, Slough; U.K.

Forstliche Umschau. Referate über d. forstl.- u. holzwirtschaftl. Schrifttum. Parey, Hamburg

Fortschritte der Zoologie. G. Fischer, Stuttgart

Jahresverzeichnis der Hochschulschriften (Bearb.: Dt. Bücherei). VEB Bibliograph. Institut Leipzig

Phytomed (Biolog. Bundesanstalt f. Land- und Forstwirtschaft: Dt. Fassung – 1.07. 1987): Benutzerhandbuch: Datenbank – Gebietsabdeckung = Pflz.schutz, Phytomedizin, Vorratsschutz. Dokumentationsstelle für Phytomedizin – BBA Berlin

Pudoc bulletin (...bibliography of Dutch agricultural sience). Centre of Agric. Publ. and Documentation (Pudoc), Wageningen, The Netherlands

Review of applied entomology. Series A: Agricultural. Commonwealth Agricultural Bureaux London

Scheele, M. und F. Natalis (Hrsgb.) (ab 1981): Biologie-Dokumentation. Bibliographie d. dt. Zeitschriftenliteraur 1796-1965. In 24 Bänden. K.G. Saur; München

Zentralstelle für Agrardokumentation und -information (Bonn – Bad Godesberg) (Bearb.) (1986): Forschungsvorhaben im Bereich der Landbau – ..., Forst- und Holzwirtschaftswissenschaften...; Teil IV: Forst- u. Holzwirtschaftswissenschaften

Zoological Record (Zoological Society London)

Zeitschriften, Verhandlungsbände von Tagungen und Kongressen

Acta Entomologia Bohemoslavaca. Academia, Publ. House of the Czechoslovak Academy of Sciences Prag; Czechoslovakia

Acta Entomologica Fennica (Societas Entomologica Fennica). Helsinki

Acta Oecologica. (Revue Internationale d'Ecologie Fondamentale et Appliquée). Oecologia Plantarum. Gauthier-Villars (France)

Acta Universitatis Agriculturae, Series C (Fac. Silviculturae; BRNO, Cechoslovenia)

Agroforestry Systems (an intern. journal). Nijhoff/Junk Publ.: Dordrecht

Allgemeine Forstzeitschrift, BLV, München

Allgemeine Forstzeitung. Österr. Agrarverlag, Wien

Allgemeine Forst- und Jagdzeitung. Sauerländer; Frankfurt/M.

Angewandte Botanik. Parey, Berlin

Annual Review of Entomology. Palo Alto, California, U.S.A.

Anzeiger für Schädlingskunde und Pflanzenschutz. Parey, Hamburg. [*Vereinigt* ab 1954 mit: Zeitsch. f. Schädlingsbekämpfg., Berlin. Jetzt: Anzeiger f. Schädlingskunde, Pflanzenschutz – Umweltschutz]

Arboricultural Journal. AB Academic Publ. Berkhamsted England

Archiv für Acker- und Pflanzenbau und Bodenkunde. Akademie-Verlag, Berlin

Archiv für Naturschutz und Landschaftsforschung. Ebd.

Archiv für Phytopathologie und Pflanzenschutz. Ebd.

Atalanta. Zeitschr. d. «Deutschen Forschungszentrale für Schmetterlingswanderungen». Ges. z. Förderg. d. Erforschg. v. Insektenwanderg. in Deutschland; München

Aus dem Walde. Nieders. Min. E., L. u. F. (Hannover) (Hrsgb.); Schaper, Hannover

Beiträge für die Forstwirtschaft. Akademie-Verlag, Berlin

Beiträge zur Entomologie. (Akademie der Landwirtschaftswissenschaften der DDR). – Ebd.

Biologische Rundschau. (Zeitschrift für d. gesamte Biologie und ihre Grenzbegiete). VEB G. Fischer, Jena

Biologisches Zentralblatt. VEB Thieme, Leipzig

Biology and Fertility of Soils. Springer for Science, NL – 1970 Am IYmuiden, The Netherlands

Bioscans. (A new series of current awareness bulletins in biology – Biological Control of Insects, Effects of pollution in aquatic Invertebrates, Physiology and Biochemistry of seeds, Plant tissue culture a.o.). United Kingdom Chemical Information Service (UKCIS), Freepost, Nottingham Univ., Nottingham (England)

Braunschweiger Naturkundliche Schriften (Staatl. Naturhistor. Museum zu Braunschweig)

Brehm-Bücherei (Die Neue...). Ziemsen, Wittenberg

Bulletin of Entomological Research. Commonwealth Inst. of Entomology, London

Bulletin Societé entomologiques de France. Viette, Paris

Centralblatt für das gesamte Forstwesen. Österr. Agrarverlag, Wien

Dansk Skovforenings tidsskrift. Dansk Skovforenings Sekretariat og Tidsskriftets Redaktion, Frederiksberg C.

Deutsche Entomologische Zeitschrift. (Deutsche Entomologische Gesellschaft). Akademie-Verlag Berlin, DDR

Drosera – Naturkundliche Mitteilungen aus Nordwestdeutschland. Isensee, Oldenburg

Ecological Entomology. (Royal Ent. Society of London). Blackwell Scientific Public. Ltd. Oxford (England)

Ecological Monographs. (Off. Publ. Ecolog. Soc. America). Arizona State Univ.

Ecological Studies. Analysis and Synthesis. Springer, Berlin

Ecology. Journal for ecological problems of the biosphere/ČSSR. Vydavatel'stvo Slovenskej Akadémie vied Bratislava

Entomofauna. Zeitschrift für Entomologie. Linz

Entomologica Basiliensia. Naturhistor. Museum Basel; Ent. Abt.

Entomolog. Abhandlg. Staatl. Mus. Tierkunde Dresden

Entomolog. Arbeiten Mus. Frey (Tutzing/München)

Ent. Berichte Luzern. (Natur-Mus. Luzern u. Ent. Ges. Luzern)

Entomolog. Berichten (Nederlandse Ent. Verenigg.) Amsterdam

Entomologia experimentalis et applicata. Nederlandse Ent. Verenigg. Junk, Dordrecht

Entomologen-Tagung: Dt. Gesellschaft für allgem. u. angewandte Entomologie

30. Sept. bis 4. Okt. 1987) in Heidelberg. Wissenschaftl. Sitzungen mit verschiedenen Rahmenthemen. Vorträge in den Mitteilungen der Gesellschaft

Entomologische Mitteilungen (Zoolog. Mus. Hamburg). Selbstverlag

Entomologische Zeitschrift. Kernen, Stuttgart

Entomophaga. A Journal of Biological and integrated Control. Le Francois Éd. Paris

Europäische Zeitschrift für Forstpathologie (European Journal of Forest Pathology). Parey, Hamburg

Faunistische Abhandlungen (Staatl. Museum für Tierkunde in Dresden)

Faunistisch-ökologische Mitteilungen. (Faun.-Ökolog. Arbeitsgem: Zoolog. Inst. u. Mus. Univ. Kiel)

Folia Forestalia Polonica: Seria A – Leśnictwo, Państwowe Wydawnictwo Naukowe, Warszawa

Forest ecology and management (An intern. Journal). Elsevier/Amsterdam

Forestry (Journal Institute Chartered Foresters). Osford Univ. Press

Forschungen und Fortschritte. Akademie-Verlag, Berlin (DDR)

Forstarchiv. Schaper, Hannover

Forst- und Holzwirt (Der . . .). Ebd.

Forstwissenschaftliches Centralblatt. Parey, Hamburg

Forstschritte im Integrierten Pflanzenschutz. Steinkopff, Darmstadt

Functional Ecology. Blackwell Scientific Public., Oxford, U.K.

Gesellschaft für Ökologie (Verhandlungen . . .): 14. Jahrestagg. Hohenheim; Göttingen 1986; 17. Jhstagg. Göttingen 1989; 18. Jhstagg. Essen 1988 (Göttingen 1989)

Gesunde Pflanzen (Pflanzenschutz – Verbraucherschutz – Umweltschutz). ab 1. Jan. 1987: Parey, Hamburg. (Bisher: Kommentator-Verlag, Frankfurt/M.)

Hercynia – Beiträge zur Erforschung und Pflege der natürlichen Ressourcen. Geest u. Portig, Leipzig

Holz als Roh- und Werkstoff. (European Journal of Wood and Wood Industries). Springer, Berlin

Holzforschung. Intern. Journal of the Biology, Chemistry, Physics and Technology of Wood; de Gruyter, Berlin

Ideen des exakten Wissens. (Wissenschaften und Technik in der Sowjetunion). Hrsggb. i. Verbindg. mit Akademie d. Wissenschaften d. UdSSR. Verlags-Anstalt, Stuttgart

ifoam (Zeitschrift für ökologische Landwirtschaft). Verlag: Stiftung Ökolog. Landbau, Kaiserslautern

Information (Bayer. Staatsforstverwaltung)

Jahresberichte d. Deutschen Pflanzenschutzdienstes. (Biolog. Bundesanst. f. Land- u. Forstwirtschaft) Braunschweig

Journal of applied Ecology. (Britisch Ecological Society). Blackwell, Oxford

Journal of Ecology. Ebd.

Journal of Economic Entomology. Publ. Entom. Soc. America

Journal of Forestry (Society of American Foresters).

Journal of Insect Behavior. Plenum Publ. Corporation, New York

Journal of Insect Physiology. Pepgamon, Oxford

Journal of Invertebrate Pathology. Academic Press, New York

LÖLF-Mitteilungen. Hrsgb.: Landesanstalt f. Ökologie, Landschaftsentwicklg. u. Forstplanung, Nordrhein-Westfalen (LÖLF), Recklinghausen

Macfadyen, A. and E. D. Ford: Ecological Research. Academic Press, London

Material und Organismen. Duncker u. Humblot, Berlin

Mitt. Biolog. Bundesanst. Land- u. Forstwirtsch., Berlin-Dahlem

Mitteilungen der Deutschen Bodenkundlichen Gesellschaft (Eigenverlag)
Mitteilungen der Deutschen Gesellschaft für allgemeine und angewandte Entomologie
Mitt. Entom. Verein Stuttgart
Mitteilungen der Münchner Entomologischen Gesellschaft (Selbstverlag)
Mitteilungen der schweizerischen entomologischen Gesellschaft. La Concorde, Lausanne
Nachrichtenblatt der Bayerischen Entomologen. Hrsgb.: Münchner Ent. Ges., München
Nachrichten: Gesellschaft f. Ökologie (Gesellschaftseigene Mitteilungen)
Nachrichtenblatt des Deutschen Pflanzenschutzdienstes (Braunschweig), Ulmer, Stuttgart
Nachrichtenblatt für den Pflanzenschutz in der DDR. Akad. d. Landwirtschaftswissenschaften der DDR. VEB Dt. Landwirtschaftsverlag, Berlin
Natur und Landschaft. Zeitschrift f. Naturschutz, Landschaftspflege u. Umweltschutz, Kohlhammer, Köln
Natur und Umwelt. Zeitschrift f. Ökologie und Umweltpolitik. Natur u. Umwelt, München
Naturwissenschaften. Springer, Berlin
Naturwissenschaftliche Rundschau. Wissenschaftl. Verlagsgesellschaft, Stuttgart
nederlands bosbouwtijdschrift. (Koninklijke Nederlandse Bosbouw Vereniging, Arnhem)
Netherlands Journal of Plant Pathology. Netherlands Society of Plant Pathology, Wageningen
Neue Entomolog. Nachrichten. (Beiträge z. Faunistik und Systematik d. Insekten und Spinnentiere). Bauer bei Quelle u. Meyer, Wiesbaden
Norsk Entomologisk Tidsskrift. Universitetsforlaget, Oslo
Notulae Entomologicae. Societas Entomologica Helsingforsiensis, Zoological Museum, Helsinki
Oecologia (In Cooperation with the Internation. Association for Ecology [Intecol]). (Früher: Zeitschr. f. Morphologie u. Ökologie d. Tiere). Springer, Berlin.
Oikos. Acta Oecologica Scandinavica. Munksgaard. Copenhagen K; Denmark
Opuscula entomologica. (Entomological Society of Lund). Zoolog. Institute, University of Lund
Parasitology (with «Traps» = Trends and Perspectives in Parasitology). Cambridge Univ. Press
Pedobiologia. VEB G. Fischer, Jena
Pedofauna (früher: «Bodenbiologie»). Intern. Mitt.blatt Intern. Bodenkundl. Gesellschaft, Comm. III
Pedologie. (Bull. d. I. Soc. Belge de Pédologie). Verheye, Gent
Pflanzenschutz-Berichte (Bundesanstalt f. Pflz.schutz, Wien)
Pflanzenschutz-Nachrichten. Bayer (früher: «Höfchen-Briefe»). Bayer, Pflanzenschutz, Leverkusen
Phytomedizin, Mitt. Dt. Phytomedizin. Gesellschaft (Gießen)
Phytopathologische Zeitschrift. Parey, Berlin
Plant and Soil. (Internat. Journ. on Plant and Soil Relations). Nijhoff, Dordrecht
Polskie Pismo Entomologiczne. (Bulletin Entomologique de Pologne; Soc. Polonaise des Entomologistes). Warszawa (Państwowe)
Praktische Blätter für Pflanzenbau und Pflanzenschutz. (Bayer. Landesanst. f. Pflz.bau u. Pflz.schutz). Landwirtschaftsverlag, München
Review of plant pathology. Commonwealth Agricultural Bureaux; London

Revue d'écologie et de biologie du sol. Gauthier-Villars, Paris

Schweizerische Zeitschrift für Forstwesen. Schweizer. Forstverein, Zürich

Soils and fertilizers. Commonwealth Agricultural Bureaux, Farnham Royal; U.K.

Soil Biology Abstracts. Information Retrieval Ltd.; London

Soil Biology and Biochemistry. (An internation. Research Journal for Soil Scientists). Pergamon Press, Oxford

Soil Science. Williams and Wilkins Company

Systematic Entomology. (Royal Entomological Society of London). Blackwell Scientific, Oxford

Trichogramma News. (Ed. S. A. Hassan, Inst. Biolog. Pest Control Federal Biol. Res. Centre Agriculture and Forestry [Darmstadt] F.R.G.). Biolog. Bundesanst. Land- u. Forstwirtschaft, Braunschweig

Umschau (Die . . .). Umschau Verlag Breidenstein, Frankfurt/M.

Umweltwissenschaften und Schadstoff-Forschung (UWSF). Zeitschrift Umweltchem. Ökotox. ecomed Verlagsges. Landsberg/Lech

Verhandlungen der Deutschen Gesellschaft für angewandte Entomologie. Parey, Hamburg

Verhandlungen der Gesellschaft f. Ökologie: siehe: Ges. f. ÖK.

Vierteljahresschrift Naturforschd. Gesellschaft Zürich (OF Orell Füssli Zeitschr.)

Veröff. Mus. Naturk. Karl-Marx-Stadt

Unser Wald. (Zeitschr. Schutzgemeinschaft Deutscher Wald). Verlagsgesellsch. Unser Wald, Bonn

Waldhygiene. Institut für Angewandte Zoologie der Universität Würzburg. Arbeitsgemein. zur Förderg. d. Waldhygiene, Würzburg

Wissenschaftliche Zeitschrift. Mathem.-Naturw. Reihe, Univ. Berlin

Wissenschaftliche Zeitschrift der Techn. Univ. Dresden (Selbstverlag)

Wissenschaftliche Zeitschrift. Mathem.-Naturwiss. Reihe, Univ. Jena

Wissenschaftliche Zeitschrift. Mathem.-Naturwiss. Reihe, Karl-Marx-Univ., Leipzig

Wissenschaftliche Zeitschrift. Mathem.-Naturwiss. Reihe, Univ. Rostock

Wissenschaftliche Zeitschrift. Mathem.-Naturwiss. Reihe, Univ. Halle-Wittenberg

Zeitschrift für angewandte Entomologie. Parey, Hamburg

Zeitschrift für angewandte Zoologie. Duncker und Humblot, Berlin

Zeitschrift für Pflanzenernährung und Bodenkunde. Verlag Chemie, Weinheim

Zeitschrift für Pflanzenkrankheiten und Pflanzenschutz. Ulmer, Stuttgart

Zoologischer Anzeiger. VEB G. Fischer, Jena

Zoolog. Abhandlg. Staatl. Mus. Tierkunde, Dresden

Zoologische Jahrbücher; Abt. Systematik, Ökologie u. Geographie der Tiere. VEB G. Fischer, Jena

Weiterführende, sachbezogene Literatur

ABRAHAM, R. (1990): Fang und Präparation wirbelloser Tiere. G. Fischer, Stuttgart.

ACHTERBERG, C. VAN and B. VAN AARTSEN (1986): The European Pamphiliidae (Hymenoptera: Symphyta), with spezial reference to The Netherlands. Rijksmus. van Natuurlije Historie, Leiden (The Netherlands).

AICHINGER, E. (1967): Pflanzen als forstliche Standortsanzeiger. Österr. Agrarverlg., Wien.

ALTENKIRCH, W. (1977): Ökologie. Diesterweg/Salle; Sauerländer: Frankfurt/M.

AMANN, G. (1954): Bäume und Sträucher des Waldes. Neumann-Neudamm, Melsungen.

AMANN, G. (1962): Pilze des Waldes. Ebd.

AMANN, G. (1983): Kerfe des Waldes. 9. Aufl. Ebd.

AMANN, G. (1984): Bodenpflanzen des Waldes. 3. Aufl. Ebd.

AMSEL, H. G. et al. (ab 1965 bis 1986: Microlepidoptera Palaearctica. Fromme, Wien) (ab 1984: Braun, Karlsruhe).

ANDREWARTHA, H. G. (1970): Introduction to the Study of Animal Populations. 2. Ed. Methuen, London.

ARBEITSKREIS FORSTL. LANDESPFLEGE, ARBEITSGEM. FORSTEINRICHTUNG (1984): Biotop-Pflege im Wald. Kilda, Pölking; Greven.

ASPÖCK, H. et al. (1980): Die Neuropteren Europas. 2 Bd. Goecke/Evers, Krefeld.

BAEHR, BARBARA (1983): Vergleichende Untersuchungen zur Struktur der Spinnengemeinschaften (Araneae) i. Bereich stehender Klein-Gewässer u. d. angrenzenden Waldhabitate i. Schönbuch bei Tübingen. Diss. Fak. Biol. Univ. Tübingen.

BAEHR, BARBARA und M. B. (1987): Welche Spinne ist das? Franckh'sche Verlagshandlg., Stuttgart.

BARBOSA, P. and M. R. WAGNER (1989): Introduction to Forest and Shade Tree Insects. Academic Press, Inc. New York.

BARNER, J. (1967): Der Wald. Begründung, Aufbau und Erhaltung. Hochschul-Lehrbuch. Vieweg, Braunschweig.

BARTSCH, N. (1987): Waldgräser (Süßgräser – Riedgrasgewächse – Binsengewächse). Schaper, Hannover.

BASTIAN, O. (1986): Schwebfliegen. Neue Brehm-Bücherei 576. Ziemsen, Wittenberg.

BECK, H. (1960): Die Larvalsystematik der Eulen (Noctuidae). Abh. Larvalsystem d. Insekten 4. Akademie-Verlag, Berlin.

BEIDERBECK, R. (1977): Pflanzentumoren. Ein Problem der pflanzlichen Entwicklung. Ulmer, Stuttgart.

BEIDERBECK, R. und J. KOEVOET (1979): Pflanzengallen am Wegesrand. Franckh'sche Verlagshandlg., Stuttgart.

BEIER, M. (ab 1969): Handbuch der Zoologie (Kükenthal). IV. Band: Arthropoda – 2. Hälfte: Insecta. 2. Aufl.; de Gruyter, Berlin. (Erschienen: 1 eilband/Part 28; 1983).

BEJER, B. (1979): Forstzoologi. Revideret og udvidet 2. udgave. Nucleus – Biologilaerforeningens forlag Ap S.P.A. udsolgt.

BELLMANN, H. (1984): Spinnen beobachten – bestimmen. Neumann-N., Melsungen.

BELLMANN, H. (1985): Heuschrecken – beobachten, bestimmen, Ebd.

BENDEL-JANSSEN, MARGOT (1977): Zur Biologie, Ökologie und Ethologie der Chalcidoidea (Hym.). Mitt. BBA (Berlin-Dahlem) 176.

BERNER, U. (1979): Die Bienenweide. 3. Aufl. Ulmer, Stuttgart.

BERRYMAN, A. A. (1986): Forest Insects. Principles and Practice of Population Management. Plenum Press. New York.

BERTALANFFY, L. VON et al. (1977): Biophysik des Fließgleichgewichts. 2. Aufl. Vieweg, Wiesbaden.

BERTSCH, A. (1975): Blüten – lockende Signale. Dynamische Biologie, Bd. 2. Maier, Ravensburg.

BEVAN, D. (1987): Forest insects. A guide to insects feeding on trees in Britain. (Forestry Commission Handbook 1). HMSO, London.

BICK, H. (1980): Ökologie. In H. WURMBACH/R. SIEWING (1980). G. Fischer, Stuttgart.

BICK, H. (1989): Ökologie. Grundlagen, terrestrische und aquatische Ökosysteme; angewandte Aspekte. G. Fischer, Stuttgart.

BILÝ, S. (1982): The Buprestidae (Coleoptera) of Fennoscandia and Denmark. Fauna Entomologica Scandinavia (Leiden) 10.

BILÝ, S. and O. MEHL (1989): Longhorn beetles (Coleoptera, Cerambycidae) of Fennoscandia and Denmark. Fauna Ent. Scand. (Leiden) 22.

BIRCH, M. C. (Ed.) (1974): Pheromones. North-Holland, Amsterdam; Elsevier, New York.

BODI, E. (1985): Die Raupen der europäischen Tagfalter. Sciences Nat., Compiegne (Text in dt., frzs. u. engl. Sprache; ausgezeichnete Farbtafeln).

DEN BOER, P. J. et al. (1986): Carabid Beetles: Their Adaptations and Dynamics. XVII. Intern. Congr. of Ent. (Hamburg, 1984).

BOERNER, FR. (1989): Taschenwörterbuch der botanischen Pflanzennamen. 4. Aufl. Parey, Berlin.

BONESS, M. (1973): Insektenpheromone und ihre Anwendungsmöglichkeiten. Naturw. Rundschau 26, 515-522.

BONNEMANN, A. (1967): Waldbauliche Terminologie. Schriftenreihe Forstl. Fak. Univ. Göttingen 40. Sauerländer, Frankfurt/M.

BORROR, D. J. et al, (1976): An introduction of the study of Insects. 4. Ed., Holt Rinehart and Winston; New York.

BOURNIER, A. (1983): Les trips. Biologie, Importance, agronomique. Paris: Institut National de la Recherche Agronomique.

BRAUN, H. J. et al. (1982): Lehrbuch der Forstbotanik. G. Fischer, Stuttgart.

BRAUNS, A. (1956): Lit.zitat bezieht sich auf: KRÜMMEL, H. und A. BRAUNS (1956): Myiasis des Auges. Duncker/Humblot, Berlin.

BRAUNS, A. (1959): Die Viviparie bei den Insekten. Nachr. Naturw. Mus. Aschaffenburg 62, 1-84.

BRAUNS, A. (1966): Waldinsekten und Streubewohner. 2. Aufl. Ein Taschenbuchführer durch den ersten ökologischen Saal der Schausammlungen im Staatl. Naturhistor. Mus. Braunschweig.

BRAUNS, A. (1968 und 1985): siehe die beiden Sonder-Literatur-Verzeichnisse.

BREITENBACH, J. und F. KRÄNZLIN (1981): Pilze der Schweiz. Bd. 1. Mykologia, Luzern.

BRESINSKY, A. und H. BESL (1985): Giftpilze (mit einer Einführung in die Pilzbestimmung). Wiss. Verl.ges., Stuttgart.

BROHMER, P.; M. SCHAEFER (Hrsgb.) (1988): Fauna von Deutschland. 17. Aufl. Quelle/Meyer, Wiesbaden.

BROWN, V. K. (1983): Grasshoppers. Naturalists' Handbook 2. Cambridge Univ. Press.

BUHR, H. (1964/65): Bestimmungstabellen der Gallen (Zoo- und Phytocecidien) an Pflanzen Mittel- und Nordeuropas. 2 Bände. VEB G. Fischer, Jena.

BURSCHEL, P. und J. HUSS (1987): Grundriß des Waldbaus. Pareys Studientexte 49. Parey, Berlin.

BUSCHINGER, A. (1985): Staatenbildung der Insekten. (Erträge der Forschung, Bd. 223). Wiss. Buchges., Stuttgart.

BUTIN, H. (1989): Krankheiten der Wald- und Parkbäume. 2. Aufl. Thieme, Stuttgart.

CAMPELL, R. (1981): Mikrobielle Ökologie. Akademie-Verlag., Berlin.

CARTER, D. J. und B. HARGREAVES (1987): Raupen und Schmetterlinge Europas und ihre Futterpflanzen. Parey, Hamburg.

ČEPELÁK, J. a kolektív (1984): Diptera Slovenska I. (Nematocera, Brachycera – Orthorrhapha). Veda Vydavateľstvo Slovenskej Akadémie Vied, Bratislava.

ČEREPANOVA, N. M. i A. M. BILOVA (1981): ÉKOLOGIJA. PROBEŠČENIE, MOSKVA (RUSS.).

CETTO, BR. (1979/84): Der große Pilzführer. Bd. 1 (5. Aufl.); Bd. 2 (2. Aufl.); Bd. 3 (1. Aufl./1984). BLV Verlag, München.

CHAUMETON, H. et al. (1987): Pilze Mitteleuropas. G. Fischer, Stuttgart.

CHINERY, M. et al. (1984): Insekten Mitteleuropas. 3. Aufl. Parey, Hamburg.

CHINERY, M. (1987): Pareys Buch der Insekten. Ein Feldführer der europäischen Insekten. Ebd.

CHRISTIANSEN, F.B. and T. M. FENCHEL (1977): Theories of Populations in Biological Communities. Ecol. Studies 20. Springer, Berlin.

CHVÁLA, MILAN et al. (1982): The Horse Flies of Europe (Diptera, Tabanidae). Classey, Hampton.

COLINVAUX, P. (1986): Ecology. Wiley, New York.

COOKE, W. B. (1979): The Ecology of Fungi. CRC Press, Inc.; Boca Raton, Florida, USA.

COULSON, R. N. and J. A. WITTER (1984): Forest Entomology. Ecology and Management. Wiley, New York.

DÄHNCKE, ROSE MARIE und SABINE MARIA DÄHNCKE (1981): 700 Pilze in Farbfotos. 4. Aufl. AT Verlag Aarau, Stuttgart.

DAHL, FR. (Begründer 1925): Tierwelt Deutschland. – Teil 59 (1971): W. KARG: Acari (Acarina) Milben; U.O. Anactinochaeta (Parasitiformes), die freilebenden Gamasina (Gamasides), Raubmilben. – Teil 61 (1974): K. K. GÜNTHER: Staubläuse, Psocoptera. VEB G. Fischer, Jena.

DAJOZ, R. (1974): Dynamique des populations. Coll. d'écologie, N° 6. Paris.

DANTHANARAYANA, W. (Ed.) (1986): Insect Flight. Dispersal and Migration. Springer, Berlin.

DAVIS, B. N. K. (1983): Insects on nettles. Naturalists' Handbook 1. Cambridge Univ. Press.

DENGLER, A. (1990/91): Waldbau auf ökologischer Grundlage. 6. Aufl. (Neubearb. E. RÖHRIG u.H. A. GUSSONE). Parey, Berlin.

DEYRUSS, M. A. (1975): The Insect community of dead and dying Douglas-Fir: I. The Hymenoptera. Bull. 6; Coniferous Forest Biome, Ecosystem Analysis Studies.

DICKSON, J. G. (1979): The role of insectivorous birds in Forest Ecosystems. Academic Press, New York.

DIERL, W. (1985): Insekten. (Schmetterlinge, Käfer, Libellen u. a. heimische Insekten . . . nach Farbfotos bestimmen). 3. Aufl. Naturführer 111. BLV, München.

DIETRICH, G. und FR. W. STÖCKER (Hrsgb.) (1986): Fachlexikon ABC Biologie. 6. Aufl. Edition Leipzig; H. Deutsch, Thun/Frankf./M.).

DIXON, A. F. G. (1976): Biologie der Blattläuse. G. Fischer, Stuttgart.

DÖRFELT, H. (1988): Lexikon der Mykologie. G. Fischer, Stuttgart.

DREYER, W. (1986): Die Libellen. Gerstenberg, Hildesheim.

DUFFELS, J. P. and P. A. VAN DER LAAN (1985): Catalogue of the Cicadoidea (Homoptera, Auchenorhyncha) 1956-1980. Junk, Dordrecht.

DUMPERT, K. (1978): Das Sozialleben der Ameisen. Parey, Berlin.

DURIN, B. et al. (1980): Käfer und andere Kerbtiere. Schirmer/Mosel, München.

DYLLA, K. und G. KRÄTZNER (1986): Das ökologische Gleichgewicht in der Lebensgemeinschaft Wald. 4. Aufl. Biolog. Arbeitsb. 9. Quelle/Meyer, Heidelberg.

EBERT, W. (1978): Bestimmungsbuch der wichtigsten Kiefernschädlinge und -krankheiten. VEB Dt. Landwirtschaftsvlg., Berlin.

EHNSTRÖM, B. och H. W. WALDÉN (1986): Faunavård i Skogsbruket. Del 2 – Den lägre faunan. Skogsstyrelsen, Jönköping (Schweden).

EIDMANN, H. und FR. KÜHLHORN (1970): Lehrbuch der Entomologie. 2. Aufl. Parey, Hamburg.

ELLENBERG, H., R. MAYER und J. SCHAUERMANN (Hrsgb.) et al. (1986): Ökosystemforschung. Ergebnisse des Sollingprojekts 1966-1986. Ulmer, Stuttgart (über 1000 Lit.-Zitate).

ENCKE, FR. et al. (1980): ZANDER/Handwörterbuch der Pflanzennamen, 12. Aufl., Ebd.

ENDERLE, M. und H. E. LAUX (1980): Pilze auf Holz. Franckh'sche Verlagshandlg., Stuttgart.

ERB, BR. und W. MATHEIS (1983): Pilzmikroskopie. Ebd.

ESCHRICH, W. (1981): Gehölze im Winter. Zweige und Knospen. G. Fischer, Stuttgart.

ESSER, K. (1976): Kryptogamen. Springer, Berlin.

FERRAR, P. (1987): A Guide to the Breeding Habits and Immature Stages of Diptera Cyclorrhapha. Entomograph 8; vol. 1: 1-478; vol. 2: 479-907. E. J. Brill Scandinavian Science Press; Copenhagen (mit über 2000 Lit.-Zitaten).

FEY, H. (1983): Wörterbuch der Schädlingsbekämpfung. Wiss. Verlagsges., Stuttgart.

FITSCHEN, J. (1987): Gehölzflora. 8. Aufl. Quelle/Meyer, Heidelberg.

FITTER, R. et al. (1986): Wildblühende Pflanzen. 2. Aufl. Parey, Hamburg.

FOELIX, R. F. (1979): Biologie der Spinnen. Thieme, Stuttgart.

FORSTER, W. und TH. A. WOHLFAHRT (ab 1954): Die Schmetterlinge Mitteleuropas. Franckh'sche Verlagshandlg., Stuttgart.

FRAHM, J.-P. und W. FREY (1983): Moosflora. UTB 1250. Ulmer, Stuttgart.

FRANKLAND, J. C. (1982): Decomposer basidiomycetes: their biology and ecology. Cambridge Univ. Press.

FRANZ, J. M. und A. KRIEG (1982): Biologische Schädlingsbekämpfung. 3. Aufl. «Pareys Studientexte» 12. Parey, Hamburg.

FREUDE, H. et al. (ab 1965): Die Käfer Mitteleuropas. (Bd. 11, 1983). Goecke/Evers, Krefeld. – Siehe auch: LUCHT, W. H. (1987).

FRIEDRICH, E. (1983): Handbuch der Schmetterlingszucht. 2. Aufl. Franckh'sche Verlagshandlg., Stuttgart.

FRITZSCHE, R. et al. (1968): Angewandte Entomologie. VEB G. Fischer, Jena.

FRITZSCHE, R. et al. (1972): Tierische Vektoren pflanzenpathogener Viren, Ebd.

FRÖHLICH, G. (Hrsgb.) (1979): Phytopathologie und Pflanzenschutz. (Wörterbücher der Biologie). UTB 867. G. Fischer, Stuttgart. VEB G. Fischer, Jena.

FULMEK, L. (1962): Parasitinsekten der Blattminierer Europas. Junk, Den Haag.

FURNISS, R. L. and V. M. CAROLIN (1977): Western Forest Insects. Misc. Publ. 1339. U.S. Departm. Agriculture/Forest Service. Washington.

GAMS, H. (Hrsgb.) (1967 bis 1984): Kleine Kryptogamenflora – Basidiomyceten (1. und 2. Teil); Flechten (Lichenes). G. Fischer, Stuttgart.

GARCKE, A. (Begr.) und K. v. WEIHE (Hrsgb.) et al. (1972): Illustrierte Flora. Deutschland und angrenzende Gebiete. Gefäßkryptogamen und Blütenpflanzen. 23. Parey, Hamburg.

GARMS, H. et al. (1977): Fauna Europas. Bestimmungslexikon. Westermann, Braunschweig.

GASAFAR, S. M. et al. (1985): Parasites, pests and predators. (World animal science, 2). Elsevier, Amsterdam.

Geissler, E. et al. (1983): Kleine Enzyklopädie: Biologie. 3. Aufl. VEB Enzyklopädie, Leipzig.

Gerhardt, E. (1981): Pilzführer. BLV Verlagsges., München.

Gewecke, M. and G. Wendler (Eds.) (1985): Insect Locomotion. Proc. Symp. 4.5 from XVII. Intern. Congr. of Ent., Univ. Hamburg (1984). Parey, Berlin.

Ghilarov, M. S. (1964): Die Bestimmung im Boden lebender Larven der Insekten. Ausgabe der Wiss. Akademie der UdSSR. Moskau (russ., aber in den Abbildungslegenden Angabe der wiss. Artbezeichnungen).

Gilbert, Fr. S. (1986): Hoverflies. Naturalists Handbooks 5. Cambridge Univ. Press.

Gillot, C. G. (1980): Entomology. Plenum Press, New York.

Gilman, J. C. (1950): A Manual of Soul Fungi. Iowa State College Press; Ames, Iowa.

Godet, J.-D. (1986): Bäume und Sträucher. Einheimische und eingeführte Baum- und Straucharten. Arboris, Hinterkappelen-Bern.

Godet, J.-D. (1987): Knospen und Zweige der einheimischen Baum- und Straucharten. 2. Aufl. Ebd.

Görtz, H.-D. (1988): Formen des Zusammenlebens. Symbiose, Parasitismus und andere Vergesellschaftungen von Tieren. Wiss. Buchgesellschaft, Darmstadt.

Gösswald, K. (1985): Organisation und Leben der Ameisen. Wissenschaftl. Verlagsges., Stuttgart (dort: neueste Lit.).

Graf, J. et al. (1976): Pflanzenbestimmungsbuch. 4. Aufl. Parey, Hamburg.

Grimm, H. (1984): Einführung in das Bestimmen von Insekten. Biolog. Arbeitsbücher 38. Quelle/Meyer, Heidelberg.

Grimm, H. (1988): Hummelflug und Wetterfaktoren auf der Vitter Heide (Hiddensee). Ent. Nachr. und Berichte 32, 263-265.

Grosser, D. (1977): Die Hölzer Mitteleuropas. Ein mikrophotographischer Lehratlas. Springer, Berlin.

Grüne, Sabine (1979): Handbuch zur Bestimmung der europäischen Borkenkäfer. Schaper, Hannover.

Grzimek's Tierleben (1969): Enzyklopädie des Tierreiches: Band 11: Insekten. Kindler, Zürich.

Guggenheim, K. et al. (Hrsgb.) (1987): J.-H. Fabre: Das offenbare Geheimnis. Artemis; Zürich, München.

Haarløv, N. (1973): Zoologi – Økologi. DSR Forlag, KVL.

Haeseler, V. und R. Niedringhaus (1988): Zum Auftreten der schwarzroten Zikade Haematoloma dorsata (Ahrens) auf der Nordseeinsel Borkum (Homoptera: Auchenorrhyncha: Cercopidae). Braunschw. naturkdl. Schr. 3, 273-276.

Haeupler, H. und P. Schönfelder (1987): Atlas der Farn- und Blütenpflanzen der Bundesrepublik Deutschland. Ulmer, Stuttgart.

Halbach, U. and J. Jacobs (1979): Population Ecology. Fortschritte der Zoologie 25 (2/3). G. Fischer, Stuttgart.

Haller, B. und W. Probst (1983/88): Botanische Exkursionen (Bd. 1: im Winterhalbjahr; Bd. 2: im Sommerhalbjahr). 2. Aufl. Ebd.

Hannemann, H.-J. (1961): Kleinschmetterlinge oder Microlepidoptera. I. Die Wickler (s.str.) (Tortricidae). VEB G. Fischer, Jena.

Hannemann, H.-J. (1977): Kleinschmetterlinge oder Microlepidoptera. III. Federmotten (Pterophoridae), Gespinstmotten (Yponomeutidae), Echte Motten (Tineidae). Tierwelt Deutschlands, Teil 63, VEB G. Fischer, Jena.

Harde, K. W. und F. Severa (1981): Der Kosmos-Käferführer. Franckh'sche Verlagshandlg., Stuttgart.

HARLEY, J. L. and S. E. SMITH (1983): Mycorrhizal Symbiosis. Academic Press, London.

HARTMANN, F.-K. und GISELA JAHN (ab 1967): Ökologie der Wälder und Landschaften. G. Fischer, Stuttgart.

HARZ, K. (1957): Die Geradflügler Mitteleuropas. VEB G. Fischer, Jena.

HARZ, K. et al. (1969-1976): Die Orthopteren Europas. Series Entomologica Vol. 5, 11 u.12. Junk, The Hague.

HARZ, K. (1985): Bäume und Sträucher. Naturführer, 4. Aufl. BLV, München.

HASENFUSS, IVAR (1960): Die Larvalsystematik der Zünsler (Pyralidae). Abh. Larvalsyst. Insekten 5. Akademie-Vlg., Berlin.

HEILE, OLE E. (1986): The Aphidoidea (Hemptera) of Fennoscandia and Denmark. III. Family Aphididae... Fauna Entomologica Scandinavica 17. Brill, Leiden.

HEITEFUSS, R. (1975): Pflanzenschutz. Grundlagen der praktischen Phytomedizin. Thieme, Stuttgart.

VON HELVERSEN, O. (1986): Gesang und Balz bei Feldheuschrecken der Chorthippus albomarginatus-Gruppe (Orthoptera: Acrididae). Zool. Jahrb. Syst. Ök. Geogr. Tiere 113, 319-342.

HENNIG, B. und H. KREISEL (1987): Taschenbuch für Pilzfreunde. 10. Aufl. VEB G. Fischer, Jena.

HENNIG, W. (1948/52): Die Larvenformen der Dipteren. 3 Bände. Akademie-Vlg., Berlin. Nachdruck 1968.

HENNIG, W. (1973): Diptera (Zweiflügler): In: KÜKENTHAL, W.: Handbuch der Zoologie. IV. Band: Arthropoda – 2. Hälfte: Insecta. 2. Aufl. 2. Teil. de Gruyter, Berlin.

HENNIG, W. †. (Hrsgb. HENNIG, W. und G. MIKOLEIT) (1986): Taschenbuch Zoologie Bd. 3: Wirbellose II (Gliedertiere). 4. Aufl. VEB G. Fischer, Jena.

HENTSCHEL, E. und G. WAGNER (1986): Zoologisches Wörterbuch. 3. Aufl. VEB G. Fischer, Jena. – UTB 367. G. Fischer, Stuttgart.

HERDER. Verlag (ab 1983): Lexikon der Biologie (Erschienen bis Bd. 7/1986). Herder, Freiburg.

HEVERS, J. (1985): Insekten. Begleitheft zum Insektensaal. Staatl. Naturhistor. Mus., Braunschweig.

HEYDEMANN, B. und JUTTA MÜLLER-KARCH (1980): Biologischer Atlas Schleswig-Holstein. Lebensgemeinschaften des Landes. Wachholtz, Neumünster.

HEYDEMANN, B. (1987): Über die Notwendigkeit von Biotop-Verbundsystemen. Überarbeiteter Tonbandmittschnitt. Schr.-R. Angewandter Naturschutz 1, Naturlandstiftung Hessen, 58-77.

HIEPE, TH. (Hrsgb.) (1981/82): Lehrbuch der Parasitologie. Bd. 1: Allgemeine Parasitologie. Bd. 4: Veterinärmedizinische Arachno-Entomologie. G. Fischer, Stuttgart.

HIGGINS, L. G. und N. D. RILEY (1978): Die Tagfalter Europas und Nordwestafrikas. 2. Aufl. Parey, Hamburg.

HILKER, MONIKA (1988): Eiablagehemmung durch chemische Botenstoffe bei phytophagen Insekten. Mitt. Dtsch. Ges. Allg. Angew. Ent. 6, 22-24.

HILKER, MONIKA (1989): Regulation der Populationsdichte phytophager Insekten bei besonderer Berücksichtigung der «Abundanzfühler» und der Eiablagehemmung. J. Appl. Ent. 107, 310-317.

HODEK, I. (Ed.) (1986): Ecology of Aphidophaga. Proc. 2nd Symposium at Zvíkovské podhradí (Sept. 1984). Series Entomologica. 35. Junk, Dordrecht.

HÖLLDOBLER, B. and EDW. O. WILSON (1990): The Ants. Springer-Verlag, Berlin.

HOFFMANN, G. M. und M. SCHMUTTERER (1983): Parasitäre Krankheiten und Schädlinge an landw. Kulturpflanzen. Ulmer, Stuttgart.

HOFFMANN, K. H. (1985): Environmental Physiology and Biochemistry of Insects. Springer, Berlin.

HOFMEISTER, H. (1990): Lebensraum Wald. Ein Weg zum Kennenlernen von Pflanzengesellschaften und ihrer Ökologie. 3. Aufl. Parey, Hamburg.

HOLLIS, D. (1980): Animal Identification. A reference Guide. Vol. 3: Insects. British Museum (Nat. Hist.) London, Wiley, Chichester.

HOLST, KN. TH. (1986): The Saltatoria (bush-crickets, crickets and grasshoppers) of Northern Europe. Fauna Ent. Scandin. 16, Brill, Leiden.

HORA, BAYARD (Hrsgb.) (1980): Bäume der Welt. (Oxford-Enzyklopädie). DRW, Stuttgart.

HORION, A. (ab 1941): Faunistik der mitteleuropäischen Käfer [ab 1949: Klostermann, Frankfurt/M.].

HUBBARD, CH. EDW. (1985): Gräser. UTB 233. Ulmer, Stuttgart.

HUFFAKER, C. B. and R. L. RABB (Ed.) (1984): Ecological Entomology. Wiley, Chichester.

JACOBS, J. et al. (ab 1970): Ecological Studies. Analysis and Synthesis. Springer, Berlin.

JACOBS, W. und F. SEIDEL (1975): Systematische Zoologie: Insekten (Wörterbücher der Biologie). UTB 368. G. Fischer, Stuttgart.

JACOBS, W. und M. RENNER (1988): Biologie und Ökologie der Insekten. Taschenlexikon. 2. Aufl. Ebd.

JAHN, H. (1968): Wir sammeln Pilze. Bertelsmann, Gütersloh.

JAHN, H. (1979): Pilze, die an Holz wachsen. Bussesche Verlagshandlg., Herford.

JEDICKE, ECKH. (1990): Biotopverbund. Grundlagen und Maßnahmen einer neuen Naturschutzstrategie. Ulmer Fachbuch: Landespflege und Naturschutz. Ulmer, Stuttgart.

JOGER, ULR. (Hrsgb.) et al. (1989): Praktische Ökologie. (Reihe: Laborbücher Biologie). Diesterweg, Frankfurt a. M.; Sauerländer, Aarau, Ffm. [Ökologische Anleitungen für die Unterrichtspraxis an Schulen; deutsche Übersetzung einer französischen Ausgabe unter d. bibliogr. Angabe: MATTHEY, W. et al., (1984): Cours Pratique d'écologie. Ed. Payot, Lausanne].

JOHNSON, T. et al. (1976): Insects that feed on trees and shrubs. Cornell Univ., London.

JOLY, R. (1975): Les insectes ennemis des pins. 2 Bd. Ecole Natton, Genie Rural, des Eaux et des Forets. Centr. de Nancy.

JONES, D. (1985): Der Kosmos-Spinnenführer, 2. Aufl. Franckh'sche Verlagshandlg., Stuttgart.

KAESTNER, A. und H. E. GRUNER (etwa 1992): Lehrbuch der Speziellen Zoologie. Bd. 1, 5. Teil: Insecta. G. Fischer, Stuttgart.

KAISER, H. (1986): Über Wechselbeziehungen zwischen Nematoden (Mermithidae) und Ameisen. Zool. Anz. 217, 156-177.

KALTENBACH, TH. und P. V. KÜPPERS (1987): Kleinschmetterlinge – beobachten, bestimmen. J. Neumann-Neudamm, Melsungen.

KALUSCHE, D. (1989): Wechselwirkungen zwischen Organismen. Basiswissen Biologie, Bd. 2. G. Fischer, Stuttgart.

KARLSON, P. und D. SCHNEIDER (1973): Sexualpheromone der Schmetterlinge als Modelle chemischer Kommunikation. Naturwiss. 60, 113-121.

KEILBACH, R. (1966): Die tierischen Schädlinge Mitteleuropas. VEB G. Fischer, Jena.

V. KÉLER, ST. (1963): Entomologisches Wörterbuch. 3. Aufl. Akademie-Vlg., Berlin.

KELLER, S. et al. (1986): Ein Großversuch zur Bekämpfung des Maikäfers (Melolontha melolontha L.) mit dem Pilz Beauveria brogniartii (Sacc.) Petch. Mitt. Schweizer. Ent. Ges. **59**, 46-56.

KEMPER, H. und E. DÖRING (1967): Die sozialen Faltenwespen Mitteleuropas. Parey, Hamburg.

KETTLE, D. S. (1984): Medical and Veterinary Entomology. Croom Helm Ltd., Beckenham, Kent.

KINZELBACH, R. K. (1978): Insecta, Fächerflügler (Strepsiptera). Tierwelt Deutschland, Teil **65**. VEB G. Fischer, Jena.

KINZELBACH, R. K. (1989): Ökologie – Naturschutz – Umweltschutz. Dimensionen der modernen Biologie: Bd. **6**. Wiss. Buchgesellschaft, Darmstadt.

KISSLING, ESTHER, und G. BENZ (1985): Untersuchungen über die Waldameisen im Kanton Zürich. Schweiz. Z. Forstwes. **136**, 557-569.

KLAUSNITZER, B. et al. (1978a): Ordnung Coleoptera (Larven). Junk, The Hague.

KLAUSNITZER, B. et al. (1978b): Die Bockkäfer Mitteleuropas. Ziemsen, Wittenberg (DDR).

KLAUSNITZER, B. (1981): Wunderwelt der Käfer. Edition Leipzig.

KLAUSNITZER, B. (1982): Hirschkäfer oder Schröter (Lucanidae). Ziemsen, Wittenberg (DDR).

KLAUSNITZER, B. (1987): Insekten. Biologie und Kulturgeschichte. Edition Leipzig; A. Müller, Rüchlikon-Zürich.

KLIMETZEK, D. u. J. P. VITÉ (1989): Tierische Schädlinge. *In:* H. SCHMIDT-VOGT (1989): Die Fichte. Ein Handbuch in zwei Bänden. Bd. II/2: Krankheiten. Schäden. Fichtensterben. P. Parey, Hamburg.

KLOFT, W. und M. GRUSCHWITZ (1987): Ökologie der Tiere. UTB **729**. 2. Aufl. Ulmer, Stuttgart.

KNODEL, H. und U. Kull (1981): Ökologie und Umweltschutz. 2. Aufl. J. B. Metzlersche Verlagsbuchh., Stuttgart.

KOCH, KL. (1989): Die Käfer Mitteleuropas. Ökologie: Bd. **1**. Goecke u. Evers, Krefeld.

KOCH, M. (1984): Wir bestimmen Schmetterlinge. Ausgabe in einem Band. Neumann Vlg., Leipzig, Radebeul (DDR). – Neumann-N., Melsungen.

KORMANN, K. (1988): Schwebfliegen Mitteleuropas. Vorkommen. Bestimmung. Beschreibung. Farbatlas mit über 100 Naturaufnahmen. ecomed Verlagsges., Landsberg/Lech.

KREBS, J. R. und N. B. DAVIES (1984): Einführung in die Verhaltensökologie. Thieme, Stuttgart.

KREISEL, H. (Hrsgb.) und Autorenkollektiv (1987): Pilzflora der Deutschen Demokratischen Republik: Basidiomycetes (Gallert-, Hut- und Bauchpilze). G. Fischer, Stuttgart.

KRIEG, AL. (1961): Grundlagen der Insektenpathologie. Wiss. Forschungsberichte. Bd. **69**. Steinkopff, Darmstadt.

KRIEG, AL. (1973): Arthropodenviren. Thieme, Stuttgart.

KRIEG, AL. und J. M. FRANZ (1989): Lehrbuch der biologischen Schädlingsbekämpfung. Parey, Berlin.

KRÜSSMANN, G. (1976/78): Handbuch der Laubgehölze. 2. Aufl. in 3 Bänden u. Registerband. Parey, Hamburg.

KRÜSSMANN, G. (1979): Die Bäume Europas. 2. Aufl. Ebd.

KRÜSSMANN, G. et al. (1983): Handbuch der Nadelgehöze. 2. Aufl. Ebd.

KRÜSSMANN, G. (1988): Die Laubgehölze. (Bearb.) von H.-D. WARDE. 4. Aufl. Ebd.

Kudrna, O. (Hrsgb.) et al. (ab 1985): Butterflies of Europe. (Handb. Tagschmetterlinge Europas in engl. Sprache). Aula, Wiesbaden [vorgesehen sind 8 Bände].

Kutter, H. (1977/78): Hymenoptera, Formicidae. Bd. 6 und 6a in Insecta Helvetica, Fauna. Schweiz. Ent. Ges. Selbstverlag, Zürich.

Labeyrie, V. et al. (Hrsgb.) (1987): Insects – Plants. Proc. 6th Intern. Symp. Insect – Plant Relationships (Pau 1986). Series Entomologica. Junk, Dordrecht.

Lampel, G. (1968): Die Biologie des Blattlaus-Generationswechsels. VEB G. Fischer, Jena.

Lang, K. I. (1979): Sommergrüne Laubbäume und Sträucher im Winterzustand. Parey, Hamburg.

Larcher, W. (1980): Ökologie der Pflanzen. UTB 232. 3. Aufl. Ulmer, Stuttgart.

Larson, P. P. und M. W. Larson (1971): Insektenstaaten. Parey, Hamburg.

Lederer, W. u. E. Seemüller (1990): Mykoplasmen (MLOs) als Krankheitserreger an Gehölzen. Vortrag auf d. 47. Dt. Pflanzenschutztagg. (Okt. 1990 in Berlin). Biolog. Bundesanst. Land- u. Forstwirtschaft (Braunschweig).

Legay, J.-M./D. Debouzie (1990): Einführung in eine Populationsbiologie. (Übersetzg. aus d. Französischen). Akademie-Verlag, Berlin.

Leibundgut, H. (1983): Der Wald. Eine Lebensgemeinschaft. 3. Aufl. Huber, Frauenfeld.

Lerch, G. (1980): Pflanzenökologie. Teil I: Pflanzenleben in natürlicher Umwelt. Teil II: Ökologie der Stoffproduktion und Ertragsbildung. 3. Aufl. Akademie-Vlg., Berlin.

Leser, H. (1989): Landschaftsökologie. 3. Aufl. UTB 521. Ulmer, Stuttgart.

Lewis, H. L. (1974): Das große Buch der Schmetterlinge. (Die Tagfalter der Welt). Ulmer, Stuttgart.

Lillehammer, A. (1988): Stoneflies (Plecoptera) of Fennoscandia and Denmark. Fauna Ent. Scandin. 21.

Lindner, E. (von 1924 an: fortgeführt von Herting, Stuttgart): Die Fliegen der Palaearktischen Region. Schweizerbart, Stuttgart (letzte Lieferung: 330/Sarcophaginae, 1985).

Lindroth, C. H. et al. (1985/86): The Carabidae (Coleoptera) of Fennoscandia and Denmark. Fauna Entomologica Scandinavica 15/2. Brill, Leiden.

Lorenz, H. und M. Kraus (1957): Die Larvalsystematik der Blattwespen (Tenthredi noidea u. Megalodontoidea). Abh. Larvalsystem. Insekten 1. Akademie-Vlg., Berlin.

Lucht, W. H. (1987): Die Käfer Mitteleuropas. Goecke u. Evers, Krefeld. (Katalog).

Mac Arthur, R. H. und J. H. Connell (1970): Biologie der Populationen. Landwirtschaftsvlg., München.

Macfadyen, A. (1963): Animal Ecology. 2nd ed. Pitman, London.

Magistretti, M. (1979): Coleoptera: Cicindelidae, Carabidae. 2. Aufl. Calderine, Bologna.

Malicky, H. (1983): Atals der Europäischen Köcher-Fliegen. Series Ent. 24. Junk, Dordrecht.

Mamajew, B. M. (1972): Bestimmung der Insekten nach den Larven. Moskau (russ.).

Mamajew, B. M. und N. P. Krivoscheina (1965): Larven der Gallmücken (Diptera; Cecidomyiidae). Wiss. Akad. UdSSR. Ausgabe «Nauka», Moskau (russ.).

Marcuzzi, G. (1987): The ratio weight/length in Coleopterous Insects. Elytron (Bulletin of the European Association of Coleopterology [Barcelona]) 1, 17-23.

Martensen, H.-O. und W. Probst (1988): Bestimmungstabellen für Farn- und Samenpflanzen in Europa. G. Fischer, Stuttgart.

MATTHES, D. (1978): Tiersymbiosen und ähnliche Formen der Vergesellschaftung. Grundbegr. Biol. **14.** G. Fischer, Stuttgart.

MATTHES, D. (1988): Tierische Parasiten. Biologie und Ökologie. Vieweg, Wiesbaden.

MATTSON, W. J. et al. (1988): Mechanisms of Woody Plant Defenses against Insects. Search for Pattern. Springer, Berlin.

MAY, R. M. (Hrsgb.) et al. (1980): Theoretische Ökologie. Vlg. Chemie, Weinheim.

MAYER, H. (1976): Gebirgswaldbau. Schutzwaldpflege. Ein waldbaulicher Beitrag zum Umweltschutz. G. Fischer, Stuttgart.

MAYER, H. (1984a): Wälder Europas. Ebd.

MAYER, H. (1984b): Waldbau auf soziologisch-ökologischer Grundlage. 3. Aufl. Ebd.

MAYER, H. (1986): Europäische Wälder. Ein Überblick und Führer durch die gefährdeten Naturwälder. **UTB 1386.** Ebd.

MEHLHORN, H. und G. PIEKARSKI (1985): Grundriß der Parasitenkunde. 2. Aufl. **UTB 1075.** Ebd.

MENZINGER, W. und H. SANFTLEBEN (1980): Parasitäre Krankheiten und Schäden an Gehölzen. Neufassung. Anhang: 1987. Parey, Berlin.

MERKEL, F.-W. (1980): Orientierung im Tierreich. Grundbegr. Biol. **15.** G. Fischer, Stuttgart.

MERZ, E. und H. PFLETSCHINGER (1986): Die Raupen unserer Schmetterlinge, erkennen und beobachten. 3. Aufl. Franckh'sche Verlagsh., Stuttgart.

MERZHEEVSKAJA, O. I. (1989): Larvae of owlet moths (Noctuidae). Biology, morphology and classification. Brill, Leiden (The Netherlands).

MEYER, J. et J. MARESQUELLE (1983): Anatomie des Galles. Handbuch der Pflanzenanatomie. Hrsgb.: H. J. BRAUN et al.: Spez. Teil, Bd. **13,** Teil 1. Borntraeger, Berlin.

MICHAEL, E.; neubearb. von B. HENNIG; Hrsgb.: H. KREISEL (ab 1977/88): Handbuch für Pilzfreunde. 2. Aufl. 6 Bände. VEB G. Fischer, Jena u. G. Fischer, Stuttgart.

MILLER, J. R. and TH. A. MILLER (1986): Insect – Plant Interactions. Springer, Berlin.

MILLER, N. C. E. (1956): The biology of the Heteroptera. Hill, London.

MILLER, P. (1987): Dragonflies. Naturalists Handbooks 7. Cambridge Uni.

MINKS, A. K. and P. HARREWIJN (1987/89): Aphids: Their Biology, Natural Enemies and Control. Vol. A–C. – World Crop Pests, 2 A–C. Elsevier, Amsterdam.

MITCHELL, A. (1979): Die Wald- und Parkbäume Europas. 2. Aufl. Parey, Hamburg.

MITCHELL, A. und J. WILKINSON (1987): Nadel- und Laubbäume in Europa nördlich des Mittelmeeres. 2. Aufl., ebd.

MÖHL, J. (1985): Insektenpheromone: Biologie, Chemie und Anwendungsmöglichkeiten. Beitr. Ent. (Berlin) **36,** 181-218.

MOSER, M. et al. (ab 1985): Farbatlas der Basidiomyceten. G. Fischer, Stuttgart, (Lieferg. **4:** 1986).

MÜLLER, H. J. (Hrsgb.) et al. (1986): Bestimmung wirbelloser Tiere im Gelände. Bildtafeln für Zoolog. Bestimmungsübungen und Exkursionen. 2. Aufl. Ebd. u. VEB G. Fischer, Jena.

MÜLLER-KÖGLER, E. (1965): Pilzkrankheiten bei Insekten. Parey, Hamburg.

NACHTIGALL, W. und R. NAGEL (1988): Im Reich der Tausendstel-Sekunde. Fascination des Insektenflugs. Gerstenberg-Verlag, Hildesheim.

NALBACH, GERBERA und R. HENGSTENBERG (1986): Die Halteren von Fliegen als Drehsinnesorgan. Posterdemonstration: **79.** Jahrestagg. Dt. Zool. Gesellschaft (München, 1986).

NEUMANN, V. et al. (1985): Der Heldbock. (Cerambyx cerdo). Neue Brehm-Bücherei **566.** Ziemsen, Wittenberg.

NEUN, SABINE (1987): Tiere und Pflanzen als Partner. Bestäubung und Samenverbreitung durch Tiere. Ausstellungsführer: Naturhistor. Museum Braunschweig.

NICOLIN, DIETLINDE und F. HEIDTMANN (1988): Wie finde ich Literatur zur Biologie? Ein Leitfaden zu den Sach- und Literaturauskunftsmitteln für Studenten, Dozenten und Praktiker. Orientierungshilfen, Bd. 32. Verlag Arno Spitz, Berlin.

NOVAK, I. und F. SEVERA (1980): Der Kosmos-Schmetterlingsführer. Franckh'sche Verlagshandlg., Stuttgart.

NOVÁK, VLADIMÍR et al. (1989): Atlas schädlicher Forstinsekten. 4. Aufl. VEB Dt. Landwirtschaftsverl., Berlin. – Enke, Stuttgart.

OBERDORFER, E. (1983): Pflanzensoziologische Exkursionsflora. 5. Aufl. Ulmer, Stuttgart.

ODUM, EUGENE PL. (1983): Grundlagen der Ökologie. Bd. 1: Grundlagen. Bd. 2: Standorte und Anwendung. 2. Aufl. Thieme, Stuttgart.

OEHLKE, J. und H. WOLF (1987): Beiträge zur Insekten-Fauna der DDR: Hymenoptera – Pompilidae. Beitr. Ent. Berlin 37, 279-390. [weitere Arbeiten in d. früheren Jahrgängen d. Zeitschrift].

OHNESORGE, B. (1976): Tiere als Pflanzenschädlinge. Allgemeine Phytopathologie. Thieme, Stuttgart.

OSSIANNILSSON, F. (1978/83): The Auchenorrhyncha (Homoptera) of Fennoscandia and Denmark; 3 pts. Fauna Ent. Scandin. 7.

OTTE, J. (1989): Ökologische Untersuchungen zur Bedeutung von Windwurfflächen für die Insektenfauna (Teil I). Waldhygiene 17, 193-247. – Teil II: Ebd., 18, 1-36.

PACE, G. (1978): Kleiner Pilzatlas. Hörnemann, Bonn-Röttgen.

PAHLOW, M. und S. EICHINGER (1975): Pilze und Beeren, Lehmann, München.

PAPE, TH. (1987): The Sarcophagidae (Diptera) of Fennoscandia and Denmark. Fauna Entomologica Scandinavia 19.

PATOČKA, J. (1960): Die Tannenschmetterlinge der Slowakei. Slov. Akad. Wiss., Bratislava.

PATOČKA, J. (1980): Die Raupen und Puppen der Eichenschmetterlinge Mitteleuropas. Monographien zur angew. Entomologie 23, Parey, Hamburg.

PAYNE, T. L. (1983): Wechselwirkungen zwischen Insekten und ihren Wirtsbäumen. Zeitschr. angew. Ent. 96, 105-216; 217-265.

PETER, F. YEO and SARAH A. CORBET (1983): Solitary wasps. Naturalists' Handbook 3. Cambridge Univ. Press.

PETER, J. (1968): Das große Pilzbuch. Safari-Verlag, Berlin.

PHILIPP, W.-D. (1988): Biologische Bekämpfung von Pflanzenkrankheiten. Ulmer, Stuttgart.

PLATZER-SCHULTZ, ILSE (1974): Unsere Zuckmücken (Chironomidae). Ziemsen, Wittenberg.

PRICE, P. W. (1984): Insect Ecology. Sec. Ed. Wiley, New York.

REDFERN, M. (1983): Insects and thistles. Natur. Handbook 4. Cambridge Univ. Press.

REISIGL, H. und R. KELLER (1989): Lebensraum Bergwald. G. Fischer, Stuttgart.

REISS, J. (1986): Schimmelpilze. [Verbreitung der Schimmelpilze im Boden etc.]. Springer, Berlin.

REMANE, A. et al. (1989): Kurzes Lehrbuch der Zoologie. 6. Aufl. – Systematische Zoologie. 4. Aufl. G. Fischer, Stuttgart 1991.

REMMERT, H. (1989): Ökologie. Ein Lehrbuch. 4. Aufl. Springer, Berlin.

RODI, D. et al. (1970): Waldlehrpfad Taubental. Städt. Mus. Schwäbisch Gmünd.

ROER, H. (1988): Zum Freilandauftreten und Flugverhalten des Hausbocks Hylotrupes bajulus L. (Col.: Cerambycidae) in einem rheinischen Kiefernbestand. Mitt. Dt. Ges. Allg. Angew. Ent. **6**, 343-346.

RÖSER, B. (1988): Saum- und Kleinbiotope. ecomed-Verlagsges., Landsberg/Lech.

ROLL-HANSEN, F. (1963): Forstpatologi. Smittsome sykdommer. 3. opplag. Norges landbrukshögskole, Oslo.

ROSS, H. und H. HEDICKE (1927): Die Pflanzengallen (Cecidien) Mittel und Nordeuropas, ihre Erreger und Biologie und Bestimmungstabellen. 2. Aufl. VEB G. Fischer, Jena.

ROTHMALER, W. (Hrsgb.), weitergeführt v. MEUSEL, H. u. R. SCHUBERT (1982): Exkursionsflora für die Gebiete der DDR und der BRD. Bd. II: Gefäßpflanzen. 11. Aufl. Volk u. Wissen, Berlin (DDR).

ROUGEOT, P. C. und P. VIETTE (1983): Die Nachtfalter Europas und Nordafrikas. I. Schwärmer und Spinner. Bauer, Keltern.

ROZKOŠNÝ, R. (1983): A Biosystematic Stucy of the European Stratiomyidae (Diptera). Vol. 2: Chitellariinae, Hermetiinae, Pachygasterinae, Bibliography. Junk, Dordrecht.

RÜBSAMEN, E. H. und H. HEDICKE (1925/39): Die Zoocecidien. Zoologica **29**. Schweizerbart, Stuttgart.

RUPPERTSHOFEN, H. (1980): Der summende Wald. (Waldimkerei und Waldhygiene). 6. Aufl. Ehrenwirth, München.

RYPÁČEK, VLADIMÍR (1966): Biologie holzzerstörender Pilze. VEB G. Fischer, Jena.

RYVARDEN, L. (1976/78): The Polyporaceae of North Europe. Vol. 1 u. 2. Universitetsforlagets trykningssentral, Oslo.

SACHSSE, H. (1984): Einheimische Nutzhölzer und ihre Bestimmung nach makroskopischen Merkmalen. Pareys Studientexte **44**. Parey, Hamburg.

SACHTLEBEN, H. und H.-J. STAMMER (ab 1957): Abhandlungen zur Larvalsystematik der Insekten. Akademie-Verlag, Berlin.

SAUER, FR. (1984a): Raupe und Schmetterling, nach Farbphotos erkannt. 2. Aufl. Fauna-Verlag, Karlsfeld (München).

SAUER, FR. (1984b): Heimische Nachtfalter, nach Farbphotos erkannt. Ebd.

SAUER, FR. und J. WUNDERLICH (1985): Die schönsten Spinnen Europas. Ebd.

SAUTER, W. und P. HUBER (1988): Pharyngomyia picta (Meigen) (Dipt. Oestridae) als Erreger einer Ophthalmomyiasis beim Menschen. Vierteljahresschrift Naturforsch. Ges. Zürich **133**, 106-113.

SCHAEFER, M. und W. TISCHLER (1983): Ökologie. Wörterbücher der Biologie. 2. Aufl. VEB G. Fischer, Jena u. UTB **430**; G. Fischer, Stuttgart.

SCHÄFER, W. (1971): Der kritische Raum. Über den Bevölkerungsdruck bei Tier und Mensch. Kleine Senckerberg-Reihe **4**. Kramer, Frankfurt/M.

SCHEIWILLER, MELANIE (1985): Wechselwirkungen zwischen der Grauerle Alnus incana (L.) und dem Erlenblattkäfer Agelastica alni L. und ihre Beeinflussung durch Pflanzenwuchs und Hemmstoffe. Zürich: ETH; Diss.

SCHLECHTE, F. (1986): Holzbewohnende Pilze. (Mit 240 Farbfotos). Jahn und Ernst Verlag, Hamburg.

SCHLIEPHAKE, G. und KH. KLIMT (1979): Thysanoptera, Fransenflügler. Tierwelt Deutschlands, Teil **66**. VEB G. Fischer, Jena.

SCHLÖSSER, E. (1983): Allgemeine Phytopathologie. Thieme, Stuttgart.

SCHMEIL, O. und J. FITSCHEN (1982): Flora von Deutschland und seinen angrenzenden Gebieten. 87. Aufl. Quelle/Meyer, Heidelberg.

SCHMIDT, G. (1977): Präparieren von Insekten und anderen Wirbellosen. Lehrmeister-Bücherei **104**. Philler, Minden.

SCHMIDT, G. H. (Hrsgb.) (1987): Sozialpolymorphismus bei Insekten. Probleme der Kastenbildung im Tierreich. 2. Aufl. Wiss. Vlgsges., Stuttgart.

SCHMIDT, G. H. (1988): Beuteeintragverhalten heimischer Waldameisen bei Insekten-massenvermehrungen (Hym., Formicidae, Genus Formica). Mitt. Dt. Ges. Allg. Angew. Ent. **6**, 448-453.

SCHMIDT, M. (1988): Immissionswirkungen auf Knospen und Assimilationsorgane bei Fichten, Buchen und Eichen im Freiland und in Begasungsversuchen. Univ. Gießen, Diss.

SCHMIDT-VOGT, H. et al. (ab 1986): Die Fichte. (Handbuch in 2 Bd.) 2. Aufl. Parey, Hamburg.

SCHMUTZENHOFER, H. (1985): Insektenspuren an berindetem Nadelholz. Eine Anleitung zum Bestimmen von Schädlingsbefall an Nadelholz in Rinde. (Hrsgb.: INST. WALDSCHUTZ, FORSTL. BUNDESVERSUCHSANST. WIEN). Österr. Agrarverlag, Wien.

SCHNEIDER, A. (1977): Schädlinge und Schutz des Holzes. 2. Aufl. Inform.- u. Studienmappe **17**. I. Sczimarowsky u. U. Agst u. Moers, KAPELLEN.

SCHRÖDER, H. (1971): Insekten des Waldes in Farben. Maier, Ravensburg.

SCHUBERT, R. (1986): Lehrbuch der Ökologie. 2. Aufl. VEB G. Fischer, Jena u. G. Fischer, Stuttgart.

SCHUBERT, R. und G. WAGNER (1984): Pflanzennamen und botanische Fachwörter. 8. Aufl. Neumann-N., Melsungen.

SCHÜTT, P. et al. (1984): Nadelhölzer in Mitteleuropa. Bestimmung – Beschreibung – Anbaukriterien. G. Fischer, Stuttgart.

SCHÜTT, P. et al. (1988): Allgemeine Botanik für Forstwirte. Pareys Studientexte **17**; 2. Aufl. Parey, Hamburg.

SCHWENKE, W. et al. (Hrsgb.) (ab 1972): Die Forstschädlinge Europas. Bd. 4 = Hautflügler u. Zweiflügler/1982). Ebd.

SCHWENKE, W. (1981): Leifaden der Forstzoologie und des Forstschutzes gegen Tiere. Pareys Studientexte **32**, Ebd.

SCHWERDTFEGER, FR. (1963/75): Ökologie der Tiere. 3 Bde. (Bd. 1 = 2. Aufl. [1977]; Bd. 2 = 2. Aufl. [1979]). Bd. 3 [1975]. Ebd.

SCHWERDTFERGER, FR. (1981): Die Waldkrankheiten. 4. Aufl. Ebd.

SCHWERDTFEGER, FR. (1984): Lehrbuch der Tierökologie. Ebd.

SEDLAG, U. (1980): Biologische Schädlingsbekämpfung. 2. Aufl. Akademie-Vlg., Berlin.

SEDLAG, U. (1984): Wunderbare Welt der Insekten. Urania, Leipzig. (Als «Rätsel und Wunder im Reich der Insekten» erschienen: Neumann-N., Melsungen).

SEDLAG, U. (Hrsgb., Autorenkollektiv) (1986): Insekten Mitteleuropas. Neumann, Leipzig. Enke, Stuttgart.

SEGUY, E. (1950): La Biologie des Diptères. Encyclopédie Entomologique, Série A, **16**. Paris.

SELLENSCHLO, U. (1984): Lausfliegen – Hippoboscidae (Diptera, Brachycera, Pupipara) – Biologie und medizinische Bedeutung einiger europäischer Arten. Bauer, Keltern.

SELLENSCHLO, U. (1988): Beifänge in Borkenkäfer-Pheromonfallen. Mitt. Dt. Ges. Allg. Angew. Ent. **6**, 371-372.

SELLENSCHLO, U. und I. WALL (1984): Die Erzwespen Mitteleuropas. Torymidae und Ormyridae. Ebd.

SKATULLA, U. (1989): Zur Überwachung und Prognose bei der Nonne Lymantria monacha L., auf Pheromon-Basis. Anz. Schädlingskde., Pflzschutz, Umweltschutz **62**, 50-53.

Skidmore, P. (1985): The Biology of the Muscidae of the World. Series Entomologica 29. Junk, Dordrecht.

Skou, P. (1986): The Geometrid Moths of North Europe (Lepidoptera: Drepanidae and Geometridae). Entomonograph 6. Brill, Leiden.

Skuhravá, Marcela und V. Skuhravy (1973): Gallmücken und ihre Gallen auf Wildpflanzen. 2. Aufl. Ziemsen, Wittenberg.

Slobodda, S. (1985): Pflanzengemeinschaften und ihre Umwelt. Quelle/Meyer, Heidelberg.

Smart, P. (1987): Kosmos-Enzyklopädie der Schmetterlinge. Franckh'sche Verlagshandlg., Stuttgart.

Smith, K. G. V. (1989): An introduction to the Immature Stages of British Flies (Diptera Larvae, with notes on eggs, puparia and pupae). Handbooks for the Identification of British Insects, 9 (14).

Soós, Á. (Ed.) et al. (ab 1984): Catalogue of Palaearctic Diptera. (Vol. 12, 1986). Elsevier, Amsterdam.

Southwood, T. R. E. (1978): Ecological Methods with Particular Reference to the Study of Insect Populations. 2. Edit. Chapman and Hall, London.

Spencer, K. A. (1976): The Agromyzidae (Diptera) of Fennoscandia and Denmark. Fauna Ent. Scandinavia 5.

Sperlich, D. (1987): Populationsgenetik. 2. Aufl., G. Fischer, Stuttgart.

Staněk, V. J. (1977): Welt der Schmetterlinge in Farbe. Bertelsmann Lexikon-Verlag.

Staněk, V. J. (1984): Das farbige Buch der Käfer. Dausien, Hanau/M.

Starý, B. (Hrsgb.) et al. (1990): Atlas der nützlichen Forstinsekten. Enke, Stuttgart.

Stein, W. (1986): Vorratsschädlinge und Hausungeziefer. Ulmer, Stuttgart.

Steinmann, H. and L. Zombori (1984): A Morphological Atlas of Insect Larvae. Akadémiai, Budapest.

Stresemann, E. † (Hrsgb.), weitergef. von W. Crome et al. (1986): Exkursionsfauna (Gebiete d. DDR u. d. BRD). Bd. 2/1: Wirbellose – Insekten, 1. Teil. 4. Aufl. Volk u. Wissen, Berlin.

Stresemann, E † (Hrsgb.), weitergef. von K. Senglaub et al. (1986): Exkursionsfauna (Gebiete d. DDR u. d. BRD). Bd. 2/2: Wirbellose – Insekten, 2. Teil. 5. Aufl. (1. Aufl. 1969). Ebd.

Stugren, B. (1986): Grundlagen der allgemeinen Ökologie. 4. Aufl. VEB G. Fischer, Jena u. G. Fischer, Stuttgart.

Suomalainen, E. (1950): Parthenogenesis in animals. Adv. Genet. 3, 193-253.

Suomalainen, E. (1962): Significance of Parthenogenesis in the evolution of insects. Annual review of Entomology 7, 349-366.

Swatschek, B. (1958): Die Larvalsystematik der Wickler (Tortricidae u. Carposinidae). Abh. Larvalsystem. Insekten 3, Akademie-Vlg., Berlin.

Szujecki, A. (1987): Ecology of Forest Insects. Series Entomologica. Junk, Dordrecht.

Teschner, D. (1979): Versuche mit Insekten. Biolog. Arbeitsbücher 27. Quelle/Meyer, Heidelberg.

Timofeef-Ressowsky, N. W. et al. (1977): Grundriß der Populationslehre. Genetik, Beitrag 8. VEB G. Fischer, Jena.

Tischler, W. (1984): Einführung in die Ökologie. 3. Aufl. G. Fischer, Stuttgart.

Tischler, W. (1989): Ökologie der Lebensräume. UTB 1535. G. Fischer, Stuttgart.

Torp, E. (1984): De danske svirrefluer (Diptera: Syrphidae). Danmarks Dyreliv Bind 1. Fauna Boger, København.

Torrey, J. G. and D. T. Clarkson (Hrsgb.) (1978): The Development and Function of roots. 3. Cabot Symposium. Academic Press, London.

Trautner, J. und Katrin Geigenmüller (1987): Sandlaufkäfer u. Laufkäfer. Illustr. Schlüssel zu den Cicindeliden und Carabiden Europas. J. Margraf, Weikersheim.

Tröger, R. und P. Hübsch (1989): Einheimische Großpilze. G. Fischer, Stuttgart.

Tüxen, R. (Hrsgb.) et al. (1965): Biosoziologie. Junk, Den Haag.

Ulrich, W. (1987): Wirtsbeziehungen der parasitoiden Hautflügler in einem Kalkbuchenwald (Hymenoptera). Zool. Jb. Syst. **114**, 303-342.

Vandel, A. (1931): La Parthénogenèse. Doin, Paris.

Varley, G. C. et al. (1980): Populationsökologie der Insekten. Analyse und Theorie. Thieme, Stuttgart.

Wagener, A. und G. Strey (1981): Einführung in das Bestimmen von Pflanzen. Quelle/Meyer, Heidelberg.

Walter, H. u. S.-W. Breckle (1983): Ökologie der Erde. Bd. 1: Ökologische Grundlagen in globaler Sicht. G. Fischer, Stuttgart.

Weber, H. und H. Weidner (1988): Grundriß der Insektenkunde. (Studienausgabe). 5. Aufl. G. Fischer, Stuttgart.

Webster, J. (1983): Pilze. Eine Einführung. Springer, Berlin.

Weidemann, H.-J. (1986/88): Tagfalter. Bd. 1,2. Entwicklung – Lebensweise; Biologie, Ökologie, Biotopschutz. Neumann-N., Melsungen.

Weidner, H. (1982): Bestimmungstabellen der Vorratsschädlinge und des Hausungeziefers Mitteleuropas. 4. Aufl. G. Fischer, Stuttgart.

Wermuth, H. und E. Möhn (1986): Das Tierreich. Bd. **102**. Dermaptera. De Gruyter, Berlin.

Werner, K. (1958): Die Larvalsystematik einiger Kleinschmetterlingsfamilien. Abh. Larvalsyst. Insekten **2**. Akademie-Vlg., Berlin.

West, D. C. et al. (1981): Forest Succession. Springer, Berlin.

Wetzel, R. u. W. Rieck (1962): Krankheiten des Wildes. Parey, Hamburg.

Wetzel, T. (1981): Integrierter Pflanzenschutz. In: D. Seidel et al.: Grundlagen der Phytopathologie und des Pflanzenschutzes (pag. 203-207). Dtsch. Landwirtsch. Verlag, Berlin.

Wichard, W. (1978): Die Köcherfliegen (Trichoptera). Brehm-Bücherei **512**. Ziemsen, Wittenberg.

Wigglesworth, V. B. (1971): Das Leben der Insekten. Die Enzyklopädie der Natur. Ed. Rencontre Lausanne. Lizenzausgabe R. Löwit, Wiesbaden.

Williams, C. B. (1961): Die Wanderflüge der Insekten. Parey, Hamburg.

Wirth, W. W. and W. L. Grogan, jr. (1988): The Predaceous Midges of the World (Diptera: Ceratopogonidae; Tribus Ceratopogonini). Flora and Fauna Handbook **4**. E. J. Brill, Leiden.

Wohlfahrt, Th. A. (1985): Wesen und Aufgabe der zoologischen Illustration. 78. Jahrestagg. Dt. Zool. Ges. in Wien (Österreich). Veröffentl. Zool. Inst. Univ. Würzburg (1986).

Wurmbach, H. (1980): Lehrbuch der Zoologie – Allgemeine Zoologie. 3. Aufl. (Hrsgb.: R. Siewing). G. Fischer, Stuttgart.

Wurmbach, H. (1985): Lehrbuch der Zoologie – Systematik. 3. Aufl. (Hrsgb.: R. Siewing). Ebd.

Wurmbach, H. †; Hrsgb.: M. Abs und M. Dörrscheidt-Käfer (1988): Grundzüge einer speziellen Zoologie. Aus dem Nachlaß von H. Wurmbach. G. Fischer, Stuttgart.

WYNIGER, R. (1974): Insektenzucht. (Methoden der Zucht und Haltung von Insekten und Milben im Laboratorium). Ulmer, Stuttgart.

YEO, P. F. and S. A. CORBET (1983): Solitary wasps. Natural. Handbooks 3. Cambridge Univ. Press.

ZAHRADNÍK, J. (1984): Kosmos-Insektenführer. 4. Aufl. Franckh'sche Verlagshandlg., Stuttgart.

ZAHRADNÍK, J. (1985a): Käfer Mittel- und Norwesteuropas. Parey, Hamburg.

ZAHRADNÍK, J. (1985b): Bienen, Wespen, Ameisen. Die Hautflügler Mitteleuropas. Frankch'sche Verlagshandlg., Stuttgart.

ZWÖLFER, H. et al. (1982): Ökologische Funktionsanalyse von Feldhecken... Schlußbericht Lehrstuhl Tierökologie (Univ. Bayreuth) an d. Bayer. Landesamt f. Umweltschutz in München.

[**Nachträge zu den Literatur-Verzeichnissen** auf den Seiten 63 und 82 (bitte Vorbemerkungen auf Seite 85 unten beachten)].:

BUNDESMINIST. UNR (BONN; Hrsgb.) (1990a): Bericht .... zur Reduzierg. d. CO_2-Emiss. in d. BRD bis zum Jahr 2005.

BUNDESMINIST. UNR (BONN; Hrsgb.) (1990b): Bericht an d. Dt. Bundestag über d. Erfüllung intern. eingeg. Verpflichtg. z. Reduzierg. d. Luftverunreinigg.

BUNDESTAG (BONN; Hrsgb.) (1990): Enquete-Komm.: Schutz d. trop. Wälder. (Mit über 70 Seiten Lit.-Angaben u. mit ausführl. Begriffserläuterungen.).

BUNDESTAG, DT.; REFERAT: ÖFFENTLICHKEITSARBEIT (BONN; Hrsgb.) (1990): Schutz der Erde. Eine Bestandsaufnahme mit Vorschlägen zu einer neuen Energiepolitik. 3. Bericht d. Enquete-Kommission des 11. Dt. Bundestages: «Vorsorge zum Schutz der Erdatmosphäre». «Zur Sache» 19, Bd. 1 u. Bd. 2 [u. a. Problemdarstellg. – Reduktion d. Emissionen energiebedingter klimarelevanter Spurengase – Treibhauseffekt u. Klimaänderg. – Literatur: 35 Seiten mit über 600 fachbezogenen Veröffentlichungen. – Begriffserläuterungen: 37 Seiten]. (Eingeg.: 4. März 1991).

ČEPELÁK, JURAJ et al. (1984/89): Diptera Slovenska. I/III. Veda Vydavatel'stvo Slovenskej Akadémie Vied. Bratislava.

LEATHER, S. R. et al. (1991): Insect Overwintering. Edward Arnold, Hodder and Stoughton Publ. Kent; England.

NIENHAUS, FR. (1985): Viren, Mykoplasmen, Rickettsien. Parasiten an der Schwelle des Lebendigen. UTB 1361. Ulmer, Stuttgart.

SONIN, M. D. (ed.) (1990): Helminths of Insects. E. J. Brill, Leiden.

SOÓS, A. (Ed.) (1984/89 [soweit bisher erschienen]): Catalogue of Palaearctic Diptera. Akadémiai Kiadó Budapest.

ULRICH, B. (Hrsgb.) (1991): Internationaler Kongreß Waldschadensforschung: Wissensstand und Perspektiven. Band I u. II. Kernforschungszentrum Karlsruhe. Insgesamt 988 Seiten mit teilweise ausführlichen, fachbezogenen Literaturverzeichnissen. Erschienen: Ende Februar 1991.

9   Gattungs- und Artregister

Vorbemerkungen: In diesem Register sind außer den Gattungs- und Artnamen Überfamilien, Familien, systematische Gruppen, die deutschen Vulgärbezeichnungen verzeichnet. Es fehlen jedoch die wissenschaftlichen Bezeichnungen niederer und höherer Pflanzen und sämtliche Holzarten, da in dieser Richtung der Abschnitt 5: «Ökologische Freiland-Differentialdiagnose» (pag. 469 bis 524) eine ausführliche Aufschlüsselung bringt und zudem auf die umfangreichen Abbildungsunterlagen verwiesen werden kann. Es ließ sich nicht vermeiden, daß dieses Register trotz mannigfacher Beschränkungen umfangreicher wurde als ursprünglich geplant; es wurden beispielsweise möglichst die seit vielen Jahren eingebürgerten, in der Zwischenzeit aber veränderten, systematischen Bezeichnungen mit liebenswürdiger Unterstützung mehrerer Fachkollegen zumindest im Abschnitt 4 eingearbeitet und sind zur erforderlichen Orientierung in diesem Register hier aufzuführen – daneben sind die durchweg bekannten, früheren, systematischen Bezeichnungen aufgenommen, um den Vergleich mit den früheren Auflagen dieses Taschenbuches und mit der Fachliteratur auch aus vergangenen Jahren grundsätzlich zu erleichtern. Je nach den verschiedenen Landschaften, gibt es in der Bundesrepublik Deutschland unterschiedliche Vulgärbezeichnungen, oft sogar mehrdeutige Bezeichnungen (die aber zwangsläufig aufzuführen waren).

Von einer lückenlosen Benennung sämtlicher wissenschaftlichen Art-Bezeichnungen der einzelnen Räuber und Parasiten, also der sogenannten Gegenspieler, der wichtigen Bestandes-Insekten bzw. ihres Vertilgerkreises, mußte leider aus raumtechnischen Gründen abgesehen werden. Wer darüber nähere Angaben sucht, findet sie im «Grundriß einer terrestrischen Bestandes- und Standort-Entomologie des Wald-Ökosystems» (Abschnitt 4.2, pag. 92 ff.) jeweils unter der Gliederungseinheit «Ökologie» oder gelegentlich unter jener der «Wirtschaftl. Bedeutung».

Sämtliche Gattungs- und Artbezeichnungen sind kursiv gesetzt. Die Bezeichnungen für die Überfamilien, Familien, systematischen Gruppen, Vulgärnamen usf. sind normal gesetzt. – Ä = Ae; Ö = Oe; Ü = Ue; Sch und St werden bei dem Buchstaben S eingeordnet. Die Zahlen verweisen stets auf Seiten, auf denen dann die Abbildungen ausfindig gemacht werden können.

10   Sachregister

Vorbemerkungen: Aufgrund des umfangreichen Gattungs- und Artregisters mußte in diesem Abschnitt zwangsläufig eine gewisse Beschränkung vorgenommen werden. Im Inhaltsverzeichnis auf den Seiten VII bis VIII ist eine detaillierte Disposition in heute üblicher Form gegeben; außerdem habe ich wiederum eine Ergänzung der Fachausdrücke im Abschnitt 7 (Glossarium) vorgenommen, so daß diese Fachausdrücke im Sachverzeichnis nicht noch einmal angesprochen zu werden brauchen. Auf einige wenige Begriffe wird freilich verwiesen werden, um dem Anfänger das Ansprechen der beobachteten oder vielleicht gefangener Insekten zu erleichtern. Da im Klein-Lexikon nur eine Erklärung der wissenschaftlichen, biologischen Bezeichnungen zu finden ist, habe ich hier im Sachverzeichnis nur jeweils Beispiele für morphologische Besonderheiten angemerkt. Fragen nach dem Vorkommen in verschiedenen Beständen des Wald-Ökosystems sind durch die Freiland-Differentialdiagnose im Zusammenhang mit den Einzeldarstellungen auf den alten und neuen Farbtafeln und mit den Strichzeichnungen mehrminder abgedeckt. Ich habe daher hier im Sachverzeichnis nur noch eingearbeitet die Hinweise auf die Fundortskizzen mit den Möglichkeiten auf Befunde von Insekten und ihren Larven in den verschiedenen Regionen oder Arealen dieser in den Fundortskizzen gekennzeichneten Bereiche der forstlichen Bestände. Letztendlich ist im Sachregister auch die Möglichkeit gegeben, die Nischen der Insekten am stehenden Stamm nach den Protokoll-Notizen von einer Lehrwanderung durch das Ökosystem Wald mit Einzelheiten über die getätigten Beobachtungen zu intensivieren, um gegebenenfalls Befundergebnisse (allein basierend auf Freiland-Diagnosen) zu konzentrieren.

Bei vielen Stichworten wird grundsätzlich nur auf einige Beispiele verwiesen – so etwa auf typische Ei-Überwinterer – oder bei einer Frage nach der Zeit zwischen einem verstärkten Vorkommen und geringem Auftreten: wieviel Jahre liegen zwischen diesen Erscheinungen? Dazu schlage man bei dem Stichwort «Massenwechsel» nach. – Ä = Ae; Ö = Oe; Ü = Ue; Sch und St sind bei dem Buchstaben S ausgewiesen. Die Zahlen verweisen stets auf Seiten, die gegebenenfalls nur ein Beispiel benennen.